黑龙江农垦年鉴

HEILONGJIANG NONGKEN NIANJIAN

2017

黑龙江省农垦总局史志办公室 编

方志出版社
Publishing House of Local Records

图书在版编目（C I P）数据

黑龙江农垦年鉴．2017 / 黑龙江省农垦总局史志办公室编．-- 北京 ：方志出版社，2018.1

ISBN 978-7-5144-2957-2

Ⅰ．①黑…Ⅱ．①黑…Ⅲ．①农垦地区－黑龙江省－2017－年鉴 Ⅳ．①Z523.5

中国版本图书馆CIP数据核字(2018)第029579号

黑龙江农垦年鉴2017

编　　者：黑龙江省农垦总局史志办公室
责任编辑：陈　效

出 版 人：冀祥德
出 版 者：方志出版社
地址　北京市朝阳区潘家园东里9号（国家方志馆4层）
邮编　100021
网址　http://www.fzph.org
发　　行：方志出版社图书经销中心
电话　（010）67110500
经　　销：各地新华书店
印　　刷：哈尔滨博奇印刷有限公司

开　　本：889mm×1194mm　1 / 16
印　　张：30.5
字　　数：1246千字
版　　次：2018年1月第1版　2018年1月第1次印刷
印　　数：0001～2000册

ISBN 978-7-5144-2957-2　定价：218.00元

《黑龙江农垦年鉴（2017）》
编纂委员会

《黑龙江农垦年鉴（2017）》编辑人员

《黑龙江农垦年鉴》（2017）撰稿人员名单

（按姓氏笔画为序）

于　佳　于　淼　于成波　才宏伟　马子月　马凤金　马永璐　马君国　马青森
马树森　马甜甜　方　雪　王　伟　王　刚　王　莹　王　赫　王　震　王文达
王东光　王庆文　王延庆　王利达　王京航　王建华　王建胜　王金伟　王彦华
王春宇　王洪波　王晓燕　王淑红　王婷婷　王殿春　王瑞雪　王德强　王毅翼
邓　建　付　靖　付苑超　付维秋　兰　岚　冯明东　包　宁　包文刚　史大勇
史群芝　叶名辉　申旭翔　石　磊　石绪辉　任　峰　任秀琪　刘　文
刘　江（驻北京联络处）　刘　江（勤得利农场）　刘　伟　刘　波　刘　岩
刘　畅　刘　洲　刘　雷　刘广吉　刘文忠　刘光义　刘向东　刘启斌　刘国红
刘建文　刘青帝　刘春光　刘春雷　刘海维　刘盛忱　刘景山　刘瑞生　吕广辉
吕振龙　吕鹏飞　孙　兵　孙　静　孙少如　孙兰英　孙立明　孙抒远　孙金宝
孙彦玲　孙爱景　孙慕华　安晓峰　安蒙龙　成子金　曲　洋　曲　琳　朱　磊
朱文涛　朱玉宝　朱希春　朴雪鑫　权　力　祁江恒　那全锋　闫　平　闫　威
闫　娟　闫　超　齐长伐　齐汉强　何忠志　何易雯　冷　伟　冷曙臣　吴小军
吴永江　宋　欢　宋志强　宋洪伟　宋惠忠　张　文　张　宇　张　欣　张　勇
张　洪　张　涛　张　微　张　颖　张　蕾　张　磊　张　璐　张大宇　张大连
张才钢　张仁群　张凤海　张长顺　张玉超　张立国　张成栋　张志楠　张志鹏
张叔瑀　张国民　张宝财　张泽新　张泽滨　张肃生　张施琦　张春鹏　张海军
张景华　张晴雪　张新平　张静芝　张德金　李　礼　李　红　李　威　李　莉
李　萍　李　强　李云峰　李少宏　李伟俊　李庆伟　李旭荣　李诗瑶　李恒进
李洪山　李继祥　李维峰　李鹤远　杜　克　杜宏伟　杜朝东　杨　明　杨　柳
杨文霞　杨国林　杨洪生　杨海良　杨雪松　沈玉佳　谷宇佳　连　鑫　邴陈双
邹立龙　闵建东　阿海锋　陆　杰　陆文祥　陈　旭　陈　敏　陈　燕　陈文静
陈翠平　周宝贵　周春华　林　巍　苗　宇　郑再飞　金　忠　金　琦　金洪洋
姚志仁　姜　薇　姜佐卿　姜艳芹　姜琮玮　宫艳丽　施佳琪　段正奇　洪道锋
胡　琳　费秀杰　赵文贺　赵迎春　赵国春　赵宝海　赵法平　赵英杰　唐建勇
姬　霞　徐　平　徐天斌　徐海舟　秦　智　秦景秋　袁福兴　贾林鸿　郭亚楠
郭宇龙　郭思宝　陶奕民　高　宇　高　鹏　高明山　崔超伟　康术臣　曹培杰
隋　蕾　黄　蓉　黄炳科　黄晓军　黄舒婷　曾　明　温丽薇　焦永梅　焦新秋
程　辉　董红玉　董良福　蒋光锋　蒋来福　韩　军　韩延鑫　韩春娥　廉鹏蛟
詹思远　樊雪飞　潘　越　颜　夫　穆玉玲　霍　刚　戴宇峰　魏　强　魏文忠
魏世媛　魏立文　魏凌霄

2016 年 9 月 26 日，总局党委书记王兆力（左一）到建三江管理局前哨农场水稻田调研

2016 年 5 月 24 日，总局局长王有国（前右二）在总局副局长王从基（前左三）陪同下，到北安管理局引龙河农场第三管理区调研

国家级自然保护区挠力河湿地（吴永江 摄）

二道河农场万亩大地号

二道河农场万亩大地号大机群收获水稻

红兴隆管理局现代化大马力农业机械联合作业进行秋收（张伟 摄）

红兴隆管理局牧草收获（张春玲 摄）

北安管理局五大连池农场集中机械抢收小麦

尖山大豆收获联合整地

建三江管理局七星农场北大荒精准农业农机中心

嫩北农场现代化农机管理服务中心

宝泉岭管理局引进大马力机械

宝泉岭农场现代农业发展中心

四方山农场万亩紫花苜蓿草基地

红旗种马场天然草场

嫩江农场农田林网化

克山农场场直东北部经济林

延军农场无人机航化作业（宝泉岭管理局史志办提供）

胜利农场水稻育秧基地

庆丰农场大棚复种食用菌

山市种奶牛场第二管理区甜玉米喜获丰收

龙镇农场有机玉米合作社加工生产有机糯玉米

克山农场马铃薯交售现场

八五二农场现代化奶牛场（韩松森　摄）

双峰奶牛牧场一角

宝泉岭管理局标准化鸡舍

八五六农场打青山湖生态鹅养殖（刘啸飞　摄）

九三粮油工业集团大豆油生产线

宝泉酱业生产车间

鹤山农场笨榨油生产线

山河农场腐竹生产车间

闫家岗农场合作社社员包装配送有机蔬菜

宝泉岭管理局小城镇建设（张艾林　摄）

2016 年 9 月 22 日，中国地方志指导小组办公室主任冀祥德、黑龙江省地方志办公室主任隋岩、副主任石再军到锦河农场调研

2016 年 12 月 6—7 日，黑龙江省地方志办公室主任隋岩（中）、副主任袁建勋（右）和总局史志办主任曲伟（左）在第一次全国地方志工作经验交流会暨 2017 年全国地方志机构主任工作会议会场合影

总局史志办主任曲伟在第一次全国地方志工作经验交流会暨 2017 年全国地方志机构主任工作会议上，做题为《勇于开拓 创优争先 把黑龙江垦区史志事业做大做强》的经验介绍

2016 年 7 月 5 日，垦区史志办主任暨年鉴编纂业务培训会议召开，省地方办公室主任袁建勋、总局副局长谭占龙出席会议并讲话

2016 年秋，大兴农场组织千人“党员突击队”帮助种植户收割倒伏水稻

八五六农场“两学一做”百人竞赛促学习

编辑说明

一、《黑龙江农垦年鉴（2017）》编纂以马克思列宁主义、毛泽东思想、邓小平理论、“三个代表”重要思想、科学发展观，习近平新时代中国特色社会主义思想为指导，客观地记述垦区各行各业2016年度基本情况。

二、《黑龙江农垦年鉴（2017）》是一部全面反映黑龙江垦区自然、政治、经济、文化、社会等方面情况的综合性年鉴。主要记载2016年垦区各领域、各部门、各行业、各分局的基本情况、重大事件、主要发展变化。断限为2016年1月1日至12月31日。特载中收录总局党委（扩大）会议工作报告和总结讲话，时间超限。

三、《黑龙江农垦年鉴（2017）》采用分类编辑法，设类目、分目、条目三个层次组成框架结构的主体部分。个别分目中，增加了子分目的层次，全书条目标题统一用黑体加【 】表示，个别包含多方面资料的条目增加子条目层次，用楷体标示。

四、《黑龙江农垦年鉴（2017）》以说明文为主。开门见山，直陈其事，述而不作。语言简洁，文字朴实。

五、《黑龙江农垦年鉴（2017）》采用的稿件由总局各有关部门和管理局、农场专人撰写，文稿中的个别数字，由于统计口径不同等原因，与“统计资料”类目不尽一致，使用时概以“统计资料”类目为准。

六、书中中共黑龙江省委员会、黑龙江省人民政府，分别简称为省委、省政府。中共黑龙江省农垦总局委员会、黑龙江省农垦总局简称总局党委、总局。中共黑龙江省农垦宝泉岭管理局委员会、黑龙江省农垦宝泉岭管理局分别简称宝泉岭管理局党委、宝泉岭管理局，其他各管理局亦如此表示。中共黑龙江省农垦宝泉岭管理局普阳农场委员会、黑龙江省农垦宝泉岭管理局普阳农场分别简称普阳农场党委、普阳农场，其他各农牧场亦是如此表示。

目 录

特 载

大事记

概 况

农 业

工业·粮食·商务

交通运输·城乡建设

综合经济管理

党政群团

法　治

军　事

科技·教育·卫生

文化·艺术

总局直属企业

统计资料

索　引

特　载

以推进农业供给侧结构性改革为主线 培育垦区振兴发展新动能

——在中共黑龙江省农垦总局委员会（扩大）会议上的报告

黑龙江省农垦总局党委书记　王兆力

（2017 年 1 月 21 日）

一、2016 年工作回顾

2016 年，在党中央、国务院的关怀支持下，在省委、省政府和农业部的正确领导下，总局党委团结带领广大干部职工，深入学习贯彻习近平总书记系列重要讲话特别是对我省两次重要讲话精神，统筹推进“五位一体”总体布局，协调推进“四个全面”战略布局，牢固树立和贯彻落实“五大发展理念”，适应经济发展新常态，创新实施“五大规划”，深入推进“龙江丝路带”建设，提质增效转方式，稳粮增收可持续，着力推进供给侧结构性改革，垦区经济保持平稳发展，民生持续改善，新的发展动能进一步汇集，实现了“十三五”的良好开局。预计全年实现地区生产总值 1197.3 亿元，同比增长 6.1%；垦区居民人均可支配收入达到 25421 元，同比增长 6.6%。

（一）现代化大农业快速发展。落实习近平总书记“要坚持发展现代农业方向，争当农业现代化建设排头兵”的重要指示，加快“建设现代农业大基地、大企业、大产业，努力形成农业领域的航母”。不断巩固和提升粮食综合生产能力，在大幅调减玉米种植面积的情况下，粮食总产仍达到 205.95 亿公斤，实现了“十三连丰”。

加强农业基础设施建设。完成水利工程投资 13.8 亿元，圆满完成年度目标任务。青龙山灌区渠首泵站成功试水运行，北区骨干渠系全部建成。新增地表水控制面积 65 万亩。在 10 个农场实施水土保持项目建设，治理水土流失面积 19.6 万亩。农机更新投入 24.5 亿元，购置各类农机装备 3.8 万台（件）。适应生产新需求，加大支持水稻侧深施肥、免耕播种、马铃薯精量播种等新型农机装备需求。新增农用飞机 4 架，总数达到 98 架。肇东机场正式通航运营。依托农垦种业联盟平台，开展水稻、大豆等作物的联合测试、品种展示及高产示范，近百余品种在全国范围内推广示范。新建生态高产标准农田 211 万亩，累计完成 2182.5 万亩，占垦区耕地面积的 51%。

转变农业生产方式，走可持续发展之路。围绕“一控三减三基本”，积极发展节水农业，水田节水控灌技术推广面积 680 万亩。落实“三减”示范面积 193 万亩，全垦区化肥施用量比上年减少 1.5%，农药除草剂施用量减少 1.6%，做到了农药、化肥、除草剂减量，作物不减产。多方面着手、多环节入手，节本提质增效。全面实行农作物秸秆还田和综合利用。开展畜禽粪污集中收集处理与农业废弃物综合利用试点示范。加快体制机制创新，发展适度规模经营。新增农工专业合作社 701 个、成员 4076 户，总数达到 5145 个、成员 66876 户。

大力度推进农业结构调整。积极应对农产品市场变化和国家粮食收储政策调整，调减玉米 411.7 万亩，增加水稻 33.9 万亩，大豆 321.7 万亩，杂粮 30.5 万亩，经济作物和饲料作物 18.9 万亩。水稻育秧大棚二次利用种植食用菌 3727 栋、2511 亩。为垦区种植业结构调整提供政策支持和服务，阳光农业相互保险公司赔款支出 34 亿元，赔付率达到 144%，开展了 21 种经济作物保险，6 种作物价格保险，以及大豆价格“保险＋期货 / 期权”试点，承保面积 105.62 万亩，保费收入 3563.64 万元，赔款支出 7339.68 万元，降低了结构调整风险，解除了种植户的后顾之忧。以“两牛一猪一禽”为重点，因地制宜发展规模化、集约化、标准化畜禽养殖，实现畜牧业增加值 63.8 亿元，比上年增长 3.9%。家禽出栏比上年增长了一倍。建成了一批现代奶牛、肉牛、生猪和禽产业核心示范区。北大荒宝泉岭农（牧）发展有限公司采取封闭式全产业链一体化运营模式，建成完善的种鸡繁育体系、饲料生产供应体系、肉鸡屠宰加工与销售体系，全年屠宰白羽肉鸡 4000 万只，为垦区完善现代农业产业体系提供了有益经验。建三江管理局 200 万头生猪养殖、屠宰、加工一体化项目一期工程已启动。坚持以养带种，青贮玉米种植面积 35 万亩；新增饲用燕麦（包括复种）2.5 万亩，苜蓿 2.7 万亩，苜蓿草留床面积达到 16 万亩。

完成造林6.3万亩。新栽植树莓1565亩，红松及嫁接红松坚果林10009亩，榛子6553亩，特色经济林总面积达到15万亩，比上年增长11.5%。加快发展“森林猪、鸡、鸭、鹅”等特色养殖，野生动禽驯养和林下养殖增加142万只（头、箱），总数达到242万只（头、箱）。“鸭稻”“蟹稻”“鹅玉”等绿色（有机）农牧业生产模式示范面积达到4万亩。新增绿色食品种植面积50万亩，总面积达到3300万亩，新增绿色食品认证农产品47个，总数达到292个；新增有机食品认证面积46.9万亩，总面积达到245.5万亩。进一步完善农畜产品质量安全追溯体系，大力推行标准化生产模式，全面加强农业投入品和生产过程监管，新增农产品质量安全追溯建设单位7家，总数达到70家。积极促进一二三产业深度融合，发展“休闲农业”“创意农业”“养生度假农业”和“都市农业”。以北大荒现代农业游为主，旅游人数680万人次、收入36.6亿元，分别增长7.6%和12.9%。

总结推广先进适用典型。在垦区全面布点，重点推广水稻大棚二次利用种植食用菌、水稻侧深施肥、振捣提浆机插、超早钵育机插、旱平垄作双侧双深、“鸭稻”“蟹稻”、旱作免耕种植、樟子松嫁接红松、核桃楸、平欧大榛子、红树莓、中草药，貂（貉）、大鹅养殖、燕麦青贮、苜蓿半干贮和“互联网+农业”等19大类296个示范项目，农业典型示范面积281.7万亩。实践证明，推广先进适用典型，为垦区转方式调结构起到了重要的示范引领作用，得到了广大干部职工的一致认可和好评。

做实“互联网+农业”。积极发展“互联网+智慧农业”“互联网+绿色（有机）农业”“互联网+营销”等，推进农业标准化生产，加强农业投入品管理和食品安全全程可追溯。积极参加国内外绿色食品营销推介活动，提升北大荒绿色、安全、生态、优质农产品形象，提高企业和职工营销意识和能力。与京东、阿里巴巴等电商平台合作，在宝泉岭和九三管理局开展“局淘、场淘”项目试点。电商企业已发展到300余家，年销售额100万元以上电商企业达到15家。“大农网”“北大荒粮油拍卖网”等6户电商平台运营良好。累计实现线上交易额59.23亿元，零售额5.28亿元。

（二）国企改革取得阶段性成果。以引进战略投资者、发展混合所有制经济为突破口，全面推进集团和分子公司层面国企改革。已有北大荒薯业集团等7户企业完成混合所有制改革，引进资金7.92亿元，已到位3.36亿元；北大荒粮食集团等3户企业已签约确定合作伙伴，签约引进资金21.33亿元；完达山乳业股份有限公司等7户企业已确定投资方或近期将签约，可引入资金39.9亿元。垦区国企改革启动时间虽短，但效果已初步显现。北大荒农业股份有限公司3家子公司通过增资扩股，引进战略投资者，盘活资产8.82亿元，减亏2.36亿元。丰润生物科技股份有限公司2016年实现销售收入7.24亿元、利润6808万元，比改革前分别增长43.9%和98.1%。引进战略投资者、发展混合所有制经济已被越来越多的企业所认可，垦区国企改革已呈现加速发展之势。

（三）企业管理逐步规范。引导企业树立正确的业绩观，注重提高发展质量和效益。强化监督管理，规范企业经营行为，制定下发了《关于进一步强化和规范总局直属企业改革发展的指导意见》。综合运用经济、法律、行政、组织等多种措施，严格落实责任，2016年收回超账期三项应收款23.6亿元，累计收回204亿元，收回率60%。2016年底，16户直属企业存货249亿元，比2014年底减少34亿元，下降12%。进一步完善制度，加大对境外企业监管力度。对总局直属企业经营指标、存货清查、国有资本预算、文化信息共享以及境外企业等开展专项审计，实现了审计全覆盖，挽回经济损失17330万元。加强投资项目管理，紧盯工程招投标、物资采购等关键环节，开展专项检查99项、专项稽查47项。加强薄弱环节制度建设，制定出台了《关于加强农（牧）场场务公开的意见》《关于加强农（牧）场职工代表大会制度建设有关问题的意见》等文件，将土地发包、生产资料采购、债务预决算等纳入职代会审议，落实职工知情权、参与权、监督权和表达权。

（四）民生事业持续改善。坚持可用财力向民生投入、工作力量向民生倾斜，使发展成果更多惠及群众。新增就业4.6万人，安置困难人员再就业1.9万人，登记失业率2.1%，比控制目标低1.4个百分点。最低生活保障标准由每人每月500元提高到560元，补差标准由每人每月335元提高到375元。坚持分类实施、精准扶贫、精准脱贫，制定出台《关于推进垦区扶贫开发工作的实施意见》，落实“一帮一”扶贫解困周转金3600万元、32个贫困农场扶贫开发专项资金9483万元。9961名贫困残疾人得到生活补贴，6062名重度残疾人得到护理补贴。实现了6447个贫困户、11350名贫困人口脱贫目标，有3个贫困农场摘帽脱贫。完成了4000名龙煤集团职工转岗分流安置任务。完善社会保障机制，将农业职工缴费基数与有工资收入企业人员平均缴费工资水平拉齐。推进机关事业单位养老保险制度改革。实现了医疗保险总局级统筹，简化了异地就医转院转诊手续。对低保家庭医疗救助标准提高到政策范围内住院自费部分的95%，符合条件的老人全部享受全额低保及高龄津贴。硬化市政道路51.52公里，更新改造供水管道84.7公里，建设排水管道30.4公里。更新改造供热锅炉160吨，供热管线42.1公里。新建垃圾处理项目2个、污水处理项目5个。普阳等7个农场被确定为“全国美丽乡村创建试点单位”，八五三农场入选“中国美丽休闲乡村”。建三江机场基本工程建设全面完工。校校通实现比例达到97%，校园网建成比例达到65%，普通教室多媒体设备普及率达到80%以上，基本实现义务教育均衡发展目标。新建标准化健康小屋33个，全民健身路径104条，社区多功能运动场（室）55个。推行“阳光信访”，畅通群众合理诉求渠道，推进信访工作制度改革和法治化建设。开展“平安垦区”创建，社会治理能力和水平进一步提升，社会稳定形势总体向好。垦区公安局“3·22”专案组被公安部荣记“集体一等功”。加强公共安全管理，安全生产形势保持稳定。

（五）农垦改革稳步推进。各级党

组织通过举办专题研讨班等多种形式，组织广大干部职工深入学习习近平总书记在黑龙江省考察工作结束时的重要讲话和中央33号文件精神，认真学习领会省委省政府和农业部对农垦改革的要求，切实把思想和行动统一到中央、省委和农业部决策部署上来，学习借鉴兄弟垦区改革经验，坚定改革信心，凝聚改革合力。

按照《黑龙江省农垦绥化、哈尔滨管理局改革试点实施方案》，总局党委及时制定《改革试点实施计划》，确定试点工作时间表、路线图，分解落实工作任务和责任。

按照垦区集团化改革要求，对农垦绥化、哈尔滨管理局所属的21个农(牧)场实施整合重组，组建成15个北大荒农垦集团子公司。子公司作为独立法人不再承担办社会职能，按企业定位，完善公司治理结构、建立现代企业制度。集中精力加快产业项目发展，着力培育主导产业。通过整合重组，扩大经营规模、增强企业实力，精简管理机构、减少管理人员、节约管理成本。新组建的15个子公司已经正式挂牌运行。

对农垦绥化和哈尔滨管理局及所属21个农(牧)场办社会职能、机构、人员、编制、经费等开展调查摸底，在积极与省相关厅局、相关市县对接的同时，完成了对拟移交职能机构的清产核资。将采取分步移交的办法，成熟一批（项）移交一批（项），推进办社会职能移交。

按照农业部统一部署和《黑龙江省农垦总局改革任务分解方案》，与两个管理局综合改革试点同步，启动了9个专项改革试点。

认真落实省委、省政府深化司法体制改革和社会体制改革的实施意见，农垦系统法院、检察院人员移交工作基本完成。2016年建三江、九三和共青管委会完成全口径税收收入13亿元，同比增长7.1%。进一步推进简政放权、放管结合、优化服务，按照省政府部门行业指导要求，对照市地级标准目录，总局保留权力事项3134项，下放和取消609项。

（六）党的建设进一步加强。抓好意识形态工作，坚持把思想政治建设摆在重要位置，强化理论武装，结合“两学一做”学习教育，深入学习宣传贯彻习近平总书记系列重要讲话特别是对我省两次重要讲话精神，牢固树立“四个意识”，切实将政治动力转化为推动垦区改革发展的实际行动。大力弘扬北大荒精神，培育践行社会主义核心价值观，深入挖掘北大荒精神的时代内涵。扎实开展“新时代北大荒精神”模范典型选树工作，开展“感动北大荒”人物评选。举办习近平总书记“七一”重要讲话精神系列宣讲活动，深入学习习近平总书记在纪念长征胜利80周年大会上的重要讲话，教育广大党员不忘初心、继续前进。强化新闻舆论宣传和引导，发挥报纸、电视、广播等传统新闻媒体主阵地作用，高度重视新媒体建设，推出“微观北大荒”等一批微信公众号，弘扬主旋律，传播正能量，提振精气神。进一步加强领导班子和干部队伍建设。教育广大党员尤其是党员领导干部模范遵守党的政治纪律和政治规矩，全面遵守组织纪律、廉洁纪律、群众纪律、工作纪律和生活纪律，敢于担当、善于担当、体现担当。牢固树立正确用人导向，以新时期好干部标准选拔干部，优化领导班子结构，激发干部队伍活力，各级领导班子凝聚力、战斗力明显增强。坚持固本强基，进一步加强服务型党组织建设，充分发挥基层党组织战斗堡垒作用、党员先锋模范作用。党管武装工作进一步加强，征兵量化评比获全省第一。认真贯彻中、省纪委决策部署，落实全面从严治党要求，以推动“两责”落实为重点，以深入学习贯彻《关于新形势下党内政治生活的若干准则》和《中国共产党党内监督条例》为牵动，以省委巡视反馈意见整改为契机，坚持抓早抓小、挺纪在前，准确把握“三个区分开来”，科学运用“四种形态”，政治生态持续向好。加快构建垦区“三重一大”制度体系，强化权力运行制约与监督。坚持有腐必反、有贪必肃，配合省纪委严肃查处了北大荒商贸集团案件，为国家挽回经济损失数十亿元。严肃认真抓好省委巡视反馈意见整改落实，以整改的实际成效取信于民。党的建设科学化水平不断提高，为垦区改革发展稳定奠定了坚实政治基础。

这些成绩的取得，得益于党中央、国务院，省委、省政府和农业部对垦区振兴发展的方向指引和关怀支持，得益于垦区广大干部群众的共同努力。在此，我代表总局党委，向奋战在一线的广大干部职工、家属致以亲切慰问！向关心支持农垦工作的各位老领导、老同志和社会各界表示衷心感谢！

在肯定成绩的同时，我们必须更加清醒地看到问题和差距：部分农（牧）场市场意识、适应市场和政策变化的能力不足，农业供给侧结构性改革步伐还跟不上市场变化，突出表现为安全绿色（有机）和优质高效作物比例偏低，畜牧业、林下经济、特色经济等发展滞后，职工持续增收困难。北大荒集团总公司债务增长过快，部分管理局、农（牧）场债务负担重，个别农（牧）场生产经营陷入困境。大部分企业市场竞争力不强，个别企业亏损严重，一些企业财务信息失真等问题还没有彻底解决。部分企业改革进展迟缓，应收款清收工作不力。农垦改革工作力度、节奏还跟不上省委、省政府和农业部要求。部分地方“四风”问题屡禁不止，违反“八项规定”行为还时有发生，党要管党，从严治党的任务还相当艰巨。对这些问题，我们必须高度重视，认真加以解决。

二、2017年重点工作安排

2017年，我们将迎来北大荒开发建设70周年。我们要全面贯彻党的十八大和十八届三中、四中、五中、六中全会，中央经济工作会议、农村工作会议精神，持续深入贯彻习近平总书记系列重要讲话特别是对我省两次重要讲话精神，贯彻落实农业部深化农垦改革工作会议，省委十一届六次、七次、八次全会和经济工作会议精神，统筹推进“五位一体”总体布局和协调推进“四个全面”战略布局，坚持稳中求进工作总基调，牢固树立新发展理念，适应把握引领经济发展新常态，以提高发展质量和效益为中心，以推进供给侧结构性改革为主线，以深化改革为动力，坚持创新驱动，培育壮大新动能，激发内生动力，扎实做好“三篇大文章”，创新实施“五大规划”，加快发展重点产业，深入推进“龙江丝路带”建设，做好稳增长、促改革、调结构、惠民生、防风险各项工作，奋力推动农垦振兴发展，以优异成绩迎接党的十九大和省第十二次党代会胜利召开。

主要发展目标是：经济增长预期区间目标为6%～6.5%，粮食综合生产能力稳定在200亿公斤以上，居民人均可支配收入增长与经济增长同步。

围绕上述目标任务，重点抓好以下工作。

（一）扎实推进农业供给侧结构性改革。当前，农业的主要矛盾由总量不足转变为结构性矛盾，突出表现为阶段性供过于求和供给不足并存。矛盾的主要方面在供给侧。习近平总书记明确指出：“推进农业供给侧结构性改革，提高农业综合效益和竞争力，是当前和今后一个时期我国农业政策改革和完善的主要方向。”农业供给侧结构性改革，根本途径是深化改革，最终目的是满足需求，主攻方向是提高供给质量，基本支撑是绿色发展，衡量标准是农民增收。农业供给侧结构性改革，是“三农”领域的深刻变革，关系农业长远发展，必须守住确保粮食生产能力不降低，职工增收势头不逆转，垦区稳定不出问题三条底线。

适应市场需求，优化产品结构。生产适销对路产品是农业供给侧结构性改革的关键所在，要调减过剩产品，增加短缺产品，做到产品好、销售畅、价格高。

要优化种植业结构。从垦区实际出发，构建粮经饲协调发展的三元结构。2016年，国家调整玉米收储政策，实行“市场定价、价补分离”，扣除财政补贴后垦区职工大约减收20亿元左右。今年，国家水稻最低收购价很有可能要降低，种植业结构调整的任务更加迫切。综合判断市场和政策变化，种植业结构调整总的思路是：稳定并扩大水稻尤其是优质水稻种植面积；减少第四、第五积温带等非优势产区籽粒玉米种植面积，杜绝玉米越区种植，扩大绿色（有机）鲜食玉米、饲用玉米和青贮玉米种植；实现旱田合理轮作；扩大优质食用大豆、马铃薯、杂粮、杂豆、中草药、水果等经济作物以及苜蓿、燕麦青贮等饲料作物种植；扩大水稻育秧大棚二次利用，发展食用菌、蔬菜等种植。实施优势特色农业提质增效行动计划，促进杂粮杂豆、蔬菜瓜果、食用菌、中药材、特色养殖和山特产品、林特产品等产业提档升级，把地方土特产和小品种做成带动职工增收的大产业。

要优化农业结构。以“两牛一猪一禽”为重点，坚持集约化、规模化、标准化、品牌化、产业化发展，大力发展质量效益型畜牧业。抓住南方水网地区生猪限养的机遇，发挥垦区环境容量大、生态好、饲料充足优势，积极谋划引进大型生猪、禽等全产业链项目，建设垦区生态养殖基地群。因地制宜发展草食畜牧业，“森林猪、鸡、鸭、鹅”等特色养殖，加快发展白羽肉鸡、肉鹅等禽类产业，发展壮大林业经济、林下经济。要适应消费需求个性化、小众化趋势，发展特色产业。

要优化产业结构。突出问题导向，加快补齐垦区短板，将产业项目建设作为“一号工程”，形成浓厚的培育产业、抓产业项目的氛围。在农业结构调整上导入产业理念，用公司化撬动产业化。以产业化、市场化水平提高促进职工持续增收。要利用好管委会财税政策，加大招商引资力度。有条件的管理局和农（牧）场，要通过合资合作，发展混合所有制经济。做好改造升级“老字号”、深度开发“原字号”、培育壮大“新字号”三篇大文章。以“粮头食尾”“农头工尾”为抓手，发展农产品加工和流通，延伸产业链、完善价值链，培育新经济增长点，提高农业整体效益。要争取国家政策，整合资金，集中支持建设农业“产业园”“科技园”“创业园”，为农业生产、加工、物流、服务相互融合提供载体。

要完善物流营销网络。坚持市场化取向，强化营销手段，鼓励垦区企业内外联合、联盟、联营、联销，建设北大荒绿色食品旗舰店、加盟连锁店，扩展营销网络。积极发展“互联网+营销”，支持各类农产品电商平台和电商、微商、点对点营销、集团和个人定制、众筹、全生产过程展示等新业态、新模式，有条件的地方要积极发展电商产业园，实现线上线下融合发展。要高度重视品牌建设，着力将北大荒、完达山、九三等培育成安全放心食品的“代名词”，培育“北大荒”系列名特优农产品品牌。

要促进一二三产业融合发展。落实习近平总书记关于“绿水青山是金山银山，冰天雪地也是金山银山”的重要指示，依托垦区生态和资源优势，大力发展生态旅游、休闲农业、健康产业、养老产业，建设产业特色突出，一二三产业深度融合的“美丽农场”。

把握市场关切，保障食品安全。当前，老百姓对农产品供给的最大关切是吃得安全，吃得放心。农产品竞争力也更多地表现在产品安全放心上。垦区要发挥优势，将食品安全作为农业供给侧结构性改革的重中之重，把增加安全、绿色、优质农产品供给放在更加突出位置，大力发展绿色农业、特色农业和品牌农业。启动垦区“优质米工程”。进一步加大力度，推行农业标准化生产，严格农业投入品管理，加强产地环境保护和源头治理。加强生产过程监管和产品质量追溯，积极发展“三品一标”农产品。重点推动垦区稻米产品质量追溯全覆盖工作。加强优质农产品品种研发、生产、推广，提升垦区农产品质量安全水平。

推行绿色生产方式，实现农业可持续发展。绿色发展是农业转型升级的内在要求和迫切需要。切实抓好中央环保督察组反馈意见整改落实，增强环境保护底线意识，加强农业生态保护和修复。继续加大退耕还林、还草、还湿力度。划定永久基本农田3800万亩。实施耕地质量保护和提升行动，继续扩大旱田免耕试点面积。把节水作为方向性、战略性大事来抓，加大大中型农田灌排骨干工程节水改造力度，建成一批高效节水灌溉工程，推广田间节水技术和设施。继续实施农业“三减”行动，“三减”示范面积扩大到1000万亩左右。大力发展高效生态循环经济。推广“鸭稻”“蟹稻”“鹅玉”等生态种养模式。切实抓好畜禽排泄物无害化处理和肥料化利用，新建的规模化养殖厂必须同步建设好粪污处理设施。在牡丹江等5个奶牛大局实施粪污无害化大面积机械化还田项目试点。加大农作物秸秆综合利用力度，推进秸秆肥料化还田。

发挥比较优势，优化区域结构。农业生产对资源和环境有很强的依附性，在最适宜的地方生产最适宜的产品，不仅成本低、产出效率高，而且品质好。各管理局、农（牧）场要统筹规划，立足资源禀赋和区位优势，进一步明确区域发展定位和主攻方向，加快形成具有区域特色的农业主导产品、支柱产业和知名品牌，建设特色鲜明、类型多样、竞争力强的现代化生产基地。选择水土资源条件较好、基础设施较完善、相对集中连片的区域，科学划定水稻、玉米等粮食生产功能区，大豆等重要农产品生产保护区，食用菌、畜产品、林特产品等特色农产品优势区。抓住国家“三区”建设政策机遇，切实将区域资源优势变成产品优势、产业优势和竞争优势，提高农业效益和竞争力。

加强农业基础设施建设，巩固提高粮食产能。深入实施藏粮于地、藏粮于技战略，夯实农业发展基础。加快以三江平原灌区为核心的水利基础设施建设。启动青龙山灌区一期项目中站、南站和中区骨干渠系工程建设。完成七星河涝区等3个大型泵站更新改造和兴凯湖第一泄洪闸除险加固项目建设任务。完成三江治理项目建设并做好三江连通项目前期工作。适应农业供给侧结构性改革需要，加大支持水稻侧深施肥、秸秆处理、自动导航、低温烘干等农机化新技术推广，优化农机装备结构。计划农机更新总投入20亿元。新增生态高产标准农田230万亩。

坚持创新驱动，引领现代农业加快发展。通过科技创新和体制机制创新，激活资源要素潜力，形成更有效率、更有效益、更可持续的农业供给体系。

适应农业由量到质转变的大趋势，调整农业科技创新方向和重点，整合科技创新资源，提升创新能力。大力开发推广绿色高效种养技术。支撑种业自主创新，开展主要农作物新品种选育攻关，加快适宜机械化生产、优质高产多抗广适新品种选育和配套技术集成。支持农技推广人员与家庭农场、合作社、龙头企业开展技术合作。完善农业科技创新激励机制，落实科技成果转化收益、科技人员兼职取酬等制度规定。发展面向市场的新型农业技术研发、成果转化和产业孵化机构。创新公益性农技推广服务方式，继续抓好新型职业农工培育工程。

要通过体制机制创新，推进农业供给侧结构性改革。发挥农垦优势，在土地发包过程中，引导职工通过土地经营权流转、入股、联合等，加快发展多种形式规模经营。支持以家庭农场、合作社、龙头企业和农业服务组织等为主体的新型农业经营体系。扶持培育农机作业、农田灌排、统防统治、烘干仓储等经营性服务组织。完善产业化经营链条中各经营主体的利益联结机制，实现职工增收、农场增效、互利双赢。加快建立垦区政策性担保体系，完善担保机制，解决垦区职工融资难、融资贵问题。推动科技人员、大学生、职工以及各类新增就业人员创新创业，营造“大众创业、万众创新”社会氛围，实现创新发展。

抓好典型带动，推进供给侧结构性改革。垦区上下对农业供给侧结构性改革是有共识的，问题在于我们判断市场、驾驭市场的能力还不足。各级党政组织和领导干部要改进作风和工作方法，既不能包办代替、越俎代庖，也不能无所作为、袖手旁观。要充分发挥市场在资源配置中的决定性作用，让市场力量引领结构调整。要重点强化政策引导和服务支持。培育和总结推广典型，善于用典型引路，推进农业供给侧结构性改革。

（二）深化国企改革，加快产业发展。《中共中央 国务院关于深化国有企业改革的指导意见》指出：“主业处于充分竞争行业和领域的商业类国有企业，原则上都要实行公司制股份制改革，积极引入其他国有资本或各类非国有资本实现股权多元化，国有资本可以绝对控股、相对控股，也可以参股，并着力推进整体上市。实行混合所有制企业员工持股。通过实行员工持股建立激励约束长效机制。建立国有企业领导人员分类分层管理制度。坚持党管干部原则与董事会依法产生、董事会依法选择经营管理者、经营管理者依法行使用人权相结合。推行职业经理人制度，董事会按市场化方式选聘和管理职业经理人。积极引入各类投资者实现股权多元化，大力推动国有企业改制上市。”习近平总书记强调：“混合所有制改革是国企改革的重要突破口。”实践证明，总局党委提出的“引进战略投资者、发展混合所有制经济，鼓励管理层和员工持股，市场化选聘职业经理人和具备条件企业和资本市场合作融资上市”四项改革措施，完全符合习近平总书记重要讲话精神，符合中央和省委关于深化国企改革的要求，符合垦区实际。改革的方向和路径是完全正确的，已经形成了可复制可推广的经验，要进一步加大力度推进。

总局直属企业能否健康发展，直接关系到北大荒集团的生存。要以引进战略投资者、发展混合所有制经济为突破口，加快改革步伐，快速扩大增量、激活存量和要素，加快产业项目发展。已确定战略投资人，拟于近期签订合资合作投资协议的完达山乳业股份有限公司等7户企业，要进一步加快推进步伐，确保上半年落实到位；尚未确定战略投资者的其他国有企业，要加快寻找合作伙伴，推进混合所有制改革。凡具备混合所有制改革条件的国有企业，今年年底前都要完成混改。要发挥市场机制作用，坚持因企施策，成熟一个推进一个。要坚持依法依规，严格程序，公开公正透明。集团层面和现有分子公司层面都要实施混合所有制改革，不能用集团层面改革代替分子公司层面改革，也不能用分子公司层面改革代替集团层面改革。

鼓励管理层和骨干员工持股。将企业效益和管理层、员工利益紧密挂钩，激发内生动力，完善内部监督制约长效机制。鼓励和支持企业与引进战略投资者同步开展管理层和骨干员工持股。暂时有困难，短期内难以引进战略投资者的国有企业，可先行开展管理层和骨干员工持股改革。

依法完善企业法人治理结构，建立现代企业制度。对已完成引资合作实现混合所有制的企业，要最大限度向企业放权。总局党委只管集团层面总局派出的董事会、监事会人选，由董事会通过市场化方式选聘经理层，坚持薪酬与效益挂钩原则，放开管理层薪酬，实行完全市场化。

积极推进具备条件的企业上市。通过与资本市场合作，快速做强做优做大。重点推进垦丰种业转主板IPO、九三集团非转基因板块上市和丰润公司“新三板”挂牌。

当前，部分企业改革进度迟缓，除现实困难外，更重要的原因是思想认识和思想观念问题。各国有企业主要负责人和有关部门要进一步解放思想，转变观念，增强国企改革的危机感、紧迫感和责任感。坚持从实际出发，对有优势、有前景的产业，可以相对控股，不谋求绝对控股；对非绝对优势产业，不谋求控股，可以参股，有的可以完全退出。要注重引进民营资本，强化内部监督制约，增强企业活力。启动国有企业瘦身健体、提质增效工作，进一步突出主业、做强主业，解决部分集团公司层级过多、战线过长、力量分散、管理失控等问题。对经营规模偏小、业务相同或相近的总局直属企业，可在集团成员企业之间进行整合。

要树立强烈的发展意识。发展是解决一切问题的关键，化解各种矛盾和风险，归根到底要靠发展。越是在爬坡过坎的关口，越要用发展的眼光看问题，用发展的办法解决问题。真正做到发展意识不淡化、发展干劲不懈怠、发展势头不减弱，真正在发展上下功夫。衡量企业、评价干部要更加看重发展的成果和领导发展的能力，更加看重打基础、可持续的潜绩。

企业的一切生产经营活动，都要突出经济效益这个核心，坚持效益大大干，效益小小干，没效益不干。在确保有效益的前提下，努力增加企业销售收入，扩大企业市场占有率，提高产品品牌影响力。我们不是不要销售收入、不要GDP，而是要有质量、有效益、货真价实的销售收入和GDP，要可持续的销售收入和GDP。坚持创新驱动，增强企业核心竞争力，努力培育出更多创新能力强、品牌价值高、市场前景好的优秀企业。就垦区占有的资源而言，我们完全应该将北大荒集团打造成世界级企业集团。

（三）加强管理，优化环境。坚持一手抓国企改革，一手强化企业管理，防控经营风险。

继续抓好控债化债工作。近年来，部分国有企业盲目扩张，过度负债，再加上管理失控，导致效益低下，债务风险高企。要加强自我约束，强化负债和风险管控，切实把杠杆率降下来。要建立债务化解长效机制和激励约束机制，从源头上控制新债产生。各农（牧）场要继续控债化债，坚持除国家、省和总局立项项目需要匹配的资金外，任何农（牧）场在2014年底的基础上不能增加新的债务。要扭转北大荒集团总公司债务增长势头，严格控制北大荒集团总公司给各管理局、农（牧）场提供贷款和贷款担保，防止风险集聚，坚决纠正以替换到期高息借款名义增加贷款、补充支出缺口。各农（牧）场要全面开展定岗、定员，压缩管理层级，精简非生产人员，降低管理成本。规范“两田制”，明确享受“基本田”待遇人员和以职工身份参保人员政策界线。各级党委要履职担当，树立正确的用人导向，对任期内债务不合理增长、没有落实还款措施的，一律不得提拔重用。各龙头企业要树立效益优先的经营理念，减少不合理资金占用，降低负债率，控制企业经营风险。

依法规范合资合作企业经营。当前，总局直属企业及下属各类合资合作企业占用我方资金或由我方单方提供担保的问题已十分普遍。有相当一部分企业除合资方注册资金外，全部资金都由我方承担，形成了事实上合作伙伴负盈不负亏，将经营风险全部转嫁到了我方。这也是总局直属企业资金不合理占用多、负债率居高不下的一个重要原因，要采取有力措施，尽快纠正。合资合作各方要按股权比例承担资金；要限定期限，暂时有困难不能一步到位的，不足部分要提供有效担保、抵押或质押；有效担保、抵押或质押不足的，要缩小经营规模，使占用资金规模与合作各方能力相适应；合资方没有实力的，要研究依法解除合资合作关系；对历史上形成的由我方一家承担的亏损，要落实当事人和领导责任，依法向合资合作方追偿。

继续做好三项应收款清收工作。三项应收款清收仍是今年国有企业的重点任务，要综合运用行政、经济、法律和组织等手段加大清欠力度。要制定清欠目标，明确清收任务、责任和时限，对清欠行动迟缓、工作不力、不作为，前清后欠的负责人要严肃问责，要加大对涉嫌腐败、内外勾结、违纪违法行为的查处力度。

强化国有资产监管。垦区国企改革已进入攻坚阶段，必须按照国家相关法律法规规范改革行为。总局直属企业重要决策事项，要按总局党委“三重一大”制度规定，严格履行程序。严格执行国有资产交易相关规定，规范国企改制行为。严把中介机构选聘关，聘请有资质、高水平且信誉度高的中介服务机构。严格国有资产处置程序，依法做好资产评估、划转、出资、转让等。

强化项目资金管理。加强投资项目管理，规范招投标工作，加强垦区公共资源交易平台建设与管理，杜绝场外交易。严格规范工程项目建设、监理、验收、结算、决算。加强项目前期工作，完善重大项目前期工作联审联议机制，协调落实重大项目前期外部配套条件，提升项目前期工作质量，防止决策失误。按照“权力与责任同步下放”“谁承接、谁监管”的要求，加强投资项目事中事后协同监管，确保建设项目“不留死角”。加强项目资金使用管理，防止出现“趴窝”资金。对项目执行进度较慢的单位，要核减下一年度项目预算，对应开工未开工的单位不再安排下年度财政项目预算。对于人为因素造成项目资金被国家收回，进而影响国家后续投资的，要严肃追究相关单位和责任人责任。

强化审计监督。做到审计全覆盖并常态化。加强对重大政策措施落实的跟踪审计，重点开展控债化债、三项应收款清收、境外投资等审计。加强对企业资产负债真实性、合法性的审计力度，重点开展经济目标完成、经营绩效考核、薪酬兑现考核等审计。加大对工程项目、扶贫和安居工程等各类专项资金的审计。加强对企业兼并重组、瘦身健体、风险管控和内部管理等重点工作审计，严肃查处各类弄虚作假、违法违纪行为。

优化垦区发展环境。从垦区实际出发，找准突破口，结合行政权力“放、管、服”改革，突出解决办事效率低、办事难问题。加大力度查处各类破坏发展环境案件，认真核查省交办案件，确保核查结论经得起检验。对不履行职责，不认真查处，包庇、护短行为要严肃问责追责。各级党政组织和领导干部，要带头讲政治、讲规则、讲诚信。新官要理旧账，依法依规解决历史遗留问题，不回避、不推诿，打造具有竞争力的发展环境。推进垦区社会信用体系建设，严厉查处失信行为。进一步完善职代会和场（厂）务公开制度，落实好职工的知情权、参与权、监督权和表达权。进一步提高职代会会议质量，保证会议时间，要认真收集采纳职工提案，落实场长对话制度，完善职代会考核评价制度。

（四）持续保障和改善民生。牢牢把握“守住底线、突出重点、完善制度、引导舆论”的要求，把民生工作摆在更加突出的位置。坚决压缩各类不合理支出，杜绝过度超前建设造成资源闲置甚至举债建设非生产性项目行为，将财力向民生倾斜。扎实做好精准扶贫精准脱贫，把帮扶措施落实到户到人。稳定扩大就业，实现新增就业3.5万人，登记失业率控制在3.5%以下。完善社会保障机制，实现法定人员全覆盖。低保标准提高到每人每月600元，月人均补差标准提高到400元。在本人自愿的前提下，“三无”老人全部实现集中供养，国投敬老院项目全部建成投入使用。做好基本医疗和基本公共卫生服务，提高垦区群众健康水平。加强基础设施建设，推动“三供两治”市场化进程。建三江机场正式通航。创建省一类幼儿园6～8所，学前教育优质资源比例达到40%。推进中小学教育信息化建设，校校通实现比例达到98%以上，校园网建成比例达到70%以上，普通教室多媒体设备普及率达到85%以上。深化产学融合、校企合作，创新发展职业教育。继续推进文化惠民和全民健身工程。扎实开展“七五”普法工作，完善人民调解、行政调解、司法调解联动体系，持续加大处置非法集资、群体性事件以及反恐维稳工作力度，继续推进以“三大体系”为重点的平安垦区、法治垦区建设。畅通群众利益诉求渠道，注重抓好源头预防、化解、稳控工作，严格按照“三到位一处理”要求，将问题解决在基层。要牢固树立安全生产责任意识，加强重点行业领域监管，把各项安全措施落实到位。

三、深入推进农垦改革

深入贯彻党中央、国务院决策部署，认真落实省委、省政府和农业部要求，以垦区集团化、农场企业化为主线，以创新体制机制、转变农垦管理方式为重点，以农垦管理体制从三级管理向两级管理转变为突破口，深化农垦体制改革。围绕垦区集团化，逐步做实做强做大北大荒集团。推进管理体制改革，压缩非必需的办社会职能，优化办社会职能机构设置。围绕农场企业化，加快分离办社会职能，推进办社会职能改革。完成土地确权登记。继续创新农业经营方式，推进农业经营管理体制改革。将农垦管理体制改革与推进农垦发展相结合，通过改革促进思想观念的转变，通过改革激发农垦内生动力，通过改革推动农垦加快发展。

（一）深入推进绥化、哈尔滨管理局综合改革试点。按照中央关于“积极推进国有农场公检法、基础教育、基本医疗和公共卫生等办社会职能一次性移交地方政府管理，暂不具备条件的要在一定过渡期内分步分项移交。远离中心城镇等不具备社会职能移交条件的国有农场，探索推进办社会职能内部分开、管办分离，地方政府可采取授权委托、购买服务等方式赋予其相应管理权限和提供公共服务”的要求，对试点单位办社会职能，采取分步移交的办法，成熟一批（项）移交一批（项）。加快中心城镇内农（牧）场行政社会管理职能和公共服务职能移交；暂不具备条件的，在过渡期内分步分项移交；远离中心城镇的，探索实施垦区内部政企分开、管办分离。根据办社会职能移交进展情况，适时撤销农垦绥化、哈尔滨管理局，组建农垦绥化管委会，由管委会承担辖区内国有农（牧）场暂时不能移交属地政府管理的办社会职能。在远离中心城镇的国有农（牧）场设立社会行政管理委员会，由农垦管委会采取政府购买服务的方式，将小城镇管理等部分公共服务事务委托社会行政管理委员会管理。总结绥化、哈尔滨两个管理局改革试点工作，为农垦改革探索路子，提供可复制、可推广的经验。

（二）抓好专项改革试点。按照《黑龙江省农垦总局改革任务分解方案》确立的7个专题15项改革任务，承担改革任务的单位，要进一步增强改革的紧迫感和主动性，抓好各专项改革试点，确保年底前有实质性突破，为农垦改革奠定基础，提供经验。

（三）争取启动宝泉岭、红兴隆和牡丹江三个管委会改革试点。按照省委深改组第15次会议关于“宝泉岭、红兴隆、牡丹江三个产业基础较好的管理局，要抓紧调研谋划，尽早启动管委会试点”的要求，比照建三江、九三管委会试点改革模式，争取省委省政府支持，力争农垦宝泉岭、红兴隆和牡丹江管委会尽早启动并运行。

（四）做好改革试点督查和总结推广工作。建立改革试点台账制度，加强督查指导，密切跟踪各项工作进展，确保按时间节点完成改革试点任务。将综合改革试点和专项改革试点相结合，全面总结经验，制定黑龙江农垦改革整体方案。

四、坚持全面从严治党

做好农垦工作，关键在党，关键在党要管党、从严治党。垦区各级党组织和广大党员干部要牢固树立政治意识、大局意识、核心意识和看齐意识，始终保持干事创业精气神，用实实在在的工作业绩和发展成果，体现使命担当，推动垦区全面振兴发展。

（一）着力做好宣传思想文化工作，提高凝聚力和向心力。围绕持续深入贯彻习近平总书记系列重要讲话特别是对我省两次重要讲话精神，围绕贯彻落实中央和省委重大决策部署，进一步加强和改进宣传思想文化工作，为垦区改革发展提供强有力的思想保证、舆论支持和文化支撑。坚持正确政治方向，坚持正确舆论导向，切实提高舆论引导的能力和水平。把弘扬北大荒精神与培育和践行社会主义核心价值观紧密结合，不断挖掘北大荒精神新的时代内涵，激发广大党员干部和职工群众干事创业热情，凝聚起推动垦区改革发展的强大力量。举办好北大荒开发建设70周年纪念活动。大力繁荣和发展北大荒文化，提升北大荒文化软实力。

（二）切实加强领导班子和干部队伍建设，提升推动改革发展能力。始终把思想政治建设摆在突出位置，深入开展“两学一做”学习教育，推进党内学习教育常态化、制度化。坚定理想信念，提高政治觉悟，严肃党内政治生活，严守党的政治纪律和政治规矩，不断增强“四个意识”，尤其是核心意识、看齐意识，始终做到对党绝对忠诚，坚决维护以习近平同志为核心的党中央权威，坚决同党中央保持高度一致，确保中央、省委和农业部重大决策部署不折不扣落实到位。各级党委要带头执行《关于新形势下党内政治生活的若干准则》，推动党内政治生活制度化、程序化、规范化。认真贯彻民主集中制原则，严格执行“三重一大”决策制度，强化权力运行监督和制约。坚持思想建党与制度建党相结合，把党内法规制度落实到位。坚持正确的选人用人导向，按照新时期好干部标准，严把政治关、能力关、作风关和廉洁关，选好干部、配强班子。各级党员干部要自觉提高运用法治思维和法治方式开展工作、解决问题、推动发展的能力。适应垦区改革发展需要，注重高级经营管理人才培养和引进，努力造就一支优秀的企业经营管理人才队伍。着力加强基层党组织建设和党员队伍建设，不断增强基层党组织政治功能和服务功能，认真落实基层党建工作责任制，着力强化党员干部联系服务群众工作，筑牢基层战斗堡垒。加强基层人民武装部建设，在国防动员、民兵组织建设、兵员征集等工作上取得新突破。

（三）深入推进党风廉政建设和反腐败斗争，营造风清气正政治生态。全面贯彻落实党的十八届六中全会、十八届中央纪委七次全会和十一届省纪委七次全会精神，坚持全面从严管党治党，推进标本兼治，做到真管真严、敢管敢严、长管长严。认真贯彻党风廉政建设责任制，严格落实党委主体责任、纪委监督责任、党委书记第一责任人责任和党员领导干部“一岗双责”。认真执行《中国共产党问责条例》，实行“一案双查”“一问三责”，对落实“两个责任”不力的进行严肃问责。认真贯彻落实《中国共产党党内监督条例》，对党员干部从严教育、从严管理、从严监督，强化硬约束。各级领导干部要发挥好关键少数作用，模范遵守党的政治纪律和政治规矩，全面遵守组织纪律、廉洁纪律、群众纪律、工作纪律和生活纪律。牢记作风建设永远在路上，坚持“抓常、抓细、抓长”，严格执行中央八项规定，持之以恒反“四风”，努力践行“三严三实”。牢记党风廉政建设和反腐败斗争永远在路上，严格执行《中国共产党廉洁自律准则》和《中国共产党纪律处分条例》，以“零容忍”的态度，严肃查处腐败案件。紧盯关键岗位、重点人员和土地发包、工程招投标、物资采购、工程验收和结算、农业贷款以及企业经营等腐败易发多发环节。尤其是对不珍惜机会，清理超账期应收款工作不力，内外勾结、搞利益输送等给国家造成重大损失的责任人，要全面排查，依法依纪严厉惩处。按照省委巡视工作的部署要求，探索开展巡察工作，着力发现问题，充分发挥震慑、遏制、治本作用。要运用好执纪监督“四种形态”，让“红红脸、出出汗”成为常态，对党员干部存在的苗头性倾向性问题，要早提醒、早纠正，对违纪问题要早处理。严格落实“三个区分开来”，加大正向激励力度，建立容错纠错机制，为敢于担当的干部担当，为敢于负责的干部负责。加强纪检监察队伍建设，加快推进纪检监察机构改革调整，推动纪检监察机关“三转”，努力建设忠诚干净担当纪检队伍。

同志们，2017年垦区改革发展任务十分繁重。让我们紧密团结在以习近平同志为核心的党中央周围，不忘初心，继续前进，以优异成绩纪念北大荒开发建设70周年，迎接党的十九大和省第十二次党代会胜利召开！

春节就要到了，在此，我代表总局党委，祝垦区170万职工和家属，新春快乐、身体健康、阖家幸福！

在中共黑龙江省农垦总局委员会（扩大）会议上的总结讲话

黑龙江省农垦总局局长　王有国

（2017年1月22日）

总局党委（扩大）会议历时两天时间，圆满完成了各项议程，就要结束了。大会听取了兆力同志代表总局党委作的题为《以推进农业供给侧结构性改革为主线 培育垦区振兴发展新动能》的工作报告。可以说2016年“十三五”开局良好，经济企稳向好态势已经显现；2017年主线清晰，发展任务繁重，改革进入攻坚阶段。

昨天下午，与会代表围绕《报告》进行了充分认真的讨论，大家对总局党委做出的2016年工作回顾和2017年的各项部署表示高度赞同，同时也提出了一些很好的意见和建议，会后我们将组织相关部门认真研究，积极吸纳。今天上午，我们集中观看了农业结构调整宣传片，目的是通过典型来引导，相信会对大家有所启发。

下面，我就学习领会、贯彻落实好这次会议精神，讲三点意见。

一、深刻领会、准确把握《报告》的精神实质

一要把握主线。2016年，总局党委团结带领广大干部职工攻坚克难，在经济社会发展各方面采取了卓有成效的重大举措，特别是国有企业混合所有制改革有所突破，龙头企业和农（牧）场严管理、控化债取得了一定成效。农业供给侧结构性改革是2017年的重要任务。要抓住政策机遇，在守住垦区400亿斤粮食综合产能的底线下，在确保维护国家粮食战略地位的前提下，突出绿色发展，将粮食生产由数量增长为主转到数量质量效益并重上来，加快转变农业发展方式。

二要抓住重点。优化结构仍是2017年的工作重点，要抓紧完善现代农业“三大体系”建设，深化国企改革，推进一二三产业融合发展，推动产品结构、产业结构和区域结构的优化升级，实现垦区绿色农产品优质优价，促进企业增效、职工增收。

三要突破难点。目前，垦区绿色（有机）和优质高效作物比例偏低，“量大链短、种强销弱、质优价不优”的局面没有明显改变；农（牧）场办社会负担沉重、负债比例较高；龙头企业市场竞争力不强、盈利能力不足，存在潜亏风险。这些难点都需要我们在2017年深入研究，采取有效措施加以解决。

四要明确目标。高度重视2017年经济增长6%～6.5%的预期区间目标和400亿斤以上粮食综合产能目标。更要把职工群众共享改革发展成果作为出发点和落脚点，确保职工群众收入增长与经济发展同步。

五要从严治党。做好农垦工作，关键在党，关键在党要管党、从严治党。各级领导班子和干部队伍要不断增强“四个意识”，会聚170万北大荒人推动垦区改革发展的强大力量。要深入推进党风廉政建设和反腐败斗争，营造风清气正的政治生态和发展环境。

二、全面深入贯彻落实党委（扩大）会议精神，着力抓好2017年各项工作

（一）有效推进农业供给侧结构性改革。推进垦区农业供给侧结构性改革，着力点在于构建绿色农产品产业链、价值链，打造中高端全产业链，提高农业供给质量效益。突破口要放到推进农业结构调整上，推动粮、经、饲统筹，农、林、牧、渔结合，种、养、加、销一体，建设现代农业大基地、大企业、大产业，为培育形成农业领域的航母提供先决条件。

一是因地制宜调结构。种好地要调整种植结构。按照“调减玉米、稳定水稻、增加大豆杂粮、扩大饲草果蔬”的思路，根据市场需求变化情况，构建粮经饲三元结构。推广水稻“三化两管”、玉米“四精两管”、大豆“大垄密”、马铃薯“四优一管”等栽培模式。通过“三减”、免耕等措施，实现农业节本增效。相关职能部门要着手研究今年的种植结构调整问题，加强替代作物品种，尤其是经济作物、饲草作物种植成本效益分析。推动特色农业发展，把地方土特产和小品种做成带动职工增收的大产业。养好畜要因地施策。围绕“两牛一猪一禽”，畜牧业发展要转型升级，提高规模化、集约化、标准化养殖水平。根据市场变化稳步推进乳肉兼用牛基地建设，突出抓好规模奶牛场9吨奶工程，努力担负起国家优质奶源基地建设任务。推进青贮饲草料基地建设，推广青贮饲料生产应用技术。育好林要算好经济账。垦区有林地面积超过1300万亩，林业资源丰富，林业产业发展潜力巨大。要科学合理利用森林资源，实行“龙头企业＋基地＋农户”的林业产业化发展模式，培育林业经济增长点。鼓励引导职工发展深加工，拉长产业链条。推广林药、林草、林果兼种的新型生态经济造林模式，试验开发森林绿色食品、中药材、林木种苗、花卉等产业。大力培育园林、苗圃、食用菌、林下种植养殖、生态观光旅游等产业，提高土地产出率。抓旅游要借好势、借好力。2016

年，垦区旅游收入达到36.6亿元，同比增长12.9%。今年要大力发展集休闲、旅游、观光、度假、养生、养老于一体的生命健康产业。加大招商引资力度，构建旅游产业与农林、商贸、文化、体育等产业融合发展的新格局。

二是加快推动产业整体提质增效、转型升级。兆力同志提出，要启动垦区“优质米工程”，大力发展绿色农业、特色农业和品牌农业。这抓住了垦区整体农业提档升级、转型发展、提质增效的根本。各管理局、农（牧）场要把绿色发展模式落到实处。要做好200多亿斤绿色稻米的大文章。今年国家水稻最低收购价可能降低，要力争保持垦区整体水稻价格稳定，江河水灌溉的中高端绿色有机水稻争取卖上好价钱。稻米加工企业要完善物流营销网络，带动其他农产品产销两旺，将北大荒、完达山、九三等培育成为安全放心食品的“代名词”。

三是积极开拓中高端农产品市场。要加大推介宣传力度，提高产品包装档次，扩大北大荒的知名度和影响力，叫响北大荒品牌。2016年垦区电子商务提速发展，线上交易额近60亿元。目前要做好渠道建设，强化终端市场网络建设，最终融入全球农业的产业链、价值链、供应链和物流链。要切实转变营销模式，加大新产品和高附加值产品的营销力度，拓展终端市场。继续建设北大荒绿色食品旗舰店、加盟连锁店，做好“互联网+营销”文章，提高应用水平，加快发展电子商务，产业集中度高、物流集散能力强的地方要积极发展电商产业园。

四是大力争取产业项目落地。今年必须把产业项目建设作为重点工作之一，加大技术创新投入，积极发展绿色食品产业和农畜产品精深加工产业，打造以绿色食品制造为主体的新型工业体系。去年宝泉岭管理局的增长，很大程度取决于白羽鸡产业项目的拉动，今年要确保白羽鸡项目二期工程启动。建三江管理局要抓紧实施200万头生猪全产业链项目。其他管理局也要围绕农牧结合的实际特点，加大招商引资力度，推动农产品精深加工产业项目落地。要谋划和储备一批有影响力的重点产业项目。继续发展壮大龙头企业，加大对中小企业的支持力度，促进高成长性的创新型小微企业加快发展。

五是着力夯实发展基础。继续把水利等重大基础设施建设作为“一号工程”来抓，扎实推进三江平原青龙山灌区项目建设，按期完成年度建设任务；配合省三江工程建设管理局完成垦区境内三江治理项目收尾工程；宝泉岭、红兴隆、建三江3个管理局17个农场要做好三江连通项目前期工作。全年230万亩生态高标准农田建设任务要尽快落地，未来三到五年计划要逐年增加，年增加比例不能低于6%。加大大中型农田灌排骨干工程节水改造力度，建成一批高效节水灌溉工程。优化农机装备结构，今年农机更新总投入要达到20亿元。在水利、农业、城镇基础设施建设等领域开展PPP模式试点，每个管理局要有一到两个试点项目实施。

六是切实增强“走出去”发展后劲。紧紧围绕国家“一带一路”战略和“龙江丝路带”建设的具体部署，提高垦区境外农业开发的影响力和效益。要坚定不移地实施农业“走出去”战略，不能因为过去出现这样或那样的问题，就动摇“走出去”的信心。进一步加强对境外农业的组织领导，不断总结和吸取经验教训，整合境外农业资源，积极创建境外农业示范区，引导境外企业将投资方向和重点转向农业加工、物流、仓储、码头等资本和技术密集型行业，以及种子、研发等科技含量较高的关键领域。

（二）全力推动垦区改革工作。2017年是垦区改革发展关键年，要按照兆力同志提出的“通过改革促进思想观念的转变，通过改革激发农垦内生动力，通过改革推动农垦加快发展”的要求，深入推进农垦改革，巩固和深化国企改革成果。

一是继续深入推进农垦改革。

要创新体制机制，转变农垦管理方式。遵循中央农垦改革精神，按照省委、省政府和农业部部署，牢固树立新发展理念，按照问题导向、发展导向和目标导向，因地制宜、分类施策，围绕垦区集团化、农场企业化这条主线，“抓两头、带中间”，统筹推进改革发展攻坚破冰。积极参与中央直属垦区管理办法的制定。《黑龙江省农垦总局改革任务分解方案》确立的7个专题15项具体改革任务今年要有实质性突破。

要提高总局综合协调能力，充分调动基层积极性。抓紧谋划推进宝泉岭、红兴隆和牡丹江三个管委会改革试点，争取尽早启动运行。绥化、哈尔滨管理局综合改革试点方案要继续推进落地，尽快组建黑龙江省农垦绥化管委会，推进所属农场企业化运作。

要做强做优做大北大荒集团。习近平总书记指出：“必须理直气壮做强做优做大国有企业，不断增强活力、影响力、抗风险能力，实现国有资产保值增值”。北大荒集团在发挥国有农业经济影响力、竞争力和控制力方面占有重要战略地位，要坚定不移地打造成国际大粮商。通过引进战略投资者、项目合作、股权置换、改制上市等方式实现投资主体多元化。要坚定不移走“市场化选人用人”之路，借助外智提升自己。建立国有企业领导人员分类分层管理制度。探索管理层和员工持股的合理方式，调动各类人才的积极性、主动性和创造性。

要积极争取中央、省委省政府和农业部的政策支持。在总结综合改革试点和专项改革试点经验基础上，科学编制垦区总体改革方案，报送省委、省政府和农业部审批。认真研究远离中心城镇的、集中连片区域的“内部政企分开”模式，积极探索垦区社会管理职能改革路径，深化农垦体制改革。

二是继续深化国企改革。

要充分激发国有企业内生动力。企业改革的核心是提高内生动力。要深化企业劳动用工、干部人事、分配制度三项改革。逐步消化库存，优化资债结构，培育新的经济增长点。要以效益为核心，完善法人治理结构。各直属企业要不断树立新目标，注重与资本市场融合。要在企业的协同力、领导力和创新力上下工夫，用全新的理念、科学的体制机制激发内生动力，不断增强可持续发展能力。

北大荒农业股份公司要发挥上市示范效应。作为垦区唯一主板上市公司，要充分发挥上市公司的资本运营功能，借助资本市场这个平台，围绕主业延伸产业链条，选准投资方向和项目，经过市场调研和科学论证，采取收购、兼并、重组等方式，形成同领域的规模优势和竞争优势，尽快培育出新的利润增长点。

（三）统筹推进管理节本增效。强管理要围绕节本增效持续发力，久久为功，常抓常新。一是总局各部门要深入研究、剖析龙头企业、管理局和农（牧）场的好经验、好做法，组织动员基层相互学习借鉴，制定切合实际的管理措施。二是借鉴齐齐哈尔管理局严格执行刚性预算等逐年缩减经营管理成本的做法；借鉴宝泉岭管理局加强土地承包费收取使用等财务管理标准化的做法；借鉴九三管理局严控贷款规模等控制债务风险的做法，加快形成符合实际的节本增效管理体系，使这些好经验好做法广泛落地。三是严厉打击侵吞国有资产行为。切实加强对国有资产的监督管理，既要防止内部侵吞，又要坚决杜绝内外勾结、吃里爬外、借合作之机贵买贱卖、关联交易、利益输送等现象发生。四是继续抓好应收款清收。明确第一责任人，对造成欠款的当事主要领导、分管领导和经办人，实行责任倒查。五是加强外债管理，强化外债还款责任。落实措施，完成2017年还款任务，维护垦区利用外资的良好信誉。六是整合三级审计资源及审计项目，采取集中审计、分级审计等多种方式，完成好控债化债、扶贫等审计任务，强化审计发现问题整改力度。切实做到应审尽审、凡审必严。加强干部经济责任审计监督，使接受监督成为自觉和习惯。

（四）大力优化垦区发展环境。一是推进“放、管、服”改革。垦区各级各部门要提高对发展环境整治工作的认识，加强与相关部委及省直部门的沟通，推动政策落地。要简化审批要件与流程，缩短审批时限。二是落实“一岗双责”。严格执行党内法规制度，堵住制度漏洞，防范廉政风险；加大问责力度，对不担当、不作为的要严肃批评；对失职渎职造成严重后果的要严厉问责，真正做到不回避矛盾、不推诿责任。处理遗留问题要有责任心，坚决杜绝新官不理旧账。对给北大荒集团信用造成危害的要严厉查处。三是确保重大决策部署得到落实。对总局党委、总局部署的工作，尤其是重大政策、重大项目、重大工程，要强化督办，确保落实。

（五）进一步完善垦区新型城镇化。一要提高公共服务水平。加强“三供两治”建设，加快市场化改革，积极开展政府和社会资本合作，提高公共服务质量和效率。推进社区综合服务中心建设，完善服务功能，着重为弱势群体解决好保障房、廉租房问题。二要加快产城融合发展。重点发展生产性和生活性服务业，推动产业结构和就业结构优化升级，带动物流、人流、信息流，增强农垦小城镇的集聚功能和辐射能力。三要改善城镇环境质量。继续开展“抓干净、无死角”城镇市容环境卫生综合治理活动，扎实开展大气、水、污染物等各项污染防治工作，提高城镇绿化覆盖率，提升城镇资源和环境承载力。四要推进“美丽农场”建设。突出特色、突出重点，强化责任，严格考评，抓好示范单位、环境整治和场风文明建设，确保圆满完成“美丽农场”建设三年行动任务。

（六）持续发展民生社会事业。垦区改革发展的出发点和落脚点是持续提升职工群众的幸福指数。要全面落实文化信息资源共享、全民健身等文化惠民工程，促进基本公共文化服务科学化、均等化、普惠化，满足广大职工群众的精神需求。切实保障公共教育投入，持续提高服务水平，高水平普及学前三年教育，推动义务教育优质均衡发展。增强职业教育服务垦区经济社会发展能力。继续推进社区卫生服务提升工程，提高家庭医生签约服务质量，化解医保转诊难、转院难的问题。继续完善社会保障体系，实施全民参保计划，要基本实现法定人员全覆盖。强化预算执行，确保企业离退休人员养老金按时足额发放，最大限度解决垦区养老金缺口问题，提升社会保障能力。要加强社会管理，全力抓好处置非法集资、群体性事件以及反恐维稳工作，确保垦区社会稳定。

（七）合力打赢扶贫攻坚战。要合理安排扶贫项目计划，做到对症下药、精准滴灌、靶向治疗，确保贫困职工不落一户、不落一人。扶贫开发项目要聚焦产业发展，突出需求导向，实施“一场一策”“一地一品”，宜种则种、宜牧则牧、宜游则游，助力扶贫对象精准受益。加强扶贫脱贫宣传，用典型引路带动扶贫脱贫攻坚，形成良好社会氛围，让更多企业与爱心人士关心、关注和支持垦区扶贫脱贫。加强专项扶贫资金、产业发展扶持资金等项目督查力度，破除扶贫领域形式主义，确保做到“扶真贫”与“真扶贫”。

（八）切实加强生态文明建设。习近平总书记强调：“绿水青山是金山银山，黑龙江的冰天雪地也是金山银山”。继续深化森林、湿地资源保护与利用，维护生态安全。要以改善环境质量为核心，以解决突出环境问题为导向，补齐生态环境短板。完成国家级、省级生态局和生态农场创建任务。加强自然保护区管理，改善人居环境和生态条件。认真执行环境保护制度，落实环境保护主体责任，严格监管执法，防范环境风险；强化环保督察，建立督察整改清单。总局要定期对各管理局、各部门完成情况开展督导、一案一销，切实解决本地区、本行业影响生态环境发展，损害公众环境权益的突出问题，坚决查处破坏生态行为和环境违法案件。

三、立足当下，扎实做好近期重点工作

（一）抓紧完善《黑龙江垦区“十三五”规划实施方案》。以深化农垦改革为动力，以推进农业供给侧结构性改革为主线，以优化供给、提质增效、职工增收为目标，充分发扬民主，认真完善垦区“十三五”规划实施方案，对标衔接，为构建农业领域航母奠定设计基础。

（二）完成好粮食销售和备春耕工作。春节将近，职工群众集中消费和安排春耕生产等变现需求更加紧迫。各部门要加强对粮食市场购销形势和农户余粮储存情况的监测，拟定应对预案，落实工作措施、明确任务主体，加快完成剩余粮食变现任务。同时，各单位要科学摆布，合理安排，做好种植计划、农机检修、种子和生产资料采购等备春耕工作。要结合实际，科学确定适合本地区的主栽品种，不能过杂、过乱。切实维护好农资市场秩序，严厉惩处伪劣农资坑农、害农事件。

（三）抓好安全生产及信访维稳工作。安全生产片刻不可有任何放松，必须始终绷紧安全生产这根弦。要以贯彻落实《中共中央 国务院关于推进安全生产领域改革发展的意见》为动力，严格落实安全生产责任制，建立健全隐患排查和风险防控双重预防机制，全面排查治理事故隐患，重点抓好道路交通、人员密集场所、建筑施工、危险化学品、烟花爆竹等高危行业和领域的专项整治，坚决遏制重特大事故发生。各级安全监管部门和领导干部要切实强化三个意识：一是抓安全过程比结果重要；二是必须牢牢抓住重点环节、重要节点；三是每名领导干部都要养成时刻关注安全、自觉抓安全的行为习惯。关于信访维稳工作，春节前后可以说是信访事件的高发期，尤其是拖欠农民工工资、讨要工程款和土地承包等问题比较突出，各单位要多方协力，既要解决群众合理合法诉求，又要摆正态度，依法处置违法行为，共同维护垦区社会稳定。尤其是对职工群众反映的热点、难点问题，要及时提出解决办法和改进工作的意见建议。

（四）安排好职工群众生活。春节临近，职工群众的民生社会保障问题是当前工作的重中之重。要深入特困、劳模、老复转军人、军烈属、残疾人和离退休老干部家中，体察社情民意，帮助解决实际困难。要统筹协调好节日期间的安全生产、市场供应、文化生活，努力为职工群众欢度佳节营造一个安定祥和的社会环境。

（五）做好对上政策争取工作。总局财务处、发改委、农业局、工信委、商务局、水务局等相关部门要认真研究中央和省委各项重大决策背后的含金量，找准与国家和省政策的契合点，主动与国家和省有关部门搞好沟通对接，争取更多、更大支持。

同志们，党的十九大即将召开，我们要更加紧密地团结在以习近平同志为核心的党中央周围，在省委、省政府和农业部的关怀支持下，在总局党委的正确领导下，在北大荒迎来开发建设70周年之际，各级领导干部要率先垂范，展现北大荒人的精气神，履行好我们的使命担当，带领广大职工群众创新创业，全心全意增进人民福祉，向党的十九大和170万北大荒人交上一份满意的答卷！

最后，给大家拜个早年！祝全体干部职工群众身体健康、工作顺利！

大事记

1 月

1月5日 上午，垦区推进改革发展工作领导小组第一次会议在总局机关召开。总局党委书记、垦区推进改革发展工作领导小组组长王兆力主持会议。会议研究审议了垦区推进改革发展工作领导小组调查研究方案、考察学习方案以及领导小组办公室职责与分工，对农垦改革发展工作作进一步部署。总局领导王有国、刘君、徐学阳、谭占龙、于春明、张秀军、刘锡荣、高跃辉、刘伟康以及北大荒集团总公司总经理侯培耀出席会议。

1月5日 农垦总局红兴隆管理局北兴农场获省委宣传部授予的“全省培育和践行社会主义核心价值观示范县”荣誉称号。

1月5日 下午，总局团委、教育局与中国狮子联会哈尔滨会员管理委员会共同举办的以“分享和平”为主题的2015年全球少儿世界和平海报绘画大赛黑龙江垦区比赛颁奖典礼在香坊农场学校举行。

1月5日 哈尔滨第32届国际冰雪节开幕，完达山乳业借助冰雪大世界宣传完达山品牌形象，在园内设立多处“完达山”景观。

1月8日 下午，总局党委书记王兆力主持召开2016年第一次总局党委会议，传达省委经济工作会议和省委扶贫开发工作会议精神。总局领导王有国、刘君、谭占龙、于春明、张秀军、王立荣、高跃辉、刘伟康出席会议，总局副巡视员李殿君、刘锡荣以及北大荒集团总公司总经理侯培耀列席会议。

1月8日 由八一农垦大学测试中心承办的为期3天的垦区测土配方施肥工作暨化验室能力验证考核总结及技术交流工作会议落下帷幕。总局农业局、植保站，八一农大测试中心、农垦科学院测试中心及9个管理局、71个农（牧）场的相关负责人、业务骨干近150人参加会议。

1月10日 农垦科学院畜牧研究所从澳大利亚引进的110头乳肉兼用西门塔尔牛运到研究所位于四方山农场的牛类实验基地。至此，四方山农场乳肉兼用牛实验基地已存栏杂交德系西门塔尔牛146头、澳大利亚乳肉兼用西门塔尔牛1 10头及加拿大安格斯后备种牛14头。

1月11日 省总工会主席王悦华带领慰问组在总局党委委员、工会主席于春明的陪同下，走访慰问了铁力农场部分困难企业和贫困职工。同时，工会主席于春明检查了农场消防安全工作。

1月11日 垦区大气污染防治百日攻坚专项检查动员电视电话会议召开。农垦总局党委副书记、纪委书记刘君出席会议并讲话。

1月11日 上午，杭州—北大荒青年“互联网＋农业”创新创业论坛在杭州举行。此次活动由总局党委组织部、总局绿办、总局团委共同举办。杭州团市委领导、杭州青年企业家代表参加活动。

1月12日 按照省委的统一安排部署，农垦总局党委召开了领导班子“三严三实”专题民主生活会。农垦总局党委书记王兆力主持会议并作总结讲话，省委巡视组副组长孟凡领到会指导。总局领导王有国、刘君、徐学阳、谭占龙、于春明、张秀军、王立荣、高跃辉、刘伟康出席会议。省委巡视组有关同志，总局党委组织部、纪委和办公室有关同志列席会议。

1月12日 黑龙江八一农垦大学国家杂粮工程技术研究中心通过科技部专家组验收。

1月13日 总局副局长谭占龙主持召开总局食品安全委员会工作会议，贯彻落实全省“食安龙江百日行动”电视电话会议精神，并对垦区食品安全工作进行部署。

1月13日 教育部高等教育司正式公示2015年度国家级实验教学示范中心和国家级虚拟仿真实验教学中心入选名单，八一农垦大学农学院“寒地作物栽培技术实验教学中心”榜上有名。

1月17日 上午，省委组织部省委党校调研座谈会在农垦总局党校举行。由省委党校副校长韩健鹏任组长的省委组织部省委党校第四调研组对垦区党校工作进行调研。总局党委书记王兆力出席座谈会。总局党委委员、组织部部长刘伟康主持。

1月18日 省委副书记陈润儿在大庆市委书记赵铭、市长韩立华等领导陪同下，视察黑龙江八一农垦大学国家杂粮工程技术研究中心。八一农大党委书记李佐同、校长秦智伟陪同参观。

1月18日 上午，完达山乳业领导班子“三严三实”专题民主生活会召开，农垦总局党委副书记、局长王有国出席会议并讲话。农垦总局党委委员、组织部部长刘伟康出席会议。

1月20日 国家民航局批复新建建三江民用机场的正式名称为“建三江湿地机场”。

1月20日 上午，总局党委书记王兆力主持召开2016年第二次总局党委会议，传达贯彻全国安全生产电视电话会议精神，部署垦区安全生产工作。总局领导王有国、刘君、谭占龙、于春明、王立荣、高跃辉、刘伟康出席会议。北大荒集团总公司总经理侯培耀列席会议。

1月20日 垦区第二次以黑龙江省农垦总局的名义组团参加在乌鲁木齐市冰上运动中心举办的第十三届全国冬奥会。

1月21日 上午，按照总局党委统一部署，北大荒农业股份有限公司领导班子民主生活会召开，总局党委书记王兆力到会督促指导，并围绕“三严三实”对公司下一步工作作出部署。总局党委委员、组织部部长刘伟康出席会议。

1月22日 上午，总局安委会2016年第一次全体会议在总局机关召开，总局副局长王立荣出席会议并就垦区各级履行安全生产监督检查职责提出要求。

1月24日 上午，全省水利建设、铁路、保障性安居工程建设和农村泥草房改造表彰推进电视电话会议召开。总局副巡视员刘锡荣以及总局纪委、办公室、组织部、发改委、财务处、人社局、国土资源局、环保局、住建局、水务局、林业局、文化委、审计局、安监局、畜牧兽医局等部门主要负责人在总局机关20楼电视电话会议室第一时间收听收看，各管理局党政主要领导及分管领导在分会场收听收看。

1月21日 宝泉岭、赵光、七星、绥滨、八五〇、八五二、庆丰7家农场医院（社区卫生服务中心）通过省卫生计生委组织的省级示范社区卫生服务中心评估验收，成为垦区首批省级示范社区卫生服务中心。

1月27日 下午，垦区安全生产工作电视电话会议召开。总局副局长王立荣强调，垦区各级要进一步强化安全发展理念和红线意识，以完善落实安全生产责任和管理制度为抓手，构建责任体系，强化依法治安，促进垦区安全生产形势持续稳定向好。总局党委委员、工会主席于春明主持会议并传达了总局党委书记王兆力和总局局长王国有近期关于安全生产工作的指示精神。

1月29日 由省奶业协会组织的全省奶业协会副会长单位研讨会在完达山乳业股份有限公司召开。会议强调，各乳制品加工企业、畜牧养殖行业要加强交流沟通，认清当前发展形势，迎接挑战，共谋“抱团取暖”大计。

2 月

2月1日 上午，总局党委（扩大）会议在总局机关二楼大会堂开幕。总局党委书记王兆力作工作报告，全面回顾总结垦区“十二五”及2015年工作，部署“十三五”及2016年重点工作。总局领导刘君、徐学阳、谭占龙、于春明、张秀军、王立荣、李殿君、高跃辉、刘伟康出席大会。各管理局党委书记、局长，八一农垦大学党委书记、校长，各农（牧）场党政主要领导，北大荒集团总公司总经理，北大荒农业股份有限公司董事长、总经理及各分公司总经理，总局各直属单位党政主要负责人，总局机关各部门主要负责人，总局离退休干部代表，总局军事部军官代表，新闻媒体代表共计375人在主会场参加会议

2月2日 上午，垦区党风廉政建设暨反腐败工作会议在总局机关二楼大会堂召开。总局党委书记王兆力发表讲话。省纪委监察厅第五纪检监察室主任马松滨到会讲话，总局党委副书记、纪委书记刘君主持会议并作反腐倡廉工作报告。总局领导徐学阳、谭占龙、于春明、张秀军、王立荣、李殿君、刘锡荣、高跃辉、刘伟康出席会议。总局纪委委员、总局机关反腐败牵头部门和责任部门主要领导，总局机关各部门主要领导，各管理局党政主要领导，各农（牧）场党政主要领导，北大荒集团、北大荒农业股份有限公司党政主要领导，北大荒股份各分公司主要领导，八一农大、总局驻哈直属单位和派驻单位党政主要领导、纪委书记、纪检组长，总局纪委监察局全体人员在主会场参加会议。各管理局党政班子成员、纪委委员、机关反腐败牵头部门和责任部门主要领导、机关各部门负责人，总局驻佳直属单位党政班子成员，各农（牧）场党政班子成员、纪委委员、机关反腐败牵头部门和责任部门主要领导、机关各部门负责人在各分会场参加会议。

2月2日 下午，总局农业工作会议在总局机关二楼大会堂召开，会议播放了垦区2015年转方式调结构先进典型专题片。总局党委书记王兆力出席会议并讲话。总局领导王有国、刘君、谭占龙、于春明、张秀军、王立荣、刘锡荣、高跃辉、刘伟康参加会议。总局副局长徐学阳主持会议。

2月2日 上午，总局党委（扩大）会议完成了各项议程闭幕。总局党委副书记、局长王有国作会议总结。总局领导王兆力、徐学阳、谭占龙、于春明、张秀军、王立荣、刘锡荣、高跃辉、刘伟康出席闭幕会。总局党委副书记、纪委书记刘君主持会议。各管理局党委书记、局长，八一农垦大学党委书记、校长，各农（牧）场党政主要领导，北大荒集团总公司总经理，北大荒农业股份有限公司董事长、总经理及各分公司总经理，总局各直属单位党政主要负责人，总局机关各部门主要负责人，总局军事部军官代表等300余人在主会场参加会议。

2月3日 下午，2015年度管理局和总局直属单位党委书记抓基层党建工作述职评议会议在总局机关一楼小会堂召开。总局党委书记王兆力出席会议并讲话。总局领导王有国、刘君、徐学阳、于春明、张秀军、王立荣、李殿君、高跃辉出席会议，会议由总局党委委员、组织部部长刘伟康主持。

2月3日 上午，垦区审计整改工作会议在总局机关二楼大会堂召开。总局党委书记王兆力出席会议并讲话。总局党委副书记、局长王有国主持会议。总局领导刘君、徐学阳、谭占龙、于春明、张秀军、王立荣、李殿君、刘锡荣、高跃辉、刘伟康出席会议。

2月3日 上午，总局农业工作会议在总局机关二楼大会堂召开，总局局长王有国出席会议并讲话。总局副局长徐学阳作工作报告，总局副局长谭占龙主持会议，总局领导于春明、王立荣、李殿君、刘锡荣出席会议。

2月4日 下午，副省长孙东生在总局党委书记王兆力的陪同下到完达山乳业股份有限公司，调研食品安全工作。省政府副秘书长王国才、总局副局长谭占龙、省食药监局副局长张守文陪同调研。

2月4日 上午，总局党委副书记、局长王有国登门看望92岁的总局原副局长杨清海，送去关怀和新春祝福。

2月5日 上午，总局党委书记王兆力先后来到总局老干部肖寒、李忠家中，代表总局党委、总局为他们送去新春的问候。

2月15日 2015年12月1日开始至2016年2月15日结束的垦区交通运输系统冬季安全生产百日会战收官。

2月16日 上午，总局党委书记王兆力主持召开第四次总局党委会议，部署垦区安全生产工作。总局领导王有国、徐学阳、谭占龙、于春明、张秀军、王立荣、高跃辉、刘伟康出席会议。总局副巡视员刘锡荣、北大荒集团总公司总经理侯培耀列席会议。

2月22日 总局党委书记王兆力主持召开总局直属企业落实总局党委（扩大）会议精神汇报会，听取各企业清理应收款和存货推进落实情况以及下一步国企改革工作打算。总局领导王有国、徐学阳、谭占龙、于春明、王立荣、李殿君、刘锡荣、高跃辉和北大荒集团总公司总经理侯培耀参加会议。

2月29日 九三集团旗下高端品牌连锁超市——福美意鲜供直达连锁店第

147家超市落户哈尔滨，这是福美意连锁超市在哈尔滨的第一家店面。

2月29日 庆阳农场、泰来农场获全国绿化委员会授予的“全国绿化模范单位”荣誉称号；红兴隆管理局林业局局长王德辉、北安管理局绿化办副主任何洪海和红光农场工人陈佰丽获得全国绿化奖章。

3　月

3月1日 总局党委书记王兆力主持召开垦区转方式调结构落实情况汇报会，听取各管理局、有关单位和部门推进转方式调结构以及在转方式调结构过程中遇到的困难和问题等情况汇报。

3月2日 下午，垦区扶贫开发工作电视电话会议召开，总局副局长谭占龙出席会议并讲话。总局党委委员、工会主席于春明传达了省扶贫开发工作会议精神。

3月2日 上午，总局2016年行政事业单位国有资产清查工作布置暨业务培训会在北大荒国际饭店召开。总局副局长王立荣出席会议并动员、部署国有资产清查工作。

3月4日 农业部办公厅印发农办科（2016）4号文件，推介发布2016农业主导品种和主推技术，其中，北大荒垦丰种业经营的玉米种子品种“德美亚1号”、水稻种子品种“龙粳25”（垦丰种业独家品种权和生产经营权品种，黑龙江省第三积温带上限品种）、水稻种子品种“龙粳31号”（垦丰独家垦区经营权品种，黑龙江省第二积温带品种）成为农业部推介的北方地区部分主导作物品种。

3月4日 上午，垦区宣传思想工作电视电话会议召开，总局党委副书记、纪委书记刘君出席会议并讲话。总局党委委员、宣传部部长高跃辉主持会议。

3月8日 下午，总局副巡视员李殿君会见京东集团自营干货总监陈永圣一行，双方就如何利用电商平台促进北大荒集团优质农产品销售等事宜进行交流。

3月10日 上午，省委第十六巡视组巡视总局情况反馈会在总局机关二楼大会堂召开。会上，省委巡视工作领导小组成员、省委巡视办主任李洪斌传达了省委书记王宪魁在省委“五人小组”听取2015年第四批巡视工作情况汇报时的讲话精神，省委第十六巡视组组长董凤山反馈了巡视总局情况，总局党委书记王兆力主持会议并代表总局党委作表态发言，总局局长王有国，省委第十六巡视组副组长宋树生、孟凡领出席会议。总局领导刘君、谭占龙、于春明、王立荣、李殿君、高跃辉、刘伟康以及部分总局退休老领导在主会场出席会议。

3月11日 上午，由农业部农垦局科贸处处长雷相成和农业部农垦局综合处、中国农垦经济发展中心、中商惠民电子商务有限公司相关负责人组成的调研组来到总局机关，就垦区农产品生产、加工以及商贸流通企业发展现状、问题和需求等事宜调研。总局副巡视员李殿君出席座谈会。

3月14日 上午，总局党委书记、总局党委改革发展工作领导小组组长王兆力主持召开总局党委改革发展工作领导小组第二次会议，研究讨论总局改革任务分解方案、垦区改革试点工作安排和总局党委改革发展工作领导小组2016年工作要点，并对农垦改革工作进行部署。总局领导王有国、刘君、徐学阳、谭占龙、于春明、张秀军、王立荣、高跃辉、刘伟康以及北大荒集团总公司总经理侯培耀出席会议。

3月14日 八一农垦大学与海南航空学校有限责任公司联合培养飞行学员签约仪式在海航航校总部湖北宜昌举行。

3月14日 上午，总局副巡视员李殿君率总局推进“互联网＋农业"工作领导小组成员一行赴京东集团考察，并与这个集团相关业务部门负责人就农产品网络营销、生资采购及青年农贷等方面问题进行深入交流，达成了初步合作意向。

3月16日 九三粮油工业集团龙江春季经销商会议在哈尔滨市召开。来自全省的81家经销商参加了会议，并现场签单9520万元，创历史新高。其中，非转基因产品订货数量35万箱，订货金额6583万元；其他产品订货数量24万箱，订货金额2937万元。

3月17日 上午，垦区春季森林草原防火暨造林绿化工作电视电话会议召开，总局副局长、总局森林防火指挥部副总指挥徐学阳出席会议并讲话。

3月22日 上午，北大荒黑土薯业有限公司合资签约仪式暨中国农业产业化发展之路论坛在北大荒国际饭店举行。总局党委书记王兆力、北京黑土地基金管理合伙企业董事长孙强出席仪式并分别致辞，国家马铃薯产业技术体系首席专家金黎平、中国马铃薯协会秘书长陈伊里、北大荒集团总公司总经理侯培耀、旺旺集团副总裁廖清圳、双日集团常务董事中国区总代表后藤政郎、荷兰明彩种薯公司执行董事爱博乐、丹麦发展中国家基金会资深投资官曹明思、香港大学教授阔克出席签约仪式，总局副局长徐学阳主持。

3月23日 上午，总局副局长徐学阳在总局机关20楼党委会议室会见了由优质农产品产业发展基金领导小组负责人、中以商会会长贾卫华率领的专家访问团一行，双方就大豆育种、新品种种植、深加工等方面问题进行了交流和探讨。

3月25日 总局党委书记王兆力在总局机关一楼小会堂主持召开总局党委理论中心组2016年度第一专题学习会议，围绕“习近平总书记3月7日参加十二届全国人大四次会议黑龙江代表团审议时所作的重要讲话和3月18日省委书记王宪魁在省委理论中心组学习会议上的讲话”进行集体学习和研讨。总局领导王有国、刘君、徐学阳、于春明、张秀军、刘伟康出席会议并作中心发言，北大荒集团总公司总经理侯培耀列席会议并做中心发言。

3月25日 下午，“非凡打造，油为珍贵”九三非转基因产品品牌战略发布会暨代言人签约仪式在北京国际饭店举行。50余家媒体共同见证九三粮油工业集团与影视明星朱亚文签约。

3月30日 下午，总局党委书记、总局党委改革发展工作领导小组组长王兆力主持召开总局党委改革发展工作领导小组第三次会议，听取各考察组赴其他垦区考察学习情况汇报，审议总局改革任务分解方案。总局领导王有国、刘君、徐学阳、谭占龙、于春明、王立荣、李殿君、刘锡荣、高跃辉、刘伟康以及北大荒集团总公司总经理侯培耀出席会议。

3月30日 阿里巴巴集团农村淘宝事业部东北大区经理赵亮一行到九三管理局及所辖尖山农场，针对“局淘、场淘”项目试点落地工作进行调研。调研组一行先后来九三经济开发区、物流园区以及尖山食品公司、农业科技馆、航化中心等地考察。总局团委、商务局、发改委、绿办等部门负责人陪同调研。

3月31日 下午，总局党委书记王兆力主持召开总局党委第六次会议，传达国务院第四次廉政工作会议和全国春季农业生产暨森林草原防火工作会议精神，研究讨论垦区转方式调结构典型试验示范推广落实工作。总局领导王有国、刘君、徐学阳、谭占龙、于春明、王立荣、张秀军、高跃辉、刘伟康出席会议。总局副巡视员刘锡荣、北大荒集团总公司总经理侯培耀列席会议。

3月31日 上午，垦区领导干部学习贯彻习近平总书记在黑龙江代表团重要讲话精神和王宪魁书记重要讲话精神专题研讨班在总局党校开班，总局党委书记王兆力出席开班式并讲话，总局党委委员、组织部长刘伟康主持开班式。

3月31日 针对日前市场上出现的黑龙江省九三农垦金豆有机油脂有限责任公司生产的“北大荒绿野”牌有机大豆油产品被 国家食品药品监督管理总局抽检不合格一事，九三粮油工业集团发表声明：“北大荒绿野”品牌和九三农垦金豆有机油脂有限责任公司与九三集团没有任何关系和业务往来，九三集团旗下公司生产的产品均经过正规质量检测机构检测，质量完全符合国家标准。

4　月

4月初 挠力河国家级湿地保护区红兴隆管理局的工作人员，在八五三管理站镜面湖附近发现30—40只的小天鹅集群。据东北林业大学李晓民教授介绍，这是首次发现小天鹅罕见大型集群，根据小天鹅的习性判断，可能是由几个小天鹅家庭组成的临时群体，是整个三江平原最大的集群。

4月初 垦区完达山乳业股份有限公司、北大荒米业集团、宝泉酱业有限公司、瑞丰源米业有限公司、双盛米业有限公司、胜利粮油食品有限公司6家公司获得了从50万元至1000万元不等的省绿色食品品牌奖励资金。全省共有25家企业获此资金。

4月6日 上午，总局党委书记王兆力主持召开总局党委第七次会议，传达全省党校工作会议精神，听取总局相关职能部门2016年向上争取政策资金工作情况汇报。总局领导王有国、刘君、徐学阳、谭占龙、于春明、张秀军、王立荣、高跃辉、刘伟康出席会议。北大荒集团总公司总经理侯培耀列席会议。

4月8日 上午，农业部农垦局第一督导组到总局机关，开展中央农垦改革发展文件贯彻落实专项督导对接工作，听取总局党委改革发展工作领导小组关于黑龙江垦区贯彻中央文件进展情况汇报，并对下步工作提出了建议。总局副局长、总局党委改革发展工作领导小组副组长、办公室主任徐学阳出席汇报会。

4月8日 下午，今年首期北大荒讲坛在总局机关大会堂开讲。此次讲坛以学习农业供给侧结构性改革精神为主题，播放了中央农村工作领导小组副组长、办公室主任陈锡文与农业部副部长陈晓华谈农业供给侧结构性改革的报告。总局党委委员、宣传部部长高跃辉主持。

4月8日 下午，黑龙江省青年创新创业大赛暨“北大荒杯”绿色食品青年电商销售大赛颁奖典礼在哈尔滨工业大学活动中心举行，民建中央常委、民建黑龙江省委主委、黑龙江省副省长孙东生，总局局长王有国出席颁奖典礼并为创业导师代表颁发证书。垦区的14个团队及个人包揽了电商销售大赛青年组包括冠军在内的近一半奖项。共有3899个团队、6605人参赛。

4月9-10日 由总局人社局主办、总局人才中心承办的黑龙江垦区2016年人才招聘会在八一农垦大学和东北农业大学举行。垦区共有54家用人单位参会，提供招聘岗位399个，涉及农学、农机、畜牧、水利工程、财会、市场营销等30余个专业，需求层次本科及以上学历达86%。为期两天的招聘会，共接待入场各类人才3000余人次，现场签订意向性协议220余份。

4月11日 下午，总局副局长、总局防汛抗旱指挥部副总指挥徐学阳主持召开垦区水利建设推进暨防汛抗旱工作会议，全面安排、部署、推进2016年垦区水利建设及防汛抗旱工作。

4月12日 上午，总局副局长，总局党委改革发展工作领导小组副组长、办公室主任徐学阳主持召开总局改革工作会议，对垦区改革工作进行全面部署。

4月13日 总局党委宣传部决定，命名宝山农场春露志愿者服务社等5个单位为垦区第二批“学雷锋活动示范点”，高晓峰等4位同志和耿志远同学为垦区第二批“岗位学雷锋标兵”。

4月13日 下午，垦区春季安全防火暨火灾隐患“整改年"工作动员部署电视电话会议召开，总局党委副书记、纪委书记、消安委主任刘君出席会议并讲话。

4月14日 副省长孙永波到牡丹江管理局，就环兴凯湖地区适宜发展养老服务业的政府闲置资产情况调研。

4月14日 总局局长王有国到位于上海市徐汇区肇家浜路22 1号的完达山物流公司上海旗舰店，调研企业运营情况。

4月14日 2016第六届中国国际大豆食品加工技术及设备展览会暨第四届中国国际大豆食品产业发展大会在上海光大会展中心启幕。作为协办单位，九三粮油工业集团携带“九三”非转基因大豆系列产品亮相展览会，并被授予“中国豆制品行业50强"称号。来自全国各地的豆制品生产及相关行业从业者、科研院所研究人员，以及100余家经销商和来自日本、韩国、美国、英国等国家的大豆食品企业参加展览会。

4月14日 上午，北大荒黑土薯业有限公司与韩国EGG公司就在中国建立合资公司事宜签署了备忘录。

4月19日 上午，垦区加强重点环节食品安全监管工作电视电话会议召开，总局副局长、总局食安委副主任谭占龙出席会议并讲话。谭占龙强调要确保监管工作支撑有底、开展有序、保障有力。

4月19日 第三届中国国际优质农产品展示交易会在中国国际展览中心开幕。北大荒集团组织九三粮油工业集团、北大荒商贸集团、北大荒米业集团、北大荒丰缘集团、完达山乳业集团、北大荒马铃薯集团、北大荒药业集团、北大荒仙骊菜业集团、北大荒酒业集团等龙头企业参加展交会。农业部原常务副部长刘成果在总局局长王有国的陪同下参观了北大荒绿色产品展区。本届展交会为期3天，设有各省市优质农产品展示区。

4月21日 中国农垦乳业联盟2016年主席联席会暨农垦乳业发展峰会在北大荒国际饭店召开。联盟17家成员单位主要负责人以及相关垦区管理部门、国内知名专家学者、特邀嘉宾、新闻媒体代表共计300余人出席会议，共同见证了《中国农垦生鲜乳生产和质量标准》及“中国农垦生鲜乳”产品标识发布仪式。

4月22日 下午，总局党委书记王兆力主持召开总局党委第八次会议，研究《中共黑龙江省农垦总局委员会关于省委第十六巡视组反馈意见整改工作的责任分工方案》，审议《关于在垦区党员中开展“学党章党规，学系列讲话，做合格党员”学习教育实施方案》。总局领导王有国、刘君、徐学阳、谭占龙、于春明、张秀军、王立荣、王从基、高跃辉、刘伟康出席会议。北大荒集团总公司总经理侯培耀列席会议。

4月22日 上午，2016中国国际奶业展览会暨乳业合作大会在哈尔滨国际会展中心开幕。中国检验检疫学会会长、国家质量监督检验检疫总局原副局长魏传忠，黑龙江省副省长孙尧来到完达山乳业集团展位参观指导。

4月22日 在中国施工企业管理协会第三十一次年会上，黑龙江农垦建工路桥有限公司获得“2015年度全国优秀施工企业"荣誉称号。

4月22日 18时30分，“完达山之夜黑龙江乳业招商引资对接会”在哈尔滨华旗礼堂召开，来自36个国家和地区的宾客齐聚一堂，共商奶业大势。中国验检疫学会会长魏传忠、黑龙江省副省长孙尧出席。

4月25日 上午，垦区“两学一做”学习教育工作电视电话会议召开，总局党委书记王兆力出席会议并讲话。总局党委副书记、局长王有国主持会议并作总结讲话。总局领导刘君、徐学阳、谭占龙、于春明、王从基出席会议。总局党委委员、组织部部长刘伟康传达了习近平总书记关于“两学一做”学习教育重要指示精神和省委“两学一做”学习教育工作会议精神。

4月25日 下午，总局局长王有国到建三江湿地机场建设工地调研。

4月26日 下午，总局党委书记王兆力到建三江湿地机场建设现场调研。

4月26日 下午，全国种植结构调整暨粮豆轮作粮改饲推进工作视频会议召开。总局组织机关相关部门负责人第一时间收听收看。总局副局长徐学阳一同收看。

4月26日 总局局长王有国到普阳农场检查防汛准备工作，并对垦区防汛工作进行再动员、再部署。

4月27日 总局党委书记王兆力先后到兴凯湖、八五〇、八五一一农场，调研当前农业生产进度、种植结构调整、水稻育秧大棚二次利用、农业产业化经营、农产品可追溯体系建设、灌区工程建设等情况。

4月26—27日 总局局长王有国到普阳、梧桐河、共青、宝泉岭农场以及宝泉岭管理局局直企业调研。

4月28日 总局党委书记王兆力先后到北大荒通用航空公司佳西基地和哈尔滨管理局松花江、沙河农场调研。

4月29日 上午，总局副局长王立荣带领总局安监局、质监局和垦区公安局消防支队相关负责人到北大荒丰缘集团丰威食品公司检查安全生产工作，部署“五一”劳动节期间垦区安全生产工作。

4月 总局党委依法治垦办公室受到中宣部、司法部、全国普法办嘉奖，被评为全国“六五”普法先进普法办。建三江管理局党委被评为全国“六五”普法先进集体，宝泉岭管理局党委副书记李振海、红兴隆管理局党委副书记陆书富被评为全国“六五”普法先进个人。

4月 “五一”国际劳动节即将来临之际，垦区一批先进单位和个人受到表彰。前进农场现代农业发展中心主任王丹、巨浪牧场养殖户杨宏业获“全国五一劳动奖章"；宝泉岭农场社区卫生服务中心、红兴隆电业局检修公司获“全国工人先锋号”荣誉称号。同时，八五四农场第十三作业站家庭农场场长吴进堂、格球山农场第三管理区养殖户黄文彬、四方山农场第一管理区职工安玉惠、农垦科学院农作物开发研究所研究员王德亮获“黑龙江省五一劳动奖章”；胜利农场科技园区获“黑龙江省五一劳动奖状”；五九七农场任明勇劳模创新工作室、八五〇农场第十一管理区、嫩北农场粮食科收储班组、绥化农垦兴月蜂业有限公司生产加工车间、农垦科学院畜牧特产研究所获“黑龙江省工人先锋号”荣誉称号；宝泉岭亿家家政服务中心主任伊立华等9人获得“全省职工创业标兵”荣誉称号；建三江管理局众泰和工贸有限公司董事长王晓超等5人获得“全省职工创新标兵”荣誉称号；北安农垦天运山产品有限公司经理郑宝胜等5人获得“全省农民工创业创新标兵”荣誉称号。

5 月

5月初 团中央表彰了2015年度“全国优秀共青团员”“全国优秀共青团干部”“全国五四红旗团委(团支部)”和2016年“全国向上向善好青年”，建边农场团委书记张志富获2015年度“全国优秀共青团干部”荣誉称号。

5月4日 全国人大常务委员会副委员长陈竺率全国人大常委会执法检查组一行18人，到完达山乳业股份有限公司，检查《中华人民共和国食品安全法》贯彻落实情况。执法检查组成员、全国人大教科文卫委员会副主任委员刘成军，全国人大常委会委员王佐收、李智勇，国家食品药品监督管理局副局长焦红，省人大常委会副主任陈述涛，省人大教科文卫委员会主任委员孙玉芝一同检查。总局党委书记王兆力、局长王有国陪同检查。

5月4—6日　就“两学一做”学习教育、春耕生产、农村扶贫开发、农垦管委会试点和黑瞎子岛开发开放，省委书记王宪魁到抚远、佳木斯和农垦建三江管理局调研。他强调，要围绕发展现代农业、增加农民收入、建设新农村，深化现代农业改革，打好农业供给侧结构性改革攻坚战，推进农业结构战略性调整，高标准高质量搞好春耕生产。要充分发挥优势，用足用好政策，加快黑瞎子岛开发开放，打造对俄合作示范区。总局党委书记王兆力、局长王有国陪同调研。

5月6日　总局党委书记王兆力到勤得利和前进农场，调研农业转方式调结构、当前春播生产、发展现代生态循环农业、“互联网+精准农业”以及现代化大农业示范项目建设等方面工作。

5月6日　上午，总局局长王有国到红兴隆管理局，调研春播生产和产业结构调整工作。

5月6日　下午，总局局长王有国到农垦科学院佳木斯院区和哈尔滨院区，调研科技创新工作。

5月6日　上午，总局党委落实省委巡视反馈意见整改工作推进会议召开，总局党委落实省委巡视反馈意见整改领导小组副组长、总局副局长王立荣出席会议并讲话。王立荣强调，垦区各级各单位要把抓好巡视整改工作作为一项严肃的政治任务，进一步明确具体措施、工作标准、完成时限和责任人，以高度的思想自觉、政治自觉和行动自觉把巡视整改工作不折不扣地落到实处。总局党委落实省委巡视反馈意见整改领导小组副组长，总局党委委员、组织部部长刘伟康主持会议。

5月6—7日　总局党委书记王兆力到二九〇、江滨、名山、共青、延军、宝泉岭农场及宝泉岭管理局局直企业，调研种植业结构调整、林下经济和特色产业培育、畜牧业发展和产业项目建设等工作。

5月7—8日　总局党委书记王兆力到北安管理局的逊克、红色边疆、锦河农场，调研特色产业培育、城镇和专业合作社建设、农业结构调整等工作以及非公有制经济发展情况。

5月7—15日　中央电视台大型纪录片《大国根基》摄制组一行6人来到垦区，对垦区现代农业发展等内容进行重点拍摄。《大国根基》是中宣部“纪录中国”传播工程的项目之一，是首部全景式反映中国农业现代化进程和发展与创新成果的纪录片。

5月10日　由省委宣传部、省卫生计生委主办的全省首届“健康龙江”杯“最美医生”和“最美护士”评选活动揭晓。赵光农场医院副主任中医师蔡志刚荣获“最美医生”称号，八五二农场医院肾内科护士长田瑛荣获“最美护士”称号。

5月10—11日　总局局长王有国先后到八一农垦大学和北大荒食品产业园区，调研高新技术研发及成果转化、园区产业项目建设、引进合资合作伙伴、推进体制机制改革、发展混合所有制经济等方面工作。总局副局长王立荣参加调研。

5月11日　卓信农业发展集团板式秸秆生物育秧基质项目落地现场展示会议在共青农场启幕。来自省农委、省发改委、省环保厅、东北农业大学、中航集团等单位的工作人员和专家参加会议。共青农场场长苏彦山与黑龙江省卓信农业发展集团总裁张守荣在合约上分别签字。

5月11日　下午，总局局长王有国来到北大荒通用航空有限公司哈尔滨总部及肇东机场调研。总局副局长王立荣参加调研。

5月12日　下午，总局召开学习贯彻落实习近平总书记重要讲话精神社会宣传活动部署会，总局党委委员、宣传部部长高跃辉出席会议并讲话。

5月12日　上午，总局党委书记王兆力主持召开第九次总局党委会议，传达省委书记王宪魁5月5日到建三江管理局调研时的指示精神，部署垦区产业项目建设、国企改革、管委会试点、“两学一做”学习教育等工作。总局领导王有国、徐学阳、谭占龙、于春明、张秀军、王立荣、王从基、高跃辉、刘伟康出席会议。北大荒集团总公司总经理侯培耀列席会议。

5月12日—16日　第十二届中国（深圳）国际文化产业博览交易会在深圳举行，黑龙江省农垦总局代表团参加此次文博会。

5月13日　总局局长王有国到北大荒垦丰种业股份有限公司宾西产业园，阿城育种站和王岗种子加工厂调研。

5月13日　总局局长王有国到北大荒垦丰种业股份有限公司宾西产业园、阿城育种站和王岗种子加工厂调研。

5月14日　总局党委书记王兆力到二道河农场，调研农业转方式调结构、有机水稻种植、合作社经营、大学毕业生创业、提高农产品附加值和市场竞争力等方面情况。

5月17日　上午，由北大荒少儿版画教育专业委员会主办，红兴隆管理局教育局承办的垦区东部三局五校版画联展在红兴隆管理局局直第二幼儿园开幕，来自宝泉岭管理局江滨农场和二九〇农场学校，建三江管理局勤得利农场中学、小学和红兴隆管理局局直第一幼儿园的400幅作品在联展上展出。

5月18日　省政协主席、党组书记杜宇新到完达山阳光乳业股份有限公司，就如何振兴东北老工业基地、做大做强龙江食品产业等问题进行专题调研。总局副局长徐学阳陪同调研。

5月19日　上午，北大荒集团与中国邮政储蓄银行黑龙江分行全面战略合作协议签约仪式举行。总局局长王有国，中国邮政储蓄银行黑龙江分行党委书记、行长任国庆分别在签约仪式上致辞。总局副局长徐学阳主持签约仪式。中国邮政储蓄银行黑龙江分行副行长狄安玉、吴宝慈，北大荒集团总公司总经理侯培耀出席签约仪式。

5月19日　上午，由农业部国际合作司、外交部亚洲司主办，农垦总局、红兴隆管理局承办的第二届东亚现代农业研修班在红兴隆管理局开班。共有来自越南、缅甸、马来西亚、文莱、老挝、柬埔寨、泰国、菲律宾、韩国等国家和东盟秘书处、亚行、FAO、世行、世界粮食计划署、国际农业发展基金等国际组织的官员及国内的专家学者共计30人参加。研修班为期10天。

5月19日 黑龙江农垦建工集团举行更名揭牌仪式，经总局党委批准、北大荒集团授权，集团名称由“黑龙江农垦建工集团”正式更名为“北大荒建设集团”。

5月22日 下午，以“借力港澳优势，助力黑龙江产业创新，促进我省工业转型升级，推动黑龙江陆海丝绸之路经济带建设节点地区经济发展”为主题，省政协在珠海召开港澳委员座谈会。黑龙江省副省长孙尧，省政协副主席赵克非、洪袁舒，省政协港澳委员、特约代表，部分全国政协委员及港澳工商界人士等参加会议。总局副局长王立荣应邀推介北大荒。

5月24—25日 总局局长王有国到北安管理局赵光、二龙山、引龙河、龙镇农场和九三管理局七星泡、嫩北、山河农场，调研种植业结构调整、农场企业化、畜牧业发展、春耕生产、农业科技创新及应用、农业产业化经营等工作。总局副局长王从基参加调研。

5月24日 垦区2016年高考安全工作电视电话会议召开，谭占龙出席会议并讲话。

5月26日 垦区完成2200万亩水稻插秧工作，确保全部插在高产期。

5月26—27日 总局党委书记、总局党委改革发展工作领导小组组长王兆力主持召开总局党委改革发展工作领导小组第四次会议，传达学习5月19日省委全面深化改革领导小组第十四次会议精神，研究部署下一步农垦改革发展工作。总局领导王有国、刘君、徐学阳、谭占龙、于春明、王从基、高跃辉、刘伟康以及北大荒集团总公司总经理侯培耀在会上就农垦改革发展等工作分别发言。

5月29日 由总局老科协所属农垦创新科技推广有限公司研发、在佳南实验农场试验的“高纬度地区免供暖农用温室建造技术”，经中国老科协农业分会专家组专门听取汇报、查阅资料、质疑和讨论后，通过评价。

5月30-31日 总局党委（扩大）会议召开，传达学习习近平总书记5月23日~25日在黑龙江省考察调研时的指示精神。总局党委书记王兆力讲话。总局领导王有国、刘君、谭占龙、于春明、王从基、高跃辉、刘伟康以及北大荒集团总公司总经理侯培耀出席会议并交流了学习体会。

5月30-31日 总局党委理论中心组围绕“认真学习党章，带头尊崇践行党章”主题进行2016年度第二专题集中学习。总局领导王有国、徐学阳、谭占龙、于春明、张秀军、王从基、高跃辉、刘伟康出席会议并发言。北大荒集团总公司总经理侯培耀列席会议。

5月31日 鹤岗市委书记武凤呈带领项目考察团一行到宝泉岭管理局，考察兴汇粮食加工、白羽肉鸡屠宰加工等项目发展情况。

本月 由世界文化地理学会、中国城市竞争力研究会、亚太环境保护协会、中华口碑传播中心等机构联合评选出的“第十三届2016中外避暑旅游口碑金榜”在香港向全球发布，垦区红兴隆、建三江、牡丹江、九三、宝泉岭管理局跻身“中国避暑休闲百佳县”榜单。

6　月

5月31日至6月1日 王震将军的孙女王京川及爱人苏洪权在总局党委副书记徐学阳陪同下回访八五二、八五三农场，并为“完北垦荒第一犁”纪念碑揭幕。

6月1—2日 由财政部、农业部联合组成的调研组到宝泉岭管理局共青、名山、宝泉岭农场，调研经济发展、社会事业建设等情况。总局局长王有国，副局长王立荣、王从基陪同调研。王立荣、王从基分别向调研组汇报了垦区历史沿革、自然状况、经济事业建设情况以及面临的发展难题。

6月2日 为期3天的第七届中国奶业大会暨2016中国奶业博览会在山东青岛启幕。完达山乳业携新品“艾菲娅”、“乳此新鲜”及安力聪系列、金装元乳系列、育儿系列配方粉和黑沃牧场、“益养100”等20多种产品亮相。

6月2日 垦区水稻育秧大棚二次利用种植食用菌推进会议在红卫农场召开。总局党委副书记徐学阳到会并讲话。总局农发办、林业局、农业局相关负责人，各管理局分管农业副局长，农业局、林业局局长及种植水稻农场分管水稻副场长共计100余人参加了会议。

6月3日 中国关工委主任顾秀莲在黑龙江省关工委呈报的《黑龙江省农垦总局九三管理局开展党史国史教育的做法》报告上作出批示；九三管理局开展党史国史教育很有特色，做到了充分准备、提高认识、抓住重点、创新方法、结合实际、因材施教、协调资源、整体发力、思想明确、工作扎实、贴近实际，效果很好。这种做法值得赞扬。望注意总结经验，使“两史”教育越做越好。

6月3日 《北大荒日报》发表总局党委书记王兆力学习习近平总书记在黑龙江省考察调研期间发表的重要讲话的体会文章《学讲话 见行动 凝心聚力 加快垦区改革发展》。

6月初 国家知识产权局公布了2015年度国家知识产权示范企业和国家知识产权优势企业评审结果，九三粮油工业集团荣获“国家知识产权优势企业”称号。

6月6日 下午，总局党委书记王兆力主持召开总局党委（扩大）会议，传达省委十一届七次全会精神。总局领导刘君、谭占龙、于春明、张秀军、王立荣、高跃辉、刘伟康以及北大荒集团总公司总经理侯培耀出席会议。

6月8日 总局党委书记王兆力先后到哈尔滨管理局四方山农场，绥化管理局安达畜牧场、涝洲鱼种场，调研农业转方式调结构、发展特色优质种养业、大农网助农增收、盐碱地立体利用、合作社经营、招商项目落地等情况。

6月8日 《北大荒日报》发表总局局长王有国学习习近平总书记在黑龙江省考察调研期间发表的重要讲话的体会文章《学习贯彻习总书记重要讲话精神 提振精气神 勇闯新路子》。

6月11日 下午，由哈尔滨管理局主办、香坊农场承办的为期3天的首届北大荒绿色食品展销会在香坊农场北大荒现代农业园落下帷幕。本次展会共有完达山乳业集团、九三粮油工业集团等来自垦区、哈尔滨市、新疆生产建设兵团的70多家食品企业参展。展会共接待市民及客商5万余人次，现场销售额300余万元，签订意向性合作协议100余份。

6月13日 上午，2016年第二期北大荒讲坛在总局机关二楼大会堂开讲，农业部农垦局局长王守聪围绕新时期加快农垦改革和发展问题作报告。总局党委书记王兆力主持讲坛。总局领导王有国、刘君、谭占龙、于春明、王立荣、高跃辉、刘伟康以及北大荒集团总公司总经理侯培耀参加讲坛。

6月14—16日 农业部党组成员杨绍品、农业部农垦局局长王守聪一行5人先后来到宝泉岭、绥化、北安管理局，调研农垦改革、管委会运行、白羽鸡养殖、农业废弃物综合利用、经特作物种植、精准扶贫、农产品生产及营销等工作。总局党委书记王兆力、局长王有国陪同调研。

6月17—20日 省委书记王宪魁到牡丹江市、鸡西市和农垦牡丹江管理局调研产业项目和铁路工程建设、棚户区改造、农业产业化经营、畜牧产业发展等工作。

6月17—24日 由哈尔滨管理局科技局主办、总局农广校承办的垦区2016年新型职业农工培育工作正式启动，并圆满完成第一轮共同课、专业基础课培训，在松花江、庆阳、闫家岗农场培训班开班仪式上，总局农广校给各农场授牌，建起垦区农广校第一批职工田间学校，并向农场种植户赠送科技培训光盘。

6月19日 由中国企业联合会、中国企业家协会、省政府联合主办的“2016年全国企业家活动日暨中国企业家年会”上，九三粮油工业集团董事长、总经理杨宝龙当选为全国优秀企业家，我省仅有5位企业家入选，杨宝龙是省内食品企业唯一入选企业家。

6月19日 2016黑龙江湿地论坛暨夏季生态旅游产品推介会在哈尔滨市举行，2016年黑龙江十大最美湿地评选结果在会上揭晓，垦区的挠力河国家级自然保护区荣登榜单。

6月20日 总局党委书记王兆力到友谊农场，调研农业生产等工作。

6月21日 总局党委书记王兆力到宝泉岭管理局依兰、新华农场，调研农业转方式调结构、创新产业发展、农业合作经营等工作。

6月21日 上午，重庆市农业投资集团有限公司董事长、党委书记王义昭一行在总局局长王有国、副局长王立荣的陪同下，到九三粮油工业集团惠康公司、红旗农场望哈作业区参观考察。

6月22日 由中国大学生体育协会主办、中国大学生体育协会篮球分会协办、黑龙江八一农垦大学承办的第二届CUBA中国大学生篮球联赛（阳光组）总决赛开幕式在八一农大体育馆举行。

6月22日 在北京召开的世界品牌大会上，垦区的三大品牌——北大荒、完达山、九三再次跻身“中国500最具价值品牌排行榜”。

6月22日 副省长吕维峰到宝泉岭管理局的共青、宝泉岭农场及局直地区，调研产业发展、农业生产和农垦改革等工作。总局党委书记王兆力、局长王有国陪同调研。黑龙江银监局局长包祖明、省畜牧兽医局副局长包艳明、哈尔滨市副市长张万平、佳木斯市副市长邱士林、交通银行黑龙江省分行行长柴卫平随同调研。

6月22日 下午，省检察院党组书记、检察长徐明一行来到红兴隆管理局，调研红兴隆检察院的机构设置、人员编制、队伍建设和业务工作开展等情况。

6月23日 总局党委书记王兆力到哈尔滨管理局的庆阳、岔林河农场，调研深化农业合作经营以及盘活闲置资产等工作。

6月24日 上午，总局党委书记王兆力主持召开第十次总局党委会议，通报总局考察团赴德国考察学习情况，并对相关工作进行部署。总局领导王有国、刘君、徐学阳、谭占龙、王立荣、王从基、高跃辉出席会议。北大荒集团总公司总经理侯培耀列席会议。

6月24日 牡丹江管理局高级中学学生侯贺冬在刚刚结束的高考中以699分的成绩名列垦区理科第一，在黑龙江省的理科考生中排名第五。

6月 总局编委办收悉省编办《关于省农垦总局编办事业单位登记管理权限调整问题的复函》，明确规定“农垦总局所辖事业单位登记管理工作由总局与管理局编办实行分级管理”，将垦区各管理局所属事业单位登记管理权限下放给各管理局编委办。

6月27日 大农网与黑龙江旅游职业技术学院校企合作签约仪式在大农电子商务有限公司举行。双方就网络营销课程共建、大农网人才培训基地、黑龙江旅游职业技术学院实习创业基地等项目签署了合作协议。

6月27日 晚上，一场由河南省委宣传部主办的河南省文艺名家走基层慰问演出在农垦路桥公司承建的郑州机场至周口西华高速公路二期zT-3标项目驻地上演。总局副局长王从基观看演出，并慰问了工作在施工一线的北大荒职工。河南省委宣传部常务副部长王耀以及河南省交通运输厅、文化厅、广播电视局、文联和机西高速二期全线业主单位、监理单位、施工单位的代表等1000余人到场观看。

6月28日 为贯彻落实党中央、国务院关于安全生产工作的指示精神和农业部开展2016年“安全生产月”工作的要求，上午，由农业部农垦局科技经贸处、中国农垦经济发展中心工作人员和安全生产专家组成的检查组到垦区，对重点生产经营单位和人员密集场所开展安全生产检查，并对进一步加强安全生产工作进行具体指导。

6月29日 上午，垦区庆祝建党95周年暨“先优”表彰大会举行，总局党委书记王兆力出席会议并讲话。总局党委副书记、局长王有国主持会议。总局领导刘君、徐学阳、谭占龙、高跃辉、刘伟康以及北大荒集团总公司总经理侯培耀出席会议。

6月29日 中共黑龙江省委对全省先进基层党组织和优秀共产党员、优秀党务工作者进行了表彰，垦区有两个单位和3名个人在此次表彰中获殊荣。其中，中共黑龙江省红旗农场委员会、中共黑龙江完达山哈尔滨乳品有限公司总支部委员会获得全省先进基层党组织荣誉称号，前进农场第七管理区职工赵秀芹（女）、农垦科学院水稻研究所副所长那永光（满族）获得全省优秀共产党员荣誉称号，赵光农场党委组织部部长姬良波获得全省优秀党务工作者荣誉称号。

6月29日 上午，垦区不动产统一登记证书首发仪式在五九七农场举行。仪式上，颁发了垦区首个农场房屋所有权与土地使用证、个人房屋所有权证。总局副局长王从基、省国土资源厅副厅长李雷出席首发仪式并分别讲话。

7 月

7月5日 上午，黑龙江日报报业集团与总局在总局机关一楼小会堂共同举办学讲话，谋振兴，寻找“粮头食尾”金钥匙专题座谈会，总局党委书记王兆力出席座谈会并作总结讲话。总局局长王有国发言。黑龙江日报报业集团总编辑袁晓光主持座谈会。

7月5日 上午，垦区《中国共产党廉洁自律准则》和《中国共产党纪律处分条例》知识竞赛在总局机关二楼大会堂举行。省纪委常委、监察厅副厅长张卓桥，总局党委副书记、纪委书记刘君，省纪委宣传部副部长刘静出席活动并为获奖代表队颁奖。建三江管理局代表队最终获得冠军。

7月5日 垦区史志办主任暨年鉴编纂业务培训会议在哈尔滨召开。省地方志办公室副主任袁建勋、总局副局长谭占龙出席会议并讲话。

7月7日 省人大常委会调研组一行到宁安农场，就垦区美丽乡村建设情况调研。省人大常委会副主任朱清文带队，总局党委副书记徐学阳陪同。

7月7日 上午，总局党委理论中心组围绕学习贯彻习近平总书记在庆祝中国共产党成立95周年大会上发表的重要讲话精神等主题进行2016年度第四次集中学习，总局党委书记王兆力主持学习会议并讲话。总局领导刘君、谭占龙、王立荣、王从基、高跃辉、刘伟康以及北大荒集团总公司总经理侯培耀分别就分管工作交流了学习体会。

7月7日 国家统计局党组成员高建华、政法司副司长张舒阳一行在总局局长王有国的陪同下，到建三江管理局，调研现代化大农业及城镇建设等工作。

7月10日 上午，共青农场与中国中小商业企业协会签署合作协议，双方将共同打造全国中小商贸企业创业示范园区。同时，该协会授予共青农场“全国中小企业教育培训基地”牌子，并增选共青管委会为中国中小商业企业协会常务理事单位。国务院国资委国有重点大型企业监事会主席董树奎，国务院参事、农业部原副部长刘坚，全国政协委员，九三学社中央常委社会服务部部长徐国权，工业和信息化部产业政策司副司长辛仁周，中国中小商业企业协会副会长任兴磊、田海龙等领导参加相关活动。

7月11日 第三届中国—俄罗斯博览会在俄罗斯叶卡捷琳堡市开幕。总局局长王有国带领由北大荒米业集团、北大荒丰缘集团、九三粮油工业集团、完达山乳业集团、北大荒商贸集团等龙头企业组成的北大荒集团参展团参加博览会，共展出大米、面粉、豆油、杂粮、乳制品、豆浆粉、白酒等十四大类近200个品种产品。展会期间，中共中央政治局委员、国务院副总理汪洋，农业部副部长屈冬玉，黑龙江省人民政府省长陆昊、副省长孙尧等领导视察北大荒集团展区。

7月11日 总局团委协助省少工委组织来自新疆阿勒泰地区的90名少先队员和老师参观北大荒现代农业生态园和北大荒博物馆。

7月12日 上午，荣获第22届全国“中华魂”主题教育读书活动一等奖及“读书状元”称号的建三江一中学生马赫代表黑龙江农垦在北京人民大会堂领奖，并受邀参加全国夏令营活动。

7月11—13日 省委书记王宪魁来到黑河市和农垦北安管理局，就农业生产、产业项目、水利工程和重大基础设施建设等情况调研。他强调，垦区要继承发扬北大荒精神，深入贯彻落实党中央国务院关于进一步推进农垦改革发展的意见，按照省委部署要求，坚持从实际出发，积极深化改革，创新体制机制，全面增强垦区内生动力、发展活力、整体实力和市场竞争力。总局党委书记王兆力陪同王宪魁在北安管理局调研。

7月13日 农业部农产品质量追溯专家组到建三江管理局，验收稻米质量安全追溯体系建设项目，给予该管理局“全国稻米追溯96分”。

7月12—14日 总局党委书记王兆力先后到北安管理局的尾山、襄河、龙门、龙镇、建设、五大连池、引龙河、二龙山农场，主持召开座谈会，就深化经济结构调整、创新产业发展路径、开展农业合作经营、发展林业经济等工作调研。

7月15日 农垦工会六届四次全委会在哈尔滨召开，会议选举产生了44名黑龙江省工会第十一次代表大会代表。总局党委委员、工会主席于春明出席会议并讲话。

7月16日 上午，总局党委书记王兆力主持召开第十一次总局党委会议，传达全省畜牧产业发展推进工作会议精神，部署相关工作。总局领导王有国、刘君、谭占龙、于春明、王立荣、王从基、高跃辉、刘伟康出席会议。北大荒集团总公司总经理侯培耀列席会议。

7月16日 北大荒日报报道 近日，北大荒通用航空有限公司与通联旅投资（北京）有限公司联合开发的长白山航空旅游项目相继通过中国民航黑龙江监管局、吉林监管局运行审定和验证飞行。

7月20日 全国人大常委会副委员长张平率全国人大环保法执法检查组到垦区，先后到完达山乳业股份有限公司和闫家岗农场，就贯彻落实环境保护法、发展生态农业、环境保护等方面情况检查指导。全国人大常委会委员、环资委副主任委员王庆喜，全国人大环资委委员李清印参加检查，省人大常委会副主任朱清文，哈尔滨市人大常委会主任王颖，省人大常委会委员、城环委主任委员高志杰，省农垦总局局长王有国陪同。

7月20日 北大荒农垦集团总公司与韩国浦项大宇株式会社签署一万吨大米销售合同。这是商务部赋予北大荒集团自营大米出口经营权之后，北大荒集团签下的首笔出口订单。总局副局长王立荣出席签约仪式

7月21日 上午，省政府召开防汛和安全生产工作电视电话会议。总局党委书记王兆力、局长王有国、副局长谭占龙在总局分会场参加会议。

7月22日 上午，农垦总局党委书记王兆力主持召开总局党委（扩大）会议，传达省委常委（扩大）会议精神，听取总局直属企业推进改革的情况汇报，并对抓好下半年垦区重点工作提出要求。总局领导王有国、刘君、于春明、张秀军、王立荣、王从基、徐连斌、高跃辉、刘伟康以及北大荒集团总公司总经理侯培耀出席会议。

7月23日 “龙正杯”第四届全国大学生农业建筑环境与能源工程相关专业创新设计竞赛在华南农业大学结束。八一农垦大学选派的3支研究生队和1支本科生队获研究生组一等奖1项、二等奖1项、三等奖1项，本科生组二等奖1项。

7月24日 上午，总局党委书记王兆力在北大荒国际饭店会见了和润集团董事局主席虞松波、宁波粮食有限公司总经理黄国灵一行，大家就粮食产业合作有关事宜进行了交流。总局党委副书记徐学阳一同会见。

7月25日 上午，中国乳业协会会长、农业部原副部长高鸿宾在总局局长王有国的陪同下，到完达山乳业股份有限公司调研。

7月25日 上午，省委举办，省委组织部、省农垦总局党委、省委党校共同承办的省农垦系统领导干部学习贯彻习近平总书记关于黑龙江两次重要讲话专题研讨班在省委党校开班。省委组织部副部长王法在开班式上讲话，总局党委书记王兆力、省委党校教育长周英东、总局党委副书记徐学阳以及总局党委委员、组织部部长刘伟康出席开班式，省委党校常务副校长沙广华主持开班式。

7月26日 上午，以国台办副主任李亚飞为团长，中国记协书记处书记王冬梅，国台办新闻局局长、新闻发言人马晓光为副团长的2016“海峡两岸记者龙江行”采访团参观北大荒博物馆。省台办主任谭谋，总局党委委员、宣传部部长高跃辉陪同。

7月26日 全国“放心粮油工程”管理规则制修订研讨会在哈尔滨九三集团总部召开。九三集团作为全国唯一一家企业代表，将全程参与编写“放心粮油工程”相关评定标准、制度等一系列内容。

7月27日 按照省农垦系统领导干部学习贯彻习近平总书记关于黑龙江两次重要讲话专题研讨班的日程安排，上午，总局党委书记王兆力围绕贯彻落实总书记重要讲话和省委十一届七次全会精神，加快推进农垦改革，为学员作专题辅导讲座。总局领导徐学阳、刘伟康出席。

7月27日 下午，中国残联调研组到垦区调研，在总局机关召开黑龙江农垦加快残疾人小康进程座谈会，听取垦区关于加快推进残疾人小康进程工作的部署安排，就做好残疾人工作进行交流。中国残联党组书记、理事长鲁勇，总局党委书记王兆力出席座谈会并讲话。中国残联教育就业部主任张新龙、康复部主任胡向阳出席座谈会。

7月27日 《北大荒日报》报道：近日，进驻我省的中央第二环境保护督察组向总局移交了环境保护方面的问题线索。总局党委书记王兆力、局长王有国要求加快案件调查，依法依规处理，及时向社会公开，确保将督查组交办的两起问题处理到位、公开到位、整改到位。

7月28日 下午，总局2016年度征兵工作电视电话会议召开，总局党委副书记、纪委书记、总局征兵领导小组组长刘君出席会议并讲话。总局党委委员、军事部政委、总局征兵领导小组副组长张秀军对征兵工作作了具体部署。

7月29日 上午，总局党委书记、总局军事部党委第一书记王兆力到总局军事部看望慰问全体官兵，并与军事部领导班子座谈。总局领导刘君、高跃辉、刘伟康一同慰问。总局党委委员、军事部政委张秀军汇报军事部工作。

7月29日 上午，总局局长王有国到绿色草原牧场，就农业产业结构调整、苜蓿种植、苜蓿跨省合作、苜蓿种子繁育等工作调研。

7月29日 上午，农业部种子管理局局长张延秋一行3人在总局党委副书记徐学阳、省种子管理局局长由天赋的陪同下，到北大荒垦丰种业调研，并参观垦丰宾西新区。

7月30日 垦区接到中央第二环境保护督察组《关于重新办理环境信访事项及补充有关材料的函》，要求对分别反映山河农场澳牛小区（即星际牧场）环境污染和国创生物质热电有限责任公司烧煤不烧秸秆问题的信访事项进一步完善补充材料。总局责成九三、建三江管理局落实此项工作。进行了罚款和追缴费用。

8 月

8月1日 上午，垦区宣传思想战线深入学习宣传贯彻习近平总书记重要讲话精神座谈会在总局机关一楼小会堂召开，总局党委委员、宣传部部长高跃辉出席会议并讲话。

8月2—3日 北京大学医学部科研人员及总局卫生监督部门、疾控中心工作人员到赵光农场，实地随访中国流行病学特殊人群研究项目，并在北安管理局举办了中国环境流行病学特殊人群队列研究黑龙江农垦培训会议，来自垦区9个管理局疾控中心的相关工作人员参加了培训。

8月3日 全国人大常委会委员、中国劳动学会副会长、中国社会保险学会副会长郑功成一行到完达山乳业股份有限公司，调研企业社会保障工作。

8月4日 《北大荒日报》报道，近日，农业部下发《关于表扬2015年度专项工作延伸绩效管理试点工作优秀单位的通报》，黑龙江省农垦总局被农业部评为稳定发展粮食生产优秀单位。

8月4日 总局接到中央第二环境保护督察组移交的举报受理信访事项（第十六批受理编号650）交办函，反映梧桐河农场中小学、幼儿园附近一养猪场恶臭污染，影响学生身心健康。经宝泉岭管理局环保、畜牧等部门执法人员现场核查，情况属实。宝泉岭管理局环保分局立即下达了《责令改正违法行为通知书》和《行政处罚事先告知书》，责令该养殖场于今年10月30日前改正违法行为，并处罚款人民币3万元整。

8月5日 省委常委、组织部部长杨汭到建三江管理局，调研“两学一做”学习教育开展情况。总局党委书记王兆力、局长王有国，总局党委委员、组织部部长刘伟康陪同调研。

8月6日 《北大荒日报》报道，总局党委办公室、总局办公室日前印发了《党委、行政及有关部门环境保护工作职责》，明确提出垦区各级党委、行政及部门的环境保护工作职责，强调党委、行政对本辖区生态环境保护工作负总责，涉及的31个部门要各司其职，对工作不力、造成环境损害和发生突发环境事件的个人，将实施一票否决制和严格的问责制。

8月8日 上午，绥化、哈尔滨管理局改革试点工作领导干部专题研讨班举行，总局党委书记王兆力出席开班式并为学员作专题辅导。总局领导刘君、徐学阳、谭占龙、于春明、王立荣、王从基、徐连斌、高跃辉、刘伟康出席。

8月8日 上午，中国能源工程集团有限公司董事长、首席执行官张青一行3人到佳南实验农场北大荒绿色庄园考察，双方就围城经济和设施农业等方面工作进行交流和探讨。

8月8日 上午，第十三届中国辽金契丹女真史学术研讨会暨中国绥滨首届完颜家族起源研讨会在绥滨县召开，120余位专家学者到二九〇农场古城管理区的蜿蜒河古城遗址进行田野考古调查。

8月8日 农垦总局接到中央第二环境保护督察组移交的举报受理信访事项（第二十批受理编号789）交办函，反映青年农场塑料厂等多家企业环境污染问题，总局责成哈尔滨管理局迅速查办。截至8月12日，企业已全部停产，循环水机器已拆除。

8月9日下午，为期两天的绥化、哈尔滨管理局改革试点工作领导干部专题研讨班结业。总局党委书记王兆力在结业式上回答了学员在分组研讨过程中梳理出的若干问题，总局党委副书记、局长王有国作总结讲话。总局领导刘君、徐学阳、谭占龙、于春明、张秀军、王立荣、高跃辉、刘伟康出席结业式。

8月8—9日 上午，绥化、哈尔滨管理局改革试点工作领导干部专题研讨班学员，围绕学习贯彻落实习近平总书记、省委书记王宪魁及省领导有关农垦改革的讲话精神和总局党委决策部署，进一步解放思想，切实增强改革的自觉性和主动性；结合学习领会总局党委书记王兆力专题辅导，理解和把握《黑龙江省农垦绥化、哈尔滨管理局改革试点实施方案》主要内容和基本内涵；周密布置和精心组织，落实各项改革试点任务，确保取得预期成效等3个专题进行研究讨论。总局党委副书记、局长王有国参加研讨班第五研讨组专题讨论并讲话。总局领导刘君、徐学阳、谭占龙、于春明、王立荣、王从基、徐连斌、高跃辉、刘伟康以及北大荒集团总公司总经理侯培耀分别参加相关研讨组讨论。

8月9日 由九三集团赞助的2016年第七届国际大豆加工利用会议在哈尔滨市友谊宫召开。南京农业大学院士盖钧镒、中国大豆产业协会常务副会长刘登高、美国大豆基金会董事Jimmy Sneed、中国农业科学院作物科学研究所研究员韩天富，以及唯一企业代表——九三集团董事长、总经理杨宝龙作开幕式报告。

8月10—11日 黑龙江省委副书记黄建盛在省农委主任王金会、总局党委书记王兆力、局长王有国、建三江管理局党委书记陶喜军等人的陪同下，到建三江管理局就农业“三减”与水稻侧深施肥等情况调研。

8月11—13日 国务院发展研究中心学术委员会秘书长、国际合作局局长、研究员程国强一行到红兴隆、建三江管理局，就粮食收储政策进行专题调研。总局党委副书记徐学阳陪同调研。

8月13日 在第二届中国国际生态文化旅游品牌推介与旅居地融资大会上，雁窝岛旅游度假区被国际休闲经济促进会、中国旅游媒体联盟、中国城市旅游杂志社授予“中国最美生态旅游度假景区称号”。

8月13日 由垦区修建的建三江至抚远（黑瞎子岛）高速公路建三江至前哨段正式通车运营。

8月14日 濮存昕爱心教育基金第十届“北大荒—北京希望之旅夏令营”在韩美林艺术馆举行开营仪式。

8月16日 《北大荒日报》报道：省工信委、省统计局日前联合向社会公布了2015年全省工业企业主营业务和利税前50名排行榜，九三粮油工业集团、完达山乳业股份有限公司、北大荒米业集团、北大荒肉业有限公司跻身全省规模以上工业企业主营业务收入五十强榜单，分别列第二位、第十六位、第二十六位、第二十八位；完达山乳业股份有限公司、北大荒肉业有限公司分别列全省规模以上工业企业利税50强榜单第二十三位、第三十三位。

8月17日 农业部财务司司长陶怀颖一行3人在总局党委书记王兆力、副局长王立荣的陪同下到双鸭山农场，就加快经济结构调整、创新产业发展路径、发展旅游经济等工作调研。

8月17日 上午，全省农业“三减”现场会在建三江管理局召开。与会人员分别参观了创业农场第一管理区水稻侧深施肥示范田现场，七星农场第七十四作业站玉米、大豆“三减”现场。省农委主任王金会、总局局长王有国、农业部种植业管理司副司长潘文博及全省各市（地）主管农业的负责人共70余人参加现场会。

8月17日 由农垦科学院畜牧兽医研究所与哈拉海农场协办的中国农科院奶牛提质增效技术集成模式研究项目现场会在黑龙江垦区召开。中国农科院党组书记陈萌山，副院长李金祥出席会议。来自全国各地20余家科研单位的70多名专家参加了会议。

8月17日 北大荒青年优选“一餐米”众筹产品在京东商城上线，目标金额10万元，时间30天。

8月17—20日 2016年黑龙江省“多威杯”田径锦标赛在牡丹江北山体育场举行，农垦体校24名运动员代表总局参加10个项目的比赛，获得一枚集体项目铜牌和一个集体项目第六名，个人项目分获一个第四名、一个第六名、一个第七名。

8月18日 由农业部国际合作司、外交部亚洲司主办，农垦总局、红兴隆管理局承办的第三届东亚现代农业研修班在红兴隆管理局开班。共有来自越南、缅甸、马来西亚、老挝、柬埔寨、泰国等国家的12名官员、专家、学者参加。

8月18日 普阳农场、八五〇农场获全国绿化委员会、人力资源社会保障部、国家林业局授予的“全国绿化先进集体”称号；总局林业局副局长、高级工程师满东斌获“全国绿化先进工作者”，享受省部级劳动模范和先进工作者待遇。

8月20日 宝泉岭文化名人馆正式开馆，收录了在此工作生活过的，在文化艺术体育领域有突出成就的表演艺术家、作家、画家、摄影家、书法家及体育明星等共51人。

8月23日 上午，中宣部常务副部长、中央文明办主任黄坤明到二道河农场，调研垦区现代化大农业发展情况。

8月27日 下午 今年中国企业500强榜单在2016年中国500强企业高峰论坛上正式揭晓。北大荒农垦集团总公司以2015年实现营业收入1313亿元的业绩，位居第116位。

8月27日 团中央书记处书记汪鸿雁到共青农场，就弘扬北大荒精神、发展现代农业等方面进行调研。

8月27—28日 为推进森工和农垦体制机制改革，省委书记王宪魁到森工大海林林业局和农垦山市种奶牛场等地调研。他强调，森工和农垦体制机制改革是当前我省改革的重点，农垦改革要加快推进集团化、企业化，坚持从实际出发，探索实行社会管理属地化，加快优化农业结构，按市场需求提高经济作物比重，种得好更要销得好，产量大更要产业链长，由生产型向生产经营型转变，打造充满活力、富有效益和较强竞争力的市场经营主体。总局党委书记王兆力、局长王有国陪同调研。

8月30日 《北大荒日报》报道：日前，黑龙江省企业联合会、黑龙江省企业家协会、黑龙江省工业经济联合会向社会公开发布了2016黑龙江企业100强名单，垦区8家企业位列其中。北大荒商贸集团位列榜单第2名；九三粮油工业集团位列第3名；完达山乳业股份有限公司位列第33名北大荒农业股份有限公司位列第46名；北大荒肉业有限公司位列第51名；北大荒丰缘集团位列第98名。

8月30日至9月1日 省委书记王宪魁到哈尔滨、佳木斯和农垦建三江管理局调研“两学一做”学习教育、重大基础设施和产业项目建设等工作。省委常委、哈尔滨市委书记陈海波，总局党委书记王兆力、局长王有国陪同。

8月31日 农垦绥化、哈尔滨管理局改革试点移交办社会职能工作会议在哈尔滨召开。省委副书记黄建盛在会议上强调，要研究、安排好农垦绥化、哈尔滨管理局行政社会管理和公共服务职能移交属地政府工作，切实搞好全省农垦改革试点。副省长吕维峰主持会议。

8月下旬 八五三农场被农业部授予“中国美丽休闲乡村”荣誉称号，黑龙江省仅有5个单位获此荣誉。

9　月

9月1日 上午，垦区援疆工作座谈会在总局机关20楼第一会议室召开，总局党委副书记徐学阳，新疆十师北屯市党委常委、副师长、政法委书记、北屯市常务副市长、阿勒泰地区人大工委副主任刘宗江，北屯副市长、商务局长李彬出席座谈会。

9月1日 农业部全国畜牧总站副站长郑友民、畜禽牧草种质资源保护中心主任刘丑生一行到宝泉岭管理局，考察调研生猪良种工作和畜牧业发展情况。

9月1日 上午，映客网络平台直播“总局团委机关开放日活动”，这是总局团委首次以直播的形式举办活动。

9月3—4日 省委副书记黄建盛到红兴隆、宝泉岭管理局调研产业项目建设、农业抗灾夺丰收、民生事业发展等工作。总局党委书记王兆力、局长王有国陪同调研。

9月5—9日 中央国家机关青年干部调研团一行19人到垦区考察调研。调研团先后到北大荒博物馆、哈尔滨管理局香坊农场、九三管理局局直及荣军、尖山、嫩江、山河、鹤山农场调研，并与总局改革办、信访办等相关部门座谈。

9月6日 上午，总局党委书记王兆力主持召开第十四次党委会议，听取关于全省发展环境整治推进工作会议、全省城市工作会议暨人民防空会议、全省农业“三减”工作现场推进会议主要精神和贯彻落实意见的汇报。总局领导王有国、刘君、徐学阳、谭占龙、张秀军、王从基、高跃辉、刘伟康出席会议。总局副巡视员徐连斌、北大荒集团总公司总经理侯培耀列席会议。

9月8日 上午，总局党委副书记徐学阳在总局机关，会见德国格立莫公司总经理弗朗茨—伯纳德·克立陶一行，双方就深入开展马铃薯农机合作等事宜进行洽谈。

9月8日 “品牌决胜未来”第11届亚洲品牌盛典在北京饭店启幕。完达山乳业股份有限公司获亚洲十大最具影响力品牌大奖，再次入围亚洲品牌500强，位列排行榜第198位，在中国乳品企业中排名第3位。完达山乳业董事长王景海获亚洲品牌十大创新人物殊荣。

9月14日 《北大荒日报》报道：近日，以色列农业种植专家Amiram一行两人到北大荒薯业，就马铃薯、玉米、大豆等种植管理技术进行为期6天的考察交流。

9月19—22日 省人民检察院党组书记、检察长徐明，副检察长徐军一行，在总局党委书记王兆力，总局党委副书记刘君的分别陪同下到宝泉岭、建三江、牡丹江管理局，调研基层检察院、检察队伍建设、检务保障等工作。

9月21—22日 全国人大常委会副委员长、中国老科协会长陈至立在省人大常委会原副主任、中国老科协副会长、省老科协会长申立国的陪同下，到建三江和牡丹江管理局，调研现代化农业发展等情况。

9月21—23日 中国热带农业科学院专家组一行在总局副局长王立荣的陪同下，到建三江、宝泉岭、红兴隆管理局，调研农业、工业及社会事业发展情况。

9月22日 第四届黑龙江国际绿色有机食品产业博览会暨哈尔滨世界农

业博览会在哈尔滨国际会展体育中心开幕。省委书记王宪魁、省长陆昊参观北大荒展区，省委常委、副省长李海涛，总局局长王有国陪同参观。

9月22日 总局局长王有国到第四届黑龙江国际绿色有机食品产业博览会北大荒集团展区，检查各管理局和龙头企业参展情况。

9月22日 中国地方志指导小组办公室主任冀祥德在省方志办公室主任隋岩、副主任石再军陪同下，到锦河农场调研地方志工作。冀祥德对农垦史志工作给予高度评价。

9月23日 上午，“新产品·新营销”黑龙江省青年电商发展论坛在总局机关二楼大会堂举办。总局党委副书记徐学阳、团省委副书记陈苏分别致辞，省商务厅纪检组长刘凤兰、省会展事务局副局长王镭、中国智慧农业产业联盟创始会长陈国庆和秘书长李平出席论坛。

9月26日 总局党委书记王兆力到建三江管理局前哨、前锋和前进农场，调研指导当前抗灾抢收及明年农业生产准备工作。

9月26日 第五次全国残疾人事业工作会议在北京召开，绥滨农场残工委被国务院残工委命名为全国残疾人工作先进单位。

9月26—28日 省检察院党组书记、检察长徐明到齐齐哈尔、九三、北安、绥化管理局，调研基层检察院、检察室队伍建设、检务保障以及履行监督职能、司法体制改革、规范司法服务大局等方面工作，省检察院副检察长徐军参加调研，总局党委书记王兆力参加在绥化管理局召开的座谈会，总局局长王有国陪同调研。

9月27日 上午，省委宣传部专题调研组一行4人到北大荒日报社，就全省重点党报如何围绕中央、省委精神和重大决策部署，结合本地实际创造性完成重大报道任务进行专题调研。

9月27日 《北大荒日报》报道，近日，在第九届“环保之星全国小学生科技大赛”中，红兴隆局直一小10位教师获全国优秀指导教师一等奖，并被授予“全国优秀科技辅导员”称号，王新越等100余名小学生获一等奖。

9月27日 《北大荒日报》报道，在2016年第五届亚洲大众体操节暨第五届全国全民健身操舞大赛总决赛中，巨浪牧场学校健身操队两个比赛项目获学生组特等奖。

9月29日 上午，全省安全生产电视电话会议召开，分析研判全省安全生产形势，部署当前和今后安全生产工作。总局第一时间组织安委会成员单位负责人收看会议实况，总局副局长王立荣一同观看。

9月30日 上午，总局党委书记王兆力主持召开第十五次党委会议，传达省委省政府进一步贯彻落实习近平总书记对黑龙江省重要讲话精神推进会精神，并对相关工作进行部署。总局领导王有国、刘君、徐学阳、谭占龙、于春明、张秀军、王立荣出席会议，总局副巡视员徐连斌、郭宝松以及北大荒集团总公司总经理侯培耀列席会议。

9月30日 北大荒版画韩国光州交流展在韩国光州市举行，共展出中韩版画精品60件。

10　月

10月4日 上午8时30分，中央电视台2016国庆特别节目《江山多娇·色彩篇》现场直播二道河农场万亩地号水稻抢收作业。中央电视台中文国际频道、中央电视台新闻频道、央视网CNTV、新华网、腾讯网、爱奇艺网、和讯网、新民网、搜狐网、快照网和酷六网等9家网站也同步直播、转播。当晚中央电视台新闻联播节目选播二道河农场现场直播画面。

10月5日，《人民日报》一版《坚守岗位，奋战一线》专栏刊登二道河农场干部群众国庆期间抗灾抢收一线的报道。

10月9日 下午，省政府召开国务院安委会安全生产巡查工作电视电话动员会。传达贯彻党中央国务院安全生产工作部署，国务院安委会巡查组通报对全省开展安全生产巡查工作的主要任务、计划安排和有关要求。总局局长王有国在主会场参会，总局副局长谭占龙和总局安委会成员单位负责人在总局分会场参会。

10月9—11日 总局党委副书记徐学阳率相关部门负责人到红兴隆、宝泉岭和牡丹江管理局，调研秋收生产、秸秆禁烧、秋粮收储和明年农业生产准备等工作。

10月10日 2016年中国种业信用骨干企业认定工作各项程序全部完成，北大荒垦丰种业股份有限公司再次被评为中国种业信用明星企业，认定有效期至2019年10月。

10月11日 青龙山灌区渠首泵站首台机组安装成功。此机组单体泵站流量和总机安装流量均为全国最大。

10月13日 下午，中国农业机械化科学研究院北大荒分院合作签约暨揭牌仪式在农垦科学院举行，中国机械工业集团有限公司总经理徐建、总局党委书记王兆力出席仪式并致辞，总局党委副书记徐学阳主持仪式。徐建、王兆力共同为中国农业机械化科学研究院北大荒分院揭牌。中国农业机械化科学研究院院长王博、黑龙江省农垦科学院院长马守义在合作协议上签字。总局农业局、农机局、科技局等部门负责人参加签约仪式。

10月13日 2016年全国农耕健身大赛在江西宜春明月山温泉风景名胜区天工开物园举行，共有来自28个省（自治区、直辖市）的34支代表队以及江西省11个区市的代表队参赛。由宝泉岭管理局运动员组成的垦区代表队代表黑龙江省参加比赛，这是垦区运动员第一次参加此项赛事，在单项户外狩猎项目中，三名选手获得第四名。

10月14日 上午，垦区货车非法改装和超限超载治理工作电视电话会议、垦区深化出租汽车行业改革工作电视电话会议相继在总局机关召开，总局党委副书记徐学阳出席会议并讲话。

10月16日 截至当日，垦区高标准高质量完成2230万亩水稻收获工作，农业生产转入田间整地。

10月17日 上午，总局党委理论中心组（扩大）学习会暨北大荒讲坛在总局机关二楼大会堂举行，总局党委书记王兆力强调，要提高运用《中国共产党问责条例》严肃问责、解决问题的能力，切实把失责必问、问责必严落实到位。省纪委法规室主任解维全作《问责条例》专题辅导报告。北大荒讲坛由总局党委副书记刘君主持。总局领导谭占龙、于春明、徐连斌、高跃辉以及北大荒集团总公司总经理侯培耀出席会议并参加专题辅导。哈尔滨管理局班子成员、中层以上干部，总局在哈各直属单位班子成员、中层以上干部，总局机关各部门主要负责人、副处级以上干部在主会场参会；各管理局及所属农牧场班子成员、中层以上干部，总局驻佳各直属单位班子成员及中层以上干部在各分会场参会。

10月17日，八一农大“水稻秸秆营养穴盘”工厂化生产现场会在富裕县龙安桥镇召开。农业部农机化管理司司长李伟国，农垦总局局长王有国，中国工程院院士罗锡文，省农委副主任李连瑞，八一农大党委书记李佐同、校长秦智伟及省科技厅相关负责人出席现场会。具有自主知识产权的“水稻秸秆营养穴盘”育秧及全程机械化栽培技术，由八一农垦大学副校长汪春教授带领的科研团队历时十年研发，先后在黑龙江省不同生态区、30多个示范点进行了大面积示范和推广，最高单产每亩1026公斤，已产生6项国家发明专利、37项实用新型专利和33项软件著作登记权；发表论文200余篇，其中SCI、EI收录40余篇，出版学术专著7部；获黑龙江省科学技术进步类一等奖1项、二等奖两项、三等奖5项，并获全国农牧渔业丰收奖一等奖。

10月17日　由国家民航局副局长李健带队的调研组抵达北大荒通用航空有限公司佳木斯基地，就如何促进通用航空事业发展进行调研。黑龙江省政府副秘书长赵万山、总局党委副书记徐学阳陪同调研。民航东北地区管理局、民航黑龙江监管局主要领导以及黑龙江省机场集团、佳木斯航空护林站等单位代表参加座谈会。

10月20日　垦区在牡丹江管理局召开水稻侧深施肥机示范推广现场会。

10月20日　八一农大副校长王金满等一行到海林农场调研，并与农场签订杂粮工程技术研究合作框架协议。

10月20日　截至今天，垦区大豆收获任务全面告捷，完成大豆收获任务959万亩，实现大豆秸秆还田100%。

10月21日　上午，北大荒垦丰种业股份有限公司网上商城——垦丰商城正式上线，总局党委副书记徐学阳、省种子管理局局长由天赋出席发布启动仪式。

10月24日　上午，垦区公安机关刑警岗位练兵比武竞赛“警务实战技能演练”在垦区公安局举行。这是垦区刑侦部门举行的首届比武竞赛。

10月25日　上午，全省深入推进打击电信网络新型违法犯罪专项行动电视电话会议在省公安厅召开。总局副巡视员、垦区公安局党委书记、局长徐连斌率联席会议成员单位相关负责人在垦区分会场收看会议实况。

10月26日　上午，2016中国国际食品博览会暨第十一届光明食品节在上海展览中心开幕。第十届全国人大常委会副委员长、中国关心下一代工作委员会主任顾秀莲在总局副局长王立荣的陪同下，视察了北大荒集团展区。

10月26日　下午，总局局长王有国在总局机关主持召开总局直属企业市场营销分析会议，听取总局直属企业营销工作汇报，部署各企业下步工作。

10月26—28日　北大荒垦丰种业股份有限公司应邀参展在武汉国际博览中心召开的2016中国国际农业机械展览会。垦丰种业展示了适合机械化作业的玉米品种“德美亚1号”，以及水稻品种“垦稻23”“三江16”。国家玉米体系首席专家张世煌到公司展台，询问了公司发展和品种情况。

10月26—28日　“2016中国国际食品博览会”在上海展览中心举办。九三粮油工业集团、完达山乳业股份有限公司、北大荒米业集团等15家企业参展，参展产品包含米、面、油、乳、菜等10大类、200多个品种。

10月26—31日　由商务部、中宣部、发改委、工信部等十八部委联合发起的“中国企业信用传递”活动，在美国纽约时代广场举行。完达山作为中国乳业唯一代表参加活动。

10月29日　第六届中国粮油榜揭晓，九三粮油工业集团和北大荒粮食集团跻身“中国百佳粮油企业”行列。九三集团同时获“中国粮油最受尊敬企业”和“中国十佳粮油（食品）品牌特别奖”，北大荒粮食集团同时被评为“中国十佳粮油集团”。

10月31日　北大荒米业集团与贵阳市粮食局下属企业贵州多彩谷健康产业有限公司签订战略合作框架协议。总局副局长王立荣、贵阳市粮食局副局长邱愉波出席签约仪式。双方就保障贵阳市放心粮油工程项目签订了5万吨大米、稻谷等粮食作物供销框架协议。

11　月

11月1日　由粮食局、发改委、财政部等部门组成的联合调查组在省、总局相关部门领导陪同下，到宝泉岭管理局部分农场基层管理区和粮食收储企业，了解今年玉米产量、各项补贴落实、销售情况和价格，督察玉米收储制度改革和收购情况。

11月1日　全国单体泵站流量最大、装机最大的建三江管理局青龙山灌区渠首站首台机组成功试水。单机流量每秒38.1立方米，满负荷运转的总流量达到每秒381立方米，超过南水北调工程的提水流量。

11月2日　总局党委办公室发出通知，要求垦区各级各单位各部门充分认识学习宣传贯彻党的十八届六中全会精神的重大意义，迅速把思想和行动统一到全会精神上来，把力量凝聚到实现全会确定的各项任务上来，坚定不移推进全面从严治党，在全垦区范围内着力营造风清气正的政治生态，为推进垦区改革发展提供坚强保障。

11月2日　农业部农机化司2016年秋季农机深松整地第八督导组到二龙山农场和赵光农场，督导秋季深松整地工作。

11月4日　下午，垦区冬春火灾防控电视电话会议在总局机关召开，总局副巡视员、垦区公安局党委书记、局长、督察长徐连斌出席会议并讲话。

11月4日 八五二场直管理区图书室获得全国总工会赠送的20箱图书和电子阅读卡，并被授予全国总工会职工书屋示范点称号。

11月5日 第十四届中国国际农产品交易会在云南省昆明市国际会展中心举行，北大荒展团参展。农业部部长韩长赋在视察北大荒展区时强调，黑龙江垦区要做好国家队、当好排头兵，引领中国农业发展。农业部副部长屈冬玉、总局副局长王立荣陪同视察。

11月6日 截至当日，垦区4289万亩秋粮收获任务全面结束。已完成秋整地4281.7万亩，秋起垄面积1302.2万亩，秋施肥142.5万亩，备床土451.1万立方米，打床13731.3万立方米，秸秆还田4054.9万亩。垦区水稻收获9月12日开始，10月16日完成收获任务；大豆收获9月19日开始，10月20日完成收获任务；玉米收获9月12日开始，11月6日完成收获任务。截至11月4日，垦区已完成粮食销售636万吨，完成总量的33%。

11月8日 上午，总局党委书记王兆力在总局机关主持召开总局党委理论中心组第六次专题集中学习会议，学习党的十八届六中全会精神，并对垦区学习宣传、贯彻落实六中全会精神和下步工作作出安排部署。总局党委副书记、纪委书记刘君作学习《中国共产党党内监督条例》专题发言，总局党委副书记徐学阳作学习《关于新形势下党内政治生活的若干准则》专题发言。总局领导谭占龙、于春明、徐连斌、郭宝松、高跃辉以及北大荒集团总公司总经理侯培耀分别谈了学习体会。

11月9日 垦区公安局举行2016年秋季练兵成果汇报演练，总局副巡视员、垦区公安局党委书记、局长、督察长徐连斌全程观摩演练。参加演练的有突击队、女警队、文职队等方队，演练科目包括基本队列队形动作、警体拳、徒手防暴队形、盾牌防暴队形等。

11月9日 上午，由大连商品交易所和马来西亚衍生品交易所联合举办的第十一届国际油脂油料大会在广州召开，参会者来自中国、美国、东南亚等国家。九三集团董事长、总经理杨宝龙率领九三集团代表参加会议。

11月9日 下午，省公安厅和垦区公安局两级反诈骗中心工作人员到农垦职业学院，为师生作了题为《再见，电信诈骗》的防范电信网络诈骗科学知识讲座。

11月10日 上午，垦区禁止野外焚烧秸秆紧急电视电话会议召开，总局党委副书记徐学阳出席会议并讲话。徐学阳强调，各管理局、农（牧）场要积极推广秸秆还田、综合利用等好的经验和做法，全力做好垦区禁止野外焚烧秸秆工作。

11月10日 下午，为期3天的完达山“奶牛金钥匙”技术示范专场会暨垦区九吨奶工程推进工作会议在北大荒国际饭店结束。国家奶牛产业技术体系首席科学家李胜利，奶业生态圈互助联盟秘书长杨敦启，国家奶牛产业技术体系顾问肖定汉等专家出席会议。来自垦区相关管理局、农（牧）场主管畜牧工作的领导、基地牧场场长及技术人员、完达山乳业奶源管理人员共计178人参会。

11月10—11日 “中国黑龙江省—加拿大阿尔伯塔省”农产品加工技术交流大会在黑龙江八一农垦大学召开。会议由黑龙江省科技厅、加拿大阿尔伯塔省农业和林业部、黑龙江八一农垦大学、黑龙江省科学院主办，黑龙江省中加合作食品加工研究发展中心、黑龙江省科学院大庆分院、加拿大阿尔伯塔省农林部农业食品研发中心、加拿大阿尔伯塔省技术创新研究院共同承办。加拿大阿尔伯塔省农林部部长欧尼尔·卡利亚，黑龙江省科技厅常务副厅长张长斌，大庆市副市长常城，黑龙江八一农垦大学校长秦智伟出席闭幕式。

11月14日 下午，《黑龙江屯垦史》结项鉴定会在哈尔滨举行。总局副局长谭占龙作项目运行汇报，总局党委委员、宣传部部长高跃辉作专家评议。中国社会科学院、黑龙江省社会科学院、黑龙江大学、哈尔滨师范大学的专家和学者对《黑龙江屯垦史》作出了评议和鉴定。《黑龙江屯垦史》是中国社科院和黑龙江省“省院合作”项目，由中国社科院和省社科院、省农垦总局共同组织实施，中国社科院中国边疆研究所、省社科院共同组织70余人的研究队伍历时3年完成。项目成果为8部17册系列专著，包括四卷本《黑龙江屯垦史》《黑龙江屯垦史·军垦口述史（上下册）》《黑龙江屯垦史·知青口述史（上中下册）》《黑龙江屯垦文献史料汇编（四辑）》《当代黑龙江与新疆屯垦比较研究》《黑龙江垦区在俄罗斯东部农业开发研究》《黑龙江屯垦文学史》《中国屯垦研究史》，总字数560万字。

11月15日 中国粮油学会授予九三管理局“中国大豆油之乡”荣誉称号授牌仪式在管理局豆都商务宾馆举行。

11月17日 九三集团在“2016第七届中国国际食用油产业博览会”上获得“第七届中国国际食用油产业博览会金奖”“健康油脂金奖”。

11月19日 以“实施食品安全战略 推进健康中国建设”为主题的第十四届中国食品安全年会在北京开幕。完达山乳业董事长王景海在年会论坛上做了以诚信践行食品安全的民族使命为主旨的专题演讲。

11月22日 上午，总局党委书记王兆力主持召开第十六次总局党委会议，传达省委十一届八次全会精神，部署垦区下步工作。总局领导刘君、徐学阳、于春明、张秀军、王立荣、王从基、刘炳东、高跃辉出席会议。总局副巡视员徐连斌、郭宝松以及北大荒集团总公司总经理侯培耀列席会议。

11月22日 下午，总局安委会第四次全体会议召开，总局副局长王立荣出席会议并讲话。王立荣强调，要抓好岁末年初安全生产各项工作，切实维护垦区人民群众生命财产安全。

11月22日 下午，垦区扶贫开发工作座谈会在总局机关一楼小会堂举行。总局党委副书记徐学阳强调，要做到扶持对象、项目安排、资金使用、措施到场（户）、脱贫责任人、脱贫成效“六个精准”，确保到2020年，垦区现行标准下贫困人口全部脱贫、贫困农（牧）场全部“摘帽”。

11月24日 上午，省委宣讲团党的十八届六中全会和省委十一届八次全会精神专题报告会暨2016年度第四次北大荒讲坛在总局机关举行。总局党委书记王兆力主持报告会，总局党委副书记、纪委书记刘君作总结讲话，省委宣讲团成员、省纪委法规室主任解维全作专题辅导报告。总局领导谭占龙、于春明、张秀军、王立荣、王从基、刘炳东、徐连斌、郭宝松、高跃辉出席报告会。

11月24日 第六届全省“六个十佳”和谐单位（家庭）发布仪式举行。垦区有两个单位入选，另有四个单位、一个家庭荣获提名奖。八五一一农场机关入选十佳和谐机关，八五四农场团山社区入选十佳和谐社区。此外，九三粮油工业集团和黑龙江省富坤粮食加工有限公司、普阳农场第四管理区、八五〇农场学校、八五三农场张博威家庭分别荣获十佳和谐企业、十佳和谐村屯、十佳和谐校园、十佳和谐家庭提名奖

11月25日 上午，垦区“七五”法治宣传教育工作电视电话会议召开，总局党委副书记、纪委书记、建设法治垦区工作委员会副主任刘君出席会议并讲话。

11月27日 下午，全国安全生产电视电话会议召开，传达习近平总书记、李克强总理对安全生产工作的指示批示精神，部署加强岁末年初安全防范工作，并对全国安全生产大检查进行再动员、再部署。总局副局长王立荣率安委会成员单位和有关部门负责人在总局分会场收听收看。

11月28日 国家计生委2014—2016年全国计划生育优质服务先进单位结果评选揭晓，红兴隆管理局成为垦区唯一一家获奖单位。

11月30日 下午，佳木斯市委副书记、市长郭冀平到佳南实验农场北大荒绿色庄园考察，交流和探讨围城经济和设施农业。佳南实验农场场长孙学亮和佳木斯市前进区有关领导陪同考察。

11月下旬 垦区“邮乐购”电商农场试点相继挂牌运营，已有尖山、鹤山、宝泉岭、共青、八五五农场“邮乐购”试点开始运营。

12　月

12月3日 上午，黑龙江北大荒农垦集团香坊实验农场有限公司党委和公司揭牌仪式举行。总局党委书记王兆力出席揭牌仪式并讲话。总局党委副书记、局长、北大荒集团董事长王有国宣读《中共黑龙江省农垦总局委员会、黑龙江省农垦总局关于将绥化、哈尔滨管理局所属农（牧）场整合重组组建北大荒农垦集团子公司的决定》，总局党委副书记、纪委书记刘君宣读《中共黑龙江省农垦总局委员会关于设立黑龙江北大荒农垦集团子公司党委的通知》，总局党委副书记徐学阳主持揭牌仪式。总局领导王立荣、王从基、刘炳东、徐连斌、郭宝松、高跃辉以及北大荒集团总公司总经理侯培耀出席仪式。

12月5日 下午，总局党委副书记徐学阳会见阿里巴巴集团副总裁方建生一行，双方就农业电商、局（场）淘服务站建设、互联网金融、电商人才培养、物流资源整合以及农业大数据共享等方面的合作情况进行了交流。

12月6—7日 第一次全国地方志工作经验交流会暨2017年全国地方志机构主任工作会议在广州召开。会上，总局史志办主任曲伟以《勇于开拓、创优争先，把黑龙江垦区史志事业做大做强》为题，介绍了垦区史志工作经验。

12月6日 在2016年全省开展的志愿服务工作“五个一百”活动中，垦区有12人被评为优秀志愿者、6个单位获优秀学雷锋志愿服务工作站称号、8支队伍被评为优秀志愿服务队、5个单位被评为优秀志愿服务活动品牌单位、3个单位被评为优秀志愿服务贡献单位。

12月9日 下午，总局局长王有国主持召开局长办公会，研究部署垦区“十三五”规划纲要制定完善工作，传达贯彻驻黑龙江省央企与地方国有企业改革发展座谈会精神。总局领导徐学阳、谭占龙、于春明、王立荣、王从基、刘炳东、徐连斌、郭宝松以及北大荒集团总公司总经理侯培耀出席会议。

12月9日 以省安监局副局长王忠华为组长的省政府安全生产大检查第九督查检查组一行到垦区，检查督导垦区安全生产工作，总局副局长刘炳东汇报相关工作。督察检查组一行还到完达山乳业、九三集团惠康食品公司、哈尔滨管理局、北大荒物流集团检查安全生产情况。

12月9日 省检察院农垦区分院人民监督员颁证宣誓仪式暨初任培训班在哈尔滨举行，总局司法局为新选任的55名垦区人民检察院人民监督员颁发聘任证书。人民监督员在国旗下宣誓。此批人民监督员是垦区首次由司法行政机关选任，打破了检察院“自己选人监督自己”的自我监督模式。

12月13日 以色列前工业、贸易和劳工部部长，现内阁少数民族事务部部长沙罗姆·西蒙（Mr. Shalom Simhon）带领米超林集团相关人员考察香坊实验农场和闫家岗农场。晚上，省委副书记黄建盛在北大荒国际饭店会见了沙罗姆 西蒙一行，双方就开展现代农业合作事宜会谈。总局领导王兆力、王有国、徐学阳参加会见。

12月14日 上午，总局党委书记王兆力主持召开第十九次总局党委会议，传达农业部深入贯彻中央文件精神深化农垦改革工作会议精神、省委深入贯彻习近平总书记关于“冰天雪地也是金山银山”讲话精神专题会议精神，并对相关工作作出部署。总局领导王有国、刘君、徐学阳、谭占龙、于春明、张秀军、王立荣、刘炳东、高跃辉出席会议。总局副巡视员徐连斌、郭宝松以及北大荒集团总公司总经理侯培耀列席会议。

12月14日 上午，垦区美丽乡村建设推进会议召开。总局党委副书记徐学阳出席会议并讲话。垦区各管理局交流美丽乡村建设经验。总局机关相关部门负责人参加会议。

12月14日 下午，垦区安全生产电视电话会议召开，总局党委委员、工会主席于春明主持会议，总局副局长刘炳东出席会议并讲话。总局安委会成员单位负责人在主会场参加会议，各管理局、农（牧）场安委会成员单位负责人在分会场参加会议。

12月14日 上午，北大荒农垦集团青年农场有限公司党委和公司（由青年农场和阿城原种场合并组建）揭牌仪式在青年农场举行。揭牌仪式上宣读了《中共黑龙江省农垦总局委员会、黑龙

江省农垦总局关于将绥化、哈尔滨管理局所属农（牧）场整合重组组建北大荒农垦集团子公司的决定》和《中共黑龙江省农垦总局委员会关于设立黑龙江北大荒农垦集团子公司党委的通知》。

12 月 16 日 下午，第四届“感动北大荒”人物颁奖典礼在总局机关二楼大会堂举行。总局领导王兆力、王有国、刘君、徐学阳、谭占龙、于春明、张秀军、王立荣、刘炳东、徐连斌、郭宝松、高跃辉出席颁奖仪式。总局党委书记王兆力、局长王有国为第四届“感动北大荒”人物获奖者颁奖，总局党委副书记、纪委书记刘君，总局党委副书记徐学阳为提名奖获得者颁发证书。

12 月 16 日 为期 3 天的 2016 黑龙江省农民合作社优质农产品（深圳）推介会在深圳会展中心举办。来自垦区 21 家企业和农民合作社的 9 大类 80 余种绿色有机农产品在“北大荒品牌展示区”集体亮相。黑龙江省副省长吕维峰、深圳市副市长卓钦锐、黑龙江省农委主任王金会等参观了北大荒展区。

12 月 16 日 黑龙江北大荒农垦集团嘉荫农场有限公司和公司党委正式挂牌，标志着绥化管理局所属的 8 个公司全部挂牌。它们是由 10 个农（牧）场整合重组的。

12 月 19 日 21 点，垦区按照省环保厅的统一部署，结合辖区实际，三级联动，全面布控，突击开展“零点行动”。行动历时 3 个小时，共出动环境监察人员 31 人、环境监测人员 13 人、随行媒体 9 家，检查企业 27 家、锅炉 58 台（套），监测企业 11 家。对部分违规单位进行了处罚。

12 月 13—19 日 总局文化委对建三江管理局、红兴隆管理局的文化市场进行专项检查，随机抽取建三江管理局七星、青龙山农场，红兴隆管理局局直地区、双鸭山农场部分文化市场经营单位作为被检对象，随机抽取执法人员对文化市场经营单位进行执法检查，共检查网吧等互联网上网服务营业场所 8 家、歌舞娱乐场所 3 家、游艺娱乐场所两家、电影放映单位 3 家、出版物经营单位两家、大型文体场馆 3 家。对在检查中发现的违法违规行为，责令经营者立即改正并依法予以处罚。

12 月 20 日 下午，黑龙江省全民冰雪活动日（哈尔滨站）暨 2016 年哈尔滨市“百万青少年上冰雪”活动启动仪式在香坊实验农场北大荒现代农业园冰雪游乐园举行。哈尔滨市委常委、副市长柳士发，哈尔滨市教育局党委书记、局长王长文出席仪式。

12 月 22 日 由省科学技术协会和黑龙江八一农垦大学共同主办，大庆市科学技术协会、八一农大国家杂粮工程技术研究中心共同承办的“中印杂粮生产加工技术学术研讨会暨黑龙江省杂粮产业发展研讨会”在八一农大召开。来自印度和我国杂粮研究领域的专家学者、企业代表等 300 余人参加会议。省科协党组书记、副主席毕卫星，大庆市委副书记张亚中，黑龙江八一农垦大学校长秦智伟，印度土木库尔大学校长 A H Rajasab 等出席开幕式并致辞。

12 月 23 日 晚，历时近一个月的“莱飞跃”杯 2016 黑龙江省大学生篮球联赛在东北农业大学体育馆闭幕。黑龙江农垦职业学院女篮蝉联高职高专女子组冠军。这是这所学院第二次在此项赛事中夺冠。

12 月 23 日 下午，中共黑龙江省农垦总局直属机关第五次代表大会在总局机关二楼大会堂举行。总局党委书记王兆力当选总局直属机关党委书记，总局党委副书记刘君、第四届总局机关党委副书记扈海滨当选新一届总局直属机关党委副书记，批准吕守君当选总局直属机关纪委书记。总局领导徐学阳、谭占龙、于春明、王从基、刘炳东、高跃辉和部分在哈总局老领导等 192 名代表出席会议。

12 月 23 日 上午，总局局长王有国主持召开第四次局长办公会，传达省政府第 77 次常务会议主要精神和全省贯彻落实中央环境保护督察反馈意见整改方案，部署相关工作。总局领导徐学阳、于春明、王从基、刘炳东、徐连斌以及北大荒集团总公司总经理侯培耀出席会议。

12 月 26 日 上午，总局党委书记王兆力主持召开第二十一次总局党委会议，传达中央农村工作会议和全国农业工作会议精神，并就相关工作进行部署。总局领导王有国、刘君、谭占龙、于春明、张秀军、王立荣、王从基、刘炳东、高跃辉出席会议。总局副巡视员徐连斌、郭宝松列席会议。

12 月 26 日 由总局党委组织部、总局绿办、总局团委联合举办的第三期垦区领导干部“互联网 + 农业”场域经济发展研修班在总局机关一楼小会堂开班。来自相关管理局、农（牧）场和总局直属单位的 52 名领导干部参加培训。

12 月 26 日 下午，2016 年度第五次北大荒讲坛在总局机关举行。总局领导王立荣、徐连斌、郭宝松出席，总局党委委员、宣传部部长高跃辉主持并作总结讲话，阿里巴巴集团——淘宝大学培训总监、高级企业培训师何兵权作农产品电商流通价值链专题辅导。

12 月 27 日 八一农垦大学与农垦科学院签署战略合作协议。八一农垦大学校长秦智伟和农垦科学院院长汪春出席签约仪式。

12 月 28—30 日 省委利用两个半天时间，召开 2016 年度市（地）委和省直机关工委、省委高校工委、省国资委、省农垦总局、省森工总局党委书记抓基层党建工作述职评议会议。省委书记王宪魁主持会议并讲话。会议结束时，与会人员对各市（地）委书记和省直机关工委、省委高校工委、省国资委、省农垦总局、省森工总局党委书记抓基层党建工作进行了民主测评。

12 月 30 日 国家发改委、中宣部、财政部、国家旅游局、中央党史研究室等单位公布了《全国红色旅游经典景区名录》，垦区的北大荒开发建设纪念馆、友谊农场红色旅游景区作为北大荒开发纪念地入选，成为此次黑龙江省入选的 12 处景区之一。

概　况

建置沿革

【历史沿革】 黑龙江垦区自1947年创建第一批国营机械农场以来，国营农场管理机构随着领导体制的调整和行政区域的划分和变动，经历了多次变革，大体上分为多头领导、分口领导、统一领导三个时期。

多头领导时期1947—1955年，黑龙江地区无统一的国营农场管理机构。当时国营农场是由各省（松江省、黑龙江省、嫩江省、合江省、牡丹江省）建设厅（后改农业厅）分别创建。1947年2月，嫩江省并入黑龙江省。1948年7月，牡丹江省划归松江省和合江省。1949年4月，合江省并入松江省。至此，各省创建的国营农场归并为两省（黑龙江省和松江省）农业厅领导。共辖11个农场，其中黑龙江省农业厅辖赵光、花园、五大连池、平阳、泰来5个农场，松江省农业厅辖宁安、庆阳、兴凯、桦南、绥滨、集贤6个农场。上述农场中少数后来转归为东北机械农场。1949年4月，东北人民政府（原为东北行政委员会）农林部，成立机械农场管理处（翌年改为公营农场管理局），地址设在哈尔滨市。这是第一个国营农场管理机构，管辖东北地区原黑龙江省、松江省、吉林省、辽东省、辽西省、热河省所属机械农场。其中黑龙江地区所辖通北、永安、鹤山、八一五、赵光、宁安、五大连池、平阳、桦南、花园10个农场。（1951年鹤山农场与八一五农场合并，名为“鹤山八一五农场”，后改称“九三机械农场”）。1949年至1951年，东北荣军工作委员会组织荣誉军人发展生产，创建两个荣军农场：伊拉哈荣军农场、伏尔基河荣军农场。与此同时，组织战争中起义、投诚和被俘的国民党官兵创办一批“解放团”农场，共7个：解放一团创建的宝泉岭农场，解放二团创建的香兰农场、铁力农场，解放三团创建的孟家岗农场，解放四团创建的笔架山农场，青干一团创建的红星农场、二龙山农场。1951年8月，东北荣军工作委员会并入东北公营农场管理局，所属农场随之划归其领导。1954年6月19日，黑龙江省与松江省合并，随之成立黑龙江省农业厅国营农场管理局。1955年6月，中国人民解放军农建二师，奉中央军委命令，由山东广饶地区集体转业来黑龙江省，创建三个军垦农场：二八九团创建的“十一”农场，二九〇团创建的二九〇农场，二九一团创建的二九一农场。“十一”农场后与铁力机械农场合并，命为铁力农场。1955年7月16日，经国务院批准，东北公营农场管理局与省农业厅国营农场管理局合并，成立省国营农场管理厅。统一领导原东北公营农场管理局在黑龙江省的农场，原农业厅国营农场管理局和农建二师所属农场以及省农业厅畜牧处所属种畜场。同时，原农建二师师部随之撤销。至此，省内国营农场系统渐趋统一。但县营农场和公安系统创建的劳改农场，不在此系统之内。

分口领导时期1956—1976年。1956年，国务院成立农垦部。并建立铁道兵农垦局，局址在黑龙江省密山市。这是第一个中央直属农垦局，辖铁道兵创建的农场群。1958年十万转业官兵开发北大荒，在铁道兵所建农场基础上以场扩场，随之铁道兵农垦局改名为牡丹江农垦局。辖八五〇、八五一、八五二、八五三、八五四、八五五、八五六、八五七、八五八、八五九、八五一〇、八五一一、牡丹江军马场共13个农场。1958年建立合江农垦局，这是第二个中央直属垦区，新创建一批军垦农场，并管辖合江地区原国营农场群，有江滨、军川、延兴、名山、青年、二九〇、二九一、五九七、绥滨、宝泉岭、伏尔基河、汤原、集贤、七星、勤得利、曙光、友谊、依兰共18个农场。1962年3月，黑龙江省政府根据东北局和省委国营农场会议关于调整农场场队规模和管理体制的精神，将九三农场所属10个分场，赵光农场所属6个分场，查哈阳农场所属8个分场，红色草原牧场所属9个分场，改为独立场。撤销原来的总场部，设立黑龙江省农业厅九三、赵光、查哈阳、红色草原4个地区国营农场管理局。同年8月14日，国务院同意黑龙江省设立农垦厅。上述4个地区国营农场管理局改为省农垦厅九三农垦局、赵光农垦局、查哈阳农垦局和红色草原农垦局。1964年成立黑河农垦局（地区级），隶属省农垦厅。黑龙江省农垦厅辖克山、二龙山、宁安、海林、庆阳、红旗、十一、和平种畜场、肇源、红光、万宝、龙头马场、齐齐哈尔种畜场13个农场和5个地区农场管理局。其中九三农场管理局辖鹤山、大西江、红五月、铁锋、跃进、尖山、荣军、高峰8个农场；赵光农场管理局辖通北、东方红、黎明、涌泉、建设、双丰、红星、共青团、晨光8个农场；查哈阳农场管理局辖金光、金星、金边、丰收、绿色海洋、稻花香、太平湖、幸福之路、阿伦河、万发、新立11个农场；红色草原农场管理局辖东风、春雷牛场、星火、红骥、红卫星猪场、工农牛场、红星羊场、银浪羊场、巨浪牧场9个农（牧）场；黑河农场管理局辖红色边疆、沿江、新华、东山、北方、黑河马场、沾河野生动物饲养场7个农场。1962年11月18日，中共中央和国务院决定合江农垦局和牡丹江农垦局合并，1963年1月成立东北农垦总局。总局是农垦部的直属局，为农垦部在东北地区的派出机构，同时受中共中央东北局和黑龙江省委的领导。辖曙光、集贤、汤原、二九一、七星、伏尔基河、五九七、八五二、八五三、二九〇、友谊、宝泉岭、八五九13个农场和3个分局。分局为总局的派出机关，只管农场的企业行政管理，不作为一级经济核算单位。其中虎林分局辖八五四、八五〇、八五六、八五八、和平、红星、云山7个农场；密山分局辖八五五、八五七、八五一〇、八五一一、北兴、牡丹江种畜场6个农场；萝北分局辖绥滨、军川、名山、青年、江滨、延兴6个农场。1964年6月，总局撤销了八五九农场建制，分别建立了八五九、饶河和胜利农场，并新设“饶河农垦分局”辖该3场；1965年4月，撤销密山农垦分局，设立了东北农垦总局驻密山办事处。1966年3月，中国人民解放军沈阳军区所属部队万余名转业官兵，分批到达东北农垦总局、省农垦厅、省水产局所属29个边境农、牧、渔场，组建了黑龙江生产建设兵团黑河农建第一师和合江农建第二师，共辖9个团、24个营、94个生产连队。不久“文化大革命”开始，这项工作停止。1968年6月18日，中共中央、国务院、中央军委和中央文革小组共同发出《关于建立沈阳军区黑龙江生产建设兵团的批示》，撤销东北农垦总局和省农垦厅，重新组建兵团，将所属农场以及黑河农建一师、合江农建二师，合编为5个师、58个团。1969年，兵团开发抚远荒原，新建6个团，并将原三师4个团划入组建为兵团第六师。兵团为解放军序列，肩负的任务是：屯垦戍边，反帝反修，保卫边疆，建设边疆。兵团辖6个师，其中一师辖一团（锦河）、二团（红星）、三团（红色边疆）、四团（建设）、五团（五大连池）、六团（二龙山）、七团（赵光）、六十四团（红色边疆）；二师辖八团（军民二九〇）、九团（绥滨）、十团（江滨）、十一团（军川）、十二团（名山）、十三团（延军）、十四团（向阳）、十五团（宝泉岭）、十六团（新华）、十七团（普阳）、六十三团（汤原）、独立一团（嘉荫）、独立二团（铁力）；三师辖十八团（友谊）、十九团（五九七）、二十团（八五二）、二十一团（八五三）、二十二团（饶河）、二十八团（二九一）、二十九团（双鸭山）、三十团（江川）、三十一团（曙光）、三十二团（北兴）、五十八团（红旗岭）、二十六团（宝山）；四师辖三十三团（八五四）、三十四团（八五八）、三十五团（庆丰）、三十六团（八五〇）、三十七团（八五六）、三十八团（八五〇）、三十九团（云山）、四十团（八五一一）、四十一团（八五五）、四十二团（八五七）、四十三团（兴凯湖）、四十四团（八五一〇）；五师辖四十五团（鹤山）、四十六团（跃进）、四十七团（大西江）、四十八团（铁峰）、四十九团（尖山）、五十团（查哈阳）、五十一团（荣军）、五十二团（旭光）、五十三团（红五月）、五十四团（克山）、五十五团（查哈阳）、五十六团（双河）、六十七团（查哈阳）、独立营（高峰马场）；六师辖二十三团（八五九）、二十四团（胜利）、二十五团（七星）、二十七团（勤得利）、五十七团（大兴）、六十八团（前哨）、五十九团（青龙山）、六十团（前进）、六十一团（创业）、六十二团（红卫）、反修营（前锋）。1968年黑龙江省撤销农垦厅时，将部分农场下放地市县领导。1972年，省政府再次成立黑龙江省国营农场管理局。收回下放农场。省国营农场管理局辖6个分局。其中嫩江分局辖依安、泰来、福安、东明、富裕、老莱、巨浪、绿色草原牧场8个农牧场；合江分局辖香兰、笔架山、莲江口、合江良种场、梧桐河、鹤立河6个农场；绥化分局辖海伦、绥棱、和平种畜场、红光、安达畜牧场、肇源6个农牧场；黑河分局辖龙门、龙镇、襄河种马场、引龙河、格球山、尾山、长水河、嫩江、北安试验场、永丰、七星泡、花园、山河、华山、嫩北、北安、建边17个农场；呼伦贝尔盟分局辖室讳牧场、哈达图农牧场、嵯岗牧场、恩和牧场、托尼河农牧场、敖尔金牧场、苏泌农牧场、谢尔塔拉种牛场、扎兰屯、三河种马场、大雁种马场、绰尔河、上库力牧场、伊敏河农牧场、那吉屯、拉布达林农牧场、牙克石牧场、格尼河、八一马场19个农牧场；大兴安岭分局辖巴彦、东方红、五四、欧肯河、宜里、甘河、扎赉河、诺敏河8个农场。此外还辖有7个直属农场：庆阳农场、岔林河农场、阎家岗农场、香坊农场、海林农场、宁安农场、青年农场。经多次分合变动，国营农场基本归属两大系统：中国人民解放军沈阳军区黑龙江生产建设兵团所属农场和省属农场。此外，还有部分县营农场、部队农场和部分劳改农场不在两系统内。

统一领导时期1976年至今，根据中央决定，1976年2月撤销兵团和省农场管理局，成立黑龙江省国营农场总局，实行全省国营农场组织上的统一领导。辖宝泉岭、红兴隆、建三江、牡丹江、北安、九三、嫩江、绥化、哈尔滨、大兴安岭、呼伦贝尔盟11个国营农场管理局，147个农牧场。1979年9月，国家调整行政区划，总局所属大兴安岭和呼伦贝尔盟两个农场管理局划归内蒙古自治区农牧总局，同时划出27个农牧场。同年，总局所属香兰、花园农场划归省劳改局。1980年1月，黑龙江垦区由省属上划为中央直属垦区，人、财、物、供、产、销由农垦部直接管理。党政工作仍归地方负责，实行“部省双重领导，以地方为主”的领导体制。1980年5月，总局以补偿贸易方式，引进美国农业机械，在同江县境内建立洪河农场。1981年，总局所属莲江口、笔架山、华山、双河、老莱农场划归省劳改局。1984年，总局通过世界银行贷款引进先进机械，在抚远地区新建二道河、鸭绿河农场。1984年9月，省政府决定，总局所属龙镇、龙门、引龙河、襄河、长水河、格球山、尾山等16个农场，移交给省司法厅劳改局。1985年末，上述16个劳改农场又重新归属总局。至此，总局所属农牧场共101个。这一时期，农场虽经局部变动，基本上保持全省国营农场的统一。但仍有劳改农场、部队农场、县营农场不在统一系统之内。1997年1月，黑龙江省国营农场总局更名为黑龙江省农垦总局，所辖9个管理局更名为分局，为总局派出机构。1998年3月，经国务院批准，组建黑龙江北大荒集团，与农垦总局并列，二者为“一套机构、两块牌子”，实行政企分开。所辖各分局同时挂牌成立北大荒集团分公司，为总公司的子公司。2000年1月总局机关由佳木斯市迁至省会哈尔滨市。按照2010年10月15日省第十一届人大常委会第二十次会议通过的《黑龙江省垦区条例》有关规定，2011年1月，将总局所属分局更名为管理局。

（齐长伐　郭思宝）

【区划】　2016年，黑龙江省农垦总局下辖9个管理局，113个农牧场。辖区可分为三大片。东片三江平原有4个管理局，54个农场。其中宝泉岭管理局下辖二九〇、绥滨、普阳、江滨、军川、名山、延军、共青、宝泉岭、新华、汤原、梧桐河、依兰共13个农场，红兴隆管理局下辖友谊、五九七、八五二、八五三、二九一、饶河、红旗岭、双鸭山、江川、宝山、曙光、北兴共12个农场，建三江管理局下辖八五九、胜利、红卫、七星、大兴、创业、青龙山、前进、勤得利、洪河、鸭绿河、浓江、前哨、前锋、二道河共15个农场，牡丹江管理局下辖八五〇、八五四、八五六、八五八、庆丰、云山、八五五、八五七、八五一一、兴凯湖、八五一〇、海林、山市种奶牛场、宁安共14个农场。北片小兴安岭南麓有两个管理局，26个农场。其中北安管理局下辖锦河、红色边疆、逊克、龙门、襄河、龙镇、二龙山、引龙河、尾山、格球山、五大连池、长水河、赵光、红星、建设共15个农场，九三管理局下辖鹤山、大西江、尖山、荣军、红五月、七星泡、嫩江、山河、嫩北、建边、哈拉海共11个农场。西片松嫩平原有3个管理局，32个农牧场。其中齐齐哈尔管理局下辖克山、依安、红旗种马场、富裕、繁荣种畜场、查哈阳、泰来、绿色草原、大山种羊场、巨浪、齐齐哈尔种畜场共11个农场，绥化管理局下辖嘉荫、铁力、海伦、红光、绥棱、安达、和平、肇源、涝洲鱼种场、柳河共10个农牧场，哈尔滨管理局下辖庆阳、岔林河、沙河、香坊实验、青年、闫家岗、红旗、四方山、松花江、阿城原种场、九龙山柞蚕育种场共11个农场。另有总局局直所属农场佳南实验农场。

（郭思宝）

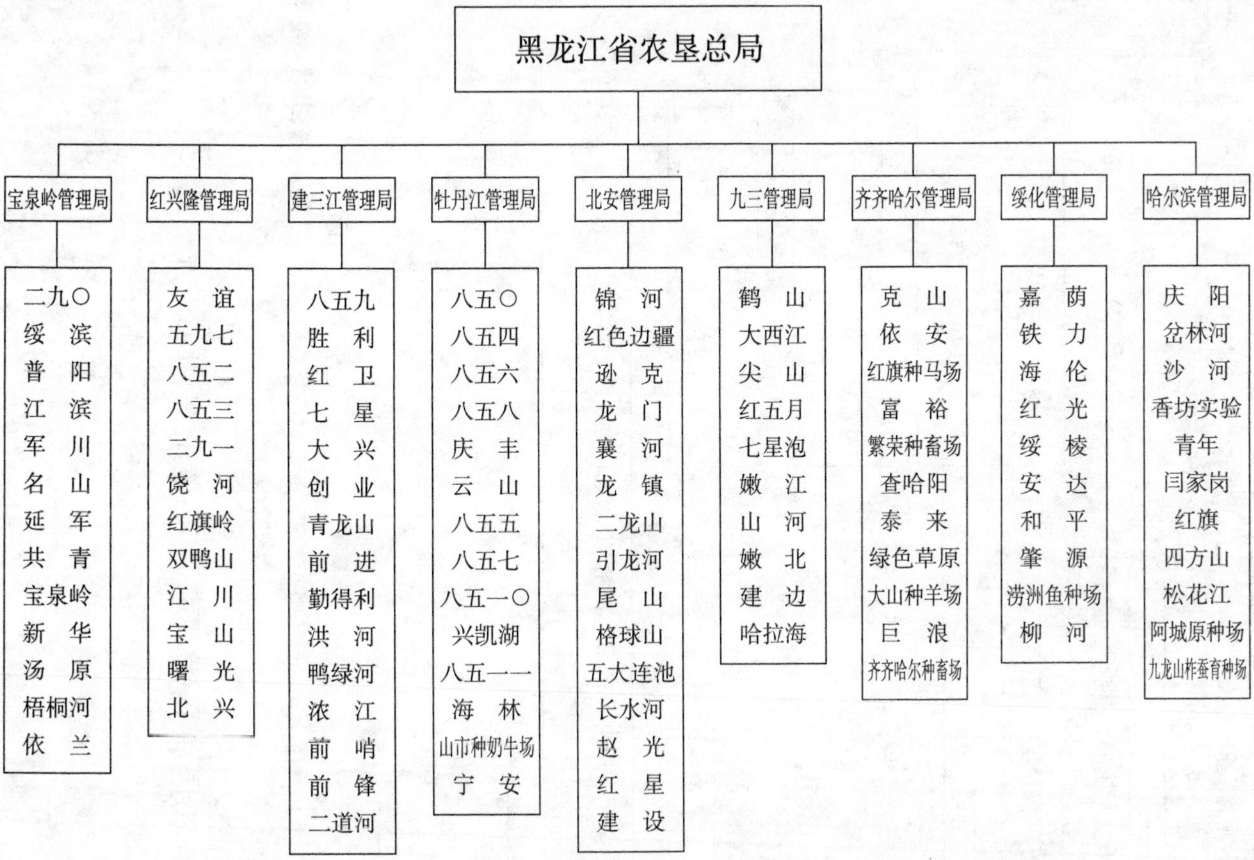

图1　总局所属管理局 农（牧）场示意图（2016年）

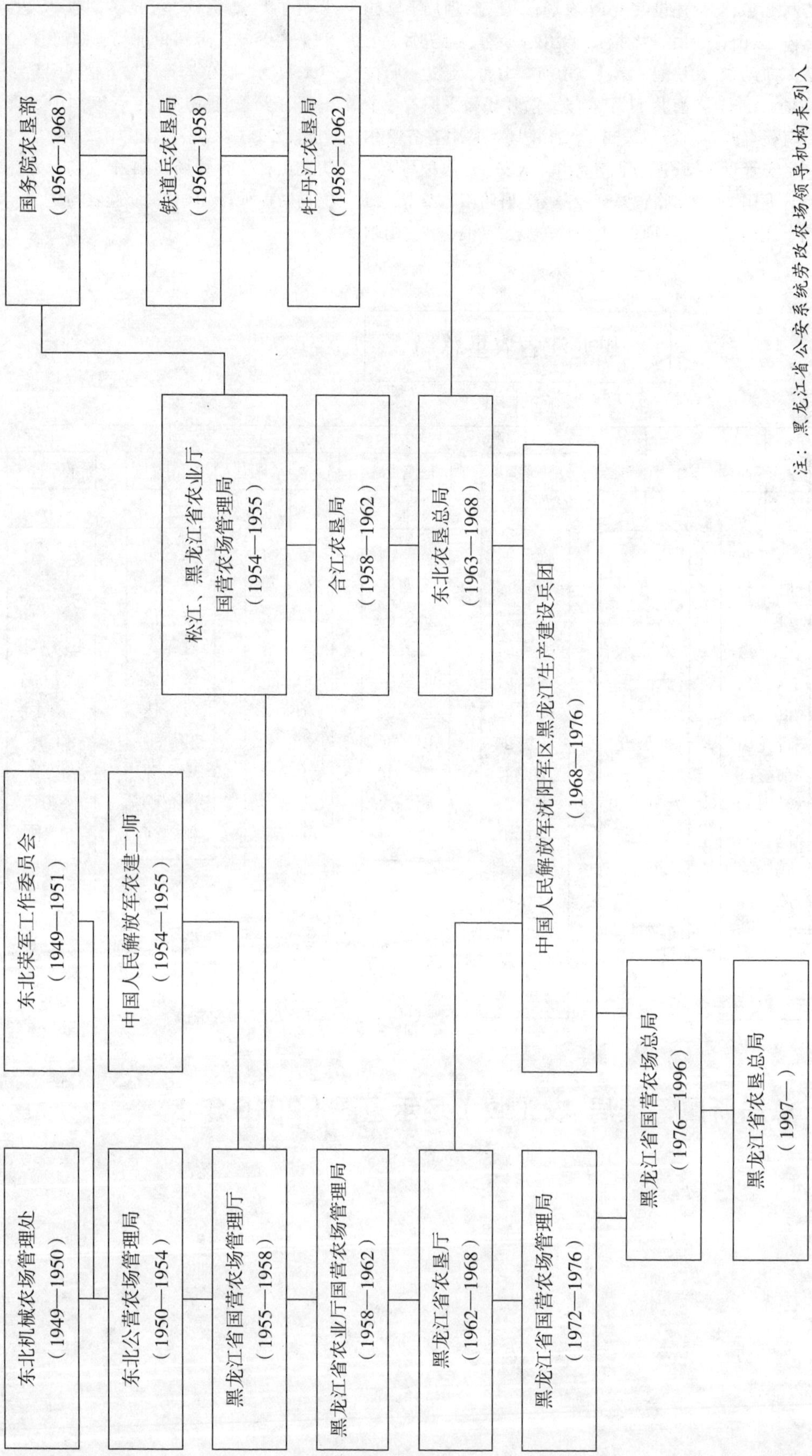

注：黑龙江省公安系统劳改农场领导机构未列入

图2 黑龙江省农垦总局领导机构沿革示意图（2016年）

【总局党政机构及直属事业单位主要领导】

中共黑龙江省农垦总局委员会

党委书记：王兆力，1962年12月出生，黑龙江双城人。1984年7月加入中国共产党，1987年8月参加工作。硕士学位，高级经济师。2000年8月至2003年1月，任省财政厅副厅长、党组成员（公开选拔）。2003年1月至2004年4月，任省财政厅副厅长、党组成员，省政协人口资源环境委员会副主任。2004年4—10月，任鸡西市委副书记、省政协人口资源环境委员会副主任。2004年10月至2005年1月，任鸡西市委副书记、市长，省政协人口资源环境委员会副主任。2005年1月至2009年7月，任鸡西市委副书记、市长。2009年7月至2011年6月，任鸡西市委书记、人大常委会主任。2011年6月至2012年1月，任佳木斯市委书记。2012年1月至2014年12月，任佳木斯市委书记、市人大常委会主任。2014年12月，任省农垦总局党委书记。

局长、党委副书记：王有国，1961年10月出生，黑龙江省望奎县人。1981年7月参加工作，1986年4月加入中国共产党，本科学历，高级经济师。2004年5月任红兴隆分局局长、党委副书记，2006年3月任红兴隆分局党委书记，2007年6月任总局副局长、党委委员。2013年4月任现职。

党委副书记、纪委书记：刘君，女，1962年10月出生，山东省龙口市人。1984年7月参加工作，1990年9月加入中国共产党，党校研究生学历，政工师职称。2002年10月任黑河市政府助理巡视员，2005年11月任黑河市常委、市纪委书记，2006年11月任伊春市委常委、市纪委书记，2012年1月任伊春市委副书记、市纪委书记，2013年12月任现职。

党委副书记：徐学阳，1963年11月出生，黑龙江林甸人。1984年7月参加工作，1991年10月加入中国共产党，本科学历，硕士学位，高级政工师。2000年3月任黑龙江省大庆市纪委常委、秘书长（正处级），2000年10月任大庆市纪委副书记、秘书长，2001年7月任大庆市纪委副书记，2003年7月任肇源县委书记，2009年4月至2016年4月任省农垦总局副局长、党委委员，2016年4月任现职。

副局长、党委委员：谭占龙，1962年7月出生，黑龙江省富裕人。1984年7月参加工作，1991年7月加入中国共产党，党校研究生学历，研究员级高级会计师职称。2000年6月任总局财务处处长，2007年9月任总局副巡视员，2010年2月任现职。

工会主席、总局党委委员：于春明，1959年3月出生，山东省潍坊市人。1977年7月参加工作，1988年3月加入中国共产党，大学文化，学士学位，高级畜牧师职称。1996年3月任总局畜牧水产局局长，2008年3月任农垦工会党组书记、副主席，2009年9月任现职。

总局党委委员、军事部政治委员：张秀军，1963年3月出生，辽宁北票人，1980年11月参加工作，1984年6月加入中国共产党，大学学历。2011年4月至2014年3月，任沈阳军区政治部《前进报》社副社长，2014年3月至5月，任省农垦总局军事部政治委员，2014年5月任现职。

副局长、总局党委委员：王立荣，1958年5月出生，山东省莱阳市人，1976年11月参加工作，1985年9月加入中国共产党，中央党校本科学历，研究员级高级会计师。2007年10月至2011年7月任省农垦总局财务处处长，2011年7月至2015年10月任总局水利工程局局长，2015年10月至11月，任总局水利工程局局长兼总局财务处处长，2015年11月任现职。

总局副巡视员：李殿君，1956年2月出生，辽宁兴城人。1973年7月参加工作，1978年6月加入中国共产党，专科学历，教授级高级政工师。2000年11月任北安分局党委书记，2007年12月任九三分局党委书记，2010年7月至2016年2月任现职。

总局副巡视员：刘锡荣，1955年12月出生，四川广安人，1974年12月参加工作，1976年4月加入中国共产党，本科学历，高级经济师。2000年6任总局司法局局长，2009年4月至2009年10月任省农垦中级法院党组书记、副院长，2009年10月任佳木斯市中级人民法院院长、党组书记，2011年12月至2016年4月任现职。

副局长、党委委员：王从基，1960年5月出生，四川剑阁人，1983年7月加入中国共产党，1984年7月参加工作，本科学历，农学学士，农业经济师。先后任农业部综合计划司办公室主任、处经项目处处长、投资规划处处长、外经贸处处长、农业开发处调研员、预算处调研员、预算处处长，2006年5月至2016年3月任农业部财会服务中心副主任，2016年3月任现职。

副局长、党委委员：刘炳东，1960年12月出生，山东省广饶市人。1977年8月参加工作，1985年10月加入中国共产党，中专学历，党校研究生，经济师。2006年9月至2009年6月任九三分局局长、党委副书记，2009年6月至2016年8月任宝泉岭管理局党委书记，2016年8月任现职。

总局副巡视员：徐连斌，1968年7月出生，山东省五莲县人，1992年9参加工作，1996年7月加入中国共产党，本科学历，法学硕士。2013年10月至2016年6月任省垦区公安局局长、党委书记、督察长，2016年6月任现职。

总局副巡视员：郭宝松，1963年2月出生，山东省武城县人，1983年8月参加工作，1986年11月加入中国共产党，中专学历，研究生，农学博士，林业高级工程师。2007年9月至2009年2月，任省农垦总局林业局局长，2009年2月至2012年6月兼任挠力河自然保护区管理局局长，2012年6月任省农垦总局人力资源和社会保障局局长，2016年8月任现职。

总局党委委员、宣传部部长：高跃辉，1961年7月出生，湖南桃江人。1978年9月参加工作，1985年12月加入中国共产党，党校研究生学历，教授级高级政工师职称。1994年9月任总局佳木斯肉联厂党委书记，2000年6月任总局离退休干部工作处处长，2008

年10月任总局质量技术监督局局长，2009年10月任总局党委宣传部部长，2010年4月任现职。

总局党委委员、组织部部长：刘伟康，1974年11月出生，吉林省扶余人，研究生学历，博士学位，1995年8月参加工作，2000年7月加入中国共产党，2007年10月任省政府办公厅调研员，2007年11月任总局党委组织部调研员、副部长，2010年6月任总局党委组织部部长，2010年11月至2016年8月任现职。

总局党委委员、组织部部长：王玉升，1967年8月出生，山东省莱州市人，1987年12月加入中国共产党，1989年8月参加工作，本科学历，硕士学位。2000年12月至2001年12月任中共穆棱市委常委，2001年12月至2007年7月任中共穆棱市委常委、组织部部长，2007年7月至2009年12月任中共穆棱市委常委、常务副市长，2009年12月至2016年12月任省委组织部干部四处处长，2016年12月任现职。

纪律检查委员会

纪委书记：刘君，女，1962年10月出生，山东省龙口市人。1990年9月入党，党校研究生学历，政工师职称。1984年7月参加工作，2013年12月任现职。

副书记、监察局局长：崔永生，1959年5月出生，黑龙江省勃利县人，中共党员，本科学历，经济师。1975年8月参加工作，2015年9月任现职。

副书记：胡玉平，1961年10月出生，吉林省梨树人，本科学历，高级政工师、高级经济师。1983年8月参加工作，2011年1月任现职。

副书记：宋万军，1969年4月出生，黑龙江省桦川人，中共党员，本科学历。1985年11月参加工作，2015年10月任现职。

监察局副局长：

张仲民（2015.12—）

蒋本东（2015.12—）

信访室主任：程国峰（2012.6—）

案件审理室主任：

张晓平（女，2003.11—）

党风建设室主任：

张仲民（2001.4—）

执法监察室主任：

丁　彦（2011.1—）

办公室主任：翁叔章（2012.6—）

案件检查室主任：

李永刚（2011.4—）

副调研员：蒋光锋（2015.10—）

组织部

部长：刘伟康，1974年11月出生，吉林省扶余人，中共党员，研究生学历，博士学位。1995年8月参加工作，2010年6月至2016年8月任现职。

部长：王玉升，1967年8月出生，山东省莱州人，中共党员，本科学历，硕士学位。1989年8月参加工作，2016年12月任现职。

副部长：张　如（2010.1—）

张广民（2012.6—）

赵广来（2014.1—）

宣传部

部长：高跃辉，1961年7月出生，籍贯湖南省桃江县，中共党员，党校研究生学历，教授级高级政工师。1978年9月参加工作，2009年10月任现职。

副部长：顾大峰（2013.11—）

副调研员：鲁宏杰（2014.1—）

统战部

部长：初景国，1961年9月出生，黑龙江省安达市人，中共党员，研究生学历，高级经济师。1981年7月参加工作，2009年10月任现职。

调研员、副部长：马向东，1968年12月出生，籍贯山东郯城，中共党员，博士，研究员级高级工程师。1990年7月参加工作，2015年10月任现职。

调研员：李阳，1957年7月出生，福建省长汀县人，九三学社社员，本科学历，享受研究员待遇，高级农艺师。1994年10月参加工作，2011年4月任现职。

副调研员：

黄　芙（女，2007.10—）

政法委

常务副书记：王英志，1958年10月出生，黑龙江省双城市人，中共党员，本科学历，经济师。1975年11月参加工作，2012年6月任现职。

副书记：刘洋，1958年12月出生，黑龙江省望奎县人，中共党员，本科学历，高级政工师。1975年9月参加工作，2011年4月任现职。

副书记：卢庆久（2011.4—）

执法检查室主任：

唐　海（2001.5—2016.5）

编委办

主任：于立华，女，1968年4月出生，辽宁省宽甸人，中共党员，研究生学历，教授级高级政工师。1989年7月参加工作，2012年6月任现职。

副调研员：

姬　霞（女，2014.1—）

机关党委

副书记：扈海滨，1962年5月出生，山东省人，中共党员，大学本科学历，高级经济师。1983年7月参加工作，2014年3月任现职（主持工作）。

工会主席：

公　丽（女，2008.12—）

纪委书记：吕守君（2003.11—）

副调研员：

徐　燕（女，2010.10—）

离退休干部工作处

处长：周聚文，1963年8月出生，黑龙江省海伦市人，中共党员，在职研究生，教授级高级政工师。1983年10月参加工作，2014年2月任现职。

副处长：陈贵昌（2004.7—）

丛　明（2006.8—）

关工委办公室主任：

任少军（2013.9—）

总局（党委）办公室

主任：刘几何，1965年1月出生，山东省乳山市人，中共党员，本科学历，高级政工师，1985年7月参加工作，2015年10月任现职。

副主任：蒋济众（2015.10—）
安传斌（2013.11—）

副调研员：
鄂肖婷（女，2009.1—）
张业骞（2012.4—）

信访办

主任：史维强，1963年6月出生，上海市人，中共党员，本科学历。1979年9月参加工作，2013年9月任现职。

副主任：王亚静（女，2004.6—）

发展和改革委员会

主任：王峰，1960年7月出生，山东省人，中共党员，本科学历，高级经济师，1977年7月参加工作，2007年9月任现职。

调研员：杨健，1956年5月出生，河南省人，中共党员，研究生学历，高级经济师，1974年12月参加工作，2007年9月任现职。

副主任：于家傲（2010.1—）
马忠峙（2010.1—）

副调研员：
李兆天（2004.7—）
蒋　华（2010.1—）

统计局

局长：李建明，1963年3月出生，江苏省海门市人，中共党员，本科学历，高级统计师。1984年7月参加工作，2007年9月任现职。

副局长：朱建东（2008.12—）

副调研员：
黄　丰（女，2001.4—）

国家统计局黑龙江农垦调查队

队长：李建明，1963年3月出生，江苏省海门市人，中共党员，大学学历，高级统计师，1984年7月参加工作，2009年1月任现职。

副队长：
秦莉萍（女，2009.1—）
黄信梅（女，2009.12—）

副调研员：
杨雪松（2014.9—）

财务处

处长：王立荣，1958年5月出生，山东省莱阳市人，中共党员，研究生学历，研究员级高级会计师。1976年9月参加工作，2015年11月兼任总局财务处处长。

调研员、副处长：张允海，1972年11月出生，山东省龙口市人，中共党员，研究生学历，1996年7月参加工作，2015年6月任现职。

调研员、副处长：于　彦，1967年10月出生，黑龙江省巴彦县人，中共党员，研究生学历，高级会计师，1990年7月参加工作，2008年12月任总局财务处副处长，2014年1月任总局财务处调研员。

调研员：于国良，1962年6月出生，黑龙江省庆安县人，中共党员，研究生学历，高级会计师，1983年7月参加工作，2011年2月任现职。

副处长：张忠武（2002.3—）

农业综合开发办

主任：万良平，1959年11月出生，湖北嘉鱼县人，中共党员，大专学历，高级经济师。1976年9月参加工作，2008年10月任现职。

副主任：刘　伟（2001.4—）

审计局

局长：魏清，1964年5月出生，黑龙江海伦市人，中共党员，研究生学历，研究员级高级审计师。1986年7月参加工作，2013年9月任现职。

副局长：
葛佩雅（女，2008.12—）
李兆银（2014.2—）

政策法规局

局长：向世华，1962年3月出生，湖北省仙桃人，中共党员，研究生学历，高级农业经济师，教授级高级政工师，1983年8月参加工作，2013年9月任现职。

副局长：迟长昕（2014.2—）

人力资源和社会保障局

局长：郭宝松，1963年2月出生，山东省武城县人，中共党员，林业高级工程师、博士研究生，1983年8月参加工作。2012年6月任现职。

副局长：
何雯德（2009.10—）
白林海（2010.10—）

调研员：阚孝全（2014.1—）

就业局局长：李亚斌（2014.2—）

副调研员：尹少华（2014.1—）

科技局

局长：葛文杰，女，满族，1963年9月出生，辽宁省本溪市人，九三学社社员，博士学位，研究员级高级会计师。1986年7月参加工作，2008年11月任现职。社会职务为黑龙江省政协委员、哈尔滨市政协常委，九三学社黑龙江省委常委、省政府直属机关委员会主委，省政府参事协会会员，省科协常委，黑龙江省科顾委专家。

副局长：迟兆江（2000.7—）

副调研员：李金海（2001.5—）

农业局

局长：樊庆东，1964年11月出生，黑龙江人，中共党员，本科学历，高级农艺师。1983年8月参加工作，2014年2月任现职。

调研员：姜国庆，1957年9月出生，吉林省德惠人，中共党员，本科学历，高级农艺师。1972年参加工作，2007年9月任现职。

副局长：

李玉成（2000.7—）

张力军（2011.9—）

副调研员：鲍文东（2001.5—）

植保站站长：董桂军（2014.2—）

农业机械化管理局

负责人：周建龙，1957年7月出生，黑龙江省佳木斯市人，中共党员，本科学历，研究员。1977年7月参加工作，2014年主持农机局工作。

副局长：冯舟（2012.6—）

畜牧兽医局

局长：张忠旭，1960年1月出生，黑龙江省桦南县人，中共党员，本科学历，高级兽医师。1976年6月参加工作，2009年10月任现职。

副局长（正处级）：张景伟，1962年4月出生，黑龙江省拜泉县人，中共党员，本科学历，高级畜牧师。1983年7月参加工作，2010年1月任现职。

副局长：王祺宝（2008.12—）

副调研员：胡斌（2001.4—）

林业局

局长：张宏升，1958年7月出生，黑龙江省阿城市人，中共党员，本科学历，高级经济师，1976年6月参加工作，2012年6月任现职。

副局长：满东斌（2008.12—）

挠力河国家级自然保护区管理局局长：张宏升（2012.7—）

水务局

局长：刘学，1964年4月出生，黑龙江省望奎县人，中共党员，工程硕士研究生，高级工程师。1988年7月参加工作，2015年7月任现职。

正处级：潘福田，1959年5月出生，辽宁省西丰县人，中共党员，本科学历，高级工程师。1980年9月参加工作，2002年12月至2015年7月任水务局局长。2015年7月任现职。

副局长：

康百赢（1998.10—）

刘焕友（2008.12—）

副调研员：鲍远坤（2014.3—）

质量监督站站长：李宝林（1999.8—）

水管总站站长：宋军（2000.8—）

建设管理中心主任：

朱福才（2000.8—）

建设管理中心副主任、招投标管理中心主任：王学农（2001.4—）

水政监察支队支队长：

陈福生（2001.4—）

交通运输局

局长：于雷，1960年6月出生，黑龙江拜泉人，中共党员，大学本科学历，1974年参加工作，2012年6月任现职。

调研员：韩建奎，1958年6月出生，辽宁锦州人，中共党员，本科学历，高级工程师，1975年7月参加工作，2007年10月任现职。

副局长：

郭　友（2007.10—）

李红林（2009.1—）

住房和城乡建设局

副局长：

段长利（2000.7—）

（2016.8—主持工作）

张艳斌（2004.7—）

工业和信息化委员会

主任：王丛江，1957年7月出生，山东省文登市人，中共党员，本科学历，高级经济师。1975年10月参加工作，2011年4月任现职。

副主任：

田继德（2009.10—）

刘　斌（2009.10—）

安全生产监督管理局

局长：张风格，1959年7月出生，黑龙江省八五二农场人，中共党员，本科学历，高级工程师。1976年参加工作，2013年9月任现职。

副局长：祝宏（2014.1—）

副处级：张玉峰（2006.2—）

商务局

局长：崔龙江，1965年1月出生，山东省泰安市人，中共党员，本科学历，政工师。1984年8月参加工作，2009年10月任现职。

副局长：

赵贵军（2005.9—）

陈宇华（2008.12—）

副调研员：

罗　东（女，2014.1—）

粮食局

局长：陈智，1961年2月出生，籍贯安徽省明光市，中共党员，本科学历，高级经济师。1976年8月参加工作，2014年10月任现职。

副调研员：陈新（2001.4—）

民政局

局长：孙明义，1957年1月出生，吉林省农安县人，中共党员，研究生学历，档案馆员。1976年1月参加工作，2000年6月任现职。

调研员：吕维明，1962年10月出生，黑龙江省友谊农场人，中共党员，本科学历，高级工程师。1980年11月参加工作，2011年1月至2016年8月任现职（享受副厅级生活待遇）。

副局长：张令江（2010.6—）

副调研员：吕振龙（2001.4—）

文化委员会

主任：王甲林，1958年7月出生，辽宁省岫岩县人，中共党员，本科学历，教授级高级政工师。1976年10月参加工作，2012年6月任现职。

副主任：

匡　野（2014.1—）

丁凯伟（2010.4—）

马鸣春（2011.1—）

欧海燕（女，2015.7—）

教育局

副局长：
镇丰平（2002.6—）
马德义（2007.10—）
副调研员：孔令嘉（女，2010.4—）
招生办主任：高志（2002.6—）

卫生局

局长：张启新，1960年12月出生，辽宁省海城人，中共党员，本科学历，副主任医师。1983年8月参加工作，2009年8月任现职。

副局长：陈艳（女）（2010.5—）

环境保护局

局长、党组书记：郝安林，1964年4月出生，河南睢县人，中共党员，本科学历，高级环保工程师。1984年7月参加工作，2014年8月任现职。

调研员、党组成员：杨乃武，1963年12月出生，黑龙江省肇州县人，中共党员，在职研究生，高级农艺师。1981年7月参加工作，2011年5月任现职。

副局长、党组成员：
武　勇（2012.12—）
纪检组长、党组成员：
甄　宏（女，2010.7—）

质量技术监督局

局长：刘海生，1958年1月出生，河北南皮县人，中共党员，研究生学历。1974年6月参加工作，2009年12月任现职。

调研员：希　琦（2016.7—）
副局长：刘晓梅（女，2009.12—）
张晓光（2009.12—）
孙淑华（女，2016.7—）

工商物价局

局长、党组书记：王树海，1967年4月出生，河北阜城人，中共党员，研究生学历。1991年8月参加工作，2015年9月任现职。

调研员：李志弘，1959年11月出生，黑龙江省依兰县人，中共党员，研究生学历。1976年9月参加工作，2011年4月任现职。

调研员：王勤友，1958年7月出生，山东省陵县人，中共党员，本科学历。1974年4月参加工作，2012年11月任现职。

调研员：冯志明，1961年1月出生，中共党员，本科学历。1981年8月参加工作，2012年11月任现职。

副调研员：张　菲（2011.4—）
党组成员、副局长：
孙金声（2012.11—）
王明新（2012.11—）
党组成员、纪检组长：
张少军（2012.11—）
消费者协会办公室主任：
刘　晓（2006.4—）
个体私营企业协会办公室主任：
张惠玲（女，2011.4—）

国土资源管理局

党组书记、局长：李永清，满族，1966年4月出生，辽宁盖县人，中共党员，本科学历，高级工程师。1989年7月参加工作，2015年5月任现职。

调研员：谢秋云，女，1963年8月出生，山东省曹县人，中共党员，研究生学历，工程师。1987年7月参加工作，2009年12月任现职。

调研员：张迎，1965年2月出生，吉林市人，中共党员，本科学历，工程师。1983年11月参加工作，2009年12月任现职。

调研员：娇福山，1961年11月出生，辽宁铁岭西丰县人，中共党员，本科学历。1979年12月参加工作，2005年8月任副局长，2016年6月任现职。

副局长：
付朝勇（2011.12—）
张德生（2016.6—）
武明毅（2016.10—）
副调研员：刘洪斌（2013.12—）

工会

主席、党组书记：于春明，女，1959年3月出生，山东省潍坊市人，中共党员，本科学历，高级畜牧师职称。1976年7月参加工作，2009年9月任现职。

副主席、党组成员：李凤军，1963年8月出生，吉林省农安县人，中共党员，本科学历，工程师职称。1981年10月参加工作，2011年1月任现职。

副主席、经费审查委员会主任、党组成员：朱晓坤，女，满族，1962年10月出生，陕西省汉阴县人，中共党员，本科学历，高级政工师职称。1982年7月参加工作，2012年6月任现职。

调研员：殷艳岐，1962年12月出生，黑龙江省庆安县人，中共党员，专科学历。1980年11月参加工作，2015年10月任现职。

团委

书记：唐浩，1977年6月出生，黑龙江讷河人，中共党员，研究生学历，高级政工师。2000年7月参加工作，2014年10月任现职。

省农垦中级人民法院

党组书记、院长：肖凤鸣，1956年4月出生，黑龙江省明水县人，中共党员，大学学历，二级高级法官。1979年9月参加工作，2009年10月至2016年10月退休。

党组副书记、常务副院长：王军，1957年1月出生，辽宁省黑山县人，中共党员，大学学历，二级高级法官。1973年3月参加工作，2001年4月任现职。

党组副书记、政治处主任：谢长宁，1957年4月出生，安徽省巢县人，中共党员，大学学历，三级高级法官，1974年7月参加工作，1998年2月任现职。

党组成员、副院长：马华，1964年1月出生，中共党员，大学学历，三级高级法官。1984年1月参加工作，

2011 年 3 月任现职。

党组成员、副院长：刘星海，1967 年 9 月出生，中共党员，大学学历，三级高级法官，1988 年 7 月参加工作，2011 年 9 月任现职，2016 年 11 月主持工作。

党组成员、副院长：李岫岩，1973 年 11 月出生，中共党员，研究生学历，一级法官，1995 年 8 月参加工作，2013 年 9 月任现职。

党组成员、纪检组长：刘仲秋，1964 年 9 月出生，黑龙江省巴彦县人，中共党员，大学学历，三级高级法官。1983 年 7 月参加工作，2009 年 6 月任现职。

省人民检察院农垦区分院

党组书记、检察长：高杉，1959 年 1 月出生，黑龙江省呼兰县人，中共党员，研究生学历。1975 年 7 月参加工作，2013 年 12 月任现职。

党组成员、副检察长：白义波，蒙古族，1961 年 2 月出生，辽宁省彰武县人，中共党员，研究生学历，工程师。1978 年 9 月参加工作，2009 年 6 月任现职。

党组成员、副检察长：施卉，1962 年 8 月出生，江苏省海门县人，中共党员，研究生学历，工程师。1979 年 8 月参加工作，2012 年 6 月任现职。

党组成员、副检察长：马晓东，1966 年 10 月出生，黑龙江省双城县人，中共党员，本科学历。1983 年 10 月参加工作，2016 年 8 月任现职。

党组成员、纪检组长：洪延伟，1965 年 1 月出生，辽宁省开原市人，中共党员，本科学历。1980 年 7 月参加工作，2016 年 8 月任现职。

党组成员、政治部主任：朱佳波，女，1962 年 10 月出生，浙江省宁波市人，中共党员，本科学历，会计师。1982 年 7 月参加工作，2012 年 6 月任现职。

公安局

党委书记、局长、督察长：徐连斌，1968 年 7 月出生，山东省五莲县人，中共党员，本科学历，法学硕士。1992 年 9 参加工作，2013 年 10 月任现职。

党委委员、副局长：徐修忠，1957 年 5 月出生，山东省莱州市人，中共党员，本科学历，高级政工师。1974 年 12 月参加工作，2011 年 4 月任现职。

党委委员、副局长：朱荣先，1962 年 9 月出生，山东省梁山县人，中共党员，本科学历，高级政工师。1982 年 5 月参加工作，2007 年 10 月任现职。

党委委员、政治部主任：柳桂云，女，1957 年 2 月出生，山东省枣庄市人，中共党员，本科学历，高级政工师。1974 年 7 月参加工作，2006 年 8 月任现职。

党委委员、副局长：

刘春辉（2010.1—）

崔元超（2010.1—）

党委委员、纪委书记：

张文君（2014.1—）

交警支队支队长：

张翔涛（2010.8—）

副调研员：张金波（1998.10—）

司法局

局长：韩庆海，1969 年 6 月生人，籍贯山东章丘，中共党员，党校研究生学历，高级政工师，1989 年 8 月参加工作，2012 年 6 月任现职。

副局长：王惠贤（女，2010.10—）

蒋本东（2011.4—）

军事部

部长：王世成，1960 年 9 月出生，吉林通榆人，中共党员，本科学历。1978 年 12 月入伍，2004 年 5 月晋升大校军衔，2010 年 10 月至 2016 年 5 月任现职。

政治委员：张秀军，1963 年 3 月出生，辽宁北票人，中共党员，本科学历。1980 年 11 月入伍，2007 年 4 月晋升大校军衔，2014 年 2 月任现职。

副部长：齐恩义，1964 年 6 月出生，黑龙江肇州人，中共党员，研究生学历。1981 年 9 月入伍，2007 年 12 月晋升大校军衔，2008 年 6 月任现职。

副部长：董延常，1964 年 2 月出生，山东齐河人，中共党员，本科学历。1981 年 10 月入伍，2009 年 10 月晋升大校军衔，2009 年 10 月任现职。

副部长兼参谋长：王友林，1965 年 11 月出生，河南信阳人，中共党员，研究生学历。1983 年 10 月入伍，2009 年 10 月晋升大校军衔，2014 年 8 月任现职。

政治部主任：付裕朋，1966 年 6 月出生，山东省高密市人，中共党员，研究生学历。1982 年 9 月入伍，2008 年 3 月晋升大校军衔，2009 年 3 月任现职。

后勤部部长：马哲新，1972 年 11 月出生，安徽省宣城市人，中共党员，本科学历，1990 年 12 月入伍，2014 年 1 月晋升上校军衔，2012 年 3 月任现职。

八一农垦大学

党委书记：李佐同，1962 年 12 月出生，黑龙江省海伦人，中共党员，博士，教授，硕士研究生导师，1983 年 7 月参加工作，2009 年 9 月任现职。

校长、党委副书记：秦智伟，1957 年 7 月出生，山东省济南人，中共党员，博士，教授，博士研究生导师。1985 年 7 月参加工作，2013 年 6 月任现职。

党委副书记：杨颗粒（2010.12—）

副校长、党委委员：

汪　春（2002.5—2016.10）

王金满（2010.2—）

于立河（2010.2—）

安增龙（2010.2—）

党委委员、纪委书记：

李伟凯（2010.12—）

农垦科学院

院长：汪春，1963 年 3 月出生，黑龙江延寿人，中共党员，博士研究生学历，教授、博士生导师。1984 年 8 月参加工作，2016 年 10 月任现职。

党委副书记：刘彬，1963 年 1 月出生，湖南人，中共党员，本科学历，高级工程师。1983 年 8 月参加工作，2011 年 1 月任现职。

副院长：李宁，1962 年 1 月出生，辽宁黑山人，中共党员，本科学历，推广研究员，1983年7月参加工作，2007年10月任现职。

副院长：刘卫东，1961年10月出生，吉林九台人，中共党员，本科学历，正高级研究员，1984年7月参加工作，2007年10月任现职。

农垦勘测设计研究院

院长：夏广亮，1964年10月出生，辽宁省丹东人。本科学历，中共党员，教授级高级工程师。1987年7月参加工作，2009年6月任现职。

党委书记：王立明，1958年9月出生，山东省梁山县人，本科学历，中共党员，教授级高级政工师。1974年6月参加工作，2008年10月任现职。

党委副书记：

张梅岭（1998.2—）

副院长：

李　凯（1999.4—）

农垦管理干部学院

党委书记：吕维明，1962年10月出生，山东省泗水县人，中共党员，研究生学历，工程师。1980年11月参加工作，2016年8月任现职。

党委副书记、院长：闫勇，1965年12月出生，黑龙江省海伦市人，中共党员，硕士研究生学历，教授级高级政工师。1987年7月参加工作，2015年11月任现职。

副院长、党委委员：林琳，女，1962年10月出生，黑龙江省密山县人，中共党员，研究生学历，教育管理专业教授，1983年参加工作，2001年4月任现职。兼任中国教育发展战略学会农村教育专业委员会理事、中国农民科技培训杂志编委、东北农村广播电视教育学会副理事长、黑龙江省远距离教育学会理事、黑龙江省广播电视大学教学资源建设委员会成员、黑龙江省振兴东北老工业基地研究会理事等社会职务。

农垦职业学院

党委书记：孟凡龙，1962年出生，辽宁省台安人，中共党员，本科学历，高级农艺师。1983年8月参加工作，2008年8月任现职。

党委副书记、院长：许淑云，女，满族，1959年7月出生，黑龙江桦南人，中共党员，研究生学历，教授。1982年1月参加工作，2008年11月任现职。

党委副书记、常务副院长、纪委书记：贺守富，1957年4月出生，黑龙江富锦人，中共党员，本科学历，副教授。1977年1月参加工作，2002年9月任现职。

党委委员、工会主席：李永林，1960年6月出生，黑龙江庆安人，中共党员，本科学历，教授。1983年7月参加工作，2004年6月任现职。

党委委员、副院长：刘景波，1957年8月出生，黑龙江省肇源县人，中共党员，本科学历，教授级高级政工师。1975年7月参加工作，2009年2月任现职。

党委委员、副院长：李洪亮，1962年3月出生，黑龙江甘南县人，中共党员，研究生学历，教授级高级政工师、副教授。1981年参加工作，2011年9月任现职。

党委委员、办公室主任、高教研究室主任：张文，1964年8月出生，辽宁富锦人，中共党员，本科学历，教授。1986年参加工作。2013年4月任现职。

农垦科技职业学院

党委书记：陈枫，1963年3月出生，黑龙江省延寿县人，中共党员，本科学历，文学硕士研究生，管理学博士学位。1984年7月参加工作，2013年11月任现职。

院长：柳咏芬，女，1962年6月出生，黑龙江省巴彦县人，中共党员，本科学历，管理学硕士，工程博士研究生，教授。1984年7月参加工作，2004年7月任现职。

党委副书记、纪委书记、工会主席：

张学文（2005.9—2016.1）

副院长：

刘金良（2005.9—2016.2）

赵静夫（2009.2—）

农垦总医院

党委书记：王明库，1957年5月出生，辽宁省康平人，中共党员，本科学历，主任医师。1975年8月参加工作，2012年6月任现职。

院长、党委副书记：王东华，1966年7月出生，黑龙江省哈尔滨人，中共党员，本科学历，主任医师。1989年7月参加工作，2015年8月任现职。

副院长、党委委员：

王德智（2001.11—）

副院长：张　俊（2003.11—）

农垦太湖疗养院

党委书记、院长：李国志，1960年11月出生，籍贯辽宁省康平县，中共党员，本科学历。1976年参加工作，2012年7月任现职。

党委副书记、副院长：

邹国强（2005.6—2016.12）

党委委员、副院长：

曹沈安（2008.8—）

唐苏龙（2008.8—）

农垦第二医院

院长：郑广山，1960年5月出生，籍贯黑龙江，中共党员，本科学历，副主任医师。1976年10月参加工作，2014年7月任现职。

副院长：张怀韬（2006.4—）

北大荒日报社

总编辑、党组书记：徐广耀，1957年6月出生，中共党员，大专学历，主任编辑。1975年11月参加工作，2008年7月任现职。

副总编辑：

韩志营（2009.9—）

纪　红（女，2009.9—）

许跃兵（2011.3—）

北大荒文工团

副团长：李建斌（2009.9—）

黑龙江农垦广播电视台

台长、党组书记：刘玉华，1958年9月出生，吉林省伊通人，中共党员，本科学历，教授级政工师。1974年7月参加工作，2012年6月任现职。

党组副书记：

王学军（2010.12—）

副台长：

林子彬（2010.1—）

高　峰（2010.7—）

农垦人才中心

主任：唐志斌，1958年12月出生，黑龙江省望奎县人，中共党员，本科学历，高级经济师，1975年9月参加工作，2005年10月任现职。

美丽乡村建设领导小组办公室

副主任：满东斌（2016.5—）

工程咨询评审中心

副主任：刘景瑞（2006.6—）

垦区公共资源交易中心

主任：刘宏，1964年7月出生，辽宁省庄河人，中共党员，本科学历，高级统计师。1984年8月参加工作，2014年1月任现职。

副主任（正处）：冯玉斌，1970年9月出生，辽宁省营口市人，中共党员，研究生学历，教授级高级政工师，高级审计师。1991年7月参加工作，2014年2月任现职。

农垦社会保险事业管理局

党组书记、局长：高起中，1957年9月出生，辽宁省铁岭市人，中共党员，大学学历，经济师。1976年8月参加工作，2008年10月任现职。

副局长：

骆德奎（2008.12—）

常　海（2008.12—）

张英林（2011.9—2016.12）

农垦经济研究所

副所长（主持工作）：

王大庆（2013.9—）

副所长：

熊　然（2013.11—）

总局史志办

主任：曲伟，女，1966年12月出生，黑龙江省五常县人，中共党员，本科学历，高级编辑。1988年参加工作，2011年5月任现职。

北大荒博物馆

馆长：赵国春，1957年3月出生，山东省邹平人，中共党员，本科学历，副研究员，1974年11月参加工作，2009年9月任现职。

北大荒版画院

院长：张泽新，1961年11月出生，山东省昌邑市人，中共党员，大专学历，中学高级教师。1978年10月参加工作，2014年7月任现职。

农垦残联执行理事会

理事长：赵雅辰，1959年8月出生，黑龙江省五常市人，中共党员，本科学历，教授级高级政工师，1977年7月参加工作，2012年6月任现职。

总局卫生局卫生监督所
总局疾病预防控制中心

所长、主任：夏洪波，1962年9月出生，辽宁省凤城市人，中共党员，研究生学历，医学学士，公共卫生主任医师，1981年8月参加工作，2009年8月至2016年12月任现职。

副所长：

刘　彧（2011.6—）

农垦绿色食品办公室

主任：冯建全，1962年5月出生，山东省梁山县人，中共党员，硕士，研究员级高级经济师。1978年9月参加工作，2012年6月任现职。

副主任：

高可珠（女，2009.12—）

余　捷（2009.11—）

总局种子管理局

局长：张锡铭，1962年6月出生，河北省宁河人，中共党员，本科学历，高级农艺师。1984年8月参加工作，2008年10月任现职。

总局扶贫开发办

主任：金永库，1964年11月出生，吉林省延吉人，中共党员，本科学历，学士学位，高级会计师、教授级高级政工师。1988年7月参加工作，2014年1月任现职。

总局驻北京联络处

主任：于省元，1967年5月出生，山东省泰安市人，中共党员，硕士研究生学历，高级农业推广师。1989年9月参加工作，2015年10月任现职。

副主任：李　元（2002.12—）

总局驻佳木斯办事处

主任：关舒华，满族，1958年8月出生，黑龙江省兰西县人，中共党员，研究生学历，研究员级高级经济师。1976年3月参加工作，2012年6月任现职。

副主任：欧阳才文（2014.7—）

公积金管理中心

主任：刘晶，女，1967年11月出生，黑龙江省友谊县人，中共党员，大学本科学历，高级会计师。1986年7月参加工作，2015年11月任现职。

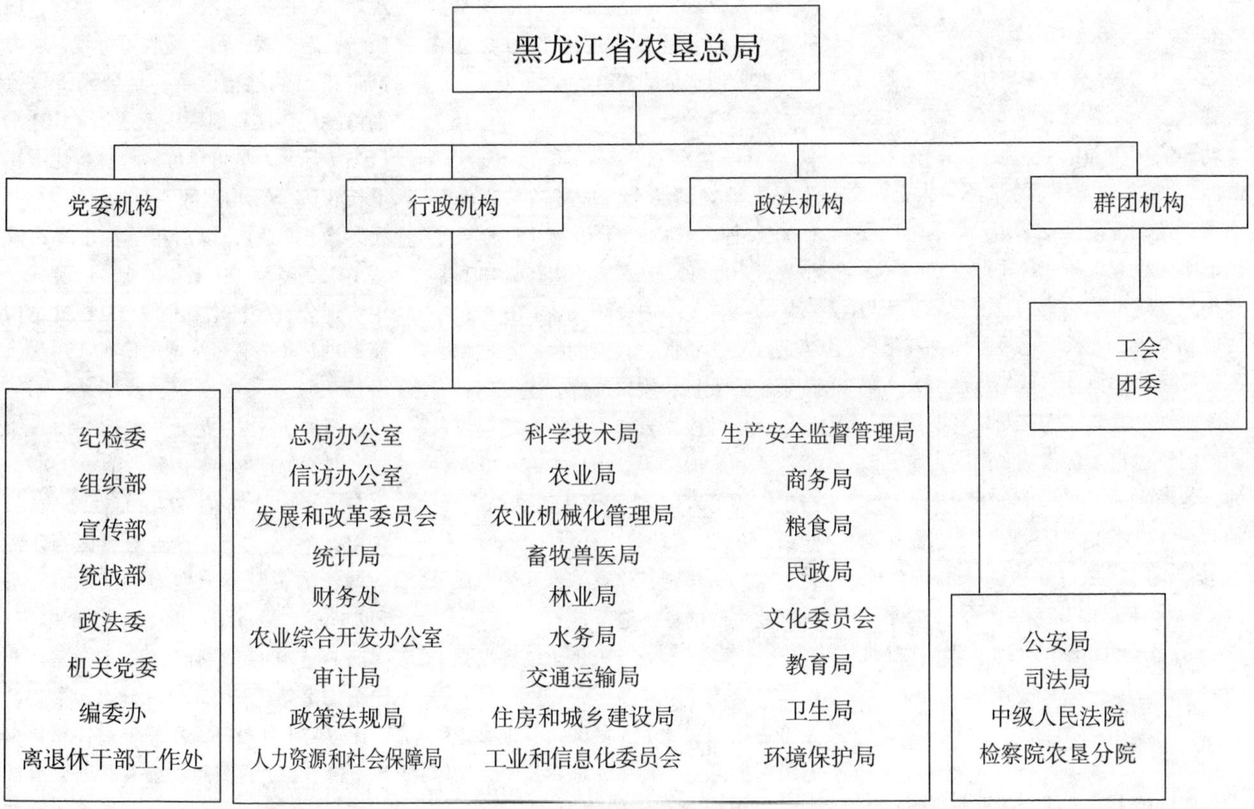

图 3　总局党政群团机构示意图（2016 年）

自然地理

【地理位置与面积】 北大荒，据《山海经》记载，原本泛指东北原始大荒原。岁月更迭，沧桑巨变，北大荒的范围逐渐缩小为黑龙江省三江平原、松嫩平原和小兴安岭南麓一带的亘古荒原。历史发展到今天，北大荒已经是黑龙江垦区的特称了。黑龙江垦区幅员辽阔，东隔乌苏里江、北隔黑龙江与俄罗斯相望，西与内蒙古自治区接壤，南同吉林省毗邻，地理坐标在北纬 43° 56′ ~ 50° 21′ 和东经 123° 32′ ~ 134° 33′ 之间。所辖区域分布在全省 12 个市、74 个县（市、区）。土地总面积 5.54 万平方公里，占全省土地面积的 12%；其中耕地 290.89 万公顷，比上年增长 0.2%。

（郭思宝）

【地形地貌】 垦区分布黑龙江省广大地区，西北狭窄，东部宽阔，由西北到东南为山地贯穿，西部和东部为平原，地貌格区受新华夏构造体系的控制，北北东向展布的三江平原及小兴安岭山地，构成本区最基本的地貌轮廓，山地区海拔高程 300 ~ 500 米左右，平原海拔高程为 80 ~ 200 米左右。

（宋惠忠　齐汉强）

自然资源

【土地资源】 垦区土地总面积 5.54 万平方公里。耕地面积 290.89 万公顷，水面 25.85 万公顷，林业用地 92.23 万公顷，草地 33.93 万公顷。

（郭思宝）

【水资源】 垦区水资源总量 97.5 亿立方米，其中，地表水资源量 56.6 亿立方米，地下水资源量 40.9 亿立方米。过境水量十分丰富，黑龙江、松花江、乌苏里江和兴凯湖过境水量就达 2785 亿立方米。2016 年，垦区水利工程供水总量 87.43 亿立方米，其中，农业用水 86.78 亿立方米，占总用水量的 99.26%；地表水利用量 29.62 亿立方米，占总用水量的 33.88%；地下水利用量 57.81 亿立方米，占总用水量的 66.12%。

（孙　兵）

【野生植物资源】 垦区内共有植物 1600 余种。其中裸子植物 8 种，被子植物近 1000 种，分别属于 450 属 130 科。有国家级重点保护野生植物 10 种，主要是红松、紫椴、兴凯湖松、水曲柳、黄檗、野大豆、松口蘑等。主要树种有红松、落叶松、云杉、杨柳、榆、桦、黄菠萝和水曲柳等。山林中有 130 多种野生植物可入药，山林是人工栽培人参、党参、防风、黄芪等中药材的天然场地，也是水果、蜂蜜、柞蚕、木耳和白瓜子等副业生产的良好地区。

（宋惠忠　齐汉强）

【野生动物资源】 垦区共有国家级和省级保护野生动物 145 种。其中，国家一级重点保护野生动物 16 种，其中有鸟类 11 种，兽类 5 种；国家二级重点保护野生动物 67 种，其中有鸟类 56 种，兽类 11 种；省地方保护野生动物 62 种，其中有两栖类 3 种，爬行类 3 种，鸟类 43 种，兽类 13 种。国家一级保护野生动物有丹顶鹤、白鹳、黑鹳、大鸨、金雕、梅花鹿等，国家二级保护野生动物有白枕鹤、大天鹅、小天鹅、白琵鹭、鸳鸯、黑熊、马鹿等。省地方保护野生动物有雉鸡、鸿雁、啄木鸟、猫头鹰、赤狐、狍、林蛙、野猪等。

（宋惠忠　齐汉强）

【矿藏资源】 垦区储藏有煤、铁、铜、金、石油、大理石、云母和石英等矿产资源。种类多、分布广，但蕴藏量基本上无详细记载。矿藏属国家所有，垦区作为农业企业，矿产开采与加工基本属于自采自用，补助国家之不足。

（宋惠忠　齐汉强）

国民经济和社会发展

【概况】 2016 年，黑龙江农垦主动适应经济发展新常态，创新实施“五大规划”，推进“龙江丝路带”建设，提质增效转方式，粮食增收可持续，着力推进供给侧结构改革，垦区经济保持平稳发展。实现地区生产总值（GDP）1193.7 亿元，按可比价格计算，比上年增长 6.1%。人均地区生产总值达 71286 元，增长 6.7%，以当年平均汇率折算达 10732 美元，比上年减少 444 美元。年实现公有经济增加值 715.0 亿元，增长 3.9%，非公有经济增加值 478.7 亿元，增长 9.6%。三次产业稳步增长。第一产业增加值 518.9 亿元，增长 1.4%，第二产业增加值 247.6 亿元，增长 3.9%，第三产业增加值 427.2 亿元，增长 10.9%。一、二、三产业对垦区当年经济增长的贡献率分别为 11.2%、13.4% 和 75.4%。经济结构调整步伐加快。三次产业结构 43.5 : 20.7 : 35.8，第三产业比重比上年提高 3.8 个百分点，第二产业比重与上年持平，第一产业比重比上年下降 3.8 个百分点；公有和非公有经济结构 59.9 : 40.1，非公有经济比重比上年提高 1.3 个百分点。

（韩　军　郭思宝）

【农业生产】 农作物总播种面积 286 万公顷，比上年下降 0.1%，实现农业增加值 446.3 亿元，增长 1.1%。针对粮食品种供需矛盾，落实“压玉、扩豆、增稻、强经饲”等种植结构调整措施，在玉米种植面积调减 27.5 万公顷情况下，粮食种植面积达 281.4 万公顷，比上年下降 0.4%。其中，“三大主栽”作物水稻、玉米、大豆分别为 148.7 万公顷、62.1 万公顷和 63.5 万公顷，其占粮食作物面积的比重达 97.4%。粮食综合单产实现 7318 公斤 / 公顷，比上年下降 7.4%。战胜多种自然灾害，实现“十三连丰”，粮食综合生产能力连续 6 年稳定在 200 亿公斤以上，总产量达 205.95 亿公斤，比上年下降 4.7%。粮食产量占全省和全国的比重分别为 34.0% 和 3.3%，当年为国家提供商品粮 194.42 亿公斤，粮食商品率达 94.4%。历经 69 年的开发建设，垦区已累计生产粮食 3705.5 亿公斤，累计向国家交售商品粮 3030.1 亿公斤。

（韩　军　郭思宝）

【绿色食品生产】 绿色食品作物种植面积220万公顷，占垦区种植面积78.5%，有机作物认证面积16.4万公顷，占垦区农作物种植面积5.9%。绿色食品获证企业112家，有效使用绿色食品标志产品数292个；有机农产品企业67家，有机农产品达323个；无公害农产品产地认定面积220万公顷，无公害农产品326个，认定产地285个。年末，垦区累计获得国家地理标志农产品9个，累计获得全国农业标准化示范场25个，创建全国绿色食品原料标准化基地63个。农产品质量追溯系统覆盖规模逐年扩大，有全程建立农垦农产品质量追溯企业70家，分布在垦区9个管理局农牧场和总局直属企业，种植业产品可追溯规模达22万多公顷、畜禽产品规模达316万头（只）。追溯产品种类涵盖谷物、蔬菜、水果、畜禽肉、奶粉、种子、豆酱等9大类100余个品种农产加工品。农产品检验检测体系建设全面展开，建成部级质检中心3个，6个重点县级和3个县级农产品质检站项目稳步推进。

（韩 军 郭思宝）

【林业建设】 年实现林业增加值5.0亿元，比上年增长3.2%。当年完成造林绿化4200公顷，新建义务植树基地365块，义务植树1739万株；绿化管理区134个，绿化景观道路115条总长度538公里；完成农牧田防护林1067公顷。城镇绿化覆盖率达39.3%，区域森林覆盖率达17.1%。未发生大的森林、草原火灾，森林过火面积控制在0.5‰以下，林业有害生物成灾率控制在2.8‰以下，森林无公害防治率达85%以上。严厉查处毁林、毁湿案件，有效地控制、打击毁林、毁湿高发势头，较好地保护了森林、湿地安全。

（韩 军 郭思宝）

【畜牧业渔业生产】 畜牧业生产稳步回升，绿色健康养殖基地建设步伐加快。当年实现畜牧业增加值63.8亿元，比上年增长3.9%。年末垦区“两牛一猪一禽”存栏分别达黄牛4.5万头、奶牛15.5万头、生猪76.8万头和家禽828.6万只；年肉蛋奶产量分别为26万吨、3万吨和42.7万吨，分别比上年增长13.4%、-10.4%和13.9%。渔业平稳发展，实现渔业增加值3.8亿元，比上年增长3.3%。

（韩 军 郭思宝）

【农业基础设施】 年末，垦区有效灌溉面积156.1万公顷，增长1.3%，其中节水灌溉面积39.6万公顷，增长26.4%；机电井8.9万眼，下降1.2%。现有粮食处理中心430座，种子加工厂74个，金属粮仓2634座，水泥晒场3499万平方米，农用飞机场68处。粮食仓储能力达2249万吨，比上年增长2.2%。垦区农业综合机械化水平提高到99.4%，农用机械总动力达1045.1万千瓦，比上年增长6.6%；农用大中型拖拉机8.1万台，增长5.8%，其中100马力以上拖拉机9710台，增加1421台；机动水稻插秧机7.9万台，增长4.1%；联合收获机3.6万台，增长12.6%。现有飞机98架，其中农用飞机76架，航化作业面积142.1万公顷。

（韩 军 郭思宝）

【工业生产】 实现工业增加值187.8亿元，比上年增长2.9%。其中，食品工业实现增加值127.1亿元，下降0.2%，占全口径增加值的比重达67.7%；其中，规模以上企业实现增加值71.6亿元，下降0.3%。在全部工业增加值中，轻工业增加值135.4亿元，增长0.4 %；重工业增加值52.4亿元，增长9.7 %。其中国有及国有控股企业增加值63.7亿元，增长0.2%，非公有企业增加值124.1亿元，增长4.1%。工业企业效益明显回落。工业企业（不含个体）年实现主营业务收入830.3亿元，比上年下降3.5%，其中国有及国有控股企业主营业务收入554.7亿元，下降4.8%；实现利润10.8亿元，下降16.3%，其中国有及国有控股企业利润-0.7亿元，比上年减少2.3亿元。

（韩 军 郭思宝）

【建筑业】 实现建筑业增加值59.8亿元，比上年增长7.5%，其中国有及国有控股企业增加值14.3亿元，比上年下降1.3%。当年新开工的单位工程施工个数4148个，比上年减少2个。当年单位工程竣工个数4023个，比上年减少10个。年内房屋建筑施工面积和竣工面积分别达339.7万平方米和212.6万平方米，分别比上年下降1.0%和下降3.7%。实现利税18.5亿元，增长14.2%，其中国有及国有控股企业利税4.9亿元，增长6.8%，实现利润总额12.4亿元，增长15.9%，其中国有及国有控股企业利润总额2.4亿元，增长11.5%。

（韩 军 郭思宝）

【固定资产】 固定资产投资持续负增长。完成固定资产投资总额148.1亿元，比上年下降20.5%。从用途上看，生产性建设投资88.9亿元，下降27.7%，非生产性建设投资59.2亿元，下降6.4%。从产业投向上看，第一产业58.9亿元，下降4.5%，占39.8%；第二产业18.6亿元，增长28.7%，占12.6%。其中工业18.0亿元，增长30.9%；第三产业70.6亿元，下降35.9%，占47.6%。从投资主体看，公有控股经济投资101.6亿元，下降22.1%；非公有控股经济投资46.5亿元，下降16.7%。在投资总额中500万元及以上项目完成投资99.0亿元，下降21.9%；亿元以上项目完成投资39.8亿元，下降28.1%。

（韩 军 郭思宝）

【交通运输】 完成运输场站、公路养护等投资3.1亿元，增长47.6%。改建农场客运站3个；购置公路养护设备415台（套）；购置行李安检设备89台（套），设置公交亭23个、站牌447个、安全标志牌1.3万块。年完成道路客运量0.1亿人次，客运周转量4.7亿人公里，货运量0.2亿吨，货运周转量16.1亿吨公里，分别比上年增长-15.8%、-22.5%、22.1%和8.5%。完成公路建设投资5.7亿元，下降67.9%，其中新建、续建农村通畅和通达公路420.3公里，使垦区农村公路硬化里程达11558公里。

（韩 军 郭思宝）

【通信】 拥有通信线路26573公里，比上年下降1.3%。其中，光缆线路总长度19573皮长公里，增加187皮长公里。垦网固定电话达23.4万部，比上年下降8.2%，垦网户均固定电话普及率达46%。宽带用户达18.5万户，比上年减少1.2万户，下降6%。

（韩　军　郭思宝）

【旅游】　年接待国内外旅游者682.4万人次，实现旅游收入32.4亿元，比上年分别增长7.6%和12.9%。年末，垦区拥有国家A级以上旅游景区45个，其中，国家AAAA级旅游景区6个，国家AAA级旅游景区19个，国家AA级旅游景区20个。

（韩　军　郭思宝）

【内外贸易】　年实现社会消费品零售总额241.9亿元，比上年增长11.0%，其中，农场及农场以下消费品零售额186.6亿元，增长11.7%；批发零售贸易业消费品零售额199.9亿元，增长10.6%；住宿和餐饮业零售额42.0亿元，增长13.2%；食品类商品零售额94.5亿元，增长10.5%，占全部零售额的比重为39.1%。对外及中国港澳台贸易总额高速增长。年实现自营进出口总额23.3亿美元，比上年增长20.7%，其中，出口总额实现0.8亿美元，比上年增长3.1%；进口总额实现22.5亿美元，比上年增长21.6%。招商引资和对外及中国港澳台经济贸易合作持续发展。签订国内外经济技术合作项目213项，其中利用外资及港澳台项目10项。实际利用国内外资金33.1亿元，其中合同利用外资到位资金650.1万美元。“走出去”工作稳步推进。2016年垦区已在俄罗斯、澳大利亚、泰国、安哥拉、莫桑比克、老挝等10个国家和中国香港地区开展对外投资合作业务。境外各类公司和企业共计21家。境外农业开发面积20.67万公顷，土地种植面积9.53万公顷，生产粮豆23万吨，境外就业中方人数866人。项目累计投资2.5亿美元。

（韩　军　郭思宝）

【科技】　年末，拥有专业科研机构19个，技术推广中心（站）113个，省级科技成果推广示范基地11个，国家级农业科技园区1个，省级农业科技园区3个，国家级工程技术中心1个，省级工程技术中心5个，生产力促进中心2个，全国青少年农业科普示范基地16个。科技进步贡献率达68.2%。2016年垦区各级科技投入7.4亿元，比上年增长0.3%。科技自主创新取得新进展，有总局科技计划项目7个，课题62个，通过鉴定科技成果20项。获全国农牧渔业丰收奖17项，获黑龙江省科技奖励8项，获得总局科技进步奖31项。在48个农场开展农机深松作业信息化监管服务技术应用与示范，安装各型农机具监测设备663台（套），开发建设监管系统管理平台一套。新增专利72个，累计1832个。

（韩　军　郭思宝）

【教育】　学前教育保教质量稳步提升，学前三年毛入园率达80%以上；义务教育均衡发展取得突破性进展，高中教育办学水平稳步提高。年末垦区共有各级各类学校（含幼儿园）282所。其中，普通高等院校3所，招生0.9万人，在校生3.01万人，毕业生0.8万人；成人高等院校1所，招生0.03万人，在校生0.15万人，毕业生0.16万人；中等职业教育学校9所，招生0.24万人，在校生0.94万人，毕业生0.54万人；普通中小学150所（十二年一贯制学校2所，高级中学17所，初级中学19所，九年一贯制学校86所，普通小学26所），普通中学招生2.1万人，在校生7.0万人，毕业生2.2万人；小学（含十二年一贯制学校小学部和九年一贯制学校小学部）招生1.0万人，在校生5.8万人，毕业生1.1万人；幼儿园119所，在园幼儿2.0万人。2016年垦区高考再创新高，垦区高考考生9255人，共录取8934人，其中本科6522人，其中一本学校录取人数1765人，比上年增加338人，全垦区高考录取率为96.5%。

（韩　军　郭思宝）

【医疗卫生】　以提高居民健康质量为中心，全面加强基本医疗服务和基本公共卫生服务，稳步提升各项服务能力，建设标准化健康小屋33个。年末，有各级各类卫生机构1239个。其中综合医院125所，总局总医院1所，管理局中心医院7所，神经精神病专科医院1所，疗养院1所，农场级医院（挂社区卫生服务中心牌子，承担社区卫生服务功能）115所；卫生监督所（挂疾病预防控制中心牌子）113所。垦区拥有卫生技术人员12719人，其中，执业医师和执业助理医师5999人，注册护士4965人。拥有住院床位和观察床位10627张。2016年，报告国家法定乙类、丙类传染病14种，报告发病人数1853例，其中乙类传染病9种1719例，丙类传染病5种134例，报告发病率133.23/10万，与2015年同期相比下降0.72%。

（韩　军　郭思宝）

【文化】　有对外开放的博物馆（场史纪念馆）29个，文化馆53个，体育馆42个，图书馆（室）224个，社区、管理区综合文化活动室388个，文化广场、主题文化公园213个。现有一报四刊，《北大荒日报》年总印数1758万份，杂志4种年总印数20.6万册。举办垦区2016年领导干部“宝泉杯”、成年组“旗帜杯”、少年组“双合杯”乒乓球比赛，来自各管理局、总局机关各部门及总局直属企事业单位的17个代表队220余人参加比赛；2016年全国钓鱼锦标赛（北大荒站），在八五二农场蛤蟆通水库举行，央视媒体、龙视媒体以及垦区主流媒体、国家各大网站对赛事进行了全方位的报道。继续实施文化信息资源共享工程，为农场采购LED室内全彩展示屏9套、文化广场灯光音响设备16套。广播电视事业稳步发展。各级广播电视台站共开办专栏130余个，累计播出1600余期。农垦广播电视台开辟电视栏目9个，播出1437期，农垦广播电视台和网络电视台共播出新闻1.7万余条，其中省级以上媒体播发新闻200余条。“龙广·北大荒之声”实现24个频点覆盖，自办栏目《北大荒新闻》、《农科天地》和《北大荒文化》3个，共计播出600余期。继续推进垦区数字化改造工程建设。拥有体育场馆157个，年组织各类体育运动会及体育比赛1065次，16.2万人参加各种类型的体育运动项目。继续加大全民健身工程投入力度，争取上级扶持资金，新建社区多功能运动场5个，乡镇农民体育健身工程2个，公共体育场田径跑道和足球场建设项目3个，全民健身中心建设项目4个；垦区本级体育彩票公益金支持建设多功能运动场（室）55个，全民健身路径104个。在全国第十三届冬季运动会上，垦区共取得19个冠军、16个亚军、13个季军的成绩。

（韩　军　郭思宝）

【社会保障】　社会保障制度运行平稳。年末垦区参加企业基本养老保险90.1万人，其中在职参保46.2万人，离退休人员43.9万人，全年累计发放养老金107.9亿元，比上年增长10.8%；参加机关事业保险养老保险5.5万人，其中参保职工3.1万人，离退休人员2.4万人；参加城镇社会养老保险0.8万人，其中享受待遇人数0.6万人；参加基本医疗保险134.7万人，其中参加职工医疗保险76.0万人，参加居民医疗保险58.7万人，全年支付医疗保险基金23.1亿元，比上年增长13.6%；参加失业保险36.4万人，全年支付失业金1156.7万元。参加工伤保险38.7万人，全年支付工伤保险基金6944万元。参加生育保险36.8万人，支付生育保险基金6930万元。保险事业加快发展。全年保费收入31.3亿元，比上年增长11.6%，其中，农险保费收入26.8亿元，比上年增长12.2%，农业保险承保面积8553.7万亩。全年赔付额34.6亿元，比上年增长91.9%，其中，农险赔付金额32.2亿元，比上年增长99.1%。

（韩　军　郭思宝）

【环境保护】　建有各级各类自然保护区21个，总面积51.5万公顷，占垦区土地总面积的9.1%。继续加强农村环境保护和自然生态保护工作，2016年垦区完成国家级生态乡镇3个，省级生态乡镇1个，生态系列创建工作走在全省前列。做好污染减排工作，全垦区新建生活污水处理项目12个，大气脱硫脱硝项目7个，严格控制污染物排放量，如期完成年度减排目标。

（韩　军　郭思宝）

【人口与人民生活】　人口保持低速增长。全年垦区人口出生率5.9‰，比上年提高2.35个千分点，人口自然增长率为0.66‰，比上年上升2.63个千分点。年末垦区常住总人口167.7万人，比年初增加0.5万人，增长0.3%。其中，农场人口147.1万人，占总人口的87.7%。职工工资水平稳步增长。年末全部在岗职工36.2万人，在岗职工年平均工资为33806元/人，比上年增长4%。居民生活水平稳步提高。全年垦区居民人均可支配收入达25421元，同比增长6.6%。其中，工资性收入、经营性净收入、财产性净收入和转移性净收入同比分别增长4.0%、-9.0%、31.6%和30.8%。垦区居民人均生活消费支出13108元，比上年增长7.6%，其中食品消费支出所占比重即恩格尔系数26.5%。耐用消费品数量与去年同期基本持平，年末平均每百户居民拥有彩色电视机100.5台、洗衣机89.3台、电冰箱85.9台、空调1.6台、摩托车38.3辆、热水器56.2台、微波炉18.3台、照相机19.8台、家用计算机47.7台、移动电话204.6部、生活用汽车17.0辆。居民居住条件和环境得到持续改善。垦区继续加快城镇居民住宅基础设施、公共设施建设步伐。到年末，垦区居民住房面积达5391.8万平方米，比上年增长0.1%，人均住房面积32.2平方米，与上年持平。城镇集中供热面积3825万平方米，比上年增长4.3%；城镇硬化道路长度2538公里，城镇主次干道硬化率100%；城镇人均绿地面积47.6平方米，增长4.6%；城镇化率达85.8%，与比上年持平。

（韩　军　郭思宝）

环境保护

【污染物减排】　做好“十二五”期间垦区总量减排收尾工作。2016年2月，经国家环保部和省环保厅审核认定：2015年，垦区化学需氧量排放量16.46万吨，比2010年下降11.60%；氨氮排放量0.848万吨，比2010年下降8.60%；二氧化硫排放量1.41万吨，比2010年下降3.57%；氮氧化物排放量2.65万吨，比2010年下降3.03%。四项污染物减排均完成“十二五”目标任务。

（马凤金）

【环境统计数据上报】　按时完成2015年垦区环统数据上报工作。调查统计工业企业271家，规模化畜禽养殖397家，城镇生活污水处理厂37家，化学需氧量总排放量164560吨，氨氮总排放量8980吨，二氧化硫总排放量14057吨，氮氧化物总排放量26540吨。完成2个污水处理厂、2个大气排放和6个污水排放企业国控源季度直报数据汇总上报工作。2016年末，垦区建有各级各类自然保护区21个，总面积48.2万公顷。完成省级生态乡镇（农场）建设1个，国家级生态乡镇（农场）建设3个。新建生活污水处理项目5个，大气脱硫脱硝项目7个。

（马凤金）

【大气污染防治行动】　2016年3月，农垦总局23个部门联合制定下发《黑龙江省垦区大气污染防治专项行动方案（2016—2018年）》和《工作分工方案》，明了2016—2018年垦区大气污染防治主要目标、重点任务，同时将五大项任务分解到各部门。5月，制定下发《中共黑龙江省农垦总局委员会办公室和黑龙江省农垦总局办公室关于印发2016年黑龙江省垦区大气污染防治“冬病夏治”实施方案》。9月，建立以农垦总局王从基副局长为总召集人，由11个部门参加的黑龙江省垦区大气污染防治行动联席会议制度，负责垦区大气污染防治工作的组织、领导、协调及重大事项决策，制定相应政策和管理办法，督促和指导各管理局完成相关工作任务及目标。10月，与垦区公安等部门联合制定《黑龙江垦区治理和淘汰黄标车、老旧车工作的实施方案》。垦区加大环境执法检查力度，各环保分局针对大气污染防治计划，加强对工业企业、供热单位堆场扬尘、加油站油气回收项目建设、小锅炉淘汰、机动车尾气污染治理等工作监管。对餐饮服务业油烟污染、露天烧烤采取集中统一错时延时执法和重点地段网格执法等多种联合执法，当年累计淘汰19台10蒸吨及以下燃煤锅炉，3台锅炉完成脱硫治理，2台锅炉完成脱硝治理，垦区加油站、储油库、油罐车全部完成油气回收治理，淘汰“黄标车”及老旧车1.5万台，超额40%完成年底淘汰黄标车、老旧车任务。

（马凤金）

【水污染防治行动】 贯彻落实《黑龙江省水污染防治工作方案》，对主要任务进行分工并具体落实到农垦总局各有关处室进行督办。按照省环保厅工作部署，强化垦区水源地的监督管理，完善管理局、农（牧）场两级水源保护区有关标志及隔离设施建设，完善饮用水水源保护区的应急预案和保护规划，按时报送《集中式饮用水水源环境保护工作调查表》，推进落实全国农村饮用水水源地环境保护状况评估工作，推进工业集聚区排查工作，完成“十二五”重点流域水污染防治工作年度考核和松辽流域重要入河排污口的修改意见以及“十三五”总量减排水部分修改意见的上报工作。

（马凤金）

【项目监督管理】 继续承接省环保厅下放的环评审批权。8月20日，制定印发《关于进一步加强垦区项目（规划）环评和环保验收管理的通知》，严格垦区项目（规划）环评审批和环保验收管理，精简环评审批手续，减少无必要的审批前置条件。审批项目报告书43个，报告表65个，验收项目108个，下达给环保分局委托验收通知70个。完成2016年环评审批项目、验收项目档案建设工作，对“十二五”期间垦区《建设项目环境影响评价分类管理名录》实施情况和实施效果进行跟踪调查与评估。“十二五”期间，垦区环保局受理项目共671个，其中，报告书145个，报告表526个，总投资415.38亿元；管理局级受理项目共3822个，其中，报告书6个，报告表2461个，登记表1355个，总投资470.51亿元。

（马凤金）

【危险废物管理】 继续落实危险废物相关管理规定和标准规范，强化危险废物日常监管，落实《黑龙江省水污染防治行动计划》精神，严格控制环境激素类化学品污染。3月，开展脱硫脱硝副产物处理处置现状调查。调查上报黑龙江北大荒农业股份有限公司浩良河化肥分公司、黑龙江省牡丹江农垦鑫能热电有限公司、黑龙江农垦兴隆热力有限公司，黑龙江农垦兴隆热力有限公司4家脱硫脱硝副产物处理处置现状调查表。对处理处置实施全过程管理，确保硫脱硝副产物妥善处理处置。6月，下发《关于开展危险废物产生源调查和危险废物规范化管理考核工作的通知》。按照《2016年危险废物规范化管理规范考核指标》对辖区内重点工业危险废物产生单位进行考核，对不达标的要求限期整改，达标率90%。加强持久性有机污染防治。建立持久性有机污染物长效监管机制，按照持久性有机污染物统计报表制度要求，调查上报2016年垦区持久性有机污染物统计数据。加强危险废物监管，规范危险废物产生、收集、贮存、运输、利用和处置等各个环节，确保危险废物得到无害化处置，保障环境安全。办理危险废物跨市转移4次，牡丹江管理局辖区内内东部福阿母韩农（黑龙江）化工有限公司产生一批危险废弃包装物，数量（200L废铁桶）800个，1200个（200升废塑料桶）转移至哈尔滨市辖区内的中华文武环保科技有限公司处置厂安全处置。红兴隆管理局中心医院产生废弃化学品0.2吨；宝泉岭双汇北大荒食品有限公司共清点出化验废液、废弃化学品包装物0.438吨；垦区工商行政管理局建三江分局收缴农药丙炔噁草酮吨0.014吨，按照《危险化学品安全管理条例》转移至黑龙江辰能环境技术服务有限公司处置。

（马凤金）

【环境监察】 围绕水、大气、土壤污染防治工作，执行“新环保法”及其配套办法，落实《国务院办公厅关于加强环境监管执法的通知》，以绿色垦区建设为中心，以污染减排为重点，强化环境执法，着力提升环境监管效能。相继开展大气污染百日攻坚专项行动、违法违规建设项目清理专项行动、燃煤大气污染防治专项督察、城镇污水处理厂专项检查、生活垃圾处理场专项检查等专项执法行动16个，按照网格化监管模式，以“双随机”抽查和专项行动为抓手，实施现场检查2921次，检查排污单位106家。其中，污染防治设施现场检查968次，建设项目现场检查672次，限期治理项目现场检查45次，许可证现场检查196次，排污申报情况检查单位211家次，其他监理检查480次。辖区无重大环境污染事故发生。与省财政厅、省环保厅及各大银行省总行沟通，及时变更垦区排污收费途径，组织、指导各企业实现新途径新手续缴纳排污费，征收企业292家，新增企业94家，收缴排污费1120.1万元，同比2015年增收185.5万元；对9个环保分局全面开展排污费稽查及排污费专项整治工作。加大对国控重点源和承担减排项目企业在线监控设施的监督管理。下发《2016年垦区污染源自动监控设施安装计划》，新增监控企业7家、监控点位8个，全部完成安装、联网和验收任务；截至2016年底，辖区符合安装条件的27家重点企业、35个监控点均按要求完成在线监控设备安装，国家重点污染源监控企业数据传输有效率达95%，超过75%的国家标准。配合国家、省开展中央环保督察工作，督察期间共处理交办信访事项24批40件，实际处理33件，占全省2.69%（黑龙江省共有1226件案件），处罚金额17万元，追缴排污费26.69万元，行政追究责任人13人。中央环境保护督察组督查期间信访案件全部在垦区网站和报纸进行公示。全年受理垦区全口径环境信访案件51件，有3件信访案件移交相关部门，全部结案，信访处理率和结案率均100%。

（马凤金）

【环境应急管理】 加大环境应急管理力度，结合“双随机”抽查、督查工作，重点检查环境风险企业在环境安全主体责任落实、危险化学品企业环境安全管理、突发环境事件应急预案编制及备案和核与辐射环境安全管理等方面工作情况。针对特殊气候、节假日和环境敏感时期安排部署环境安全隐患专项排查11次，要求各环保分局及企业在安全生产的基础上，切实落实责任、逐一排查环境隐患，杜绝环境突发事件的发生；加大企事业单位突发环境事件应急预案编制及备案管理工作力度，共有11家环境高风险企业完成突发环境事件应急预案的备案工作。垦区全年无重大环境污染事故发生。

（马凤金）

【生态环境保护】 开展垦区生态文明建设制度建设。将“资源产权、用途管制、生态红线、有偿使用、生态补偿、管理体制”等内容充实和强化到生态文明制度体系中。7月，农垦总局下发《党委、总局及有关部门环境保护工作职责》和草案说明，进一步明确生态文明建设有关工作职责，将湿地类型自然保护区划给林业管理，秸秆禁烧工作划给农业部门，机动车尾气明确交给公安部门，其他生态文明建设有关工作职责也逐步落实到有关责任单位。垦区环保局梳理本部门行政权力事项13项，上报行政权力13项。其中保留2项，取消1项，完全下放10项，下放行政权力88%。

（马凤金）

【环境监测】 按规定做好垦区环境监测工作。全年对10个国控重点污染源实施4个季度的监督性监测及21个在线比对监测工作。完成2个项目的验收监测工作。对哈尔滨管理局辖区内5个供热锅炉进行3次污染源现状监测。完成105个项目的技术评估工作。

（马凤金）

【环境宣传教育活动】 以“垦区生活方式绿色化推进年”为主题，开展特色环境宣传教育活动，弘扬生态文明价值理念，从衣、食、住、行、游等方面倡导向勤俭节约、绿色低碳、文明健康的方式转变，努力推动垦区生活方式绿色化。4月，开展描绘垦区风貌、共画美好自然的环保征文绘画比赛，评出优秀作品340份，优秀组织单位65家。推荐优秀作品参加省评，获得省级各项荣誉46人。

（马凤金）

【信息化管理】 2月，完善垦区环境保护网站建设，环保专网实现与互联网的融合，增加“12369网络举报平台”新模块。6月，按照国家环境统计能力建设要求，增加互联网带宽至50兆，逐步实现提速扩容，架设应用“黑龙江省建设项目环评数据填报及传输系统”“监察移动执法系统”等平台，完成与省环保厅协同办公系统（OA）的对接，实现省环保厅收发文件无纸化。12月，完成重点污染源监控系统3.2版本的部署。

（马凤金）

农　业

种植业

【概况】 2016年，垦区坚持把维护国家粮食安全作为发展现代农业的首要任务，深入贯彻国家和省一系列强农惠农政策，扎实推进夯基础、转方式、调结构、增科技、上标准、抗灾害、拓市场等措施，粮食生产实现“十三连丰”。粮食总产205.95亿公斤，粮食作物平均单产3200公斤/公顷。

（王晓燕）

【种植业结构调整】 按照“稳水稻、减玉米、增大豆、强经饲”的原则，2016年，垦区农作物播种面积285.93万公顷，其中，粮食播种面积281.4万公顷，比上年减少0.82万公顷。水稻面积148.61万公顷，比上年增加2.2万公顷；玉米面积62.15万公顷，以第四、五积温带为重点调减27.39万公顷；大豆面积63.94万公顷，比上年增加21.91万公顷；杂粮杂豆4.7万公顷，比上年增加2.53万公顷；小麦播种面积0.49万公顷，与上年持平。

（王晓燕）

【植物保护】 针对春播、夏管和秋收及翌年生产准备重点阶段和重点任务，组织垦区相关技术力量，深入一线，以行政推动、示范带动、现场互动为手段，以技术集成、全员培训、入户指导为重点，在坚持“三级”技术培训的基础上，科学组织，灵活应对，全面加强灾害性天气预测预报，突出抓好人工增雨防雹、节水灌溉等措施的落实。以水稻稻瘟病、玉米大斑病、马铃薯晚疫病为重点，通过采取科学的应对措施，有效控制农作物虫草害。完成玉米、水稻根际追肥面积222万公顷次，水稻等主要作物叶面施肥作业466.67万公顷次；防病作业433.33万公顷次，防虫作业253.33万公顷次。坚持充分准备与适时早动、秋收与明年生产准备、直收与割晒、下棒与直收、收获与整地、人工与机械紧密结合的原则，扎实推进垦区秋收和秋整地任务。完成伏秋整地面积285.45万公顷，实现黑色越冬100%。旱田实现少耕节能耕作面积137.03万公顷，占旱田作物面积的100%，其中深松83.97万公顷、耙茬6.42万公顷，留原茬10.1万公顷、平翻36.05万公顷；水田耕作以翻为主、松旋为铺，其中浅翻142.53万公顷，深松0.15万公顷，旋耕5.5万公顷；秸秆还田面积270.34万公顷，占总播种面积的95.9%。

（王晓燕）

【绿色增产模式攻关与高产创建】 围绕“提质增效转方式、稳粮增收可持续”的工作主线，加大科技创新、模式攻关和技术示范推广力度，突出重点农牧场、重点作物、重点措施，推进粮食绿色高产高效创建。加快转变垦区农业发展方式，由主要依靠数量增长向依靠数量质量效益同步增长转变，促进增产增效。围绕完善组装提升水稻“三化二管”、玉米“四精二管”、大豆“大垄密”等技术模式，转向以绿色生态环保、资源高效利用、提高生产效率为目标，打造绿色增产模式攻关的升级版，扎实开展绿色高产高效创建。重点开展主要农作物品种创新、优质高效高产栽培模式、病虫草害综合防控技术、农业生产全程机械化、绿色有机种植、旱作农业节水灌溉、保护性耕作、农药安全施用、农业“三减”、“互联网+农业”等新技术、新成果的引进试验与示范应用。突出在绿色有机、特色高效、结构优化、品质提升、水稻大棚二次利用发展食用菌、典型示范等方面抓好增产模式创新，形成具有垦区特色的粮食绿色高产高效创建新模式。改变过去以万亩示范片为单元的创建方式，在垦区选择33个生产基础好、优势突出、特色鲜明、产业带动能力强的农牧场开展整建制创建，实行优中选优、集中打造、努力由过去的单一追求高产转变为高产高效相统一，基本实现标准化生产、规模化经营、产业化带动，促进产能提升和效益增加。主导品种和主推技术。选择经国家或省及总局审定推广的适宜机械化作业的优质高产品种。水稻推荐：垦稻23号、24号、29号、31号，垦粳5号，垦鉴稻6号，龙粳21号、29号、31号、39号、46号，松粳16、19号，空育131号，三江6号等。玉米推荐：绥玉7号，哲单37号，垦单5号，龙单38号，垦单10号，德美亚1号、2号、3号等。大豆推荐：垦鉴豆27号、28号，垦丰16号，黑农48号，红丰11号，合丰50号、55号，北豆5号，黑河38号、43号等。马铃薯推荐：垦薯1、2号，中薯5号，延薯4号，克新18号，大西洋等。水稻主推“三化二管”栽培技术模式；玉米主推“四精二管” 栽培技术模式；大豆主推“大垄密”为主的栽培技术模式；马铃薯主推“四优一管”栽培技术模式。

（王晓燕）

【绿色有机无公害食品】 绿色食品作物种植面积220万公顷，占垦区种植面积78.5%，有机作物认证面积16.4万公顷，占垦区农作物种植面积5.9%。绿色食品获证企业112家，有效使用绿色食品标志产品数292个；有机农产品企业67家，有机农产品达323个；无公害农产品产地认定面积220万公顷，无公害农产品326个，认定产地285个。

（韩 军 郭思宝）

【测土配方施肥】 推广测土配方施肥面积280万公顷，基本实现对粮食作物种植面积的全覆盖。化肥总用量（商品量）110.3万吨，较2015年114.86万吨减少4.56万吨。通过施配方肥与按方施肥两种方式的结合，实现对粮食作物的全覆盖。各项目农场按照“三年一轮换”的原则采集土壤样品，采样单元东部管理局项目农场在13.33～33.33公顷之间，西部管理局在6.66～20公顷之间。采集土壤样品50348个，植株样品14465个。实施田间试验2344个试验点，其中“3414”肥料田间试验911个，肥料利用率试验水稻和玉米共162个试验点（每个试验点分常规施肥和配方施肥两个处理，按农业部的计算方式为324个试验点），微量元素肥料试验（硼、锌）94个。以农企合作为抓手，强化整建制推进。七星、八五二、八五六示范农场全面推进，配方肥应用比例比上年有所提高，达70%；30个示范管理区与38个示范作业站实现整建制推进，配方肥应用比例达到80%。黑龙江北大荒农垦集团农业生产资料公司对农场的“化肥直供”达到50万吨，农场自行向该公司订购20万吨。71个项目农场，建立土壤养分丰缺指标与施肥指标体系，完成耕地地力评价工作，建立场域耕地资源信息管理系统；基本配齐测土配方施肥专家咨询系统，其中应用八一农垦大学开发的专家系统的项目农场有30多个。垦区建有37个配肥站，年生产配方肥50万吨，加工能力60万吨；依据各项目农场建立的施肥指标体系，制定配方，加工配方肥。对71个项目农场开展化验室能力验证考核，考核样品为土壤标准物质，考核项目为有机质、有效磷、水解性氮、速效钾、总氮和pH值6个参数。垦区参加东北黑土区耕地地力评价区域汇总，目前所承担工作已经完成。垦区的耕地地力评价区域汇总，目前属性数据库已经完成，空间数据库正在建立。坚持秸秆还田，秸秆还田面积206.67万公顷。

（王晓燕）

【耕地保护】　垦区在2010至2015年实施耕地保护与质量提升项目的基础上，立足加强耕地质量建设，调动种植业职工积极性，鼓励开展秸秆还田，加强配套技术研究，探索培肥地力的有效模式，减少化肥用量，减轻环境污染，促进农业生产可持续发展。对项目农场进行调整，确定江滨农场、八五二农场、七星农场、八五〇农场、红色边疆农场、大西江农场、克山农场、红旗农场、普阳农场、红卫农场、八五八农场11个农场为2016年秸秆还田促腐技术示范项目实施单位，每个农场实施秸秆还田面积0.67万公顷，补贴资金120万元；确定二九一农场为盐碱土改良培肥项目农场，实施面积0.18万公顷，补贴资金80万元。项目资金已全部到位。总局测土配方施肥领导小组，同时负责耕地保护与质量提升项目的管理。各项目农场测土配方施肥领导小组同时负责本场的耕地保护与质量提升项目的管理，实现测土配方施肥与耕地保护与质量提升项目的密切结合。在测土配方施肥专家技术组的基础上，吸收黑龙江八一农垦大学生命学院作为耕地保护与质量提升技术依托单位，充实技术力量，加强对土壤有机质提升项目农场的技术指导。围绕农业生产的先进技术总结和推广先进适用典型，在9个管理局、北大荒股份所属各农场、分公司全面布点。水稻育秧大棚二次利用种植食用菌，落实3727栋，面积167.4公顷。落实旱作免耕技术示范面积1054公顷。落实水稻振捣提浆机插1189.2公顷、水稻超早钵育机插132.9公顷、坡岗地旱直播滴灌水稻678.27公顷、水稻起垄机插174.7公顷、鸭稻1960.4公顷、蟹稻425公顷等典型示范项目。狠抓药械更新、田间标准化作业、推广高效、安全农药喷雾助剂、新药剂及新配方筛选、测土配方施肥、秸秆还田、缓释尿素应用等技术措施，落实减肥、减药、减除草剂“三减”核心技术面积12.87万公顷。

（王晓燕）

【农业气象】　2016年垦区整体热量条件充足，春季及初夏降水偏多，盛夏降水偏少，尤其西部各管理局严重偏少，出现不同程度的旱灾。夏末入秋，气温偏高，降水偏多，受台风“狮子山”影响，东部各管理局出现不同程度的风灾。5—6月降水明显偏多，大部农场降水日数达40天以上，平均降水量198毫米，比常年同期多69.8毫米（多5成半），东西分布不均匀。其中，垦区东部平均降水量228.6毫米，较常年同期多99毫米（多8成），垦区西部平均降水量167.4毫米，较常年同期多41.3毫米（多3成）。5—6月有阶段性低温出现，5月下旬至6月下旬平均气温持续偏低，比常年低0.5℃～1℃。造成大田播种困难大，播期拖后，部分低洼地块作物未能播在高产期内；水稻插秧后，返青慢，分蘖数减少。7—8月光热条件充足，弥补了前期低温造成的不良影响，垦区东部降水正常略少，平均降水量225.2毫米，比常年同期少15.3毫米（少半成），降水量能够满足作物生长需求，各作物长势良好。垦区西部降水严重偏少，平均降水量96.1毫米，比常年同期少158.7毫米（少6成），4个管局均出现不同程度的旱灾。9月份，气温偏高，热量条件较好，降雨频繁，降水量偏多，月累计降水平均110.5毫米，比常年多47.8毫米（多8成），土壤水分较高，给秋收带来不同程度的阻力。封冻土壤水分：垦区东部封冻土壤水分偏高，相对含水量多在80%以上，东南部达90%以上；垦区西部封冻土壤水分偏低，相对含水量多在70%以下，九三、齐齐哈尔管局和北安管局南部相对含水量在60%以下。

（王晓燕）

【种子生产】　2016年，垦区种子销售总量22.1万吨，种子机械化加工率、标准化包装率、包衣率和良种覆盖率和水稻、大豆、玉米和小麦等主要作物区域内安全供给率达100%。品种更新更换面积93.85万公顷；落实大豆、玉米、水稻、小麦新品种展示示范47份，其中，大豆品种14个，水稻品种14个，玉米品种11个，小麦品种8个；展示区40个，展示区总面积19.74万平方米；21个示范方，示范方总面积29.61万平方米。落实主要农作物种子生产田4.66万公顷，生产种子25.3万吨。动用国家救灾大豆种子100万公斤，救灾面积达1.35万公顷。主要为大豆品种“黑河43号”“垦鉴豆28号”和“北豆14号”，调往需种单位平均价格为每公斤4.78元/公斤，低于市场价格0.14元/公斤，被救灾农场可挽回经济损失13750万元。

（林　巍）

【种子市场检查】　各管理局按照总局的统一要求制定下发本辖区的种子市场检查和质量监督抽查工作活动方案，向社会公布接待来访电话，实行首问负责制。利用垦区各种媒体设施的优势，通过黑龙江农业频道、北大荒网、《北大荒日报》等媒介广泛宣传报道种子市场检查活动。在各管理局、农场种子经营场所，特别是种子集散地张贴标语、悬挂条幅、印发宣传单、设立专家咨询等，打造种子市场检查活动氛围。在全垦区印发《种子法律法规》《种子常识手册》等宣传资料4.5万份，为广大种植户提供种子咨询1万人次。开展种子“十查”

活动，加强市场管理，规范种子经营行为。种子执法活动中，派出种子管理人员736人次，对辖区内9个管理局和农垦科学院佳南实验农场辖区内注册资本500万元以上10家种子企业、700家种子商店及农垦科学院佳南实验农场莲江口、牡丹江管理局北大营两个大市场逐一进行实地现场检查。开展大要案查处，共立案查处种子案件8件，涉案种子数量1.02万公斤，涉案种子货值6.5万元，没收种子数量1.02万公斤，没收违法所得1.8万元，罚款8.6万元。

（林 巍）

【种子质量监督抽查】 制定《2015—2016年度黑龙江垦区种子质量监督抽查工作方案》，规定抽查方法、抽查内容和时间部署。提高监督抽查力度，明确对抽检的种子样品进行种子的真实性和纯度、净度、发芽率和水分四项质量指标室内检验和田间种植鉴定办法。垦区各级种子质量监督部门共抽取检测样品268份，其中，大豆种子样品52份、玉米种子样品69份、水稻种子样品147份，抽检种子合格率100%。

（林 巍）

【品种试验】 成立黑龙江省农作物品种审定委员会垦区委员会，在省农作物品种审定委员会领导下组织开展垦区自育、自用主要农作物品种试验、初审工作。四个主要农作物共174个新品种（系）参加2016年垦区品种试验，其中大豆62个，玉米55个，水稻50个，小麦7个。继试品种（系）61个，其中大豆25个，玉米19个，水稻16个，小麦1个。参加生产试验品种（系）35个，其中大豆12个，玉米10个，水稻13个。

（林 巍）

【种子生产经营许可证审批】 主要农作物常规种子生产经营许可权力下放至各管理局种子管理局，在总局种子管理局的指导下完成网上申报、审核、公示、打印。对佳南实验农场审批发放生产经营许可证6个。完成玉米杂交种生产经营许可网上审核3个。

（林 巍）

农业机械

【概况】 2016年年末，垦区有农场以上农机化管理机构122个（含农机监理站、所），农场以上管理人员406人，各类农机从业人员近14万人；各类农机化作业服务组织515个，从业人员13799人；农机作业专业合作社302个，从业人员7548人；农机维修网点930处，从业人员2588人；农机经销机构366处，从业人员724人。垦区农机原值272.7亿元，比上年增加10.3亿元，净值199.8亿元，比上年增加8.3亿元。农机总动力1045.1千瓦，比上年增加132.18千瓦。拥有各类型拖拉机130590台，其中，大中型拖拉机80934台，100马力以上9710台，大中型拖拉机配套农具163133台（件），水稻插秧机78528台，联合收获机39316台（其中稻麦联合收割机36625台），畜牧养殖机械6661台（其中畜牧饲养机械458台），大豆收获机530台，马铃薯收获机167台，电动挤奶机4371台，机动脱粒机1291台，粮食加工机械1168台，谷物烘干机533台，金属粮仓2437座，种子加工机械838台，水泥晒场2796万平方米，连栋温室262.7万平方米，塑料大棚13643.5万平方米，机动喷雾机4.19万台，农用水泵10.08万台，节水灌溉机械1.5万台，农田基本建设机械1250台，农用飞机98架，农用飞机场72处。垦区田间作业综合机械化率98.8%，其中，机耕99.94%，机播99.61%，机收99.10%，年完成农业航化作业面积145.75万公顷，完成跨区作业面积208万公顷。（郑再飞）

【农机更新】 投入24.5亿元，新增各种农机设备3.8万台（套），其中，大中马力拖拉机8420台、大型联合收割机4450台、大中型配套农具7168台、其他机具17962台。

（郑再飞）

【农机技术推广】 重点推广水稻侧深施肥、水稻振捣提浆技术、免耕精量播种技术、马铃薯精量播种、马铃薯土薯分离等十几项农机新技术和新机械。按照总局党委“转方式、调结构”和“三减”工作重点，重点推广水稻侧深施肥机1145台（总保有量1382台），水稻振捣提浆机117台，马铃薯精密播种和土薯分离设备49台（套），各类免耕机具247台，改装免耕播种机等机具170台。总结推广嫩江农场免耕机具改装经验，计划利用2～3年时间，对现有的2000余台精量播种机进行改装到位。结合农业生产重点推广大马力深松、自动导航驾驶、智能化浸种催芽、粮饲袋贮、水稻低温烘干、防陷半履带等农机化新技术新机械，实现农机节本增效10亿元以上。北大荒通用航空有限公司拥有飞机98架，其中投入运营76架，在编教练机12架。2016年，出动作业飞机46架，累计飞行10895小时，作业覆盖垦区40个农场，在全垦区进行农业航化作业面积103.47万公顷，地方作业3.47万公顷。北大荒通用航空有限公司肇东机场投入运行使用，项目计划总投资2.4亿元，二期工程全面竣工。

（郑再飞）

【农机标准化管理】 继续开展全国农垦农机标准化示范农场创建活动，投入1.1亿余元用于农机基础设施建设，扩建、新建农机管理服务中心，其中，农机基本设施建设投入1543.2万元，农机推广培训投入140万元；新增机务区4个，新增机务区面积6.21万平方米，农业机械购置投入1.34亿元，使用农机购置补贴资金3350万元，农业机械总动力达154.11万千瓦。建设单位平均大豆增产900公顷斤/公顷，玉米增产2325公斤/公顷，实现农业增产农民增收。垦区坚持实行优机、优价制度，全面实现标准化作业。开展农机大培训和农机标准化提档升级活动，提高驾驶操作人员和各级管理人员整体素质，年内累计培训7.6万人次。以农机服务中心为载体，坚持农机管理“六统一”的管理措施，实现农机装备设施展示、示范、技术培训功能，严格农机管理，利用GPS导航自动驾驶基站、3S车辆管理系统、3G可是语音监控系统，对机车进行全作物、全过程、全天候作业监控。有20个农场参加全国农垦农机标准化示范农场创建及复审工作，所有参与创建及复审的农场全部通过农业部组织的验收。

（郑再飞）

【农机安全监理】 坚持“安全第一，预防为主，综合治理”的安全生产方针，全面落实农机安全生产政策法规，加强农机监理队伍建设，完善农机监理体系，推进“免费监理”工作，实现拖拉机、收获机登记率96%以上，驾驶员持证率96%以上，有320名农机检验员通过培训和考试，11.4万台农机经过年度检验，检验率达95%以上。开展“安全生产月”“平安农机”示范窗口创建等活动，农机监理人员深入农机生产第一线田查路检，深入管理区、作业站宣传安全生产、讲解法律法规，加大隐患排查，签订《农机安全生产责任状》3757份，农机驾驶操作人员签订春季农机作业“十不准”保证书16.5万余份。开展农机安全大检查，查验拖拉机、联合收割机5.5万台次，粘贴安装反光标志10.7万余条，治理道路违章2065起。垦区未发生农机死亡事故，未发生航化作业不安全事件。

（郑再飞）

【农机试验鉴定】 加强对推广鉴定工作的组织管理和领导监督，规范农机鉴定程序，与省农委协调进行鉴定能力认定，扩大推广鉴定的产品范围，发放推广鉴定证书106张。完成农机产品质量监督抽查、复查工作，监督农垦鉴定站在能力认定的范围内工作，联系申报企业对鉴定站工作情况进行反馈，定期组织开展对鉴定站的监督检查。严格审查鉴定机构报送的鉴定报告和有关材料，发放推广鉴定证书。加强法规宣传教育，各管理局、农场通过电视、广播、标语、板报、讲座等多种形式，对参加农业生产的广大职工和农机生产企业进行贯彻“两法一例”加强农机质量监管的宣传活动。出版报1323余期，张贴宣传条幅2869件，出动宣传车354台。

（郑再飞）

【农机跨区作业】 有1750名农机手申领2016年度跨区作业证，实现农机跨区作业面积208万公顷，其中，耕整地81.37万公顷，播种39.75万公顷，收获80.89万公顷，其他作业35.99万公顷，出动机械1.28万台次，作业地区包括内蒙古、吉林、辽宁、江苏等省以及黑龙江省内部分市、县，直接收益3.86亿元，跨区作业收益约占垦区农机旱田作业收益的12%。

（郑再飞）

【农机社会化服务】 整合农机化项目和资源，推进农机社会化服务示范建设活动，引导规范内部管理、完善运行机制，鼓励和引导有机户走农机联合投资、联合经营和农机合作社经营发展之路，培育了一批规模大、机制活、能力强的农机服务组织。在农机购置补贴和各级农机化推广财政补助资金项目中，以农机化作业合作组织作为实施主体，给予建设资金、技术指导、培训等方面重点支持。坚持开展全国农机合作社示范社创建活动，涌现出胜利农场好山河农机合作社、北安农垦丰顺专业合作社等一批取得较好效益、有较强带动作用的典型。2016年底，农机合作社农机具台数达4.24万台（件），农机原值26.07亿元。

（郑再飞）

【农机制造业】 垦区有两个省级农机制造产业园区，拥有农机制造企业97家，生产自主产品的骨干企业26家，26家骨干企业营业收入6.6亿元。两个省级农机产业园区（松花江园区和宾西产业园）主要农机制造企业实现销售收入4.1亿元，园区建设投产运行良好。红兴隆机械有限公司异地新建工程等项目完成。垦区雷沃北大荒公司、红兴隆机械制造有限公司、北大荒众荣公司、牡丹江兴凯湖机械有限公司被列入规模以上企业名录，总体产业结构和布局趋向合理。松花江产业园区有41家工业企业登记在册，园区完成产值2.7亿元，增加值0.7亿元，利润0.2亿元，实现销售收入3.3亿元，实现固定资产投入150多万元。雷沃北大荒公司作为园区龙头企业，生产拖拉机1533台，收获机106台，播种机42台，完成产值1.2亿元，增加值0.4亿元，比上年增加0.13亿元。其他民营企业完成产值2.1亿元，增加值0.7亿元，生产配套农机具5万台（套），其中，入住园区的依民公司生产水稻育苗覆土机1万台、粉土机500台、扬肥器1000台，依韩机械厂生产旱田精密播种机2000台，维田铸塑厂生产塑料配件2万件。北大荒宾西产业园区实现固定资产投入6500万元，园区实现销售收入6750万元，实现销售利润71万元，投产指夹播种机400台，各型号气吸式播种机100台，甜菜移栽机200台左右，育苗设备160台左右，液压翻转犁40台左右，各机型收获机60台，甜菜打秧机150台。黑龙江北大荒十方农业装备有限公司销售各型号播种机120台，实现主营业务收入2500万元。

（郑再飞）

农业综合开发

【项目投资】 2016年，垦区完成农业综合开发总投资134568万元，其中争取中央财政资金116000万元，农场和职工自筹资金18568万元。具体完成投资：高标准农田建设项目总投资108562万元，其中，中央财政资金98646万元，自筹资金10006万元；草原（场）建设项目总投资1050万元，其中，中央财政资金954万元，自筹资金96万元；产业化经营项目总投资13297万元，其中，中央财政资金8000万元，自筹资金5297万元；中型灌区节水配套改造项目总投资1850万元，其中，中央财政资金1500万元，自筹资金350万元；黑土区水土流失治理项目总投资3770万元，其中，中央财政资金2900万元，自筹资金870万元；现代农业园区试点项目总投资5949万元，其中，中央财政资金4000万元，自筹资金1949万元。

（叶名辉）

【项目开发与实施】 （1）高标准农田建设项目：新建排灌站5座，打机电井203眼，架设输变电线路235.98公里，开挖疏浚渠道1684.59公里，衬砌渠道79.09公里，修建渠系建筑物3992座，喷灌1653公顷，新建小型蓄排水工程12座，改良土壤926.67公顷，新建良种基地2353.67公顷，良种仓库55883平方米，良种晒场1010773平方米，购良种14.5万公斤，购置设备2台（套），购置农用动力机械13台（套），修筑田间干道663.04公里，其中，硬化干道63.58公里，支路555.33公里，营造防护林6.67公顷，示范推广34166.67公顷。（2）草原（场）建设项目：建设排灌站2座，开挖疏浚沟渠44.8公里，架设输变电线路5.6公里，修建渠系建筑物64座，修筑机耕路10.1公里（3）产业化经营财政补助项目：种植项目完成新建食用菌生产车间1991.8平方米，修筑砂石路3496米。养殖项目完成建设禽舍1630平方米，配套厂房510平方米，运动场3000平方米，围栏1000米。农产品加工项目建设生产厂房35154平方米，购置配套设备343台（套）。（4）中型灌区节水配套改造项目：开挖疏浚渠道21.8公里，衬砌渠道2.4公里，量水设施2处，配套渠系建筑物37座。（5）黑土区水土流失治理项目：开挖疏浚沟渠14.91公里，新建渠系配套建筑物285座，修建生产道路56.87公里，营造水土保持林1118公顷。（6）现代农业园区试点项目：开挖疏浚渠道66.3公里，衬砌渠道2.8公里，修建渠系建筑物28座，新建良种晒场13500平方米，购良种4万公斤，购置设备6台（套），购置农用动力机械27台（套），修筑田间干道19.27公里，其中，硬化干道1.5公里，新建生产厂房4238平方米，购置生产加工设备8套。垦区完成建设高标准农田57706.67公顷；产业化经营项目完成33个，其中，养殖项目1个，种植项目3个，农产品加工项目11个，贷款贴息项目18个；中型灌区节水配套改造面积13493公顷；黑土区水土流失治理面积13046.67公顷；现代农业园区试点项目建设高标准农田1546.67公顷，农产品储藏及加工项目4个。

（叶名辉）

【项目效益】 （1）高标准农田建设项目：新增和改善灌溉面积33146.67公顷，新增和改善除涝面积32226.67公顷，新增农田林网防护面积53公顷，新增农机总动力792千瓦，新增粮食生产能力7192.37万公斤，新增种植业总产值19880.7万元，新增项目区职工和农民收入总额8886.11万元。（2）草原（场）建设项目：改善除涝面积2000公顷，新增优质饲料作物生产能力900万公斤，新增种植业总产值720万元，新增项目区职工收入总额372万元。（3）产业化经营项目：建成后新增食用菌生产能力2万公斤，肉类生产能力3.5万公斤，新增粮油加工生产能力39400万公斤，新增总产值112341万元，新增利税2221.83万元，新增职工纯收入总额1814.1万元，新增就业人数520人。（4）中型灌区节水配套改造项目：建成后新增和改善灌溉面积6746.67公顷，新增供水能力11283万立方米，年节水1344.5万立方米，新增粮食生产能力640.5万公斤，新增产值1660万元。（5）黑土区水土流失治理项目：建成后提高植被覆盖率0.02%，减少土壤侵蚀量17.37万吨，控制水土流失面积11787公顷，提高水资源涵蓄量962.78万立方米，新增粮食生产能力237.02万公斤，新增产值648.88万元。（6）现代农业园区试点项目：建成后新增灌溉面积60公顷，改善灌溉面积1026.67公顷，改善除涝面积1480公顷，新增农机总动力1013.6千瓦，新增粮食生产能力217.91万公斤，新增总产值2513.9万元，新增利税575.92万元，新增固定资产4234.55万元，新增就业人数189人。

（叶名辉）

畜牧业

【概况】 2016年，垦区畜牧业以发展“两牛一猪一禽”为重点，突出抓好规模奶牛场9吨工程、苜蓿基地发展和肉鹅基地建设三项重点工作，克服国内乳制品消费不振，奶价持续下降，卖奶难等问题，畜牧业总体呈现稳中向好的发展态势。受国内经济增长放缓，畜产品消费不振及不同畜种市场周期性波动等因素影响，畜牧业生产有喜有忧。生猪产业全线飘红，肉鸡产业扭亏为盈；但肉牛养殖效益不高，产业基础不牢；奶牛养殖空前艰难，形势严峻。年末，垦区奶牛存栏15.5万头，同比减少0.86%；肉牛存栏4.67万头，同比增长37%，出栏肉牛4.2万头，同比减少8.5%；生猪存栏76.8万头，同比减少2.3%，生猪出栏143万头，同比减少7.8%；禽存栏828.6万只，同比减少25%，出栏6040万只，同比增长1.36倍。肉、蛋、奶产量分别为26万吨、3万吨和43万吨，肉和奶产量同比分别增长30%和20%，禽蛋产量同比减少4%。

（王京航）

【标准化规模养殖】 完善提高现代示范奶牛场经营管理能力和水平。坚持市场导向，围绕龙头推进奶业发展。完善提高新建的23个现代示范奶牛场经营管理能力和水平，按照以繁为主，质效优先的原则，应用性控技术，加速扩繁，达产达效。推进以“20项核心技术+11项保障措施”为主要内容的垦区规模奶牛场高产攻关活动持续开展，先后将国家奶牛产业技术体系、中国农科院畜牧所、北京奶牛育种中心请进垦区，签订技术合作框架协议加以实施，联合在垦区举办全国奶牛提质增效现场会和中国奶业竞争力提升行动培训班。组织有关奶牛养殖技术类培训班（会）18个，培训技术和管理人员500多人次，采取技术专家包场、单项技术培训班到场、国内外专家巡访等方式走进牧场解决、指导技术难题，奶牛专家下牧场指导44次，巡回指导牧场160次。2016年奶牛生产性能测定（DHI）数据显示，8个牧场奶牛达9吨以上，有9个牧场达8吨以上。支持奶牛养殖小区实施标准化改造，促进奶业转型升级。利用奶牛标准化规模养殖项目中央投资3600万元对28个小区实施标准化改造，加快垦区奶业转型升级。组织申报现代种业提升工程畜禽良种项目，中央投资568万元新建牡丹江和九三管理局2个DHI实验室。推进乳肉兼用牛基地建设和育种工作。利用现代农业发展资金1050万元对农垦科学院和总局安排500万元对双鸭山农场乳肉兼用牛育种核心场进行改扩建。总局安排700万元乳肉兼用牛品种培育资金，其中500万元用于进口德系西门塔尔乳肉兼用牛冻精，共招标采购92355支。200万元用于4个核心育种场育种技术服务、指导、建档立卡补贴，加快北大荒乳肉兼用牛育种进程。组织实施全国农垦系统畜牧高产攻关活动和农业部畜禽养殖标准化示范创建活动。以奶牛、生猪养殖为重点，组织垦区13个奶牛规模场、10个生猪规模场，参加全国农垦系统畜牧高产攻关活动，通过集成、展示、推广先进实用技术，加快提升规模化、集约化、标准化饲养水平，加快畜牧业发展方式转变。组织开展农业部畜禽养殖标准化示范创建活动，加强示范场监管，上半年完成4个部级标准化示范场申报和验收工作，组织专家对2010年和2013年命名到期的18个示范场进行复检。有4个养殖场被命名为部级标准化示范场。

（王京航）

【产业结构优化】 白羽肉鸡产业化项目拉动肉鸡生产快速发展。由于宝泉岭白羽肉鸡产业化项目的拉动和垦区“玉鹅生态种养模式”示范推广的带动，垦区家禽产业发展较快，禽出栏6040万只，同比增长1.36倍。北三峡肉鸡屠宰企业年屠宰肉鸡4000多万只。宝泉岭管局出栏家禽5100万只，占垦区出栏家禽的84%。组织实施“1+20”肉鹅基地试点计划，当年谋划、当年完成垦区肉鹅基地创设任务。在安达牧场投资1250万元建设1个狮籽鹅祖代种鹅场，设计存栏祖代肉种鹅7000～10000套，年可提供商品鹅雏700～1000万只，存栏种鹅1.5万套。总投资500万元在红光、二龙山和齐齐哈尔种畜场建设3个商品鹅养殖基地。在20个农牧场抓20个养鹅示范场（户），20个示范场肉鹅饲养量78.7万只。推广狮籽鹅、皖西白鹅、莱茵鹅、霍尔多巴吉、浙江白鹅等优良品种。示范推广“鹅玉”“草牧”“水牧”等半舍饲养殖模式。受鹅价下行影响，每只鹅养殖效益10～15元，同比减少25%，部分养殖户亏损。2016年垦区肉鹅饲养量达170万只。形成了“嫩北白鹅”“军川烧鹅”等北大荒特色食用大鹅品牌。

（王京航）

【草原保护和现代草牧业】 按照“生产生态有机结合、生态优先”的基本方针，启动实施新一轮国家草原生态补奖政策。制订《新一轮垦区草原生态补奖政策实施方案》，配合财政专员办对2015年补奖项目进行绩效考核，联合总局财处开展2015年以前的补奖项目落实情况督查础。贯彻落实黑龙江省《关于草原生态文明制度建设的通知》要求，组织开展11个补奖农场基本草原划定工作，依法做好草原征占用审批管理。按照农牧结合，种养一体，生态循环可持续的要求，发展青贮玉米，加快发展苜蓿、燕麦等优质牧草种植，促进粮经饲三元结构协调发展，提高草食畜牧业综合生产能力。针对春季苜蓿返青遇到的灾害，组织垦区专家到现场指导建植工作，为总结苜蓿高产高效生产利用模式，总局组织编印《苜蓿高产栽培技术手册》。突出抓全株高能量青贮玉米、0.13万公顷苜蓿草和0.07万公顷饲用燕麦试验示范基地建设。垦区全株高能量青贮玉米种植制贮面积2.33万公顷，贮量130万吨。组织落实国家振兴奶业苜蓿发展行动，新增苜蓿草种植面积0.18万公顷，超额完成计划任务35%，苜蓿草留床面积达1.07万公顷；新增饲用燕麦种植（包括复种）面积0.17万公顷，超额完成计划任务150%。形成以四方山农场盐碱地苜蓿田间拉伸膜半干青贮、绿色草原沙地苜蓿干草、嫩北农场黑土地苜蓿半干窖贮、八五二白浆土苜蓿田间拉伸膜半干青贮、八五一一和庆丰白浆土苜蓿半干窖贮、二龙山和八五二饲用燕麦半干窖贮等一批不同生态型苜蓿及饲用燕麦优质青粗饲料供给模式。

（王京航）

【落实惠牧政策】 2016年，畜牧兽医（渔业）行业到位的上级政策资金在4.1亿多元。其中，新增省级青贮、窖贮和苜蓿种植补贴5564万元。对于每一个财政专项项目，规范项目实施程序，加强项目督查，发现问题及时整改，切实把各项强业富民政策落实到位，确保项目实施成效。组织“两牛一猪”标准化规模养殖基地建设项目申报和实施工作，2016年省财政两批下达垦区拟扶持计划16个。做好总局2015年投放的5000万元生猪养殖周转金缓期收回协调管理工作。

（王京航）

【畜产品质量安全】 突出抓好重大动物疫病防控。全国春季重大动物疫病防控工作启动会议后，总局召开各管理局畜牧兽医局长会议，贯彻落实全国春防视频会议精神，对垦区春季重大动物疫病防控工作进行全面安排部署，3月初完成强制免疫疫苗采购招标工作。3月至5月在垦区组织开展春季重大动物疫病强制免疫会战，派出两个督导检查组赴9个管理局对春秋防工作进行督导检查。强化对养殖环节监管，确保畜产品质量安全。制订下发《2016年垦区畜产品质量安全监管工作方案》。6月15—30日，组织3个重点工作督查组，实地督查9个管理局和36个农牧场。组织开展生猪屠宰监管“扫雷行动”，确保不发生重大质量安全事件。完成国家、省和垦区三级生鲜乳、畜产品和饲料质量安全抽检工作，2016年总局安排抽检659批次生鲜乳样品，其中，奶站421批次，生鲜乳运输环节238批次，三聚氰胺、碱类物质、硫氢酸钠检测合格率均为100%。组织开展饲料及养殖环节“瘦肉精”例行监测工作，共抽检饲料样品198批次、牲畜尿样193个，对奶牛饲料进行三聚氰胺监测，对肉牛和生猪饲料、牲畜尿样进行盐酸克伦特罗监测。通过执法检查、专项整治和例行监测，确保了垦区畜产品质量安全。

（王京航）

渔　业

【概况】 2016年年底，垦区渔业人工养殖水面25810公顷。其中，池塘面积

8420公顷，大中型水面面积17390公顷。年水产品产量32680吨，其中，养殖产量24434吨，天然捕捞产量8246吨%。实现渔业生产总值37710万元，同比增长3.3%。垦区有水产品加工企业2家，分别是勤龙渔业水产品加工厂和兴凯湖白鱼加工厂，加工品种7个，年加工量15吨。

（郭宇龙）

【休闲渔业】 据不完全统计，垦区有集养殖、休闲、垂钓、餐饮于一体的综合性休闲渔业场点210家，比上年增加23家。游钓面积0.46万公顷，比上年增加0.15万公顷。其中，宝泉岭管理局15家，红兴隆管理局61家，牡丹江管理局81家，北安管理局37家。红兴隆管理局利用八五二农场蛤蟆通水库、八五三农场雁窝岛湿地、红旗岭农场千鸟湖湿地自然风光打造国家AAAA级旅游景点，投资扩建和增设湿地水上餐饮休闲楼和动、植物及鸟类展览厅，将原荒废池塘兴建鱼类垂钓区和蹬船游玩区，购置旅游船为游客提供参观自然美景，以旅游业带动休闲渔业和其他产业的发展。宝泉岭管理局共青农场在南山水库建立休闲渔业场点，年休闲垂钓达3000人次，年增加收入近10万元。八五九农场在大阪和12连老河口进行庭院养殖试点，试点面积近5公顷。北安管理局建立青石岭水库、长水河、石景山庄等休闲渔业旅游点5处。

（郭宇龙）

【名特优水产品】 垦区名特优水产品养殖面积4646公顷，其中，大中水面面积3717公顷。河蟹养殖面积4126公顷。名特优品种除河蟹外，主要有兴凯湖白鱼、鲟鳇鱼、鳜鱼、鲶鱼、泥鳅和异育银鲫等品种。宝泉岭管理局投放怀头鲶22吨、乌鳢150公斤、鳜鱼8万尾。绥滨农场第4作业区侯庆成投资10余万元利用黑龙江江渠优势，引用黑龙江水进行网箱养鱼，网箱面积300平方米，饲养鲤鱼2750公斤，鳜鱼250公斤。蛤蟆通水库引进牛尾巴鳌花、青虾特优品种70万尾，养殖河蟹面积200公顷，稻田养蟹1公顷，网箱养殖特优鱼类100平方米，为垂钓中心提供钓鱼7万公斤，捕捞销售商品鱼7.5万公斤。建三江管理局河蟹养殖面积22公顷。七星农场在第一管理区第三十六作业站张景贵在稻田试点养殖中华绒鳌蟹6.67公顷。北大荒勤龙渔业鲟鱼网箱养殖50个，后备亲鱼187尾2976公斤。垦区网箱养鱼84个，共计2390平方米，比上年增加250平方米。

（郭宇龙）

【渔民专业合作社】 垦区有渔民专业合作社12个，合作社内有专业养殖户70个，养殖面积达459公顷。其中，宝泉岭管理局有养鱼合作社3个，辐射成员15户，养鱼面积166公顷。所辖梧桐河农场的黑龙江省宝泉岭农垦老等山红桦林鱼雁养殖专业合作社创立了自己的品牌——老等山。绥化管理局有养鱼合作社6个，辐射成员30户，养鱼面积40公顷。建三江管理局七星渔场成立富渔养殖专业合作社1个，带动周边15个养鱼户。

（郭宇龙）

【池塘标准化改造】 由于鱼池承包费用提高、承包期短，渔民剩余利润微薄，致使大部分农场和养鱼户不愿意过多投入资金改造池塘，基本上维持原貌。2016年，只有牡丹江管理局所属渔场投入6.5万元，维修改造鱼池2.4公顷。

（郭宇龙）

【鱼苗繁育】 垦区出池春片鱼种1102万尾（其中，红兴隆管理局出池春片鱼种417万尾，成活率86%；建三江管理局出池春片鱼种115万尾，越冬成活率82%；牡丹江管理局出池春片鱼种299万尾，越冬成活率80%；绥化管理局出池春片鱼种240万尾，越冬成活率81%），外购鱼种334万尾。垦区繁育鱼苗7530万尾，外购鱼苗68867万尾。大部分由绥化管理局涝洲鱼种场生产和外购。

（郭宇龙）

【渔政管理】 张贴发放禁渔期通告2800余份，发表电视讲话100余次，出动宣传车294台次，出动渔政检查船艇135次，出动检查人员860人次。强化管理措施，侧重“禁渔期”检查。宝泉岭、建三江、红兴隆等管理局渔政站在禁渔期间组织所辖农场进行渔政自查，使渔船全部集中停放一处，实行“三脱离”管理，渔政人员深入渔区坚持蹲点检查，加大对违法捕鱼者的打击力度。挠力河水域自4月15日开河后就禁捕，东安梁子和西丰嘴梁子均做到禁渔期船上岸，梁子拔箔，网入库。垦区共出动渔政检查车、船429台次，出动人员近千人次，查处违规网具16件，整改隐患渔船42艘，管理局及农场级领导参加检查近100次。

（郭宇龙）

【渔业资源增殖放流】 明水期间，农垦震达兴凯湖大白鱼研究所和八五一〇农场共放流大白鱼37.5万尾，花白鲢650万尾。其中，6月6日，在兴凯湖放流大白鱼28万尾，放流花白鲢200万尾。在海林莲花湖放流大白鱼1.5万尾，花白鲢120万尾。在密山放流大白鱼8万尾，花白鲢130万尾。在安达肇源河放流花白鲢200万尾。6月初，红兴隆管理局挠力河沿岸农场利用流域水位高，水域宽阔的良好环境，通过人工布巢、放流等增殖方式，引导社会各界人士共同关注水生生物资源养护事业。建三江管理局勤得利农场7月中旬向黑龙江放流鲟鱼苗5万尾。

（郭宇龙）

【涉渔专项资金检查和使用】 累计发放机动渔船燃油补贴资金4206636元，其中，渔船油价补贴资金2450183元，其他统筹资金1756453元。年初，为勤得利农场发放渔业增殖放流补助资金25万元。

（郭宇龙）

水 利

【概况】 至2016年，垦区建有堤防3058.89公里，水库187座，机电井96283眼，各类建筑物15.58万座，建成万亩以上灌区53处，治理主要涝区105处，拥有喷灌机13362台。水库总库容11.18亿立方米，堤防保护耕地90.47万公顷，达成除涝面积144.71万公顷，有效灌溉面积185.57万公顷，其中，喷灌面积30.18万公顷，水土流失治理面积32.89万公顷。已初步建成防洪、除涝、灌溉和水土保持四大工程体系。2016年，完成各类水利建设投资24.03亿元，完成工程量7097.86万立方米，新建沟渠1451.29公里，桥、涵、闸等各类建筑物11140座。

（孙　兵）

【防洪工程】　截至2016年，垦区已初步建成以堤防和水库为主的防洪工程体系。建有堤防总长度3058.89公里。其中，主要江河堤防566.34公里，重点江河堤防257.08公里，一般江河堤防2235.47公里。堤防保护耕地90.47万公顷，保护村屯789个，保护人口93.98万人。建有水库187座，其中大型水库2座（太平湖、蛤蟆通水库），中型水库17座，小（1）型水库107座，小（2）型水库61座。水库设计库容11.18亿立方米，兴利库容5.74亿立方米，防洪库容4.17亿立方米。2016年，垦区完成防洪工程投资10461万元，工程量373.07万立方米。重点推进大中型病险水闸除险加固和界河国土防护治理项目建设，实施中型病险水闸除险加固项目牡丹江管理局湖北闸工程建设，启动庆丰农场乌苏里江干流十七队护岸、嘉荫农场黑龙江干流双河大岗护岸、红色边疆农场黑龙江干流小五家子—下马场上段护岸等3段护岸工程建设。各管理局多方筹措资金，对中小河流堤防进行加高加固，加高加固堤防119.7公里。各沿江农场配合省统一实施三江治理项目，黑龙江、嫩江、松花江堤防达标项目已完成主体工程建设。

（孙　兵）

【治涝工程】　2016年，垦区涝区面积260.8万公顷，其中，易涝面积167.05万公顷，除涝面积144.71万公顷，占易涝面积的86.6%。其中达到3～5年一遇标准的120.75万公顷，达到5～10年一遇标准的23.92万公顷，达到10年一遇以上标准的0.3万公顷。治理主要涝区105处，涝区总面积244.49万公顷，其中易涝面积155.74万公顷，已治理面积达135.2万公顷；还有部分零星涝区，总面积16.31万公顷，其中易涝面积11.31万公顷，已治理面积9.51万公顷。年内，开展以沟道清淤和涝区配套工程建设为主的除涝工程建设，完成投资65495万元，工程量3955.94万立方米。建设干沟2条，长度3.25公里。支沟142条，长度224.2公里。斗沟及以下沟道455条，长度468.94公里。新增除涝面积4.85万公顷。

（孙　兵）

【灌溉工程】　2016年，垦区有效灌溉面积185.57万公顷，其中，水田154.9万公顷。实际灌溉面积151.97万公顷，其中，水田148.67万公顷。2016年灌溉工程完成投资137362万元，工程量2435.69万立方米。垦区已建成各类地表水灌区342处，其中万亩以上灌区53处，地表水灌区总设计灌溉面积58.57万公顷，其中水田52.55万公顷，有效灌溉面积34.51万公顷，其中水田34.16万公顷。加快推进青龙山灌区工程建设，完成中总干渠和南区骨干渠系建设，渠首工程试水运行。推进梧桐河灌区续建配套与节水改造项目实施，集中土地整理、农发、新增千亿斤粮食田间工程等多渠道资金加快骨干渠系下游的配套工程建设。垦区累计建有灌溉井9.12万眼，其中，水田井7.61万眼，旱田井1.5万眼，菜田井94眼，另有补水井5078眼。井灌区有效灌溉面积120.88万公顷，其中，水田120.74万公顷。2016年，新打水田井1554眼，重点集中在红兴隆、牡丹江、齐齐哈尔管理局，宝泉岭、九三、绥化、哈尔滨管理局略有增长，全年井灌水田新增有效灌溉面积2.11万公顷。垦区建成各类节水灌溉工程设施1613处，拥有各类喷灌机械1.34万台，旱田喷（滴）灌等节水灌溉面积30.18万公顷。年新增工程设施16处，新增旱田节水灌溉面积2430公顷。

（孙　兵）

【水土保持生态环境工程】　垦区有73个农（牧）场存在水土流失问题，水土流失面积68.42万公顷。水土流失多发生在耕地中，以水蚀、风蚀为主要侵蚀类型。水力侵蚀主要分布在东部山地、北部林区和中部漫川漫岗黑土区；风力侵蚀主要分布在西部干旱半干旱风沙区和三江平原局部地区。2016年，垦区水土流失治理面积达32.89万公顷，占水土流失总面积的48.07%，其中小流域治理面积达12.16万公顷。垦区重点完成鹤山等10个农场农业综合开发水土保持项目收尾工程建设，开展急需工程建设，新增水土流失治理面积3.05万公顷。推进水土保持执法监督和水土流失预防保护工作，水土保持生态环境进一步改善。

（孙　兵）

【农村饮水安全工程】　垦区农村饮水安全达标人口153.71万人，已建城乡集中式供水工程2119处。2016年，垦区水务部门以解决高氟、高砷、高锰、高铁等水质不达标问题及取用水不方便等问题为重点，争取国家直属垦区人畜饮水项目资金6422万元，建设饮水工程33处。

（孙　兵）

【防汛与抗旱】　2016年1—9月，垦区平均降水474.8毫米，降水总体趋势是东部多西部少。7月中下旬以后，垦区西部管理局降雨量偏少，导致北安、九三、齐齐哈尔、哈尔滨管理局发生旱灾，尤其是九三管理局7月至8月连续两个月无有效降雨，11个农场都出现不同程度的旱灾。据统计，垦区最大受旱面积47.11万公顷，其中，重旱11.78万公顷，轻旱35.23万公顷。大江大河水势平稳，没有发生流域性大洪水。由于5—6月份局部降雨偏多，导致挠力河、梧桐河、嘟噜河、阿凌达河等中小河流水位持续偏高，9月上旬，受俄罗斯境内洪水影响导致乌苏里江出现汛情和灾情。据统计，由于降雨造成农作物受灾面积93.57万亩，全部是农业受灾，直接经济损失1.73亿元。垦区严格落实以行政首长负责制为核心的各项防汛责任制，提前开展应对特大洪水的准备工作。争取应急度汛资金900万元用于受灾较重的哈拉海等9个农场进行水毁工程修复，自筹资金300万元对各管理局防汛重点部位的防汛物资进行补充。建三江管理局自筹资金1447万元完成92.72公里挠力河堤防加高培厚，投入2101万元资金在汛前完成河道清淤317公里，清除阻水障碍物145处，切实提高了江河、排干的行洪能力。

（孙 兵）

【水行政管理】 强化水资源论证和取水许可审批，完成江萝、勤得利灌区渠首取水工程验收，对灌区远期工程水资源论证报告进行评审。开展用水计划管理，强化重点用水单位的日常监管。深化行政审批制度改革，全面清理下放审批事项，规范权力清单、责任清单，落实利民、便民政策。强化水行政执法队伍建设，提高执法人员素质和执法能力。落实行政执法责任制，规范行政执法行为，加强对重点领域、重要流域区域和重要时段的执法监督检查和日常巡查，开展专项执法检查活动，及时查处涉水违法违规行为，加强水事纠纷预防和调处，为垦区创造了和谐健康的水事秩序。

（孙 兵）

【水利建设和工程管理】 落实“四项制度”，及时研究解决工程建设中出现的各种问题。实行了包片负责制，水务局领导干部每人联系一个管理局，定期深入联系的管理局进行实地调研，及时发现和指导解决水利建设存在的问题。汛期以后，坚持每月召开一次调度推进视频会议，先后选择进度较慢的管理局水务局和项目农场领导在会上表态发言，形成项目单位竞相赶超的良好氛围。结合垦区实际出台农垦总局小型农田水利建设项目管理办法和垦区水利建设约谈办法（试行），先后对存在问题的2个项目管理局水务局和项目农场主要领导进行约谈。10月开展垦区水利建设检查调研活动，分成4个组深入各管理局农牧场对水利建设进展情况集中检查督导。组织2次专项督察和多次随机的质量安全检查，将督察发现的问题及时在垦区通报。选择大型灌区、旱田喷灌、水库、堤防和涝区等不同类别的水利工程管理典型单位，落实日常管护经费来源，完善工程管理制度，创新管理模式，为确保工程效益长期发挥探索经验。召开工程管理现场会，重点推广和平牧场旱田喷灌设备管理典型经验。深化灌区管理体制和运行机制改革，加强对已成立的40个用水合作组织的指导和监督，发挥其管理和协调作用。推进水田节水控灌技术推广，达成推广应用面积45万公顷。

（孙 兵）

林 业

【造林绿化】 2016年，垦区造林任务4000公顷，实际完成造林面积4200公顷，完成率105%，其中，新增造林1733.33公顷；栽植特色经济林2667公顷、农田牧场防护林1067公顷。绿化管理区134个，绿化景观道路115条总长度538公里。召开各级植树动员会议246次，通过媒体宣传义务植树1125次，深入到213个社区、118个学校、29个工厂、44个园区、378座楼宇开展绿化知识服务活动，参加全民义务植树61万人，完成义务植树173 9万株，建立义务植树基地365块。庆阳农场、泰来农场被全国绿化委员会授予全国绿化模范单位称号，王德辉、何洪海、陈佰丽被全国绿化委员会授予全国绿化奖章。普阳农场、八五〇农场被全国绿化委员会、人社部、国家林业局授予全国绿化先进单位称号，满东斌被授予全国绿化先进个人称号。

（付苑超）

【有害生物防治】 2016年，垦区发生病虫害面积33333公顷，其中，病害2万公顷，虫害1.2万公顷，鼠害1333公顷，成灾率0。其中，落叶松毛虫1333公顷，舞毒蛾667公顷，天幕毛虫1333公顷，榆紫叶甲333公顷，蓝莓蛆虫333公顷，落叶松球蚜133公顷，蝼蛄67公顷，巢蛾67公顷，其他虫害7333公顷；杨树烂皮病3333公顷，樟子松红斑病1333公顷，杨树破腹病2000公顷，其他病害13333公顷。根据垦区林业有害生物的发生状况，总局森防站协调各管理局林业部门和农（牧）场提前落实，采取综合防治措施，合理应用人工、仿生、化学等手段，有效控制林业有害生物的发生蔓延。其中，自购药品氯氰菊酯100箱，高氯吡虫啉50箱，敌敌畏50箱，乐果2000瓶，自购喷雾器数10台，投入防治费用20万余元。垦区共办理植物检疫证160余张，其中，木材检疫证80张，苗木检疫证80多张；省内检疫证60张，出省检疫证100张。检疫苗木6000万株以上，检疫苗圃136个，检疫木材数10万立方米，合格率在99%以上。根据黑龙江省及各地方县市《林业有害生物普查工作方案》和《林业有害生物普查技术方案》要求，经过为期9个月的调查，共踏查各类样线300余条，普查面积66万公顷，调查样地上千块。普查到的有害生物主要包括：落叶松球蚜、天幕毛虫、白杨透翅蛾、落叶松红蜘蛛、舞毒蛾、杨干象的幼虫、榆子叶甲、杨叶锈病、针叶褐斑病、杨溃疡病、华东北鼹鼠、棕背平、松鼠等，未发现外来物种害虫入侵的现象。

（付苑超）

【森林草原防火】 2016年，垦区仅发生森林火灾1起，过火面积0.8公顷；草原火灾2起，过火总面积9.96公顷，实现全年无重、特大森林草原火灾和无人员伤亡事故的总目标，圆满完成春、秋两个防火期各项工作任务，确保垦区森林草原资源安全。面对垦区森林防火严峻形势，把责任落实的重点放在农场、管理区、作业站，划区包片，层层签订责任状，确保防火责任落实到位。强化区域联防联扑，严格执行责任追究倒查制度，对火源地和火灾地都要追究领导责任；“清明”“五一”等关键节点，总局森防指及时下发文件，对节日期间森林防火工作进行了具体安排部署。春季，垦区召开各级专题会议233次，设立领导责任区（处）1323处，安排蹲点领导1979人。通过媒体宣传森林防火 1230 次，建宣传街 434 条，建宣传牌 778 处，组建宣传队 294 支，出动 3904 人，出动宣传车 297 台次，印发宣传单 20 万余份，使 50 余万名职工群众接受教育。

（付苑超）

【林业经济】 利用垦区现有的林地资源，通过政策扶持，农（牧）场主体推进，林农协作经营，典型示范，以短养长等办法逐步推进实施。各农（牧）场栽植适宜本场生长的经济林树种，呈现出红松果林、榛子、核桃秋、蓝莓、树莓、沙棘、五味子、杞柳、小苹果等多品种共融的生态经济林建设新局面。2016 年，垦区计划种植经济林 3494.87 公顷，实际种植 3198.6 公顷，完成全年任务的 91.5%。其中，樟子松嫁接红松 667.27 公顷，榛子 436.87 公顷，紫穗槐 1083.73 公顷，树莓 104.33 公顷，小苹果 74.87 公顷，核桃 82 公顷，竹柳 226.6 公顷，杞柳 105.6 公顷，葡萄 109.13 公顷，其他 308.27 公顷。计划种植中草药 1757.87 公顷，实际种植 1771.27 公顷，完成全年任务的 101%。其中，板蓝根 369.53 公顷，万寿菊 500 公顷，柴胡 180.67 公顷，水飞蓟 181.67 公顷，防风 117.00 公顷，赤芍 110.13 公顷，其他 312.27 公顷。计划生产食用菌 7316 万袋，实际生产 6703 万袋，完成全年任务的 91.6%。其中，黑木耳 4721 万袋，香菇 710 万袋，金针菇 750 万袋，平菇 218 万袋，灵芝 113 万袋，滑子蘑 83 万袋，其他 108 万袋。利用林下良好生态环境资源，抓好野猪、花鹿、貉子、鸵鸟、大雁、林蛙等特种动物养殖和鸡鸭鹅等家禽生态养殖的基地建设，推进野生动禽驯养和林下养殖的规模化、标准化和产业化建设。计划野生动（禽）驯养和林下养殖 22.3 万只（头、箱），实际养殖 242.1 万只（头、箱），完成全年任务的 99.9%。其中，貂 238963 只，貉 18281 只，狐 45783 只，鹿 7786 只，獭兔 750 只，大雁 14370 只，野猪 15510 头，林蛙 535756 只，林下鸡 384120 只，林下鹅 1112450 只，养蜂 35576 箱，鸵鸟 867 只，其他 5820 只。

（付苑超）

工业·粮食·商务

工 业

【概况】 2016年，垦区实现工业全口径主营收入947.5亿元，同比下降2.5%；实现利润20.5亿元，同比下降12.9%；实现现价增加值186.5亿元，同比增长1.2%。171家规模以上工业企业主营收入666.7亿元，同比下降6.2%；利润2亿元，同比减少2.1亿元；实现现价增加值71.5亿元，同比降低0.3%。

（陶奕民）

【推进国企改革】 引进战略投资者，发展混合所有制经济。已完成和已确定投资方的总局直属企业及分子公司共17户，可引入资金不低于69.15亿元。其中，已有北大荒薯业集团、北大荒纸业有限公司、佳沃北大荒农业控股有限公司、北大荒龙垦麦芽有限公司、丰润生物科技股份有限公司、黑龙江北大荒丰远制粉有限公司、北大荒农机有限公司、北大荒粮食集团有限公司、九三集团哈尔滨惠康食品有限公司等9户企业完成混合所有制改革，可引进资金18.94亿元；北大荒商贸集团有限责任公司、浩良河化肥分公司等2户企业已签约确定合作伙伴，签约引进资金13.53亿元；完达山乳业、北大荒垦丰种业股份有限公司、北大荒米业集团有限公司、北大荒麦业集团有限公司、北大荒投资担保有限公司、北大荒通用航空有限公司等6户企业已确定投资方或近期将签约，可引入资金36.68亿元。鼓励龙头企业上市融资，利用资本市场做大做强。重点推进九三粮油集团非转基因板块重组赴港股上市的前期工作。垦丰种业“新三板”转主板前期工作基本完成。丰润公司“新三板”挂牌申请已递交证监会审核。丰润公司在引资混改过程中已完成管理层及核心人才持股，持股比例为7.87%。

（陶奕民）

【企业三项应收款清理】 将清欠工作纳入到企业指标考核体系。年初超账期三项应收款余额159.1亿元，截至2016年年末，超账期三项应收款余额157.3亿元，其，中新增超账期21.8亿元，收回超账期23.6亿元，收回率14.8%。直属企业超账期应收款除商贸集团外均有不同程度减少。为强化清欠，责成87名当事人、108名责任人实施停职停薪专门清欠，对30名企业负责人和业务责任人追究纪律和刑事的责任。

（陶奕民）

【国有资产监督管理】 按照农业部《关于开展2015年度国有资产决算工作的通知》要求，于4月15日上报垦区302户事业单位国有资产决算报告。根据《黑龙江省农垦绥化、哈尔滨管理局改革试点实施计划》要求，组织开展绥化管理局、哈尔滨管理局及所属21个农（牧）场承担行政社会管理职能及办社会职能机构的资产进行核查。组织开展农垦系统检察院、法院拟上划省里资产清查自查工作，清查结果上报农业部。

（陶奕民）

【营销体系建设】 重点推进九三、完达山、商贸集团、米业4家龙头企业，开展旗舰店、连锁店、加盟店等绿色食品营销网络建设工作，投入绿色食品营销网络建设资金4335万元。上述四家龙头企业已营业营销旗舰店61家，已营业连锁店、加盟店、形象店等合计2873家，营销网络以二、三线城市为主向基层市、县延伸，基本覆盖全国。据统计，四家企业绿色食品营销网络旗舰店实现营业收入达7000余万元，连锁店、加盟店、形象店、门店等实现收入近1.2亿元。

（陶奕民）

【存货清查工作】 总局16家直属企业于3月15日起全面开展存货清查工作，4月底基本摸清底数。年底存货合计249亿元，比2014年年底283亿元下降34亿元，下降12%。对盘点清查中发现的盘亏、毁损、报废等非正常存货16.6亿元，按会计制度要求进行处理，以保证存货的真实、准确。找出责任人，落实并追究了相关人员责任。

（陶奕民）

【推进中小企业发展】 根据垦区中小企业在融资、品牌建设、发展创新、新三板上市等方面的需求，年内组织企业参加省工信委的较高水准的培训活动6次，参加企业近40余家，为中企业发展提供了理论和技术支撑。组织10余家企业参加省工信委组织的龙江品牌故事活动。组织企业参加省企业联合会开展的诚信经营示范企业创建活动，垦区5户企业被授予2016年黑龙江省“诚信经营示范企业”的称号。

（陶奕民）

【境外企业风险防控】 丰缘集团多险种投保，对境外企业员工进行安全教育，内部加强财务管理，完善与当地政府及中国工商联合会的沟通渠道。九三粮油集团密切关注境内外税收政策并及时分析，聘请当地的律师获得专业意见开展经营情况分析以降低财税风险。薯业集团跨境企业制定资产管理制度定期展开库存盘点清查，实时关注政治关系走势，确保境外资产及资金安全。境外丰澳公司销售农作物3.13万吨，实现销售收入6691万元，同比减亏2425万元，如期完成1.8万吨小麦配额回运/九三粮油境外两家公司采购大豆734.51万吨，同比增长19.4%。

（陶奕民）

【产业项目建设】 推进重点产业项目建设工作。2016年垦区投资5000万元以上重点项目19个（新建12个，续建7个）。建三江管理局中粮建三江产业园项目二期配套仓储物流项目建设总投资5785万元，已完成投资5000万元；宝泉岭管理局在“白羽鸡”项目基础上，投资1000多万元，加快水解羽毛粉加工、生物质综合利用等产业延伸项目建设，加大肉鸡产业的深加工水平。中航卓信集团在建三江投资150亿元，囊括种植及加工、养殖及加工、金融服务等领域的多个项目。九三粮油集团与中储粮集团合作开展大豆代收代储业务项目等4个与央企合作项目，签约额累计超过20亿元。

（陶奕民）

【二三级及以下子公司清查】 根据7月22日总局党委扩大会议部署要求，工信委对总局直属企业下属的分、子公司数量、注册资本、股权结构、资金占用、对外担保等有关情况进行摸底调查。16户总局直属企业有各级分、子公司570个，其中，分公司191个，二级子公司171个；子公司下属三级155个、四级43个、五级10个。379个子公司中，国有控股股份制子公司195个，占51.4%，其他184个为国有独资或全资公司。

（陶奕民）

【争取省财政流贷贴息】 根据《黑龙江省促进经济稳增长若干措施》中对企业流贷贴息和新增规上的奖励政策，共争取流贷贴息资金2028万元，其中，九三粮油800万元，完达山乳业681万元，北大荒丰缘下属的远光肠衣547万元。争取新增规上企业奖励15户共150万元。2178万元资金已全部划拨到位。

（陶奕民）

粮 食

【概况】 2016年，垦区针对粮食品种供需矛盾，采取“压玉、扩豆、增稻、强经饲”等措施调整种植结构，共种植粮食作物281.4万公顷，总产量206亿公斤，比上年下降4.7%。受国家粮食收储政策变化的引导，种植结构调整力度加大，玉米种植面积下降三成，成为结构调整拉动粮食总产下降的主要原因。垦区仍保持国家粮食主产区地位，以占全省23.8%和全国2.5%的粮食面积，生产出占全省34%和全国3.3%的粮食总产量，粮食综合平均亩产分别比全省和全国高42.6%和34.2%。为国家提供商品粮194.4亿公斤，粮食商品率达94.4%。建垦以来，已累计生产粮食3710.1亿公斤，累计向国家交售商品粮3031.4亿公斤。垦区每年提供的商品粮总量可以保障全国1.2亿城镇人口一年的口粮供应，为国家粮食安全提供重要保障。

（颜 夫）

【粮食购销】 2016年是玉米收储制度改革的第一年，为保证垦区农户丰产增收，垦区各级粮食部门重点加大对粮食销售的工作力度，规范粮食购销秩序。到2016年12月底，垦区农户2016年生产的粮食销售175.9亿公斤，占商品粮总量的90.2%，其中，水稻销售120.6亿公斤，占90.7%；玉米销售44.9亿公斤，占91.3%；大豆销售10.4亿公斤，占80.6%。农户手中的余粮有19.1亿公斤，其中，水稻12.3亿公斤，玉米14.3亿公斤，大豆2.5亿公斤。

（颜 夫）

【构建粮食收购体系】 合理确定收储库点，满足农民及时出售余粮的需要。在2015—2016年度垦区粮食收储工作中，启动政策性粮食收储库点155个。其中，国有粮食购销企业13个，其他国有粮食企业62个，民营仓储企业80个；在2016—2017年度垦区粮食收储工作中，启动政策性粮食收储库点103个。其中，国有粮食购销企业13个，其他国有粮食企业44个，民营仓储企业46个，确保了政策性粮食收储库点在垦区区域内实现了全覆盖。完善垦区粮食仓储设施建设，为秋粮接收做好准备。在2016年新粮上市前，垦区粮食收储总能力达260亿公斤，2016年新建仓储能力23亿公斤，空闲可用仓储能力约60亿公斤。有烘干塔902座，日烘干能力3.84亿公斤。将北大荒粮食集团7个国有控股粮食仓储企业和北大荒米业集团纳入政策性粮收购体系序列，确认其承贷收储国家政策性粮食主体资格，承担政策性粮收储业务。

（颜 夫）

【粮食监督检查】 组织实施秋粮收购“监督检查，护农增收”重点推进活动。加强对重点企业和库点跟踪检查，做到对当地所有启动政策性粮食收购库点监督检查全覆盖。加大典型案件核查力度，畅通群众合理诉求渠道，及时发现和严肃查处违法违规行为。上个秋粮收购期，垦区粮食部门共核查处理涉粮案件49起。结合开展库存检查清理整改重点问题。把执行2015—2016年度秋粮收购政策情况作为重点检查内容，对辖区内有政策性粮食库存的对辖区内272家国有企业和政策性粮储存企业，2301万吨粮食库存进行检查，本着“有库（点）必到、有粮必查、有账必核、查必彻底”的原则，进行逐库逐仓全面检查。

（颜 夫）

【粮食质量监测】 黑龙江垦区粮油卫生检验监测站是垦区唯一的国家级粮油卫生检验监测站，负责垦区区域内的秋粮质量调查、品质测报，国家政策性粮食抽检，政策性粮食收购验收入库及出库工作。按照省粮食局的工作安排，垦区监测站负责对建三江管理局、红兴隆管理局、宝泉岭管理局和牡丹江管理局4个管理局辖区内的政策性粮食进行2015年政策性粮食验收和2016年春季质量普查工作。截至2016年5月，垦区监测站累计验收政策性粮食42.4亿公斤，其中，稻谷26.5亿公斤，玉米15.9亿公斤；验收货位个数657个，其中稻谷462个，玉米195个，共出具检验报告4 812份。春季普查粮食总计3.6亿公斤，其中，稻谷2.7亿公斤，玉米0.9亿公斤，共扦取样品276个，验收责权域内企业53家。在工作过程中，垦区监测站克服了区域覆盖面大、任务量重、时间紧迫和人力不足等重重困难，成立多个专项工作小组，累计行驶距离5万余公里，较高标准地完成了垦区政策性粮食验收和春季普查工作。

（颜 夫）

商 务

【概况】 2016年，垦区外贸进出口稳中有增，实现自营进出口总额24.8亿美元。招商引资项目质量明显提升，签订国内经济技术合作项目203项，利用国内到位资金32.7亿元。对外农业国际合作稳步推进，境外租赁（购买）开发土地20.67万公顷，种植面积9.53万公顷。消费品市场供需平稳，实现社会消费品零售总额241.8亿元。旅游产业规模逐步扩大，年接待旅游人数682.4万人次，旅游收入32.4亿元。

（闫 威）

【外贸进出口】 实现自营进出口总额实现24.8亿美元。其中，自营出口总额实现8015万美元，同比增长7%；进口总额实现24亿美元。外贸主体自营能力提升，抗风险能力增强。克服国际市场需求减少、劳动力成本上升等制约出口的不利因素，充分利用国家赋予北大荒集团大米和玉米对外贸易出口经营权的良好契机，千方百计培育、壮大外贸主体，实现由出口供货向自营转变。九三粮油工业集团进出口规模继续保持在10亿美元以上，北大荒粮食集团进出口额也以亿美元的规模进入全省外贸重点支柱企业之列，远光肠衣、海林糖甙、多多集团豆粉、北安临沂柳编等公司深挖企业出口潜力，取得喜人业绩。出口商品范围实现历史性突破。北大荒米业开发和建立大米出口渠道，首次自营出口国际市场，增强垦区企业在国际市场的话语权。完成对韩国1万吨糙米招标出口工作，开辟葡萄牙、加拿大、澳大利亚、美国、荷兰、比利时等出口国，执行了240吨大米出口合同。拓展国际市场，垦区组织企业首次赴俄罗斯叶卡捷琳堡参加第三届中俄博览会，境内组织参加春、秋两季中国进出口商品展销会，通过参加境内外展会促进垦区外贸企业与贸易伙伴的经贸交流，增加贸易机会。

（闫　威）

【招商引资】 签订国内经济技术合作项目203项，利用国内到位资金32.7亿元。利用外资项目10个，到位资金650.1万美元。采取形式多样的招商引资活动，以主导产业、新兴产业为招商重点，签订和引进一批合作发展项目。2016年，垦区在建和签约的招商引资项目中，投资规模超亿元的项目有33个，比上年同期有所增加。中节能绿碳环保有限公司、中船重工（上海）新能源有限公司、中航国际、国家杂粮工程技术研究中心、北京东方连线文化传媒公司等一批大企业入驻垦区。垦区先后接待韩国忠清北道代表团、德国联邦发展与对外贸易协会、韩国希杰集团、澳门中桥集团、成都武侯区代表团、中国节能绿碳环保公司、吉林高新区代表团等10多家国内外大集团、大公司来垦区进行经贸洽谈，达成一批大项目。建三江管理局与黑龙江省卓信农业发展集团有限公司签订总投资为100亿元的“现代农牧业产业项目战略投资框架协议”。九三管理局与华康现代农业物流有限公司签订30万吨仓储物流项目，总投资2.6亿元。

（闫　威）

【境外开发】 垦区境外租赁（购买）开发土地20.67万公顷，种植面积9.53万公顷，在俄企业完成种植面积5.86万公顷，主要农作物为小麦、水稻、玉米、大豆、大麦和油菜籽。新友谊农场农业综合开发项目，完成基础设施投资5951万元。宝泉岭远东公司农业综合开发项目，新增投资645万元，购置农业机械24台（套）。丰澳实业发展有限公司澳大利亚农业综合开发项目，回运小麦1.8万吨，种植土地2.4万公顷。垦区已在10多个国家和地区开展对外投资合作业务，主要目标国家包括俄罗斯、澳大利亚、泰国、巴西、委内瑞拉、美国、安哥拉、莫桑比克、朝鲜、菲律宾、缅甸、老挝等国家和中国香港。境外开发从单一农业种植向其他领域拓展，在农产品加工、贸易流通、工程承包、畜牧养殖、矿藏开采、期货投资、港口建设、科技实验合作和国际融资等领域进行了有益尝试。

（闫　威）

【内贸流通】 实现社会消费品零售总额241.9亿元，比上年同期增长11%，其中，批发和零售业总额199.9亿元，住宿餐饮业销售额42亿元。从行业看，批发零售业仍是拉动消费品市场的主要动力，节假日消费拉动较为明显，市场商品供需总量平衡，消费热点呈现多样化特点。电商工作稳步推进。垦区各级企业在淘宝、京东商城、天猫商城、当当网、一号店、亚马逊等知名第三方平台建立比较有规模的旗舰店、专卖店、加盟店120余家。垦区各类企业已培育“大农网”“北大荒购物网”“北大荒好特网”“北大荒易汇网”和“北大荒粮油拍卖网”等6家较为成型的自建电商平台，累计实现线上交易额137.94亿元，其中零售额6.23亿元。宝泉岭管理局和九三管理局被确定为垦区“局淘”“场淘”项目的试点单位。宝泉岭管理局与京东商城农村金融及农资项目合作签订京东无人机、节水灌溉、大米众筹等项目；九三管理局与阿里巴巴集团在尖山农村建立垦区首个“场淘”试点。加强市场运行监管。组织商贸领域开展安全生产大检查，完善安全隐患排查治理体系，累计组织商贸领域系列安全生产大检查30余次，检查加油站、零售企业43家，提出整改意见3家。对监管任务重、责任大的重点行业，要求建立内贸管理工作制度，完善工作流程，规范管理行为，创新工作方法，形成科学有效的内贸管理长效机制，促进商贸流通业的健康有序发展。垦区监测企业累计在黑龙江省商务预报网站上发送商务预报1000余篇。

（闫　威）

【旅游】 年接待旅游人数682.4万人次，旅游收入36.6亿元，分别比上年同期增长7.6%和12.9%。探索旅游景区体制改革，指导景区由观光型向休闲度假型转变。旅游景区接待能力提升，千鸟湖、雁窝岛、千岛林、北大荒农机博览园等景区增加游船、农机体验项目，红旗农场都市农业园建设休闲烧烤广场、蒙古包等设施，千岛林景区完成沙滩浴场一期工程建设，兴凯湖农场裕鹿集团建设1500平方米的房车宿营地。加大产品营销力度，拓宽旅游市场空间。先后组织企业赴北京、上海、长沙、广州、大连推介促销，邀请全国养老、旅游企业、新闻媒体走进北大荒踏查旅游线路。红兴隆、建三江、牡丹江、九三等管理局采取不同方式宣传促销当地旅游产品，央视1频道和13频道现场直播二道河农场“万亩大地号”水稻收割，腾讯全程直播九三秋收节暨龙岭自驾营地开营仪式，“农业奇观，美在九三”等持续升温。央视频道“经济半小时”栏目组走进牡丹江管理局康寿老年服务中心就养老旅游产业发展给予报道。推进冰雪旅游项目。2016年12月20日“黑龙江省全民冰雪活动日”当天，组织垦区系统近8万余人参与冰雪徒步、百万学生上冰雪、雪中赛跑、冰雪童话、冬捕、冬钓等活动。

（闫　威）

交通运输·城乡建设

交通运输

【交通基础设施建设】 建抚高速建三江至前哨段于2016年8月13日通车收费运营，推进工程变更审查报批、材料差价调整、现场工程收尾、机电和房建等附属工程交工验收、内业档案预验收、水保和环保专项验收前期等各相关工作。完成依宝公路六队桥改造工程、佳抚公路47.5公里路面中修工程和多项安保工程。农村公路新建、续建通畅和通达工程48项420.3公里，危桥改造项目938延长米/24座。续建客运站3座。

（徐天斌）

【公路管理养护】 总局保证管养补贴资金足额到位，年投入养护资金19264万元。各农牧场基本保证配套资金满足需要。普及预防性养护。各级公路部门以早春养护为重点，日常养护贯穿始终。建虎高速管理处完成路况普查工作，实施精细化管理养护。总局交通运输局在解决国省道管理养护资金不到位后，超额完成养护指标。农村公路以“四好公路”管理养护为目标，路况水平全面提升，农垦总局获得全省农村公路管理养护先进地市称号，军川农场、延军农场、宝泉岭农场等30个农牧场分别被评为全省农村公路管理养护优秀农场、良好农场和合格农场。总局和农牧场共投入资金769.6万元，购置设备415台（套），基本实现机械化养护。总局交通运输局投入54万元，为基层路政执法人员配备258台执法记录仪。各级路政部门开展路域环境专项整治、货车非法改装和超限超载治理等工作，及时拆除违法非公路标志、清理违法平交道口、制止控制区违建、查处损坏公路案件，涉路案件查处率和违建控制率100%、结案率98%，公路“六乱”行为得到有效控制。治超工作以春融期治超为重点，源头治超和专项治理相结合，垦区超限超载率低于全省平均水平。

（徐天斌）

【道路运输服务】 优化客运网络布局。农村客运按照路、站、运一体化发展要求，同步规划、同步实施，垦区基本实现路通车通。坚持公交优先发展。加快推进公交客运发展主体责任落地，解决公交车落户问题，共有4辆客运班车改造为公交车，新增农村公交车辆18台，公交车辆占农村客运车辆比例达73%。深化运力结构调整。更新客车22台，更新出租车724台，新增大吨位货车、厢式货车和危险品运输车191台。淘汰黄标车工作稳步推进，交通运输部门和相关部门有计划、按步骤淘汰黄标车225台。强化服务保障能力提升。垦区客运、危险品运输、公交、汽修、出租、普通货运企业全部通过安全生产标准化考核。完成76个客运站站级复查工作。完成年度农村客运公交、出租车燃油补助资金发放工作，共发放7084万元。建虎高速管理处全年收取车辆通行费3190万元，比2015年超收956万元，管理养护经费结余950万元。

（徐天斌）

【行业安全稳定】 安全生产督察检查制度化。开展安全生产督查检查205次，发现隐患和问题544项，整改541项，下达检查整改通知书11份，限期整改企业38户。以“平安工地”“平安公路”“平安站”“平安港口渡口”“平安车船”建设为载体，以安全生产风险管控和隐患排查治理为重点，坚持标本兼治，开展“打非治违”“六打六治”等专项行动，交通运输安全生产责任事故得到较好控制。各级道路运输管理部门依法依规处置道路运输经营者利益诉求上访事件，各级公路建设主管部门保证资金优先发放农民工工资。

（徐天斌）

住房和城乡建设

【概况】 实现建筑业增加值59.8亿元，比上年增长7.5%，其中，国有及国有控股企业增加值14.3亿元，比上年下降1.3%。当年新开工的单位工程施工个数4148个，比上年减少2个。当年单位工程竣工个数4023个，比上年减少10个。年内房屋建筑施工面积和竣工面积分别达339.7万平方米和212.6万平方米，分别比上年下降1.0%和下降3.7%。实现利税18.5亿元，增长14.2%，其中国有及国有控股企业利税4.9亿元，增长6.8%，实现利润总额12.4亿元，增长15.9%，其中国有及国有控股企业利润总额2.4亿元，增长11.5%。建设住宅75万平方米，城镇化率常住人口85.8%，户籍人口86.4%。

（张凤海）

【城镇基础设施建设】 2016年，建设垃圾处理项目2个，建设污水处理项目5个。硬化道路51.52公里。更新改造供热锅炉160吨，更新改造供热管线42.1公里。更新改造供水管线84.7公里，建设排水管线30.4公里。植树289.51万棵，新增绿地面积148.12公顷。

（张凤海）

【勘察设计】 有勘察设计单位35家，其中，甲级建筑工程设计单位3家，甲级岩土工程勘察单位2家，甲级农林水利设计单位1家，其余均为乙级丙级的小型勘察设计企业。在垦区注册的一级注册建筑师15人，一级注册结构工程师16人，二级注册建筑师15人，二级注册结构工程师10人。有施工图审查机构2家，均为2类审查机构。2016年，垦区勘察设计行业营业收入1.8亿元。

（张凤海）

【建筑企业】 有建筑施工企业285家，施工总承包序列企业195家，其中，一级企业7家、二级企业48家、三级企业140家。专业承包序列企业90家，其中，一级企业1家、二级企业8家、三级企业9家、不定级企业72家。监理企业15家，其中，甲级企业1家、乙级企业9家、丙级企业5家。招标代理中介机构5家，甲级2家，乙级3家。一级注册建造师（含临时）217人，二级注册建造师（含临时）1704人，监理工程师876人，工长645人，技术负责人553人，技术员687人。

（张凤海）

【建筑市场管理】 4月下旬，按照省住建厅建筑市场检查的要求，安排部署各管理局对建筑市场全面排查，对存在的问题全面整改，6月15—17日，省厅检查组到建三江管理局进行建筑市场检查，抽查6个项目，检查5个项目，总体情况良好。10月中旬，安排各管理局自检，迎接省建设厅第二次建筑市场检查。10月28日，省建设厅检查哈尔滨管理局所属的会展城上城、永泰城项目，检查情况良好，检查发现的个别问题当场指出并责令整改。按照《黑龙江省垦区建筑工程管理办法》要求，划清责任，明确权利，杜绝了建设工程监管盲区的出现。建立健全建筑工程施工许可证核准制度，明确办理施工许可证前期手续、将法律法规及规定及时告之办证单位，减少建筑市场各方主体由不了解法定建设程序而出现的违法违规行为。

（张凤海）

【房地产业】 有房地产开发企业73家，其中，新成立11家。开发企业中二级资质3家，三级资质25家，四级资质34家，暂定资质11家。2016年，垦区商品房开发建筑面积81万平方米。有物业服务企业69家，新成立19家，其中，二级资质1家，三级资质49，暂定资质19家。物业管理面积1538万平方米，其中，住宅管理面积1293万平方米。

（张凤海）

【工程质量管理】 在垦区全面推开工程质量标准化管理，按照“质量标准样板化、方案交底可视化、操作过程精细化”的要求实施施工过程控制，完善和落实现场质量管理制度，推行以先进设备和技术措施管理助推工程质量提升的理念。规范履行工程质量监督程序，运用一体化平台履行各种审批程序，依据责任主体质量行为抽查清单和强制性标准抽查清单的要求开展监督检查工作，优化垦区质量监督领域发展环境。通过年度工程质量监督资质考核，配合省里完成对各管理局监督站的考核，明确工程质量监督机构承担的是监管责任的定位，明确现场检查工作抽样化，监督工作记录定点化，监管工作痕迹化的监督工作方法，区别监管责任和主体责任，明确监督工作的任务就是通过落实主体责任，建立保证工程质量的长效机制。开展了推进互联网＋工程资料管理工作的方案准备和实施研讨，组织垦区工程技术人员学习建筑工程资料和竣工验收备案资料的修订版标准。

（张凤海）

【建筑安全】 下发文件《关于调整总局住建局安全生产委员会组成机构和成员单位工作职责的通知》，完善住建局安全生产委员会的职责分工、安委会各成员的安全生产工作职责和制度。下发文件《关于印发〈黑龙江省农垦总局建设工程生产安全隐患排查治理制度〉的通知》和《关于印发〈黑龙江省农垦总局建设工程生产安全重大隐患排查治理挂牌督办制度〉的通知》，强化垦区工程项目的隐患排查治理。组织开展元旦、春节期间安全生产检查、春季开复工安全生产检查、建筑施工安全专项整治检查、汛期安全生产检查、遏制重特大事故安全生产检查、安全生产月大检查、施工高峰期垦区建筑工程安全生产督查检查、国庆期间安全生产检查和2016年越冬工程检查工作。垦区16个建筑工地被评为“垦区安全文明标准化工地（小区）”，10个建筑工地被评为省“AA级安全文明标准化工地（小区）”。

（张凤海）

【地理信息】 垦区测绘资质单位由原来的29家增加至36家。开展行政审批制度改革，向社会公开权力清单、责任清单，公开展示本行政区域内绘有行政区域界线的地图审核、国家秘密基础测绘成果资料使用证明函、销毁保密测绘成果资料审批、测绘项目事前备案、测绘资质申请转报、测绘资质年度报告（复审换证）6项，明确责任并规范和简化办公流程，提供便民、高效、快捷办理程序。协助省测绘局对辖区内已建成的GOSS基准站开展调研普查，了解其所属及应用等基本情况，为加强垦区GOSS基准站的管理提供基础保障。

（张凤海）

综合经济管理

发展与改革

【农业项目】 落实投资62850万元，其中，中央投资50229万元，用于支持垦区现代化大农业建设。高标准农田建设共落实投资57050万元，其中，中央投资41800万元，建设高标准农田2.52万公顷。奶牛标准化规模养殖场项目共落实投资3780万元，其中，中央投资3600万元，改扩建奶牛存栏300头以上标准化规模养殖场28处。落实其他投资2020万元，其中，中央投资1829万元，新建畜禽品种测定站2处、草原防火站建3处、移民区水泥路1300米5800平方米和温室大棚8栋3648平方米，改造移民区田间沟渠26.57千米及标准化蛋鸡舍10栋7380平方米。

（张志鹏）

【重点产业项目】 申报完达山乳业股份有限公司安全乳制品产业化管理体系项目、中节能绿碳（宝泉岭农垦）环保有限公司有机废弃物综合利用项目、华康现代农业物流有限公司30万吨粮食仓储建设项目3个项目纳入2016年省重点推进产业项目计划，3个项目总投资69979万元，计划完成投资21619万元。

（张志鹏）

【仓储物流和能源建设】 落实投资7500万元，其中，中央投资2250万元，建设粮食仓储设施项目6个，新增粮食仓储能力15万吨。落实投资5361万元，其中，中央投资1020万元，建设14万吨散粮中转设施、散粮进出仓设施20套、散粮倒运车5辆、散粮火车装卸输送设备6套等。落实投资13210万元，其中，中央投资4000万元，支持中节能绿碳（二九〇农场）环保有限公司生物规模化生物天然气试点项目建设。

（张志鹏）

【社会事业基础设施建设项目】 教育基础设施建设落实投资4948万元，其中，中央投资3975万元，建设教育基础设施项目5个，支持红兴隆管理局局直中学校舍改造、创业农场学校教学楼、八五六农场中学教学楼、云山农场教学楼、建三江第一高中学生食堂等建设项目。医疗卫生基础设施落实投资5030万元，其中，中央投资4027万元，建设医疗卫生项目7个，支持总局总医院变电扩容建设项目、牡丹江、红兴隆齐齐哈尔管理局中心医院基础设施和医疗康复设备购置，庆丰、八五〇、八五八等农场乡镇卫生院建设项目。城镇基础设施建设落实投资9569万元，其中，中央投资6934万元，建设污水处理项目3个，日处理污水5500吨。建设场部道路项目7个，改扩建场部道路37.4公里。文化及其他公益事业落实投资8580万元，其中，中央投资5460万元，建设其他公益事业项目11个，进一步完善体育健身、养老设施、残疾人康复、殡葬等基础设施。

（张志鹏）

【建三江湿地机场建设】 建三江湿地机场建设项目总投资6.13亿元，落实到位资金共计5.75亿元。土石方工程、跑道工程、站坪工程全部完工，其他工程稳步推进。

（张志鹏）

【垦区改革工作】 按照总局党委部署和要求，全面开展职能摸底调查，对总局38个部门的职能进行全面梳理，分类形成行政职能、社会管理职能、公共服务职能、其他职能等共计520余项，同时，对520余项职能在改革前后的流向进行了梳理，形成《关于明确农垦总局职责方案（初稿）》，明确了部门职能并绘制组织架构图，按要求时限上报总局领导及改革办。

（张志鹏）

【财政拨款结转资金】 推进结转项目的落实，在国家政策允许范围内，根据项目建设单位实际，专项下达2批结转项目调整计划，推进结转项目开工建设。针对项目单位在建设中存在的实际困难，组织国土、住建、环保等部门专项召开结转项目推进会，现场协调解决项目单位在推进项目实施中存在的问题。下发通知两次，专门推进结转项目的实施。

（张志鹏）

【项目检查验收】 推进项目验收工作，组织总局相关部门对宝泉岭、红兴隆、建三江、牡丹江、北安、齐齐哈尔等6个管理局和农垦科学院等单位的中央投资项目进行了竣工验收，全年共验收项目670个。完成直属单位在建项目检查的自查工作，对农业部2006年至2016年下达的所有中央投资在建项目进行自查，每个自查项目均上报自查报告和填报自查明细表，自查项目总数为522个。完成2016年度项目专项检查，对列入农业部专项检查的302个项目进行自查和抽查，形成专项检查报告上报农业部。

（张志鹏）

【规划编制】 垦区“十三五”规划编制基本定稿。修订完成《黑龙江省农垦总局“互联网+”行动计划》，组织贯彻实施。

（张志鹏）

【垦区公共资源交易平台整合】 起草完成《垦区整合建立统一的公共资源交易平台工作实施方案（征求意见稿）》，经总局党委第13次会议讨论通过后下发实施。组建成立黑龙江垦区公共资源交易中心，在总局发改委内部增设公共资源交易管理职能。按照国务院规定的时间同步进入全省统一的公共资源交易平台体系。

（张志鹏）

招投标

【概况】 开展政府采购项目298个，委托金额65105.20万元，中标金额57156.27万元，节约金额7948.93万元，节支率12.21%，节支水平继续在全国同行业保持领先。（张长顺）

【标准化规范化建设】 推进《政府采

购工作规范》的落实，细化工作环节，加强风险的预警防控，提高工作质量。对政府采购过程中可能存在的风险进行规划、识别和处理，综合考虑因不确定因素的发生而给采购活动造成的损失或带来的负面影响，共梳理出工作程序20余个、工作环节80余个、风险点140余个，制定了相应的防控措施。推进政府采购工作程序化、专业化和顾问式服务，制定采购需求管理制度，突出专业化和顾问式服务，重点抓好招标文件编制、评审两大环节，抽调专门人员进行研究，力求科学规范，对货物类公开招标文件和谈判文件进行统一和规范。实行招标文件三级审核制度，采取当日抽取专家，敏感项目不过夜，指派专人迎候评审专家，保证专家与投标人不见面等措施，切实加强招标文件的审核工作。

（张长顺）

【内控制度建设】 按照“分事行权、分岗设权、分级授权、定期轮岗、规范高效”的原则，重新制定各部门及各类人员岗位责任制，工作任务目标明确，各工作环节之间衔接紧密，责任清晰，各司其职，既有分工，又有协作。补充完善财务管理制度，切实加强财务管理工作，堵塞管理漏洞。健全信息管理制度，完善中心内部网站管理，优化内部管理软件。按照农业部和总局的要求，对内控制度进行科学的整合，形成一套完整的制度体系。强化对开标评标全过程的监督，监督内容、监督方式、监督形式不断更新，不留死角，提高采购质量和效率，减少质疑与投诉现象的发生，规范政府采购行为。对298个政府采购项目进行全程监督，受理询问与质疑，均在规定期限内给予书面答复，对质疑不成立的内容依据法律法规、招标文件及投标文件内容，对质疑人逐条进行解答解释。

（张长顺）

【公共资源交易平台筹建】 2016年9月30日黑龙江省机构编制委员会批复同意将黑龙江垦区采购招标中心更名为黑龙江垦区公共资源交易中心。主要职责任务是为垦区公共资源交易活动提供场所、设施和相关服务，承担权限内垦区集中采购项目的招标采购代理工作。设置4层交易服务区域（约2900平方米）。9—10层服务区、开标区；11—12层为评标区，且相互物理隔离，开标区、评标区、服务区以及共用区域均安装了音视频监控设施。设置交易大厅，实施一站式服务。服务区设置数字证书发放服务窗口、咨询台、交易登记台、投标人休息区、视频监控（主控）室、招标人休息室、代理机构休息室等功能区域。开标区设置6个开标室（配备了电脑、打印机、投影仪、排椅、音视频监控等设施）、3个谈判（澄清答疑）室（配备了变声对讲系统）、7个二次报价区等区域（配备了电脑、音视频监控等设施）。评标区设置15个评标室、评标专家休息区2处、隔夜评标休息室3间等区域，配备专家物品存放柜。办公场所改造已完成。

（张长顺）

财　务

【概况】 2016年，垦区国有及国有控股企业实现营业总收入12144748万元，比上年下降7.5%；实现利税总额269426万元，比上年下降16%。其中，利润总额1416万元，比上年下降97.8%；上缴税金268010万元，比上年下降4.6%；企业实现净利润–45359万元，其中，归属于母公司所有者的净利润–87920万元，即全年利润扣除贡献税收和少数股东之后，母公司股东承担亏损87920万元。五大行业四盈一亏。其中，农业行业盈利8565万元，比上年减少9473万元，下降52.5%；工业行业亏损55224万元，比上年减亏3434万元；商品流通行业盈利20088万元，比上年减少24864万元，下降55.3%；建筑行业盈利1753万元，比上年减少7632万元，下降81.3%；服务行业盈利26234万元，比上年减少24711万元，下降48.5%。

（张　勇）

【财务管理】 推进部门预算项目整合。为更好地发挥财政资金引领作用，垦区将原用于教育、文化、医疗卫生、农田水利、交通、社保、小城镇建设等方面的16个二级项目整合为“黑龙江垦区社会公益性事务专项经费”1个项目，涉及整合资金232435万元。用于扶贫的4个二级项目整合为“贫困农场扶贫开发专项”1个项目，涉及整合资金8280万元。做好农牧场控债化债工作。2016年年末，农牧场债务总额628亿元，同比增长1.3%，明显低于3.4%的资产增长率；资产负债率89.8%，同比下降1.8个百分点。农牧场债务增长势头得到扭转，债务管理更趋向规范。

（张　勇）

【农垦改革】 总结完善管委会试点工作。对现有管委会运行情况和拟试点管理局开展调研，形成进一步扩大试点的报告上报省深改办。推进绥化、哈尔滨管理局改革试点工作。与省、各市县财政部门进行沟通、协调，对垦地财政经费保障程度进行对比、分析，结合两个管理局经费支出情况，提出有针对性的意见和建议。着力解决非税收入纳入省级国库问题。与财政厅进行沟通，力争将垦区非税收入上缴省级国库纳入省级预算管理，捋顺垦区非税收入的缴拨款渠道。全面开展垦区办社会债务认定工作。按照上级部署，财务处组织有关单位开展农垦办社会债务核查。按照债务形成原因，结合办社会机构、职能、人员情况，对办社会债务进行甄别认定。据初步统计，2015年年末，垦区办社会债务达337.6亿元。推进存续农场经营管理体制和办社会职能改革。为理顺上市分公司和存续农场（社会行政管理委员会）之间的关系，财务处按照企业经营和社会管理口径对垦区16个存续农场的债务情况进行甄别，对2013—2015年3年间的收支情况进行剖析，从人员管理、政企分开、土地经营等涉及存续农场和上市公司发展的几方面问题，探索实现经营体制和社会管理体制有序分开。

（张　勇）

【服务垦区发展】 加大对现代农业和畜牧业建设支持力度，安排资金5993

万元用于安全检测、品种培育和牧场建设等支出。筹集资金6525万元用于社会保险补助支出，解决垦区社保缴费缺口问题。配合集团发行债券92亿元，利用北大荒集团融资平台降低企业资金成本。推进“三补合一”政策落实。根据省有关政策总局财务处将纳入部门预算的农业支持保护补贴与粮食直补和农资综合补贴合并，用于发放垦区耕地地力保护补贴，每亩补贴72.77元，保障垦区种地农户的基本权益。落实调资政策及其他政策经费。按照增资标准，申请2015年和2016年乡镇工作人员补贴、艰苦边远地区津贴及警衔津贴共51900万元，艰苦边远地区津贴及警衔津贴已落实到位，将补贴基数纳入2017年部门预算。按照调资标准，申请调资经费27161万元，已发放完毕，有力地保障了垦区职工待遇及时、足额兑现到位。落实垦区产粮大县奖励资金5亿元，比上年增长51%，为垦区粮食生产发展提供有利的资金保障。

（张　勇）

扶贫开发

【概况】　2016年，垦区围绕“分类实施、精准扶贫、精准脱贫”工作要求，推进贫困农场扶贫开发建设和垦区贫困人口脱贫工作。合理利用国家扶贫资金，加强贫困农场基础设施建设，改善民生条件，摸清贫困人口现状，整合资源，推进垦区贫困人口脱贫工作，贫困农场发展水平提高，生活设施条件改善，贫困农场实现生产总值221亿元，粮食总产量411万吨，居民人均可支配收入21763元。

（史大勇）

【扶贫开发项目建设】　总投资9483万元，建设项目42个。主要进行农业基础设施建设，改造中低产田2933公顷，修建机耕路108.8公里，建设粮食晒场13.4万平方米、仓储库3100平方米，小型农田水利建设1333公顷，建设农机停放场2.3万平方米；进行生活基础设施建设，关注民生问题，提高职工群众生活环境水平，包括人畜饮水工程建设2处，解决0.7万人饮用水安全问题，修建场区公路3.9公里，改善职工群众出行条件；注重生产科技推广示范，助推产业发展，提高农产品种植效益，增加职工收入，包括建设奶牛标准化养殖小区设施2处，秸秆综合利用基地1处，修建捕鱼作业码头1处，水稻浸种催芽基地1处，建设水稻育秧基地16公顷；加快少数民族聚居区基础设施建设，改善少数民族聚居区职工群众生产基础设施条件，拓宽少数民族职工群众增收渠道，包括建设粮食晒场3100平方米，修田间路2.6公里，建设施农业大棚20栋，修建果蔬种植小区道路0.6公里。利用国家扶贫开发政策，扶持产业发展项目。针对贫困农场综合发展能力弱的特点，把国家扶贫资金主要用在解决制约贫困农场产业发展的关键环节上，搭建好产业发展平台。

（史大勇）

【推进脱贫攻坚工作】　健全扶贫开发领导机制。组织垦区成立了以总局党委书记、局长任组长的新的垦区扶贫开发领导小组，强化决策部署、统筹协调、督促落实、检查考核职能。各管理局、贫困农牧场相继成立以党政主要领导为组长的新的扶贫开发领导小组。制定并下发了《关于推进垦区扶贫开发工作的实施意见》《关于建立贫困退出机制的实施意见》，明确垦区开展扶贫工作指导思想，基本原则，总体目标，具体措施以及建立严格、规范、透明的贫困退出机制。营造良好扶贫开发工作氛围。先后召开垦区脱贫攻坚工作电视电话会议和垦区扶贫开发工作座谈会议，对推进垦区扶贫开发工作进行全面部署，对各管理局、农牧场做好贫困人口脱贫，贫困农牧场摘帽工作提出总体要求，为打赢扶贫脱贫攻坚战奠定基础。

（史大勇）

【调研】　通过对贫困农场展开深入细致调查研究，对农场、管理区或作业站进行实地踏查，与农场干部职工群众座谈交流，摸清贫困农场基本发展现状，深入分析致贫根本性原因，有针对性地对贫困农场的规划设计及项目建设等提出合理化建议。结合贫困农场发展现状、资源优劣和急需重点要解决的问题，探索和建立适合垦区特点的精准扶贫方式。由各贫困农场制定发展规划，分步制定规划目标与保障措施，把扶贫工作精准到管理区、作业站及贫困户家庭。以场为单位梯次推进，重点地区重点扶持，确保扶贫开发工作成效精准。

（史大勇）

【扶贫项目管理】　从扶贫项目申报立项、审批到项目实施和验收，严格遵照执行国家有关规定。针对扶贫项目运行情况进一步完善流程设计，强化项目在建设实施过程中规范化、程序化和清单式管理。加强项目计划执行、资金使用、竣工验收等情况进行专项检查，按规程梳理项目运行情况，使扶贫项目的内业、外业管理更加趋于规范。针对扶贫工作做得好、资金使用规范的贫困农场采取优先扶持措施，以结果正向激励为导向，提高扶贫开发工作成效。对建成的产业发展项目运行和管护情况实施跟踪管理，最大限度地发挥建设项目效益。

（史大勇）

统　计

【统计监测】　多次召开经济形势分析会，对垦区经济运行态势进行月度、季度重点监控，向总局领导汇报垦区经济运行的特点及存在问题，为总局指导和调控经济运行提供参考建议。对垦区重点企业的生产和效益进行动态跟踪监测，特别是对北大荒集团的收入和利润实施月度统计监测，为总局领导和相关部门提供9个管理局及总局直属企业对北大荒集团营业收入的贡献、增速及所占比重等分析情况。围绕“稳粮增收调结构”开展农产品成本效益调查。在9个管理局的87个农场和总局局直地区开展92个农产品和24种畜禽的成本与效益调查，完成《垦区农牧业成本与效益调查资料汇编（2014—2016年）》，此次调查成果为总局实施2016年农业产业布局和种植结构调整提供参考依据。核查农作物播种面积。统计部门提供的播种面积已成为国家惠农补贴发放的法定数据，2016年垦区各级统计部门对播种面积共核实三次。

（刘 洲）

【服务型统计建设】 加强数据分析、咨询服务、信息发布和统计产品开发等方面工作。以《黑龙江垦区统计资料》为载体印发的综合分析、专题分析及调研报告20余篇，撰写各类分析报告30余篇，完成约稿调查7篇、政务信息25篇，《黑龙江垦区统计资料》成为总局主要领导唯一保留的部门经济简报。《统计年鉴》《统计月报》《统计提要》等统计产品的编纂水平和印刷质量进一步提升，《黑龙江垦区统计年鉴（2016）》首次增加彩色印刷。启动《黑龙江农垦统计志（2004—2015年）》编写工作。

（刘 洲）

【统计方法制度改革】 规范完善《垦区季度GDP核算方案》，严格执行季度GDP等主要统计指标下算一级制度。投资统计制度改革试点，完善法人单位和投资项目双入库审核管理制度。修订农业、贸易、劳资、社会发展等年报表式，满足总局和相关部门的需要。制定工业、贸易、投资专业《企业统计台账专项检查工作方案》，部署检查工作的内容、方式、进度等。5月，对在哈总局直属国有及国有控股规上工业企业、限上贸易企业、建筑企业台账建设进行全面检查。

（刘 洲）

【统计法制宣传】 为宣传第三次全国农业普查和纪念《中华人民共和国统计法》颁布33周年，开展“切实提高统计数据质量，推进统计现代化建设”为主题的统计法制宣传活动。7月，在《北大荒日报》新闻专栏连续5天刊发《统计法》《统计违法违纪行为处罚规定》《统计执法检查规定》《国家统计局关于加强统计法制工作的通知》等法律法规、部门规章以及规范性文件。

（刘 洲）

【统计执法检查】 赴汤原、共青、军川、五九七、嘉荫、绥棱、赵光、锦河等15个农场开展统计执法检查，重点检查农作物播种面积和产量、主要畜禽监测调查及统计报表原始记录、统计台账的建立情况，对统计工作存在问题的部分农场下达整改意见书。9月，对部分农场进行统计执法复查回访，对整改结果进行检查验收，责成农场主动整改和内部处理，对相关责任人给予行政处分和罚款。

（刘 洲）

【垦区第三次全国农业普查工作】 农业普查前期准备工作充分、入户登记和录入工作进展顺利。多次主动与省农普办协调商议，明确垦区普查方法以单位入库方式开展普查，编入国家和省普查方案。农业普查进入数据审核阶段。

（刘 洲）

【垦区生产总值】 初步核算，2016年，垦区实现地区生产总值（GDP）1193.7亿元，按可比价格计算，比上年增长6.1%。人均地区生产总值达到71286元，增长6.7%，以当年平均汇率折算达到10732美元，比上年减少444美元。三次产业稳步增长。第一产业增加值518.9亿元，增长1.4%，第二产业增加值247.6亿元，增长3.9%，第三产业增加值427.2亿元，增长10.9%。一、二、三产业对垦区当年经济增长的贡献率分别为11.2%、13.4%和75.4%。

（刘 洲）

【国家统计局黑龙江农垦调查队】 按照国家统计局要求，2016年农垦调查队改变与总局统计局合署办公的模式，独立设置党组织、独立开展国家统计调查业务，完成了主要畜禽监测、农产品生产者价格与中间消耗、规模以下工业与服务业、小微企业和个体经营户跟踪调查等国家抽样调查任务。在垦区范围内全面开展“平安龙江”专项调查，完成7项总队部署的约稿调查任务。（1）统计服务水平提升。围绕国家统计局黑龙江调查总队工作部署和总局重点推进工作拟定调研题目，相继开展白羽鸡产业现状、玉米价格对种植结构影响、互联网政务服务建设、粮食生产形势及旱灾情况、生态旅游、供水企业经营状况、婚庆行业发展、农场居民网购消费等专题调研。撰写的《宝泉岭白羽鸡产业发展现状初探》等9篇调研分析被国家统计局黑龙江调查总队采用。（2）开展农（畜）产品成本与效益调查。在垦区9个管理局的60个农场开展2015年70个农产品的种植成本与效益调查，在82个农场开展2015年20个畜禽品种的养殖成本与效益调查，完成《垦区农牧业成本与效益调查资料汇编（2013—2015年）》。部署2016年全部农业种植产品和全部畜牧养殖品种的成本与效益专项调查。撰写的《近三年垦区农产品亩效益调查分析》《2015年垦区畜产品养殖效益分析》呈报给副省长吕维峰参阅。（3）首次开展杂粮杂豆价格抽样调查。受总局主管领导委托，在垦区种植杂粮杂豆的近90个农场中选取48个农场的460个种植户开展绿豆、高粱、谷子、芸豆、红小豆、白瓜子的生产者价格调查，取得10月1日至11月20日期间六种作物的平均销售价格、亩产量，了解种植户在当年生产中遇到的实际困难。根据调查结果撰写的《垦区杂粮杂豆单产和销价双下降——2016年杂粮杂豆价格抽样调查分析》刊发在《黑龙江农垦》第19期上。（4）高质量完成遥感测量野外调查。2016年垦区继续被纳入农作物面积遥感调查范围，涉及9个管理局、95个农（牧）场的120个普查区、600个调查样方，普查区数量占全省7%。农垦调查队于6月下旬在哈市对承担遥感测量野外调查任务的117名局场两级综合统计人员进行业务培训。向国家统计局黑龙江调查总队汇报争取拨款12万元，购置40台遥感调查手持设备，缓解农场调查设备不足的矛盾。派出工作人员随国家统计局黑龙江调查总队督导组赴东部局4个农场，深入多个调查样方实地检查工作完成质量。各有关农场统计人员克服时间紧、任务重、技术要求高等困难，在规定时间内完成遥感测量野外调查工作。（5）开展粮食产量实割实测工作。根据垦区粮食种植结构发生显著变化的新情况，农垦调查队依据各调查场上报的基层单位播种面积和单产数据编制抽样框，对水稻、玉米和大豆三大作物测产单位进行重新抽样。9月下旬深入八五五、八五七、八五二、友谊等农场督导秋粮实割实测工作，实际割测了29个样本点。（6）垦区住户调查有序开展。2016年是垦区农场职工住户调查向垦区居民收支调查（包含管理局和农场）转变的第二年，农垦调查队在上年基础上继续深入新确定的调查局场开展访户和记账检查，按照《垦区住户调查基础工作规程》和《黑龙江垦区统计调查报表制度》开展工作，确保100个调查小区的500个记账户顺利完成全年记账任务。（7）统计基层基础建设。严格执行《国家统计局黑龙江省市县级调查队工作规范》《黑龙江统计调查基础工作规程》，在农垦系统年报会和各专业培训会期间都对主要畜禽监测、规下工业服务业、垦区住户收支等调查工作的数据采集、审核及调查程序使用等问题进行讲解，使全垦区辅助调查员都能掌握国家调查任务的规范化流程。各专业按照工作计划定期下点访户，并在统计执法检查期间加强国家样本点的访户工作，对样本企业负责人及个体户进行法制宣传及业务解答，确保为国家提供真实准确的调查数据。组织全队干部和管理局辅助调查员深入学习《国家统计局关于开展"数据造假、以数谋私"专项治理的通知》，全面落实中央领导同志关于提高统计数据质量、遏制"数字上的腐败"的重要指示精神。（8）开展常规统计执法检查。6月至7月队领导组成两个检查组，赴宝泉岭、红兴隆、北安和绥化4个管理局抽查15个农场，重点对农作物播种面积、粮食产量、畜禽监测调查的报表原始记录、统计台账的建立情况开展统计执法大检查。

（杨雪松）

审　计

【概况】　垦区各级审计部门围绕推动垦区改革和发展这个中心，坚持依法审计，完成审计项目2488个，挽回经济损失17330万元，上报总局审计要情10份，移送纪委监察案件37件，审计处理处罚个人548人，提出并被采纳建议3859条。垦区设立审计机构162个，有审计人员382人，其中，专职审计人员338人。技术职务有高级技术职称103人，中级技术职称117人。

（胡　琳）

【财务收支审计】　采取集中审计、分级审计等多种方式完成企业和农牧场薪酬考核、指标完成等审计任务173项。对部分单位存在的重大经营风险和管理漏洞进行揭示。对弄虚作假、虚构经营业务、虚假应收账款、虚假库存、财务信息严重失真等问题，进行了严肃追责，形成审计要情10份、审计专报4份，移交各级纪检监察部门调查处理40项，处理处罚责任人184名。

（胡　琳）

【境外企业审计】　制定了《境外企业审计工作指导方案》，明确境外企业审计的主要内容，垦区境外企业审计常态化正在形成。牡丹江管理局结合新友谊农场场长离任经济责任审计，对农场自成立以来的经营、资产负债所有者权益、财经法纪、项目实施等情况进行全面审计，揭示境内、外经营方面存在的风险，提出建议24条，挽回经济损失621万元。绥化管理局对境外乌尔米公司2015年度资产负债损益进行审计，检查企业财务收支，摸清了家底。北大荒丰缘集团、薯业集团采取多种形式对设在境外的公司经营情况进行审计。

（胡　琳）

【专项审计及专项审计调查】　强化民生领域项目资金的专项审计。围绕党委重视、社会关注、职工群众关心的重点、难点、热点问题，采取点面结合、点线结合三级联动的方式，重点加强涉农、惠农等涉及群众切身利益的专项资金使用管理的审计监督。完成专项审计及专项审计调查465项。对管理局、农牧场重点开展扶贫资金、国有资国有资本本金经营预算、危房改造、文化信息共享等专项审计。加强对专项资金运行情况的审计监督，督促专项资金按规定用途使用、核算、管理，纠正挤占、挪用、套取专项资金等严重违纪违规问题，促进各预算执行单位强化管理，保证专项资金发挥应有作用。总局审计局按照总局党委要求，组织三级审计力量，统一安排，分项实施，对总局直属企业重点开展存货清查、应收款清理、国有资本经营预算专项审计和主要调控指标完成情况审计等重点任务同步推进。加大对企业经营管理情况的审计监督，摸清三项应收款和存货底数，严厉查处"倒账龄"、虚报库存等弄虚作假行为，督促企业加强应收款清收，切实防止前清后欠，促进企业查找管理漏洞，完善制度，盘活资金，提高资产质量，控制经营风险。对改革试点的绥化、哈尔滨两个管理局及所属农牧场、直属企事业单位进行专项调查和全面审计。理清两个管理局、农牧场经营性职能和社会管理、公共服务职能形成的资产、负债情况，明晰执行社会管理和公共服务职能的单位和部门人员管理和经费收支情况，核查管理局直属企业、农牧场的生产经营情况，为两个管理局改革和领导干部管理使用等提供全面的基础资料。

（胡　琳）

【经济责任审计】　贯彻落实总局党委《关于加强党政主要领导和国有企业领导人员离任前经济责任审计的意见》，开展各级领导干部经济责任审计。完成经济责任审计495项，其中，离任经济责任审计320项，任中经济责任审计155项，移送纪委案件线索3件，免职6人。

（胡　琳）

【预算执行审计】　预算执行审计规范化、制度化。在上年垦区全面开展预算执行审计的基础上，加大对财政资金管理绩效的审计力度。严厉查处各种违纪违规行为，巩固"账外账""小金库"治理成果，开展预算执行审计173项。

（胡　琳）

【固定资产投资审计】　固定资产投资审计力度加大，开展固定资产投资审计

593项，挽回经济损失16709万元。通过审计，促进各单位加强项目管理，节约建设成本，规范基本建设行为。

（胡 琳）

【内控审计】 加强企业和农牧场内部控制、风险管控审计，促进企业进一步提升经营管理水平。农场及农业分公司已坚持多年的土地承包审计，审计方式方法逐年完善，促进土地承包收入足额收缴和国家惠农资金的发放。其他企业加强内控建设和执行方面的审计，对提高经营效率和效果，全面提升管理水平和抗风险能力起到了重要的作用。

（胡 琳）

【审计整改】 下发《审计整改报告制度》《审计整改台账制度》《审计整改督办督查制度》《审计整改结果公开工作制度》《审计整改约谈制度》《审计整改一票否决制度》六项管理制度。垦区查出问题整改率、移送事项成案率、成果运用转化率大幅提升。审计部门依法依规进行审计结果公告。建立整改台账1094份，约谈人数361人，发现违纪违规问题4864个，已完成审计整改3462个，正在整改586个。

（胡 琳）

【完成上级授权审计任务】 总局对省审计厅授权的垦区34个重点病险水库除险加固建设项目和47条农村公路项目进行审计，水务局、交通局等相关部门抽调专业人员密切配合，对项目建设和管理取得的经验和教训进行评价。审计结果得到省审计厅的肯定，对审计发现的重大违规违纪移交总局纪委监察案件线索9项。根据农业部的授权，对2015年垦区中小学危房改造和文化信息资源共享工程补助预算项目管理和专项资金使用情况进行审计，及时上报审计和整改结果，进一步规范了专项资金的使用和管理。派出人员作为农业部特约审计员参加农业部的内部审计，安排人员参加审计署哈尔滨特派办对哈尔滨市主要领导的经济责任审计，参加了审计厅对省农科院等单位的专项审计。

（胡 琳）

【制度建设】 加强制度建设，规范审计工作程序。围绕规范审计工作流程和纪律，切实发挥审计监督作用，健全完善并严格执行审计工作制度，制订《黑龙江垦区审计全覆盖实施方案》，印发《黑龙江省农垦审计现场管理办法》和《关于切实发挥审计工作在党风廉政建设中监督作用指导意见》。创新工作机制，在一定周期内，对所有管理、分配使用公共资金、国有资产、国有资源的单位以及党政主要领导干部和国有企事业领导人员履行经济责任情况进行全面审计，切实做到应审尽审，凡审必严。

（胡 琳）

【信息化建设】 通过招标专业软件公司共同调研测试，形成了集审计管理子系统、数据分析预警子系统、审计数据中心、决策支持模块和门户管理模块等功能于一体的农垦审计平台1.0，审计效率和效果得以提升。

（胡 琳）

人力资源和劳动社会保障

【就业工作】 继续保持就业政策补助资金垦区全覆盖，开展面向各个群体的就业技能培训、岗位技能培训，持续展开就业援助月、春风行动等专项行动，累计帮助14423名就业困难人员实现就业，为22869人提供免费就业服务。加大对垦区大学生创业工作的扶持力度，研究制定垦区大学生创业种子资金使用及管理等有关方案，为垦区创业工作特别是大学生创业工作提供政策支持。垦区累计新增就业人数41862人，完成省下达就业指标的107%；登记失业人员18536人，登记失业率为2.2%，比省计划控制目标低1.5个百分点，比总局控制目标低1.3个百分点。

（张 磊）

【社会保险工作】 提高缴费基数，垦区农业职工缴费基数统一提高到农垦有工资性收入企业人员平均缴费工资水平，从30336元提高到38888元，提高幅度28.19%。抓好垦区养老保险扩面工作，扩面新增和接续参保人员2.55万人，新增缴费2.69亿元。落实失业保险金支持用人单位稳岗政策，审核拨付650家用人单位稳岗补贴18060.11万元，稳定岗位308593个，其中，拨付垦区接收原龙煤集团4000名组织化分流人员7512.26万元。稳妥推进机关事业单位养老保险制度改革，完成农垦机关事业单位养老保险参保登记单位195家，在职人员录入5655人，退休人员录入3170人。完成垦区第十二次企业退休人员基本养老金调整工作。实现医疗保险总局级统筹，发布《黑龙江省垦区职工医疗保险实施办法》，制定垦区异地就医管理办法，简化异地就医转诊手续可自主选择省内外医院就医，方便了垦区职工。

（张 磊）

【职业技能培训】 开展职业培训9415人，就业技能培训3873人，岗位技能提升培训5542人，就业技能培训后实现就业人数3050人。进行高技能人才培养1917人，取得职业资格证书1917人，其中，技师262人，高级技师89人。依托总局农广校、农垦人才中心、七星农场就业中心、牡丹江职工电视大学等培训机构共举办12期创业培训班，开展创业培训623人，其中，城镇登记失业人员136人，在校大学生45人，5年内离校未就业高校毕业生141人，农村劳动力301人，培训合格率达到100%；培训后成功创业191人，其中，登记失业人员69人，5年内离校未就业高校毕业生8人，农村劳动力114人，通过创业带动就业175人。

（张 磊）

【高层次人才队伍建设】 2013—2015年，垦区有9支省级领军人才梯队、梯队成员233人，55支总局级领军人才梯队，梯队成员1100余人。按照省人力资源和社会保障厅《关于做好2016年省级领军人才梯队建设工作的通知》文件要求，重点完成9个省级梯队和55个总局梯队的评估验收工作。配合省人社厅完成9个省级梯队考核工作，形成《黑龙江省农垦总局省级领军人才梯队2013—2015年评估报告》。总局对重点梯队所在单位每年30余万元的基础设施建设资助，给予各局级梯队带头人每年3600元津贴，3年总局累计资助150万元。各梯队所在单位支持和扶持梯队的发展。八一农垦大学和农垦科学院都给予省级领军人才梯队配套资助资金。

（张　磊）

【劳动保障监察】　抓好日常巡视检查和投诉举报案件的受理维权工作，实现监察执法模式从“事后查处”向“事先预防”转变，受理举报投诉案件45件，立案42件，结案率100%。为766名农民工追发工资1086.7万元。开展专项执法检查活动，解决拖欠农民工工资4754.54万元，涉及农民工3436人，查出劳动用工和社会保险违法行为58件，下达18件责令改正通知书，责令补签劳动合同2337份，移送公安机关案件1个，涉及金额25万元，督促社会保险登记3户，督促缴纳社会保险费151.5万元。开展垦区劳动保障监察交叉执法检查活动，推动规模企业规范劳动用工管理，4个检查组分别深入九个管理局，实地检查19个农场24个建筑工地和14家规模型重点用人单位，下达责令改正通知书14份。依托“金保工程”，建立用人单位劳动用工电子信息档案和劳动用工信息数据库，网格内用人单位信息动态入库率达到92%，初步实现总局、管理局、农场、管理区四级联网，“两网化”建设工作取得积极成效。

（张　磊）

【企业军转干部解困和军队干部家属安置】　企业军转干部生活补贴政策全部落实到位，有抗美援朝期间入伍的企业军转干部527人，其中，团职1人，营职以下的526人，拨付资金94.92万元。拨付困难企业军转干部生活补助资金469.08万元，其中，取暖补贴17.15万元。完成企业军转干部基本情况统计上报，切实做好政策宣传解释工作，确保垦区社会和谐稳定。

（张　磊）

【工资福利】　牵头下发《关于做好贯彻落实县以下机关公务员职务与职级并行制度的通知》。垦区职级并行待遇全部兑现，涉及904人，其中，待遇发生变化的299人，人均净增资487元/月，待遇未发生变化605人。根据省人社厅、财政厅《关于调整人民警察警衔津贴标准的通知》，完成垦区公、检、法系统总计2982人津贴调整工作，月增资253万元，月人均增资848元。根据省人社厅财政厅《关于完善艰苦边远地区津贴增长机制和调整艰苦边远地区津贴标准的通知》规定，完成机关事业单位总计55027人津贴调整工作，月增资254万元，月人均增资46元。企业离休1725人，月增资9.6万元，月人均增资56元。持续开展清理“吃空饷”工作，垦区清理“吃空饷”人员6人，上报省人社厅。

（张　磊）

【信访和仲裁】　收到各类群众信访信件156件，涉及人数193人，与上年同期相比来信量增加30%。群众来访161人次，比上年略有减少。总局三级信访复核案件49件，与上年同期相比减少43%。垦区两级仲裁机构共受理劳动争议案件61件，涉案人数63人，不予受理案件78件。其中，劳动报酬争议17件，占受理案件比例为27.9%；社会保险争议6起全部为工伤争议，占受理案件比例为9.8%；确认劳动争议关系15起，占受理案件比例为24.6%；解除劳动关系争议10起，占受理案件比例为16.4%；其他争议案件13起，占受理案件比例为21.3%。结案58起，其中，终局裁决22起，未结案3起，均在审理中。

（张　磊）

【垦区从业人员统计调查】　2月，对垦区各级机关、事业单位、直属企业及国有农场从业人员情况进行了调查统计，3月完成汇总工作。从汇总数据可以看出：2015年年末，垦区从业人员总数721510人。其中，机关事业单位从业人员48996人，非机关事业单位从业人员672514人；国有及国有控股企业从业人员469878人，非国有企业从业人员202636人；垦区农林牧渔业从业人员437984人，其中管理人员28197人，专业技术人员23454人，普通工人386333人；从事农业生产的职工子女、外来落户人员103666人，外来从业人员55713人。通过此次统计调查发现，人社局部门统计的从业人员总数与统计部门统计的相差55041人，针对这种情况，两个部门深入细致地进行分析、研究，针对存在的差异进行详细的说明。进行十个农场各类公职人员分类调查，分析人员和支出比例。

（张　磊）

【推进农垦改革工作】　根据《黑龙江省农垦总局改革任务分解方案》《关于填报〈深化农垦改革专项试点任务书〉的通知》和总局改革工作会议要求，形成《劳动就业和社会保险管理与服务摸底调查和分离意见》《垦区从业人员情况调查》书面调查报告，完成“规范劳动用工关系，规范劳动用工合同”和《完善社会保障体制机制改革试点方案》，“将黑龙江垦区列为中央财政统筹解决养老保险缺口问题”已完成申报国家级试点项目任务书。对照《黑龙江省农垦绥化、哈尔滨管理局改革试点实施计划》，总局人社局制定《总局人社局绥化、哈尔滨管理局改革试点责任分工》，就配合和牵头的九项任务，逐项落实负责的分管领导和具体承办的科室，明晰责任，划定工作时间节点。全面进行拟移交机关事业单位、农场行政管理、中心城镇农场社会管理人员摸底调查。全面进行农场绩效考核情况调查、分析。对9个管理局经营者年薪管理办法进行收集和归纳整理，并提出建议。

（张　磊）

【人才中心】　采取综合招聘、专场招聘、网络招聘及企校“一对一”对接等方式，拓宽垦区引进人才渠道，搭建用人单位招聘人才平台。先后在黑龙江八一农垦大学、东北农业大学举办黑龙江垦区2016年人才暨高校毕业生招聘会，组织用人单位参加人力资源和社会保障部第四届高校毕业生跨区域巡回招聘活动，组织指导用人单位参加各种区域性、行业性人才招聘会 20 余场，累计参会单位 208 家次，接待各类求职人才 8000 余人次。垦区共引进各类人才 2876 人，其中，经营管理及专业技术人才 387 人，高技能人才 172 人，高校毕业生 2317 人。

（刘光义）

安全生产监督管理

【概况】 2016 年，垦区以“少出事故，出了事故少损失”为目标，推进垦区“党政同责、一岗双责”“管行业、管业务、管生产经营必须管安全”安全生产责任体系建设和企业主体责任的落实，着力构建垦区安全生产风险管控和隐患排查治理双重预防机制，组织开展安全生产大检查，加强重点行业领域隐患排查和专项整治，安全生产各项工作稳步推进。发生生产安全事故 66 起，死亡 14 人，直接经济损失 593.8 万元。其中，发生工矿商贸事故 5 起，死亡 5 人，直接经济损失 551.7 万元；发生道路交通事故 61 起，死亡 9 人，伤 59 人，直接经济损失 42.1 万元。各类生产安全事故死亡人数未突破省政府下达的控制指标，垦区安全生产形势总体稳定。总局被省政府安委会评为 2016 年度安全生产良好单位。

（刘春雷）

【安全生产工作领导】 总局党委、总局高度重视安全生产工作，始终把安全生产工作摆在重要的位置来抓。在 2016 年总局党委（扩大）会议上，总局党委书记王兆力对垦区安全生产工作提出“切实加强公共安全管理，加大重点行业领域安全生产整治力度，确保安全生产形势持续稳定”的总体要求，总局党委将安全生产工作纳入《总局党委（扩大）会议重点工作任务分解督办要点》。总局安委会各成员单位履职尽责，全力抓好本行业领域的安全生产工作。总局共召开 2 次党委会、2 次局长办公会议、4 次安委会全体会议和 3 次电视电话会议，分析垦区安全生产形势，研究解决重大问题，部署安全生产工作。总局将农业部 200 万元农垦执法监管财政专项资金，全额拨付总局、管理局安全监管部门使用，落实了总局、管理局两级安全监管人员岗位津贴。

（刘春雷）

【安全生产责任体系建设】 贯彻落实省委、省政府《关于加强安全生产责任体系建设的意见》，落实垦区安全生产“党政同责、一岗双责、失职追责”具体规定，及时调整并成立由局长王有国为主任、其他 7 名分管副职领导为副主任及总局 39 个部门和单位主要负责人为成员的总局安全生产委员会，明确细化垦区各级党政领导及总局安全生产委员会成员单位安全生产工作职责。结合垦区实际，制定并印发垦区安全生产工作考核办法和 2016 年度安全生产工作考核评分细则。制定下发垦区安全生产综合监管工作实施办法，加强垦区基层安全监管执法工作和垦区发展改革等部门支持保障安全生产等工作制度，加大了安全生产在经济社会发展、社会治安综合治理和精神文明建设考核中的权重。推进落实安全生产法等法规的 9 个指导意见和建三江管理局安全生产网格化动态监管经验，推进安全生产责任落实向基层、向社区延伸。

（刘春雷）

【重点行业领域安全监管】 加大对道路交通、消防、危险化学品、非煤矿山、特种设备等重点行业领域的安全监管力度，及时解决安全生产工作中遇到的突出问题，严厉打击安全生产违法违规行为，规范垦区安全生产秩序。垦区公安交警战线始终保持高压严打态势，持续开展酒驾醉驾违法犯罪行为集中整治、道路交通安全大检查专项整治、摩托车交通违法集中整治、护春种保秋收等交通违法专项整治行动，查处各类违法行为 52 万起，其中，酒驾 3467 起、醉驾 701 起，拘留 2605 人次，罚款 5000 余万元。垦区交警支队及其各大队会同路政、安监部门，对事故多发路口、路段，标志标线缺失、损毁等路段，进行多次全方位、无空隙、拉网式的排查摸底，排查整治各类交通隐患 169 处。垦区公安消防战线组织开展“隐患整改年”活动，以“查隐患、列清单、扫盲点”为抓手，持续对 9 个管理局、113 个农牧场进行“剖析式”“拉网式”隐患排查行动，强化春秋等重要节点和敏感时期消防安全隐患排查整治，全年检查各类单位场所 8.5 万家次，发现整改火灾隐患 3 万余项，罚款 268 万元，拘留 20 人。交通运输战线以开展“平安公路”“平安车”“平安站”“平安渡口”建设为主线，新增或更换公路安全标志牌 2494 块，完成 18 项危桥改造和 34 项公路安全生命防护工程，疏通涵洞 1442 道。落实危险品异地营运车辆监管责任，“两客一危”车辆入网率、上线率分别达 95% 和 90% 以上。落实长途客运站“三不进站、六不出站”要求，配备安检仪 42 台、便携式手持液体及金属探测仪 46 套。渡口渡船消防救生设备配置率、渡工安全培训率均达 100%。垦区质监战线组织开展电梯安全攻坚战、小锅炉集中整治、气瓶充装站及检验站专项整治等专项行动，排查特种设备使用单位 421 家，检查特种设备 876 台，查出隐患 113 项，下达监察指令书 68 份，查处特种设备违法案件 2 起，实施行政处罚 1 万元，查封“三无”电梯 2 部。巡查气瓶充装站 21 家，发现整改一般隐患 47 处。垦区持续开展垦区危险化学品安全专项整治，组织联合检查 180 次，出动检查人员 760 人次，检查企业 278 家，下达隐患整改指令书 44 份，排查治理事故隐患 175 项。加强“两重点一重大”危险化学品管控，强化危化学品生产过程特别是特殊作业安全管理，以及危化品使用环节安全管理，杜绝了各类危险化学品事故的发生。建三江管理局打击一起运油车非法加油行为，牡丹江管理局对一家未履行验收程序的加油站进行了查处。开展涉尘涉氨企业整治，对 136 户企业进行了执法检查，下达限期整改指令书 86 份，实施罚款 3.3 万元，督促整改事故隐患 692 项。在进一步深化垦区涉氨企业治理工作中，实现了安全培训、隐患排查治理、执法检查的全覆盖，停用或换用其他制冷剂的液氨使用企业 5 家，垦区涉氨制冷企业安全生产基础条件不断提升。强化非煤矿山专项整治，组织监管人员对2座井工矿山、7座尾矿库、40余家采石场进行专项检查，发现问题隐患99项，下达整改指令13份，实施行政处罚13.8万元，并对发现的问题隐患组织了“回头看”。指导2座井工矿山采取填充、封闭隔离等方式处理采空区44万立方米，督促跃进山建龙矿业公司有效使用“头顶库”在线监测系统。红兴隆管理局采取停止供电、行政拘留等措施，有效打击一起露天矿山非法违法行为。

（刘春雷）

【安全生产大检查】 共组织督察检查362次，2723人次参加检查，检查生产经营单位4321家，发现整改问题和隐患2278项，打击非法违法行为7起、整治违规违章行为38起。从11月29日开始，总局安委办陆续派出3个督察检查组，对宝泉岭等6个管理局及24家生产经营单位进行了督查检查，查出隐患和问题73项，下达责令整改通知书24份。

（刘春雷）

【遏制重特大事故】 按照省安委会的统一部署，总局成立由主要领导为组长、分管领导任副组长的工作领导小组，总局及有关部门制定了工作实施方案，对垦区标本兼治遏制重特大生产安全事故工作进行具体部署。总局安监局组织遏制重特大事故工作宣讲6次，深入解析安全风险与事故隐患的关系，讲解风险排查与分级的方法。垦区各级有关单位落实总局风险管控“一企一册”、“一场一册”和“一局一册”工作措施，加强对21个各类试点单位的督导检查，辨识风险点817个，其中红色18个、橙色222个、黄色270个、蓝色307个。及时完成省安全生产督察检查发现隐患和问题的整改，全年垦区排查整治除火灾隐患以外其他隐患7626项。

（刘春雷）

【安全教育培训】 垦区各级、各有关部门和企业组织开展安全生产宣传进社区、进企业、进学校、进管理区、进家庭“五进”“安全生产月”“119消防安全日”“122全国交通安全日”等系列活动。在“安全生产月”活动期间，垦区各级各单位组织开展11万余人参加的咨询日活动，开展安全生产宣讲123场，企业家谈安全生产78场。生产经营单位负责人通过在媒体发表评论、撰写体会文章157篇。举办各类应急预案演练195次，参加演练人员达26835人。举办垦区安全生产书法展活动和“北大荒农业股份杯”安全生产有奖征文活动。垦区各培训机构组织培训企业主要负责人和安管人员3600人、特种作业人员1531人。

（刘春雷）

【安全生产日常监管】 总局安全监管部门在注重发挥好安全综合监管职能的同时，切实加强直接监管行业领域的安全监管工作。按照年初制定的年度安全生产与职业健康一体化监督检查计划和“双随机、一公开”及“一企一清单”的要求，认真组织开展安全生产执法检查，检查企业31家，查出隐患412项；深入推进安全生产标准化达标创建工作，539家企业达到三级以上安全生产标准化标准，其中18家工商贸、2家烟花爆竹批发企业达到二级标准；制定并实施垦区生产安全事故统计信息联网直报制度，直报69起生产安全事故信息；结合垦区实际，编制完成垦区安全生产和职业病危害专项治理“十三五”规划；组织安全生产培训班四期，培训530人次；严格实施依法严管，全年日常监管罚款85万元。

（刘春雷）

【职业病防治监管】 贯彻落实《中华人民共和国职业病防治法》等有关法律法规和省安监局职业健康工作部署，通过现场咨询、深入企业检查、组织竞赛等多种形式，认真组织开展第14个《职业病防治法》宣传周；对垦区140家工业企业进行粉尘和化学毒物危害状况抽样调查，对300家工业企业进行职业卫生评估工作；组织开展垦区各类园区用人单位职业病危害专项整治工作，摸排各类园区26个，177家企业，发现涉及职业卫生问题隐患372项，下达整改指令80份；对48家燃煤发电和热力供应、水泥制造、木制家具制造等行业领域企业粉尘治理情况进行“回头看”，发现问题隐患122项，下达整改指令39份；累计完成垦区涉及职业病危害用人单位网上申报备案1158家。

（刘春雷）

【安全生产应急管理】 垦区以应急管理制度建设、重大危险源管理、安全生产应急平台运行、应急救援队伍建设、应急预案管理等工作为重点，稳步推进各项工作落实。制定垦区安全生产应急救援体系建设实施意见、应急救援物资储备管理实施办法、应急处置评估暂行办法等有关制度。组织开展重大危险源普查、辨识、评估工作，建档、备案重大危险源13个。初步建成农垦总局安全生产应急救援平台，实现与省局应急平台的对接。6月15日，在建三江益华米业有限责任公司成功举办了总局火灾事故政企联动应急演练。12月4日，总局安监局在建三江管理局烟花爆竹批发企业组织烟花爆竹火灾事故“双随机”演练。

（刘春雷）

【安全生产责任制考核】 按照《黑龙江省农垦总局办公室关于印发垦区安全生产工作考核办法的通知》和《关于印发2016年度安全生产工作考核评分细则的通知》要求，总局安委会办公室组织对9个管理局、26个总局直属单位及38个总局安委会成员单位进行了年度安全生产工作考核。经总局审定，九三管理局等38个单位被评为年度安全生产优秀单位，北大荒通用航空有限公司等33个单位被评为安全生产良好单位，北大荒粮食集团有限公司、北大荒种业集团有限公司被评为安全生产合格单位。

（刘春雷）

国土资源管理

【规划管理】 完成预审项目103个，预审总面积586.6008公顷。指导分局完成国家级预审项目2个，预审面积41.8718公顷。省级预审项目11个，预审面积175.3531公顷。总局级预审项目6个，预审面积12.1622公顷。分局级预审项目84个，预审面积357.2137公顷。2016年省政府下达给垦区新增建设用地指标305公顷、农用地264公顷耕地211公顷，未利用地指标41公顷。截至12月15日已协助耕保科审批农转用项目27个，协助利用科审批单独未利用地项目2个，合计使用新增建设用地指标184.0727公顷，农用地176.5281公顷，耕地163.2580公顷，未利用地指标7.5446公顷。有35个农场对土地利用总体规划进行部局调整，已全部调整完成并通过农垦总局审批，数据成果备案至省国土资源厅。11月末，会同发改、建设、财政等多个部门做好2017年新增建设用地预报计划工作。结合2014—2016年新增建设用地指标和单独选址项目指标的使用情况等多种因素，最终预报2017年新增建设用地指标1380公顷，批次项目申请新增建设用地427公顷，单独选址项目申请指标953公顷，申请增减挂指标5公顷。

（曲　洋）

【耕地保护】　以管理局、农场、管理区三级为单位，逐级签订耕地保护目标责任状1500余份。严格实行耕地占补平衡制度，实现占优补优。加强设施农用地管理，备案设施农用地446宗，面积684.24公顷（耕地153.66公顷）。配合八大城市完成城市周边永久基本农田划定工作。及时编制完成《垦区永久基本农田划定方案》。验收报备土地整治项目42个，立项土地整理项目39个，实施23个，总投资8亿元，建设规模5.798万公顷。完成垦区区片地价修订工作，于3月1日正式实施。

（曲　洋）

【土地利用】　完成供地242宗，供地面积411.6公顷。其中，商业用地63宗，供地面积23.8公顷；住宅用地31宗，供地面积17.4公顷，工矿仓储用地78宗，供地面积263.6公顷，其他用地70宗，供地面积106.9公顷。完成2015年国有建设用地供应计划、住房用地供应计划编报工作，录入土地市场动态监测监管网站向社会分布。对垦区2014年以来的土地闲置情况进行清理，共清理出闲置土地13宗，面积28.38公顷。

（曲　洋）

【地籍管理】　村庄土地确权登记发证工作完成顺利，垦区共发证178197本，其中，住宅用地162691本，建设用地15506本，完成总宗地数的69%。稳妥推进不动产统一登记工作。2月末制定《黑龙江省农垦总局不动产统一登记工作实施方案》《垦区不动产登记工作安排时间表》，3月初编制《垦区不动产统一登记工作流程》《垦区不动产登记工作操作规范》。6月29日上午，垦区不动产统一登记证书首发仪式在红兴隆管理局五九七农场举行，颁发首个不动产权证书，标志着垦区试点单位结束了土地、房产、林地、草原等不动产分散登记颁证的历史。垦区利用地籍调查、房产登记等成果进行数据整合，建立垦区不动产登记数据库，初步搭建垦区不动产登记信息管理基础平台，开发不动产统一登记管理系统、不动产空间数据处理系统和不动产成果管理系统。截至12月，省编委批复的农垦33名不动产登记中心人员中，已划转落实31名，各管理局全部落实完成，农场分中心聘用人员490人。垦区20个农场发放了不动产登记证书，共发放证书123本。

（曲　洋）

【执法监察】　完成2015年度土地卫片执法检查工作，违法占用耕地面积占新增建设用地占用耕地的面积的比例1.35%，垦区连续七年保持“零问责”。加大违法案件查处力度，发现土地违法案件82件，涉及土地面积38.56公顷，其中，耕地6.76公顷，案件宗数同比下降24.07%，违法占地面积下降40.8%，占用耕地面积下降68.9%。通过共同监管机制建设，管理局、农场耕地保护第一责任人的意识进一步加强，形成重大用地事项随时通报的工作模式。充分利用世界地球日、全国土地日和国家宪法日等契机，开展形式多样的国土资源政策法规宣传活动。科技执法力度逐步增强，已配备视频监控探头、电子执法记录仪、无人飞行器近200台，构建卫星“天上看”、巡查人员“地上查”、信息系统“网上管”、视频监控“视频探”、12336热线电话“群众报”的执法监察工作新格局。

（曲　洋）

质量技术监督

【概况】　（1）开展质量提升工程。开展产品质量、工程质量、服务质量和环境质量提升行动。对化肥、建筑材料等工业产品进行监督抽检，开展了中小学校服、塑胶跑道等专项检查。（2）龙江质量品牌培育。以垦区特色绿色有机农业、农产品为重点，突出垦区特色产品，制定垦区名牌产品培育计划，开展质量品牌培育工作，九三管理局已获国家局批准创建“知名品牌示范区”。（3）开展“质量强市示范城市”创建活动。确定宝泉岭管理局为垦区“质量强市示范城市”创建单位，责成宝泉岭管理局开展申报前期准备工作。（4）组织企业开展质量提升活动。从数百家企业中筛选出55家作为品牌创建培养对象，定期上门服务，促进其完善品牌创建条件。完达山乳业股份有限公司申报了国家质量奖，龙王食品有限责任公司、九三粮油工业集团有限公司等8家企业申报了省政府质量奖，计划培育28家企业申报黑龙江省名牌。

（温丽薇）

【农业综合标准化示范区创建】　创建红光农场甜黏玉米县级综合标准化示范区、创业农场水稻产业化县级综合标准化示范区等9家为县级农业标准化示范区，创建黑龙江省普阳农场富硒水稻种植综合标准化示范区、农垦友谊三分场水稻高标准种植综合标准化示范区等2家为垦区级标准化示范区。对第八批国家标准化示范区“绥化和平牧场国家奶牛养殖综合标准化示范区”基地建设进行技术指导，按照标准化示范区绩效考核办法进行逐一落实，申请第九批国家级标准化示范区“普阳农场富硒水稻种植综合标准化示范区”。累计培育农业标准化示范户15210个，国家级示范区15个。

（温丽薇）

【有机产品认证示范区创建】 组织开展对垦区有机证书获证企业的环境、规模、近3年的质量情况、有无违规现象等方面进行摸底排查。根据排查情况和分局推荐，对垦区辖区内的136张证书进行摸底，推荐黑龙江省胜利农场有机认证示范区为有机产品认证示范区。起草寒地水稻智能化浸种催芽技术规程、水稻催芽成套设备作业质量、农业信息化种植业生产管理有害生物代码标准、青贮玉米生产技术规程、红小豆“大垄密”生产技术规程、矮高粱“大垄密”生产技术规程、水稻运输车作业质量地方标准、水田筑埂机地方标准、红星酸菜质量技术规范9项标准，列入地方标准计划。

（温丽薇）

【地理标志保护产品创建】 垦区共有地理标志产品3个，牡丹江管理局八五一一农场牛初乳粉地理标志保护产品创建工作已提交到国家质检总局研讨。

（温丽薇）

【计量工作】 针对汽车衡表头容易安装遥控作弊装置的问题，统一制作的带有检定员签名的易碎合格贴贴在称重显示器面板与壳体缝隙处，防止作弊；向石油公司和全体加油站下发《关于整顿不满足计量检定和监管要求加油机的通知》，在全省率先实现全部强制启动加油机防作弊系统；在秋收季节全面开展汽车衡作弊检查；新建出租车计价器、燃气表等4个社会公用计量标准。垦区共有150个计量标准，可开展检定或校准项目251项。县级局的检定、检测能力全部超过省局要求的10项。

（温丽薇）

【特种设备安全监管】 开展清理特种设备安全监察网数据工作，重点工作是对已经不存在的设备信息进行删除，对停用、报废的设备信息进行更新，更新设备台账，建立动态监管，做到设备信息真实可靠。有锅炉1541台，压力容器3788台，电梯1710部，起重机械181台，厂车257台，游乐设施11台，压力管道344千米，索道1条，液化气站21家，共有80269只气瓶。开展全国“两会”期间特种设备安全大检查。共检查特种设备用户176家，检查锅炉125台，压力容器168台，电梯61台，对管理制度不够健全、没有应急救援预案和设备运行记录不够规范的43处隐患单位提出了限期整改要求，下达《特种设备安全监察指令》31份。垦区内两级质监部门以当地政府（总局、管理局）名义发布特种设备应急预案10个，建立应急预案的企业560家，规模大、有能力企业建立的救援队伍3家，配备相应装备21件，开展应急救援演练11次。推进“电梯安全攻坚战”。垦区有电梯1710部。出动特种设备安全监察人员150余人次，巡查电梯使用单位71家，检查特种设备980台（套），发现一般隐患31处，现场下达《特种设备安全监察指令书》17份，全部整改完成。加强燃煤锅炉节能监管工作。其中，北大荒丰缘集团有限公司、黑龙江省农垦干部培训中心、香坊实验农场生物科技发展公司4台燃煤锅炉已更换为燃气锅炉和生物质锅炉。开展气瓶充装站、检验站专项整治工作，巡查气瓶充装站21家，发现一般隐患16处，现场下达《特种设备安全监察指令书》5份，全部整改完成。

（温丽薇）

【科技创新】 起草农业部标准5个，参与国家和行业标准制修订20余个，主持、参与承担完成“原料乳快速检测仪器的筛选与应用”“原料奶最佳检测方法的研究”等数十项课题。获得“生物染色法检测牛奶中细菌总数和体细胞数”和“原料奶季节变化规律研究”两项科技成果；申请并获得“用pH值计检测牛奶中抗生素的检测方法”专利。

（温丽薇）

工商物价

【社会信用体系建设】 成立了由农垦总局领导及31个相关单位组成的垦区社会信用体系建设工作领导小组，制定了工作规则。各管理局参照农垦总局模式分别建立了管理局层面的领导小组，会同成员单位召开联席会议。完善信用约束机制。建立垦区信用信息征集目录，协调相关成员单位共同建立垦区守信联合激励和失信联合惩戒机制。组织成员单位开展加强“先照后证”改革后协同监管工作。举办农垦总局29个主管单位，各管理局252个相关单位参加的“双公示”培训班，垦区公示行政许可信息11227条，行政处罚信息1667条。垦区企业信息采集和监管体系初步建成，各单位逐步开始应用相关信息对市场主体实施联合激励和惩戒。加大诚信宣传力度。开展“诚信守法示范企业”创建评选活动，农垦宝泉酱业有限公司等51家企业被评为国家级或省级“诚信单位”。利用电视、广播、报纸、网络等媒介，开展一系列主题突出、内容丰富的“诚信垦区”宣传活动，提供现场咨询服务1000余人次。

（王　赫）

【落实商事制度与价格机制改革任务】 落实先照后证登记改革。落实国务院前置改后置许可事项，严格执行“双告知”制度，对需办理后置许可的市场主体实行一次性告知，将登记信息实时共享给许可部门，共发放一次性告知单并共享主体信息6785户次，实现市场主体准入与后续监管无缝对接。落实“五证合一、一照一码”及“两证整合”改革。登记“一照一码”企业11796户，其中，新登记企业3665户，换领“一照一码”营业执照8131户，换照率达73.9%。做好个体工商户“两证整合”工作，新登记“两证整合”个体工商户1691户，换领“两证整合”营业执照1644户。放宽住所（经营场所）登记条件。配合农垦总局对农场社区出具的证明和手续进行全面清理，简化住所使用证明手续，仅保留住宅改经营性场所证明、房产证明等五个项目。办理“一照多址”登记131户，“住改商”登记3761户。鼓励办理企业孵化公司，哈尔滨管理局设立垦区首家孵化公司，有5户企业通过使用该公司场所办理了注册登记。推进名称登记便利化。放开企业、农民专业合作社核准冠“黑龙江省”行政区划名称限制，加强全程电子化核准的宣传和指导。对“黑龙江农垦”行政区划名称库进行清理，充分释放了名称库资源。共核准冠“黑龙江省”行政区划名称企业182个。运行煤热价格联动机制。召开两次全系统供热价格调整专题会议，科学制定切实可行的供热价格调整方案。充分考虑管理局、农场热费补贴的客观因素，协调各方贯彻执行供热价格调整方案。共调整70个供热企业的供热价格。推进非居民用水工商同价。会同有关部门制定工商用水同价方案，在调整供水企业水价时，同步推进工商用水同价，简化水价分类。主动向当地党委请示汇报争取支持，平稳出台水价改革政策。全系统共完成50家供水企业的工商用水同价工作。

（王　赫）

【服务垦区经济发展】 介入垦区国企改革。与农垦改革办、国资委、北大荒集团总公司等单位沟通，为垦区国企改革提供全程服务。向农垦总局呈报《关于绥化、哈尔滨管理局所属农（牧）场合并重组办理工商登记的指导意见》，帮助哈尔滨、绥化管理局理顺政企分离的改革思路。协助北大荒通用航空公司改制，指导北大荒米业集团分公司整顿重组，为完达山九三分公司办理迁移、变更登记，配合农垦网络电视有限公司完成资产合并上划，帮助北大荒丰缘集团下属公司完成了引进外资和无域名名称核准。实施“市场主体成长”“小微企业培育”“新型业态成长”三项工程。垦区市场主体总量达到72203户，同比增长8.41%。其中，个体工商户56173户，农民专业合作社5145户，企业总量突破1万家，达10885家，企业注册资金达680亿元，同比增长25.93%。建立垦区小微企业名录，开展扶持小微企业政策措施宣传活动，发放宣传资料9000余份。拓展股权出质融资渠道，办理股权出质登记35次，出质股权2.9亿元，被担保债权1.9亿元。推进商标、广告、合同“三位一体”监管服务。认定垦区知名商标5件，推荐申请认定省著名商标20件，延续认定28件。办理商标案件33起，监测农垦电视台发布广告544条，办理案件1起。联合农垦宣传部、公安局、检察院等部门开展了互联网金融广告及以投资理财名义从事金融活动专项检查，与涉及“投资”“理财”的市场主体签订了《不从事非法金融服务保证书》。指导签订农业订单合同600余份，订单金额2782万元。支持垦区产业项目发展。参与灌渠农业供水收费可行性调研，为农垦总局筹措建设资金提供参考依据。联合环保、住建、水务和龙江环保集团等相关部门，对垦区污水处理厂运营成本进行测算，对企业经营方式提出合理建议。牵头协调有关部门对全省马铃薯和生鲜乳市场价格开展调研，为科学投放企业运营资金提供了数据支撑。报请有关部门批准变更机构名称。组织“提出机关”进行集中培训，发放新的价格认定电子文书模板。完成价格认定案件760件，标的额2.4亿元，调解价格纠纷19件。采取“三建一挂一派驻”的方式，配合组织部门开展基层非公经济党组织建设工作，在非公企业中组建党组织114个。向私营企业选派党建工作指导员66名，发挥了基层党组织战斗堡垒和共产党员先锋模范作用。

（王　赫）

【市场监管综合执法】 加强事中事后监管。企业年报率、综合年报率分别达97.58%和92.8%，一般程序行政处罚案件公示率达100%。下发《关于“先照后证”改革后加强事中事后监管的实施意见》，选取执法人员进入全省执法检查人员名录库。开展“僵尸户”清理，引导依法办理注销登记191户，完成补报年报40户，吊销执照254户。加强商品交易市场监管。构建三级监管执法责任体系，以消费者投诉举报突出、新闻媒体曝光和列入“重点监管名单”的农资商品为重点，抽检化肥267个批次，农资案件立案216起，罚没71.13万元。对辖区169家汽车及二手汽车经销单位、汽车维修企业进行了专项整治。探索实行日常监测＋重点搜索＋商品抽检＋媒体曝光＋消费警示“五个加”网络监管模式。拍卖备案59场，成交金额2558.71万元。深化反不正当竞争执法。开展集中整治公用企业限制竞争和垄断行为专项执法行动，对辖区726户公用企业进行调查摸底，准确掌握了行业类别、地域分布、投诉举报频次等基本信息。查办各类案件29件，罚没48.54万元。做好环境保护监管工作。开展煤炭市场专项检查、大气污染“冬病夏治”专项执法行动，对垦区110家煤炭销售主体进行了摸排，宣传《大气污染防治法》《商品煤质量管理暂行条例》，指导煤炭经营主体建立煤炭质量保证制度和商品煤质量档案，进一步提高了经营者的守法意识。整治市场价格秩序。加强商店、超市、药店以及农资店的明码标价管理，各农牧场医疗单位设立公示牌265个，大中专院校、中小学公示牌设立236个，旅游景点全部实行了价格公示制度。设立“明码标价示范一条街”19个，“明码实价店”198个。全年共查处价格违法案件105件，实现经济制裁总金额72万元。保障流通环节食品安全。监督食品经营者对食品安全的法定责任和义务，规范食品经营者的经营行为。突出食品热销的重点时段，开展元旦、春节、国庆等节日食品市场专项整治。开展“食安龙江百日行动”，狠抓酒、肉、油、茶四类重点品种全链条监管，出动执法人员6964人次，检查食品经营户2494户次，对18家违规经营户下达限期整改告知书。

（王　赫）

【维护消费者合法权益】 编撰《消费年主题解读》等宣传资料，组织开展新《消费者权益保护条例》培训。走进龙广《民生在线》栏目，现场解答消费者提问。在电视台刊播标语(口号)18条次，开辟专题栏目15期，发放宣传单5.4万份，为消费者挽回经济损失8.6万元。受理投诉举报。完善12315、12358工作制度和流程，使投诉、举报受理工作更加制度化、规范化和科学化。开展“百日维权活动”，对儿童用品、交通工具、餐饮、有关服务等行业进行了重点检查。12315、12358系统平台受理各类投诉、咨询2767件，均得到妥善答复，全年咨询办结率100%。加强涉企收费规范。编制垦区涉企收费目录清单，明确了收费单位、收费项目、标准及执行的合法有效文件，在垦区价格信息网上进行了公示。组织召开规范垦区行政事业性收费行为约谈会，分别对8家单位存在的突出问题进行了通报。

（王　赫）

【队伍建设】　强化法治建设。清理规范行政权力及责任清单，按要求编写、绘制并公示权力运行流程图及告知单。全系统录入“两法衔接”平台案件451起，通过检察机关备案审查。严格落实行政执法责任制评议考核制度，开展执法评议考核两次，通过抽查案卷、实地走访、闭卷考试等方式，规范具体行政行为。制定印发《行政应诉工作制度》，明确行政诉讼案件的承办原则和程序。开展法制培训进校园、进企业、进社区活动，做好“七五”普法工作。优化队伍管理措施。完善系统目标考核方案，对考核平台进行全面更新。组成调研组就提高工商所监管效能开展专题调研，解决了部分基层工商所的实际问题。完成人事档案改版和“三龄二历一身份”的重新认定。对系统6个分局和垦区局机关进行科级干部选任推荐考核。开展垦区工商物价系统“希望之星”评选活动。申报国家级青年文明号2个、省级青年文明号5个。完善内控制度及基础性评价工作，开展“小金库”“账外账”专项治理。实时监督财务预算的执行情况，“三公”经费支出继续有所下降。

（王　赫）

【协会工作】　围绕“新消费我做主”年主题，开展消费教育进社区、进校园、进田间、进市场、进企业等活动，“3·15”期间发表宣传文章及消费警示信息，全年受理消费者投诉971件，咨询344件，为消费者挽回经济损失65万元。开展对医院、供水、物业、电信等行业公用服务企业服务质量调查评议活动，促进企业履行好社会责任。个私协推荐会员参加国家表彰、赴外省交流、与媒体协作，拓展会员的对外合作渠道。与金融机构合作，为330家会员企业、个体工商户融资1.8亿元，实现招商引资6400万元。开展“光彩服务日”“庆七一演出”等公益性活动，为300余户贫困和病残个体会员送去价值7万元的慰问金和慰问品。

（王　赫）

住房公积金

【归集】　新增缴存单位49个，新增缴存人数7272人，累计缴存总人数137389人。当年归集额10.42亿元，完成年计划104.2%。归集总额75.86亿元，归集余额30.18亿元。垦区行政、事业单位住房公积金覆盖率达100%，整体覆盖率58.3%。先后下发《关于促进住房公积金提取工作的通知》《关于部分调整购房提取政策、提高办理效率的通知》，落实惠民政策。2016年提取公积金47572笔，提取额12.37亿元，完成年计划103.1%，累计提取总额45.68亿元。

（刘青帝）

【贷款】　调整贷款政策，下发《关于部分调整提取、贷款政策的通知》，拓宽公积金使用渠道。发放贷款748笔，金额2.39亿元，完成年计划119.5%，累计发放个人住房贷款2.06万笔，金额24.59亿元，贷款余额9.31亿元。回收贷款本息1.81亿元，期末累计回收15.28亿元。公积金使用率73.14%，个贷率30.84%，分别比上年同期提高8.14和3.7个百分点。

（刘青帝）

【财务管理】　加大风险防控力度，以“零风险”运作为目标，采取多手段对资金风险进行防控，确保资金安全。科学建立财务管理内控制度，结合公积金业务的拓展，健全《黑龙江农垦住房公积金内部财务管理及审计制度》，细化财务工作管理办法和业务操作流程，实现审计范围全覆盖、业务稽核无盲点。主动适应经济新常态，科学制定公积金使用计划，定期分析公积金收支情况，及时调整存款结构，提高资金运行收益。实现增值收益4119.83万元。当年提取贷款风险准备金1861.53万元，累计提取8524.5万元；当年提取廉租住房建设补充资金2258.3万元，累计提取11745.02万元。

（刘青帝）

党政群团

总局党委办公室 总局行政办公室

【综合工作】 加强理论学习，政治觉悟不断提高。深入学习党的十八届三中、四中、五中全会精神和省委全会精神为重点，系统学习和领会习近平总书记系列重要讲话精神，特别是在黑龙江省调研时的重要讲话精神，不断提高理论修养和业务能力。围绕总局党委、总局重点工作，围绕总局确立的典型，深入基层、深入群众和领导干部中间，学习和总结基层的好经验好做法。通过学习党的最新理论成果指导各项工作，推动工作上新台阶。通过深入基层调研，撰写带有全局性、长远性和指导性强的调研报告，2016年，总局党委办公室、总局办公室共起草或参与起草各类综合材料、领导讲话、汇报、大型会议材料和其他重要文字材料90余篇、累计20万余字。编撰《黑龙江农垦》20余期。

（兰　岚）

【文秘工作】 以总局党委和总局，以及“两办”名义制发文件1188件。形成党委会议纪要21件、局长办公会议纪要5件、总局专题会议纪要13件。在公文处理中，坚持快核、快发、快传，提高公文运转效率，在最短时间内完成政令传达。坚持严把公文审核关，针对机关各部门代拟公文中存在的“越级行文、文种混用、会签不全、文理不通”等问题，加大公文退稿力度，各单位代拟稿质量有所提高。机关文印室共印制文件材料1586件，收发室收发各种报刊200935份、信函3339件，邮送机要935件。规范办会流程，提高会议质量。承办各类会议451次，其中，总局级大型会议31次，机关部门及其他会议343次。完善办会流程，制定会议流程须知。从会议通知起草、会场准备、会议保障、会议验收、会议签到、会中服务、会后清理、会后总结8个大项，43个小项进行严格规定。加强会议组织服务，坚持会议通知、签到、请假等制度，保证了会议秩序，维护了会议的严肃性。

（兰　岚）

【督办工作】 完成中央一号文件、省委经济工作会议、省委农村工作会议、省政府工作报告等重要会议涉及现代化大农业建设、农业产业化大项目建设、场县合作共建等上级督察事项126项，省委省政府主要领导批示13项，上报落实情况材料151份，办结率达100%，按照省委书记张庆伟的批示精神，及时妥善督办处理了“宝泉岭双汇肉业相关投诉事项”，配合省政府企业创业投诉中心对宝泉岭管理局进行通报批评。完成总局党委（扩大）会议、总局经济工作会议、总局半年经济活动分析会议、总局重点工作推进会、局长办公会等会议部署工作任务的督办工作，下发本级督办通知单233份，办结率100%。

（兰　岚）

【政务公开】 贯彻落实《国务院办公厅关于印发2016年政府信息公开工作要点的通知》和《2016年全省政府信息公开工作要点》精神，贯彻执行《中华人民共和国政府信息公开条例》等法律法规，加强组织领导、落实工作制度、完善公开平台、拓宽公开渠道，总局政务公开网发布信息3886条。收到纸制依申请公开信息3件，按正规程序按时给予申请人答复。在省政府网上公开管理系统中，累计录入信息2316条，在省政府网上公开管理系统中处理依申请公开7件，都已按要求给予申请人答复。

（兰　岚）

【机要工作】 收中共中央、中共中央办公厅、农业部、农业部办公厅、农业部农垦局、国家各部委文件463件；收省委、省委办公厅、省政府、省政府办公厅、省直各厅局文件1634件；各管理局、总局各直属单位287件；处理各类会议通知304件；收取处理密码电报31份；明传电报144份；送总局领导传阅、总局机关各部门及有关直属单位流转文件2364件次。编发总局党委、总局等本级文件35个文种1188个文号，分发、归档本级文件13058件，分发上级文件39387件，使用各类印章17584件次，邮寄挂号文件247袋；机要文件869袋，通过机要交换站呈报给省委、省政府及有关厅局文件230袋，按完成党内文件清理清退工作及2016年《中办通讯》《秘书工作》等杂志的订阅工作。整理立卷文件4097件。机要交换取送省11013件，利用总局办公自动化网络传输给各管理局、各农牧场、直属单位文件1322件。

（兰　岚）

【保密工作】 加强保密信息采集报送工作，总局保密办被评为保密信息报送先进单位，在全省保密工作会议上做典型发言。组织各管理局、农牧场的保密干事参加保密征文活动，上报保密征文共计100余份。加强保密监管，对总局机关的计算机及其涉密载体进行强制监管，对报废、更换的计算机硬盘统一回收、销毁。已销毁各类涉密载体6吨多。对总局发改委、垦区公安局、法院、政法委、司法局、工会等保密要害部门进行保密常规检查，对发现的问题督促其及时整改。配合省国家保密局、总局保密局完成全国高考考点保密检查、全国司法考试垦区考点试卷保密安全管理工作。

（兰　岚）

【信息工作】 编发《专报信息》105期，《专送信息》60期，《农垦信息》30期，受到省委、省政府、农业部的肯定与表彰嘉奖，受到21份批示，切实发挥了上情下达、联系沟通的作用。4月和11月分别与农垦经济研究所合作，到各管理局调研，写出《关于北安、九三和齐齐哈尔管理局现代农业转方式、调结构情况的调研报告》《关于垦区经济社会发展情况的调研报告》。依据中央“精简文字材料，杜绝文山会海”的要求，对政务信息范围、内容、形式、文字等做出进一步的明确要求，注重提升信息的文字质量，把握信息工作“短、实、新”的工作原则，报送抓优势、抓亮点、抓特色的信息，再经过高标准采编、加工、整理，有效提高了被上级信息部门采用的几率。

（兰　岚）

【接待工作】 提高服务保障能力，严控“三公经费”。确保总局机关安全、有序运转。落实《农业部办公厅关于做好因公临时出国经费管理有关工作的通知》和重新修订的《黑龙江省农垦总局机关公务接待管理办法》，规范接待标准，完善报销手续，对没有派出单位公函的一律不予接待，严格执行事前审批制度、事后审核的公务接待审批和报账程序。接待国务院部委领导3批，21人次；接待大型会议1个；接待省内外各级领导、兄弟垦区、国内外客商175批，1850人次，接待费用与上年同期相比，下降近20%。车队全年完成长途任务143次，同比下降31%，实现长途勤务及市内保障安全行驶46万公里无事故。“三公经费”的管理使用完全按照国家财政部三公经费控制数支出。加大与纪检监察、财政、审计部门的配合力度，强化监督，坚决杜绝在使用“三公经费”过程中出现违规违纪行为。年公务接待费支出65.35万元，同比下降19.18%。公务用车运行维护费167.09万元，同比下降33.93%，其中，财政拨款支付157.57万元，同比下降37.76%。由于出国考察任务加重，出国费83.18万元，同比增加53.50%，全部为财政拨款，未超过2016年度财政预算。

（兰 岚）

【办公自动化工作】 完成总局电子公文无纸传输系统的管理、安装、运行、培训、维护及管理工作。完成总局办公自动化OA系统的规划设计、方案制定、组织建设、安装、运行、培训、维护及日常管理工作。完成对各单位工作的操作及培训工作。相继对垦区各单位进行电子公文无纸传输系统培训、安装、运行、测试、管理及维护工作，确保垦区电子公文无纸传输系统全面安全稳定运行，保障了电子公文网络设备的稳定运行及电子公文数据的存储及备份工作。完成垦区各单位电子公章的制作、下发、登记管理工作。对总局办公自动化OA系统进行全新改版建设。完善以往总局办公自动化系统的不足与公文流转流程，使总局公文流转和处理更加高效和灵活。完成省委机要网接入及省政府政务外网升级工作，实现与省委省政府电子公文业务数据的实时加密传输。为上级网上来文政令畅通提供技术保障。完成政务网中心机房及竖井网络设备的运行维护工作。完成总局领导和办公室各科室计算机设备及系统软件、办公软件、应用软件的安装、运行、培训、管理与维护工作。完成总局及总局机关各部门各大小会议室多媒体投影系统的安装、调试、运行、维护及管理工作，完成垦区保密普查数据汇总录入工作及保密检查工作。

（兰 岚）

总局直属机关党委

【党建工作】 进行了星级党组织创建活动自检、自评、迎检、验收工作。总局机关党委归档佐证材料13卷，申报四星、五星级党支部的单位44个，最终评定五星级党支部10个，四星级党支部20个。贯彻从严治党的要求，全面排查2007年以来的党组织关系。以会代训，对党建工作联系人进行培训，对2007年以来转出的组织关系1486人次，转出且没有收到回执的党员共443名，经原所在支部进行排查，原基层支部收到回执的315人，由转入单位开具证明的78人，查实已落组织关系的党员393名。补交党费，重新开出组织关系介绍信的18名。经查找仍然无法取得联系的党员10名。核查党员基本信息1919人次，经查档案中缺失入党志愿书10人。开展表彰“先优”工作。总局直属机关荣获省工委表彰的先进党支部2个，优秀共产党员2名，优秀党务工作者1名；荣获总局党委表彰的先进党支部3个，优秀共产党员2名，优秀常务工作者1名。总局机关党委表彰优秀共产党员130名，优秀党务工作者26名。加强党建常规性工作。各支部“三会一课”坚持经常，支部书记带头讲党课总计120余次，“三会一课”达标率100%。总局党员领导干部坚持参加双重组织生活，参加支部活动95次，带头讲党课23次，参加专题民主生活会16次；重新核算党费标准，总局机关党委收集工资表，由专人按政策核算；在“两学一做”学习教育中开展党费专项检查工作，发现有381名党员存在欠交或迟交党费问题，补缴党费4.3万元，完成党费专项检查的总结、表报工作；制定2016党员发展计划，分别选送30名积极分子和10名新党员参加省直机关工委组织的培训，全年发展党员22名；党员信息库维护经常，接转党组织关系220余份，代省工委接转党组织关系172份；在社会组织中组建党支部，已建立机关党委所属的社会组织党支部或联合党支部23个；开展换届选举工作，对基层党组织换届进行了排查，本年度到期换届7个基层支部，未按期换届的3个支部。召开中国共产党黑龙江省农垦总局直属机关第五次代表大会，选举产生新一届的总局直属机关党委和机关纪委，圆满完成总局直属机关党委换届工作。

（曲 琳）

【“两学一做”学习教育】 “三严三实”专题教育收尾，“两学一做”学习教育启动。组织生活会召开率达97%。检查验收支部组织生活笔记96本。召开由各党支部书记参加的“两学一做”学习教育动员会，各支部均制订实施方案。“两学一做”学习教育指定用书《习近平关于严明党的纪律和规矩论述摘编》《习近平重要系列讲话读本》《习近平总书记视察黑龙江讲话》《习近平总书记“七一”讲话》《中国共产党九十年》《胡锦涛文选》《十八届六中全会解读辅导》及时发至支部或每一名党员手中。将《知之深，爱之切》《习近平总书记重要讲话文章选编》发至处级以上干部手中。成立总局直属机关“两学一做”学习教育督导组，分门别类、分阶段对基层党组织提出要求，进行指导。召开了总局直属机关“两学一做”学习教育推进座谈会。垦区工商局、总局国土局的经验分别在省工委和总局党委召开的“两学一做”学习教育交流会进行介绍。

（曲 琳）

【会议精神学习】 切实抓好中央和省

委系列会议和重大决策部署落实，推进中共十八大及十八大以来历次中央全会、省委十一届六次全会、总局党委（扩大）会议精神等的学习宣传，凝聚机关党员干部发展共识。机关各支部坚持每周五下午学习制度，确保每周学习一个主题。配合宣传部共同开办“北大荒讲坛”，为机关干部授课4次。利用《龙江党建》、“305工作室”“龙江党建微信平台”、《机关党建》《北大荒日报》和《机关建设》等平台，做好舆论宣传工作。机关党委编辑《机关建设》45期，向《龙江党建》、“龙江党建微信平台”、《机关党建》等省直党建平台投稿20余篇，及时反映总局机关贯彻省委省政府重大决策的经验做法、优秀党建工作案例等。

（曲　琳）

【改进和转变机关作风】　下发《关于进一步严肃机关工作纪律规范办公秩序的通知》，召开党建联络员工作会议，结合机关工作实际，从严格考勤纪律履行请销假制度，严肃办公秩序积极履行工作职责，强化服务意识树立执政为民理念，保持办公室整洁营造文明办公环境等对总局机关各部门提出要求。由总局机关党委牵头，组织总局纪委、办公室、人社局和农垦电视台等五个部门组成2个联合检查组，对总局直属机关所属单位工作纪律执行情况和办公环境进行集中检查。组织参加党委（扩大）会议参会代表对2015年度总局机关部门作风建设情况进行测评，将测评结果纳入机关部门年度目标考核指标。

（曲　琳）

【廉政教育】　把开展《中国共产党廉洁自律准则》和《中国共产党纪律处分条例》的宣传贯彻作为工作重点，切实抓好廉政教育。将《习近平关于严明党的纪律和规矩论述摘编》发放到每名党员，促进广大党员深刻认识加强党的纪律建设的极端重要性，准确把握纪律建设的基本要求，牢固树立党章党规党纪意识。中秋和国庆“两节”前夕，为确保党员干部廉洁自律、务实节俭过好“两节”，及时转发省直纪工委《关于中省直机关中秋和国庆期间廉洁过节的通知》，提前做出部署、有所准备、明确要求，提醒党员干部克服观望思想、侥幸心理和麻痹懈怠情绪，早介入，早打招呼。为严明党纪，对15名党员违纪问题进行严肃处理，其中，开除党籍6人、留党察看4人、党内严重警告4人、警告1人。

（曲　琳）

【机关目标责任制考核】　做好承担省委、省政府对农垦总局2015年责任目标完成情况的考核和2016年度责任制实施责任书的设定工作。按照总局党委扩大会议确定的2016年垦区经济社会发展的总体要求，会同相关部门科学设定并上报《农垦总局2016年度责任制实施责任书》。完善目标责任考评的方式方法，做好机关党政工作部门2015年度目标完成情况的考核评定和2016年目标责任管理工作，确保总局党委重点工作的落实。组成4个考核组对机关47个部门按党政综合、经济管理、管理服务和执法监督四大类进行了分类考核。经总局党委审定，37个部门评定为优秀部门、10个部门评定为良好部门。按照省直目标办文件规定标准，及时审批兑现了工作责任制奖励。

（曲　琳）

【文明单位建设】　开展形式多样的文明单位创建活动，举办“新年音乐会”等各类文体活动20余次。组织机关优秀选手参加省直机关工委举办的省直机关第六届“我运动、我快乐、我健康”乒乓球、羽毛球比赛，总局机关代表队获得优异成绩；组织机关50余人参加省直机关第三届干部职工徒步大赛和山地徒步大赛，获得优秀组织奖；开展纪念建党95周年系列文化体育活动。举办总局直属机关第三届徒步大赛，58个单位750余人参赛。举办了纪念建党95周年暨红军长征胜利80周年文艺演出。开展文化下乡活动，总局机关合唱团赴省军区、红兴隆管理局、友谊农场等单位慰问演出4场。举办总局直属机关乒乓球、羽毛球比赛，活跃机关氛围。组织机关优秀选手参加垦区乒乓球比赛，取得优异成绩；加强群众协会的建设，总局机关现有群众文体协会15个，会员3000余人；开展庆祝“三八”纪念活动。命名表彰先进集体4个，先进个人98名。做好扶贫帮困工作，坚持开展“一帮一”共富行动，落实帮扶任务，制定帮扶计划。开展“关爱行动”，春节前筹措资金16.2万元，对机关182名因病或其他原因导致生活困难的干部职工和军烈属进行补助、慰问。邀请农垦总医院医务专家为机关干部义务开展健康知识讲座，组织实施总局直属机关1304名干部职工每年一次的身体健康检查，建立健康档案。

（曲　琳）

组　织

【“两学一做”学习教育】　扎实开展“两学一做”学习教育活动，制定《学习教育实施方案》和《学习安排具体方案》，成立“两学一做”学习教育协调小组，加强工作指导，稳步推进学习教育。充分发挥领导干部“引领学”带动作用，总局党委制定学习教育计划，采取中心组学习形式，重点专题学习《党章》和习近平总书记对黑龙江省的两次重要讲话等内容。垦区各级党组织运用博物馆、场史馆等展现北大荒精神的红色教育资源，深化学习教育，并通过创建微信公众账号和结成帮学对子等形式，促进学习教育全覆盖。2016年，开展党课学习6 259次，参加人数超过10万人次。坚持把“做合格党员”落实到具体工作中，组织垦区党员立足岗位，苦干实干，党员先锋模范作用得到充分发挥。结合纪念建党95周年，选树并表彰了一批先进典型，为垦区广大党员树立了标杆。

（包　宁）

【领导班子和干部队伍建设】　着眼于垦区改革发展需要，坚持新时期好干部标准，强化各级党组织的领导和把关作用，注重选拔政治素质好、工作能力强、敢于担当、务实清廉的优秀干部。扎实开展年度考核工作，注重加强班子分析研判，及时掌握总局党委管理的领导班子和领导干部履行工作职责情况，为进一步加强领导班子建设、优化领导班子结构奠定坚实基础。按照总局党委要求，深入9个管理局和5个副厅级事业单位，组织开展领导班子副职后备干部调研工作，了解掌握了一批德才兼备、业绩突出的优秀干部。围绕农垦改革试点，联合总局审计部门先后两次深入绥化、哈尔滨管理局，对农（牧）场的经济社会发展和领导班子建设等情况进行了深入调研，为总局党委科学决策提供重要参考。

（包　宁）

【基层党建工作】　落实中组部安排的基层党建七项重点任务，垦区排查失联党员834名，90%以上已取得联系；开展党代表和党员违纪违法清理，对违纪违法的党员进行处理；推进基层党组织换届工作全面排查，没有按期换届的均制定了整改措施；严格开展党费收缴工作的集中清理和专项检查，督促基层党组织妥善做好补交工作；加强与民政、工商等部门沟通，通过新建党组织、选派党建指导员等形式，实现党的组织和工作全覆盖；推进抓党建促脱贫攻坚，建立帮扶对子，强化帮扶责任，助推扶贫攻坚；发挥领导机关和领导干部表率作用，推动“两学一做”学习教育不断深化。规范发展党员程序，重点在生产、工作一线和优秀青年中发展党员。创新基层党建工作，选树各级各类先进典型，有3个单位荣获全省先进基层党组织、8个人获得省级优秀共产党员、党务工作者称号；建三江管理局党委开展的“细胞工程”获得全省基层党建创新最佳案例奖。

（包　宁）

【干部监督】　坚持监督关口前移，贯彻落实《领导干部个人有关事项抽查核实结果处理办法（试行）》，全面完成垦区场（处）级以上领导干部个人事项填报和系统信息录入工作，重点对拟提拔副场（处）级及以上考察对象、转任重要岗位人选进行核实，全年共核实拟提拔领导干部个人事项信息11批次140人，其中，暂缓提拔4人，取消考察对象资格5人。积极开展“带病提拔”倒查等干部监督专项检查，严格执行责任追究制度，实行“一案双查”。开展领导干部报备登记和因私出入境证件集中清理整治活动，按照干部管理权限全部进行登记备案。配合省委组织部完成对总局和宝泉岭等4个管理局选人用人专项检查，落实整改任务，规范选人用人程序。深入开展干部人事档案专项审核，垦区234家审核单位共审核干部档案50 595卷，干部档案管理工作得以加强，被省委组织部评为优秀单位。

（包　宁）

【干部教育培训】　结合垦区改革实际，突出学习习近平总书记系列重要讲话，先后在省委党校、总局党校举办3个重点培训班次，培训干部550人。选派垦区各级领导干部100余人参加农业部党校培训，增强了垦区干部深化改革、加快发展的信心和勇气。不断创新干部教育培训方式，联合总局团委和绿办，先后举办3期垦区青年干部互联网+农业场域经济发展研修班，培训干部100多人，推动“互联网+农业”及电子商务在垦区的探索、实践和应用。在省委组织部大力支持下，实现“龙江发展讲坛”垦区同步收看。加强人才队伍建设，总结“大学生社团”等经验，营造了选才育才用才的良好环境。

（包　宁）

纪检监察

【“两个责任”落实】　总局党委坚持从自身做起，切实把主体责任扛在肩上、抓在手上，对党风廉政建设重点难点问题研究解决，对重要工作任务及时部署推进，对各级党委落实主体责任从严要求督促，对纪委履行监督责任加强领导、坚定支持；对纪检监察体制改革和队伍建设高度重视、全力支持，为纪委开展工作创造有利条件。党委主要领导以身作则，切实做到“四个亲自”，其他班子成员履行“一岗双责”，发挥示范带动作用。各级普遍建立实行签状明责、述责述廉、检查考核等制度，推动“两个责任”向下延伸，形成一级抓一级，一级带一级，层层传递责任、层层传导压力的工作局面。高度重视、严肃抓好省委巡视反馈意见整改工作，在总局党委的领导下，各相关部门和单位紧密配合，明确整改目标、细化整改措施、强化督查督办，按时完成整改的各项任务，有力地推动了垦区党风廉政建设和反腐败工作向纵深发展。

（蒋光锋）

【廉政教育】　通过中心组学习、专题培训、辅导讲座、流动党课、知识测试等多种形式开展以新修订的《中国共产党廉洁自律准则》和《中国共产党纪律处分条例》为主要内容的党规党纪学习教育活动，党员干部的纪律意识、规矩意识进一步增强。开展领导讲廉、提职考廉、任前谈廉的“三廉”活动，举办领导讲廉330余场、1500多名党员干部接受提职考廉或任前谈廉。把家风建设摆在重要位置，开展多种形式的“家庭助廉”活动226次；邀请1000多名领导干部家属一同接受廉政教育。加强警示教育，各级通报违纪违法典型案例108件。

（蒋光锋）

【制度建设】　针对近年垦区腐败案件多发、政治生态遭受严重破坏的问题，结合省委巡视反馈意见整改工作，深入查找梳理近年垦区腐败问题多发、廉政风险集中的重点环节、重点人群、背后成因以及监管的薄弱环节，查缺补漏、整章建制，增强制度的可操作性和实效性，制度的笼子进一步扎紧，对权力的监督制约进一步强化。按照总局党委部署，由总局纪委牵头，抽调力量组成“三重一大”制度调研起草组，分层面深入基层开展调研，广泛征求意见，为构建垦区决策科学、监督有力的制度体系奠定了基础。

（蒋光锋）

【纪律审查】　坚持有腐必反、有贪必肃，加大执纪审查力度，始终保持惩治腐败的高压态势。在审查一般性违纪行为的同时，集中力量，突出重点，严肃查处不收敛不收手、问题严重、群众反映强烈的严重违纪违法行为。完成省委巡视组移交问题线索处置任务，对移交的问题线索实行台账式、销号制管理，逐一落实处置意见，全程跟踪督办，全部按时限办结。按照省纪委部署，协调司法机关对近年违法犯罪党员干部进行专项清理，落实相应党政纪处分。配合省纪委查处商贸集团前领导班子的腐败问题，运用法纪手段打击犯罪，挽回损失。2016年，垦区各级纪检监察机关受理信访举报1137件次，同比增长111.7%；处置问题线索793件，同比增长83.6%；立案510件，同比增长60.4%；党政纪处分540人，同比增长57.9%，其中，处级干部59人，移送司法机关29人。总局纪委自办案件立案25件，党政纪处分27人，移送司法机关13人。剔除省委巡视组和司法机关移交因素，处置问题线索数、立案数、党政纪处分人数增势放缓，减存量、遏增量效应正在显现，不敢腐的氛围进一步形成。坚持把纪律挺在前面，注重运用实施“四种形态”，谈话函询、党纪轻处分、组织处理比重增加，党纪重处分、重大职务调整、移送司法机关占比明显下降，纪律防范更加有力、动辄则咎渐成常态。紧盯重要时间节点和“四风”问题新动向，强化警示提醒、监督检查和执纪问责，查处“四风”问题21件、处理27人，保持了整治“四风”的震慑力。深入开展优化发展环境专项整治，严肃查处不作为、慢作为、乱作为等影响和破坏经济发展环境问题，对典型问题剖析成因，举一反三，向相关部门和单位提出检查或监察建议，督促抓好整改、加强管理，扩大了执纪效果、发挥了治本功能。

（蒋光锋）

【纪检监察队伍建设】 结合垦区实际，推进纪检监察机构改革调整，着力解决机构不健全、力量与任务严重不匹配的问题。在充分调研的基础上，形成《垦区纪检监察机构改革调整方案》，经总局党委会审议通过并印发执行。加大业务培训力度，先后选派50多人次参加中、省纪委业务培训，总局纪委举办300多名纪检监察干部参加的执纪审理业务培训班。各级举办业务培训班40余期，培训纪检监察干部500多人次，还通过挂职锻炼、以案代训等方式提高战斗力。深入开展纪检监察干部“八项纪律”专项学习教育，严明纪律、严格要求，垦区纪检监察队伍纪律建设进一步加强。

（蒋光锋）

宣传工作

【理论武装工作】 坚持用中国特色社会主义理论作思想指引，重点抓好习近平总书记系列重要讲话精神和党的方针政策学习宣传，坚定党员干部的理想信念宗旨，牢牢把握思想之舵。（1）加强习近平总书记系列重要讲话精神的学习宣传。以习近平总书记系列重要讲话精神为重点，做好总局党委理论中心组学习服务工作，组织集体学习6次，向省委宣传部报送学习情况报告6篇，在《奋斗》杂志刊发理论文章1篇，处级以上干部1600余人次参与学习。加强和规范各级党委理论中心组的学习，下发《垦区党委中心组学习情况通报》，总结经验，分析问题，提出改进措施，垦区各级党委（党组）中心组集体学习近2000场次。推动学习宣传习近平总书记重要讲话精神向纵深发展，对习近平总书记针对黑龙江省发表的两次重要讲话进行重点学习宣传。组织召开布置习近平总书记重要讲话精神社会宣传工作会议，对高速沿线、楼体厂房等醒目位置的宣传进行重点布置，更换擎天柱广告牌200多个、宣传牌650余块，悬挂宣传标语1万余幅，营造了学讲话谋振兴的浓厚氛围。组织召开深入学习宣传习近平总书记重要讲话精神座谈会，宝泉岭管理局、九三粮油工业集团等7个单位作经验交流。组织征订学习《习近平总书记系列重要讲话读本（2016版）》2.6万本。（2）加强党的大政方针政策的学习阐释。举办“北大荒讲坛”5期，陈锡文、陈晓华、王守聪、解维全、何兵权分别就农业供给侧结构性改革、农垦体制改革、《中国共产党问责条例》、六中全会精神、“互联网+”作现场（视频）报告，通过三级视频垦区近1.5万名党员干部参与学习。加强理论宣传，进一步充实垦区理论宣讲人才队伍，按照年轻化、知识化的标准选拔宣讲团成员14人，实现垦区理论宣讲人才的梯队建设。邀请解维全分别为垦区三级领导干部和九三粮油工业集团中层以上干部宣讲中共十八届六中全会和省委十一届八次全会精神。（3）加强调查研究推出理论成果。组织宣传干部到宁夏农垦集团，就贯彻中央33号文件精神、落实改革措施进行专题调研，撰写《宁夏农垦集团改革发展考察的调研报告》在改革简报上刊发。根据省委宣传部的布置完成两个调研课题项目，其中《新形势下增强企业思想政治工作针对性实效性对策研究》一文获优秀奖。以“新形势下提高宣传思想工作的实效性”为主题，组织宣传干部和总局讲师团成员进行调研，汇编成册的《适应新形势 把握新规律 谱写新篇章》收录调研报告47篇。总局党委书记王兆力撰写的署名文章《转方式 调结构 促改革 实现十三五经济社会发展良好开局》和《建体系 调结构 转机制 做好“粮头食尾”大文章》《全力推进垦区改革发展》分别在《中国农垦》2016年第4期和《奋斗》杂志2016年第8期、第12期上发表。

（于 佳）

【思想道德建设】 （1）培育和践行社会主义核心价值观。在春节期间营造培育践行社会主义核心价值观氛围，共悬挂主题灯笼1.8万余个、书写主题春联5万余副，开展相应的主题活动200余场次。向省推荐垦区践行核心价值观的典型，大西江农场被省树为培育和践行社会主义核心价值观示范场；八五四农场种植户吴进堂成为省社会主义核心价值观百姓宣讲团成员；九三集团、共青农场高振凤家庭成为省“讲好社会主义核心价值观系列故事”的典型；佳木斯学校陈喜华参加“中国好人榜”表彰活动。组织参加全省“六个十佳”评选活动，八五一一农场机关和八五四农场团山社区入选。组织召开“弘扬北大荒精神·践行社会主义核心价值”经验交流及理论研讨会，九三管理局、农垦职业学院等5个单位做典型发言，对继续推进“弘扬北大荒精神·践行社会主义核心价值观”工作进行部署。在庆祝建党95周年、纪念红军长征胜利80周年的重要节点，组织开展丰富多彩的主题活动。开展“我的中国梦”主题教育实践活动，组织未成年人开展网上祭先烈、签名寄语等活动，深入开展“做一个有道德的人”“学习和争做美德少年”和深化少年明德守礼“六个一”活动。（2）弘扬北大荒精神。进一步做好弘扬北大荒精神宣传教育工作，抓好省委省政府进一步贯彻落实习近平总书记对黑龙江省重要讲话精神推进会，指定的当壁镇北大荒开发建设纪念馆参观的现场准备工作，圆满完成由省委书记王宪魁带队的省委、省政府领导班子成员及省直、各地市委书记一行的参观教育任务。以铁道兵开发建设北大荒60周年和“66·3”复转官兵开发建设北大荒50周年为契机开展纪念活动。积极推介北大荒文化，抓好北大荒文联工作。组织宣传干部40余人参加深圳文博会，紧扣全省“冰天雪地也是金山银山”的参展主题，展示北大荒版画作品，推介北大荒版画基地等文化产业项目。组织参加第十届丁玲文学奖评选，收到文学作品22部，聘请省知名作家、诗人10名组成专家评委会进行评选，推荐参评作品获奖16部，其中张剑霜等4人的文学作品获丁玲文学奖。完成中国作家协会重大现实题材创作扶持专项任务，八五〇农场被列入28项选题之一，吴继善的报告文学《新夸父传奇》为中国作家协会少数民族作家重点作品扶持项目。配合农业部农垦局主办完成“北大荒杯”我的农垦我的梦主题征文活动，垦区有7位作者分获一二三等奖，总局获优秀组织奖。（3）丰富和发展北大荒精神的新内涵。组织开展垦区第四届“感动北大荒”人物（群体）评选活动，经公开投票、组委会评定，伊立华、郭炳莉等10人获“感动人物”称号，吕强等8人和七星农场农业技术推广中心大学生科技服务团队等两个集体获提名奖，组织举办感动北大荒人物颁奖典礼，总局领导班子集体参加颁奖典礼。组织采写感动北大荒获奖人物事迹，编辑整理出版发行《好人的群像——第四届感动北大荒人物故事》，进一步宣传弘扬他们的感人事迹，向社会传递感动的力量。在垦区宣传思想战线广泛开展北大荒精神新内涵理论研讨活动，并邀请省社科院、八一农垦大学的安会茹、周玉玲等专家学者参与，围绕“新时代北大荒精神”召开专题理论研讨会，交流调研报告和理论文章23篇、共10万字，将这一理论成果汇编成书，以《北大荒精神新论》为题出版发行。总局党委宣传部撰写的《永恒的财富——北大荒精神》一文在《奋斗》2016年第4期发表，对从理论层面丰富发展北大荒精神的新内涵进行深入探讨。紧扣“大众创业，万众创新”时代主题，组织开展“大荒创业新星”评选表彰活动，为鼓励创业创新营造社会舆论氛围。推进垦区典型电子资源库建设，选定牡丹江、九三管理局和部分农场作为示范点，以点带面推动典型电子资源库在全垦区范围内铺开。

（于　佳）

【精神文明建设工作】　坚持以美丽乡村建设为主题，以“三个美起来”为目标，提升职工群众文明素质，推进精神文明创建工作。（1）深化群众性精神文明创建。以创建文明城镇为目标，开展环境综合整治活动，解决了个别单位“脏、乱、差、低”等问题。以“文明瞬间，就在身边”为主题开展“文明随手拍”活动，收到摄影作品213件，向省文明办推荐作品110件。组织开展“好家风好家训”主题征文比赛，收到各类稿件300余篇，评选出“我的家规家训”优秀作品14篇、“我的家风家训故事”优秀作品33篇。为展示垦区精神文明建设的成果，向省推荐红兴隆管理局局直、八五〇农场两个先进典型，推荐77个省级精神文明建设先进集体，推荐军川农场、八五四农场富荣管理区等7个单位参加省“最美乡村行”主题宣传活动，组织申报198个总局级精神文明建设先进集体。加大文明言行宣传力度，指导《北大荒日报》、农垦广播电视台持续刊播“讲文明 树新风”主题公益广告100余个。（2）开展志愿服务活动。开展“学雷锋——志愿服务在行动”集中活动周和实施“爱心6+1”志愿服务敬老工程。搭建志愿服务活动载体。组织做好黑龙江志愿服务高端论坛准备工作，围绕黑龙江志愿文化建设，收集论文20余篇，其中有7篇推荐到省文明办。深入开展省文明办组织的志愿服务活动研讨，向省文明办推荐2个典型集体和6个先进个人。做好志愿服务示范点的评选和选树工作，授予总局级“学雷锋活动示范点”6个，授予总局级“岗位学雷锋标兵”5人。向省委宣传部推荐志愿者服务队示范点3个，岗位学雷锋标兵3人，陈继勇入选全省学雷锋标兵。在全省2016年度先进志愿者集体和个人评选中有30个获得表彰，克山农场退休教师薛景新被推荐为全国“五个一百”活动先进典型。

（于　佳）

【新闻舆论工作】　宣传垦区学习贯彻习近平总书记重要讲话精神和总局党委（扩大）会议精神的生动实践和喜人成果，把牢新闻舆论导向，坚持内宣外宣联动，为垦区改革发展加油鼓劲。（1）大力宣传党的十八大以来垦区经济社会的可喜成果。现代化大农业建设成果得到高平台、立体化展示。按照中央政治局常委刘云山的批示，经济日报专题报道组专程到垦区采访，撰写稿件《变了北大荒 加固北大仓》在头版头条刊发；央视综合频道2016国庆特别节目《江山多娇·色彩篇》现场直播了垦区秋收的壮观场面，央视新闻联播也进行播发；新华社黑龙江分社利用无人机航拍，通过文字、图片、视频的综合形式，在新华社客户端直播建三江管理局秋收作业；人民网黑龙江频道播发了大兴农场“金戈铁马”奋战秋收的专稿；央视大型纪录片《大国根基》摄制组深入宝泉岭等管理局，就农业科技、机械插秧、水利工程、现代气象进行取景拍摄，该片将于2017年在央视主要频道播出。与黑龙江报业集团联合举办“学讲话谋振兴 寻找‘粮头食尾’金钥匙”座谈会，大力宣传垦区绿色有机食品产业的成果。抓住哈洽会等大型活动有利契机，积极组织中央、省主流媒体对活动进行采访报道，全方位做好宣传报道工作，全年在省级以上媒体上刊发新闻稿件1000余篇。(2)围绕中心服务大局，紧扣总局党委确定的重点工作，注重用典型引领发展，策划主题扩大宣传，推出“扎实奋进的2015主题宣传月”“贯彻落实总局党委(扩大)会议精神”“转方式调结构”“深入学习宣传习近平总书记在全国“两会”黑龙江代表团讲话精神和在我省考察调研时的重要讲话精神”“两学一做”“学习贯彻党的十八届六中全会精神”等新闻主题报道。在《黑龙江日报》以专版刊发新闻报道24块，刊发的《春到大荒满目新》《让每一寸土地发挥出更大效益》等多篇稿件产生了比较强烈反响和好评。加强农垦改革方面的宣传，总局党委书记王兆力多次接受人民日报、新华社和省报、省电视台等主流媒体的专访，并在新华客户端和全省新闻联播播出。撰写的《建三江：财税新政激活一池春水》《九三招商兴业大项目“瓜熟蒂落”》《共青：财源“气场”足“民生”有底气》《香坊实验农场有限公司揭牌成立》等多篇稿件在《人民日报》、新华社、《农民日报》《黑龙江日报》、东北网等国家、省主流媒体刊发。《北大荒日报》开辟《学讲话 谋振兴 闯新路》专栏发稿34组。农垦广播电视台推出《聚焦垦区2016发展大计》新闻访谈，邀请总局机关部门负责人解读总局党委(扩大)会议精神。(3)新闻管理力度加大。贯彻落实中宣部和省委宣传部有关新闻宣传工作纪律，进一步加强垦区新闻舆论管理，保证国家、省新闻宣传的要求及时传达到垦区各级新闻媒体。对《北大荒日报》和农垦广播电视台垦区两家主流媒体落实社会责任提出要求，责成其提交《社会责任报告》，进一步增强主流媒体在唱响主旋律、传播正能量方面的自律意识和责任意识。牢牢把握正确舆论导向，做到对《北大荒日报》和农垦广播电视台的所有重点报道全部审阅把关。充分发挥新闻道德委员会的作用，规范新闻媒体广告和从业人员的管理，针对重大主题报道召开媒体新闻通气会、协调会8次，编发新闻阅评、新闻报道提示12期，根据总局党委的工作重点及时布置新闻宣传阶段性任务。组织参加“好记者讲好故事”全国选拔赛，农垦广播电视台记者、主持人张立庚榜上有名。抓好党报党刊发行工作，对各管理局及总局各直属单位订阅情况跟踪问效，全面完成2017年订阅任务。

(于　佳)

【网络管理】　以“搭平台、建机制、强队伍”为工作方针，以营造北大荒网络空间全面清朗为目标，从垦区经济社会发展的大局出发，把握网络传播规律，加强网络管控。(1)强力打造“微观北大荒”等新媒体平台。以“微观北大荒”“魅力红兴隆”“农垦牡丹江管理局”“豆都农垦九三管理局”等为代表的一批微信公众平台的影响力逐渐扩大，围绕总局党委中心工作运用网言网语持续推出受众广、易传播的微信作品，其中，《北大荒，向全世界发出邀请》《北大荒，世界农业奇迹的创造者》《迎七一，来一场说走就走的北大荒“红色之旅”》《再回红兴隆，你已经变得比我们当年做的梦都好》《央视从农垦牡丹江局揭秘北大荒精神》《这是豆都九三新推出的宣传片》等多篇微信作品的网络阅读量超过几万甚至是十几万人次。各地坚持“出彩、出感情、出正能量”，讲好北大荒故事，传播北大荒声音，开展了一系列丰富多彩的网络宣传活动。为纪念红军长征胜利80周年，在总局官网、微信、微博、今日头条等新媒体平台同步推出，“北大荒的老红军”专题作品43篇，总阅读量超50万人次。在“寻找北大荒最美风景”系列摄影比赛中，吸引200余名作者参赛、近10万人参与投票。“微观北大荒”订阅量已超两万人，阅读量近100万人次。(2)拓展新媒体宣传渠道。在新浪微博、今日头条、新华社“我在现场”等新媒体平台注册开通账号，抢占新媒体阵地的话语权，目前已在《今日头条》发稿20余篇，平均阅读量将近1万次。加强与新浪、腾讯、东北网等大网站或网络媒体的合作，联合组织“网络媒体走进北大荒”“全省旅游小记者走进垦区”等活动。主动上挂下联融入全省网络宣传大格局，抓住国家网信办、省委网信办举办“凝心聚力十三五·网络名人绿色龙江行”大型宣传活动的契机，将九三粮油、完达山乳业、建三江、红兴隆列入参观路线，借助网络大V的力量宣传垦区发展成果，仅用3天时间就使以垦区行为主的网络话题阅读量突破5000万人次，迅速提升了垦区的知名度和影响力。启动“中国好网民工程”，开展“好网民故事”征集和“争做好网民”签字仪式等活动，活动经验均已经被省委网信办作为典型材料上报国家网信办。(3)加强网络管理与舆情处置。继续推进垦区网信工作体系建设，初步建立起三级管理体系，督促各级完善网络管理和网络监督的有关职能和规章制度，对垦区内的微信、微博、手机客户端进行普查，对新媒体用户做到底数清、情况明。组织网信工作负责人70余人在红兴隆召开垦区网信工作现场会，进一步总结推进网信工作。壮大网评力量，目前垦区登记造册的网评员达2030人，其中核心骨干层网评员160人，具备一定影响力的网评员20余人，微博账号@老辣陈酒的粉丝量达8.1万余人。贯彻落实国家、省网信管理部门的政策要求，先后开展了网络安全大检查和网上综合清理整治行动，督促垦区各级政府系列网站重新进行注册登记，对假冒北大荒网站、商业网站违规播发垦区信息等涉及垦区的网络违法违纪行为进行了及时查处和举报。严格落实突发网络舆情应急处置机制和网上舆情监测24小时值班制度，全年编发24期《垦区网络舆情信息》，有12期得到了总局主要领导的批示，发现并处理了“北大荒金豆”等舆情事件，通过舆情信息及时上报、下传督办，有效地向主要领导反映了垦区社会热点问题，降低了不稳定因素，维护了发展稳定的大局。同时还配合省网信办做好龙煤事件、省领导专访、双鸭山招商引资等重大舆情的监测和应对工作，受到了省委网信办领导的肯定。

(于　佳)

【队伍建设】　坚持用习近平总书记重要讲话精神武装头脑，尊崇党章、遵守党规，以问题为导向加强党员干部的思想建设和能力建设，切实提高宣传思想工作者的能力和水平。（1）加强业务培训，提高看家本领。以适应新形势下的宣传思想工作为目标，针对宣传思想战线的薄弱环节广泛组织培训。组织垦区宣传工作负责人22人赴宁夏参加全国农垦宣传信息工作培训班，听取全国农垦改革方案制定成员对中央改革文件的专题解读，深化了对中央文件精神的理解和把握。分别在哈尔滨和宁波举办新媒体宣传工作培训班和网络评论员培训班，针对网络舆情、网络新媒体应用、网评技巧等内容进行讲解，垦区宣传干部200余人次参加学习。在北京举办新闻业务骨干能力提升实训班，人民日报高级编辑顾勇华、人民日报海外版记者刘少华（“侠客岛”“学习小组”主要负责人之一）等专家学者就新形势下如何做好新闻宣传工作、全媒体新闻采集策划与技巧等知识进行讲解，垦区共80人参训，切实提升了参培人员在新形势下开展新闻业务的工作水平。（2）坚持重心下移，强化实践练兵。深入开展“走基层、转作风、改文风”活动，先后组织了由省和垦区媒体参加的走基层采访报道活动，不仅起到了较好的宣传效果，也锻炼了垦区新闻宣传队伍。组织垦区网络媒体实地采访建三江、红兴隆、哈尔滨管理局，及九三粮油、完达山乳业等企业，对现代农业、生态旅游、休闲养老、小城镇建设、绿色有机食品等产业大力宣传，其中，《如果有农业奥运会，北大荒是NO.1》《我在北大荒，为中华大粮仓点赞！》《建三江创造国家粮食安全奇迹》《农垦打开天窗欢迎你的到来》《粮食安、人心稳》等多篇微博作品的阅读量都超过10万人次甚至30万人次，“我为北大荒来点赞”的话题总网络阅读量已经超过600万人次，通过文字、图片、视频相结合的方式，全方位、多角度地宣传了北大荒的良好形象。积极向省委宣传部上报经验材料，上报基层加强年材料5篇，在《黑龙江宣传》刊发稿件4篇。完成《垦区宣传思想工作年鉴2015卷》的编撰工作，稿件整体1.8万余字，收录了6张反映宣传工作成就的照片。作为垦区“两学一做”领导小组成员单位，努力抓好学习教育宣传工作，全年编发简报12期。

（于　佳）

统战工作

【概况】　2016年，垦区有台胞102人（其中赴台定居23人），约占全省三分之一，台属6400人；归侨侨眷3897人；原国民党起义投诚人员519人；黄埔军校同学会成员21人；有各级政协委员207人，其中省政协委员12人；无党派代表人士652人，其中，正高级职称90人，副高级职称562；党外副处级以上干部32人；垦区有少数民族39个，计33135人，少数民族管理区（作业站）12个，少数民族副处级以上干部73人；垦区有基督教、天主教、伊斯兰教和佛教4个教派，基督教固定活动场所36个。非公有制经济代表人物120人，重点人士15人，其中4人被评为全省中国特色社会主义事业建设者；垦区现有6个民主党派，共计210人，其中，九三学社124人，民革9人，民盟26人，民进16人，农工党17人，民建18人。

（杜　克）

【宗教工作】　完善总局、管理局和农牧场三级宗教工作网络，层层签订2016年“抵御渗透，维护稳定”宗教工作责任状。加强宗教工作调研和检查，对垦区2个管理局7个农牧场的教堂、宗教固定活动场所的安全工作、制度建设和活动情况进行了检查，召开信教群众座谈会4次，协调解决了个别场所搬迁、私设聚会点等问题。加强人员培训工作。1月，在哈尔滨市举办垦区宗教活动场所执事班子成员、传道人员及财会人员培训班，51人参加培训。先后选派10余人参加全国全省宗教管理培训。加强安全管理。狠抓活动场所各项安全工作，下发《关于做好当前宗教工作的通知》，层层组织安全检查。各活动场所举办大型活动，基层党委和宗教管理部门干部亲临现场，确保活动安全。开展了专项治理。集中开展了排查和治理乱建寺观、滥塑露天宗教造像和私设宗教聚会点工作，与公安等部门联合防范邪教渗透，有效控制了境内外邪教组织、邪教人员相互勾连，维护了垦区社会和谐稳定。开展了宗教慈善活动。组织开展“情暖农垦、宗教同行”为主题的宗教慈善活动，红兴隆管理局募集款物折合人民币2万余元，宝泉岭管理局新华农场基督教会资助5名贫困中学生，建三江管理局前哨农场基督教会成立了农业志愿者服务队。

（杜　克）

【港澳台和海外工作】　密切与港澳台和海外华人及社团的联系，邀请有关企业、社团到垦区参访。接待台湾大润发集团东北片区副总经理毛礼兴一行4人，与垦区部分企业进行对接，为推进垦区名优特农副产品进入大润发超市等流通平台创造了条件。庆阳农场利用农垦海峡两岸农业综合开发试验区平台，依靠科技创新，开展龙台农业合作。垦区利用“侨法宣传角”宣传《中华人民共和国归侨侨眷权益保护法》，组织统战干部、法律工作者深入重点侨务工作单位、社区和街道设立侨法咨询服务站，为归侨侨眷解决实际问题50余件。组织垦区中小学生参加由中国侨联、人民日报海外版和中国国际广播电台共同举办的“世界华人学生作文大赛”，120篇作品参赛，共有43篇作品分获一、二、三等奖。走访慰问归侨侨眷30户，发放慰问金3万元；发放特困台胞生活补助36520元。6月，协调并陪同香港企业家、原北大荒知青、归侨张载村先生到垦区助学，为红兴隆高中和建三江一中等6所中学捐发助学资金60万元，累计发放助学资金606万元。8月，接待以徐源泰院长为团长的台湾大学生物资源暨农学院师生一行18人的黑龙江参访团和台湾黑土地文化之旅夏令营40余人来访。

（杜　克）

【政协与党派工作】　支持和协助民主党派、政协委员、无党派人士参与垦区重大改革及重点工作，协调政协委员到检法两院参与监督，组织垦区各级政协委员开展调研、撰写提案。省政协委员初景国《关于我省冬季供暖期空气污染问题的建议》获省政协优秀提案奖，同时被评为履职优秀委员。协调有关部门完成九三学社省委《关于解决垦区支出负担过重和完善粮食补贴政策的意见建议》的答复工作。做好党外人士政治引导和党外代表人士培养，探索建立推荐和培养优秀党外代表人士工作机制。7月，推荐3名青年台胞为省台联青联委员。推选葛文杰提任入选九三省委秘书长。安排部署垦区的县市政协委员和民主党派换届工作。在垦区非公有制经济人士中开展“守法诚信、增强发展信心”为主题的理想信念教育活动，推荐黑龙江省建三江农垦银谷青年谷物专业合作社执行理事长孟凡军为全省百名非公有制经济代人士。开展了垦区“六支代表人士队伍”组建工作。

（杜　克）

外事及对中国港澳台交流

【概况】　2016年，垦区外事及对中国港澳台交流合作活跃。严格控制因公出国（境）团组，减少一般性出国考察，严格执行总局党委会确定的各项工作目标，做好垦区因公出国（境）团组的商务洽谈和对外招商引资工作。共办理出国团组39个，出国人员101人次，其中，副厅级以上领导出国团组8个、25人次。通过对一般性考察的控制，节省了三公经费的支出，切实提高了出国团组的质量和对外合作的效率。组织配合各部门接待来访蒙古、瑞典、以色列、日本等各类外国及中国港澳团组13个、111人次，主要接待了蒙古驻华大使代表团、以色列米超林集团代表团、日本伊藤忠株式会社代表团等。邀请俄罗斯、美国和澳大利亚等国的专家和企业代表到总局及管理局进行技术指导及可行性论证。在2016中国国际奶业展览会暨乳业合作大会期间，总局外事办全程负责总局领导及垦区企业参加乳业合作大会开幕式、国际乳业技术与产业联盟成立筹备会议、中国—法国乳业合作主题日、中国—新西兰乳业合作主题活动及一系列展览、论坛、研讨会等活动的对接工作。完善因公出国（境）管理规定。搜集了近几年中央及省委、省政府、外交部和总局党委下发的关于加强因公出国（境）管理的文件，对原有的管理规定进行了完善。

（权　力）

【外事往来】　2016年1月5日，总局副巡视员李殿君在总局机关20楼第一会议室会见蒙古驻华大使策·苏赫巴特尔先生一行，双方就进一步加强两国间农业合作等事宜进行洽谈。1月19日，由中联部组织的内地优秀澳门学生访问团一行参观北大荒博物馆。6月13日，总局副局长王立荣在总局机关20楼第一会议室会见日本伊藤忠株式会社代表团一行。双方就在农业领域开展合作等事宜进行洽谈。6月24日，由中联部组织的香港入境处官员代表团参观北大荒博物馆。7月24日，总局党委书记王兆力在北大荒国际饭店贵宾室会见以色列米超林集团合伙人、中国区执行总裁约瑟夫·扎尔泽夫斯基先生一行，双方就在设施农业领域开展合作等事宜进行洽谈。7月27日，总局副局长王立荣在总局20楼第二会议室会见日本伊藤忠株式会社代表团一行，双方就开展农业合作等事宜进行交流。9月30日上午，总局党委书记王兆力在总局机关18楼贵宾室会见以色列米超林集团合伙人、中国区执行总裁约瑟夫·扎尔泽夫斯基先生一行，双方就在设施农业领域开展合作等事宜进行洽谈。总局党委副书记徐学阳一同出席会见。12月13日，以色列前工业、贸易和劳工部部长，现内阁少数民族事务部部长沙罗姆·西蒙带领米超林集团相关人员考察香坊实验农场和闫家岗农场。晚上，省委副书记黄建盛在北大荒国际饭店会见沙罗姆·西蒙一行，双方就开展现代农业合作事宜进行友好会谈。总局党委书记王兆力、总局局长王有国、总局党委副书记徐学阳参加会见。12月15日，总局副巡视员郭宝松在总局20楼第一会议室会见日本伊藤忠株式会社代表团一行，双方就开展农业合作的领域等事宜进行洽谈。

（权　力）

政策研究

【一事一议建设公益事业】　2016年，各农场筹资筹劳总额32771万元（含以劳折资），争取国家财政奖补资金3亿元，实际筹资469万元，筹劳折资金额1876万元，建设基层单位公益事业项目428个。项目资金涉及1441672人，其中，劳动力659022人，参与“一事一议”筹资人数1412838人，项目受益1412838人。

（阿海锋）

【垦区改革工作】　2015年11月27日，中央印发了《中共中央 国务院关于进一步推进农垦改革发展的意见》。按照中央文件精神，总局党委结合垦区实际，于4月初制订下发《黑龙江省农垦总局改革任务分解方案》，确立7个专题15项具体改革任务，安排相应的专项改革试点。深入贯彻落实习近平总书记在黑龙江省考察工作结束时重要讲话精神，按省委、省政府要求，总局党委选定在绥化、哈尔滨管理局开展综合改革试点，8月1日，省委深改组第十五次会议审议通过《黑龙江省农垦绥化、哈尔滨管理局改革试点实施方案》，总局党委及时制订《改革试点实施计划》，确定完成各项改革任务的时间节点和责任单位。改革试点坚持社会主义市场经济改革方向，以保障国家粮食安全和重要农产品有效供给为核心，以垦区集团化、农场企业化为主线，以创新体制机制、转变农垦管理方式为重点，以农垦管理体制从现行的三级管理向两级管理转变为突破口，破除农垦体制不顺、机制不活弊端，增强企业内在活力、市场竞争力、发展引领力。做强做优做大农垦，建设现代农业大基地、大企业、大产业，努力形成农业领域的航母。聚焦垦区集团化、农场企业化和农垦管理体制改革三大核心任务：逐步做实北大荒集团，将北大荒农垦集团总公司改组组建为农垦国有资本投资、运营公司，在集团内部构建以资本为纽带的母子公司管理体制，完善公司法人治理结构和集团管理制度；分离农场行政社会管理和公共服务职能，回归农（牧）场企业属性，不再承担办社会职能；转变管理方式，将目前总局—管理局—农（牧）场三级管理，变成“北大荒集团—分子公司”和“总局—管委会”二级管理。（1）组建完成农垦集团子公司。按照垦区集团化改革要求，对农垦绥化、哈尔滨管理局所属的21个农（牧）场实施整合重组，组建成15个北大荒农垦集团子公司。子公司作为独立法人不再承担办社会职能，按企业定位，完善公司治理结构、建立现代企业制度。集中精力加快产业项目发展，着力培育主导产业。通过整合重组，扩大经营规模、增强企业实力，精简管理机构、减少管理人员、节约管理成本。新组建的15个子公司已经挂牌运行。（2）移交办社会职能工作进入实质性阶段。完成对两个管理局及所属21个农（牧）场办社会职能、机构、人员、编制、经费等调查摸底工作。拟采取成熟一批（项）移交一批（项）的办法分步移交，加快推进农垦改革。（3）国企改革取得突破。自2015年下半年开始，全面启动国有企业引进战略投资者，发展混合所有制经济；完善企业内部激励约束机制；市场化选聘职业经理人和具备条件企业与资本市场合作融资上市四项改革，以国有企业引进战略投资者，发展混合所有制经济改革为突破口，带动国企全面改革，加快产业项目建设。截至目前，已有8户企业完成了引资合作，引进资金12.3亿元。（4）专项试点工作稳步推进。农业部统一部署安排了20项专项改革试点任务，在全国35个垦区的186个点上启动实施，黑龙江垦区有在不具备社会职能移交条件的国有农场推进办社会职能内部分开、管办分离；化解国有农场办社会职能形成的债务；建立以劳动合同制为核心的市场化用工制度；将未参加养老和医疗保险或中途断保的职工，按规定纳入参保范围；改组组建农垦国有资本投资、运营公司；加强党的领导和党的建设，充分发挥农垦党组织的政治核心作用等6个专项改革列入全国试点计划。

（阿海锋）

【推进存续农场办社会职能改革】 根据《中共中央 国务院关于进一步推进农垦改革发展的意见》（以下简称《意见》）精神，采取试点先行的办法，以存续农场为办社会职能改革试点单位，因地制宜、积极稳妥地推进国有农场办社会职能改革。按照《黑龙江省农垦总局改革任务分解方案》、《存续农场经营管理体制和办社会职能改革工作方案》要求，对16个存续农场的机构、人员、编制、资产、债务、资源等各方面进行全面的调研，在充分调查研究、听取各方面意见的基础上，制定《存续农场分离办社会职能改革试点实施方案》。该方案坚持政企社企分开的改革方向，试点先行，探索国有农场办社会职能改革的有效途径。从存续农场实际出发，推进办社会职能内部分开、管办分离，统筹促进经济与社会协调发展，建立健全国有农场社会管理与公共服务体系，加强基础设施建设，全面提升新型城镇化水平。为推进存续农场办社会职能改革奠定了基础。

（阿海锋）

【全国人大法工委确认《黑龙江省垦区条例》不存在违宪、违法问题】 2016年4月29日，省人大法工委转来全国人大法工委法工办函〔2016〕20号通知，垦区353名农工联名，“建议全国人大立即撤销《黑龙江省垦区条例》”，全国人大法工委要求黑龙江省人大进行研究，提出反馈意见。总局政策法规局立即对农工《建议全国人大立即撤销〈黑龙江省垦区条例〉》申请书（以下简称“申请书”）进行研究，形成《黑龙江省农垦总局关于提议农工反映问题的调查报告》，依据国家有关法律法规政策对申请书中所提出的问题进行逐一答复。5月20日，省人大法工委及总局政策法规局有关人员到全国人大法工委进行了专题汇报。在听取汇报之后，全国人大法工委表示：“《黑龙江省垦区条例》不存在违宪、违法问题。”

（阿海锋）

机构编制工作

【机构调整】 根据《黑龙江省机构编制委员会关于在黑龙江省农垦垦区设立不动产登记中心的通知》，在总局、各管理局和佳南实验农场分别设立不动产登记中心，在同级国土资源部门业务指导下，承担各自辖区内不动产登记的具体技术性、服务性工作。根据省政府要求和省交通厅与总局协商意见，将建虎高速公路收费、运营、养护、管理等职责移交给省交通运输厅，撤销总局建虎高速公路管理处及下设建三江收费站、大兴收费站、五星湖收费站、八五三收费站、八五二收费站、八五四收费站、虎林收费站。根据《黑龙江省机构编制委员会关于调整黑龙江垦区采购招标中心名称等机构编制事项的通知》，黑龙江垦区采购招标中心更名为黑龙江垦区公共资源交易中心，挂黑龙江垦区采购招标中心牌子，业务相对分开，经费形式由原自收自支调整为全额拨款。根据《黑龙江省人民政府办公厅关于印发黑龙江省整合建立统一的公共资源交易平台工作实施方案的通知》《黑龙江省机构编制委员会关于整合组建市（地）公共资源交易中心的通知》精神，为总局发改委增加公共资源交易管理职责。根据《中共黑龙江省垦区公安局委员会关于变更阿城原种场派出所隶属关系的报告》，将黑龙江省建三江农垦公安局阿城原种场派出所更名为黑龙江省哈尔滨农垦公安局阿城原种场派出所，隶属关系由原隶属黑龙江省建三江农垦公安局变更为隶属黑龙江省哈尔滨农垦公安局，隶属关系变更后，机构规格、人员编制及领导职数均不变。加强财务统一管理，将原隶属总局办公室的财务科调整为隶属总局财务处。将九三管理局城镇建设规划局由原隶属九三管理局局直城镇管理局，调整为隶属九三管理局住房和城镇建设局管理。

（姬　霞　高明山　何易雯）

【事业单位分类改革】 根据省人民政府办公厅《关于进一步做好省政府系统

事业单位存在合理性梳理工作的指导意见》文件要求，总局编委办对省农垦总局所属127个、管理局所属721个事业单位（含中小学、幼儿园）进行全面梳理。根据省机构编制委员会办公室《关于加快推进省农垦、森工系统所属事业单位分类工作的通知》要求，对经省及总局编委批准已进入省机构编制管理平台的事业单位进行分类。其中已纳入省平台管理的省农垦总局直附属事业单位124个、九个管理局所属事业单位458个。

（姬　霞　高明山　何易雯）

【下放各管理局事业单位登记管理权限】　根据省编办《关于省农垦总局编办事业登记管理权限调整问题的复函》精神，将各管理局所属事业单位登记管理权限下放给各管理局编委办管理。

（姬　霞　高明山　何易雯）

【行政体制改革】　为全面贯彻落实《中共中央 国务院关于进一步推进农垦改革发展的意见》，根据《黑龙江省农垦总局改革任务分解方案》明确的专项改革任务，总局编委办研究梳理总局、管理局和农牧场社会行政管理委员会职能，配合绥化、哈尔滨管理局改革试点工作；参与农业部、中编办、省编办和总局对黑龙江农垦改革发展特别是绥化、哈尔滨管理局改革试点工作的专题调研，协调沟通省编办对拟移交过程中存在的问题，多渠道提出解决意见。

（姬　霞　高明山　何易雯）

老干部工作

【概况】　截至2016年12月底，垦区共有离休干部2385人，其中，抗日战争时期155人，解放战争时期2230人。享受副省级医疗待遇2人。

（王建华）

【政治生活待遇落实】　健全完善离休干部“三个机制”，确保离休干部“两费”按时足额发放。做好易地安置离休干部服务管理工作，11月上旬，对安置在全国24个省、直辖市、自治区的228名易地安置离休干部进行了走访慰问。鼓励引导离退休干部围绕“展示阳光心态、体验美好生活、畅谈发展变化”主题，为党的事业增添正能量。以支部为单位组织垦区离退休干部参加在离退休干部党员中开展“我看从严治党新气象”大讨论，强化党员角色意识，永葆先进本色。4月8—10日，组队参加由海南省农垦老年人体育协会主办、海南省老年人体育协会乒乓球工委、海南昌炜集团有限公司独家赞助的海南“昌炜杯”全国老年人乒乓球邀请赛。来自全国9个垦区和农业部直属单位的18个男子、12个女子代表队共120名运动员参加比赛，总局女队获得冠军，男队获得银奖。5月24—26日，在宝泉岭管理局举办垦区离退休干部第七届台球、乒乓球比赛。有13支代表队120余名离退休干部参加比赛。宝泉岭管理局江滨农场老干部科在老年大学建立“国学、文艺、健身、养生、网络、书画、摄影”7个沙龙协会，开办特色班活动60余次。红兴隆管理局八五三农场党委在离退休干部中开展“道德讲堂”“传承好家风”“我为农场建设献一策”等活动，引导他们争当“优秀一员”的模范。农垦哈尔滨、佳木斯老年大学合唱团，常年坚持排练演出，经常参加省、直辖市、自治区及垦区组织的各类文艺活动，演唱的曲目大多是自编、自导、自演的弘扬主旋律、弘扬北大荒精神的歌曲。3月末，参加了由上海东北经济文化发展促进会等单位主办，知青情文化艺术活动委员会、《黑土情》杂志社等单位承办的纪念铁道兵开发建设北大荒60周年文艺演出活动。

（王建华）

工　会

【工会组织建设】　做好省工会十一大代表选举工作。根据省总工会《关于做好黑龙江省工会第十一次代表大会组织人事工作的通知》文件要求，5月3日农垦工会下发《关于做好黑龙江省第十一次代表大会代表推选工作的通知》，对垦区出席黑龙江省工会第十一次代表大会代表候选人的名额分配和推荐工作做了具体安排，共推荐垦区出席黑龙江省工会第十一次代表大会代表候选人51名。农垦工会代表会议于7月15日在哈尔滨召开，选举产生垦区出席省总工会第十一次代表大会代表44名。省工会第十一次代表大会于7月26日—28日在哈尔滨召开，农垦工会主席于春明当选省工会十一届常务委员会委员，于春明、刘德坤、沈纯霞当选省工会十一届委员会委员，朱晓坤当选省工会十一届经费审查委员会委员。开展职工之家创建工作。农垦工会于2016年10月表彰总局模范职工之家95个、总局优秀工会工作者65人和总局优秀工会积极分子42人。此外，还推荐了12个单位和5名个人为省模范职工之家和省优秀工会工作者。

（王　莹）

【扶贫帮困工作】　深入实施垦区“一帮一”扶贫解困工程，农垦工会制发《“十三五”期间“一帮一”扶贫解困工程方案》和《2016年“一帮一”扶贫解困工程具体实施方案》，将垦区有劳动能力的395户困难职工家庭和2001户低收入职工家庭纳入垦区各级工会帮扶系统，实行精准帮扶、精准脱贫。继续支持3600万元“一帮一”扶贫解困周转金，各级按照一比一资金进行配套，被帮扶困难和低收入职工家庭年底实现脱困脱低率达96%以上。继续开展就业创业援助月活动和春风行动，各级工会共组织专场招聘会71场次。做好送温暖工作，各级工会困难职工帮扶中心累计发放帮扶资金1412万元，帮扶救助困难职工23516人次。各级工会把“两大平原”现代农业职工（农民工）和职工技能培训工作，作为重中之重的工作来抓，广泛开展科技之冬活动，累计培训农业合作组织、专业大户、家庭农（牧）场3000多个，举办各类职工技能培训班814期，培训职工、从业劳动者10.1万人次。农垦工会与省总工会保护部联合在垦区举办230人参加的职工安全监督员培训班，经考试合格后发证，与省技协联合在垦区举办近百人参加的电工培训班，经考试合格后由省人事厅发放电工证。推动互联网+职工（农民工）网上平台建设，农垦工会和九三集团与上海华光网络培训学院联合建立的局直企业职工培训互联网教育平台启动，对局直工业企业职工实现网络培训全覆盖。

（王　莹）

【基层民主管理】　重点抓好总局党委和总局下发的《关于加强农场场务公开工作的意见》《关于将农业生产资料采购有关问题纳入职代会审议和监督的意见》《关于加强农牧场职工代表大会制度建设有关问题的意见》三个民主管理规范性文件的落实，首次将化肥、种子等大宗农业生产资料集中采购方案纳入农场职代会审议通过；首次将农场债权债务情况和农场财务预决算纳入职代会审议通过。各级党委下发文件，首次将职代会和场务公开工作纳入各级党风廉政目标考核之中，明确党委书记是第一责任人。截至2016年4月7日，垦区113个农（牧）场全部召开完职代会；管理局召开职代会联审会议219次，审议各类方案报告1299个；累计征集职工代表提案4315份，提案办结率平均达97.1%以上；对所有场级领导进行了民主评议，民主评议领导干部1524人；为无固定收入一线职工代表发放补贴280万元。垦区共有3985名职工代表参加巡视，累计巡视665次，召开民主议事会2074次、场长对话会340余次。各级按照“能公开则公开”“应公开尽公开”的原则，不断丰富场务公开内容，扩大场务公开范围，做到公开内容真实、公开时间及时、公开程序规范、公开形式多样，坚决克服形式主义和弄虚作假行为。

（王　莹）

【争先创优活动】　（1）深入开展劳动竞赛。全面启动“践行新理念、建功‘十三五’”主题劳动竞赛活动，参加活动的企事业单位达90%以上，参与职工30余万人，实施合理化建议2100多个，推广先进操作法项目200余项，获得专利18项。继续开展重点产业项目建设劳动竞赛活动，着力推动劳动竞赛向非公企业、新兴产业和现代服务业拓展。继续叫响工人先锋号、劳模创新工作室等品牌，2016年新增劳模创新工作室11家。组织开展“五小”活动，创造经济效益近千万元。选树“首席员工”、“金牌工人”等技能带头人1612人，技能人才结对1415对。（2）做好先优推荐和劳模服务工作。推荐评选全国五一劳动奖章2名，全国工人先锋号2个，获奖单位和个人于2016年4月28日参加黑龙江省庆祝“五一”国际劳动节暨全省职工创业创新标兵表彰大会，得到省委书记王宪魁、省长陆昊及各界领导的亲切接见。推荐评选黑龙江省五一劳动奖章4名，黑龙江省工人先锋号5个，黑龙江省省五一劳动奖状1个。为35名全国劳模发放春节慰问金7万元；慰问了低收入全国劳模9人，发放生活困难补助金16.9656万元。（3）继续开展安全生产月和安康杯竞赛活动。安全月期间在全垦区开展安全健康知识培训和《安全生产法》普及教育活动，共举办安全知识讲座200余次，安康杯知识竞赛130场，悬挂安全生产条幅10000余条，横幅标语3100余幅，安全挂图1000套，散发宣传单和宣传资料9.6万份，在家庭、社区和学校营造出人人关心安全、人人重视安全、人人注重安全的良好局面。

（王　莹）

【职工素质工程建设】　（1）开展社会主义核心价值观宣传教育，深入学习贯彻落实省总十一大精神。做好省总十一大精神的学习和宣传工作，组织垦区工会干部学习省委王宪魁书记在省总十一大会议上的重要讲话精神和省总工会主席朱清文《激发职工内生动力，推进工会改革创新，组织动员广大职工为龙江全面振兴努力奋斗》的工作报告精神。（2）充分发挥工会“大学校”、职工书屋的“充电宝”作用。按照全国职工读书主题活动要求，组织广大职工开展读书学习以及征文、写作、演讲、讲座等活动，向省总推荐优秀文章20篇。推进北大荒职工书屋建设。落实《全国职工书屋建设五年规划（2014—2018）》，继续扩大职工书屋覆盖面，全年共申报全国职工书屋示范点2个、全国职工书屋示范点补配图书单位1个，全国职工书屋自建20个。（3）创新载体丰富职工文化生活。探索“互联网+”工会工作，充分发挥“微看八五二”等荣获“全省工会新媒体十佳创意设计奖”的优秀公众号的示范作用，目前全垦区共建立微信公众号148个，实现了各农牧场微信公众平台全覆盖，真正做到了与职工信息分享“零距离”和“全天候”。

（王　莹）

【女职工工作】　（1）实施女职工建功立业素质提升工程。组织动员各级女职工积极参加“践行新理念，建功十三五”主题竞赛和提合理化建议、技术创新等活动，培养选树女劳模工作室、女职工创新班组83个，选树巾帼致富带头人1059人、女科技示范户463个。积极动员女职工参加“两大平原”现代农业职工（农民工）技能培训和各行各业职工技能培训，举办培训班588期，培训女职工5.76万人次。16.8万名女职工参加了书香“三八”——“智慧女性·书伴我行”活动，有15份作品在全国获奖，农垦工会女职工委员会获优秀组织奖。（2）做好女职工维权帮扶工作。各级女职工组织广泛宣传解读国家涉及女职工权益保护的法律法规，签订女职工权益保护专项集体合同648份，覆盖企业2500个。继续实施“关爱行动”，把单亲困难女职工和家庭中以女性劳动力为主的贫困户作为工作重点，帮助困难女职工4187人，提供资金499万元，对5.9万名女职工进行“两癌”筛查，投入资金733.5万元。筹措“六一助学”、金秋助学资金368万元，资助困难职工子女3063人。（3）深入开展家庭文明建设活动。配合美丽乡村建设，参与“十家”系列活动，参与人数达18.5万人次，有28份作品在全省“十家”系列活动中获奖。各级女职工组织围绕“注重家庭、注重家教、注重家风”开展各类系列活动485次，选树宣传“五好文明家庭”“最美家庭”“最美家庭角色”等先进典型1107个。

（王　莹）

共青团

【青少年思想政治工作】 在垦区青少年中开展“五老牵手红领巾·共圆美丽中国梦”主题活动。以中国梦和社会主义核心价值观教育为主线，以“五爱”教育为基础，充分发挥“五老”等离退休老同志的作用优势，聘请“五老”担任志愿辅导员，支持和指导少先队开展形式多样的组织教育、自主教育、实践活动，服务少年儿童需求，引导广大少年儿童听党的话、跟着党走，从小学习做人、从小学习立志、从小学习创造，为实现中华民族伟大复兴的中国梦时刻准备着。在全垦区青少年中开展培育和践行社会主义核心价值观活动。抓住中国共产党成立95周年、长征胜利80周年等重大契机，开展党史、国史和革命传统教育。深化“红领巾相约中国梦”“红领巾心向党”“核心价值观记心中”和“我们是共产主义接班人”主题队日宣传教育活动，引导少先队辅导员、少先队员关注、参与“十三五”，激发少年儿童的梦想。垦区10名少先队员参加省第七次少代会，与会期间，全省300余名师生代表参观北大荒博物馆。深化中国梦学习宣传教育活动。深入开展青少年“严实”品德教育活动。深入开展“我是向上向善好少年”“争当美德小达人”“选树最美少年”等系列主题活动；深入开展“优秀传统文化在我身边”实践体验活动和“最强国学少年”挑战赛系列活动。

（于　森）

【扶危济困活动】 与北大荒青联成立的“北大荒青年爱心圆梦”基金，以扶危济困、助残扶弱、社会救助、圆梦助学等慈善公益项目为主，营造关注弱势群体生存现状和理解、宽容、友爱的社会文化氛围，为垦区内外有志之士搭建爱心慈善事业的参与平台。8月，总局团委通过轻松筹网络平台筹集善款12020.68元，“北大荒爱心圆梦基金”拨出7979.32元，共计2万元，成功资助10名考上重点大学的贫困学子。

（于　森）

【新媒体网络建设】 加强官方微信订阅号管理，专人负责，每天定时发布时事新闻、共青团品牌活动、青年典型风采、招商信息、不定期发起网络投票，充分利用网络对青年的吸引力，与青年分享正面思想，弘扬主旋律、传播正能量。总局团委要求团干部个人微信必须关注总局团委微信公众平台，要求一天内转发总局团委微信公众平台发布的重要信息至朋友圈并号召更多的团员青年关注，扩大微信平台的覆盖面和影响力。总局团委官方微信平台已登载信息560条，关注人数19448人。重视“青年之声”网络平台建设，组建专家团队，针对平台上青年提出的各类问题进行解答，以青年之声为突破口，落实“凝聚青年，服务大局，当好桥梁，团要管团”四维工作格局。

（于　森）

【扶持青年创业就业】 通过北大荒青年联合会、农垦青年致富带头人协会体系建设，凝聚优秀青年群体，服务身边青年，引领青年建功立业。作为“互联网+”工作领导小组成员单位，聘请知名电商平台讲师为近10万名青年开展技能培训；与阿里巴巴集团合作在垦区建设“局淘、场淘”项目，助力垦区“互联网+农业”快速发展；与京东集团、唯品会签约开展北大荒产品众筹上线等业务。总局团委、北大荒青农协与北大荒集团国有龙头企业联合推出“北大荒青年优选”高端定制有机绿色系列农产品，以北大荒品牌和青年的名义和信誉为背书，从2600多款北大荒特色农产品中，精心优选、特殊定制30款性价比最高、品质最好、生态健康的高端产品。为创业青年提供零投入、零风险、零库存，一件代发、保姆式导师等全方位服务。总局团委联合组织部、绿办共同举办垦区青年干部“互联网+农业”场域经济发展研修班，每期培训副场处级干部50人，完成3期，累计培训150人；举办管理局级电商培训6场，共计485人；举办农场级培训38场，累计培训青年1900人。9月，由团省委、总局主办，总局团委承办的黑龙江省青年电商发展论坛在机关2楼大会堂举行，来自全省各市地及垦区的青年电商代表参加此次论坛。建设“邮乐购”服务站点。经过与黑龙江省邮政公司及哈尔滨分公司多次沟通协调，选取试点单位为宝泉岭农场、共青农场、尖山农场、鹤山农场、香坊农场、青年农场、友谊农场。试点与现有北大荒青农协服务站点相融合，将北大荒青农协与邮乐购平台资源共享，在农产品上行、工业品下行、青年创业、旅游资源、便民服务等方面合作。北大荒青年优选系列产品已经与邮乐购平台签约并完成上线销售，宝泉岭农场、共青农场的试点试运行。总局团委配合商务局、绿办等部门，与阿里巴巴集团、京东集团及唯品会等知名电商沟通。促成“互联网+”植保作业实验两次。

（于　森）

【涉农领域青年活动】 发挥组织优势，营造电商创业氛围，培育电商人才。总局团委、北大荒青年联合会与北大荒青农协联合开展“北大荒百名杰出青年（项目）创新创业典型”评选活动。垦区各级团组织通过调研走访，与相关部门商议后层层推报共计124名优选青年创新创业典型及124个创业项目。组建“北大荒青年创新创业人才（项目）库”，跟踪成长，并将优秀创业者及项目推荐参加省级、国家级创新创业人才（项目）大赛评选。

（于　森）

【青年干部挂职锻炼实训】 来自基层单位的16名优秀青年参加挂职锻炼实训班。实训班学员分别在总局纪检委、机关党委、办公室、财务处、农业局、商务局、绿办、编委办、扶贫办、农机局、团委等部门挂职，挂职部门负责学员工作实践、岗位技能、综合能力的锻炼和培养，并为每个学员选派1名挂职导师，导师一般由部门领导担任，负责为学员工作、学习、生活等方面提供指导和帮助。10月，总局团委在共青农场举办2016年度垦区共青团干部、青年干部培训班，来自垦区的119名团干部、青年干部、实训班学员参加此次培训。

（于　森）

【青年之家】 按照新建一批、转型一批、开放一批的原则，在9个管理局建立13个“青年之家”综合服务平台。共青农场青少年综合服务平台严格按照《共青团中央办公厅关于支持各地加强青少年综合服务平台建设经费使用管理办法（试行）》的要求，对团中央支持经费进行使用和管理。

（于　森）

【社会团体组织建设】 深化“学雷锋”志愿服务活动。总局团委在“两节”期间开展“青春暖流行动”，垦区136个场处级单位团委动员各方面社会资源，对弱势青少年及孤寡老人进行走访慰问，建立帮扶对子，切实为他们解决学习和生活方面的实际困难。总局团委到青年农场走访慰问3名贫困青少年，为他们送去3000元慰问金。在“3·5”期间开展“雷锋在身边”主题教育实践活动，万名青年志愿者参加清除白色垃圾、慰问孤寡老人、关爱留守儿童等志愿活动。通过组织青少年参加植树造林、植绿护绿活动，参加拣拾白色垃圾等环境整治活动，动员青少年立足生产生活实际开展节能降耗实践活动，切实参与到垦区生态文明建设中。

（于　森）

总局驻外办事处

【驻北京联络处】 总局驻北京联络处以制度化、精细化管理为契机，建立起纵到底、横到边，涵盖管理各个方面的制度体系，使联络处工作每个方面、每个环节都有章可循，实现管理的制度化、规范化。围绕农垦改革为重点，及时报送重要的信息，为相关部委及农垦总局传递专报信息310条。报送的“九三油脂与中储粮油有限公司签署合作框架协议的具体内容”得到农业部领导的重视。为垦荒人集团与红兴隆、建三江、牡丹江管理局搭建合作平台，推进农产品销售。强化工作职能，增强管理理念，严格把关，规范行为，年接待3985人次。北大荒宾馆年入住1.6万人，营业收入首次突破500万元。北大荒餐厅年总营业额275万元，完成利润15万元。北大荒商贸公司依托北大荒品牌，发展加盟店1家，完成加盟销售30万元。举办“北大荒绿色食品特价回馈知青活动”两次，完成销售43万元，实现利润5.2万元。北大荒（北京）旅游公司同垦荒人集团合作，组团赴垦区60批计2703人。通过垦荒人北大荒探源之旅活动，为黑龙江省旅游业增收510万元，其中垦区相关农场增收203万元。

（刘　江）

【驻佳木斯办事处】 总局驻佳木斯办事处全面履行协调、服务、管理职能，做好离退休干部和老年人服务工作。关注民生，着重解决职工群众反映的热点难点问题，推进各项“民生工程”。完成农垦南北两院楼房外墙保温、给排水管线的部分后续改造。维修农垦综合楼门卫及地下停车场监控系统，更换1台显示器、1台硬盘录像机、7台摄像头。完成老年公寓院区消防等设施改造维修。统计整理在职及退休人员热化补贴300人次。完成农垦综合楼决算，做好顶账房手续办理及乙方欠款结算工作。为87名残疾人发放2016年度护理补贴和生活补贴近14万元。对1100多名低保人员信息进行审核，年发放低保金560万元。动态管理30名高龄老人，年发放高龄津贴3.4万元。为623户低保家庭发放取暖费补贴近62万元。为645户低保家庭发放电价补贴4.4万元。对低保、低收入33人实施医疗救助，发放救助金16万元。完成审核376人“五险”缴费，上缴保险费272万元。先后接待农业部、省和总局领导、国际友人以及各方来宾数300余人次，树立垦区良好形象。接待各类上访400多人次，处理上访信件12件，妥善处理涉及低保、独生子女费、工资福利及幼儿园等方面问题。

（李　萍　张　颖）

法　治

法治工作

【行政审批制度改革】 （1）简化优化公共服务流程。按照《省政府办公厅关于印发黑龙江省简化优化公共服务流程方便基层群众办事创业工作方案的通知》要求，起草《黑龙江垦区简化优化公共服务流程方便基层群众办事创业工作方案》。按照省政府推进职能转变协调小组办公室《关于对全省乡镇、街道、社区出具的证明手续情况进行调查统计的通知》要求，总局部署 9 个管理局对全垦区 113 个农场和局直社区出具的证明手续情况进行调查统计，上报省工作组。（2）梳理党群权力工作。按照总局党委第六次会议要求，起草《中共黑龙江省农垦总局委员会办公室关于开展党群部门行政权力梳理工作的通知》，印发《关于开展总局党群部门权力梳理工作的有关注意事项》，对梳理党群部门权力事项的对象、范围、步骤和时限提出具体要求。截至 5 月 31 日，确认属于梳理范围的职权事项 66 项，同步制作责任事项梳理表和流程图。（3）加强权力清单制度建设。按照《省政府办公厅关于做好全省行政权力清单统一规范工作的通知》要求，出台《关于做好垦区行政权力清单统一规范工作的通知》，对省政府 44 个部门制作的地市级标准目录共 3739 项，进行逐项梳理确认，最终总局保留市级权力事项 3013 项，并同步调整责任清单、一次性告知单和流程图，已在省权力信息管理平台向社会公示。（4）行政审批前置要件清理。对 582 项行政权力经过反复梳理，在 25 个部门 133 项行政许可类为主的权力事项中，有疑似前置要件 375 项，没有后置要件。经部门确认和审核，删除、取消了没有法律依据或不必要设置的前置要件 114 项，保留 261 项，共涉及 17 个部门 105 项行政权力。在此基础上，编制《黑龙江省农垦总局本级行政审批前置要件清理结果汇编》。（5）编制一次性告知单和流程图。按照省政府办公厅权力清单统一规范工作的要求，与省政府办公厅沟通，根据权力清单标准目录，同步调整了一次性告知单和流程图，正在录入省级平台。（6）对比地市梳理总局级行政许可事项。印发《关于进一步梳理行政许可事项的通知》，对总局级行政许可事项进行全面梳理。按照省审改办统一规范权力清单工作要求梳理，总局共 27 个部门具有行政许可权力事项，共计 243 项。

（阿海锋）

【两随机一公开】 总局各行政执法部门以全面完成被检市场主体名录库和行政执法检查人员名录建立，随机抽查事项清单对照各部门权利清单也已制定完成。总局共计 21 个行政执法部门开展“双随机一公开”工作，市场监管执法事项总数共 2380 项，其他行政执法事项 5 项，已开展市场监管执法事项 2380 项，其他行政执法事项 5 项，随机抽查事项已达到市场监管执法事项 100%，其他行政执法事项 100%，实际开展市场监管执法检查项数共计 455 项，其他行政执法项数共计 5 项，公开 1044 次。各管理局（农垦管委会）全部完成“一单两库一细则”的建立工作，各管理局市场监督执法事项共计 12396 项，其他行政执法事项共计 361 项，随机抽查事项达到市场监管执法事项的 100% 和其他行政执法事项的 100%，实际开展市场监管执法检查项数共计 7555 项，其他行政执法项数共计 201 项，均已通过网站、公告栏等多种形式对抽查依据、抽查主体、抽查事项、抽查方式、抽查程序和抽查结果进行全流程公开，接受社会监督。

（阿海锋）

【审核报备规范性文件】 审查文件 30 余件，《黑龙江省农垦总局关于异地就医实施细则》等 8 件属于规范性文件，全部按照省政府要求进行报备。截至 2016 年底，总局规范性文件备案率、合格率均为 100%。按照省政府办公厅《关于做好文件清理工作通知》和省政府法制办《关于地方性法规、省政府规章和规范性文件清理任务的通知》《关于报送地方性法规、省政府规章和规范性文件清理有关情况的通知》要求，总局政策法规局开展了四轮清理工作。截至 2015 年 12 月 31 日，累计清理总局规范性文件 134 件，保留 93 件，废止《黑龙江省农垦总局办公室关于修订总局局直医疗保险门诊医疗指定慢性疾病诊断标准的通知》等总局级规范性文件 41 件。

（阿海锋）

【行政执法监督】 总局法制机构牵头负责垦区发展环境治理工作，成立总局发展环境治理办公室。每年组织一次行政执法监督检查，采取明察暗访、座谈、案卷评查等方式，重点对涉企执法进行监督。由于垦区管理体制的独特性，经省法制办领导同意，总局各部门不单独建立行政裁量基准，而是按照省政府部门制定的基准执行，总局政策法规局要求各行政执法部门按照省政府部门制定的行政裁量基准严格执行。通过建立权力清单和责任清单制度，明确各级别管辖范围和权限，杜绝交叉执法和重复执法。按照总局“两随机一公开”方案部署，总局各部门都制定了本行业实施方案，建立相关工作制度，切实解决执法不公、随意执法等问题，营造良好的垦区政商环境。

（阿海锋）

【行政复议与行政应诉】 受理和处理行政复议及行政诉讼案件 170 余件。其中，近年来最有影响行政诉讼案件是饶河农场 12 人，八五二、饶河、前锋、前哨、大兴、洪河 6 个农场 75 人分两次到北京市第三中级人民法院，把黑龙江省农垦总局和农业部作为共同被告提起行政诉讼。针对这两起行政诉讼案件，采取有效措施，积极应对。分别到农业部农垦局及北京市三中院做专门汇报，介绍垦区的基本情况及税费改革政策落实情况，营造公正判决的良好态势。做好出庭前的应诉准备工作，专门召开两次有各农场人员及律师参加的案情研讨会，梳理庭审期间可能出现的提问，做好应对预案；向农业部政法司、农垦局汇报准备工作。庭审期间答辩周到严密，质证有条不紊，论辩有理有利，取得的较好庭审效果。法院做出了驳回原告诉求的行政裁定。

（阿海锋）

政法工作

【概况】 将综治维稳纳入经济社会发展总体规划。按照“谁主管谁负责”的原则，落实综治维稳工作领导责任制和责任追究制，垦区各级签订责任状10余万份。7月，由总局综治办牵头对垦区近50个农场进行督导检查，对工作中存在的问题及时进行指导。深化平安创建活动。继续保持全省平安系统称号。2012年以来，有60个农牧场被省委省政府命名为“省级平安农场”。推进综治信息化建设工作，垦区综治信息系统升级改造，实现与全省互联互通。社会治理领域突出问题得到破解。联合印发《黑龙江省垦区严重精神障碍患者监护责任“以奖代补”政策的实施方案》，将“以奖代补”政策制定实施工作纳入垦区综治和平安建设考核。总局办公室下发《关于深化改革推进出租汽车行业健康发展的实施方案》，推进农垦出租汽车行业改革，更好地满足人民群众出行需求。转发省综治委《关于继续深入开展创建“未成年人零犯罪”社区、村屯、学校活动的意见》，加强青少年群体服务管理工作。下发《关于全力支持、积极协同有关部门完善工作机制做好预防、发现和处置由非法集资等引发的涉众型群体性事件工作的通知》，做好涉众型群体性事件维稳工作。与工商局联合下发《关于开展创建“无传销城市”检查验收工作的通知》，严厉打击非法传销，维护垦区良好的经济环境。强化综治基层基础建设。开展社会治安综合治理暨“平安垦区”建设宣传周活动。集中宣传日，垦区各管局、各农牧场设立各类集中宣传点120余个，设立咨询服务台450余个，接待法律咨询服务2万余人次。垦区已建立农场级综治维稳中心111个，覆盖率98.2%；社区（管理区）级综治维稳工作站594个，覆盖率95.3%。登记涉法涉诉信访总量共计147件，其中，总局党委政法委登记41件，各管理局党委政法委登记106件；已妥善处置和化解91件，正在积极化解56件。组织开展信访积案化解“百日攻坚”活动、案件评查专项行动、建立第三方参与化解信访矛盾工作机制，成立了垦区政法系统执法监督专家库。

（李　威）

【社会治安综合治理】 形成了党政“一把手”亲自抓、分管领导具体抓、其他领导合力抓、各职能部门协调抓的良好工作局面。按照“谁主管谁负责”的原则，严格落实维护社会稳定工作领导责任制和责任追究制，2016年，总局党政主要领导与各管理局党政一把手签订《社会治安综合治理暨“平安垦区”建设责任状》，落实了领导责任。加大对综治及平安建设的督导检查力度，对柳河农场予以摘牌，对七星农场予以黄牌警告。总局综治办牵头对垦区各农场进行督导检查，对平安管局、农（牧）场、社区（管理区）实行动态管理，形成了上下担责，整体推动的综治和平安建设的责任体系。完善矛盾纠纷多元化解机制。按照中央《关于完善矛盾纠纷多元化解机制的意见》和省委办公厅、省政府办公厅《〈关于完善矛盾纠纷多元化解机制的实施意见〉的通知》要求，充分发挥各部门职能作用，充分发挥基层党组织在基层矛盾纠纷化解中的领导核心作用，引导社会各方面力量积极参与矛盾纠纷化解，建立健全有机衔接、协调联动、高效便捷的矛盾纠纷多元化解机制，着力解决影响社会稳定的源头性、根本性、基础性问题。完善“三项排查”工作机制。按照《关于继续开展社会矛盾、社会治安重点地区和公共安全隐患排查调处整治工作的通知》要求，推进三项排查工作，落实各项工作机制，明确排查重点，及时报送工作情况。完善社会稳定形势预警研判机制。按照上级有关工作要求，加强情报信息工作，做好应急处置工作，把握工作主动权，增强可控力。完善社会稳定风险评估机制。按照《关于建立健全重大决策社会稳定风险评估机制的指导意见》要求，按照“属地管理、分级负责”“谁决策谁负责、谁主管谁负责”“不评估不决策”的原则，建立工作台账，健全上一级报备制度，管理局每季度将开展风险评估情况向总局备案。垦区各单位、各部门将平安建设经费纳入统一财务预算，建立健全与经济发展水平相适应的增长机制，逐步提高平安建设保障标准。对平安建设重点项目，做到经费保障到位，确保平安建设重点任务扎实推进。加大人防、物防、技防投入力度，2016年，垦区用于视联网建设的专项经费达296万余元。健全完善军警民联防机制、“军垦地林铁”联席机制和界江渔船防控机制，斩断了暴恐份子的偷渡通道。制定实施《涉恐信息奖励试用办法》，拓宽涉恐情报信息来源。开展《反恐怖主义法》宣传活动，形成“警民共防”的反恐怖工作新格局。深化反恐教育训练，提升公安队伍反恐实战能力。取得暴恐案事件“零打响”、防范渗透“零疏漏”、打击邪教“零容忍”、安保工作“零失误”的成果。保持对各类违法犯罪的高压态势，有力维护垦区社会治安大局持续稳定。重、特大刑事案件发案同比分别下降35%和51%，破案率分别上升0.1%和13%。八类案件发案率同比下降1.2%，破案率同比上升6.8%。开展“三项排查”专项行动。着力部署开展垦区矛盾纠纷、社会治安、公共安全排查整治专项行动。坚持系统治理、依法治理、综合治理、源头治理，探索新形势下预防化解矛盾纠纷的方法途径，建立健全有机衔接、协调联动、高效便捷的矛盾纠纷多元化解机制，最大限度消除不和谐因素，解决影响社会稳定的源头性、根本性、基础性问题。全垦区三项排查调处整治专项行动共组织工作组1860个，发动干部群众15万余人次，暗访1121次排查重点人员10万余人次。通过排查发现矛盾纠纷3618件，调处化解3391件；排查发现社会治安重点地区15个，全部整治完毕。排查发现公共安全隐患37个，已全部整改。深化“平安垦区”建设。全面加强社会治安防控体系建设，推进“满天星”工程，企事业单位视频监控安装率达85%。增强全民法治观念。充分发挥法治的引领和保障作用，学习、宣传《黑龙江省社会治安综合治理条例》，推动社会治安综合治理法治化进程。以“六五”普法验收为重点，开展法治宣传教育，垦区11所中小学被评为省级青少年法治宣传教育基地，宝泉岭管理局、红兴隆管理局被评为全国法治县（市区）创建工作先进集体。开展形式多样、丰富多彩的“平安垦区”建设宣传周活动，加大向各级报纸杂志推荐垦区优秀经验做法的力度，宝泉岭管局《强化源头管控 创新社会治理 推进矛盾纠纷多元化解机制建设》、建三江管局《推进“两新”组织社会治理创新 为非公有制经济发展保驾护航》等24篇文章在《农垦经济管理》杂志上发表。强矛盾纠纷源头预防。垦区各级按照“属地管理”“民主公开”“科学评估”的原则，结合垦区的实际情况，建立风险评估工作机制，保证重大决策社会稳定风险评估工作程序规范、民主参与、决策科学。将可能引发的各类矛盾收集在前、研判在前、防范在前、化解在前，真正从源头上、根本上、基础上解决问题，化解了矛盾，维护了垦区经济政治社会的稳定。垦区开展社会稳定风险评估18件，准予实施18件。深化矛盾纠纷多元化解。贯彻落实《关于完善矛盾纠纷多元化解机制的意见》文件精神，结合垦区实际，探索新形势下预防化解矛盾纠纷的方法途径。总局维稳办下发《关于集中开展涉众型不稳定隐患和问题摸排化解工作的通知》，重点摸排已有诉求和已经产生社会影响以及存在潜在不稳定隐患的人员和群体。切实保证每个涉众型不稳定隐患和问题有人抓、有人管。加强重点领域、重点行业、重点人群的服务管理。加大对旅店业、废旧物品收购业等特种行业日常检查工作力度，旅店业和废旧金属收购业全部落实了许可备案制度。落实加油站散装汽油销售安全管理制度，从源头上预防暴恐等各类案事件的发生。强化枪爆物品、民用爆炸物品、危险化学品及烟花爆竹的管理，全力铲除枪爆源头隐患。贯彻落实《黑龙江省流动人口服务和管理办法》，全面推行“以证管人、以房管人、以业管人”工作模式，加强对重性精神病人的服务管理，总局综治办等八部门联合出台《黑龙江省垦区严重精神障碍患者监护责任“以奖代补”政策的实施方案》，并将“以奖代补”政策制定实施工作纳入综治和平安建设考核。不断提高社区矫正工作规范化水平，扎实做好刑满释放人员衔接帮教工作，衔接率达90%以上，最大限度地减少“三假”人员流入社会。进一步加强青少年群体服务管理工作。深入开展垦区中小学幼儿园“护校安园”行动，推进校园警务室建设，设立“护校岗”，派驻民警担任学校法制员，最大限度地预防和减少辖区各类涉校案件。推进综治视频联网建设，总局和6个管理局已经实现与中央、省的视联视通。综治信息平台升级改造工作有序进行，省级试点项目智能综治也在建三江管理局启动。互联网信息监控中心晋升为二级互联网信息监控中心，提升了网络信息防范控制能力。加强综治中心建设，垦区已建成管局、农牧场、管理区（社区）综治中心350个。实现社会治安联合防控、矛盾纠纷联合调解、突出问题联合治理、重点工作联合推进、基层平安联合创建、特殊人群联合服务、便民实事联合办理、社会治理联合创新。加强社区网格化建设，有网格4839个，网格员8100人。实现了信息反馈到位、矛盾纠纷化解到位、社会治安防控到位、便民实事服务到位，满足了居民群众日益增长的多元化服务需求，以每个网格小平安汇聚起垦区社会的大平安。

（张才钢）

【执法检查工作】 （1）组织开展信访积案化解集中攻坚百日专项行动。成立信访积案化解排查小组，对省委政法委和省信访局向垦区督办的216件（其中法院66件，检察院66件，公安局84件）涉法涉诉类案件进行全面排查。由政法委分管领导带队组成专项督查组深入9个管理局开展督察，充分利用法律手段、经济手段、社会手段来化解社会矛盾。各管理局及总局政法各部门在此次活动中共化解案件88件（其中法院41件，检察院45件，公安局2件），有效地维护了垦区社会的和谐稳定。（2）组织执法监督专家开展涉法涉诉案件评查工作。总局党委政法委牵头建立了垦区政法系统执法监督专家库，2016年8月从执法监督专家库中抽选专家，组成3个案件评查小组，按照省委政法委关于涉法涉诉信访案件评查工作的相关要求，对选定的16件信访案件开展两轮评查，最后得出法律程序合法、认定事实清楚、证据采信合法、法律适用正确的一类案件7件；存在执法瑕疵，但处理结论正确的二类案件9件。（3）开展律师参与代理、化解涉法涉诉信访工作。推动农垦两级法院率先建立由律师作为第三方参与化解涉诉信访矛盾工作机制，农垦中级人民法院制定具体实施办法，组织实施。2016年4月18日，总局党委政法委下发《关于建立垦区律师参与化解和代理涉法涉诉信访案件制度的具体实施意见》。垦区已有14家律师事务所被确定为值班律师事务所，45名律师被确定为值班律师。（4）把握原则，解决实际问题，组织提供司法救助。成立总局司法救助领导小组，2015年至2016年上半年共受理司法救助案件44起，经总局党委政法委审核，第一批批准司法救助案件22起，批准救助金额98.85万元。第二批批准司法救助案件22起，批准救助金额97.87万元。

（魏凌霄）

【政法队伍建设】 （1）强化政治素质建设。总局党委政法委坚持把政治思想教育摆在突出位置，把强化理想信念教育作为全面加强政法队伍建设的重要方法，组织垦区各级政法机关贯彻中央、省委、总局党委政法工作会议精神和全国政法队伍建设工作电视电话会议精神，以增强干警政治意识、大局意识、核心意识、看齐意识为切入点，以提升干部队伍政治素质为落脚点，把思想和行动统一到党委的工作大局上来。推动政法机关深入开展“两学一做”学习教育，深入学习贯彻中共十八届六中全会精神，总局政法委机关开展了“我承诺、我践行做合格党员”活动。（2）强化理想信念教育。总局党委政法委组织垦区各级政法干警学习领会习近平总书记重要指示和全国政法队伍建设工作会议精神，进一步统一思想、凝心聚力、指导工作，增强责任感和使命感。开展向李培斌、陈海发、买买提江·托乎尼牙孜等政法系统先进典型学习，发挥典型示范引领作用，强化政法干部理想信念教育，切实增强“四个意识”，以学习先进典型为契机，努力将学习热情转化为工作动力。以维护国家安全和垦区社会稳定、创新社会治理、深化司法体制改革、加强思想政治和纪律作风建设为着重点，深入推进平安垦区、法治垦区和过硬队伍建设。（3）强化业务素质建设。总局党委政法委组织垦区收听收看四期中央政法委举办的政法干部学习讲座，引导和启发政法干部要通过不断学习来适应新的发展环境，垦区政法系统4300多人次参加学习讲座。组织各管理局政法委分管宣传工作的副书记到省委党校参加全省舆情应对处置工作培训班，紧密结合当前政法新闻宣传与舆情工作的热点和要求，探讨政法系统舆情工作应对理论与实务，对典型案例进行分析判断，提高政法舆情应对处置能力，牢牢把握新媒体时代政法宣传工作的主动权。

（李　威）

公　安

【概况】　2016年，垦区公安机关成功办结“3·22”特大跨国网络赌博案，“3·22”专案组被公安部荣记集体一等功；成功侦办“4·10”跨境电信诈骗案、DIC-FX系列网络诈骗案、“7中”侵犯公民个人信息案等一大批社会危害性大、严重侵害国家利益的大要案件，查办了一批省部级毒品目标案件。成功侦办央批“8·30”经侦专案、“3·25”专案等一批侵害北大荒集团有限公司利益的经济犯罪案件，累计挽回经济损失5亿余元；构建立体化、全方位的“大安全”体系，实现交通事故死亡人数“四连降”，省农垦总局连续三年被省委省政府评为全省消防工作考核先进单位，2个拘留所被评为全国一级拘留所，1个看守所被评为全国一级看守所；推进执法规范化建设，宝泉岭农垦公安局获得“全国公安机关执法示范单位”称号，九三农垦公安局山河分局民警王石龙获“龙江最美警察”称号。推进人才强警战略，落实励学惠学政策，持续开展高端培训，有15名民警通过国家司法考试；全面深化农垦改革和公安改革，取得实质性进展。年内发生刑事案件5400起，同比下降3.8%，破案2651起，同比上升9.3%，打击“盗抢骗”专项行动排名全省第四，侵财类案件同比综合下降51%。

（张大连　张大宇）

【侦破现行命案】　强化“五位一体、同步上案”工作模式，19起现行命案全部破获，特别是高效侦办建三江“3·18”王某生被伤害致死案、“4·29”许某斌入室抢劫杀人案、“5·5”王某泉抢劫杀死两人案、“5·6”李某强入室抢劫杀人案等多起有广泛社会影响的疑难命案，及时消除社会治安隐患。

（张大连　张大宇）

【扼杀黑恶势力】　2016年，垦区公安机关坚持“露头就打，除恶务尽”方针，深入分析垦区黑恶犯罪规律特点，进一步提高主动发现能力、协同作战能力和案后深挖能力，打掉3个恶势力犯罪团伙，抓获犯罪嫌疑人20名，带破敲诈勒索、故意伤害等刑事案件13起，发现线索并在侦1个恶势力犯罪团伙，另有2个黑社会性质组织犯罪案件进入审判环节。在2016年度全省打黑除恶比武竞赛中，垦区公安机关参赛民警分别取得个人手枪速射第一名和精度射击第三名的优异成绩。（张大连 张大宇）

【惩治涉毒违法犯罪】　坚持“打击预防与遏制毒品供应并重，创新方法、打造亮点”指导方针，运用“禁毒+大数据”侦查模式，充分发挥信息网络情报研判机制的优势，有效地遏制毒品违法犯罪活动的发生。破获涉毒案件2022起，其中，破获毒品刑事案件88起，抓获毒品犯罪嫌疑人87名，查获毒品行政案件1942起，查处违法人员2098人，缴获各类毒品109.94克。成功侦破省公安厅“2016—17”号、2016—21”号毒品目标案件。查获吸毒人员1362人，其中，责令社区戒毒443人、强制隔离戒毒223人。在全省查控收戒专项行动中，垦区公安机关核查上级推送异地涉毒线索215条，办结率100%。垦区公安局被省公安厅授予全省查控收戒专项行动先进集体称号。

（张大连　张大宇）

【打击经济犯罪】　受理各类经济犯罪案件179起，立案148起，破案157起，挽回经济损失6620余万元，抓获犯罪嫌疑人182名，移送起诉143人。在集中打击整治金融领域经济犯罪专项行动中，共立案60起，破案62起，抓获犯罪嫌疑人74名，挽回经济损失3810余万元，取得全省绩效考评小组第一名、总成绩第三名的成绩。推进打击非法集资、侵害北大荒农业股份有限公司经济犯罪等重点工作，侦破系列经济犯罪案件，挽回经济损失1170万元。

（张大连　张大宇）

【打击网络违法犯罪】　受理涉网主侦违法犯罪案件136起。其中，刑事案件69起，破获59起，抓获犯罪嫌疑人79人；行政案件67起，破获67起，抓获违法行为人59人。年内，垦区公安机关网安部门配合其他警种办理案件949起，破获907起，落地犯罪嫌疑人1000余人次，抓获违法在逃人员犯罪嫌疑人1072人，抓获全国CCIC网上在逃人员130人。

（张大连　张大宇）

【刑事技术能力提升】　勘查现场并录入“黑龙江省公安机关现场勘验信息系统”案件4554起。参与指挥重特大案件现场勘验13次，是在建三江七星农场抢劫杀人案、建三江八五九农场抢劫杀人案、北安赵光农场特大入室盗窃案、哈尔滨红旗农场两人非正常死亡案等案件侦破上，为侦查破案和移送起诉提供了强有力的技术支持。DNA实验室受理案件235起，利用DNA破案134起，DNA室生物物证有效率超过公安部要求的3%。DNA实验室共采集DNA样本1.4万余份，现勘系统完成率基本保持在90%以上。垦区各级刑事技术部门共进行尸体检验鉴定354起，活体病理检验539起，出具各类鉴定书65份。

（张大连　张大宇）

【治安管理】 立治安案件7424起，查处6918起，查处违法人员7864人，行政拘留2985人。其中，查处涉黄涉赌违法治安案件442起，行政拘留384人，罚款1746人，警告14人；办理涉黄涉赌刑事案件9起，逮捕2人，采取刑事强制措施13人；强化危爆物品管理，严格执行寄递企业3个100%制度，全面检查民用爆炸物品、危险化学品及烟花爆竹管理和使用情况，收缴各类枪支67支、子弹9722发、炸药24公斤、雷管57枚、索类爆炸物品63米、战争遗留物10枚；严厉打击涉油违法犯罪，破获涉油违法犯罪案件10起，抓获违法犯罪嫌疑人7人，查扣车辆11台，收缴被盗原油30.78吨，抓获全省涉油网上逃犯4人，超出省公安厅下达任务目标的200%；强化行业场所管理，垦区2204家旅店业、147家废旧金属收购业全部落实许可备案制度。

（张大连　张大宇）

【交通管理】 持续开展酒驾、醉驾、毒驾、涉牌涉证、“三超一疲劳”等严重交通违法行为专项整治行动，查处交通违法行为531791起，查处酒驾3615起，醉驾690起，行政拘留2561人，年万车死亡率下降至1.67，四项指数“三降一升”，始终保持低位运行。组织编印《垦区小学生公共安全教育读本》，免费向垦区小学生发放，纳入垦区义务教育教材体系。深化车驾管改革，主动下放小型机动车驾驶人考试权、机动车注册权、驾驶证审验权、机动车检验权，简化审批流程。垦区各级车管所开通网上预约、网上选号、网上查询服务等业务，宝泉岭农垦公安局车管所公安部被评为全国优秀县级车管所。

（张大连　张大宇）

【消防管理】 深化“消防隐患整改年”活动，成立消防隐患排查整治机动组，深入开展冬春防火灾防控会战、夏季消防大检查等专项战役，全年未发生有重大影响的火灾事故；检查单位、场所85679家，发现火灾隐患33353处，督促整改30911处，挂牌督办重大火灾隐患6家，罚款219.17万元，行政拘留20人，确保了垦区消防安全形势稳定可控。省农垦总局连续三年被评为全省消防工作优秀单位。

（张大连　张大宇）

【监所管理】 8个看守所共羁押犯罪嫌疑人2713人，8个拘留所共收纳行政拘留人员4767人。年内，垦区公安监管部门完成公安监管场所视频监控联网建设，成立垦区公安监管指挥中心，提升巡查督导效能；推进公安监所医疗卫生专业化建设，实现“公安监管部门负责监管安全、卫生计生部门负责医疗卫生”的专业化运作；全面推行监管民警轮值轮训、农垦公安局每周有一名党委（组）成员到看守所“当一天监管民警”、农垦公安局党委（组）每季度在看守所召开一次例会等制度；宝泉岭农垦看守所被公安部评为全国一级看守所，宝泉岭绥滨拘留所和建三江七星拘留所被公安部评为全国一级拘留所。

（张大连　张大宇）

【户政管理】 办理户口迁入7296人，户口迁出7941人，出生登记7675人、死亡注销8951人，主项变更816人次，补录户口185人，办理居民二代身份证81613张，首次换发二代身份证997人，清理重复户口119人。年内，垦区公安机关全面启动全国居民身份证异地受理审核签发、挂失申报和去失招领工作，开通考生绿色通道，居民身份证办证时限由40日缩短到30日，实现了户籍办理“零门槛”。推行户籍民警轮岗交流制度，对在同一单位连续从事户籍工作满5年的民警进行岗位轮换，提升户政服务能力水平。

（张大连　张大宇）

【边境管理】 在辖区未能设立边防委员会及没有公安边防武警部队的条件下，垦区公安机关全力加强边境管理工作，健全完善军警民联防机制和界江防控机制，强化反恐“四道”防线，建立边境管理领导机构，成立军警联动界江巡逻队、区域道路巡逻队和群防群治边境管理队伍，形成边境管理合力；深入开展“严守边防政策做合格守法公民”等活动，与边境居民签订边境安全教育责任状，组织边境居民学习《中俄国界管理制度协定》《黑龙江省边境管理条例》等法律法规，全面政审界江作业人员，取消流动人口、两放人员和重点人员的界江作业资格，有效维护边境地区安全和秩序；推进边境地区治安卡点检查站建设，将中俄边境线附近的16个农场的22个治安卡点全部建设为常设卡点，有力保障了反恐处突和查缉勤务的高效运转。

（张大连　张大宇）

【出入境管理】 办理各种证照60026证次，同比增长7.28%。其中，办理护照29205证次，同比增长6.13%；办理港澳通行证25207证次，同比下降7.17%，办理大陆通行证5574张，同比增长340.79%；办理外国人签证许可40张，同比增长135.29%。加强外国人服务管理，开展外国人停留和居留签证受理、审批、制证等工作。全年共办理居留许可18人，办理普通签证12人，查处非法居留2人，查处非法入境1人，罚款6000元；加强“双备库”建设，录入、审批法定不准出境人员在备信息1548条，更新国家工作人员登记备案信息326条；启动“县级制证服务”“港澳台团队旅游再次签注就近服务”“自助服务”“代办服务”“外管快速审批服务”五大服务，大力推进办事办证“提速工程”，开通节假日期间“绿色通道”，缩短办证周期2—3个工作日，满足人民群众办证需求。

（张大连　张大宇）

【信访工作】 受理人民群众来信来访279件334人次，同比下降1.7%；办理信访事项279件，办结251件，办结率为90%；垦区公安机关各级领导接访176件次、207人次。重点开展信访积案集中攻坚化解活动，梳理信访积案110件（排查梳理21件，省农垦总局政法委转送89件），办结110件，办结率达100%，实现了“化解矛盾、息访罢诉”的目标。

（张大连　张大宇）

【基层基础建设】 持续完善区域警务协作机制，进一步磨合升级“半小时工作圈”勤务模式工作效能，建立“联打、联治、联防、联控、联勤”的“五联运行机制”，形成具有垦区特色的警务协作机制；创新发展异地用警执法模式，打破地域管辖，在全垦区范围内实行异地用警、交叉执法，破除了人情因素对执法办案的影响，进一步增强了执法效果和整体打击能力；改造升级网格警务工作室22个，建成校园警务、医院警务、界江警务、流动警务、驻企警务、旅游景点警务、重点要害部位警务等警务据点605个，开通警务微博61个、警务QQ群48个，打造“梧桐河派出所安全防范体验馆”等一批网格支点，筑牢维护社会稳定的第一道防线。

（张大连　张大宇）

【科技信息化建设】 推进网安部门“两化”建设，完成电子物证检验鉴定实验室CNAS认证，配置移动智能终端信息采集、无线定位设备，垦区公安局互联网信息监控中心顺利地通过公安部验收，成为黑龙江省继齐齐哈尔、大庆市公安局后，第三家成功晋升为二级互联网信息监控中心的地市级公安机关。公安部验收组赞扬垦区网安工作是“以三级监控中心的平台，承担着二级监控中心的工作，创造了一级监控中心的成绩”，有力提升了网安大数据应用能力；推进刑事技术专业化、规范化、信息化建设，宝泉岭、九三等5个农垦公安局刑事技术实验室被公安部评为一级刑事技术室；推进密码电报室建设，垦区公安局、各农垦公安局两级公安机关指挥中心密码电报室建设顺利通过公安部、省公安厅验收；健全完善垦区公安情报信息体系，强力推进集综情、维稳、反恐、刑侦、技侦、网安于一体的情报中心建设，初步形成综合与专业相辅相成的情报工作体系；强化指挥中心龙头作用，垦区重新建成标准统一的“三台合一”110接处警系统，全面提升了警情服务实战水平。

（张大连　张大宇）

【执法规范化建设】 以强化受立案制度改革和健全刑事案件统一出口工作机制为契机，持续推动垦区公安执法规范化建设，先后派员赴哈尔滨道外区公安分局、东莱派出所就案件管理中心、涉案财物保管中心、受立案管理信息系统及市民安全防范体验馆等单位进行参观学习；加强基层一线规范执法工作，出台《关于加强学习的决定》，组织全警进行法律知识考试，内容紧扣初、中、高级执法资格考试等基层执法办案必备的基础性法律知识，确保了全警规范执法素质能力大幅度提升。年内，垦区公安民警通过国家司法考试人数增至15人，其中最高分数突破性的达到了437分。宝泉岭农垦公安局被公安部授予“全国执法示范单位”荣誉称号。

（张大连　张大宇）

【从严治警】 2016年，垦区公安继续秉持“严惩小恶以除大患”的治警理念，切实发挥纪检督察部门的监督作用，加强网上督察系统平台应用，通过网络视频巡查各分局（派出所）民警到岗、着装、内务秩序、服务群众、执法办案等各种执法履职情况，切实强化了广大民警的纪律、工作作风。对基层人浮于事、慵懒散漫等不端现象，采取上挂轮训的方式，由督察部门举办了7期基层民警强化素质培训班，培训民警230余人次。严格举报线索核查，紧紧围绕接警处警、执法办案、窗口服务、警容风纪等方面，紧盯交警、消防、派出所、监管场所等重点警种部门，针对维稳处突、打击犯罪、治安防控、管理服务等重点任务，采取异地督察、专项督导、明察暗访，持续集中整治“冷横硬推”“吃拿卡要”“枪车酒赌毒”等问题，做到逐项抓检查、层层抓落实。年内，受理举报投诉194起，禁闭45人，停止执行职务5人（停止执行职务副处级领导干部2人），严肃查办以权谋私、失职渎职等案件38起，涉及科级以上干部29人，移送司法机关5人，党政纪处分37人，组织处理5人，诫勉谈话36人，提醒谈话9人。

（张大连　张大宇）

【从优待警】 在政治上关心民警、在工作上关怀民警、在生活上关照民警，始终把从优待警、爱警惠警各项措施作为队伍建设聚警心、振士气、提斗志的关键项，并与时俱进地实施惠及广大民警的创新举措，创新开展“红色之旅功模疗养”活动，相继有137名基层民警及家属分三批赴国内红色旅游文化景区进行疗休养；落实年休假制度、体检制度等惠警举措，完善民警救助基金制度，积极对符合救助条件的民警进行救助；组织开展民警心理健康关爱呵护工程，多次邀请省内著名院校心理疏导专家，通过全局视频会议系统对全警开展心理疏导活动，起到了积极的疏导效果；加强执勤一线民警警用装备配备，配齐警棍、警用喷剂、执法记录仪等单警装备，切实保障民警执法安全。做强做大垦区公安民警救助基金会，累计发放救助基金663万余元，为民警解除后顾之忧。

（张大连　张大宇）

【警务辅助人员管理】 继续践行人才流水线式文职辅警招录机制，从源头招警质量抓起，引才渠道直接接入省内乃至国内的著名高校，将高素质的应往届大学毕业生、研究生预招聘为文职，鼓励其考入垦区公安机关。通过这一举措的实施，有效解决了社会招警入职角色转换慢，业务磨合期长的弊端，同时也为社会输送出更多素质过硬的优秀人才。年内垦区公安局机关共招录辅警68人，被各级国家机关录取为公务员23人，被国家发改委能源局录取1人。

（张大连　张大宇）

【向人民报告主题宣传日活动】 2016年1月10日，垦区各级公安机关在全垦区范围内广泛开展“向人民报告”暨“群众的110，你我的30年”主题宣传日活动。活动期间，垦区公安机关共出动警力2003人次，出动车辆462台，设立宣传点165处，发放宣传品67109份，走访场所达2736个，参与宣讲群众超过24009人。

（张大连　张大宇）

检 察

【准逮捕与提起公诉】 2016年，垦区检察机关侦查监督部门受理审查逮捕案件475件612人，批准逮捕374件462人，不批准逮捕95件150人。职务犯罪侦查监督部门共受理提请审查逮捕案件11件12人，决定逮捕10件11人，不予逮捕1件1人。决定延长侦查羁押期限3件4人。公诉部门受理移送审查起诉案件1303件1648人，提起公诉1286件1516人，法院已判决1081件1342人，无撤回起诉和无罪判决案件。经审查，决定不起诉27件48人。

（刘景山　王　伟）

【查办职务犯罪】 查处职务犯罪案件60件71人，其中，立案侦查各类贪污贿赂案件49件51人，提起公诉26件26人，法院做出有罪判决15件15人。查办涉农惠民领域29件30人，查办群众专项领域31件32人。立案侦查各类渎职侵权案件11件20人，提起公诉7件15人，法院作出有罪判决1件1人。查办破坏发展环境专项领域立案2件7人。

（刘景山　王　伟）

【控告申诉检察】 接待群众来信来访675件，检察长接待群众来访204件，受理举报线索246件，实名举报答复74件。办理不服检察机关原处理决定申诉案件3件，办理不服法院生效刑事裁判案件8件，办理检察机关作为赔偿义务机关的国家赔偿案件1件，办理司法救助案件3件3人，办理省院、农垦总局党委政法委交办的上访案件3件。

（刘景山　王　伟）

【民事行政检察】 接待民行申诉180余件次，其中，基层院办理执行监督案件10件，违法行为监督案件3件，建议再审案件5件，这些建议均被法院采纳。分院办理民行申诉案件18件，民事案件13件，行政案件5件，提请省院抗诉3件，作出不支持监督申请决定15件。

（刘景山　王　伟）

【监所检察】 垦区8个监管场所累计羁押犯罪嫌疑人和被告人1797人。执行的监外执行罪犯773人。办理羁押必要性审查案件30件35人，依职权主动提出变更强制措施建议28件，向监管机关发出书面和口头纠正违法通知书46份。查办职务犯罪案件3件3人，排查出审前未羁押判处实刑未执行刑罚罪犯17人。

（刘景山　王　伟）

【职务犯罪预防】 在民生、生态、涉农惠民等领域开展专项预防工作，撰写预防调查报告15篇；撰写职务犯罪分析报告13份；制发检察建议18份；被上级党委和预防职务犯罪领导小组转发的预防调查报告、职务犯罪分析报告2份（篇）；开展预防宣传活动135次，直接受教育人达7126余人次。预防介入案件12起，接受和主动开展预防咨询208次；开展行贿犯罪档案查询2486次；开展重点工程预防18个，系统专项预防14个。将最高人民检察院开展的“进机关、进企业、进乡村、进学校、进社区”的“五进”预防专项活动，推向检察室，最大限度地提升了预防职务犯罪工作的效果。

（刘景山　王　伟）

【法律政策研究】 突出检察理论课题研究。部署落实“东北法治论坛”“2016年全省政法工作重点调研题目”“中国法学青年论坛”主题征文活动，牡丹江农垦检察分院提交的《以审判为中心的审前关系和刑事检察工作模式转型》入选第十七届全国检察理论年会。开展农垦检察体制改革研究。开展“农林检察院职能、基层院整合等工作专题调研”“司法体制改革案例”等调研活动。先后调研提交15份调研报告。5月，垦区检察官协会举办有关土地、食品、药品等相关案件的调研笔会，交流论文19篇。规范检察委员会工作。召开检察委员会106次，审议案件89件，审议相关事项9项，检委会组织学习11次。分院部署开展检察委员会“三化”建设达标活动，红兴隆检察院被最高检评为全国检察机关检察委员会工作示范单位。

（刘景山　王　伟）

【案件管理】 受理录入案件2103件，制作电子卷宗1349件3729卷。接待律师查询案件193件，为律师制作光盘130个，复印案件卷宗101件。通过统一业务应用系统对案件发起流程监控18次，涉及承办人15人。发布案件程序性信息1999条，占应导出案件数96%；公开法律文书1095份，占案件审结数86%；立案环节职务犯罪案件重要信息发布58条，占立案数92%。各院完成12次统计报表，向分院报送业务分析报告13份。

（刘景山　王　伟）

【侦查指挥中心】 建立案件线索数据库，对案件线索进行统一管理。受理案件线索183件，经领导审批交办102件、转办8件、指定管辖21件、在线索初查前，统一对案件线索进行评估，在办案过程中，发挥侦查一体化作用，确保查办案件的质量。向省院要案报备报批2件2人。抓获网上在逃人员2人，建立垦区在逃人员数据库，对每名潜逃人员都有抓捕方案，由专人负责。

（刘景山　王　伟）

【检察业务保障】 推进信息化技术与检察技术、检察技术与检察业务的深度融合，加强检察技术队伍人才建设，发挥检察技术信息化的引领作用，完成检验鉴定案件80件，同步录音录像案件60件。

（刘景山　王　伟）

法 院

【概况】 2016年，农垦两级法院在省法院受理案件17126件，结案14672件，同比分别上升17.15%和18.43%（其中，中院受案1341件，结案1001件，同比分别上升29.44%和36.94），创历史最高，结案率85.67%，民事一审调解撤诉率70.66%，发改率下降0.5个百分点，审判质效明显提升。

（秦景秋）

【改革】 农垦中院审判权运行机制改革于2014年2月20日在全省率先启动，经过近两年半的运行，案件质效大幅提升，合议庭的整体合力增强，审判员的工作积极性得以激发，使“由审理者裁判，让裁判者负责”的目标落到实处。2015年12月25日，黑龙江省理顺省农垦、森工系统法院检察院管理体制移交协议签署仪式在哈尔滨举行，农垦法院司法管理体制改革迈出关键性的一步。按照省高级人民法院部署，2016年8月初开始法官员额制改革工作。在员额制改革过程中，农垦两级法院坚持“一盘棋”思想，指导基层法院政工部门做好各环节具体工作，从工作方案的制订、考核的实施、员额的确定都给予明确指导意见，保证了农垦法院员额制改革工作的顺利实施。10月24日员额法官人选全部确定到位。农垦法院按照省委组织部和省法院工作要求，对2010年以来通过公务员考试录用的98人及考核过渡的416人，按照登记程序，分两批逐一填表、上报，经省委组织部审核后予以登记。按照省委统一部署，完成考试过渡身份和择优录用人员的考试考核工作。经省委组织部查档确认，对档案存在瑕疵的58名在编干警和不在编制平台按编制内管理的19名人员进行考试过渡身份，对符合报名条件109名聘用人员通过考试择优录用。11月12日省法院组织对上述两类人员进行考试，已完成对考试过渡身份人员的考核工作，并已上报公务员登记审核材料。按照总局组织部的部署和要求，做好人事档案核查认定及法官等级套改工作。对两级法院各类资产、债务清理，实物盘点和财务核对，摸清家底，确保农垦法院整体利益。

（秦景秋）

【化解信访矛盾】 农垦中院制定《开展落实信访工作目标、源头化解信访积案专项活动实施方案》，于6月12日在红兴隆召开农垦法院重点工作推进会，对源头化解信访积案专项活动进行部署和动员。制定《关于建立第三方参与化解涉诉信访矛盾工作机制的实施办法》，垦区两级法院全面实现律师参与化解和代理申诉。中院诉讼服务中心接待信访当事人243人次，新访35人次，老访208人次。驻沈办累计接待访民61人次，在最高人民法院第二巡回法庭登记9件；驻京办累计接待访民236人次，在最高人民法院登记3件。全国、全省两会期间农垦法院再次取得“进京、进省零登记”的的成绩。化解信访案件25件，其中，上报总局政法委进行司法救助25人，司法救助金共98万元。

（秦景秋）

【维护当事人合法权益】 农垦中院制定《关于进一步推进案件繁简分流优化司法资源配置的若干意见》，完善诉讼程序体系，实行繁简分流，增设小额诉讼程序、督促程序解决一些简单民事纠纷，降低当事人的诉讼成本。农垦各基层法院针对农场当事人农业生产中时间紧张及交通不便的情况，开展巡回审判100余次，最大限度地减轻职工群众诉累。九三农垦法院在审理集体拖欠取暖费、物业费或集体追索房屋修缮款等群体性纠纷案件中，开展诉前矛盾纠纷多元化解工作，通过加强与有关部门、基层社区、管理区的沟通配合，引导双方当事人在诉前通过协商方式化解纠纷，为当事人挽回经济损失100余万元。红兴隆农垦法院在审理蒋某等人诉管理局10余件劳动争议系列案件中，发现签订的劳动合同普遍存在问题，立即向红兴隆管理局提出司法建议，落实法院司法建议，避免了大规模劳动争议纠纷的发生。

（秦景秋）

【刑事审判】 坚持宽严相济刑事政策，按照罪责刑相统一的刑法原则，依法共审结刑事案件1126件，判处有罪人犯1459人，其中，被处五年以上有期徒刑罪犯63人，重刑比例由8.73%下降至7.24%，轻刑面同比上升1.98个百分点，被告人认罪认罚从轻处罚的政策得到有效落实。成功审理一起在垦区影响较大，给当地社会治安及群众生产生活造成极其恶劣影响的涉嫌罪名8个、涉案被告15人、涉案件15起的、涉案卷宗83册的发生在牡丹江管理局兴凯湖农场的“6·9”涉黑案。另一起在垦区影响较大的被告人郭某某等23人发生在红兴隆管理局“4·13”涉黑案，涉及被告人22人，其中，涉嫌组织、领导、参加黑社会性质组织成员12人，涉嫌组织、领导参加黑社会性质组织罪、故意杀人罪、非法采矿罪等9个罪名，且受害人数较多，涉案金额近千万元，合议庭成员阅卷150册、核查证据近千份、写出审理报告27个，已完成全部庭前准备工作。在打击治理电信网络新型违法犯罪工作中，审理垦区涉电信网络新型犯罪3起，涉案标的10万余元。

（秦景秋）

【民商事审判】 为促进垦区企业长足发展，解决企业资金短缺问题，农垦中院承担为企业“清欠”任务，受理以北大荒鑫亚经贸有限公司、北大荒粮食物流有限公司、北大荒粮食集团有限公司、黑龙江北大荒粮油批发市场有限公司、黑龙江农垦北大荒绿色食品配送公司、北大荒食品产业园有限公司为原告的6起系列案件共计25件，诉讼标的额9.46亿元。为维护涉北大荒企业案件的合法权益，农垦中院选派民二庭3名资深民商事法官及1名法官助理，奔赴广东、江苏、湖南、重庆、天津五省（直辖市）查封扣押被告的财产，共保全案件11件，保全标的额4亿元。已审结涉北大荒企业胜诉案件12件，为企业挽回经济损失2.87亿元，另有3件案件因被告方涉嫌刑事犯罪移送公安机关立案侦查。

（秦景秋）

【行政审判】 坚持施行行政争议联动机制，助力垦区行政机关依法行政。农垦两级法院到行政机关召开优化法制环境座谈会6次，指导行政机关依法行政。向行政机关宣传新修订的行政诉讼法，提高行政机关负责人出庭率，行政机关负责人出庭率达30%左右。行政审判人员20余次深入行政机关和社区，开展协调和解工作，延伸服务，促进行政争议实质性化解。对于行政机关的违法行政行为坚决予以纠正，中院审理的以牡丹江市政府为被告的4件对行政裁决不服案件和以宝泉岭管局为被告的1件行政不作为案件，均以被告方败诉作出判决，弘扬司法权威，保障人民群众合法诉求。

（秦景秋）

【执行工作】 农垦两级法院新收各类执行案件4106件，结案2943件，结案到位标的35913.1724万元，执结率50.88%，采取拘留35人次，查扣银行存款4204人次，冻结存款9342.22万元，查封房产731套，查封车辆77台，价值4059.8余万元，上报是失信被执行人3018人，其中，自然人2823人，法人117人。

（秦景秋）

司法行政

【法治与依法治垦】 做好“六五”普法表彰，“七五”普法启动工作。1个单位被评为全国“六五”普法先进集体，2人被评为全国“六五”普法先进个人，总局党委依法治垦工作领导小组办公室被评为全国“六五”普法先进普法办。12个单位和24个个人被评为全省“六五”法治宣传教育先进集体和先进个人。垦区法治文化建设经验入选省“七五”启动会议交流材料。11月25日召开垦区“七五”法治宣传教育工作电视电话会议。开展“服务新战略、法治惠民生”法治宣传教育主题活动，形式多样。围绕“两学一做”主题活动，学习宣传习近平总书记关于全面依法治国的重要论述，学习宣传宪法和相关法律法规。围绕垦区改革发展大局，联合相关部门开展“3·8”妇女维权周、“3·15”消费者维权日、“全民国家安全教育宣传日”等各项法治宣传教育活动；结合垦区重大工作任务节点，通过“法律广场”“法律大集”、知识竞赛、知识讲座、法律咨询、宣挂横幅、宣传车、手机短信等多种方式，开展以维护“两节、两会”“助力春播生产”“爱我家园、保护草原”“强化红线意识、促进安全发展”“邻里和谐、法治同行”等专项法治宣传活动。针对重点普法对象，以点带面。发挥垦区各级法律顾问团作用，通过以案说法、以案释法，重点加强行政、企业依法办事水平。学校贯彻落实《中小学法制教育指导纲要》，把法治教育纳入学校教学计划，作为德育课的基本内容。扩大法治文化建设成果，宣传部、文化委、广播电视台、司法局联合继续开展第二届法治微电影大赛活动，从7月起，每周在黑龙江省农业频道《法制经纬》进行展播，涌现出一批优秀作品和创编人员。推进“互联网+法治宣传”活动，总局普法网站、北大荒法治微博、黑龙江省垦区司法行政在线、微博、微信、微电影、《生活法律知识讲堂》《举案释法》微专栏等宣传媒体广泛运用。6个单位被命名为“全省法治文化建设示范点”。开展依法治理工作，普治并举，形成“党委领导，行政实施，司法行政主管，全社会共同参与”为核心的工作格局。与水务局、农机局、交通运输局、工商局、环保局、安全局、教育局、土地局等行政执法部门联合开展世界水日、中国水周法治宣传教育活动、打击非法违法交通运输行为专项整治行动、普及农机安全法律法规知识专项活动、安全标准化建设专项行动、青少年法治教育、土地法宣传等各类专项治理活动21次。开展法治管理局、法治农场创建活动，宝泉岭、红兴隆管理局被评为全国法治县（市区）创建工作先进集体，牡丹江管理局被评为全省“六五”法治宣传教育先进县（市、区）。

（王婷婷）

【人民调解工作】 垦区有调解委员会1309个，人民调解员7759名。发挥人民调解优势，围绕社会矛盾化解，完善人民调解、行政调解、司法调解等多位一体的“大调解”工作体系。在完善诉调对接、行政调解等基础上，各管理局和农场将人民调解延伸到道路交通事故民事损害赔偿、医患纠纷、劳动争议和物业管理等事务中，成立各类专业调委会，完善垦区大调解工作格局。抓好“以案定补”经费落实，通过专项资金、实报实销、按件计费等形式，发放人民调解报酬，鼓励人民调解员更好地参与到人民调解活动中来。围绕“两节”“两会”“春播秋收农业生产”、重大节日特殊时期，深入开展大下访、大排查、大调处，调解成功各类矛盾纠纷5 189件。红兴隆管理局医患纠纷调解委员会被评为全国模范调解委员会、八五六农场李志刚被评为全国模范人民调解员。

（黄 蓉）

【公证法律服务】 强化服务窗口建设，完善便民服务设施，为企业和群众提供优质法律服务。以服务窗口建设为重点，盯住直接为企业和群众服务的办事人员，下决心解决窗口部位工作人员工作效率不高、服务态度不好，门难进、脸难看、话难听等问题，主动为市场和群众提供优质服务。垦区公证处新业务用房作为标准化便民服务大厅投入使用，其他公证处也基本实现了公证员，特别是党员公证员挂牌上岗，设立便民指示牌、咨询台，在服务大厅配备便民设施和适老用品等，为有需要的当事人提供网络、复印等服务。设立公证办理绿色通道，实行优先受理、优先审批、优先出证，提升公证服务社会满意度。坚持对公证服务中存在的突出问题开展专项检查和服务窗口整治活动，针对公证机构存在服务态度差、推诿扯皮、乱收费、人情证、关系证、错证假证等损害公证行业形象的问题进行督办，确保公证便民利民工作取得实效。年办理各类公证事项29626余件。

（李鹤远）

【律师法律服务】 推进公共法律服务体系建设。整合律师、公证、基层法律服务、司法鉴定、法律援助、法治宣传教育、人民调解等司法行政资源，在宝泉岭、红兴隆等具备条件的管理局、农场探索建立司法行政法律服务中心，建立覆盖全垦区的公共法律服务体系。完善垦区法律顾问团建设。按照分级负责、突出重点原则，各管理局、农牧场和总局直属企事业单位155家，聘用执业律师和学者担当法律顾问的有151家。垦区共有25个律师事务所，136名执业律师。组织和引导律师参与信访工作，组织律师参与领导接访和非诉讼法律事务，引导当事人依法合理表达诉求。垦区律师共参与380次信访接待日。

（李鹤远）

【基层法律服务】 优化基层法律服务结构，完成对垦区92个农场基层法律服务所和236名基层法律服务工作者的年检、注册、公告、人员调整以及在全省基层法律服务信息查询平台录入工作。深入农场、管理区、社区，开展服务企业发展、为企业进行法律体检、企业法律需求调查等活动，提供相关法律服务，就如何做好土地承包、房屋拆迁、安置补偿以及招商引资谈判签约等方面问题，从法律角度探讨可行性办法，及时对企业进行回访，有针对性地解决法律方面的问题。解答各类法律咨询12515件，审查各类合同8万余件，提出修改意见1000余条，代书法律文书3315件，代理各类诉讼和非诉讼案件数3155件，挽回和避免的经济损失达12000余万元，起草各类合同200余件，提出司法建议500余条。宝泉岭司法分局荣获全国模范司法所称号，八五二司法分局荣获全国先进司法所称号，二九〇、长水河、八五二司法分局被命名为全省示范化司法所。

（黄　蓉）

【刑释解教安置帮教】 加强安置帮教组织机构建设、队伍建设和制度建设，突出衔接、帮扶重点，最大限度地减少“三假”人员流入社会，保证衔接率90%以上。垦区无“三无”人员、“三假”人员。全面落实帮教责任、帮教措施。开展定期不定期上门走访重点帮教对象活动，了解情况，切实为他们解决一些生产、生活中的实际困难，时时处处体现出党和政府的关心。将安置帮教工作与青少年保护、妇女合法权益保护、创建文明家庭、“法律进社区”、基层安全创建等工作有机结合起来，动员广大团员、青年、妇女、离退休干部职工以“一助一”“多助一”等形式参与对刑释解教人员的帮教工作。

（黄　蓉）

【社区矫正工作】 打造无缝对接工作机制。完善司法分局与监狱、看守所、与家庭、单位、社区的衔接机制，防止脱管、漏管，加强衔接管控，建立GPS手机定位，加强对重点高危的社区服刑人员的实时定位监控，提高监管工作水平。加强监督管理力度。实行社区矫正工作进度月报制、矫正人员等级管理月考核制度、奖惩制度、值班制度及请销假制度，抓好走访工作，掌握矫正人员本人和家庭情况，有针对性地制订方案，确保矫正成效。做到人头明确、监改类别清晰、矫正时间清楚，谈心家访联系迅速。着力打造全天候、全方位、全过程的社区矫正监管安全工作的“天罗地网”。总局司法局成立社区矫正指挥中心，通过发挥社区矫正指挥中心指挥、定位、监控、查询等作用，实现集中点验、集中教育，入矫解矫及日常动态监管，重大事项上报，GPS地图显示，应急指挥管理五大功能。垦区社区矫正管理平台已经全面启动，所有在矫人员的基础资料、个人档案、在矫状况、手机定位、实时动态均已实行网上办公。垦区累计接收社区矫正人员2896名，累计解除社区矫正人员2064名，在册社区服刑人员832名。

（黄　蓉）

【司法鉴定】 加强垦区司法鉴定机构和司法鉴定人队伍自身建设，规范执业活动。组织参加司法鉴定管理条例培训、岗前培训班，3人取得鉴定资质。参加省级司法鉴定机构的认证认可工作，有1家通过全省认证，新审核通过1家资产评估类司法鉴定所。加强司法鉴定所及人员管理。规范司法鉴定文书制作程序，财务管理制度等，全面执行新颁布的《司法鉴定程序通则》《黑龙江省司法鉴定管理条例》，深入司法鉴定所，开展专项检查工作，各所实现制度规范化。参与1起行政诉讼案件，2起行政复议案件，办理7起投诉，依法维护了投诉人的合法权益。

（王婷婷）

【法律援助】 继续开展“情暖农民工法律援助维权服务月”专项活动。局、场两级法律援助机构组织律师、法律服务工作者深入农民工密集的集贸市场，发放宣传单、法律援助联系卡和解答法律咨询，宣传《法律援助条例》、中央专项彩票公益金法律援助项目及办理法律援助工作流程，为农民工提供法律援助。在有看守所的管理局设立法律援助工作站，为看守所在押人员提供法律服务的法律咨询。在垦区各劳动人事仲裁机构设立法律援助工作站或法律援助工作服务窗口，为有需求的当事人提供法律援助服务。健全法律援助制度，完善便民机制。制定《法律咨询制度》《首问责任制度》《服务承诺制度》《案件检查制度》等制度，简化办案程序，拓展服务内容，探索“互联网+法律援助”服务模式。办理法律援助案件312件，受援人数435人，挽回经济损失892万余元，发放案件补贴26万余元。

（史群芝）

【国家司法考试】 农垦考区共承担1712名考生的国家司法考试考务工作，考点设立在哈尔滨市六十九中学哈西校区。按照司法部“依法治考、从严治考，热情服务”的总原则和确保国家司法考试安全、平稳、顺利、有效实施的总体工作要求，总局司法局提出“一个中心、两个确保、三个规范、四个从严”考务工作方针，组织实施好国家司法考试农垦考区工作。有140名考生通过国家司法考试。

（王婷婷）

军　事

党管武装

【全委会】 2017年3月15日，军事部召开五届八次全委扩大会议，会议对军委国防动员部、北部战区党委扩大会议、军委纪委扩大会议、国防动员部纪检工作会议精神进行系统学习、深入理解。在学习上级精神、深入分析部队形势的基础上，会议就2017年度工作和任务进行了研究部署。 （赵迎春）

【党委常委专题民主生活会】 2016年6月15日至7月4日，围绕“三严三实”主题，军事部党委常委召开专题民主生活会。围绕“贯彻执行中央八项规定和军委十项规定精神、落实加强作风建设措施”“遵守党的政治纪律和政治规矩、维护党的团结统一”“秉公用权、廉洁自律”“党委自身建设”“其他方面的意见建议”5个方面，征求各人武部党委和军事部机关各部门的共3个方面11类36个意见建议，为开展检查剖析提供了很好的借鉴和参考。

（赵迎春）

军事工作

【战备工作】 根据省军区相关规定，完善本级应急预案，按照“二分四定”要求，规范了战备物资。修订下发《切实加强和规范战备值班的办法》，结合元旦、春节、五一、十一等重大节日，组织指导本级前指拉动演练、全体机关人员防暴和防火演练，应急行动能力得到有效提升。细化教育计划和教育内容，定期组织战备教育，组织军事部全体干部参加值班员网上集中培训，增强两级战备意识。6月初，为各管理局人武部配备新式北斗手持机，加强指挥通联手段。8月初，组织军事部本级指挥所进行抗洪抢险拉动演练。

（宋洪伟）

【军事训练】 贯彻省军区冬训指示要求，制定下发冬训计划，指导9个管理局人武部完成基干民兵共11个课目的冬训任务。2月，省军区转隶军委国防动员部后，探索首长机关训练的新要求，使训练内容更加符合新的职能任务需要，切实通过训练补齐短板，提升机关人员整体的军事素质。8月，指导5个管理局人武部共60名民兵，参加省军区民兵兵种专业跨区联训，5个专业的参训课目均取得优异成绩。9月，抓住夏秋交替这个民兵训练的“黄金期”，充分发挥民兵训练基地作用，指导9个管理局人武部分批次完成年度民兵训练任务，在抓好按纲施训的同时，突出基本技能及摩托化开进、徒步行军、伪装防护、野炊宿营等课目的训练，有效提升了民兵的训练层次和水平。

（宋洪伟）

【安全管理】 前移安全防范关口，逐级签订《安全管理责任书》，完善深化群管群防群治机制；评选表彰安全管理先进单位，强化抓安全管理的事业心、责任感，激发官兵参与和抓好安全管理工作的主动性、积极性。抓住关键和薄弱环节，三次召开安全委员会和保密委员会会议，开展经常性安全形势分析；为迎接省军区民兵武器装备仓库“达标争优”活动验收和安全管理检查，先期到仓库排查整治，又针对问题加强研究和整改落实。深化依法从严治军，先后开展“条令法规学习月”活动、“部队管理规范性文件学习周”活动、“安全稳定集中学习教育整顿”活动和“百日安全”活动。注重文件学习贯彻的常态化落实，研究制定车辆管理“三个五”规定。加强人武部“四个秩序”建设，宝泉岭、建三江管理局人武部被省军区评为“正规化建设先进人武部”，宝泉岭管理局人武部在省军区人武部正规化建设达标验收总结表彰会议上就“持续抓应急能力建设”介绍了经验。注重一人一事工作，强化勤务分队“两个经常”落实，规范哨兵执勤、安全检查、应急演练和一日生活制度。抓好全年两个阶段的士兵复转工作，开展“三心三清”，化解思想矛盾，严密组织老兵安全教育、物资点验和清密工作，开展欢送离队、干部送兵返乡，使老兵退伍全程安全顺利。结合迎接改革，深入组织谈心交心和安全教育，掌握战士思想状况和现实表现，确保服役人员安心工作，退伍人员愉快返乡。

（那全锋）

政治工作

【“两学一做”学习教育】 军事部党委按照学在平常、抓在日常的指示要求，推动“两学一做”学习教育常态化落实、制度化规范。落实专题式集中学习、随机式跟进学习、自主式读书学习的“三位一体”机制，围绕“五比五看”，组织五次专题党课辅导，坚持每周一视频会议交班会后，由司、政、后党支部轮流领学领讲习主席上一周最新讲话精神、2～3条党纪党规和制度规定、上级新规定新要求、违规违纪或事故案件通报，编印《“两学一做”学习教育应知应会应做要点80题》，下发所有党员人手一册，为推动学习教育常态化制度化打下坚实思想基础。

（赵迎春）

【主题教育】 突出“四个着力”，扎实开展“坚定改革强军信念，投身改革强军实践”主题教育。坚持“收看直播盛况、同步聆听宣讲、集中学习讨论、图文影视宣传、领导答疑解惑、权威专家解析、网上专题热议、深化主题讨论、总结交流提高、实践反思推动”10个步骤，取得很好的教育成果。注重运用红色资源强化教育。祭扫军垦墓园，参观军垦馆址，阅读军垦书籍，传唱军垦歌曲，讲述军垦故事，观看军垦影片，慰问军垦战士，邀请“五老”（老红军、老八路、老英模、老战士、老领导）座谈，参观龙头企业，宣传军垦传人，并以“民兵之家”教育试点为牵引，积极向垦区民兵队伍延伸拓展，通过采取优秀基层主官电视电话系统集中授课辅导和参加上级“微课”评比的方法途径，实现资源互补。扎实开展“军垦魂军垦兵、能打仗打胜仗”“双三兵”（当好兵、练好兵、送好兵；“军垦精兵、双赢标兵、处突尖兵”争先评比活动）等“强军风采”系列文化活动，拍摄制作《北大荒颂》专题教育片，编辑印发《垦区红色史馆图文集》，发挥“3个100”文化骨干群体潜能（百名书画篆刻摄影骨干、百名文学演艺骨干、百名版画剪纸等工艺美术骨干），同时结合编兵整组、征兵宣传、抗洪和防恐演练等时机开展随机学习教育，浓厚学习教育氛围，增强了学习教育实效。

（康术臣）

国防动员

【廉洁征兵】 坚持把廉洁征兵作为整风肃纪重要内容，严格落实“十个严禁”，坚持“八个公开”。军事部纪委专门发出通知，部署开展廉洁征兵“七个一”活动，通过各级纪委派专人进驻监督、落实全程公开公示制度、印发廉洁征兵监督卡、设立举报电话信箱、逐级签订廉洁征兵责任书等措施，持续保持高压态势，有效杜绝各类违规违纪问题的发生，垦区再次实现征兵“零举报”成绩。省军区征兵专项巡视组对军事部廉洁征兵工作给予充分肯定。

（朴雪鑫）

【征兵宣传】 推进征兵宣传工作落实。军事部结合2月开通全国征兵网开通，协调北大荒卫视、网络、报刊等主要媒体分段发布征兵政策信息，开展“答记者”活动，统一制作下发征兵宣传图板、《从垦区走出的10位师以上军官》、《当兵10大好处》、《军旅走出的10大企业家》及万份宣传手册，统一部属开展征兵宣传“八个一”活动。联合总局民政局统一制作“光荣军属牌匾”，利用3月份集中开展“挂牌”活动，受到社会普遍赞誉。局场两级坚持把宣传教育贯穿征兵工作全程，借助新闻媒体和大众平台，普遍开展“征兵宣传周”和“宣传一条街”活动，全程开展大学生“一对一”精准发动，建立绿色通道，垦区512名大学生积极报名应征，突破历史最高纪录。

（朴雪鑫）

保障工作

【后勤保障工作】 8月，军事部首长机关组织开展抗洪抢险演练拉动，后勤部依据应急保障预案，按照野外拉动要求，迅速组织后勤人员进行物资标准化配载，出的车辆3台、人员10余人次。充分运用现有的供应、营房、医疗等装备器材，在时限内完成炊事车的组装机动、炊事用具和营房器材的展开收拢、主副食的现场制作、卫生医疗现地救治科目的实施，较好地保障了抗洪拉动演练，为实战演练总结经验。

（赵文贺）

【装备工作】 开展装备专项清查工作，把训练弹药、炸药、火工品、训练器材和疑似危险品的清理清查作为重中之重，逐箱逐发清点检验，切实摸清质量底数。及时拆除本级库19发82无训练弹底火、发射药，对训练器材实施分类管理，消除安全隐患。组织春秋两季武器装备换季保养，完成1480多件（辆、台）次的保养任务，恢复保持武器装备技术性能；按退役报废计划上缴585件旧杂式武器（枪管）。2月，组织装备条令法规学习，强化依法管装意识；组织垦区民兵装备实力、车辆装备及维修器材和现役军械装备清查普查，更正了部分装备实力数据；指导北安人武部更换长封武器封存箱，对长封武器进行重新封存。针对装备仓库技术员岗位空缺实际情况，建立司令部和人武部干部到民兵装备仓库驻库值班制度，加强管理力量；按新“国军标”重新定制更换通风防鼠门窗，铺设光学器材室地板，对生活区、技术区部分营房设施建设进行维修改造并检修了防护设施；协调公安局安装一键报警系统，提高军地联防效能；定制具备指纹、拍照功能的智能枪弹钥匙管控柜，提高武器库钥匙和值班枪弹管理能力。

（那全锋）

科技·教育·卫生

科　技

【概况】 2016年，垦区拥有农垦科学院、八一农垦大学、农垦科研育种中心和农垦勘测设计研究院等为核心的科技创新与推广体系，有专业科研机构19个，国家级工程技术中心1个，省级工程技术中心5个，生产力促进中心2家，国家级农业产业技术体系功能研究室2个，综合试验站7个，技术推广中心（站）113个，省级科技成果推广示范基地11个，国家级农业科技园区1个，省级农业科技园区3个，拥有覆盖垦区、辐射全省、总长2000公里的东、中、西3条现代农业科技示范带。科协、各类学会等科技服务组织61个，全国青少年农业科普示范基地16个。拥有农业部科技入户直通车总计123辆。2016年，科技总投入7.4亿元，农业科技贡献率达到68.75%。通过鉴定科技成果20项。获全国农牧渔业丰收奖17项，其中，二等奖4项，三等奖2项，贡献奖11项；获黑龙江省科技奖励8项，其中，一等奖2项，二等奖2项，三等奖4项；获得总局科技进步奖31项。

（赵英杰）

【科技创新】 构建并完善科技创新体系，强化从种养殖到加工销售全产业链的科技支撑能力，提升优质农产品的科技含量，突出企业创新主体地位，提升科研单位及高等院校的科技支撑作用。在种植业领域，重点实施优质水稻、高效快速脱水玉米、专用非转基因大豆、马铃薯等品种资源创新利用和新品种选育、少免耕及轮作技术、绿色栽培及植保技术等，为农业可持续发展及结构调整研发储备适宜垦区种植的寒地作物新品种，着重解决绿色有机农产品在生产过程中的创新研发与试验示范新技术，开展牧草、苜蓿、经作等种植及轮作技术推广示范，搞好马铃薯种薯快繁产业化示范，有针对性地研究土壤修复等生态环境保护的重大技术问题，在58个农场示范基地开展水稻振捣提浆机插、水稻超早钵育、水稻滴灌、免耕技术示范等。在畜牧业领域，着重研发与推广畜禽良种繁育及种质资源保护和利用技术、畜禽疫病防控及重大疾病快速诊断与综合防治、畜禽粪便无害化处理技术、优质饲料开发（苜蓿、玉米青储）等关键技术研究与示范，推广试验苜蓿新品种种植方式、收获贮藏及运输技术、高蛋白高干物质含量青贮玉米种植模式探索。在加工业领域，遵循产学研用结合原则，采用外引内联提升农产品精深加工档次与水平，延长产业链条，引导企业按专利技术、专利产品开发开拓市场，提升一、二、三产业融合度，增加产品科技附加值，构建创新型科技企业，以北大荒马铃薯集团为重点，延长马铃薯加工产业链，实施马铃薯主粮化系列食品研发，推进马铃薯系列营养粥产业化，扩大市场覆盖面和市场竞争力。在信息化领域，发挥垦区现有种植业物联网信息化技术优势，着重开展大马力深松、侧深变量施肥智能化管控技术研究与示范，扩大覆盖面和普及率，搞好物联网应用新技术、遥感技术、农业节水、地理信息系统、专家诊断系统等示范与应用，引导大学和科研单位开展好专家在智慧垦区“大数据平台”技术研发与应用方面的服务。

（赵英杰）

【科技推广】 继续实施全国基层农技推广体系改革与建设补助项目，构建农技推广服务体系，使用项目资金4100万元。重点实施马铃薯全产业链示范推广项目、先进种植技术集成示范与推广项目、乳肉兼用型牛饲养技术集成示范推广项目、北药特色项目、农机技术示范项目等科技推广项目。在垦区不同生态区域选择30个有代表性的农场，构成农业科技推广试验示范基地网络，围绕主导产业，筛选主导品种、主推技术，开展新品种、新技术试验示范以及新技术集成推广。依托农垦科学院、八一农大、科研育种中心等教学、科研、推广单位的人才支撑，发挥专家和技术员作用，进一步引导专家到生产一线服务基层，根据基层农技人员的不同需求，采取异地研修、就近集中培训和现场实训等方式，分级、分类、分批就近开展基层农技人员知识更新培训，逐步提高基层农技人员的业务能力。培训内容主要包括技术员的基本职业技术技能、农技推广理论与方法、农业公共信息服务和管理统计技能、农业政策和相关法律法规等。

（赵英杰）

【信息化建设】 实施“互联网+”行动计划，配合总局相关部门做好创新机制、技术培训、信息安全、农业管理数据化等相关工作。实施信息化项目，开展大马力深松、侧深变量施肥智能化管控技术研究与示范，在9个管理局的48个农（牧）场重点开展农机深松作业信息化监管服务技术应用与示范，使用经费600万元，安装各型农机具监测设备673台（套）以上，检测深松面积7.73万公顷，培训管理人员及农机机手1200人，发放自编技术手册3000余册。协调、协助七星农场承担的国家首批物联网示范应用项目顺利推进实施。

（赵英杰）

【科技培训】 围绕科技创新和示范推广的重点任务和方向，着重开展以现代青年农场主和生产经营型、专业技能型、专业服务型新型职业农工为主的培育与培训工作。以走出去、请进来的方式开展科技培训工作，抓好新型职业农工师资库建设，办好固定课堂、流动课堂和田间课堂，提高农业从业者的科学素质，培育适合垦区现代农业发展特点的新型人力资源8420人，其中，现代青年农场主400人，生产经营型2770人，专业技能型1965人，专业服务型3285人。

（赵英杰）

【科普宣传】 加强科技宣传和科普工作，围绕科学知识普及和对外宣传的需求，制作系列3D立体动画科普宣传片，重点以北大荒黑土带成因及种植优势、国内领先的精准智慧大农业、寒地水稻技术体系特色、优质玉米种植的发展过程及特有的耕作技术、高品质非转基因大豆产业发展历程及未来农业科技展望等内容，宣传垦区科技在农业产业中的支撑作用。开展科普宣传、科技之冬、科技咨询、科技培训等系列科普活动，提高职工科技意识，营造“大众创业、万众创新”的良好社会氛围。

（赵英杰）

【知识产权】 完成2016年专利资助资金的申报和发放工作。新增专利72件，累计达1832件。在“4·26”世界知识产权日，组织各管理局和龙头企业以“培育知识产权文化、促进社会创新发展”为主题的知识产权周宣传活动。参加国家知识产权局举办的以“加强知识产权运营，开拓知识产权强企之路”为主题的第十届中国专利周活动。

（赵英杰）

【科技管理与交流】 加强科技项目和科技专项资金监管，根据国家和省总局有关科技专项资金管理的文件规定，落实法人和课题负责人双重责任制，强化资金专款专用的监督检查，对部分重点单位进行了抽检，发现问题，及时整改，确保项目保质保量完成。拓展国际科技合作项目，以引进关键核心技术为重点，增强龙头企业产品科技附加值，提升市场竞争能力。加强与国内发达地区和著名高校、科研机构的科技合作与交流，支持龙头企业、管理局和科研院所、高等院校，针对垦区技术需求，多领域开展对外合作，促进科技与经济深度融合。与华为合作项目已通过国家验收。

（赵英杰）

·农垦科学院·

【科研项目】 农垦科学院下辖哈尔滨、佳木斯两个院区，有12个研究单位和1个实验农场。有职工1500多人、在职科研人员330多人，占地总面积4075.9公顷，其中，耕地面积2904.4公顷、林地90公顷、水面252公顷。20万元以上科研仪器100多台（套），固定资产总值2亿多元。2016年，新增科研课题84项，在研课题113项。到账经费2576万元，获得品种转让经费1133万元，签订科技部“十三五”国家重点研发计划项目任务书3个，承担总局“保护性耕作”“水稻旱直播”等6个专项，年内课题结题鉴定22项，审定农作物新品种11个（包括国审“垦豆39”等大豆品种4个、省审“垦粘7”等玉米品种3个、垦审“垦稻29”水稻品种4个），获得新品种权9项、发明专利3项、实用新型专利21项，发表各类论文及论著78篇，获得地市级以上奖励10项，其中获得农牧渔业丰收奖二等奖2项、总局科学技术进步奖一等奖3项，“垦香稻10179”获得中日优良食味稻米育种技术及食味品质评价优秀奖。

（陈 旭）

【成果推广】 “垦单”系列玉米品种累计推广33万公顷；“垦丰、垦豆”系列大豆累计推广27万公顷；“寒地水稻叶龄诊断栽培技术”推广应用200多万公顷。累计增产稻谷12亿公斤，新增社会效益16亿元；承担垦区畜禽疫病防治及饲料应用、奶牛DHI测定工作，进行疫病监测26300份，饲料检测200多份，奶牛乳成分及体细胞测定14000多头；农发项目扩大到水稻、玉米、大豆等8个农作物及农业机械、农业信息化等13个，项目经费500万元，培训基层技术人员及种植户1万多人，发放技术资料1.8万余份，承担农业部、省及总局农产品质量安全检测9000批次。

（陈 旭）

【对外合作】 与中国农业科学院、黑龙江省农业科学院等单位合作，联合申报“十三五”重点研发计划项目和科学实验站等国家重大科研课题及项目。与中国农业机械化科学研究院合作成立北大荒分院。与乌克兰国家农业科学院举办学术交流，签订合作协议。参加第十四届粳稻发展论坛、全国黏玉米产业年会、全国大豆学术年会、中国食用菌产业年会等大型会议。邀请中国农业大学汪懋华院士、扬州大学凌启鸿教授等专家，来院调研及洽谈项目合作。与中国农业科学院北京畜牧所合作，举办了全国奶牛提质增效现场会。

（陈 旭）

【佳南实验农场】 完成春播面积41185亩，粮豆总产实现2.38万吨。实现三产总值2800万元，人均收入2.04万元，全年主营业总收入1706万元。

（陈 旭）

·勘测设计研究院·

【概况】 黑龙江农垦勘测设计研究院设有勘测设计及辅助生产部门19个，主要从事农林、水利、电力、建筑、道路桥梁、建设项目环境影响评价、编制开发建设项目水土保持方案、水资源论证、水文、水资源调查评价、土地整理、城市规划等工程咨询及设计，岩土工程勘察、质检化验、水文地质、工程测量、房产测绘、工程监理、图文处理等。有职工413名，专业技术人员363名，其中，教授级高工34人，高工82人，中级职称人员90人，有70人次取得相关专业的全国注册资格证书并在院注册。院建院以来共完成各类勘测设计及科研项目7700余项，其中，大型项目510余项，成果合格率100%，优良品率达到98%以上，荣获总局级以上科技进步奖和优秀勘测设计奖的项目达336多个，其中省级部以上获奖项目达100余项。一些项目达到了国内领先水平。2016年年实现产值1亿元，预算总收入9204万元，其中单位创收6534万元。

（段正奇）

【勘察设计】 完成重点水利勘测设计项目300余项，完成三江连通29个灌区中的10个灌区项目建议书（占灌区总设计面积的34%），地质钻探总进尺78924米，测绘纵横断11090公里，1:2000地形图683平方公里，7个生产处室、175人直接参与三江连通项目前期工作，集中封闭设计55次，累计封闭设计时间964天，垫资额度2000余万元。完成了青龙山灌区一期工程南区实施方案，锦东灌区项目建议书、勤得利、虎林、八五九、梧桐河灌区实施方案，大兴、七星、普阳农场大型泵站改造工程，牡丹江湖北防洪闸除险加固改造工程及一批中小河流域治理、黑松嫩干流防洪治理工程的可研、初设和施工图及以上各项目所涉及的环评水保设计和地勘测绘。

（段正奇）

·农垦经济研究所·

【课题研究】（1）总局重点课题研究。完成基于500强企业数据分析的北大荒集团核心竞争力分析报告、黑龙江垦区办社会职能改革专项研究报告、黑龙江垦区奶业发展调研报告等专题研究报告，供总局主要领导决策参考。申报总局科技局立项3项课题，即黑龙江垦区总局直属和管理局局直办社会收支研究、中央一号文件"强农惠农"政策研究、黑龙江垦区"走出去"培育国际大型农业企业集团研究。开展与垦区改革发展相关的课题研究，包括北大荒集团集团架构、法人治理结构和现代企业制度研究、黑龙江垦区农业双层经营体制及土地承包制度研究、垦区精准扶贫和精准脱贫研究、9个后划农场办社会改革研究、垦区创新体系及路径研究、垦区生态环境治理体系研究等相关课题。（2）省部级研究课题。9月，承接农业部农垦局委托的农业法制建设与政策调研项目"中央直属垦区国有资产监管制度建设研究"课题；7月，中标黑龙江省社科联组织的黑龙江省经济社会发展重点研究课题"黑龙江省垦区国有农场社会职能改革研究"。（3）与总局相关部门协作开展研究工作。完成总局发改委委托的黑龙江垦区"十三五"经济社会发展规划编制工作。与总局财务处合作开展黑龙江垦区PPP实施路径研究。与总局办公室联合开展"转方式调结构"调研，形成"关于北安、九三和齐齐哈尔管理局现代农业转方式调结构情况的调研报告"。完成总局工信委委托的黑龙江垦区工业"十三五"发展规划、黑龙江垦区信息化"十三五"发展规划的编制工作。（4）与省内外科研机构开展课题合作和决策咨询服务。与辽宁工业大学、东北农业大学等科研单位开展能源技术为纽带的农业循环经济物质流特征与运行机制研究、玉米秸秆炭对盐碱水田的改良示范、黑龙江垦区景观生态建设研究、基于优质优价的稻米产业链整合研究、生态有机农业及互联网+优质稻米营销研发等多项课题合作。承担黑龙江省查哈阳农场委托的黑龙江省查哈阳农场电商平台技术咨询服务项目、黑龙江省查哈阳农场农业互联网+大数据平台规划咨询服务项目。完成农垦哈尔滨管理局委托的黑龙江省农垦哈尔滨管理局养老产业发展规划（2015—2020）的编制工作。

（安蒙龙）

【农场管理学会】 发挥会员和特聘研究员的专业技术特长，围绕经济研究所的重点研究课题，开展相关课题的决策咨询活动，承接农场的决策咨询任务。4月28日召开"黑龙江垦区经济与社会发展第十三个五年规划"专家咨询研讨会，学会各分会秘书长、部分基层学会和部分科研院所课题合作专家参加此次专题研讨，为规划编制提出很好的意见和建议。6月组织齐齐哈尔分会和查哈阳农场基层学会赴广东农垦、湖南农垦和江西共青城进行关于农垦经济体制改革和管委会建立的专题调研。7月组织九三分会和总局相关专家赴宁夏农垦进行土地资本化的专题调研，形成综合调研报告。8月1日召开关于"总局直属和管理局局直社会职能情况调查"的专题研讨，相关专家为课题研究内容提出了好的思路和相关建议。10月和11月先后3次召开关于双层经营体制和土地承包制度的专题培训和研讨会。评选出优秀论文58篇。学会荣获省社科联系统第四届特色社团称号。

（王洪波）

【刊物】《农场经济管理》杂志作为省级首批认定的A类经济类期刊，密切关注国家经济发展方针和改革举措，探讨经济管理理论，传播农业领域方面的先进经验和策略。力求将理论和实践结合起来，办出刊物特色，成为农垦经济建设和社会发展服务的学术平台。栏目主要以农垦集团化、农场企业化改革，农业供给侧结构性改革为主线，刊登诸多关于农业促改革、转方式、调结构等方面进行积极探索的理论文章，以期为垦区的改革工作提供强大的理论支持。出版杂志12期。为纪念垦区开发建设70周年，杂志社推出《北大荒画报》徐一戎专刊。

（朱晓雨）

教　育

【概况】 2016年末，垦区有各级各类学校163所，在校生168840人，教职工21230人，校舍建筑面积2892730平方米。其中普通高等学校3所，在校生30124人，教职工2407人，专任教师1595人；普通中等专业学校2所，在校生4384人，教职工370人，专任教师233人；有成人高校1所，在校生1549人，教职工147人，专任教师94人；有成人中等职业学校1所，在校生4079人，教职工368人，专任教师221人；有普通中小学150所，在校生127761人，教职工17798人，专任教师13643人；有幼儿园119所，在园幼儿20385人，教职工3263人，专任教师1644人。另有职业技术培训机构74个，培训139595人。（1）改善办学条件。依照教育部和国家发改委的相关政策文件要求，继续落实总局初中校舍改造工程二期建设项目825万元、总局边远艰苦地区学校教师周转宿舍建设工程500万元以及总局学前教育推进工程575万元项目建设，将工程落实情况及时上报教育部和国家发改委；落实中小学危房改造补助项目资金9100万元，装备经费3亿元。学校硬件条件、教育现代化水平明显提高。（2）学生资助工作。继续组织垦区第十一届宏志班学生考试，录取50名优秀学生，组成垦区第十一届宏志班在宝泉岭高级中学就读。建立扶贫助学资金，扶助贫困生1万人左右，扶助资金达200多万元，多数农场社区和学校建立起"爱心超市"。继续落实国家资助政策，做好垦区学生助学工作。2016年，国家拨付垦区中、高职学校助学金共计974.5万元，其中，中等职业学校233.4万元、高等职业院校741.1万元，资助家庭生活贫困学生

5267人(中职1557人、高职3710人);下拨免学费资金1125万元,为2730名中职学生免除了学费。114名高职院校学生获160.05万元服兵役奖补资金资助,99名学生获国家就业奖补资金资助,8658人获学校资助。有22名高职学校学生获得国家奖学金、380名学生获得国家励志奖学金。做好垦区普通高中家庭贫困学生资助工作,垦区有6500名普通高中学生享受国家资助。垦区爱国华侨张载村先生、陈慧中女士为垦区6所普通高中资助优秀学生100名,提供资助资金50万元。(3)平安和谐校园建设。强化安全"两基"工作,抓好规范化管理。重点抓学校安全管理基础性工作,抓学校安全管理制度健全和执行,抓学校安全管理"软件"资料规范完善,抓平安学校创建活动。通过开展学校安全工作大检查和垦区教育系统"安全生产月"和"安全生产垦区行"活动,推动教育安全事故隐患排查治理工作的深入开展,切实消除安全隐患,落实治本之策,完善长效机制,确保垦区教育系统持续和谐稳定。(4)教师队伍建设。垦区中小学校参加国家级、省级、总局级、管理局骨干教师培训共4204人。垦区有4841名中小学教师参与"一师一优课"活动,共晒课2909节,获得省级优课174节,部级优课34节。(5)推进素质教育。以北大荒精神和中华传统美德教育为主线,培育和践行社会主义核心价值观,开展"少年传承中华美德"系列教育、文明校园创建等活动,初步形成了具有垦区特色的德育教育体系。推动学校体育、艺术特色化发展。新增国家级足球特色学校3所,省级足球特色学校7所,有效促进垦区中小学校园足球运动发展。结合垦区实际,推广普及冬季冰雪运动。建冰场78处,冰雪活动学校参与面达、学生参与率提高。组织开展了中小学生艺术展演活动。在各项国家级、省级艺术比赛、展评、展演中取得优异成绩。(6)教育行风建设。严格规范学校办学行为,开展集中整治教师违规收受学生及家长礼品礼金等行为专项行动,把严禁教师收受礼品礼金的要求落实到师德师风建设和教师队伍管理全过程,坚决治理"三乱"等违规行为,抵制各种不正之风和商业贿赂。(7)教育信息化建设。推进"三通"建设,总局投入1.48亿元,建设校园网83个,新建多媒体教室2231间、录播教室18间,更新计算机7516台。垦区教育信息化基础支撑环境逐步完善,校校通实现比例97%,校园网建成比例为65%,多媒体设备普及率达到80%以上。实施应用能力提升工程,教师信息技术应用能力普遍提升。推进信息技术与教育教学的深度融合,信息化教学应用基本普及。以"一师一优课、一课一名师"活动为抓手,鼓励教师的常态化应用。(8)建立职业院校经费保障机制。2016年年底,垦区公办中等职业学校生均公用经费标准达3000元以上。垦区公办高职院校生均财政拨款水平不低于1.2万元的标准已经实现。

(董良福)

【基础教育】 截至2016年年末,垦区有中小学校150所,其中,十二年一贯制学校2所、高级中学17所、初级中学19所、九年一贯制学校86、小学26所;在校生127761人,其中小学57819人,初中39276人,高中30666人;中小学校教职工17798人,专任教师13643人;中小学校校舍建筑面积200万平方米。幼儿园119所,在园幼儿20385人,教职工3263人,专任教师1644人、校舍建筑面积30万平方米。(1)学前教育。办园条件进一步改善。购买玩、教具等设施设备累计投资3800万元,90%以上的公办幼儿园达到省级办园标准。开展晋级达标活动,有省示范幼儿园7所,省级一类幼儿园31所,优质资源比例达到35%。新建公办幼儿园2所,新增学位810个,垦区学前三年教育毛入园率达到80%以上。(2)义务教育。有7个管理局通过国家督导验收,2个管理局通过省督导验收,全面完成省政府确定的均衡发展目标任务。(3)普通高中教育。深化普通高中课程改革,加强教学质量管理,探索、推广高效教学模式,切实提高教学效率,教学质量持续提高。2016年高考取得优异成绩,一本上线人数比2015年增加338人,一本上线率提高19.8%;二本上线人数比2015年增加339人,二本上线率提高8%。推进普通高中办学模式改革,促进普通高中多样化特色化发展。

(董良福)

【职业教育】 垦区中等职业学校总计招生2172人,其中,全日制1398人,非全日制学生774人。中职在校(籍)生8858人,其中,全日制2838人、非全日制6020人。与上年相比,全日制中职招生略有提高,非全日制下降明显。农垦中等职业学校布局相对合理:垦区东部地区以国家级示范中等职业学校农垦工业学校为龙头,辐射带动农垦红兴隆职教中心、友谊农场职业高中、建三江管理局职教中心发展。建三江职教中心以职工教育、从业人员培训为主,其余3所学校以全日制学历为主、兼具职工教育和从业人员培训职能;垦区西部地区以国家级示范中等职业学校农垦机械化学校为龙头,辐射带动九三管理局职教中心、七星泡农场职业高中发展。专业结构方面,农垦工业学校以工科为主,农垦机械化学校以农业机械为主,其他中等职业学校多以涉农专业为主,体现为垦区现代化大农业服务的特点。推进产教融合、校企合作工作的开展。农垦机械化学校向国家申请"十三五"职业教育产教融合项目,建设的三个涉农专业立足于为北安垦区及周边市县的农村和农民服务,与北安管理局的15个农场及省内外的农业企业、各级农业类科研院所等建立合作关系,其中,农业机械使用与维修、现代农艺技术、畜禽生产与疾病防治三个专业建立校外实习基地数量分别为30个、27个和21个;与红星农场、赵光农场的农业数字中心联网,能够实现农业生产的实时监控。新型职业农民等培训工作稳步推进。垦区各级各类职业院校、培训中心、基层各行业和部门,利用秋季农闲和"科技之冬"开展以岗位培训、专业培训、实用技术培训、理论知识培训和以公德教育、法制教育为内容多管齐下的职工培训活动。2016年,垦区共计接受"劳动力阳光转移"培训、实用技术推广等各类培训102058人,其中,第一产业培训79891人、第二产业培训5976人、第三产业培训16191人。培训一周至一个月的100953人，一个月至半年的215人，一年以上890人。

（董良福）

【高等教育】 垦区高校全日制招生9043人，其中，八一农垦大学研究生335人（硕士317人、博士18人）、本科生3882人；2所高职学院招生4826人。垦区高校在校生总计30124人。成人高校招生：八一农垦大学专科47人、本科153人，农垦管理干部学院271人。高校发挥“智库”和科研基地作用，为垦区经济社会发展和结构调整提供咨询和技术服务。八一农垦大学将培育的水稻、马铃薯等新品种和专用肥料推广到垦区部分农场，在垦区建设水稻、大豆、马铃薯、杂粮、果蔬、禽类、数字化农业等10个综合服务示范基地。

（董良福）

【招生考试】 普通高校报名10098人，共设10个考区，12个考点。高考录取8934人（本科6522，专科2412）。成人高考报名851人，录取733人。自学考试上半年1118科次，毕业31人；下半年1122科次，毕业20人。

（董良福）

·八一农垦大学·

【概况】 黑龙江八一农垦大学（以下简称八一农大）是黑龙江省属全日制普通高校，具备培养学士、硕士、博士的完整教育体系，是国家首批卓越农林人才教育培养计划改革试点高校。学校设有11个本科学院及继续教育学院，拥有学士、硕士、博士三级学位授予权。现有47个本科专业、8个硕士学位授权一级学科、5个硕士专业学位类型、49个硕士学位授权点，2个博士学位授权一级学科、6个博士学位授权点，4个博士后流动站和科研工作站；拥有“黑龙江优质米生产全程产业化技术”省重点学科群，作物学、农业工程、兽医学、食品科学与工程等省重点一级学科；农学、动物医学、农业机械化及其自动化3个国家级特色专业，农学1个国家级专业综合改革试点，2个国家级卓越农林人才教育培养计划改革试点项目；9个省级重点专业、3个省级专业综合改革试点、5个省级卓越人才教育培养计划实施专业以及培养通用和民用航空飞行学员的亮点专业——飞行技术专业。学校面向全国23个省区招生，全日制在校本科生14500余人，各类在校研究生近1800人。有教职工1420人，其中，专任教师869人，教授167人、副教授280人，具有博士学位教师306人、具有硕士学位教师511人，教师博士化率达35.2%、国际化率达13.3%。学校自主培养了龙江学者特聘教授和青年龙江学者特聘教授2人，现有3个省级教学团队、4个省级领军人才梯队、21个总局级领军人才梯队和4个省高校科技创新团队，先后有33名教师享受国务院和省政府特殊津贴。学校还聘请了多名长江学者、龙江学者等知名学者担任“王震讲座教授”。总占地120万平方米，校舍建筑面积36.79万平方米，教学科研仪器设备资产值22835余万元；图书馆采取“一站式”开放管理模式，馆藏各种图书文献193.08万册。学校注重培养学生的实际动手能力，拥有国家级大学生校外实践教育基地、2个国家级实验教学示范中心和6个省级实验教学示范中心、3个省级大学生校外实践教育基地，形成了以国家级和省级“卓越农业人才”“垦区基层管理人员培训班”“禾丰班”“百胜班”等为代表的校企合作人才培养模式，毕业生就业率始终保持省属高校前列，为2015年度“全国就业50强高校”。拥有国家杂粮工程技术研究中心、国家级新农村发展研究院和农业部农产加工品质量监督检验测试中心，3个省部级工程研究中心、4个省高校重点实验室、3个省高校校企共建工程中心。建校以来共取得科研成果1200余项，其中，省部级以上奖励138项，先后2次获得黑龙江省省长特别奖和重大科技效益奖。学校坚持开放办学，广泛开展国际交流与合作。先后与美国、英国、加拿大、俄罗斯、法国、韩国、日本、印度等国家和地区的近30所高校和科研院所院校开展交流与合作。学校累计为社会培养输送各类人才6万余人，通过校局（县）合作共建、承担科技项目、帮扶新农村建设等方式，累计培训各类人员50余万人次，40%以上科技成果得到转化应用。

（杨文霞）

【本科教学工作】 获批国家级项目14项、省级46项，新增厅局级和校级项目181项，完善国家、省、校三级项目建设体系。推进国家级实验教学示范中心和大学生实践教育基地建设，新增11个校级校外实践教学基地。102项“大学生创新创业项目”顺利结题。落实省级“卓越农业人才教育培养计划”，农学等5个专业与企业签订联合培养协议。组建卓越“农业人才班”“农机实验班”“兽医师实验班”“畜产品加工实验班”。在4个工学类专业实施大类招生，在相关专业设立水利与水电工程、合作经济方向。开设研究性教学课程79门次。获批省级精品视频公开课2门，公共课程试行挂牌授课2门，在省微课、课件比赛中获奖多项。强化对外交流与合作办学，2个中外合作办学项目获批继续实施，与日本山形大学、俄罗斯巴什基尔国立农业大学、太平洋国立大学、津巴布韦圭比农学院4所海外高校签署合作协议。选派4名学生赴日本、韩国留学，有5名学生赴波兰波兹南大学攻读硕士学位。完成《中西部高校基础能力建设工程黑龙江八一农垦大学建设方案》，项目拟建设总建筑面积3万平方米的基础教学实验楼，计划总投资1.25亿元，中央专项资金1亿元。寒地作物栽培技术实验教学中心成为2016年1月成功获批国家级实验教学示范中心。2015—2016年新增大学生创新创业训练计划项目266项，其中，国家级项目38项，省级项目90项。完成水利水电工程、审计学、食品营养与检验教育、应用化学4个新专业建设，完成飞行器制造工程、航空服务与管理、动物营养与饲料工程、金融学4个专业论证和申报。依托3个专业最新开设合作社经济、水利水电工程、牛生产学和动物营养与饲料科学方向。新增农学09大类招生专业，校大类招生专业先增至4个，涵盖15个专业。

（杨文霞）

【学科建设】 创建“黑龙江八一农垦大学在线开放课程平台”，有4门精品视频公开课、15门精品资源共享课、13门尔雅通识课、4门微课在网络教学平台开放。建成校级精品资源共享课15门、MOOC1门，微课8门，在建课程27门。与超星集团北京尔雅公司、智慧树在线教育等开放课程平台进行合作，开展全校选修课程的在线学习及考核，有学生56300人次在平台上选修32门课程。实验室及实习基地建设推进校企合作，利用社会资源，遴选建设38个校级实践教学基地。与大庆光明产业园区达成建设学校综合实习基地的合作意向。工程院与爱科共建1个校内综合培训基地。投入200万元专项资金重点建设农业类专业创新创业型实践基地。制定《黑龙江八一农垦大学推进研究性教学改革的指导意见》，在154门课程中开展研究性教学改革，开展校院两级研究性教学观摩活动，组织研究性教学观摩课16次，遴选20位教学名师、优质课教师、教学技能比赛获奖者开展“学习名师、增长技能”观摩活动30余场，邀请校内外专家组织开展“更新观念、推进改革”主题观摩活动2场，1200多人次教师参加观摩活动。

（杨文霞）

【研究生工作】 切实保证2个博士一级学科、1个博士二级学科、5个硕士一级学科和3个硕士二级学科评估工作扎实有序开展。6月20日，11个参评学科完成材料填报工作，通过评估系统报送学位中心审核。启动新一轮学科带头人和后备带头人遴选工作，遴选学科带头人16名，后备带头人16名。新增博士研究生指导教师8名，硕士研究生指导教师86名。招收全日制博士18人，硕士322人，圆满完成招生计划，招生人数创历史新高。招收在职硕士187人。推荐优秀应届本科毕业生免试攻读硕士学位研究生83人。完成2017年全国硕士研究生招生考试现场报名确认工作，接收考生2370人，其中报考八一农垦大学考生783人。

（杨文霞）

【师资队伍建设】 引进各类人员29人，在高层次人才引进上实行“一事一议”，其中引进的孙晓丽博士，以第一作者发表SCI检索文章10篇，累计影响因子达到40.5。4位专家获国务院和省政府特贴，2位教授获留学人员科技活动项目资助。新增省级领军人才梯队后备带头人1人，省级、总局级领军人才梯队获得资助，领军人才梯队产出代表性成果13项。20人获得国家留学基金委、省属本科高校战略后备人才及各级访问学者项目资助；学校全额资助25人出国研修和参加国内“教学能力计划”专项培训，教师博士化率、国际化率分别达到29.4%和10.4%。获省高校师德先进集体1个、先进个人9人，获得省教育系统先进集体1个、全国优秀教师1人、省优秀教师2人。

（杨文霞）

【科研工作】 启动审核评估自评工作，完成省专业评估试点工作2016年，各级各类课题立项共计60项，其中，教育科学规划课题9项，校级课题51项。各级各类课题结题共计126项，其中，省高等教育教学改革项目23项，省高教综合改革试点专项4项，省教育科学规划课题18项，省高等教育学会课题8项，校级课题73项。获批课题251项（其中获批国家科技支撑计划项目和课题各1项，首次获批霍英东青年教师基金1项），到账科研经费达5915万元。结题验收102项，获奖50项（其中省科技奖6项）；在国家级学会学术期刊发表论文148篇，四大检索收录论文97篇，出版著作16部；获批各类专利27项。建设4个校级协同创新中心，完成省高校重点实验室开放课题评审和论证工作；对植质钵育全程机械化栽培技术和农产品加工与质量安全创新团队进行论证；学校四季青校区建设扎实推进。接待美国、加拿大、俄罗斯、澳大利亚、日本、波兰、汤加王国7个国家8所高校来访团组共30人次，派出多个团组出访美国、俄罗斯、德国、加拿大、印度等相关高校，选派16名教师参加国际国内学术会议，开展学术交流。生物技术中心落成启动。首次获批大庆市农业重点实验室，共计10个。

（杨文霞）

【社会服务工作】 依托新农村发展研究院国家级平台，与垦区签署各类合作共建协议10余项，推进与宝泉岭管理局的合作共建。向垦区输送本科及硕士毕业生198人，选派专家21人赴垦区举办基层农技推广人员培训班8期，培训890余人。面向地方举办各类培训班近40班次，培训1万余人次。参与黑龙江省科技特派员、专家下基层、三区人才选派等活动，累计向垦区、周边市县及垦区境外农场选派300人次开展科技服务工作。与30余家企事业单位签署各类合作协议40多份，直接转化科研成果2项，成果转化、横向课题及科技服务费达735万元。参加国际高新技术成果交易会、哈洽会等对接活动，推介科研成果100余项。为大庆市棚室经济提供技术指导，与兰西、肇州、逊克、富裕等县开展校县合作共建。与林甸县原种场村、和平村结成新农村帮建单位，开展创建农民书屋、科技培训等帮扶活动。与中国电子进出口总公司等企业分别签署培训安哥拉、津巴布韦农业技术人员的合作协议。首次承担并完成安哥拉农业技术人员培训项目，培训安哥拉农业技术人员14人。新农村发展研究院开展各级各类社会服务1300余次，参与人员1500多人次，服务地点470多处，培训人员3.5万余人次。水稻新品种“垦粳6号”、红小豆专用肥、杂粮高端保健功能系列食品等11项成果实现转化与推广，转化经费248万元；签订各类技术服务、技术推广等横向课题106项，到账经费1142万元，“三区”服务人员专项经费146万元。在农垦宝泉岭管理局、绥滨农场、尖山农场、克山农场、建设农场、赵光农场、八五九农场、五大连池农场等地建设14个综合服务示范基地或特色产业基地。做好“市校融合”工作。为主体单位承担18项市校融合项目，作为对接单位的项目有60多项。与30多个单位进行对接，签署多项战略合作协议。荣获“三农科技服务金桥奖”先进集体。

（杨文霞）

【招生与就业】 招生计划总数3990人，实际录取新生4001人，新生报到3898人，报到率97.43%。生源质量较往年有较大提高，在22个外省中有17个省份一次投档即足额，同比2015年增加8个省份；省内本科二批A段理工类录取最低分417分，高于省控线48分；文史类录取最低分439分，高出省控线38分。2016届本科毕业生总计3760人，截至8月31日，就业3029人，初次就业率80.56%。其中，签订协议就业1699人，占45.19%；升学503人，占13.38%；灵活就业827人，占21.99%。新增就业基地29个，解决毕业生就业107人；建立校企合作定向培养班11个；举办各类招聘会227场，累计提供就业岗位17864个，生均比例为1∶4.8；毕业生满意率92.48%。7年中向垦区生产一线输送基层管理干部314名，经调查，前六期265名学员中，40人离职，重新择业；225人扎根垦区基层，人才稳定率达85%。

（杨文霞）

【图书馆与信息中心】 图书馆、档案馆、现代教育技术中心合并为图书馆与信息中心。定位为学校的图书情报信息中心、网络信息技术中心、档案管理中心、现代教育技术中心。利用机构整合优势，合理调配资源，将图书馆机房与学校中心机房合并，启动灾备机房建设。形成无线校园网建设技术规范和设计方案。完成现有教学管理应用系统、数字图书馆、各类教育数字资源等重要信息系统的云计算迁移工作。追回、整理数据总量达50T，结束了数字教育资源长期依赖厂商远端提供的历史。视频课制作水平不断提升，完成多媒体设备维护维修任务。

（杨文霞）

·农垦管理干部学院·

【概况】 黑龙江农垦管理干部学院是1981年经省政府批准，国家教育部备案的全日制成人高等院校。学院与黑龙江农垦总局党校、黑龙江农垦教师进修学院、黑龙江省农垦广播电视大学、黑龙江垦区农业广播电视学校“五校”合署办学。位居哈尔滨市高新技术产业开发区内。实行一个党委班子、统一领导、统分结合、资源共享、优势互补的一体运行管理体制。有教职工118人，专兼职教师69人，副高级以上专业技术人员64人，客座专家教授43余人。校园占地11400平方米，教学行政楼、学生宿舍楼和培训楼总建筑面积11800平方米。拥有完善的校内计算机局域网络、先进的远程卫星接收系统，以及多媒体计算机实验室、多媒体语音室、多功能电教室、教师电子备课室、会计实验室和多功能厅等先进的办学设施。图书馆藏书13万余册，年订阅各类报刊达300余份。（1）党校教育。围绕院党委中心工作，承办垦区各级各类领导干部培训11个班次，共3969人。在培训中重视党性教育和党的理论教育相结合，党性教育课时占比达70%以上。坚持“两检查两通报一分析一约谈”，开设主体班党性教育“六个一”模块课程，创新搭建网络平台，突出理想信念教育，注重党性修养培养。在完成主体班次培训任务的同时，完成2016级、2017级党校在职研究生报名工作。分别取得2016级报名180人，列全省第二；2017级报名人169人，省内办学点中仅低于省委党校总部录取人数的办学点的好成绩。组织开展了建三江管局基层干部延伸培训3969人次。（2）高职办学。与哈尔滨工业大学继续教育学院扩大合作规模，实现招生185人，与哈尔滨正德实业技术学校反复磋商签订联合办学协议，当年实现招生302人，实现年创收200多万元。与哈尔滨电大合作，招生463人。成人办学，完成现代农业技术等8个涉农专业的论证申报工作，全部通过审批。与省内多家成人办学机构达成合作意向，新增伊春高等教育培训中心、哈尔滨阿城区导航文化培训学校两个成人函授教学点。成人考生共计171人，较上年增幅近百人。完成“两校”成人5个专业、高职2个专业共4个教学班次和两个成人教学点的教学任务，开课32科次，授课1800多课时。组织高职、成人考试5次，2次能力测试。（3）师训教研。坚持服务垦区基础教育，教师进修教研工作扎实有效。举办垦区小学语文及数学骨干教师研修班，培训小学骨干教师217人。举办高中教师培训研修班，培训66人。省教育学院组织的各项培训共20班次241人。组织20人参加黑龙江省基础教育学生发展核心素养高端培训。完成基础教育教研数据采集上报工作，以及十二五课题结题工作。组织网络研修与校本研修整合培训共21人，精选7节中小学实验教学说课上报全国评比，组织赛课2811节，组织垦区教师参加省内外教研活动43次。发表论文4篇、出版专著2部，立项科研课题结题4项。（4）远程教育。电大农广校以新型职业农工培育项目工作为重点，完成电大农广校学历教育任务。电大系统开放教育招生454人，有专科、本科在校生1620人。农广校系统招生774人，有中专在校生5380人。举办垦区农广校管理人员培训班120人，建设垦区新型职业农民培育师资库，入库教师1478人。指导各级农广校完成垦区7440人的新型职业农工培育工作。荣获年度全省广播电视大学优秀学习中心、全省广播电视大学教育管理先进集体和垦区职业学校学籍管理先进集体等称号。

（张泽滨）

【教管科研】 从基础做起，强化教学管理，编制年度学院教师培训、教学督导和科研等工作计划。完成2016年教师资格证申报工作，承办国家执业兽医资格考试和行政复议诉讼资格考试，完成上报省教育科学规划办2011—2015年度教育科研基础数据。完成科研成果申报评奖工作，《农场管理区精准扶贫工作现状浅析》论文入选全省党校系统“学讲话谋振兴闯新路”理论研讨会论文集，《增强“四种意识”继续弘扬北大荒精神》论文在垦区宣传思想工作理论调研成果评比中获北大荒精神新内涵理论研讨成果三等奖。奖励校内科研成果23项，其中，论文14项（国家级3项、省级9项、获奖2项）、著作1项、教材1项、教辅书2项、课题2项、专利3项。

（张泽滨）

·农垦职业学院·

【教学改革】 优化专业结构。农垦职业学院停招5个专业，新开设电子商务、食品质量与安全等4个专业，合并3个专业。招生专业33个，平均在校生规模位列全省综合类高职院校前茅。强化专业建设。优化人才培养方案，完善一批专业教学标准，新建一批校外实训基地，启动专业教学质量诊断与改进工作。坚持带薪实习，加强实习管理。加强课程建设与教学模式改革。开发一批精品在线课程，精选50门通识教育的网络课程，增加创新创业选修课。推进落实两级听评课制度，开发教务管理软件功能。坚持以赛促教促学。举办学院第五届学生职业技能大赛暨省赛选拔赛。参加省高职高专学生专业技能比赛18项，获一等奖7项、二等奖12项、三等奖16项。参加教育部和行指委组织的国赛11项，获一等奖2项、二等奖3项、三等奖6项。在全省大学生体育竞赛中，获得女篮、女排冠军和羽毛球团体第一名。

（张 文 宋 欢）

【师资队伍建设】 坚持“请进来走出去”开展培训。培训近1600余人次，教务处荣获省高校师资培训先进集体称号。通过新教师培训、参加技能大赛、课程建设、教学研究、评学评教、“以老带新”、上“示范课”和“汇报课”等措施，促进教师整体素质与教育教学能力的提升。牛红云被评选为第四届全国农业职业教育教学名师，曲秀琴入选全国万名优秀创新创业导师，焦丽获得全国高职高专思政课青年教学能手大赛二等奖并获2015年度全国高校思政课教师年度有影响力人物提名，李福玲、梅蕾荣获首届全国卫生职业院校教师检验技能大赛二等奖。学院教师参加黑龙江高等职业学校信息化教学大赛、全省高校体育教师教学技能大赛，分获省级一、二、三等奖共计10余项。

（张 文 宋 欢）

【创新创业教育】 开设创新创业教育必修课2门、网络课8门、举行创业讲座与创业实践22次，受众学生达7000人次。组织学生参加省级以上创业大赛获奖43项，其中，全省创新创业成果大赛一等奖17项、二等奖13项，互联网＋大赛本专科同台获二等奖2项，全国挑战杯创业大赛二等奖2项。完成大学生创业与就业精品在线资源课建设，教育厅批准训练项目16项、点对点对接项目2项，开展青年创业培训、新型职业农民培训和农场主培训与指导近500人。与华南城、智能家居、北大荒杂粮部等企业建立校内外创业孵化平台与电商平台5个，学生工商注册并创业成功12个团队；为双城市长产村果蔬基地进行营销策划、线上线下平台建设方案制定、logo设计等服务8项。

（张 文 宋 欢）

【招生与就业】 院招生计划3510人（其中省内计划2679人），实际录取2933人，报到人数2815人，报到率95.98%，在全省同类院校列第二位。省内考生报考学院12216人，与相对应的招生计划比为5∶1，列全省同类院校第二名。文理科最低录取分数线仍保持在全省前5位。坚持按专业计划录取，33个专业全部按招生计划开班。2016届毕业生2853人，是学院史上最多的一年，毕业生初次就业率97.2%，年底就业率98.32%。专业对口率87.24%，毕业生的平均月薪额2750元，用人单位对毕业生的满意度94.46%。

（张 文 宋 欢）

【社会服务】 完成培训任务14088人次。其中，完成378人的新型职业农民的培训任务，完成140人的现代青年农场主培训任务。举办各级各类培训班21个，共40期，承办各类会议和大型比赛14次，为企业与合作社提供研发、咨询与策划服务9项，创收200余万元。承担省部共建国家现代农村职业教育改革试验区院市、院县结对共建的具体指导工作，完成了对五大连池市、讷河市、富裕县、嫩江县、安达市、绥棱县等试点县的建设指导；参与教育部国家职成教育示范县推荐申报、指导评审、调研验收工作。为省相关部门提供教育督导、决策咨询、文件起草、学术报告和大赛评委等各项服务。接待国家教育行政学院第48期高校中青年干部培训班、全国职业教育集团化办学第10期调研团、俄罗斯萨哈共和国亚库斯克教育代表团、江苏农林职业技术学院等20多个团体。

（张 文 宋 欢）

【智慧校园】 与中国工商银行黑龙江省分行银校合作成功签约，工商行投入480万元、学院投入240余万元合作共建学院“校园一卡通”项目，学院“智慧校园”建设全面启动。一卡通项目采取“主卡＋附卡”模式，写入校园特色应用业务功能，更换门禁系统工程已经基本完成施工。

（张 文 宋 欢）

·农垦科技职业学院·

【概况】 黑龙江农垦科技职业学院是一所公办全日制普通高等职业学院，黑龙江省骨干高职院校建设单位。坐落于哈尔滨宾西国家级经济技术开发区，毗邻国家AAAA级旅游景区二龙山，吉华、二龙山龙珠两家3S极滑雪场蜚声国内外。校园占地53万平方米，建筑面积17.23万平方米，固定资产4.1亿元。设有机电工程系、农林系、动物科学系、建筑工程系、经济贸易系和基础部等六个教学单位。开设机械制造与自动化、食品加工技术、绿色食品生产与检测、水利水电建筑工程、园林技术、市场营销等66个专业。面向全国12个省市区招生，有全日制高职在校生6122人，教职工586人，专任教师417人（其中教授41人，副教授106人，博士3人，硕士98人）。“双师素质”教师276人，占专业老师总数的66%。有中央财政支持的职业教育实训基地4个，国家级重点专业4个，省级重点专业8个，省级专业带头人15名，省级教学团队1个，省级精品课程5门。设有黑龙江农垦林业科研所等科研机构，是黑龙江省高等技能人才培养基地，黑龙江省重要的现代农业技术人才培养基地。

（樊雪飞）

【招生与就业工作】 招生录取2734人，报到2581人。学院专升本报名410人，比上年增加139人，有128名升入本科，比上年增加24人。就业工作围绕“建设高品质的就业基地、提高毕业生职业素养”展开。完成大中专毕业生2260名学生的派遣工作，大专毕业生总体就业率99.24%。

（樊雪飞）

【提升专业建设水平与人才培养】 修订所有专业人才培养方案，制定《学院重点建设专业实施方案》，确定计算机网络技术、机电一体化、汽车检测与维修、会计、建筑室内设计、建筑工程技术、水利水电建筑工程、宠物养护与训导、药品生产技术9个重点建设专业。完成全年教学任务。组织教师培训省内和省外学习197人次，安排教师脱产到企业锻炼，提高教师素质水平和“双师”能力。完成汤原亮子奔腾生物科技有限公司“互联网+点对点营销”基地对接工作。完成阿城料甸水稻示范基地“互联网+点对点营销”网站制作设计、稻田鸭疫病防御工作。学院学生在国家级职业技能大赛中获得一等奖三项，在省级职业技能大赛中获得一等奖三项、二等奖8项、三等奖4项。其中，在全国大学生机器人及人工智能创新竞赛中获得一等奖，在全国大学生电子设计竞赛中获得一等奖，在高教社杯全国大学生数学建模竞赛中获得一等奖。

（樊雪飞）

【教学督导与科研】 健全教学质量监控体系，将质量监控贯穿到全部教学过程，制定院、系、教研室三级督导听课制度。完成教学班的督导听课任务。完成《教学工作诊断与改进实施方案（试行）》制定工作，推进建立教学工作诊断与改进制度，开展教学诊断与改进自查自纠工作。完善学术、科研管理制度，制定完善学院学术规范制度、学术不端行为查处机制、科研管理办法等。4次组织专家推荐黑龙江经济社会发展重点研究课题及“十三五”规划课题27项，批准立项18项。组织课题研究中期检查1次，结题评审8次，省级、校级共结题26项。完成哈尔滨市阿城区、宾县2个省部共建国家现代农村职业教育改革试验区试点县建设指导工作。

（樊雪飞）

【学风建设与学生管理工作】 把迎接省政府学风督导检查和加强学风建设相结合，通过班会、板报、团活、微信、演讲比赛以及各种主题活动等方式，对学生开展“四进四信”教育、社会主义核心价值观以及法制、道德、礼仪、文明礼貌教育，提高学生素质。采取面试、培训、考试、出早操、竞聘演讲等程序严格选聘学生干部。开展文艺和体育活动，丰富学生业余文化生活，举行校篮球比赛、拔河比赛、越野赛、秋季运动会等大型活动10余次，小型阶梯类活动百余次。秋季国家奖学金发放500.8万元，基层就业学生学费补偿发放20.2万元，中专助学金发放助27.8万元。为35名贫困学生购买过冬棉衣。完成18名回校复读学生系部对接和学费资助工作。进行征兵动员，宣传大学生入伍的优惠政策，组织在校生48人、毕业生11人、新生35人入伍。

（樊雪飞）

【社会服务】 发挥省级骨干高职院校的引领和带动作用，开展科技下乡，技术咨询服务。开展145人的垦区残疾人职业技能培训。7月，为吉林省青年农场主举办省外培训班。8月，开展为期4大的农垦交警总队共计150余人的考试员培训，学院被列为交警总队垦区考点。10月，承办由云南省马关县农业和科学技术局组织的新型农业技术指导畜牧培训。与红兴隆管理局合作共同举办100余人的会计中级职称考前培训，签订长期合作培训协议。在机器人、无人机、宠物养护、电子商务及工程造价等方向对应届毕业生进行创业培训。

（樊雪飞）

卫 生

【概况】 2016年末，垦区有各级各类卫生机构1239个。综合医院125所，即总局总医院1所、管理局中心医院7所、神经精神病专科医院1所、疗养院1所、农场级医院（挂社区卫生服务中心牌子，承担社区卫生服务功能）115所。管理区（场直）卫生所（社区卫生服务站）1001所，卫生监督所（挂疾病预防控制中心牌子）113所（其中总局卫生监督机构1所，管理局卫生监督机构9所，农场卫生监督机构100所）。拥有卫生人员15257人，卫生技术人员12719人，其中，执业医师人数5999人，执业注册护士4965人。拥有住院床位和观察床位10627张。2016年报告国家法定乙类、丙类传染病14种，报告发病人数1853例，其中，乙类传染病9种1719例，丙类传染病5种134例，报告发病率133.23/10万，与2015年同期相比下降了0.72%；人口出生率5.9‰，自然增长率为0.66‰，符合政策生育率100%，出生人口性别比106。

（吕广辉）

【社区卫生服务工作】 2016年3月，宝泉岭、赵光、七星、绥滨、八五〇、庆丰、八五二农场7家社区卫生服务中心通过省级示范社区卫生服务中心验收，荣获黑龙江省示范社区卫生服务中心称号。4月，省卫生计生组织专家对全省13个地市及农垦、森工的基本公共卫生服务完成情况进行全面考核，垦区基本公共卫生服务工作在综合评比考核中取得第三名，获得奖励性资金52万元。完成“基本公共卫生服务项目”，建立居民健康档案累计1224562份，建档率80.7%；累计录入电子档案

1207885份，建档率80.1%；管理0-6岁儿童健康管理数21150人；孕产妇总数4390人，产后访视4152人，产后访视率94.5%；65岁以上老年人142284人，健康管理104608人，健康管理率73.5%；高血压患者94626人，规范管理高血压患者67468人，规范管理率71.3%；有Ⅱ型糖尿病患者26914人，规范管理Ⅱ型糖尿病患者15933人，规范管理率59.2%；管理重性精神病6736人，规范管理5856人；65岁以上老年人提供中医药服务27706人，为0～36月儿童提供中医药服务6663人。投入资金1749万元，新建健康小屋33个，提供免费、方便、快捷、自助体检服务，建有健康小屋90个。

（吕广辉）

【医疗卫生服务】 总院、农垦神经精神病防治院、各管理局中心医院门诊量达1504984人次，同比增长4.41%；住院患者174708人次，同比增长8.1%；业务收入19.25亿元，同比增长12.51%。农场级医院门诊量达1191959人次，同比下降12.85%；住院患者48579人次，同比下降32.58%；业务收入3.2亿元，同比下降25.86%。

（吕广辉）

【医药卫生改革】 开展分级诊疗活动，落实《关于推进分级诊疗制度建设的指导意见》，以常见病、多发病、慢性病为切入点，在各管理局开展高血压、糖尿病分级诊疗是滴工作。在各管理局和农场医疗机之间组建医联体，形成立体、网格化、多层次医疗机构联合格局，充分运用签约服务、价格调整等措施，引导基层首诊，形成了理性就医、合理诊疗的医疗新秩序。

（吕广辉）

【疾病预防控制工作】 截至2016年10月30日，报告国家法定乙类、丙类传染病14种，报告发病人数981例，其中，乙类传染病9种948例，丙类传染病5种33例。报告发病率69.28/10万，报告发病率与2015年同期相比下降3.25%。报告死亡2例（肺结核2例），报告死亡率0.14/10万。其中乙类传染病报告发病率66.95/10万，丙类传染病报告发病率2.33/10万。

（吕广辉）

【妇幼保健】 早孕建册及时，产前服务规范，产后访视到位，早孕建册率87.89%，产前五次规范服务服务率91.61%，产后访视率93%。完善垦区妇幼健康服务相关管理制度、工作规范、技术标准、操作流程等，健全监督、评价制度，规范工作流程。全面开展新生儿筛查工作。筛查新生儿6374人，筛查率100%，血片合格率100%。听力筛查人数6205人，筛查率97.86%。有效降低剖宫产率。助产机构剖宫产率60.01%。同比下降8.35%。

（吕广辉）

·农垦总局总医院·

【概况】 黑龙江省农垦总局总医院（黑龙江省第二肿瘤医院，齐齐哈尔医学院第11教学医院）已发展成为一所集医疗、教学、科研、预防、康复、保健和急救于一体的大型省级综合性三级甲等医院。是黑龙江省、哈尔滨市、省农垦系统、省铁路系统职工基本医疗保险、省级新型农村合作医疗定点医院、哈市城镇居民医保定点医院、哈市恶性肿瘤转诊医院、省工伤康复协作医院。医院占地面积13.7万平方米，建筑面积达10.5万平方米，建有一个综合门诊楼和五个住院楼，拥有编制床位1320张，有在岗员工1115人，其中，卫生技术人员952人，聘任高级专业技术职称人员221人。医院拥有两所分院，即一分院（原香坊门诊部）、二分院（原哈一机职工医院）及2个社区卫生服务站（闽江社区卫生服务站、香电社区卫生服务站）。医院专业技术结构合理，设有临床、医技科室54个。医院的肿瘤治疗、康复治疗、布病治疗、腔镜微创技术及心血管病治疗等疾病治疗已发展成为省内领先的特色专科，某些领域达到国内先进水平。有大孔径3.0T核磁、16排螺旋CT机、256排极速CT机、大型数字血管机（DSA）、高能医用直线加速器、铟中子后装治疗机、头部伽马刀、相控阵靶向热疗机等先进的诊断、治疗设备。有早期发现肿瘤病灶和判断转移的世界高端肿瘤诊断设备PET-CT两台，成为省内唯一拥有多台此设备的医疗机构。医院形成了集肿瘤明确诊断、精确放疗、化疗、热疗、手术、介入治疗等于一体，完整的肿瘤综合治疗体系。2016年，医院总收入6.58亿元，比上年同期增长18.38%；业务收入5.48亿元，同比增长23.51%，完成预算的116.65%；全院出院病人40956人次，同比增长20.25%；门诊诊疗267574人次，同比增长10.01%（总院门诊患者187336人次，同比增长16.13%）；床位使用率达106.99%，同比增长13.75%；手术量6106例，同比增长22.19%；平均住院日12.58天，同比下降0.8天；全院药占比为42.11%，同比下降0.1%。超额完成年初预定的在“上一年基础上递增8%～10%”的工作目标。医院成立“无痛医院”创建活动项目小组，在全院范围内开展“无痛医院”创建启动活动。组织党员到红专社区、大众新城社区等街道、社区义诊5次，派出医护人员60余人次，义务为近2000人次市民进行疾病诊疗。2016年11月22日，黑龙江省卫生计生委临床合理用药暨抗菌药物和麻醉精神药品督导检查组莅临医院检查，总医院取得全省综合评分第二名的成绩。在社会第三方网络机构调查“哈尔滨市市民心中最满意的三甲医院”活动中，总医院在全市30家医院中得票位居第一名，达12190票。医院成功获批黑龙江省住院医师规范化培训基地。招收住培生35名。3月医院通过黑龙江省卫计委组织的国家级住院医师规范化培训基地申报初审，申报国家级住陪基地。

（张春鹏　王彦华　张　宇　焦永梅　王利达）

【学科建设】 与南方医科大学合作申报《布菌感染过程中MDSCs介导的宿主免疫抑制或耐受的作用机制》国家自然科学基金项目。与多家科研院所合作开展《评价银杏二萜内酯葡胺注射液用于急性缺血性脑卒中有效性和安全性的随机、双盲、安慰剂平行对照、多中心临床研究》《S-1对于老年局部晚期肺鳞癌放疗增敏的临床疗效及安全性观察》等项目。

（王利达）

【科研工作】 荣获科技进步奖7项，其中，获省科技进步二等奖1项，荣获总局科技进步奖一等奖3项、二等奖2项、三等奖1项。由副院长张俊负责的《重度颅脑损伤的PET-CT变化及临床康复指导意义》荣获黑龙江省科技进步奖二等奖。在研课题达46项，其中国家级课题1项，省卫计委12项，总局科技局34项。由院长王东华牵头的《人与常见动物血液样品差异性光谱特征数据库和数学模型的建立——布鲁杆菌病患者血清拉曼光谱分析的临床应用研究》，获批国家863计划子课题。荣获省级卫生新技术应用奖11项，其中，二等奖5项、三等奖6项。发表SCI论文12篇，中华系列核心期刊7篇，统计源核心期刊4篇。

（王利达）

【技术创新工作】 有68项技术创新项目，有效实施率达79.41%，比上年增长3.41%。经过院学术委员会专家组的评选产生二等奖一项，三等奖一项，鼓励奖五项。获青年技术创新能手二等奖一名。

（王利达）

【学术工作】 有85名科主任、护士长均担任省、市级医学会、医师协会的相关专业委员会的主任委员、副主任委员、委员职务。就新增全国委员2人（张兴宏任中国医师协会胃肠外科分会委员、曹丽君任中华医学会放射肿瘤分会委员）。有3人在五个省级委员会中担任副主任委员（李英晨任黑龙江省医学会输血分会副主任委员、金明植任省医学会组织修复与再生分会副主任委员、金明植任黑龙江省肿瘤介入治疗分会副主任委员、赵德龙任黑龙江省医学会术中神经检测分会副主任委员、赵德龙任黑龙江省医学会乳腺疾病分会副主任委员）。召开了普外、神外、临床输血、康复、麻醉、乳腺癌、病理、检验、骨科等专业学会年会，承办了2016年省医院协会医院后勤管理专业委员会年会暨全国绿色医院建设学术会议，副院长王德智当选为省医院协会医院后勤管理专业委员会主任委员。

（王利达）

【教学管理】 垦区唯一医学硕士生导师张俊，招收学生3名。7月，在齐齐哈尔医学院建校70周年纪念大会上，农垦总医院被授予优秀教学基地奖称号，神经内二科金顺善主任被授予优秀教师称号。组队参加齐齐哈尔医学院大学生技能大赛，荣获三等奖；组队参加齐齐哈尔医学院教师授课比赛，荣获个人组第一名。康复科范永春主任荣获哈尔滨医科大学2016年度优秀教师称号。完成了对垦区125名执业医师岗前培训任务。完成哈医大和齐齐哈尔医学院康复专业78人的理论授课任务、完成齐齐哈尔医学院临床专业60人的理论大课授课任务、完成哈医大和齐齐哈尔医学院康复专业64人的实习带教工作、完成齐齐哈尔医学院临床专业60人的实习带教工作。

（陈　敏）

【后勤保障】 完成全科医生临床培养基地的项目建设，建筑面积6168.96平方米，地上6层，教室12间，多媒体教室1间，综合会议室1间，图书阅览室1间，学生宿舍54间，可容纳学生216人，总投资达2560万元。启动康复第二住院楼建设项目，总建筑面积23844.3平方米，地下一层，地上9层，总投资约8800万元。于2016年7月25日开工，主体结构完成地下一层、地上四层。完成高压氧舱机房建设工程，面积455.22平方米，总投资150万元。于2016年4月22日开工，2016年11月15日竣工。完成院区地沟及供水管线改造工程，总投资826.23万元。变电所扩容建设项目开工建设，总投资1059.20万元，于2016年10月20日开工，完成扩建变电所面积734.4平方米。完成PET-CT机房扩建工程，于2016年9月15日开工，2016年12月完成主体建筑及室内装饰工程，扩建候诊厅及诊断厅320平方米，新增ECT制药室一间、患者休息室二间，总投资260万元。

（刘广吉）

·农垦第二医院·

【概况】 黑龙江农垦神经精神病防治院即黑龙江农垦第二医院，是农垦总局直属事业单位，公益二类，也是黑龙江垦区唯一一所治疗精神疾病的三级专科医院，医院承担着垦区精神疾病的预防、治疗、收容、收养及康复等“五位一体”功能。是农垦总局职工基本医疗保险定点医疗机构，黑龙江省新农合定点医院，佳木斯市城镇职工基本医疗保险定点医疗机构，黑龙江省司法厅精神疾病司法鉴定指定机构，佳木斯大学临床医疗合作集团理事单位，佳木斯大学教学医院。医院位于佳木斯市前进区安庆街262号，占地面积5.6万平方米，建筑面积4.4万平方米，分为精神疾病和综合疾病两大院区，设内科、外科、妇科、儿科、五官科、口腔科、疼痛科、神经康复科、精神科、心理咨询科等34个科室。医院拥有全身CT（2台）、彩色B超（3台）、电视影像X光机（2台）、MECT、全自动生化分析仪等先进医疗设备349余台（套）。2016年，医院实际开放床位1125张，门诊总人数13958人次，入院人数2907人次，床位使用率86.6%。医院总收入14972万元，总资产2.48亿元，资产负债率13%。2016年底有工作人员632人，其中，副高职以上专业技术人员91人，中级专业技术人员286人。编制389名，在编287人。

（方　雪）

【基础建设】 改善基础设施建设，加大医疗设备投入。总局土地出让金项目1153万元，用于改造院区内消防喷淋系统和室内防水、排水，进行墙面粉刷。购置医疗彩超、DR、X光机、多参数生物反馈治疗仪、经颅磁刺激治疗仪、脑电治疗仪、脑功能障碍治疗仪等10

余台（套）及进行信息化设施建设。

（方 雪）

【精神卫生防治工作】 对垦区9个管理局和59个农（牧）场进行督导检查，指导基层卫生人员200余人次，专科指导用药1786人次，复诊1385人次。完成双向转诊513例，应急处置128例，筛查病人1064人，新发并诊断符合721名精神疾病患者。培训基层精防人员358人，对5800余名患者及家属进行精神卫生宣教，发放各类宣传册1万余份。加强基层精神病人质控管理，对9个管理局121个网上用户进行数据质控5916人次，纠正逻辑错误126次，在管患者管理率91.89%，患者治疗率68.75%。对垦区121个农（牧）场提供点对点技术支持，提供各类技术支持8000余人次，网络覆盖率100%。为垦区82个单位免费发药2119人，发放药品总金额133万元，免费义诊2843人，新诊断复核病人364名。

（方 雪）

【精神疾病康复治疗工作】 3月，农垦阳光残疾人康复中心投入使用，建筑面积11464平方米，主体建筑9层，改善了患者的居住环境。采取音乐、健身、阅读、电脑、棋牌等森田治疗项目对精神病患者进行康复治疗。康复治疗后大部分患者身体素质得到改善，延缓了患者的衰退。对有一定劳动能力的患者进行农疗康复训练，参与农疗患者923人，对患者实行种、管、收一体化培训。

（方 雪）

·总局卫生监督所 总局疾病预防控制中心·

【社区基本公共卫生服务】 参加垦区国家基本公共卫生服务项目绩效考核工作，针对居民健康档案、健康教育、预防接种、传染病防治与突发公共卫生事件、高血压、糖尿病健康管理等方面重点进行督导检查，对督导意见书原始记录、督导通知、督导检查报告等相关材料进行整理。进行9个管理局的19个农场及两个直属单位的现场考核和电话随访。配合省卫生厅进行垦区社区公共卫生服务验收工作。

（谷宇佳）

【饮用水卫生监督】 对垦区生活饮用水基本情况进行摸底调查，垦区共有集中式饮用水单位165家，管局（城市）设计日供水千吨以上水厂5家，农场（农村）设计日供水千吨以上水厂42家，农场（农村）设计日供水千吨以下百吨以上水厂118家，二次供水9家，但均未办理卫生许可证。在对供水单位进行抽检结果显示，供水单位从业人员基本上均能持健康证上岗；水质检验能够委托有资质的单位，每年按季度检测。但仍存在有部分水厂检测频率未按照有关要求进行，只对出厂水进行检验，水源水、末梢水未进行过检验；水厂从业人员偏少，未经过卫生知识培训，生产场所未设置有禁烟标示等情况。各类公共场所2606家。其中，住宿场所1447家，沐浴场所137家，美容美发场所998家，商场（超市）20家，影剧院4家，集中空调通风系统2家。年内出动监督执法车辆38车次，监督员728人次。

（谷宇佳）

【医疗服务卫生监督】 开展了打击非法医疗美容专项整治，要求各级卫生监督机构每周上报打击非法医疗美容专项整治工作情况，此次专项整治工作中，发现宝泉岭管理局1起非法医疗美容案件，已处理结案。对传染病防治监督抽检工作方案进行要求和部署，各管理局根据自身实际情况，对医疗机构、病原微生物实验室等开展了传染病防治监督抽检工作。派出工作人员辖区内的院内感染、医疗废物管理、消毒、预防接种、执法案卷、毒麻药品管理等情况进行检查督导，针对检查中发现的问题，如非法行医者由明转暗、医院口腔科和个体口腔诊所存在重大医源性感染的风险、医疗废物暂存间不符合规定等下达现场笔录。对垦区现有340家预防接种单位进行监督检查，配合属地药品监督管理部门现场核查。对垦区三级医院和部分二级医疗机构的院内感染工作进行督导检查。针对督导过程中发现的问题，以书面形式向各医院下达卫生监督意见书，督促医院解决此次督导中发现的问题。对辖区内消毒产品经营单位进行监督检查。出动卫生监督员百余人次，对辖区9各管理局的局直地区和113个农场的630家药店，169家医疗机构和3个社区卫生服务站进行了监督检查。对总局直属医疗机构，管局监管的农场医疗机构的放射工作场所职业病危害评价，对其医护人员防护，诊疗设备检测情况进行监督检查。

（谷宇佳）

【供水单位等机构监督检查】 完成垦区生活饮用水、涉水产品、公共场所、学校卫生监督抽检，针对检查中发现的管理制度不完善、没有卫生许可证、没有清洗消毒记录等问题当场责令其整改。对对垦区托幼机构进行摸底调查，垦区托幼机构总数205家，示范园20家，一级园24家，二级园47家，三级园19家，级外园95家，有卫生保健合格证131家，无卫生保健合格证74家，在园儿童总数26066人，托幼机构从业人员3466人，持健康证人数3279人。在针对学校卫生的检查过程中，被检查的学校均能够设立卫生管理机构，将学校卫生工作纳入学校工作计划，制定相关卫生管理制度和检查考核制度，各项工作均开展较好。在针对公共场所检查的过程中，发现存在问题主要有卫生管理制度不齐全，客用化妆品没有有效的卫生许可批件，无非一次性拖鞋专用清洗消毒池（桶）等，针对检查中发现的问题当场责令其整改。

（谷宇佳）

【“食安龙江百日行动”专项检查】 垦区派出检查组分别垦区“食安龙江百日行动”内业及现场进行抽查，共计检查监督机构内业7家，大型聚餐承办单位9家，旅游景区餐饮单位2家。发现餐饮单位食品安全监督机构内业问题15项，现场检查发现食品安全风险问题22项，对发现的问题给予现场指导并及时反馈给各管理局，要求其限期整改，反馈整改结果。

（谷宇佳）

【食品安全专项督导检查】 对垦区高考期间学校食堂及周边餐饮单位、旅游景区内餐饮服务单位，以及餐饮服务单位量化分级管理工作的开展情况等几项内容进行抽查督导。现场检查发现餐饮服务单位食品原料索证索票记录不全，食品添加剂“五专”管理不到位等共性的问题共25项，重点对各管理局高考考点所发现的食品安全问题进行了现场指导，要求其立即整改到位，要求管理局卫生局卫生监督所对发现的问题进行跟踪监督检查，确保高考考前各考点的食品安全。

（谷宇佳）

【疾病预防控制】 截至2016年11月23日24时，垦区九个管理局及总局直属单位通过疾病信息网络系统报告国家法定乙类、丙类传染病14种，其中，乙类传染病9种1570例，丙类传染病5种131例，报告发病人数1701例。报告发病率123.13/10万，与上年同期相比下降了10.52%。报告死亡2例（肺结核2例），报告死亡率0.14/10万。垦区报告发病数前10位从高到低分别是：病毒性肝炎、肺结核、梅毒、布鲁氏菌病、手足口病、流行性出血热、猩红热、淋病、流行性腮腺、感染性腹泻病。其中前5位发病人数占总报告发病人数的88.59%，分别为：病毒性肝炎报告发病576例，报告发病率41.69/10万，与上年同期相比下降13.9%。肺结核报告发病465例，报告发病率33.66/10万，与上年同期相比下降6.81%。梅毒报告发病223例，报告发病率16.14/10万，与上年同期相比下降11.86%。布鲁氏菌病报告发病162例，报告发病率11.73/10万，与上年同期相比无变化。手足口病报告发病81例，报告发病率5.86/10万，与上年相比下降8.99%。各管理局报告发病率从高到低分别是：牡丹江、北安、建三江、齐齐哈尔、九三、红兴隆、宝泉岭、绥化、哈尔滨。

（谷宇佳）

文化·艺术

文化建设

【群众文化活动】 各管理局、农牧场围绕总局党委中心工作、围绕纪念中国共产党成立95周年、中国工农红军长征胜利80周年，依托各文学艺术协会和体育协会，以博物馆、图书馆、文体馆、文化广场为阵地，广泛开展群众性展演活动和全民健身活动。垦区举办各种文艺演出1500余场，各类比赛活动600余场，展出各类艺术作品3000余幅。以红兴隆管理局文艺骨干为主体，抽调文艺骨干80余人，组成黑龙江垦区代表队，历时40余天，在红兴隆管理局组织排练一台高质量的文艺节目"再唱山歌给党听"参加第二届农民文化节——美丽乡村大舞台演出活动。演出于8月19日在桦南县文化馆举行。

（詹思远）

【群众体育活动】 依托各体育协会，以体育馆、文化广场为阵地，开展全民健身运动，组织各级各类体育活动600余次，科学健身讲座及活动示范200余次，带动职工群众10万余人次，通过协会引领，活动带动，完善了全民健身活动组织体系，提升人民群众体育健身意识，丰富了职工群众的日常生活，强健了垦区人民的体魄。群众性体育比赛成绩突出。总局代表队参加第一届黑龙江省社会体育指导员素质大赛暨第三届全国社会体育指导员素质大赛黑龙江选拔赛，2016年黑龙江省第七届健身气功站点联赛暨全国健身气功百城千村（黑龙江）比赛，黑龙江省首届城市牌王争霸赛，黑龙江省门球比赛，以及承办了黑龙江省体育局主办的"舞动龙江"广场舞大赛，主办了2016世界冠军波茨中式八球挑战赛（建三江站）等多项省级体育群众性比赛活动，其中，红兴隆管理局获得社会体育指导员素质大赛团体总分三等奖，八五二农场获得第七届健身气功比赛健身气功大舞项目团体一等奖，获得团体体育道德风尚奖，棋王争霸赛获得团体第二名。第十三届全国冬季运动会于2016年1月20日至30日在新疆维吾尔自治区举行，总局代表团共有4名队员参加速度滑冰和短道速度滑冰两项比赛。于7月28—31日在宝泉岭管理局成功举办了垦区2016年领导干部"宝泉杯"、成年组"旗帜杯"、少年组"双合杯"乒乓球比赛，来自各管理局、总局机关各部门及总局直属企事业单位的17个代表队220余人参加。8月，2016年全国钓鱼锦标赛（北大荒站）在八五二农场蛤蟆通水库举行。央视媒体、龙视媒体以及垦区主流媒体、国家各大网站对这项赛事进行了全方位的报道，来自全国22个省156支代表队468名选手参加比赛，有教练员、裁判员、新闻记者以及游客6万余人参加。研究制定了《垦区全民健身实施计划（2016—2020年）》，详细指明了五年工作内容。竞技体育不断发展。发挥垦区传统体育项目如射箭、速滑、田径的优势地位，培养更多竞技体育后备人才。总局体校、速滑队、跆拳道队、射箭队分别组队参加黑龙江省拳击资格赛、黑龙江省拳击锦标赛、黑龙江省田径冠军赛、黑龙江省田径锦标赛、黑龙江省多威杯公路接力赛、"昌炜杯"全国农垦老年人乒乓球邀请赛、全国少年500米速度滑冰、黑龙江省速滑锦标赛、2016—2017年度全省短道速滑联赛、速度滑冰世界杯测验赛等比赛、黑龙江省射箭锦标赛等省级体育赛事，获得19个冠军、16个亚军、13个季军。

（戴宇峰）

【文化信息共享工程】 争取中央财政2120万元，采购农场级LED室内全彩展示屏9套，农场级文化广场灯光音响设备16套。

（詹思远）

【全民健身工程】 争取国家体育彩票公益金支持垦区公共体育设施建设项目7个；国家发改委、国家体育总局支持公共体育服务设施建设7个，其中，公共体育场田径跑道和足球场建设项目3个，全民健身中心建设项目4个。总局本级体育彩票公益金投资1360万元，为40个农场建设40个社区多功能活动室，38个局直地区及农牧场配备户外健身路径104套，11个农场建设15套多功能运动场；为基层中小学配备冰刀5000双。

（詹思远）

【总局数字图书馆建设】 馆内拥有电子图书镜像资源达310万册，学术期刊全文数据库7660余种，博士学位论文全文数据库384家，优秀硕士学位论文全文数据库547家，重要报纸全文数据库543种，精品文艺期刊文献库322种，精品文化期刊文献库419种，精品科普期刊文献库149种，国家年鉴全文数据库995种，工具书出版总库4967册，国家科技成果数据库61万余条，百科讲坛资源13000集，期刊、报纸和论文库已经完成所有数据库的月更新。利用数字图书馆的海量资源开发的移动平台已完成系统建设工作，在满足管局、农场、管理区电子阅览室的基础上，完成垦区固定IP的加载，面向垦区百姓个人用户开放。垦区广大职工群众已经可以通过各种移动设备查询、浏览、获取相关信息。

（詹思远）

【文化产业发展】 5月12—16日，黑龙江省农垦总局代表团参加了在深圳举行的第十二届中国（深圳）国际文化产业博览交易会，挑选5幅冰雪题材北大荒版画作品在黑龙江展区展示，被购买收藏。经总局文化委推荐，省委宣传部审定，北大荒文化创意产业集团有限公司的"北大荒版画基地"项目被纳入黑龙江省重点文化产业推介项目，在黑龙江省文化产业重点项目推介会上进行宣传推介。北大荒文化创意产业集团与北大荒版画院、黑龙江省美协、黑龙江省版画艺委会等艺术机构和团体，以"北方印记"为主题，开展了2016"北方印记"国内外版画巡展活动，征集作品380余件，展出作品220余件，评选获奖作品39件。于9月初在宝泉岭管理局召开了垦区文化产业工作现场经验交流会。

（詹思远）

【北大荒文联】 北大荒作家协会、北大荒美术家协会、北大荒书法家协会、北大荒音乐舞蹈家协会、北大荒戏剧曲艺家协会、北大荒摄影家协会、北大荒电视艺术家协会先后召开理事会，传达总局领导指示精神，传达上级协会会议和北大荒文联主席团会议精神，部署全年工作，增补理事，发展会员，健全组织机构。

（詹思远）

【北大荒博物馆】 接待观众18000余人次，提供讲解服务450场。作为省委宣传部“两学一做”活动的服务机构，接待“两学一做”参观团体60余个6000人次。开展博物馆志愿者工作，与东北农业大学志愿者合作，为东北农业大学学生提供志愿讲解服务机会。在博物馆教育功能上，除原有共建基地服务外，与哈尔滨学院合作，成立思想政治理论课实践教学基地。征集展品29件套，对所征集文物登记入册，分类保管，对库房进行日常的整理和卫生清洁，保证文物安全。对所征集文物发放收藏证书。根据垦区发展的实际情况，修改、补充馆内部分展示内容。完成文化厅要求的全国文化文物统计网上直报。为省博物馆刊物《博物馆》供稿《北大荒博物馆与哈尔滨学院思想政治理论课教学科研部共建实践教学基地》《北大荒博物馆积极开展消防安全专项检查》。完成馆内文物普查收尾工作，补充拍摄文物照片50件126张，增加一般文物4件，对馆内展出的一般文物进行量尺，称重和拍照，对文物信息进行补充和更改。注重安全保卫及设备管理工作，定期进行馆内安全防火检查，库房及监控室气体灭火器年检加压及维护，展厅及办公室干粉灭火器年检。完成馆内设备管理维护，展示、照明灯具更换维修，确保博物馆文物安全、参观安全，保证博物馆正常有序运行。

（刘　雷）

【北大荒文工团】 北大荒文工团是黑龙江垦区唯一的专业文艺团体。有国家一级演员等正高职称8人，副高以上11人，中级4人。组织专业艺术人员赴建三江管理局举办合唱指挥辅导班，参加人次100余人。代表农垦总局参加“全省农民艺术节”演出。派出10名专业人员组织、排练节目，对基层参赛节目进行专业指导与辅导，参赛剧目被评为两项第一名及优秀节目。组织演职人员与红兴隆文化中心联合演出，在红兴隆管理局10个农场举办文化下乡慰问演出12场。

（刘国红）

【北大荒版画院】 划拨20万元，支持江滨、二九〇、勤得利、八五三、格球山、八五六农场版画基地建设。与北大荒文创集团合作，组织“北方印记——北大荒版画系列展”，先后在广东、成都、贵阳、昆明、呼和浩特等城市巡回展出。在北京展举办北大荒版画发展创新研讨会，海军创作室、中国国家画院、首都师范大学、中国文化产业促进会等单位画家应邀出席。参加深圳文化博览会，参展作品6幅。参加黑龙江省在深圳举办的第二届全国版画大展，展出13人作品。参加第二届全国教师版画展，15幅教师版画作品获奖，其中，2人获得金奖。在重庆“王琦美术馆”举办《黑土留痕》北大荒版画新作展，展出黑白版画70件。9月，在韩国光州举办版画交流展，参展作品30幅。勤得利农场中学和勤得利小学分别被评选为全国少儿版画教育示范基地和全国少儿版画教育优秀基地，八五三农场清河小学被评选为全国少儿版画教育基地，郭卫东被授予全国版画教育名师——郭卫东名师工作室，陶丽丽老师被授予青年教师工作室，120余幅学生作品分别获得一、二、三等奖，30余幅学生作品入选《第十八届全国少儿版画展暨第二届全国教师版画展作品集》。年初，召开北大荒美协会议，表彰在版画创作和少儿版画教育中成绩突出者20余人。举办两期版画创作班，第一期培训学员70人，创作版画作品120余幅。举办新锐版画创作班，培训20人，创作作品30幅。

（张泽新）

文学创作

【北大荒作家协会】 北大荒作家协会吸收会员60人，赵文彩、郭海燕、宋海峰、彭丽、麻建军、马美玲、王菲、黄黎被批准为省作协会员，张剑霜、李一泰被批准为中国作协会员。现有中国作协会员12人，省作协会员93人，北大荒作协会员309人。荣获省作家协会颁发的2016年度全省文学工作创新奖，连续15年获得此奖项。

（赵国春）

【文学作品创作】 垦区作者创作并出版作品18部，比上年多4部。建三江管理局作家协会出版《建三江作家文库》，由华龄出版社出版。红兴隆管理局友谊农场初二女生李楠（14岁）出版儿童文学作品《专心才会赢》，由中国纺织出版社。她从11岁开始发表儿童文学作品，已发表60余篇。她的母亲、北大荒作协会会员张长英的儿童文学编著《小熊修路》于5月由中国大百科全书出版社出版，绘本故事《我为什么要上幼儿园》于9月由黑龙江美术出版社出版，根据世界名著《勇敢的船长》改编的同名儿童文学作品由辽宁少年儿童出版社出版，与人合著的儿童科普类作品《海洋深处》于10月由安徽大学出版社出版。九三管理局廖少云的童话《米米亚氆氇猫》由大连出版社出版。绥化管理局金薇短篇集《有些幸福，只能自己成全》由花山文艺出版社出版，长篇小说《前妻来袭》由长江文艺出版社再版，长篇小说《风光大嫁》由山东出版社出版，根据自己长篇小说《前妻来袭》改编的38集电视剧《头号前妻》，4月在安徽卫视、辽宁卫视黄金档播出。宝泉岭管理局二九〇农场郭阳的纪实文学《齐鲁五演义》由团结出版社出版。邹积慧在《人民日报》《诗刊》《中华诗词》等报刊发表诗词30首。赵国春在《朔方》《海燕》《人民网》《长沙晚报》等报刊发表散文和传记文学10余篇。赵宝海在《中华诗词》《中华诗赋》《诗潮》等刊物发表诗歌35首，部分作品被收入《徽钦二帝暨五国城诗词选粹》《传承与传奇》《北方童话》等书中。八一农垦大学苏美晴在《星星》《诗潮》《地火》《青年作家》《大地文学》等报刊发表作品60余篇。建三江管理局李一泰在《诗林》《岁月》《春风文艺》《散文选刊》《参花》发表诗歌、散文16篇（首）。王菲在《北方文学》《海燕》《岁月》发表作品10余篇。高绪波在《绿风》《岁月》发表诗歌8首，张碧岩在《海燕》《天池》发表小说6篇。北安管理局刘文在《北方文学》《小说月刊》《微型小说月报》《北京精短文学》《精短文学》《小小说家》等报刊发表小小说102篇，其中，省级以上报刊67篇。哈尔滨管理局张广玲短篇小说发表在《海燕》《岁月》《佛山文艺》等报刊。刘宏在《黑龙江日报》副刊等报刊发表作品数篇。

（赵国春）

【文学作者及作品获奖】 刘海生的长篇小说《北河往事》荣获第九届省文艺奖2等奖。廖少云的童话《米米亚氇氇猫》荣获“大白鲸世界杯”原创幻想儿童文学金鲸奖。《北大荒日报》副刊编辑张玉秋的散文《南风晚拂》荣获第七届冰心散文奖散文单篇奖。赵国春的散文集《赵国春散文新作》在中国萧军研究会、北京市写作学会举办的第八届“祖国好”华语文学艺术大赛评选中，荣获金奖。前进农场王菲创作的散文集《故乡是条寂寞的河》荣获首届“浩然文学奖”散文类佳作奖，散文《冬天里的一把火》荣获 “大东北”征文三等奖。农垦职业学院陈彦斌的中篇小说《冰河》荣获首届“浩然文学奖”小说类优秀奖。八一农大苏美晴荣获大庆首届“岁月文学奖”、《军事文学》、“我爱我家”等多项奖励。垦区16部作品荣获第十届丁玲文学奖。刘海生的长篇小说《贵人》、陈彦斌的长篇小说《黑鱼泡子》、廖少云的长篇小说《米米亚氇氇猫》、张剑霜的诗歌集《河床是河流的什么》，荣获第十届丁玲文学奖。金薇的长篇小说《风光大嫁》、周玉玲的报告文学集《黑土上的中国》、黄黎、高明山的长篇传记文学《黄振荣传》、彭丽、彭靖的长篇传记文学《一代英才邓嗣禹》、王菲的散文集《故乡是条寂寞的河》、赵国春的散文集《赵国春散文新作》、李晓光的散文集《那年柳色》、庞威的散文集《生命中的那些美丽》、蒋玉的诗歌集《北方童话》、苏美晴的诗歌集《午后，落雪》、李一泰的诗歌集《洗涤灵魂》、邹积慧的诗歌集《北大荒吟草》，荣获第十届丁玲文学奖提名奖。北大荒作协名誉副主席、80岁的老作家曲洪智，50多年笔耕不辍，共发表小说、散文等作品100多万字，出版小说集《网滩上》、散文集《金色的网滩》《曲洪智文集》等。1998年他被安排到场史办继续工作。2009年，被农场党委任命为关工委副主任，担任文学季刊《江柳文学》责任编辑，每期10万字。2015年，他患病两次住院（2005年6月，得冠心病，做了心脏搭桥手术），依然奋斗在工作岗位。被农垦总局党委授予第四届“感动北大荒人物”称号。

（赵国春）

【文学活动】 1月9日，赵国春参加绥化管理局和大连《海燕》杂志社举办的“大荒源谷”杯诗歌大赛颁奖暨肇源农场米文化研讨会，做主旨发言。6月4日，由九三管理局党委宣传部、文化委、作家协会联合举办的九三管理局首届“放歌豆都”诗文朗诵会在荣军农场举行，14个单位的29名选手表演了18个诗文朗诵节目。7月17—24日，由北大荒作协主席赵国春、《剧作家》杂志执行主编李凤臣、赵亚东等作家组成的“纪念哈尔滨管理局建局40周年作家采风团”到旗、香坊、闫家岗、阿城、四方山、松花江和庆阳等农场采风。

（赵国春）

广播·电视·电影

【新闻宣传】 农垦广播电视台播出新闻节目万余（期）条，其中《，北大荒新闻》3100条，《民生》1200条，《黑土地》播发资讯快报1600条；电视节目在上级台共播发稿件170余条；调频广播《龙广北大荒之声》播发广播节目累计6200余条；组织参加《2015年度全省县级广播电视优秀作品评奖》活动，垦区选送34件广播电视作品参评，获得一等奖6件，二等奖9件，三等奖11件；组织农垦广播电视台参加国家“弘扬社会主义核心价值观共筑中国梦”主题原创网络视听节目申报工作，推荐1个作品；落实2016年全省广播电视技术能手竞赛组织工作，垦区将有8名选手参赛，均取得较好成绩。

（石　磊）

【行业管理】 总局文化委与各管理局广电局签订2016年度《广播电视设施安全保护工作责任书》，督促各管理局完成广播电视备用信号源自查工作，组织开展“黑广播”专项打击和规范电视剧及相关广告播出管理工作；争取为各管理局广电局、农垦广播电视台，配备“全国广播电视安全播出预警发布系统”10台（套），在“两会”“G20峰会”期间，各级领导坚守岗位，责任和措施落实到位，圆满完成安全播出任务；开展“非法卫星电视接收设施”治理工作，与总局综治办联合下发《考评工作实施意见》，督导基层开展专项行动。垦区各级广电部门与工商、公安部门联合开展整治非法卫星地面接收设施专项行动400余次，出动人力2500余人次，对市场流通、施工安装、使用等环节进行集中整治，动员群众主动拆除和收缴非法安装、使用卫星地面接收设施1500余台（套），有效的堵塞非法销售渠道和安装使用违法行为，确保垦区广播电视节目传输和播出安全。

（石　磊）

【广播影视事业建设】 落实完成中央、省广播影视事业专项建设、覆盖等资金任务，争取资金1855.5万元。完成对农垦37个无线转播台的576.3万元运维费和数字无线覆盖运维费436.8万元的及时足额按期拨付到位，保证中央广播电视节目正常安全转播；配合省局落实垦区广播电视节目数字化覆盖工程，指导施工单位设备到货验收工作，基础设施建设和配套设施设计规划等工作。

（石　磊）

【数字电影放映工程】 完成建三江农垦顺达影院、宝泉岭农垦嘉纳影城、红兴隆农垦巴黎影城3家县级数字影院，国家“先建后补”和“先征后返”专项资金申报，共184万元；督促垦区3家“十三五”高山台改造项目的实施工作。

（石　磊）

北大荒日报

【概况】 2016年，北大荒日报社主办《北大荒日报》《北大荒文化》《北大荒网》，其中，《北大荒日报》出版343期（10202至10544期），刊发各类稿件3万余篇；《北大荒文化》出版12期（283至294期），刊发各类文字近260万字；《北大荒网》播发稿件4万多篇。《北大荒日报》发行量51557份，《北大荒文化》发行量8062份。作为垦区主流党报，《北大荒日报》圆满完成总局党委（扩大）会议、全国两会等重要会议报道任务；打胜“学讲话 谋振兴 闯新路——贯彻落实习近平总书记重要讲话精神”“学党章党规 学系列讲话 做合格党员”“弘扬长征精神 建设幸福垦区”等报道战役；聚焦垦区各地在转变发展方式、调整经济结构方面涌现出来的典型单位和典型经验，为垦区经济转型升级提供必要舆论支持。报社被黑龙江省企业报协会评为“全省十佳企业报”。有60余篇作品在中国企业报协会、省新闻工作者协会、省企业报协会、农垦新闻工作者协会组织的新闻评奖活动中获奖。（杨洪生）

【重要版面与主要栏目】 《重要版面包括要闻版、新闻版、社会新闻版、黑土地文学副刊版、时评版、文摘版、体娱版、悦读版、美食版等；主要栏目有扎实奋进的2015、弘扬北大荒精神 践行核心价值观、学讲话 谋振兴 闯新路 贯彻落实习近平总书记重要讲话精神、学习宣传贯彻落实总局党委（扩大）会议精神、学党章党规 学系列讲话 做合格党员、学习贯彻中共十八届六中全会及省委十一届八次全会精神、推进试点闯新路 深化改革谋振兴、巡视助力 边整边改、专家支招、远离毒品 珍惜生命、大荒美景迎客来、建设平安垦区、走进西部垦区等。

（杨洪生）

【新闻宣传】 作为省委宣传部确定的省内重点党报，《北大荒日报》积极、主动、及时、准确地转发体现中央、省委最新精神的重要稿件，践行了党媒姓党、忠诚于党的宗旨。根据省委书记王宪魁的指示精神，省委宣传部把《北大荒日报》列为省内重要党报，要求《北大荒日报》与《黑龙江日报》同步对省委重要精神第一时间进行报道。从3月初开始，《北大荒日报》在宣传中央和省委精神方面，陆续掀起了一系列高潮。对贯彻落实3月7日习近平总书记参加全国“两会”黑龙江代表团审议时发表的重要讲话精神情况进行了深入报道。在转发省报重要文章的同时，在一版开辟了“学讲话 谋振兴 闯新路——贯彻落实习近平总书记重要讲话精神”和“学讲话 谋振兴 闯新路——聚焦中心工作”专栏。拿出6个版面集中对习近平总书记到黑龙江考察调研的新闻进行大规模、集约化报道。随后，在一版开辟“深化改革建设现代农业大基地大企业大产业——深入学习贯彻习近平总书记视察龙江重要讲话精神”专栏。在一版、二版开辟“学讲话 谈体会”专栏，分两轮集中刊发垦区省管干部学习习近平总书记重要讲话精神体会文章。对省委十一届七次全会精神进行了重点报道。在一版开辟“学习贯彻十八届六中全会精神”专栏、在二版开辟“聚焦十八届六中全会精神”专栏，一方面宣传垦区各地学习贯彻六中全会精神的情况，另一方面对六中全会精神进行解读。按照会前、会中、会后三个节点，对总局党委（扩大）会议进行全面报道。会前，将《北大荒日报》《北大荒文化》送到参会代表房间；会中，除报道重要会议和领导的重要讲话，还推出分组讨论、视觉新闻专版；会后，集中开展总局党委（扩大）会议精神主题宣传月活动，一方面通过刊发会议报告、解读会议精神，不断扩大会议精神的覆盖面，另一方面宣传垦区各地、各单位贯彻落实会议精神的情况。在一版，推出“扎实奋进的2015”专栏，以15组消息、通讯、短评、图片并用的组合式报道，对2015年垦区各项重点工作进行回顾性、总结性宣传。在五版推出“管理局新闻版”。围绕总局党委中心工作，反映基层火热的生产生活，突出新闻性、时效性、思想性。在一版开辟了“学党章党规 学系列讲话 做合格党员”专栏。对垦区“两学一做”专题教育开展情况进行及时报道。聚焦垦区各地在转变发展方式、调整经济结构方面涌现出来的典型单位和典型经验，为垦区经济转型升级提供必要舆论支持。对垦区企业参加第三届中俄博览会、第四届黑龙江绿博会、中国国际奶业展览会、中国国际优质农产品展示交易会、中国广州国际食品食材展览会、中国奶业大会等展会情况进行跟踪报道。整合版面资源，开辟专栏，对庆祝中国共产党成立95周年系列活动进行报道。在一版开辟专栏，对垦区受到省委表彰的全省先进基层党组织和全省优秀共产党员、全省优秀党务工作者的事迹进行报道；在二版推出14个专刊，对垦区先进基层党组织、优秀党务工作者和优秀共产党员的事迹进行报道。整合版围绕中华传统节日、中华传统文化、中华传统美德和社会主义核心价值观等主题，在《北大荒日报》上推出公益广告专版近50块，在《北大荒文化》杂志上刊发公益广告彩页10个，履行了垦区主流媒体的社会责任。为纪念红军长征胜利80周年，在一版开辟“弘扬长征精神 建设幸福垦区”“北大荒的老红军”专栏。在一版开辟“推进试点闯新路 深化改革谋振兴”专栏，对绥化、哈尔滨管理局改革试点工作进行跟踪报道。继续依托老作者、培养新作者，加强编辑流程管理，使《北大荒文化》的办刊质量和影响力得到进一步提高。通过继续开辟“巡视助力 边整边改”专栏，对省委巡视工作进行集中宣传；开辟“专家支招”专栏，为垦区广大种植户科学春播提供技术支持；与总局安全生产监督管理局、北大荒农业股份有限公司联合开展了安全生产征文；开辟“远离毒品 珍惜生命”专栏，对垦区禁毒工作提供了舆论支持；与总局军事部联合推出了“八一”特刊。

（杨洪生）

【重要报道】 刊发重要报道：1月1日，《国家主席习近平发表2016年新年贺词》《王立荣到二九〇农场调研》；1月12日，《省总工会主席王悦华到铁力农场走访慰问》；1月18日，《省委组织部省委党校第四调研组到垦区调研》；1月19日，《陈润儿到八一农大国家杂粮工程中心调研》《省安委会督察组来垦区》；1月20日，《阿里巴巴集团派员与北大荒青年座谈》。2月2日，《中共黑龙江省农垦总局委员会（扩大）会议隆重召开》；2月3日，《王有国在总局党委（扩大）会议闭幕会上讲话》。3月4日，《全国政协十二届四次会议在京开幕》；6日，《十二届全国人大四次会议在京召开》；3月11日，《省委第十六巡视组巡视总局情况反馈会召开》；3月12日，《习近平参加黑龙江代表团审议并作重要讲话》；3月16日，《李殿君率队赴京东集团参观考察》；3月17日，《十二届全国人大四次会议在京闭幕》；3月23日，《八一农大与海航航校联合培养民航飞行员》；3月24日，《徐学阳会见优农基金客人》；27日，《十二届全国人大四次会议在京闭幕》。4月9日，《农业部农垦局督导组来垦区督查改革工作》；4月15日，《副省长孙永波到牡丹江管理局调研》；4月16日，《王有国在完达山物流公司上海旗舰店调研》；4月27日，《王兆力到建三江湿地机场建设现场调研》；4月28日，《王兆力在牡丹江管理局调研》；4月30日，《王丹杨宏业获"全国五一劳动奖章"》。5月5日，《陈竺到完达山乳业检查食品安全》；5月7日，《王兆力在建三江调研》，《王有国在红兴隆调研》；5月8日，《王宪魁在抚远、佳木斯和农垦建三江管理局调研》《王兆力在宝泉岭管理局调研》《王有国在农垦科学院调研》；5月9日，《王兆力在北安管理局调研》；5月12日，《王有国在八一农大和北大荒食品产业园调研》；5月13日，《王有国到北大荒通航调研》；5月16日，《王有国在北大荒垦丰种业调研》；5月17日，《王兆力在二道河农场调研》；5月20日，《北大荒集团与省邮储银行签署全面战略合作协议》《王从基在哈尔滨管理局调研》《王立荣在完达山乳业林海公司调研》；5月26日，《习近平在黑龙江考察调研》《情牵黑土 心系百姓 殷切嘱托 春风化雨——中共中央总书记、国家主席、中央军委主席习近平在黑龙江考察调研纪实（一）》《情牵黑土 心系百姓 殷切嘱托 春风化雨——中共中央总书记、国家主席、中央军委主席习近平在黑龙江考察调研纪实（二）》《王有国在北安和九三管理局调研》。6月2日，《王震将军孙女王京川回访北大荒》《徐学阳到红兴隆管理局调研》；6月4日，《国家农业部财政部联合调研组来垦区》；6月9日，《王兆力在哈尔滨绥化管理局调研》；6月17日，《杨绍品在垦区调研》；6月21日，《王宪魁在牡丹江、鸡西和农垦牡丹江管理局调研》《王兆力在友谊农场调研》；6月22日，《王兆力在宝泉岭管理局调研》《重庆农业投资集团考察团来垦区》；6月23日，《吕维峰在宝泉岭管理局调研》，《垦区三大品牌跻身2016中国500最具价值品牌榜》；6月24日，《王兆力在哈尔滨局调研》《挠力河保护区入选全省十大最美湿地》《省检察长徐明在红兴隆调研》；6月28日，《北大荒之歌唱响中原大地》《大农网与黑龙江旅游职业学院签约》。7月1日，《习近平总书记向我省农民工党员转达慰问》；7月6日，《黑龙江日报报业集团与总局举办座谈会》；7月8日，《徐学阳到牡丹江管理局调研》《国家统计局调研组到建三江考察》；7月9日，《省人大常委会调研组到垦区调研最美乡村建设》《总局机关合唱团北大荒文工团赴红兴隆慰问演出》；7月11日，《共青与中国中小商业企业协会签署合作协议》；7月14日，《王宪魁在黑河和农垦北安管理局调研》《北大荒集团亮相第三届中俄博览会》；7月15日，《王兆力在北安管理局调研》；7月16日，《垦区44名代表将出席省工会第十一次代表大会》《北大荒通航将承飞长白山航空旅游项目》，7月21日，《北大荒与韩国浦项大宇签署大米销售合同》；7月25日，《王兆力会见和润集团与宁波粮食有限公司客人》；7月27日，《高鸿宾到完达山乳业调研》；7月30日，《王兆力到总局军事部慰问》8月5日，《全国人大常委会委员郑功成到完达山乳业调研》；8月8日，《杨汭在建三江管理局调研》；8月12日，《黄建盛在建三江管理局调研》；8月14日，《国研中心学术委员会秘书长程国强来垦区调研》；8月15日，《建抚高速建三江至前哨段正式通车运营》；8月18日，《农业部财务司司长陶怀颖来垦区调研》《全省农业"三减"现场会在建三江召开》；8月19日，《中国农科院项目现场会在垦区召开》；8月21日，《中国文联文艺志愿服务团走进宝泉岭局》《"北大荒—北京希望之旅"夏令营十周年回顾活动在宝泉岭局举行》；8月24日，《中宣部常务副部长黄坤明到二道河调研》；8月28日，《北大荒集团连续15年跻身中国企业500强榜单》；8月29日，《中央书记处书记汪鸿雁到共青调研》；8月30日，《王宪魁在森工和农垦调研》。9月2日，《王宪魁在哈尔滨、佳木斯、农垦建三江管理局调研》《农垦绥化、哈尔滨管理局改革试点移交办社会职能工作会议在哈尔滨召开》；9月5日，《黄建盛在红兴隆、宝泉岭局调研》；9月6日，《垦丰种业喜迁宾西新区跨入发展新时期》；9月7日，《雁窝岛荣获"中国最美生态旅游度假景区"称号》；9月9日，《徐学阳会见德国格立莫公司客人》，《省总工会副主席于国君到宝泉岭局调研》；9月10日，《完达山乳业再次入围亚洲品牌500强》《"芳菲绿色手绢计划"走进宝泉岭局》；9月12日，《中央国家机关青年干部来垦区考察调研》，《首届红兴隆城市自行车邀请赛圆满举办》；9月21日，《垦区"争做中国好网民"活动正式启动》；9月23日，《中国老科协会长陈至立来垦区调研》，《陆昊参观第四届黑龙江绿博会北大荒展区》《省检察院检察长徐明在垦区调研》《王有国在绿博会北大荒展区检查指导》《八一农大在全国创新设计竞赛中创佳绩》；9月24日，《省青年电商发展论坛在垦区举办》；9月27日，《普阳、八五〇农场获"全国绿化先进集体"称号》；9月28日，《省委宣传部调研组来北大荒日报社调研》《王兆力在建三江指导秋收和明年生产准备工作》；9月29日，《省检察院徐明在垦区调研》。10月10日，《垦区第四届“感动北大荒”人物（群体）评选活动启动》；10月12日，《徐学阳在红兴隆宝泉岭牡丹江局调研》；10月14日，《中国农业机械化科学院研究院北大荒分院正式揭牌》；10月19日，《国家民航局调研组到北大荒通航公司调研》，《省总工会调研组到哈尔滨局调研》；10月21日，《八一农大“水稻秸秆营养穴盘”产业化实现新突破》；10月26日，《垦区团干青年干部培训班开班》；10月27日，《垦区企业“抱团”亮相中国国际食博会》；10月31日，《九三粮油工业集团、北大荒粮食集团荣“中国百强粮油企业”殊荣》。11月4日，《国务院督查组到宝泉岭局调研》；11月7日，《韩长赋视察农交会北大荒展区》；11月8日，《垦区秋粮收获全面报捷》；11月15日，《〈黑龙江屯垦史〉结项鉴定会举行》；11月24日，《东北玉米（德美亚）营养价值评定结果发布及产销对接会在京举行》。12月4日，《北大荒农垦集团香坊实验农场有限公司党委和公司正式挂牌》；12月6日，《徐学阳会见阿里巴巴集团客人》；12月10日，《省政府安全生产第九督察检查组来垦区》；12月14日，《沙罗姆·西蒙率以色列米超林集团访问垦区》；12月17日，《第四届“感动北大荒”人物颁奖典礼举行》《垦区80余种优质绿色有机农产品亮相深圳》；12月24日，《中共黑龙江省农垦总局直属机关第五次代表大会召开》；12月25日，《中印杂粮学术研讨会在八一农大召开》。

（杨洪生）

文化市场

【文化市场综合执法】 于4月和6月，举办垦区文化市场行政执法培训，对各管理局、农牧场执法人员150余人开展业务培训。针对基层执法人员在执法时，法律文书填写以及案卷制作不够规范等问题，指派文化执法人员，多次深入基层，为垦区基层文化市场综合执法人员讲解《行政许可法》《行政处罚法》《行政复议法》等法律、法规以及行政执法有关注意事项及法律文书的填写与案卷的制作。向文化经营单位的业主宣讲有关法律、法规，督促其守法经营。组织垦区各级文化行政管理部门扎实有效开展文化市场各专项行动，加大对文化经营场所的检查力度和密度，在垦区形成了对文化市场严管、严防、严查、依法处罚的高压态势，出动执法人员19287人次，检查文化市场经营单位8844家次。分别于6月13—15日，28—30日，12月13—19日按照“双随机一公开”方式，深入基层依法对宝泉岭管理局、红兴隆管理局、建三江局直地区及部分农场的网吧、歌舞娱乐场所、出版物经营单位、印刷企业等文化市场经营单位进行检查。贯彻落实“先照后证”，与工商行政部门建立注册信息推送机制，取消对游艺娱乐场所、互联网上网服务营业场所总量和布局规划的要求，严格执行上网服务营业场所最低面积20平方米（单机面积不小于2平方米），游艺娱乐场所最低面积200平方米的标准，执行距离校园200米的新测量规定，制定行政权力清单报农垦总局政策法规局审核后向社会公布。对垦区所有文化市场经营单位进行统计调查，领取新版文化市场经营许可证，将新版许可证于第一时间换发到位。建立市场长效监管机制。垦区各级文化行政管理部门充分发挥垦区主流新闻媒体的作用，利用媒体对重要的执法活动予以报道，对查处的各类违法经营案件进行公开曝光，查处结果、行动成果及时向社会公布。

（詹思远）

【“扫黄打非”工作】 制定下发总局《2016年度扫黄打非行动方案》，总局“扫黄打非”领导小组办公室与各管理局“扫黄打非”办签订2016年度《责任状》；开展新闻出版经营单位年报统计工作，完成46家印刷经营单位，106家出版物经营单位的数据填报工作；完成垦区106家出版物发行单位年度核验工作；完成“扫黄打非”和专项行动的相关月报、季报工作；按照省局部署，完成“非法出版物专项行动”、“少儿出版物整治行动”和“净网、护苗、固边、清源、秋风”五个专项行动整治工作，出动执法人员1600人次，检查出版物市场经营单位400家次，检查印刷复制企业420家次。

（石　磊）

档案·史志

【档案工作】 （1）年度归档立卷工作。接收总局机要室及总局机关各部门2015归档文件9275件，全部按照《归档文件整理规则》要求完成接收、检查、鉴定、分类、整理、卡归档章、装盒上架、排序、编目、统计等归档整理工作，接收会计档案660卷，包括会计凭证482卷、会计账本117册、会计报表61册；接收2013—2014年审计卷宗560卷，接收统计档案102卷；全部按照要求整理立卷归档编目上架排序。（2）档案管理。年度归档文件全部录入档案软件检索，集中录入往年归档文件目录1万余条，全年录入计算机检索目录3.2万余条。年底，馆存机读目录12.8万条。（3）档案服务工作。为总局及总局机关各部门工作查考、编史修志、经济建设提供档案查阅共计2300余卷（件），500余人次，复制档案万余页。在土地、林地确权，处理纠纷、干部档案认定等方面提供大量依据和凭证。清理废止、保留、修改文件159件，处理密级变更文件178件。（4）岗位培训。组织垦区152名档案工作者参加省档案局举办的档案岗位培训班，使专业人员持证上岗。在省档案学会档案科研成果评选活动中，垦区1人获一等奖，6人获二等奖。推荐省基层档案工作先进典型经验交流材料1篇。（5）做好职称评审工作。完成2016年垦区档案中级职称的评审和高级职称审核申报工作。（6）健全档案管理各项规章制度。加大《档案法》的宣传力度，结合“6·9”国际档案日开展“档案与民生”主题活动，组织管理局、农牧场档案工作者参加国家、省档案局举办的征文活动，农垦系统报送征文35篇，总局获省档案局颁发优秀组织奖。通过悬挂条幅、滚动字幕、微信群、QQ群等多种方式进行宣传，让机关干部，及更多的群众了解档案、走进档案。在原有档案管理各项规章制度基础上，陆续完善《档案安全防护制度》《文书档案归档整理规范》《档案管理和利用规范》等。建立健全档案管理网络，对各处室兼职档案收集整理人员进行立卷指导，基本保证了各种文件材料的及时归档和收集齐全完整。2012—2015年四年一次的全省档案工作先进评选中，宝泉岭管理局档案科等6个单位获得全省档案工作先进集体，总局档案馆兰岚等7人获得全省档案工作先进工作者称号。

（兰　岚）

【史志工作】（1）做好《黑龙江省志·农垦志（1985～2005）》出版发行工作，免费下发至各管理局、农牧场。由省地方志办公室纳入精品工程上报中国地方志指导小组办公室。（2）抓好年鉴工作，出版《黑龙江农垦年鉴（2016）》。全书计120余万字，200余幅照片。由黑龙江人民出版社出版。（3）抓好三级修志工作。严格三审制度，审定农场志书4部，300余万字；出版志书3部，200余万字。（4）抓好《北大荒史志》编纂工作。编辑出版4期，40余万字。（5）抓好网络化方志馆建设，逐步丰富黑龙江农垦系统网络化方志馆的数据资料。（6）做好史志业务培训。7月5日，召开垦区史志办主任暨年鉴编纂业务培训会议。省志办公室副主任袁建勋、总局副局长谭占龙出席会议。（7）完成总局、省委党史研究室、省志办交办的工作。参加省志办、省党史研究室召开的会议，及时将会议精神传达落实到垦区。完成省委党史研究室《中共黑龙江省委执政纪要（2015）》《黑龙江改革开放实录》约稿任务。（8）继续承担由农垦史志办牵头的黑龙江农垦史编写工作委员会涉及的有关工作。（9）黑龙江屯垦史编写工作。启动于2014年7月，由中国社会科学院和黑龙江省委共同立项，黑龙江江省社会科学院承担的黑龙江屯垦史编写工作，一直由史志办按着总局党委的要求牵头参与，史志办多次参与各卷的评审，并协调有关工作，项目于2016年底全部完成。

（郭思宝）

社会生活

人口与民族

【人口】 人口保持低速增长。全年垦区人口出生率5.9‰，比上年提高2.35个千分点，人口自然增长率为0.66‰，比上年上升2.63个千分点。年末垦区常住总人口167.7万人，比年初增加0.5万人，增长0.3%。其中，农场人口147.1万人，占总人口的87.7%。

（杨雪松）

【计划生育工作】 到2016年9月30日，垦区总人口1506277人，育龄妇女384797人，其中，已婚育龄妇女280678人；出生1818人，其中，男901人，女917人，符合政策生育率100%；死亡1871人；人口自然增长率为-1.03‰。规范再生育审批管理。全面贯彻落实《黑龙江省再生育审批服务管理办法》，2016年1月—10月，再生育审批48例，审批档案管理规范。全面落实生育登记服务制度。2016年1—10月，采集生育登记信息9657条，及时录入黑龙江省卫计委金人工程平台。完善计划生育利益导向机制。兑现2015年计划生育奖特并扶助金1095.096万元；完成2016年奖扶特扶家庭对象的审核申报工作，2016年共计奖扶231人，特扶3329人（其中死亡2314人、伤残1015人）、并发症60人；兑现2016年独生子女父母奖励费152200人，兑现率100%；兑现计划生育家庭退休一次性补助33237人，兑现率100%。

（吕广辉）

【民族工作】 垦区有少数民族39个，计33135人，少数民族管理区（作业站）12个，少数民族副处级以上干部73人。落实少数民族发展资金200万元，重点扶持富裕牧场、红色边疆农场、江滨农场和海林农场等4个农场的田间路及配套工程、农业设施大棚、水泥晒场和有机果蔬种植小区基础设施等少数民族发展项目。落实少数民族政策，为符合条件的少数民族办理民族成分更改证明，办理少数民族子女高考升学证明298人。开展少数民族帮扶工作，发挥垦区少数民族联谊会的桥梁纽带作用，与少数民族鳏寡孤独等结成帮扶对子，关注和解决少数民族生产生活遇到的困难，开展少数民族扶贫，为少数民族群众做好事、办实事。垦区《创新民族宗教管理工作，维护垦区社会和谐稳定》经验做法入选全省统战部长会议典型汇编。友谊农场第六管理区被评为省民族团结进步创建活动示范单位。富裕牧场柯尔克孜民俗馆被国家民委命名为全国民族团结进步教育基地（全省共2家）。

（杜克）

居民生活

【收入状况】 职工工资水平稳步增长。年末全部在岗职工36.2万人，在岗职工年平均工资为33806元/人，比上年增长4%。居民生活水平稳步提高。全年垦区居民人均可支配收入达25421元，同比增长6.6%。其中，工资性收入、经营性净收入、财产性净收入和转移性净收入同比分别增长4.0%、-9.0%、31.6%和30.8%。

（杨雪松）

【消费状况】 垦区居民人均生活消费支出13108元，比上年增长7.6%，其中食品消费支出所占比重即恩格尔系数26.5%。耐用消费品数量与去年同期基本持平，年末平均每百户居民拥有彩色电视机100.5台、洗衣机89.3台、电冰箱85.9台、空调1.6台、摩托车38.3辆、热水器56.2台、微波炉18.3台、照相机19.8台、家用计算机47.7台、移动电话204.6部、生活用汽车17.0辆。居民居住条件和环境得到持续改善。垦区继续加快城镇居民住宅基础设施、公共设施建设步伐。到年末，垦区居民住房面积达5391.8万平方米，比上年增长0.1%，人均住房面积32.2平方米，与上年持平。城镇集中供热面积3825万平方米，比上年增长4.3%；城镇硬化道路长度2538公里，城镇主次干道硬化率100%；城镇人均绿地面积47.6平方米，增长4.6%；城镇化率达85.8%，与比上年持平。

（杨雪松）

美丽乡村建设

【示范单位创建】 2015年开始把19个农场和42个管理区建设作为垦区美丽乡村示范单位，到2016年年底，有79%示范农场和90%的示范管理区完成年度建设任务。先后有45个管理区被评为全省四星级、五星级创建单位，7个农场1个管理区被授予全国美丽乡村创建试点单位称号，1个农场入选中国美丽休闲乡村。

（张 蔷）

【改善人居环境】 开展人居环境整治，抓好环境整洁、街道净化、营区美化工程。从治理“五乱”入手，以“六清”为突破口，治理脏、乱、差，购进环卫设备180台，新增规范化管理化粪池24个，新增设垃圾箱3415个，清运垃圾76万吨，新增绿化面积42万平方米。经农场自查、管理局抽查、总局复查，95%的农场和85%的管理区达到良好以上水平，切实改善了职工居住环境。

（张 蔷）

民 政

【低保和社会救助工作】 争取省级支持低保资金2.0080亿元，局场两级配套7292.6万元，有效保障58443名贫困人口的基本生活，低保标准达每人每月560元，低保人均月补差额达375元。医疗救助资金1328万元，供暖补助资金2788万元，用电补贴259.4万元，临时救助资金479万元，特困供养资金355万元。垦区有民政慈善爱心超市100个，年救助8000多人次，救助物资折合人民币超过1000万元，搭建起了常年救助平台。

（吕振龙）

【社区建设】 有城市社区居委会607个。社区综合服务中心122个，社区居民小组3438个，社区网格4459个。各级民政部门加强社区基础设施建设。推动文明型社区、平安型社区、生态型社区建设。各社区服务中心通过设立和完善“一站式”服务大厅功能，做到零距离服务、零障碍流程、零差错运行，增强了社区综合服务能力。

（吕振龙）

【民间组织】 成立黑龙江省垦区行业协会商会与行政机关脱钩联合工作组，对总局本级和管理局级的各类协会进行全面调查摸底，对那些长期不开展工作，名存实亡的协会依法进行规范清理，对保留的行业协会进行重新登记换证。垦区现有各类行业协会144个，其中，有96个行业协会符合脱钩条件（总局本级行业协会25个，管理局级71个），选择了20个协会作为第一批试点单位。被注销的社会组织名单：北大荒史志协会、黑龙江农垦民政学会、黑龙江农垦北大荒阳光托养中心、黑龙江农垦利民人力资源服务中心、北大荒人力资源研究会。注册登记了2家社会团体，即黑龙江农垦北大荒合唱艺术协会、黑龙江农垦体育协会。

（吕振龙）

【社会事务】 推进婚姻登记机关规范化和信息化建设，抓好历史档案数据录入婚姻登记系统工作。垦区41个婚姻登记机关，办理内地居民结婚登记9454对、离婚登记6506对、补领结婚证9029本，实现婚姻登记零差错，婚姻登记合格率100%。儿童收养3名，无投诉情况发生。贯彻和宣传《殡葬管理条例》，宣传殡葬改革，加强殡葬管理，不断提高管理水平和服务水平，做好垦区殡葬服务中心建设等工作。

（吕振龙）

【优抚安置与双拥工作】 接收安置退役士兵559人，安置率100%。发放优抚金、优待金、一次性经济补偿金1822万元。走访慰问现役和退役士兵家属684人，发放慰问品及慰问金100余万元。黑龙江省黄金武警部队为锦河农场8队打了一口深200米的“爱民井”。

（吕振龙）

【社会福利】 垦区有敬老院和老年公寓84所，床位6669张，入住老年人4027人，其中，“三无”老年人372人，工作人员742人。有260名孤儿和贫困家庭儿童纳入全国儿童信息管理系统管理，每人每月享受700元孤儿基本生活保障补助资金。垦区符合条件的80至89周岁低保、贫困家庭高龄老人和90周岁以上高龄老人享受每人每月100元高龄津贴，百岁以上高龄老人享受每人每月200元高龄津贴。有2名垦区孤儿和贫困家庭儿童免费送进黑龙江省孤儿学校学习。有36人参加全省旅居养老和儿童福利系统管理人员培训班，为180名残疾人免费装配康复器具。有32个养老机构参加了养老机构综合责任保险，1989人参加了老年人意外伤害保险。

（吕振龙）

【福利彩票发行】 总局福利彩票发行中心发行福利彩票1.65亿元，筹集公益金1592万元。

（吕振龙）

来信来访

【概况】 推进阳光信访，健全完善网上信访受理平台，实现全省信访信息系统2.0版本的安装和业务办理，垦区已与全省信访信息系统联通342家，纵向延伸至各管理局、北大荒农业股份公司、各农牧场、分公司，横向延伸至总局、管理局两级有权处理信访事项的责任部门，基本实现网上信访信息系统安装全覆盖。推进依法逐级走访工作，进京到省到总局越级上访大幅下降。持续推进诉访分离和依法分类处理信访投诉请求工作，在接待受理群众信访投诉时，引导群众遵循法律规定，依法理性表达诉求，能够通过法定途径解决的，及时导入法定途径依法按程序办理。2016年，垦区各级信访部门通过信、访、网、电渠道受理群众信访事项6464件次、11742人次，同比分别下降28.9%、38.5%。其中，受理来访3644批次、8922人次，同比下降2%、34.3%；受理群众来信885件次，同比上升11.3%；接听群众来电475件次，同比下降76.4%；受理网上信访1460件次，同比上升24.7%。进京非访295人次，同比下降50%。共出具总局级复查复核意见207件。

（韩延鑫）

【化解积案】 推进解决信访突出问题和信访积案化解。在全省开展信访积案化解百日专项行动之前，总局自行开展集中化解信访积案“百日会战”，大量信访突出问题依法及时就地解决。省委交办属于农垦办理信访事项227件，全部办结，化解107件，化解率为47%。其中，有理的6件，化解率100%；部分有理的14件，已化解12件，化解率86%；无理的202件，化解87件，化解率48%。达到省委要求的目标。

（韩延鑫）

残疾人事业

【制度建设】 垦区残疾人事业“十三五”规划纳入黑龙江省农垦总局国民经济和社会发展“十三五”规划。总局党委（扩大）会议将垦区残疾人工作纳入总局党委的重点民生工作加以部署。加强残疾人社会保障制度建设，提高残疾人社会保障和救助水平。加强垦区贫困残疾人的社会保障制度建设，靠家庭供养且无法单独立户的成年无业重度残疾人按照单人户纳入最低生活保障范围。

（孙　静）

【残疾人专项调查数据动态更新】 结合中国残联残疾人小康进程调研，对入户调查反馈的五个方面数据进行核实，就调查反映的重点数据，多次与相关部门协商研究，共同制定解决问题的措施办法。垦区残联与总局统计局、民政局等12个部门联合下发专项调查数据信息动态更新意见，制定垦区信息动态更新实施方案，对持证残疾人有关服务信息的动态更新以及工作机制、保障措施落实情况进行落实部署。成立黑龙江垦区残疾人基本服务状况和需求信息数据动态更新办公室。举办专项调查住处动态更新工作培训班。组成3个督导组对4个管理局8个基层农场的入户调查、填表、录入等情况进行督导，跟随调查员进行入户调查。各管理局和农场对本辖区采用电话访谈和实地抽查等方式对数据进行核查。总局整体数据上报后，总局残联进行复查，及时补充完善。

（孙　静）

【贫困残疾人建档立卡】　成立垦区残疾人扶贫攻坚工作领导小组，配备扶贫办公室专职副主任。在江川农场召开了垦区残疾人精准扶贫加快推进残疾人小康进程研讨会，对垦区贫困残疾人建档立卡、精准扶贫工作做了全面部署。贫困残疾人家庭无障碍改造列入总局党委重点工作，在垦区小城镇建设、棚户区改造和危房改造中同步实施残疾人家庭无障碍改造，对200户重度贫困残疾人家庭开展无障碍改造。

（孙　静）

【残疾人就业创业】　以残疾人就业需求为导向，主要以开展残疾人职业培训为重点，为残疾人提供切实可行的就业服务。开展“互联网+残疾人就业”远程培训。由垦区残疾人就业服务中心、垦区肢残人协会、北京众智汇数码有限公司联合，为垦区残疾人就业远程培训量身制作软件。于2016年4月开展以“快递单打印、语音标注”为内容的远程就业培训，参加人员主要是有就业需求的重度残疾人，共有96个农场135名残疾人参加为期一周的培训。开展残疾人就业指导员，雇主培训，先后组织3期就业指导员和就业机构人员培训班，培训人数118人。建立残保金征缴系统，减少审批、征缴流程，方便用人单位开展按比例安排残疾人就业审批和残保金征缴。

（孙　静）

【精准康复和残疾人服务设施建设】　加强残疾人服务设施建设，依托卫生、民政等部门的服务机构，推进总局、管理局、农牧场的三级康复托养中心和辅助器具服务站的建设，重点加强社区康复托养站建设。完成新建16家康复托养站的建设，将所需设备发放到康复托养站，按时完成安装调试及国有资产调拨手续的任务。为200名贫困精神病患者提供免费住院治疗，有效地缓解了贫困精神病人的家庭负担，让轻度精神病人有药吃，重症患者有院住。完成假肢安装公开招标有关事宜，通过招标确定两家具有竞争能力的厂家为残疾人免费安装假肢。举办假肢矫形器服务专业技术及残疾康复协调员、残疾人康复托养运行管理及残疾人精准康复培训班，培训人员264人次。

（孙　静）

【残疾学生助学】　通过实施残疾人事业专项彩票公益金助学项目，对17名家庭经济困难残疾儿童提供普惠性学前教育提供资助。黑龙江垦区残疾高考生14人，高考成绩上线的考生人数14人，考生录取率100%。基层残联为4名残疾人学生申请就学资金，为1名低保家庭的残疾考生办理大学生救助。教育部门根据未入学残疾儿童情况，采取跟班就读、给予特教补贴和送教上门等方式，提高残疾人儿童少年入学率。

（孙　静）

社会保险

【企业职工基本养老保险】　截至2016年末，参加城镇企业职工基本养老保险461918人，其中，企业参保职工317871人，个体灵活就业人员参保144047人；离退休人员439010人。全年当期征缴收入417041万元，发放养老金1079068万元。垦区连续第12年调整企业退休人员养老金。从2016年1月1日起增加垦区2015年12月31日前按规定已办理退休手续，并按月领取基本养老金的企业退休、退职、“五七工”“家属工”等人员的基本养老金。调整办法分为普遍调整和特殊调整。（1）普遍调整：按规定已办理正常退休手续人员，每人增加142元/月；退职及“五七工”“家属工”等人员，每人增加112元/月；缴费年限（含视同缴费年限，不含特殊工种折算年限）每满1年再增加2.5元/月；“五七工”“家属工”等人员缴费年限按15年计算。（2）特殊调整：在普遍调整的基础上，对部分群体再给予倾斜调整。符合《关于建国前参加工作的老工人退休待遇的通知》文件规定，1945年9月2日前参加革命工作的，再增加30元/月；1945年9月3日至1949年9月30日期间参加革命工作的，再增加20元/月；1953年12月31日前参加革命工作的（不含新中国成立前老工人），再增加15元/月；2015年12月31日前年满70～79周岁的，每人再增加30元/月；年满80周岁及以上人员，每人再增加40元/月；在设立机关事业单位艰苦边远地区津贴地方的企业退休、退职及“五七工”“家属工”等人员：一类地区每人再增加5元/月。二类地区每人再增加10元/月。三类地区每人再增加15元/月；军队转业干部调整后其基本养老金低于全省企业退休人员人均基本养老金水平的，调整到全省企业退休人员人均基本养老金水平。2016年42.2万名垦区企业退休人员参加养老金待遇调整，企业退休人员基本养老金每月平均上调156.65元，每月人均养老金2076.38元。

（李　礼）

【城镇居民社会养老保险】　参加城镇社会养老保险7649人，其中，享受待遇人数6223人。

（李　礼）

【机关事业养老保险】　参加机关事业单位养老保险55441人，其中在职参保31264人，离退休人员24177人，收缴养老保险费116620万元，拨付养老保险金111056万元。

（李　礼）

【基本医疗保险】　年末，垦区职工基本医疗保险参保人数达到759897人，全年收缴职工基本医疗保险费226811万元，享受待遇人数176365人次，支付基金196148万元；参加职工大额医疗费用补助759897人；参加城镇居民基本医疗保险586615人，参保居民缴费8163万元，国家拨付财政补助资金22097万元，享受待遇人数88604人次，支付基金29873万元。总局出台《黑龙江省垦区职工医疗保险异地就医管理规定》，自2016年1月1日起，垦区异地居住人员可在居住地自主选择3家县级以上公立医院作为就医医院，在垦区居住参保人员到联网定点医院以外就医的，需在垦区联网的三级定点医院备案。未在垦区联网定点医院治疗的，按不同情况，相应调整统筹基金支付比例。负责医疗保险费报销的社保经办机构或指定定点医疗机构，在受理材料后的10个工作日内予以报销完毕。重新修订《黑龙江省垦区职工医疗保险门诊治疗指定慢性疾病管理办法》。修订后的门诊治疗指定慢性疾病管理办法，对纳入垦区职工医疗保险门诊慢性疾病的重症冠心病、风心病、高血压并发症、肺源性心脏病、肝硬化、脑梗死、脑出血、糖尿病并发症、慢性再生障碍性贫血、精神分裂症、癫痫、系统性红斑狼疮、帕金森病、慢性肾功能衰竭、恶性肿瘤十五种病种的诊断病种和相关检查项目、病种申报、鉴定、复查、就医以及医疗费的支付做出明确规定，从2016年6月1日起执行。

（李　礼）

【失业保险】　年末，垦区参加失业保险人数364100人，领取失业金人员1097人，失业金标准为每人每月800元。全年征缴失业保险费24589.37万元，全年发放失业金1156.73万元。（1）降低失业保险缴费比例。为减轻企业负担，促进就业稳定，自2016年5月1日起，失业保险单位缴费费率由本单位工资总额的1.5%调整为1%，个人缴费费率不变。（2）使用失业保险基金支持用人单位稳定岗位。对符合依法参加失业保险并足额缴纳失业保险费，在2015年末裁员或裁员率低于垦区登记失业率，2016年承诺采取有效措施不裁员或少裁员，生产经营范围活动符合国家及所在区域环保政策，财务制度健全、管理运行规范等条件的企业，可以申请失业保险基金给予稳定岗位补贴，用于企业缴纳基本养老保险费。申请补贴资标准不超过2015年度本企业及其职工实际缴纳失业保险费总额的50%，期限最长不超过12个月。2016年垦区650家企业获得10547.85万元失业保险基金稳岗补贴，用于企业缴纳基本养老保险费；向垦区负责接收龙煤组织化分流人员红兴隆管理局的五九七农场、八五三农场，建三江管理局的七星农场、前锋农场、鸭绿河农场，牡丹江管理局的八五六农场、兴凯湖农场7个农场，拨付社会保险补贴资金7512.26万元。

（李　礼）

【工伤保险】　年末，参加垦区工伤保险单位2421户、参保职工387610人，其中，企业参保人员356620人，事业单位参保人员30985人，有雇工的个体工商户5人。征缴工伤保险费5965万元，支出6936万元。享受工伤保险待遇2410人，其中1～4级伤残1058人，享受工亡待遇人数332人，567人领取生活护理费，163人安装辅助器具。调整工伤人员待遇。从2016年1月1日起调整2015年12月31日前经劳动能力鉴定机构鉴定为一至六级领取伤残津贴或生活护理费的因工负伤人员，以及享受工亡职工供养亲属抚恤金人员的伤残津贴、生活护理费及工亡职工供养亲属抚恤金。（1）鉴定为一至六级因工负伤人员的伤残津贴按以下标准进行调整。一级伤残人员每人每月增加258元；二级伤残人员每人每月增加248元；三级伤残人员每人每月增加238元；四级伤残人员每人每月增加228元；五级伤残人员每人每月增加218元；六级伤残人员每人每月增加208元。1996年10月1日以前因工负伤人员，每人每月再增加20元。工伤人员伤残津贴调整后，伤残津贴低于一级2400元、二级2300元、三级2200元、四级2100元、五级2000元和六级1900元支付标准的，按相应级别标准支付。工亡职工供养亲属抚恤金每人每月增加120元，抚恤金调整后低于垦区2016年最低生活保障标准560元的，由工伤保险基金或用人单位补足至最低生活标准。（2）调整工伤职工生活护理费。生活完全不能自理的生活护理费调整为每人每月1354元，生活大部分不能自理的调整为1083元，生活部分不能自理的调整为813元。

（李　礼）

【生育保险】　年末，参加垦区生育保险368282人，征缴生育保险费4370万元，生育保险待遇支出6928万元，享受生育保险待遇12823人次。

（李　礼）

【社会保险稽核】　采取书面稽核与实地稽核相结合的方式，对参保单位和参保职工申报的缴费工资基数依法进行核定，对社会保险待遇享受人员进行全面核查，防止基金流失。全年稽核企业养老保险参保单位1417户、参保人员317871人，稽核率100%；通过指纹比对、联合检查、入户调查等方式，对享受离退休待遇人员生存状况进行检查，共稽核263406人。实地稽核医疗保险参保单位483户、参保人员151979人，核查享受待遇人数35273人。实地稽核工伤保险参保单位467户、参保人员77522人，核查享受待遇人数482人。实地稽核生育保险参保单位467户、参保人员73656人，核查享受待遇人数2565人。

（李　礼）

人　物

先进人物

【全国“五一劳动奖章”获得者王丹】 王丹，女，1981年7月出生，研究生学历，中共党员，农业农艺师，现任前进农场现代农业发展中心主任。2014年1月，荣获省五一巾帼奖章。2016年4月，被中华全国总工会授予全国五一劳动奖章。2005年春，刚大学毕业的王丹到前进农场科技园区工作。当时的园区没有办公室，试验地边上有一个地点管理房，住着雇工，条件十分艰苦。科技园区成立时，试验田面积0.67公顷。两个人，一个砝码天平，几根格尺，几支笔，几个记录本，几本参考书，这是园区全部家当。2008年春，园区主任一职出现空缺，她主动请缨要担当重任，并立下军令状，干不好，就回家哄孩子去。从别人领着干变成了领着别人干，压力可想而知。她每天白天要跟着同事们一起干活儿，搞试验，晚上学习专业知识、查资料、做计划、整理记录。一天她只睡四五个小时。为了集中精力工作，把孩子送到200公里远的婆婆家。那一年体重由生完孩子后的65公斤，降到了55公斤。园区的试验田从最初面积0.67公顷，扩大到现在33.33公顷，她们先后做了品种、栽培、新机械、肥料及植保等各种试验上百项，为指导农场生产提供了重要参考依据。科技园区多项试验的成功，得到了农场种植户们的信任。种植户从选种、育秧、用药各环节都经常打电话向她咨询，园区也有了“科技直通车”，开通了园区网站、电话服务热线，为种植户发放科技联系卡。她的手机24小时开机，随时解答种植户提出的问题。科技园区每年平均为种植户解决生产中的技术难题上千件，开展各种培训20多场次。在她们的辛勤努力下，前进农场水稻生产也发生了变化。从纸质秧盘育苗到毯式钵育秧盘育壮苗，从手推播种器、盖帘覆土到电动播种期覆土器，从木槽子浸种土炕催芽到芽种工厂集中浸种催芽，从经验施肥到测土配方优化施肥，有物联网现代农田管理技术系统，实现水稻生产全程“托管”，用手机就能操控管理；有了“空间电场”用物理方法预防控制水稻病害，减少了农药的使用，实现绿色稻米生产。王丹任园区主任以后，带领科技团队先后承担了国家级及省级、农垦总局级科研实验项目22项，实现科技成果转化推广9项，辐射带动全场面积5.27万公顷土地，累计为种植户增收3000万元。建成集农业试验、土壤化验、植物保护、科普教育、培训示范功能于一体的综合科技示范区。2009年3月，她带领的团队发展成为团中央青年就业创业见习基地，2010年6月，被设立为农业部公益性行业科研专项示范基地。2011年，荣获农垦总局及管理局“新长征突击队”称号。2012年，被评选为“感动北大荒群体”。2013年3月，荣获全国“工人先锋号”称号。

（马永璐）

【全国“五一劳动奖章”获得者杨宏业】 杨宏业，1983年5月出生，中专学历，中共党员。2002年8月参加工作，原巨浪牧场社区工人。2014年获农垦总局劳动模范称号，2015年获省“五一劳动奖章”，2016年获全国“五一劳动奖章”。2016年7月去世。2008年，杨宏业开始养鸡，牧场在原第三作业区场院给他批了一块地，原场房低价租赁给他，并无息贷款10万元，当年盈利8万元。2010年，他扩大养殖规模，当年盈利10万多元，也积累了一套养殖经验。同年申请“庆野笨鸡”专利，把打造“庆野笨鸡”品牌。近年来，他逐步扩大规模，由单一的饲养向孵化方向发展，2014年，他的养殖场拥有小笨鸡1.2万只，大雁150只。一年总产值超过60万元，纯利润达30万元。成立了孵化场，拥有孵化机12台。创建“庆野笨鸡养殖专业合作社”，拥有社员8名。在创业的过程中，逐渐摸索出一套比较完整的养殖经验，做好疾病预防，把损失降到最低。总结出“三个心”要诀，即孵化要有“耐心”，饲养要有“细心”，创业要有“信心”。他常说“一个人富不算富，大家一起致富才是真的富”。在他创业发展小有名气之后，经常给附近村民讲课，帮助其他养殖户提供技术支持，无偿给养殖户药品，每年赊给贫困户鸡雏和鹅雏近1000只，等秋后长大后，他统一收购回收，帮助养殖户销售，并以他的品牌高于市场价出售。在他的带动和帮助下，牧场和附近农村养鸡、养鹅户增多，使职工群众走上了共同致富之路。

（邓 建）

先进个人名录

全国五一劳动奖章

王 丹 建三江管理局前进农场现代农业发展中心主任

杨宏业 农垦齐齐哈尔管理局巨浪牧场养殖户

省五一劳动奖章

吴进堂 八五四十三作业站

黄文彬 格球山农场第三管理区

安玉惠 四方山农场第一管理区

王德亮 黑龙江省农垦科学院农作物开发研究所

省三八红旗手

姜丽丽 九三粮油工业集团有限公司油脂油料事业部副总经理

黑龙江省最美家庭

闫玉兰 铁力农场建筑公司职工

黑龙江省最美女职工志愿者

张延爽 黑龙江农垦建三江人民医院产科主任

郭炳莉 黑龙江省二九一农场第二管理区干事

马 宁 黑龙江省八五一〇农场学校教师

张博亚 黑龙江省尖山农场学校教师

黑龙江省最美女职工

安宏杰 农垦总局总医院工会副主席

全省创业创新标兵（创业）

伊立华（女） 黑龙江省农垦宝泉岭亿家家政服务中心主任

谷晓辰 黑龙江红兴隆农垦牧源现代奶牛养殖农民专业合作社总经理

侯树建 黑龙江农垦东北黑蜂开

发有限公司总经理
孙玉红（女） 八五一〇农场黑背山管理区康林养殖场
龙海波（女） 黑龙江北大荒旅行社有限公司九三分公司总经理
陈　红 宏大玉米烘干有限公司经理
周云晶（女） 红光朝阳肉鹅养殖专业合作社社长
荣井生 哈尔滨红旗锅炉辅机厂厂长
杜石刚 山河金露豆制品加工有限责任公司经理

全省创业创新标兵（创新）

范雨田 黑龙江省江川农场第九作业站职工
王晓超 众泰和工贸有限责任公司董事长
吴进堂 黑龙江省八五四农场第13作业站家庭农场场长
万长波 黑龙江省香坊实验农场种植业从业劳动者
刘永坤 北大荒农业股份有限公司浩化分公司生产部部长

全省创业创新标兵（农民工）

于永福 宝泉之珠葡萄生态采摘园经理
明广宝 黑龙江省双鸭山农场蔬菜管理区群众
邵广春 黑龙江省前锋农场家庭农场农场主
郝天武 黑龙江省闫家岗农场干沟河食用菌农民专业合作社理事长
郑宝胜 黑龙江省北安农垦天运山产品有限公司经理

全省职工职业道德建设标兵（个人）

谭庆吉 黑龙江农垦科职业学院教师

全省职工职业道德建设先进个人

张鸿飞 绥化管理局和平牧场福利园园长
刘庆炜 北安管理局赵光农场小学教师

（王　莹）

北大荒股份勤得利分公司大马力机车联合翻地

宝泉岭农场大棚花卉

二九〇农场万吨级水稻芽种生产基地

名山农场“二分地”水稻认购业主观秋收

延军农场文化旅游产品——葫芦烙画

宝泉岭局直中学2000多名师生开展远足社会实践活动

宝泉岭农场骑友

友谊农场稻田养鸭（张伟 摄）

水稻收获（刘立明 摄）

双鸭山农场林产品基地——山葡萄基地

江川农场首届“丰韵江川”杯排球比赛

北兴农场举办庆“八一”书画展

2016 年，洪河农场在第四管理区试种旱直播水稻面积 6.67 公顷获得成功

浓江农场生态农业吸引大批白天鹅栖息

七星农场农业技术推广中心种植的香蕉

2016 年秋，鸭绿河农场党员干部帮助农户收割倒伏水稻现场

2016 年 6 月 28 日，建三江管理局举行庆祝中国共产党建党 95 周年广场系列活动

希望的田野上

双峰农场奶牛牧场转盘式挤奶台

兴凯湖农场新落成的职工医院

2016 年 6 月 28 日，牡丹江管理局开展再唱红歌献给党红歌大合唱活动

2016 年 4 月 28 日，山市镇、山市农场联合举办“首届山市杜鹃花休闲旅游节”开幕式

建设农场矮棵红高粱

龙镇农场青贮玉米收获

逊克农场境内的半砬山

赵光农场水上公园

格球山农场城镇鸟瞰

山河农场矮高粱种植示范区

大西江农场有机小麦喜获丰收

哈拉海农场湿地

尖山农场现代化大农业农机装备更新接车仪式

鹤山农场木耳生产基地

七星泡农场星怡小区

克山农场场部鸟瞰

红旗种马场小区居民安置楼

绿色草原牧场冬景

依安农场书香公园

查哈阳农场广场文化

海伦农场大豆种植基地

和平牧场烤烟收获

肇源农场万吨金属粮仓

绥棱农场新引进的秸秆打包机田间作业

安达畜牧场狮籽鹅种鹅繁育基地

红旗农场都市农业园区

四方山农场大机械收获紫花苜蓿草

松花江农场农机具生产

北大荒酒私人封坛存储酒窖

闫家岗农场个体养鸡产业

闫家岗农场温泉旅游体验区

三甲医院——宝泉岭中心医院

二道河农场艺体中心

普阳农场文体中心

肇源农场国奥运动员大米种植基地

胜利农场油菜花海

和平牧场草原风力发电

云山农场北山公园冬景

青龙山农场白桦林冬景

八五九农场场区

创业农场鸟瞰图

2016 年 9 月 11 日，红兴隆管理局举办自行车邀请赛（张伟　摄）

克山农场职工篮球赛

松花江农场学校开展冰雪活动

管理局农(牧)场

宝泉岭管理局

党委书记：刘炳东，1960年12月出生，山东省广饶县人，中共党员，研究生学历，工业经济师。1977年9月参加工作，2009年6月至2016年8月任现职。

局长、党委副书记：刘相增，1962年10月出生，辽宁省建平县人，中共党员，本科学历，高级农艺师。1981年8月参加工作，2012年12月任现职。

党委副书记：李振海，1964年7月出生，黑龙江省讷河人，研究生学历，中共党员，高级政工师、林业高级工程师。1986年7月参加工作，2012年6月任现职。

副局长、党委委员：梁月升，1963年11月出生，辽宁省复县人，中共党员，研究生学历，高级农机工程师。1982年8月参加工作，2006年5月任现职。

副局长、党委委员：顾毅，1964年5月出生，福建省福州人，中共党员，研究生学历，教授级高级政工师、高级经济师。1986年7月参加工作，2008年7月至2016年8月任现职。

副局长、党委委员：蒋长春，1963年1月出生，江苏省盖圩人，中共党员，研究生学历，农机高级工程师。1982年8月参加工作，2010年1月任现职。

党委委员、工会主席：刘德坤，1959年2月出生，山东省单县人，中共党员，本科学历，教授级高级政工师。1977年9月参加工作，2008年7月任现职。

党委委员、纪委书记：魏少民，1960年6月生，黑龙江省友谊人，中共党员，研究生学历，高级政工师职称，1983年8月参加工作，2015年7月任现职。

党委委员、宣传部部长：包日明，1959年10月出生，广西省合蒲人，本科学历，中共党员，高级政工师。1976年10月参加工作，2009年2月任现职。

党委委员、人武部政委：杨海亭，1968年3月出生，河南人，本科学历，中共党员，1986年11月参军，2011年6月任现职。

党委委员、组织部部长：杨宪君，1964年9月出生，山东省东平县人，研究生学历，中共党员，教授级高级政工师。1981年12月参加工作，2012年7月任现职。

纪委：

副书记、监察局局长：董义胜，1968年3月出生，山东省济阳人，中共党员，本科学历，高级会计师。1988年7月参加工作，2013年3月任现职。

副书记：

于秀红（女，2010.1—）

副调研员：

田　和（2013.3—）

组织部：

副调研员：

任佳宝（2011.12—）

关工委办公室：

主任：周剑波，1961年11月出生，山东省恒台人，中共党员，本科学历，高级政工师。1978年9月参加工作，2013年4月任现职。

宣传部：

副调研员：

吴晓琴（女，2008.8—）

政法委：

党务副书记：孙秀江，1963年4月出生，辽宁省庄河人，中共党员，本科学历，高级政工师。1986年7月参加工作，2013年3月任现职。

办公室：

主任：李延平，1962年6月出生，辽宁省新民人，中共党员，本科学历，教授级高级政工师。1981年10月参加工作，2013年3月至2016年4月任现职。

主任：施宏伟，1970年9月出生，江苏省启东人，中共党员，本科学历，教授级高级政工师。1988年12月参加工作，2016年4月任现职。

副调研员：

吴锡斌（2013.3—）

计财处：

处长：薛秀荣，女，1962年12月出生，山东省沂南人，中共党员，本科学历，高级会计师。1978年9月参加工作，2009年2月任现职。

审计处：

处长：付建强，1968年7月出生，山东省曹县人，中共党员，本科学历，学士学位，高级会计师。1992年7月参加工作，2013年3月任现职。

人力资源和社会社会保障局：

局长：陈少华，1964年4月出生，山东省烟台人，中共党员，本科学历，高级政工师。1982年12月参加工作，2013年3月任现职。

农业局：

局长：黄家安，1970年7月出生，山东省沂水人，本科学历，学士学位，中共党员，高级农艺师。1994年7月参加工作，2013年3月任现职。

副调研员：路庆文（2010.1—）

高春生（2011.12—）

林业局：

局长：仉玉祥，1963年8月出生，黑龙江省海伦人，中共党员，本科学历，高级政工师。1983年7月参加工作，2008年3月任现职。

副调研员：

李殿明（2013.3—2016.8）

水务局：

局长：邓夫勤，1960年8月出生，山东省梁山人，中共党员，本科学历，经济师、政工师。1978年10月参加工作，2013年3月至2016年4月任现职。

局长：刘继光，1971年5月出生，河北省清苑人，中共党员，本科学历，高级工程师。1991年8月参加工作，2016年6月任职现。

副调研员：

石宝序（2013.3—）

水利工程管理分站站长：

葛文军（2014.11—）

畜牧兽医局：

局长：韩立君，1962年10月出生，黑龙江省肇东人，中共党员，本科学历，学士学位，高级兽医师。1983年8月参加工作，2013年3月任现职。

工业和信息化委员会：

主任：罗强，1970年9月出生，山东省梁山人，中共党员，本科学历，学士学位，高级会计师。1994年7月参加工作，2015年8月任现职。

安全生产监督管理局：

局长：沙录，1979年5月出生，吉林省永吉人，中共党员，研究生学历，农艺师。2006年7月参加工作，2015年10月任现职。

商务局：

局长：孙玉成，1979年3月出生，重庆云阳人，中共党员，研究生学历，兽医师。2006年7月参加工作，2015年8月任现职。

住房和城乡建设局：

局长：孟庆国，1961年7月出生，黑龙江省桦川县人，中共党员，本科学历，高级政工师。1978年9月参加工作，2012年7月任现职。

卫生局：

局长：于治臣，1959年4月出生，吉林省扶余市人，中共党员，本科学历，高级政工师。1984年12月参加工作，2011年5月至2016年4月任现职。

交通运输局：

局长：王明月，1970年8月出生，山东省梁山人，中共党员，本科学历，高级工程师。1991年8月参加工作，2010年1月任现职。

党总支书记：叶舒华，1962年7月出生，江苏省宿迁人，中共党员，本科学历，农艺师。1978年9月参加工作，2014年3月任现职。

党总支副书记：

孟宪琴（女，2006.12—）

教育局：

局长：李紫中，1964年6月出生，山东省维县人，中共党员，本科学历，高级政工师。1983年12月参加工作，2015年8月任现职。

宝泉岭工会委员会：

副主席、自营经济办主任：谢荣，女，1963年1月出生，山东省蒙阴人，中共党员，本科学历，教授级高级政工师。1983年10月参加工作，2014年3月任现职。

团委书记：李刚，1981年9月出生，山东省文登人，中共党员，研究生学历，2007年7月参加工作，2010年1月至任现职。

宝泉岭农垦公安局：

副局长、党委副书记：汪大勇，1982年10月出生，黑龙江省宾县人，中共党员，本科学历，2008年10月参加工作，2013年10月任现职。

政委：宋广杰，1971年10月出生，河北省河间人，中共党员，本科学历，1989年12月参加工作，2014年3月任现职。

纪检书记：

周庆涛（2013.3—）

宝泉岭农垦区人民检察院：

检察长、党组书记：王学林，1964年4月出生，山东省巨野人，中共党员，本科学历，讲师。1985年7月参加工作，2012年7月任现职。

副检察长：

孙永平（2001.5—）

党组副书记：

李玉亮（2013.3—）

宝泉岭农垦法院：

党组书记、院长：宋德双，1965年10月出生，山东省龙口市人，中共党员，本科学历，1986年7月参加工作，2012年7月任党组书记、副院长，2014年10月任院长。

副院长：

侯若海（2013.3—）

司法局：

局长：董佳友，1958年8月出生，辽宁省建昌县人，中共党员，本科学历，高级政工师。1975年10月参加工作，2010年1月至2016年4月任现职。

局长：李延平，1962年6月出生，辽宁省新民人，中共党员，本科学历，教授级高级政工师。1981年10月参加工作，2016年4月任现职。

人武部：

部长：刘丹，1973年11月出生，黑龙江省伊春市人，中共党员，上校军衔，大专学历，1989年3月参军，2013年3月任现职。

宝泉岭管理局中心医院：

院长：王学生，1956年2月出生，吉林省大安县人，中共党员，本科学历，副主任医师。1976年12月参加工作，2000年11月至2016年4月任现职。

院长：裴长虹，1973年10月出生，山东省日照人，中共党员，本科学历，主任医师。1997年8月参加工作，2016年4月任现职。

党委书记：叶善民，1959年7月出生，河南省正阳人，本科学历，中共党员，教授级高级政工师。1976年10月参加工作，2013年3月至2016年4月任现职。

党委书记：李秋军，1974 年 1 月出生，山东省东阿人，中共党员，本科学历，主任医师。1996 年 8 月参加工作，2016 年 4 月任现职。

党委副书记：

张砚群（女，2011.1—）

副院长：

李秋军（2013.4—）

副院长：

裴长虹（女，2013.4—2016.4）

黑龙江农垦工业学校：

校长、党委副书记、职教中心校常务副校长、党校常务副校长、教师进修校、宝泉岭管理局第二高级中学和宝泉岭管理局第三高级中学校长：冯明勤，1961 年 12 月出生，山东省梁山人，中共党员，研究生学历，中学高级教师。1978 年 9 月参加工作，2009 年 1 月任现职，2011 年 7 月兼任宝泉岭管理局第三高中校长。

党委书记：刘英，女，1962 年 5 月出生，吉林省桃安人，中共党员，本科学历，教授级高级政工师。1982 年 12 月参加工作，2011 年 5 月任现职。

副校长：

凌　峰（2000.2—）

副校长：

孟　军（2006.1—）

纪委书记、工会主席：

于秀敏（女，2011.1—）

卫生监督所（疾控中心）：

所长、主任：王晓伟，女，1963 年 11 月出生，辽宁省岫岩人，中共党员，研究生学历，高级政工师。1980 年 10 月参加工作，2010 年 6 月任所长，2011.12 任主任。

疾控中心副主任、卫生监督所副所长：李　军（2006.11—；2012.12—）

高级中学：

校长、党委副书记：李小平，1960 年 5 月出生，山东省寿光人，中共党员，本科学历，中学高级教师。1977 年 9 月参加工作，2009 年 1 月任现职。

党委书记：韩兆琪，1958 年 2 月出生，山东省五莲人，中共党员，本科学历，高级政工师。1975 年 10 月参加工作，2014 年 3 月至 2016 年 4 月任现职。

党委书记：司玉政，1968 年 6 月出生，山东省东平人，中共党员，本科学历，讲师。1992 年 8 月参加工作，2016 年 4 月任现职。

广播电视局：

局长：李凤山，1962 年 6 月出生，河北省滦南人，中共党员，本科学历，教授级高级政工师。1979 年 11 月参加工作，2015 年 10 月任现职。

经济开发区管理委员会：

主任：付学军，1962 年 2 月出生，四川省成都人，中共党员，本科学历，农艺师。1978 年 10 月参加工作，2013 年 3 月任现职。

党总支书记：马继河，1963 年 2 月出生，山东省章丘人，中共党员，本科学历，教授级高级政工师。1979 年 11 月参加工作，2014 年 3 月任现职。

建筑安装工程总公司：

经理：钱东方，1965 年 10 月出生，河南省密县人，中共党员，本科学历，高级工程师。1987 年 12 月参加工作，2005 年 8 月任现职。

党委书记：陈勇，1960 年 6 月出生，四川人，中共党员，本科学历，政工师。1976 年 1 月参加工作，2013 年 3 月至 2015 年 7 月任现职。

党委书记：顾海龙，1966 年 4 月出生，上海人，中共党员，本科学历，高级工程师。1984 年 12 月参加工作，2015 年 8 月任现职。

党委副书记：

孟宪军（2015.8—）

远东农场（农业开发公司）：

场长、经理、党支部副书记：吴红军，1979 年 11 月出生，满族，吉林人，中共党员，研究生学历，硕士学位，兽医师。2006 年 7 月参加工作，2013 年 3 月任现职。

副场长：

周洪山（2008.7—）

城市建设管理局：

局长、党委书记：邵旭琨，1962 年 4 月出生，辽宁省西丰人，中共党员，本科学历，高级政工师。1979 年 9 月参加工作，2011 年 1 月任现职，2015 年 7 月免去党委书记职务，2016 年 4 月免去局长职务。

局长：邱士军，1970 年 8 月出生，山东省齐河人，中共党员，本科学历，高级经济师。1988 年 12 月参加工作，2016 年 4 月任现职。

党委书记：陈勇，1960 年 6 月出生，四川人，中共党员，本科学历，政工师。1976 年 1 月参加工作，2015 年 7 月任现职。

党委副书记：

屈　军（2013.4—）

宝泉岭宾馆：

经理：高毅，1958 年 7 月出生，黑龙江省青冈县人，中共党员，本科学历，高级政工师。1975 年 9 月参加工作，1996 年 2 月至 2016 年 4 月任现职。

经理：董福才，1972 年 5 月出生，黑龙江省富锦人，中共党员，本科学历，高级经济师。1990 年 12 月参加工作，2016 年 4 月任现职。

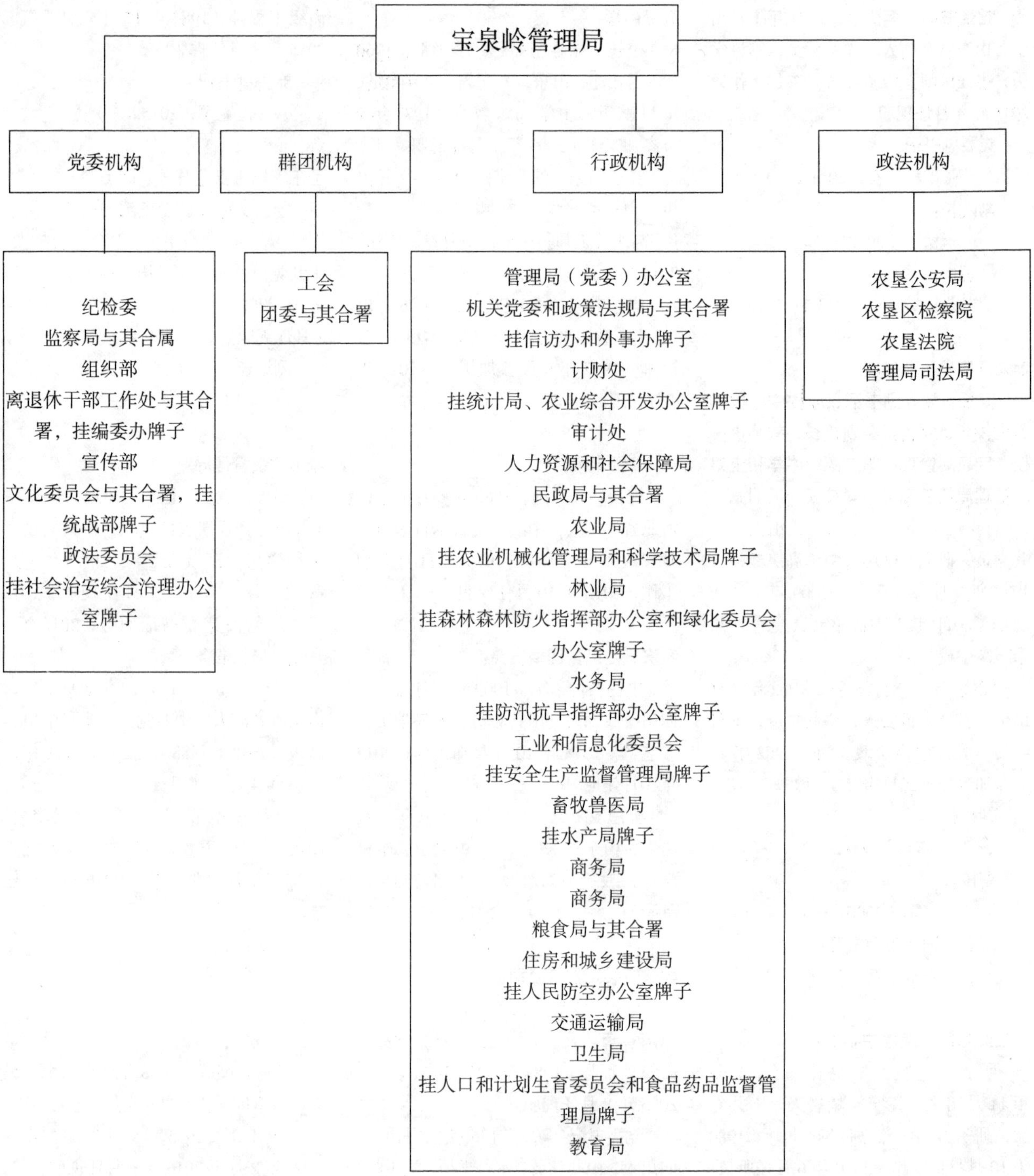

图 4　宝泉岭管理局行政机构示意图（2016 年）

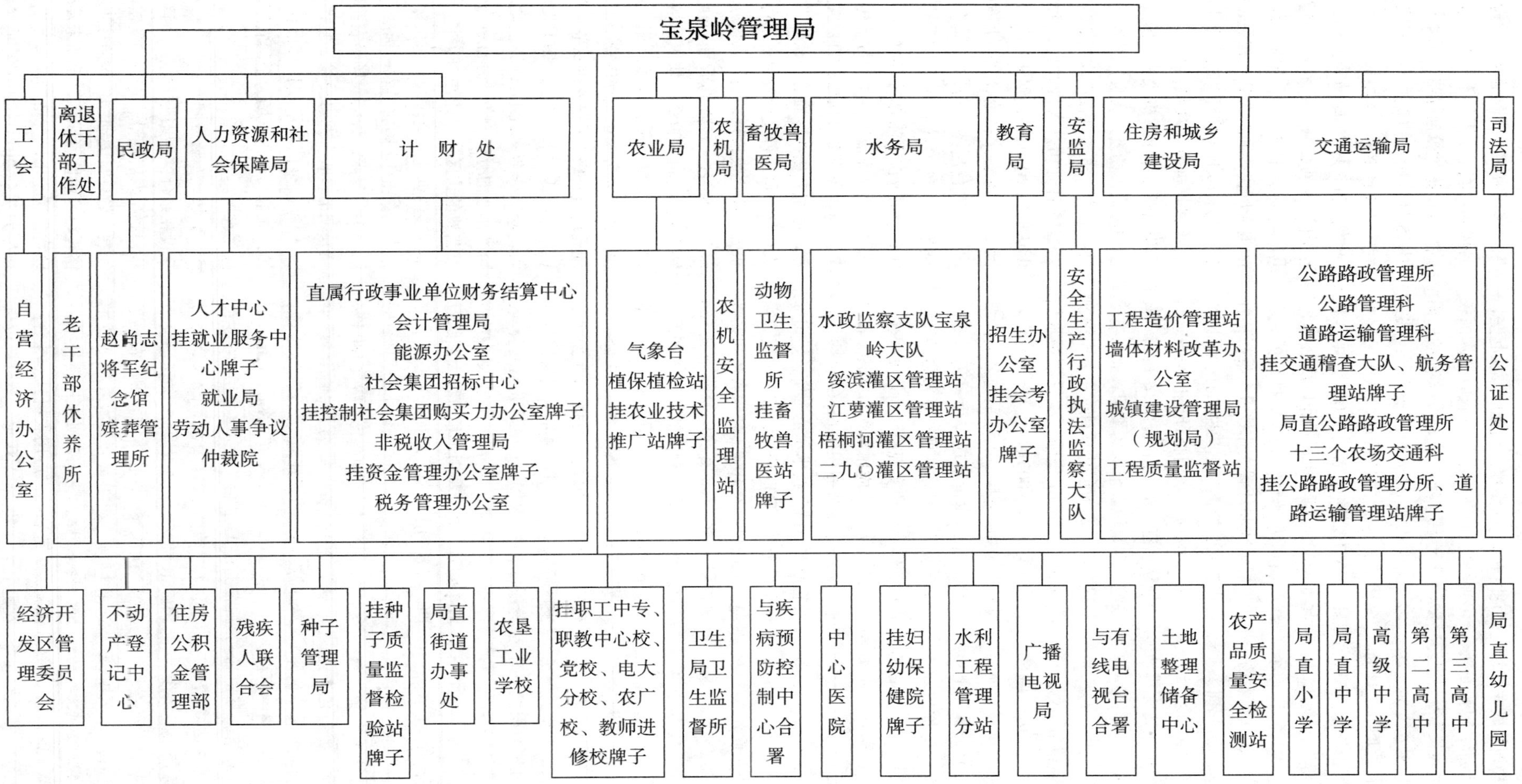

图5　宝泉岭管理局直附属事业单位示意图（2016年）

概况 宝泉岭管理局地处黑龙江与松花江汇合处的三角洲地带，以黑龙江与俄罗斯隔江相望，边境线长160公里。地理坐标在北纬46° 23′ ~ 47° 54′，东经129° 25′ ~ 132° 31′之间。管理局下辖二九〇、绥滨、江滨、名山、军川、延军、共青、宝泉岭、新华、普阳、梧桐河、汤原、依兰13个农场，106个管理区，另有在俄罗斯成立的远东农场。地跨三市（哈尔滨、佳木斯、鹤岗）、四县（绥滨、萝北、汤原、依兰）。总控制面积5757平方公里，其中耕地33.99万公顷，林地8.46万公顷，草原1.15万公顷，水域4.2万公顷。总人口20.5万人。有各类学校33所，医院14所，图书馆（室）85个，文化广场56个，体育场馆24个。2016年，管理局实现地区生产总值169.1亿元，比上年增长6.8%。第一产业实现增加值66.5亿元，增长2.5%；第二产业实现增加值45.2亿元，增长4.5%；第三产业实现增加值57.5亿元，增长11.5%。三产比重为39.3∶26.7∶34。居民人均可支配收入23550元。

种植业 农作物总播种面积343322公顷，比上年增加3728公顷，增长1.08%；粮食作物种植面积341804公顷，比上年增加3205公顷，增长0.3%；实现粮豆总产296.4万吨，比上年减少3.7万吨，减少1.2%，平均单产8672公斤/公顷，比上年减少2.1%。种植业结构调整进一步优化。水稻种植面积稳中略降，达201571公顷；玉米121904公顷，较上年减少4667公顷；大豆10837公顷，较上年增加7333公顷；红小豆、花生、白瓜子、果蔬、青贮玉米等杂粮豆及经饲作物种植面积9000公顷，富硒稻、甜糯玉米及酵素大豆等特色主栽作物种植面积13333公顷，各类特色种植总面积22333公顷，占到总播种面积的6.5%，较上年增长近一倍。其中高粱、红小豆等杂粮杂豆种植面积7467公顷，花生、白瓜子、果蔬等经济作物种植面积1067公顷，饲料作物460公顷。富硒稻8000公顷，优质稻2933公顷，有机稻573公顷，糯稻477公顷，酵素水稻200公顷；甜糯玉米138公顷；酵素大豆500公顷。在耕作上，推行少耕节能耕作、秋整地、秋施肥、秋起垄，100%黑色越冬。由于秋收时的降雨较多，且气温下降较快，给秋收造成阻力，未能达到100%秋起垄目标，共完成伏秋整地343322公顷，其中旱田平翻113667公顷，深松16067公顷，秋起垄47600公顷。水田耕作以浅翻为主，浅翻面积为201571公顷。推广低碳农业发展模式和低碳农业技术。推行秸秆还田技术，全面禁止焚烧秸秆，旱田秸秆还田100%，水田秸秆还田90%。高产创建示范作用突出。普阳、军川、新华、绥滨、宝泉岭五个农场承担农业部整建制绿色高产高效创建项目，三大作物创建面积达170667公顷。项目农场水稻平均公顷产量9000公斤，玉米平均公顷产量9300公斤，大豆平均公顷产量3300公斤，通过集成应用绿色高产高效关键模式和技术，实现示范带动大面积粮食作物生产实现高产高效可持续。农业新技术推广应用实现新突破。各项重点新技术示范面积达66667公顷。开展农业“三减”技术示范工作，旱田推广苗带施药33333公顷，综合示范区实现减少化肥投入10%，减少农药和除草剂施用量5%，水田推广侧深施肥564公顷。推广节水控制灌溉面积33333公顷。振捣提浆81.3公顷，旱平起垄垄上插秧23.2公顷，旱稻种植32公顷，超早钵育47公顷，穴直播21.3公顷。发展特色种养项目，全年共落实特色种养项目533.3公顷。其中鹅玉51.9公顷，鸭稻352公顷，鱼稻47.7公顷，蟹稻81.7公顷。充分利用水稻育秧大棚闲置期，有效利用资源，增加职工收入。二次利用大棚31211栋，占到大棚总数的60.4%。其中木耳1069栋、菇类180栋，粮豆类20139栋，瓜类1601栋、蔬菜7393栋，甜叶菊等其他高效经作829栋。

农业机械 总投资2.8903亿元，更新农机具4365台（套），淘汰1683台（套）。投入3211万元，建设、完善40个农具场。组织召开1次现场会。组织2次检查、评比工作。推广农机新技术17项，组织召开2次农机新技术推广会，组织试验17项农机新技术，试验、示范和推广应用农机具645台。农机节本增效2232万元。面对持续低温、多阴寡照、降雨量大、“狮子山”台风和封冻早7天等不利天气带来的影响，大田播种抢前抓早，玉米播种从4月15日开始，到5月1日完成85%，到5月5日结束，水稻插秧从5月9日开始，到5月22日结束。8月受“狮子山”台风影响，玉米倒伏5.33万公顷，水稻倒伏2.67万公顷，为把倒伏的玉米尽快收回来，防止霉烂，9月10日、9月14日分别开2次玉米下棒机、玉米直收机改装现场会。9月10日在军川召开玉米下棒机改装现场会，会后立即组织各场进行改装，玉米下棒机改装156台、玉米直收机改装227台。从9月15日开始，人机齐上，抢收严重倒伏的玉米、水稻，到9月底，将严重倒伏的玉米、水稻抢收完。上冻前实现水田“黑色越冬”100%、旱田“黑色越冬”96.5%、起垄39%。在不同阶段，组织召开9次定标会。强化安全生产“红线”意识，完成安全生产标准化建设任务。与各农机监理所签订目标管理责任状；组织农场在春播前、秋收前对所有农机驾驶员进行安全教育；进行四次农机安全生产大检查；组织农场办理机车落户1385台、核发驾驶证860个、安装反光标志48900条（块）；组织完善238个农具场的管理制度；组织各场农机监理所完善农机监理内业。宝泉岭管理局通过省级“平安农机示范县”考核，被授予省级“平安农机示范县”称号。农机跨区作业完成11.53万公顷。帮助跨区作业的有机户免费办理省内外免收过路费的跨区作业证件200个。在农业部开展的创建“全国农垦农机标准化示范农场”和“全国农垦农机标准化农场”活动中，普阳、绥滨农场经农业部农垦局专家组验收，通过复检、复评，继续为AAA级全国农垦农机标准化示范农场，江滨、新华农场为全国农垦农机标准化农场。

畜牧业 坚持同农业产业化示范区建设相结合，突出抓好生猪、肉鸡产业，蓄积奶牛发展能量，重点创新鹅鸭产业发展，做好重大动物疫病防控工作，严格履行行业监管职责，全年未发生重大动物疫病，未出现畜产品安全事件。荣获黑龙江省2014—2016年度重大动物疫病防控工作先进单位称号。年末奶牛存栏0.8万头，肉牛存栏0.38万头，出栏生猪70万头，羊存栏2.1万只，养禽5800万羽，养貂24万只，饲养大鹅31万只，饲养梅花鹿1543只，饲养大雁1万只，鲜奶产量1.85万吨，禽蛋0.76万吨，水面养殖0.12万公顷，畜牧业产值30亿元。生猪价格创历史新高，高位运行时间创历史纪录。生猪价格攀升，随着玉米价格的不断下降，生猪养殖业的利润不断地加大。养猪业产值11.6亿元，累计盈利4亿元以上。借助省政府对“两牛一猪”标准化规模养殖场建设的扶持政策，宝泉岭农场华泰牧业投资3000万元建设存栏1200头母猪的现代养猪场，土建工程基本完成。受美国和法国封关影响，国内祖代种鸡存栏下降，益生股份宝泉岭分公司存栏祖代种鸡3万套，同时开始饲养4.6万套父母代种鸡，供应国内市场。北三峡食品有限公司生产的肉鸡产品被黑龙江省肉类协会授予消费者信得过的品牌。军川农场宝泉岭农垦川南奶牛养殖专业合作社于2016年5月开始筹划13队猪场改建奶牛场项目，计划改建成存栏1800头奶牛场。当年完成设计、环评、土地审批及项目申报批复。肉羊养殖重点农场二九〇农场肉羊养殖稳步发展，重点培育和规范金阳牧业、宏泰合作社发展肉羊生产，推广应用肉羊标准化规模饲养综合配套技术、羔羊直线育肥技术、优良肉羊配套系生产技术等多项实用新技术。年末肉羊养殖户6户，存栏肉羊1691只，出栏肉羊3156只。全局彩貂饲养量约21万只，养殖效益不断提高。完达山牧业军川分公司奶牛场成为黑龙江垦区奶牛高产攻关试验场新增单位。军川农场的川南奶牛场通过采用玉米青贮、苜蓿草、TMR全混日粮、DHI监测等技术，奶牛单产接近9吨。川南牧业采用苜蓿草做半干青贮饲喂奶牛，效果良好，避免因为苜蓿收获期间因雨带来的影响。18个规模猪场进行舍内环境控制系统改造，7个规模猪场安装自动料线，8个猪场更新母猪产床。10个猪场参加全国农垦生猪高产攻关活动，12家农业部标准化示范场完善设施，养殖管理水平提高。北三峡宝泉岭商品鸡1场参加标准化示范场创建活动，并通过验收挂牌。重视中心城区禁养区畜禽养殖场（户）清理整治工作，加强组织领导，落实工作责任，采取有效措施，投入生猪价格补贴、搬迁补贴、租房补贴、环境清理费等合计514万元，共停养和搬迁养殖户177户，搬迁生猪22651头、牛298头、养273只、马1匹。通过禁养区内养殖户的搬迁，管理局环境改观，营造干净整洁、空气清新的人居环境。全局可养水面1335公顷，实际放养水面1197公顷，放养率89%，与上年持平。全局鱼产量2465余吨，渔业总产值达0.92亿元，较上年分别下降5.9%，10%。休闲渔业场点发展到37家，与上年同期相比增长146%，游钓面积521公顷，与上年同期相比增长164%，餐饮面积3120平方米，与上年同期基本持平。日接待游人600余人次，创造产值百万余元。

水利　全局水资源总量18.34亿立方米，其中地表水资源量1.82亿立方米，地下水资源量7.01亿立方米，黑龙江、松花江过境水可利用量9.51亿立方米。2016年，全局水利工程供水总量达11.84亿立方米（其中地表水2.02亿立方米，地下水9.82亿立方米），其中一产（农业水田）用水为11.75亿立方米，占总用水量的99.2%，居民生活、二、三产业等用水为0.09亿立方米，仅占总用水量的0.8%。全局初步建成以堤防和水库为主的防洪工程体系，共建有堤防总长度570.49公里，其中主要江河堤防205.65公里，一般江河堤防364.84公里。堤防保护耕地12.12万公顷，保护村屯166个，保护人口12.39万人。建有水库6座，其中小（1）型水库4座，小（2）型水库2座。水库设计库容1893万立方米，兴利库容1104万立方米，防洪库容1250万立方米。全局涝区面积36.40万公顷，其中易涝面积29.60万公顷，除涝面积23.92万公顷，占易涝面积的81%。其中达到3—5年一遇标准的23.92万公顷。全年除涝工程完成投资2.19亿元，工程量462.59万立方米，更好地完善农田排灌沟渠网络功能的建设。全局有效灌溉面积达28.92万公顷，其中水田20.73万公顷。实际灌溉面积22.01万公顷，其中水田20.16万公顷。全年灌溉工程完成投资0.52亿元，工程量95.62万立方米。三江平原灌区进入建管交割期，各灌区做好“建尾”“管头”的各项工作。梧桐河灌区继续开展续建配套与节水改造。全局建成各类节水灌溉工程设施489处，拥有各类喷灌机械2155台，旱田喷（滴）灌等节水灌溉面积8.19万公顷。全局有6个农场存在水土流失问题，水土流失面积3.87万公顷。建成延军农场小北河小流域工程与新华农场乌龙河小流域工程，完成水土保持工程投资712万元，新增水土流失治理面积0.28万公顷，水土保持执法监督和水土流失预防保护工作推进，水土保持生态环境改善。受超强“厄尔尼诺”现象的影响，春夏多雨成灾，特别是延军、共青、宝泉岭农场单点降雨和累计降雨总量双超历史，全局累计受灾面积5.33万公顷，成灾面积2.13万公顷，绝产面积1860公顷。夏末秋初，局部农场遭遇旱灾和风灾的侵害。水务局组织受灾农场排除田间积水4500万立方米，减淹耕地4.15万公顷。指导启动各类灌溉设备350余台，减少受旱面积3500公顷，排涝、抗旱总效益约3800万元。在开展抗灾减灾工作的同时，管理局防汛抗旱办公室做好防汛抗旱各类准备工作，完善各类预案、开展各类检查、储备防汛物资、组织山洪灾害防御演练及江河水位测报设备升级工作。

林业　引进林业产业项目，打造能源林产业带，努力提高水稻育秧大棚二次利用栽培食用菌的综合利用率，利用林业资源发展林业经济。全面完成宝泉岭管理局计划种植紫穗槐等能源林1333.3公顷目标，形成紫穗槐、竹柳等生物质发电的燃料产业。宝泉岭管理局完成紫穗槐等能源林种植面积1349公顷，占全局总耕地的0.4%。其中完成紫穗槐栽植1017公顷，竹柳227公顷，杞柳99公顷，试验栽植江柳6公顷，完成紫穗槐育苗62公顷。投入绿化资金2347万元，栽植各类苗木6000余万株。完成义务植树1500万株。有效改善生态环境；黑松两江的江堤和绥滨、江萝、二九〇、梧桐河罐区的背水坡得到有效保护；实施产业精准扶贫，江滨农场把春天在江萝灌区背水坡上栽植的紫穗槐，共计50公顷包给28个贫困户，平均每户1.8公顷，年获利5000余元，实现产业精准扶贫；紫穗槐的茎秆粉碎后可以作为木耳袋的基料，为发展食用菌提供原料保障。全面完成宝泉岭管理局确定每个农场要实现水稻育秧大棚二次利用栽培食用菌“双百”目标。完成利用水稻育秧大棚1133栋，栽培各类食用菌958万袋，大球盖菇2.95万平方米，生产黑木耳37万公斤，实现利润610万元；生产平菇105万公斤，实现利润120万元；生产大球盖菇15.8万公斤，实现利润31.6万元。举办4期食用菌栽培技术培训班，培训人员600余人，下发食用菌栽培技术资料3000余份。对天然林全面实行管护承包，由管护承包者在天然林中发展林下养殖、种植。二九〇农场在北雁养殖基地和42作业区进行野生动物养殖；绥滨农场24作业区谢大勇林下养殖大鹅2万只、鸡1万只，29作业区杨宝库林下养殖野猪50头；军川农场栽植沙棘9公顷；名山农场种植防风26.7公顷、栽植树莓2公顷；共青农场十作业区林下养殖大鹅2000只、大雁500只，种植万寿菊666.7公顷；宝泉岭农场绿宝食葡萄采摘园栽植300棵刺老芽、栽植黄花菜5000棵、栽植百合2万棵，林下栽培大球盖菇0.5公顷；汤原农场波波珍禽养殖合作社在第2作业区林下养殖芦花鸡、红公鸡2万只；依兰农场林下养蜂500箱。创产值可达500余万元。其他农场的天然林全部进行承包经营管护，发展山野菜采集和封山育林；完成嫁接樟子松嫁接红松3.945万株，面积61.7公顷。

科技 落实垦区2016年重点示范推广的农业科技新技术。水稻超早育秧——绥滨农场，实施面积6公顷；振捣提浆技术——军川、普阳、绥滨农场，实施面积33.33公顷；深松自动监测系统应用12个农场（除绥滨农场外），实施台套64套；旱田免耕技术——共青、宝泉岭农场，实施面积19.67公顷；鸭稻新技术——名山农场，实施面积161.13公顷，落实18户水稻种植户、养殖鸭子数量32200只；鹅玉新技术——名山农场，实施面积20公顷，养殖狮籽鹅7000只。年初组织有关的项目农场开展针对性培训，制订实施方案。为项目场联系技术支撑单位农垦科学院、八一农大，以保障农技推广项目的顺利实施。垦区农技推广项目落实在宝泉岭管理局的科研经费202.9万元。所有项目现已进入最后总结阶段。配合其他部门开展技术培训、试验及示范推广工作。与林业局共同举办食用菌技术培训班，来自13个农场166名学员参加为期2天的培训。与农业局一同引进水稻旱平垄作侧深施肥机插技术、水稻旱直播节水灌溉技术试验等。做好新型职业农工培训工作。培育生产急需的新型职业农工总计1038人、2016年度中央财政安排宝泉岭管理局新型职业农工培训资金164万元，全面完成培训任务。管理局获得总局级科研项目1项（科技攻关项目），总局级科研资金100万元。宝泉岭管理局宝泉岭农场）——中韩农业技术试验示范合作与技术集成推广。经专家组评审，报管理局批准，授予“蛛网膜下腔出血的动脉瘤筛查及动脉瘤栓塞术”等6项科研成果为2016年度管理局科学技术进步奖一等奖，授予“关节镜下自体肌腱移植、单束重建前交叉韧带治疗前交叉韧带断裂”等6项科研成果为2016年度管理局科学技术进步奖二等奖。做好科技之冬培训，完成管理局及各农场组织各类培训班138期，培训人员25113人次，科技下基层培训44期，举办广播电视讲座8期，发放科技资料34260余份，科技咨询2202人次，举办科技大集19次。管理局级新技术新措施推广。种植业推8项技术，农机推广5项技术，林业推广6项技术。

工业和信息化 工业经济运行稳中向好。实现工业销售收入1060703万元，同比增长2.47%；实现工业增加值33.82亿元，同比增长4.04%；实现利润总额3.55亿元。建设工业项目34个，其中新建项目4个，续改扩建项目30个。其中亿元以上项目4个，千万元以上项目11个。完成固定资产投资4.13亿元。重点企业达产情况。双汇北大荒肉业合资公司屠宰生猪112万头，生产冷鲜制品12万吨，熟食制品7.8万吨，企业达产率46.6%；黑龙江北三峡食品有限公司屠宰肉鸡4000万只，生产鸡肉制品7.1万吨，企业达产率为66%。工业重点项目：（1）建设完成共青农场中节能绿碳（宝泉岭农垦）环保有限公司有机废弃物综合利用项目。该项目总投资1.59亿元，建设地点是黑龙江省鹤岗市萝北县共青农场第八作业站，项目建设用地7.5万平方米，工程总体工程已经完成。但因锅炉整改、厌氧发酵罐增加试水试压试验及动力电建设仍未完成的原因，仍未开始投料生产。（2）黑龙江省宝泉岭农垦齐耀新能源生物质发电项目建设。该项目建设地点位于宝泉岭管理局经济开发区，设计年发电量为2.1×108千瓦时，年供电量1.869×108千瓦时。已建成试生产进行发电。（3）牧康饲料有限公司水解羽毛粉加工项目，项目位于黑龙江省鹤岗市萝北县共青农场第二十五作业站，项目总投资1000万元，建设年生产6000吨水解羽毛粉项目。已进行试生产。园区建设情况：“一区五园”基础设施建设完成投资2938万元。其中宝泉岭经济开发区输变电高压工区项目，投资2000万元铺设电缆。共青农场投资349万元，新建单回路亘长5.4公里，其中架空线路亘长4850米，电缆亘长550米；新建一进四出闭站一座，1250千伏安箱变一座等设备。延军农场投资200万元，用于厂区、厂区外水泥路两侧绿化、养护3000延长米、道桥维护，减速桩更换以及新建750米厂区水泥路面。二九〇农场投资344万元，完善园区2567延长米水泥路建设。汤原农场成投资45万元改造园区自来水供水设备。齐耀新能源生物质发电项目正式投产。年末生物质发电项目完成全部投资3.6亿元，电厂自2016年12月4日并网，当年完成发电量803.5万千瓦时。企业提档升级取得成效。黑龙江省宝泉岭农垦宝泉酱业有限公司被黑龙江省企业联合会授予2016年度黑龙江省诚信经营示范企业称号，江滨农场瑞江水泥制品有限公司装饰砖体生产“组合式花砖”荣获国家知识产权实用新型专利证书。

商贸　招商引资新续建项目39个，实际到位资金6.46亿元，完成目标129%，其中齐耀新能源生物质发电项目2.77亿元，中节能有机废弃物利用共青农场一期项目7029万元，中储粮绥滨、军川分库建设项目8313万元，人和米业粮食仓储扩建项目2525万元。5月，管理局投资80万元创建黑龙江垦区首个电子商务创业园区，该园集办公区、摄影区、会议区、服务区等为一体，以免费提供场所、免物业水电费、免网络使用费、免费提供办公桌椅的“四免”支持政策，吸引电商创业者入驻，已孵化同城帮、宝泉乐购、小贝工作室、布可思议、农场电商联盟、北方森林、农一网等商家35户，实现销售额2000万元。

旅游　以绥滨农场现代农业园区、宝泉岭森林博物园、北方共青城3个国家AAA级景区等为重点，通过打造旅游文化活动、合作开发旅游市场，进一步营造管理局旅游发展氛围，全年接待游客60万余人次。绥滨农场系列开展龙门福地“二月二”开耕节、春之缘——龙门福地提水节暨旅游文化节、宝泉岭农场举办香瓜节、鲜花节等活动。江滨农场联合佳木斯摄影家协会举办“百名摄影家‘旱河’湿地摄影大赛”等活动，营造良好的旅游发展氛围。

交通运输　完成交通运输基础设施投资6053万元。新交工通车农村公路通畅工程34.8公里，改造危桥8座，375.5延长米，改造急弯2处，7594平方米，大中修硬化公路3.1公里；新增公交候车亭15个、公交站牌154处，改建客运安检站4处556平方米，改造维修客运站1座／654平方米，配备安检设备14台（套）。年末，全局农村公路硬化里程达1610.34公里，列养公路硬化率77.4%，比上年提高0.5%。全局农村公路列养里程2079公里，完成公路养护投资2053万元。乡、村级农村公路优良路率分别达71.9%、55.9%。军川、二九〇、延军、宝泉岭农场4个单位被评为全省农村公路养护管理先进单位。宝泉岭公路养护中心、军川农场公路管理站顺利通过省交通运输厅审核，获得养护资质。实施预防性养护433.6公里，处治硬化路面病害2692平方米；周期性养护新划标线323公里，新增及更换警示桩3463根；“三护”绿化工程实施187.6公里；整修路基边坡2079公里，维护桥涵232座，4534.62延长米；整修砂石公路35条211公里，抢修水毁路段7处800延长米；完成硬化路面保洁、路树剪枝、路肩打草1548公里，路树刷白748公里。“互联网＋交通运输”快速发展，以宝泉岭公路客运站为试点，全局具备条件的10个农场客运站陆续开通长途客车互联网预售票工作；现代物流业稳步发展，完成日用品物流配送39.7万件、冷链运输12.8万吨、集装箱运输1018吨；“两随机一公开”全面施行，完成交通运输行政许可784件，营运车辆审验756辆次；道路运输市场运营秩序不断规范，查处交通运输违法行为222起；清理244辆货运“黄标车”退出营运市场；注销场内客车3台；注销公交线路1条、场内公交车1台。年末，全局营运车辆保有量共计1296辆，其中客运班车85辆，公交车36辆，出租汽车615辆，营运普通货车515辆，危险化学品运输车辆45辆；载客座位6594座，载货吨位4247吨；完成旅客运输量113万人次，客运周转量8763万人公里，完成货运量135万吨、货物周转量9987万吨公里。扶持贫困农场改善交通运输环境，投资1485万元，支持梧桐河农场改建8.4公里农村公路，实施延军农场延军桥、汤原农场甜水河桥、格节河桥危桥改造。

住房和城乡建设　实现建筑业产值24.3亿元，比上年增长2.5%，新开工单位工程施工个数1325个，比上年增加5个，当年单位工程竣工个数1306个，优良单位工程个数54个，本年房屋建筑施工面积24.3万平方米，竣工建筑面积24.3万平方米，利润总额3亿元，税金1亿元。住宅建设1.53万平方米，全局人均住房面积35.8平方米，城镇化率89.6%。硬化改造13条场区道路改造33.4公里；公共建筑7.66万平方米；污水处理厂和垃圾处理厂开工建设3个；新建排水外网全长13.85公里，完成绿化43.2公顷，植树98.5万株，全局绿化覆盖率达45.4%。总投资3.59亿元，占地13.5公顷，年发电量1×30兆瓦度的生物子发电项目，建成并投入使用；完成建设宝泉岭农垦天然气利用工程（市政中压）项目续建项目。进一步加强市容和环境卫生管理，不断改善市容市貌，按照《宝泉岭管理局市容和环境综合整治方案》，开展“抓干净、无死角”城镇高空环境卫生综合治理活动，重点对各单位的商铺门面、车辆停放点及维修点、居民区管理、清冰雪等工作进行检查，各单位统一规划设置机动车和非机动车停放点及维修点，杜绝大型车辆在居民区停放及维修；实行垃圾定点集中投运，避免垃圾二次装运沿途撒漏现象；开展城区畜禽养殖场（户）的专项清理工作，有效改善城区人居环境。开展建筑市场检查，全面检查2015年已竣工和2016年在建工程履行法定建设情况、工程招投标情况、企业无证、转包和挂靠承揽工程情况。加强招投标网上监管工作，审批建设项目82项，完成项目招投标102个；围绕各方主体履行基本建设程序和安全履职尽责情况进行4次全面检查，专项检查2次。加强施工许可管理，严把“四关”，即一把好资金审查关，审查资金证明，特别是房地产开发项目审查，严防拖欠工程款；把好施工图审查关；把好工程质量和安全措施关；把好创建标准化工地的实施方案审查关。通过权力和责任清单梳理，严格规范行政行为，进一步规范行政自由裁量权。建设项目纳入网上审批，减少行政审批前置要件，压缩法定审批时间50%以上，基本做到当时申报当时审结。组织开展元旦、春节期间建设安全生产检查、春季开（复）工安全生产检查、2016年建筑施工安全生产专项整治行动、灾害风险隐患排查和治理工作、危险性较大的分部分项工程落实施工方案专项行动、“安全生产月”和落实“安全生产垦区行”活动、雨期汛期建设安全生产检查、房屋建筑和市政工程安全监督执法检查工作、建设安全生产大检查和国庆期间安全生产检查工作。宝泉岭管理局4个建筑工地被评为垦区安全文明标准化工地，1个建筑工地被评为省安全文明标准化工地。

环境保护　（1）生态文明建设。管理局党委履行“党政同责”“一岗双责”，将生态文明建设和环保工作纳入党委、管理局的重要议事日程，与各农场签订年度生态垦区及减排目标责任状，部署烘干塔治理、垃圾处理场建设、秸秆禁烧相关事宜。将管理局辖区划分13个监管网格单元，形成“横向到边、纵向到底”的管理局、农场、作业区三级环境监管执法网格化体系。2016年，管理局在社会和国民经济发展第十三个五年规划中专列“环境保护”专章，详细规划生态文明建设与环境保护“十三五”工作目标。筹备组织编制管理局和农场的“十三五”生态文明建设规划。（2）污染防治。绥滨、新华农场投资1330万元、1668万元建设的污水处理厂项目，已基本完工。普阳、梧桐河农场投资1403万元、500万元建设的污水处理厂项目，已完工并通过竣工环境保护验收，正常运行。新建企业污水处理站3家。宝泉酱业投资50万元，建设的污水处理站已投入使用。绥滨农场医院、延军农场医院投资建设的医疗废水处理站，已通过验收，正常运行。加对大污染物超标排放的巡查和监管力度，在局直地区改造公路养护中心、物流园区的供热锅炉两台，更换除尘设施。二九〇米业供热站、岭东供热站各投资20万元，新上干湿两法除尘器；兴汇热电宝泉岭分公司投资400余万元上脱硫脱硝设备4套，管理局中心医院供热站投资77万元新上干湿两法除尘器一台、石灰石—石膏脱硫设施一套，已全部竣工通过并环保验收，运行正常；中船重工齐耀新能源有限公司投资约3.6亿元建设的宝泉岭1x30兆瓦生物质发电工程项目采用布袋除尘、干法脱硫、SCNR脱氮工艺建设锅炉除尘和脱硫脱硝设施，配套的环保工程投资达1000余万元。开展加油站挥发性有机物的治理工作，宝泉岭石油公司在辖区内16个加油站、1个储油库、17台油罐车全部安装油气回收装置共计34套，减少油气有机气体对空气的污染。（3）环保督察。按时完成中央环保督察组反馈的整改任务。管理局总计收到中央环保督察组交办的环境信访投诉案件7起。接到案件后，管理局立即成立调查组对这7起案件进行调查，经核实，其中1件不属实，2件部分属实，4件基本属实，并及时做出处理。1家责令限期补办环评，2家责令停产整改，2家责令改正违法行为，1家下达督办限期完成，并启动追责机制，3家责任单位的6个责任人被问责。对位于梧桐河农场场部1家畜禽养殖户，管理局下达依法强制搬迁通知，搬迁工作已圆满完成。（4）环境执法。加强环境执法，开展各项环保专项行动。管理局制定下发《宝泉岭管理局大气污染防治专项行动方案（2016—2018）工作分工方案》《宝泉岭农垦城落实〈宝泉岭管理局大气污染防治专项行动方案（2016—2018）工作分工方案〉实施细则》，环保局在做好环境监察、环境监测工作的基础上，严格建设项目环境管理，强化企业监管，严厉查处各类环境违法行为，先后开展整治违法排污企业保障群众健康环保专项行动、环境安全检查月活动、重点行业环保专项检查行动、大气污染防治百日攻坚活动燃煤锅炉环境保护专项执法活动》、清理违法违规建设项目活动、冬季大气污染防治“零点行动”等环保专项执法检查行动，共出动现场监察人员200余人次，车辆50余次，检查企业50余家，查处环境违法案件16件，处理危险化学品438公斤，接待来访投诉50余人次，受理环境信访案件12件。（5）环境宣传教育。“4·22”世界地球日，在局直地区以法律大集形式，组织中小学生、社区群众、机关干部等在文化宫广场开展地球日主题“节约集约利用资源，倡导绿色简约生活”宣传活动，环保分局与参加活动的学生一起向群众发放传单1000余份。“6·5”世界环境日，环保局工作人员深入社区向居民开展环保讲座活动，组织社区群众参观局直污水处理厂，直观地开展环保知识教育。在广播电视台、广场电子屏定期播放环保公益宣传短片，以生动的画面宣传环保理念；同时加大在宝泉岭信息港、垦区环保网站的投稿力度，投稿达1000余篇。深入推进中小学环境教育，指导开展环境教育基地和生态学校创建活动，宝泉岭局直小学获得国际生态学校绿旗荣誉，是垦区唯一获此荣誉的学校。

人力资源和劳动社会保障　全年新增就业4190人，登记失业率3.5%以内。开发公益性岗位629个。争取省就业补助资金1614万元，7261人获得政策性补贴。开展专项就业援助活动，帮助就业困难人员和零就业家庭实现就业1599人，组织劳务输出3699人。开展职业介绍7029人次，5706人实现再就业。以工业学校、各农场职业技能培训中心为基地，组织开展职业培训5210人，其中就业技能培训2494人（其中城镇失业人员141人、退役士兵100人）；岗位技能提升培训2716人。举办扶贫培训137人，举办创业培训493人。人才引进培养。制定出台《宝泉岭管理局人才发展规划(2014—2016年)》，全年引进各类人才249人(本科126名、专科123名)。赴东北农业大学、八一农垦大学等高等院校参加现场招聘2场次。在总局人才的大力支持下，免费举办管理局2016年度垦区新型职业农工培育工程食用菌产业生产经营性人才培育工作，参训学员153人。2016年，共接收各类应往届毕业生档案912份，转出档案280份；人事考试工作，完成2016年度职称外语等20类人事考试报名审核工作，共980人次报名，已办理各类考试合格证书（成绩单）239本。公务员管理和考试录用。完成2016年度机关公务员和事业单位工作人员年度考核工作，管理局机关（含公、检、法、司系统）参加考核总人数567人，评出优秀等次公务员84名，称职469人，根据规定对相应等次的人员兑现奖罚。公安系统招录公务员23人。事业单位人事管理。完成事业单位年度考核工作。局直事业单位和农场教育卫生系统参加考核3800人，评出优秀559人，其中合格3198人，基本合格15人，不合格2人，不定等次26人。全面执行事业单位公开招聘制度。全年开展招聘活动7场次，通过考试考核择优录用事业单位工作人员125人。专业技术职务管理。规范聘用行为，加强合同管理。按照《关于转发〈关于企事业单位大中专院校毕业生考核合格聘任专业技术职务有关问题的通知〉的通知》和《关于转发＜黑龙江省人力资源和社会保障厅关于做好全省职称评审工作的通知＞的通知》要求，重点做好岗位设置及审核、专业技术职务结构比例核准。工资福利。完成事业单位薪级工资晋升，共计4547人，人均月增资75元。完成2015年机关事业单位年终一次性奖金审批工作，共计4551人，人均发放5479元。调整机关事业单位岗位变动107人，人均月增资627元。审批机关事业单位丧葬费抚恤金11人共计资金1237830元。调整医院学校实名制库调整287人，其中122人进库，165人出库。审批企业退休3617人，经省人社厅审批企业特殊工种退休30人，事业特殊工种退休1人，事业正常退休268人，机关公务员退休22人。根据《黑龙江省人民政府办公厅转发〈省人社厅、省财政厅关于调整机关事业单位工作人员基本工资标准和增加机关事业单位离休人员离休费三个实施办法〉的通知》调整机关事业单位在职人员4526人员，人均增资414元。调整机关事业单位离休人员365人，人均增资484元，调整机关事业单位退休人员4173人，人均增资275人。审批企业退休3617人，经省人社厅审批企业特殊工种退休30人，事业特殊工种退休1人，事业正常退休268人，机关公务员退休22人。建立管理局建设领域农民工工资银行代发机制，成立管理局建设领域农民工工资专用账户管理工作领导小组，推进管理局建设领域工资与工程款分账管理、农民工工资银行卡式代发。开展农民工工资专项执法检查，对318户用人单位开展日常巡查、专项执法检查，督促48户用人单位补签劳动合同2700份，责令16户用人单位规范劳动用工行为。收缴89个在建工程项目农民工工资保障金1860万元，收缴率100%。受理结案群众投诉举报案件23件，结案率100%。为180名农民工追讨工资443万元。工伤保险工作。全年认定工伤34件、劳动能力鉴定57人次。对管理局2015年12月31日以前由劳动能力鉴定机构鉴定为1至6级的208名因工负伤人员和符合供养条件的60名工亡职工供养亲属调整伤残津贴和抚恤金。信访仲裁。全年答复群众来访、来信183件次，受理复查信访案件7起，提供政策咨询361人次。劳动人事争议调解仲裁委员会立案受理劳动仲裁案件18件，涉及劳动者45人，全部结案，涉案金额合计103万元。

党建工作　“两学一做”学习教育。按照党委的统一要求，围绕贯彻党的十八届六中全会精神、习近平总书记针对黑龙江省的两次重要讲话精神和刘云山在黑龙江省基层党建工作座谈会上的讲话精神以及省委十一届八次全会精神，按照“四讲四有”要求，组织开展“两学一做”学习教育，保证全局党员干部在思想和行动上与党中央要求保持一致。结合“两学一做”学习教育，坚持以“三联三带”为载体的服务型党组织建设，使党群干群关系不断密切，搭起干群之间的“连心桥”。深入组织开展“民情日记、民情接待日和民情分析会”等载体活动，共为群众办好事实事2330件。干部队伍建设。定期开展培训工作，围绕贯彻党的十八届六中全会精神、《条例》《准则》等先后举办专题培训班。先后推荐选送各级领导干部53人，参加中央及省、总局举办的各类培训班。全年管理局共培训领导干部5432人次。按照《党政领导干部选拔任用工作条例》，结合管理局创新产业发展实际，进一步优化干部队伍结构，选配懂经营、善管理、能创新的干部充实到各级班子中，2016年共调整场处级干部77人，其中提拔33人，平级调整35人，免职9人。从基层企事业单位中选拔8名年轻干部到管理局机关8个部门进行为期1年的挂职锻炼。对全局197名副处级以上领导干部《个人有关事项报告表》进行填报、系统录入和上报，在全局科级领导干部中全面实行“个人有关事项报告制度”，进一步加强干部队伍的管理监督。党建工作。对全局党员的党组织关系进行逐一梳理，杜绝失联党员现象的发生。加大对党员违纪违法情况的清查力度。督促基层党委和纪委，对管理局2014年以来的98名没能及时进行处理的违纪党员进行严格的党纪政纪处理。组织开展党组织换届选举工作，指导10个党委在规定的时间要求内进行集中换届。组织开展党费收缴集中清理和专项检查工作。共补缴党费136.8万元，3805名党员全部主动自愿补缴党费。完善非公党建工作。坚持以点带面，选树典型，抓两头带中间，抓好非公党建工作水平的提升。为非公党组织下拨党费65000元，鼓励他们开展党建工作，扩大党建工作覆盖面。

纪检监察　“两个责任”落实。管理局党委坚持从自身做起，切实把主体责任扛在肩上、抓在手上，层层落实签状明责，签订责任状1400份。班子党政主要领导与副职领导签订岗位责任书108份。管理局党风廉政建设责任制考核领导小组对25个单位党委（总支）进行综合考评，完成责任制落实任务的单位有二九〇、绥滨、江滨、军川、名山、延军、宝泉岭、新华、普阳、梧桐河、汤原、依兰、中心医院、公安局、工业学校、高级中学、局直中学、局直小学、建筑工程安装总公司、电业局、远东公司、北大荒肉业有限公司。廉政教育。围绕《关于开展〈准则〉和〈条例〉学习宣传贯彻年活动实施方案》，全局采取上党课，专题培训、业务讲座、知识测试、知识竞赛等方式，全面开展两项法规的学习宣传活动，党员干部的纪律意识，规矩意识明显增强。继续开展领导讲廉、提职考廉、任前谈廉活动，各级领导讲廉30场，80多名党员干部接受提职考廉和任前谈廉。开展多种形式的家庭助廉活动27次，开展征集家规家训征文26篇，被省纪委评为优秀征文8篇。选出身边的案例教育身边的人，开展以案说纪警示教育活动，通报案例18件。组织全局3500名党员干部收看中纪委大型专题片《永远在路上》。作风建设。贯彻落实中央“八项规定”精神和省委、总局纪委及管理局纪委作风建设有关要求。开展明察暗访61次，发现问题78件，问责72人。对工程建设中存在的突出问题进行专项治理，向56家施工企业下发“致建筑施工企业的一封信”，主动走访征求意见，发放征求意见表120份，征求意见7条。对扶贫攻坚工作落实情况进行专项检查，各农场、各部门对扶贫相关政策贯彻及时、措施得力、落实到位。未发现扶贫资金被截留、挪用等问题。纪律审查。管理局纪委充分运用管理局内部“交叉办案常态化”机制，抽调基层纪委10名骨干，组成7个调查组，对巡视组移交的174个问题线索集中时间，集中力量，快节奏、高效率地展开调查，取得显著成效。全局共受理信访举报168件次，初核120件，立案76件，处分78人。正确运用监督执纪“四种形态”，全局共谈话函询、诫勉谈话、信访约谈、谈心提醒等180余人次。对全局2013年以来200多名党员和国家工作人员违反国家法律法规受到党纪政纪处分执行情况进行自查和集中检查，对党纪政纪处分执行落实不到位等问题进行整改。

宣传　以学习习近平总书记系列重要讲话精神为核心，强化理论武装工作。制定并下发《管理局党委理论中心组2016年度学习计划》，实行“走出去”与“请进来”相结合、集体学习与自学相结合、专题研讨与交流互动相结合的方式，采取个人自学、中心组集中（扩大）学习、举办研讨培训班、撰写心得体会、交流发言等形式，开展学习活动。目前共开展理论中心组（扩大）学习9次，其中邀请专家教授授课3次，中心组成员撰写心得体会17篇。开展“建设农业产业化示范区”理论研讨论文征集活动，共收到理论文章126篇，选题涵盖公司化企业化、“三个体系”建设、“众筹”融资、产业链延伸、农产品互联网+、现代物流业建设等多个方面，于7月12日举办理论研讨会，13篇论文进行研讨交流。3月下旬举办全局宣传思想理论工作业务暨文化旅游产业培训。组织参加总局宣传思想理论调研活动，多篇论文获奖。以“争做优秀北大荒人”活动为重点，强化思想道德建设。组织参加总局首届“大荒创业新星”评选活动，共收到各单位申报29人，向总局推荐陆书芬、王立泉、伊立华、陈惠英、董克强等7人。推荐顾洪昌、曲凤香、王佳3人为省“社会主义核心价值观百姓宣讲团”候选人，推荐伊立华、陆书芬为省大庆精神铁人精神北大荒精神报告团候选人，伊立华、武刚、陈惠英3人入选总局第四届“感动北大荒”候选人。继续开展“优秀北大荒人”事迹巡讲报告会，从爱岗敬业、爱国奉献、孝老爱亲、创新创业等方面，组织推荐候选人35名，范围涵盖医疗、教育、社区、环卫、服务、种植、个体等多个行业和领域，经筛选组建15人的巡讲报告团，分三组于6月28日至30日深入各农场和局直单位开展巡讲活动，累计报告17场，参加7000余人次。巩固“礼仪宝泉”和“学习型管理局”建设成果，继续组织开展“做一个有道德的人”主题实践活动，加强社会公德、职业道德、家庭美德和个人品德教育，弘扬时代新风，提升公民素质。以“三转”工作为抓手，强化思想观念转变。结合“两学一做”学习教育、作风整肃和管理局农业产业化示范区建设，深入开展“三转”工作。下发《“三转”工作实施意见》，和《解放思想转变观念实施方案》，由宣传部牵头，从发展理念、思维模式、思想境界、发展道路、精神状态、工作作风六个方面入手，通过强化理论武装、深入查摆问题、开展研讨交流、组织参观考察、加强典型引路等措施，重点解决思想观念“总开关”问题，为管理局农业产业化示范区建设提供有力保障。8月上旬分别召开各农场、局直单位和管理局机关工作推进会，收到基层单位问题查摆材料109篇。以落实习近平总书记重要讲话精神为契机，强化社会宣传覆盖。充分发挥社会宣传在“影响社会舆论和文化传播中的导向”作用和“社会教育”功能，在街道路口、高速公路沿线等设立宣传牌，在公园、广场、办公区、居民社区、学校等场所，通过标语、宣传栏、横幅等多种形式进行宣传，共更新制作局场两级擎天柱宣传牌、宣传板、横幅、标语等100多个，重要区域电子屏幕长期滚动播放宣传标语，管理局电视台每天在宝泉岭新闻播出前五分钟定时播放宣传标语，把中央的声音、总书记的嘱托、省委的决策部署宣扬到千家万户，形成浓厚的社会宣传氛围。

工会　管理局工会制定并落实《管理局脱贫攻坚实施方案》，落实责任、政策和措施，形成“五个一批”和“一户一策”的脱贫攻坚工作思路，构建齐抓共管的脱贫攻坚工作格局。完善“一帮一”机制，全局干部和非公企业经营者，与困难职工结对3378个、6439人，其中农场3087户5824人，局直291户、615人。全局落实帮扶资金9469万元，其中行政拨付3100万元，政策兜底5000万元，三个贫困场扶贫项目款1350万元，教育救助19万元。“两节”期间全局213个慰问小组、3800余名干部走访1653户职工家庭。通过致富联合体+贫困户、劳模+贫困户、能人+贫困户，落实产业扶贫项目518个。培训困难职工300余人，开展“就业援助月”“春风行动”活动，组织招聘会9场次，协调260个用工单位，提供就业岗位5000个；682名求职人员实名登记，368人达成就业意向，发岗位信息资料8291份，免费咨询7920人次。厂务公开民主管理工作。建立并落实“两个细则”，严把职代会的内容和程序，全年职代会审议报告102份，8个农场通过生产资料集中采购方案，通过率93%；民主评议领导干部95人，1967人享受代表补贴60.98万元，换届、补选代表2280人，培训3148人，非职工身份代表160人。厂务公实现名称、形式、规格、内容和管理“五统一”，从源头上维权。采取“民主对话会”“民主协商会”“民主议事会”“民情民意接待日”“三卡”及电话、电子信箱等方式，搭建干群联系平台，宝泉岭农场用微信公众号公开推广后，全局建QQ群120个，微信公众平台45个，飞信短信群104个，电子触摸屏8个，电子屏21个。各农场财务预决算、各管理区土地面积、类别、价格、承包人，均用表格形式常年公开。各农场制作种植面积、收费标准及惠农补贴“明白卡”31192份，所有财务票据，经联审联签监督小组成员签字后入账。劳动竞赛。培训职工5.6万人次，同比增长3.2%；100%的场处级单位、78.6%的科级单位开展岗位练兵，76.5%的私企开展技能比赛。全局28个劳模（高技能人才）创新工作室，表彰15个，宣传创新创业事迹69个，职工创业创新成果36个，选树典型18人，技术创新23项、发明18项、获专利8项、推广先进操作法32项。向总局工会推荐5人。提合理化建议1865件，实施率28.6%；二九〇、绥滨等农场选树“首席员工”“金牌工人”，伊丽华代表678名技能带头人，参加全省职工创业创新标兵事迹巡回演讲。女职工工作。100%签订女职工专项集体合同，职代会女代表占30%。“三八”维权周发传单6万余份，咨询4560人次，1.2万人参与。各级干部帮技术、帮资金、帮项目、帮信息，帮劳务，与498名困难女工结对。走访慰问1032户，送慰问金、慰问品折合32万元，六一走访贫困女职工子女1400人，捐赠款物28万元。表彰“三八红旗集体”20个、“三八红旗手标兵”10名、“三八红旗手”97名。全局女职工建功立业“四创”项目80个，创经济效益760万元，安置下岗女工2100人。

政法　落实法治平安建设的“两个责任”，党政主要领导与20个单位签订《社会治安综合治理责任状》，制定出台《善治宝泉岭建设工作要点》《综治维稳工作要点》。树立一批典型，主要是共青农场法治平安建设、梧桐河农场法治效能机关建设、江滨农场五型家庭（学习型、诚信型、技能型、友善型、平安型）建设、绥滨农场社会治理方式改进创新、军川农场各类社会组织培育发展，宝泉岭农场社会矛盾纠纷三调联动多元预防化解、普阳农场公共安全治理保障、宝泉岭两直社区网格化责任管理，工业学校德育工程。全局职工群众自觉履行法定义务、社会责任、家庭责任，形成大善治格局。坚持“谁执法谁普法”“媒体公益执法制度”“以案释法”强推动，党员领导干部全参与，通过民主生活会、民情恳谈会、党委理论中心组学习和社区公益普法等形式推动尊法、学法、普法、用法在局场贯彻落实，形成“三项普法制度＋关键少数”法治教育大格局。全局各级党委中心组共组织集体学习30次，学法笔记人均1万余字。组织党员领导干部法律知识考试20次以上，参加各类法律知识考试人员1500余人次。结合“七五”普法启动”，广泛征求职工群众和外来务工人员以及企业对法律需求的意见和建议，为职工群众送法律90次，解难题、办实事112件。《善治宝泉岭建设工作要点》《社会治安综合治理责任状》深入推进善治工程，打造平安垦区。主要以三大体系建设为重点，建立健全六项预防调控机制、构筑五大立体化防控治安网格，构建全方位、立体化的社会治安防控体系；做实社区“四队”建设治理工作，全面提升法治化治理能力和水平；建设“网格化＋”综治工程为总体目标，通过建立健全“有抓手、能管控、见成效”领导责任制，职工群众在“细胞工程”中参创率超过96%，群众参与率和满意率达到98%；狠抓“关键少数”促“四法模范”，法治农场氛围浓厚；聚集优势力量，对“三大调解”高度融合、深度创新，研究制定符合场情的多元矛盾纠纷化解新机制。加强维护社会稳定工作。管理局党委维稳办集中组织机关干部贯彻学习《关于全面加强垦区公共安全工作的实施意见》。推进两大机制，即社会治安稳定形势分析研判机制、社会矛盾纠纷多元化解调处工作机制，全局重要时间节点维稳工作取得实效。扎实推进三大体系建设。在体系创新上制定科学决策，研究最佳路径，加强社会重大事项风险评估和社会矛盾纠纷隐患排查工作力度，确保两个《预案》的执行和联动促稳创新工作取得实效。在局场建成“一台三大体系”，即社会综治信息平台、网格化责任管理体系、立体化治安防控体系、法治化治理体系，“五分钟服务网格”“十分钟治理半径”的社会化应用实现新突破。13个农场和7个单位实现综治信息和维稳舆情共享、防控风险与焦点问题共担，社会效果和法律效果共赢。管理局综治办先后8次深入基层进行指导，不断加大对申报省级平安农场的检查和督导力度，与管理局综治工作同部署、同推进，先后投入建成使用规范化的社区管理服务中心和综治维稳工作中心。全局13个农场综治维稳工作中心建设覆盖率达到100%。通过强化领导、集中组织、上级监督、综合协调，全方位立体化推进维稳中心规范化建设进程。全局规范化建设达标率超过60%。全年召开12次社会稳定风险评估工作例会。坚持“源头预防、综合治理、联动管控”原则，通过运用风险评估实现维稳联动，确保全局社会治安政治稳定。全年共排查社会治安重点地区44个，调处矛盾纠纷377起，公共安全隐患17处，整治整改率达到100%。深入贯彻落实《关于进一步加强基层综治（维稳）工作中心规范化建设的意见》与“互联网＋综治”创新结合，大力开展政法综治“两学一抓”活动，将“学综治条例、学责任规定、抓综治维稳综治中心建设”纳入13个农场和7个局直单位综治领导责任制中，切实加强党政领导班子“两个责任”的执行力度。2016年，政法委召开涉法涉诉专项协调会议5次，案件综合推进会议7次，接待诉求120余人次，35批件，调处办结16起。落实省交办督办案件27起。协调总局政法委办理法院司法救助案件22起，共计22人，申请司法救助金额47.7万元。

教育　全局拥有各类学校33所，在校学生21661人。中等职业学校1所，在校学生815人；普通高中3所，在校学生5059人；普通初中13所，在校学生6438人；普通小学14所，在校学生6555人；幼儿园14所，在校学生2794人。全局共有各类学校教职工人数2870人。办学条件进一步改善。高级中学5640平方米的综合实验楼、军川农场学校3600平方米的青少年校外活动中心已经建成，即将投入使用；高级中学3887平方米、局直中学2174平方米的宿舍楼已经投入使用；新华农场、绥滨农场、依兰农场学校塑胶跑道新建工程已完成投入使用。同时，各学校在教育信息化建设和购置设施设备上投入达到4931.5万元。2016年，全局教育投入资金达1.11亿元，各学校办学条件上，发展更加均衡，办学环境更加优越，能够提供更加优质教育资源。加强教师培训力度，通过教师走出去和请专家进来培训，共培训教师2573人次。向上级申请教师编制65人，举行7次招聘工作，招聘大学毕业生55名。完善有关残疾儿童少年依法接受教育、普通高中招生计划、义务教育划片分区招生转学等工作制度20余项。各学校严格推进教学常规管理，各学校查课节数达1万余节次；局、校两级教研人员推门听课 980 余节次，有效提高教师课堂教学质量；组织开展全局性教研活动 9 次，开展公开课、观摩课、示范课 120 余节次，交流教学体会、总结先进经验，提升教师的理论水平和教学能力。教学质量进一步提升。管理局高考又取得优异成绩，一表本科进段人数 609 人，二表本科进段人数 1355 人，二表入段率达到 92%，已经连续 13 年位居垦区首位。全局中考优秀率达 49.70%，及格率达 90.95%。优秀率在 50% 以上的学校有 7 所，及格率均达 80% 以上的学校有 12 所，其中延军农场学校达 100%。

医疗卫生　有各级各类医疗卫生机构 206 所。其中综合医院 14 所，宝泉岭中心医院 1 所（三级医院），农场医院 13 所（挂社区卫生服务中心牌子）；社区卫生服务站 21 所；基层卫生所 109 所；私立（门诊）诊所 24 所。卫生技术人员 1980 人，其中医疗专业 815 人，护理专业 780 人，其他卫生技术人员 385 人。拥有医疗设备 1101 台（套），增加 49 台（套），其中大型医疗设备 41 台（套）；拥有住院床位和观察床位 1374 张。基层卫生医疗覆盖率达 100%。门诊诊疗人次 334779 人次；全局入院患者 22236 人。投资 8902.1 万元用于医院新建改建。中心医院、二九〇等农场医院新增用房面积 1.3 万平方米，共青农场改建房屋面积 2.1 万平方米。总局招标采购设备 4121 万元，新增急救车（含急救设备）5 台；医疗卫生餐饮监督执法设备 15 套；国产双排 CT3 台；全科壁挂诊断系统 95 套；全科医生巡诊包 140 套；健康小屋设备 3 套；中心医院购置医疗设备 2590 万元，新增彩超 1 台。3 月，召开宝泉岭管理局卫生、计生工作会议。加强医疗服务质量和医疗服务能力体系建设，坚持提高基本医疗服务工作质量，提升基本医疗保障功能。卫生局推进社区首诊和双向转诊制度的落实，各级医院开通转诊绿色通道，推行医生多点执业，管理局中心医院医生继续到社区卫生服务中心进行带教、查房工作，提高社区卫生机构服务水平。强化管理，加大医疗、护理质量考核。管理局中心医院加大对医疗、护理质量缺陷考核，健全“三级”病历质控体系，全年共审核病历 20911 份；加强院感管理工作，医院感染率 0.48%，较上年降低 14%，医院感染例次率 0.55%，较上年降低 29.4%。全局农场医院的基本医疗和安全生产管理工作持续改进，形成病历表格统一化、医疗文件书写规范化、各项质控考核流程化、医德医风考核常态化、安全隐患排查整改及时化的良性格局。农场医院接诊患者定位在基层常见病、多发病、慢性病人群，承担危急重症首诊急救的工作任务。发挥基层卫生技术人员作用，夯实基本公共卫生服务项目基础。全局建立居民健康档案 13.2 万人，建档率 88.56%；2.9 万人次接受健康教育、0 ~ 6 岁儿童健康管理 0.7 万人、孕产妇健康管理 531 人、老年人健康体检 0.9 万人、高血压患者规范管理 0.4 万人、Ⅱ型糖尿病患者管理 0.2 万人、重性精神疾病患者管理 0.13 万人。

民政　提高最低生活保障标准，低保救助标准由上年 500 元提高到 560 元，人均补差由上年 335 元提高到 375 元。全局共有低保人员 7336 人 4639 户，全年发放低保资金总额 3448.4 万元。全局退出低保 1178 人，新纳入 655 人。全局享受残疾人生活补贴人数为 1961 人，护理补贴 1366 人，每人每月补贴 100 元，全年配套补贴资金 380 万元；全局享受医疗救助 638 人，金额 203 万元。对全局 1217 人次进行临时救助，救助资金 100 余万元。开展“慈善一日捐”活动，全局共捐款 140 余万元。发放低保家庭冬季取暖补贴 325 万元，用电补贴 26.5 万元；发放孤儿生活补贴 43 人 24 万元；高龄老人生活补贴 1809 人 218 万元，对 51 名“三无”老人，在自愿的情况下做到 100% 集中供养；为 53 名低保家庭高考大学生进行一次性救助 49 万元；为局直地区 15 户无房、危房贫困家庭解决廉租房。养老产业。全局拥有 9 个公办、14 个民办老年公寓，共有养老床位 1314 余张，老人入住率达 80%。推进“候鸟式”休闲、生态养老新模式。与北京、上海、天津等地知青协会领导成员进行接洽，8 月份举办宝泉岭首届“知青节”暨“旅居养老项目启动仪式”，200 多名知情代表进行为期一周的旅居养老体验。6 至 9 月，通过组织或自发到管理局旅居超过一个星期以上的老知青 3552 人。

居民生活状况　截至年末全局常住人口 20.5 万人，其中，小城镇人口 18.3 万人，人口出生率 5.7‰，人口死亡率 7.2‰人，人口自然增长率为 –1.55‰。从业人员薪酬稳定增长。年末全局从业人员 8.8 万人，全年从业人员劳动报酬 23.9 亿元。年末在岗职工 4.5 万人，在岗职工年平均工资 29226 元，比上年增长 6.1%。居民人均可支配收入持续增长。全年居民人均可支配收入达到 23550 元，比上年增加 1022 元，增长 4.5%。

（张欣）

2016 年宝泉岭管理局基本情况及国民经济主要指标完成情况统计表

项目	计量单位	管理局	二九〇农场	绥滨农场	江滨农场	军川农场	名山农场	延军农场	共青农场	宝泉岭农场	新华农场	普阳农场	汤原农场	依兰农场	梧桐河农场	管理局小局直
一、管理区	个	106	13	12	8	12	6	5	10	10	8	8	4	3	7	
二、总户数	户	88541	9925	7701	7409	8197	4204	3017	8058	9139	7501	4182	2503	1415	3703	11587
三、总人口	人	204592	21137	17887	15946	18418	9569	8160	14887	24740	18562	10829	5950	2964	9300	26243
男性人口	人	106284	10656	8327	8175	9005	4637	4080	7441	12697	9464	5308	2904	1592	4596	17402
女性人口	人	98308	10481	9560	7771	9413	4932	4080	7446	12043	9098	5521	3046	1372	4704	8841
少数民族人口	人	2928	286	55	187	8	229	70	309	610	505	102	47	36	362	122
四、地区生产总值	万元	1691466	150160	174828	101201	173449	70509	66879	135806	237735	117378	129732	39111	18635	74393	201650
五、人均生产总值	元	84819	70931	97597	65858	93746	73477	79699	83128	102965	63096	121041	65469	62576	80014	93782
六、工农业总产值	万元	2279931	178170	189259	121222	168551	86725	106696	201152	207516	153725	163728	41221	20794	111231	529941
七、粮食总产量	吨	2964025	371513	330608	181170	369558	154748	87454	272514	364167	261900	281047	84921	28505	168703	7217
八、固定资产投资总额	万元	236185	19366	15505	9977	17641	5600	9440	24994	52393	23649	11803	5280	5838	12142	22557
九、在岗职工工资总额	千元	1297130	145464	106943	75702	108896	67908	27061	90657	78612	59832	95368	31634	20336	48408	340309
十、在岗职工平均工资	元/人	29226	26181	25720	23045	23318	24141	23696	23559	26978	24501	27420	22075	22621	25278	58382
十一、垦区居民人均可支配收入	元/人	23550	26572	25712	19687	26603	23695	18515	24247	26123	20151	25713	17055	18030	21057	23029

二九〇农场
二九〇分公司

分公司总经理、农场党委副书记：张承厚，1961年7月出生，辽宁省义县人，中共党员，本科学历，高级农艺师。1977年8月参加工作，2010年1月任现职。

农场党委书记、场长：吴万弘，1966年10月出生，吉林双阳人，中共党员，本科学历，会计师。1987年8月参加工作，2016年4月任现职。

农场党委副书记、工会主席：

霍宝银，工会主席（2013.4—），党委副书记（2014.3—）

农场党委委员、分公司副总经理：

何正元（2008.8—），兼武装部部长（2009.9—）

农场纪委书记：

王广星（2016.5—）

农场副场长：

姜　华（2013.4—）

分公司副总经理：

邴　胜（2013.5—）

分公司财务总监：

苗　宇（2013.5—）

分公司副总经理：

朱春霖（2014.5—）

刘新军（2016.7—）

概况　二九〇农场位于黑、松两江交汇的三角洲地带。北临黑龙江，以黑龙江主航道为国界线，东、南临松花江，与同江市隔江相望，西、南与绥滨县为邻。1955年，农场由中国人民解放军济南军区九十七师二九〇团开发建设。辖区总面积825平方公里。农场位于中纬度地带，地理坐标在北纬47° 28'30"至47° 45'26"，东经131° 50'25"至132° 26'15"之间，属大陆性寒温带气候。2016年，实现地区总产值150160万元，居民人均可支配收入26572元。

种植业　完成播种面积4.5万公顷，种植水稻3.2万公顷，玉米0.7万公顷，大豆0.2万公顷，红小豆0.4万公顷，粮豆总产37.1万吨，高产高效作物种植率达98.9%。建水稻集中智能化浸种催芽基地4处，新建超级大棚20栋，实现水稻集中大棚育秧100%，集中浸种催芽100%，水稻育秧电动精密播种达100%，旱田全部采用精密播种。开展试验示范项目23项，水稻16项，旱田7项，其中农垦总局品种试验6项、保站试验5项、“3414”肥料试验1项，分公司课题11项。示范品种（品系）水稻42个、大豆41个、玉米29个。测土配方施肥化验项目2500项，取植株样品28份，化验项目84项，发放配方施肥建议卡600份。全年共进行增雨防雹作业12次，受益面积9100公顷。

林业　完成造林面积1861.2公顷，栽植紫穗槐1305.48公顷，竹柳498.3公顷；投资660余万元，共用苗1000余万株，建设景点3个，面积7.92公顷。三北防护林工程因2013年洪水浸泡至死，补植660公顷，用落叶松苗17万株，杨树苗3万株。北绿园林苗圃经营15.6公顷，品种300余个，年产苗1300余万株。

畜牧业　年末奶牛存栏203头，生猪存栏23063头，出栏34102头；肉牛存栏280头，出栏270头；羊存栏1691只，出栏3156只；家禽存栏3.93万只，出栏19.39万只；肉类总产量2921吨；生产鲜奶41吨，水产品总产量64吨。开泰肉羊养殖合作社（金阳农牧发展有限公司）新建标准化圈舍4350平方米，青贮窖1000立方米。东方牧业公司参加农业部农垦局组织的生猪高产攻关活动，实现年出栏生猪10340头。利用生猪调出大县奖励补贴资金66万元，为规模猪场新增自动料线、产床、保育床、环境智能控制等设施设备。农场投资19.52万元，在东方牧业场内建设134.64平方米的病死畜禽无害化处理厂一座，同年8月底投入使用，农场全年畜禽无重大疫病发生。

工业商务　实现工业销售收入5.32亿元，工业增加值2.32亿元，利润1549万元。开展招商引资活动，全年外出考察项目及参加各类招商会6次，吸引外来客商洽谈项目3次，完成招商引资1.26亿元，资金到位5513.7万元。全年新建项目3个，东方牧业饲料加工厂、宫之稻大米加工厂及黑龙江省宝泉岭农垦广发成品油销售有限公司加油站项目；续建项目2个，30万吨粮食仓储项目及甜叶菊种植加工项目，申请注册“醇粮好”牌酒商标。

主导产业发展　重点培育循环农业、边疆旅游、食用菌种植、畜牧业四大主导产业。农场领导班子及成员创办、领办1000万元以上经济实体4个，即中节能绿碳环保（二九〇农场）有限公司有机废弃物综合利用项目、东方牧业饲料加工厂建设项目、二九〇米业有限公司、江一粮食购销有限公司30万吨粮食仓储项目。管理区培育年产值100万元以上经济实体41个，13个管理区均有一个重点产业项目。农场扶持的3家涉农电商企业、14家物流公司、4家网店、68个微商，网上销售额达1000余万元。重点推进黑龙江湿地游、蜿蜒河古遗址寻根游等边疆旅游和候鸟式养老产业，接待游客1万余人（次），接待北京劳模到农场疗养三批次72人。

城市化建设　投资1060万元，新、改建场区内道路32条，改造道路总长8094米、面积38798.3平方米；投资234万元，实现文化中心活动广场硬化2473.11平方米，同年完成二期改造2307平方米；投资110万元，对光明街、希望路路灯杆进行亮化点缀；投资100万元，医院广场硬化1756.5平方米，改造围栏75米，路灯基座17个；投资33万元绿化场区和住宅小区，栽植各种花草树木4.5万株，种草19150平方米；投资21万元，完成中心广场改造铺砖7421.25平方米、路缘石1418.86平方米、硬化1435.46平方米。

农产品质量安全　完成有机食品种植基地认证3267公顷；无公害农产品认证7个，无公害农产品产地认证7个；全国绿色食品原料标准化生产基地2.73万公顷。“界江红”牌红小豆质量追溯项目通过农业部专家组的国家农产品地理标志认定总结验收，同时获得全国名特优新农产品证书。

教育　农场为学生提供免费饮用奶、乘车补助费用70万元；资助贫困学生8.9万元；投入200万元改善办学条件，购买33台液晶电视、1000套学生课桌椅、120套教师办公座椅和150套电脑用于教师办公及学生用电脑更新、2.5万册图书、新建档案室1个、校医室1个、监控室1个、心理咨询室1个、图书室2个，室内体育馆铺设运动地板600平方米，铺设舞蹈室、音乐室、图书室、美术室地板共计300平方米；农场学校通过省均衡发展验收组验收，达到省级标准化办学标准，二九〇农广分校被评为农垦总局先进校。

精神文明　以“一制两队三榜”为载体，继续开展“优秀二九〇人”选树活动，建立优秀二九〇人典型数据库，发挥劳模创新工作室的传帮带作用，不断培育和壮大劳模群体，爱岗敬业典型付维清被推选为管理局先优典型人物，参加管理局党委宣传部组织的巡讲活动。结合创新产业发展，在全场评选出创新创业典型人物8人。农场精神文明建设办公室采取季度检查，日常抽查的模式，加强对各管理区的环境检查力度，做到环境建设常年抓，抓常年，通过“回头看”等方式，督导问题整改。各管理区环境卫生实现沟通、路平、户净的良好局面；完成2016年二九〇农场省级文明单位标兵、公安局总局文明单位标兵、幼儿园、医院总局级文明单位的申报工作。

党建工作　召开第十五次党代会，选出“两委”委员。选拔正科级干部2名，推荐农场副职领导2名。党政主要领导带头，领导班子成员轮流为基层单位党员讲党课1次以上，各党组织书记每人讲党课4次。党委理论中心组集体学习11次，各级班子都召开民主生活会。场领导都参加双重组织生活会，累计15人次。“两学一做”学习教育扎实推进。建立“四个三”促学机制，抓好党员集中培训，邀请省委党校教授到农场开展专题培训1次，培训党员干部600余人。利用微信平台等转发学习资料2200条，组织党章党规知识考试3次，及格率100%，优秀率85%。党员先锋“双领”行动成果显著，党员累计提供志愿服务438次，落实党员创业项目136个，涌现出党员创业者162人，引导4名党员、20名返场大学生通过创业获得收益。

脱贫攻坚　农场经过全面摸底排查确定贫困户61户、困难户57户、低收入户45户。农场、分公司副科级以上干部与163户贫困、低收入户结成帮扶对子，全年至少入户4次进行跟踪帮扶。实施“146”帮扶机制，根据致贫原因的不同，制定“一户一策”帮扶措施，通过实施产业扶贫、教育扶贫、医疗救助、技能培训、就业帮扶、政策兜底等措施，年底共有95户实现脱贫、脱困、脱低，脱贫率达58.28%。全年发放无息贷款200万元，99个特色种养殖户受益。开展两节“送温暖”活动，慰问困难、弱势群体、特殊群体共计1346人，发放慰问金15.65万元。

（于成波　张施琦）

绥滨农场

场长：李思军，1961年10月出生，山东莒南人，中共党员，研究生学历，高级农艺师。1979年12月参加工作，2011年5月任现职。

党委书记、社区主任：楚卫国，1963年5月出生，山东巨野人，中共党员，本科学历，教授级高级政工师。1981年12月参加工作，2016年4月任现职。

党委副书记：
刘曙华（女，2013.3—2016.4）

纪委书记：
刘曙华（女，2013.3—2016.1）

工会主席：
刘曙华（女，2016.1—2016.4）

党委副书记、工会主席：
张　明（2016.5—）

副场长：
张　勋（2013.3—）
张　明（2013.3—2016.4）
刘春青（2013.4—）
房玉军（2016.5—）
戴凤霞（2016.4—）
冯　鑫（2016.5—）

工会主席：
王广星（2013.4—2016.1）

纪委书记：
王广星（2016.1—2016.5）

纪委书记：
何文翠（2016.5—）

党委委员、武装部部长、司法分局局长：崔铁民（2004.7—）

党委委员、公安局局长：
祝　祺（2012.1—）

概况　绥滨农场始建于1948年，是原生产建设兵团二师九团。隶属于宝泉岭管理局，位于三江平原北部边境黑龙江省绥滨县境内。地处绥滨县境内的北端，地理坐标在北纬47°5′～47°42′30″，东经130°22′30″～131°50′27″之间，平均海拔68.6米。南北长45公里，东西宽26公里，辖区面积534.4平方公里。南临松花江、北靠黑龙江与俄罗斯隔江相望，东、南部与绥滨县忠仁、北山、富强乡接壤，西部与江滨、军川、普阳农场相邻，农场境内与绥滨县福兴、北岗、北山、富强等20多个乡村土地相交叉。2016年，实现地区生产总值174828万元，居民人均可支配收入25712元。

种植业　总播种面积35800公顷，其中水稻32825公顷，占92%，大豆438公顷，玉米2275公顷，高产高效作物比例达100%，优质品种覆盖率100%。种植业结构更加优化，实现粮豆总产33.06万吨，平均公顷产量9.2吨，平均公顷效益8415元。农业质量追溯项目通过农业部验收，以96.5分取得全国第一的好成绩。鼓励种植户发展立体生态农业，在近思管理区进行鸭稻种植20公顷，养殖鸭子5000余只；在广信管理区进行鱼稻种植10公顷，养殖的鲤鱼、草鱼2万余尾，直接销售到周边市场和养殖场；在红山管理区进行蟹稻种植4公顷，螃蟹全部与辽宁盘锦二力河蟹养殖基地合作进行回收。与建三江天地人和公司合作，种植a-亚麻酸转换水稻67公顷，按照厂家的技术，由农业科现场技术指导，所产水稻以每公斤高出市场0.3元价格全部回收；与万源、龙门福地米业合作订单种植绿色富硒水稻0.4万公顷。大棚二次利用4891栋，利用率57.6%。其中种植食用菌100栋，种植油豆角4661栋棚、花生100栋棚、瓜类30栋棚。

农业基础建设　继续应用好2000平方米种子包衣暖库，2处千吨级、1处300吨级智能水稻芽种生产基地，确保全场水稻种子包衣率、合格率达100%。夯实农业基础，加快土地整理和地号规范工作，新修水泥晒场6万平方米，保证粮食的晾晒与仓储。

科技园区建设　现代农林科技园区新引进蝴蝶兰、发财树、红掌、兰花等2万余株，培育仙客来、海棠、袖珍菊花卉等万余株。智能温室已经成为生态、唯美、文化、乐活为一体的生态园基地。龙之府累计全年接待外来游客30万人次。科研组承担国家级新品种展示与示范、总局第三积温带品种（品系）区域试验、植保试验、垦丰品种（品系）测试、省农科院水稻品种展示等35个科研试验项目。气象站完成旧自动站设备升级改造，保证自动站能双轨运行，保证气象数据不丢失和稳定上传。土壤测墒数据及时上传国家节水农业网，已上传至第22期。苗圃繁育草本花17万株，产出效益17万元。采取“互联网+”模式展开苗木销售工作，全年销售苗木20万株，收益60万元。进行农作物现场技术培训11次，室内理论课10课时，跟踪服务23次，培训人员70人次，以及聘请专家进行电话咨询等，为种植户解决难题提供便利的条件。

农机现代化　对购买尖锋大犁以奖励的形式进行补贴9.8万元，上级政策性补贴407.73万元，职工自筹资金1836.376余万元，购大中型轮式拖拉机92台，高性能插秧机9台，收割机14台，秸秆还田机21台。苗床电动播种机及覆土器323台，运苗车15台。现有农业机械总动力14.1万千瓦，拥有拖拉机1721台，高性能插秧机556台，收割机464台，自走割晒机5台，割晒架，拾禾台10套，大型配套农具2956台件，犁1407台，旋耕机31台，粉碎还田机407台，小型配套农具453台，插秧机2531台，搅浆平地机1521台。水稻收获机械化程度达100%，全程机械化率达97.5%以上。

畜牧业　以“两牛一猪产业发展、重点突出特色养殖”为畜牧业统筹发展方针，实现畜牧总产值1.2亿元，生猪饲养量7.99万头；奶牛存栏298头，鲜奶产量153吨；肉牛出栏350头；羊出栏1264只；鹿存栏443只；畜禽生产发展势态良好；重大动物疫病防控强制免疫率达100%，无重大动物疫病发生；“瘦肉精”、“三聚氰胺”等违禁药品检出率为0，无畜产品质量安全事故发生；全年无安全生产事故发生。

林业　完成管理局下达的能源林造林任务124公顷，栽植紫穗槐465万株。其中新造紫穗槐能源林53.3公顷，补植造林70.67公顷。绿化场直街道12条。开展全民义务植树活动，由机关、场直单位及管理区义务植树栽植各类乔、灌木8.5万株，栽植草本花15万株。累计参加义务植树9000人次，全民尽责率96%以上。对全场12个管理区进行5次林政大检查，出动执法车60余次，对盗伐、滥伐林木、林地取土、非法占用林地等违法现象进行重点检查，查处林政案件1起，结案率100%。对林内放牧、乱堆乱放进行的治理。全年无森林火灾发生。

水利　完成投资总额2635万元。利用2016年国家新增千亿斤粮食生产能力项目，对智远管理区第9、21作业区进行田间进行配套建设，完成投资938万元，新建建筑物38座，修缮田间道路17公里，排水沟清淤66.6公里，渠道改造6.9公里；对智远管理区第22作业区、广信管理区第19作业区进行田间进行配套建设，完成投资797万元，新建建筑物51座，修缮田间道路22公里，排水沟清淤50公里。利用2016年农业综合开发项目，对重阳管理区第28作业区、龙兴管理区第39作业区进行田间配套建设，完成投资700万元，新建建筑物41座，修缮田间道路21公里，排水沟清淤36公里。小型农田水利工程建设项目完成投资200万元，对第14、20等6个作业区进行综合治理，清淤57.8公里，维修2公里，新建斗渠650米，配套建设建筑物12座，建设混凝土路面40米，更换钢闸门3个。

工业　重点完成三江机械公司改扩建项目一期工程建设，完成投资1945万元，新建厂房、警卫室等4600平方米，硬化地面1.1万平方米，购置剪板机等设备29台、新建生产线2条；加强龙门福地酒业品牌建设，在黑龙江、江苏、四川已建销售旗舰店7家，销售订单500多吨。在创新品牌的同时，新建5万件龙门福纯净水罐装线，年新增产值50万元。民丰机械厂年产水旱整地机130台。金鸿床土调制剂厂年产1900吨，产值820万元，利润410万元。农场全年实现工业增加值23200万元，产品销售收入54500万元，利润2163万元。

小城镇建设　有20万元以上建设项目（包括农场内部自筹资金建设项目）10项，总投资5863万元。包括污水处理厂建设项目、标准化运动场项目、2016年千亿斤项目、2016年千亿斤项目、2016年农发项目、天朗公园改造项目、敬老院改造工程、黑龙江农垦绥滨农场道路改造项目、综合运动场建设项目和龙门福地旅游接待中心室内装饰工程。年底完成计划投资5544万元，完成计划总投资的95%。20万元以下自筹工程，共计132项，总投资1024万元，工程已全部完工。

企业文化和精神文明建设　承办召开总局文化产业工作现场推进会，农场党委副书记张明作题为《挖掘文化内涵凸显地域特色，打造龙门福地文化旅游品牌》的典型经验发言；龙门福地青年志愿者服务队被评为省优秀志愿服务队；门福地集团董事长陆书芬被评为总局“大荒创业新星”，伊永刚、陆书芬、张洪国、伊永刚参加管理局第二届“优秀北大荒人”事迹巡讲报告会；启动龙门福地文化研究会筹备工作，成功承办中国文联文艺志愿服务团“送欢乐下基层”文艺演出和以龙门福地冠名的开耕节、提水节、消夏文化周等旅游文化节庆活动；迎接全国丁玲文学采风团、中国第十三届辽金契丹女真史学术研讨会专家学者等来场。组织参与管理局第一届“文化大集”、第十一届中国（义乌）文化产品交易会。

教育建设　投入近千万元，新建400米塑胶跑道、人工草坪的高标准田径运动场、扩建330米滑道的冰场、为学校所有教学班级配置液晶教学触摸屏一体机以及相应教育教学设备。

卫生　社区卫生服务中心成功创建

为黑龙江省示范社区卫生服务中心。获得黑龙江省爱卫会授予的全省健康教育和健康促进工作先进集体称号。建立5个专业团队和2个全科团队，两个全科团队与所在社区居委会达成协调联系机制，形成专业团队服务纵向到底、全科团队服务横向到边的双相网格管理，各团队即有分工有合作，保证12类45项国家基本公共卫生服务项目扎实开展，不留死角。

党建工作　召开中国共产党绥滨农场第十四次代表大会，进一步明确党政班子成员抓党建工作责任分工和责任区。打造东井、红山两个管理区和社区3个党建工作示范点，发挥典型的引领示范带动作用，全面提升基层党组织党建工作水平。完成到届的18个基层党组织的换届工作。对基层25个党组织领导班子和干部进行考核。全年发展党员22人、转正23人，为基层党组织订阅党刊969套。对35岁以下青年干部进行为期6天的集中培训，通过“两史”教育、拓展训练，提升青年党员干部理论素养和实践能力。以组织工作促进“两学一做”学习教育。对十八届六中全会精神进行专题党课辅导。邀请省委党校老师对中层干部进行专题培训。写心得体会400余篇。组织396名党员干部参加全省《百万党员学党章党规》网上答题活动，合格率达到96.2%。建立学习教育、双向服务、督促检查惩处“三个机制”。成立9个督导工作领导小组，由党政班子副职带队，按照党建责任分工指导基层党组织开展工作。坚持边学边查，结合落实“三转”，要求各党组织和党员干部进行自查，撰写对照检查材料306份，查摆出问题128个。

（邹立龙）

江滨农场
江滨分公司

总经理：王向平，1963年9月出生，籍贯四川，中共党员，研究生学历，高级农艺师。1985年7月参加工作，2010年1月至2016年3月任现职。

总经理：周保，1967年6月出生，籍贯辽宁法库，中共党员，研究生学历，高级农艺师。1987年7月参加工作，2016年4月任现职。

党委书记：刘建敏，女，1966年12月出生，山东省莱阳人，中共党员，本科学历，高级农艺师。1990年7月参加工作，2014年3月任现职。

党委副书记（工会主席）：

应天祥（2014.3—）

纪委书记：

骆　强（2016.1—）

副总经理：

黄亚林（2013.5—）

高　山（2013.5—2016.7）

刘永军（2016.7—）

副场长：

高　翔（女，2011.3—）

尹　龙（2009.1—）

副总经理：

孙海疆（2013.5—）

财务总监：

李秀华（女，2014.4—）

工会主席：

周卫国（2014.3—2016.1）

概况　江滨农场始建于1958年，地处黑龙江省萝北县境内美丽的黑龙江畔，北与俄罗斯隔江相望，地理坐标为北纬47°32′～47°41′，东经131°12′～131°13′。这里生态环境良好，土质肥沃，适宜种植粮豆、经济作物、瓜果蔬菜等，是国家重要的商品粮基地和国家级生态示范区。总面积354平方公里，总人口1.61万人，耕地2.2万公顷，主要种植水稻、玉米等高产高效作物，粮食高产作物比例达九成以上，拥有先进农机具5840余台（套），农机总动力13万千瓦，农业综合机械化率达99%以上。2016年，实现地区生产总值10.12亿元，实现粮豆总产1.94亿公斤，完成固定资产投资1亿元，实现居民人均可支配收入1.96万元。

农业生产　种植业结构进一步优化，完成水稻种植面积1.7万公顷，玉米0.4万公顷，大豆800公顷，花生、红小豆等其他作物800公顷，共压缩玉米0.1万公顷，扩增大豆600公顷。投资1504万元更新农机具132台（套），投资90万元完善农具场1个，投资1.9亿元完成高标准农田、土地整理等7个农业基础设施建设项目。农时节点适时抢早。水整地工作完成时限较往年提前10天，插秧工作较往年提前5天，秋收工作较往年提前7天。应用水稻“三化两管”1.7万公顷，玉米“四精两管”0.4万公顷，“三减”示范面积0.14万公顷，试验示范水稻超早钵育、侧深施肥等技术，召开室外分段培训44次，累计培训3900人次。“物联网＋农业”工作有效推进，完成农情、绿色科技等信息网上录入工作。惠农补贴落实到位，共发放各类补贴3872万元。

林业　完成紫穗槐栽植100公顷、育苗基地8.4公顷，产苗量达1274万株。利用自然林资源开展林下养殖，养大鹅6万只，纯效益90万元，其他还有小规模的散养鸡、散养猪等，自然林综合利用率达80%；利用片状林搞综合开发，引进外来人才在11作业站建立绿色生态立体养殖基地，注册成立合作社。计划投资300万元，已投资210万建成各类房舍1600平方米，果园2公顷，鸭鹅游泳池3000平方米，引进巴马香猪种猪30多头。利用成熟技术建立红松嫁接果园，在第七作业站建果园20公顷，定植樟子松3万株。采伐迹地更新造林52.3公顷，建设花卉苗木基地1处、绿通生态休闲山庄项目1个。

畜牧业　利用国投资金扩大特色养殖，在第二十一作业站新建羊舍2栋0.3万平方米，在第四作业站原养殖场东侧新建狐狸舍0.8万平方米，总投资448万元。存栏奶牛500头，上交鲜奶1046吨；完成肉牛饲养量566头；生猪饲养量3.9万头（现存栏1万头）；羊饲养量3213只；禽饲养量23.6万只（蛋鸡存栏7.58万只），其中大鹅饲养量6.3万只；蓝狐饲养量1600只；高加索犬饲养量20只；梅花鹿存栏242只；销售泥鳅50吨。全场实现畜牧业产值0.8亿元。投资42万元新建病死畜禽无害化处理中心投入使用。

创新产业　打造江滨旱河大鹅养殖带等产业项目。通过党员干部、种养大户示范带动，实现产业项目由点到面辐射发展局面。大鹅养殖产业项目，以旱河为依托的大鹅项目有发展生态养殖的得天独厚的自然条件。主要是以鑫鹏养殖合作社4个养殖大户为主，采用“合作社+农户+市场”纽带式运作模式，带动散户共同发展。农场出台《关于加快大鹅产业发展实施方案》，对农场旱河沿岸饲养的大鹅在年末给予2元/只补贴，无偿提供草原及水面、解决存放饲料的库房、修路平整场地，帮助养殖户改善养鹅条件，并强化市场对接，与绥滨县友谊县大鹅加工孵化场达成购销协议。总投资216万元，养鹅6万只，成活率90%以上，实现产值330万元，利润110万元。食用菌栽培产业项目，通过菌袋生产基地的建立、振兴振江百万菌类生产基地规模的扩大以及菌类销售市场的再推广，有效打造产业链。依托振兴粮贸公司和三毛菌业可产优质菌袋的优势，免除外购食用菌袋的附加成本，减少菌类经营管理环节，直接提高食用菌市场竞争力。扩大菌类生产规模，建设食用菌“双百”生产基地。共摆食用菌100万袋，产值300万元，利润100万元。班子成员领办三毛菌业和吉利禽类养殖责任有限公司2个1000万元以上项目，管理区落实16个年产值100万元项目，充分发挥专业合作社技术交流、资源共享优势。电子商务项目，拓展“互联网+”外延，发展电商8家，成立江滨电商联盟，入驻宝泉岭瑞城电子商务创业园区。

工业 实现工业总产值4.85亿元，工业增加值1.93亿元，利润1575万元。通过招商引资，签订投资项目1个，投资210万元对江滨米厂生产加工设备改造升级、万吨仓及房屋修整、场区地面加固，成功盘活米厂生产能力。

小城镇建设工作 投资342万元改造场直人行道4600平方米，新建路牙石长3238.3米；投资51万元新建综合运动场2800平方米；投资200万元新建华祥小区换热站100平方米、供热设备2套，清洗管道干线0.95公里，清洗地热管网10万平方米，新建变电设备1套；投资32万元，改造供水管线1800米，排污管线350米，维修观察井70眼，供热改造投资29万元，其中锅炉本体维修10万元，改造供热管线250米，改造2栋楼房室内管线和分水器。制定《农场市容环境整治方案》，重点治理农场“脏、乱、差”盲区死角，开展“七乱”治理工作。清理积存垃圾860余吨，清理积残雪1200吨，清理白色垃圾600吨、清理乱贴各类小广告310处，清理建筑垃圾70吨，挖沟排水1700米。楼房小区治理重点脏乱差19处，裸土绿化治理4000平方米，合计清理垃圾死角160余处，新增更换垃圾箱120个。

共同富裕工作 完善“644帮扶体系”，运用“三抓一创”攻坚举措，落实产业项目帮扶资金300余万元，对311户558名贫困、困难、低收入户实施帮扶。投入产业帮扶资金118万元，项目投入200余万元，拨入专项救助资金20万元。开展长短期结合的产业项目帮扶，包括紫穗槐、水稻、小杂粮、药用黄瓜籽、蔬菜、食用菌及特色养殖产业项目共计74户。通过与私营企业、个体工商户及驻场机构为帮扶户推荐就业岗位20个，农场分公司落实12名帮扶户从事公益性岗位，推荐临时性务工53户。岗位及务工帮扶共86户，“兜底”帮扶106户。200多名党员干部与帮扶户结成对子，员场内有爱心的1家个体企业、10家个体店铺共同参与脱贫攻坚工作。成立以专业合作社为主的“脱贫致富联合体”68家，带动种植红小豆416公顷，西瓜、香瓜84公顷，推广种植花生46公顷，带动养殖大鹅、泥鳅等20余户。实现234户职工家庭脱贫，脱贫率达75%。

党建工作 推进从严治党全面落实，持续加强干部队伍及作风建设。树立正确用人导向。干部选用上，把想干事、能干事、敢担当、善作为的干部选拔上来；干部管理上，开展领导干部“示范点、责任区、结对帮扶”等有效载体活动，解决学先进、赶先进、争先进动力不足等问题。提升领导干部的服务能力。加强领导干部服务职工群众生产生活、产业发展能力建设，拓展“走基层”“阳光纳谏”系列活动外延，引导职工群众创办产业，拓宽经济发展渠道，实现职工增收、企业增效。强化党员干部作风建设。压实“两个责任”，细化“一岗双责”措施；加强“5+N”预防惩治腐败体系建设，强化监督执纪问责，严格“三重一大”制度的执行，落实中央八项规定精神，推进惩防体系建设各项任务落地生根。通过“阳光纳谏”“走基层”系列服务活动，党员干部领办、创办产业等举措，将“两学一做”学习教育落实到“做”上，深化三联三带活动内涵。从教育、管理、监督、检查、问责五个方面加强党风廉政建设和反腐败工作，严格“三重一大”制度执行，严厉查处违规违纪行为，共对19人进行问责，给予14名党员干部党纪处分，营造风清气正的干事创业环境。

文化 创新版画品牌。依托北大荒版画江滨基地成立的青蓝天地文化产业有限公司创建为北大荒文创集团版画基地。打造旱河生态文化。依托北大荒文化地理标志“旱河”，打造湿地生态旅游文化产业项目，接待观光、摄影人数达2000余人次。实现文化产业产值260万元。深入实施公民道德建设工程。开展北大荒精神教育、江滨垦荒60周年等大型活动10余场次。选树各类典型266个，其中省级3个、总局级1个。农场志愿服务站、和谐委志愿服务队获省级优秀学雷锋志愿服务工作站称号。开展“好民风大课堂”“在职党员爱心捐赠”“社区邻居节”、传家训、晒家风”、乒乓球赛、“全民健身”徒步行等丰富多彩的好民风活动。

社会事业 打造三个环境。形成“1网9区30委100组660格”五级联动管理格局；开展法治文化邻居节等活动，启动“3+1”公共法律服务体系建设；实施五型家庭创建工作，参创率达96%。案发率年递减16%，信访次数年递减27%，农场通过省级平安农场创建初检。推进卫生教育事业均衡发展。基本公共卫生服务能力、居民健康档案管理质量全面提升，建成240平方米康复中心一处，打造医养结合新模式；学校教育均衡发展通过国家验收，重点中学录取率达50%。加大社会保障工作力度。养老金、医疗报销等社保待遇全部足额发放；办理“4555”灵活就业社保补贴616人；救助55户困难家庭，共发放救助款15万元、残疾人“两项补贴”33

万元，争取国家康复项目落实康复设备52套。强化民主监督。加强厂务公开民主管理工作，完善和规范职代会制度，对土地承包方案、各类补贴等事项进行实时公开。

（朱文涛）

军川农场

场长、党委副书记：杨荣军，1974年3月出生，云南省马关人，中共党员，本科学历，高级农艺师。1991年9月参加工作，2013年9月任现职。

党委书记：楚卫国，1963年5月出生，山东省巨野人，中共党员，本科学历，高级政工师。1981年6月参加工作，2014年3月至2016年4月任现职。

党委书记：张海刚，1966年9月出生，安徽省濉溪人，中共党员，本科学历，高级农艺师。1990年7月参加工作，2016年4月任现职。

党委副书记：

刘国萍（女，2014.3—）

党委委员、副场长：

陈　锟（2011.5—）

陈丙山（2013.5—）

张　勇（2014.3—）

刘国忠（2014.3—2016.4）

刘世水（2016.5—）

副场长：

肖　培（2016.5—）

党委委员、工会主席：

骆　强（2014.3—2016.1）

党委委员、纪委书记：

孔凡刚（2016.5—）

党委委员、组织部部长：

陈　华（女，2016.1—）

概况　军川农场始建于1958年，位于黑龙江省萝北县城东南45公里处，黑龙江与松花江之间。地理坐标在北纬47°20′～47°40′、东经131°02′～131°30′之间，属黑龙江、松花江冲积平原，地势平坦，土质肥沃。农场人口18418人。农场总占地约600平方公里，其中耕地4.1万公顷，草原0.1万公顷，林地0.89万公顷。下辖12个管理区。农场紧临国家级对俄开放口岸名山镇，陆路、水路交通便利。常年积温2450℃～2500℃，年降雨量在500毫米左右，无霜期130～135天。土壤以暗棕色森林土、草甸土、沼泽土为主，土壤有机质含量高，抗旱抗涝，适宜各种作物生长。2016年，农场实现地区生产总值17.3亿元，粮豆总产36.9万吨，职工家庭人均可支配收入2.66万元。

现代化农业　投资8847万元完成国家农业综合开发高标准农田、新增千亿斤粮食产能、土地整治、涝区治理等工程项目。通过以上项目，新建水泥晒场8.4万平方米、疏通渠道315.3公里、修缮田间路126公里、建筑物416座，改造育秧基地7处。投资3715万元，更新农机具377台（套），农业田间综合机械化率达99%。推广水稻侧深施肥、振捣提浆、燕麦复种等新技术12项；应用“三减”示范面积0.42万公顷；发展新能源种植，栽植紫穗槐142.67公顷；水稻育秧大棚综合利用，栽植食用菌102万袋。年内奶牛存栏3215头，销售鲜奶1万吨；肉牛存栏476头，生猪出栏3万头，狐貉貂1.08万只，大鹅2万只，实现畜牧产值1.38亿元，增加值0.68亿元。

工业　突出优势项目的招商，引资5000万元完成中储粮鹤岗直属库军川分库二期项目建设。引资2200万元，新建金诺农民专业种植合作社10万吨粮食仓储项目。军粮酒业有限公司发展高粱订单种植180公顷，研发高端白酒品系10个。依托川南牧业奶牛养殖合作社做强、做优乳品加工，辐射宝泉岭、萝北区域巴氏奶销售网点15个。实现工业产值4.51亿元，增加值1.89亿元。

小城镇建设　推进城镇化建设，完善城镇文化、居住、服务等功能。投资4332万元完成青少年校外活动中心建设。投资1260万元完成9公里农村公路建设。投资1215万元完成场区城镇道路改造工程。投资128万元完成万源广场4700平方米广场改造工程。投资430万元完成教师、乡镇卫生院周转宿舍项目建设。投资279万元完成人畜饮水项目建设。完成造林绿化任务174.27公顷。区域整体环境得到明显改善，农场连续三年获得“管理局市容和环境卫生优秀单位”称号。

产业发展　创新产业发展形成加速态势，重点产业布局有力推进。完成农场领导班子及成员带头领办年产值1000万元产业项目2个、管理区年产值100万元以上产业项目12个。借助“互联网+”平台，纯粮酒、书画剪纸等农特、文化产品融入管理局电子商务创业园，实现销售额550万元。创建黑木耳、有机稻、沙棘、咖啡貂等种（养）殖产业项目27个，新增个体工商户120家，培育新型农业经营主体18个，带动就业1300人。建立杂粮、食用菌、家政等自营经济协会11个，示范项目6个。

民生工程　实施“三四五”精准扶贫工程，全场25户困难户人均收入达到6758元以上，12户贫困户人均收入达到1.13万元以上，45户低收入户人均收入达1.35万元以上。为49户可扶持贫困户和自营经济户、致富联合体提供无息借款280万元。为164户低收入家庭发放生活补贴19.2万元，发放贫困残疾人生活补贴和重度残疾人护理补贴21万元。为429名80周岁以上老年人发放高龄津贴47.61万元。继续在全场范围内开展“慈善一日捐”活动，收到捐款22万元。全面落实义务教育均衡发展要求，土地转让金支持教育项目投入240万元，中小学教育信息化及教学设备补助项目95万元。468名灵活就业参保人员享受社会保险补贴95.8万元。对649名解除劳动合同人员重新招用、签订合同。

党建工作　“两学一做”主题教育扎实开展，党建科学化水平不断提升。深化“三级联创”党建责任制，建立“1+5”党建工作机制。突出党风廉政建设党委主体责任和纪委监督责任，明确责任清单，加强常态化作风监督。执行“三重一大”制度，运用监督执纪“四种形态”，创新监督端口前移模式，进一步强化治查整改，突出抓早抓小提高预防效果。

（王毅翼）

名山农场

党委副书记，农场场长：赵英春，1969年3月出生，山东省招远市人，中共党员，本科学历，高级畜牧师。1993年8月参加工作，2013年9月任现职。

党委书记：李建筑，1965年7月出生，山东省文登县人，中共党员，本科学历，高级工程师。1983年12月参加工作，2014年3月任现职。

党委副书记、工会主席、社区副主任：徐立祥（2011.5—）

纪委书记：

周卫国（2016.1—）

副场长：

张怀伟（2008.4—）

王振锋（2013.4—）

李泽刚（2011.5—）

王永军（2016.4—）

陈忠普（2016.5—）

党委委员、党委组织部部长：

王召阁（2013.8—）

党委委员、党委宣传部部长：

罗永占（2010.5—）

概况　名山农场是一个集种植、养殖、旅游等多项产业于一体的中型国有农场。全场共有土地面积29018公顷，其中耕地17988公顷，约占总面积的62%；林地2870公顷，占总面积10%；水面3150公顷，占总面积的10.8%；可垦荒地2796公顷，占总面积的9.6%；其他土地2214公顷，占总面积的7.6%。有6个管理区，下设17个作业区。总人口数10410人，其中职工总数3265人。2016年，农场实现地区生产总值70509万元，年末储蓄总额33064万元，人均储蓄3.46万元，人均可支配收入23695元。

种植业　实现农业总产值35554.1万元，增加值19945.7万元，农作物总播种面积17988公顷，总产15.47万吨，比上年减少0.71万吨，下降4.4%，公顷产量8603公斤，比上年减少877公斤，下降9.3%。其中，水稻播种面积7302公顷，公顷产量8681公斤，比上年增加179公斤，增长2.1%，总产63381吨；玉米播种面积10574公顷，公顷产量8600公斤，比上年减少1750公斤，下降16.9%，总产90941吨；大豆播种面积84公顷，公顷产量2405公斤，比上年减少296公斤，下降11%，总产202吨。发展水稻“三化两管”和玉米“四精两管”模式，落实“三减”示范面积400公顷；水稻节水控灌推广面积666.67公顷；水稻超早育秧试验面积4公顷；旱稻种植试验面积4公顷；水稻侧深施肥示范面积40公顷，减少化肥施用量2.4吨；苗带施药示范面积玉米2666.7公顷，减少除草剂施用量20%。组建名山农业科技发展有限公司，主营涉农业务。中草药种植组建思邈中草药种植联合社，成为垦区唯一一家中草药种植联合社，种植面积达200余公顷，其中小叶关防风占全省50%以上。红禾有机水稻专业合作社率先注册“帼乡裕”商标，开拓市场销售有机米。农场与山东禾家农业股份公司合作，建设“鸭稻”生产基地，投入12万元在鸭稻米生产区安装14个摄像头，建立水稻生产全程可监控系统，采用“二分地”经营模式销售大米。

农机　享受国家补贴资金购置农机具167台件，其中轮式拖拉机67台，收获机械44台，其他机械46台（件）；农机更新总投资1535.5万元，其中国家补贴426.014万元，农场补贴67.2万元。推广旱田深松作业技术2810公顷，为参加作业的农机户争取到国家补贴42.15万元。全场农用机械总动力84266千瓦，其中：柴油发动机动力67130千瓦，汽油发动机动力9423千瓦，电动发动机动力7713千瓦。全场有大中型拖拉机938台、大中型拖拉机配套农具2112台、精密播种机139台、排灌动力机械713台、联合收割机233台、种子清选机15台、牧草打捆机2台、机动渔船13艘等机械。农机具新技术推广应用159台。其中，进口大犁8台、激光平地机6台、水田高架犁30台、电动平床机1台、水稻侧深施肥机械2台、喷药机改装10台、中耕除草机改装30台、凯斯收获机倒伏收获改装10台、大犁浅翻深松改装10台等。建立健全农具场4项管理制度，统一制作机车库房责任人及安全标志牌157个，共投入资金5395元。全年无农机责任事故发生。

水利　实现水利增加值459.2万元，比上年增长22.5%。细化以行政首长负责制为核心的防汛责任制和场、科、队三级责任体系。建立健全基层防汛救灾领导小组及防汛抗旱制度通过批复实施的项目共6个。小型农田水利涝区治理工程。完成投资300万元，改善治涝总面积为1433.33公顷，治理耕地面积1080公顷，其中水田753.33公顷，旱田326.67公顷。建设砂石路面田间路11.88公里；国家新增千亿斤粮食生产能力规划2015年田间工程建设项目。完成水利投资525万元，修缮机耕路10条，总长度为13.62千米；国家新增千亿斤粮食生产能力规划2016年田间工程建设项目。修缮机耕路14条，总长度为14.066千米，修建涵洞34座，清淤排水沟7条，总长3.485千米；小型水利工程配套项目。建设砂石路面田间路7.71公里。完成总投资137.08万元。国家农业综合开发高标准农田建设项目。建设高标准农田667公顷，机电井油改电53眼，涵洞31座，机耕路20.62千米，输电线路12千米。完成投资1300万元；千亿斤配套项目。建设育秧基地三处，完成投资200万元。引用江水灌溉面积1120公顷。

林业　实现林业总产值17.1万元，增加值10.2万元，增加值率60%。投资70.66余万元，完成造林任务70.67公顷，栽植紫穗槐小苗588.83万株。完成紫穗槐育苗面积8公顷，第二年春季所需的造林苗木，达到自给自足。加强森林法、森林（草原）防火条例及湿地管理条例的法律、法规宣传，加大巡查力度。全年看护湿地3205公顷。通过天然林承包的形式，林下栽植嫁接红松，完成33.33公顷樟子松嫁接红松收尾工作；在场直四周绿色城堡的林地栽植果树2万株，使农场100公顷地产果项目达到验收标准。2公顷的树莓2016年进入结果期。水稻育秧大棚二次利用80栋，地摆木耳80万袋，每袋产量0.05斤，每袋木耳的利润为0.1元；利用温室养殖平菇20万袋，每袋产量1斤，每袋蘑菇的利润为0.2元。农场森林总面积2846公顷，其中林地面积2843公顷，均与上年持平。育苗面积27公顷，与上年持平；幼林抚育作业面积70公顷，与上年持平。

畜牧业　实现畜牧业总产值5989万元。大牲畜存栏709头，其中奶牛存栏484头，鲜奶产量775吨；肉牛存栏225头；生猪存栏18098头，同比上年下降9.1%，生猪出栏25432头；羊存栏406只，羊出栏347只，禽存栏6996只，禽出栏38851只，肉类总产量2068.8吨。落实资金80万元，进行稻鸭养殖，养殖鸭子3万余只；落实资金20万元，进行鹅玉养殖，养殖狮籽鹅7000只。

工业　实现工业总产值43649万元，增加值17305万元。农场现有私营、个体企业共计31个，食品加工业、批发零售业、建筑材料业、农机修理业、木材加工及木制品制造业、屠宰业等。生产大米12512吨、食用植物油840吨、豆制品180吨、糕点170吨、化肥3191吨、砖1000万块、自来水产量73万吨等。界江美公司建有BB肥生产线和有机肥生产线各一条，二条生产线设计生产能力达15万吨。界江美肥业有限公司生产肥料3191吨，实现工业总产值754万元。华丰粮油公司是国家储备库萝北库延伸库点，全年为国储库存储玉米47604万，水稻4576吨。华丰粮油公司开展ISO9001质量管理体系认证，华丰公司“龙江名山”牌注册商标被垦区工商行政管理局认定为黑龙江省垦区知名商标。华跃商贸有限公司一期仓储建设项目。计划投入资金1258万元，建7506平方米钢结构平房仓一栋，300平方米业务楼一栋，水泥晒场6000平方米。新增仓容4万吨。目前已投入资金450万元，完成300平方米业务室建设，打水泥晒场6000平方米，办理14399平方米的土地使用权。农场与山东禾家农业发展股份有限公司合作在科技园区订单种植165亩“鸭稻”，种植费用30万元全部由禾家农业公司投入。禾家农业公司在小区业主中采取众筹的方式销售农场大米，他们将11公顷“鸭稻”按照每份2分地的标准划给众筹户，冠名为“二分地”，让众筹业主每年都能够获得50公斤名山有机大米、1只稻田鸭、10公斤有机大豆、1斤黑木耳。

建筑业与小城镇建设　实现建筑业总产值7960万元，增加值3416万元，资产总额832万元，利润总额2779.8万元，税金437.8万元，年内房屋建筑竣工面积2300平方米。年内农场建设项目共计9项，总投资1889.85万元。小额资金议标项目20项，总投资56万元。投资140万元完成场区公共设施及向阳渠管理区自来水项目；投资148万元建设场直中心路南段维修项目；投资132万元建设垦荒庄管理区砂石路及场区污水坑处理工程项目；投资480万元建设教师周转宿舍项目和老年公寓项目；投资141.5万元改善学校办学条件，义务教育均衡发展顺利通过国家验收。拆迁79户，拨付拆迁款244万元。投入841.5万元，维修改建保留居民点的1122户危旧房屋，改善居民的生活环境。配齐配强城管执法人员，责令拆除违法建筑3处。

党建工作　开展“两学一做+”系列活动，举办知识竞赛、演讲和征文比赛、优秀党课观摩评比。9名农场班子成员分别为党员干部讲党课、作报告2次，全场共举办专题党课43场，开展集中学习130余场次，培训党员干部3300多人次。创新实施党员干部“五争做”和全体党员“八带头”活动，通过“亮身份、述职责、晒业绩、评满意度”促进活动落实。春播期间机关120余名党员干部连续5天义务帮助水稻户运苗插秧，解决雇工难题。严格执行《名山农场党政班子建设工作制度》和《名山农场基层党政领导班子建设工作制度》，各党支部“三会一课”坚持经常，做到一月一主题、一课一体会、一事一讨论。开展庆祝建党95周年系列活动，农场党委被评为管局级“先进基层党组织”称号。2016年12月28日，农场召开第十一届党代会选举产生新一届党委、纪委领导班子，基层党组织均完成换届工作。集中对2008年4月以来党费工作进行自查，涉及补交党员460人，补交党费27万元。组织学习习近平总书记“七一”讲话和对黑龙江的两次讲话精神，在全场开展“学讲话、转观念、谋发展”系列研讨活动26场次，切实增强创新产业发展的能动性。通过“民情体验”“党员奉献”等活动，落实各项帮扶措施50余项，帮助职工群众解决实际问题330余件。通过党员干部帮扶，40户可扶持户实现脱贫、脱困、脱低。领办、创办产业的党员干部76人，发展具备规模的中草药、大棚蔬菜、葡萄种植、肉牛养殖、剪纸等产业20余项，带动特色种植、养殖、加工和服务业从业户579户。新增致富联合体10个，为群众解决生产资金950万元，辐射带富350户。

（孙金宝）

延军农场

场长：侯庆波，1967年4月出生，山东省东平县人，中共党员，研究生学历，会计师。1983年9月参加工作，2010年6月任现职。

党委书记：谢学强，1963年10月出生，山东省东平县人，中共党员，本科学历，高级政工师。1981年10月参加工作，2016年4月任现职。

党委副书记：

黄啟军（2016.5—）

纪委书记：

张　伟（2016.5—）

副场长：

段永明（2010.3—）

夏万山（2011.1—）

褚国忠（2016.5—）

牟秀兰（女，2013.5—）

孙玉萍（女，2016.6—）

党委委员、组织部部长：

王振宇（2016.7—）

概况　延军农场始建于1958年，地处黑龙江省东北部小兴安岭东麓，海拔高度100～400米之间，地理坐标为北纬47°37′～47°54′，东经139°39′～130°56′，属丘陵半山区。东临黑龙江与俄罗斯隔江相望，国境线长27.5公里，南接共青农场，西与萝北县环山乡接壤，北与萝北县太平沟乡兴东村毗邻，距萝北县城13.5公里。辖区总面积44080公顷，其中：耕地15182公顷，林地4520公顷，水面1639.7公顷，其他面积22738.3公顷。农场下辖5个管理区，11个场直企事业单位，总户数3017户，农场总人口9532人，其中在职职工1588人。按照“优农、强工、美城、富民”的统筹发展方针，经济社会发展各项预定目标基本实现，2016年实现地区生产总值66879万元（其中：第一、二、三产业增加值分别为28725万元、25087万元和13067万元），粮豆总产8.75万吨，居民人均可支配收入18515元。

种植业　以“压玉米、增稻豆、强经饲”为总体思路，种植业结构调整进一步优化。全年完成播种14993公顷，其中玉米9320公顷，水稻1746公顷，大豆2427公顷，高效作物1500公顷。订单销售酵素大豆1000吨、酵素水稻800吨。推广水稻“三化两管”和玉米“四精两管”模式，农业标准化水平进一步提升。实施水稻侧深施肥、食用豆和食用菌综合高产配套等新技术13项，“三减一控”落实示范面积5067公顷。投资1200余万元更新各类机具115台套。政策扶持新建烘干塔3座，全场日处理潮粮能力达2000吨。

畜牧业　推进畜牧产业化发展。投资135万元，完善兴北管理区标准化奶牛小区建设。白羽种鸡项目稳步运行，大鹅养殖实现规模效益双增长。与西藏大学经济作物研究所合作，探索农牧一体化模式，在推进节本增效、绿色生态、可持续发展方面起到良好示范带动作用。全年实现奶牛存栏1200头，鲜奶产量1917吨，种貂存栏1000只，生猪出栏13086头，禽出栏908540只，肉牛出栏555头，羊出栏3960只。实现畜牧业总产值24075万元。

林业　林业工作以能源林、经济林项目建设为重点，全年栽植能源林105公顷，大榛子30公顷，云杉3000株，林业资源综合利用率达到83%。强化林政管理，及时与基层单位签订森林草原防火责任状，加大对退耕还林地块清理排查力度。在巩固发展山野菜、蘑菇采摘等林业经济的基础上，继续做大食用菌产业，摆栽木耳120万袋，实现利润100余万元。与鹤岗鼎尊科技公司和萝北县林业局合作，计划固定资产总投资8950万元，建设一处年产3000万袋食用菌生产基地，项目一期2998万元，工程已开工建设。

水利　农场水利工程总投资7587万元，实施高标准基本农田建设、农业综合开发及水土保持等工程项目21个，新建桥涵183座、机耕路32公里、晒场6.15万平方米、农机库2.33万平方米等。

工业　整体发展态势良好，工业经济稳步增长，与国内外企业洽谈，拓宽石墨销售渠道，北大荒黑金石墨有限公司运转良好。继续推进帝源石墨深加工项目，投资3500万元进一步完善电力、浮选设施建设。全年累计生产鳞片石墨9万吨、球型石墨0.35万吨。白灰、水泥、规格石等产业进一步加大改造升级力度，年产白灰8.8万吨、水泥0.92万吨、规格石12万立方米。实现工业利润4100万元。

小城镇建设　推进“美丽乡村”建设，投资200万元对中央大街和延军路人行道改造；投资104万元，修复延军桥桥面；投资110万元，完成社区服务中心改造装修。利用“一事一议”资金128万元，对兴南管理区营区道路进行升级改造。完成延兴管理区和金石岭管理区居民点拆迁95户。配齐配强场直居民委主任，居民小组长和环卫工人队伍，全面加强场区环境治理，营造整洁舒适的生活环境。

党建工作　深入开展“一优三好”活动，推进党的建设。狠抓党建工作责任制落实，严格履行“两个责任”，明确班子成员“一岗双责”。按照“五好”标准，建立典型人物事迹资料库，在全场推荐选树爱岗敬业、带头创业、科技致富、孝老爱亲、善行义举、热心公益等方面各类典型84人，“最美延军人”候选人20名。建立“日学、周讲、月考、季总结、年汇报”五项学习制度，深入开展“两学一做”学习教育活动。成立由机关和基层70名青年干部组成的“五大员”志愿服务联盟，建立志愿服务常态化机制。以开展“制度在我心”、“家风助廉”等活动为载体，坚持抓长、抓常，把纪律和规矩挺在前面。

共同富裕　通过精准识别、建档立卡，确定361户困难家庭。全场206名党员干部通过“一帮一”和党员干部中心连带模式，采取产业扶持、资金帮扶、岗位就业等措施，对169户可扶持户精准施策。落实帮扶项目15个、帮扶资金119万元、慈善捐款6.2万元、衣物1100余件，金秋助学31人0.93万元，大病医疗救助73人21.8万元。在政策兜底的基础上，对不可扶持户192户，做到勤走访、多关心。通过一年的精准帮扶，86户贫困人员实现脱贫。

（刘建文　马子月）

共青农场

场长：苏彦山，1974年3月出生于萝北江滨，黑龙江省海伦县人。1995年7月参加工作。中共党员，政工师。2009年10月任共青农场党委书记、社区主任，2010年8月任现职。

党委书记：刘曙华，女，1971年4月出生，山东文登人，中共党员，研究生学历，高级林业工程师。1991年7月参加工作，2016年4月任现职。

副书记：

李　军（2016.4—）

副场长：

马景林（2012.2—）

苏景强（2012.2—）

任长江（2013.4—）

贺大伟（2016.4—）

岑　岩（2016.5—）

陈　刚（2016.5—）

组织部长：

张会臣（2010.4—）

概况　共青农场位于小兴安岭余脉南麓的三江平原萝北县境内，东临黑龙江，南濒松花江，东、东北与名山农场、延军农场毗邻，北、西北与萝北县环山乡、奋斗乡相连，西以嘟噜河为界与宝泉岭农场相望，东南与萝北县苇场、团结相接。地理坐标为北纬47°22′～47°42′，东经

130° 31′ ~ 131° 02′。农场总地势西北高，东南低。北部靠山，属于小兴安岭余脉山地丘陵地带，多起伏山坡，海拔在 110 ~ 220 米。境内有地道山、凤鸣山、圆头山、南山等。发源于四方山地区的鸭蛋河、嘟噜河流经境内。境内公路、铁路畅通，距国家一级口岸——黑龙江省名山口岸仅 20 公里。农场总人口 18482 万人，其中职工 4933 人。有管理区 10 个，工、商、运、建、服企业 29 个。总占地面积 573 平方千米，耕地 3.15 万公顷。2016 年，实现地区生产总值 13.58 亿元，人均可支配收入 24247 元。

农业生产　经济作物种植面积达总面积的 12%，其中万寿菊种植 800 公顷，平均公顷产量 25.3 吨。红小豆 400 公顷、高粱 80 公顷、甜玉米 12 公顷、绿色有机稻 1000 公顷、大麦苗 80 公顷、鸭稻 24 公顷、瓜类、土豆、甜叶菊 50 公顷、白小麦 11 公顷、蔬菜 40 公顷、葡萄 8 公顷、青贮 374 公顷。有水稻育秧大棚 2730 栋，二次利用 1600 栋，其种植大球盖菇 23 栋、黑木耳 270 栋，其他的有红小豆、蔬菜、万寿菊等。注册成立 78 个各类合作社，有烘干塔的合作社对种植的玉米进行自行烘干，每吨增收 80 元。通过测土配方合理配肥，实验 6667 公顷减少化肥用量 30 公斤 / 公顷。通过改装喷药机调整喷头密度实行苗带施药，使施药量降低 25%，效果良好。试验田水稻侧深施肥 20 公顷，起大垄插秧 2 公顷。水稻实现 100% 统一供包衣芽种，100% 精密播种。玉米 100% 实现统一供垦丰种业种子，100% 秋起大垄播种，秋包肥 3000 公顷。

畜牧业　完成生猪饲养量 16.6334 万头；肉鸡饲养量 2744 万只；奶牛存栏 300 头，鲜奶产量 1037 吨；肉牛饲养量 680 头；肉羊饲养量 5532 只；咖啡貂饲养量 15100 只，大鹅出栏 8086 只，大雁出栏 600 只；蛋鸡出栏 5682 只。实现畜牧业总产值 6.132 亿元，同比增长 46%。生猪养殖业效益显著。年创产值 1.91 亿元，实现利润约 5600 万元。白羽鸡产业运行良好。孵化场及 11 个白羽鸡养殖场步入北大荒宝泉岭农牧发展有限公司快速发展的轨道。孵化场年内为全局提供鸡雏 6000 万只，年创产值 2.4 亿元，商品鸡养殖场年创产值近 4 亿元。建成占地 2 公顷，建筑面积近 6000 平方米的凤鸣肉牛养殖场，肉牛存栏 101 头。山东庄管理区的永发咖啡貂养殖繁育基地出售咖啡貂 11300 只，创产值近 300 万元，实现净收益 130 多万元。从管理局争取生猪周转金 400 万元，用于规模猪场扩大生产。完成 4 个猪场更新和引进后备种猪共计 550 头，3 个猪场改建饲料供给系统，安装自动给料设备；2 个猪场猪舍内安装环境控制系统，改善舍内环境，有效控制环境污染，使全场规模猪场标准化养殖水平进一步提高。

林业　完成能源林建设共计 135 公顷，其中紫穗槐 84.74 公顷，竹柳 50 公顷，栽植苗木 600 余万株。完成文化广场补充绿化和南北二道街绿化工作，共栽植花楸、山杏、丁香、山桃椆李、樱桃、四季锦带、王族海棠、榆叶梅等品种，共计 3 万余株，投资 80 余万元。水稻育秧大棚二次利用引进食用菌种植项目，种植大球盖菇、黑木耳及灵芝，共计 62 栋大棚。其中大球盖菇 20 栋超级大棚，14400 平方米，黑木耳 40 栋大棚，32 万袋，灵芝 2 栋大棚 4000 袋。

水利　完成宝泉岭管理局 2016 年小型农田水利工程共青农场第七作业站东区涝区治理工程，项目投资 287.57 万元，疏浚工程清淤沟道 5.535 公里，新建涵洞 6 座，鸭蛋河左岸铅丝笼护岸全长 1.14 公里，新建田间路 4 条全长 6.73 公里。改善易涝面积 1087 公顷，年新增利润 10.84 万元，项目区人均新增纯收入 686 元；完成 2016 年小型农田水利设施建设补助专项资金项目共青农场第 26 作业站涝区治理工程，项目投资 150 万元，疏浚工程清淤沟道 4.76 公里，新建涵洞 4 座，新建田间路 5 条全长 5.27 公里，改善易涝面积 294 公顷，年增加产值 15.49 万元，年新增利润 10.84 万元，项目区人均新增纯收入 686 元；完成 2015 年中央水利建设基金（应急度汛）项目共青农场嘟噜河堤防除险加固工程，项目总投资 150 万元，全部为国投资金；完成国家新增千亿斤粮食生产能力规划 2016 年黑龙江省共青农场田间工程建设项目，项目位于共青农场第 25、26 作业站，总投资 1500 万元。该项目为跨年度项目，计划于 2017 年 10 月 30 日完工，现已完成方涵 11 座，道路完成 4.8 公里。水务局、公路管理站为保证秋收工作及来年春播工作的顺利进行，对部分居民组淤积严重的农田排水沟道清淤整治、修缮农田道路、临时埋涵，截至 10 月底累计预算投资 36 万元，配合秋收工作协助农场为各居民组保秋收现场核定道路维修经费 45.48 万元，全年合计自筹水利工程投资 81.48 万元。

共青管委会　2016 年管委会实现全口径税收 3134 万元，同比增长 37%，其中中央级收入 622 万元，省级收入 1051 万元，县级留成 1461，税收返还收入 147 万元，上解县级基数 1051 万元后实现管委会税收纯收入 557 万元。对 500 万平方米产业园区进行重新规划，形成绿色食品产业园、生态循环经济园、新兴工业产业园、仓储物流产业园、小微产业孵化园、旅游文化产业园等六大板块。依托“全国三个基地”有利优势，加强招商引资力度，组建招商、发改、地税、农业等相关职能部门全程负责的专业招商团队和服务团队，构建平台招商引资、招商代表布局、项目牵手对接、“三局两办”服务四大工作机制，在项目落地过程中，实行“一个产业项目 + 一个服务团队”的工作模式，定期召开产业项目建设对接会，提高项目建设效率，努力实现产业项目建设的大突破和大提升。已形成项目意向 66 个，达成投资意向 34 个，共有中航粮食仓储项目、中节能有机废弃物综合利用项目、卓信粮食仓储现代化农资交易和利用微生物技术综合开发育秧基质项目、大正伟业有机熟食品加工项目、民用无人飞机组装项目等 18 个项目相继落地，投资总额达 13.24 亿元，已建设形成以围绕农产品精深加工、畜产品精深加工、能源综合利用、粮食仓储物流、飞机组装制造为主的新产业发展格局。

小城镇建设　国投项目。完成 2016 年“一事一议”财政奖补建设项目（哈尔滨庄小区地面面包砖铺设），小区地面铺设面包砖 3460 平方米，总投资 45 万元；完成 2016 年“一事一议”财政奖补建设项目(中和新城小区地面硬化)地面硬化8300平方米,总投资150万元;完成共青农场医院维修改造项目,改造面积3293平方米、新建停车场839平方米,中央投资150万元;完成产业园区基础设施供电项目,项目投资349万元,新建单回线路亘长5.4公里,其中架空线路亘长4850米,电缆亘长550米。自筹项目:完成共青农场供热维修改造项目,为72栋楼供热维修改造。自筹资金300万元;完成共青农场种子公司房屋维修改造项目,改造面积1131.56平方米。自筹资金180万元。完成中节能绿碳(宝泉岭农垦)环保有限公司有机废弃物综合利用项目,总投资为15946.54万元,用地面积75519平方米,建筑面积20658.95平方米。

旅游 接待各类培训12期,培训学员1500余人次,实现培训收入300余万元,带动农产特产、餐饮、娱乐等相关产业收入1000余万元。农场接待旅游人数明显高于往年。实现接待培训观光人数突破5万人,同比增长12%。在团中央及五省市对口支持下,成功举办全国扶贫开发重点地市团委书记培训班、团中央宣传部共青团网络宣传工作研讨班、黑龙江省乡镇团委书记培训班、哈尔滨市区及部分高校培训班、垦区共青团干部、青年干部培训班等各类培训十二期,培训学员1500余人。中国青年志愿垦荒纪念馆上报国家文物局一般文物320件,现已完成全部信息采集、录入工作。接待参观人数5万人。与名山风景区、太平沟风景区等著名景区主动对接,加强区域合作,整合旅游资源,共同打造区域性旅游品牌和精品旅游线路。并于3月加盟黑龙江龙游国际旅行社,成立黑龙江龙游国际旅行社共青分社。推出国内国际游以及周边一日、两日游。

(金洪洋　宫艳丽)

宝泉岭农场
宝泉岭分公司

分公司总经理、农场党委副书记: 吴向东,1969年2月出生,山东省武城县人,中共党员,本科学历,高级会计师。1991年7月参加工作,2012年7月任现职。

农场党委书记、场长: 崔向发,1968年5月出生,山东省梁山县人,中共党员,本科学历,高级政工师、统计师。1995年6月参加工作,2016年4月任现职。

农场党委副书记、工会主席:

王立新(女,2014.3—)

农场纪委书记:

缪国玺(2016.5—)

农场副场长:

信怀滨(2013.6—)

刘国忠(2016.4—)

分公司副总经理:

曲　凯(2013.5—)

李安贵(2010.3—)

刘显清(2011.1—)

刘学勇(2013.5—)

概况 宝泉岭农场位于黑龙江省萝北县境内,场部坐落在哈萝公路482公里的里程碑处,西南距鹤岗市22公里,地处黑龙江省农垦宝泉岭管理局所在地。东以嘟噜河为界,与共青农场相邻;西与鹤岗市的青山林场、东方红乡、团结乡相接;南与梧桐河农场、新华农场相连;北与萝北县林业局及鹤北林业局的山林相接。全场土地总面积67100公顷,其中耕地38436公顷,林地14358公顷,园地18公顷,牧草地1167公顷,水面6182公顷,可垦荒地2038公顷,场址道路及其他建筑占地面积1945公顷,其他土地面积2956公顷。境内山脉主要有烟筒山、雕堡山。境内河流有梧桐河、嘟噜河、乌鸡河、朝鲜河和鱼米河。农场自然资源丰富,是国家绿色有机食品生产基地。佳鹤铁路、哈萝高等级公路(101国道)贯通南北,每日往返于哈尔滨、佳木斯、鹤岗、萝北县和鹤北镇之间客运和旅客列车达200多次,农场拥有铁路专用线2条,通村公路硬化路面达200公里,交通运输十分便利。农场下设10个管理区,场直企事业单位37个,总户数9139户,总人口24740人,其中在岗职工2914人。2016年,农场实现地区生产总值237735万元,人均住宅面积35.3平方米,人均储蓄额15708元,人均生产总值(GDP)9.6万元。人均可支配收入26123元。

种植业 总播种面积38436公顷,其中粮食播种面积38436公顷,粮豆总产量364167吨,平均单产9521公斤/公顷,其中水稻播种面积8981公顷,总产85726吨,单产9239公斤/公顷;玉米播种面积28607公顷,总产量276803吨,单产9676公斤/公顷。大豆播种面积541公顷,总产量1311吨,单产2423公斤/公顷。红小豆播种面积115公顷,总产量317吨,单产2757公斤/公顷。按照"减玉、增豆、优精作"的发展思路,引导职工群众在种植作物上调结构增效益,新改水田667公顷,调减玉米1333公顷,增加大豆和经济作物种植面积666公顷。落实"三减"面积21333公顷,水稻节水灌溉5333公顷,新增绿色农食品认证面积至2万公顷,有机农产品认证面积达2667公顷。2016年9—10月,累计降水140.4毫米,土壤水分饱和,加上台风狮子山过境,造成大面积玉米、水稻倒伏,给秋收生产带来较大困难。对此,农场组织改装旱田收割机扶倒器和喂入轮71套,外引旱田收割机32台,购进进口大马力收割机防陷链轨8套,玉米下棒机改装8台,外引跨区作业水稻收割机110台。新购先进农机具装备222台(套),其中购进进口大马力拖拉机27台、进口大马力收获机5台、水田专用收获机30台、进口玉米精量播种机10台、进口大犁15台、液压耙10台、GPS导航20台、高性能插秧机5台、水田秸秆还田机100台,使全场农机总动力达9.1万千瓦,保障秋收生产的顺利完成。投资1.3亿元,实施农业综合开发高标准农田、千亿斤粮食综合产能、节水增粮、土地整治、小型农田水利工程等基础设施项目建设。新建改建晒场169200平方米,新建库房8305平方米,改善良田7万亩,修缮机耕路202公里,输电线路22公里,建渠系建筑物452座,清淤236公里,新打机井38眼。推广玉米"四精两管"、水稻"三化两管"等适用技术,通过集

中培训、现场培训等方式，培训人员2800余人次，发放资料3000多份，落实农业部水稻、玉米高产创建示范片各一个，水稻超早钵育、振捣提浆、侧深施肥、旱田免耕等示范面积600余公顷。大田监控、气象监测、植保监测、大棚控制等物联网项目完成基础建设和设备安装，为精细化智慧农业发展奠定基础。农场被定为农业部绿色粮食作物模式攻关和高产创建示范点，玉米机械化高产高效生产模式研究获总局科技进步一等奖，平安农机建设进入省级先进行列。

畜牧业　全场大牲畜存栏997头，其中黄牛存栏545头，肉牛出栏155头；奶牛存栏452头，牛奶产量690吨，猪存栏109367头，肉猪出栏240766头；羊存栏1556只，肉羊出栏1505只；家禽存栏2602299只；家禽出栏22270182只。肉类总产量70549吨。农场争取政策资金1365万元，扶持规模养殖发展，实现奶牛存栏452头，生猪饲养量35.4万头，家禽饲养量2010万只，有6家养殖场分别被农业部评为“生猪标准化示范场”和“肉鸡标准化示范场”。按期完成原27作业站畜禽禁养迁移任务。引导职工群众发展咖啡貂、小笨鸡、大鹅、大雁、等特色养殖。

林业　完成能源林栽植面积158.67公顷，造林绿化面积18.53公顷，栽植紫穗槐556万株、杞柳107万株、竹柳150万株，栽植杨树、云杉、果树等乔木树种6.8万株，栽植连翘、丁香等花灌木4000株；规划建设双峰山管理区林果经济示范基地，种植老鸹眼5公顷、紫苏20公顷，北国绿宝食果蔬采摘园年产葡萄5万公斤、蔬菜2万公斤；苗圃栽植樟子松嫁接红松苗1.3万株、大榛子苗1万株，扦插美国红丝垂柳1万株。

工业及创新产业　与兴凯湖裕禄集团签订投资1000万元的纯净水项目合作协议；计划投资3000万元的中韩合作生物环保有机肥项目已完成注册；计划投资1200万元的老年公寓项目已经完成主体工程。以“蟹稻”为主的千亩稻田生态种养项目全年接待参观学习40余次，成为垦区产业创新典型；食用菌“双百”种植项目生产木耳（干品）1.5万公斤、大球盖菇（鲜品）3.9万公斤、猴头等菇类6.3万公斤；年年丰收电商公司发挥创新引领作用，销售肥料1100吨，实现收入300万元；金宇机械制造有限公司坚持技改创新，实现连年增收增效；亿家家政服务中心创新连锁经营模式，进入全省创业创新标兵行列，拉动城镇服务业的壮大发展，第三产业比重提升到48%。

旅游　挖掘自身资源优势和区位特点，引导成立文化旅游公司，整合现代农业发展中心、丁玲故斋、场史馆、现代农机管理服务中心等场内外旅游资源，开通“宝泉岭一日游”“宝泉岭—绥滨游”等旅游线路，举办“香瓜节”“知青节”“赏花节”等系列主题推介活动，将现代农业发展中心打造成集农业科研、科普培训、旅游观光、休闲娱乐于一体的综合基地。生产繁育绿化花卉8个品种共150万株，生产鲜切花11个品种共30万枝，培育各类盆花盆景137个品种共20万盆，种植观赏花卉35个品种共120亩，实现花卉收入350万元，全年接待游客近30万人，经济和社会效益良好。

社会事业　总投资3000余万元，完成原16、17作业站至尖山林场8.2公里路面硬化、医院门诊住院楼配套设施升级、社区卫生服务中心消防工程改造、6个基层单位1007户住宅平房改造、城区绿化15000平方米。岭沐春管理区成为总局级示范点。确定扶贫对象317户，做到一户一策。通过出台教育减免、医疗救助、普惠店打折、义务捐赠、志愿者帮扶等系列扶持政策，减少困难群体日常支出，；采取特色养殖、订单种植、合作社免费带动、非公企业提供就业、互联网＋众筹等方式增加扶贫对象收入，实现脱贫162户，完成脱贫任务的51%。社区公共卫生服务中心注重扩大家庭医生签约服务覆盖面，通过省级示范单位验收，被中华总工会授予“工人先锋号”，医院主推的日间照料服务团队被省总工会和妇女联合会评为“五一巾帼建功先进集体”。义务教育突出课题研究和创新管理，教育教学水平稳步提升，学校被评为“管理局先进学校”“黑龙江省百万青少年上冰雪先进学校”，幼儿园被评为“黑龙江省首批基础教育教研基地”。劳动保障监察执法活动深入开展，社保缴费和待遇发放工作按期完成，稳定就业118人，劳务输出115人。为基层单位和居民小区安装健身器材24套，组织“敬老节”“邻居节”、文艺会演等文体活动百余场次，在管理局、公司举办的体育赛事中成绩优异，丰富群众文化生活。广泛开展“传承好家训、建设好家风”主题实践活动，整理创作好家训45条，拍摄好民风微电影60部，评选好民风家庭100户、新乡贤159人。成功举办第三届敬老节，慰问80岁以上老人100余人，营造共建好民风的浓厚氛围。

（张立国）

新华农场
新华分公司

分公司总经理、农场党委副书记：徐耀辉，1965年9月出生，辽宁省抚顺市人，中共党员，研究生学历，农机工程师、高级工业工程师。1984年12月参加工作，2013年10月至2016年3月任现职。

分公司总经理、农场党委副书记：郭敏，1961年3月出生，辽宁省丹东人，中共党员，本科学历，高级政工师、农艺师。1978年参加工作，2016年3月任现职。

农场党委书记、场长、社区主任：张海刚，1966年9月出生，安徽省濉溪人，中共党员，本科学历，高级农艺师。1990年10月参加工作，2008年11月至2016年5月任现职。

党委副书记、纪委书记、工会主席：

雷明坤（2013.5—）

纪委书记：

雷明坤（2013.5—2016.5）

苏兴刚（2016.5—）

副场长：

陈世海（2013.5—）

初宏伟（2013.6—）

刘江滨（2014.3—）

副总经理：

黄　虎（2008.11—）

沈　英（2013.5—）

翟继强（2014.3—）

财务总监：

袁朝武（2014.4—）

党委委员、组织部部长：

周金铭（2001.8—）

场长助理：

高桂兰（女，2013.5—2016.5）

概况　新华农场始建于1949年11月，坐落在美丽的三江平原腹地，小兴安岭南麓，松花江北岸。与佳木斯、鹤岗两市毗邻，地理坐标为北纬45° 05′ ~ 47° 15′，东经130° 05′ ~ 130° 45′。农场东西走向约50公里，南北走向约28公里，总面积约647平方公里。境内有“一江五河”：松花江、鹤立河、阿凌达河、伏尔基河、石头河、乌龙河。哈萝公路、鹤大高速公路从场区穿过。在气候区域划分上属于寒温带季风气候。冬季受西伯利亚寒流影响，盛行西风和西北风，气候寒冷干燥，寒冬漫长。夏季受海洋暖湿气流影响，多东北风，气候湿润而温暖。春秋天气变化频繁，昼夜温差较大，降水分配不均，常有大风。现拥有土地面积5.59万公顷，其中，耕地3.13万公顷，林地0.86万公顷，牧草地0.08万公顷，森林覆盖率18%，拥有8个农业管理区，7家场直单位，一所职工医院，一所学校，户籍总人口2.2万人。2016年，农场实现地区生产总值117378万元，人均可支配收入20150元。

种植业　农业种植面积31341公顷，其中水稻15622公顷，玉米12714公顷，大豆2762公顷，经济作物243公顷。水田面积占总播种面积的49.85%，玉米面积占总播种面积的40.57%，大豆面积占总播种面积的8.81%。农业生产中受低温、内涝、冰雹、“狮子山”台风等自然灾害，农作物受灾面积0.93万公顷，农场上下趋利避害，较好地完成3.13万公顷农作物的生产任务。作物总产26.19万吨，平均公顷产量8377公斤，其中水稻总产13.69万吨，公顷产量8765公斤；玉米总产11.51万吨，公顷产量9047公斤；大豆总产9139吨，公顷产量3309公斤。新华农场作为垦区33个绿色高产高效创建项目整建制创建农场之一，圆满完成创建任务。农业基础建设总投资1.6亿元，其中完成土地整理、千亿斤、农发等农田水利项目。更新、改装农机具1068台（套）。新建水泥晒场17.7万平方米，农具场2处，粮食烘干塔1座，水稻集中育秧基地4处，渠系建筑物397座，完成旱改水173公顷，新增钢骨架大棚268栋。新建鹤立河灌区3.4公里、治理冲刷沟4.15公里，修整渠道及排水沟65公里，维修田间路117公里，完成护坡9.5万立方米。科学调整“稻玉豆杂”作物种植结构，种植大豆及经济作物0.3万公顷，水田种植专用品种0.33万公顷，调整作物面积占总播面积的20%，有17%作物实现订单种植，与垦丰种业签订大豆种子繁育订单0.23万公顷。坚持统一作物布局、统一标准化作业等“五统一”规范，促进良种良法配套、农艺农机结合全程实施，加强冬训、田间课堂等科技培训，强化精细耕作、叶龄指标计划管理等11项新技术推广应用，农业科技支撑能力争进提升。实施新技术应用培训3000余人次。实现水稻钵型毯式育秧100%；完成科技示范田0.53万公顷，应用“十大”先进技术3.13万公顷，推行“十大”栽培模式3.13万公顷；应用玉米宽窄行、大豆垄上三行等集成技术0.13万公顷，有效构建科技示范应用平台；实施“三减”面积1万亩。试验种养“蟹稻、鸭稻、鹅玉”142.3公顷。推广水稻钵育机插等新技术10项。完成水稻旱播水管等16个课题任务。实施食用菌“双百工程”。新华农场被农垦总局科学院纳入2017年秸秆还田免耕栽培项目示范定点单位。全面积实施测土配方施肥。举办测土配方施肥培训班10期，培训技术骨干240人次，培训种植户1600人次。印发培训技术等资料5000份，发放施肥建议卡3000份；建立测土配方施肥示范区1个，示范面积达4580公顷，涉及种植户2920户；设置3414田间肥效小区试验10个；完成600个土壤样品布点及采集工作；160个植株样品的采集和分析工作。有效控制种植户盲目增加肥料用量问题。完成有机认证面积667公顷，绿色食品原材料基地认证面积2.67万公顷，无公害食品产地认证面积2.67万公顷。完成农产品质量追溯系统建设。

林业　完成紫穗槐能源林造林133.3公顷；完成宝新公路路肩补植工作，栽植云杉2400株，宿根花卉3600墩；秋季实施支边传承广场绿化补植，栽植各类乔灌木727株（丛）。发展林业经济栽植大果榛子达4公顷，红松果林达5.33公顷，养殖鸿雁1万只；全面完成水稻大棚二次利用工作，培育食用菌黑木耳100万袋，紫穗槐育苗2公顷，产苗量400万株。全场实现无林政案件、无森林草原火灾目标。

水利　完成泵站更新改造工程项目，检修进水闸门，维修启闭机、电动行车、水泵及电机，更换拍门，维修管理站房及厂房。完成人畜饮水工程，其中新建输水管道7100米，购置水处理设备2套，解决人口1930人、大小牲畜1290头的饮水安全。实施完成水土流失治理工程，其中完成秸秆还田363.36公顷，水土保持防护林1.39公顷，新建涵洞6座，沟头防护9处，建谷坊15座，建作业路7.46公里。

土地整理　实施向阳等两个管理区24、25、26、28和29共计5个作业站的土地整治项目，总投资4458.24万元，资金来源为中央财政专项资金。主要进行土地平整173.3806公顷；疏通灌溉支渠2条，总长度13.586公里，斗渠3条，总长度6.235公里；清淤支沟2条，总长5.982千米；新建灌排渠系建筑物共282座；380伏输电线路50米，电力变压器及附属设备1套；修缮田间道路24条，总长45.415千米；新建育秧基地2处，占地面积为52640平方米；晒场3处，面积为48200平方米。经过本次土地整治，建成高标准农田3169.85公顷。使项目区灌溉、排水更加系统化并改善和新增灌溉面积1780.6公顷；改善排涝面积3169.85公顷，有效避免水土流失和土地恶化现象的发生，减少旱涝灾率，改善土壤环境；耕地质量等别提高1个等级，水稻每公顷单产增加1015公斤，玉米每公顷单产增加605公斤，粮食年产能增加2404.85吨，年产值增加670万元。

畜牧渔业　实现畜牧业增加值1.19746亿元。全年生猪存栏26204头，出栏52016头。奶牛存栏198头，鲜奶产量1543吨；肉牛存栏757头，出栏592头；羊存栏2324只，出栏2596只；禽存栏307649只，出栏1087410只。貂出栏159124只。农场共有水面面积3468公顷、水库3座，水产养殖户17户。可利用的淡水养殖面积252公顷（其中水库面积247公顷、池塘面积5公顷）。多以养殖鲫鱼、鲤鱼、鲢鱼、草鱼、青鱼为主，全场年淡水养殖产量275吨，其中捕捞鲜鱼量250吨，野生捕捞量25吨。全场畜禽检疫率达到应检的100%，签订畜产品质量安全承诺书520份。

农业机械　全场农机具总保有量9624台，其中拖拉机保有量2183台、拖拉机配套农具4217台、联合收获机保有量623台、水稻插秧机1224台、其他排灌、植保机械等1377台，农机总动力14万千瓦。田间作业机械化率99.7%。全年农机更新投资3664.86万元，其中国家补贴1050万元、分公司补贴269.96万元、购机户自筹2344.9万元。新购进70马力以上拖拉机、联合收割机、插秧机、播种机等农机具960台。新技术推广方面，探索农业供给侧结构调整“两减一控”节本降耗技术措施，重点打造水稻起垄施肥机插、水稻旱田直播滴灌、水稻侧深施肥机插、旱田免耕精量播种、水田振捣提浆、旱田苗带喷药新技术试验示范田，试验示范面积2109公顷。

非公有经济　农场支持一先农贸有限公司精米加工原粮存储库扩建项目，总投资5000万元，拟建设4个原粮存储库，共计29055.44平方米，完成4号库10044平方米建设，其余工程2018年底前完工。协助完成弘盛造纸厂技术改造，由其投资30余万元，对碎浆机、水处理系统及附属设施等进行技改升级，避免外排污水的同时为企业节约生产成本。进一步推进“龙头+合作社”建设，帮助稻米加工企业与农户签订订单，解决企业原粮收购难问题。全年工业企业安全生产无事故，实现销售收入5.1亿元，增加值1.98亿元，利润200万元。

商贸　完成招商引资6441万元，引资5000万元，建设完成一先农贸精米加工原粮库扩建一期建设、宝吉天塔烘干塔项目，一先农贸精米加工原粮库年仓储20吨，宝吉天塔烘干塔年烘干玉米5万吨。农场共有商业网点532户，从业人数771人，营业收入20751万元，营业利润2348万元。

小城镇建设　加大城镇基础建设投入力度，投资2784万元，完成文化宫室外篮球场塑胶铺设1231平方米及电力改造升级；完成客运站安检站墙面装饰板198平方米，吊顶天棚77.5平方米，自流坪楼地面77.5平方米；完成场直社区办公楼维修屋面树脂瓦365.65平方米，屋面天沟76.76平方米，墙面粉刷1430.75平方米；完成检法楼墙面喷刷涂料554.07平方米，铝板造型103.49平方米，屋面防水52.56平方米；完成学校新建水泥地面501平方米，路缘石160米；完成供热首站墙体保温607.92平方米，外墙粉刷639.8平方米，内墙粉刷997.92平方米，屋面彩钢157.5平方米；完成人造草坪标准足球场10343.74平方米，塑胶跑道4225.88平方米，观众席617.24平方米，排水管线960米，主席台247.97平方米，人行步道板5700平方米，路缘石465.9米，绿化1930平方米及电力工程；完成公共交通车辆停车场6157.47平方米，路缘石484.2米；完成场直社区车库门前新建水泥地面2769.36平方米；完成场部新建水泥路面13606平方米，人行道铺装1800平方米，砂石路2477.5平方米，大理石人行路铺装768平方米，沥青铺装383.4立方米，路缘石6292米及排水工程；完成污水处理工程污水管线及管道附属设施7086.4米，污水处理厂房1233.71平方米。

（刘文忠）

普阳农场

场长：刘海林，1962年9月出生，黑龙江省海伦市人，中共党员，本科学历，农机高级工程师。1983年7月参加工作，2011年9月任现职。

党委书记、社区主任：仇忠石，1965年10月出生，山东省平原县人，中共党员，本科学历，高级政工师。1983年7月参加工作，2014年3月任现职。

党委副书记、纪委书记、工会主席：

柴春阳（2013.5—）

副场长：

王海舟（2013.4—）

吴为中（2011.1—）

赵井丰（2011.1—）

许建国（2013.5—）

朱希春（2016.5—）

党委委员、宣传部部长：

孙　东（2010.4—）

党委委员、组织部部长：

李国忠（2011.1—）

概况　普阳农场始建于1971年，位于松花江下游北岸，绥滨县与萝北县交界处，是一个以农业为主的大型机械化国有农场。地理坐标北纬47°10′～47°23′，东经130°58′～131°33′。土地总面积516平方公里，耕地30533公顷，林地4353公顷，水面2408公顷，全场有8个管理区（共21个作业区），林业单位1个，牧业单位1个，工业企业6家，建筑企业1个，医院1所，学校1所（中、小学），幼儿园1所，电视台1个。2016年，农场总户数4182户，总人口数10829人，其中职工3457人。2016年，农场实现地区生产总值129732万元，居民人均可支配收入25713元。

种植业　实现播种总面积3.05万公顷，其中水稻种植面积2.99万公顷，玉米（含青贮玉米）种植面积523.5公顷，大豆种植面积137.9公顷。大棚育秧基地70个，全场共7100栋大棚。粮食总产28万吨，水稻平均公顷产量9252公斤，玉米平均公顷产量9624公斤，大豆平均公顷产量2355公斤，水青贮玉米平均公顷产量45027公斤。农业总产值9.8亿元，农业总效益2.39亿元。优化水稻优质品种种植结构，继续实施“打有机牌，走富硒路”战略，全面进行绿色水稻种植，其中专品种种植200公顷，富硒水稻面积3133.3公顷，鱼稻6.67公顷，鸭稻3.33公顷，蟹稻1公顷；实施“减肥、减药、节水”措施，发展绿色、优质和高附加值水稻生产。水稻绿色食品基地认证面积达到9800公顷。投资4000万元，进行农机装备更新。农业机械化综合程度达99%以上。新增高速插秧机24台、苗床电动精密播种机100台、助埂机32台，秸秆还田机78台；新增90马力以上拖拉机69台，收割机95台。建立完善的农业技术培训制度，采取室内授课、园区示范、经验交流、外出观摩等多种方式，根据农业生产各阶段的管理要求，下发“备耕、春播、插秧、夏管、稻瘟病防治”等20余项技术标准，技术指导类书面材料48份，利用短信发送农时信息115条，创立“普阳农场农业科技信息交流平台”开展科技信息交流13次，全年累计培训6次，培训人员2100次，发放技术手册2635册，广播电视宣传讲座2期，培训面达100%。

畜牧业　坚持“以多元化发展模式”为导向、以“两稳一促”为畜牧发展思路。奶牛园区建立1680立方米的永久性青贮窖，共计收贮青贮饲料1320.382吨。母猪存栏2689头，生猪出栏56586头；奶牛存栏410头，成母牛达到262头，鲜奶产量780吨；肉牛出栏622头，羊出栏5324只；肉鹅饲养量3.5万只，禽蛋产量400吨；狐貉饲养量5402只，大雁、野鸭饲养量2700只。农场总投资192万元，建立6处总面积8160平方米的大鹅养殖基地，已饲养并销售大鹅、大雁等3万余只。

林业　投入资金240万元，利用蒲鸭河河套及边角弃地栽植竹柳、江柳、杞柳、紫穗槐等苗木840万株，完成能源林栽植100公顷。以全民健身中心、农业服务中心为重点，完善场区绿化美化工作，绿化面积2.2万平方米。完成老年公寓、科技园区的补植地被植物、播草籽等工作。共计栽植金叶榆等花灌木2万余株，地被福禄考等宿根花卉6万株，播草籽6000余平方米。繁育草本花卉19万株。年底场部绿地率达到71%以上。农场被授予全国绿化先进集体称号。

工业　实现工业销售收入5.13亿元，完成计划指标的101.3%；实现工业增加值（现价）2.01亿元，完成计划指标的101%。实现利润2126万元。重点项目三个：利用富硒技术，依托普阳制米厂，加工专品种富硒水稻，注册的“蒲鸭河”牌商标，已经与哈尔滨网讯科技阿里巴巴诚信通电商平台签约线上合作销售项目，已有11款产品上市销售。基本完成食用菌生产加工项目续建工程，菌棒生产车间、6栋立体养菌温室、辅料库、冷库等的建设已全部完工。一处总投资1980万元，占地55680平方米，建筑面积15630平方米，年产500万棒食用菌菌棒基地项目已初具规模。完成沙洲预制构件厂立项，该项目总投资300万元，年生产各类水泥预制构件5000件，产值300万元，利润100万元，并解决12人就业问题。

水利　农场境内的防洪大堤共有91公里，其中松干堤防41公里，蒲鸭河回水堤48公里，嘟噜河回水堤3公里。投入水利建设资金共计8305万元，其中小型农田水利工程投资265万元，中央财政农田水利设施建设补助专项资金项目投资160万元，大型泵站更新改造工程投资1045万元，土地整治工程投资3805万元，新增千亿斤粮食生产能力规划普阳农场田间工程建设项目投资1470万元，农业综合开发工程投资1560万元。建设内容包括机耕路81.94公里，上堤路2公里，排水沟清淤188.23公里，新建建筑物304座，维修建筑物5座，育秧基地5座，更新改造排水站6座。

小城镇建设　投资5700万元建设的全民健身活动中心，建筑面积9100平方米，内设老干部及退休职工活动中心、篮球馆、羽毛球馆、乒乓球馆、3D影院等活动场所，已正式投入使用。投入资金440万元，对文体中心周边道路地面硬化、绿化美化、文化景观设施和雕塑进行规划建设。投资250万元，进行场区道路硬化。投资77万元，更换场区路灯51盏。柳北方楼圆楼周边的住宅和仓房进行拆迁置换，其中住宅3户，仓房19户，都已全部完成。实施供热改造工程，改建供热管线1400多米，先后关停4座供暖小锅炉，实现农场供热联网。实施上下水改造工程，维修排水管线1600米，改造自来水管线900米，实现农场城镇主要区域排污管道全部联网。实施公共设施改造工程，对幼儿园、中学、医院等进行维修。投资249万元硬化场区道路3000米，对柳北楼进行屋面改造和周边环境治理。

党建工作　农场党委拥有党员1049人，共有基层党支部35个，党总支2个（机关党总支，社区党总支）；2016年发展党员18人。扎实推进“两学一做”学习教育，重点提升党员干部的“四个意识”。深入开展“双在”主题教育实践活动，教育引导党员干部“工作在单位、服务在社区、奉献双岗位”。通过“三联三带”，不断增强党员干部服务基层、服务群众、服务发展的能力。农场党委集中上党课7次，组织参观学习6批次。举办“干部大讲堂”30多次，培训干部3000多人次。各管理区组建“党群互助联合体”和“党员服务队”65个，建立“便民服务室”15个，组建“传帮带”联合体近20个。党员干部落实“3477精细化服务准则”已经成为常态化。开展第二届“争做优秀北大荒人暨最美普阳人”评选，志愿者刘春梅被省文明委授予“优秀志愿者”、社区“爱心敲门”小组被授予“优秀志愿服务活动”品牌。农场获得全省“法治文化建设示范点”、总局“六五”法制宣传先进单位等称号。

社会民生事业　农场职工五项保险的参保率、缴费率基本实现100%，4594万元社保资金及时足额到位，中小学生和幼儿园儿童全部参保，对于最低生活保障线以下人员实现应保尽保。农场全额承担低保人员的城市居民基本医疗保险，全年发放低保金200万元，对符合条件的灵活就业参保人员发放补贴资金76.8万元，离退休人员的8000万元养老金及时足额发放。对2016年达到退休年龄的229人进行调档审核，为符合条件的229人办理退休手续。企业退休215人，灵活就业、个体退休35人，事业退休14人。通过精准识别、精准施策、精准帮扶等措施，农场副科级以上领导干部与102户贫困户、困难户、低收入户进行入户对接，签订帮扶双向责任书和帮扶责任状。为帮扶户制定帮扶措施65项，为困难户办实事140余件。为12个困难职工安排公益性岗位，为可扶持户发放贷款100万元，通过大鹅、狐貉养殖产业化帮扶22户，为临时有困难的107个家庭发放救济金3万余元，发放衣物30余套件，为30户贫困户每季度发放大米和豆油保障基本生活。社区利用微信开通“微生活、微心愿、微党课”实践活动。“微生活”发布便民利民信息4500余条。社区工会为4000余户居民发放“弘扬传统美德，争做普阳好人”倡议书4000余份。农场投入580万元资金新建的敬老院已经投入使用。

场县共建　继续发挥农业机械化优势，开展代耕、代种、代收的“三代”规模。跨区作业以90马力以上拖拉机、洋马高速插秧机及C100、CF806等大型收割机为主，对农场周边绥滨县、军川农场等地进行旱田整地、播种、水田插秧、收割等作业。共出动各种机械110台（套），作业面积5467公顷，其中代耕4510公顷、代种500公顷、代收457公顷。

（朱希春　陈燕）

梧桐河农场

场长、党委副书记：梁道满，1978年8月出生，山东省阳谷县人，中共党员，本科学历，高级农艺师。1997年8月参加工作，2012年7月任现职。

党委书记、社区管理委员会主任：张学锋，1963年8月出生，黑龙江省林口县人，中共党员，本科学历，助理讲师、统计师、高级经济师、教授级高级政工师。1984年8月参加工作，2011年4月任现职。

党委副书记、社区副主任、纪委书记、工会主席：

陆海军（2011.5—2016.4）

党委副书记、社区副主任、工会主席：陆海军（2016.5—）

党委委员、纪委书记：

王爱清（女，2016.5—）

党委委员、副场长：

王纯（2014.3—）

高桂兰（女，2016.5—）

副场长：

李晓明（2016.5—）

党委委员、党委组织部部长：

罗鸿雁（2007.3—）

概况　梧桐河农场始建于1950年8月。位于黑龙江省汤原县最东端。地理坐标为北纬47°12′～47°19′5″，东经130°36′～130°59′。场区东与普阳农场接壤，南至松花江与桦川县境内江川农场隔江相望。西、北分别与新华农场、宝泉岭农场毗邻。全场总面积31268公顷，其中耕地18624公顷，其余为林地、草原、水面和湿地。场区内地质肥沃，宜耕宜牧，全年无霜期约111～142天，年活动积温2520℃～2800℃，年降水量约520毫米左右。2016年，农场设7个管理区，9个场直单位。农场总人口9300人。农场实现地区生产总值达74393.3万元，固定资产投资总额达12142万元，职工工资总额4841万元，职工家庭人均可支配收入21057元。农场实现利润3053万元。

种植业　农场以转方式、调结构为重点，做强主导产业，提升现代农业，转变思想观念，加强经营管理，逐步加快农业供给侧结构性改革步伐。完成种植面积18624公顷，其中水稻13773公顷，玉米4557公顷；粮食总产168703吨。开展优农技术攻关，“三减”示范面积366.67公顷，推广鸭稻、蟹稻等绿色（有机）农牧业生产新模式。建设绿色食品（水稻）原料基地1.33万公顷（20万亩）。投资9580.75万元实施农业综合开发、扶贫、小型农田水利、大型泵站更新改造、土地整治等项目。投资1200余万元更新农机具182台（套）。

林业　发展以食用菌、紫穗槐种植为主的林业经济。利用100栋水稻育秧大棚种植黑木耳110万袋，总产5.72万公斤，利润107.8万元；种植紫穗槐70.67公顷、竹柳5.33公顷。

畜牧业　采取青贮饲料地优先承包、禽类规模化养殖补贴等多项措施鼓励支持职工大力发展畜牧养殖业，实现农业过腹增值。春天乳肉兼用牛养殖合作社采用优良的德国冻精技术自繁西门塔尔乳肉兼用牛，存栏251头。实现奶牛存栏302头，肉牛饲养量190头，生猪饲养量5.7万头，羊饲养量2404只，咖啡貂饲养量3425只，禽饲养量3.35万只。

工业　立足稻米、种子两大支柱产业，推进农业产业化示范区建设。复制推广古龙梧桐河米业有限公司的合作模式，通过建立大米直营店、网络商城推广、与知名企业合作营销等多种方式进行产品营销，“梧桐河”牌大米“公司+基地+农户”的产业链条已初步成型，市场占有率逐步提升。推广“一亩地”C2B营销模式，签订订单190份。落实种子繁育田2933.3公顷，生产繁育种子2.5万吨，增收500万元。

小城镇建设　完善“美丽乡村”管理机制，改善人居环境。开展环境综合治理，加强场区环境卫生、公共设施维修管理，实现城镇环境“全天候”保洁和“无缝隙”管理。加强城镇基础设施建设。投资205万元实施通江路、迎春路路面改造项目。拆迁场直平房30户，整体搬迁居民点1个。开展文明卫生场建设活动，举办“文明卫生场”知识竞赛、文明随手拍、“文明梧桐”征文、千人承诺签名暨文明劝导启动仪式等各项载体活动，有效提升全社会文明卫生程度。

脱贫攻坚　推行“六准六策”脱贫工作模式，确保一户一策，精准发力。全场361名党员领导干部与31户贫困户、308户低收入户结成“一帮一”“多帮一”帮扶对子；为47户可扶持困难户、低收入户、特色养殖户发放无息借款98万元。实施产业增收、教育扶智、转移就业、医疗救助、政策兜底、特殊人员“六项脱贫政策”。通过学习培训、技术讲座、项目推动，为贫困户提供技术培训，引导发展食用菌栽培、杂粮杂豆种植、禽类养殖等产业项目；落实保洁、服务等公益岗位46个；为17名大病救助人员发放救助金8.22万元；对无劳动能力的贫困户实行政策性保障兜底；成立互帮手工艺品制造有限责任公司，辐射带动16名残疾人、低保户生产经营手工串珠、床上用品、浸种袋、大米包装袋等手工产品。2016年，76户贫困户、低收入户实现脱贫脱低。

民生及社会事业　投资1071万元新建梧桐河农场原19队至原23队公路;实施汤绥公路梧桐河段急弯改造工程。实现义务教育均衡发展目标，投资75万元加强中小学音体美理化生等功能室建设，投资52万元完善幼儿园淘气堡、图书室、活动室建设。加快发展医疗卫生事业，投资146.5万元建设康复中心，投资71万元的健康小屋已投入使用。完善城乡最低生活保障和社会救助制度，低保救助标准提高到560元，人均补差提高到375元，全年发放低保金、医疗救助金、临时救助资金、孤儿补助金、残疾人两项补贴等各类补助金242.3万元。

党建和精神文明建设　弘扬北大荒精神，评选“身边十佳文明人”。开展“两学一做”学习教育，加强各级领导班子思想政治建设。深入推进“三联三带”，抓制度落实，促产业发展，加快服务型党组织建设。抓好党政干部队伍、党员队伍、行业干部队伍和各类人才队伍建设，为现代化农业建设提供强有力的人才保证和智力支持。加强“两个责任”落实，抓好两项党内法规的学习贯彻，以教育警醒、整肃作风、纪律审查为措施，坚持作风建设常态化。加强好民风建设。规范善行奉献银行运行机制，社会各界共存入善款126107元，存入善物2090件；支出善款14685元，支出善物1036件；为甘肃省陇南市礼县盐官镇捐赠衣物108件。开展邻居节、家庭联谊会、孝感梧桐等载体活动，形成家庭和睦、社会和谐的良好氛围。在全省志愿服务工作“五个一百”活动中，初路被评为“优秀志愿者”，社区学雷锋志愿服务工作站被评为优秀学雷锋志愿服务工作站。

（石绪辉）

汤原农场

场长、党委副书记：赵永林，1966年11月出生，辽宁省西风人，中共党员，本科学历，统计员职称。1987年12月参加工作，2015年12月任现职。

党委书记：潘光明，1960年5月出生，四川省绵阳市人，中共党员，本科学历，教授级高级政工师。1977年8月参加工作，2008年4月至2016年4月任现职。

党委书记：王景伟，1979年10月出生，中共党员，2009年2月参加工作，研究生学历，农艺师职称，2016年4月任现职。

党委副书记、纪委书记、工会主席：

李振龙（2013.3—）

副场长、党委委员：

周庆江（2013.4—）

徐锡春（2011.1—2016.5）

副场长：

刘国财（2016.5—）

党委委员、组织部部长：

娄利滨（2013.6—）

概况　汤原农场位于黑龙江省东部，三江平原西部边缘，松花江下游北岸，系小兴安岭余脉的丘陵地区，在汤原县境内，哈佳铁路、哈肇公路纵贯场境，交通快捷便利。地理坐标北纬46° 45′ ~ 46° 59'，东经129° 45′ ~ 130° 07'。海拔最低高度86米，海拔最高高度200米。属寒温带大陆性季风气候。全场土地面积13300公顷，其中耕地9690公顷。农场下辖4个管理区。全场总户数2503户，总人口5950人，其中女性人口3046人。2016年，农场实现地区生产总值3.91亿元，粮食总产8.4万吨，农场居民人均可支配收入1.7万元。

种植业　全场总种植面积9690公顷，粮食平均公顷产量8826公斤，其中玉米播种面积8633公顷，公顷产量9105公斤；大豆播种面积321公顷，公顷产量2551公斤；水稻播种面积503公顷，公顷产量9300公斤；马铃薯播种面积119公顷，公顷产量6025公斤（折粮）。种植辣椒47公顷、烤烟16公顷、白瓜子5公顷。种植“鹅玉”2.26公顷、“鸭稻”2公顷。实施“三减”示范面积2700公顷。实现粮食总产8.4万吨，实现农业总产值9622万元。优化种植结构，扩稻豆、增经饲，调减玉米播种面积，引导鼓励订单式高效特色作物。新型农业经营主体不断发展。成立宝泉岭鑫园农业发展有限公司，引种集安白桃、北京白桃、辽宁油桃300棵;栽植榛子、苹果、李子果树等10公顷，1万余株。成立6个专业合作社，发展马铃薯、辣椒、烤烟、白瓜子种植及粮食加工销售等产业，为结构调整、发展实体经济和农业产业化探索新路径。

农机　农场拥有大、中、小型拖拉机828台、联合收割机134台。利用国家补贴资金和农户自筹资金共计920万元更新各类拖拉机、农具162台（套），改装农机具114台（套）。大犁秋翻地100%配备合商器作业，秸秆还田率100%，农机跨区作业面积3467公顷。农具场维护建设达标3个。协同管局绿办举办农产品质量追溯项目现场实施培训班；完成汤原农场绿色食品水稻认证申报工作，认证面积333公顷；完成汤原农场创建全国绿色食品原料标准化生产基地年检工作。

畜牧业　新增肉牛场1个，万只大鹅养殖户1个，万只鹌鹑养殖户1个，新建病死畜禽无害化处理项目1个。波波珍禽农民专业养殖合作社国投项目已建设完成，养殖贵妃鸡、芦花鸡4万只。第二作业区引进柳阳白鹅1万只，全部出栏销售。场直副业区养殖户引进鹌鹑1万只，共存栏1.8万只。截至年底，奶牛存栏117头，黄牛存栏229头，生猪存栏2343头，羊存栏1083只，禽存栏44015只，其中：肉鸡存栏921只，蛋鸡存栏41850只，鸭存栏470只，鹅存栏774只。

工业　工业园区累计完成基础设施建设投资2788.9万元。工业企业在达产率、获利能力、新产品开发、市场开拓等方面有新提升。瑞利达牙签工艺品厂投资300万元新建办公室、库房，完成桦木旋切蒸煮设备安装，每年可生产牙签1900吨，新增就业岗位20人，成功注册海关报关单位，拥有独立的进出口货物的权利。鑫源建筑材料厂改进工艺，开发市场新产品矿渣粉。金鑫电力线路器材制造有限公司投资新建生产车间2400平方米，新上两条水泥线杆生产线。完成工业销售收入21610万元，实现工业增加值8644万元。

水利　完成国家现代化农业示范区旱涝保收标准农田示范项目建设；完成安康管理区土地整治工程项目建设。完成小型农田水利建设项目汤原农场祥和、如意、振兴、安康管理区综合治理工程、小型农田水利设施建设补助专项资金项目汤原农场祥和管理区综合治理工程及汤原农场黑金河堤防除险加固工程。

林业　完成造林面积13.3公顷，栽植紫穗槐。建立苗木基地1个，育苗369.8万株（丛）。发展林下经济，种植食用菌80万袋，养殖蜜蜂120箱。森林病虫害检疫面积600多公顷。实现连续29年无重大森林草原火灾。

商务　实现外贸出口总额169.7万美元。落地产业项目2个，完成固定资产投资1510万元，全年实现国内经济技术合作项目资金到位额1510万元。

小城镇建设　利用“美丽乡村”项目资金对场部自来水进行改造，为管理区新建公厕4个，修建排水沟800多延长米，购置清雪车和清污车等设备。新建农村公路3公里，改造危桥2座，场县公交车开通。改善幼儿园设施，修建退休职工活动中心。健康小屋、残疾人康复中心已投入使用。发展快递业6家、文化产品营销店（点）1个，电商17家。借助丁玲公园、高效经济作物园区已融入佳木斯、汤原县区域旅游框架内的优势，发展以军垦文化、丁玲文化和现代农业观光及玉米皮粘贴画、油画、玉石工艺品为重点的文化旅游产业，实施“开心农场”、果蔬采摘等农业休闲观光项目，投资修建丁玲故居、一个伟大决策发祥地（场馆）。全年累计接待游客8千多人次，带动销售收入近百万元。环境卫生治理工作在管理局环境检查评比中排在前列。

社会民生　开展“精准扶贫”工作。以“一帮一”为载体帮扶对接共123人，党员干部结成可扶持对子74对，制定帮扶措施77项；与贫困生结成帮扶对子15对，提供资金物品0.3万元；与不可扶持的61户贫困户结成生活救助对子，提供生活物品0.98万元；离退休干部捐款2400元资助5名贫困生。以高效经济作物园区为平台，打造“一区、一园、一岗位”项目脱贫帮扶经济圈；出台免收土地承包费、水电费和大棚使用费等扶持政策；发放帮扶贷款150万元；开发公益性岗位，8名贫困人员走上绿化环卫岗位。57户特困户全部享受低保待遇；对“三无”人员、孤儿、重度残疾人按照上级规定落实各项政策；医疗救助6个贫困家庭。全年发放低保金136.8万元，医疗救助资金56114元，临时救助资金47850元，孤儿资金5520元，残疾人两项补贴100400元。推进三大体系建设，开展“七五”普法和依法治理工作，完善农场社区“三位一体”网格化社会管理模式。投资60余万元将场区现有平安监控全部修复完善。推进社会法治文化建设，建立汤原农场法治论坛微信公众号。

党建　将“一优三好”工作与“两学一做”教育、三转活动、作风整肃、精准扶贫、农业产业化建设等重点工作有机结合，扎实推进，职工群众的思想道德素质、党员干部服务发展的能力逐步提高。“争做优秀北大荒人”活动：开展“风采汤原人”道德模范评选活动、“讲文明、树新风、创建礼仪汤原”活动，组织典型事迹宣讲活动4次，建立基层志愿服务队伍8支，示范点1个，开展社会公益活动60多次，服务人数3000余人。“建设一支好队伍”活动：以服务型党组织建设和“6+2”干部队伍建设活动为载体，结合“两学一做”学习教育活动，开展党委理论中心组集体学习、机关周五学习共14次，班子成员、党支部书记讲党课62次，党员干部撰写学习体会500余篇；推进干部“六送两帮”活动，解决实际困难400余件。“培养一个好作风”活动：以抓“三学”、落“两责”为重点，（即学习党章，学习党规、党纪，学习习近平总书记讲话，落实党委主体责任、纪委监督责任），开展“一转五提”活动（转作风，服务提质、执行提效、环境提优、形象提升、发展提速），集中学习5次，研讨交流1次，警示教育6次，警示约谈5人；农场纪委列席党委“三重一大”决策会议9次，确保各项决策民主、公正、公开。“打造一种好民风”活动：开展“十星级”文明户、“四好带七好”评比活动，表彰先进个人9名，开展好家风家训宣传4次，举办知识竞赛1次，好家风故事会1次，录制法治题材微电影3部，建立“大讲堂”制度，开展宣讲活动33次。

精神文明建设　开展“争做优秀北大荒人”活动，建立典型资源库，组织典型事迹宣讲4次。继续开展“讲文明、树新风、创建礼仪汤原”活动。新建农场微信公众平台。围绕建场60周年开展纪念活动，部署“讲汤原故事、忆军垦传统”主题征文征集活动，征集文章百余篇。充分挖掘军垦文化、丁玲文化资源，全力发展军垦文化、丁玲文化和现代农业观光采摘等旅游产业，倾力打造以丁玲公园、丁玲故居、“一个伟大决策的发祥地”为主的文化旅游景点，以鑫园农业发展有限公司为主的现代农业观光采摘景点。多部门联合完成道德短剧《常老喘的忧与喜》、微电影《来不及说爱你》。以老年人再婚为题材的法治微电影《来不及说爱你》获得垦区第二届法治微电影创作大赛一等奖、最佳编剧奖、最佳后期制作奖。开展庆祝建场60周年系列活动。开展大型文化演出5场。

（刘向东）

依兰农场

场长：丁健，1971年9月出生，汉辽宁省铁岭市人，中共党员，大学本科，农艺师。1989年3月参加工作，2013年10月任现职。

党委书记：徐锡春，1972年2月出生，黑龙江省萝北县人，中共党员，大学本科，会计师。1989年12月参加工作，2016年5月任现职。

党委副书记、纪委书记、工会主席、社区副主任、武装部部长：

庞连生（2013.4—）

副场长：

陈斌斌（2014.11—）

党委委员、组织部部长：

韩长松（2013.8—）

党委委员、林业科科长：
张传志（2014.5—）

概况　依兰农场位于黑龙江省依兰县境内、松花江北岸，地理坐标为东经129°31′～129°38′，北纬46°2′～46°35′。北靠小兴安岭南麓，南邻松花江，东与香兰农场接壤，西邻巴兰河，与红石砬子山峰相连，境内有松花江、黑贝河、图拉木河、无风浪河、涯丹河共一江四河。场内哈肇公路横贯东西，距香兰铁路40公里，交通便利。2016年最低气温-32.6℃，年降水量727.1毫米，日最大降水45.3毫米，最长连续无降水日数20天，无霜期153天，稳定通过10度积温2738.3度。依兰农场下辖3个管理区。农场总人口数3321人、总户数1416户。土地控制面积5629公顷，拥有耕地3632公顷，水田791公顷，旱田2841公顷，牧地草原269.9公顷。2016年，农场实现地区生产总值18634.5万元，居民人均可支配收入18030元。

种植业　实现总播种面积3597公顷。其中水稻791公顷，占21.98%；玉米2717公顷，占75.53%；青贮5公顷，大豆16公顷、红小豆14公顷、其他作物54公顷，占2.49%；实现粮豆总产28505吨，其中水稻6106吨，水稻平均公顷产量7719公斤；玉米总产22327吨，玉米平均公顷产量8218公斤；大豆总产38吨，大豆平均公顷产量2375公斤，红小豆总产34吨，红小豆平均公顷产量2429公斤，实现农业总产值6808万元。更新农机具78台（套），其中大型轮式拖拉机35台、水稻插秧机30台、玉米收获机4台、水稻收获机3台、农业导航设备2台（套），农机具4台（套）。

畜牧业　农场能繁母猪存栏222头，生猪出栏4971头；奶牛存栏76头；其中成母牛42头，育成牛27头，犊牛7头，鲜奶产量130吨；肉牛存栏122头，肉牛出栏172头；羊存栏184只，羊出栏205只；家禽存栏10011羽；家禽出栏22400羽，银狐存栏30只，出栏90；畜牧增加值1517.9万元，比上年增长0.2%。

林业　林地总面积512公顷，其中林地面积471.83公顷，防护林面积138.4公顷。义务植树13.5株，林木绿化率8.7%，森林覆盖率8.4%。全场种植食用菌大棚100栋，食用菌摆放104.5万袋。其中黑木耳菌袋摆放83栋大棚87.5万袋；平菇菌袋摆放7栋大棚5万袋；猴头菌袋摆放10栋12万袋。黑木耳实现销售收入262.5万元，利润78.75万元；平菇全年实现销售收入24万元，利润7万元；猴头全年实现销售收入48万元，利润19.2万元。

工业　强化产业创新，产业结构进一步优化。加强对农场安阳木业、亿农肥业、万汇达米业三家企业和世欣林产品种植专业合作社蜂产品加工厂的管理，加大扶持力度，促进工业达产增收，农场全年实现销售收入10476万元，工业增加值为4202万元，利润727万元。世欣林产品种植专业合作社2016年投资300万元，扩建厂房、增设化验室、袋装蜂蜜生产机、先进消毒灭菌设备和部分运输车辆。

党建工作　加强基层党组织建设，与15个党支部签订党建工作目标管理责任状。选拔任用1名正科级干部、3名副科级领导干部，调整2名科级干部，招聘本科毕业生2名，安排定向培养专业技术人才1人。发展7名预备党员，转正7名党员。开展“两学一做”学习教育，党委中心组进行集中交流研讨2次，场领导带头讲党课6场次，全场15个党支部书记为本支部党员讲党课21次。集中培训党支部书记6次，举办入党分子培训班1期，各党支部组织党员集中培训13场次；党委班子及班子成员共查找出问题26个，基层党支部和普通党员共查找出问题46个；场领导带头参与组织生活，为基层党员进行学习辅导21次。各党支部组织党员做好事、实事43件次，党员干部个人捐款3600多元，慰问帮扶和困难职工家庭19户。在创新产业发展和带领职工群众致富中，全场有18名副科级以上党员领导干部领办、参办、创办产业项目，占场管干部总数的60%。

职工生活　实现人均可支配收入18030元，人均储额12358元，比上年增加-0.26%；在岗职工平均工资22621元，比上年增加3%；低保覆盖面100%，从业人员五项参保率100%，年末储蓄总额达3663万元；取暖补助5.86万元，廉租房补贴36.19万元。

小城镇建设　农场场直现有住宅楼13栋，有楼房住户473户，总建筑面积42991.7平方米，场区现有平房住户520户，平房面积25165.15平方米，楼房化率63%。场区道路硬化100%，硬化面积55804平方米。阳光供热站一座，集中供热面积达57758.48平方米，现有供热管线3.1公里。现有公园绿地4.2公顷，滨江植物园2.7公顷，丁香园0.5公顷，幸福公园1公顷，绿化覆盖率为47.2%。滨江植物园、幸福公园、丁香花园、学校、医院、幼儿园、老年活动中心、老年公寓等设施齐全，小城镇宜居环境得到全面提升。

（刘畅）

红兴隆管理局

党委书记：王贵，1963年11月出生，黑龙江省绥棱县人，中共党员，研究生学历，高级工程师。1982年8月参加工作，2016年8月任现职。

局长、副书记：顾毅，1964年5月出生，福建省福州市人，中共党员，研究生学历，教授级高级政工师。1986年7月参加工作，2016年8月任现职。

党委副书记：陆书富，1958年10月出生，山东省梁山县人，中共党员，本科学历，教授级高级政工师。1975年7月参加工作，2005年7月任现职。

副局长、党委委员：刘广润，1964年6月出生，山东省龙口市人，中共党员，本科学历，高级经济师。1986年8月参加工作，2008年7月任现职。

副局长、党委委员：曹祚东，1963年9月出生，江苏省苏州市人，中共党员，本科学历，高级经济师。1983年8月参加工作，2009年8月任现职。

副局长、党委委员：李宁，1964年2月出生，湖南省宁远县人，中共党员，研究生学历，高级经济师。1984年8月参加工作，2009年8月任现职。

党委委员、纪委书记：毕可学，1963年6月出生，黑龙江省萝北县人，中共党员，本科学历，高级政工师。1979年12月参加工作，2009年8月任现职。

党委委员、武装部部长：刘正发，1967年12月出生，黑龙江省鹤岗市人，中共党员，本科学历，上校军衔，1987年11月入伍，2010年4月任管理局武装部部长，2012年6月任管理局党委委员。

党委委员、宣传部部长：翟永胜，1969年11月出生，吉林省长春市人，中共党员，研究生学历，教授级高级政工师。1990年7月参加工作，2008年12月任宣传部部长，2010年11月任管理局党委委员。

党委委员、组织部部长：李书贞，女，1964年3月出生，吉林省榆树市人，中共党员，研究生学历，教授级高级政工师。1983年12月参加工作，2011年4月任现职。

办公室主任：万保国，1962年2月出生，安徽省青阳县人，中共党员，研究生学历，教授级高级政工师。1979年11月参加工作，2012年1月任现职。

管理局副调研员：郭同仁，1961年10月生，山东省东营市人，本科学历，劳动经济师。1979年10月参加工作，2013年4月至2016年12月任现职。

办公室副主任：

尹彦东（2010.6—）

赵生宝（2013.4—）

原　彬（2014.1—）

史志办主任：黄炳科，1960年9月出生，山东省海阳市人，中共党员，本科学历，教授级高级政工师、高级农艺师。1977年10月参加工作，2016年3月任现职。

史志办副主任：

陆书鑫（2012.1—）

组织部副部长：

张　翌（2012.1—）

王　强（2014.1—）

宣传部副部长：张真僮（2013.4—）

宋　鹏（2014.1—）

纪委副书记：刘贵明，1963年3月出生，山东省莱西市人，中共党员，本科学历，高级政工师。1983年7月参加工作，2008年12月任现职。

纪委副书记：曲永波，1968年3月出生，黑龙江省集贤人，本科学历，高级会计师。1991年7月参加工作，2014年1月任现职，2016年10月兼管理局监察局局长。

管理局副调研员：王冰，1969年12月出生，山东省烟台市牟平区人，本科学历，高级政工师。1985年12月参加工作，2014年1月任现职。

政法委书记：

陆书富（2009.9—）

政法委副书记：李德彬，1962年4月出生，四川省泸县人，中共党员，研究生学历，一级警督，1979年5月参加工作，2010年12月至2016年3月任现职。

政法委副书记：董太群，1973年8月出生，山东省单县人，中共党员，本科学历，1997年7月参加工作，2016年3月任现职。

综治办主任：

李德彬（2010.12—2016.3）

管理局副调研员：刘卫国，1966年8月出生，湖南省隆回县人，中共党员，本科学历，教授级高级政工师。1987年7月参加工作，2012年1月任现职，主持机关党委工作。

管理局副调研员：田丰岩，1963年8月出生，河北省徐水县人，中共党员，本科学历，高级政工师。1981年12月参加工作，2011年5月任现职，2012年1月主持离退休干部工作处工作。

管理局副调研员：张斌，1958年8月出生，河南省通许县人，中共党员，本科学历，高级审计师。1976年7月参加工作，2011年1月任现职，2013年4月主持政策法规局工作。

工会副主席：

张茂春（2014.1—）

刘廷友（2014.1—2016.7）

管理局副调研员：刘晓燕，女，1962年11月出生，黑龙江省集贤县人，本科学历，中共党员，教授级高级政工师。1982年7月参加工作，2010年12月任现职。

人力资源和社会保障局局长：张道

静，1963年12月出生，江苏省东海县人，中共党员，本科学历，高级会计师。1986年7月参加工作，2016年7月任现职。

人力资源和社会保障局副局长：

张　彬（2007.1—）

赵泽森（2011.1—）

吴国全（2011.1—）

监察局局长：

刘贵明（2014.1—）

农业局局长：刘中滨，1958年9月出生，辽宁省辽阳市人，中共党员，本科学历，高级农艺师。1981年7月参加工作，2006年1月至2016年9月任现职。

农业局局长：陈月堂，1964年11月出生，山东省东平县人，中共党员，专科学历，高级工程师。1983年7月参加工作，2016年10月任现职。

农业局副局长：

李淑琴（女，2010.4—2016.8）

畜牧兽医局局长：宫海燕，女，1963年5月生，山东省陵县人，中共党员，本科学历，高级畜牧师。1983年8月参加工作，2013年4月任现职。

林业局局长：王德辉，1963年10月出生，辽宁省法库县人，中共党员，本科学历，高级工程师。1983年12月参加工作，2013年4月任现职。

管理局副调研员：

任作恒（2013.4—）

林业局副局长：

孔祥武（2014.1—）

水务局局长：侯鹏，1968年1月出生，辽宁省沈阳市人，中共党员，本科学历，高级工程师。1990年10月参加工作，2016年3月任现职。

水务局副局长：

祝成功（2011.5—）

张秀圣（2014.1—）

工业信息化委员会主任：吴怀喜，1959年4月出生，山东省嘉祥县人，中共党员，本科学历，高级工程师。1976年11月参加工作，2008年12月至2016年7月任现职。

工业信息化委员会副主任：陈立军（2014.1—）

计划财务处处长：尹湘卫，1962年12月出生，湖南省道县人，中共党员，本科学历，助理会计师。1981年7月参加工作，2013年4月任现职，2015年1月开始主持计财处工作，2016年3月任现职。

计划财务处副处长：

刘　霞（女，2011.1—）

审计处副处长：

冀　文（女，2013.4—）

管理局安监局局长：汪作奇，1968年6月出生，黑龙江省双城市人，中共党员，本科学历，会计师。1992年7月参加工作，2016年10月任现职。

管理局工信委主任：何云明，1965年5月出生，吉林永吉县人，中共党员，本科学历，工程师。1987年7月参加工作，2012年1任现职，2015年1月主持安全生产监督管理局工作。

民政局局长：李光耀，1961年6月出生，辽宁省盖州市人，中共党员，本科学历，教授级高级政工师。1978年7月参加工作，2008年12月任现职。

住房和城乡建设局局长：尚联合，1967年11月出生，山东省肥城市人，中共党员，研究生学历，高级工程师。1989年4月参加工作，2016年4月任现职。

管理局副调研员：宋绍军（2014.1—）

商务局局长：刘永明，1963年6月出生，辽宁省沈阳市人，中共党员，本科学历，政工师。1981年2月参加工作，2005年7月任现职。

管理局副调研员：王岩，1963年6月出生，黑龙江省巴彦县人，中共党员，本科学历，商业管理经济师。1984年7月参加工作，2010年4月任现职。

商务局副局长：李强（2010.12—）

于光华（2016.3—）

交通运输局局长：张国庆，1968年10月出生，山东省莱西市人，中共党员，研究生学历，高级会计师。1991年9月参加工作，2016年7月任现职。

教育局局长：刘刚，1967年3月出生，山东省新泰市人，中共党员，本科学历，中学高级教师。1989年8月参加工作，2012年1月任现职。

教育局党委书记：孙乃友，1961年7月出生，山东省东平县人，中共党员，本科学历，中学高级教师。1978年1月参加工作，2014年1月任现职。

教育局副局长：李国安（2012.1—）

卫生局局长：孙法文，1960年11月出生，江苏省铜山县人，中共党员，本科学历，教授级高级政工师。1979年10月参加工作，2011年1月任现职。

卫生局副局长：

罗　川（2014.1—）

卫生监督所所长：孙法文，1960年11月出生，江苏省铜山县人，中共党员，本科学历，教授级高级政工师。1979年10月参加工作，2011年1月任现职。

卫生监督所副所长：

张长锋（2011.1—）

农垦红兴隆工商分局局长：赵香田，1961年3月出生，山东省沂水县人，中共党员，本科学历，经济师。1977年7月参加工作，2012年11月任现职。

农垦红兴隆工商分局副局长：

李　绪（2011.10—）

张家彬（2011.10—）

农垦红兴隆工商分局副调研员：

李明尧（2011.5—）

红兴隆个体私营协会办公室主任：

徐万良（2011.10—）

红兴隆消费者协会办公室主任：

刘仓（2000.4—）

垦区红兴隆质量技术监督分局局长：赵晓光，1960年2月出生，吉林省农安县人，中共党员，本科学历，高级工程师。1978年12月参加工作，2009年9月任现职。

垦区红兴隆质量技术监督分局副局长：

武仲海（2001.1—）

黄　刚（2010.7—）

农垦红兴隆环境保护分局局长：贾明均，1964年9月出生，山东省蓬莱市人，中共党员，本科学历，高级工程师。1986年7月参加工作，2011年5月任现职。

农垦红兴隆国土资源分局局长：纪树军，1960年8月出生，黑龙江省宾县人，中共党员，本科学历，统计师。1978年8月参加工作，2009年9月任现职。

农垦红兴隆国土资源分局副局长：

刘宏斌（2010.7—）

刘庆涛（2010.7—）

武装部政委：孙运礼，1971年11月出生，山东省莒南县人，中共党员，本科学历，上校军衔，1990年12月入伍，2012年3月任现职。

武装部党委书记：

孙运礼（2012.3—）

武装部党委副书记：

刘正发（2010.4—）

红兴隆农垦公安局局长：宫传福，1959年9月出生，山东省东阿县人，中共党员，本科学历，一级警督，1976年10月参加工作，2010年4月任现职。

红兴隆农垦公安局政委：鲍崇根，1967年5月出生，山东省莱州市人，中共党员，本科学历，一级警督，1991年9月参加工作，2010年6月至2016年12月任现职。

公安局党委书记：

宫传福（2010.6—）

公安局党委副书记：

鲍崇根（2011.5—2016.12）

红兴隆农垦公安局副局长：

黄国安（2010.4—）

红兴隆农垦区人民检察院检察长：刘斌，1963年4月出生，江苏省淮安市人，中共党员，本科学历，高级政工师。1986年7月参加工作，2009年6月任现职。

红兴隆农垦区人民检察院副检察长：

潘明晶（2004.11—）

王则学（2010.4—）

杨友冬（2012.1—）

红兴隆农垦人民法院院长：王海军，1961年7月出生，吉林省农安县人，中共党员，本科学历，四级高级法官，1981年6月参加工作，2009年6月任现职。

红兴隆农垦人民法院副院长：

苏长权（2009.5—）

刘　丹（女）（2009.5—）

郐万江（2012.1—）

司法局局长：王东，1968年1月出生，河北省玉田人，中共党员、本科学历，教授级政工师。1992年7月参加工作，2014年1月任现职。

司法局副局长：

李　健（2002.8—）

广播电视局局长：王霞，女，1970年1月出生，山东省五莲县人，中共党员，本科学历，政工师。1991年9月参加工作，2012年1月—2016年7月任现职。

广播电视局局长：王振海，1960年6月出生，辽宁本溪人，中共党员，大学学历，高级政工师。1977年11月参加工作，2016年7月任现职。

广播电视局副局长：

秦喜峰（2010.4—）

尹怀建（2013.4—）

关工委办公室主任：王秋灿，1959年5月出生，河南省郏县人，中共党员，本科学历，教授级高级政工师。1976年7月参加工作，2009年5月任现职。

种子管理局局长：曹海英，女，1964年11月出生，山东省昌邑市人，中共党员、本科学历，高级农艺师。1985年7月参加工作，2013年4月任现职。

水管站副站长：

边　疆（2012.1—）

社会保险事业管理局副局长：

李　军（2005.10—，2014年1月主持工作）

孙友林（2001.4—）

局直城镇建设管理局局长：张新柱，1962年8月出生，山东省郓城县人，中共党员，本科学历，教授级高级政工师。1981年8月参加工作，2011年5月任现职。

局直街道办事处党委书记：董永涛，1959年11月出生，河南省项城人，中共党员，本科学历，教授级高级政工师。1975年7月参加工作，2013年4月任现职。

局直街道办事处主任：

张新柱（2011.8—）

局直街道办事处党委副书记、纪委书记、工会主席：

陈　合（2010.4—）

局直城镇建设管理局副局长：

李卫强（2012.1—）

红兴隆科研所所长：王光申，1957年9月出生，山东省东阿县人，中共党员，本科学历，高级农艺师。1974年7月参加工作，2007年1月任现职。

红兴隆科研所党委书记：沈明学，1958年10月出生，辽宁省大连市人，中共党员，本科学历，高级农艺师。1975年9月参加工作，2007年1月任现职。

红兴隆科研所党委副书记：

王光申（2007.1—）

红兴隆科研所副所长：

李作安（2007.1—）

红兴隆科研所纪检委书记、工会主席：庄贵海（2010.12—）

红兴隆中心医院党委书记：董向葵，女，1962年1月出生，山东省枣庄市人，中共党员，大学学历，教授级高级政工师。1977年8月参加工作，2016年3月任现职。

红兴隆中心医院院长：王殿文，1972年5月出生，山东省金乡县人，中共党员，研究生学历，副主任医师。1991年7月参加工作，2010年12月任现职。

红兴隆中心医院党委副书记：

王殿文（2010.12—）

红兴隆中心医院党委副书记、纪检委书记：高玉芬（女，2011.3—）

红兴隆中心医院副院长：

李正权（2009.5—）

陈太鸿（2010.4—）

宫殿军（2010.4—）

红兴隆中心医院工会主席：

高玉芬（女，2012.4—）

红兴隆管理局党校校长：

陆书富（2009.9—）

红兴隆管理局党校、职教中心党委书记：崔永和，1962年12月出生，辽宁省本溪市人，中共党员，本科学历，教授级政工师。1978年7月参加工作，2011年1月—2016年5月任现职。2016年5月去世。

红兴隆管理局党校常务副校长、党委副书记：曹霞（女，2016.4—）

红兴隆管理局党校、职教中心党委副书记、纪检委书记、工会主席：

王　伟（2014.1—）

红兴隆管理局红兴隆管理局党校、职教中心副校长（副主任）：

赵显峰（2003.4—）

管理局第一高中校长：肖凤翔，女，

1963年5月出生，安徽省宣城县人，中共党员，本科学历，中学高级教师。1982年7月参加工作，2012年1月任现职。

管理局第一高中党委书记：陈太平，1959年12月出生，江苏省泗洪市人，中共党员，大学学历，高级政工师。1976年7月参加工作，2016年3月任现职。

管理局第一高中党委副书记、纪检委书记、工会主席：于冰坤（女）（2013.4—）

管理局第一高中副校长：

马瑞雪（女，2012.1—）

杨建军（2012.1—）

刘海军（2014.1—）

管理局第二高中校长：杨海，1965年5月出生，苗族，贵州兴仁县人，本科学历，教授级高级政工师职称，1983年12月参加工作，2014年1月任现职。

管理局第二高中党委书记：刘鑫，1959年2月出生，黑龙江省双鸭山市人，中共党员，本科学历，高级讲师。1982年2月参加工作，2013年4月至2016年4月任现职。

管理局第二高中党委书记：王生，1964年1月出生，山东省肥城市人，中共党员，本科学历，教授级高级政工师。1982年11月参加工作，2016年4月任现职。

管理局第二高中副校长：

史红军（2007.7—）

卓战明（2007.7—）

金万荣（2012.1—）

红兴隆电业局局长：刘雪峰，1962年10月出生，河北省献县人，中共党员，本科学历，高级工程师。1981年8月参加工作，2011年12月任现职，2015年6月调转离任。

红兴隆电业局局长：苗强，1973年4月生，天津宝坻人，中共党员，工程硕士学历，高级工程师。1994年7月参加工作，2015年5月任现职。

红兴隆电业局党委书记：苏宝祥，1958年5月出生，辽宁省北宁市人，中共党员，本科学历，教授级高级政工师。1976年11月参加工作，2000年3月任现职。

红兴隆电业局党委副书记：

刘雪峰（2011.12—）

红兴隆电业局副局长：

赵　巍（2005.6—）

李边疆（2012.6—）

红兴隆电业局纪检委书记、工会主席：翟忠国（2012.7—）

北大荒南华糖业有限公司总经理：于宪生，1960年3月出生，黑龙江省友谊县人，中共党员，本科学历，高级会计师。1976年10月参加工作，2007年8月任现职。

北大荒南华糖业有限公司党委书记：于宪生（2007.8—）

北大荒南华糖业有限公司党委副书记、纪检委书记：王志刚（2007.10—）

北大荒南华糖业有限公司副总经理：贲立洋（2007.8—）

郭海峰（2012.8—）

北大荒南华糖业有限公司工会主席：王志刚（2006.9—）

宝利采金有限公司董事长：刘宽平，1964年3月出生，山东省东平县人，中共党员，专科学历，工程师。1987年9月参加工作，2004年9月任现职。

宝利采金有限公司总经理：梁学民，1970年3月出生，辽宁省葫芦岛市人，中共党员，本科学历，工程师。1997年7月参加工作，2008年3月任现职。

宝利采金有限公司副总经理：

刘成江（2004.9—）

高清江（2008.3—）

胡洪森（2009.1—）

迟占山（2011.4—）

宝利采金有限公司监事会主席：郭福杰，1963年4月出生，黑龙江省克山县人，中共党员，本科学历，教授级高级政工师。1980年11月参加工作，2004年9月任现职。

老柞山金矿党委书记：

刘宽平（2008.9—）

老柞山金矿党委副书记、纪检委书记、工会主席：郭福杰（2002.5—）

红兴隆种业有限公司董事长：

王光申（2012.1—）

红兴隆种业有限公司总经理：

王光申（2007.1—）

红兴隆种业有限公司副总经理：

李作安（2007.1—）

红兴隆种业有限公司党委书记、监事会主席：沈明学（2007.1—）

垦丰种业红兴隆分公司总经理：郑佰成，1960年2月出生，黑龙江兰西县人，中共党员，本科学历，高级农艺师。1983年8月参加工作，2011年10月任现职。

垦丰种业红兴隆分公司副总经理：

孙玉贵（2012.1—）

高　林（2012.1—）

阳光保险双鸭山中心支公司总经理：杨洪武，1964年5月出生，河北省遵化市人，中共党员，研究生学历，工程师。1984年8月参加工作，2011年1月任现职。

阳光保险双鸭山中心支公司副总经理：李永江（2007.7—）

农垦红兴隆通信分公司总经理：朱少华，1962年2月出生，黑龙江省富裕县人，中共党员，专科学历，高级工程师。1976年10月参加工作，2011年1月任现职。

农垦红兴隆通信分公司副总经理：

崔丽宏（女，2005.10—）

薛明（2010.10—）

农垦红兴隆生产资料分公司经理：高柏阳，1963年8月出生，山东省平度市人，中共党员，研究生学历，工程师。1985年8月参加工作，2003年10月任现职。

中油农垦红兴隆分公司经理：刘春江，1964年6月出生，河南省商丘市人，中共党员，本科学历，高级政工师。1982年10月参加工作，2011年3月任现职。

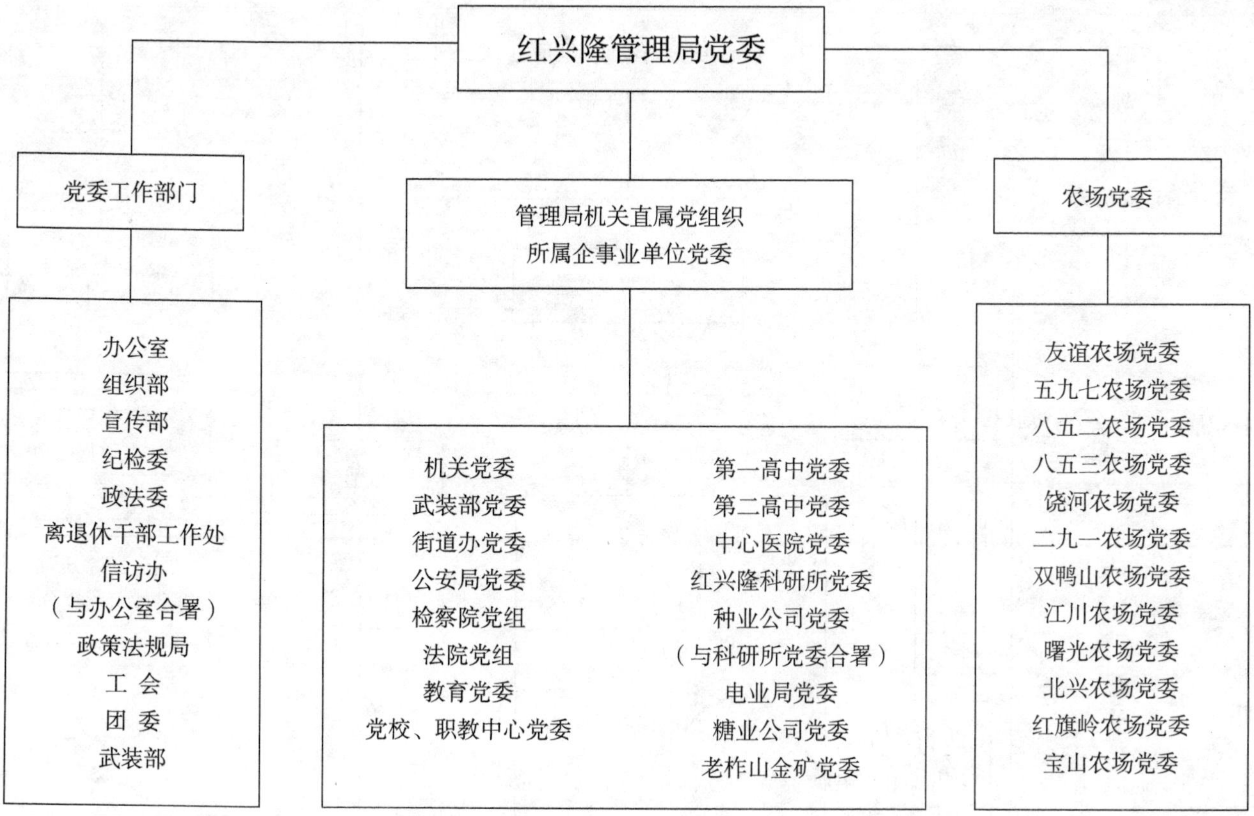

图 6　红兴隆管理局党委机构示意图（2016 年）

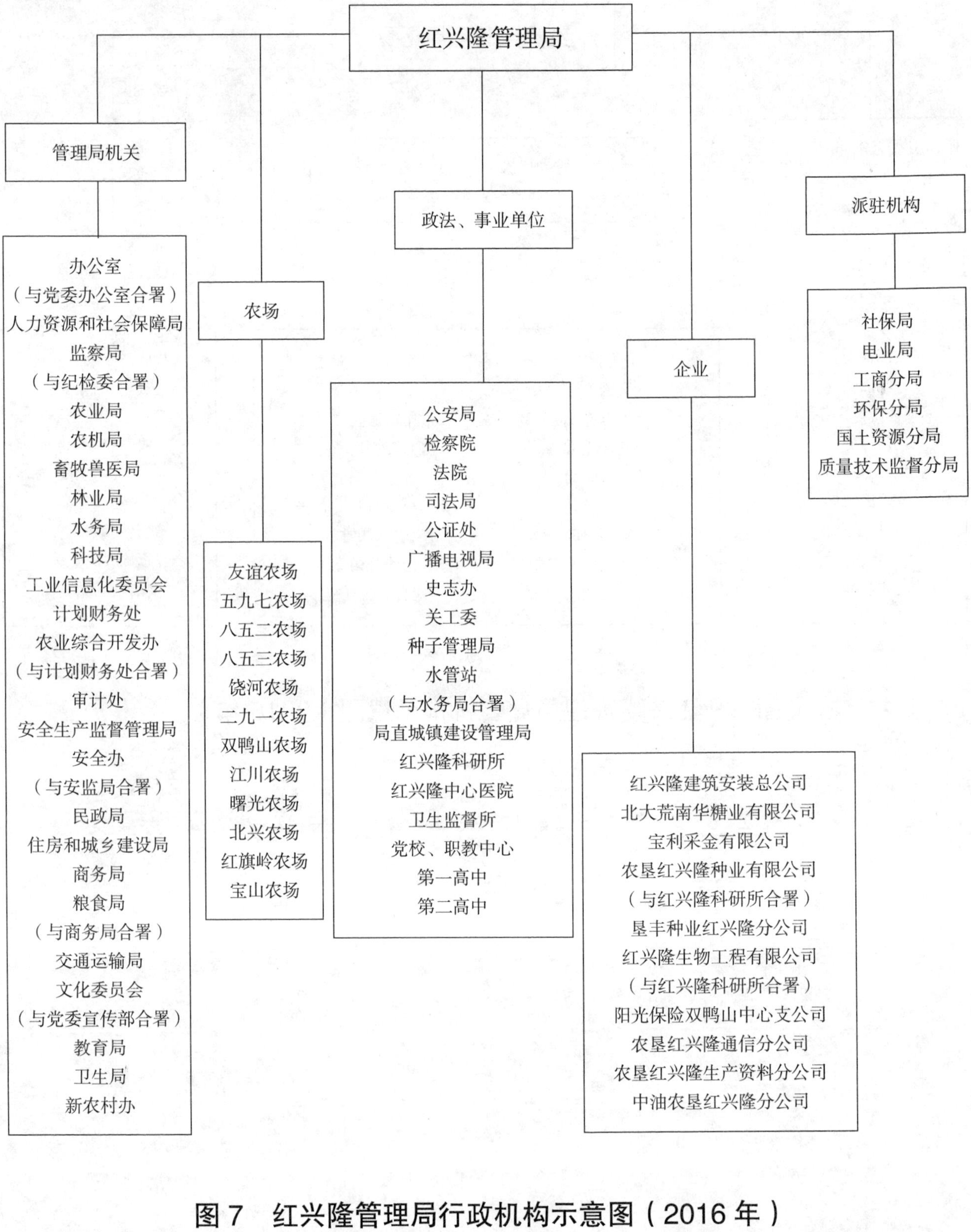

图7　红兴隆管理局行政机构示意图（2016年）

概况 红兴隆管理局辖区总面积9650平方公里。2016年，有耕地482327公顷、林地164505.1公顷、牧草地17885.8公顷、苇塘11968.9公顷、水面54144.1公顷、可垦荒地31621.9公顷。

管理局辖友谊、五九七、八五二、八五三、饶河、二九一、双鸭山、江川、曙光、北兴、红旗岭、宝山农场12个农场，与佳木斯、双鸭山、七台河、富锦、桦川、桦南、饶河、宝清、友谊、集贤、勃利等市县土地穿插交错，与虎林、依兰接壤，与汤原、萝北、绥滨一江之隔。

境内有大小河流30余条。主要有松花江、乌苏里江、挠力河、七星河、蛤蟆通河、七里沁河、倭肯河等。松花江境内流程48.2公里。乌苏里江为中国与俄罗斯界河，流经饶河农场37公里。挠力河流经北兴、五九七、八五二、八五三、红旗岭、饶河农场，境内流程190公里，是世界著名的蛇形河之一。包括五九七农场长林岛湿地、八五三农场雁窝岛湿地、红旗岭农场五星湖湿地在内的挠力河湿地是国家级自然生态保护区，也是中外游客的旅游胜地。

2016年，全局有74个管理区、132个农牧渔业单位，总户数13.67万户，总人口33.85万人，各类从业人员16万多人。实现地区生产总值（GDP）204.4亿元，同比增长3.7%。人均地区内生产总值60373.4元，同比增长0.6%。三次产业比重51.6∶20.3∶28.1。累计完成固定资产投资13.2亿元。居民人均可支配收入24602元，同比增长1.6%。

种植业 农作物播种面积48.2万公顷，同比增加0.18万公顷。其中粮食面积47.6万公顷，粮食总产达39.52亿公斤。粮食作物平均公顷产量8295公斤。农业结构优化，玉米面积较上年减少5.7万公顷，水稻、豆类和经济作物分别较上年增加增3.8%、120.1%、53.5%和79.6%；实现订单种植3.7万公顷。争取国家财政资金832万元，实施绿色粮食高产面积32.3万公顷，高效创建单位全部达标。监测土壤墒情39次，采集数据1700余个，提出生产建议100余条。结合“三减”和化肥零增长行动，全面积推广测土配方施肥技术，落实国家财政资金240万元，采集土样8092个、植株样2052个，检测土样58120项次，检测植株样7536项次，实现对粮食作物的全覆盖。无公害农产品产地认定面积48.2万公顷，认证无公害产品71个，新认证无公害产品40个。绿色食品监测面积35.3万公顷，其中国家级全国绿色食品原料标准化生产基地12.7万公顷，绿色食品有效用标企业15家31个产品，绿色食品新认证企业4家，增加10个绿色食品产品认证，完成3个绿色食品续展认证。有机农产品认证面积2.6万公顷，农产品地理标志产品认证2个，新增两家企业认证有机产品。以农业部农垦农产品质量追溯系统建设项目为依托，在原有的10家质量追溯项目建设基础上，全局12个农场启动实施稻米产品质量追溯全覆盖建设工作，追溯规模23.3万公顷，可追溯产品11个。

农业机械 购置各类农业机械4415台（套），其中，拖拉机1496台，同比增加11.9%；进口及国产180马力以上拖拉机21台，70–180马力国产拖拉机1082台，70马力以下国产拖拉机393台。进口大型联合收获机7台，大型国产收获机18台，中小型履带式水稻收获机352台，其他各类收获机158台。各类插秧机624台，各类大中型配套农具1760台。年底，全局农机净资产39.6亿元，农机总动力115万千瓦，建设和装备9个旱田现代农机装备作业区。其中拥有各类型拖拉机13926台、各类收获机7800台、水稻插秧机14700台，各类配套农机具及附件13万台（件）。继续开展农机标准化管理达标与创新活动，开展“全国农垦农机标准化示范农场”创建活动。投入1491万元用于农机机车设施建设，扩建、新建农机管理服务中心。坚持实行优机、优价制度，全面实现标准化作业。开展农机大培训和农机标准化提档升级活动，提高驾驶操作人员和各级管理人员整体素质，累计培训5.7万人次。饶河农场、红旗岭农场、双鸭山农场荣获全国农垦农机标准化农场称号，八五三农场、友谊农场复审合格，继续被授予全国农垦农机标准化示范农场称号。狠抓农机安全工作，全年农机安全无事故。与交警、安监等联合执法50余次，办理拖拉机注册登记823台，收获机注册登记374台，办理驾驶证849人。年度检修机车17000台。田间作业综合机械化率99%，其中旱田水田均达99%，完成农业航化作业面积18.96万公顷，完成跨区作业面积11.4万公顷，实现职工增收2560万元，为农民增效4667万元。

畜牧业渔业 八五二、二九一示范牧场基础建设完成、产销模式初步形成，均应用“互联网＋现代牧场”管理软件，实现场区内视频监控、配种及产犊等各项数据的管理。年底。全局奶牛存栏4056头，其中繁殖母牛存栏2694头，同比增长24.5%、30.6%；肉牛存栏12137头，其中繁殖母牛存栏6399头、累计出栏量12438头，同比下降7.1%、增长4.8%、下降42.7%；生猪存栏159263头，其中能繁母猪存栏20463头、累计出栏量348660头，同比下降7%、11.7%、增长20.9%；羊存栏52691只，其中成母羊存栏26601只、累计出栏量45270只，同比下降3.2%、增长16.8%、下降17.1%；禽存栏112.08万只，总出栏量458.68万只，同比下降4.3%、增长6.4%。肉类总产量38857.01吨，同比增长2.1%；禽蛋产量6590.33吨，同比下降3.8%；总产奶量9342吨，同比增长7.3%。落实惠民政策，全局发放生猪大县奖励资金604.1894万元。为提升青贮制作质量，管理局出资27.9万元，购买青贮活干菌6.2万克，种植青贮玉米684.67公顷，制作全株玉米青贮34295.39吨。渔业生产得到的发展，放养水面0.54万公顷，年生产商品鱼6750吨。

林业 林业用地总面积14.26万公顷、活立木总蓄积量1614万立方米，农田林网化率达93.6%，城镇绿化率41.6%，森林覆盖率15.2%。林果经济总面积达3800公顷，林下经济900公顷，棚室经济825万袋，苗木经济700公顷，全年实现林业总产值2.1亿元。完成造林绿化任务535公顷，栽植苗木196万株，投入造林绿化资金1700万元。场部、管理区及景观道路绿化总用苗量达 13.62 万株（丛），升级景观道路 4070 米。投入 333 万元，开展全民义务植树活动，义务植树 63 公顷，栽植各类乔灌木 23 万株。安全防火期间，共出动人员 1.2 万余人次，参与蹲点领导 773 人次，共设立检查站 174 处，检查单位 1036 个，打造宣传一条街 312 条，印发宣传品 10 万余份，无较大森林火灾发生。管理局林业局被黑龙江省人民政府森林草原防火指挥部授予全省森林草原防火先进单位称号。

水利　水利建设投入 1.4 亿元。建成灌溉设施 428 处，有效灌溉面积达 28.52 万公顷，其中建成万亩以上灌区 17 处，有效灌溉面积达 4.84 万公顷；治理主要涝区 29 处，总除涝面积达到 34.77 万公顷；修建堤防 1122.37 公里，保护耕地面积 30.41 万公顷，人口 19.54 万人，村屯 167 个；修建大、中、小型水库 45 座，设计总库容 2.76 亿立方米；水土流失综合治理面积 3.61 万公顷；解决 15.11 万人口的饮水安全问题；建成排灌泵站 74 座、机电井 15873 眼、各类建筑物 33297 座；购置大中型喷灌机 921 台，各类大型水利机械 523 台。累计完成土石方 7.05 亿立方米，混凝土 0.01 亿立方米。

工业　园区实现工业总产值 5.5 亿元，同比下降 19.7%；实现工业增加值 1.4 亿元，同比下降 13.1%；安置就业 1351 人，同比减少 115 人。平台建设顺利推进，高标准建设园区铁路专用线，铁路专用线、铁路站台、铁路站台罩棚均已完工，铁路运输配套设施已到位，水管网建设基本健全，增强园区储运能力。项目建设稳中求进，引进投资 3400 万元，占地面积 14377.37 平方米的飞龙米业粮食综合加工生产项目，于年底投产。重点打造食品、粮油、畜类等农副产品深加工，农机设备制造系列农产品初级加工、农机设备制造主导产业。利用管理局大农业资源优势、农机设备产销地优势、铁路专用线优势以及现有产业基础，实现产业集群发展。发挥企业主体作用，树立安全生产观念，打造平安企业、和谐园区。

小城镇建设　管理局城镇基础设施建设投资 2.5 亿万元，实现硬化道路 3.86 公里，新建给排水管网 4.4 公里，供热管网改造 9.5 公里；新建续建生活垃圾处理项目 3 个，增加 150 吨 / 垃圾日处理能力；污水处理项目 1 个，增加 2000 吨 / 日处理能力。饮用水源水质、工业废水排放、生活垃圾处理及工业固废综合利用率均达到 100%。完成合同备案 126 项，其中，勘察合同备案 26 项，监理合同备案 18 项，设计合同备案 34 项，施工合同备案 34 项，劳务合同备案 14 项，施工许可证审查 68 项，发放 46 项，保证应招标工程招标率 100%。开展工程安全质量综合执法检查 6 次，燃气专项检查 5 次，下发质量安全整改通知书 21 份，安全停工整改通知单位 4 份、行政处罚书 1 份，整改回复率达到 100%。办理工程质量监督注册手续 33 个单位工程。对所有在建开工的 33 个总面积 29.08 万平方米单位工程质量监督巡查 6 次，下达《质量不良行为整改指令书》7 份。审查工程内业资料 89 个单位工程，办理 89 个单位工程验收备案，备案面积 66 万平方米。集中整治环境卫生，清理垃圾 14 万吨，清扫一级标准达标路 133 条，主次干道垃圾收运设备配套达标率 78.89%，环卫机械化清扫率 59.28%，清理冰雪机械化率 59.29%。清理不规范广告牌匾 342 处，占道违规经营 863 处，清理建筑工地残土 1800 立方米。实施美丽村庄建设，种植乔、灌木 40 多个品种 12 万株，种植草坪 29 万多平方米，栽种鲜花 57 万余株，空气指数良好天数达 98.6%。八五三农场雁窝岛获得农业部颁发的 2016 年中国美丽休闲乡村称号。

商务　走“大项目—产业链—产业集群—产业基地”的招商之路，通过参加重大招商会展活动，全面提升招商引资质量和效益。共签订国内经济技术合作项目 13 个，签约额 9.11 亿元，实现到位资金 2.84 亿元，其中，省内项目 9 个，省外项目 4 个，投资超亿元且已落地开工的大项目 3 个。利用中俄博览会等 10 余次专业性展会、采购商对接会、产品推介会的契机，多方式、多层面地引导企业推介产品，促进高附加值、深加工产品实现出口创汇。外贸出口总额 62.14 万美元。为农场争取“走出去”专项资金 30 万元支持“走出去”项目建设，在境外累计种植土地 5910 公顷。

旅游　围绕“五局战略”“四区建设”总体部署，将发展全域旅游作为管理局生态优势转化为发展优势的最佳途径和践行“绿水青山就是金山银山”理论的最佳载体，旅游产业规模逐步扩大，旅游经济运行持续增长，旅游景区建设稳步推进，旅游接待能力再上台阶。组织开展红兴隆人游红兴隆、自驾游、中小学生暑期夏令营、知名旅行社走进红兴隆考察等夏季旅游系列活动。推进旅游产业与体育赛事有机融合，在八五二农场蛤蟆通水库成功举办第三届中国龙舟公开赛（北大荒站）和全国钓鱼锦标赛（北大荒站），接待游客 50 万人，同比增长 38.9%，实现旅游总收入 2.5 亿元，同比增长 15.7%。

交通运输　完成交通基础设施建设项目、危桥改造项目、农村公路通畅项目等交通基础设施建设项目 19 项，总投资 4164.6 万元。公路养护现“畅安舒美”。完成省道、农村公路养护任务，保持创建标准化大通道 159 公里，整修路肩、边坡 716.94 公里，清理边沟 719.94 公里，打路肩、边坡草 1659.95 公里，路树剪枝 924 公里，路树刷白 546 公里。更换警示桩、里程碑、标志、轮廓标 1106 块，疏通桥涵 336 座，新划标线 9.2 公里，香化美化 608.95 公里，栽植各种花卉 118 万株，补植树木 33474 棵。加强预防性养护和机械化养护，累计购买沥青冷补料 2025 吨，处治路面病害 18253 平方米，裂缝 75351 延长米。处理桥头涵顶跳车 71 处 3332 平方米。强化运输行业管理，完成春运等重要节假日期间的旅客、货物运输工作，完成营运客车年度审验和换证工作，二级维护率 100%，营运车辆检测率 100%。加大运输市场管理，道路运输稽查建立每周 4 天的长效稽查机制，节假日有针对性地开展联合稽查专项行动 3 次，出动稽查人员 610 人次，稽查各类车辆 2800 台次，查处违法违规车辆 39 台次，维护市场秩序稳定。抓好安全稳定工作，开展各项安全大检查 9 次，累计检查运输企业和单位 137 家，检查营运车辆290台，教育司乘人员230人次，排查安全隐患67处，下达整改通知书27份，全部整改完毕。

人力资源和社会保障　扎实开展就业工作，新增就业12043人，其中，失业人员实现就业7654人、就业困难群体就业3773人，零就业困难家庭就业率达100%，登记失业率控制在3.7%以内。开展好人事工作，高标准完成档案清理工作、职称评审工作和规范社会化用人工作。强化人才队伍建设，组织参加省级招聘会2场，引进人才153人。开展工资福利工作，完成机关事业单位乡镇补贴审批、补发及兑现工作，其中，机关777人，事业单位6632人。农场公安系统职务与职级并行工资待遇共调整156人，其中，在职人员148人，退休人员8人。审批正常退休5589人、特殊工种提前退休89人、职工因病非因工提前退休208人。认定工伤87起，为95人进行劳动能力鉴定。开展劳动监察工作，接受群众举报投诉22件，结案22件；主动执法监察检查单位247户，涉及劳动者5.1万人，为116名农民工等劳动者追发拖欠工资等103万元。推进信访仲裁工作，受理劳动仲裁案件39起，结案率100%。

社会保险　全面完成“五险合一”各项社会保险费收缴工作，确保39亿元企业养老金按时发放，“五险”待遇支付率均100%。由相关人员组成稽核小组，对15个定点医疗机构执行医疗服务协议情况进行2次稽核检查。按照《定点医疗机构医疗服务协议》有关规定，对检查出的违规金额按1至5倍扣款。启动金保工程上线工作，使管理局养老、失业、工伤和生育保险纳入省人社系统管理。经过上半年的数据清理、业务培训和相关准备，11月起全局养老、失业、工伤和生育四个险种纳入省金保工程数据库统一管理，确保管理局参保人员转移到外地参保、接续参保及退休管理都纳入省人社系统社会保险信息平台管理，统一和规范社保业务管理。

教育　拥有中小学校28所，其中，普通高中2所，初中10所，小学10所，九年一贯制学校4所，职业高中2所。在校学生18953人，教职工2824人，专任教师2077人。有幼儿园13所，教职工543人，专任教师242人。坚持以社会主义核心价值观教育为核心开展活动，组织开展中小学弘扬和培育民族精神月活动，将德育工作与学科教学有机地结合在一起，将德育目标融入课堂教学之中，合理掌控，有效培训，使任课教师的课堂教学不单纯是教学行为，人人成为德育工作者，增加德育工作参与的人数，扩大德育工作的辐射和影响，使学校德育工作针对性、实效性增强。全面通过国家义务教育均衡发展督导评估认定验收。分期分批对全局教师进行新课标教材和信息技术等新内容培训，提高教师综合素质。着眼于学校、教师、学生的发展，完善管理体制，制定切实可行的教职工管理办法，调动教师工作性，做到人人参与管理，处处有管理，事事见管理，逐步形成严、细、实的管理作风。均衡发展义务教育，查找教育现状、教育资源、师资配备比例、人才引进等方面的问题，并全力整改。狠抓高中教育，2016年高考成绩取得新突破，参加高考人数1587人，一表线上人数317人、二表线上人数758人，一表录取317人，高考总分600分以上35人，8人进入总局理科前二十名，获第2、3、4名。

卫生　有各级各类医疗机构384个，其中，综合性医院13个，社区卫生服务站59个，基层卫生所261个。卫生计生人员总数3003人，卫生技术人员2641人，其中，执业（助理）医师1231人，注册护士1012人。全局14家医院，总业务用房132898平方米，编制床位数1774张，实际开放床位数1947张。完善医疗质量控制体系，加强医疗机构双向转诊管理，规范和完善管理局医疗机构双向转诊制度，明确各级医院的转诊指征，管理局中心医院以疑难重症、危重症患者为主，农场医院主要以多发病、常见病及老年慢性病人为主；加强医疗质量安全体系建设。对全局开展医疗质量安全专项检查工作，加强质量管理，确保医疗安全。加强院内感染控制工作，重点加强灭菌、隔离、医疗废物管理工作，有效预防和控制院内交叉感染；加大医疗纠纷调处力度，妥善处理医疗纠纷，全年处理医疗纠纷16件，接待医疗纠纷60余人次，调节5次，准备申请鉴定2件；加强医疗机构和卫生技术人员准入管理，圆满完成执业医师注册、护士延续注册、执业护士考试、执业医师考试等工作。中心医院与北京、哈尔滨、大连等地知名医院协作，提升科技创新能力，为新农合患者减免检查费用，为女性进行“两癌”筛查，为儿童、残疾人、精神病人和65岁以上老人免费体检，惠民金额达85万元，使4540人受益。下乡义诊18次，赠送药品1.2万元，3000余人得到健康指导；做好行政许可工作。全局发放各类许可440家，完成卫生监督信息报告改版升级的监督信息补录工作，共补录信息988件，新增被监督单位信息345条，经常性监督信息1584条，监督抽检9条，案件查处14条。抓好卫生监督稽查工作，共检查各类餐饮业1536家次，下达监督意见及责令整改816份，办证体检通知书187份。对符合条件的820家餐饮单位进行量化评定。加大综合监督和行政处罚力度，在监督检查中发现、上级交办及群众举报案件行政处罚57家，结案53家，其中非法行医11家，医疗机构3家，公共场所37家，大型餐饮2家，收缴罚没款12.55万元；开展健康教育宣传活动。发放健康教育资料449种108779份，举办健康主题日咨询义诊活动1038次，受益达63046人次，建立纸质健康档案255914份，电子档案255547份；全局共发放独生子女费33889人、计215.65万元。发放独生子女父母退休一次性奖励补助费为2923人，计881.9万元。发放奖特扶资金874人、计337.04万元。免费技术服务79.19万元。计划生育各项奖励政策兑现率100%。

民政　巩固社会救助体系。投入低保资金4603.2万元，将全局低保标准提高到每人每月560元，有122796人次纳入低保，同时清理低保471户830人，做到应保尽保，应退尽退。完善医疗救助、临时救助、供暖救助、孤儿救助制度。全年救助贫困患者480人次，发放医疗救助金167万元；资助参加基本医疗保险6051人，资金支出69.6万元；发放临时救助资金108.9万元，临时救助744人次；发放供暖救助资金449.3万元，解决贫困群众越冬取暖问题；每人每月补贴700元，救助孤儿44名，使每个孤儿都能正常的生活和接受良好的教育，做到孤儿不孤。加快慈善超市建设，慈善超市总数达14个，实现局直和农场全覆盖，通过慈善超市发放救助物品价值100余万元。拓展养老服务体系建设，全局推广“虚拟化养老院”建设工作，建立健全以社区居家养老为主导、以“虚拟养老院”养老为辅助、以机构养老为补充的养老服务体系。加强慈善捐赠、救灾防灾、婚姻登记，双拥优抚，殡葬管理等工作。加强服务型、文明型、平安型、生态型社区建设，全局重新设立13个社区服务中心、122个社区居民委、1140个居民小组，所有社区全部实现“扁平化组织、网格化管理、社会化服务”。

国土资源管理　全局基本农田面积35.81万公顷，耕地保有量40.20万公顷，基本农田保护区面积达89.06%。上报6宗农转用项目。总面积50.594公顷。全年完成79宗设施农用地备案工作，备案面积145.05公顷。完成补充耕地项目9个，补充耕地面积609.22公顷。严把建设用地预审关，上报新增建设用地预审项目8宗，面积43.317公顷。编制曙光农场等8个农场土地利用总体规划调整方案。增减挂建新区59个、建新面积195.76公顷，经验收实际使用建新区41个，面积168.917公顷、拆旧区完成复垦新增耕地面积170.748公顷，完成新增耕地任务。全年报批用地方案20宗40.3279公公顷，完成各类建设供地审批60宗127.34公顷。清查2009年以来闲置用地6宗，面积14.831公顷，已处置完成5宗，13.831公顷。开展土地执法巡查22次，查处违法用地17宗总面积12.24公顷，其中耕地面积5.18公顷，收缴罚没款41.83万元。发现违法用地行为14起，全部立案查处。推进土地确权登记发证工作，审核通过土地登记6396宗，其中大宗地60宗。住宅用地登记5579宗，楼房分割登记730宗，全局达到发证条件的住宅用地全部完成发证。严把项目质量关口，土地整理工作稳步开展。全年共实施土地整治项目24个，其中结转2013年收尾项目10个、新开工项目14个。

环境保护　主要污染物总量减排目标任务全面完成。废水中化学需氧量累计净削减298.47吨，氨氮累计净削减29.15吨，废气中二氧化硫累计净削减285.3吨、氮氧化物排放量累计净削减131.31吨，四项指标均超额完成垦区下达的污染减排任务。从源头上将污染隐患降至最低，共审批62个报告表，验收66个建设项目，“环评率”和“三同时”执行率达100%。开展环境监察现场检查400次，出动人数2000人次，清理违法违规建设项目300余家，处罚11家，罚款人民币46.5万元。对国控污染源和一般污染源的监督性监测和在线设备的比对监测共21次。开展对局直、场直地区燃煤锅炉及40家烘干企业的锅炉达标排放情况进行监督性监测，监测数量较上年增长2.5倍。12个农场和局直地区环境空气质量优良天数比例在90%～95%之间，管理局生态环境综合指数连续多年位居垦区乃至全省前列。

工商　重点落实“四证合一、一照一码”和“先照后证”改革，实施市场主体年报公示、企业“双随机”抽查。换发“一照四码”营业执照1413户，落实“前改后”登记859项次，完成市场主体年报9428户。抽查企业公示信息129户。发挥工商登记职能，全面实施市场主体成长、小微企业培育和新型业态成长“三项工程”。管理局拥有已登记各类市场主体10902户，新增市场主体1540户；通过清理三类市场主体，良化发展环境，清理出“呆死”企业90户，个体工商户97户，均依法做出相应处理；与法院、税务部门开展联合惩戒，查办一般程序违法案件169件，罚没总额51.9万元。抓住突出纪念日、保护农户合法权益和节日市场消费维权三条主线组织维权活动，累计检查市场主体1324户，发放宣传材料2.1万份，受理投诉53件，接待咨询242人，为消费者挽回经济损失13.58万元。建立红盾护农信息通报和责任追究制度，健全农资市场主体信息库，加强农药经营主体登记管理，与安监、农业部门协商解决128户农药经营主体的经营范围合法化问题。办理农资案件123件，罚没43.7万元；严把食品市场入门许可关口，发放经营许可证199份，换发流通许可证49户。成功承办全省竞争执法案例分析研讨会，并在会上代表垦区系统作案例交流发言。

质量技术监督　通过开展“食安龙江百日行”“两节”“两会”、夏季高危食品监管等各类专项综合整治行动，为百姓赢得良好的生活消费环境，检查企业177家次、小作坊64家，抽检产品51批次；查办食品案件8起，罚款46446元；没收不合格食醋364瓶、豆油400桶；销毁过期食品添加剂120多袋、不合格白酒152箱；开展各类特种设备专项大检查14次，检查使用单位155家，特种设备192台，排查并消除隐患42条；签订《特种设备使用单位安全主体责任承诺书》233份，更新电子档案212家；办理特种设备安装、维修告知19个；为60多家特种设备使用单位、200余人进行特种设备安全知识培训；检定检测计量器具3127台，举办计量专业培训班1期，有88家企业、102名相关人员参加培训；开展企业产品标准清理整顿普查登记工作，共核发企业产品执行标准注册登记证书72个；开展自愿性认证、强制性认证、食品农产品、获证实验室认证等各类认证专项监督检查工作，对获证检验检测机构进行分类监管，共检查强制性认证产品生产企业1家、食品农产品获证企业13家、获证检验检测机构4家。

党建　按照“学为基础、关键在做”的理念，管理局党委在全局各级党组织开展“两学一做”督导抽查451次，场处级党委书记讲党课24次，支部书记讲大课213次，党校讲师团送课11次，7300多人次参加学习。开展各项专题研讨会192次，累计7100多名党员干部在专题研讨会上进行学习交流。管理局机关党委查摆“两学一做”突出问题22个，制定整改措施56条；领导班子成员查摆问题65个，制定整改措施74条；全局场处级党委查摆突出问题

3485个，制定整改措施4952条，已整改2953个。全年共调整场处级领导干部104人，配齐配强场处级领导班子，场处级领导班子优秀率达到98.48%，班子成员优秀率达到98.27%。全年举办场处级干部培训班、后备干部培训班和优秀青年干部培训班等3个主体班次，培训400人。各单位共举办主体班次175期，培训18595人次。开展基层党组织基础建设巩固年活动，全局81个软弱涣散党组织已整顿转化70个，处置66名不合格党员。全局落实党建工作经费457.7万元，改善127个基层党组织活动办公场所。创新党建载体，开展机关和企事业在职党员100%进社区“领岗履责”“党员110”服务、“党员讲坛”等系列活动，全局各级党员干部累计走访职工群众3952人次，为职工群众代办代理事项5600多个，解决生产生活实际问题2600多件。持续推进在职党员进社区“领岗履职”活动，全局5215名在职党员进入社区认领岗位，带头参加社区建设。为社区服务8079次。

纪检监察　强化问责，推进“两个责任”向基层延伸。制定责任清单，细化工作措施，逐级签订《反腐倡廉建设岗位责任书》2379份，累计对42名履行职责不力的责任人进行问责。丰富载体，深化反腐倡廉教育。开展多种形式教育培训活动，全局各党委举办专题培训班92班次，对4566名领导干部进行脱产式集中培训；共组织2100余名党员干部进行“两项法规”网上测试活动；举办“两学一做”和“两项法规”知识竞赛活动，22个场处级党委近500名党员干部参加比赛；两级电视台开办辅导专栏13个，播放两项法规专题讲座53期。抓好“三廉”教育。局场两级共对297名新任干部进行任前考廉，其中场处级干部26名；场处级党委书记专题宣讲两项法规61次。加强家风建设。共开展多种形式“家庭助廉”活动45次，组织各级领导干部家属参观八五二农场廉政教育基地856人次，开展征集家规家训活动38次，征集家规家训438条。抓好省委巡视反馈意见整改工作，按时完成省委巡视组移交的270个问题线索处置任务，针对巡视发现的问题制定整改方案，将4个方面、14个具体问题落实到主责部门和责任部门，确定62项整改措施，明确整改时限和督办要求，整改措施已经落实到位。加大纪律审查力度，共受理各类信访件381件次，初核问题线索260起，立结案161件，给予党纪处分143人，政纪处分45人，双重处分27人，涉案金额3483万元，挽回经济损失1169万元；全年启用办案中心18次，立案8起，与司法部门联合办案4起，突破违法犯罪重大案件2起。

理论学习　以深入学习贯彻落实习近平总书记系列重要讲话精神和习近平总书记两次对黑龙江讲话精神为主，以进机关、进社区、进企业、进家庭、进田间“五进”宣传为目标，以用宣传条幅、宣传版、电子屏、电视片头片尾等多种宣传相结合的方式，营造宣传强势。电视台开设“学习总书记讲话、全力谋划振兴之路”专栏，共制作节目17期；红兴隆网开设“学习贯彻落实习近平总书记讲话专栏，推送全局学习贯彻信息120余条；“魅力红兴隆”微信公众服务平台推送两期专题信息；更换立柱式广告牌宣传内容45块，制作宣传牌183块，悬挂条幅483条，利用各类电子屏、大屏幕高频率播出省和总局确定的宣传标语。组织开展学习会403场次，领导班子成员参与学习率100%。每个场处级单位撰写调研文章24篇。组织党校讲师成立宣讲团，深入基层举办“十八大精神、十八届五中全会精神宣讲专题讲座”13次，共有3000余名党员干部和群众参加学习。组织开展学习习近平总书记在黑龙江代表团所作重要讲话精神体会文章撰写、领导干部理论文章网评、党委书记讲党课送基层活动，共撰写心得体会和理论文章203篇，制作党课25部。在全局开展理论学习活动创新工作，并将创新工作列入年终目标考核。在垦区宣传思想工作调研活动中，有两篇调研报告荣获二等奖、三篇调研报告荣获三等奖，两篇理论文章荣获北大荒精神新内涵研讨活动成果奖。

宣传　紧紧扭住“十三五”发展目标任务、“五大发展”理念、中国农垦系统改革等重点，围绕“国家安全食品生产基地建设”“农业产业化经营”“两大平原现代农业综合配套改革”“经济社会体制机制创新”等重点工作，宣传好管理局各项事业取得的新成就、新突破、新进展，打造新闻舆论强势。组织开展“讲好故事，传递好声音”走基层采访活动，共采访稿件57篇。在省级以上媒体发稿3224篇。其中，省以上报刊发稿1230篇，省级以上网站发稿1994篇。《北大荒日报》发稿3833篇，其中，一版头题30篇、要闻版头题27篇、要闻1755篇；《北大荒文化》发稿40篇。结合重点工作对红兴隆网进行改版，将生态旅游设置为滚动页面，新增加2个版块和3个栏目。在淘宝网建设“红兴隆特色农产品展馆”，承担确定的“互联网+旅游”宣传重点工作。组织开通官方微信公众平台17个，统一建立“微信矩阵大厅”；与国内知名自媒体“今日头条”和省内影响力较强的微信公众平台“黑龙江自驾游”进行合作宣传，在“今日头条”共开通账号13个；组织开展“扫二维码，赠旅游奖券”、第三届感动红兴隆人网络评选、第三届农都杯网络书画摄影展、争做中国好网民系列活动、培育和践行社会主义核心价值观微电影展播、垦区大V走进红兴隆等活动。在“今日头条”发布信息28条，阅读量1.78万次，“黑龙江自驾游”转发旅游信息2条浏览量过万次，6万余人次参与扫二维码活动，收到各类选票超过6万张。红兴隆网年度发布信息16132篇，点击量300万次；魅力红兴隆微信公众平台年度发布信息39期，关注用户19102人，浏览量161451次。印发《红兴隆管理局网络安全与信息化工作规程》和《红兴隆管理局网络舆情处置工作标准》，统一推广使用“舆情通”网络舆情系统，建立舆情监测“日报日清”管理制度，全局共监测交办舆情18件，上报总局党委网信办10件，未发生重大舆情事件。

精神文明创建　围绕引领和适应经济发展新常态做好典型选树工作，开展红兴隆第三届“感动红兴隆”人物评选工作。注重发挥典型引领示范作用，管理局以上表彰和宣传各类典型近200

名，撰写典型事迹材料50多万字，制作视频48个。强化典型宣传，利用红兴隆网、红兴隆电视台、魅力红兴隆微信公众号重点宣传140名典型的事迹。选树青年典型5人，举办巡回事迹报告会5场，2600多人现场聆听报告。各场处级党委围绕转方式调结构等方面选树宣传各类典型230多名。开展典型代表进社区、进学校、进区站巡讲活动近100场次。深入开展新市民教育培训活动，开展各类集中活动500多次，受教育人数达11万人。弘扬传承北大荒精神，充分利用好各类红色教育资源，各类教育基地共计接待参观者6万多人次。利用红兴隆网开办“峥嵘岁月”栏目，展播垦荒故事，宣传北大荒精神。各中小学普遍开展老垦荒战士进课堂活动，对在校学生进行北大荒精神教育。注重传统美德教育，开展“传承家庭美德、树立良好家风”活动，举办家规训家风征集、评比、演讲活动50多场次，展播优秀家训、家风故事142篇。开展“身边的感动”道德主题微电影拍摄活动，全局制作微电影13部，作品以身边好人为原型，在魅力红兴隆微信公众号和各农场进行展播。强化理想信念教育，举办管理局纪念建党95周年书画展，展出优秀作品90多幅；开展“学党史、知党情、跟党走”主题宣传，举办唱红歌、观看爱国影片等活动80多场次。突出诚信教育。双鸭山农场制定诚信奖惩办法，出台《金融活动诚信指导意见》，职工贷款偿还率和准时率在双鸭山地区处于前列。二九一农场开展失德失信治理，在公共场所设置提示语宣传牌70多个，在领导干部中实行诚信承诺制。五九七农场在商户中开展诚信经营电视承诺活动，建设“诚信联盟”3个，建立三类服务人员诚信档案66个，开展诚信商户星级评比授牌活动，在果农中开展“种诚信树，做诚信人”活动。推荐省级农村精神文明建设工作先进典型2个，管理局局直成为省精神文明建设典型。深化志愿服务活动，突出品牌化建设，创建北兴农场“党员固定活动日”、局直城管局“环卫工人爱心驿站”、“宝山一家亲”、“红旗岭和谐e家”、“五九七微心愿”等志愿服务新载体。八五二农场1730名志愿者为两大赛事提供30余项服务，得到国家体育总局和省体育局的首肯。累计开展志愿服务9万多人次。开展读书月活动，全局各中小学结合“书香校园”开展读书朗诵诗会、读书征文、好书交流等活动500多次。开展我们的节日活动，注重加强传统美德和爱国主义教育，开展活动100多场。

文化活动 加强文体设施建设，争取上级资金1900万元，筹备建设管理局室外田径场，双鸭山农场、曙光农场体育馆和八五二农场抛竿池建设；争取上级资金250万元，为宝山农场、饶河农场、八五二农场、北兴农场和管理局购置室外舞台灯光、音响。管理局代表垦区参加全省第二届农民文化节会演，并送文化下乡演出10场。“放歌红兴隆”夏季群众文化活动，完成四场专场演出任务。品牌赛事有序推进，国家两赛在八五二农场成功举办。全局羽毛球、乒乓球、排球和局直篮球赛成功举办。与教育局联合组织管理局第一届中小学生足球赛和第三届少儿乒乓球比赛圆满完成。八五二农场组队代表垦区参加黑龙江省第七届健身气功站点联赛，获得大舞团体冠军、大舞个人亚军和体育道德风尚奖。八五二农场组队代表垦区参加全省电视牌王争霸赛，获得亚军；管理局组队代表垦区参加“黑龙江省第一届社会体育指导员素质大赛暨第三届全国社会体育指导员素质大赛黑龙江选拔赛”，获得团体三等奖、体育道德风尚奖，并有4人获6项个人三等奖，管理局的陆喜英在全省“最美社会体育指导员”评选中获得垦区唯一一个全省十佳“最美社会体育指导员”称号。

统战 组织开展扶低解困工作，落实统战帮扶对象17户，开展宣传教育38余次，统战干部入户访谈400余次，收集意见100余条，开展各项服务解决实际困难350余件。引导非公有经济人士感恩回报社会，各统战人士赞助开展各项文化活动等15余次。强化与统战人士的联系，召开统战人士座谈会、情感教育活动10余次。局直政协委员上报提案8个，6个提案获优秀提案奖，优秀提案占上交提案的70%以上。提升宗教管理能力，对宗教活动场所及活动人员情况进行登记调查摸底，层层签订《抵御境外渗透，维护社会稳定“责任状”》，增强抵御境外势力渗透的防范能力。联合安全、公安、消防等部门共开展宗教场所安全检查70余次，使宗教活动场所管理规范化、法制化。

政法 推进“平安法治红兴隆”建设，所属农场100%保持省级“平安农场”称号。政法系统6个集体3个个人获得省级奖励，10个集体53个个人获得总局级奖励，其中获得三等功12人次，嘉奖36人次。五九七农场司法分局荣获第五届全国法律援助工作“先进集体”称号。启动“争创全国平安建设先进单位”和“互联网+工程”，开通“平安红兴隆”官方微信公众平台，与微信群、QQ群及互联网站共同形成“平台、网群、网站”一体化运行新格局。利用道德讲堂、法治讲堂、法律大集、法治六进等载体，举办各类群众性法治文化活动400余场次。强化视频监控“天眼工程”建设，逐步构建“点线面全覆盖、网格化全封控”的总体格局。在全局4332个商业网点、企事业单位、科技园区、居民小区及管理区作业站共安装视频监20374个，安装治安卡口45个（联网35个）。与辖区70多家银行系统和局直18家重点单位建立视频报警联动。饶河农场对边境进行“点对点”推进，对全场39家重点单位、主要街道路口安装视频监控。公安局立刑事案件908起，破500起，破案率为55.06%。抓获违法犯罪嫌疑人212人，执行逮捕101人，移送起诉200人，抓获网上在逃人员26人。查获吸毒人员345人，缴获毒品64.68克，挂牌成立13个社区戒毒、社区康复工作站。破获“邪教组织”案件2起，收缴反宣品400余份。检察机关受理反贪反渎案件14件14人，涉案金额150余万元。法院受理各类案件2959件，审、执结各类案件2443件，执行到位标的0.53亿元，为垦区企业清回欠款2187万元。司法机关为各农场法律服务所代理诉讼和非诉讼案件920件，代写法律文书540份，法律咨询1200人次，法律援助46件，避免和挽回经济损失960余万元。开展

社会矛盾纠纷排查化解工作，调处纠纷1400余件，调解成功率达到98%以上。排查不稳定群体13个，涉及360人，落实稳控措施人员113人次，有效控制重点人外出49人次，成功化解处置群体性事件2件。加强重点人员管控，排查出各类重点人员440人，精神病及疑似精神病人544人。司法局在垦区率先建立社区矫正视频指挥系统和司法行政工作网络视频会议系统，全局共新增社区矫正人员93人，教育矫正人员2400人次，期满解除81人，目前在册134人。新增释解人员55人，安置帮教总数242人。开展涉危涉爆公共场所隐患排查工作，加强对重点部位管控，共排查各类场所6064处，查处火灾隐患3931处，责令“三停”单位139家，临时查封13处，确立重大火灾隐患4家。对100余家寄递物流企业的循环检查，对辖区21家煤矿、15家采石场、18家剧毒化学品科研教学单位、19家涉枪弹单位实施全日制监管，停产停业整顿爆破作业单位3家，整改涉爆隐患17处。对全局14个综治（维稳）工作中心、87个综治（维稳）工作站建设运行情况进行全面梳理和实地督导，将服务管理资源向网格、家庭延伸，建有一级网络14个、二级网络95个、三级网格1293个，网格队伍专（兼职）成员一级73人、二级381人、三级4743人，服务管理不断向基层延伸，体系不断完善。建立健全“三级联调”化解机制，形成司法、行政、行业、民间“四位一体”的无缝隙矛盾联调格局，全局建立起各类调解组织200个，专（兼职）人员555人。

关心下一代工作　开展以“两史三爱”为主题的各类教育实践活动，15支“两史”教育报告团采取作报告和座谈会等方式对青少年进行“两史”教育，做报告76场，召开座谈会32次，受教育青少年3.1万人次。154个关爱工作团的1250余人采取各种方式帮扶、帮教、救助贫困青少年352人，关工委参与发放助学金100余万元。在假期中，各单位关工委开展“中华魂”主题读书活动，举行读书演讲26次，讲故事活动182次，参加青少年2.3万人次。在省关工委组织表彰“四个十”评比活动中，八五三农场“关爱标兵”余际忠、管理局一高“读书状元”王一然获奖。管理局关工委、五九七农场关工委、八五二农场关工委被评为总局关工委宣传工作先进集体，有6人被评为总局关工委宣传工作先进个人。在农垦总局关工委、教育局、团委联合举办的“中华魂”读书演讲比赛活动中，管理局选送的3名选手取得一等奖一名、三等奖2名，管理局关工委获优秀组织奖。

工会　各级工会组织充分激发职工创造活力，推动管理局经济社会发展。深化争创“工人先锋号”活动，开展各类劳动竞赛活动1000多场次，企业和职工参赛率达95%以上，涌现出场处级“工人先锋号”126个，为企业和单位增加经济效益近亿元。红兴隆电业局检修班组被评为全国工人先锋号。全面开展以“提一条优秀合理化建议”等为内容的“十个一”活动，职工累计提合理化建议900多条，进行大小技术革新改造200多项。加大创建劳模创新室工作力度，命名白琳劳模创新工作室等15个管理局首批劳模创新工作室。深化“中国梦·劳动美”主题教育，拓展劳模创新大讲堂活动，共开展活动100多场次，播出劳模专题片100多部。全面维护职工合法权益。依法落实厂（场）务公开民主管理工作，建立完善场长（行政负责人）与职工代表对话会、恳谈会、接待日、民主议事会等制度，各农场对等30余项职工群众所关心的难点、疑点、热点问题及时公示，场务公开建制率和公开率实现100%。依法开展集体协商等维权工作。健全职工信访和矛盾纠纷排查、调处、化解工作机制，各工会共接待来信来访80人次，其中困难帮扶类31起，受理农民工和困难职工法律援助申请19件。推进“共富升级”工程，为职工提供共富无息贷款1400万元，领导干部与纳入管理局帮扶体系的406户困难和低收入职工家庭结成帮扶对子，采取提供资金、信息、技术等多种形式帮扶。春节期间筹集款物218万元，走访企业13家、慰问一线职工5847人，慰问困难职工家庭5852户，慰问劳动模范71人，放款物195万元；帮助困难职工解决突出困难和实际问题3000多件次。目前全局已建立困难职工帮扶中心（站）22个，筹集款物折合人民币365万元，走访慰问、救助9084户，安置就业151人，开展法律援助和心理咨询等326人次。开展“金秋助学”活动共筹措助学资金60.5万元，资助766名困难职工家庭和考上大学子女顺利入学。全局举办各类职工技能培训班（职工学历教育）600多期，培训职工5万多人次。推进自营经济和第三产业发展，全局自营经济总产值和利润分别实现57.87亿元和23.46亿元。

武装　开展民兵冬训工作，52人参加训练，其中专武干部10人、现役干部2人，民兵骨干40人。组织开展民兵组织整顿工作，调整组建1个民兵应急连，编125人；各农场分别调整组建1个民兵应急排，编45人。通过整顿，民兵数质量分布情况、年龄结构、干部配备更加趋于合理，民兵整体素质明显提高，应对各种突发事件和遂行作战任务的能力有基本保障。组织开展民兵集训工作，管理局人武部机关和11个农场武装部共协调民兵75人参加集训。抓好管理局学生军训工作，在学校开学前夕，对局直2所高中、2所初中2000余名新生进行军训。

（黄炳科　王殿春　闫娟）

2016年红兴隆管理局基本情况及国民经济主要指标完成情况统计表

项 目	计量单位	管理局	友谊农场	五九七农场	八五二农场	八五三农场	饶河农场	二九一农场	双鸭山农场	江川农场	曙光农场	北兴农场	红旗岭农场	宝山农场	宝利采金	局直
管理区数	个	74	11	6	9	7	9	4	5	5	5	8	3	2		
总户数	户	136728	35827	13006	21318	14378	5370	8061	7206	5510	4725	7773	3741	1496	1412	6905
总人口	人	338537	102594	29242	47208	33496	12426	19762	15443	12510	10586	20121	9552	3535	2576	19486
男性人口	人	173245	52165	16656	22663	17702	6257	9941	7749	6385	5185	9955	4857	1979	1343	10408
女性人口	人	165292	50429	12586	24545	15794	6169	9821	7694	6125	5401	10166	4695	1556	1233	9078
少数民族人口	人	7350	2508	1404	1105	622	97	485	81	234	7	509	103	130	22	43
地区生产总值	万元	2043864.7	372255.2	221968.7	288505	254814	142648.3	122501	77369.1	112663.4	82657.5	108545	116957.1	29112.3	1146.2	112721.9
人均地区生产总值	元	60373.5	36284.3	75907.5	61113.6	76073.0	114798.2	61988.2	50099.8	90058.7	78081.9	53946.1	122442.5	82354.5	4449.5	57847.6
工农业总产值	万元	2520524.2	553474.3	274877.2	358430.4	359648.5	151856.6	147071.7	81487.9	157650.5	80533	135083.5	133892.2	37117.1	3817.8	45583.5
粮食总产量	吨	3951671	1022242	352014	500010	598657	274326	361783	140456	175862	101328	208916	142816	70102		3159
固定资产投资总额	万元	132333.32	13286.36	6150.5	13492	17015	20931	11802	10769.5	4456	5485.96	10234	7318	2578		8815
在岗职工工资总额	千元	2382102.4	475521.5	237937	311747.7	181957.8	178590.9	171268.7	113034	87084.8	42451.9	139644.5	117844.4	27949.9	8434	511032
在岗职工平均工资	元	33261	33405	31985	31445	26579	48086	28026	31062	23826	18088	31882	39177	24713	18659	160940
人均可支配收入	元	24602	26030	24750	23597	25301	27338	20100	22882	24148	20047	24552	21965	21660		29628

友谊农场
友谊分公司

分公司总经理、农场党委副书记：来永见，1979年9月出生，山东省莒县人，中共党员，研究生学历，高级工程师。2002年7月参加工作，2013年10月任分公司总经理，2014年1月至2016年3月任农场党委书记，2016年3月任农场党委副书记。

农场党委书记、场长：王建军，1967年1月出生，浙江省余姚县人，中共党员，本科学历，教授级高级政工师。1984年12月参加工作，2016年3月任现职。

党委副书记、纪委书记：

高　波（2010.6—2016.7）

党委副书记：

杨宪卿（2016.10—）

纪委书记：

于　君（2016.10—）

副场长：

孙永庆（2009.3—2016.10）

王照泉（2013.5—）

柳德一（2016.12—）

副总经理：

刘永安（2009.12—）

孙玉岐（2010.7—）

夏志敏（2011.3—）

张秀国（2013.5—2016.3）

苏东海（2014.4—）

高　山（2016.7—）

财务总监：

程立东（2013.5—）

工会主席：

杨宪卿（2010.2—）

党委委员：

孙玉岐（2006.6—）

张　宇（2008.9—）

孙永庆（2010.9—2016.10）

杨宪卿（2010.9—）

邓正茂（2014.4—）

概况　友谊农场、分公司位于黑龙江省友谊县境内，地处佳木斯市东南部、双鸭山市东北部，三江平原大片沼泽地边缘。地理坐标为北纬46° 28′ 15″～46° 58′ 39″，东经137° 27′ 50″～132° 15′ 38″，东与宝清县为邻，西与集贤县接壤，南依双鸭山市，北邻富锦市。农场、分公司东西一长56公里，南北宽44公里，土地总面积188812公顷，是全国垦区土地面积最大的农场，也是北大荒农业股份有限公司土地规模最大的分公司。其中，耕地110429公顷（由于复垦比上年增加629公顷）、林地19192.5公顷、园地405公顷、牧草地7793公顷、苇塘7058公顷、水面6411.6公顷、可垦荒地7882公顷、场址道路及其他建筑占地22654.7公顷，其他土地6986.2公顷。

农场、分公司地势走向为西南高，海拔70～105米，东北低，海拔59～64米；土壤肥沃，场域土地含腐殖质的土层厚度一般在25～80厘米；水资源丰富，地下储水量约3000亿立方米；所在区域属黑龙江省第二积温带下限、第三积温带上限，2016年有效积温2802.6℃（大于等于10℃），年日照时数2024.7小时，年降雨量579.7毫米，年平均风速2.3米/秒，适宜各种农作物生长，主要生产水稻、玉米、大豆、西香瓜、花生等。

2016年，农场、分公司粮食总产102.22万吨，其中，水稻58.83万吨、玉米41.74万吨、高粱0.13万吨、大豆1.44万吨、薯类0.08万吨。农场、分公司三大产业协调发展。第一产业实现增加值21.99亿元，比上年增加1.34%；第二产业实现增加值6.90亿元，比上年减少10%；第三产业实现增加值8.33亿元，比上年增加10.18%。实现生产总值37.22亿元，比上年增加0.98%。人均实现生产总值36284元，比上年增加0.69%。社会事业同步发展。农场甲级卫生机构覆盖率、低保覆盖率、中小学入学率、从业人员五项保险投保率均100%。农场、分公司职工家庭人均可支配收入26030元，比上年增加8.32%。友谊农场再次入选全国红色旅游经典景区，成为黑龙江省入选的12处景区和黑龙江省垦区仅2处入选的景区之一。

种植业　落实水稻、玉米、大豆绿色高产高效创建项目面积9.89万公顷，占农场耕地面积的98.9%，落实单位涉及11个管理区，89个作业站。制定《绿色高产高效创建项目实施方案》，成立项目领导小组，图、档、卡、册、牌内业规范齐全。以市场为导向，扩稻，减玉、增经饲，其中玉米种植减少2667公顷，大豆增加2667公顷，经济作物增加133公顷，实现农业"三减"面积1467公顷。落实农牧综合试验项目七项，完成水稻振捣提浆面积22.16公顷，水稻坡地旱播滴灌面积25.9公顷，鸭稻共作面积51.33公顷，蟹稻共作面积44.27公顷，鹅玉共作面积31公顷。水稻大棚二次利用发展食用菌落实331.5万棒，完成香瓜网上众筹预售1000公斤，完成西红柿订单销售120栋棚，黑豆、水稻、高粱、马铃薯等订单农业均实现历史性突破。发展有机农业，绿色食品监测面积达到90667公顷，有机产品认证面积8667公顷，完成西瓜质量追溯项目240公顷。克服春涝灾害，确保各作物播期，而且顽强抵御"狮子山"台风，在三大作物受灾面积达30%的不利条件下，开展抗灾自救，全面完成收获任务，实现粮食总产102.22万吨。耕地全面积黑色越冬、全面积秸秆禁烧，完成旱田起垄28400公顷，秸秆还田86667公顷。

农业基础设施建设　小型农田水利建设项目总投资420万元，建设内容为11个管理区建筑物配套工程新建桥7座、方涵18座。小型农田水利设施建设补助专项资金项目总投资317.99万元，建设内容为第一管理区扁石河清淤9.59公里，护岸0.55公里，堤防加高培厚0.6公里等。田间道路维修项目总投资1317.6万元，建设内容为砂石路24条，共计62.194公里，沥青路面维修面积2478平方米。2013年小水补建总投资210.24万元，建设内容为第十一管理区第五作业站建方涵4座，田间路6.218公里，沟道清淤3427延长米。

农业机械　利用国家农机购置补贴政策，持续农机更新，增加农机科技含量，利用国家补贴资金1107万元、新型国家补贴资金298万元，更新高性能及步进式插秧机108台、水田轮式拖拉机 70 ~ 100 马力段机车 110 台、搅浆埋茬机 59 台、振捣提浆机 5 台、侧深施肥机 7 台、激光平地机 4 台、小型履带式收割机 43 台、大型轮式收割机 9 台、橡胶行走履带 1 副、链轨式半履带 7 套等，有效提高水田农机标准化作业水平；购入大型移动式水稻（玉米）低温烘干机 6 台、GPS 卫星导航与自动驾驶系统 5 套，引进 110 马力至 155 马力轮式拖拉机 35 台、220 马力轮式拖拉机 3 台等，促进旱田农机整体结构的优化。农业机械保有量达到 43200 台件，农机化率水平到达 98.6% 以上，农机总动力达到 42.7 万千瓦，比上年同比增长分别为 5%、0.1% 和 2%。

林业　有经营面积 186825 公顷，其中，非林地 169418.3 公顷，林地 17406.7 公顷；恢复经济林建设面积 533.927 公顷，完成计划恢复经济林面积的 85%，林木绿化率 8%、森林覆盖率 8%。发展林下养殖生态鸡 4.5 万只，大鹅 3 万只。利用会议、广播、板报、刷写标语、专题采访等形式，专题宣传森林防火工作形势和防火工作动态，警示群众，自觉参与防火。

畜牧业　年末生猪存栏 3.6 万头，其中能繁母猪存栏 0.4 万头，出栏 5.1 万头，同比上年分别增长 6.9%，2.9% 和 1.3%；肉牛存栏 1600 头，其中能繁母牛存栏 780 头，出栏 1000 头，同比上年分别增长 16.5%，13.4% 和 18.6%；羊存栏 2.3 万只，出栏 1.1 万只，同比上年分别增长 0.1% 和 9.8%；蛋鸡存栏 27.4 万只，鸡蛋产量 3700 吨，同比上年分别增长 0.4% 和 2.8%；大鹅饲养量 16.5 万只，同比上年增长 10%；大雁饲养量 2800 只，同比上年增长 21.7%；鹿饲养量 500 头，同比上年增长 11.4%，畜牧增加值达 1.84 亿元。各项集中强制免疫的应免密度达 100%。

工业　有工业企业 87 家，其中，水稻加工 17 家、玉米加工 12 家、大豆加工 5 家、机械制造及修理 12 家、建材企业 12 家、供暖企业 1 家和其他企业 28 家。完成全口径工业产值 187643 万元，增加值 57380 万元。重点扶持民营企业达产运营。农场、分公司重点帮扶合兴粮油企业在原料收购方面宣传，鼓励农户将玉米销售于该企业，使合兴粮油的酒精产量达到设计能力，年产酒精 6 万吨，消耗玉米近 25 万吨，缓解农户卖粮难的问题。通过禁止农户烧荒等措施，帮助国电生物质发电厂的原料秸秆的收集，收购秸秆 30 万吨，满足电厂全年生产需要。

旅游业　以融入最美农业公园，最靓世界农都品牌推介活动为平台，实施“送出去、迎进来”发展战略；以“旅游日”“儿童节”为契机，与管理局商务局联合组织的“免门票、畅游园，红兴隆人游红兴隆”主题活动；以“幸福家乡欢乐游——友谊一日游”、儿童节“庆六一、游名园”景区特惠活动为载体，与周边知名旅行社合作，促销旅游，做旺人气。加大旅游户外广告宣传，哈同高速公路设置桥体广告，在富锦、宝清、集贤、红兴隆管理局出口处等路口位置设立景区指示牌，提升农场旅游业的知名度。围绕“打造旅游名场”的目标要求，投资 1200 万元重点建设 5 个旅游项目，打造 3 家特色农家乐旅游定点饭店，提升农场旅游整体接待能力；建设智慧景区旅游项目，景区门票实现在线交易；扩建农机展销区项目，促进景区展厅的高效利用；增设农机驾驶体验项目，提高景区游客参与性；招商新建儿童亲子水乐园项目，在旅游旺季投入使用，农场、分公司全年共接待游客 15.5 万人次，旅游收入同比上年增长 46%。

互联网 +　开展“互联网 + 农业、+ 旅游、+ 电子商务”等工作，逐步实现互联网与绿色有机认证、订单农业、质量追溯、作业监控、产品开发、网络营销等方面的有效融合。在互联网 + 用于农业生产管理上，农机作业质量监控系统投入使用，利用智能化自动控制系统实现田间实时监测。通过农业信息服务平台，为农户提供农技在线服务，完成物联网 32 个基点建设工作，辐射到农业、水利、农机、仓储、食品加工等行业，实现农业与二三产业交叉渗透、融合发展。充分利用现有资源，农场、分公司成立电子商务创业园区，建立起以电子商务为核心的创新平台，实现资源优化和电商产业链的合理配置。电子商务创业园已入驻企业 10 余家，北大荒鹅业、北大荒米业等企业也分别入驻并上线销售，建立农业互联网生态圈和互联网农副产品生产、销售和推广机制，提高农业生产效率和质量，增加农产品附加值。

小城镇建设　改善居住小区的生活环境，新建厕所 40 余个，投入 7.5 万元栽植紫树槐 25 万棵。投入资金 300 万元用于供暖锅炉及水泵房维修改造，落实节能减排，加大饮用水源地的保护工作力度，推行清洁生产。通过建立环卫工作体系，加强日常环境卫生管理，营造整洁、文明环境。

党组织建设　严格落实党建工作领导负责制，明确“一把手”职责，充分发挥好在本单位中的组织指导、统筹协调、管理服务的作用，全面落实党委书记抓党建工作第一责任人职责。农场党委与各党委（总支）签订责任状 20 份，各党委（总支）与各基层党支部签订责任状 184 份，形成党委有责任、支部有目标、党员有担子的良好氛围。结合“两学一做”学习教育，组织基层党支部书记参加各类学习培训，做到党员参与无死角，学习教育全覆盖。两级中心理论组集中学习 44 次，党委书记做专题学习辅导报告 15 次，全场党员干部累计集中学习时间 18 天，撰写心得体会累计 3300 余篇。举办基层党支部书记培训班 1 期、入党分子培训班 1 期、基层党支部书记研讨班 1 期、提高领导干部执行力培训 1 期，累计参与约 1100 多人次。切实抓好农场三级班子和干部队伍建设。逐级签订领导干部失职责任追究责任状，加大对重点工作推进落实责任追究和跟踪问责，深入查摆问题，及时掌握发现新问题，尤其是对职工群众反映强烈的问题对待，重点解决，让群众满意。

宣传　围绕“两学一做”、绿色农业、文化旅游、民生保障等内容进行重点报道。在《北大荒日报》发稿 400 余篇，在《黑龙江经济报》发稿 74 篇，《黑龙江日报》发稿 26 篇，人民网、东北网发稿 38 篇，《中国农垦》发稿 2 篇，红兴隆网发稿 632 篇，超额完成全年新闻任务。在黑龙江省电视台播发新闻 7 条；在总局电视台播发各类新闻、专题稿件 108 条，其中北大荒新闻发稿

53条，头条新闻11条；北大荒广播电台、网络电台等播发各类新闻稿件160多条；给红兴隆电视台播传送新闻181条，对内制作新闻912条。通过开展“传承家庭美德、树立良好家风”等活动，共征集家风家训102条、作品55幅。征集“好网民优秀故事”10篇，“好网民流行语”20条。

文化建设　有图书馆（室）27个，博物馆2个，文化馆（站）17个，文化广场28个，面积达118069平方米。开展核心价值观宣传活动，悬挂宣传标语960条、条幅200条，设立宣传栏12个，更换擎天柱广告9个，新增桥体广告2处，拍摄“用身边人、讲身边事”的微电影一部。开展迎新春联谊表演，举办首届羽毛球锦标赛，组织122余人参加红兴隆广场文艺演出，选送100多幅作品参加管理局庆祝中国共产党建党95周年书画展及第三届“世界农都杯”书画、摄影作品网络大赛。

社会事业　落实好社会“五项”保险政策，参加基本养老保险23611人，基本医疗保险42806人。安置城镇新就业885人，城镇登记失业率控制在4.5%以内。共为144个家庭，254人办理临时救助，已救助资金37.09万元。对符合救助条件的低保家庭、“三无”老人、重度残疾人及家庭特别困难的贫困群体提供的材料审核，共为119户贫困家庭发放医疗救助金39.52万元。对60年代精退人员补贴标准进行调整，由原来的500元/人/月调整为560元/人。筹集助学资金23.1万元，资助困难学生126名。以“职工共同富裕行动升级工程”为主线，帮扶困难职工家庭1888户，新增帮扶项目30余项，筹资172万元帮助50户低收入职工家庭落实致富项目，年底全部实现脱贫。将水稻育秧大棚二次利用与精准扶贫相结合，由党员帮扶人利用入股分红的形式来帮扶贫困户，使133户贫困户顺利脱贫。以基本公共卫生服务逐步均等化工作为重点，建立居民健康档案6万多份。农场、分公司甲级卫生机构覆盖率、低保覆盖率、中小学入学率、从业人员五项保险投保率均为100%。农场、分公司职工家庭人均可支配收入26030元，比上年增加8.32%。

（袁福兴）

八五二农场
八五二分公司

分公司总经理、农场党委副书记：王君革，1966年9月出生，山东省莒县人，中共党员，本科学历，政工师职称。1982年9月参加工作，2011年5月至2016年3月任现职。

分公司总经理、农场党委副书记：王向平，1963年9月出生，四川省邛崃人，中共党员，农业推广硕士学位，高级农艺师职称。1985年8月参加工作，2016年3月任现职。

场长、党委书记：吴转丰，1962年11月出生，安徽省枞阳县人，中共党员，本科学历，高级工程师职称。1983年8月参加工作，2010年1月至2016年10月任现职。

场长、党委书记：孙永庆，1963年4月出生，吉林农安人。中党党员，本科学历，高级政工师职称。1981年12月参加工作，2016年10月任现职。

党委副书记：

赵德清（2012.1—2016.10）

陈　姜（女，2016.10—）

纪委书记：

赵德清（2012.1—2016.10）（兼任）

宋　烨（2016.12—）

党委委员、工会主席：

陶孝民（2011.3—2016.12）

陈　姜（女，2016.12—）

副场长：

姜龙生（2001.1—2016.7）

尚联合（2012.1—2016.4）

武斗南（2016.10—）

文安宝（2016.10—）

分公司副总经理：

陈树斌（2008.8—）

李兴文（2010.9—）

任海年（2013.5—）

张　毅（2013.5—）

分公司财务总监：

韩立彬（2013.5—2016.7）

张洪丰（2016.7—）

党委委员：

陈树斌（2010.9—）

任海年（2010.9—）

车国荣（2010.9—2016.12）

陶孝民（2011.3—2016.12）

李兴文（2013.3—）

尚联合（2013.3—2016.4）

栾居伟（2014.3—）

概况　八五二农场、八五二分公司位于黑龙江省东部，完达山北麓，挠力河中游，宝清县境内。地理坐标北纬46°6′30″～46°37′30″，东经132°18′～132°54′。东部以蛤蟆通河为界与八五三农场接壤，南靠完达山林区与迎春林业局、八五四农场相邻，西至小森别河与宝清县朝阳、万金山、尖山子3个乡相接，北至挠力河与宝清县东兴乡隔河相望。农场地域南北长57公里，东西宽46公里，总面积1363.14平方公里。农场地处于三江内陆断陷区，平均海拔50～100米，地貌类型多样，分为山区、丘陵漫岗、平原、洼地4种类型，4种地貌在境内由南向北分布。

八五二农场（分公司）下设12个管理区（8个农业管理区以及场直管理区、红旗管理区、和平管理区、林业管理区）和蛤蟆通灌区管理处、供热供水管理站。事业单位包括公安分局、检察室、司法分局、南横林子人民法厅以及农场职工医院、农场初中、小学和幼儿园。辖区内总户数21318户，总人口47208人，流动人口2602人，有职工9713人（其中分公司员工3845人，事业单位621人）。农场党委下设17个党委（总支），135个基层党支部。

2016年，八五二农场（分公司）应对春涝低温、夏季干旱和“狮子山”台风等自然灾害带来的不利因素，完成总播面积79407.4公顷，通过调结构、优品质、强基础等措施，实现粮食总产10亿斤，平均公顷产量6345公斤，完成工业总产值14.42亿元、工业增加值5.36亿元、工业销售利润1.3亿元。实现地区生产总值28.85亿元，营业总收入1.9亿元，居民人均可支配收入23597元。

种植业　播种玉米23267公顷，豆类40733公顷，水稻14733公顷，实现特色豆类公顷均利润3900元以上，公顷利润比玉米高6000元，比普通大豆高2625元。全场21667公顷特色豆类实现利润8450万元。发展绿色有机农产品，绿色有机食品监测面积53333公顷，“三减”示范面积2133公顷。在8个管理区全面开展测土配方施肥整建制推进，生产配方8500吨，可施用面积达3万公顷，减少化肥施用量900吨。推广水稻黄腐酸有机肥200吨，使用面积1333公顷。扩大需肥量少的小粒豆、红小豆种植面积达18667公顷，比常规大豆种植减少化肥使用量30%。创建全国农作物病虫害专业化统防统治与绿色防控融合示范基地，飞机航化作业33333.33公顷。

农业机械　全面落实农机购置补贴政策，加大先进适用型农机推广步伐。投入4600余万元，引进先进农业机械400余台套。创新农机管理模式，以管理区为单位成立农机联合体。实行农业联合体准入制度，凡享有承租土地资格的人自愿加入合作社。整合农业、农机、科技、教育等资源，重点引进和推广先进适用、性能优良、质量可靠，适合土壤状况耕作模式的农业机械。举办农机培训班5次，培训百余次，培训各类农机管理、驾驶操作人员1万余人次。在用农具场达到“五化”标准，农机具入场入库率在90%以上。层层签订全年和秋季农机安全生产责任状，进行安全考试和安全教育，签字受教育率均达到100%。6月，农场被农业部授予“全国主要农作物生产全程机械化示范县”称号。

畜牧业渔业　以实现畜牧增效、农民增收为目标，“转方式、调结构、稳增长”，不断补齐农牧发展不均衡的短板，通过犇犇牧业带动现代畜牧业发展。年末奶牛存栏1950头、肉牛存栏2980头、羊存栏4907只、生猪存栏5654头、家禽存栏4万羽。种植全株青贮玉米、紫花苜蓿、优质燕麦813公顷，生产优质青贮饲料15631吨，紫花苜蓿和燕麦9071吨，优质饲料100%无公害供给，生产鲜奶优质率100%。犇犇牧业年内产奶4200余吨，鲜奶销售收入1252.87万元。采用西门塔尔牛与本地黄牛杂交改良进行杂交改良，对现有牛群进行结构调整，更新换代。采用蒙贝利亚牛冻精对低产奶牛进行杂交改良，购置蒙贝利亚牛冻精750只，对290头低产奶牛进行改良。推广杜长大三元杂交、人工授精、母猪生产能力配套等技术，免费进行畜禽重大疫病防控，免费对牛、羊实施春秋“两病”检疫，做好口蹄疫、高致病性禽流感等重大动物疫病防控工作。对辖区内的猪强制免疫1.2万余头次、牛0.9万余头次、羊1.3万余只次、禽类10万余羽次、炭疽强制免疫1.1万余头次，规模场、散养户免疫率均100%。加大水产行业投入，全面开展标准化渔业养殖，以养为主，增捕结合，蛤蟆通水库引进白鱼、青鱼等特优品种70万尾，投放花白鲢等鱼苗510万尾，养殖河蟹200公顷，特优鱼类网箱养殖100平方米，成鱼养殖、鱼种培育均获成功，为垂钓中心提供钓鱼7万公斤。捕捞销售鲜活商品鱼27.5万公斤，产值80.5万元。

林业　完成造林面积20公顷，其中，营造农田防护林7.3公顷，用材林6.8公顷，经济林5.9公顷；完成绿化面积0.25公顷，栽植绿篱646延长米，建设绿色走廊1.3公里。投入70万元，栽植各种苗木8万株。林下养殖野猪1050头，鹿200头，生态鸡、鸭、鹅6万只，蜜蜂1550箱；达成经济林面积33公顷，特色种植中草药18.3公顷；新植红松果林1公顷；年生产食用菌20万袋；苗圃66.7公顷；森林康养产业16处。36年无森林火灾，获垦区森林草原防火工作先进单位称号。

工业　有企业85家，多为微小企业。其中，粮食加工32家、农机加工11家、非煤矿山10家、建材加工9家和木材加工13家，其他10家。有1/3的企业处于半停产状态。完成工业销售收入14.42亿元、增加值5.36亿元、利润1.3亿元。投资2400万元建设的133公顷工业园区投入使用。

教育　投入539.9万元用于义务教育均衡发展，中小学义务教育均衡发展分别通过总局、省和国家验收。为中小学、幼儿园落实土地转让金439.4万元，为小学教育信息化建设投资5万元，投入24.54万元用于均衡发展内业和设施建设，投入2万元建立校园警务室。职教办举办各类培训班45期，培训学员4340人次。农广校有中专生136人，开展远程培训12期，培训学员960人，还与总局农广校联合举办2期职业技能和大学生创业培训，培训学员200人。职教办被评为总局级“新型职业农工培育先进集体”。幼儿园“小白桦艺校”受邀参加2016年黑龙江省少儿春晚演出，两支舞蹈《阳光宝贝》《雪宝宝》荣获金奖，4名教师获得最佳编导奖，“小白桦艺校”被评为最具影响力的品牌艺术教育机构；在第八届“当代杯”全国幼儿教师职业技能大赛中，有22名教师分别获得一、二、三等奖3名，幼儿园被组委会评为优秀组织奖。

卫生与计划生育　有医疗机构78个，有卫生人员450人（医院264人，卫生局7人），基层卫生人员179人。进行“三级质控”和技术指导36次。建立居民健康档案32720份，对高血压和2型糖尿病患者做到面对面随访。建立儿童保健管理档案984份，全部免费体检；对249名孕、产妇建立管理档案249份并进行产前检查。产后访视131人次；建立重性精神疾病管理档案127份，并进行随访。建立老年人管理档案6431份，免费健康体检4693人次。为农场养老院老年人免费健康体检52人次。举办健康教育知识讲座和宣传活动124次，发放宣传单1万余份。全年发生传染病60例。接种出血热疫苗5102剂次。接种森林脑炎疫苗68人份，流感疫苗645针剂，全年共接种一类疫苗3083剂次，二类疫苗接种1979剂次。下基层对疫苗接种单位和学校托幼机构检查33次，开展疾病控制咨询、讲座活动11次，发放健康宣传手册4000余份。完善突发公共卫生应急预案事件的三级监测，全年无疫病发生。出资18万余元，检测出厂水46个单位，末梢水122份。对全场44个公共场所、122家餐饮单位下达卫生监督意见书295份，食品药品监督意见书353份。做好开放二胎以后的计划生育政策解释、政策衔接，严把各项计生扶助奖励政策关，奖扶、特扶共计31人，免费体检率达100%，走访48户计生困难家庭，送慰问金3万余元，为失独家庭投入保险住院补助资金2万元，发放奖特扶资金67.5万元。开展“关爱女孩行动”和“圆梦女孩志愿行动”，发放宣传手册2.6万册和计生物品1.02万份。为新婚夫妇和计划生二胎家庭发放叶酸片1673盒，发放出生缺陷预防知识100问手册2665册。农场荣获全国计划生育协会工作先进单位称号。

社会保障 贯彻就业扶持政策，对4个“危困企业”的84名员工安置到8个农业管理区，享受农场职工待遇，由所在管理区分配基本田，解决其生活出路。申请各类补贴796万元，其中灵活就业社保补贴428万元，基层劳动保障协理员补贴35万元，助残就业补贴1万元，“三支一扶”补贴25万元，失业金稳岗补贴307万元。接待农民工投诉35人次，为农民工追回工资款43万元，为15965名企业退休人员、87名企业离休人员和800名事业退休人员、31名事业离休人员调整养老金。为621名事业在职人员调整基本工资及艰苦津贴，为30名5至6级工伤人员调整伤残津贴。农场场直管理区成为垦区唯一一个被人力资源和社会保障部评为全国人力资源和社会保障系统优质服务窗口的单位。

党建与反腐倡廉 164个届期已满的基层党组织的全部完成换届。在党费收缴专项检查中，补缴党费16.9万元。开展失联党员排查，完成135个基层支部组织关系排查。对74家非公企业党建工作专项排查，建立3个“两新”党支部。开展在职党员进社区“三双”管理“岗位体验”，实现党员考评细化和量化。建立学、改、做、评“四位一体”学做新模式。1200多名有书写能力的党员开展“勤学善做”百日学习活动，党委书记讲党课18次，基层党支部书记讲“党建公开课”百余次。建立“问题清单”，开展“五对照、五查找”主题活动，建立党组织和党员问题清单18份，涉及问题120余件，解决突出问题80余件。建立“职工家庭档案”1.85万份，党员干部“一户一策”精准帮扶285户。实施量化考核，完善党员分类目标积分管理考核标准。对全场204名科级干部“三龄两历一身份”档案进行确认，提拔使用科级干部18人，其中第一学历本科以上大学生干部5人。开展“基层党组织基础建设巩固年”活动，建立党委书记党建第一责任人、党政领导班子成员协同配合的工作机制。规范执行基层党组织“三会一课”、民主生活会等党内十项制度。推进党建载体创新，“在职党员进社区”“三会一课”项目化管理、“党员分类目标积分管理”“进百家门、知百家情、解百家难”主题活动和“一户一策”“微调研”“走亲访民”“楼栋认亲”等活动。推进党委“三重一大”权力公开透明运行工作，建立单位主管领导“六不直接分管”制度，落实党风廉政建设责任制，开展各类党风廉政专题教育活动，提升党员干部拒腐防变能力。全年立案17件，查处违纪干部17人。

文化宣传 开展“四个一”活动，领导干部撰写体会文章85篇，专题学习研讨12次。在“微看八五二”、农场网站等网络平台展示56篇“探索与实践”等理论创新文章。开展党员干部“勤学善做”百日学习活动，有1700篇学习笔记在微信平台及电视台“晾晒”。全年在《北大荒日报》自然稿得分2521，名列垦区第三，在红兴隆管理局排名第一。举办120人参加的新闻培训班、“走笔八五二”“镜头中的八五二”等现场培训。代表管局参加总局级网络安全与信息化管理工作现场会，启动“我为国旗点赞”和“公益捐—情暖重阳”活动。打造“军垦文化”品牌，利用大型媒介会展示树皮画、根雕等文化产品，出版“白桦文化”期刊4期，制定“一线十景”文化旅游规划。成功举办第三届中国龙舟公开赛及全国钓鱼锦标赛。举行“完北垦荒第一犁”纪念碑揭幕仪式，通过媒体宣传、座谈会、书画摄影征文比赛，声乐、舞蹈、曲艺、器乐四项才艺比赛，微电影比赛、环城跑、演讲，排球、篮球比赛等系列活动庆祝建场60周年。代表垦区参加黑龙江省首届牌王争霸赛，获得第二名；代表垦区参加黑龙江省健身气功站点联赛，获得团体一等奖。推进蛤蟆通陈列馆建设，14个文化体育协会开16场文化体育活动，成立由50人组成的军乐团，完成黑龙江省白桦文艺协会注册工作。开展“道德讲堂”新市民培训32次。建立160个典型组成的典型库，推荐“感动红兴隆”人物3人，举办黑龙江省最美护士田瑛事迹报告会。开展魅力白桦志愿服务活动30余场，场直管理区的裴林枝志愿服务队荣获全省优秀志愿服务活动品牌称号。农场被《北大荒日报》社评为报道工作先进农场。

群团 开展“践行新理念·建功‘十三五’”主题竞赛活动。春播、秋收阶段开展大农业劳动竞赛，参赛人员达2580人。“关爱劳模送健康”，为全场238名各级劳模免费体检。走访慰问32名劳模，发放慰问品1万余元，为95名退休劳模发放劳模津贴5.6万元，选送20名劳模外出疗养。为140名无固定收入的职工代表发放补贴2.8万元。发放基层女工干部误工补贴11.76万元，女职工卫生费35.46万元。建立10个自营经济基地，综合专业区6个，专业协会5个，从事第三产业人员达4110人，第三产业实现增加值11亿元。健全“641三心工程”精准帮扶机制，对182户贫困家庭、320人进行全方位扶贫。其中，114户贫困家庭的216人实现脱贫。在“走万家送温暖活动”中，为990户职工家庭送去慰问金71万元。为176名困难学生发放金秋助学资金10.65万元。中央财政帮扶对农场244户贫困户下发帮扶款25.4万元。全场建成职工业校37所，职工书屋24个。场直管理区“白桦职工书屋”被全国总工会命名为职工书屋示范点。农场工会获得垦区唯一全省工会新媒体十佳创意设计奖。

（韩春娥）

八五三农场
八五三分公司

分公司总经理、农场党委副书记： 任世军，1968年12月出生，四川省大英县人，中共党员，本科学历，高级农艺师。1992年8月参加工作，2010年

1月任现职。

场长、党委书记：车国强，1966年5月出生，四川省犍为县人，中共党员，研究生学历，教授级高级政工师。1984年12月参加工作，2012年7月任现职。

党委副书记、纪检委书记、工会主席：李雪，（女，2014.1—）纪检委书记（2014.1—2016.12）、工会主席（2016.12—）

副总经理：

樊建明（2008.9—）

刘建龙（2007.3—）

王绍锋（2013.5—）

财务总监：

孟令森（2010.7—）

纪检委书记：

陶孝民（2016.12—）

副场长：

柳德一（2012.1—2016.12）

魏贤斌（2016.12—）

工会主席：

魏贤斌（2014.1—2016.12）

副总经理：

张承新（2014.5—）

党委委员：

车国强（2012.7—

任世军（2010.1—）

李　雪（女，2014.1—）

樊建明（2016.12—）

刘建龙（2016.12—）

王绍锋（2016.12—）

孟令森（2016.12—）

陶孝民（2016.12—）

魏贤斌（2016.12—）

张业顺（2006.5—2016.9）

周　洋（2006.5—）

周宏彬（2012.12—）

概况　八五三农场、分公司位于黑龙江省三江平原东部，完达山北麓。地理坐标北纬46°21′～46°51′，东经132°21′～133°18′，辖区总面积1228.6平方公里，其中，耕地68000公顷、林地24985公顷、水域17532公顷。东北以越岭河为界，与红旗岭农场相连；东、东南为完达山区，与东方红、迎春林业局相接；西、西南以蛤蟆通河、挠力河为界，与八五二农场、宝清县朝阳乡四合村为邻；北、西北靠挠力河与五九七农场和富锦相望。地形呈枫叶状，东南高，西北低，平均海拔80米，属寒温带季风气候。农场生态环境优良，区域内雁窝岛国家级湿地自然保护区1.9万公顷，有国家级保护鸟类189种，兽类25种，植物500余种。以雁窝岛品牌为主的版画、杂粮、彩绘雁蛋等100多个品种的旅游产品畅销国内外市场，“雁窝岛”白酒被认定为国家驰名商标。

2016年，户籍人口33496人，家庭总户数14378户。实现生产总值25.48亿元，三次产业分别实现增加值14.2亿元、4.9亿元和6.7亿元，粮豆总产实现59.9万吨，居民人均可支配收入达到2.53万元。农场获得中国美丽休闲乡村、黑龙江省“平安农场”、总局“六五普法先进单位”等称号，雁窝岛旅游度假区被评为中国最美生态旅游度假区，雁窝岛国家级自然保护区被评为黑龙江“十大最美湿地”。

农业生产　加大种植结构调整力度，根据市场需求，增加水稻面积、减少玉米面积，农作物播种总面积6.8万公顷，其中，水稻45333公顷，较上年增加3200公顷，玉米11213公顷，较上年减少7333公顷，豆类10434公顷，杂粮1111公顷。粮豆总产59.9万吨。改变传统耕作方式，示范推广“鸭稻”“蟹稻”“鹅玉”农牧结合种植模式，落实水稻振捣提浆、超早钵育、旱直播等试验示范项目，加大“三减”措施应用，改良土壤、降低成本，年减肥650吨、减药6.3吨、减除草剂1.5吨，有效降低生产成本191万元。扩大绿色（有机）作物面积，有机作物面积达6133.3公顷，3333公顷水稻、1.2万吨大米质量追溯项目通过国家农业部农垦经济发展中心验收。投入资金4300万元，实施农业综合开发、补充耕地、老稻田改造等项目，建设高标准农田1433公顷，新建渠系建筑物292座，水泥晒场8.2万平方米，田间路70公里，改造输电线路20.5公里。

农业机械　投入农机更新资金5060万元，更新购置先进农业机械1140台（套）。做好新技术、新机械的试验、示范、推广工作，推广应用大豆精密播种、水稻侧深施肥、水田振捣提浆、旱田播种机施肥监控等农机新技术，推广侧深施肥插秧机、秸秆还田机、高地隙喷药机等各类“三减”机械347台，落实“三减”农机补贴284.8万元。引进移动式低温烘干机械6套，解决水稻收获初期水分大的难题，购进秸秆还田装置100余台（件），补贴水田高脚犁220余台，确保秋收田间无焚烧秸秆现象。

科技　深化基层农技推广体制机制改革与建设，完善“专家—农技人员—科技示范户”“垦区区域农业科技成果推广综合试验示范基地—农场农业科技试验示范基地—作业区新技术展示基地—科技示范户”的双向农业科技成果转化的应用快速通道，健全管理局、农场、管理区、作业站农业科技试验示范网络，对项目实行动态管理。在6个管理区53个作业站优选出53名农业技术指导员，培育指导260个农业科技示范户，建立奖励和淘汰机制。农场推广水稻节水控制灌溉、秸秆还田、测土配方施肥、玉米茬联合整地等节肥、节药、节水绿色高产高效关键技术，开展重点作物品种筛选、农机改进开发、绿色高产高效技术试验等15项共性技术瓶颈攻关。农场继续承担国家农业综合开发科技推广项目（农发项目）课题2项，即大豆和红小豆综合高产栽培技术课题研究与示范，按照技术方案要求，农场建立60公顷大豆高产核心区，推广大豆节本增效、三垄栽培、零速播种、适时早播、绿色测土配方施肥、健身防病等技术措施；建立86.7公顷红小豆高产示范区，推广应用精量播种、苗后安全灭草、中耕深松、健身防病等科技措施；2项课题完成技术指标。农场作为农垦总局粮食绿色高产高效创建项目的示范单位，主要完成水稻、玉米、大豆三大作物的绿色高产高效创建工作。水稻：在四、五、六管理区各设立三个核心区，以第四管理区为主，示范片以六个管理区为单位全面积推进，总面积45333.3公顷，重点推广“三化两管”技术模式；玉米：核心区在第一管理区第二作业站，20公顷，高产创建示范片集中在第一、第二、第三、第六管理区，实施面积13666.6公顷，重点推广“四精两管”技术模式；大豆：核心区在第二管理区第三作业站20公顷，高产创建示范片集中在第一、第二、第三管理区，面积7000公顷，重点推广“三垄栽培”技术模式。3项全部超过创建指标。

畜牧业渔业　招商引资建立4万头生猪养殖基地，万头东北民猪养殖基地，百万只大鹅养殖、孵化、育雏、屠宰、加工、冷冻生产厂。年末，实现奶牛存栏139头（同比上年减少13.1%），肉牛存栏1282头（同比上年增长22.5%），出栏61头（同比上年增长30.6%），羊存栏3110头（同比上年增长37.1%），出栏334头（同比上年减少54.3%），生猪存栏21125头（同比上年减少8.3%），出栏16806头（同比上年增加12.8%），禽存栏15.28万只（同比上年增加59.7%），出栏4.6万只（同比上年增加4.5%），肉类总产量550吨（同比上年增加18.7%）。雁窝岛森林秧歌猪获中国绿色发展中心绿色食品A级食品称号及十七届绿博会金奖。畜牧业增加值5159.5万元。把病死畜禽无害化处理作为2016年的工作重点，雁窝岛酒厂特色养猪场2015年投资30余万元购入的无害化处理机投入使用，使用效果良好。新建无害化处理点，购置无害化处理机器。放养水面1020公顷，其中，池塘20公顷，水库1000公顷，投放鱼种7500公斤，河蟹2500公斤，鱼种越冬2800公斤，成鱼越冬2500公斤。驯化养鱼面积20公顷，休闲渔业点3个。

林业　有林地面积24985公顷，林木绿化率18.2%，森林覆被率18.1%。完成管理局下达造林绿化任务46.7公顷，完成造林任务的100%。其中，新增面积39.2公顷，占任务的84%；补植4.7公顷，占任务的10%，更新造林2.8公顷，占任务的6%。义务植树2.5万株，育苗3.33公顷。动用车辆100台次，出动人力0.3万人次，投资投劳147万元，栽种苗木66万株。林政执法出动人员230人次，车辆110台次，立案1起行政处罚违法案件，移交公安案件1起，配合公安查处案件1起。森防期间农场森林草原防火指挥部先后召开专题会议3次，悬挂护林防火横幅60多条，张贴标语500张，电视新闻报道5篇，播放防火电视公益广告1周。坚持深入林场、连队、小区巡回宣传，出动宣传车2台，宣传员20人，印发宣传品1500份。建立10人的专业扑火队一支，450人的义务扑火队5支。配备风力灭火机28台，对讲机22部，基地电台和车载台3部。新建樟子松嫁接红松林3.8公顷，新增枸杞6.9公顷，当年部分挂果，摆栽食用菌42.75万袋。76林班林下养殖秧歌猪5000头，放养蜜蜂4500箱。四林场从哈尔滨引进黑羽绿壳蛋生态鸡5000只，大鹅1000只。完善新建常规造林绿化苗圃20公顷。完成常规造林绿化苗木种植10公顷，完成育苗计划。

水利　已形成防洪、除涝、灌溉和水土保持四大工程体系，田间配套水利工程建设逐年完善，已发展水田45333公顷，形成水利固定资产6.5亿元，累计防灾、减灾效益超过10亿元。年完成水利投资2517.6万元，其中，建虎高速、鹤大高速补充耕地项目工程投资449.86万元；完成水资源与水土流失防治项目工程投资391.83万元；完成国家农业综合开发高标准农田建设项目工程投资1158.92万元；完成应急抢险工程投资8.94万元；完成各管理区自筹水利建设基金508万元；新建建筑物共计110座，维修工程2处，渠道清淤118.55公里，机耕路23.025公里。

工业　有工业企业54家（具有一定规模企业数），按生产性质分类：采掘工业（砂石）5家，原料工业（水泥厂）1家，建材加工工业（砖瓦水泥制品）6家，以农副产品为原料29家，以非农副产品为原料（农机制造、修理修配等）13家。以上除水暖公司外均为私营企业。建设粮食仓储库3座，水泥厂对60万吨水泥粉磨生产线进行技改扩模。完成工业总产值13.7亿元，实现工业增加值4.1亿元，实现利润总额5329万元。

商贸　宣传树立“雁窝岛”酒、“垦威”杂粮、“米中仙”粳米等国家及省知名商标。实现招商引资1920万元，完成招商引资项目3个。在“互联网+”上求创新，利用农场官网、微信公众平台以及企业电子商务平台进行电子商务运作，促进农产品销售，雁窝岛白酒、雁窝岛森林秧歌猪黑猪肉、雁窝岛杂粮等农产品进入大农网、阿里巴巴网、天猫网、中国绿色食品产销产业平台、绿色食品网等大型网站。销售水稻40.5万吨、玉米18.7万吨、大豆1.6万吨。做好生产物资的供应，年度零利润销售化肥19117.7吨。实现境外劳务输出31人，进出口总额175.22万美元。

旅游　依托雁窝岛国家AAAA级旅游景区，全力打造“一日雁窝岛，千年北大荒”湿地旅游品牌。完善景区功能，投入旅游项目建设资金4460.2万元，实施雁窝岛湿地博物馆、景区栈道、小型飞行器停放场等重点旅游项目8项，引进22米双层画舫船、竹筏船、脚踏船17艘，增设往返码头与大雁湖间电瓶车8台。新建成湿地瞭望台、1700米浮筒栈道、500平方米浮筒垂钓区、景区商业一条街等，完成雁窝岛湿地博物馆土建工程，进入布展阶段，计划2017年8月对外开放。挖掘生态特色，开发培育“雁鹅”特色养殖、蛋雕、挠力河红肚鲫鱼等10大类100多个特色旅游产品，拓展高空热气球、近距离鸟类观赏、环保自驾游等旅游项目，增强旅游参与度，延长游客游玩时间，景区接待游客比上年同比增长30%。拓展旅游市场，农场与国内10余家知名旅行社达成旅游观光合作协议，开展“游家乡”活动，动员全场力量参与雁窝岛旅游宣传推介，带动旅游产业发展，年吸引游客10万人，实现旅游收入4000万元。

小城镇建设　投入民生工程建设资金4809.64万元，实施道路改造、污水处理厂配套建设。成立不动产登记中心，加强房产管理与服务，加快房产证办理进度。2016年，出证3379户，达到出证状态4705户，占总比例的89%，完成工程竣工备案13项。坚持环境卫生常态化管理，农场成为垦区唯一被农业部评为中国美丽休闲乡村的单位。

企业文化　开展“争做中国好网民”活动，建立网络舆情日常监测制度，成立97人骨干网评员和21人核心网评员队伍。传承北大荒文化，以建场60周年为契机，开展学“北大荒历史”，宣讲“北大荒精神”活动，拍摄《百姓的定盘星》微电影，制作《小静故事汇》电视专题片5期，推送“雁窝岛人”微信，开设《艰苦奋斗八五三》《时光的胶片》等微信专题。创作大型音舞诗画文艺作品《雁乡铭志赋》，演出3场，获得公众称赞。加强对内、对外宣传工作，农场在省级和国家报刊发稿62篇，各级网站、微信发稿3000余条。树立先进典型125个，张博威家庭在第六届全省“六个十佳”和谐单位（家庭）评比活动中，荣获省十佳和谐家庭提名奖。吕世霞获“第三届感动红兴隆人物”。加强文化建设，扩建室外健身路径2处，更换、维修室外健身器材35套。规范音乐、摄影、文学等创作社团及各类文体协会的管理，版画作品、器乐、舞蹈、太极拳等表演分别在国家级比赛中获奖。开展新市民培训，在黑龙江志愿者服务信息平台注册服务“志愿者”175人，开展志愿者服务活动28项。

教育　投入义务教育均衡发展资金403万元，购置激光超短焦投影机、计算机等教学设备147台（套）。修整多功能教室、图书室，义务教育均衡发展工作顺利通过国家验收。搭建教师成长阶梯，组织中小学教师分两批80余人参加信息技术、语文、数学、历史、政治等学科培训，通过名师、专家引领提升教师专业素养。组织中小学教师学习《教师职业道德规范》《中小学教师专业标准》，170余名教师参加业务理论考核。落实“2+1工程”，全面实施素质教育，在少年学生中普及足球知识和技能，开展校园足球班级联赛，形成校园足球文化。提高学生综合素质，培养学生技能特长，开展大课间制、双课间制，成立涵盖文学、体育、艺术三大类特长活动小组15个。国家亿万学生阳光体育运动领导小组办公室为清河中学颁发全国校园阳光体育足球班级联赛证书。全国少儿版画基地评选委员会和中国少儿版画研究会将清河小学定为“2016—2018年度全国青少儿版画教育活动基地”。清河小学参加第十八届全国少儿版画作品展，3名学生获二等奖，5名学生获三等奖，李德湖老师被评为全国优秀版画教师。

卫生　有医疗机构37个。其中，二级乙等综合医院1所、社区卫生服务中心1个、社区卫生服务站7个、作业站卫生所28个，卫生人员273人。强化卫生监管，对25家公共场所、78家餐饮店实施卫生监督量化分级管理，量化分级B级11家，C级92家，列入常态卫生监督人员302人，培训从业人员140人。落实国家免疫规划，维持高水平免疫接种，完成2周岁腮腺炎疫苗接种150人，16～60岁人群出血热疫苗加强接种2500人，初次免疫接种600人，儿童预防接种信息完整率和接种率达到98%。加强法定传染病监测和疫情管理，2016年，农场发生乙类传染病23例，死亡0例。提高医疗服务质量，医院有开放病床180张，病房周转次数23.67次。2016年，总诊病人39374人次。推进社区首诊和双向转诊工作，2016年，一站式服务2779人次。深化家庭医生签约服务，签约服务累计7542人。强化65岁以上老年人、孕产妇、慢性病患者、失独家庭、贫困家庭人群健康管理，开展中医预防保健服务723人，老年人健康体检1355人次，完成中考、征兵和有关健康体检1097人次。

党建工作　农场党委辖12个基层党委（总支）、108个党支部，现有党员2689名。扎实开展“两学一做”学习教育活动，开展“党委书记讲党课”、“学讲话、谋振兴、闯新路”专题学习和“两学一做”学习教育知识竞赛。运用“微看雁窝岛”、“雁窝岛先锋”等微信公众平台等推送学习内容，实现线上线下学习教育全覆盖。各级党员干部撰写“两学一做”体会文章1586篇，网上答卷1680人次，微信平台转发研讨交流信息586条。2016年，农场召开第十六次党员代表大会，完成两级党委班子的换届选举工作，建强两级党委班子。规范和严肃“三会一课”和党员“活动日”等组织生活制度，探索新形势下党组织设置，推行“社区党员网格化管理”、“田间网格化建设”，使一线党员成为中心户、示范户。实施“互联网+党建”行动，推广“民情流水线”、“爱心联盟”“爱心速递”等做法，提高服务群众的能力和水平，使党建工作更直接、更便捷、更有效地服务群众，推行“一户一法”扶贫模式，300户贫困家庭实现脱贫。聚焦党员队伍管理、党组织生活、党员教育管理、基层党组织建设等方面存在的问题进行排查107次，梳理“党员管理”盲点、“三会一课”走过场等问题2类7项，问题整改率达95%。推荐选派大学生参加垦区青年干部培训班、垦区基层优秀年轻干部培训班，严格按程序对6个管理区党委8个干部岗位，机关科室11个干部岗位进行调整，提拔干部15人，交流8人，离岗待退干部17人，外引大学生2人。签订党风履行党风廉政岗位责任书154份，12名基层党委书记和108名基层支部书记分别在各单位党委会、支部大会上做出“两个责任”公开承诺。对6起违反工作纪律的单位领导进行追责，加大案件查办力度，立案查处各类违纪违法案件11件，结案11件，13人受到党纪处分，收缴违纪款10万元。

（秦智 张肃生 赵法平）

五九七农场

场长、党委副书记：王振海，1960年6月出生，辽宁本溪人，中共党员，大学学历，高级政工师。1977年11月参加工作，2010年6月至2016年7月任现职。

场长、党委副书记：李建辉，1972年1月出生，山东莒南人，中共党员，研究生学历，农艺师。1992年7月参加工作，2016年3月至2016年7月任农场党委书记。2016年7月任现职。

党委书记：董向葵，女，1962年1月出生，山东枣庄人，中共党员，大学学历，教授级高级政工师。1977年8月参加工作，2009年8月至2016年3月任现职。

党委书记：温立忠，1964年3月出生，江苏灌南人，中共党员，本科学历，教授级高级政工师。1981年12月参加工作，2016年7月任现职。

党委副书记、纪检委书记：

赵德军（2013.5—）

副场长：

张　琦（2013.5—）

张　春（1997.3—2016.7）

许长军（2012.1—）

于秉祥（2013.12—）

刘振山（2013.5—）

工会主席：

陈　姜（女，2014—2016.10）

施树有（2016.10—）

党委委员、组织部部长：

刘俊华（2012.2—）

党委委员、宣传部部长：

徐晓峰（2014.3—）

概况　五九七农场位于三江平原东部，宝清县境内。地理坐标北纬46°23′~46°49′，东经131°47′~132°45′。东北隔挠力河和七星河与宝清县东升乡、八五二农场雁窝岛和富锦市相望，西与宝清县七星河国家级自然保护区和七星泡乡为邻，南与宝清县十八里乡和青原乡接壤，西北与宝清县梨树林场、胜利林场相毗连。全场土地面积960平方公里，其中，耕地42800公顷、林地8996.4公顷、草原6552.3公顷、苇塘4408公顷、水面5278.1公顷，居民点及工矿、交通用地2677.5公顷。农场下设6个农业管理区、42个农业作业站，全场总人口29242人。2016年，农场实现生产总值22.21亿元。固定资产投资6180万元。全场居民人均可支配收入24750元。

种植业　克服低温、涝灾、冷害、台风、冰雹等“多重”自然灾害影响，全场完成农作物总播面积4.34万公顷，其中，水稻1.76万公顷、玉米2.2万公顷、豆类0.35万公顷、高粱9公顷、其他经济作物250公顷。实现粮豆平均公顷产量8152.5公斤，总产35.2万吨。

农业基础建设　农机更新投入3477万元，引进各类机械机具530台套，田间综合机械化率99.3%。实施小型农田水利建设项目2个，总投资400万元。高标准农田建设项目1个，总投资1430万元。实施土地整治项目2个，总投资9116.64万元。实施千亿斤粮食生产能力规划项目，总投资750万元。做好三江连通项目前期工作，规划三环泡灌区、龙头桥灌区和五九七灌区，规划灌溉总面积4.2万公顷。

科技推广　示范推广“鸭稻”“蟹稻”“鹅玉”农牧结合项目。水稻育秧大棚二次利用发展食用菌120栋。实施农业“三减”（减化肥、减农药、减除草剂）示范面积533公顷，减少化肥农药施用量13吨。重点推广应用11项实用技术。推广应用玉米“双增二百”大马力深松整地检测应用系统新技术试验示范项目2个。实施水稻、玉米高产创建万亩示范片3个、核心攻关区27个。

绿色产业　稻米产业上实施质量追溯全覆盖，实施绿色食品监测面积3.3万公顷，续报全国绿色食品原料（大豆）标准化生产基地0.67万公顷，实现无公害农产品全面积认证。

畜牧养殖　实现肉牛存栏1447头，生猪存栏23328头，羊存栏4690只，禽56173万只。应免密度100%。监测动物疫病抗体平均合格率88%。建立生猪无害化处理池2个。

林业经济　完成造林及绿化面积40公顷。构建“立体式”林下经济发展模式，林下食用菌种植花脸蘑4600平方米，林下养殖野猪年出栏100头，林下种植黑豆150公顷。建立果林虫情监测站4处，金红苹果可追溯面积1000公顷。

工业　完成全口径工业销售收入12.15亿元，工业增加值3.46亿元，工业利润0.39亿元。农场加大招商引资力度，做强绿色、健康、高端食品加工业，引进黑龙江红兴隆农垦深信粮食产业园有限公司新建粮食仓储及加工项目，总投资4.85亿元，日烘干粮食能力1000吨，总仓容45万吨，日产大米300吨。推进“互联网+工业”行动，引导企业利用阿里巴巴、淘宝、天猫、微商等电子商务平台，通过自建网店和代理销售等方式，扩展销售渠道，增加电商营销收入，完成农副产品网络销售同比增长30%。对五九七制米厂资产进行审计，推进国有资产盘活工作。

城镇管理　加快推进工程竣工备案验收及房产证办理工作，完成竣工验收备案建设项目12个。完成各类房产登记292件，其中：转移登记241件，补证登记19件，抵押房产19件，其他登记13件。完成煤矿社区采煤沉陷区居民搬迁272户275套房。

旅游　充分发挥地域、资源、产业优势，继续打造“寒疆果都观光游、红色教育基地游、长林湿地生态游”等多元素相融合的“绿色寒疆果都”文化品牌，“寒疆果”商标成为黑龙江省著名商标，寒疆果都旅游度假区通过国家AA级旅游景区等级复核，提高游客接待服务水平，年接待游客6.5万人次，旅游综合收入3900万元。

民生保障　投资1110.65万元，实施“一事一议”建设人畜饮水、道路硬化项目2个。深化防控体系建设，在一、二期天网建设中建点位170个，基本实现场直地区大、中、小街道全覆盖；场直地区主要街道安装固定点位47处100台无线传输高清摄像头；场直中心城区校园周边以及商业网点天网覆盖率100%。社区卫生服务中心启动家庭式医生服务签约活动。开展“圆梦微心愿温暖千万家”主题活动，建立“爱心屋”10个。推进共同富裕升级工程，发放职工共同富裕资金170万元，帮扶49户，脱贫率65%。新增就业人员101人，失业率控制在4%以内。精准扶贫实现脱贫201户，脱贫率67%。落实重度残疾人家庭两项补贴政策294人。

经营管理　加大土地承包费收缴、国有资产管理、重大工程建设项目、合同管理和授权委托等经济领域的监管力度，巩固和加强统计基础工作，配备专职统计人员6人。完成农场办社会基本情况及资产清查工作，为改革摸清基础数据。严格履行审计监督职责，完成经济责任、基本建设、财务收支、专项审计事项24项，挽回经济损失100余万元，提出审计建议64条。

党建工作　重点强化领导干部管理，严把选人用人关口，扎实开展“基层党组织建设巩固年”活动；围绕农场中心工作和果都先锋党建品牌，开展“两学一做”学习教育，分层分岗开展集中培训三期，党员干部学习教育覆盖率100%；创新推行“三评一定一公开”制度，即党员自评、党员互评、群众测评，支部委员会定级，党务公开。完善党员目标管理考核，各支部季度考核党员合格率96%以上；扎实开展整顿基层软弱涣散党组织三年攻坚战行动，整顿党支部4个。扎实推进“两个责任”落实，三级领导干部签订党风廉政建设岗位责任书、廉洁自律保证书、禁止办“学子宴”承诺书216份；采取“自己学、集中学、专题学”的学习模式，开展廉政、警示教育活动，党员干部受教育率98%；开展“三重一大”自检自查，审批领导干部重大事项申请12件、职能部门实施重大事项报备申请14份，任前谈廉和考廉17人次；接到信访举报23件，初核22件，立案16件，诫勉谈话5次，查处案件同比上年增长166%。

（吴永江）

北兴农场

场长、党委副书记：付业春，1961年3月出生，山东省邹县人，中共党员，研究生学历，教授级高级政工师。1977年10月工作，2011年1月至2016年7月任现职。

场长、党委副书记：田旭江，1963年10月出生，山东省兖州市人，中共党员，本科学历，高级农艺师。1983年7月工作，2016年7月任现职。

党委书记：黄炳科，1960年9月出生，山东省海阳市人，中共党员，本科学历，教授级高级政工师。1977年8月参加工作，2008年8月至2016年4月任现职。

党委书记：凌长江，1971年12月出生，山东省费县人，中共党员，本科学历，高级政工师。1993年3月参加工作，2016年8月任现职。

党委副书记：

凌长江（2014.1—2016.10）

张向阳（2016.10—）

副场长：

陈宝成（2013.6—）

刘文江（2006.8—）

于志海（2016.4—）

纪委书记：

郭云芝（2016.12—）

张向阳（2016.10—2016.12）

工会主席：

郭云芝（2010.2—2016.12）

张向阳（2016.12—）

党委委员、组织部长：

牟　新（2010.10—）

党委委员、宣传部部长：

王迎娟（2013.4—）

概况　北兴农场位于黑龙江省东部，七台河市及勃利县东北部，红兴隆垦区南部，地处完达山脉脊背西麓，松花江支流倭肯河、乌苏里江支流挠力河的发源地，场区中脊线为两河分水岭。与牡丹江管理局八五五农场、七台河市宏伟乡、桦南林业局的密林诸林场、勃利种畜场、七台河市中心河乡为邻。场域总面积77651公顷，有耕地3.33万公顷。2016年，实现地区生产总值10.8亿元，城镇居民人均可支配收入2.4万元。

财务状况　全年总收入29831万元，总支出27675万元，经营利润2156万元。年末农场资产总额80543万元，负债总额69330万元，资产负债率86.6%较上年下降6.8%。实施基本建设项目43个，投资总额3803万元；压缩自筹基本建设支出，农场基本建设预算自筹支出2464万元，较上年下降545万元；加强应收款管理，清理呆死账172万元；在原煤价格上涨前，安排资金完成3万吨原煤采购，支付原煤款及运费1046万元，节约货币支出600万元。共发放惠农补贴资金8969万元（国家财政补助8948万元，农场配套21万元），资金全部卡式发放。

农业生产　克服春、秋涝灾及夏旱等自然灾害的不利影响，强化管理措施，狠抓标准和技术到位率，粮食总产达23.7万吨。全年总播种面积3.40万公顷，其中玉米1.83万公顷，公顷产量9975公斤，总产18.24万吨；水稻0.17万公顷，公顷产量9300公斤，总产1.55万吨；大豆1.28万公顷，公顷产量2925公斤，总产3.73万吨；经济作物0.12万公顷，其中杂豆970公顷，公顷产量2280公斤，总产1.55万吨；白瓜子250公顷，公顷产量1050公顷，总250吨。调优作物结构，扩大水稻和大豆高效作物面积，水稻、大豆总面积1.442万公顷，占总播面积的43%。调优品种结构，按照生态区划选择品种类型和熟期，其中玉米早熟品种的比例全场平均达40%以上，北线积温低的作业站玉米早熟品种调到60%，南线各作业站早熟玉米品种调到30%。参加农业部级水稻、大豆、玉米绿色高产高效项目三项，经总局高产创建专家组测产验收，大豆万亩片平均单产3435公斤；水稻万亩片平均单产10878公斤；玉米万亩片平均单产12525公斤，产量超过到总局确定的攻关指标。

农机更新　农机更新投入1900多万元，享受国补资金509万元。共更新农机具185台套。

林业　造林176公顷，其中山地造林73.3公顷，大榛子造林102.6公顷。建设五作业站百亩大榛子示范园和大东丁原礼林下示范基地。借助第二届北兴平欧大榛子采摘节活动的举办，提高北兴大榛子产业的知名度。新增林下中草药33.3公顷，林下中草药达成233.3公顷，特色养殖3万头（只），食用菌发展到52万袋。

畜牧业　年末肉牛存栏2863头，其中繁殖母牛存栏1813头；奶牛存栏318头，羊饲养量0.6万只，生猪存栏0.89万头，禽存栏2万只。种植青贮玉米100公顷，制作微贮1万吨，应用“北大荒乳肉兼用牛”冻精改良母牛781头，产“北大荒乳肉兼用牛”犊牛725头，畜牧增加值增长21%。奶牛规模养殖场美峰牧业新建榨乳厅，配套32位榨乳器，利用北大荒乳肉兼用牛冻精改良96头，改良牛F1代已经产乳，乳脂率达4.2；推进乳肉兼用牛养殖基地建设，即龙庆养殖场、万丰牧业，改良肉牛258头，通过制作青贮饲料，保证全年饲草储备。

工业　全场23家工业企业实现工业增加值13896万元，同比增长0.35%；实现销售收入39906万元，同比增长0.48%；实现利润2706万元，同比增长0.26%。北兴新型建材有限公司投资620万元的机器人生产线项目，农场协助企业在原有生产线的基础上引进800千克机械人自动生产线和卸砖机1套，可提高生产能力1.5倍，增加100多种产品；新引进的卸砖机可改善卸砖线人工劳动强度，提高产品成品质量，减少用工人数60人，节省人工费用200多万元，企业实现销售收入4500万元，利税765万元。通过“互联网＋工业”推进元礼人参种植场、绿原山葡萄酒酿造有限公司、金星酒业、新型建材有限公司等4家企业利用电子商务平台网上销售进程。绿原山葡萄酒采用原始酿酒工艺，现已推出北冰红葡萄酒、原汁酿山葡萄酒、樱桃酒、蓝莓酒等五大系列十余个品种。

教育 投资296.8万元，加强中小学学校硬件建设。其中投资7.8万元修缮校舍、完善校园文化；投资289万元为中小学加强教育装备，优化数字化网络资源。中学成功申报省足球传统体育项目学校，成为管局四个足球基点校之一，参加垦区校园足球联赛获得第二名。

党建 农场党委班子开展培训8次，参加64人次，培训基层党委书记8次，场直单位开展培训95次，授课35人次，参加3460人次，管理区开展培训36次，次参加2300人次，学习研讨36次，参加2530人次。针对群众路线教育及“三严三实”梳理出来的问题，严格“挂号督办”，各基层党组织建立民情日记，从解决实际问题出发，持之以恒纠正“四风”，制定整改措施70个，整改问题150件。以党支部为单位每月进行一次集中学习，组织党员做好学习笔记，互相交流讨论学习心得。作业站党员结合“田间党建网格化”及民情日记，从解决农业生产机车调配问题、吃水问题、田间路问题、清理沟渠等方面谋划，解决实际问题350余件。农场党委每季度组织集中活动，服务居民700余户。

文化活动 围绕深入打造“体育之乡”这一文化品牌，加大硬件建设，突出“月月主题、天天系列”活动主题，累计参与活动人数1500余人次。开展全民健身系列活动，全年开展各类体育活动30场次。开展学雷锋志愿服务活动，参与公益事业的志愿者累计达1100余人次，帮助弱势群体解决生产生活等实际困难600余件，提供科技、致富信息76条，清理重要活动场所积雪面积1万余平方米。社区开展爱心捐赠活动，收到衣物、学习用品等300余件。启动万人环境会战月系列活动，开展环境大会战活动3次，居民参与率达90%以上，逐级签订环境责任状、居民三包责任状率100%，全年分三阶段对全场52个基层单位开展环境检查验收，全场通报检查结果。设立“讲堂”16个，资师库34个、112名，道德义务监督员386名，举办各类培训36场次，累计培训3000余人次。强化“四德”建设的要求，继续开展“讲好故事，寻找最美身边人”活动。选树新典型14个，身边好人专题片14个。完善典型信息库，设立电网专栏4个，全方位展播农场助力圆梦的“转方式、调结构”纪实片8期，累计受教育近2万人次，群众知晓率达95%以上。

（闫超）

饶河农场

场长、党委副书记：朱宝华，1971年5月出生，山东省巨野县人，中共党员，本科学历，农艺师。1989年9月参加工作，2011年1月任现职。

党委书记：王成武，1964年11月出生，吉林省舒兰县人，中共党员，本科学历，1983年12月参加工作，任职时间2009年3月至2016年3月任现职。

党委书记：刘宽平，1964年3月出生，黑龙江省友谊县人，中共党员，大专学历，工程师。1981年11月参加工作，2016年3月任现职。

党委副书记：

武斗南（2014.1—2016.10.）

陈国庆（2016.10—）

副场长：

崔纯玉（2011.3—）

副场长：

鄢文礼（2014.4—）

副场长：

李　勇（2013.5—）

工会主席：

臧　涛（2014.1—）

党委委员：

崔纯玉（2011.3—）

鄢文礼（2014.4—）

李　勇（2013.5—）

臧　涛（2014.1—）

李　锋（2014.2—）

马占海（2010.9—2016.6）

概况 饶河农场始建于1964年，在原八五九农场一、二两个分场的基础上组建。地理坐标：北纬46°44′4″～47°15′、东经133°47′18″～134°13′02″。位于黑龙江省东部三江平原，饶河县境内，农场全境位于黑龙江省饶河东北黑蜂国家级自然保护区核心保护区内，境内有挠力河国家级自然保护区饶河（农场）管理站管理湿地8104公顷。南依完达山脉，北靠挠力河，东临乌苏里江与俄罗斯隔江相望，边境线长37千米，南，西，北分别与饶河县的大通河乡、饶河镇、西林子乡、小佳河镇，农垦建三江管理局的八五九农场、胜利农场，东方红林业局的大岱林场、迎春林业局的小佳河林场接壤。农场土地总面积696.42平方公里，土壤以黑土、草甸土、沼泽土为主，有机质含量在7%左右，土壤结构及基础肥力较好，气候湿热，雨量充沛，日照充足，适宜多种农作物生长。主产水稻、玉米、大豆等粮食作物和红小豆、甜菜、白瓜、西瓜、蔬菜等经济作物。

农场下设9个管理区，27个作业站，其中10个作业站居民已整体搬迁至场部，场直地区有4个居民委。全场有居民5370户，总人口12426人。

农场拥有耕地34667公顷，占总面积的49.8%；林地20494公顷，占总面积的29.4%，人均占有林地1.47公顷；水面面积3041公顷，占总面积的4.4%；可垦荒地4477公顷，占总面积的6.4%；宜林地1800公顷，占总面积的2.6%；场址道路及其他建筑用地1684公顷，占总面积的2.4%；其他土地3479公顷，占总面积的5%。

2016年，农场实现生产总值142648.3万元，同比增长1%；其中一，二，三产业生产总值分别为79379.6万元，25484.9万元，37783.8万元。职工家庭人均可支配收入27338元，同比增长3.7%。

种植业　总播面积34667公顷，粮豆总产274326吨。其中水稻播种面积20408公顷，单产9588公斤/公顷，总产195674吨，玉米播种面积6325公顷，同比减少37%，单产9303公斤/公顷，总产58840吨，大豆播种面积7868公顷，比2015年增加93.8%，单产2487公斤/公顷，总产19569吨，经济作物播种面积66公顷。年粮食直补金额为2708.15523万元，大豆专项补贴金额计797.04492万元。实施“三减”（减化肥、除草剂、杀虫杀菌剂）示范面积466.7公顷，分布在9个管理区，结合“三减”工作开展水稻侧深施肥266.7公顷。开展农牧结合鸭稻、蟹稻示范面积6公顷，示范地点设在望岗管理区、葛南管理区，有机水稻与特色稻田鸭、蟹双重销售。水稻大棚二次利用种植黑木耳17.5万棒，共25栋大棚，示范地点：西通管理区，效益达到6000元/栋。试验水稻旱直播喷灌技术1.3公顷。

农业机械　利用农机购置补贴购置更新各类农机具391台（套），其中轮式拖拉机175台，插秧机81台，旋耕机9台，液压耙3台，GPS导航设备2套，收获机42台。插秧机侧深施肥装置4套，移动式谷物烘干机1台，振捣提浆机1台，链轨式防陷半履带5套，多功能管理机60台，玉米割台8套。共使用农机购置补贴款902.24万元，购机户投入3216万元。

林业　完成新增造林16.6公顷，绿化及补植35.7公顷，合计完成面积52.3公顷，占计划任务的157%。栽植各类苗木146853株。重要节点绿化工程完成饶河农场西通至23作业站循环公路绿色通道高标准绿化工程，绿化面积19公顷。义务植树3万株。中心苗圃共出圃苗木212万株，移植育苗2.13公顷，秋季播种0.167公顷。个体华盛苗圃共出圃苗木185万株。完成农场103公里公路绿化养护任务。全面割草管理8次，其中林业连、15居民组、西通等重要绿化节点抚育管理10次。机耕翻耙防火线隔离带150公里，专业扑火队点烧防护线21公里。年内建设8.6公里长的湿地巡护路，湿地围栏21公里，了望塔1座。5月26日，野生棕熊经与农场相邻的饶河县林海村进入农场望岗管理区21居民组水稻作业点，于6月1日上午12时被麻醉后，送往饶河县棕熊基地寄养，没有发生人员伤亡事故。

水利　在饶河灌区主体工程竣工的基础上投资1350.3万元，继续建设完善田间配套设施（不包括土地整治项目资金）。其中，投资500万元完成2016年小型农田水利设施建设补助专项资金项目饶河农场西通（第四）管理区、斗文管理区（第五）、南通河管理区（第六）、望岗管理区（第八）田间除涝工程。投资490万元完成2016年小型农田水利建设项目饶河农场第三至第九管理区灌区田间配套工程，疏浚沟渠9.75公里，渠道衬砌1100平方米，渠系建筑物26座，机耕路16.657公里。投资101.3万元完成2016年中央水利建设基金（应急度汛）项目饶河农场冰障排干回水堤除险加固工程，完成工程量排干清淤4188米，提防加固8.376公里。

畜牧业渔业　年末大牲畜（牛）存栏380头，其中能繁母牛201头，当年生仔牛45头。羊存栏2738只，其中山羊2738只，能繁母山羊1458只，当年生仔山羊555只，山羊中绒山羊2392只。猪存栏2164头，活家禽存栏5049只，梅花鹿存栏115头，狐存栏3365只。投资50万元，建设一处病死畜禽无害化处理场。投资128万元建设八栋占地面积2公顷，狐舍面积4000平方米的狐貉养殖小区，已迁入狐狸养殖户14户。投资10万元新建建筑面积350平方米生猪定点屠宰点一个，购进日屠宰量20头的半自动生猪屠宰线，已投入使用。水产品主要依靠天然水面捕捞，全场有机动捕捞渔船15艘，淡水养殖面积105公顷。对渔业进行结构调整，把原来收益不高的6个养鱼池改建成休闲垂钓场所。

党建工作　以强化领导班子成员思想政治建设为重点，狠抓党委中心理论组学习制度落实，党委中心理论组集中组织开展学习11次，各基层党组织累计开展集中学习242次，党委班子成员累计下基层开展调研活动32场次，撰写调研报告18份，人均撰写学习笔记2万字以上。对选拔任用干部实行全程纪实“痕迹管理”，扎实推进落实公开拟提职考察人选个人有关事项报告、干部档案审核认定及廉政鉴定等制度，防止干部“带病提拔”。农场党委提拔任用领导干部23名，其中，女干部2名，第一学历本科以上的5名。制定实施《饶河农场党政领导干部交流工作暂行规定》，对26名副科级以上领导干部进行轮岗交流，其中在同一岗位工作满8年以上的9名科级干部全部进行交流。组织部联合纪委开展专项检查8次，对9名领导干部进行组织函询和诫勉谈话。对19名党员干部进行纪律处分和组织处理。对全场124名副科级以上干部档案全部完成初步审核认定工作，审核认定大学生档案56册。累计开展集中学习教育培训8场次，培训干部1253人次。强化后备干部培养使用管理，建立科级后备人才队伍23名。对具备条件的大学生及时提拔重用。2016年有7名大学生被提拔到副科级以上领导岗位担任实职，占农场干部提拔总数的30.43%。农场党委班子开展集中研讨3次，全场基础党组织累计开展集中学习教育研讨67场次，参与党员2600余人次，撰写心得体会文章1500余篇。农场党委发放《中国共产党章程》《习近平总书记系列重要讲话读本》等学习材料2000余本。各基层党组织及党员建立问题整改台账785个，累计查摆存在问题2437个，已落实整改1644个，累计查找失联党员19名，基层党组织“三会一课”党员参与率达95%以上。

（霍刚）

二九一农场
二九一分公司

分公司总经理、农场党委副书记：石川宝，1960年3月出生，四川德阳人，中共党员，研究生学历，高级农艺师。1977年7月参加工作，2008年7月至2016年3月2任现职。

分公司总经理、农场党委副书记：李华，1964年9月出生，重庆市奉节县人，中共党员，本科学历，审计师。

1982 年 4 月参加工作，2016 年 3 月任现职。

农场场长、党委书记：刘化莲，女，1969 年 3 月出生，山东阳谷人，中共党员，本科学历，教授级高级政工师。1987 年 6 月参加工作，2013 年 9 月任现职。

农场党委副书记、纪检委书记：

温立忠（2013.12—2016.10）

王　强（2016.10—）

农场副场长：

王冬梅（女，2004.9—）

副总经理：

张卫海（2005.3—2016.7）

支庚银（2013.5—2016.7）

陈绍东（2013.5—）

马荣华（2014.5—）

金胜柱（2016.7—）

郭玉锋（2016.7—）

工会主席：

赵　康（2010.3—）

武装部长：

徐　杰（2010.6—2016.7）

财务总监：

徐金鑫（2013.5—）

党委委员：

王冬梅（女，2006.6—）

张卫海（2006.6—2016.7）

赵　康（2012.5—）

支庚银（2014.4—2016.7）

金胜柱（2016.12—）

郭玉锋（2016.12—）

于春生（2014.2—）

周景文（2011.9—2016.12）

段益华（2016.12—）

概况　二九一农场、分公司位于三江平原腹地，是世界仅有的三大黑土带之一，与佳木斯、双鸭山、富锦三市毗邻。介于北纬 46° 51′、东经 130° 20′ 之间，地势平坦，海拔高度 69 ~ 63 米，属温带大陆性季风气候，无霜期 120 天，雨量充沛，阳光充足，常年有效积温 2500℃左右，适宜优质水稻、甜菜、大麦、玉米、大豆作物生产。

农场辖区总控制面积60146.6公顷，期末总人口 19762 人，其中小城镇人口 16605 人。历经 60 多年的开发建设，已成为黑龙江垦区大型一级企业。区域内的种植业以分公司生产经营为主，拥有四个管理区、38 个作业站。是垦区现代农机装备示范区之一，国家重要商品粮生产基地。

2016 年，农场实现地区生产总值 122501 万元，其中第一产业增加值 78125.1 万元；第二产业增加值 15665 万元；第三产业增加值 28710.9 万元。固定资产投资总额 11802 万元。粮食交售量 35.28 万吨，粮食商品率 97.5%。人均可支配收入 20110 元。

农业生产　农场、分公司完成播种面积 37867 公顷，其中水稻 21333.3 公顷，平均公顷产 9127.5 公斤，总产 19.5 万吨；玉米 16200 公顷，公顷产 10270.5 公斤，总产 16.6 万吨；大豆 66.7 公顷，总产 0.015 万吨。粮豆总产 36.2 万吨，平均公顷产 9553.5 公斤。农业生产部共安排测土施肥田间试验 20 个，设 25 个示范区，还进行品种区试、除草剂筛选、肥料、土壤调理剂方面的田间试验。开展水稻侧深施肥示范面积 66.6 公顷，采用中化现代农业有限公司的专用肥料，较常规施肥节肥 8%，增产 10%。在 10 作业站开展侧深施肥试验，5 个处理，对中化专用肥、大颗粒尿素、东农全程免追肥、欧阳缓释肥、二九一配方肥进行比较。全年种植水稻面积 21333.3 公顷，主要品种为龙粳 31 号、46 号、43 号、垦粳 5 号，龙粳系列品种面积占 59%。玉米面积 16200 公顷，德美亚 3 号占 36.7%，鹏玉 1 号占 24%。重点推广简便易行，对节约成本、提高效益影响较大的项目，如水稻插前寄秧技术，面积占总面积 80%，节约补苗资金超过 600 万元。

农业科技　农技推广中心以试验站为研发基地，重点推广节能减排、绿色环保、简便易行，对节约成本、提高效益影响较大的项目。试验站共落实试验项目 57 项，其中国家农业部项目 4 项，总局品种管理科项目 9 项，总局农业局项目 8 项，总局植保站项目 6 项，上市公司项目 3 项，管理局农业种子管理处项目 6 项，与科学院所合作项目 6 项，上市分公司项目 15 项。其试验项目涉及品种、栽培、植保等方面。水稻减排增效集成示范等试验，预计可以减少土壤排放一氧化碳、二氧化氮、氧化硫等有害气体 10% 左右，为减少环境污染提供理论数据；蟹稻试验是集野生蟹食用水田杂草、生物的同时排放粪便能培肥地力等相互协调作用的栽培方法，蟹与稻同生互利，蟹增产、稻有机双盈利提供基础数据；水稻旱直播同时期试验不同除草剂配方，为新型水稻种植方式提供除草药剂最佳剂量、最佳使用时期，解决生产中难防草的问题。水稻防稻瘟病药剂试验、玉米防玉米螟试验等准确判断病害发病时期、防治，做到预报预警作用。飞机航化面积 8000 公顷，其中水稻 7667 公顷，玉米 333 公顷。

农业机械　购置各类机械 654 台，投入资金总额 4325 万元。主要包括 40 ~ 120 马力轮式拖拉机 157 台；自走式水稻收割机 138 台；水田搅浆平地机 63 台；水稻插秧机 241 台，其中 15 台安装侧深施肥装置；GPS 导航设备 4 套等。做好田间标准化工作，各项专业开始时，提前安排农机具的检修，并严格执行机具检修标准；召开农机典型作业定标现场会，明确作业样板；加强作业质量检查，管理区、作业站组织管理人员，深入到田间地头对作业机车进行专项督促检查，发现违规作业，立即进行整改。完成对农机工作人员的培训工作，其中培训农机管理人员 128 人次，农机驾驶操作人员 2241 人次（新购机械的培训及驾驶员活动日培训）。对全场拖拉机进行农机技术状态安全检查，其中大中型轮式拖拉机 730 台，小型轮式拖拉机 95 台套，农机检验率合格率 97%。开展农机事故演练 4 次，通过开展演练，查找农机事故应急救援预案中存在的不足，增强农机监理机构和联动部门对应急救援预案的熟悉程度，提高协同能力。加大黑车非驾清理力度，目前为农户办理机车落户 300 余个，新办及增型驾驶证 162 个。

畜牧业　有畜牧养殖业规模化养殖场 1 个、现代化牧场 1 个、散养 314 户，其中猪 61 户、奶牛 25 户、肉牛 42 户、羊 67 户、禽 112 户。两牛存栏 2989 头，出栏 536 头，生产鲜奶 2150 吨；生猪存栏 5790 头，出栏 4284 头；

羊存栏8231只，出栏2721只；家禽存栏32212只，出栏8796只。种植青贮294.7公顷，种植品种为阳光一号，采用1台德国进口的青贮收获机BIGX700收获和两台国产青贮玉米收割机收获，贮藏青贮17680吨。

林业生产　投入造林绿化资金126.66万元，完成造林绿化任务60公顷。栽植绿化苗木16万株，完成义务植树4000株。做好66.6公顷中心苗圃苗木的管理工作。针对不同苗木和地块，采取排水扶正，提前疏通排水设施，大雨时及时组织排水，雨后及时对歪倒苗木扶正培土，保持苗全、苗正。结合农场实际情况，组织工作人员对2012年、2013、2014年采伐迹地更新造林情况进行全面检查验收自查，利用GPS打点，测出更新造林地块实际面积，调查更新采伐造林成活率。

工业　实现工业总产值14081万元，工业增加值4224万元，工业利润1152万元。工业园区规划面积198.6公顷。黑龙江红兴隆农垦茂泽粮食经销有限公司：项目计划总投资额1.2亿元，总占地面积10万平方米，建成后拥有30万吨粮食仓储和10万吨水稻加工能力。

党建工作　农场党委书记以《如何才能成为合格的共产党员》为题，带头为全场党员干部讲党课，班子成员到联系点讲授专题党课9次，各基层党支部整合资源，联合讲党课35次，全场各级党组织共上党课150余次，受教育党员3600多人次。各级党组织充分利用党建网站、QQ、手机微信、映客直播等多媒体传学、送学、互动学，做到“线上＋线下”学、“当面＋书面”学，组织党员参加开卷、闭卷考试3次2800多人次。开展建党95周年文艺会演、家风家训好故事演讲、手抄党章硬笔书法展、知识竞赛等活动，做到寓教于乐。对软弱涣散党组织开展集中攻坚，调整8个单位的基层党政主要领导，对一部分干部进行交流；清理9名不合格党员。在全场开展以叫响“我是党员”“我是党支部书记”为主题的系列活动，结成帮扶对子1660多个。42支“党员120”服务队，帮助群众解决生产、生活中的急、难、险、重事情1000多件，抢修农机572台次，为种植户节约资金75万元。各级党组织聚焦党建7项重点任务分别建立整改清单81份，明确责任人和整改时限，实行销号管理。在“两学一做”学习教育中开展“党员1+N”、“党员120”、“民情日记”和“领岗认责”等活动，各级党组织发放“党员阳光服务卡”、“医患联系卡”2200多份。深入纠正“四风”，围绕“不担当、不作为、慢作为、乱作为”等干部作风问题，逐级签订党建、党风廉政建设、综治维稳等6个责任状。针对个别党员干部举办学子宴、乔迁宴、生日宴，违规使用贷款、与民争地争利等行为，加强与纪审联合办案，处理党员干部19人，诫勉谈话4人。

（魏世媛　徐平）

红旗岭农场

场长：张晶华，1962年4月出生，黑龙江省双城人，中共党员，大学学历，工程师。1983年7月参加工作，2011年1月—2016年12月任现职。

党委书记：孙中胜，1967年12月出生，黑龙江省肇东县人，中共党员，大学学历，高级农艺师。1992年8月参加工作，2012年6任现职。

党委副书记：
姜果利（2014.5—）
纪委书记：
姜果利（2014.5—2016.12）
施树有（2016.12—）
副场长：
李中秋（2012.1—）
崔吉臣（2015.2—）
鄢建宾（2010.2—）
工会主席：
宋　烨（2012.1—）
姜果利（2016.12—）
党委委员：
李中秋（2010.2—）
鄢建宾（2010.2—）
刘立明（2011.4—）
崔吉臣（2014.2—）
宋　烨（2014.2—2016.12）
施树有（2016.12—）
陈国庆（2014.2—2016.10）

概况　红旗岭农场位于黑龙江省东部，完达山西北麓之三江平原腹地，处于饶河、宝清两县行政区划内，与富锦、虎林两市相邻。地理坐标为北纬46°42′55″～47°01′15″，东经132°57′12″～133°25′21″，场部设在饶河县境内，距饶河县城70公里，距宝清县城145公里。农场南北长38公里，东西宽33公里，总面积422.5平方公里，其中饶河县辖区178.7平方公里，宝清县辖区243.8平方公里。

农场拥有土地面积37388公顷，其中耕地18722公顷，林地8222公顷，牧草地68公顷，水域2766公顷。农场有常住人口9552人，职工3024人。农场是一个以经营农业、加工业、畜牧业为主的综合性大型国有农场。2016年，农场实现国内生产总值11.69亿元，粮豆总产14.28万吨，人均可支配收入21965元。

农业生产　完成农作物种植总面积18726.66公顷，粮食总产14.3万吨。通过争取农业综合开发、土地整理、千亿斤粮食产能、节水增粮等项目资金，完成农业基础设施投入6190万元，新建水泥晒场2.94万平方米，土地平整200万平方米，新建良种基地1处。通过水利基金投入完成沟渠清淤127万元，泵站维修20万元。完成水利建设投资535万元。农机更新补贴资金投入590万元，新增各类机械178台套。通过实施农业“三减”促进农业提质增效，推进农业技术综合配套服务模式，创新实施稻蟹和鸭稻、鹅玉农牧结合种植模式，打造“互联网＋”信息平台，开展农产品质量追溯建设项目。持续利用森林资源，打造以林种模式为主，林养模式为辅的林下经济发展模式。加快促进林业经济的发展，林业经济年产值达1085.7万元。加快推进“两牛一猪”规模厂建设，完成重大动物疫病防控体系建设，加大畜产品质量安全监管。

林业　完成造林绿化工程包括荒山荒地改造、线路下植被恢复、高速入口高标准绿化、补植补造等6大工程建设，栽植绿化苗木共计11.6万株，其中杞柳31600株、云杉3400株、樟子松74983株、落叶松3340株、柳树3400株。造林面积13.33公顷，完成全部造林任务。完善林政管理，将农场内的林地划分成14个责任区，落实给林业局人员进行管护，并与每人签订管护责任书，明确管护区域、工作职责，制定考核办法。通过开展包片管理，加强巡护和管理，盗伐滥伐林木案件明显减少。办理林政案件6起，其中，1起猎捕野生动物案，2起毁坏林木案，2起盗伐林木案，共处罚5人，罚款4639元。下发《加强挠力河国家级自然保护区保护管理通知书》，加强巡护杜绝在保护区内新建、扩建建筑物，牧养牲畜，捕杀野生动物，开荒耕种等行为；重点查看保护区内有无猎鸟捕鸟、下药毒鸟的现象。通过巡护管理，杜绝退耕还湿地块复耕的现象；安排专职人员每天通过湿地远程监测科研防护系统和实地监测湿地鸟类，多次观测到东方白鹳集群，并将监测数据如实上报。创建林下生态鹅养殖示范点一处，在林间空地养殖大鹅7200只；创建林下生态猪养殖示范点一处，在林边建野猪养殖场一处，年养殖野猪数量300头，年出栏180头。栽植黑木耳70万袋，农场林下养蜂达3000箱。中草药赤芍收获每未出现产值30万元。

旅游观光　千鸟湖湿地按照国家AAAA级标准，完善旅游基础设施建设，新建湿地码头3处、生态停车场7200平方米、改造木栈道500延长米，有效提升游客接待能力。景区经营管理体制成功转变，成立千鸟湖湿地旅游度假区有限公司，成功与省内多家旅行社进行对接，全面实现市场化运营模式。推进旅游与农业、文化、工业、城镇发展、节事、赛事的有效融合，打造以旅强农、以旅带工、以旅兴场的产业新格局。通过与哈尔滨市925交通广播对接、开展“中国最美湿地行”主题活动、千鸟湖风情摄影展以及新媒体等方式提高千鸟湖旅游景区的影响力。年接待游客15.5万人次，同比增长16%。

工业　实现工业总产值3.5亿元，实现工业增加值1.05亿元。工业产值同比增长5%。通过面向社会招商，将原北大荒制米厂对外招租，完成基础设施建设600万元，增加工业产值7000万元。利用“互联网+”服务平台，开展信息化体系建设，改造传统工业组织方式和经营方式，发展“农户+合作社+工业企业+销售公司”的运营模式，实现从土地到餐桌全程产业链无缝连接，形成线上线下联动销售模式。同时，在原有五星湖、牙克河品牌基础上创新打造良沃颐谷湿地活米品牌，实施全程安全保障监控系统，销售减少环节、减少成本、提高效益，实现农户增收。

民生工程　争取“一事一议”项目资金434万元，完成场部小区绿化13446株、新建社区广场918平方米、改造自来水管道9874米、对6个作业站进行改造升级。全年发放城镇低保等各类社会救助资金100余万元，获得救助1600余人次。深入推进“1+6”帮扶工作，为261户困难家庭发放帮扶资金150余万元。安装健身器材116套，完成房屋产权发证2000余户。农场采取“公开、公平、公正”的方式，招用劳动合同制工人25人，安置个体参保就业人员35人。投入教育资金111.8万元，优化教育环境，办学水平不断提高。

教育工作　农场全年投入教育资金1591.8万元，购置实验室设备、信息技术设备，维修校舍，完善教学条件。2016年农场义务教育优质均衡发展，7月顺利通过黑龙江省督导组的验收。贯彻落实《未成年人思想道德建设实施纲要》，重视德育工作，坚持德育为首，开展“三德”系列教育活动，不断加强师德建设，强化学生的养成教育，真正落实“以德立校，创新育人”的办学思想。学校重视学生法制教育工作，聘请法制副校长和关心下一代“老北大荒人”，定期到学校对学生进行法制教育宣传，通报社会治安情况。通过办法制手抄报，教师专题讲座，深化法制教育的内涵。

党建　强化责任落实，推动“两学一做”教育活动的扎实开展。针对97项整改任务开展整改工作，党员干部作风建设得到显著提高。建立健全规章制度，落实各级党组织主体责任和党委成员“一岗双责”。建立健全“三重一大”决策事项批办制度，借助“互联网+”信息平台助推党风廉政建设有效开展，促进党员干部适应党风廉政建设和反腐败斗争新常态。打造“红旗岭和谐e家”服务品牌，创新管理机制。成立以基层党员为主的特色工作室和志愿队，开展志愿服务活动500余次，为群众和社会解决各类问题380余个，提出合理化建议50余条。完善网格化体系建设，形成横向到边、纵向到底的社会管理服务网格。

（焦新秋）

江川农场

场长、党委副书记：李国锋，1970年1月出生，黑龙江省桦川县人，中共党员，研究生学历，高级会计师。1992年9月参加工作，2010年6月任现职。

党委书记：陈太平，1959年12月出生，江苏省泗洪市人，中共党员，大学学历，高级政工师。1976年7月参加工作，2009年3月至2016年3月任现职。

党委书记：何军，1967年11月出生，山东省茌平县人，中共党员，本科学历，高级工程师。1989年4月参加工作，2016年3月任现职。

党委副书记、纪委书记、政法委书记：张向阳（2013.12—2016.10）

党委副书记：

孙文忠（2016.10—）

工会主席：

于　君（女，2014.1—2016.10）

王迎娟（女，2016.10—2016.12）

孙文忠（2016.12—）

纪委书记：

王迎娟（女，2016.12—）

副场长：

张汝荣（2001.7—2016.7）

李春怀（2013.6—）

贾存来（2014.1—）

党委委员：

张汝荣（1998.12—2016.7）

贾存来（2006.9—）

张向阳（2010.8—2016.10）

方　东（2014.2—）

李春怀（2014.4—）

于　君（女，2014.4—2016.10）

孙文忠（2016.12—）
王迎娟（2016.12—）
乔海军（2016.12—）

概况　江川农场位于黑龙江省东部，三江平原腹地，松花江下游南岸冲积平原上，地处佳木斯市桦川县境内。东西长23.7公里，南北宽21.2公里，辖区总面积310.7平方公里。拥有耕地1.92万公顷，林地2470公顷，草原面积1545公顷，水域671公顷，森林覆盖率4.2%，城镇绿化覆盖率38%，机械总动力8.2万千瓦。

农场交通十分便利，公路里程距佳木斯市60公里，距省会哈尔滨市433公里，哈（哈尔滨）同（同江）高等级公路（佳抚段）从农场南界通过。农场三面临丘，一面临江。西南偏高，东北偏低，整体地势为转向松花江的缓坡形，坡降在1∶6000～1∶8000之间，海拔68～73米，整个地貌呈簸箕形。

农场属寒温带大陆性季风气候区，受西伯利亚寒流影响，冬季漫长而寒冷干燥，盛行偏西风；夏季受海洋暖气流影响而温热湿润，多西南风；春季短暂，多大风，易干旱；秋季气温变化急剧而多雨。年平均气温3.8℃，≥10℃的积温平均为2628.5℃，年日照时数为2605小时，年降水量为480～500毫米，无霜期为127～163天。全年最冷的月份是1月份，最热的月份是7月份。

农场下辖5个管理区，18个作业站，总人口12510人，总户数5510户，在岗职工人数3608人。2016年，农场实现粮食总产17.6万吨，实现地区生产总值112663.4万元，职工家庭人均可支配收入2.4万元。

种植业　农场总耕地面积19266.6公顷，其中采取订单种植的水稻面积占总耕地面积的70%以上。种植黑稻、黏稻等特色品种3400公顷，以合作社为单位，与农场广良米业合作，采取订单方式，种植单一品种2333.3公顷，种子繁殖333.3公顷，鸭稻米生产66.7公顷，在2015年基础上，试种龙粳香1号、松粳系列，筛选确定适合农场种植的水稻品种，形成江川模式，打造江川品牌。为适应市场的需求，引进特色、优质品种“169”，试验示范种植面积20公顷，水稻表现为株型紧凑、剑叶挺直、结实率高，籽粒饱满，公顷产均达7500公斤，市场收购价格在2.5元/斤，公顷效益可达37500元。落实水稻“三减”（减农药、减化肥、减除草剂）示范面积333.3公顷。科技人员对333.3公顷示范水田进行土壤测试和田间调查，根据不同土质、不同需肥量，深入多个地块进行土壤采样进行化验，引导种植户变盲目施肥为科学施肥，提高肥料的利用率。完善本田管理科学管控体系建设。设置水稻稻瘟病及潜叶蝇、负泥虫等病、虫、草害监测点18处，及时为种植户提供最准确的测报，根据稻株在不同叶龄期需求的不同，指导种植户适时防病、灭草。应用叶龄跟踪和生物预警，使水稻防病、灭虫等生产管理更加科学准确，降低农药除草剂使用量。

农业机械　保持全国农垦农机标准化示范场单位称号，更新农业机械111台件，总投入资金802万元，使用国家补贴资金206.073万元。其中大马力拖拉机33台，联合收割机11台，高性能插秧机17台，配套农机具50台（件）。鼓励有机户进行跨区作业，共出动20台农业机械，共完成跨区作业面积533.3公顷。开展水稻秸秆还田技术，还田面积11600公顷。对各管理区、作业站副站长及有机户进行农机培训培训人数200人。全年联合检查4次，纠正违章车辆30余台，安装反光标志2000余贴。在每个作业环节进行田查路检工作，抽查10个作业站，检查机车600余台，查处违章驾驶车辆50台。对各管理区、作业站参加作业的农机具进行逐台检验，检验率98%以上。开展“农机安全月”活动，共印制宣传条幅3幅，各管理区作业站每站2条以上。开展清理“黑车非驾”工作，办理驾驶证32人，机车落户34台，治理“黑车”10台，“非驾”10人。

畜牧业　实现肉类总产2866吨，生猪存栏1.3万头，肉猪出栏3.4万头。牛存栏128头，羊存栏1200只，羊出栏860只，家禽存栏9500只，出栏90400只。全年免疫牛300头，羊2600只，生猪3.3万头。江川种猪场再次通过国家级猪场验收，成为三江腹地最大的种猪生产企业。规模化养殖场（大户）快速发展，有8家养殖场，标准化规模养猪小区2个，养牛小区1个。争取上级资金26万元，用于购进二元母猪补助，为农场五户规模生猪养殖户引进优良母猪210头，争取上级资金30万元，用于病死畜禽无害化处理建设。利用生猪调出大县奖励资金为江川种猪场、中兴养猪场进行猪舍通风环境改造7600平方米和1200平方米，旺江养殖小区的肉牛养殖场存栏优良繁殖母牛90余头。出售成鱼200余吨，获利润37.1万元。发展休闲渔业，建成垂钓鱼池7处，垂钓餐饮休闲场地2处，年创造效益120余万元。两艘渔政执法船投入使用。

林业　植树造林12.3公顷，其中高标准绿化6.7公顷，占补平衡5.7公顷。植树成活率98%，面积保存率90%。占补平衡造林以义务植树为主，共有200人次参加义务植树，共义务植树5.7万株。高标准绿化工作委托哈尔滨市广瀚园林绿化公司进行，由建设科负责。造林主要选用樟子松、杨树小黑系列等品种。针叶树种全部采用杯苗，以提高成活率。所有进场苗木全部经过林业部门产地检验检疫，确保一级苗达标率。农场技术人员加强挖坑、浇水、修剪、涂白、防虫等管护技术要领的宣传，于4月23日开始植树，并于5月10日结束全部造林任务。

水利　小水投资300万元。工程主要建设内容为衬砌渠道2条，1.232公里，涵1座，斗门63座。工程于6月2日进行公开招标，中标单位为黑龙江省红兴隆垦区江川水利建筑有限公司，中标金额2758650元。工程于6月25日开工建设。已完成渠道护砌2.232公里，斗门57座，涵1座，工程形象进度93%。泵站更新改造工程建设。下达投资795万元，其中国投636万元，农场自筹159万元。工程主要建设内容为厂房维修处理，前池挡土墙混凝土补强处理，重建进口护坡；更换4台水泵及配套电机，更换出水管路及配套拍门，增设机械检修设备1套；更换拦污栅4扇，更换检修闸门1扇，更换起重机2台套，更换启闭机2台；改造输电线路24.5

公里。工程于8月18日进行公开招标，共分3个标段，该工程于2016年8月25日开工建设。农场自筹水利工程。完成投资75万元，土方量18万立方米。加强水利规划工作。2016年，配合设计部门完成江川农场松干五十年标准土料场变更及三江联通工程设计工作。松花江干流治理工程江川农场段建设内容：江川农场堤防段总长40.862公里，其中，丰收沟11公里，堤防29.862公里。工程共分为两个标段进行施工，计划新建堤防加高培厚29.38公里，护坡5处26.409公里，盖重5处7.1公里，垂直防渗2处4.13公里，堤顶混凝土道路28.72公里，防汛专用路一条，防浪林29.862公里。填筑土方量88.15万立方米，总投资2.19亿元。

工业　推进园区、项目、粮食等工作，实现工业总产值5.1亿元，工业增加值13218万元，利润3558万元，同比与上年持平。结合工业园区实际情况，探索工业园区30万吨产能联合体建设工作。通过对园区企业进行产权、品牌整合，实现园区产能优化重组，增强园区整体发展硬实力，引资500万元，对黑龙江省江川广良米业进行仓储库扩建。

党建工作　开展基层党组织基础建设巩固年活动，通过不断完善基础设施、基本制度、基层组织，促进党员干部“基本功”提升的“四基”建设活动。真正做到固好底色、打好基础、带好班子、管好队伍、谋好发展。领导班子建设。党委中心理论组共开展学习10次，累计学习46学时，每人记笔记5万余字，撰写个人心得体会文章10余篇。基层43个支部共抄写学习笔记、心得体会累计700多万字。全年为3个管理区增加健身路径3套24件，增加稻田鸭、育秧大棚二次利用等增收项目16个。干部队伍建设。优化干部队伍结构，重点培养年轻、学历层次高的干部，对2008年以来引进的38名大学生进行岗位任职，解决他们的身份问题，并选派优秀人员到基层锻炼。对全场所有企事业单位人员进行核查，发现违规用人的进行严肃处理，做到底数清、情况明。对94名领导干部进行岗位调整，其中35周岁以下的54名，第一学历的49名，担任单位主要领导的11名。人才队伍建设。开展党员干部培训3次，建立大学生人才信息档案58份，按照“三龄两历一身份”档案认定标准，规范整理档案109册。建立183对帮扶对子，全场有327名党员干部落实帮扶责任，结成帮扶对子231个，落实帮扶资金158万元，提供脱贫项目14个。农场投入100万元扶贫专项资金，使26个贫困家庭从中受益。精准脱贫率100%。各级领导干部以“110服务队”为载体，组建“110”帮扶小组18个；组建“党员干部＋示范户、示范户＋种植户”的共富联合体，服务范围涵盖生产生活全过程，受益人数达313人。开展以“学讲话，谋发展，闯新路”为主题的征文活动，共收到征文336篇，挑选30篇优秀文章进行宣传展览。对“三大党建品牌”进行拓展延伸，党员“110”累计服务职工2700多次，帮扶赊欠物资折合人民币900多万元。

扶贫帮困　总局、管理局、农场共投入帮扶资金158万元，管理局及农场领导共计93人与46户低收入家族进行对接，帮扶人累计走访300多次，协调贷款260多万元，为低收入职工解决实际困难400多件。农场332名党员干部与183户贫困家庭结成帮扶对子（共327人），农场党委先后三次召开专项工作推进会议，累计走访贫困职工900多次，为贫困职工办实事300多件，提供帮扶资金69万元，提供脱贫项目14个。农场100万元扶贫专项资金投入使用，26个贫困家庭从中受益。

（王文达）

双鸭山农场

场长、党委副书记：王成武，1964年11月出生，吉林舒兰人，中共党员，本科学历，高级政工师。1982年12月参加工作，2016年4月任现职。

党委书记：杨传林，1963年5月出生，山东省梁山县人，中共党员，本科学历，教授级高级政工师。1984年7月参加工作，2014年1月任现职。

党委副书记、纪检委书记：

刘金友（2013.5—）

副场长：

叶　多（2013.5—）

杨春会（2010.2—）

郭志民（2006.4—）

翟永宝（2013.12—）

工会主席：

曹立杰（女，2010.2—）

党委委员：

叶　多（2010.7—）

孙永刚（2014.2—）

杨春会（2010.7—）

郭志民（2010.7—）

曹立杰（2010.7—）

翟永宝（2014.1—）

概况　双鸭山农场位于黑龙江省东北部美丽富饶的三江平原，地理坐标北纬46°21′～46°36′，东经130°15′～131°42′，东与宝清县七星泡镇及友谊农场八分场相接，西与双鸭山市长胜乡毗连，南至锅盔山北麓，北邻双鸭山矿及四方台矿区，场部处在扁石河中游北岸，距双鸭山市中心33公里。境内群山起伏，沟谷纵横，坡度较大，为浅山区丘陵慢岗地貌。境内有大小山峰12座，以瓮泉而闻名。农场总面积33565.3公顷，拥有5个管理区、18个作业站，1.5万人口，耕地14800公顷，林地13371.4公顷，牧地草原296公顷，水面705公顷。是国家百亿斤商品粮基地之一，垦区重要的粮食、蔬菜、林产品产区，被誉为“中国寒地蔬菜生产之乡”。

农场依托“围城、围路、围矿”的区域优势，发展高效农业、设施农业，推行标准化生产和规范化管理，粮、菜、瓜、果、林、牧等特色、绿色农业生产规模不断壮大，已成为双鸭山地区最大的“绿色菜园”。

2016年，农场实现地区生产总值77369.1万元，人均可支配收入22882元。

现代化大农业　完成播种面积14833公顷，其中，种植玉米13020公顷，水稻1200公顷，大豆227公顷，杂豆67公顷，经济作物320公顷。推广生态种养模式“鸭稻”2公顷，“鹅玉”2公顷，“蟹稻”1公顷，种植特色豆20公顷，向日葵5公顷，高粱45公顷。加大农机更新力度，投入1500万元，引进先进农机40余台套。实施高标准农田建设项目、土地整治、农发扶贫、一事一议等农业项目，完成平整土地24公顷。面对今年“低温、多雨、寡照”的农业发展不利形势，玉米实现亩产658.6公斤，粮豆总产达14万吨。依托“围城、围矿、围路”的区域优势，实施“旅游强场”发展战略。融入旅游发展思维，投资240余万元重新打造“北大荒果蔬王国”，新建休闲广场、采摘长廊。年初，农场蔬菜园区从品种、规模进行整体规划，种植葡萄、西香瓜、草莓、油豆角等各类果蔬40余种。确定西香瓜、葡萄、油豆角为棚室主栽品种，年生产各类果菜1900吨，销售总额1000万元。北大荒果蔬王国年接待游客6000余人。棚室蔬菜平均亩利润实现6000元，裸地瓜菜平均亩利润实现3000元。完成标准化养殖场建设，已建成标准化牛舍1.6万平方米，青贮窖1.7万平方米，现存栏北大荒乳肉兼用牛528头，累计生产合格鲜奶40余吨。推进畜牧产业多元化发展，全场共存栏能繁母猪1517头，年出栏生猪2万头。全场从事猪、牛、羊、鸡、鸭、鹅、鱼等畜禽养殖业的“庭院”经济养殖户646户，年创效益2000余万元。采取“间作模式”加快经济林发展，新栽植山葡萄133公顷、平欧榛子18公顷、地产果24公顷、红松果60公顷，五味子、平贝2公顷。饲养林下鸡1万只，林下生态猪300头，池养鹅2000只。推进榆黄蘑、猴头种植，葡萄酒酿造，山产品采集等产业发展，林下经济实现多种经营。

第三产业 开设淘宝店和微店各一家（扁石河绿色食品体验店），店内主要销售龙江醇原浆高粱酒、蜂蜜、木耳、刺五加茶、虫子鸡蛋、榛子、松子、粉条、野猪肉、山葡萄原汁、笨鸡等产品。农场大学毕业生探索创业形式，步入“创客时代”，在“淘宝网”“众筹网”“微店”等网购门户网站设立大东北特色店，依托中通、圆通、顺丰等7家快递公司和两座气调保鲜库的仓储物流优势，开展线上、线下相结合的产、加、销一体化经营，打破地域限制，让更多的消费者知晓双鸭山农场绿色农产品。全场已有经营林产品、白酒、服装等商品的“微商”30余家，平均年销售额可达1.5万余元。

工业 继续完善粮食物流市场和绿色农产品批发市场建设，依托粮食加工销售企业、合作社、联合体，全力打造“农户—合作社—粮食收储—加工—销售”的产业链。粮食物流市场年发运粮食近20万吨。已扶持各类农民专业合作社29家，农工联合体7家。年内完成招商引资总额3000万元。

小城镇建设 开发建设商住楼一栋，建筑面积6700平方米。投资630万元。实施农场卫生服务中心改扩建项目、人畜饮水及供排水工程、新建幼儿园等一批惠民工程建设项目。场区累计更换污水井盖50个，维修人行路步道砖及路牙砖6500延长米，栽植绿化苗木10万余株，优化场区环境。

社会民生 发放低保金、医疗救助金和临时救助金245万元，为45位80岁以上享受高龄津贴的老人发放高龄津贴3.7万元。全场共有伤残军人3人、在乡复转军人3人，各项优抚、优待金全部发放到位。居家养老工作至今已开展5年多，居家养老服务自启动以来，方便离退休老年人的生活，家政服务打扫卫生3400多平方米，理发320次/人员，共花费资金1.5万元。

财务管理 坚持财务刚性预算，对各项财务指标细化到人、超支自负。农场严控和化债以“控制新债、锁定旧债、明确责任、分类处理、逐年化解”为主要原则，以控制债务总量为首要目标，并制定增收化债、节支降债、降息减债、核销冲债的具体控债化债措施。出台《关于控制和化解农场债务意见的通知》。加强财务预算、货币收支预算、基本建设投资预算“三个预算”管理，建立健全财务管理内部管控机制，“六项费用”支出同比上年下降10%，节约支出72万元。实行土地承包费市场化运作及竞价收费为农场增收881万元。年内收取非耕地资源费占用费147万元。

社会管理 加强社会治安综合治理工作。推进立体化社会治安防控体系、法制化治理体系、网格化责任管理体系三大体系。强化“人防、物防、技防、联防”综治管理格局，扎实推进法制宣传、居民自治、风险评估和矛盾排查工作，做到“三查五到位”。引入法律参管机制，聘请法律专家担任顾问，对于农场“重大事项决策、重要干部任免、重要项目安排、大额资金的使用”等三重一大事项执行过程是否依法依规进行监管，提供法律服务，确保农场所做的各项决议合法有效。带动全场居民树立法治意识，推进多层次、多领域依法治理。实行“变上访为下访”，把矛盾化解在基层。完善矛盾纠纷排查调处机制，落实定人、定案、定责任，包调处、包稳控、包疏导的化解机制。强化职责倒查机制，依法依纪追究相关人员责任。深化“十分钟服务圈”品牌创建，构建“1+3+N”服务模式。严格落实安全生产主体责任，加强监督执法力度，彻底排查各类隐患，加强应急预案体系建设，提升各类突发事件的处置能力。

党的建设 开展“两学一做”学习教育活动，推进领导班子和干部队伍建设，重点强化领导干部学习意识、责任意识、看齐意识、担当意识、奉献意识。健全党政班子集体领导下的分工负责制、重大问题请示报告制度、民主生活会制度等。开展“互联网+党员服务”、“家庭医生契约式”、“在职党员进社区认岗履责”等特色品牌服务活动。梳理权力运行体系，农场30个部门、72个岗位制定权力清单、责任清单，制作“工作职责明白牌”49块。

（张晴雪）

曙光农场

场长、党委副书记：田旭江，1963年10月出生，山东兖州人，中共党员，本科学历，高级农艺师。1983年参加工作，2012年6月至2016年7月任现职。

场长、党委副书记：张秀国，1964年12月出生，山东兖州人，中共党员，本科学历，农艺师。1983年1月参加工作，2016年4月至7月任农场党委书记，2016年7月任现职。

党委书记：李建辉，1972年出生，山东莒南县人，中共党员，研究生学历，高级农艺师。1992年参加工作，2012年6月至2016年4月任现职。

党委书记：赵德清，1966年4月出生，山东曹县人，中共党员，本科学历，教授级高级政工师。1983年9月参加工作，2016年10月任现职。

党委副书记、纪检委书记：

徐启荣（2014.1—）

工会主席：

牟庆阳（2011.5—）

副场长：

王崇珊（2010.5—2016.7）

王延滨（2011.5—）

耿庆利（2016.10—）

党委委员、宣传部部长：

付兴龙（2004.10—）

党委委员、组织部部长：

范宗辉（2010.5—）

概况　曙光农场位于佳木斯市南60公里桦南县境内，场区地理坐标北纬46°13′～46°23′，东经130°17′～130°39′。境内交通方便，有国家铁路牡（牡丹江）佳（佳木斯）线，依饶公路、鹤虎公路、鹤（鹤岗）大（大连）高速公路通过场直地区，场部到各作业站之间都有通村路相连，场直地区至佳木斯市、七台河市分别60千米。场区海拔108～240米，总面积17215公顷，耕地面积13659公顷，林地1876公顷。流经场区的河流共3条，有八虎力河、松木河、倭肯河，它们同属松花江水系。野生资源有柞树、榛树、山葡萄、蘑菇、狍子、松鼠、野鸡、鲫鱼、鲤鱼、鲶鱼、泥鳅等。农场下辖14个作业站、1个林场。

2016年，农场实现社会总产值82657.5万元，居民可支配性收入20047元。

种植业　农场总播种面积13667公顷，种植水稻4000公顷，玉米5667公顷（包括甜黏玉米333.3公顷），豆类及经济作物4000公顷。发展棚室果蔬120栋，完成计划面积的100%。经过实际收获，粮豆总产9.764万吨，较上年减少1.201万吨，减少10.9%；粮豆单产8616公斤/公顷，较上年减少522公斤/公顷，减少5.7%，其中玉米平均公顷产10101公斤（其中黏玉米公顷产15000公斤），水稻公顷产8850公斤，大豆公顷产3000公斤。推广水稻振捣提浆、鸭稻共育、水稻超早钵育、农业“三减”落实减肥、农业“三减”落实减农药、落实水稻侧深施肥6个示范农业项目；进行品种优化，优良品种占玉米播种面积的90%以上，水稻种植面积的68%，大豆种植面积的88%。品种向早熟、脱水快、优质、均质化方向调整；重点打造“一带、六区、四基地”建设。推广应用综合配套技术措施保证各类作物良种覆盖率100%，测土配方施肥应用100%，病虫害有效防治率达100%。利用农闲时间召开各类技术培训班、现场会、定标会10余次，培训人员达500余人次，发放技术资料1000余份。农场成为农垦农业技术远程培训卫星远端接收站试点单位，可以在同一时间内对不同空间的广大农垦职工进行“点播式、交互式和现场直播式”培训，现已培训8次，培训技术人员及种植户累计400人次，充分利用卫星信号和网络，最大限度地实现培训资源共享；加大对职工联合体的引导和扶持，目前拥有联合合作组织25个，联合合作组织经营土地面积占农场耕地总面积的52%。

农业机械　投入资金1908万元，引进各类机械301台（套）。在秋收灾情较为严重的情况下，拿出补贴资金120万元，引进及改装各类农机具70余台套，（其中200马力以上拖拉机2台，收获机车安装半链轨3台，后驱动5台，秸秆还田装置27台，移动烘干机2台，深松机10台等。

水利　争取上级投资和农场自筹资金7778.88万元，实施高标准农田、小型水利、农发、扶贫等涉农项目。完成旱改水152公顷，土地整治4473.3公顷；架设机电井21眼，修建涵洞162座、排水沟和渠道102.45公里，渠系建筑物170座，谷坊52座，晒场5.97万平方米，机耕路78.12公里，消险加固水库两处。

林业　投入造林绿化专项资金260余万元，完成造林绿化6.7公顷，其中营区绿化3.73公顷，公路绿化2.6公顷，作业站绿化0.33公顷，栽植造林绿化乔木、灌木、绿篱15万余株；完成林业经济种植18.7公顷。栽培食用菌150万袋；培育造林绿化苗木36公顷。到2016年末，城镇人均公共绿地面积37平方米，城镇绿化覆盖率达30%，农场森林覆盖率达到10%。苗圃总面积36公顷。育各类苗木总计161.5万株，苗木合格率达90%以上，商品苗率达80%以上，出圃苗木合格率达90%以上。

工业　非公有企业实现增加值1.6亿元，利润2550万元。恒运机械铸造厂实现产值1500万元，利润210万元；新曙光牧业实现生产总值3亿元，利润1800万元；鹏驰酒业实现生产总值1300万元，利润96万元；鸿汇糠醛厂年产值4000万元，利润420万元；亮晶米业、东平、大元粮食仓储加工企业年产值4200万元，利润313万元。有514名农场职工实现再就业。

畜牧业　年末肉牛存栏634头、出栏540头；羊存栏230只、出栏605只；出栏商品猪3.78万头、存栏1.82万头、存栏母猪0.265万头；肉鸡存栏51万羽、出栏230万羽；肉种驴存栏2500头。免疫牛1170头，羊830只，猪5.5万头，禽280万羽，确保应免畜禽免疫密度100%，免疫合格率70%以上，全年未发生重大动物疫情。

企业管理　通过强化管理，完善机制建设，确保资产收益最大化，全年管理费用支出同比降低5%。为增加域外项目收入，通过争取国家农业“走出去”税金减免政策，实现免税金300余万元。同时，农场加强经营成本管理，管理费收入300万元，节约经营成本近300万元。为降低购买收费管理系统成本，农场自行研发综合收费管理系统软件，成功完善综合收费管理系统平台，为农场节约资金40余万元。工程建设实行联审制，每项工程建设都要成立由计财科牵头的联审小组进行审核，联审小组对统一编制的30余项工程预审降低造价300多万元，节支率10%。

扶贫帮困　推进建档立卡工作，完

成农场170户390人的建档立卡、贫困户贫困人口的数据更新和系统管理完善工作。分类施策，精准扶贫工作稳步开展。采取“一户一策”等精准扶贫措施和“一帮一”、“多帮一”的帮扶方式，对无劳动能力的采取“1+1”（即1名党员干部帮扶1名贫困户）联系帮扶，及时帮助贫困户协调解决生活中的难题；对有劳动能力和脱贫致富意愿的贫困户实行“1+1+1”（即1名机关或场直单位党员干部和1名基层单位党员干部帮扶1户贫困户）重点帮扶，出台针对不同脱困需求贫困户的帮扶政策，实施产业扶贫、就业扶贫、保障扶贫、社会捐助等方式进行分类帮扶。

教育　投入资金300万元新建标准化曙光幼儿园，投资200多万进行中小学校园改造工程，并添置先进的教学设备。接受省、国家的检查验收。

组织建设　深入开展“两学一做”教育活动，向基层党组织发“两学一做”学习资料、党建报刊等2000册，开展集中培训、党委书记讲党课、制作党建电教片累计4500多分钟，学习教案（课件）271本。党员干部撰写学习笔记、心得体会2万多字，并参加“两学一做”知识竞赛、网上答题等各种学习教育活动5000多人次。社区党委通过党建“3+7”活动品牌延伸服务为平台，实现职工群众和党员干部的紧密沟通。农场党委共补助困难党员40名，组织党员干部参加社区为民服务队，为居民生产、生活服务2200人次。涌现出优秀党员51名、先进基层党支部5个、优秀党务工作者8名。开展基层党建基础建设年和巩固年活动，加强对基层党建工作的指导，各党委、党支部在开展“三会一课”活动过程中，全程录像或录音，确保活动开展的真实性。结合党组织精准扶贫任务的要求，完成农场170户390人的建档立卡工作。

精神文明建设　采取“形象”教育和“形式”教育相结合的方式深入开展社会主义核心价值观教育。在各单位主要位置设立以“24”字为内容的宣传栏，拍摄践行社会主义核心价值观主题微电影《晨光》；农场投资160余万元建成的场史陈列馆。在“形式”教育方面，扩展第四管理区家庭农场考核目标、十星级文明户评比、环境建设百分制考核相结合的“亮三牌”创建活动；以“寻找身边最美曙光人”为载体开展“最美白衣天使”“最美环卫工人”“最美园丁”等评选活动；场直社区、教育及卫生系统均开设“道德讲堂”。围绕新市民培训教育活动，物业等部门在居民中组织“文明楼道”评选活动，评选出“文明楼道”6个。在“青春志愿行共筑中国梦”学雷锋志愿服务活动中，参与人次达到300人次，爱心义诊约30人次，帮助贫困学生57人。开展普法宣传活动20多次，发放各类宣传资料4500余份。在植树护绿行动中，参与活动的志愿者约1000人次，植树栽花7000株。以保障生产为重点，全场累计提供生产帮扶服务活动400次以上。在精神文明创建工作中，农场党委以争创“文明单位（标兵）”“十星级文明户”和文明健康的文体活动为载体，全面提高干部职工队伍素质。获得管理局级文明单位标兵1个，文明单位2个。向管理局推荐“感动红兴隆人物”等3名先进典型。组织举办各类大型文艺演出、知识竞赛、演讲会、报告会等8场次。

（李红）

宝山农场

场长、党委副书记：万新军，1963年2月出生，山东齐河县，中共党员，本科学历，农艺师。1983年3月参加工作，2011年1月任现职。

党委书记：王金厚，1966年7月出生，黑龙江友谊县，中共党员，本科学历，农艺师。1985年12月参加工作，2014年1月任现职。

党委副书记、纪委书记、工会主席：
段　敏（2010.2—2016.7）

副场长：
武玉刚（2012.1—）
高　杰（2013.10—）

党委委员：
马明龙（2009.12—）
李国良（2010.7—）
武玉刚（2012.1—）
高　杰（2013.10—）

概况　宝山农场位于黑龙江省三江平原西区中部桦川县境内，地理坐标为北纬46°55′～47°01′，东经130°47′～130°57′。农场地处原宝丰滞洪区，地势低平，呈不规则洼地形状。地势西高东低，南高北低，由西南向东北逐渐倾斜。全场基本属于平原地形，坡降在1/2000～1/4000，海拔高程在72～80.3米之间，起伏变化较小。从第二作业站西部到第三作业站有一条南北走向狭长的沙丘，全长3.25公里，宽0.2～0.5公里，海拔74.06～80.3米。场部地区海拔76米。场内无山，无河流。

农场地处中纬度，属于寒温带大陆性季风气候，其特点是雨热同季。受西伯利亚寒流影响，冬季漫长寒冷而干燥，盛行偏西北风；夏季受海洋暖气流的影响温热湿润，多西南风；春季短暂，多大风，易干旱；秋季气温变化急剧而多雨。年平均气温2.4℃，≥10℃的积温2544.7℃，年日照时数为2605小时，年降水569.8毫米，无霜期127～163天。

全场土地总面积109平方公里，耕地面积7333.3公顷；下辖2个管理区，6个作业站，5个场直单位。全场总户数1496户，总人口3535人，其中户籍人口3191人，在岗职工1084人。

2016年，农场实现国内生产总值2.91亿元。农业总收入1.6亿元，家庭农场净利润1亿元。城镇化率100%，人均住房面积28.6平方米。农场连续三年获得总局农业标准化提升活动优秀单位称号。

种植业　优化种植业结构，开发水田。农场总播种面积7357公顷，其中水稻种植面积增至7218公顷，占总耕地面积97.6%。玉米种植面积139公顷。粮食连年实现增产，种植业效益持续提升。实现水稻公顷产量9498.45公斤。推广农产品质量追溯创建，由三个作业站扩大到六个作业站，做到水稻全面积全程质量追溯。农业项目建设总投资3000万元，建设农门55座、方涵26座、节制闸9座，硬化田埂62.5公里，衬砌农渠82.5公里、晒场池护坡2000平方米，改造机耕路42公里，建设生物肥堆放场1.5万平方米。建设高标准农田1333公顷，年新增水稻产量2000吨。开展水稻育秧大棚二次利用工作，二次利用率达100%以上，其中食用菌种植50栋大棚。申请有机食品认证，发展有机水稻种植272公顷。

农机　落实农机补贴工作，完成农业机械更新换代153台，农机具更新总投入928.53万元，利用国家农机购置补贴资金236.199万元，补贴农机98台，受益农户92家。荣获全国农垦农机标准化示范农场称号。

畜牧业　在原有猪舍基础上新建标准化猪舍2400平方米，围墙300延长米，排污沉井12个，排污管道500延长米，生猪饲养使用面积达到万头以上标准。实现肉牛出栏3100头；生猪存栏2210头，出栏9000头；鸡、鸭、鹅等家禽饲养量达1.1万羽。狐貉存栏2700只以上。

扶贫工作　通过216万元共富资金、46万元帮扶资金、多项水稻技术指导以及提供养殖技术措施共使20户贫困户脱贫，通过帮助联系用工单位促进就业增加收入措施使10户贫困户脱贫。

社会民生　社会保险费收缴1943万元，个体参保126人；企业退休职工551人，个体退休职工229人（其中家属工纳入126人）；事业参保职工58人，事业退休职工39人。农场共有低保户67户，101人，低保金最高金额由上年的每月500元提高到每月560元，提高12%，人均补差375元，共发放低保金469950元。有生活困难残疾人22人，其中重度残疾人7人，共发放两项补贴款35500元，发放取暖费补贴49510元，发放稳岗补贴资金34.65万元。

党建工作　以“两学一做”+“54321”，创建党建新格局，保持党的先进性和提高执政能力建设为核心，通过五类典型打造四个品牌的注册、三项教育的实施、两个活动的开展、实现一个目标的54321理念，拓展工作领域，加强各级领导班子、干部队伍和人才队伍建设。新成立公共事业局和房产交易中心两个职能部门，调整选拔任用干部4批次，试用期转正干部2批次，全年招聘大学生14人。通过对基层24个党组织，290名党员清查，共计补交党费总额8.76万元。贯彻落实“一岗双责”党风廉政建设责任制和“三重一大”集体决策制度，深入开展反腐败斗争和重点领域行业纠风、专项治理，加大案件查处力度，强化对党员干部，特别是各级党员领导干部的廉政教育和监督。对任用、升职的干部进行任前考廉共2次，累计出具廉政鉴定25份。初核案件1件次，对2名干部进行通报批评。通报批评“四风”问题1次。

文明建设　农场以“宝山一家亲”品牌为主线，通过搭建典型平台、活动平台、服务平台唱响亲情文化主旋律，不断活化形式、创新内涵，着力让“亲情文化”在宝山生根发芽。发挥爱岗敬业、团结敬业、互助友爱、种植养殖、加工销售五类典型作用。养貂能手魏宏敏与20多家低收入户成立“万利”养殖合作社，抱团取暖，规模化养殖，实现年产毛皮3000张，年获利70余万元。培育“最美宝山人”典型6人，青农协牵头成立3个种植合作社示范种植鸭稻266.6公顷，春露志愿者服务社团成立10支志愿服务分队，忙碌在农场的田间地头和场直社区。

（孙立明）

建三江管理局

党委书记：陶喜军，1961年3月出生，黑龙江省泰来县人，中共党员，研究生学历，高级工程师。1981年9月参加工作，2011年7月任现职。

副局长、党委委员：李荣华，1960年3月出生，吉林省榆树县人，中共党员，本科学历，教授级高级政工师。1977年10月参加工作，2010年8月任现职。

副局长、党委委员：王旭光，1966年1月出生，辽宁省岫岩县人，中共党员，本科学历，高级农艺师。1988年7月参加工作，2010年8月任现职。

副局长、党委委员：张宝林，1963年9月出生，山东省汶上县人，中共党员，研究生学历，高级工程师。1983年7月参加工作，2013年11月任现职。

党委委员、工会主席：苍云，满族，1968年10月出生，黑龙江省望奎县人，中共党员，研究生学历，教授级高级政工师。1986年12月参加工作，2010年8月任现职。

党委委员、纪检委书记：牟秀玲，女，1962年5月出生，山东省日照市人，中共党员，本科学历，高级政工师。1983年12月参加工作，2015年7月任现职。

党委委员、组织部部长：牟秀玲，女，1962年5月出生，山东省日照市人，中共党员，本科学历，高级政工师。1983年12月参加工作，2010年10月任现职。

管理局调研员：孙道东，1963年2月出生，山东省单县人，中共党员，本科学历，高级会计师。1982年8月参加工作，2010年10月任现职。

党委委员、宣传部部长：刘亚军，1961年8月出生，河北省定州市人，中共党员，本科学历，教授级高级政工师。1977年11月参加工作，2010年10月任现职。

党委委员、人武部政委：郭威，1968年8月出生，辽宁省凌源县人，中共党员，本科学历，上校。1986年10月参加工作，2012年3月至2016年3月任职。

党委办公室主任、办公室主任：任爱军，1970年10月出生，江苏省丰县人，中共党员，本科学历，政工师。1989年12月参加工作，2012年8月任现职。

办公室副调研员、绿色食品办公室主任、农产品质量安全处处长：崔伟，1961年5月出生，辽宁省北镇县人，中共党员，研究生学历，高级农艺师。1983年7月参加工作，2011年12月任现职。

办公室副调研员：

吴传江（2015.6—）

纪检委常务副书记、监察局局长：王满友，1967年2月出生，辽宁省康平县人，中共党员，本科学历，政工师。1990年10月参加工作，2013年11月任现职。

纪检委副书记：

韩玉发（2010.3—2016.11）

纪检委副书记：

江卫国（2013.11—）

团委书记：王纯娜，女，1979年4月出生，黑龙江省建三江人，中共党员，本科学历，政工师。2000年7月参加工作，2013年11月任现职。

人力资源和社会保障局局长：陈兆明，1961年5月出生，山东省东平县人，中共党员，专科学历，劳动经济师。1977年9月参加工作，2005年10月任现职。

人力资源和社会保障局副调研员、副局长（负责民政工作）：袁海龙，1963年10月出生，黑龙江省肇东县人，中共党员，本科学历，高级农机工程师。1983年8月参加工作，2009年10月任现职。

教育局局长：张景春，1963年10月出生，辽宁省朝阳县人，中共党员，本科学历，中学高级教师。1985年7月参加工作，2010年3月任现职。

安全生产监督管理局局长：张瑞强，1968年7月出生，山东省成武县人，中共党员，本科学历，政工师。1989年7月参加工作，2013年11月任现职。

安全生产监督管理局副调研员（负责工业和信息化委员会工作）：孙长友，1963年7月出生，黑龙江省方正县人，中共党员，本科学历，高级会计师。1983年1月参加工作，2015年10月任现职。

安全生产监督管理局副调研员：

方　明（2011.12—）

卫生局局长：闫东，1969年3月出生，黑龙江省肇东县人，中共党员，本科学历，主管技师、政工师。1987年12月参加工作，2015年5月任现职。

农业局局长：李国俊，1963年5月出生，江苏省扬州市人，中共党员，本科学历，农业推广研究员。1984年7月参加工作，2013年12月任现职。

农业局副局长、副调研员（负责科技工作）：郎福军，1962年12月出生，黑龙江省克东县人，中共党员，研究生学历，中学高级教师。1979年12月参加工作，2011年12月任现职。

农业局副局长（负责农机工作）：徐祥龙，1970年7月出生，山东省夏津县人，中共党员，农业技术推广硕士。1992年7月参加工作，2012年8月至2016年9月任职。

林业局局长：田路成，1963年4月出生，山东省茌平县人，中共党员，研究生学历，高级林业工程师。1983年8月参加工作，2005年10月任现职。

畜牧水产局副局长（主持工作）：宋海峰，1977年1月出生，黑龙江省巴彦县人，中共党员，本科学历，兽医师。1998年7月参加工作，2015年5月任现职。

计财处处长：孟宪典，1964年4月出生，山东省东阿县人，中共党员，本科学历，高级会计师。1984年8月参加工作，2011年3月任现职。

审计处处长：李彩丽，女，1966年7月出生，山东省蓬莱市人，中共党员，研究生学历，高级会计师。1987年7月参加工作，2013年12月任现职。

商务局局长、农业综合开发办公室主任：公国维，1963年1月出生，黑龙江省肇源县人，1990年1月加入中国共产党，本科学历，高级会计师。1983年1月参加工作，2013年12月任现职。

政法委副书记：陈天明，1969年6月出生，陕西省黄陵县人，中共党员，研究生学历，高级政工师。1991年8月参加工作，2013年11月任现职。

管理局水利重点建设领导小组专职副组长：杨洪仁，1964月出生，山东省泗水县人，中共党员，本科学历，教授级高级政工师、会计师。1982年12月参加工作，2015年9月任现职。

水务局水管站站长（主持水务局工作）：赵清，女，1968年1月出生，江苏省江都县人，中共党员，本科学历，享受研究员待遇级水利高级工程师。1988年12月参加工作，2015年8月任现职。

残联理事：马勇，1963年10月出生，河北泊头县人，中共党员，专科学历，教授级高级政工师。1983年11月参加工作，2008年4月任现职。

种子管理局局长：王利明，1971年7月出生，黑龙江省泰来县人，中共党员，本科学历，农艺师。1990年7月参加工作，2016年9月任现职。

洪河国家级自然保护区管理局党组书记：周培强，1957年8月出生，河北省泊头县人，中共党员，专科学历，高级政工师。1976年12月参加工作，2010年3月任现职。

洪河国家级自然保护区管理局局长：董树斌，1965年3月出生，江苏省赣榆县人，中共党员，专科学历，高级工程师。1984年8月参加工作，2001年3月任现职。

卫生监督所所长、疾病预防控制中心主任：于边疆，1962年6月出生，山东省肥城县人，中共党员，本科学历，主任医师。1977年7月参加工作，2005年10月任现职。

广播电视局局长：朱长富，1960年6月出生，黑龙江省肇东县人，中共党员，本科学历，高级政工师。1978年9月参加工作，2013年11月任现职。

经济开发区管理委员会主任：王升新，1968年10月出生，辽宁省庄河县人，中共党员，研究生学历，会计师、政工师。1991年8月参加工作，2015年5月任现职。

土地整理储备中心主任：党爱河，1964年9月出生，河南省唐河县人，中共党员，研究生学历，高级工程师。1983年11月参加工作，2013年11月任现职。

黑瞎子岛现代生态园副主任：汝锋，1981年11月出生，安徽省利新县人，中共党员，本科学历。2002年7月参加工作，2011年3月任现职。

黑瞎子岛现代生态园副主任：周新斌，1969年7月出生，重庆市人，中共党员，研究生学历，高级政工师。1990年7月参加工作，2012年4月至2016年11月任现职。

建三江农垦公安局局长、党委书记：刘国锋，1962年9月出生，吉林省扶余县人，中共党员，本科学历，高级工程师，三级警监。1982年12月参加工作，2010年4月任现职。

建三江农垦公安局政委、党委副书记：刘继宏，1963年2月出生，辽宁省黑山县人，中共党员，本科学历，政工师，一级警督。1980年11月参加工作，2013年1月任现职。

建三江农垦区人民检察院检察长、党组书记：白柏林，1958年3月出生，辽宁省台安县人，中共党员，本科学历。1975年11月参加工作，2012年6月任现职。

建三江农垦法院院长、党组书记：付文，1964年12月出生，湖北省孝感市人，中共党员，本科学历。1982年12月参加工作，2014年10月至2016年8月任现职。

建三江农垦法院副调研员：付文，1964年12月出生，湖北省孝感县人，中共党员，本科学历。1982年12月参加工作，2016年8月任现职。

建三江农垦法院副院长（主持工作）：张义军，1969年2月出生，辽宁省东沟县人，中共党员，本科学历。1988年12月参加工作，2016年8月任现职。

司法局局长：姜国华，1964年7月出生，辽宁省庄河县人，中共党员，本科学历，高级政工师。1984年10月参加工作，2012年8月任现职。

公证处主任：王秀英，女，1965年7月出生，山东省日照市人，中共党员，本科学历，二级公证员。1984年12月参加工作，2010年3月任现职。

建三江人民医院党委书记：刘国春，1959年12月出生，黑龙江省绥化市人，中共党员，研究生学历，教授级高级工程师。1981年7月参加工作，2013年11月至2016年11月任职。

建三江人民医院院长：白利军，1966年3月出生，山东省曲阜市人，中共党员，本科学历，主任医师。1987年8月参加工作，2013年12月任现职。

建三江人民医院党委副书记（主持工作）：谢元玲，女，1970年10月出生，山东省昌邑市人，中共党员，研究生学历，教授级高级政工师。1990年7月参加工作，2016年11月任现职。

建三江第一高级中学党委书记：孙宝平，1960年5月出生，山东省胶南县人，中共党员，本科学历，教授级高级政工师。1977年9月参加工作，2013年11月至2016年11月任职。

建三江第一高级中学校长：崔锡印，1962年2月出生，山东省茌平县人，中共党员，本科学历，中学高级教师。1978年9月参加工作，2008年4月任现职。

党校党委书记：林春荣，1961年6月出生，山东省胶南县人，中共党员，本科学历，农学学士学位，高级政工师、高级兽医师。1983 年 7 月参加工作，2012 年 8 月至 2016 年 11 月任职。

党校党委副书记（主持工作）：韩玉发，山东省茌平县人，1963 年 2 月出生，中共党员，本科学历，高级政工师。1984 年 7 月参加工作，2016 年 11 月任现职。

党校党委副书记、建三江第二高级中学校长：李方田，1961 年 11 月出生，黑龙江省富锦市人，中共党员，本科学历，中学高级教师。1983 年 8 月参加工作，2010 年 10 月任现职。

交通运输局党委书记：吴喜春，1960 年 1 月出生，河北省故城县人，中共党员，本科学历，高级会计师。1976 年 10 月参加工作，2013 年 11 月至 2016 年 11 月任职。

交通运输局局长：袁庆亮，1963 年 10 月出生，山东省日照市人，中共党员，研究生学历，经济师。1983 年 1 月参加工作，2006 年 9 月任现职。

街道办事处党委书记：徐宝林，满族，1962 年 5 月出生，辽宁省东沟县人，中共党员，研究生学历，高级政工师。1981 年 3 月参加工作，2012 年 8 月任现职。

住房和城乡建设局局长：王守江，1966 年 6 月出生，江苏省泗阳县人，中共党员，本科学历，高级工程师。1986 年 12 月参加工作，2013 年 11 月至 2016 年 5 月任职。

物资处党委书记：王玉宝，1960 年 2 月出生，辽宁省本溪市人，中共党员，本科学历，政工师、助理经济师。1976 年 11 月参加工作，2008 年 1 月任现职至 2016 年 11 月任职。

物资处处长、党委书记：马春野，1962 年 9 月出生，黑龙江省阿城县人，中共党员，本科学历，高级政工师。1978 年 10 月参加工作，2010 年 1 月任物资处处长，2016年11月兼任党委书记。

三江热电有限责任公司党委书记：吕军，1961 年 12 月出生，云南省南华县人，中共党员，研究生学历，高级政工师、电力工程师。1979 年 12 月参加工作，2012 年 8 月任现职。

三江热电有限责任公司总经理：俞高江，1968 年 12 月出生，江苏省海门县人，中共党员，专科学历，农机工程师。1988 年 8 月参加工作，2012 年 3 月至 2016 年 5 月任职。

三江热电有限责任公司副总经理（主持行政全面工作）：管红新，1970 年 9 月出生，中共党员，研究生学历，电力工程师。1986 年 12 参加工作，2016 年 9 月任现职。

通信有限责任公司董事长、总经理：聂亚平，1962 年 6 月出生，河南省上蔡县人，中共党员，本科学历，高级工程师。1979 年 12 月参加工作，2007 年 3 月任现职。

武装部部长：聂振璞，满族，1970 年 1 月出生，河北省平泉县人，中共党员，专科学历，上校军衔。1989 年 3 月参加中国人民解放军，2013 年 3 月任现职。

中共黑龙江省农垦建三江管理局委员会
黑龙江省农垦建三江管理局
黑龙江省农垦建三江管理委员会

党群组织机构

- 纪律检查委员会（监察局与其合署办公）
- 政法委员会（挂社会治安综合治理办公室牌子）
- 组织部（离退休干部工作处与其合署办公、挂机构编制委员会办公室牌子）
- 宣传部（与文化委员会合署办公、挂统战部牌子）
- 工会委员会（团委与其合署办公、挂青年联合会牌子）

行政职能机构

- 办公室（党委办公室、直属机关党委、政策法规局与其合署办公、挂政策研究室、信访办公室、外事办公室牌子）
- 农业局（挂农业机械化管理局、科技局牌子、挂科学技术协会牌子）
- 绿色食品办公室（挂农产品质量安全处牌子）
- 畜牧兽医局（挂水产局牌子）
- 林业局（挂绿化委员会办公室、森林防火指挥部办公室牌子）
- 水务局（挂防汛抗旱指挥部办公室牌子）
- 安全生产监督管理局（与工业和信息化委员会合署办公）
- 住房和城乡建设局
- 交通运输局
- 商务局（粮食局与其合署办公、挂供销合作社联合社牌子）
- 财政局（计财处与其合署办公）
- 计财处（财政局与其合署办公、挂统计局、农业综合开发办公室牌子）
- 审计处
- 人力资源和社会保障局（民政局与其合署办公）
- 教育局
- 卫生局（挂人口和计划生育委员会牌子）

武装政法机构

- 建三江管理局人民武装部（挂国防动员委员会牌子）
- 建三江农垦公安局
- 建三江农垦区人民检察院
- 建三江农垦法院
- 建三江管理局司法局

驻局机构

- 省环境保护厅垦区建三江环境保护分局
- 省国土资源厅驻建三江管理局国土资源局
- 建三江垦区工商行政管理局暨物价分局
- 农垦建三江国家税务局
- 农垦建三江管理委员会地方税务局
- 垦区建三江质量技术监督分局

图 8　建三江管理局机构示意图（2016 年）

中共黑龙江省农垦建三江管理局委员会
黑龙江省农垦建三江管理局
黑龙江省农垦建三江管理委员会

农场

- 八五九农场
- 胜利农场
- 七星农场
- 勤得利农场
- 大兴农场
- 青龙山农场
- 前进农场
- 创业农场
- 红卫农场
- 前哨农场
- 前锋农场
- 洪河农场
- 二道河农场
- 鸭绿河农场
- 浓江农场

直附属事业单位

- 建三江农业科学研究所
- 建三江第一中学
- 建三江第二高级中学
- 党校（挂教师进修学校、农业广播学校、电视大学、职工中专牌子）
- 局直子弟学校
- 各农场学校
- 广播电视局（与有线电视台合署办公）
- 建三江中心医院（挂妇幼保健医院牌子）
- 疾病预防控制中心（与卫生监督所合署办公）
- 植保植检站（挂农业技术推广站牌子）
- 农产品质量安全检测站
- 气象站
- 种子管理局（挂种子质量监督检验站牌子）
- 农机安全监理站
- 动物卫生监督所（挂畜牧兽医站牌子）
- 水利工程管理分站
- 垦区水政监察支队建三江大队
- 八五九灌区管理站
- 勤得利灌区管理站
- 青龙山灌区管理站
- 城镇建设规划局（挂城管环卫监察大队、公园管理中心牌子）
- 街道办事处
- 墙体材料改革办公室
- 工程造价管理站
- 工程质量监督站
- 公路科（挂公路路政管理所牌子）
- 各农场交通科（挂交通征费稽查所、公路路政管理所、道路运输管理站牌子）
- 局直交通科（挂局直交通征费稽查所牌子）
- 道路运输管理科（挂道路运输稽查大队、航务管理站牌子）
- 交通征费稽查科
- 非税收入管理局
- 税务管理办公室
- 社会集团采购招标中心（挂控购办公室牌子）
- 住房公积金管理部
- 房产管理中心
- 能源办公室
- 财务结算中心
- 会计管理中心
- 土地整理储备中心
- 史志办公室（挂党史研究室牌子）
- 人才中心（挂人事考试中心牌子）
- 机关离退休干部活动中心
- 就业局
- 就业服务中心
- 建三江农垦区公证处
- 招生办公室（挂会考办公室牌子）
- 殡葬管理所
- 残疾人联合会
- 挠力河国家级自然保护区管理局建三江分局（内设七星、大兴、创业、红卫、胜利、八五九等管理站6个）
- 建三江经济开发区管理委员会
- 黑瞎子岛北大荒生态园区管理办公室
- 农垦建三江管理局不动产登记中心

驻局机构：

- 垦区建三江社会保险事业管理局
- 洪河国家级自然保护区管理局

企 业

- 建三江农垦通信有限责任公司
- 建三江热电有限责任公司
- 宏升建筑工程有限责任公司
- 乌苏里江外贸有限责任公司
- 商业局
- 建三江源丰农资有限责任公司
- 三江贸易有限责任公司
- 新华书店有限责任公司

驻局企业：

- 建三江邮政局
- 建三江移动通信分公司
- 建三江联通公司
- 建三江电信分公司
- 建三江电业局
- 中国农业银行建三江支行
- 中国建设银行建三江支行
- 中国工商银行建三江支行
- 中国银行建三江支行
- 中国邮政储蓄银行建三江支行
- 中国农业发展银行建三江支行
- 哈尔滨银行建三江支行
- 龙江银行建三江支行
- 建三江农村信用社联合社
- 阳光农业相互保险公司
- 中国人民保险有限公司建三江支公司
- 中国人寿保险有限公司建三江支公司
- 阳光农业互助保险公司建三江中心支公司

图9 建三江管理局直附属企事业单位示意图（2016年）

概况 建三江管理局地处位居世界三大黑土地带的三江平原腹地，扼黑龙江、松花江和乌苏里江汇流的要冲，地域范围介于北纬46°49′47″～48°12′58″，东经132°31′38″～134°33′06″之间。辖区总面积12346.94平方公里，其中耕地752773公顷，林地176412公顷，牧草地23358公顷。拥有15个大中型国有农场，125个管理区。辖区地广人稀，每平方公里人口密度仅有16人，是区域完整，生产经营和社会生活体系比较完善，适宜发展机械化、现代农业和农工商贸综合经营的新型垦区。建三江垦区瑰丽富庶，土壤肥沃，水草丰茂，三江环绕，七河贯通，交通便利，具有发展农、林、牧、副、渔、工贸、加工业及边境旅游业的优越条件。全局地势西南高，东北低，除少数山丘外，大部分是平原沼泽地带。北部和东南部拥有部分山地，呈东北至西南走向，海拔在100～626米。地形坡降较为平缓，一般在1/5000～1/12000。地形变化复杂，碟形、线形洼地星罗棋布，泡沼水线遍布。尚有可垦宜农荒地31.73万公顷，约占整个三江平原可开垦荒地的1/3左右。河流均属黑龙江水系，多为平原沼泽性河流。主要河流有挠力河、别拉洪河、外七星河、浓江河、鸭绿河、青龙河、莲花河等，流域总面积11330平方公里。水质无污染，地下水也极为丰富，总储量达6000亿立方米。水位较高，宜发展灌溉、养殖和工贸加工业。国境界江长度达230公里，隔黑龙江、乌苏里江与俄罗斯联邦相望，拥有黑龙江勤得利、乌苏里江东安两座码头；毗邻富锦、同江、抚远、饶河等4个大型口岸，具备明显的地缘区位优势。境内山地属完达山余脉，树高林密，自然资源比较丰富。主要树种有杨树、柞树、桦树，间或有少量榆树、椴树等硬杂木树种，多分布在山顶部和北坡，南坡栽有少量的松树。山林中拥有黑熊、野猪、野狸、野兔和狍子等野生动物，生长有蘑菇、猴头和木耳等菌类植物，还有桔梗、黄芪、刺五加和五味子等中草药，其开发利用前景广阔。

境内拥有洪河国家级自然保护区、挠力河国家级自然保护区、勤得利省级鲟鳇鱼自然保护区、乌苏里江省级自然保护区等4个低湿地保护区，保护区域总面积达23.42万公顷，是建三江垦区总面积的18.76%，远远高于全国10.80%的平均水平。20万公顷绿草如茵的低湿地，尽享"地球之肾"的美誉。尤其是这里原产于黑龙江的特有物种——史氏鲟，素有"活化石"之称。

建三江地区拥有多种矿产资源，主要是铜、锰、铬、煤、花岗岩、石英砂、高岭土、草炭等。草炭储量大1.1亿吨，居全省首位，国内第二位，是改善土壤和轻工原料的良好资源。该区属寒温带湿润季风气候区，夏季短促，温热湿润；冬季漫长，寒冷干燥；春季多风而少雨，夏秋多暴雨或连阴雨，春秋气温变化剧烈。极端最高气温38℃，极端最低气温－41.6℃，年有效积温为2200℃～2400℃，历年平均日照时间为2260小时至2429小时，历年平均气温在1℃～2℃左右。年均降水量550毫米至600毫米，多集中在7月至9月，约占全年降水量的50%～70%。常年无霜期为110天至135天，全年结冰期在180天左右。

黑龙江省农垦建三江管理局的前身，即始建于1956年1月1日隶属东北农垦总局时期的四个农场：七星农场、八五九农场、胜利农场、勤得利农场。1968年9月25日，根据沈阳军区黑龙江生产建设兵团命令组建第三师之时，八五九农场、胜利农场、七星农场及勤得利农场归属兵团第三师序列，分别被授予第二十三团、二十四团、二十五团、二十七团番号。1969年7月25日，经国务院、中央军委批准，沈阳军区黑龙江生产建设兵团在抚远地区组建第六师，将第三师所属四个团（第二十三团、二十四团、二十五团及第二十七团）和在抚远地区新建五个团（第五十七团、五十九团、六十团、六十一团及第六十二团）合编为兵团第六师，师部驻扎六十一团火烧孟地区。1976年2月兵团第六师撤销以后，1976年3月改制为建三江国营农场管理局。1996年9月改制为黑龙江省农垦总局建三江分局。2011年1月1日，根据中共黑龙江省农垦总局委员会机构编制委员会《关于省农垦总局所属各分局更名为管理局并重新确定职责的通知》（黑垦编字〔2011〕1号），按照2010年10月15日省第十一届人大常委会第二十次会议通过的《黑龙江省垦区条例》有关规定，将农垦总局所属各分局更名为管理局，其名称由黑龙江省农垦总局建三江分局，更名为黑龙江省农垦建三江管理局。作为省农垦总局所辖的行政管理机构，行使县级人民政府行政执法权，负责本辖区的行政管理工作。2012年12月20日，黑龙江省农垦建三江管理委员会正式挂牌成立。2013年1月1日，管委会正式运行，财政局同步设立。黑龙江生产建设兵团六师、建三江国营农场管理局、黑龙江省农垦总局建三江分局、黑龙江省农垦建三江管理局这四个时期，其党政军机关驻地均为建三江，即七星农场暨北大荒股份七星分公司所在地。管理局驻地设有县级邮政局、移动通信公司、联通公司、电信公司，各农场均设有支局与支公司；设有农业银行支行、农业发展银行支行、建设银行支行、工商银行支行、中国银行支行、黑龙江省农村信用社支社、哈尔滨银行支行、龙江银行支行、人民保险公司支公司、人寿保险股份公司支公司和阳光农业互助保险公司。各农场均设有分理处、办事处乃至子公司等。

截至2016年年末，全局家庭户数量95786户，同比增长5.64%。全局生育情况明显好转，人口自然增长率2.5‰。全局常住人口数量254147人，同比增长2.44%，其中农场常住人口数量234663人，同比增长3.1%。全局从业人员116671人，同比减少3.2%，其中在岗职工46752人，同比减少7.67%。2016年，全局实现地区生产总值228.04亿元，比上年增加8.74亿元，可比价增长6.9%。其中农业总产值231.21亿元，同比增长0.22%；工业总产值72.15亿元，同比增长4.0%；建筑业总产值28.17亿元，同比降低5.34%；交通运输业总产值20.83亿元，同比增长8.56%；商业饮食服务业总产值29.51亿元，同比增长8.21%。

种植业 农作物种植面积74.67万

公顷，其中水稻65.43万公顷、玉米2.66万公顷、大豆及其他作物6.57万公顷。粮食平均公顷产量8606公斤，粮食总产量641.15万吨。水稻种植以龙粳46、龙粳39等为主，种植面积18万公顷，同比增加面积7.07万公顷。订单种植面积2.35万公顷；种加一体化种植面积2.33万公顷。发放农业政策性补贴资金及农业支持保护补贴，应发补贴面积54.95万公顷，省级财政拨入37190.27万元、自有资金拨付20617.52万元、已上缴省专户资金530.02万元、当年专户结余0.15万元。为全局4万户种植户提供测土配方施肥技术服务，提高测土配方施肥技术的普及率、覆盖率和入户率。配方施肥建议卡入户率100%，采取配方肥与按方抓药施肥相结合方式，实现测土配方施肥技术推广面积71.94万公顷。更新侧深施肥机械投入，侧深施肥机械1215台，同比增加231台。扩大水稻侧深施肥面积，全局实现水稻侧深施肥面积3.54万公顷。全局15个农场“一控”示范推广面积18.94万公顷。新增旱田节水灌溉面积4万公顷，推广实施水稻节水控制灌溉面积18.94万公顷，占全局水田面积28.9%。示范展示单位16个。按照农垦总局农业局统一部署，管理局稻米适口性生产技术研究与示范项目，在4个农场、4个分公司、2个科研所、1个院校进行优质品种系筛选和配套技术验证。采用垦稻26、垦香稻08-169、龙庆稻3号、绥粳18、垦稻12和空育163等品种。全局农作物总受灾面积15.44万公顷，成灾面积11.0万公顷，其中水稻受灾面积12.3万公顷，成灾面积8.4万公顷；主要灾害为风灾，受灾面积10万公顷，成灾面积7.47万公顷。玉米受灾面积0.65万公顷，成灾面积0.54万公顷；主要灾害为涝灾，受灾面积0.62万公顷，成灾面积0.52万公顷。大豆受灾面积2.49万公顷，成灾面积2.16万公顷；主要灾害为涝灾，受灾面积2.49万公顷，成灾面积2.16万公顷。

科技 科技投入23813.84万元，其中农业21254.83万元，工业投入2559万元。科技培训班次343个，人数12.49万人次。举行科技普及活动69次。科技推广128项，科技示范75项，科技实验297项。科技园区建设，园区人数176人，园区试验品种数量1129项，园区投入1414.2万元。与北京师范大学、中国农大、华中农大、东北农大、八一农垦大学、省农科院及农垦科学院科技合作。科技贡献率76%，科技成果转化率93%。建三江管理局国家农业科技园区以“一轴七区三带”为主要建设内容，通过省和国家科技部的验收。申报国家星火计划项目3项，项目主要内容是围绕现代化大农业、新农村建设、城乡一体化和促进农业农村发展机制，农机、农业科技、农业人才和生产社会化服务四项重点内容的合作。以水稻测土配方施肥、机械侧深施肥、“控氮、调磷、稳钾”等施肥技术研究，探索水稻施肥技术新模式。实现插秧施肥同步、减肥不减产、节本增效攻关目标，降低肥料投入成本。应用三维动画技术和多媒体技术，制作“水稻全程机械化”和“水稻标准化生产技术”动漫演示系统，创新农业技术培训方式。应用物联网技术，实现水稻生长全程自动化监测，提高水稻生产信息化水平。举行“科技到农户”活动，指导示范户科学施肥和秧田管理及整地技术。指导示范户合理确定插秧规格、插秧机维护以及科学施肥等。指导示范户本田管理和稻瘟病防治。为种植户发放《科技示范户手册》《水稻技术手册》1.89万册。举行宣传无公害绿色产品生产技术活动，发放宣传单2万份。

农业机械 全局农机总动力206万千瓦，拥有农业机械30.1万台件，其中拖拉机2.83万台，联合收割机1.58万台，插秧机3.57万台（其中高性能插秧机7315台），高性能侧深施肥机1215台，普通乘坐式国产插秧机2.67万台、步进式插秧机278台，配套机具22.12万台（件）。水稻集中浸种催芽基地68处，浸种催芽设备1584套。综合机械化率达98.5%以上。农业机械挂牌率达97%以上，农机驾驶人持证率达98.5%。农业机械完好率、出勤率、时间利用率均达95%以上。农机田间作业合格率100%。农机驾驶员2.67万人，基层农机管理人员443人。拥有农具场245个，其中现代化农机管理中心27个。农机具入场入库率达100%。全面推进水稻全程机械化进程，推进“三减”工作。全年更新机具1.9万台套，增加动力24万千瓦，总投资9.41亿元，其中利用国家补贴1.97亿元；各农场出台农机政策补贴资金2788万元。提升农机装备水平和管理水平。举办培训班603场次，培训12.1万人次。全局成立基层农机服务组织184个，为用户解决问题和故障2700次，避免经济损失320万元。全局投资1777.3万元，用于“三库一场”改造及新增面积8.46万平方米。插秧机入库率达100%。收割机入库率达53%。拖拉机的入库率达48%。各类农机具入场率达100%。全局16个农用航化机场，跑道总长度达1.14万延长米，可满足航化作业需要。全年完成航化面积62.68万公顷。全局68个水稻浸种催芽基地1584套设备，完成3.24万吨种子浸种、催芽工作。前哨、洪河、青龙山、八五九及大兴5个农场参加全国农垦农机标准化农场建设，各建设农场建立《农机标准》，实施农机标准化管理，12月，全部通过农业部专家组检查验收。全局15个农场全部通过全国农垦农机标准化建设验收。全年安全教育签字及签订安全责任状率100%，共排查农机安全隐患186个，治理安全隐患186个。农机具有效安装反光贴3.8万条块。全局办理农机车辆注册登记2961台，1433人取得农机驾驶证。办理农业机械维修技术条件合格证17个，对不符合农机维修资质维修企业及网点下达整改通知书，通报工商管理部门。农机局强化航化飞机作业安全监管，共下达隐患整改书15份。全局共举办农机监理员培训班16场次。全局在工商部门登记备案农机合作社55个，入社成员2100人，农机总资产57577万元，农机总量5198台（套）。合作社资产总额62485万元，全年作业服务面积12.1万公顷，田间作业收入达10065.6万元。

畜牧业渔业 年末奶牛存栏1398头，牛奶产量2309.5吨；肉牛存栏3308头，出栏1197头；猪存栏5.93万头，出栏 9.77 万头；羊存栏 3.09 万只，出栏 1.88 万只；禽存栏 30.31 万只，出栏 49.64 万只，肉产量 9024.78 吨，蛋产量 2067.98 吨。稻鸭养殖面积 214 公顷，养殖数量 4.09 万只。购入稻蟹苗 2400 公斤，商品蟹 5900 公斤。鹅玉养殖面积 700 公顷，大鹅 1.85 万只。招商建设饲养 200 万头生猪项目落户勤得利农场。全局现有养殖小区 18 个，家庭牧场 129 个，标准化规模养殖场 4 个。各农场养殖场能严格执行免疫、消毒、病死畜禽及粪污无害化处理等防疫制度，建立养殖档案及各项规章制度。建立区域性浓江、创业、前锋 3 个农场动物疫病建设中心化验室，通过省、农垦总局项目组验收，已投入使用。完善局、场、管理区三级动物疫病防控与服务体系。建立畜产品质量安全监管体系，严格饲料、兽药执法监管。举行两次畜产品质量安全大检查，严肃查处违法案件，重点打击无证经营及生产经营假冒伪劣饲料、兽药的行为，杜绝使用瘦肉精、苏丹红等违禁药品现象，从源头上保证人民群众吃上“放心肉”。全局水产品产量 1500 吨，其中捕捞产量 600 吨，养殖产量 900 吨。养殖水面积 0.17 万公顷，其中无公害水产品养殖面积 0.13 万公顷。现有游钓点 7 个，面积 0.13 万公顷。八五九农场在大阪庭院养殖试点，河蟹养殖面积 5 公顷，投放河蟹苗 500 公斤。浓江、前进、七星、鸭绿河等农场蟹稻养殖，养殖面积 40 公顷、蟹苗数量 2900 公斤，年终收益 25 万元。北大荒勤龙渔业鲟鱼网箱养殖 50 个，其中养殖施氏鲟后备亲鱼 187 尾，共计 2976 公斤；养殖 5 龄鱼 625 尾，共计 1178 公斤；养殖 4 龄鱼 4750 尾共计 1670 公斤；养殖 2 龄鱼 4109 尾，共计 558 公斤。北大荒勤龙渔业生产受精卵 10 万粒，培育大规格苗种 7.3 万尾，其中增殖放流 6 万尾，社会各界人士放流 1 万尾，越冬 2400 尾。勤得利农场出池越冬鱼种 400 公斤，损失 2100 公斤，死亡率高达 84%。养鱼生产大面积降低，是建养殖队以来最严重一年。从省内购进 0.75 万公斤鱼种。有 72 公顷鱼塘改为种植业。2015 年度机动渔船燃油补贴申请备案于 2016 年 3 月完成，合计申请资金 29.99 万元。水产局共发放养殖证 21 本，发证核准水域、滩涂面积 0.17 万公顷。推进渔船登记、渔船检验和捕捞许可“三证合一”及规范渔业船舶数据和信息动态化管理工作。管理局水产局于 7 月底完成 88 本内陆渔业船舶证书发放及旧证回收工作。全局从事渔政执法人员 40 人，其中有执法证人员 20 人。配备渔政执法船和快艇 10 艘。出动检查车辆 25 次，出动检查船艇 490 次，出检人员 1931 人次，查处违法案件 3 起。没收销毁渔具 17 件，拆除土梁子 1 处，拆除箔 6 处。

林业　全局造林绿化计划面积 533.33 公顷，其中新增造林面积 113.33 公顷，补植补造面积 420 公顷。4 月 30 日前，全局完成造林绿化任务 542.67 公顷，其中新增造林 113.33 公顷，补植补造 429.33 公顷，完成农垦总局下达计划的 102%。组织人员对 4 个重点火险区农场、2 个国家级自然保护区等重点防火单位及区段检查 26 次，发现隐患 11 处，下发整改通知 11 份，全局实现全年无重大森林草原火灾发生工作目标。全局林业行政执法人员依法行政，履职尽责，严厉打击乱砍盗伐行为。查处各类林业行政案件 55 起，行政罚款 13 万元。对涉嫌构成犯罪 7 起林业行政案件移交公安机关调查处理。为保证青龙山灌区建设顺利进行，管理局对青龙山灌区第一期工程项目变更使用林地手续申报工作。9 月 30 日，项目变更使用林地手续得到国家林业局批准，10 月 20 日，办理采伐许可证，保证项目如期实施。管理局成立自然保护区管理委员会，明确各农场辖区管理责任，强化湿地资源的管理。挠力河保护区建三江分局完成基础设施建设投资 945 万元。建管护站房 3 个，面积 850 平方米。新建巡护路 17 公里，维修巡护路 67 公里，网围栏 48 公里，蓄水涵闸 7 座，巡护码头 3 处，防火瞭望塔 1 座。七星、胜利及红卫 3 个管护站安装远红外监测系统，监测范围达 15 平方公里。退耕还湿面积 458.93 公顷，平整核心区、缓冲区已退耕地内围堰 7000 延长米，实现全年无新开垦行为。挠力河保护区建三江分局完成《全国第二次陆生野生动物资源调查秋季迁徙水鸟同步调查》任务，对辖区内水鸟分布现状、栖息地现状、种群数量、受威胁因素、保护现状等都进行详细的记录，为湿地保护科研工作提供数据基础。林业局提前对“三五〇”绿化工程樟子松枯梢病、阔叶树虫害预测预报，制定综合防治办法。筹措资金 20 万元，购置百菌清杀菌剂 3 吨，抓住在 6 月病菌孢子飞散前最佳防治时期，组织人员 1510 人次、机车、无人机 360 台次，防治病害绿色通道长度 240 公里，面积 533.33 公顷。对病死树和病枝及时进行清理，集中焚烧销毁，使病原菌不能再扩散蔓延。培育新型生产经营主体 330 户，营造经济林嫁接红松林 66.67 公顷，大榛子 32 公顷；养殖林蛙 6 万只，养殖野猪 480 头，养殖林下鸡 5.4 万只，林下鹅 0.75 万只，养蜂 1720 箱，鹿 1270 只，鸵鸟 200 只，推进全局创新产业发展，带动职工群众致富增收。

水利　建设堤防 282.01 公里，水库 6 座，机电井 27626 眼，各类建筑物 39661 座，建成万亩以上灌区 2 处，治理主要涝区 5 处，拥有喷灌机 176 台。水库总库容 1028 万立方米，堤防保护耕地面积 8.76 万公顷，达成除涝面积 42.78 万公顷，有效灌溉面积 69.94 万公顷，其中喷灌面积 4 万公顷。初步建成防洪、除涝、灌溉和水土保持四大工程体系。完成各类水利建设投资 11.68 亿元，完成工程量 4461 万立方米，新建沟渠 436.95 公里，桥、涵、闸等各类建筑物 2778 座。初步建成以堤防和水库为主的防洪工程体系，共建有堤防总长度 282.01 公里，均为一般江河堤防，堤防保护耕地 8.76 万公顷，保护村屯 76 个，保护人口 4.56 万人。现有水库 6 座，5 座小（1）型水库，1 座小（2）型水库，水库设计库容量 1028 万立方米，兴利库容量 777 万立方米，防洪库容量 128 万立方米。管理局围绕省“两大平原”现代化农业综合配套改革试验区建设，完成八五九、勤得利大型灌区近期骨干渠系工程建设。建设青龙山灌区渠首泵站及骨干工程，全部完成年度投资 8 亿元，完成工程量 1554 万立方米。11 月 1 日，青龙山灌区首台机组试水成功。青龙山灌区实施冬季施工。混凝土工程采用保温措施，蒸汽锅炉集中供热，搭建施工暖棚保温，温度调整20℃～25℃，完成渠首泵站工程、灌区桥工程、变电所基础工程、总干渠固脚、混凝土板工程。土方工程采取挖冻方方式，完成小型涵闸53座，桥3座，完成混凝土浇筑量1.4万立方米，土方量631万立方米。经过水利部、松辽委、省水利厅、农垦总局等21次专业检查。青龙山灌区全部完成年度投资8亿元，完成工程量1554万立方米。八五九农场、勤得利农场和胜利农场存在水土流失问题，水土流失面积4.69万公顷。水土流失治理面积1.76万公顷。占水土流失总面积的37.5%，管理局争取国家人畜饮水工程项目投资696万元，建设人畜饮水工程5处，分别是八五九农场、胜利农场、勤得利农场、创业农场及前哨农场，解决4.1万人畜饮水问题。管理局建成各级管理站21处，有管理人员64人，形成管理网络。实施工程分级管理，签订各项工程管护合同2.84万份，农场与管理区签订合同125份。落实别拉洪河、浓鸭总干护渠林防火责任状137份。

固定资产投资　全年完成固定资产投资总额42.2亿元，同比下降16.1%。从用途上看，生产性建设投资20.3亿元，下降50.8%，非生产性建设投资21.9亿元，增长1463%。从产业投向上看，第一产业16.9亿元，增长4.7%，占40.0%；第二产业2.1亿元，下降50%，占5%。其中工业2亿元，下降50%；第三产业23.2亿元，下降22.7%，占55%。从投资主体看，公有控股经济投资31.1亿元，下降21.8%；非公有控股经济投资11.1亿元，增长5.7%。从资金来源上看，国家预算内资金15.5亿元，自有资金22.3亿元，其他资金2.2亿元。

工业　全局有工业企业数量468家，其中稻米加工企业121家，年加工水稻能力725万吨。区域内仓储能力1500万吨，其中国有粮食仓储企业37家，固定仓储能力600万吨。全局重点工业园区7个，物流园区1个。省级经济开发区为建三江管理局铁南经济开发区。农垦总局和管理局级工业园区6个，即创业工业园区、前进工业园区、前锋工业园区、八五九工业园区、勤得利工业园区、胜利工业园区和洪河物流园区。2016年，全局完成全口径工业销售收入72.3亿元，同比增长4.1%；实现全口径利润3亿元，同比下降4.8%。工业增加值17.6亿元，同比增长4.2%；加工水稻170万吨，水稻加工业达产率为22.72%。国家现行粮食保护价收购政策和国家库存粳稻定向拍卖政策继续影响稻米加工产业。各重点工业园区建设项目总投资3907万元，其中投资1250万元，建设洪河农场铁路专用线工程；投资2500万元，建设粮食物流园区扩建项目，完成建设仓储能力5万吨罩棚三座；投资120万元，建设前进工业园区投资建设长550米、宽7米工业园区道路；投资24万元，建设开发区工业园区建三江铁南创业路给水外网改造工程和建三江经济开发区自来水改造土方工程；投资10万元，建设七星农场工业园区10千伏工贸园区新建线路工程；投资3万元，建设创业农场园区清理垃圾、修葺垃圾场。全局开工工业项目12个，完成总投资2.7亿元。各级龙头企业签订订单水稻面积2.33万公顷，其中，糯稻0.67万公顷；长粒香稻、七星1号等品种1.67万公顷。完成晋升总局级产业化龙头企业8家；工业行业安全生产、食品安全无重大责任事故发生。

建三江管理委员会　管委会财政局同省财政厅沟通，预算、国库、信息中心完成同省财政厅相应处室对接。严格执行预算法及财政总预算会计制度。财政局建立预算编制制度、控制支出制度、与人民银行对账制度和信息及时上报等制度，保证财政工作顺利进行。2016年，管委会实现全口径税收112323万元，其中县级税收53817万元。完成国库与人民银行及两个税务局对账工作。完善管委会财政局信息中心管理制度，做好信息中心维护管理工作，配合管委会做好招商引资税收测算工作。监督税收预算执行，做好预算完成情况分析。强化欠税追缴，结合欠税自查工作，全面摸清欠税底数。严格税收执法，强化稽查打击力度，强化日常税收管理。督促企业遵期申报税款，对逾期申报及逾期不申报税款的严格按照征管法加收滞纳金。从5月1日起，全面推开“营改增”试点，营业税改征增值税后，建三江管委会规范增值税制度，完善现行税制结构。全面落实“四证合一，一照一码”。推动国税、地税合作，做到涉税信息共享，确保登记信息一致，形成大户稽查、税源分析、纳税评估同步进行。

建三江湿地机场　1月20日，中国民用航空局综合司《民航局综合司关于建三江机场命名的复函》（民航综机函〔2016〕8号）同意建三江机场命名为“建三江湿地机场”，英文名称为“JIANSANJIANGSHIDIAIRPORT”。2月25日，建三江湿地机场民航专业工程监理、飞行区场道及附属工程施工在北京市建设工程发包承包交易中心完成开评标工作，确定中标单位。飞行区场道及附属工程施工三个标段中标单位分别为山西机械化建设集团公司、中交一航局第四工程有限公司、西北民航建设集团有限责任公司，民航专业工程监理中标单位为西安西北民航项目管理有限公司。4月5日，建三江湿地机场场道工程正式开工建设。4月6日，建三江湿地机场进口设备采购（I类精密进近仪表着陆系统、多普勒全向信标/测距仪设备、气象自动观测系统及扫雪车）在西安西北民航招标有限责任公司完成开评标工作，中标供货单位分别为INDRA、THALES、万象VAISALA及华瑞隆诚。4月8日，建三江湿地机场助航灯光及站坪照明、机务用电、导航台供电工程施工在北京市建设工程发包承包交易中心完成开评标工作，中标施工单位为北京京航安机场工程有限公司。6月6日，建三江湿地机场航站楼工程在黑龙江农垦建设工程完成开评标工作。确定建三江湿地机场航站楼工程施工单位为黑龙江省建工集团有限责任公司。6月13日，建三江湿地机场航管办公综合楼、塔台工程在黑龙江农垦建设工程完成开评标工作。确定建三江湿地机场航管办公综合楼、塔台工程施工单位为黑龙江省建三江农垦宏升建筑有限责任公司。6月，建三江湿地机场非民航专业工程构筑物、机务、场务、车库工程、消防救援工程及中心变电站工程在黑龙江农垦建设工程完成开评标工作。确定建三江湿地机场货运、机务、场务及车库工程施工单位为黑龙江省建三江农垦宏升建筑有限责任公司，消防救援工程施工单位为佳木斯中侨建筑工程有限公司，中心变电站工程施工单位为正泰电气股份有限公司。8月4日，建三江湿地机场弱电系统工程、国产空管设备采购、空管设备安装工程及供油工程在北京市建设工程发包承包交易中心完成开评标工作，确定弱电系统工程施工单位为黑龙江省应用电子有限责任公司国产空管设备采购单位为沈阳空管技术开发有限公司，空管设备安装施工单位为沈阳民航设备安装有限公司，供油工程施工单位为陕西金平石化建设有限公司。9月，建三江湿地机场三字代码和四字代码经国际航空协会和中国民用航空局批复。9月15日，建三江湿地机场飞行区跑道及站坪工程完工。11月份，建三江湿地机场完成所需工作人员招聘工作，在哈尔滨机场和佳木斯机场岗位实习培训中。12月31日，建三江湿地机场主体工程已完工。

环境保护　管理局印发《黑龙江省农垦建三江管理局办公室关于印发全面加强生态环境保护和自然保护区管理工作实施意见的通知》《黑龙江省农垦建三江管理局关于生态文明创建工作实行“一票否决“制度的通知》和《中共黑龙江省农垦建三江管理局委员会办公室黑龙江省建三江管理局办公室关于印发〈党委、行政及有关部门环境保护工作职责〉的通知》，明确生态环境保护红线、管理局机关各处室及农场关于生态环境保护工作具体职责，明确管理局各部门在生态文明创建工作中具体责任和创建工作任务。落实危险废物管理规定和标准规范，强化危险废物日常监管。完成建三江人民医院等15所医院及新申报所有个体诊所分别与欧尔东（双鸭山）环保有限公司签订医疗废物集中处置协议，所有医疗垃圾统一处理。管理局和农场两级环境执法全面实施网格化监管模式。打击环境违法行为、建设项目环境保护事中事后监管、燃煤大气污染防治、集中化解信访积案“百日会战”行动、环保违法违规建设项目清理、大气污染防治百日攻坚专项检查环境违法等18个专项行动。全年共出动执法人员1300人次，调动执法车辆800台次，现场执法监察排污企业540家次。清理违反环境保护法律法规建设项目180个结合全省“大气污染治理纲要”，制定实施《建三江管理局大气污染防治专项行动（2016—2018年）方案》《2016年建三江管理局大气污染防治“冬病夏治”实施方案》，在供暖期前，青龙山农场拆除3个锅炉房，淘汰5台燃煤小锅炉，更新为2台40吨供暖锅炉，建设脱硫脱硝设施。红卫农场完成供暖锅炉脱硫脱硝建设任务，建成燃料仓、防护网等强制管控原煤等露天堆放。固废防护设施建设任务5家。通过联合执法，联查联动，监督管理淘汰黄标车600台；淘汰三产燃煤小锅炉9台，改造成燃烧型煤、生物质燃料或电加热。4个农场开工建设污水处理厂，15个农场饮用水源地保护区全部实现标准化建设，完成年度水质例行监测4次，规范化率100%；完成七星农场万头猪场第一期验收准备工作；完成15家农场医院医疗废物转运工作，统一委托欧尔东（双鸭山）环保有限公司集中处置。验收三江热电厂、八五九生物质电厂在线监控设备。

交通运输　完成危桥改造工程项目8座，271.6延长米，总投资1234万元，其中，省、农垦总局补贴资金939万元；农场配套295万元）。完成2013年至2015年农村公路建设项目4个，里程38.5公里，总投资3600万元，其中，省、农垦总局补贴资金680万元；农场配套2920万元。完成机场配套建设工程项目3个，里程13公里，总投资6514.1万元。完成佳木斯至抚远公路建三江管理局段城区外环北出口4.03公里竣工验收申报工作。坚持标准公路养护，改善公路通行环境，争取农村公路养护补贴资金1085.5万元。投资1000万元，完成佳抚公路（富锦市二龙山镇至创业农场路段）47.51公里路面维修工程。处治破碎路面面积4.2万平方米，修补坑槽面积8044.5平方米，灌缝8372延长米。公路养护常规路面灌缝，及时维修公路沿线标志、更换、粉刷等工作。处治路面病害面积9.55万平方米，路面灌缝长度10.93万延长米。整修路肩、边坡1188公里，疏通边沟860公里，路面画标线110公里，增补警示桩828根，更换轮廓桩、里程碑3835块，更换标志牌499块，标志号维护3265块，沿线粉刷公路标志4938块，机械检修467台，行道树刷白420公里，铺筑平交道口11处，累计完成投资4835万元。公路种植花草821公里。完成客运量149万人次，同比下降17%，旅客周转量为14230万人公里，售票额3924万元，货运量277万吨，同比下降3%，货运周转量14600万吨公里。完善公共交通基础设施建设，完成公交线路规划运力运量调研工作。管理局局直地区正在安装建设公交站亭22个，公交站牌40个。根据《道路运输车辆动态监督管理办法》要求，重型载货汽车和半挂牵引车全部安装使用卫星定位车载终端，介入货运公共平台，已安装33台。按照农垦总局运输管理处要求，对货运车辆行清理，淘汰黄标车661台。路警联合为期一年货车非法改装和超限超载治理专项行动和为期两年车辆运输车整治行动。上路执法1.56万人次，共检查车辆5.89万台次，公路超限率为0.79%。清除路障86处、清理垃圾352处、纠正各类违法违章案件31件，查处公路两侧违法建筑、摆摊设点、增设平交道口等违法事件15件，路政案件的查处率100%，结案率均达98%。

通信　全局本地网通信线路市话电缆总长度400.2皮长公里，同比减少16%。光缆线路2696.11皮长公里，同比增加4%。程控交换机总容量95372线。光接入设备ONU10324套，RSU45套，DLE14套，行业办公网10个。管理局电视电话会议网点16个，年接转农垦总局、管理局会议共计122场，总参会人员达6000人次。公司决算收入2458万元，同比减少387.1万元。用户群体数量保持基本稳定，其中，宽带业务收入1403万元，占年收入71%；电话业务收入318万元，占16%；政企客户增值业务收入202万元，占总收入的

10%。全年发展宽带用户2731户，月平均出账用户为1.87万户，同比增长385户；发展固话用户1400户，月平均出账用户为1.12万户，同比增长1743户。通过与联通公司合作经营，公司现拥有互联网带宽出口14个G，彻底化解宽带业务发展受制于出口带宽限制难题，加快带动光纤入户改造步伐。现全公司在网运行GPON终端接入设备共计18台（套）。全公司累计发展光纤宽带用户1.34万户，年增长量达65%。全年发展50兆高带宽速率接入用户近2500户。完成管理局16套高清视频会议系统升级改造工作。对GPON建设相对滞后二道河和浓江2个分公司重点建设。完成青龙山灌区通信线路迁移工作，保证通信线路不被青龙山灌区沿线施工造成通信线路阻断。与运营商合作经营，分落实国家“提速降费”宽带发展战略，引入优质业务资源，尝试性开展融合性业务，发展方式由单产品经营逐渐向融合性业务过渡。发展融合用户500户。2016年，宽带费按比例分成支付额度为350.75万元，与2015年单纯支付宽带出口费相比，减支360万元，降幅比例达到41%。在其他支出控制上，严格绩效工资审核，降低工资性费用61万。部分固定资产提足折旧后，固定资产折旧费用下降43万元。严格控制电费、车辆使用费、三公经费等日常及维护性费用，降低24万元，全年共计减少支出488万元。截至2016年底，企业总资产为3423万元。按年度审计的要求进行现金管理专项治理，通过建立公务卡制度，规范现金缴存管理，做到日清日结。

商务旅游　管理局印发《招商引资优惠政策及奖励办法》和《招商引资工作实施方案》。明确招商引资方向、范围、要求和奖励标准，最高奖励标准120万元。制作招商引资专题片和招商项目册。在建三江电视台、建三江信息港及微信公众号等宣传引资九大优势和优惠政策。管理局组织参加9次国内外大型招商引资活动，上海国际食品饮料展览会、哈尔滨商务推介活动、长春全国粳稻米大会、哈尔滨国际绿色有机食品产业博览会、昆明国际食品博览会等。农闲时节，局场主要领导亲自带队到其他管理局考察工业等情况，走出垦区直接与企业对接洽谈，考察15个省市，考察企业超市200家。全局签约落实办理开工项目20个，总金额84.7亿元。当年招商、当年开工、当年投产10个项目，20个项目中投资额超过1亿元的11个，占比55%。3家国家3A级景区中，勤得利农场北大荒鱼展馆、七星农场农业技术推广中心、北大荒精准农机中心、寒地水稻高科技信息化园区，依托黑瞎子岛及湿地旅游资源，门票收入有所增加。八五九农场葛柏林国家AA级旅游景区完成建设项目。投资55万元建设两座现代化旅游厕所，其中，申请国家旅游局补贴37万元；胜利农场喀尔喀旅游风景区利用饶河县项目资金1000万元建设景区道路和停车场。洪河保护区投资900多万元，建设白色路面和厕所、栈道、观光亭等附属设施。

党建工作　利用“党课大讲堂”、管理局领导讲党课、老党员讲党课等多种形式举行学习教育活动。举行“万名党员大承诺”活动。全面落实七项重点工作，查找失联党员211人，762个基层党支部党费收缴工作。“两新”组织党建工作提升覆盖率。成立学习教育协调小组、督导小组，在红卫农场召开“两学一做”现场推进会，突出问题导向，建立问题整改台账，集中整顿12个后进支部。在抗灾抢收中，全局1万名党员干部投入到生产一线，帮助种植户抢收倒伏水稻。召开庆祝中国共产党成立95周年暨“先优”表彰大会。前进农场赵秀芹、胜利农场赵广成分获全省优秀共产党员和全省优秀党务工作者荣誉称号。管理局党委组织部撰写《实施“细胞工程”推进党建工作全覆盖》典型案例，荣获全省基层党建创新最佳案例荣誉称号。《中国组织人事报》对管理局“两学一做”学习教育情况实地采访。完成全局25个党委（党组、党总支）年度班子考核，通报批评存在问题比较多单位；调整5个农场正职领导；任免处级干部45人次，科级干部25人次；试用期满正式任职考察25人次；办理离岗待退2人。对109名场处级后备干部成熟学历再审核。组织选调生需求统计1次，上报需求计划34人。完成12名公务员调任材料收集整理。完成11名机关调任干部公务员调任手续。推进县以下机关公务员职务与职级并行工作，94人晋升职级，其中，2人晋升正处级；20人晋升副处级；14人晋升正科级；58人晋升副科级。给予公务员降级、辞退、开除处理各1人。组织完成全局副处级以上干部《领导干部个人有关事项报告表》填报工作，对拟提拔为副处级以上、转任重要岗位人选的领导干部个人事项报告重点抽查核实36人，对3名同志下发组织函询书；随机抽查21人，对5名同志下发组织函询书，对1名领导干部诫勉谈话处理。完成副科级以上干部提任预审7批72人次。清理受刑事追究的国家工作人员37人，2名违法人员被双开。落实干部选任问题整改。针对省委巡视组、省委组织部干部工作专项检查提出问题，推进整改，建立整改台账，对类似问题进行清理排查，完成问题整改32个。全局发展新党员172名，预备党员转正215名，高标准举行干部人事档案“三龄两历一身份”清理工作，全局6961册在职干部档案已全部审核完毕。

纪检监察　管理局党委与处级党委、党组签订廉政建设责任书26份。管理局纪委与基层纪委签订监督责任书23份。基层党组织签订廉政建设责任书445份，部门责任书526份。场处级干部签订廉政承诺书193份，科级干部承诺书1991份，科以下干部6536份，做到责任全覆盖。坚持“一案三查”，落实责任追究工作。6月，全局逐级举办“两项法规”知识竞赛。7月5日，管理局代表队在农垦总局“两项法规”知识竞赛中，荣获第一名。代表农垦总局参加黑龙江省“两项法规”知识竞赛。管理局党委修订《建三江管理局落实“三重一大”制度实施细则》。纪委监察局把落实细则作为监督工作重中之重，全年集中检查2次，发现问题及时提出整改要求和建议。执行“三重一大”报备制度，全年各单位共报备566份，涉及“三重一大”事项1177项。强化资金管理、农贷规定、生产资料销售及招投标等制度规定监督检查，防止和纠正滥用权利、以权谋私、权利异化现象的发生。小额农贷专项治理工作成效显著。全局清理出违贷户数4050户，违贷金额12亿元。截至11月底，已经按期偿还6亿元，还有6亿元未到偿还期。清理出2014年、2015年逾期未偿还贷款金额1.07亿元，其中已经追偿3167万元。专项清理领导干部种地。通过主动申报、农场自查和管理局复查，全局共有1408名领导干部和公职人员承包种植土地面积2.22万公顷，其中超面积和不符合种地条件402人，面积9266.67公顷。落实领导干部个人重要事项报告制度，场处级干部个人重要事项报告33人次，就餐报备54人次。全局共处置案件线索137件，其中初核案件线索122件，立案42件，结案42案，处分党员干部56人，给予双重处分12人，移送司法机关5人，全局通报11起违纪案件。按照省、农垦总局党委巡视整改工作要求，管理局党委梳理出6个方面25个具体问题，逐项落实责任部门、责任人，建立整改台账。全局15个农场和10个局直单位梳理377个问题清单，制订1433项措施。省委巡视组下交案件227件，已办结218件，办结率96%。

理论宣传和精神文明建设　全年共组织管理局党委理论中心组集体学习、扩大学习、专题学习、封闭学习及电视直播12次。全局场处级以上党委理论中心组集体学习260场次。以党组织书记讲党课为平台，及时组织宣讲上级会议精神，七星农场“大学生”宣讲团，受基层职工群众欢迎。10月26日，80岁老党员李德恩为局直党员干部上一堂生动党课。习近平总书记视察龙江发表重要讲话后，举行“主题宣传月”活动，电视台每周播报两组专题新闻，共编发稿件60篇.各级党委理论中心组举行专题学习、研讨交流50次。投入120万元，在建黑高速新立7个擎天柱，更换区域内高空标语牌58面。全年信息港发新闻1.5万条，微信微博发新闻3000篇。做好“三报一网”宣传。管理局荣获《北大荒日报》新闻报道先进集体称号，发稿数量在九个管理局排名第二；13个农场荣获新闻报道先进农场称号；30多名人被评为先进个人。在《黑龙江日报》《北大荒日报》重要版面宣传刘庆国、王晓超、曲洪智、何培雄、青龙山灌区团队、七星农业技术推广中心团队等个人和团队先进事迹。10月4日，央视综合频道2016国庆特别节目《江山多娇·色彩篇》现场直播二道河农场万亩地号水稻抢收作业。10月5日，《人民日报》一版刊登二道河农场干部群众国庆期间奋战在抗灾抢收一线报道。10月12日，新华社黑龙江分社利用无人机直播大兴秋收作业，以图片、文字、视频等方式在新华社客户端直播。5月11日，《黑龙江日报》头版头条刊发《建三江：财税新政激活一池春水》生动实践。6月16日，国土资源部新闻处、《人民日报》、新华社黑龙江分社、新华网等媒体采访团就土地整治和耕地保护进行实地采访。8月18日，国家和省网信办组织网络名人走进建三江，网络大V实时传播分享管理局丰富自然资源、良好的生态环境及现代化大农业成果，大V推送三江微博点击量突破1200万次。全局15个农场全部开通微信公众平台，10个农场开通官方微博粉丝超万有2个。9月20日，洪河、八五九农场在垦区网信工作会上做典型经验介绍。全局共申报省文明单位（标兵）8个，农垦总局级文明单位（标兵）25个，命名表彰管理局级文明单位（标兵）33个。在垦区举行“好家风好家训”主题征文比赛中，管理局上报征文140篇。垦区选出优秀作品47篇，管理局入选20篇，其中一等奖1篇、二等奖4篇、三等奖15篇。

人力资源和社会保障　向国家、省争取就业补贴资金4284.3万元，控制就业资金缺口，缓解就业资金难题，其中，申请“4555”灵活就业补助金1435万元，惠及人员6599人；申请龙煤集团组织化分流人员稳岗补贴1420万元，涉及七星农场、前锋农场、鸭绿河农场等3个农场职工755人。为全局42家企业申请失业保险基金给予稳定岗位补贴资金1426万元，惠及企业职工人数4万人。全局新增就业9953人，其中，安置就业困难人员就业5114人。办理就业失业登记证换证294本，新办理证件1078本。登记失业率2.18%，比控制目标低1.82个百分点。组织建三江第一高级中学教师招聘、建三江人民医院医务人员招聘、护理人员招聘、工信委辅助工作人员招聘及安监局专业技术类高级雇员招聘等招聘共30场次，开发公开招聘岗位146个，自主引进岗位117个，共引进和接收高校毕业生人才263人，其中硕士研究生19人、本科生194人、专科生50人。办理落户介绍48人次，就业介绍75人次，档案审核103人次。办理实名制数据库高校毕业生报到登记453人。申报公务员招考计划19人，实际招录17人，办理公务员登记17人。提供就业见习岗位40个。提供高校毕业生免费档案托管701人，调出档案服务413人次。对管理局86个事业单位3359名工作人员年度考核。考核等次为优秀542人、合格2806人、基本合格2人、不合格9人。按照《垦区机关事业单位人员实名制管理实施办法》，对全局机关事业单位人员实名制管理，规范事业单位岗位合同管理，使单位编制实名制、工资实名制要与人员实名制相统一。共审核办理全局各单位合同鉴证3359人。

群团　2个单位荣获全国工人先锋号，2个单位荣获省工人先锋号，2个单位荣获“省五一劳动奖状”称号，2人荣获“全国五一劳动奖章”，7人荣获省“五一劳动奖章”；5人荣荣获“省第十一届劳动模范”称号，2个农场荣获省现代化大农业劳动竞赛先进单位。林秀华被评为全国先进工作者。王丹参加全总班组长交流活动。3月24日，农垦建三江工会五届十九次全委（扩大）会议米都大厦四楼召开。在15个农场推进“扶低共富工程”，管理局党委分别制定印发《管理局及管理局局直地区2016年脱贫攻坚工作实施方案》。全局15个农场和33个局直单位分别制定脱贫攻坚工作方案，成立保扶工作领导小组，签订帮扶责任状190份。全局参加帮扶单位460个，参加帮扶党员干部1842名，结成帮扶对子1265对，投入帮扶资金4661万元。2016年，全局重点帮扶贫困家庭829户、1303人，在不计入低保收入情况下，实现户均收入6310元，人均收入4100元。农垦建三江工会下发《“智慧女性.书伴我行.书香家庭”读书活动方案》，在广大女职工中广泛举行“书香三八读书”活动。全局各级工会女工组织订阅书籍700册，向先进典型赠书91册。各单位参与“书香三八读书活动”和“十家”活动。全局共收到征文作品390篇，摄影作品90幅，家书124篇，晒家照159篇。管理局团委举行“我与祖国共奋进”“红领巾相约中国梦”“寻访新变化”“畅想新生活”“争当好队员”主题活动及“雏鹰争章”示范学校、优秀少先队员等评选活动。在第七届黑龙江省辅导员风采大赛中，局直子弟校代表队荣获团体银奖。大队辅导员王华获少先队活动辅导员一等奖。中队辅导员刘忠玲获基础知识笔试测试三等奖。举行观看爱国影片、红歌大赛、“奋斗的青春最美丽”等系列活动120场次。推报农垦总局优秀少先队员12名，优秀少先队辅导员6名，优秀少先大队4个，优秀少先中队6个；建三江第一高级中学贵云被评为全国最美中学生。全局各农场和局直单位青年典型、团干部共结成帮扶对子580对，提供慰问助学资金37万元。

武装政法　管理局应急分队调整为省级应急力量，担负首批应急动员和跨区执行机动应急任务。管理局应急分队调整组建1个民兵应急连，编125人；各农场依托应急队伍组建1个45人民兵应急排；各管理区、作业区、组建1个民兵应急班组，编3至7人，政法委全年排查化解矛盾纠纷2528起，化解2482件，调解成功98.2%。6月，综治办组织公安、城建、卫生防疫、环保、教育、安监等部门，出动20人，分成2个组，举行为期15天校园周边环境综合治理行动。公安局共立刑事案件1323起，破案407起，抓获犯罪嫌疑人157名，破案率30.76%。立“两抢一盗”案件896起，破199起，破案率22.21%，其中命案逃犯1名。百分百破获命案，实现破获现行命案100%。抓获上网逃犯30人。检察院受理提请批准逮捕83件113人，经审查依法批准逮捕72件90人，受理移送审查起诉209件250人，经审查提起诉讼185件211人。法院全年共受案3324件，结案2888件，同比分别上升23.48%和14.46%；结案标的4.89亿元，综合结案率86.91%；人均结案82.6件，高出垦区法院人均结案31.64件，居垦区之首。司法局举行“法律广场”“法律大集”活动，解答法律咨询1200人次，散发宣传单6万份。配合工商、土地、环保、农业、农机等各行业宣传法律。与行业执法部门联合举行法律大集宣传活动80次，完成普法试卷答题3000人次。全局各农场、局直相关单位完成领导干部法律法规培训15次，考试1次，参加人员2015人次。

教育　全局有教师进修学校1所，职业技术教育中心学校1所，在校生813人。全局登记在册幼儿园19所，公办园15所，民办幼儿园4所。全局在园幼儿5625人，学前教育班级数197个，教职工753人，其中幼儿专任教师400人，专任教师合格率达100%，保健医23人，保育员137人。管理局投入4388万元，完成创业小学楼面积6700平方米新建前期准备工作、七星农场第二幼儿园5000平方米新建及管理局中心幼儿园招标工作。全局投入4787.6万元用于“三通两平台”建设，教学装备建设。新增中小学图书共3.3万册。11月10日，国务院教育督查组人员听取管理局汇报和抽查8所学校办学条件、学校管理、规范办学、均衡办学等情况，确认义务教育达到国家关于县（市、区）义务教育均衡发展标准，义务教育顺利通过国家均衡发展验收。12月26日，管理局有6名学生光荣入选黑龙江省花样滑冰队队列滑队。2016年，参加高考考生1582人，文化课统考上线人数600分以上35人，上线404人，上线886人（其中文科有6人进入垦区前20名，前10名3人。理科有3人进入垦区前20名，其中前10名2人）。李佳慧被北京大学录取，邱靖轩考取香港中文大学。教育安全稳定，校园和谐，无重大安全事故发生。

医疗卫生　全局共有医疗卫生服务机构138个，其中，三级甲等医院1个，与管理局妇幼保健院合署；一级农场医院15个，与农场社区卫生服务中心、农场妇幼保健站合署；局直社区卫生服务中心1个，与管局人民医院门诊部合署。社区卫生服务站15个，基层管理区卫生所56个，校医室20个，个体诊所30个。卫生监督所16个，疾病预防控制中心16个。卫生行政部门设卫生局，15个农场卫生科，其中10个农场科、院合一。全局完成基础设施建设投资3454.32万元，新、改、扩建医疗业务用房面积1.62万平方米。配置各类设备405台套，共投入资金4923.58万元。建设标准化健康小屋8个，共投入资金424万元。各农场及局直地区居民电子健康档案累计建档数为20.04万份，建档率为77.49%。重点人群累计管理5.9万人。现有省级示范社区一个（七星），垦区级示范社区二个（前锋、大兴）。全局现有医疗卫生用房12.6万平方米，固定资产总额6.4亿元。管理局各级医院实现业务收入28605.8万元。全局现有卫生工作人员1849人，其中执业医师、助理医师951人，注册护士575人，其他卫生技术人员118人，管理及工勤人员205人。全局医院开放床位1289张。全局医院合计收治门急诊患者61.16万人次，其中，人民医院27.95万人次。出院人数2.8万人次，其中人民医院2.07万人次。严格执行《医疗机构管理办法》，共有26个社会办医疗机构审批完毕，颁发医疗机构许可证。强化院内感染管理，规范手术室、急救室、消毒供应室管理，提高护理质量，按照“党政同责、一岗双责、失职追责”和“管行业必须管安全、管业务必须管安全、管生产经营必须管安全”要求，多措并举，筑牢卫生系统生产安全防线。推进医患矛盾纠纷排查化解工作，共成功调解医疗纠纷11起。连续5年获得农垦总局人口和计划生育工作目标管理责任状考核一档指标奖励。兑现计划生育奖励扶助金344人。计划生育一次性补助金1706人。一次性养老补助70人。独生子女父母奖励费2.11万人，共兑现资金893.8万元。

民生工程　管理局已争取公益性国家投资项目共7项。建设第一高高级中学生食堂建设项目已完工。建三江湿地机场工程建设项目，截至2016年底累计完成投资额为5.3亿元，主体已完工。未开工项目5项，青龙山农场场部道路建设项目预计2017年5月招标，6月初开工。8月完成南外环旧路加宽及新建东外环路主体工程，9月完成排水沟、过道涵等附属工程，10月初项目完工。前进农场残疾人托养中心建设项目预计2017年4月招标，5月开工，9月主体完工，11月项目完工。创业农场2016年教学楼建设项目预计2017年5月办理完用地手续，2017年7月招标，2017年8月开工建设，2018年6月教学楼主体完成，2018年9月项目完工。建三江管理局生态陵园骨灰堂建设项目预计2017年3月招标，5月开工，9月完成主体建筑，12月项目完工。建三江管理局公共体育场田径跑道和足球场建设项目预计2017年3月招标，4月开工，5月完成基础，7月主体完工，9月项目完工。

居民生活状况　全局居民收益状况继续保持稳步增加势头，八大类消费支出呈现不同程度的增长。2016年年末，全局居民储蓄总额达到1378061万元，比上年增加183484万元，同比增长15%。居民人均储蓄额达到5.42万元，同比增加0.6万元，同比增长12.5%。全局人均可支配收入达到2.61万元，同比增加0.15万元，同比增长6.2%。2016年，全局在岗职工平均工资达到3.9万元，同比增加0.14万元，同比增长3.7%。

（姜艳芹 宋志强）

2016 年建三江管理局基本情况及国民经济主要指标完成情况统计表

指标名称	计量单位	建三江管理局	八五九农场	胜利农场	七星农场	勤得利农场	大兴农场	青龙山农场	前进农场	创业农场	红卫农场	前哨农场	前锋农场	洪河农场	二道河农场	鸭绿河农场	浓江农场
1. 所属管理区	个	125	9	7	6	7	12	10	12	8	8	9	8	8	7	5	9
2. 总户数	户	95786	9543	6249	11896	8906	5819	6038	7501	6261	5185	6543	4963	3148	2138	2896	2823
3. 总人口	人	254147	21992	14392	35514	21703	17638	13542	20863	16306	11453	17297	18805	8777	5232	6585	7564
男性人口	人	132147	11382	7298	18120	11017	11102	6894	9701	8677	5711	9127	7780	4822	2652	3524	4507
女性人口	人	121973	10610	7094	17394	10686	6536	6648	11162	7629	5742	8170	8025	3955	2580	3061	3057
少数民族人口数量	人	3254	102	337	211	439	66	57	86	86	696	185	244	128	113	119	58
4. 地区生产总值	万元	2280444	193710.6	1258887.2	254771.2	147051.5	130470.4	96520.4	190265.9	150756.2	131625.4	92372.7	168791.8	97128.6	92388.2	73612.4	108223.6
5. 人均生产总值	元	89729.33	88082.3	87470.26	71738.24	67756.3	73971.2	71274.85	91197.77	92454.43	114926.6	53403.89	106796.5	110662.6	176583	111788	143077.2
6. 工农业总产值	万元	2944659	273524.2	159308.6	331649.3	206858.2	174681.2	117757.2	257453.8	244389.7	141772.7	120488.1	238688.3	139914	128114.7	99728.7	139665.3
7. 粮食总产量	吨	6511562	638629	338298	748138	526709	433934	319367	452509	357160	357685	324229	598286	350812	323670	262436	360228
8. 固定资产投资总额	万元	421913.2	19748	21696	18180	31152.73	10961	9567.06	17128	25794	21315	16564.3	32942	17485.3	15299.2	6998	9322.6
9. 职工工资总额	万元	1824601	127622.7	149038.8	248749.5	57008.4	104072.4	89491.4	158682	154061	75471.4	67987.3	101480.3	46999.9	51398	39325	46821
10. 职工平均工资	元	39056	42626	37655	35869	34322	36542	36468	39860	38680	32007	38695	38689	34866	36145	32635	35363
11. 人均可支配收入	元	26126	26054	25349	26700	26339	27013	26543	27369	26711	26639	26472	26713	25652	26562	25588	26235

八五九农场
八五九分公司

分公司总经理、农场党委副书记： 杜德旺，1963年12月出生，山东省茌平县人，中共党员，研究生学历，高级农机工程师。1979年11月参加工作，2016年10月任现职。

分公司总经理、农场党委副书记： 丁兆禄，1970年12月出生，黑龙江省五常县人，中共党员，研究生学历，高级农艺师。1992年8月参加工作，2012年6月至2016年10月任职。

农场党委书记、场长、社区主任： 孙鹏，1962年3月出生，黑龙江省虎林县人，中共党员，研究生学历，教授级高级政工师。1979年11月参加工作，2015年9月任现职。

党委副书记、工会主席： 刘志友（党委副书记2012.3—，兼任工会主席2015.7—）

党委委员、分公司副总经理：

李　军（2013.5—）

邱勇健（2010.9—）

韩东来（2013.5—）

党委委员、副场长：

王庭柱（2011.3—）

党委委员、纪委书记：

王勤玉（2015.7—）

分公司副总经理：

李海森（2013.5—）

党委委员、分公司财务总监：

张宝贵（2011.6—）

党委委员、武装部部长：

许艳平（2013.6—）

党委委员、组织部部长：

滕艳莉（女，2012.4—）

概况　八五九农场、八五九分公司位于三江平原东北部，地跨饶河、抚远两县，行政区划属饶河县，隶属于黑龙江省农垦建三江管理局。地理坐标为北纬47°18′～47°50′，东经133°50′～134°33′。东濒乌苏里江，西以老雌山为界与胜利农场相邻，南与饶河农场毗连，北与前锋、前哨、二道河农场相接，场部距前锋火车站28公里。总控制面积13.56万公顷，其中耕地8.72万公顷。

农场下辖9个管理区，29个作业站，设有30个场直、企事业单位，29个驻场单位及民营企业。全年实现地区生产总值（GDP）19.37亿元，社会消费品零售总额2.15亿元。总户数0.95万户，人口2.2万人，人均可支配收入2.61万元。

种植业　全年完成播种面积8.55万公顷，其中水稻6.19万公顷、玉米0.27万公顷、大豆面积1.98万公顷。平均公顷产量7575公斤，粮食总产63.86万吨。加大水稻种植示范推广，种植高富硒水稻0.73万公顷，水稻适口性试验种植面积20公顷。推广新型种养模式，利用5栋水稻育秧超级大棚种植木耳10万袋；示范种植鸭稻3.3公顷，养殖稻鸭600只；示范种植蟹稻2公顷，养殖蟹苗123.5公斤。全年完成绿色食品原料标准化生产基地面积5.33万公顷，无公害农产品产地面积8.4万公顷，有机认证基地面积0.31万公顷，质量环境双体系连续12年持证有效。质量追溯标志证书顺利通过年检。实施有机肥实验、侧深施肥等27项科技试验，对60个水稻新品种示范、展示和鉴定筛选，推广测土配方施肥、节水灌溉、水稻黄腐酸水溶肥应用3项技术。结合物联网项目，依托国家863计划——水稻生长环境监测控制系统，继续承担国家测土配方施肥项目和国家三江平原农业活动胁迫下区域生态研究项目。

农业机械更新　利用国补资金1782.68万和自筹资金277.52万元，引进农机具688台（套），其中重点引进100马力以下拖拉机175台、100马力以上拖拉机76台、履带式收割机139台、6行四轮乘坐式测深施肥插秧机68台、购置拖拉机履带36副、购置收割机履带17副、运苗机37台。机械总动力共达23.72万千瓦。

畜牧业渔业　年产鲜肉340吨，禽蛋56吨，鲜奶0.19万吨，畜牧渔业产值2183.7万元。完成牛存栏0.12万头，猪存栏0.34万头，发展跑山鸡、蛋鸭、大鹅等绿色家禽1.52万羽。检疫出奶牛结核病、布病阳性5头，病牛全部进行捕杀，国家每头补偿0.24万元，农场每头补偿0.5万元。实现水产品总产量0.04万吨，产值515万元。自然捕捞产量0.03万吨。

农田水利　土地整治项目投资18971.21万元，建设高标准农田面积1.15万公顷，改善灌溉面积1.08万公顷，新增耕地109.99公顷。土地整治后使粮食当年增产1116万公斤，年新增产值3352.73万元。水利建设投资2581万元。排水支沟清淤40.31万立方米，斗沟清淤33.82万立方米。新建排水支沟20条，土方量151.82万立方米；新建排水斗沟22条，土方量63.58万立方米。清淤支渠2.7万立方米，清淤斗渠5万立方米。新建桥1座、涵洞164座、闸11座。

林业　完成造林绿化面积33.3公顷，其中挠力河保护区补植补造面积20公顷，栽植杞柳3.33万株；第八管理区主公路两侧绿色通道工程补植补造面积13.33公顷，栽植杨树0.35万株；林业用地面积12375.2公顷，活立木总蓄积量256.85万立方米，森林覆盖率达9%。强化森林资源巡护监管力度和森林草原防火管理工作，无森林草原火险、火警、火灾事故发生。完成省林地年度变更调查核实工作。

工业　投资1800万元，实施2.5万吨粮食仓储设施建设项目，新建0.76万平方米粮仓，日处理粮食500吨烘干塔1座。实现工业产值5亿元，增加值9000万元，盈利1200万元。加工水稻5.8万吨，生产大阪酒0.18万吨。完成招商引资2340万元。

小城镇建设　投资9167万元，建设城镇基础设施，其中1700万元完成改造危房面积1.1万平方米；投资5440万元完成26公里第12作业站至抚远县四合村边防公路白色路面建设项目；投资420万元完成明珠家园小区维修及基础设施配套工程；投资812万元完成4万平方米明珠家园小区绿化建设项目；投资385万元完成2.9公里南山小路建设项目；投资410万元完成第2作业站第35作业站危桥改造项目。

民生工程　投资3290万元建设民生工程，其中，475万元完成面积2000平方米敬老院建设项目；投资1850万元完成20万吨垃圾处理厂建设项目；投资200万元用于医院维修；投资300万元，购置CT机、救护车等医疗设备；投资235万元为购置多媒体等教学设备；投资230万元，在校园及主要交通路口安装监控设备180台套及红绿灯一处。

旅游业　境内旅游景点，原有的国家AA级旅游景区——鳖花岛原生态旅游度假村、乌苏里江灌区、斯摩勒山瞭望观光塔和世纪园4处。个人出资建设雀乔冬钓馆、东安水上风情乐园、清河山庄、二龙山园林旅游度假山庄4个景点。

社会救助　提供无息借款250万元，作为扶持低收入户的启动资金。领导干部投入帮扶资金450.37万元。协调贷款304.07万元。扶持83户种植水旱田面积1075.6公顷。党员干部让地面积338公顷。两节期间，走访慰问困难职工571人，发放慰问金22.65万元。生活、医疗等救助70人，发放救助金6万元。举行捐资助学活动，筹集3.2万元，资助学生34人。为331户低保对象558人发放低保金251.03万元，发放义务兵优待金19.54万元。

教育卫生　学校有教职工总数248人，学生总数0.16万人。年度中考学生考入建三江第一高级中学87人。学校被省教育厅确定为校园足球特色学校。全校45个班级配备电子白板，做好义务教育均衡发展工作，11月上旬通过国家验收。幼儿园为省级示范幼儿园，教职工总数64人，幼儿总数600人。社区卫生服务中心占地面积0.42万平方米，职工130人，卫生技术人员101人。设有全科诊室、中医理疗科、预防保健科、妇产科、五官科、口腔科、彩超心电科、检验科、药剂科等科室，开放床位70张。配备有数字化X摄像机（DR）、全自动血球计数仪、全自动生化分析仪、骨质苏松治疗仪等医疗设备358台套。全场参加医保人数1.7万人，基金累计征缴收入1644万元，累计支出1089万元。累计报销职工0.23万人，报销853万元。居民医疗保险报销582人，报销医疗费236万元。“健康小屋”自助服务人次达到1156人次。

党建工作　农场党委下设2个基层党委、11个党总支、59个党支部，党员1172名。管理局级优秀共产党员6名，优秀党务工作者5名，优秀基层党组织5个，优秀党小组4个，农场级优秀党组织5个，优秀党务工作者9个，优秀共产党员56个。新发展党员14名。举行在职党员进社区活动，526名党员干部进社区认领公益岗位，服务群众293人。举行“两学一做”学习教育活动，组织学习19次，培训2280人。

文化　在各级新闻媒体发新闻0.52万条，农场网站发新闻0.15万条。举行十佳环卫工人和最美家庭评比活动，评选十佳环卫工人10名、最美家庭8个。举办第十三届职工篮球赛、广场舞大赛等文体活动17场次。

（金琦）

胜利农场

场长、党委副书记：童良军，1966年3月出生，山东省日照市人，中共党员，本科学历，高级农艺师。1988年8月参加工作，2014年2月至2016年4月任职。

场长、党委副书记：俞高江，1968年12月出生，江苏省海门市人，中共党员，农业技术推广硕士，高级政工师、高级工程师。1988年8月参加工作，2016年5月任现职。

党委书记、社区主任：刘博，1965年8月出生，吉林省伊通县人，中共党员，本科学历，高级政工师。1983年10月参加工作，2013年11月至2016年4月任职。

党政负责人：刘博，1965年8月出生，吉林省伊通县人，中共党员，大学学历，高级政工师。1983年10月参加工作，2016年4月至2016年5月任职。

党委书记、社区主任：魏文华，1963年2月出生，河北省正定市人，中共党员，研究生学历，高级政工师。1979年12月参加工作，2016年9月任现职。

党委副书记、工会主席、社区副主任：王春红（女，党委副书记、社区副主任2013.11—，兼任工会主席2015.7—）

党委委员、纪委书记：

刘登顺（2015.7—2016.11）

党委委员、副场长：

刘登顺（2016.11—）

卢百谦（2011.3—）

副场长：张华信（2013.5—）

曲洪义（2013.12—2016.11）

袁玉龙（2016.9—）

党委委员、武装部部长：

王树军（2010.3—）

党委委员、组织部部长：

赵广成（2012.5—）

概况　胜利农场位于黑龙江省东北部，饶河县境内。地理坐标为北纬47°13′～47°32′，东经133°34′～134°9′。东以老迟山、喀尔喀山主峰与八五九农场毗邻，南以挠力河与小佳河镇、饶河农场隔河相望，西以洪十九排干、挠一干与红卫农场相连，北以别拉洪河与洪河农场、前锋农场接壤。方圆922平方公里，其中耕地面积4.62万公顷，草原面积0.47万公顷，林地面积2.2万公顷。

农场人口1.4万人，基层行政单位28个，其中农业管理区7个，工副业单位21个。2016年，农场实现地区生产总值12.58亿元，其中第一产业实现7.61亿元，第二产业实现1.7亿元，第三产业实现3.27亿元；居民人均可支配收入2.53万元。

种植业　农作物总播面积4.5万公顷，其中水稻种植3.19万公顷，玉米种植面积减少到2330公顷，大豆和经济作物面积增加到1.08万公顷。落实水稻侧深施肥面积2330公顷，减少肥料10%，平均每公顷增产10.95%，平均每公顷增效1500元。玉米水肥一体化面积48公顷。种植有机鸭稻面积23.3公顷，有机稻米销售价格每公斤15元。试验种植旱作直播水稻面积3.3公顷，平均每公顷产量7200公斤。推广双氧催芽技术，完成2600吨水稻芽种生产任务。

农业机械更新　利用国家补贴资金930万元，农场配套补贴173万元，购进各类农机具405台（件），其中购置大中型拖拉机170台、6行播种机5台、移动式烘干机4台、半链轨23套、收割机90台、改装精密播种机7台、高性能插秧机38台、侧深施肥机60套、苗机8台、导航固定基站2套。

畜牧渔业　全年共免疫禽流感1.03万只，常规免疫按上级要求保质保量完成。肉牛存栏499头，累计出栏126头；生猪存栏2756头，累计出栏2687头；羊存栏2361只，累计出栏1168只；家禽存栏8.33万只，出栏2983只。累计肉产量252吨，累计蛋产量45吨，收获河蟹750公斤。

林业湿地　林业用地面积1.87万公顷，湿地2.8万公顷。在林业用地中，有林地面积1.82万公顷；人工林面积3089.3公顷；活立木总蓄积量299.82万立方米，森林覆被率20.2%。全场完成造林总面积40公顷，其中新造护路林面积5.5公顷，更新造林面积14.4公顷，补植补造面积20.1公顷，完成管理局计划120%。完成剩余退耕还湿面积164.9公顷。全年种植林下参面积6.7公顷，果树面积5.3公顷，红松经济林面积9.3公顷，核桃楸经济林面积1.7公顷。养殖野猪200头，梅花鹿70头，狐狸200只，林下鸡6万只、林下鹅5万只。

农田水利　完成屏山项目区南屏山小流域水土保持工程，计划投资364万元，其中，国家投资280万元；农场自筹84万元。完成农场排水二区配套治理工程，投资198.92万元。完成排水第六、七管理区治理工程，投资200万元。完成2016年人畜饮水项目，计划投资249万元。强排站改造项目，投资35万元，提高防汛抗灾保障能力。农场自筹资金600万元，完成挠力河堤防除险加固、别拉洪河清淤、光明水库维修等工程。在挠力河下游出现超警戒水位情况下，确保2016年安全度汛。

工业　实现工业总产值3.5亿元，增加值0.9亿元。总投资1.6亿元，建设生物质热电联产项目，完成可研性报告、环评和规划选址，将在2017年内开工建设；垦丰种业胜利种子加工厂项目，完成报建手续，开工建设；上海松岭投资公司与胜利粮油食品公司初步达成增资扩股协议；借助卓信集团连锁超市平台，胜利“长乐”三个系列产品打入北京超市，发挥重点龙头企业、“中国驰名商标”品牌影响力。东北黑蜂开发有限公司实现8000万只蜜蜂养殖，300吨蜂蜜产品质量全程追溯，全年销售收入达2300万元，电子商务销售额占总销售收入的80%以上。

城镇建设　投资2181万元，建设艺体馆工程主体完工。投资120万元，建设边境农场建设排水工程。投资250万元，场区楼房维修项目。投资191万元，完成供热管道维修及学府区平房供暖建设。投资105万元改装廉租房20套。新打150～180米深水井3眼，平均每眼井每小时出水量30立方米。

社会救助　全场148名党员干部与74户低收入职工结成帮扶对子，发放无息贷款223.5万元，落实优惠保扶政策2项、帮扶项目74项。发放最低生活保障金182万元，社会救助金71万元，累计813人次接受慰问救助。

全民创业　落实管理局《关于支持全民创业的实施意见》，鼓励农场职工实施全民创业工程。发展生猪、大鹅、林下鸡、蔬菜、鸭稻等种养殖项目，全年职工自主创业1566人，建立创业项目24个，产值达8500万元。农场被管理局评为全民创业工作先进单位。侯树建获得全省职工创业创新标兵称号。

改革　有序推进定职责、定机构、定编制“三定”工作落实。制定完善农场机关合并改革方案和管理区改革方案；取消24个作业站编制，农场由场、区、站三级管理变为场、区两级管理；对职能相近、垂直管理单位和部门进行整合，机关、管理区人员编制核定完毕；全场有54名管理人员办理离岗待退手续。

经营管理　农场“三公”经费支出414万元，公用经费支出1188万元，比年初预算减少117万元，降低9个百分点。审计29个项目，为农场节约资金614万元。抓好控债化债、去库存盘活存量资产。全场化解债务5274万元，完成指标105%，负债总额同比净下降5个百分点，减少2375万元；去库存盘活存量资产、活化资金1亿元。

教育卫生　胜利学校顺利通过国家教育均衡发展验收。农场被管理局评为教育工作先进集体、幼儿幼教工作先进集体。投资50万元，医院购进康复治疗设备，改造面积300平方米社区卫生服务站。为全场65岁以上老人、育龄妇女、慢性病患者等重点人群免费参加健康体检。

党建工作　党委理论中心组集体学习13次。各级党组织学习讨论177次，参加党员5300人次。基层党组织完成班子换届20个，全场933名党员排查摸底。发展新党员12名。创新举行党员“六个一”活动，服务群众1200人次。通过党员特色自营经济与保扶升级相结合，打造基层党组织“两学一做”特色载体示范点7个，制定下发《胜利农场干部管理若干规定》，调整人员75人，其中提职正科7人、提职副科5人、岗位交流63人。

文化　在各类报刊发新闻400篇，网络媒体发新闻5000条；第六管理区被评为省“六个十佳”和谐管理区。社区管理服务站和第六居民委被评为农垦总局级文明单位。学校、建行、社保局晋级为管理局文明单位行列。举办文化广场演出8场次。举办文体活动6场次。

（申旭翔连鑫）

七星农场
七星分公司

分公司总经理、党委副书记：迟立军，1962年2月出生，辽宁省本溪市人，中共党员，本科学历，农业技术推广研究员。1983年10月参加工作，2012年7月至2016年3月任职。

分公司总经理、党委副书记：彭荣君，1965年4月出生，河北省景县人，中共党员，本科学历，高级政工师。1984年12月参加工作，2016年3月任现职。

党委书记、场长、社区主任：王伟，

1964年10月出生，黑龙江省绥化市，中共党员，研究生学历，教授级高级政工师。1982年12月参加工作，2015年9月任现职。

党委副书记、社区副主任、工会主席：安宏艳（女，党委副书记、社区副主任2013.11—，工会主席2015.7—）

党委委员、副总经理：

宋德利（2008.8—）

谭景光（2009.12—）

于小利（2009.12—）

党委委员、纪委书记：

季龙江（2015.7—）

副总经理：

孟昭生（2010.9—2016.7）

韩立彬（2016.7—）

副场长：

葛如刚（2016.9—）

刘　成（2010.1—）

党委委员、副场长：

刘　成（2016.12—）

财务总监：

唐吉龙（2011.6—）

党委委员、武装部部长：

刘丛江（2010.10—）

党委委员、组织部部长：

刁顺坡（2015.11—）

党委委员、宣传部部长：

李玉珍（2016.12—）

概况　七星农场、北大荒股份七星分公司位于三江平原腹地，地处北纬47°04′～47°30′和东经132°30′～133°04′之间，与富锦市、同江市毗邻，西北部与富锦市向阳川镇和二龙山镇相连，北抵莲花河和青龙河，东与别拉洪河二排干及创业农场接壤，南以七星河与大兴农场为界。地处农垦建三江管理局所在地，S306公路、建虎高速公路、建抚高速、福前铁路从七星贯穿，场区距离富锦和同江国家一类口岸56公里。

农场总人口3.55万人，其中小城镇人口3.31万人，城镇化率93.3%，从业人员1.77万人。土地总面积12.08万公顷，其中耕地8.11万公顷、林地1.43万公顷、水域3.11万公顷。2016年，实现地区生产总值25.48亿元，人均收入2.67万元，非公有经济增加值6.5亿元，社会消费品零售总额43399万元。

种植业　按照“稳水稻压玉米强经作、增效益”原则调整种植业结构。作物播种面积8.11万公顷，其中水稻种植6.77万公顷，平均公顷产量9307.5公斤；玉米种植1.1万公顷，平均公顷产量10335公斤；大豆种植0.22万公顷，平均公顷产量2958公斤。粮食总产74.81万吨，粮食平均公顷产量9253.5公斤。从品种选择、栽培技术、收获方式等方面入手，提升产品品质和等级，加快创建知名农产品品牌，增加农产品的市场竞争力。

农业科技园区　在做好常规温室作物管理基础上，重点在各作物栽培技术学习，完成黄瓜、番茄、草莓、辣椒、凤仙等作物育苗1.3万株，共计换茬16次，为更新园区展示作物品种，新引进番茄、蝴蝶兰、薰衣草及香蕉等10个作物品种，培育草花苗7500株，栽种宿根花卉1.2万株，提升园区观赏价值。芒果、荔枝、香蕉等南方果树陆续开花结果，实现南方果树北方结果。科技园区接待前来参观考察人员858次，共计1.12万人，出售门票634张，旅游创收达1.84万元。

农业机械　有农机管理人员92人。农机具总量3.93万台套，农机总动力26.2万千瓦，农机新度系数0.7，农业生产综合机械化程度达到98%以上，劳动生产率居国内领先水平。农机具更新投入资金达9547.6万元，其中国家补贴2173.8万元，分公司补贴资金120.7万元，个人筹资7253.1万元。新增农机具1482台件，其中轮式拖拉机383台、收割机135台、插秧机185台、侧深施肥装置57台、其他机具722台件、新增农机动力0.66万千瓦，提高分公司农机装备水平。

畜牧业渔业　年末生猪存栏2.25万头、肉牛786头、羊6974只、禽13.13万只。出栏肉牛287头、生猪4.5万头、羊4518只、禽36.52万只、羊绒1844公斤、禽蛋732吨，创产值12147万元。渔场人工养鱼主要以鲢鱼、鲫鱼、鲤鱼为主。与此同时，2016年，引进多种新项目，由果蔬园区，引进种鹅1000只、玉米地放养肥鹅1万只。市场价格每公斤16元，每只鹅利润20～30元。在第一管理区36作业站养殖蟹稻，引种河蟹种苗200公斤、河蟹于9月15日前后起捕销售，养殖收支基本平衡，“蟹稻”效益重点在于有机水稻的销售。第三管理区23作业站，引进种鸵鸟200只，梅花鹿1500只。第二管理区17作业站，养殖稻鸭200只，放养稻田4公顷。

林业　共有林地面积1.43万公顷，立木总蓄积量105.46万立方米，其中，天然林面积2563.9公顷，活立木蓄积量26.85万立方米；人工林面积5350.3公顷，立木蓄积量75.823万立方米。苗圃27.3公顷。森林覆盖率6.6%。一般生态林面积2975公顷，蓄积量36.36万立方米，主要分为阔叶混交林、落叶松林、杨树林、樟子松针混、针阔混、其他商品林面积6510公顷，蓄积量69.1万立方米，主要分为阔叶混交林、软阔叶林、落叶松林、杨树林、樟子松林。

农田水利　完成干沟29条，长246.55公里；支沟222条，长度519.19公里；斗农沟2293条，长度2500.46公里；桥35座，296延长米；涵洞890座；强排站5座，机电井2131眼。青龙山灌区第一期工程青龙河干渠及农垦灌区七星农场配套工程，项目区面积4万公顷，计划投资1.4亿元。实施方案已招标完毕，设计成果已完成，年度工程投资划分完毕，待资金到位后，即可进行招投标。

工业　共有57家工业企业，其中稻米加工业2家、制酒厂2家、机械修理制造业43家、印刷厂1家、预制件厂4家、水泥制品厂3家、木材加工厂2家。工业总产值7.5亿元，工业增加值1.35亿元，实现利润3300万元，水稻加工能力26万吨，企业平均达产率30%。

小城镇建设　完成七星第二幼儿园前期手续，招投标，开工准备，工程进展顺利，主体工程完工．完成投资734.17万元，社区五营第二期开工建设，分六个施工标段，入冬停工完成主体封顶。完成投资3105.71万元。社区五营三期前期工作开始，设计、勘察招标，办理相关手续。

旅游业　七星旅游名镇坚持“促进镇与景的协调发展，促镇更好地服务于景，景更好地彰显于镇，达到景镇融合和谐”原则，依托旅游资源优势，抢抓旅游升温机遇，推动旅游事业蓬勃发展。围绕现代化大农业建设已形成一批初具规模旅游景点资源，可概括为一线八景区：一千公里现代农业田园观光风景线，现代农业高科技园区，北大荒精准农业农机中心，水稻浸种催芽基地，七星种子产业园，寒地水稻高科技信息化园区，七星新城，绿色果蔬园区，中华大粮仓。

教育卫生　有中小学教学班107个，学生4320名，在册教职工584人，其中在岗教职工502人、管理人员55人、教师349人、工勤人员98人。内退、病休教职工59人，其中教师45人、工人14人。高级职称人员70人，中级职称人员239人，初级职称人员80人。中小学在岗教师分别为127和183人，学历达标率100%，全部具有教师资格。第一中学和第二中学两所学校通过国家均衡发展检查验收。辖区总人口1.87万人，其中育龄妇女4949人，已婚育龄妇女3847人，流动人口2242人，新婚35人，死亡45人。新出生婴儿161人，出生率为6.1‰。其中女性93人，二孩39人。

民生工程　建设整体搬迁住宅面积4.3万平方米，完成社区道路硬化面积1.3万平方米，城镇绿化面积3.5万平方米。投资160万元用于社区公共设施维护，投入734万元完成第二幼儿园主体工程，投资389万元教育危房改造。投资710万元完善学校和幼儿园教学设施，促进教育均衡发展。在社区设立“爱心超市”，筹集资金49万元，为542户低保家庭定期提供生活物品。在全场通过“以地、以岗、以业”等方式对接帮扶户79户，统筹帮扶资金260万元。在蔬菜基地对接低收入户5户，成立“爱心蔬菜”配送中心，招募会员85人，实现保扶精准全覆盖。

党建工作　确定“一条主线、一岗五型五提升”党建思路，制定基层党组织目标管理考核评价体系，完善基层党建工作联系点、书记抓基层党建工作专项述职等多项制度向。召开第十一次党代会，选举新一届农场党委委员会、纪律检查委员会。实施内部机构改革，取消6个管理区和32个作业站，成立20个管理区，实施三级管理变两级管理体制。公开选拔5名管理区党支部书记，打造农垦总局级党建示范点1个。管理局级党建示范点2个。楼宇党小组24个，使党小组和党员的“细胞”被有效激活。“两学一做”学习教育扎实有效，全场党员利用理论中心组学习、书记讲党课、老党员讲党课、大学生宣讲团等形式，围绕党的十八大和十八届历次全会精神，采取集中学、自学及送学等方式，累计培训党员2472人次。走访调研，发放问题征集表，各级党组织建立问题台账241条，党员建立问题台账2136条，农场党班子征集问题7条，个人16条。党员总数达到1198人，党员队伍不断壮大；实施党组织关系集中排查和非公企业党员调查摸底工作，解决“口袋党员”、“失联党员”和“隐身党员”问题。

文化　全年在各类报刊、网站累计发新闻1175篇。其中《黑龙江日报》《黑龙江经济报》《中国农垦》《农场经济管理》等省级以上发新闻336篇。《东北网》等省级以上网站323篇。《北大荒日报》发新闻292篇。《北大荒股份网》发新闻224篇。农场新闻宣传工作在北大荒股份公司排名第二，在北大荒日报社排名第六，七星农场被《北大荒日报》社评为新闻报道先进农场。七星农场农业技术推广中心大学生科技服务团队获得垦区第四届“感动北大荒群体”提名奖。

（李强）

勤得利农场
勤得利分公司

总经理、党委副书记：邢卫国，1970年5月出生，山东省平度市人，中共党员，研究生学历，政工师。1991年10月参加工作，2013年12月任现职。

党委书记、场长、社区主任：徐子君，1967年10月出生，山东省日照市人，中共党员，在职研究生学历，高级审计师、高级政工师。1987年7月参加工作，2013年11月任现职。

党委副书记、社区副主任、工会主席：郭军（党委副书记、社区副主任2012.8—，工会主席2015.7—）

党委副书记、纪委书记：

王树波（2015.7—）

党委委员、副场长：

郑建平（2011.3—2016.9）

副场长：

李　明（2013.6—2016.9）

杜海波（2016.11—）

党委委员、副总经理：

周　保（2005.10—2016.3）

副总经理：

王本良（2013.5—）

孙成尧（2013.5—）

熊亚文（2014.5—）

郭志民（2016.7—）

党委委员、武装部部长：

崔洪滨（2010.3—）

财务总监：

高海英（2011.7—）

党委委员、组织部部长：

王　丹（2012.3—）

概况　勤得利农场、勤得利农业分公司位于同江市境内，地理坐标介于北纬47°47′～48°13′，东经132°53′～133°55′之间。东与同江市临江乡、鸭绿河农场接壤，南和浓江农场为邻，西与青龙山农场、同江市街津口乡交界，北靠黑龙江与俄罗斯隔江相望。东西长64公里，南北宽40公里。场部南距前进火车站52公里，东距抚远县90公里，西距同江市65公里。农场属于三江冲积平原，东北部地形开阔平坦。境内额图山，海拔626.6米，是本地区最高的山脉。五星山海拔480米，勤得利山海拔188.6米。境内较大河流有6条，黑龙江伴境而过，全长82公里。农场地处中高纬度，属寒湿带大陆性气候。因受西伯利亚寒流影响，冬长严寒，夏短炎热多雨，日照充足。春季风大雨少，气候干燥，天气多变。秋季凉爽，昼夜温差大，秋霜较早。年日照时数平均为2381.8时。年平均气温在2.1℃，无霜期136.5天，降水量631.5毫米。

农场交通十分便利，西过同江市与

"同三"公路相通，东与抚远市相望，南通前进火车站并与"佳抚"公路相连，北靠黑龙江江海联运黄金水道。土地总面积12.47万公顷，总人口2.17万人，下辖7个管理区、13个工副业单位、6个居民委，以种植水稻和玉米为主。2016年，实现地区生产总值14.7亿元，同比增长6.8%；居民人均可支配收入2.6万元，同比增长6.5%。

种植业　农作物播种面积6.29万公顷，实现粮食总产52.67万吨，平均公顷产量8371公斤，其中，水稻面积5.19万公顷，平均公顷产量9299公斤；玉米种植面积2937公顷，平均公顷产量9300公斤；大豆种植面积7356公顷，平均公顷产量2054公斤；杂豆704公顷，平均公顷产量2022公斤。调整种植业结构，农业基础设施持续增强，农业防灾减灾保障能力大幅提升。按照"扩稻、增豆、强经作、减玉米"结构调整原则，新增水田713.33公顷，缩减玉米4220公顷，调增大豆3100公顷，调增经作620公顷。春播期间，急调早熟大豆品种20吨，以50%补贴标准新购置大豆播种机15台，保证旱田作物全部播在高产期。夏管期间，适时全作物统防统治飞机航化作业2次，地面弥雾机作业2次，促进作物健身防病提早成熟。秋收期间，提早改造抗灾收获机具，外引收获机车1000台，加速抗灾抢收进度。累计投入1.22亿元实施千亿斤粮食产能、灌区配套、农田水利、水资源水土防治、生产服务设施及农机补贴等项目，建设优质高产稳产农田2313.33公顷，治涝面积2333公顷，新建、改建水泥晒场面积6.7万平方米，新建农机库房面积2620平方米，硬化农机具场面积3342平方米，新建356栋育秧大棚微喷供水系统，补贴各类农机具768台套，农业防灾减灾和综合生产能力提升。

农技推广　围绕"三减"措施，落实水田侧深施肥技术2333公顷，水稻旱直播20公顷；实验示范超早钵育、适口性、秸秆腐熟剂等项目37项；示范鹅玉种养、鸭稻共生、旱田少耕等技术20项。全年举行农业科技培训30场2.6万人次。落实有机水稻2667公顷，农产品质量可追溯4000公顷；实现无公害农产品基地90%、水稻绿色食品基地75%；"物联网+"有机水稻种植33.33公顷。

农业机械　农场投入补贴资金2454.91万元，更新农机具752台(套)，新增动力3.5万千瓦，机械总动力达25.5万千瓦，农机新度系数0.8，综合机械化率达99.8%。全场拥有机械总动力25.5万千瓦，大中型拖拉机2212台、大中型配套农具5303台(套)，联合收获机1128台，机动割晒机38台，水田弥雾机198台，农用水泵2779台，电机井770座，柴油机井2009座，大田播种机22台，插秧机2261台。农场投入资金371.8万元，在第三管理区兴建收获机库房面积1740平方米，插秧机库房面积880平方米及相关配套设施。在第六管理区完善水泥硬化面积3342平方米。

科技园区　园区共承担试验示范课题31项，其中国家课题2项，农垦总局试验课题2项，管理局、北大荒农业股份有限公司及农场自立课题27项。科技园区举行水稻超早钵体毯式育苗机插技术研究，示范面积6.67公顷。实施水稻旱直播喷灌技术研究，示范面积10公顷。实施"物联网+"有机水稻种植示范项目，与江苏溪水原生态食品有限公司合作订单种植有机水稻13公顷，与跃日农业开发有限公司订单种植有机水稻20公顷。实施有机鸭稻共育面积2公顷、有机蟹稻同生面积1.33公顷。举行水稻振捣提浆技术与稻米适口性生产技术研究。

畜牧业渔业　农场实现畜牧业总产值2133.4万元，全年禽蛋产量284吨，肉类总产650吨。生猪规模养殖户65户。全场实现生猪存栏5500头，出栏8000头；羊存栏1850只，出栏1300只；牛存栏230头，出栏35头；家禽存栏1.8万只，家禽出栏2.1万只。全年实现鲜鱼捕捞总产343.5吨，淡水养殖产量146吨。宝鲟渔业鲟鱼网箱养殖后备亲鱼184尾，3243.5公斤。增殖放流施氏鲟鱼苗5万尾。

林业　完成19.43公顷造林绿化任务和33.9公顷补植任务，成活率达85%以上，保存率达100%。加大森林病虫害防治工作，对勤前公路两侧"350"绿化工程进行防病作业。严厉查处破坏森林资源和野生动植物违法犯罪人员。加强森林防火工作，加强宣传检查，消除火灾隐患。依托自然资源优势，发展林下经济产业。

工业　实现工业生产总值36256万元，同比增长8.1%，增加值8971万元。培育壮大本土企业实力，鼓励扶持龙宇米业扩容10万吨。众成工贸公司履约2000公顷订单种植，推进"种加一体化"经营模式进程。市场化经营运作，粮中代储水稻3.04万吨，收入180万元。

招商引资　创新招商思路，拓宽招商领域，主动与央企对接，成功引进中航国际粮食收储公司、黑龙江省卓信农业发展集团有限公司联合投资50亿元建设勤得利农场现代生猪养殖产业项目。引进中国航空技术国际控股有限公司与黑龙江北大荒农业股份有限公司融资合作，利用粮中扩建30万吨仓储项目，促进订单农业和高效农业发展。引进矿泉水厂等3家私营企业项目落地。

民生事业　农场投入1800万元用于"三供两治"等城镇基础设施建设，铺设场区步道板面积1.2万平方米，安装路灯94盏，改造供暖、供水管网升级，改善提升城镇消防设施能力，实施城镇绿化、人畜饮水、市政维修等工程项目，营造舒适场区生活环境。投入600万元实施生活、医疗、助学等六大体系救助工程，低保标准每人每月提至560元，金秋助学102名。投入帮扶资金124万元，协调贷款97.2万元，鼓励175名党员干部与72户可扶持户结对脱低、脱贫。

教育卫生　投入688万元建成面积1924平方米综合教室。投入208万元为学校、幼儿园购置教学设备等。中考考入建三江第一高级中学学生102名，义务教育均衡发展通过国家验收，幼儿园顺利晋级省一类园。传统文化教育及校园文化普及率逐年提高，幼儿园"去小学化"教育有成效。投入233万元购置CT设备，方便患者及早定诊就医。社区基本公共卫生提档升级，代表管理局迎检。

党建工作　开展"两学一做"学习教育活动。各级党员干部"四个"意识明显增强。践行社会主义核心价值观，弘扬北大荒精神，曲洪智被评为垦区第四届“感动北大荒”人物。实施全员业绩考核、考评，实行等级评定，激发党员干部工作热情。基层党组织先锋模范作用和战斗堡垒作用焕发出新活力，76个各级党组织圆满完成期满换届选举。完善“三会一课”为主的党内政治生活制度。非公有制企业党组织工作全覆盖。全年共调整干部13人，发展新党员12名。

（刘江）

大兴农场

场长、党委副书记：高明涛，1964年2月出生，山东省乳山市人，中共党员，本科学历，高级政工师。1982年11月参加工作，2012年6月至2016年5月任职。

场长、党委副书记：刘博，1965年8月出生，吉林省伊通县人，中共党员，专科学历，教授级高级政工师。1983年10月参加工作，2016年5月任现职。

党委书记、社区主任：袁昌盛，1970年3月出生，山东省平度县人，中共党员，研究生学历，高级政工师。1990年7月参加工作，2013年11月至2016年9月任职。

党委书记，社区主任：王银锁，江苏兴化人，1965年7月出生，中共党员，本科学历，农艺师。1985年3月参加工作，2016年9月任现职。

党委副书记、工会主席：

刘　斌（2012.5—）

党委副书记、纪委书记：

郑旭斌（2015.7—）

党委委员、副场长：

张才民（2010.3—2016.10）

副场长：

郝建东（2013.6—）

魏玉光（2009.1—）

党委委员、宣传部部长：

司晓敏（女，2011.11—2016.4）

党委委员、组织部部长：

司晓敏（女，2016.4—）

概况　大兴农场位于黑龙江省富锦市境内东南98公里处，建三江管局45公里处，地理坐标为北纬46° 49′ ~ 47° 13′，东经132° 45′ ~ 133° 18′。东南以挠力河为界，与饶河县的西丰镇、红旗岭农场为邻，西与富锦市宏胜镇接壤，北与七星河为界，与七星农场相望。农场东南西北各长30公里。农场地势平坦，海拔高度在52 ~ 59米，总的地势西高东低，中间高、南北低，坡度在1/2000 ~ 1/1000，中部地区岗洼相间，平均海拔为56.5米，黑土层厚度为18—25厘米，土壤通透性较好，适应种植各种农作物。土壤有机含量高，土地肥沃，水资源丰富。农场属于寒温带季风大陆气候。四季明显，夏昼长夜短，冬夜长昼短，冬夏温差大，年平均气温3℃、年最高气温31.6℃，年最低气温 -33.8℃，年无霜期155天，年有效积温2757.4℃，年降水量693.8毫米。

农场控制面积8万公顷，其中耕地5.06万公顷，总户数5819户，人口17951人。下设12个农业管理区，14个企事业单位。2016年，实现国民生产总值130470.4万元，农场职工家庭人均可支配收入2.7万元。

种植业　作物种植面积面积5.06万公顷，其中水稻4.18万公顷，平均平均公顷产量9195公斤；玉米3429公顷，玉米平均公顷产量10700公斤；大豆4474公顷，大豆平均公顷产量2749公斤，粮食总产量43.39万吨。强化农业基础设施建设，实施种植业结构调整，稳水稻、降玉米、增大豆。实施水稻侧深施肥、水稻育秧大棚二次利用种植食用菌、有机水稻种植、稻田养鸭、水稻种加一体化，订单种植等10项试验示范均已完成。应用水稻侧深肥面积2556公顷，测产结果，侧深施肥比常规施肥每公顷增产10%，每公顷效益增加1500元。注册大兴岛等商标品牌，商务旅游微信公众号和有机绿色食品淘宝专营店，推出1号、2号、3号、4号大米、黑木耳、食用菌10个品牌，在淘宝店上展示。建立以“农场 + 管理区 + 农户”科技创新推广体系，全年共召开农业定标现场会和重点工作推进会13次，举办“田间课堂”6次，培训职工种植户9000人次。

农业机械　利用国家和农场补贴资金1280万元，个人自筹6158.65万元，购进高性能侧深施肥机100台，高性能插秧机55台，轮式拖拉机155台，履带式水稻收获机107台，振捣提浆机1台，搅浆平地机126台。农机总动力21.9万千瓦，农机新度系数达到87%，实现田间综合机械化率达98.8%，同比提高0.3%，实现农机技术状态完好率达98.6%。

水利　完成总投资1616.18万元，其中农场八排干配套治理工程，完成方涵16座，沟渠清淤35.76公里，土方量9.9万立方米，完成投资176万元。挠力河堤防应急度汛工程，完成堤防加固3公里，投资70万元。挠力河涝区八排干配套治理工程，挠力河堤防除险加固工程，双孔涵3座，涵闸1座，堤防加固13.3公里，完成投资475万元。挠力河泵站更新改造工程，完成投资371.42万元，其中，国投297万元；自筹74.42万元。管理局水利基金工程项目，挠力河堤防加固19公里工程，完成投资461.76万元。农场自筹水利工程，完成水渠、池埂7.2公里，棚区改造273栋，方涵1座，投资83万元。

畜牧业渔业　年末牛存栏396头、羊存栏6053只、猪存栏8224头、禽存栏2.4万只。肉产量947吨，蛋产量153吨。牛存栏同比增加123%、羊存栏同比增加90%、猪存栏同比增加44%、禽存栏同比增加12%。肉产量同比减少42%、蛋产量同比增加8.4%。自然水面2300公顷，渔年产量57吨，畜牧总产值3698.98万元，畜牧增加值2113.8万元。

林业　完成造林面积41公顷，补植树苗47公顷，共栽植樟子松、柳树、紫穗槐、云杉133.6万株。利用水利工程弃土堆，造林，营造水土保持林和生态经济林，防止水土流失，维护水利工程运行安全，做到治理和利用同步推进，共栽植紫穗槐33.8公顷。

招商引资　实施“全民招商”，通过“走出去”“请进来”等措施，共外出招商2批8人次，走访7家企业，接待考察客商4批15人次，设计制作招商引资宣传单2000份，引进总投资2

亿元中合供销10万吨农业订单、30万吨稻米深加工项目。实现工业总产值14300万元，实现利润575万元。新增个体工商户72户，私营企业8家，对水下经济、林下经济等特色养殖户提供228万元贷款。自营经济户人均纯收入达2万元。政策帮扶2户创业者，带动就业57人。

民生工程 投资2895万元，建设污水处理厂、职工室外运动场、东环路改造。投资57万元，城镇绿化建设，城镇绿化覆盖率达43%。投资750万元，保障性安居工程基础设施配套供热工程建设，完成冲洗供水管道、维修排水、供热管线2.6万延长米。改造平房区电网线路，更换电表箱200个。投资50万元，维修漏水屋面。投资530万，对学校和医院整体维修和更新设备。实施"保扶"提档升级工程，对105户139人贫困户、低收入户建档立卡，全年投入帮扶资金318万元，帮扶的30户贫困户，68户低收入户全部脱贫、脱低。开放运行"责任爱心超市"，在干部募集捐赠资金11.8万元基础上，农场每月为低保户发放保障基本生活的米、面、油等生活物品。全面清查367户低保家庭财产和收入，共清退不符合条件低保户43户63人，全年发放低保金219.3万元，低保工作实现"动态管理"。

综治安全 向群众展示治安防范和法律法规知识宣传板16块，悬挂平安条幅4条，发放各类宣传资料700份，接受群众咨询600人次。新增监控摄像头315个，8次检查火灾隐患447家，督促整改火灾隐患198处，签订安全责任状423家。排解矛盾纠纷155起，调解151起，调解率达98%。对各种农机具车辆安装反光标志270个，培训驾驶员6次，发放安全知识宣传单3000份。

组织党建 举行"两学一做"学习教育活动。每周五定为集中学习日。基层单位党组织共举行研讨活动37次，参加党员2434人次。举行"两学一做"知识竞赛活动，活动分测试和竞赛两部分，共有30个基层党组织90个党员参加。建立各基层党组织承诺履诺台账，党组织公开承诺259条，党员公开承诺2665条。调整14名科级岗位职级不符人员，将6名工作中表现突出人员调整到基层副职岗位，对2名人员轮岗交流，对9名大学生考核定岗，12名专业技术人员任前考核。90名入党分子参加培训学习考试。新发展预备党员10名，13名预备党员转为正式党员。指导132名党员订阅共产党员微信。全年2次检查37个基层党组织党建工作内业。组织449名党员网上答题，开通农场党员在线微信平台，建立党建工作微信群。

（张德金）

青龙山农场
青龙山分公司

总经理、党委副书记：何安全，1963年10月出生，四川省蓬溪县人，中共党员，本科学历，高级农艺师。1979年12月参加工作，2014年4月任现职。

党委书记、社区主任：魏文华，1963年2月出生，河北省正定县人，中共党员，在职研究生学历，高级农艺师。1979年7月参加工作，2009年10月至2016年9月任职。

党委书记、社区主任：袁昌盛，1970年3月出生，山东省平度县人，中共党员，研究生学历，高级政工师。1990年7月参加工作，2016年9月任现职。

党委副书记、社区副主任、工会主席：张碧岩（党委副书记、社区副主任2010.3—，工会主席2015.7—）

党委委员、副场长：

葛如刚（2009.11—2016.9）

副场长：

梁洪军（2011.3—2016.9）

孟庆华（2016.9—2016.11）

副总经理：

李泓林（2012.3—2016.7）

副总经理：

朱文贵（2016.7—2016.12）

党委委员、副总经理：

崔维山（2010.1—）

副总经理：

李承明（2013.5—2016.7）

党委委员、副总经理：

陈　广（2016.7—）

党委委员、财务总监：

张军华（2011.7—）

副总经理：

隋喜顺（2016.12—）

党委委员、纪委书记：

孟凡合（2015.7—）

党委委员、武装部部长：

李军昌（2013.7—）

党委委员、组织部部长：

李宏岩（女，2015.11—）

概况 青龙山农场、青龙山农业分公司位于三江平原腹地，建三江管理局东北部，街津山，又名大青龙山南麓，北邻勤得利农场，东与浓江农场接壤，南与前进场、七星农场为邻、北靠黑龙江与俄罗斯隔江相望。区域面积6.01万公顷，南北距离60公里，东西距离20公里，地理位置介于北纬47°25′～47°59′，东经132°46′～133°22′之间。区域地形低平，地势南高北低，东高西低，地面坡降为1/7000～1/1000，海拔高度58米。为省内第三积温带地区，年气温大于10℃以上有效积温为2350.3℃，全年无霜期为133天，日照时数为2600小时。农场（分公司）南距福前铁路26公里，西与国家公路交通大动脉"同三公路"和同江口岸码头相距45公里。通往同江市、建三江管理局公路全部为水泥公路。农场有通往佳木斯、富锦、同江、建三江、前进镇的客车，农场通往各管理区的公路全部为水泥路或砂石公路，交通十分便利。

全场总户数6038户，人口1.35万人，下设9个管理区，21个场直单位，17个驻场单位。2016年，实现地区生产总值亿9.7亿元，人均可支配纯收入2.7万元。

种植业 坚持"扩稻、增豆、增经作、减玉米"原则调整种植结构，优质品种覆盖率达100%。农作物播种总面积3.71万公顷，其中水稻种植3.47万公顷；玉米种植773公顷，大豆种植1372公顷，粮食总产31.94万吨。全年完成示范项目10个，推广侧深施肥面积2333公顷，鸭稻种植面积 6.67 公顷，利用 10 栋水稻大棚种植木耳 10 万棒。

农业机械　投资 4370.2 万元，更新各类机具 1373 台套。农机总动力达 17.17 万千瓦，农机具保有量达 1.38 万台件。全年检验机车 1950 台，全部发放检验合格贴。农机安全检查 18 次，对农机驾驶员安全教育培训 12 次，教育签字 1.15 万人次，签订农机驾驶操作人员责任状、十不准保证书等 6000 份，安装安全标语 300 条、反光贴 9000 贴、反光板 400 副、安全链 240 条。

畜牧业林业　年末生猪存栏 3072 头，生产优质肉产品 232 吨，畜牧产值 607.7 万元。重大动物疫病强制免疫密度达到 100%，常规免疫达到 95% 以上。生猪、牛、羊 100% 配戴二维码标志。造林绿化面积 33.3 公顷，栽植各类乔木 7 万株。强化森林防火安全管理，下发森林防火公约 2000 份，制作宣传条幅 30 条，全年无森林草原火灾发生。

灌区建设　投资 1000 万元建设灌区配套工程，修复和改灌渠沿线输电线路和农田水利设施。灌区在青龙山境内干渠总长度达到 107.5 公里，农场受益面积 2 万公顷。

工业　整合 5 家水稻加工企业，统一使用“绿青源”商标，年加工量 15 万吨。发展“订单种植”模式，引导鼓励种植户“按需生产”，订单面积 357 公顷。全年实现工业增加值 4136 万元，同比增长 10%。建立招商项目 11 个，走出去招商 3 次，洽谈项目 12 个，请进客商 7 家，洽谈项目 9 个，完成招商总额 2000 万元。

民生工程　投资 5327 万元，建设供暖锅炉房 1 座，建筑面积 5170.41 平方米，40 吨锅炉 2 台，10 月正式启用。投资 238 万元，完成对中小学教学楼、食堂门窗及卫生间改造。将低保标准由人均月补差额 335 元提高到 375 元，发放低保金 234.75 万元，筹集慈善捐款 9.5 万元。发放廉租住房租赁补贴 134.84 万元，发放独生子女父母奖励费、独生子女父母退休一次奖励费等费用 37.07 万元。

党建工作　党委理论中心组扩大学习 11 次，党员干部学习习总书记“七一”重要讲话和习总书记龙江两次讲话 111 次。学习党章、党规、习总书记重要讲话选编 165 次。在“学”“做”“改”“干”等方面都能收到良好效果。全年发展党员 11 名，为党组织注入新鲜的血液。调整干部两批次 58 人，新提职干部 15 人，全年培训基层干部 753 人次。

扶贫工作　抓好“以地扶低”“以业扶低”“以城扶低”帮扶政策，帮助 78 户低收入户实现脱低目标。举行助困助残、送服务到地头、助学帮困、劳模讲座等活动 20 次。参与志愿者服务青年、团员、学生达到 900 人次。“两节“期间，救济困难职工群众 275 户，发救济金和物品折合人民币 14.55 万元。

教育医疗　推进“精导、双试、速清”三段式教学模式和“一拳、一板、一画、一鼓、一扇、一屋”六个一特色模式，提升各阶段教学成绩。考入建三江第一高级中学升学率达 67.61%，高中进段率达 100%，居管理局前列。在省青少年艾滋病防治教育工程（青爱工程）领导小组指导下，建立黑龙江垦区内第一个“青爱小屋”，将艾滋病防治、性健康教育、心理健康教育、公益慈善理念培育，及传统文化教育纳入课堂。通过农垦总局、省、国家级义务教育均衡发展的验收，获得十二五教科研全国科研成果一等奖。社区卫生服务中心接诊 2.14 万人次，床位使用率达到 85.2%。建立完善居民健康档案 1.31 万份，举行健康知识讲座及健康咨询活动 19 次，为 600 名 65 岁以上老人健康体检，为 54 名流动儿童预防接种，流动孕产妇和儿童保健率达 100%。

文化　建立“白桦林城青龙山”微信平台和微博，完成“两微一网”建设。在《北大荒日报》等报纸发新闻 148 篇。在《东北网》等网站发新闻 2590 篇。在《建三江电视台》及《农垦总局电视台》发新闻 732 条。举行文明青龙山人系列活动，命名表彰 3 名“感动青龙山人物”。举行主题征文和演讲比赛各 1 次。结合重大节日，举行“我们的节日”，“白桦之夏”文化广场演出 6 场，趣味运动会 2 场，电影进社区 16 次。申报省级文明单位 1 个、农垦总局级文明单位 1 个、管理级文明单位 1 个，管理局级十星级文明户标兵 2 户。

（崔超伟）

前进农场

场长、党委副书记：祝和安，1964 年 2 月出生，湖南省永兴县人，中共党员，本科学历，高级畜牧师。1983 年 3 月参加工作，2010 年 10 月至 2016 年 4 月任职。

场长、党委副书记：童良军，1967 年 10 月出生，山东省日照市人，中共党员，本科学历，高级农艺师。1988 年 8 月参加工作，2016 年 4 月任现职。

党委书记、社区主任：李建军，1965 年 2 月出生，江苏省邳县人，中共党员，本科学历，教授级高级政工师。1983 年 11 月参加工作，2015 年 9 月任现职。

党委副书记、社区副主任：王全义（党委副书记、社区副主任 2009.9—，工会主席 2015.7—）

党委委员、纪委书记：

韦善忠（2015.7—）

党委委员、副场长：

任春桥（2011.3—）

王启增（2016.9—）

郑宪辉（2012.3—）

李金波（2013.12—）

李　健（2013.7—）

副场长：

嵇洪军（2012.3—2016.9）

党委委员、武装部部长：

于　平（2007.7—2016.9）

党委委员、宣传部部长：

孙荣臣（2007.7—2016.11）

张少东（2016.11—）

党委委员、组织部部长：

唐海军（2015.11—）

场长助理：

刘庆国（2016.12—）

概况　前进农场位于三江平原东南部，地处北纬 47° 32′ 34″，东经 133° 05′ 39″，地势西高东低，平均海拔 61 米。总控制面积 7.67 万公顷，有效积温 2694.0℃，年平均温度为 2.4℃，平均降雨量 516.9 毫米，无霜期 149 天。

农场是一个以农林牧副渔为主兼营工、商、运、建、服等行业的现代化大型国营农场，是4个市县8个农场的交通枢纽，佳木斯以东最大的物资、粮食、商品集散地。农场下设11个农业管理区，机关科室28个，直属企事业单位18个，驻场单位30个。全场总户数7501户，人口20863人，职工3987人。辖区内有非公有制企业118家，个体工商户1158户，个体工商从业人员2021人。农场坐落着亚洲最大的国家粮食储备仓库群，是国家的重要商品粮和后备粮基地。2016年，农场实现国内生产总值19.03亿元，固定资产投资总额17128万元，粮食总产45.25万吨，居民人均可支配收入27369元。

种植业　作物播种面积5.03万公顷，其中水稻5万公顷，平均公顷产量9030公斤；玉米2公顷，平均公顷产量8505公斤；大豆257公顷，平均公顷产量2115公斤。全场建立现代化大农业示范展示点4处，完成水稻侧深施肥技术应用面积2300公顷。水稻育秧大棚综合二次利用1700栋，种植大球盖菇、红芸豆等经济作物。农业生产采取标准化管理，围绕农业供给侧结构性改革在节制闸示范区落实示范项目12项。实施鸭稻、蟹稻共作项目，种植有机水稻、黑稻、糯稻等特色品种，示范有机水稻覆降解膜栽培、水稻振捣提浆等先进技术。土壤化验室年投入资金40万元，实现测土配方应用全覆盖。协助农垦总局对东北地区耕地地力分析工作，完成“3414”田间试验及肥料利用率试验。农场建立短信信息平台，做到天气预报、稻瘟病等预警和防治情况及时发布。农场连续通过ISO 9001国际质量管理体系认证与ISO14001国际环境管理体系认证。绿色食品原料基地认证面积5.2万公顷，农产品质量追溯面积达4700公顷，稻米全链条信息可追溯，有机原料基地认证133公顷，已进入转换期。

农业机械　农场利用国家补贴资金1129.12万元，累计购置大中型农机具590台件。利用新型农机具补贴109.6万元，购置侧深施肥机62台，振捣提浆机2台，多功能管理机15台。农场继续投入补贴资金234.8万元，购置侧深施肥插秧机、宽窄行插秧机、侧深施肥器、GPS卫星定位设备等114台件。全年合计用于机具更新补贴资金1473.52万元。农机具保有量达到3.24万台件，总动力19.93万千瓦。

畜牧业　年末全场肉牛存栏152头，出栏99头。生猪存栏4679头，出栏4958头。羊存栏2181只，出栏2339只。禽存栏5713只，出栏24276只。养猪户个人新增投资40万元，新建猪舍2栋，面积1000平方米，现已建设猪舍15栋，面积7500平方米。投入防疫补贴资金19.10万元，畜禽免疫率均达100%，检疫率达100%。全年屠宰生猪4000头，无一列病害肉流入市场。农场利用别拉洪河节制闸丰富水资源，在第二管理区实施鸭稻、蟹稻共作项目，种植水稻面积34公顷，养鸭1万只。种植水稻面积7.13公顷，养蟹500公斤，鸭子成活率高达95%以上。

林业　完成造林绿化总面积33.3公顷，其中人工造林4公顷，补植补造29.3公顷。投入资金35.5万元，栽植造林绿化树木及花灌木共计6.3万株。

工业　实现工业总产值96754.7万元，增加值22863万元，利润4386万元。投入137.9万元，建设长550米、宽7米工业园区道路。招引重点项目2个，国电建三江前进生物质发电有限公司资产盘活招引项目，固定资产投资8000万元，其他投资1.2亿元，年燃烧秸秆25万吨，年发电量约2亿度。雪那红米业胚芽米加工项目，总投资2000万元，投产后，年可加工胚芽米5万吨，实现纯利润500万元。

小城镇建设　投资民生及维修改造资金1085.65万元。其中投资326万元，改造两处下交桥排水及北排污站、工业园区道路三期建设工程、场区监控及路灯改造工程。投资245万元对3处粮食收储中心消防设施升级。投资514.65万元对场区内供热、给水、排水、硬化、红绿灯抓拍等共计26项工程，解决居民需求，强化场区安全管控，完善城镇功能。

民生工程　有低保户400户，600人，发放低保金共计290.25万元。发放电价补贴、取暖费、助学救助金及高龄津贴69.26万元。农场责任爱心超市发放各类生活用品价值12.09万元，慰问军烈属共55户，为16人发放义务兵家庭优待金44.39万元，为13人发放退伍兵自主就业一次性经济补助金18.49万元，为3人发放入伍大学生一次性经济补助金4.8万元。

党建工作　农场党委下设2个基层党委，37个党支部，现有党员700名。通过“五个课堂”、每周一测”、手抄党章一百天等载体活动，推进“两学一做”学习教育，累计培训党员3000人次。全场700名党员通过不同形式亮身份，90名有能力无职党员举行“设岗定责”活动。赵秀芹荣获省、农垦总局优秀共产党员称号。894人次党员干部义务植树3.6万株。抗击“狮子山”台风影响，义务抢收水稻面积400公顷。全年整顿软弱涣散党组织2个，第九管理区晋升为管理局先进基层党组织。集中排查党员组织关系，清理除名2名失联党员。举行非公企业和社会组织党建调查摸底工作，实现两新组织党组织全覆盖。全场32个党小组，400名党员活跃在田间地头和楼宇庭院，激活党建神经末梢。完善基层抓党建工作考评方案，调优配强14个基层领导班子。面向本场职工子女公开招聘幼师6人、财务储备人员5人。完成139名干部个人有关事项报告工作，对全场384名干部“三龄两历一身份”确认签字，为干部选拔任用提供可靠依据。

教育卫生　学校现有教职工240人，在校学生2300人。幼儿园建筑面积5000平方米，教职工74人。全场校级骨干教师17人，管理局级骨干教师53人，农垦总局级骨干教师4人、骨干校长3人。在庆祝“教师节”活动中，农场表彰奖励62名教师，管理局级优秀教师17人，幼儿园评为管理局级先进集体。18人荣获省科学院“十二五”规划课题《特色学校创建推动课堂教学改革与创新的研究》课题实验先进个人称号。学校被评为“先进实验单位”。实行科校合一管理体制，通过国家义务教育学校均衡发展验收。医院有医疗从业人员94人，床位70张，是一级甲等医院。医院下辖三个社区卫生服务站、5个管理区卫生所、3个校医室。为1.67万人建立电子档案管理，建档率83.62%。举办公众健康讲座及咨询活动25次，咨询服务1300人次。全年收治门急诊诊疗2.52万人次，住院500人，业务收入633.15万元。

（马永璐）

创业农场

场长、党委副书记：薛成，1967年5月出生，山东省沂南县人，中共党员，研究生学历，农艺师。1983年12月参加工作，2015年9月任现职。

党委书记、社区主任：周辉，1960年9月出生，黑龙江省延寿县人，中共党员，专科学历，高级政工师。1977年7月参加工作，2013年11月至2016年5月任职。

党委副书记（主持党委全面工作）：王守江，1966年6月出生，江苏省泗阳人，中共党员，本科学历，高级工程师。1986年12月参加工作，2016年5月任现职。

党委副书记、社区副主任、工会主席：王茂生（党委副书记、社区副主任2012.3—，工会主席2015.7—）

副场长：

孟庆华（2012.3—2016.9）

彭　涌（2016.9—）

任艳军（2016.9—）

党委委员、副场长：

张建民（2010.11—）

王银锁（2011.3—2016.9）

党委委员、武装部部长：

李云汉（2010.3—2016.9）

纪委书记：

刘艳明（2015.7—）

党委委员、组织部部长：

李永学（2000.11-2016.3）

概况　创业农场地处黑龙江省富锦市境内，与饶河县、抚远县交界，始建于1968年12月。地理位置介于北纬47°10′～47°52′、东经132°50′～133°20′之间，南临七星河、挠力河，北依别拉洪河，东西长26公里，南北宽25公里，辖区总面积530公里。东与红卫农场相接，南与大兴农场隔河相望，西与七星农场搭界，北起别拉洪河与前进农场接壤。农场交通十分便利，北有“佳抚路”、南有“胜七路”，“福前铁路”纵贯场区东西，是建三江管理局东部地区交通枢纽。农场地势低平，坡降平缓，平原漫岗生长着天然次生林，低洼地带沼泽水泊星罗棋布，属国家饶力河湿地保护区，寒温带大陆性季风气候。历年气温年平均2.4℃、无霜期年平均135天左右、积温年平均2530℃、日照时数年平均3560小时。降雨量集中在7～9月，年降水量约为530毫米左右，水资源分布较均匀。农场常住人口1.53万人。现有耕地面积3.8万公顷，下辖8个管理区、14个场直单位及21个驻场单位。2016年，实现地区生产总值150700万元、粮食总产量35.7万吨、居民人均可支配收入2.67万元。

种植业　完成水稻种植面积3.76万公顷，水稻总产量35.56万吨，平均公顷产量9450公斤，平均公顷效益6420元。实施农业综合开发、千亿斤粮食产能工程及小水工程等农业基本建设项目，新建水泥晒场3处，面积7.36万平方米、修缮机耕路50.23公里、新建涵洞131座、清淤沟渠204.7公里、新建育秧大棚基地3处、土地平整250公顷；全年召开定标现场会10次，培训1500人次，下发水稻生产技术手册2500本、大棚指示卡9000张、各阶段生产技术要点10次1万份。落实11个转方式调结构示范展示项目效果明显，推广应用侧深施肥、实现“三减”目标；完善绿色农业体系，围绕国家安全食品生产基地建设总体目标，发展质优价高绿色有机农产品，可追溯水稻面积3333公顷，大米1.8万吨。完成2212.97公顷有机水稻种植及加工认证。完成有机认证体系建设及种植基地的监督管理，获得国标、欧盟、日本标准有机种植证书。

农机机械更新　总投资3256万元，其中利用国家置补资金932.1万元、农垦总局新型农机具补贴资金139.2万元、农场补贴资金68万元、种植户自筹资金2117.7万元，购买机具336台，其中拖拉机135台、搅浆机2台、高速插秧机71台、手扶步进式水稻插秧机6台、自走轮式CF809收割机26台、小型履带式收割机10台、带侧深施肥装置新型水稻插秧机83台及水田多功能管理机3台。

工业　先后与盛泉酒业、华鑫米业、黑龙江省春森农业科技开发有限公司达成引资意向，引进年产5000吨黄酒生产；30万吨绿色水稻加工；10万吨生物环保科技合成树脂及制品项目，引资38000万元，项目正在办理中；继续完善工业园区建设。节能型煤生产加工项目正式投产、双盛米业完成订单农业加工生产线项目厂房及设备安装；富油米业新建30万吨绿色水稻加工项目竣工；农场投资2.5万元，清理园区内道路两侧垃圾，完成中粮建三江米业和自然村米业管理局级龙头企业申报认定工作。年内实现工业总产值12.45亿元、工业增加值3.17亿元、利润7200万元。

畜牧业　全场生猪存栏3356头、出栏4895头，完成计划83.7%、94.3%；牛存栏318头、出栏107头，完成计划的153.6%、90.7%；羊存栏1059只、出栏463只，完成计划的105.8%、85.9%；禽存栏2.59万只、出栏2.96万只，完成计划的102.4%、117.2%；肉类总产量448吨，完成计划97.2%；鲜蛋产量330吨，完成计划133.6%；绵羊毛产量1.06吨；羊绒产量512公斤，完成计划100.2%。以防治高致病性禽流感、牲畜口蹄疫为防控重点，保质保量按时完成秋免会战任务，在管理局同行业评比中获得第2名。严把肉类市场准入关，共组织26次动物产品市场专项检查，出动监督检查执法人员78人次、26辆车次，未发现有违法违规经营行为。

林业　完成造林绿化面积33.3公顷，其中新造林3.3公顷、补植补造面积30公顷，共栽植各类乔木3.6万株、花灌木2.4万株。全年义务植树参加人数1000人次。完成林木育苗面积47.7公顷，生产造林绿化苗木1000万株。清理“350”工程樟子松枯死木16公里，无人机喷药防治樟子松枯梢病4公里，人工加机械喷药防治12公里，改善森林生态环境。3次组织宣传、执法，查处林政案件2起，结案2起，结案率100%。全年无森林火灾发生。

农田水利　工程目标项目总投资6741万元。其中千亿斤工程总投资1500万元，新建水泥晒场1处，涵洞32座，修缮道路22.36公里。小水工程总投资365万元，清淤沟道72.58公里。土方量40.24万立方米。方涵21座。人畜饮水工程中标价40.92万元，铺设给水外网管道3070米。修建检修阀门井7座。农业综合开发项目下达投资2990万元，开发面积2133公顷，开挖疏浚沟道132.15公里，新建涵洞34座，新建渠系建筑物共52座，鱼眼泡平整1处，土地平整250公顷，修缮机耕路33.75公里，建育秧大棚10栋，新建水泥晒场面积4.06万平方米，科技示范面积666.67公顷。农场自筹水利工程总投资345万元，建设高速公路两侧土地平整土方量14.34万立方米，围堰工程8.34公里，汛期内涝低洼处放水，泡泽治理工程，总工时660小时。截至年底，项目已完成94%。

党建工作　以创建“学习型、服务型、创新型”为目标，发挥党组织战斗堡垒和党员先锋模范作用。召开党建现场会，整顿全场基层党组织，强化基层党员教育管理。优化干部队伍结构，提职、调整干部6批次共47名干部，发展预备党员10名，预备党员转正12名。举行“两学一做”学习教育，全场各级党组织培训学习30次，培训达1600人次，专题研讨30次。党员干部走访群众2000人次，帮助解决问题50件，做好事实事80件。全面推进从严治党，严格落实“三个责任”和“三重一大”决策等制度，全场签订党风廉政建设“三责一诺”书191份。针对“四讲四有”和着力解决“五个方面”问题，各级党组织建立党组织问题清单42个，党员问题清单751个，作风建设得到进一步加强。营造良好舆论氛围，深化党建载体，将党建“细胞工程”、党建示范带品牌创建、创先争优等载体活动与“两学一做”相结合，创建“3525”活动载体、“1120”工作法、“扶低共富”党小组。

（郭亚楠）

红卫农场

场长、副书记：王凤龙，1965年9月出生，吉林省永吉县人，中共党员，研究生学历，高级政工师。1987年12月参加工作，2013年11月任现职。

党委书记、社区主任：范光林，1966年6月出生，黑龙江省安达县人，中共党员，本科学历，高级水利工程师。1985年5月参加工作，2016年3月任现职。

党委副书记、工会主席：

郭　成（2015.9—）

党委委员、副场长：

毕书江（2010.3—2016.9）

张国宝（2013.7—）

隋喜友（2015.5—）

党委委员、纪委书记：

马学民（2015.9—）

党委委员、武装部长：

徐凤友（2012.4—2016.9）

党委委员、组织部长：

杨　勇（2015.11—）

概况　红卫农场地处三江平原东北部饶河县境内。西与创业农场相邻，东与胜利农场接壤，南同饶河县小佳河镇、山里乡为界，北与洪河农场毗邻。地理位置介于北纬47°13′～47°29′，东经133°5′～133°36′之间。东南距饶河县城140公里，西距换新天火车站33公里。东西长27公里，南北宽28公里。2016年，日平均气温在2.8℃左右。全年作物生长季节气温≥10℃，年积温达2795.8℃。年降水量在679.5毫米左右，无霜期平均在155天。辖区总面积756平方公里，其中，耕地面积3.87万公顷；草原面积0.26万公顷；林地面积0.56万公顷。有8个管理区和4个居民委，总人口1.15万人。2016年，实现地区生产总值13.16亿元，粮食总产量35.76万吨，居民人均可支配收入2.66万元。

种植业　作物种植面积3.98万公顷，其中水稻种植面积3.58万公顷，平均公顷产量9450公斤；大豆播种面积0.21万公顷，平均公顷产量2792公斤；玉米种植面积0.13万公顷，平均公顷产量9299公斤。水稻种植以空育131、龙粳31号等为主栽品种，统供种子1693.44吨。100%实现种子包衣、统供芽种、三膜覆盖，航化面积累积4.39公顷，水稻生产全程机械化。推广示范面积3600公顷水田侧深施肥，集成推广种肥同播、机械深施等科学施肥技术，有效控制农药使用量，推行飞机航化和精准施药技术，推广实施水稻节水控制灌溉面积8000公顷。水稻转方式调结构，节水节肥试验示范，旱平垄作双侧双深高效模式栽培、水稻振捣提浆机。应用侧施技术面积3600公顷，侧施机械106台。种植面积733.3公顷富硒水稻；种植食用菌共计超级大棚53栋，每栋增收约0.5万元。

农业机械　投资额7087万元更新农机具，其中利用国家补贴资金1331万元，农场补贴资金150万元，共更新机具1450台（套），农机总动力达16.2万千瓦。其中新增高性能插秧机80台，侧深施肥插秧机64台，大中型拖拉机161台，大中型轮式收获机械20台，履带式收获机械161台，水田多功能管理机45台，水稻电动播种机及覆土机300台，水稻摆盘机80台，各类水田农机具440台（套）。使用物联网技术，应用GPS导航系统规范格田建设。示范应用大棚精量穴播机组、机插侧深施肥、田间运苗机、水田整地自动平衡装置、移动式烘干机、无线网络遥控多项技术。推广应用水稻侧深施肥插秧，实现节肥、增产、高效；配齐水稻秸秆粉碎器688台套，秸秆还田90%。新车落户198台，清理黑车40台，新培训驾驶员100人次，全年无重大农机生产事故发生。

畜牧业渔业　指导职工群众引进良种，调整品种结构，优化养殖业结构技术人员技术服务。全场羊存栏5437只，出栏2500只；生猪存栏2150头，出栏1760头。禽存栏3.66万只，出栏2.1万只；鲜蛋产量135吨；肉产量650吨；羊绒产量1350公斤；鱼产量50吨；畜牧业产值785万元。无疫情发生。

林业　植树造林面积53.33公顷，

栽植树种为农垦一号杨，栽植株数 1.33 万株；补植树种为落叶松，补植株数 15.84 万株。开展林政防火宣传 3 次，举行林政大检查，严厉打击各类破坏森林资源违法犯罪活动，查处案件立卷两起，处罚 7785 元。对辖区内所有樟子松喷洒药物防治，控制病害发生，森林草原火灾实现零发生。

农田水利　重点解决骨干工程清淤、洪涝灾害严重区域配套桥涵建筑物建设及拦蓄地表水工程建设。完成农田水利工程、土地整治项目、挠力河堤防加高培厚工程等工程。投资 259 万元，沟渠清淤土方量 85.1 万立方米。投资 3368 万元，新建建筑物 449 座。投资 2945 万元，建设方涵 445 座；投资 120 万元，建设方涵闸 1 座。投资 566 万元，挠力河堤防培高加厚 26.62 公里，土方量 50.51 万立方米。

工业与商贸　推进重大项目建设和营造良好招商引资环境。实现工业总产值 1.27 亿元，增加值 2759 万元，利润 1050 万元。坚持“小企业、大群体、高效益、快发展”模式，推进以稻米加工为民营企业发展，加工水稻 2.02 万吨。引入中航卓信集团投资 1.45 亿元，在农场建设仓容 57 万吨水稻收储粮库 1 处，资源整合盘活原俱乐部资产开发大型超市，全年完成招商引资任务额 200 万元。完善农场 3 万公顷全国绿色食品原料标准化生产基地建设工作，无公害农产品产地面积 3.87 万公顷基地复查换证。有机水稻种植基地面积 69.8 公顷取得有机转换证书。生产的国标三等粳稻为标准品，收储粮食 6663 吨。

公路建设　投入 323 万元养护道路，清理路肩、路面、边沟内积雪，疏通桥涵，修复标志牌。完成警示桩、里程碑、桥梁桥台粉刷，疏通边沟、处理路面裂缝、修路肩边坡等工作，场区水泥路实行草坪式管理。巡查制止路政违法，清理路堆积物、拆除非交通标志等工作。

党建工作　举行“两学一做”学习教育。调整干部 104 人。举办专家讲座、专题培训、视频观看等各类培训 13 场次，培训党员干部 2240 人次。以庆祝建党 95 周年为契机，举行“九个一”系列活动。发展预备党员 10 名，预备党员转正 11 名。举行基层党组织分类定级工作。对全场 33 个基层党支部评分定级、划分类别，建立帮扶整改提档升级。深化党建工作“细胞”工程。基层设置田间、楼宇、同岗位、同产业等党小组 78 个。全场 33 个基层党组织全部按期完成换届工作。举行在职党员进社区报到工作。全场 270 名在职党员全部到社区报到，为居民服务。“两学一做”学习教育全面启动，探索“互联网 + 党建”模式，农场党委书记和领导班子成员讲授专题党课 9 次，各基层党组织书记共讲授党课 276 场次。建立问题整改台账。全场党员公开承诺，共为群众解决难事难题 913 件，上门为群众服务 1468 次。发挥青年作用，举行青年创业创新、岗位建功、技术比武、青年志愿者、青年文明号创建等载体活动。

宣传思想工作　党委中心理论组集中学习 8 次，每人学习笔记达 2 万字以上。实现农场机关和窗口单位微博、微信全覆盖，逐步构建微博、微信“两微”全媒体格局，提高农场关注度。举行“文明寄语微博展”“我的家风”“我家的家书”及“北大荒人生岁月”等微博、微信征文活动，50 篇征文在管理局官方微博、微信公众平台展播。每季度举行一次“邻居节”“我们的节日”等讲文明树新风活动。完善志愿服务组织，规范招募注册；举行身边好人、凡人善举、先进楷模评选活动。举行“文明社区、文明小区、文明楼道、文明户”评比活动，完成省级、农垦总局级、管理局级文明单位验收、命名工作。在省《新闻联播》中播出于红卫拍摄新闻《农垦新科技普遍应用万亩稻田》，展示垦区推广应用侧深施肥技术。

民生　抢修供热管道共出动人力 172 次。全年供水 150 万立方米，保证 24 小时供水，强化供水设备维护，每季度对出厂水监测一次，常规检测 42 项指标，严把水质关。投资 208 万元安装脱硫脱硝项目。投资 406 万元，改善社区卫生服务中心环境，绿化，硬化。建设医院门住宅楼污水处理设备。全年发放城镇最低生活保障金及各项补贴 191.11 万元。共接收退役士兵 5 人，为 8 名义务兵发放义务兵优待金 22.19 万元。企业基本养老保险年底参保人数为 2679 人，灵活就业人员参保 810 人，事业养老保险参保人数为 198 人。基本医疗保险参保人数为 4107 人，大额医疗救助保险参保 4107 人，居民医疗保险待遇支出 103 万元。灵活就业人员累计 4　715 人，录入金保网累计人数 4595 人。人力资源市场共派遣务工人员 6200 多人。

（张国民）

前锋农场

场长、党委副书记：宋宝玉，1961 年 7 月出生，山东省莱阳市，人，中共党员，本科学历，教授级高级政工师。1977 年 10 月参加工作，2008 年 8 月至 2016 年 5 月任职。

场长、党委副书记：高明涛，1964 年 2 月出生，山东省乳山市人，中共党员，本科学历，高级政工师。1982 年 10 月参加工作，2016 年 5 月任现职。

党委书记、社区主任：陆锋，1963 年 12 月出生，安徽省宿县人，中共党员，高级政工师。1978 年 9 月参加工作，2012 年 7 月任现职。

党委副书记、社区副主任、工会主席：苏东华（党委副书记、社区副主任 2011.3—，工会主席 2015.7—）

党委委员、副场长：

彭　涌（2013.6—2016.9）

李世明（2016.9—）

林安泰（2012.3—）

王启增（2012.3—2016.9）

稽洪军（2016.9—）

刘祥军（2013.6—）

党委委员、纪委书记：

杨　明（2015.6—）

党委委员、武装部部长：

纪春武（2005.11—2016.12）

党委委员、组织部部长：

杨学文（2005.12—）

概况　前锋农场地处黑龙江省三江平原中部，隶属于省农垦总局建三江管理局，地理位置介于北纬 47°31′～47°58′，东经

133° 38’ ~ 134° 58’ 之间。东以二道河为界，与二道河农场为邻，南隔别拉洪河与八五九、胜利农场相望，西以别拉洪河二十四排干为界，与洪河农场及国家级洪河自然保护区接壤，北以浓江河为界与鸭绿河农场和抚远县相接。场区南北长 62.5 公里，东西宽 25 公里，总面积 1104 平方公里。区域地势平坦，土质肥沃，黑土层厚 0.18 ~ 0.25 米，海拔高程平均 58 米，年有效积温 2300℃ ~ 2600℃，年平均降雨量 600 毫米，常年无霜期在 118 ~ 130 天左右。

农场所辖 14 个管理区，7 个居民区，驻场单位和机构 19 个。总户数 5279 户，人口 1.26 万人，其中职工 2503 人。2016 年，实现地区生产总值 16.87 亿元，粮豆总产 59.82 万吨，居民人均可支配收入 2.67 万元，城镇化率达 98%，

种植业 总种植面积 70828 公顷，其中水田 6.2 万公顷，玉米 1581 公顷，大豆 7172 公顷，高粱 75 公顷。绿色水稻原料生产基地面积 4.67 万公顷，无公害认证面积 6.8 万公顷。种植业按照管理局农业质量效益方案要求，制定农业标准化方案、备耕春播生产工作方案、夏季管理工作方案、秋收及明年生产准备工作方案，全程指导各阶段生产工作。建立手机短信平台，为种植户提供科技咨询、技术指导、农情信息及气象信息等服务，全年累计发布各类信息 10 万条。作物健身防病，做到农艺措施与化学药剂相结合、生物制剂与化学制剂相结合、地面作业与航化作业相结合。夏管期间，水田施药剂防病 3 遍，其中航化作业面积 4.06 万公顷，确保稻瘟病零发生。制定农产品质量控制方案，水稻追溯面积 3334 公顷，追溯精度为管理区。在双体系认证工作中，全面积通过 ISO 9001 质量体系与 ISO14001 环境体系认证工作。转方式调结构，水稻育秧大棚二次利用。在第七管理区百栋棚区，种植食用菌 65 栋，其中，香菇 15 栋；木耳 50 栋。从 5 月 19 日至到 10 月 20 日期间，共采鲜香菇 6160 公斤，平均每栋大棚采摘 410.5 公斤。干木耳共计采摘 8639.5 公斤，平均每栋大棚采摘干木耳 172.79 公斤。按照管理局转方式调结构要求，在第七区十作业站种植 20 公顷有机水稻及稻鸭养殖试验示范。种植面积 18.5 公顷为稻鸭共作核心示范区，养鸭 1000 只。种养过程中，严格按照有机食品各项指标执行，全程影像跟踪，建立网络销售渠道，提高种养结合示范户经济收益。

农业机械 农机具累计投资 6950 万元，其中国家补贴 1198.4 万元，农场补贴资金 105 万元，农户自筹 5646.6 万元。更新主要农业机械 3112 台(件)，新增动力 1.65 万千瓦。农机总动力达 28.15 万千瓦，农机保有量达 3.35 万台件，农机新度系数达到 0.82，田间综合机械化率达到 99% 以上。召开现场定标会和工作推进会，提高农机田间作业标准水平和农机化管理水平，农机田间作业合格率达 100%。举行春秋“百日安全生产”活动、“农机安全大检查、大整顿”活动及隐患排查工作，严格落实安全生产责任制。

林业 自然林面积 509.9 公顷，蓄积量 7.16 万立方米。人工林面积 4975.63 公顷，蓄积量 2.57 万立方米。商品林面积 375.3 公顷，蓄积量 2.19 万立方米。生态林面积 5536.93 公顷，蓄积量 30.43 万立方米。退耕还林面积 953 公顷，荒山荒地造林面积 2459 公顷，重点防护林面积 877 公顷，森林覆盖率 4.9%。总投资 110 万元，完成造林 46.6 公顷。其中，人工造林面积 13.34 公顷；补植补造面积 34 公顷；栽植各种绿化苗木 9.44 万株。完成第一管理区循环路两侧道路绿化面积 3.54 公顷，第十一作业站循环路两侧道路绿化面积 3 公顷。前锋高速路与二道河农场交界处绿化景观点一个，面积 4.1 公顷。投资 52 万元，完成秋季造林 10.2 公顷，栽植苗木 2.58 万株。全场植树造林成活率达 85% 以上、小城镇绿化率达 35% 以上。

畜牧 全场畜禽存栏 6231 头只，畜牧产品产量 640 吨。奶牛存栏 343 头，肉牛存栏 82 头，绒山羊 2401 只，生猪存栏 538 头，家禽存栏 2867 只。生产鲜奶 379.2 吨，生产羊绒 0.75 吨，生产鲜蛋 6 吨。肉类总产量 127 吨，其中羊肉 25 吨；猪肉 99 吨；禽肉 3 吨。应用荷斯坦、西门塔尔、夏洛莱等优良奶牛冻精改良配种。全年配种奶牛 168 头，奶牛冻配率达到 100%，以“预防为主、防重于治”方针，强化防疫检疫工作，做到场不漏区、区不漏站、站不漏户、户不漏畜禽、畜禽不漏免疫，使重大动物疫病免疫密度常年保持在 100%，确保无重大动疫情。当年屠宰生猪 1782 头，全部实施场内检疫，对出栏和出场的动物在源头上把好关。

小城镇建设 场区住宅总面积 54 万平方米，其中楼房面积 41.17 万平方米，人均住宅面积 28 平方米。城镇绿化率达 38%。总投资 373.26 万元，在城镇建设中，完成风化石工程、维修工程、地面工程、农场零工、电缆工程、外网管道及大棚工程共七项工程。风化石工程投资 66.4 万元，铺设铺风化石场地面积 2.47 万平方米，铺石粉面积 3.78 万平方米。投资 122.02 万元，完成公共建筑及居住小区维修及装修等工程。投资 3.49 万元，完成维修原小学楼工程、学校食堂、小学楼、中学楼、综合楼、祥和幼儿园及学生公寓等工程。投资 11.81 万元，完成检查室、法院装修工程。完成安泰、祥和社区活动室改造工程。投资 2.8 万元，完成安泰第 21 号及第 22 号楼、祥和小区防护栏 112.34 延长米。完成火车站三角地安雕塑基础 1 座，投资 19.7 万元。

工业 实现工业总产值 2.36 亿元，增加值 4943 万元，经济指标分别同比增长 5% 和 4.7%。完善园区设施、优化环境、强化服务、招商引资。在园区完成铁路专用线部分设施建设，为实现加工、仓储、贸易、物流于一体大型综合园区提供保障。招商引进黑龙江省德隆粮油工贸有限公司，是集粮食收购、中转、储备、物流、加工、贸易于一体的综合性粮食企业，总投资 25623.9 万元，位于农场工业园区，年加工水稻 20 万吨，收储仓容 30 万吨，物流中转能力 60 万吨。

教育卫生 学校由中学部、小学部及后勤部组成，有 47 个教学班，教师 184 名，在校生 1892 名。在办学特色创建上，学校以“书香校园”文化特色为载体，“让书墨飘香，传承爱的教育”为主题，坚持校园文化与德育教育有机

结合，坚持用文化引领学校内涵发展，提升学校办学品位。职工医院是一所综合性“一级甲等”医院，建筑面积8221平方米。医院设置17个科室，其中社区服务站2个，在岗人数137人。中央财政拨款213.3万元，农场配套公共卫生经费15.93万元。全年门诊诊疗人数3118人次，输液注射2825人次。在3月、8月及10月，为65岁以上老年人及高血压、糖尿病患者免费体检。建立居民健康纸质档案1.41万份，居民健康电子档案1.41万份，建档率达96%以上。

改革　按时间节点推进农场管理体制改革。成立农场推进改革发展工作领导小组，下设办公室。印发《前锋农场2016年改革发展工作要点》，制订改革工作任务分解表、工作部门任务分解表、场办企业基本信息统计表、固定资产盘点表和农场工作人员信息统计表，列出时间表和路线图。改革办联合组织、人社、财务等部门，对农场社会经济基本情况全面调查。调查内容包括单位性质与人员编制、资产与负债、总收入、总支出等内容，为推进改革工作提供准确数据。按照时间节点，12月30日，农场将8个管理区和8个作业站合并成14个管理区。

党建工作　农场党委下设2个基层党委，9个党总支，41个党支部，现有党员666名，其中发展新党员10名；11名预备党员按期转正。举行“两学一做”学习教育活动，设立“七式学习法”，固化“三会一课”和“党员固定活动日”制度。各级党组织累计党课学习320次，宣讲送课16场次，41个党支部公开承诺140条，342名党员干部公开承诺1341条。全场各级班子查摆问题442个，党员查摆问题1788个，全部制定整改方案。实施“细胞工程”，强化基层党组织战斗堡垒作用。按照“五式管理”原则，将全场党员分为在职党员、无职党员、离退休党员、困难党员及流动党员五大类，有效强化对党员管理。强化干部队伍建设，将干部素质提升作为党员队伍建设工作重要组成部分，163名科级干部填报《领导干部个人有关事项报告表》，重新认定392名干部档案“三龄、两历、一身份”。

民生工程　推进民生工程建设，投资3000万元，实施危房改造、维修场区广场、升级改造社区职工活动室等工程。平稳有序、公平、公正分配廉租房，37户低收入人员住进楼房。投资464万元，改造学校大门、安装电子屏、修建水泥路面、维修清洗幼儿园、中小学暖气等设施。为全场居民免费提供12大类基本公共卫生服务，方便群众就医，实行药品零差价销售。实施精准扶贫，将不可扶持334户，享受国家低保和农场内部低保政策。推进全民创业工作，优化创业环境，落实扶持政策，选树宋健、张金歌大学生创业典型，带动全民参与创业，全民创业新增注册个体户116家，从业人员208人，注册资金达913万元。

（孙抒远）

前哨农场

场长、党委副书记：刘海鹰，1963年8月出生，吉林省舒兰县人，中共党员，专科学历，高级农艺师。1988年12月参加工作，2009年10月至2016年3月任职。

场长、党委副书记：姜云涛，1971年2月出生，黑龙江省肇东县人，中共党员，研究生学历，农机高级工程师。1996年12月参加工作，2016年9月任现职。

党委书记、社区主任：焦安营，1966年11月出生，山东省日照市人，中共党员，研究生学历，农艺师、高级政工师。1985年12月参加工作，2013年11月任现职。

党委副书记、工会主席：

王乾华（2015.7—2016.11）

党委副书记、代工会主席：

张才民（2016.11—）

党委委员、副场长：

袁玉龙（2011.3—2016.9）

曲洪义（2016.10—）

马玉玲（女，2011.3—）

韩　信（2013.7—）

党委委员、纪委书记：

司志军（2015.7—2016.12）

党委委员、武装部部长：

王凤凯（2001.2—2016.12）

党委委员、组织部部长：

夏　峰（2015.4—）

概况　前哨农场位于祖国东北边陲抚远三角洲腹地，坐落在黑龙江省抚远市境内，地理坐标为北纬47°48′52″～48°08′54″、东经134°01′37″～134°32′25″。农场场部距黑瞎子岛约70公里，距抚远市44公里，距抚远东极机场27公里，距寒葱沟火车站1.5公里，距建黑高速6.2公里。农场北邻鸭南乡、寒葱沟镇，东靠海青乡、抓吉乡，南接八五九、二道河农场，西连前锋农场，中部与别拉洪乡相交错。农场东西宽28公里，南北长50公里，土地面积6.64万公顷。其中，耕地面积3.83万公顷；水面3.9万公顷；林业用地面积1.47万公顷；草原面积1069公顷。农场水资源总量15833万立方米。属于高纬度寒温带大陆季风气候，年降雨量761毫米，无霜期154天，有效积温2652.9℃。农场总户数6543人，总人数1.73万人，其中职工人数1957人，从业人数4899人。2016年，实现地区生产总值9.24亿元，同比增长6.2%；工业增加值3855万元，固定资产投资1.19亿元，粮食总产32.4万吨；居民人均可支配收入2.65万元，同比增长7%；化债5800万元，企业资产负债率下降到53%，贫困发生率降至2%以下，农场实现脱贫摘帽。

种植业　农场作物播种面积3.83万公顷，其中水稻3.72万公顷，平均公顷产量8652公斤；玉米24公顷，平均公顷产量8666公斤；大豆1084公顷，平均公顷产量1800公斤。以“提质增效转方式、稳粮增收可持续”为主线，转变农业生产方式。围绕“一控三减”，推广节水灌溉技术6467公顷，加大农业“三减”推广力度，实施水稻侧深施肥面积2333公顷，增产11.5%。推广农业订单模式333公顷，种加一体化模式333公顷，农产品质量追溯6667公顷。示范水稻振捣提浆6.67公顷，示范水稻超早钵育6.67公顷，示范旱起垄夹肥6.67公顷。水稻育秧大棚二次利用种植杂豆杂粮4000栋，示范鸭稻种植33公顷，示范有机水稻种植20公顷，示范富硒水稻种植667公顷。农场投入800多万元新建水稻双氧芽种生产中心，可满足2万公顷水稻芽种生产供应任务。

农业机械　投入4403万元，新增各类农机具1232台（套）。落实国家农机购置补贴资金956.51万元，补贴农机具330台（套）。农场现有农机1.65万台套，农机总动力达到15.2万千瓦，新度系数达98%以上，综合机械化程度98%以上。购置水稻侧深施肥插秧机28台，激光平地机2台，振捣提浆机1台，水稻摆盘机118台，对所有收割机械全部配备秸秆粉碎还田机，确保全面积秸秆还田标准化。从江苏、河南等地联系跨区作业机车，外引履带式收割机等抗灾机型收割机587台，为农场抢收水稻面积达1.13万公顷。

畜牧业　生猪存栏1211头，出栏1912头；羊存栏801只，出栏574只；家禽存栏5012只，出栏1857只；鲜蛋产量71吨；肉产量192吨。畜牧牧业产值达550万元。全年免疫生猪1.3万头次、羊1.1万只次、家禽3.2万羽次，免疫密度达到100%，全年未发生重大疫情。强化定点屠宰厂及市场流通环节检疫监管，严格查验“三证一标”，严禁未经检疫不合格动物及动物产品流入市场。生猪定点屠宰检疫率达100%。稻田养鸭示范基地共养殖中华小麻鸭2300只，放入稻田饲养40天，成活率达96%。

林业　完成新增防护林面积5.87公顷，在建黑高速公路沿线两侧栽种树1.47万株，成活率95%以上。完成新增经济林面积5.33公顷。在第十作业站、第十三作业站栽植平欧大榛子苗1万株。完成新增场区绿化面积0.8公顷，栽植大小绿化苗木5398株。完成荒山荒地补植补造面积21.33公顷。在第一作业站栽植落叶松5万株。在佳抚路两侧、高速公路两侧栽植云杉、红松、柳树、杨树1.25万株。总投入58万元。利用水稻育秧大棚育秧基地种植黑木耳50栋，菌棒25万袋，但天气和水源等问题，导致黑木耳产量很低。

工业　现有工业企业26家，其中，稻米加工企业4家，年加工能力15万吨；粮食收储企业8家，收储能力65.7万吨。引进1.6亿元生物质热电联产项目和2000万元混凝土搅拌站项目。生物质热电联产项目已签订合作协议、交付项目保证金50万元，工程审批待建手续基本完成。混凝土搅拌站项目年10月初竣工运营，实现产值200万元，利润24.9万元。

社会民生　在农场资金紧张的情况下，按时足额为2036名职工缴纳配套社会保险金2355万元；为2302名退休职工发放退休金5100万元；发放低保金和各类救助金296万元。争取国投资金456万元，维修改造医院环境，购置先进医疗设备；为全场慢性病患者、孕产妇免费体检3125人次。通过争取国投资金和自筹方式投入446.2万元，维修改造学校教学楼、供暖设施，购买先进教学设备，改善办学条件。投入86万元，改造场区部分供热外网，有效解决部分楼区供热不均问题。争取国投资金240万元，实施场区、作业站人畜饮水工程建设，对场区自来水厂进行硬化、围墙化和信息化，确保全民用水安全。投入230万元，落实八项帮扶措施，帮扶110户可扶持户，其中，为41户可扶持户协调水旱田面积539.07公顷。为3户从事养殖业可扶持户发放帮扶资金5万元。为66户可扶持户对接工商运建服就业岗位，脱低率达到95%。投入211万元，对学府路、建麟路进行硬化绿化。通过争取国投资金和自筹的方式投入168万元，对场区砖厂和第六管理区危桥进行改造，有效解决雨天道路泥泞通行困难问题。投入115万元，新建第九管理区临时停放场一处，解决场区农业机械、工程机械乱停乱放难题，新增绿化面积3万平方米。投入16万元，对场直老旧平房区线路改造给予补贴，受益居民500多户。投入20万元，对街道路灯进行全面维修改造，对主要街道进行亮化。春节期间，动员工程建设单位和社会各界爱心人士，以捐款方式，募集资金30万元，走访慰问低保户、贫困户650户。

党建工作　举行“两学一做”学习教育工作活动。组织理论学习25次，参加学习人数4000人次。农场领导班子成员、党支部书记、普通党员讲党课93人次。通过对照自查等方式，查摆出班子问题14条，班子成员问题29条，已全部整改完成。以“在职党员服务进社区”“服务群众好党员”评比活动为载体，组织500人党员举行服务活动3次，把党员发挥先锋模范作用落到实处。严格按照“三定”要求和农场实际需要选拔和调整干部，提拔干部10人，内部退养干部12人，推荐报送场处级正、副职后备干部7名。有129名科级领导干部填报《2016年个人有关事项报告表》，审核干部人事档案262册。12月2日，召开中共前哨农场第八次代表大会，选举产生新一届委员会委员9名和纪律检查委员会委员5名。新发展党员12名。

文化　学习贯彻习近平总书记系列重要讲话精神为重点，组织党委理论中心组集中（扩大）学习11次。农场医院申报农垦总局级文明单位标兵，街道办晋级管理局文明社区标兵行列，李春雨、苏宝文荣获管理局级十星级户标兵称号。参加垦区“好家风好家训”主题征文比赛，5篇作品分别获得二、三等奖。向管理局党委推荐第三届《感动三江人物》马玉玲和栗萍典型事迹。利用微信平台举行我最喜爱的医生护士”“服务群众好党员”“优秀教师点赞”活动。

（任秀琪）

洪河农场

场长、党委副书记：俄立生，1962年4月出生，山东省东阿县人，中共党员，本科学历，研究员级高级农艺师。1978年10月参加工作，2014年2月任现职。

党委书记、社区主任：宋英堂，1963年7月出生，山东省掖县人，中共党员，本科学历，高级政工师。1981年11月参加工作，2013年11月任现职。

党委副书记、社区副主任、工会主席：冷喜（2011.3—2016.9）

党委委员、副场长：

韩殿柱（2013.11—）

由洪江（2015.5—）

副场长：

龚学健（2012.3—2016.9）

纪委书记：

杜海波（2015.7—2016.11）

党委委员、纪委书记：

司志军（2016.12—）

党委委员、武装部部长：

孟凡辉（2011.3—）

党委委员：组织部部长：

刘利润（2011.11—）

概况　洪河农场位于黑龙江省东北部，东至抚远县、南至饶河县、北至同江市、西至富锦市，两市两县交会处，隶属同江市行政区境内。地理坐标北纬47°27′～47°46′，东经133°19′～133°40′。农场东与前锋农场为邻，南与红卫农场相连，西与前进农场接壤，北与浓江农场相望。农场处在黑龙江、松花江、乌苏里江下游汇合的三江平原腹地，地势低洼平坦，平均坡降为1/10000米，坡向不定，总体自西南向东北偏势，海拔高程平均53米，系平原沼泽性流域湿地。属温带大陆性季风气候，常年日照时数2187.1小时，无霜期155天，年降水量565.7毫米。境内自然资源较为丰富，在茂密的次生林中繁衍着狍子、野猪、黑熊等数十种野生动物、哺乳动物，湿地有丹顶鹤、天鹅、白鹳等鸟类120种。农场距同江和抚远两个开放口岸各距150公里，过境有“建黑”高速和“前抚”铁路。场部至红卫农场、鸭绿河农场、胜利农场实现白色路面全部通车，交通条件便利。

农场区域面积6.57万公顷，共有9个管理区，原有8个管理区，2017年12月份新增一个旱田管理区，人口8777人。2016年，农场实现国内生产总值9.8亿元，人均可支配收入2.6万元。

种植业　农作物种植面积4.18万公顷，其中水稻3.82万公顷，平均公顷产量7272公斤；玉米333.33公顷，平均公顷产量8370公斤；大豆3200公顷，平均公顷产量2370公斤；红小豆45.33公顷。实现粮食总产35.8万吨，粮食平均公顷产量8565公斤。实现农业总产值11.87亿元。农场落实农业示范项目，有机稻面积20公顷，有机鸭稻面积10公顷，大钵体超早育秧面积3.33公顷，侧深施肥技术面积2333.33公顷。水稻育秧大棚二次利用1070栋，水稻旱直播技术面积13.33公顷，水稻基质育秧技术2栋大棚，富硒水稻种植面积333.33公顷，农场补贴61.5万元，完成宽窄插秧面积205公顷，落实“种加一体化”示范面积333.33公顷。全场完善科技示范带建设里程90公里。发挥科技园区示范功能，打造高标准展示点18个。完善培训体系，组织管理区管理人员、种植户代表到胜利、红卫、创业及鸭绿河等农场参观学习先进技术措施和管理办法。组织全场种植户观摩种子田。组织管理区人员到浓江和勤得利参观学习生产准备经验。有水稻面积3.82万公顷，因台风“狮子山”影响造成水稻倒伏受灾面积1.78万公顷，成灾面积1.13万公顷。农场多次召开农业现场会、汇报会，抗灾抢收，各单位工作及机关工作人员到管理区帮助种植户人工收割倒伏水稻。坚持秸秆还田、杜绝焚烧秸秆，制定严格的推进措施，对新购买收获机粉碎还田器给予每台2000～3000元的补贴。

农业机械　农场利用国家补贴资金1012.99万元，购置农业机械392台套，其中，拖拉机176台；各类插秧机140台；搅浆平地机76台。完善机车驾驶安全制度，全场签订保证书和责任状共计1.4万份。共培训农机驾驶员119人次，有76人通过拖拉机驾驶测试，43人通过联合收割机驾驶测试，办理机车注册登记176台。参加全国农垦农机标准化示范农场创建工作，农机标准化创建各种工作通过专家组检查验收。

林业　完成造林总面积33.33公顷，其中新造防护林6.67公顷，补植26.67公顷。完成通达街栽植水曲柳绿化工作。完成“350”工程进行防治病虫害喷药工作。林业科与每个行政单位签订安全防火责任状，将防火责任落实到个人，下发与各管理区种植户签订防火责任书。完成农场第六管理区至第二管理区公路沿线两侧“350”工程樟子松病害树木修枝。5月8日，农场遭遇7级大风袭击，很多生长多年杨树和“350”工程的樟子松树木被折断。

畜牧　农场肉牛存栏719头，出栏258头；羊存栏1004只，出栏495只；生猪存栏1207头，出栏2703头；禽存栏8868只，出栏7634只；蛋产量82吨，肉类总产量266.25吨。农场投资28.8万元种植特色鸭稻26.67公顷，养殖鸭稻6000只，鸭子对稻田除草、除虫效果好，在稻鸭共作地块，基本看不到杂草，未发生病虫害。根据管理局和农场统一部署，春季和秋季，畜禽免疫两次大会战。在免疫后按要求进行抗体监测，免疫密度达100%。全年向管理局送检猪、牛、羊、禽血清集中监测120份。农场自行监测840份。抗体监测全部合格。

自营经济　利用无污染林下、水面、湿地及草场等自然资源，发展特色种植各类特色经济作物面积1333.33公顷，种植品种有杂粮杂豆、鸭稻、蟹稻、红小豆、绿豆、黑豆和特色中药材；新增水产养殖鱼塘2处；农场自营经济从业户达1480户，年产值1.78亿元、年利润8000万元，从业户均收入4.9万元。全场年收入达10万元以上养殖户5户。年收入超50万元的养殖户1户。以张景德、付长太为自营经济典型，带动卢伟军、徐长诗、付长太、李安全及陈丽芳等一批人林下经济发展迅速。推行订单农业，发展“订单+共生农业”533.33公顷，降低低端农产品供给。发挥品牌效应，打造农场品牌“中国东方白鹳之乡”参与高端市场竞争，鼓励自营经济户开创自己的品牌。第六管理区张景德经营“德福生态园”注册“老张头”彩色鸡蛋品牌和肉产品已经销售到建三江管理局、抚远、绥化、哈尔滨及北京等地。

精准扶贫工作　通过土地挂靠方式将场直地区262户困难职工土地挂靠承包，每人每年增加收入2000元。对有劳动能力和劳动意愿困难职工群众，管理区协调种植户以雇工形式增加收入。将农场爱心超市、慈善会公益基金收益用于提高贫困家族救助标准，特困家庭、贫困家庭年救助标准分别由1500元增加至2500元、1000元增加至2000元；新入学贫困大学生年救助标准由5000元增至1万元；环卫工人月工资增加200元。实施“一对一”帮扶，为被帮扶户选项目、定措施、送资金、解难题。为解决46户被帮扶家庭项目资金不足问题，农场下拨无息扶贫贷款200万元，其中，为特色种养殖33户提供65万元无息贷款；为八个管理区木耳种植户每户补贴10万元；基层党员干部筹措资金230万元，帮助被帮扶职工群众生产。举办养殖、加工、服务、微商培训班9期，培训职工群众240人次。通过帮扶，农场扶持3户贫困户，户均收入达到8.47万元，人均收入达到3.06万元。43户扶持低收入户，户均收入达到6.58万元，人均收入达到2.07万元。低保家庭增加收入人均2743元，其中，有38户低保家庭户均收入达到8552元，人均收入达3915元。

小城镇建设　投资39万元完善场区监控及水上公园监控。投资32.99万元建立排球、篮球场地硅PU、防护栏及灯光。投资48.95万元完善整体搬迁三栋楼硬化设施。投资10万元建立独立收费大厅。投资85.12万元完成艺体馆给水、采暖、电力外网，对艺体馆增加一套供暖设备，保障艺体馆供暖，增加暖器，加粗管道。艺体馆配备备用电源、自动报警及七氟丙烷气体灭火系统。投资80万元完成农场27项维修及改造工程。完成铁路专用线甲供材料及设备12个标的招标工作。通过公开招标，为农场节省资金118.72万元。

工业　实现工业总产值2680元，增加值为508元。铁路专用线工程已完成运转综合房基础施工和涵洞建设。投资2500万元，完成黑龙江省中央储备粮创业直属库洪河分库二期工程建设，续建占地面积3万平方米，仓储量5万吨。农场制定招商引资实施方案，在电视台宣传，制定优惠政策及奖励办法，激发全民招商的热情。农场党委书记、场长亲自带队成立农场“走出去”招商引资工作小组，到哈尔滨、重庆、广西、上海等地进行招商。重庆商业投资集团高层领导多次来农场洽谈绿色有机水稻产品、自营经济农副产品合作事宜。

教育卫生　投资240万元，完成中小学各学科室、综合活动室、实验室、图书室及微机室硬件更新，增加音乐室、体育室、美术室、心理咨询室及录播室。在各班级安装交互式电子白板，更换学生课桌椅。在2016年中考中，34名学生考入建三江第一高级中学。学校获得管理局优秀基层党组织称号。教师杨静荣获管理局优秀教师荣誉称号。学生袁慧盈在管理局举办“听党话，跟党走”微信主题征文比赛中，荣获三等奖。国家投资70万元增加彩超、壁挂式诊断设备。农场投资10万元增加离子测定仪、脉动真空灭菌卧式消毒锅和消洗设备。发放独生子女父母退休奖励9.6万元，发放计划生育失独家庭补助5000元，发放独生子女费3.34万元。农场加大医护人员培训力度，选送一名医生到哈尔滨医大二院进修。选送5名医护人员管理局医院进修。与电视局共同拍摄微电影《实习医生》荣获黑龙江省首届“健康龙江”杯卫生计生微电影大赛二等奖。

党建工作　农场党委下设2个党总支，26个党支部，共发展预备党员10名，预备党员转正11名。农场党委扎实举行“两学一做”学习教育活动。召开学习教育启动会、基层党建工作座谈会和“两学一做”学习教育推进会。全场各级党组织学习228次，3000人次。举行专题研讨、专题党课150次。举行“争创五好党支部、争做模范党员”活动。在职党员进社区，第三管理区举办星级党员评选活动，教育党支部举办“四个一”特色载体活动。机关党总支举办微笑服务月活动等。

文化　农场党委理论中心组学习扩大至副科级以上党员干部。全年共集体辅导10次，讲党课66次，参加学习800人次。2016年，农场在《北大荒日报》发稿得分在管理局名列第五名，在农垦总局名列第40名。农场自营经济大户张景德荣获农垦总局党委宣传部举办首届“北大荒创业之星”称号，在《北大荒日报》刊登张景德事迹。按照上级党委要求，成立网信办，处理舆情事件3起，维护网信和舆论安全。

（张志楠　高　宇）

鸭绿河农场

场长、党委副书记：刘志波，出生于1961年11月，黑龙江省肇州县人，中共党员，本科学历，高级会计师。1978年7月参加工作，2015年9月任现职。

党委书记、社区主任：陈宏涛，出生于1971年5月，山东省莒县人，中共党员，本科学历，农艺师。1990年10月参加工作，2013年12月任现职。

党委副书记、社区副主任、工会主席：隋玉滨（党委副书记、社区副主任2010.3—，工会主席2015.9—）

副场长：

任　策（2013.6—2016.9）

党委委员、副场长：

李学军（2004.7—）

任艳军（2009.11—2016.9）

党委委员、纪委书记：

徐子迎（2015.9—）

党委委员、武装部部长：

杨永利（2010.10—）

党委委员、组织部部长：

李学红（女，2011.11—2016.4）

党委委员、办公室主任：

杨延辉（2016.12—）

概况　鸭绿河农场是1984年利用世界银行贷款和国内配套投资建设的现代化农场。位于同江市与抚远县交界处，地理位置介于北纬47°45′～48°02′10″，东经133°27′30″～133°55′之间。海拔高度45～55米，年积温2400℃～2600℃，年平均气温1.6℃，年平均总降雨量599毫米，无霜期138天。地势平坦，土壤肥沃，水资源丰富。农场总控制面积5.13万公顷，其中，耕地面积2.91万公顷；草原面积0.09万公顷；林地0.97万公顷；自然水面103公顷；其他土地面积1.15万公顷。农场总户数2484户，总人口5594人。农作物总播种面积2.91万公顷，实现粮食总产26.24万吨，同比增长0.88万吨、增长3.45%。资产总额42.83万元。2016年，农场实现地区生产总值

7.36亿元，同比增加0.35亿元，增长5.05%；人均可支配收入2.56万元，同比增长1449元，增长6%。经营总收入14.77万元，经营总支出11.3万元，实现净利润3.46万元。资产负债率下降至47%。

种植业　农作物播种面积2.91万公顷，其中水稻2.85万公顷，大豆547公顷，玉米27公顷，杂豆87公顷，水稻平均公顷产量9150公斤，实现粮食总产量26.24万吨。累计培训6000人次，发放宣传资料1万份，召开现场会20次。7月13日，管理局在农场召开全局农业生产环境综合治理现场会。农场投入28.3万元，修建大边24公里、清淤46条、泡泽治理7个、格田扩大面积26.67公顷、池埂取直3200米、水渠取直2900米。供应优质三大肥6994吨，水稻壮秧剂535吨，侧深施肥水稻专用肥730吨，优质芽种1540吨。累计飞机航化面积3.36万公顷，地面人工弥雾机作业4.67万公顷，实现稻瘟病零发生。农场共落实试验示范项目9项，其中，落实水稻育秧大棚二次利用种植木耳10栋共计7万棒，产出干耳1000公斤；水稻育秧大棚二次利用种植红小豆2100栋，总产量168吨，盈利19万元；落实侧深施肥面积2333公顷，平均每公顷增产450～750公斤，每公顷增效1200～1500元；落实有机水稻面积20公顷，平均公顷产量4537.5公斤；落实订单水稻1.33万公顷，订单水稻以每公斤高于市场0.06元；水稻早起垄夹肥面积6.6公顷，平均每公顷增产450公斤；种加一体化种植面积333公顷；富硒水稻种植面积1666公顷。

农业机械　农业机械1.96万台件，总动力13.28万千瓦，每公顷动力达4.5千瓦，总动力同比增长11.3%。增加农机具967台件，增加动力1.36万千瓦，总投入资金3688万元。侧深施肥插秧机购置35台整机，改装侧深施肥装置28套。引进水稻振捣提浆机1台，激光平地机1台，购进意大利进口水稻移动式烘干机2台。投资13万元完成一区农具场排水设施建设。安全教育签字率达到100%。发放宣传单3000张，悬挂安全条幅40条，制作安全操作提示卡2300张，发放安全手册、书籍1000册，受教育人数达4000人。安装反光板共计200副，粘贴各类反光贴1万条，安装安全链、保险销110个。机车、农具100%配齐反光标志。驾驶员初次申领62人。农机监理与交警联合执法检查5次，共查处车辆115起，纠正违章56起。

畜牧业　注射牲畜口蹄疫疫苗3064头，禽高致病性禽流感1.66万羽，猪瘟2173头，猪蓝耳病2173头，鸡新城疫1.34万羽份，免疫应免密度达到100%，计划免疫应免密度达95%以上，免疫有效抗体达到70%以上。肉牛两次牛布病结核检疫，检疫95头份。对生猪定点屠宰场实行宰前宰后双重检疫。对农贸市场和大集上动物产品严格监管，没有检疫印章和动物产地检疫合格证明坚决不许出售。

林业　完成新造林面积6.67公顷、补植补造面积20公顷。安全防火教育面达100%。森林防火宣传进大集活动1次，发放宣传单1200张，出动宣传车40次，制作宣传彩旗600面，悬挂宣传条幅12幅，开展安全防火宣传讲座1期。完成林政检查工作，对违反林业政策种植户，按林政法规进行处罚。检查验收科技示范带，绿色风景线，与各管理区签订责任状。发放秋季森林防宣传单2000张、张贴宣传标语50幅、固定标语牌50个、宣传旗200面。

农田水利　完成5个水利工程项目。总投资1025.34万元。堤防扩建11.8公里；沟渠清淤32.993公里；建涵洞70座；荒草地治理面积20公顷，平整废弃渠道154公里；砂石田间路8.05公里。灌区试水，对沿线闸门20处进行维修，对沿线渠道2.7公里加高培厚。投资164万元实施自筹灌区修复工程，完成渠道衔接1525米，修复渠下涵一座，新建方涵26座。防汛物资储备编织袋1.5万条、土工布面积400平方米、铁线200公斤等防汛物资。新建面积为40平方米的专用防汛物资库一处。

小城镇建设　投资750万元，完成污水处理厂工程。投资260万元。完成阳光水岸二期绿化工程的设计变更，工程现已完工并已完成工程结算工作。投资328万元，完成农技中心办公室改造工程、医院外墙改造工程、招待所暖气维修改造工程、殡葬服务中心地面工程、老年活动中心地面工程、学校东北侧场地硬化工程、社区管理服务站停车场工程9项招标工程。投资269万元，完成怡园小区排水工程、农技中心室外地面、老年活动中心门球场等51项零星、维修小工程的方案设计、预算编制、工程施工、竣工验收及工程结算工作。清理三户住宅楼欠款共计24万元，清理车库库存2个，上交车库房款12万元。

党建工作　党委在“两学一做”学习教育中，代表农垦总局在经验交流西部片会上做典型发言。组织学习活动240次，撰写学习心得2000篇。打造3个示范单位，8个示范党小组，示范单位达到“六有”标准。举行“党旗在一线飘扬、党徽在一线闪光及党员在一线行动”活动。成立党员“365服务队”，做好事500件次。“七一”举行“书记管党责任”自查、“讲党课、强党性”、“下基层、送温暖”、党员“奉献日”“两学一做”学习教育学习体会展评、文艺会演、知识竞赛及讲党课大赛等9项系列活动。为12名干部履行内部退养手续。选任基层党组织书记、副书记5人。选拔任用干部73人。为6名预备党员履行转正手续。基层调研30次，撰写调研文章6篇。组织党委中心理论组集中学习10次，个人自学10个篇目，制订学习计划21份。农场领导讲党课16次，集中学习237次，个人自学290人次。党支部书记讲专题党课46次。组织知识测试21次。140名党员干部全部进行承诺。查摆各类问题417条，现已整改379条。实施以党员干部“N+1”和“两扶三送”精准扶低工程。全场65名副科级以上人员已经与69个低收入户对接，共发放扶低资金80万元。

宣传　编印党委中心理论组学习材料10次。举办新闻舆论培训班，邀请报社、网站编辑老师讲授新闻写作技。接待《黑龙江日报》社驻农垦记者站站长和《黑龙江经济报》社记者到农场采访。在国家级媒体发表新闻5篇，在东北网等省级媒体发表396篇，其中一版头条1篇。组织第五届（六场一市）关心下一代场市共建文艺演出，组织16

个党支部举行“两学一做”学习教育知识竞赛。举行“好家风好家训”主题征文、“听党话跟党走”主题征文、文明随手拍及“最美孝心少年”典型事迹宣传活动。

教育卫生　校园建设投入146万元，更换校园电动门1个、安装全方位监控系统1套、重建面积60平方米警卫室1个、改建活动室8个、铺设水泥操场面积2000平方米。投入253万元，更新、补充教学仪器设备。投入52万元，用于学生奶补助、教师节表彰及免费教材购置等。完成年初教研计划内容。期末检测42个学科中，有28个学科成绩有所提高，10个学科成绩保持平稳。外送教师培训学习28人次，邀请外校教师来校交流35人次。通过“均衡发展”国家检查验收。医院接诊患者1.56万人次，医疗安全零差错、零事故发生。办理餐饮服务许可证6家、卫生许可证6家，注销6家。办理健康证122人次，新生儿建卡建证率100%，儿童100%接种疫苗。农垦精神疾病防治院医生到农场为14人贫困精神疾病患者免费发药，合计金额5145元。兑现334名独生子女父母奖励费4.09万元，为38名退休独生子女父母发放一次性补助11.4万元，为446人已婚妇女生殖保健及两癌免费普查。

社会民生　增加低保对象38人，退出低保对象28人，低保对象补差调增73人，资金3.41万元。发放低保金120.6万元。现低保户182户，273人，每月发放低保金10.24万元。发放困难家庭取暖补贴183户，每户484.91元，计8.8　7万元。发给80～89周岁老年人每人每月200元；90～99周岁的老年人每人每月400元；对百岁以上老人每年发放营养补助2万元。发放高龄老人营养补助资金50人，资金1.45元；发放60周岁以上贫困失能护理补贴12人，资金1.68万元；为18名60周岁以上老年人办理敬老优待证。发放孤儿补助金2人，共计4600元。累计发放困难残疾人生活补贴、重度残疾人护理补贴754人，资金10.26万元。总计发放低保等各类救助资金130.62万元。

（姜佐卿）

二道河农场

场长、党委副书记：杜德旺，1963年11月出生，山东省茌平县人，中共党员，本科学历，高级工程师。1979年11月参加工作，2014年2月至2016年9月任现职。

副场长、党委副书记（主持农场党政全面工作）：徐祥龙，1970年7月出生，山东省夏津县人，中共党员，农业推广硕士，高级工程师。1992年7月参加工作，2016年9月任现职。

党委书记、社区主任：范光林，1966年6月出生，黑龙江省安达市人，中共党员，本科学历，水利高级工程师。1985年12月参加工作，2013年12月至2016年3月任职。

党委副书记、社区副主任、工会主席：马学礼（2015.9—）

纪委书记：

杨　武（2015.9—）

党委委员、副场长：

刘剑洋（2011.3—）

副场长：

苏勋利（2013.7—）

逄金玉（2013.11—）

党委委员、武装部部长：

王发全（2001.3—）

党委委员、组织部部长：

姜建平（2012.1—）

党委委员、宣传部部长：

宋庆国（2012.1—）

概况　二道河农场位于三江平原抚远县境内别拉洪河下游西岸，地理位置介于北纬47°35′～47°50′，东经134°00′～134°25′之间。东以别拉洪河、南以二道河与八五九农场为界，西与前锋农场接壤，北与前哨农场毗邻。辖区总面积536.6平方公里，其中耕地3.63万公顷，草原1054公顷，林地5733公顷。2016常年积温2764.3℃，平均温度2.4℃，日照时数2109.8小时，年降雨量700毫米，无霜期在155天。农场所属7个管理区、15个场直单位，总人口5232人。2016年，实现地区生产总值92388.2万元，工农业总产值128114.7万元，人均生产总值17.66万元，居民人均可支配收入2.66万元。固定资产投资总额15299.2万元，粮食总产量32.37万吨。

农业生产　农场播种面积3.63万公顷，其中水稻3.5万公顷，大豆1016公顷，玉米290公顷，小麦43公顷，粮豆总产32.37万吨。投资5250万元，高标准完成农发和千亿斤粮食项目4个，建设高标准农田面积2333公顷。累计完成新建晒场面积7.3万平方米，各类渠系水工建筑物268座，沟道清淤171公里，机耕路60.5公里，输电线路4.4公里，配套育秧基地2处。全年完成小水工程、自筹水利工程投资824万元，主要用于沟渠清淤、高速公路沿线规划治理、大棚集中改造、道路修复、修建涵洞等工程建设，进一步提升防汛抗灾保障能力。投入资金46万元，完成造林26.7公顷。示范种植水稻旱起垄夹肥面积6.7公顷，水稻振捣提浆6.7公顷；“三减”示范面积2333公顷、高富硒水稻种植面积333公顷；利用水稻育秧大棚，示范种植木耳18栋大棚、香菇2栋大棚。成立以“鹳乡米”为品牌的专业有机水稻种植合作社，种植有机水稻面积13.3公顷。通过私人订制，实现订单销售1000份。利用国家、农垦总局、农场农机补贴资金1263万元，更新农机具449台件，机械总动力达12万千瓦，机械化率达99.8%。农场被授予“全国农垦农机标准化示范场”。完成测土施肥面积3.63万公顷，飞机航化健身防病面积2.59万公顷，阳光农业保险投保面积2.6万公顷，气象预警、预报100次。新购进水稻测深施肥插秧机械59套，完成水稻侧身施肥面积1666.7公顷。全年召开大型培训会7次，下发各类技术手册1万份。培训技术人员12次，培训种植户5600人次。推广先进适用技术20项，技术到位率98%，建立科技示范带50公里、各类高产攻关田20处，示范田面积6666.67公顷，示范户350户；种子生产实现包衣、机械加工、统供芽种、良种覆盖率100%。全年生产加工种子1700吨。全面积实现机械插秧95%，机械收获

97%，耕地黑色越冬面积100%，田间综合机械化率达98%以上。

自营经济　“三江第一鹅”年出栏商品鹅1万只，纯效益在30万元以上；发展围城经济，种植温室大棚14栋、日光大棚41栋，露地蔬菜面积9.9公顷，果树面积1.7公顷。实现从业户均收入5.1万元。

工业　实现工业总产值13366万元，工业增加值3341万元，利润总额3044万元。投资200万元，兴建年生产75万棒食用菌菌棒生产基地一处，为大棚综合利用提供技术和菌棒，预计年产值350万元。与黑龙江省华西龙冶新能源公司合作，种植紫穗槐面积200公顷，为生物质供热提供燃料；加快“鹳乡”大米品牌市场研发和推广，借助“互联网+”补齐网络销售短板。

小城镇建设　重新规划设计城镇功能区、景区，建设旅游城镇。建设万亩地号国家AA级旅游景区升AAA级景区工程，组建数字二道河基础地理信息中心。投资750万元，建成日供水2000吨自来水厂，新建供水管线800延长米。投资790万元，建设日处理污水1500吨的污水处理厂。投资996万元，建住宅楼5000平方米。投资192万元，建水泥路面面积8700平方米。投资30万元，清理全场550个检查井、化粪池。街道指示牌、场区绿化亮化及艺体中心主体工程全面竣工。全年维护、保养草坪面积26.5万平方米，栽植绿化花卉11万株。

社会民生　落实惠农资金3197万元，落实身份田面积1100公顷。全年为62名符合退休条件职工办理退休档案审核手续。为112名职工子女及灵活就业人员补贴社保资金43万元。医院18名保留关系人员按政策办理相关手续。为幼儿园9名幼儿教师参照事业工资标准80%套改工资。为292名已婚育龄妇女免费两癌筛查工作。养老金社会化发放率100%。继续实施信息惠民共享工程，为全场职工免费安装电话和优惠安装宽带。实施“保扶提档升级工程”，全年投入帮扶资金148万元，帮扶39户低收入职工家庭脱低致富。为127户低保户，发放低保金92万元，实现应保尽保。依托困难职工帮扶中心、责任爱心超市发放各类救助资金近8万元，救助困难职工52户，全面构建生活救助、医疗救助、入学救助等救助体系。两节期间，走访慰问职工、居民及先优模等各类群体260户，发放物品和慰问金16.22万元。全年共为26名80岁以上老人发放高龄津贴2.21万元。开展社会救助资金募捐活动，全场各界爱心人士共捐款8.77万元，为白血病患儿筹集捐款5.8万元。

经营管理　偿还以往年度应付款4224万元，资产负债率下降为85.32%。资产盘活工作，收回去库存资金331万元，签订还款协议28份；提高防范风险意识，全年完成审计任务9个，审计总资金1.9亿元。

党建工作　各基层党组织各类学习300次。组织讲党课活动32次。各党支部累计专题讨论88次。举行各类主题实践、志愿者服务百次，为百姓、种植户办实事、好事100件。干部培训学习13次，提升干部素质。严格执行《党政领导干部选拔任用工作条例》，干部管理工作更加科学、规范。制定实施农场《科（队）级领导班子、领导干部考核实施方案》《科（队）级领导班子民主推荐后备干部工作方案》。农场党委被管局党委授予“先进党委”荣誉称号。全年共组织党委中心理论组集体学习13次。在各类报刊、网络、电视发表新闻2000篇。其中，十一期间，中央电视台国庆特别节目在《朝闻天下》“江山多娇”栏目、《新闻联播》中直播万亩大地号水稻收割作业。《人民日报》在第一版刊发标题为《金色稻田抢收忙》新闻。《北大荒日报》在第一版头条刊发《绘就现代农业新蓝图》新闻。广播电视新闻宣传工作，在垦区113个农场中排名第一。举行社会主义核心价值观实践活动，农场女职工关红艳家庭被管局授予“最美爱心家庭”，被全国书香三八活动组委会授予“最美家庭荣誉”称号。举行文明单位创建工作，先后有6个单位被授予管理局级以上文明单位、标兵称号。

（安晓峰）

浓江农场

场长、党委副书记：杨晓飞，1965年6月出生，山东省兖州县人，中共党员，本科学历，高级会计师。1983年10月参加工作，2015年9月任现职。

党委书记、社区主任：刘进有，1976年9月出生，黑龙江省海伦市人，中共党员，研究生学历，高级政工师。1998年7月参加工作，2015年9月任现职。

党委副书记、工会主席：

王长国（2004.12—2016.9）

周新斌（2016.11—）

党委委员、副场长：

刘　宝（2012.3—）

副场长：

王乾华（2016.11—）

周新斌（2016.09—2016.11）

王海东（2012.3—）

张加礼（2013.7—2016.9）

党委委员、纪委书记：

马德良（2015.9—）

武装部部长：

梁秀利（2012.3—）

党委委员、宣传部部长：

勾连颖（2009.12—）

概况　浓江农场地处黑龙江省三江平原东北部同江市境内，地理位置介于北纬47°38′55″～47°53′21″，东经133°7′05″～133°32′31″之间。东以浓鸭新河为界与鸭绿河农场为邻，南以浓鸭新河为界与前进、洪河农场相依，西以浓鸭一排干为界与青龙山农场搭界，北以鸭绿河排干为界与勤得利农场接壤。前勤公路途经场区境内27.5公里，勤鸭主干公路途经场区境内25公里，环场路143.6公里，南邻佳抚公路，北依同抚公路，交通十分便利。农场属寒温带大陆性季风气候，冬寒夏暖秋多雨，有效积温2375℃，年均总降雨量535.5毫米，年均无霜期133天左右。农场总面积540平方公里，其中，耕地面积3.91万公顷；林地面积5648公顷；草地面积267公顷。农场拥有9个管理区，7

个场直单位，15个驻场单位。总户数2742户，总人口7373人。职工1408人。农场经济以水稻种植业为主，种植部分经济作物。耕地总播种面积3.9万公顷，粮食总产量36万吨。2016年，农场实现地区生产总值10.9亿元，农场居民人均可支配收入2.62万元。

种植业　全场播种面积3.9万公顷，粮食总产量36万吨，平均公顷产量9255公斤。全年完成农业生产培训20期，培训人员5880人次，培训覆盖率达100%。水稻侧深施肥、节水灌溉、钵形毯式苗育秧、有机水稻栽培等农业新技术应用面积分别达到0.2万公顷、2.7万公顷、3.9万公顷、700公顷。实验水稻旱直播、水稻振捣提浆、缩行不等距插秧等项目，其中缩行不等距插秧实验项目公顷产量9750公斤。实施转方式、调结构示范项目11项，示范总面积3200公顷，其中，落实水稻旱直播；旱起垄夹肥；稻田养鸭；养蟹；振捣提浆示范项目面积66.7公顷。农场受"狮子山"台风影响，各管理区水稻出现不同程度倒伏，积水严重。全场300名党员干部到抢收一线，带头为种植户抢收倒伏水稻。农场补贴资金120万元购买60台小履带式收割机，引进各类收割机378台，全场收割机达到1181台。采取多种方式加快收获进度。10月14日，全场完成秋收工作。23日，全面积完成黑色越冬。

农田水利　农场对青龙山灌区配套计划投资7842万元，2017年工程完成后，可灌区灌溉面积2.3万公顷。2016年已完成配套投资1446万元，可灌溉面积1万公顷。总投资3300万元2个千亿斤粮食生产能力规划项目全部完成年度投资目标，共计建设高产优质水田面积1467公顷。自筹资金266万元改造田间工程，提高农田设施标准。

农机机械　投入农机更新资金4300万元，更新机械967台件，推广使用侧深施肥插秧机，振捣提浆机，北斗导航系统，移动烘干塔，激光平地机，打捆机，摆盘机及运苗车大棚电动运输机等新式农机具，提高生产效率和抗灾能力，降低成本。0.2万公顷水稻侧深施肥共计减少化肥使用量100吨，减少农业面源污染。

新农村建设　投资652万元，建设室外公厕、人行道、路灯、改造排水和热网及水网。抓好社区工作保障。对社区积水及时排出，维护排水系统，更换20个马葫芦盖。铺设居民小区破损甬道，完善彩砖路，方便居民出行。投入180多个人工，常年清理甬道上杂草。对场区路灯整体检修3次，更换路灯700个，更换楼道灯500盏。重新聘用符合农场用工标准人员33人。农场有保洁、环卫工人69人。购买8台环卫车辆用于维护场区环境卫生建设。3次出动大型机械专项整治垃圾填埋场，建平台设栏杆。每月出动铲车2次平整、清理垃圾场，对垃圾填埋场消杀、填埋、压实，达到无害化标准。共清除小广告200个，粉刷乱涂乱画2处。

经营管理　严格执行货币管理规定和"三重一大"制度，收支两条线，杜绝公款私存和账外账，实现预算不超支。偿还以前年度债务9321万元，资产负债率同比下降8%，降至58%。2016年末，达到无银行借款自有资金全面运行经济良好运行状态。全年无新增应付款，无拖欠工程、工资款。盘活存量资产1021万元，清收各类欠款547万元。完成基本建设预算审计17个、结算审计28个，审计额（送审额）535万元，挽回经济损失（审减额）26万元。离任审计完成1个，审计资产总额3449万元。做到应审尽审。成立9个小额农贷监督小组，对每一笔农贷全程跟踪监督，做到农贷不结束，小组不解散。全场新增小额农贷杜绝违规违纪行为发生。

党建工作　党委理论中心组集中学习10次。全场各级党组织集中学习300次，讲党课50课，增强全场党员干部政治意识、大局意识、核心意识和看齐意识。"两学一做"专题学习教育务求实效。机关党委"五个一"效能建设、街道党委"365"便民服务、教育党支部"四师一满意"师德师风建设、八区党支部"三送、三帮"等主题实践活动，达到以学促做、学做结合目的。召开研究"三重一大"事项专题会议12次。凡属"三重一大"事项均按照规定程序执行。贯彻执行《党政领导干部选拔任用工作条例》选人用人，全年提拔任用13名党员干部，大专以上文化程度达到100%，提拔干部全部做到从后备中选拔。按照"三定"要求，合并减少机关科室、单位8个，机关人员减少8人，分流3人，机构设置优化。签订各级党风廉政建设责任书339份，"三个责任"有效落实。举行治懒、治散、治庸、治拖、治贪"五治"活动，整治和优化农场经济发展环境。共办理各级各类信访举报和发现的问题9件。其中3件核实后上报管理局纪委。

改善教育环境　投资380万元改善学校教育教学设施，信息化室、图书室、阅览室、舞蹈室、美术室、多功能厅等各室器材配备齐全。为打造书香校园，办精品特色教育工程奠定基础。义务教育均衡发展工作高标准通过国家验收。

（洪道锋）

牡丹江管理局

党委书记：王利仁，1964年9月出生，山东省莒县人，中共党员，本科学历，高级农艺师。1987年7月参加工作，2015年11月任现职。

局长、党委副书记：丁兆禄，1970年12月出生，山东省日照市人，中共党员，硕士学历，高级农艺师。1992年8月参加工作，2016年8月任现职。

党委副书记、纪委书记：何万荣，1958年9月出生，山东省平原县人，中共党员，本科学历，高级政工师。1975年10月参加工作，2000年10月任纪委书记，2004年6月任现职。

党委副书记：任淑兰，女，1971年8月出生，辽宁省康平县人，中共党员，本科学历，教授级高级政工师。1997年7月参加工作，2012年6月任现职。

副局长、党委委员：孙乃生，1958年3月出生，山东省东平县人，中共党员，本科学历，高级水利工程师。1975年9月参加工作，2011年1月任现职。

副局长、党委委员：张运权，1962年10月出生，河南省南阳市人，中共党员，本科学历，高级农艺师。1978年11月参加工作，2008年7月任现职。

副局长、党委委员：张晓军，1964年10月出生，黑龙江省林甸县人，中共党员，研究生学历，高级农艺师。1988年8月参加工作，2010年4月任现职。

副局长、党委委员：周茂方，1965年2月出生，山东省胶市人，中共党员，本科学历，高级政工师。1982年12月参加工作，2013年10月任现职。

调研员：王炳江，1963年2月出生，河北省交河县人，中共党员，本科学历，高级政工师。1983年8月参加工作，2012年7月任现职。

纪委（监察局）：

纪委副书记、监察局局长：黄立新，1967年5月出生，山东省即墨市人，中共党员，本科学历，研究员级高级会计师。1988年9月参加工作，2014年2月任现职。

副书记：李全明，1968年7月出生，安徽省霍邱县人，中共党员，本科学历，统计师。会计师。1989年8月参加工作，2012年12月任现职。

副调研员：

王晓玲（女）（2016.12—）

监察局副局长：

徐　卫（2012.12—）

组织部：

组织部部长：任淑兰，女，1971年8月出生，辽宁康平人，中共党员，本科学历，教授级高级政工师。1997年7月参加工作，2009年8月任现职。

副调研员（主持离退休干部工作）：王玉红，女，1970年12月出生，河北邢台人，中共党员，本科学历，高级政工师。1993年8月参加工作，2013年5月任现职。

副部长：

尹燕春（2010.6—2016.12）

杨洪涛（2012.12—，从事离退休干部工作）

宣传部：

部长：郭俊梅，女，1965年12月出生，山东省莱州市人，中共党员，本科学历，教授级高级政工师。1989年7月参加工作，2012年12月任现职。

副部长：

王晓玲(女)(2010.3—2016.11)

李铁忠（2012.7—2016.8）

关显昌（2013.5—）

关工委：

主任：任淑兰，女，1971年8月出生，辽宁省康平县人，中共党员，本科学历，教授级高级政工师。1997年7月参加工作，2012年7月任现职。

副主任：

刘福生（2008.10—）

孔庆国（2008.10—）

政法委：

常务副书记：高福东，1957年3月出生，陕西省勉县人，中共党员，研究生学历，高级政工师。1976年7月参加工作，2001年3月任现职。

副书记：

舒迎春（女）（2010.6—）

工会：

副调研员：杨树先，1962年7月出生，贵州省毕节市人，中共党员，本科学历，政工师。1980年11月参加工作，2011年5月至2015年4月任现职。

副主席：

赵　波（2012.12—）

吴玉实（2013.12—）

团委：

副书记（主持工作）：于玲玲，女，1985年1月出生，吉林省蛟河市人，中共党员，研究生学历，政工师。2010年7月参加工作，2012年12月任现职。

办公室：

主任、机关党委书记：张明宇，1960年5月出生，山东省沂南县人，中共党员，本科学历，高级政工师。1977年9月参加工作，2007年8月任现职。

副调研员（主持政策法规工作）：肖强，1963年11月出生，四川省射洪县人，中共党员，专科学历，中级经济师。1986年7月参加工作，2012年3月任现职。

副调研员（主持信访工作）：孔军，1967年5月出生，吉林长春市人，中共党员，本科学历，高级教师。1987年8月参加工作，2012年3月任现职。

副主任：

王湘湘（女，2013.5—）

王　勇（2013.9—2016.8）

程世国（2014.5—）

李铁忠（2016.8—）

王　宏（2012.12—）（从事信访工作）

计财处：

处长：郑克斌，1972年11月出生，黑龙江省肇源县人，中共党员，本科学历，中级会计师。1997年8月参加工作，2014年2月任现职。

副处长：

王　军（2010.4—）

尹建荣（女，2013.5—）

张占友（2012.12—）

审计处：

处长：曹伟，1974年10月出生，河南省伊川市人，中共党员，研究生学历，助理会计师。1997年8月参加工作，2012年3月任现职。

副处长：于海超（2013.12—）

人力资源和社会保障局：

局长：刘国平，1957年12月出生，吉林省舒兰市人，中共党员，研究生学历，高级审计师。1974年10月参加工作，2008年8月任现职。

副调研员（主持民政工作）：王海平，1959年3月出生，江苏盐城市人，中共党员，本科学历，高级农艺师。1976年10月参加工作，2012年3月任现职。

副局长：

张红雷（2009.1—）

赵大林（2010.4—）

王　涛（2012.12—）（从事民政工作）

农业局：

局长：孙伟海，1970年1月出生，黑龙江省林口县人，中共党员，本科学历，高级农艺师。1992年8月参加工作，2010年12月任现职。

副调研员（主持新农村办工作）：田军，1958年3月出生，山东省诸城市人，中共党员，本科学历，高级林业工程师。1975年9月参加工作，2011年2月任现职。

副调研员（主持农机工作）：蔡景军，1963年11月出生，江苏省丰县人，中共党员，本科学历，高级农机工程师。1985年8月参加工作，2012年3月任现职。

副调研员（主持科技工作）：宫本友，1962年4月出生，辽宁省东港市人，中共党员，本科学历，高级农艺师。1978年6月参加工作，2012年7月任现职。

副局长：

付东波（2011.3—）

王鉴明（2012.7—）（从事农机工作）

王　瑛（女，2013.5—）（从事科技工作）

林业局：

局长：黄绪忠，1963年7月出生，山东省崂山县人，中共党员，本科学历，高级林业工程师。1983年8月参加工作，2012年7月任现职。

副局长：

耿华林（2013.5—）

水务局：

局长：高保杰，1962年10月出生，辽宁省彰武县人，中共党员，本科学历，水利高级工程师。1983年1月参加工作，2008年1月任现职。

副局长：

李冠华（2010.6—）

兴凯湖灌区管理站站长：

任典章（2001.5—）

水利工程管理站站长：

孙成龙（2010.3—）

畜牧兽医局：

局长：江云俊，1961年3月出生，湖南省平江县人，中共党员，研究生学历，教授级高级政工师。1982年6月参加工作，2004年6月任现职。

副局长：

孙书清（女，2010.4—）

安全生产监督管理局：

局长：刘伟，1964年5月出生，辽宁省北镇县人，中共党员，本科学历，安全高级工程师。1981年7月参加工作，2013年9月任现职。

副局长：

李成林（2011.6—）

工业和信息化委员会：

主任：宁敏，1958年7月出生，辽宁省海城市人，中共党员，本科学历，高级工程师。1975年10月参加工作，2008年8月任现职。

副主任：

周洪林（2013.9—）

商务局：

局长：张宝国，1966年1月出生，河北省深县人，中共党员，本科学历，高级经济师。1986年8月参加工作，2013年5月任现职。

副调研员（主持粮食工作）：宋守军，1967年12月出生，吉林省怀德县人，中共党员，本科学历，副研究馆员，1991年7月参加工作， 2014年3月任现职。

副局长：

佟　立（2010.4—）

周玉玲（女，2013.5—）

韩孝勇（2013.9—）（从事粮食工作）

住房和城乡建设局：

局长：吴晓伟，1966年2月出生，黑龙江省青冈县人，中共党员，本科学历，高级工程师。1984年12月参加工作，2014年1月任现职。

副局长：

赫荣君（2014.1—）

规划局局长：

郑培智（2016.8—）

住建局总工程师：

武明彦（2016.8—）

交通运输局：

局长：辛超英，1959年2月出生，河北省景县人，中共党员，本科学历，高级道桥工程师。1975年8月参加工作，1999年3月任现职。

副局长：

罗春兰（女，2008.8—）

吴振军（2008.8—）

教育局：

局长：陈森，1963年1月出生，吉林白城市人，中共党员，本科学历，中学高级教师。1983年7月参加工作，2008年8月任现职。

副局长：

彭能文（2013.5—）

招生办主任：

刘波（1997.11—）

卫生局：

局长：殷柯，1957年11月出生，湖南常宁市人，中共党员，本科学历，副主任医师。1975年11月参加工作，2003年12月任现职。

副局长：

王延义（2010. 8—）

卫生监督所副所长、疾控中心主任：申晓光，1960年1月出生，山东省海阳市人，中共党员，专科学历，副主任医师。1977年9月参加工作，2013年9月任现职。

国土资源局：

局长：付朝勇，1967年5月出生，黑龙江省宾县人，中共党员，本科学历，1984年10月参加工作，2015年7月至2016年9月任现职。

局长：于成勇，1964年3月出生，河北省故城县人，中共党员，本科学历，1983年11月参加工作，2016年10月任现职。

工商物价局：

局长：张立新，1960年2月出生，辽宁省锦州市人，中共党员，本科学历，经济师。1978年10月参加工作，2012年11月任现职。

副局长：

闫　达（2011.6—）

黄万云（2011.10—）

何永胜（2015.9—）

副调研员：

刘朝晖（2015.7—）

个体私营企业协会办公室主任：

栾振民（2015.9—）

消费者协会办公室主任：

孟文彬（2015.9—）

环保局：

局　长：张佳程，1969年1月出生，河北省迁西县人，中共党员，本科学历，环保工程师。1991年9月参加工作，2015年8月任现职。

副局长：

王春明（2001.5—）

陈喜东（2016.10—）

技术监督局：

局长：张朝华，1962年5月出生，上海市人，中共党员，成人本科学历，高级质量工程师。1983年9月参加工作，2012年8月任现职。

副局长：

郭三宝（女）（2015.6—）

社会保险事业管理局：

局长：林沛霖，1958年8月出生，山东省乳山市人，中共党员，本科学历，高级农业经济师。1977年9月参加工作，2012年8月任现职。

副局长：

王　斌（2003.11—）

侯　明（2013.6—）

通信公司：

总经理：乔贵生，1961年1月出生，河北省保定市人，中共党员，本科学历，高级政工师。1977年10月参加工作，2005年5月任现职。

副总经理：

王静波（2012.5—）

孙建新（2016.7—）

阳光农业相互保险公司：

总经理：朱建海，1964年8月出生，湖南宁乡县人，中共党员，本科学历，高级会计师。1983年10月参加工作，2005年6月任现职。

副总经理：

谭建东（2009.2—）

王保平（2009.2—）

公安局：

局长：石贵秋，1962年10月出生，吉林省德惠市人，中共党员，本科学历，高级政工师。1979年10月参加工作，2011年9月任现职。

政委：何新德，1962年12月出生，山东省莱西市人，中共党员，本科学历，高级政工师。1979年7月参加工作，2008年1月任现职。

副局长：

刘利斌（2012.3—）

雷显明（2008.1—）

张新国（2016.8—）

检察院：

检察长：唐健，1961年11月出生，辽宁省沈阳市人，中共党员，本科学历，刑事照相工程师。1978年9月参加工作，2009年6月任现职。

副检察长：

黄邦艳（女，2005.5—）

曲兴武（2010.3—）

黄启彪（2010.3—）

法院：

党组书记、院长：何庆安，1963年11月出生，山东省平阴人，中共党员，研究生学历，三级高级法官，1981年10月参加工作，2014年7月任现职。

副院长：

张　民（2001.5—）

刘树田（2008.11—）

王振武（2010.3—2016.8）

政工处主任：

栾春玲（女，2010.8—）

司法局：

局长：秦红军，1960年8月出生，山东省昌乐县人，中共党员，本科学历，高级政工师。1977年9月参加工作，2014年1月任现职。

副局长：
杨桂琴（女）（2009.11—）
公证处主任：
武玉文（女）（2010.6—））

人武部：
部长：徐恒军，1968年8月出生，山东省临沂市人，中共党员，本科学历，上校军衔。1986年11月入伍，2013年4月任现职。
政委：马高亮，1976年12月出生，河北唐县人，中共党员，本科学历。1994年9月入伍，2015年6月任现职。
副部长：
马俊杞（2014.2—）

广播电视局：
局长：姚微，1965年12月出生，山东省蒙阴县人，中共党员，专科学历，政工师。1983年12月参加工作，2012年12月任现职。
副局长：
张冬生（2008.10—2016.9）
王悦荣（女）（2013.9—）

种子管理局：
局长：孙文宏，1967年3月出生，黑龙江省虎林市人，中共党员，研究员级高级农艺师。1991年参加工作，2011年2月至2016年6月任现职。
副局长：纪伟波（2013.8—）

绿色食品办公室：
主任：王诺，女，1963年3月出生，黑龙江省双城市人，中共党员，专科学历，高级农艺师。1983年8月参加工作，2013年12月任现职。

残疾人联合会：
理事长：王志，1965年8月出生，辽宁省开原市人，中共党员，本科学历，高级政工师。1992年5月参加工作，2007年5月任现职。

党校（职工大学）：
党委书记、纪委书记、工会主席：李建荒，1960年9月出生，黑龙江省密山人，中共党员，本科学历，高级经济师。1977年7月参加工作，2013年5月任现职。
常务副校长、职工大学校长：彭征江，1959年9月出生，黑龙江省虎林市人，中共党员，本科学历，教授级高级政工师。1976年8月参加工作，2013年5月任现职。
副校长：
高丽娟（女，2013.9—）
牛西德（2014.11—）
教务处主任：
陈兴凯（2005.10—）

北大营社区：
党委书记：艾亚南，1964年2月出生，黑龙江省密山市人，中共党员，本科学历，高级政工师。1988年7月参加工作，2012年3月至2016年4月任现职。
党委书记：李树本，1964年1月出生，辽宁省锦州市人，中共党员，本科学历，高级会计师。1981年10月参加工作，2016年4月任现职。
主任：黄邦涛，1964年9月出生，山东省沂南县人，中共党员，本科学历，教授级高级政工师。1982年6月参加工作，2016年4月任现职。
党委副书记：
刘文升（2011.4—）
副主任：
刘　江（2011.3—）

农大社区：
主任、党委副书记：姜忠军，1970年3月出生，黑龙江省兰西县人，中共党员，研究生学历，政工师。1989年12月参加工作，2010年11月至2016年8月任现职。
主任、党委副书记：王连河，1964年6月出生，黑龙江省密山市人，中共党员，本科学历，高级农艺师。1982年10月参加工作，2016年8月任现职。
党委书记：左秋岚，女，1966年9月出生，山东省巨野县人，中共党员，本科学历，高级政工师。1985年9月参加工作，2013年9月任现职。
副主任：
郑培智（2011.6—2016.8）
武明彦（2011.6—2016.8）
王洪庆（2016.8—）
党委副书记、纪委书记、工会主席：
李卫忠（2014.5—）
党委委员、党群工作部部长：
华如伟（2010.11—）

连珠山社区：
主任：董海军，1958年4月出生，辽宁省丹东市人，中共党员，本科学历，安全工程师。1975年9月参加工作，2010年3月任现职。
党委书记：许晓舜，1965年5月出生，山东省东平县人，中共党员，本科学历，高级政工师。1983年7月参加工作，2012年12月任现职。

中心医院：
院长：吴卫民，1963年12月出生，湖北省大悟县人，中共党员，本科学历，主任医师。1986年8月参加工作，2014年1月任现职。
党委书记、纪委书记：李力，1959年12月出生，辽宁省普兰店市人，中共党员，本科学历，高级政工师。1977年9月参加工作，2004年2月任现职。
副院长：
辛田花（女，2013.9—）
闫海鹏（2016.8—）

高级中学：
校长：付贵林，满族，1962年2月出生，黑龙江省宁安县人，中共党员，本科学历，中学高级教师。1977年7月参加工作，2008年11月至2016年8月任现职。
校长：赵铁石，1964年3月出生，河北省阜城县人，中共党员，研究生学历，中学高级教师。1982年6月参加工作，2016年12月任现职。
党委书记：刘德芬，女，1963年7月出生，山东省商河县人，中共党员，本科学历，中学高级教师。1982年6月参加工作，2013年9月至2016年8月任现职。
党委书记：王曦，1959年5月出生，黑龙江省望奎县人，中共党员，本科学历，中学高级教师。1976年6月参加工作，2016年8月任现职。

纪委书记、副校长：

吕世杰（2005.11—）

副校长：

郭永占（2005.8—）

林治霞（女，2012.3—）

兴凯湖电业局：

局长：李斌，1966年12月出生，中共党员，吉林省人，本科学历，高级电力工程师。1987年7月参加工作，2012年6月至2016年4月任现职。

局长：陈殿军，1973年6月出生，黑龙江省依兰人，中共党员，本科学历，高级工程师。1996年7月参加工作，2016年4月任现职。

党委书记：杜万山，1964年10月出生，黑龙江省哈尔滨市人，中共党员，专科学历，电力工程师。1987年参加工作，2015年7月至2016年9月任现职。

党委书记：李铁柱，1961年1月出生，山东省东阿人，中共党员，本科学历，高级工程师。1977年9月参加工作，2016年9月任现职。

副局长：

柳树森（2005.6—2016.9）

朱启振（2011.12—）

冯胜利（2014.3—）

工会主席、纪委书记：唐文德，1961年6月出生，山东省平度市人，中共党员，本科学历，高级电力工程师。1978年参加工作，2014年3月任现职。

农垦牡丹江农业科学研究所、北大荒垦丰种业股份有限公司牡丹江区域分公司：

所长、科研种业总经理：胡远富，1962年12月出生，辽宁省东沟市人，中共党员，本科学历，高级农艺师。1979年12月参加工作，2007年1月任黑龙江省农垦总局牡丹江农业科学研究所所长，2016年6月1日任北大荒垦丰种业股份有限公司总经理。

科研种业党委书记：高泽辉，1968年8月出生，山东省齐河县人，中共党员，本科学历，高级经济师。1986年10月参加工作，2016年11月任现职。

财务副总经理：

王　勇（2016.7—）

生产副总经理：

焉　山（2016.7—）

勘测设计院：

院长：张胜利，1959年8月出生，山东省临清市人，中共党员，本科学历，高级建筑电气设计工程师。1976年10月参加工作，2008年5月至2016年8月任现职。

副院长：

肖焱鑫（2009.1—）

总工程师：

李　君（2009.1—）

农业培训中心：

总经理：韦红英，女，1966年11月出生，安徽省临泉县人，中共党员，本科学历，高级政工师。1983年12月参加工作，2011年4月任现职。

北大荒经济开发区管理委员会：

党委书记：李红星，1964年6月出生，河北省迁西县人，中共党员，本科学历，教授级高级政工师。1981年11月参加工作，2013年11月至2016年8月任现职。

主任：袭锋，1970年8月出生，山东省淄博市人，中共党员，本科学历，高级农艺师。1993年8月参加工作，2013年11月任现职。

文体中心：

主任：王连河，1964年6月出生，山东省利津人，中共党员，本科学历，高级农艺师。1982年10月参加工作，2016年12月任现职。

副主任：

吴双伟（2014.1—）

老年服务中心：

主任：朱国民，1959年11月出生，辽宁省铁岭市人，中共党员，本科学历，高级政工师。1976年10月参加工作，2013年10月任现职。

副主任：

牛桂英（女，2013.5—）

综合管理部部长：

高金宇（2014.4—）

综合服务部部长：

韦红霞（女，2014.4—）

财务主管：

申宏（女，2016.1~）

机关医院：

院长：刘云生，1959年9月出生，山东省东营市人，中共党员，研究生学历，主任医师。1976年7月参加工作，2014年1月任现职及中心医院副院长。

副院长：

吴龙刚（2013.1—）

图 10　牡丹江管理局机构示意图（2016 年）

图 11　牡丹江管理局下属企业事业单位示意图（2016 年）

概况　牡丹江管理局始建于1956年6月。先后称为铁道兵农垦局、牡丹江农垦局、东北农垦总局密山分局、虎林分局、黑龙江生产建设兵团第四师、牡丹江国营农场管理局、农垦牡丹江分局，农垦牡丹江管理局。地处黑龙江省东南部，北纬40° 57′至46° 13′，东经131° 13′至133° 37′之间，北倚完达山，东临乌苏里江、松阿察河，南以兴凯湖、白棱河以及长白山系的太平岭与俄罗斯为界。边境线全长402公里，占全省边境线总长的八分之一，占垦区边境线总长的一半以上，其中陆路边境线88公里，水路边境线314公里。辖区面积8550平方公里，其中耕地46.7万公顷，林地16.6万公顷，草原4.3万公顷，水面7.3万公顷，其他土地10.6万公顷。区域内河流湖泊众多，境内主要河流和湖泊有乌苏里江、穆棱河、七虎林河、松阿察河、阿布沁河和挠力河及大、小兴凯湖。境内流域面积大于50平方公里以上的河流有41条，多属于季节性河流，河流总长4441.85公里。

管理局下辖15个大中型国有农场，横跨黑龙江省密山、虎林、宝清、鸡东、七台河、海林、宁安7个市县。管理局所在地距密山市13公里，距兴凯湖机场85公里，建鸡高速从辖区内穿过，交通十分便利。管理局自然环境优美，大界江、大界湖、大湿地等生态旅游资源独具特色，坐落在八五一〇农场境内的兴凯湖当壁镇旅游度假区是国家AAAA级旅游景区，年接待游客80余万人次，全局共有AAAA"级旅游景区1个，AAA级旅游景区3个，AA级旅游景区3个。海林农场和兴凯水城被列为黑龙江省重点旅游名镇，兴凯湖当壁镇旅游度假区、乌苏里江湿地千岛林风景区分别被授予中国最佳养生休闲旅游目的地、中国最美湿地生态旅游目的地等称号，管理局着力发展"候鸟养老"休闲旅游，2016年接待来自北京、上海、天津等地的候鸟养老人数超3.5万人。

管理局生态园林城镇别具一格，八五六农场的山水园林城镇，八五〇农场和八五七农场的精品住宅小区，八五四农场的"山城"，八五八农场的"滨水城镇"，海林农场的北欧度假城和宁安农场的花园度假村等特色鲜明的城镇风格已初步形成，八五八农场草原湿地千岛林、乌苏里荷花海、完达山草原等自然景观引人入胜。全局拥有大小水库41座，其中省内大型水库5座，是我国北方最佳人居城镇，是大自然赋予的天然氧吧，现已被批准为国家级生态示范区。

管理局具有浓厚的文化底蕴，第一个国垦农场——宁安农场，第一个军垦农场——八五〇农场；王震将军在八五〇农场亲自点燃的第一把荒火；王震将军在北大营发出向荒原进军的第一声号令；垦区的第一所大学——八一农垦大学在裴德镇建成；印发垦区的第一张报纸《农垦报》成立北大荒第一个文工团；打造垦区以稻治涝第一水稻大场——八五六农场；第一个重点旅游名镇——海林农场。已成为牡丹江管理局城市文化新名片。

管理局现有总人口20.9万人，有场处级党委28个，党总支72个，基层党支部643个，党员16201人。现有工会会员81613人，共青团员3423人。2016年，管理局实现地区生产总值182亿元，经济结构和产业结构进一步优化，第一产业增加值97.8亿元，第二产业增加值29.5亿元，第三产业增加值54.7亿元。居民人均可支配收入23677元。

种植业　坚持以"抗灾抢收、质效并重"为原则，以早动争主动，狠抓抗灾抢收措施的落实，高标准完成秋收及明年再生产准备工作。总播种面积达44.7万公顷，其中粮豆面积43.5万公顷，粮食总产达34.8亿公斤，平均公顷单产35.6公斤。其中水稻29万公顷，大豆5.17万公顷，玉米7.9万公顷，特色经济作物种植面积达1.26万公顷。着力推进农业供给侧改革，加快发展优质米产业，以高消费市场资源为导向，向优质米、高端米、品味佳的品种转变，种植优质米1.58万公顷，订单销售0.64万公顷，同比增长492%；发展特色经济作物种植，种植红小豆、特色大豆(黑豆、小粒豆)、瓜果蔬菜、甜玉米、浆果等经特作物22个品种2.09万公顷，涉及农户5091户，订单销售0.48万公顷，同比增长78.8%；专、精、特品种种植2.04万公顷；提质、节本、增效新技术试验示范1160公顷，其中示范推广常规振平机插技术落实523.5公顷；水稻超早钵育落实48公顷；水稻坡地滴灌（旱作水稻）落实204公顷；旱田少耕免耕播种13.3公顷；稻鸭共作技术落实146.7公顷；稻蟹共作技术落实86.7公顷；落实鹅玉技术166.7公顷，推广水稻大棚二次利用栽培食用菌256万袋。完成伏秋整地面积44.7万公顷，100%实现黑色越冬，秋起垄7.75万公顷，作物面积全部达播种状态。旱田实现少耕节能耕作面积15.07万公顷，其中浅翻深松2.47万公顷、深松1.33万公顷、深松耙茬2.13万公顷、平翻8.81万公顷、留原茬0.33万公顷；水田耕作以浅翻为主、松旋为辅，其中平翻立垡9.26万公顷、旋耕19.75万公顷；秸秆还田面积44.45万公顷，占总播种面积的99.4%。新增创建绿色食品原料标准化基地2733.33公顷，新增有机产品认证面积2866.67公顷。年底，全局绿色食品种植面积202400公顷，有机农产品认证面积30800公顷，无公害农产品产地认定面积423316.96公顷。新增绿色食品认证产品9个，无公害农产品2个。绿色食品续展企业3个，产品10个。无公害农产品复查换证面积346666.67公顷。年底，全局"三品一标"产品总量148个，其中：无公害农产品68个，绿色食品45个，有机食品34个，农产品地理标志产品1个。新增农垦农产品质量追溯系统建设项目单位2个，追溯规模2666.67公顷，可追溯产品3个，扩增水稻追溯面积9333.33公顷。种子企业共繁育水稻种子0.31万公顷，通过田间检验，淘汰800公顷，生产种子1630万公斤。大豆种子800公顷，淘汰267公顷，生产种子80万公斤。承担省水稻、玉米、大豆、小麦品种试验任务共计13点次，承担垦区品种试验共计22点次。共立案查处种子案件6件，其中结案4件，移交桦川种子管理站1件，未结案1件。已结案件没收种子10050公斤，罚款7.2万元，没收违法所得4.07万元，种子转商款1.07万元，共计上缴国库12.34万元。

畜牧业　年末奶牛存栏 4 万头，肉牛饲养量 1.41 万头，生猪饲养量 14.8 万头，羊饲养量 2.5 万只，禽饲养量 102.6 万只。全局有 300 头以上规模化牧场 30 家，300 头以下的小型牧场已经全部转型升级或退出，结束奶牛“小、散、低、差”的传统养殖时代；全局 9 吨奶高产攻关牧场占垦区总数的 39%，有单产超过 10 吨的牧场 3 个、超过 8 吨的牧场 4 个，处于垦区同行领先地位。健全机制，规范管理，推广“你的牛，我来养”的奶牛专业化养殖模式，加快发展混合所有制模式的奶牛场，全局股份制奶牛场 12 个，参与奶牛股份制养殖的人员已达 1 万余人。新建的 5 个现代示范牧场通过省级验收，从澳大利亚、新西兰引进的奶牛 1 万头，母犊率达 93.77%，日销售商品奶 240 余吨。全局向北京、河南等国内市场成批出售优质种用奶牛 3770 头，实现奶牛由“输入型”向“输出型”的转变。全面盘活可养资源，发展农牧融合发展模式的特色养殖业，逐渐形成以专业场、专业户为组织形态，一区一品的养殖格局。着力推行“种植（林业）+ 养殖（稻田鸭、稻田蟹、玉米鹅等）”模式，推动发展资源型生态鹅、生态鸭、山地鸡、山地猪、蛋禽、狐貉、獭兔、黑熊、鸵鸟、兴凯湖梅花鹿、兴凯湖大白鱼等特色品种的养殖。全局示范稻鸭、稻蟹、玉鹅共生种植模式 400 公顷。扎实有效开展重大动物疫病防控和畜禽产品质量安全监管工作。完成兴凯湖流域 1 公里内畜牧养殖场的调查。完成全局畜牧禁养区的划定工作。牡丹江管理局畜牧兽医局荣获黑龙江省政府授予的 2014 ~ 2016 年全省重大动物疫病防控先进单位称号。

农业机械　农机更新投入 4.5 亿元，更新农机具 7128 台（套），其中购置进口大马力拖拉机 5 台，进口高性能插秧机 464 台，水稻侧深施肥装置 9 套，进口移动式烘干机 13 台，进口播种机 7 台，国产大中型拖拉机 2297 台，水稻振捣提浆机 60 台，履带式水稻收获机 866 台，水田搅浆机 888 台，水稻电动播种机、覆土机 570 台，水田多功能管理机 650 台，自动驾驶导航设备 31 套。重点推广示范水稻侧深施肥和水稻振捣提浆技术。召开水稻侧深施肥现场会三次，水稻振捣提浆现场会 2 次。重点推广 8 项农机新技术。八五六、八五八农场为农业部的农机管理标准化示范场创建单位，截年底，管理局有九个农场达到农机管理标准化示范场创建标准。近 60% 的单位农机管理达到国家标准。

林业　完成造林绿化面积 614 公顷。各农场共栽植乔木 5.39 万株、灌木 14.16 万丛、花卉 8.38 万平方米、修建绿篱 3820 米。全局参加义务植树人员 7.67 万人次，义务植树尽责率 99.8%，建立义务植树基地 35 块。义务植树形式多元化，其中植树 25.83 万株；种花、种草 16 万平方米；管护、整地、育苗等方式 906 公顷。生产各类苗木 1380 万株。可供 2017 年造林用苗 985 万株、其中容器苗 5 万株、良种苗木 570 万株。管理局边境防火线全长 387.2 公里，其中八五六农场 42 公里，八五八农场 97.5 公里，八五一〇农场 90.7 公里，兴凯湖农场 157 公里。已纳入国家边境防火线建设项目 59.67 公里。采取严看死守和对边境线进行割打、翻耙等方法，确保边境防火线无火灾事故发生。林下经济重点发展四大产业经济。建成标准化黑木耳基地 16 个、生产食用菌 1216.2 万袋、菇类 3000 平方米，栽植经济林 327 公顷，林下养殖共计 48626 头（只），中药材种植 1.97 公顷。

水利　管理局现有中型水库 4 座，小（1）型水库 23 座，小（2）型水库 16 座，蓄滞洪区 2 座，水库设计总库容 2.02 亿立方米，兴利库容 1.13 亿立方米。管理局现有江河堤防 48 条，总长 636.96 公里，保护耕地 17.21 万公顷，保护村屯 171 个，保护人口 16.13 万人。现有各类机电井 14157 眼，其中水田井 13827 眼，机电井灌溉面积 14.87 万公顷。完成全口径水利建设投资 7984 万元，累计完成总工程量 74.65 万立方米，完成渠堤长 97.2 公里，累计完成桥 5 座，涵 115 座，闸 38 座，大型水闸改造 1 座，治理水土流失面积 13.04 平方公里，输电线路 13.72 公里，田间道路 73.61 公里。湖北防洪闸除险加固工程总投资 438 万元，其中国投 350 万元，自筹 88 万元，工程已完工。湖北闸在防洪期间起着重要作用，保护虎林市及周边地区的 5.33 万公顷耕地和 10 多万人口的生命财产安全。治理水土流失面积 13.04 平方公里。小型农田水利建设项目计划投资 2234 万元，全部为国投资金，涉及 13 个农场（不含八五六、庆丰农场），工程已全部完工。小型农田水利设施建设补助专项资金项目计划投资 3300 万元，全部为国投资金，涉及 15 个农场，工程已全部完工。人畜饮水项目计划投资 770 万元，涉及八五〇、八五八、庆丰和兴凯湖 4 个农场，工程已全部完工，解决 1.14 万人饮水不安全问题。应急度汛项目计划投资 85 万元，涉及八五一〇和云山 2 个农场，工程已全部完工。

工业和信息化　实现现价工业总产值 82.8 亿元，同比增加 1.8%，较上年收窄 26 个百分点；实现现价工业增加值 24.68 亿元，同比增加 2.3%，较上年收窄 28 个百分点；实现主营业收入 81 亿元，同比增加 2.8%，较上年收窄 24 个百分点；实现利润总额 3 亿元，同比增加 2.6%，较上年收窄百分点 37 个百分点。全局计划建设项目 17 个，计划总投资 10.2 亿元，目前已开工建设项目 13 个，计划投资 6.7 亿元，实际完成投资 4.4 亿元，预计年底 2 个项目完工并投产。成立 5 个“企业＋合作社”的企业基地连接平台。这些企业基地平台的建立，可以使企业缓解原粮收购压力，使农户缓解种植资金压力和卖湿粮难的压力，使金融部门可以更放心的支持农户进行种地贷款。依托大庆卓创公司开发的黑龙江省绿色食品企业销售宝电商平台，拓展销售渠道，吸引绿垦植物油公司等 4 家企业登录销售宝电子商务平台。此外，还有多家企业登录淘宝、邮乐宝等电商平台，为企业营销开拓渠道。辅导卉菊海林甜菊糖公司开展企业信用等级评级，在垦区第一家被商务部企业信用评级机构评为最高级 AAA（三 A）级。创建黑龙江福康生物科技有限公司、黑龙江省牡丹江垦区金谷制米有限公司为管理局级农业产业化重点龙头企业。八五〇农场华彬米业、八五七富坤米业现已认定 4 个绿色食品标志。完成福康生物科技公司股份制改革。新友谊豆蛋白食品加工有限公司成为我局在上海股权交易中心登录的第一家企业。

住房和城乡建设　通过报建审批项目91个，建设计划投资共计3.45亿元，项目造价共计1.88亿元，开发建设各类建筑总建筑面积6.78万平方米。新建教学楼2栋，新建粮食仓储库5栋，新建商服、住宅楼4735平方米，新建沥青路面43823平方米，新增供热管线0.27公里。成立牡丹江管理局城乡规划委员会。办理规划审批项目43项，审批用地面积126万平方米，审批建筑面积71万平方米。造价站合同备案133份，招标控制价备案份、安全文明施工费核定74份。住宅（总包）施工合同平均1253元/平方米。8月20日庆丰、云山2个农场挂牌成立不动产分中心，作为2个试点农场，颁发第一本不动产登记证书，停发房屋所有权证。对在建工程实行一体化平台安全监督审批程序，共监管90项（其中总局仓储建设项目13项），建筑面积68.86万平方米（含总局64万平方米）。配合省、总局安全及燃气等相关部门进行专项检查2次，开展1次安全月宣传活动，综合大检查2次。检查中共下发安全整改通知单30余份，停工通知书5份。对在建工程实行一体化平台质量监督审批程序，共监管77项，建筑面积4.86万平方米。完成竣工备案手续工程60项。2016年配合总局质量监督站开展质量专项检查2次。检查中共下发质量整改通知单28余份。

商务旅游　实现自营进出口总额1560万美元，超出年初计划数的56%。其中自营出口1079万美元，进口到货481万美元。鼓励企业办理自营进出口权，帮助八五〇农场超越贸易有限责任公司、牡丹江农垦新友谊农业经济开发有限公司办理对外贸易进出口备案登记，已累计帮助全局14家企业办理对外贸易进出口备案登记手续。签订经济技术合作项目32项，其中省内26项，省外5项，利用外资1项。总签约额11.37亿元，实际到位资金4.8亿元，资金到位率42.22%。有14个农场利用淘宝、微信、大农网等第三方平台建立网店23家，累计成交量8384次，总销售额184万元，累计帮助全局16家企业加入农垦电商联盟会员，组织各农场及相关企业63名电商人员参加垦区农产品电子商务培训班。建设基础设施、娱乐休闲等项目。八五八农场千岛林景区投入276万元改善基础设施建设。兴凯湖农场裕鹿集团投入60万元，建设面积1500平方米的房车宿营地。管理局年接待旅游人数85万人次，实现旅游业收入1.2亿元。综合利用闲置房产，推进“候鸟养老”休闲度假游，年接待候鸟养老3.5万余人次。

境外农业开发　新友谊农场采取大农场套小农场、统分结合的经营模式，以种植业为主，主栽大豆、玉米、小麦和水稻。拥有机械1300余台套，境外作业人员300余人，聘用俄罗斯人员200余人，累计生产粮食50万吨。种植14333公顷。其中玉米667公顷、水稻2000公顷、大豆10666公顷、黑大豆667公顷、红小豆333公顷。按照农业生产“高质、高产、高效、生态、安全”和粮、经、饲三元种植结构的要求，试种黑大豆、紫花苜蓿、红小豆。新友谊农场同中国节能集团（央企）合作，对在俄罗斯种植的大豆、玉米进行绿色有机认证13333公顷。实际完成投资16273万元，其中：完成基础设施投资5992万元（新建水泥晒场67142平方米、库房基础9776平方米、库房钢结构10154平方米、农具场2898平方米、烘干塔基础3座，烘干塔设备2套、地中衡1座、监控1套、围栏22000延长米）；间接费用180万元；购置机械设备68台套投资2419万元；租购土地1.73万公顷，完成投资7682万元。

交通运输　现有公路总里程3519.438公里，已硬化公路1966.473公里，占总里程的55.8%。其中县道88.388公里、乡道1296.733公里、村道1004.455公里、专用公路1129.862公里。按技术等级分有二级公路17.775公里、三级公路1658.619公里、四级公路497.744公里、等外公路1345.3公里。完成8座危桥的鉴定工作，按鉴定要求，封闭交通2座，其他桥梁按鉴定结果要求采取相应的安全措施，保证通行的安全。完成公路客运量130万人，旅客周转量5584万人公里；货运量129.6万吨，货物周转量5594万吨公里。完成2015年度107台农村客运车辆、19台公交车辆、805台出租汽车，计1046万元的燃油补贴审核申报和拨付分配工作。更新出租车70台，新增营运货车16台286个吨位，客运班车改公交车4台、108个座位，新增三类汽修企业1家。

教育　15所幼儿园全部达到省一类园校准，其中省示范性幼儿园6所。15所义务教育学校全部达到黑龙江省标准化学校标准，其中先进学校10所。管理局顺利通过县域义务教育基本均衡发展国家验收。全局义务教育辍学率为0，小学阶段学生优良率达到80%以上，初中学生优良率达到60%以上，高中学生优良率达41.3%。现有公办幼儿园15所，幼儿园校舍建筑面积43879.63平方米，学位数达到4500人，幼儿园教职工505人，其中专任教师257人，保育员114人，在园幼儿3144人。学前三年毛入园率96%，学前一年入园率98%。教育局连续两年被总局评为学前教育宣传月先进单位。15所学校已全部通过省标准化学校评估验收，其中有10所学校被评为省级标准化建设先进学校，占比达67%。11月10日国家教育督导检查组对管理局义务教育基本均衡发展工作进行全面检查，管理局顺利通过国家验收。高考本科升学率和重点院校升学率比2015年均提高3%以上，理科考生侯贺东以总分699分的成绩取得垦区第一名、考入清华大学。农广校实际招生202人，在校生4343人，职工群众的综合素质进一步提高。共培训在职人员1.2万余人次。

卫生　拥有三级医院1家、二级医院1家，一级医院13家，社区卫生服务站29家，基层卫生所96家，学校、托幼机构卫生室共27家，老年活动中心、看守所卫生室2家，个体诊所11家。在岗工作人员共2095人，其中中心医院482人，占23%；农场医院共1113人，占53%；社区卫生服务站、基层卫生所374人，占18%；卫生监督、疾控、计生人员共120人，占6%。有卫生技术人员1817人。年内卫生系统招录49人。

举办各类培训10次，培训人员共计824余人。参加医学继续教育1596人；医师岗前培训50人。管理局中心医院投入1408.66万元，新建高压氧舱配套设施建设项目480平方米，购置医疗设备21套。业务收入合计2.3亿元，门诊量20万人次，入院量2万人次，同比增2.7%和24.6%。全面实行药品零差价、CT、核磁大型设备降价20%，检验类项目降价6%。各农场医院基础建设投入共计1581万元，新建发热门诊1500平方米；新建社区卫生服务站一所。各单位新购置大型医疗设备61套，合计750.8万元。管理局机关医院投入98万元，完成医院房屋改造，消防维护，新购置体检设备4台套，共完成体检6593人次。

社会保障　征收各项社会保险费107946万元，其中征缴企业养老保险费59102万元（包括个体参保人员），收缴机关事业单位养老保险费16091万元，失业保险费2920万元，基本医疗保险费25728万元（包括个体参保人员），大额医疗救助保险费823万元（包括个休人员），工伤保险费728万元，生育保险费535万元，垦区居民基本医疗保险费1187万元，收缴公务员医疗补助832万元，城镇居民养老保险4万元。2016年，共为67942名离、退休人员发放养老金190773万元，其中为企业离、退休人员（包括个体人员）发放养老金170464万元，其他养老保险待遇3828万元，为事业单位离、退休人员发放养老金16454万元，为城镇居民养老保险参保人员发放养老金27万元，各项养老金发放率为100%。做好企业离退休人员养老金调待工作，截至9月底全局调待人数62646人，月调待增资999万元，人均159.53元。共支付其他各项社会保险待遇43249万元，其中支付失业待遇6412万元（其中稳岗补贴6192万元），支付基本医疗保险待遇30505万元，支付工伤保险待遇1186万元，支付生育保险待遇719万元，支付大额医疗保险待遇295万元，支付垦区居民基本医疗保险待遇3701万元，发放公务员医疗补助431万元。各项社会保险待遇支付率均为100%。年底，全局养老保险参保人数为63274人，其中企业参保人员36823人，机关事业单位参保人员3827人，个体参保人员22624人。基本医疗保险和大额救助保险参保人员104215人，其中个体参保人员10314人。失业保险参保人员41718人，工伤保险参保人员42032人（包括建筑施工企业参保人员314人），生育保险参保人数41718人，垦区居民基本医疗保险参保已缴费73483人。机关、企、事业单位各项社会保险参保率为100%。接收公安局、法院、检察院、质量技术监督局4个机关单位在职428人，退休133人；接收机关、社保局、就业局3个参照公务员法管理单位在职228人、退休123人的参保登记，现编制平台里的人员已基本录入完毕。清理欠缴社会保险费54.5万元，核查省内外转诊外诊住院人员3500多人次，核查票据金额7000多万元。实现新增就业5628人，其中失业人员再就业5167人，就业困难人员再就业1392人，登记失业率为2.18%。全局就业形势比较稳定。安置龙煤集团转岗分流人员共计2595名。2016年3月及时拨付灵活就业社会保险补贴18305735元，就业专项资金5390420元。开展就业失业登记证年检工作，通过年检的就业失业登记证共计22972本。审批正常退休共计2782人。审核一次性补费行政认定339人。核改退休人员信息23人。办理特殊工种退休63人。办理因病退休83人。2016年共认定工伤33人，不予认定工伤2人。7月至10月，组织进行参保人员慢性疾病鉴定工作，共计3502人。组织管理局辖区内121企业申请失业保险基金稳岗补贴，共申请补贴资金1318.4万元。申请龙煤集团组织化分流人员补贴4873.58万元。为全局低保对象6094人发放最低生活保障资金3000余万元，人均月保障金400元。全年全局大病医疗救助累计600人次，救助金额300余万元。2016年全局共有散居孤儿15人。根据总局文件精神，散居每人每月按700元的标准，按时发放，在资金的管理上，实行专账核算，专款专用，打卡直发。全年共发放补助金12万元。接收退役士兵、士官60人，三期以上士官3人，发放自谋职业和一次性地方补助180余万元。建立爱心超市15个，接受社会捐助粮、面、油等食品万余斤，受助人员达1.8万人次。对低保家庭高中生和当年考上大学的贫困家庭的学生进行救助。开展重大疾病医疗救助工作，对有30种重大疾病通过住院治愈或手术康复的疾病给予救助，每人按5000元的标准在管理局中心医院免费治疗；对患有其他重大疾病难以治愈的贫困群众每人救助5000元，全年救助200余人，支出医疗费100余万元。新建八五四和庆丰二个农场的残疾人社区康复托养站。投资设备60多万元。到目前牡丹江管理局已达6个。下拨康复资金25.72万元。残疾人扶贫工作全面落实，将313户残疾人家庭纳入扶贫帮扶对象。为使残疾人享受到有关优惠政策，为3153人发放残疾证。为保障贫困残疾人的正常生活，将1090人列入低保对象。管理局及农场残联开展助残活动。发放助残资金42万元。免费赠送轮椅、助行器、助听器等辅助器具110多台件。免费为21名残疾人安装假肢。基本辅具适配资金45.98万元。为贫困残疾人就业提供扶贫、救助资金44万元，为盲人学习按摩解决学费和食宿的资金问题。为24名残疾人支付网络就业培训费1.92万元。农村贫困残疾人实用技术培训、残疾人扫盲培训57人。为全管理局的精神残疾人送医送药475人，资金32.29万元。为住院精神病人补贴资金7万元。每人600元。同民政部门联合完成残疾人两项补贴工作即建立贫困和重度残疾人护理补贴制度，并补贴1740人，资金221.1万元。全面推进残疾人家庭无障碍工作的进度，完成30户残疾人家庭无障碍改造工作，补贴资金18万元。继续落实对重度残疾人的补贴，受益人数56人，金额8.12万元。为残疾人机动车燃油补贴90人2.16万元。对3153名在册残疾人进行信息采集，涉及残疾人的社会保障、教育、就业、康复等各方面。

美丽乡村建设　推动以总局确定的八五〇、八五七、八五八、海林4个农场和八五〇农场第十二、八五四农场富荣、八五六农场第十管理区、八五七农场第五管理区、八五一〇农场当壁镇管理区、云山农场第三管理区、庆丰农场第一管理区、兴凯湖农场南岗第二管理区等8个管理区为美丽乡村建设示范农场和管理区，各场结合实际情况确定的管理区为美丽乡村建设发展目标示范点，抓好示范各项工作落实，全面带动引领稳步推动美丽乡村建设的开展；充分利用会议以及电视等媒体宣传示范场、区的做法，全面推进建设进程和有效带动美丽乡村建设水准。各类建设项目200多个，全局15个农场总计投资美丽乡村建设52925万元，15个农场100%完成年度投资计划和建设任务。4个示范农场和8个示范管理区启动建设水泥晒场，农机库房、输电线路改造、硬化场区道路、供暖改造、中小学危房改造、建设垃圾处理厂、维修自来水管道、楼房维修、广场地面铺砖、场区栽种鲜花、草坪、绿化、硬化、美化等建设年度计划工程。总计投资13425万元，完成年度各类建设项目。

党建工作　以完成基层党建“七项重点任务”为契机，全面推进基层服务型党组织建设。在全局范围内对基层党组织存在的七方面问题进行集中专项摸排整治，基层党组织摸排率100%，各基层党组织明确责任、强化措施，将排查结果整理成问题清单，建立整改台账，实行销号管理，基层党组织的基础工作进一步夯实。制定下发《关于进一步深化和推进“党员服务区”活动方案》，各基层党委结合行业特点，强化分类指导，各基层党组织紧密联系实际，搭建平台和载体，组建“1+1”民声服务信息员队伍、孔德春爱心团队等志愿者服务队伍，推行“三开一服务五代办”工作法，开展“践行‘两学一做’助力春耕生产”等系列主题实践活动，全局共建立党员服务区1.1万个，联系服务职工群众6万户（人），各级党员干部与贫困户共结成帮扶对子850多个，志愿服务队累计开展各类志愿服务1530余次，广大党员干部宗旨意识进一步增强。培养选树先进典型，开展首届“双十佳”评选活动，表彰管理局“十佳管理区主任”和“十佳管理区党组织书记”20人，选树以全省第四届道德模范孔德春和全省优秀共产党员吴进堂为代表的先进典型30人，七一前夕，管理局党委表彰优秀基层党组织60个，表彰优秀共产党员80人，表彰优秀党务工作者40人。

宣传工作　以习近平总书记系列重要讲话精神为核心，加强理论武装工作，制定中心组学习计划，全年设置12项学习内容，涵盖供给侧改革、农垦改革、“两学一做”等内容，全局各级党组织班子成员撰写理论文章和调研材料200余篇。开展基层党委书记讲党课品牌活动。继续推进北大荒精神和社会主义核心价值观践行工作，全局宣传战线撰写弘扬北大荒精神、践行社会主义核心价值观的理论文章和调研报告21篇，4篇文章在垦区的弘扬北大荒精神理论研讨会上进行交流；党委副书记任淑兰代表管理局党委就开展典型工作做题为《集聚典型群传播正能量发挥典型在践行社会主义核心价值观中的示范作用》的经验介绍。全局在报刊上宣传22名典型的先进事迹，播放典型专题片50多个；典型资源库扩容量达40%；制作典型宣传微信20多期，宣传创业创新、转方式调结构典型22个。在网络和纸质媒体上稿6690余篇；在《人民日报》《中国农垦》《农民日报》《黑龙江日报》等省以上媒体上稿626篇。完成省委省政府对北大荒开发建设纪念馆调研的筹备工作。管理局播发电视新闻3003条；《农垦新闻》260期。在总局上稿分数7433分。在中央电视台播出专题4部；在省台《新闻联播》上稿11条，在省台其他栏目上稿24条，专题1部。各栏目合计播出86期。全局播出专题221部，各类宣传片93期。管理局广播电视局参加2016年垦区创优节目评比，6件作品获得一等奖；8件作品获得二等奖；4件作品获得三等奖。管理局微信平台根据不同节点开设10余个栏目，全年发稿189期。9月21日，八五八农场和庆丰农场作为垦区网信工作典型，在垦区网信工作现场会上作经验交流。

精神文明创建　申报各级各类文明单位21个，其中省级各类文明单位3个，总局级各类文明单位18个。各基层开展以文明楼道、文明社区、管理区等活动为载体的精神文明创建活动。2月份集中组织基层单位开展“爱心6+1”志愿服务敬老系列活动，各单位累计先后为老人提供生活帮扶、爱心捐赠、健康义诊等志愿服务1000余次，全局各单位累计通过黑龙江省志愿服务平台发布活动300次，形成兴凯湖农场“孔德春爱心志愿服务团队”、八五一一农场“七彩爱心志愿服务团队”等一批优秀志愿服务品牌。经过总局系统评比，北大荒农业股份有限公司八五四分公司农业技术推广中心被选树为垦区学雷锋示范点，八五七农场富坤粮食加工有限公司董事长高晓峰获得垦区岗位学雷锋标兵称号。开展管理局第二届道德模范评选表彰工作，对12位“十佳道德模范”及9位“道德模范提名奖”获得者进行表彰，并以“全国公民道德宣传日”为节点，在电视上进行入围候选人宣传片循环展播。

文化　完成局直地区200万元的全民健身中心项目，为八五一一农场、海林农场申报2017年全民健身中心储备项目资金1200万元；为6个农场1个社区申报“十三五”公共体育设施中央预算内投资1350万元资金，用于完善农民体育健身工程和社区多功能运动场；为四个农场争取文化信息共享资金340万，用于购置室内LED屏和灯光音响设备；为5个农场完成本级健身路径等工程申报工作；为13个农场综合文化站争取价值65万元的文化信息共享一体机13台。以打造“北大荒文化之都”品牌为主线，全年开展“红红火火过大年”迎新春文艺演出，到基层单位慰问演出4场次；通过开展“走笔边疆”送春联过大年活动，局场两级书法家协会深入社区、军营、劳模家中赠送春联3000余对；4月份，通过“保护兴凯湖，爱鸟在行动”活动，管理局摄影协会向全社会发出爱鸟爱家园倡议，此活动被中央电视台转播多次；5月23日，在全局开展“忆长征、健体魄、增动力”万人徒步行活动；指导自行车协会参与首届全国兴凯湖自行车公路邀请赛；6月28日，组织局直地区9个党委开展“再唱红歌献给党”歌咏比赛活动；

7月7日，开展“传统文化”进社区活动、“城市之光”“金色田野”群众文化品牌活动；7月21日，组织开展管理局第二届排球比赛，共有14个代表队210人参加比赛。7月底，组队参加垦区“宝泉杯”“旗帜杯”“双合杯”乒乓球比赛。共抽调17运动员参加三个级别的比赛，除去获得的单项奖外，还获体育道德风尚奖和优秀组织奖。9月26日，围绕核心价值观内容组织14个单位党委开展农垦牡丹江管理局首届原创小品大赛活动。共出动执法人员362人次，检查各类场所157家次，举办85人参加的文化业户培训1次。完成29个单位的可移动文物普查登记，对管理局已经定级的270余件藏品完成数据审核工作。

曲艺舞蹈家协会常务副主席李春雷在安徽卫视“中国农民歌会”中喜获北部赛区歌王争霸赛好成绩，10月，李春雷在央视《黄金100秒》获得金牌。管理局作家协会主席张剑霜的诗集《河流是河床的什么》获得第十届丁玲文学奖。

（王金伟　潘越）

2016年牡丹江管理局基本情况及国民经济核实主要指标完成情况统计表

单位名称	单位	牡丹江管理局	八五〇农场	八五四农场	八五五农场	八五六农场	八五七农场	八五八农场	八五一〇农场	八五一一农场	庆丰农场	云山农场	兴凯湖农场	海林农场	宁安农场	山市种奶牛场	双峰农场	局直
一、管理区个数	各	101	13	12	6	7	10	10	4	7	9	10	6	2	1	4	---	---
二、总户数	户	90595	6477	9184	5922	8894	8204	5177	6754	6568	5210	4671	5793	2792	2955	2708	644	8642
三、总人口	人	209124	14416	25038	13817	20931	17280	13585	14432	14335	13584	11017	12814	7115	6783	6462	1824	15691
其中：男性	人	111567	7131	13425	6927	11987	8862	6695	9369	7316	6902	5691	6405	3520	3427	4044	978	8888
女性	人	97557	7285	11613	6890	8944	8418	6890	5063	7019	6682	5326	6409	3595	3356	2418	846	6803
四、地区生产总值	万元	1819793	135919	221746	67296	227526	150309	151482	81255	113018	122913	125654	162970	61379	53980	8710	8299	127337
五、人均生产总值	元	88679	94375	96742	48696	109842	87407	115230	57532	78879	90821	113921	144759	86032	79388	13445	45438	77174
六、工农业总产出	万元	2499422	224352	367148	77513	303797	217787	238712	119911	156942	186598	154359	175172	92554	98422	10855	12687	62613
七、粮食产量	吨	3481205	253058	555241	153487	634052	302832	311806	159683	133064	314093	226398	319449	35819	53409	12116	16698	---
八、固定资产投资	万元	121972	21232	16218	5710	21415	4690	7517	3476	8511	9755	5947	5739	4756	2562	410	306	3730
九、从业人员劳动报酬	万元	247547	14352	18336	9639	27923	14907	39878	9703	12114	21084	13721	9612	12559	7825	2180	1809	31906
十、从业人员平均劳动报酬	元	24029	20508	22206	17807	19981	18770	41875	19609	18608	18291	30229	17067	30949	24219	7905	18645	47346
十一、垦区人均可支配收入	元	23677	24129	24152	22910	25848	23509	24591	21155	21486	24980	25510	24961	23280	23913	12018	22027	26676
十二、少数民族人口	人	3421	259	776	227	366	96	66	229	38	261	95	298	372	241	58	7	32

八五〇农场

场长：刘佳明，1968年5月出生，山东莒南人，中共党员，本科学历，高级兽医师。1991年7月参加工作，2010年8月任现职。

党委书记：张卫华，1963年10月出生，四川巴中人，中共党员，本科学历，高级政工师。1984年8月参加工作，2010年8月任现职。

党委副书记、纪委书记：

张昭宏（2011.5—）

工会主席：

张天会（2011.4—）

副场长：

粟　华（2009.12—）

贾春水（2011.10—2016.5）

纪　军（2012.7—）

王木峰（2016.8—）

党委委员、武装部部长：

齐长春（2011.4—）

党委委员、办公室主任：

王万昌（2013.10—）

概况　八五〇农场位于黑龙江省虎林市西部，坐落在完达山脉南麓，穆棱河北岸，七虎林河贯穿农场。地理坐标北纬45°40′54″，东经132°15′51″。北与云山农场及八五四农场接壤，南邻穆棱河与八五六农场相望，东面是虎林市宝东乡、新乐乡，西部与石头河及虎林市杨岗乡相邻。农场居于牡丹江管理局农场群中心，哈东铁路、方虎公路贯穿场境，境内建鸡高速公路设有出口，区位优势、交通优势和资源优势明显。境内地形西北部以山区为主，中部为山前漫岗，东部为平原。土地总面积5.21万公顷，其中耕地3.34万公顷，林地0.9万公顷。总人口1.44万人。下设13个管理区，28个工商运建服企业，场部地区分为4个居民区。2016年，农场实现地区生产总值13.6亿元，同比增长6.3%，其中第一产业增加值6.9亿元，比上年下降2.8%；第二产业增加值3.3亿元，比上年增长26.9%；第三产业增加值3.4亿元，比上年增长9.7%。实现社会消费品零售总额1.4亿元，比上年增长10%。实现利润总额3762万元。

农业生产　战胜历史罕见的春季低温多雨、夏季干旱少雨、秋季台风倒伏的自然灾害，坚持做到投入不减，标准不降，全面完成3.24万公顷耕地播种和收获任务。水稻和大豆绿色高产高效创建项目全部超过目标产量。探索立体生态种养模式，扩大高效经济作物种植面积，尝试种植鸭稻、蟹稻、鹅玉100.4公顷，应用蚯蚓粪种植寒地香稻、特色黏稻、瓜果蔬菜等380公顷，狠抓示范推广和落实，收到较好的经济效益。育秧大棚二次利用示范种植木耳16万袋。探索实施农业技术的推广路径，经过试验示范，推广测土配方、全程立体施肥、水稻侧深施肥技术；推动农牧有机结合、资源循环利用，推广蚯蚓系列生物有机肥替代化肥使用；推广更新购置新型标准化药械，更换标准化喷头体，提高除草剂利用效率；推广采取物理方法和生物农药开展病虫害防治，减少化学药剂使用；推广"稻鸭共作、稻蟹共作"等一批绿色有机种植模式"减肥减药减除草剂"。

农业基础设施建设　水利总投资2350万元，完成农业综合开发、小型农田水利工程、饮水安全等项目5个；自筹资金完成应急度汛、防洪除涝、工程维修等工程。清淤沟渠68公里，修建桥、闸、涵184座，修整田间道路28公里，架设输变电线29公里、油改电高低压线路42.5公里，新增电井灌溉面积33333公顷。落实"一事一议"等项目投资484万元，完成"三库一场"改造工程，新修水泥晒场2.13万平方米，农机停放场1.9万平方米。农机更新总投入3944.7万元，引进农业机械639台套。

畜牧业林业　年末奶牛存栏3216头，产鲜奶7526吨，生猪存栏3547头。卫星金山森林养殖场的标准化养殖基地已在东沟林场开工建设，新建猪舍6栋，母猪存栏105头。扶持发展林业经济，红树莓等小浆果林下经济产业取得阶段性成果。绿化和森林管护力度不断加强，造林绿化成果不断巩固。农场被评为全国绿化先进集体。

产业化发展　八五〇、绿垦、盛邦、圣丹品牌等9个产品被国家授权许可使用绿色食品标志。农场绿色食品标志已达21个。组织企业开拓国内市场，先后在上海、大连运用媒体、公共交通流动平台，进行立体式品牌米宣传推广。组织企业参加第十三届金秋粮食交易洽谈会和上海国际食品食材展览会、上海绿博会，使农场的粮食产品知名度得到明显提高。开创精白米、胚芽营养米、糙米、蟹田米、五谷杂粮、面条、俄罗斯生态米等产品成功进入上海、北京、大连等大中型城市布点销售的良好局面。在精准招商上下工夫，对项目培育、项目签约、项目开工、竣工达产等四个关键环节进行重点跟踪、重点协调、重点服务。引进的甘肃天水百谷科技公司的玉米及杂粮、紫苏等特种经济作物精深加工项目、省供销总社投资的20万吨仓储及胚芽糙米加工项目、超越公司的年加工量2.8万吨的杂粮加工项目已全面开工建设，其中超越公司已完成全部投资并达产。不断延伸农业产业链，拓展农业多种功能，强化农户利益联结模式，培育新型农业经营主体，鼓励创建种植、养殖、农机等合作社，支持产业化龙头企业参与或领办合作社。新增圣丰水稻、天昊玉米、田野旱田等6家种植专业合作社，已完成工商注册登记。加快现代物流产业建设，促进区域性粮食贸易健康发展，物流园区年发运集装箱3000个，全年发运粮食30万吨，吞吐量同比增长50%。

现代营销　坚持创新发展现代与传统相结合的营销模式，发展"互联网+"农业，实现线上线下互动联动的良好销售格局。推广示范种植1087公顷芽豆、寒地香稻、蟹稻、鲜食玉米、留兰香等高效经济作物，订单合同全面履行。推进高端稻米产品全程可追溯规模，新增水稻追溯面积4000公顷。投资80余万元与农垦垦通公司合作开展"互联网+农业"工作，通过农业生产流程系统、农户种植查询系统、生产加工追溯系统、农产品质量安全追溯查询系统，结合农业物联网监测平台，农场380公顷寒地香稻形成一个完整的农产品质量追溯

体系，为发展绿色有机农业提供可靠的技术支撑。在苏州昆山、上海完成高端米销售网点的设立，成功进入“央视商城”电子商务平台，推广昆山社区米站14个，“八五〇”牌系列米、“绿垦”品牌系列产品已成功在“天猫”“销售宝”“邮乐宝”“食已安”“老兵快线”等平台进行线上线下同步销售。

企业管理　通过建立健全各项管理制度并严格执行，确保企业管理良性化运转。严格预算管理，全面加强经费指标控制。有效压缩管理费用和社会性费用支出，实现全年经费总指标比上年下降30%、“三公”经费下降14%的良好预期。财务资金使用效率显著提高，企业财务管理水平明显提升。严格制度落实，确保重大事项科学决策。充分发挥党委集体领导的核心作用，坚持民主集中制原则，严格遵守议事规则和决策程序，保证重大决策、重要人事任免、重要项目安排、大额度资金使用等“三重一大”集体决策制度落实到位。规范企业经营管理行为，提高决策能力和运营质量。严格监督职能，加大企业内部监管力度。强化审计监督和民主管理制度的落实，加大企业内部监管力度。完成审计任务10个，审计总金额2.4亿元，提出整改意见和建议38条，对农场实施的基建、水利项目全部落实工程结算审核和竣工决算审计。厂务公开、民主监督制度得到有效落实，职工群众的知情权、参与权和监督权得到有效保障。严格资产管理，盘活资源性资产。挖掘资源潜力，充分运用市场经济机制和经济手段配置资源，使资源的开发、资源保护与经济发展同步。通过公示发包，盘活林业基地、8队牛舍等5处闲置资源性资产，收缴资产使用费158万元，使农场闲置资产得到有效利用，固定资产保值增值。

民生工程　投资136.8万元，为医院新购置一台“超声彩色多普勒诊断仪”；落实全民健身工程，新建社区多功能运动场2套；改建扩充部分室外活动场所，购置相应的文体娱乐和健身器材；投资450万元，实施城镇道路、上下水、电力、监控、公园等基础设施维护改造工程；完成居民分户供暖改造，提高供热效率和供热质量；投资138万元，对场部七区老旧居民住宅进行电路安全和供水管网改造；完成种子公司、北大荒米业厂区粉尘污染治理和南部工业园区集中供暖管网改造工程。

精准帮扶　为24户精准扶贫户发放低保金20.88万元，精准帮扶户人均收入8474元，有稳固收入的13户15人已经脱贫。落实应急社会救助制度。对困难职工群众临时性、突发性生活困难给予帮助，低保标准提升到560元，人均月补差额375元。对低保家庭住院医药费履行社保报销后，其余部分按100%给予医疗救助，全年发放低保家庭医疗救济金24万元。为患重大疾病、突发意外、火灾家庭和患病住院三无人员申领临时救助16万元。落实重度残疾人护理补贴和贫困残疾人生活补贴制度，发放补贴18万元，保障和改善残疾人的基本生活。

社会事业　教育设施不断完善。争取国家投资218万元，为学校新建校园网、语音教室、录播教室，购买补充音体美器材和优质课程资源。学校顺利通过国家义务教育均衡发展工作验收。极落实“国家基本公共卫生服务项目”，为全场92%的居民建立健康档案；农场医院荣获“省级示范社区卫生服务中心”称号。社会保障体系不断健全。医疗保险支付凭卡直接结算，不降低报销比例。落实高龄津贴制度。为80～89周岁的低保和低收入家庭老年人以及90周岁以上老人发放高龄津贴4.71万元，为低保和低收入家庭失能、半失能老年人发放护理补贴1.1万元。

文化生活　拓展载体和阵地建设。在同德小区和第十二管理区配备社区多功能运动场，将第二、第十一、第十二管理区的公共服务设施建设纳入农场文化城镇建设的总体规划；拓展北大荒书屋、“三室两场”等文化载体和阵地建设，农场图书馆实现图书刷卡借阅。发挥“九大”协会作用，组织开展全民健身运动会、广场集体舞、广场文艺汇演、千人徒步行、球类、棋类比赛等文体活动。坚持开展文明单位、文明小区、文明楼道、“十星级”文明户标兵等系列主题创评活动。

党建工作　开展“两学一做”，推动全面从严治党。“学”字当先，以学促知，党员干部党性修养不断提高。农场党员干部学习党章和习总书记系列讲话，开展“党章党规知识竞赛”“我心中合格党员演讲比赛”等系列活动；运用党建网络管理平台、微信公众号、信息简报等载体，拓展学习教育的广度和深度。全场各支部及党员干部共讲党课72场次，受教育党员2000余人次。“做”字当头，以知促行，干部作风不断改进。基层党员干部发扬“工匠”精神，帮助职工群众进行结构调整，选种、试种鸭稻、蟹稻、鹅玉等种植项目21个，与种植户结成帮扶对子78户，从种到管、到收都进行跟踪问效和技术指导，为职工增收致富积累经验。社区党组织开展矛盾调解、结对孤老、医疗服务等活动。推进“两个机制”建设，机关干部联系服务基层取得良好成效。农场党委结合领导包片、党建联系点、科室挂钩、结对帮扶等活动，建立党员服务区175个，联系服务群众700余人，帮助职工群众解决实际困难137件。落实两个责任，党风廉政建设不断加强。加大违纪惩处力度。全年共受理群众信访举报17件及上级转办件9件，其中立案调查1件，对2名违纪的中层领导干部给予党纪处分。

（张仁群）

八五四农场
八五四分公司

分公司总经理：殷松，1968年3月出生，山东省胶南市人，中共党员，研究生学历，粮食高级工程师。1986年12月参加工作，2008年7月任现职。

农场党委书记、场长：刘延年，1962年4月出生，黑龙江省虎林市人，中共党员，专科学历，高级政工师。1978年10月参加工作，2012年6月任现职。

农场党委副书记、纪委书记：

冉光明（2012.7—）

分公司副总经理：

邰思维（2008.9—2016.4）

徐明增（2016.7—）

农场工会主席：

王忠军（女，2010.4—）

分公司副总经理：

张国军（2013.5—）

朱乐林（2010.10—）

农场社区副主任：

王广胜（2002.8—）

分公司副总经理：

钟泉伟（2015.6—）

王　立（2015.6—）

农场党委委员：

夏振芳（女，2008.12—）

场长助理：

杨东升（2008.10—）

徐明增（2012.8—2016.8）

概况　八五四农场位于黑龙江省三江平原东部、完达山南麓，地处虎林市和宝清县境内。境内哈东铁路、建鸡高速、虎宝公路贯通。地理坐标为北纬45°50′～46°13′，东经132°36′～133°35′。农场始建于1956年7月17日，辖区总面积123908.76公顷，总人口20805人，总户数7479户。拥有耕地67927公顷，林地18　202.3公顷。农业机械总动力200371千瓦。农场下设4个中心管理区、34个作业站，场部直属单位18个，驻场单位4个。

2016年，八五四农场、分公司实现生产总值22.2亿元，人均可支配收入2.42万元。

农业生产　实现粮食总产55.5万吨，粮食平均公顷产8267.1公斤。按照“稳稻、减玉、增豆、强经作”思路优化种植结构，推进转方式、调结构重点工作。完成生产经营面积67133.3公顷，其中水稻调增到50533.3公顷，玉米调减到6400公顷，大豆等经特作物调整到10200公顷。推进生产方式创新，落实水稻育秧大棚二次利用示范项目24栋，落实水稻振捣提浆技术、“鸭稻”、“蟹稻”等共计2266.6公顷。开展“三减”、测土配方施肥、水稻侧深施肥技术的试验推广，水田节水量达20%，农作物秸秆还田率达100%。推进绿色农业发展，全国绿色食品原料标准化生产基地规模增至3万公顷，持续推进农产品质量追溯系统建设，实现水稻全面积质量追溯。完成农垦总局下达的“转方式、调结构”重点试验示范工作。投资7237万元更新农机具1426台件。新建现代农机服务中心4处，新增农机具停放场29200平方米，新建停车库房5040平方米，为11个作业站农具场铺垫砂石9000立方米，农机具入场库停放100%。投资500余万元建设农业智能化信息系统，可进行气象环境采集、生产过程视频监测、记录、病虫害监测，实现智能监测。

工业商务　实现工业总产值10亿元，工业增加值2.8亿元，主营业务收入10亿元，利润1000万元，实现招商引资2000万元。完成谷道粮食经销有限公司粮食加工仓储二期项目、丰禾粮食经销有限公司粮食精深加工建设一期项目以及惠丰珍宝粮油有限责任公司绿色食品水稻精深加工一期项目。项目总投资8000万元，项目建成后，可实现年加工25万吨的生产规模，可安置就业50人，实现职工增收60万元。野宝药业与上海扎堆科技有限公司签订合作意向书，通过互联网进行线上线下双向营销。兴垦粮贸有限公司与农户签订红小豆和黑豆保底价订单面积6667公顷。引进全套自动化生产设备，新建占地面积1819平方米仓储库，进一步扩大仓储能力。总投资19256.55万元的汇丰珍宝粮油有限责任公司绿色食品精深加工项目入驻工业园区，盘活大鸿图油脂闲置资产，进一步优化资源配置。

畜牧业　坚持发展以种养结合为主的特色畜牧业，实现全新的生态养殖模式，以生产健康绿色环保的畜禽产品为目标，畜牧业发展保持强劲增长态势。实现奶牛存栏1700头，肉牛饲养量400头，生猪饲养量12722头，羊饲养量816只，家禽饲养量15万羽，肉类总产量795吨，鲜奶总产量3600吨，禽蛋类产量680吨。实行动物防疫合格证制度，使农场的重点动物疫病免疫密度全部达到100%；严格执行外引动物检疫申报制度，对引进动物按规定进行隔离饲养观察，经检疫合格后方可进入生产场区。选定合适地块种植玉米13.3公顷，饲养大鹅1500只。将玉米种植与肉鹅养殖有机结合。检验渔船71艘，核发水产养殖证17个。对非法占用开采草原的行为采取高压政策，全年没有非法开垦草原的案件发生。

经贸流通　通过走访老客户、参加展会、网上洽谈等多种形式不断扩大客户资源，增加产品销售渠道。销售农产品总量为46267吨，其中水稻46007吨，销售有机大豆40吨，出口有机混合饲料220吨。肥料共计贮备7825吨，其中二铵2320吨，尿素2699吨，硫酸钾1260吨，氯化钾264吨，汉枫复合肥1282吨。完成南京国环有机认证中心及北京爱科赛尔认证中心有限公司（ECOCERT）对我公司14公顷有机基地检查审核工作。

水利建设　完成35作业站强排站、六一八灌区维修工程、水资源及水土防治项目、34作业站虎北排干闸、2作业站、14作业站高标准农田建设项目、3作业站千亿斤粮食生产能力规划项目，累计完成投资2900万元。完成强排站1座，维修泵站2座，改造水田2公顷，开挖疏浚渠道71.48公里，新建虎北排干闸1座、小型建筑物106座、砂石路22.54公里、田间道路30.72公里、渠道衬砌1.7公里，配套闸门启闭机12台，发放无纺布3000平方米、临时涵管650节。汛期组织专业人员沿七虎林河堤防重要险工弱段展开拉网式排查，采取疏通排干、围堵低洼段、强排等措施，共计投入抢修资金25万元。

社会事业　完成危房地税减免工作2580户。投资314万元完成基层单位一事一议公益事业建设项目2个，投资280万元完成场内人畜饮水建设项目，建设完成全民健身运动中心。探索精准扶贫的新途径，推进职工共富行动，农场科部级以上领导干部与140户贫困家庭进行结对帮扶，发放配套扶贫资金100万元，发放救助补贴资金共计293万元，86户贫困家庭顺利脱贫。巩固离退休人员养老金社会化发放成果，及时准确支付各项社会保险待遇2.02亿元，补发调资94万元养老金。投资268万元进行学校三通工程建设、教学设备的补充，新建功能室7间，更新功能室3间，新进电脑67台，多媒体教学设备14套。新建校园无线网络，达到有线无线网络全覆盖。有序开展医院特需服务，开通医疗救护“绿色通道”，使急、危、重病人得到及时救治。

党建　开展“两学一做”学习教育活动，领导班子成员带头到包片单位上党课、督导学习教育进展情况。领导班子成员为基层上党课30余次，各党支部上专题党课193次，查摆解决突出问题213件，党员干部为群众提供帮扶资金938万元，为困难群众捐款83096元。以服务型党组织建设为抓手，根据不同领域和行业特点，组建管理区、社区、教育卫生、机关等不同类型的党员服务区474个，联系服务群众2370户，成立党员服务队63个，为群众办好事实事1485件。在38名失联党员中，37人已取得联系并及时补缴党费。做好青年后备干部培训工作，成功举办第二期青年干部培训班，培训青年干部100余人。提拔任用各级干部21人。精神文明创建工作成果丰硕，团山社区被授予“省级和谐社区”，胡俊先被授予管理局“道德模范”称号，吴进堂被授予省五一劳动奖章、全省职工创新标兵称号。

（周春华）

八五五农场

场　长： 黄邦涛，1964年9月出生，山东省沂南县人，中共党员，本科学历，高级农艺师。1982年8月参加工作，2009年10月至2016年4月任现职。

场　长： 隋文成，1967年7月出生，辽宁省庄河县人，中共党员，本科学历，农艺师。1985年12月参加工作，2016年4月任现职。

党委书记： 陈艳波，1966年6月出生，山东省惠民县人，中共党员，研究生学历，高级政工师。1987年8月参加工作，2009年10月任现职。

党委副书记、纪委书记：

韩　彬（2011.5—2016.8）

顾凯勇（2016.8—）

副场长：

李　国（2013.5—）

韩加洪（2012.7—2016.8）

苑庆伟（2016.8—）

毕岳波（2016.8—）

工会主席：

姜媛媛（女，2011.3—）

人武部部长：

陈海波（2014.1—）

党委委员、组织部部长：

王正涛（2013.9—）

概况　八五五农场位于兴凯湖畔的密山市境内。七（台河）密（山）高等级公路穿越场区。辖区总占地面积54242.9公顷，其中耕地30014公顷，林地21705.4公顷。地理坐标北纬45°38′～46°00′，东经131°18′～131°50′。与七台河、密山、宝清等市（县）接壤。四周环山，地势起伏，岗谷交错。地势西北较高，东南较低，耕地坡度较为平缓，80%为岗坡白浆土。气候属寒带大陆性季风气候，带有山区气候特点。

农场始建于1955年。2016年常住人口13817人，5922户。拥有固定资产投资总额5709.5万元，下辖6个管理区，24个作业站。中心城镇公益事业发展较快，职工医院、中小学校、幼儿教育中心、供热站、自来水处理中心、客运中心、职工健身中心、离退休干部、职工活动中心、商贸服务中心、金沙公园等公益性设施不断完善；农业银行、邮局、邮政储蓄、电力供应、工商、税务、土地、石油等驻场机构为农场发展提供服务；交通运输、粮油处理加工、综合饲料加工、种子加工等服务业较为繁荣。场部城镇集中供热网达36万平方米，街区硬化率91%以上，绿化达33%以上；自来水入户、室内污水排放、数字电视普及率都达100%，电话入户率达100%，人均住房面积达30.1平方米。场内公路硬化里程100公里以上，占辖区公路网的85%。2016年，农场实现可比价生产总值71108.9万元，实现职工平均工资21632元。

农业生产　完成播种面积27867公顷，其中大豆12867公顷，玉米10433公顷，水稻2133公顷，经济作物含青贮2487公顷。生产全程立足标准化作业、制度化管理，通过压玉（米）、提（大）豆，增特（色经济作物）调整种植结构，提高农业科技措施到位率，抵御春秋涝灾、前期低温，夏末初秋阶段性干旱等全年自然灾害。实现玉米平均每公顷产9450公斤，大豆2430公斤，水稻9180公斤，全场粮豆总产15.3万吨，农业总产值达30231.5万元。

农业机械　引进轮式拖拉机202台，水稻插秧机30台，各类联合收割机48台。按照总局及管理局要求，扶持补贴拖拉机、收割机51台、振导提浆机1台，补贴资金共计200万元。全年落实国家购机补贴资金635万元。其中：全年补贴动力机械40马力以上及收割机、插秧机等200余台，补贴资金共计585万余元。余下资金50万，用于年底深松补贴。全场农机总动力达4.687万千瓦，旱田田间生产综合机械化程度100%。

水利　利用国投资金2928万元实施小型农田水利建设即农场第一管理区第四作业站田间工程治理项目，小型农田水利设施建设补助专项即农场红星水库溢洪道维修项目，农场第四管理区第11、12作业站土地整治项目。共修建方涵4座，机耕路5.8公里，受益耕地1333公顷。建成高标准基本农田面积1654公顷，改善灌溉面积24.26公顷，改善和新增排涝面积1629.7公顷。

畜牧业业　坚持以奶牛业为主、其他养殖业均衡发展的经营思路，实施“标准化建设、规范化管理”，按照集约化、现代化养殖的目标。推广奶肉牛优质冻精配种、奶牛全混合日粮TMR饲养、奶肉牛性控及胚胎移植应用、奶牛生产性能测定DHI及应用、高能量全株玉米生产应用及玉米湿贮、苜蓿草生产应用、肉牛品种改良和快速育肥、生猪三元杂交与快速育肥、粪污无害化处理、动物疫病综合防治等新技术。以鹅—玉养殖为首个试验项目，尝试发展绿色生态养殖。年底奶牛存栏4400头，鲜奶总产15000吨；肉牛存栏110头，饲养量300头；生猪存栏2200头，饲养量5600头；羊存栏1450只，饲养量2500只；禽存栏8万只，饲养量15万只。

林业　以特色林下产业为林业经济增长点。栽植平欧大果榛子50余公顷，采用集中连片经营，打造保护性区域，达到周边数公里范围内不存在其他种植物，保障大果榛子成活率。以第5、23、27作业站为示范栽植北冰红葡萄100余公顷。根据土壤、水分、坡度等条件，建立中草药月见草培育基地，栽植面积达30余公顷。建成黑木耳、香菇、平菇等80万袋规模的食用菌培植基地。

工业 完成工业总产值9405万元，同比增长4.8%；实现招商引资580万元。林之泉山泉水厂投入200万元，更新设备续建厂房。清汁源纯净水厂投资380万元，完成企业建设。“互联网+”成为职工致富新方向。成立八五五农场电子商务发展协会，组织两次“互联网+”培训班，培训300人次。“谢英子小菜园”辣酱系列产品，成功入住37″易淘助力农村电商平台，森肴土特产加工厂与苏州“牛人部落”电商平台成功对接，发展微商代理50余人。

场县共建 继续实施场县共建，发挥科技、机械优势，带动周边农村共同发展。为密山市富源乡农户开展代耕、代种、代收面积共4770公顷，代秋整地作业2100公顷，其中：代耕1120公顷，代种1320公顷，代收2330公顷。推广高产作物栽培2320公顷，其中：玉米900公顷，大豆1100公顷，水稻320公顷，白瓜310公顷。推广农业农机新技术4项，包括玉米种子育肥、玉米化控、水稻毯式育秧、大型气力式免耕精量播种等共计5400公顷。科技示范培训780多人次。农业社会化服务方面，在周边地方设种子销售网点2个，销售种子760多吨，为地方推广良种3.4万余公顷。

小城镇建设 各类城镇工程建设严格按照农场规划实施，建成区内旧房屋维修改造严格执行审批制度，加强维修改造工程的全过程监督管理。对全场九台区变压器进行增容改造。更换金苑小区外网供热管道渗漏接头198处，更换供热管道阀门60个。更换金苑小区室外排水管道225米，修复排水检查井5组。解决金苑二期排水主干线管道652米。维修改造金苑小区一期阁楼5栋，安装彩钢瓦2050平方米。对农场机关办公楼供热管网和宾馆消防电气系统进行改造。为社区多功能活动室添置设备18台套。加强取暖管道建设维护，约束供暖企业行为，协调工商部门组织听证会下调供暖企业取暖费价格。完善社区居民委建设，打造“新市民”工程，推进开展社区自治工作。为提升物业服务质量，完善物业维修流程，全年100%受理居民维修问题。以《八五五农场文明城镇管理公约》为着力点，维护城镇秩序，规范居民生活行为，提升文明意识。

社区管理 农场社区管理中心以绿化、美化、净化、亮化为建设目标，加大环境卫生治理力度，集中清理平房区垃圾近千吨；集中清理场区沟渠万余米（其中对外环路沟渠清理2000余米）；在金茂小区新增草坪6000余平方米；组织保洁员对场区各类小广告进行彻底清理。居民委建设继续深化“三委两长”责任制，拓宽“10+x”服务，扩大“一站式”服务范围，吸纳更多志愿服务人员延伸网格化服务。结合农场“新市民”工程，为创新社会管理，在4个居民委共选举楼长100名，每栋楼房选出相应单元长，并开展针对性集中培训，细化、量化开展城镇居住区日常管理工作。以居委会、住宅小区、居民楼道等为单位，开展群众喜闻乐见，自娱自乐、健康向上的广场、楼院、家庭等文体活动。同时开展争当“新市民”“五星级文明户”“五好家庭”等活动，提高全民整体素质，共同致力文明城镇建设。

民生工程 争取国投资金1237万元，硬化第六管理区路面11.5公里。投资194万元，改造农场中小学教学楼及宿舍楼，总建筑面积1.27万平方米；更换幼教中心电器式灶台1组，顺利完成义务教育均衡化发展国家验收。投资185万元，维修改造农场职工医院3400平方米。着力提高社区卫生服务和基本医疗水平，规范整理居民健康档案8654份，组织开展健康讲座15次。社会保障工作稳中有进，征缴社会保险费6057万元，其中农场单位缴纳4727万元，个人缴纳1330万元，发放企事业单位养老金13527万元。完善劳资人事制度，实现增加就业、再就业44人。“两节”走访慰问困难职工543户，发放慰问资金23.9万元。全年助学45人，发助学金3万元。发放低保金104.6万元；高龄津贴补贴17.3万元；各种补贴及救助57万元。为31户可扶持困难和低收入职工家庭办理低息贷款，扶持自营经济项目31个，发放扶低扶困无息贷款资金47万元。完成农场贫困户建档立卡和精准扶贫工作。

党建工作 以建设服务型党组织为目标，结合党的群众路线教育，开展“三严三实”专题教育，开展志愿服务、“全民阅读”“身边好人”“我们的节日”等各种形式的主题教育和实践活动，引导广大职工群众崇德向善。正确把握舆论导向，促进新兴媒体与传统媒体融合发展，及时准确传播主流声音。实施“鱼水工程”，开展党员干部联系基层的作风建设。在广大基层党组织继续推广建立“党员示范岗”，成立“党员服务区”，设立“党员服务热线”，组建“党员志愿者服务队”，推广“民情流水线”工作法。严格选拔各级领导干部，优化干部队伍结构。坚持全面从严治党，强化基层党组织建设，增强党员领导干部的服务意识和为民办实事、解难题的服务能力。进一步完善以“三重一大”为主要内容的议事规则和决策制度，严格落实党风廉政建设责任制，强化监督检查和责任追究，全面加强廉政风险防控，加强“八项规定”等系列新规宣传、教育，全年五项费用均有下降，其中公务用车购置费及交通费下降12%；招待费下降11%。落实党风廉政建设责任制，组织开展廉政宣传教育活动11场次，反映问题线索来信来访19件，立案并结案2起，党纪处分2人，组织处理1人，诫勉谈话8人。

（闵建东）

八五六农场 八五六分公司

分公司总经理：金哲，朝鲜族，1962年5月出生，黑龙江省海林市人，中共党员，本科学历，高级经济师。1983年8月参加工作，2013年10月任现职。

农场党委书记、场长：郑玉忠，1964年11月出生，山东省诸城市人，中共党员，本科学历，教授级高级政工师。1983年10月参加工作，2011年1月任现职。

党委副书记、纪委书记：

车明英（女，2014.11—）

党委委员、分公司副总经理：

陈德权（2013.5—）

副场长：

李晓兵（2013.4—）

沈　敏（2013.12—）

芦丽华（2014.3—）（援疆）

工会主席：

赵　霖（2014.11—）

分公司副总经理：

张东华（2014.4—）

魏玉田（2014.5—）

张凤虎（2015.11—）

分公司财务总监：

柳新民（2014.11—）

概况　八五六农场于1955年3月建场。地理坐标北纬45°22′24″～45°44′50″，东经132°28′～133°11′38″。地处大穆棱河下游南岸，横跨虎林、密山两市，面积1259平方公里。东与八五八农场、庆丰农场、虎林市虎林镇接壤，北沿大穆棱河与虎林市虎林镇、宝东镇、八五〇农场搭界，西靠穆兴分洪道与八五七农场相邻，南与兴凯湖农场毗连，东南隔松阿察河与俄罗斯相望。东距国家一类陆路吉祥口岸59.7公里，南离兴凯湖畔60公里。耕地面积78867公顷，林地14132公顷，牧草地17252公顷。2016年，实现地区生产总值22.1亿元，其中第一产业增加值14.7亿元，第二产业增加值2.3亿元，第三产业增加值5.1亿元。分公司实现利润8307万元；农场减亏5857万元，资产负债率下降2.7%，各类借款下降120万元。居民人均可支配收入2.6万元。

农业生产　以早动争主动，克服春季低温、秋涝等不利因素影响，不等不靠，牢固树立“抓农时、上标准、保春种”思想，扎实做好农业生产各项工作，完成农作物播种面积7.58万公顷，实现粮豆总产6.34亿公斤。多渠道筹集资金1.5亿元，重点抓好农业综合开发、田间工程、土地整治等项目建设，不断完善农业基础，提高农业防灾减灾能力。整治土地633.3公顷，新建高标准农田7000公顷，新增优质粮田800公顷，提高土地利用率和产出率。新建水泥晒场9.5万平方米，硬化田间路30公里，新建水利工程建筑物82座。农业生产各项基础条件进一步改善，职工群众得到实惠。以“调优、调绿、调特”为指导方针，调整种植结构，发展优质稻米种植，与佳沃北大荒合作，建立绿色生态优质水稻基地1333.3公顷，基地以有机无机复混肥代替化肥，在确保生产安全优质水稻同时，改良土壤，降解农残，种地养地相结合，实现农业的可持续发展。坚持抓好土壤改良和“三减”工作，推广减农药、减化肥、减除草剂及节水灌溉技术，推广旱田测深施肥技术266.6公顷、水田“减农药减除草剂”1333.3公顷。农作物秸秆100%实现还田。开展水稻旱田直播滴灌栽培、水稻旱直播水管栽培等6项栽培试验，探索水稻新型种植模式，以降低成本，改善品质，实现种植户、企业“双赢”。继续承担农业部水稻绿色高产高效创建任务，平均公顷产超过10605公斤，完成高产创建目标。实现水稻无公害全面积覆盖，建立大豆无公害产地666.6公顷，玉米无公害产地1333.3公顷，生产无公害农产品6.1亿公斤。

农业机械　争取国投资金1943万元，总投资7300万元，更新农业机械1000余台套，其中重点更新高性能插秧机142台，48马力以上拖拉机329台，水稻苗床电动播种机236台，水田运苗车360台，谷物收割机109台，其他各类农机具1000余台（套），补贴机械购买中严格按照农机购置补贴实施方案实施，做到补贴工作公开、公平、公正。投资800余万元，重点对一区1站、二区3站的农具场进行完善，砂硬化2736平方米，维修大门2处，新建洗车平台2处，改造综合更房1栋等农具场基础设施，农场顺利通过农业部农机标准化农场验收，被评为全国农垦农机标准化农场。

工业　实现工业总产值5.18亿元，同比增加3.5%；增加值1.54亿元，同比增加2.5%；主营业务收入5.15亿元，同比增加2.9%；利润1760万元，同比增加3.2%。完成康久葡萄酒有限公司酒厂等2个建设项目的续建。鑫溢米业有限责任公司加工有机米100万公斤，实现利润40余万元。谷邦米业有限公司完成麒麟山大米绿色商标认证工作。

畜牧水产　年末肉牛存栏170头，饲养量265头，同比增加7.3%；生猪存栏1100头，生猪出栏3400头，同比增加4.2%；羊存栏900只，出栏800只，同比减少27.6%；禽存栏2.8万只，出栏13万只，同比增加36.76%。建立农场、管理区和作业站三级防疫体系。发展“青山湖生态鹅”养殖，养殖大鹅10万只，实现产值550万元，利润100万元。探索“鹅玉”“鸭稻”“蟹稻”等绿色（有机）生态种养模式133公顷，。年产河蟹3万公斤，产值240万元。进行10万尾台湾泥鳅、匙吻鲟、鳜鱼的养殖试验。

林业　扩大鲜食葡萄、蓝莓、酿酒葡萄、美国大榛子等特色经济作物基地面积，建立大棚鲜食葡萄20公顷、寒地酿酒葡萄9公顷，大榛子7公顷，年产新鲜浆果15万公斤。投资300万元，建设1500立方米冷库，延长果实销售时间。完成造林面积34公顷，更新造林11公顷。植树株数18750株。新建2公顷义务植树基地。场部青禾小区地区栽植稠李、青扦、水曲柳榆树篱等乔灌木6万余株，城镇及中心管理区林木覆盖率达39%。抓好保护森林、自然保护区、湿地、野生动物等工作，加强巡护、依法行政，提高执法人员素质，规范执法程序，开展严厉打击盗伐滥伐林木、非法占用林地、非法毒杀、猎捕野生动物等违法犯罪行为。查处林政违法案件28件，收缴各项罚没款32699.7元。移交公安部门立案9件。建立健全森林防火各项制度，建立13支机械扑火队伍，新配置风力灭火机10套，防火服20套，严防森林火灾的发生。处理防火期内擅自野外用火案件23起，处罚金额共计13400元，移交公安部门立案5起。全年没有发生重大森林草原火灾。

商务旅游　与哈尔滨客商李成虎合作，成立军友新能源开发有限公司，先期投资150万元，生产军用帐篷和伪装网。浙江米袋子食品有限公司后续投资200万元，建设有机米生产基地。星宇木业有限公司的火柴杆出口日本及马来西亚16万公斤，出口金额20万美元。完成辖区内全部酒类批发业户、加油站、再生资源的备案登记，建立相关的管理档案。完成“八五六农场”的商标注册认证，完成“黑龙江青山湖河蟹.cn”的域名注册工作。参加北大荒绿色食品展销会、省餐饮博览会、省绿色食品博览会，推出天马牌白酒、稻香斋有机大米、碧康牌寒食葡萄等系列产品。推进电子商务在辖区内的普及，举办相关的讲座。完善农场网站建设，与大农网、37秒易淘网进行合作，开设旗舰店，并参加管理局电子商务产品对接会。加强景区硬件设施的提档升级，更新景区导览图，增添旅游线路指标牌。指导翠林荷谷旅游有限公司开展业务，共向国内外发团14次。推出候鸟养老旅游项目，打造旅游核心产品，加强旅游市场监管。以“爱旅游、爱生活、爱龙江”为主题，举办中国旅游日系列活动。凤全山庄荣获中国旅游局颁发的“乡村特色金牌农家乐”称号。全年接待游客12.7万人次，旅游总收入约1270万元。

党建工作　扎实开展“两学一做”学习教育，坚持以学为基础，作为关键，改为重点，干为目的，努力实现以学促做、知行合一，切实把学习教育成果体现到推动发展、干事创业、真抓实干上来。加强领导班子、基层党组织和干部队伍建设。教育广大党员尤其是党员领导干部模范遵守党的政治纪律和政治规矩，敢于担当、善于担当、体现担当。牢固树立正确用人导向，坚持以新时期好干部标准选拔干部、配齐班子，不断优化领导班子结构，激发干部队伍活力，各级领导班子和基层组织整体战斗力增强。全面落实党建工作责任制，开展系列服务基层活动，春播和秋收期间帮助生产单位解决生产生活困难126件。建立党员服务区537个，联系服务群众1500户。不断完善考核评价制度，从严管理和监督领导干部，推动党内民主和议事决策制度常态化。以推动“两个责任”落实为重点，开展新《准则》《条例》系列学习活动，加大违纪案件查处和责任追究力度，全年纪检监察部门立案55件，处分党员领导干部27人。开展弘扬北大荒精神、践行社会主义核心价值观系列活动，传播正能量效果显著，评选出具有鲜明时代特征和广泛社会影响的“青山之星”11人。

民生保障　投资3000余万元，新建中学教学楼，完成中心大街、城镇道路改造、稻香湖公园续建等建设项目。加强医院重点科室、特色科室的建设力度，提高医疗质量。实施学校标准化建设工程，扎实推进素质教育。投入资金317.4万元，完成教育信息化建设项目，建立多媒体教室、实验室，购买计算机等教学设备，改变教与学的既有模式，为推进均衡教育打下良好基础。为离退人员发放养老金1.3亿元。累计投入资金近200万元，用于困难家庭、低收入家庭、残疾人群体帮扶和求助，受助群体600人次。为136户低保户发放廉租房补贴102万元。强化社会治安综合治理，辖区全部实行网格化管理。开展“平安农场”创建活动，着力解决影响社会和谐稳定的突出问题，提升群众公共安全感和对平安建设的满意度。加强重点行业领域、重点时间节点监管，安全生产形势持续稳定，全年未发生重特大安全事故。

（陈文静）

八五七农场

场长、党委副书记：张剑霜，1973年12月出生，黑龙江省望奎县人，中共党员，本科学历，政工师。1994年6月参加工作，2011年1月至2016年4月任现职。

场长、党委副书记：贾春水，1975年2月出生，黑龙江省兰西县人，中共党员，本科学历，农业推广硕士，高级工程师。2000年7月参加工作，2016年4月任现职。

党委书记：董佰军，1964年12月出生，黑龙江省延寿县人，中共党员，本科学历，教授级高级政工师。1985年8月参加工作，2011年1月起任现职。

党委副书记、纪委书记：

薛琳晖（2011.3—2016.8）

董永彬（2016.8—）

党委委员、副场长：

关成斌（2012.7—）

吴中华（2013.11—）

王志国（2016.8—）

党委委员、工会主席：

董伯民（2014.5—2016.8）

张兴盛（2016.8—）

党委委员、武装部部长：

邓永军（2013.7—）

党委委员、组织人事部部长：

沙　伟（2008.2—2016.12）

概况　八五七农场位于密山市东南部，坐落在北纬45°20′～45°42′、东经132°5′～132°40′范围内，北依完达山余脉，南濒小兴凯湖，与八五〇农场、八五六农场隔穆棱河相望，西北和东南部与密山市杨木乡、承紫河乡接壤。农场地处牡丹江管理局至兴凯湖大通道中段，靠近哈东铁路、建鸡高速等交通动脉，位置优越、交通便捷。农场位于穆棱河下游，为穆兴沿湖平原区。北、东、南三面环水，西面属蜂蜜山系二极台地，地形西高东低，多丘陵漫岗。农场土地总面积5.08万公顷，其中耕地3.63万公顷，林地4085公顷，下设10个管理区。直属单位9个，驻场单位11个；全场人口17280人，总户数8204户，场部地区分为1个社区2个居民委员会。

2016年，农场实现地区生产总值15.03亿元，同比增长2%，其中，第一产业增加值8.4亿元，与上年持平；第二产业增加值2.41亿元，比上年增长4%；第三产业增加值4.22亿元，比上年增长6%。实现社会消费品零售总额2.5亿元，比上年增长16.7%。实现利润总额1665万元。

农业生产　以“转方式、调结构、稳产能、增效益”为导向，立足农场实际，主动对接市场，推进种植业结构调整战略，克服春秋涝、夏低温等自然灾害，全面完成3.63万公顷耕地的播种、收获和再生产准备等任务，实现粮豆总产30.28万吨。调优品种结构，优质稻种植面积增加到2153公顷，种植甜玉米、高粱等经济作物200公顷。复种育秧大棚集约利用土地种植瓜果蔬菜和豆类杂粮等作物220公顷，试验鹅玉、稻鸭等生态种养殖模式30公顷。落实水旱田“三减”措施866.7公顷，示范应用水田振捣提浆、侧深施肥等新技术27公顷。在全场推行每月“逢五”农业大检查大比武，全场农业标准化水平显著提升。农产品质量安全监管体系逐步健全，经农业部批准的全国绿色食品原料标准化生产基地建设面积发展到3.33万公顷，水稻质量追溯系统建设规模达到1.67万公顷。引进高速插秧机、水田多功能管理机、振捣提浆机等各类机械540台。推进农机“三库一场”标准化建设，所有农具场实现机车、农具统一入库停放管理，农具场达到围栏化、砂石化、绿化。

农业基础设施　争取国投资金4000余万元，在第二、第四管理区实施小型农田水利和农业综合开发土地治理等项目，新增高标准农田2333公顷，新建水泥晒场5万平方米，维修农田路73.5公里；第五和第九管理区通过“一事一议”筹资247万余元（其中上级财政奖补235万元），修建农田路16公里。

畜牧业　“两牛一猪一禽”饲养量稳中有升，年末奶牛存栏2641头、鲜奶产量9780吨，肉牛饲养量412头，生猪饲养量6067头，家禽饲养量7万只；试验“鹅玉种养”模式，养殖生态鹅2300只，饲养成活率高、肉质优、经济和生态效益好；东方鸿雁、鸵鸟、貉等特色养殖业有所发展，养殖规模突破5000只。

林业　开展绿化造林，完成新增造林41.4公顷，城镇绿化植树2200余株；发展苗圃花卉、葡萄采摘等林产业，苗圃基地育成花楸、连翘、紫叶稠李、梓树、金叶榆等高附加值的乔灌木16万株，葡萄采摘园年产量达到1.5万公斤，利用大棚栽培黑木耳21万袋、滑子蘑9万袋；与总局林校合作的“库页红景天栽培繁育项目”通过国家基层农技推广项目组验收。

产业化发展　富坤公司、朝阳制米等企业依托“原字号”优势，不断延伸产业链条，对接国内外市场，米粉、大米面条、高端米等精深加工产品全部实现订单销售，工业利润突破3000万元。富坤公司首次获得“供港生鲜”供应商证书，并获得全省“十佳和谐企业”提名奖。密山社区兴凯湖机械有限公司整合资源，粮食收储能力突破30万吨；金谷米业年加工能力提升至10万吨，晋级管理局级龙头企业。在“大农网”开设“八五七农场旗舰店”，6种商品进驻网上商城。宝宝粥米、营养麦片等产品亮相全国农垦追溯产品展览会、中国国际农产品交易会等展销平台，拓宽营销渠道。

新型农业经营组织建设　逐步走上制度化管理、规范化运营、规模化发展的道路，全场水旱田专业种植合作社已达到25个，吸纳社员286户，种植规模4400公顷；稻花香米业、清香制米厂等企业与合作社共建水稻种植基地1666.7公顷，鲜食玉米、杂粮、优质稻、生态鹅等农副产品实现订单销售，产加销各环节有机融合，有力促进种植户和加工企业效益双提升。

民生工程　投资80万元修建给排水及供暖管线7000余米；投资130余万元修缮房屋8359平方米，墙体保温改造646平方米，维修广场、住宅小区路面800余平方米；投资340万元配套亮化新区6条街道；投资34万元，建设敬老中心消防泵房115平方米、消防水池133立方米，配备消防设施4套；投资86万元整修公园人工湖，重新铺设环湖甬道，安装安全护栏；投资40万元，栽种云杉、金叶榆等绿化树2200多株。

精准帮扶　加大社会救助力度。利用金秋助学、低保、临时救助、医疗救助等帮扶载体，对困难群众给予及时而必要的帮扶，全年发放帮扶资金228万元，发放残疾人专项补贴等3.13万元。系统梳理全场贫困户，建立精准扶贫档案38户，党员干部与贫困户“一对一”结对帮扶，采取帮资金、帮技术、帮项目等措施，截至年底17户家庭41人实现脱贫目标，精准帮扶户年收入合计22.25万元，人均5427.5元。

社会事业　争取“三通”及信息化建设项目资金258万元，为学校、幼教中心建设“平板电脑教室”2个、配备平板电脑96台，购进“触摸屏电脑一体机”37台、台式电脑12台，以及一批音乐、美术教学设施及室内外幼儿游戏材料；学校顺利通过全国义务教育均衡发展验收；医疗保障水平不断提高。落实“国家基本公共卫生服务项目”，居民健康档案建档率达到95%以上；不断扩大社会保险覆盖面，做到应保尽保，新增个体参保和接续参保81人。为462名灵活就业人员申请社会保险补贴95.5万元。广泛开展职业技能培训，累计培训技术人员、新型职业农工等2800余人次，166名失业人员实现再就业，城镇登记失业率0.4%。

文化生活与文明建设　利用“三室两场”文体活动资源，以爱国主义教育、党员教育、传统节日、弘扬北大荒精神等为主题，抓住纪念中国共产党建党95周年、红军长征胜利80周年等契机，开展主题文艺演出、球类棋类比赛、千人徒步走、广场舞大赛、“中华魂”演讲比赛、红歌赛等活动50余次。累计争取200余万元国家文化惠民项目，配齐室内电子屏、室内外灯光音响、健身器材等文体设施。坚持倡导践行社会主义核心价值观，深入开展全民诵读经典、垦情垦史教育、优良家风传承等宣教活动，加大道德模范、学雷锋标兵、美德少年等典型选树力度，营造崇德向善良好氛围，农场企业家高晓峰、党员干部黄友荣等同志，分别荣获第四届“感动北大荒人物”、牡丹江管理局第二届道德模范等殊荣。坚持开展文明单位、文明小区、文明楼道、“十星级”文明户标兵等系列文明创建活动，营造“讲文明、树新风”的良好氛围。深入推进“美丽乡村”环境卫生整治行动，广泛开展“争做环境小卫士”等志愿者活动，场容区貌有效改善。

党建工作　推进“两学一做”学习教育。采取个人自学、集中学习研讨、“三会一课”等多种形式，各级党组织累计开展集中学习培训192次，党组织书记讲党课56次。坚持问题导向，梳理归纳全场党员共性及个性问题20余条，列出问题清单26个，全部建立整改台账，问题整改率98%。引导党员立足岗位作贡献，建立“党员服务区”700个，帮助种植户筹措资金500余万元，解决实际困难300余件；组织机关干部参加植树、清理回填土等义务劳动1800余人次；全面加强党员干部队伍建设。进一步严明纪律，下发《机关目标管理考核方案》，严格执行机关干部考勤、请销假等各项工作制度，严格考核机关干部履职尽责情况。对基层党员干部实行专业知识测试与工作实绩检验相结合的办法，督促党员干部立足岗位不断提升综合能力；党风廉政建设责任制落实有力。落实党委主体责任和纪委监督责任，贯彻执行《中国共产党廉洁自律准则》《中国共产党纪律处分条例》等党规党纪，严格依法依纪办案，立案查处7件，其中党纪处分2人、行政处分3人、全场通报批评和警示谈话2人，正风肃纪和警示教育效果显著。

（朱磊）

八五八农场

场长、党委副书记：贾忠军，1965年5月出生，辽宁省东沟人，中共党员，本科学历，农艺师。1986年12月参加工作，2013年11月任现职。

党委书记：姜德福，1959年8月出生，辽宁省丹东人，中共党员，本科学历，高级政工师。1976年10月参加工作，2005年8月任现职。

党委副书记、纪委书记：

张艳斌（2011.4—）

党委委员、工会主席：

张李华（2013.5—）

党委委员、副场长：

范玉宝（2009.11—）

李　军（2009.11—）

李红星（2016.10—）

王玉萍（女，2009.11—）

党委委员、组织人事部部长：

张福娟（女，2012.2—2016.10）

武装部部长：

吴伟宗（2014.1—）

概况　八五八农场位于虎林市东南部乌苏里江畔，与俄罗斯列索扎沃茨克市隔江相望，边境线总长97.5公里，地理坐标为北纬45°30′～45°55′，东经133°02′～133°30′。国家一类陆路口岸——虎林口岸坐落在农场境内。辖区南北长约39公里，东西宽约21公里，全场总面积742.8平方公里，现拥有耕地4万余公顷，林地1.13万公顷，自然水面1万公顷，牧地草原6000公顷。农场下设8个管理区和20多家工商运建服企业及文教卫生事业单位，总人口1.7万人。

农场始建于1956年4月。现已成为一个集农、工、商、贸、旅游于一体的大型绿色水稻专业场，国家级生态示范区，国家AAA级旅游景区。农场拥有丰富的绿色自然资源，被“三河一江”（大、小穆棱河、松阿察河、乌苏里江）所环抱。120平方公里沿江地带被划为省级自然湿地保护区。2016年，农场实现地区生产总值15.15亿元，其中第一产业9.74亿元，第二产业2.49亿元，第三产业2.92亿元；利润总额6618万元；人均生产总值11.15万元。农林牧渔总产值15.52亿元，固定资产投资7516.7万元，社会消费品零售总额4.22亿元，地方财政收入4537万元，人均可支配收入2.46万元。

农业生产　36780公顷粮食作物实现粮豆总产达31.2万吨，其中水稻单产592.07公斤，总产29.94万吨。坚持以市场需求为导向，调优品种结构，种植优质水稻5733.3公顷。通过栽培木耳，种植花生、杂豆等经济作物，推进水稻育秧大棚二次利用。探索发展“鸭稻”“蟹稻”“鹅玉”、有机水稻、振捣提浆、超早育苗等示范项目。实施水稻测土配方施肥、机插侧深施肥、优化药剂配方、统防统治等“三减”措施。完善农产品质量安全追溯体系建设。建立“互联网＋有机水稻”示范基地，实现生产环境可监测，生产过程可监控。投资5300万元，用于农田水利基础设施建设、田间道路修缮、育秧基地改建、农业保险配套、农机具更新和农机具场、晒场建设，农场通过全国农垦农机标准化达标示范场验收。推进农业科技服务体系建设，开展农技人员、农工素质培育和科技示范带动工程，培训各类人员5000余人次，建立科技示范田86处。

畜牧业　争取省补贴资金600万元、农场配套资金534万元、奶牛场自筹资金377万元，完成奶牛场标准化规模养殖基地建设项目。以“两牛一猪一禽”和水产养殖为重点的畜牧水产业良好发展，实现奶牛存栏1400头，生猪存栏2000头，禽存栏2.1万只。

林业　以保护和培育林业资源为重点，强化林政队伍建设，查处林政案件4起，植树造林32.8公顷，小穆棱河湿地公园通过国家林业局评审。

工业　针对二三产业比重小，产业融合度低等结构性问题，创新模式，拓展优势，为延伸产业链、促进产业有机融合奠定基础。加强产业基础设施建设。通过招商引资1.65亿元新建60万吨水稻仓储和10万吨大米加工项目，工业园区设施建设得到提升。品牌推广延伸产业链条。千岛林食品有限公司设计研发并推出20余款大米及林下系列产品，“千岛林”牌鸭稻米、有机米等中高端大米推向市场。

旅游业　利用农场特有的千岛林湿地、乌苏里江、大小穆棱河等资源优势，通过加强投入、高品位设计、激活机制，品牌营销、优质服务，促进旅游业持续升温。千岛林景区成为黑龙江省五大主题精品旅游线路之一。筹资821.7万元，新建垂钓平台、游乐沙滩区、阁楼、观光岛长廊等水上游乐基础设施，修建景区道路4.5公里、停车场2处，购买画舫游船2艘、快艇1艘。创新、创优市场营销方式，成功举办旅游文化节、啤酒节。启动候鸟养老、体验观光游等活动，与周边旅游实现联动。通过进行环境美化、提供优质服务、提升内涵品位等有力措施，宜居城镇与旅游业交相辉映，相得益彰，带动消费。

民生工程　投资1274.2万元，用于住宅楼屋面维修，小区供热供水管网、城镇道路、双老活动中心及文体中心屋面改造；抓住国家义务教育均衡发展验收契机，投资150余万元对学校部分教学设备进行补充和完善；农场公墓基础设施主体工程已经完成。扶贫帮困扎实开展。领导干部与困难职工一对一结成帮扶对子，帮助共富对象确定发展项目，送去技术和帮扶资金。同时，帮助职工农户开辟致富渠道。农场制定优惠政策，鼓励职工发展特色养殖种植业，提高自身造血功能。有30户贫困家庭实现脱贫。扩大参保覆盖面。企业承担职工五项保险2733万元，为灵活就业人员补贴基本养老和医疗保险351万元，为其他个体参保人员补贴204万元。

党建工作　农场党委坚持以建设服务型党组织为目标，狠抓党员干部廉政勤政建设，弘扬社会主义核心价值观，进一步提升党建科学化水平。组织建设激发活力。巩固“三严三实”教育活动成果，开展“两学一做”学习教育，加强基层党组织建设。干部队伍结构得到优化。适应农垦改革需要，优化部门及单位配置模式，增强内生动力和发展活力，全年内部退养干部71人。通过实行部门合署办公，一人多职，交叉任职，专兼结合等方式，精简机构，压缩人员，减少干部指数51个。廉政建设正风肃纪。纪委聚焦主业、落实三转、强化监督、执纪问责、办案，全年完善领导干部廉政档案585份，收到信访件18件，立案2件，党纪处分3人。文明建设成果丰硕。开展“诚信、文明、美丽八五八”创建活动，全年共有12人入选首届“江畔好人”，1人入围“北大荒创业之星”，9人被评为管理局各类先进，3个单位入选管理局先进基层党组织。

（陈翠平）

八五一〇农场

场长：郭显文，1978年10月出生，辽宁省建平人，中共党员，研究生硕士学历，政工师。2001年7月参加工作，2013年11月任现职。

党委书记：李景波，1963年4月出生，黑龙江省木兰人，中共党员，本科学历，高级政工师（正高），1981年10月参加工作，2013年11月任现职。

党委副书记：

孟宪伟（2009.12—）

工会主席：

邹怀芳（女，2012.12—）

副场长：

楚卫军（2009.12—）

于占勇（2016.8—）

赵运堂（2016.8—）

党委委员、武装部部长：

赵福成（2016.8—）

党委委员、党委工作部部长：

陈育华（2011.4—）

概况　八五一〇农场位于黑龙江省东南部，地处鸡西、密山、鸡东两市县境内，南与俄罗斯交界。地理位置在北纬44° 57' 42" ~ 45° 29' 45" 之间，东经131° 14' 31" ~ 132° 4' 58"，场部设在鸡东县东海镇。总面积50957.5公顷，耕地面积21629公顷，林地面积18672.8公顷。场辖4个管理区，4个林管站和2个社区。各管理区之间互不相连，各成一片，并与鸡西、密山、鸡东两市县的乡镇插花，点多线长，相当分散。总人口114432人。

2016年，农场实现地区生产总值81254.8万元，其中，第一产业增加值35820.1万元；第二产业增加值14988万元；第三产业增加值30446.7万元，固定资产投资3476.34万元，实现人均可支配性收入2.12万元。

农业　全场播种面积1.89万公顷，其中粮豆面积1.82万公顷，实现粮豆总产15.97万吨。新增有机种植示范面积60公顷，示范旱田少耕免耕94公顷。投资3870万元，推进农业基础设施建设，完成土地整理1307公顷。建设高标准农田2333公顷，新建水泥晒场1.5万平方米，修建农田路59公里。落实国家农机购置补贴资金581万元，补贴各类机具235台。通过开展集中办班、科技下乡、现场定标会、田间课堂等形式开展技术培训，培训干部、职工1000余人次，为种植户答疑解惑600余次。同时利用农场农贸集市的契机组织知识宣传活动，向过往行人和群众发放知识产权宣传材料200余份，接受群众答疑20人次。创新水稻育秧大棚二次利用，种植食用菌、红小豆、蔬菜等作物，减少资源的浪费，增加职工的效益。农场农产品质量安全体系建设成效显著。完成旱田“三减”面积569公顷，建设绿色食品原料基地1.33万公顷，实现无公害农产品产地全面积认定，农产品质量追溯系统覆盖1333公顷。加大农业新技术推广力度，重点推广深施肥技术、秸秆还田技术等8项农业、农机技术。

畜牧水产　年末，全场奶牛饲养量5602头，肉牛饲养量1442头，生猪饲养量2.18万头，禽饲养量7.3万羽。全年生产鲜奶1.5万吨。同时牛群质量也有所提高，通过性控技术及DHI应用、科学配方等措施，平均单产奶提高到8吨。方圆肉牛养殖合作社饲养肉牛种群继续扩大，牧丰奶牛养殖合作社奶牛种群更加优化。种植青贮玉米1200公顷，贮量5300吨。投资625万元，新建并列式榨乳厅1栋、1500平方米干草棚1栋、牛舍水泥运动场2万平方米。加强畜牧兽医人员的业务水平，2016年度垦区新型职业农工培育工程现代化牧场奶牛养殖及管理综合配套技术培训在农场开班，来自场牧丰奶牛养殖专业合作社的90名技术骨干、一线生产员工参加培训，学习饲养技术和信息管理技术，提升业务水平。农场对合同到期的16公顷水面和7块捕捞网地进行重新发包，为农场收入共计38.5万元；对大白鱼种渔场进行重新的规划。

工业　实现工业的持续发展。农场重点工业企业克服经济运行压力，实现逆势增长，实现工业总产值4.61亿元，与上年同比增长2.2%，现价工业增加值1.44亿元，与上年同比增长2%，工业利润0.31亿元。

旅游　投资55.2万元，维修景区木板游步道700米，电路检修与更换线路500米，实现园区绿化8万平方米，节能灯更换和室内装修维护等。推进旅游项目建设。投资300万元冬季温泉二期项目出水井钻探工作已完成920米。利用市场营销多措并举，与周边地区联手开发特色旅游精品线路，接待大型团体活动50余场，形成联合、互助的关系，建立旅游网络体系，实现旅游资源共享、优势互补、线路互推、信息互通、联合促销的区域旅游一体化。实现旅游全口径收入6000多万元，接待游客16

万人次，省级候鸟养老基地，接待7万余人次。

党建工作　开展“两学一做”学习教育活动。结合农场实际制订科学的教育实施方案，将党章党规和习近平总书记讲话精神制作成课件、图板，针对不同层面的党员群体开展教育，营造争做“四讲四有”合格党员的浓厚氛围，活动取得实实在在的效果。加强领导班子和干部队伍建设。严格按照《条例》的要求选拔任用干部，调整干部14人。制定《八五一〇农场后备干部管理办法》，选拔科级后备干部45人。不断加强基层党组织和党员队伍建设。将北大荒精神教育与“党员服务区”建设紧密结合，开展各类帮扶活动42次，进一步密切党群干群关系。排查全场1173名党员，完善信息采集，无“口袋党员”现象。努力加强舆论宣传与精神文明建设。外宣活动业绩突出，在各级报纸杂志、网络和电视媒体上稿1600余篇，制作专题片12部。开展“六个一”系列纪念活动，隆重念红军长征胜利80周年。弘扬社会正能量，评选各级典型人物16人。加强党风廉政建设和反腐败工作。全面落实党风廉政建设“三个责任”，与基层党组织签订10份《党风廉政责任状》，加强党内监督，促进领导干部廉洁自律。2016年完成上级交办案件8起，独立自查案件1起，给予党纪处分1人，诫勉谈话2人，挽回经济损失0.7万元。

民生工程　投资360万用于校舍和暖气维修改造并购置新教学设备。整合医疗卫生资源，投资100万元改造医院门诊楼并更新部分设备，努力改善职工群众就医条件。提供无息贷款60万元，落实共富资金63万元，与104户贫困家庭结成“一帮一”扶贫对子，为贫困户送去慰问金6万元，解决实际困难113件，2016年完成60%的在册贫困人口脱贫。就业再就业工作稳步推进，新增就业758人，失业率控制在2%。社会保障制度不断完善，开展就业培训3次160人，发放各类就业补贴281万元，补贴人数3125人。最低生活保障实现动态管理，救助力度加大，对符合条件的贫困人员在生活补助、教育资助、医疗救助等方面给予帮扶，全年共发放低保、救助等各类资金共计415万元。

（张洪）

八五一一农场

场长、党委副书记：王　福，1969年10月出生，黑龙江省五常市人，中共党员，硕士学历，高级农机工程师。1988年12月参加工作，2012年6月任现职。

党委书记：徐兴起，1971年3月出生，山东省济南市长清区人，中共党员，硕士学历，教授级高级政工师。1990年8月参加工作，2013年11月任现职。

党委副书记、纪委书记：

杜秀华（女，2013.9—）

副场长：

亓　力（2012.7—）

王洪斌（2009.12—2016.8）

孔祥辉（2016.12—）

于占勇（2010.6—2016.8）

赵前辉（2016.8—）

工会主席：

张兴盛（2013.5—2016.8）

董伯民（2016.8—）

党委委员、武装部部长：

陈建新（2011.4—）

党委委员、组织部部长：

齐帮明（2012.11—）

概况　八五一一农场始建于1956年。位于北纬45° 37′ ~ 46° 12′，东经131° 47′ ~ 132° 20′之间，地处三江平原东南部，地跨密山、虎林、宝清两市一县，场部位于黑龙江省密山2.2市境内，农场全境位于中温带大陆性季风气候区，年均气温3.7℃，降水589.6毫米，无霜期176天，日照1941.3小时，适宜饲养奶牛和种植大豆、玉米等农作物以及红小豆等经济作物。哈尔滨至东方红铁路和方虎公路横穿南部场区，密山市、虎林市和宝清县的公路网在场部交会。农场土地总面积5.22万公顷，有林地2.11万公顷，耕地1.9万公顷。有常住居民6568户，人口14335人。2016年粮豆总产19.25万吨，奶牛存栏1万头，年产奶3.5万吨。农场下辖7个管理区以及医院、学校等事业单位，下属工业企业——黑龙江福康生物科技有限公司以及商品流通业——八五一一农场农业生产资料供应站。农场实现地区生产总值11.3亿元，同比增长5.7%。第一产业实现生产总值5.57亿元，同比下降1.3%，其中畜牧业完成3.06亿元，同比上年增长31.2%。第二产业完成增加值2.3亿元，同比增长5%，其中工业2.2亿元，同比上年增长4.6%。第三产业增加值完成3.39亿元，同比上年增长20.1%。年末资产总额9.48亿元，负债总额5.35亿元，资产负债率56.4%。人均可支配收入2.2万元。

种植业　按照“扩旱稻、增特色豆、上品质”的原则，科学合理调整优化种植结构。完成总播种面积1.9万公顷，实现粮豆总产19.25万吨。农业基础设施不断完善，共投资6066万元，完成土地整治、水土保持、节水增粮配套等工程，实施坡耕地改水田133.3公顷。特色产业发展优势凸显，通过调整种植结构，“一特一品”成为亮点之作：“一特”即特色大豆种植，全场实现特色大豆种植面积411公顷，实现总产780吨，平均单产1.9吨；“一品”即寒地旱作节水（滴灌）水稻种植，2016年面积达到88.47公顷，经农垦总局相关部门测算，平均单产达到10.5吨，并辐射到吉林省松原市、哈尔滨双城市、七台河市金沙新区、五常市等省市333.4公顷。

畜牧业　年末奶牛存栏1万头，同比增长14%，鲜奶产量3.5万吨，同比增长59%；肉牛存栏1000头，生猪存栏5046头，家禽存栏7000只，全年实现畜牧业总产值5.67亿元，占农业总产值比重的54.3%。投资320万元，完成扶贫开发奶牛养殖场配套设施建设项目，新建青储窖1.2万立方米；利用草原生态保护补助项目奖励资金120万元，实施133.3公顷苜蓿种植项目；利用垦区草原补奖机制绩效评价奖励资金60万元，种植燕麦200公顷；利用草原生态保护补助项目奖励资金1040万元，购买大型牧草生产机械9台（套）；进一步推进农场规模化奶牛场与天山凯丰公司的合作，优化良种繁育技术，提高牛群质量。加强畜牧业标准化建设，加大人才培养和引进力度，建设一支业务能力强，技术水平高，服务意识强的畜牧技术人员队伍；强化畜牧防检疫措施，保障畜牧业有序健康发展。

林业　推进“一棵树”工程，栽植核桃楸1067公顷、170余万株，全场核桃楸总面积达3800公顷，栽植平欧榛子20公顷，林业经济总量超过900万元。鼓励18名困难职工实施桑葚苗木培育项目，共计培育桑葚苗木41万株。发展以核桃楸为主导产业的林业立体种养业，农场以林下经济为主要内容的自营经济总产值达到3.3亿元，实现利润0.98亿元。

工业　实现工业生产总值2.18亿元，同比增长2%，经营利润3800万元。福康生物科技有限公司通过深化企业内部改革，加强与垦荒人集团公司的合作，全年生产乳珍30吨，牛胎盘粉6吨；全年发电213.5万度，产汽21.3万吨，产水176万吨，实现经营利润1000万元，主营业收入6300万元，创历史新高。新友谊食品加工有限公司通过与市场对接，完成与垦荒人集团公司、水肤兰集团公司、东华实业（深圳）有限公司、瑞士道德食品公司及长水河粮油加工有限公司等企业合作，共计生产产品13.11吨，处理原料大豆68吨，生产成品豆油6.7吨，北大荒豆珍故事面45.56吨，实现销售额88.5万元。在豆珍面加工生产的基础上，农场相继开发出以特色大豆为原料的豆粉和膨化食品。

商业　实施联盟营销“打响品牌”，与国内知名销售商北京“垦荒人”集团公司和水肤兰集团公司进行联合，借助其销售平台，使北大荒豆珍故事系列产品和牛初乳系列产品迅速打开国内市场并建立稳定的销售渠道。2016年农场已在全国授权200家实体专营店，全年实现销售额6368万元。6月16日，黑龙江省牡丹江农垦新友谊食品加工有限公司在上海股权托管交易中心成功挂牌，实现豆珍故事与资本市场的有效对接。投资100余万元参加全国各种形式的展销会，扩大农场“三珍”产品的知名度；抢滩国际市场“出口创汇”，与瑞士道德食品公司签订年销售500吨北大荒豆珍故事系列产品的合作协议，货值200万美元。与美国加利福尼亚乐华公司签署合作协议，每月销量5.4万盒；与以色列亚洲味道有限公司签署合作协议，产品进入以色列各大超市；打造互联网三大平台，农场于2015年2月7日建立新市民幸福工程微信平台，关注人数突破2.5万人。2016年1月7日，农场又正式推出“粮心故事”微商城，单日最高浏览量就突破200万次。同时，农场还与国内知名的B2B电子商务平台——慧聪网签订《慧聪网标王服务》协议，正式开通电子商铺，所有产品正式上线运营。通过新市民幸福工程微信平台、“粮心故事”微商城和B2B电子商务平台，实现农场“三珍”产品的线上销售，2016年，农场“三珍”产品的线上销售额突破100万元。

民生工程　投资199万元，对农场学校教学设备进行更新；投资55万元，实施教学楼及宿舍楼立面改造，农场教育质量名列管理局前茅。投资193万元，实施医院基础设施建设；投资132万元，购置彩色多普勒超声诊断仪一台，切实改善医疗条件。继续实施“一杯奶”工程，为全场3800名60岁以上的老年人购饮“完达山”牌鲜奶实行定量等额补贴，补贴金额达100万元；养老、失业、医疗、工伤、生育保险开展面达到100%，实现“五险”合一。新增城镇就业人数171人，登记失业率由2015年的2.25%下降到1.45%。扎实推进精准扶贫，本着“帮忙不添乱、帮助不替代、帮扶不越位”的原则，按照“精准施策、精准扶贫、精准脱贫”的战略部署，落实“五个一批”和结对定点帮扶工作责任，形成帮扶合力，增强帮扶对象自我发展的“造血”功能。全年发放低保金153万元，发放最低生活费90.7万元。致力于建设宜居家园，升级改造辖区供热管网500米，新铺自来水管道650米，疏通下水道600余延长米。

党建工作　坚持把学习贯彻习近平总书记系列重要讲话精神摆在突出位置，各级党组织和党员领导干部的政治意识、大局意识、核心意识、看齐意识不断增强；扎实推进“两学一做”学习教育，创新学习形式、深化学习内容，并结合农场中心工作，开展“不忘初心、践行宗旨、助力秋收”主题活动和“一十百千万”行动等形式多样的主题实践活动，党员干部的宗旨意识进一步强化，工作作风加快转变，执行力明显增强；扎实推进干部队伍建设，进一步完善新市民监督评价选拔任用干部机制，共监督评价干部65人，调整干部33人，干部队伍结构不断优化，提高选人用人公信度和群众满意度；作风建设持续用力，严格落实中央“八项规定”，坚持“三严三实”长效机制，打造一支一心谋事、专心干事、实心成事的干部队伍；党风廉政建设向纵深发展，围绕“清风净土”工程，严格落实党委主体责任和纪委监督责任，提高党员干部的拒腐防变能力，农场党委被评为“总局先进党委”，农场机关被评为第六届全省“六个十佳”之和谐机关，农场“七彩爱心服务队”荣获黑龙江省十大志愿服务品牌称号。

（李伟俊）

庆丰农场
庆丰分公司

场长、分公司总经理：郐思维，1973年1月出生，山东文登人，中共党员，本科学历，高级经济师。1992年12月参加工作，2016年4月任现职。

党委书记：赵洪升，1962年10月出生，山东省胶南县人，中共党员，专科学历，高级政工师。1982年8月参加工作，2010年6月任现职。

党委副书记、纪委书记：

肖　毅（2012.12—）

党委委员、副场长：

冯　汇（2011.5—）

党委委员、工会主席：

岳华军（2013.5—）

党委委员、分公司副总经理：

刘龙聚（2014.5—）

王乐宝（2013.5—）

党委委员、人武部部长：

张　勇（2014.1—）

党委委员、组织部部长：

张春杰（2011.11—）

分公司副总经理：

王德仁（2013.5—）

李　曼（女，2016.7—）

分公司财务总监：

孙运珍（女，2014.4—）

友邻农场副场长：

王　虎（2013.9—2016.8）

概况　庆丰农场、分公司位于黑龙江省虎林市境内，地处三江平原穆棱河下游、乌苏里江中游流域，农场呈西南东北走向，南北宽57公里，东西长15公里，地处北纬45° 36′～46° 和东经133° 02′～133° 28′之间，年积温在2500～2700℃之间，平均降雨量550毫米、无霜期145天。场部位于方虎公路和庆同公路交会处，距建虎高速公路虎林入口14公里。西距虎林市区7公里、东离虎头国家旅游保护区50公里，隔乌苏里江与俄罗斯相邻、南至国家一类陆路吉祥口岸40公里，交通便利。

庆丰农场始建于1963年，拥有丰富的自然资源，地域总控面积62347公顷，其中耕地44400公顷，林地5751公顷，草原5352公顷，水面3703公顷，总人口13584人。2016年，庆丰农场克服春、秋并涝、玉米销售困难等不利局面，完成播种面积39654公顷，全年实现粮豆总产3.14亿公斤，地区生产总值12.68亿元。其中第一产业增加值完成7.49亿元，第二产业增加值完成2.49亿元，第三产业增加值完成1.74亿元。人均可支配收入24980元，经济社会平稳发展。

种植业　面对春涝、旱田作物播期晚、成熟度低、国家实行玉米市场定价等诸多不利因素，农场实现播种面积3.97万公顷，实现粮豆总产3.14亿公斤。落实推广“十项”新技术，开展鹅玉种植、优质米种植、有机稻种植、白瓜子种植、特色大豆种植和苜蓿种植等6项示范项目，开展农产品质量安全场创建活动，按照“安全、高效、广谱、低毒、环保”的原则，重点推进农场全面积实现无公害农产品产地认证，绿色食品环境监测面积达100%。实现农产品质量追溯规模8000公顷，追溯产品1.5万吨，顺利通过ISO 9001双体系认证。因地制宜实施土地整治、农发、小型农田水利、界河护岸和水资源与水土防治等农田水利项目，受益农田面积1.13万公顷，新建高标准农田2000公顷，对各管理区的农具场和晒场进行电力维修改造，现代农业发展水平稳步提升。

农业产业化　逐步完善农业产业化经营体系，推进整体经营模式由传统农业向现代农业转变，加速全面实现农业现代化的进程。畜牧业产业增加值0.58亿元，同比增长10%。年末奶牛存栏4800头，鲜奶总产15000吨，同比分别增长33%、472%，肉牛饲养量610头，生猪饲养量2500头，禽饲养量3.5万只，蛋产量318吨，肉类总产265吨。优化农场招商引资环境，投资50万维修改造工业园区水泥路面2850平方米。引进黑龙江省牡丹江农垦鑫信瑞粮食仓储及深加工项目，该项目计划投资8000万元实施仓储、稻米精深加工、烘干塔等综合性工程，预计建成后年仓储能力可达15万吨，稻米精深加工能力可达10万吨。远达热电、大荒龙豆制品、庆丰植物油公司健康发展，全年实现工业增加值1.94亿元。2016年粮食烘干、收储、流通、农业观光游等行业快速发展，农贸市场、餐饮、零售等行业发展势头迅猛。全年新增个体工商户80户、新增中小微企业21家，同比分别增长170%、160%。全年实现外贸进口197万美元。实现第三产业增加值1.74亿元，同比增长9.6%。

经营管理　严格执行刚性预算，确保费用支出合理。加强小额农贷的调查统计和土地私下流转的监控工作，避免一地多贷、农贷脱农等行为。加大对基层管理人员的履职行为监督检查力度，共签订履职承诺书167份，严厉杜绝“账外账”“小金库”。加强对行政决策、财务运行、项目投资的流程管理，严格落实“三重一大”民主决策制度，完善合同用印审批单，凡签订合同须相关部门及法律顾问共同签署意见，从根本上规避因合同不规范而产生的风险。土地承包工作稳妥落实，签订农业生产承包协议3076份，落实承包总面积3.97万公顷，落实惠农资金6046万元，及时公示承包信息及惠农政策标准，各项补贴资金直接刷卡发放到户，有效规避财务风险。完成肥料统购储备0.3万吨，出库手续齐全，发放无误，降低家庭农场生产成本400余万元。

民生工程　投资1660.5万元完成四大类民生工程建设。投资562.4万元维修改造场部地区中心广场3000平方米、机关黄楼门前小广场2670平方米、庆丰公园花岗岩台阶600平方米和场部老年门球场；改造临街楼房立面750平方米；维修团结大街、振兴大街人行道路3500平方米、拓宽及维修场部商业街道路520平方米；盘活南山别墅小区，对小区进行道路硬化、绿化及亮化，新建南山别墅小区广场1800平方米。投资482.5万元改造医院楼房4900平方米，购置配齐包括全科壁挂诊断系统、全科医生巡诊包和健康小屋等的农场卫生医疗设备，实施庆丰农场学校及幼儿园“三通工程”建设。投资105万元为网络中心购置办公信息化系统设备和软院一台（套），为社区购置垃圾清运车一台，购置欧曼6.5L特种专业用车一辆。投资510.6万元实施场部地区、第一管理区及第六管理区的人畜饮水工程建设项目，对老场部社区房屋进行维修改造，实施第一管理区和第九管理区环卫条件改善、健身设施配备和文化场地维修及设备购置等项目，提升居民幸福指数。

扶贫工作　对符合条件的19户31名贫困户进行建档立卡，多策并举、因人施助，通过给予经济支持进行产业帮扶，农场、分公司领导及科部长捐款2万元进行个人帮扶和实施社会保障兜底，将19户精准扶贫困难户均纳入低保等多项措施，实现年底19户贫困户全部脱贫的目标。落实灵活就业补贴资金157万元，其他就业补贴33万元。全年共发放低保金100万元。通过“慈善超市”、医疗救助、临时救助等项目，落实补贴资金16.72万元，有效发挥救急、救难作用，保障农场困难职工群众的基本生活。

党建工作　以“两学一做”学习教育活动为契机，开展“纪念建党95周年”和“纪念长征胜利80周年”等系列活动。开展党员服务区活动，共建立421个党员服务区，为1500多户职工群众提供生产生活服务，密切党群干群关系；深化党建项目化管理，《量体裁衣抓落实 激发党建新活力》党建案例代表管理局参加全省评比。朱文宝被评为鸡西市优秀党务工作者，第一管理区党支部被评为总局级先进基层党组织，党政主要领导双双获得管理局首届十佳管理区党支部书记和管理区主任称号。严格执行干部选拔有关制度，提拔26名干部，优化干部队伍结构，实现干部队伍年轻化、专业化。层层压实“两个责任”，与班子成员、基层各单位和机关各部门主管均签订抓党风廉政建设责任状。开展两项党内新法规的专题培训与知识测试，共组织724人观看警示教育片。新提拔干部全部进行任前廉政考试，组织任前谈话44人次、戒免廉政谈话7人次，查处违纪3人，在农场基本形成监督惩处高压态势。

（冷伟）

云山农场

场长：石万峰，1963年5月出生，黑龙江省集贤人，中共党员，本科学历，教授级高级政工师职称。1982年10月参加工作，2009年10月至2016年4月任农场党委书记；2016年4月任现职。

党委书记：孙文宏，1967年3月出生，吉林省吉安人，中共党员，本科学历，高级农艺师职称。1991年7月参加工作，2016年6月任现职。

党委副书记、纪委书记：

苑庆伟（2012.7—2016.8）

薛琳晖（2016.8—）

党委委员、副场长：

刘春辉（2011.4—）

徐立军（2014.1—）

董永彬（2010.8—2016.8）

韩加洪（2016.8—）

党委委员、工会主席：

王延波（2012.12—）

党委委员、武装部部长：

张印明（2013.5—）

党委委员、组织部部长：

高志伟（2008.2—）

概况　云山农场地理坐标在北纬45°47′40″～46°01′32″，东经132°23′22″～132°52′28″之间。地处完达山南麓，七虎林河两岸。海拔处于73.2～367米。境内有大小云山、小孤山、七虎山等山体地貌。由西北向东南倾斜碟型地势，北靠山、南平原，坡度1/50～1/500之间。北部和西北部是山地，坡度在1/50以上该地区植被茂盛，中部是山向平原地区过渡地带，为丘陵漫岗地区坡度在1/50～1/250之间，南部是七虎林河冲积平原，地势低洼。属于寒温带大陆性季风气候，其特点是四季分明，冬季严寒少雪，夏季热多雨，温、湿同季，春秋气温、雨量升降迅速，变化大。年平均降水量617.9毫米。总面积49200公顷，其中耕地31482公顷，水田15960公顷，旱田15792公顷。农场下辖10个管理区，20个作业站，1个水库管理站，3个居民委员会，7个驻场机构，5个私营企业，场部地区有中学、小学、医院、农业发展中心、公路站、客运站、通讯中心、供电局、供暖站。总户数4671户，人口11017人。2016年，实现地区生产总值12.56亿元，同比增长5.6%，其中第一产业增加值7.4亿元，比上年增长5.4%；第二产业增加值1.4亿元，比上年增长0.7%；第三产业增加值3.7亿元，比上年增长9.4%。农场职工家庭人均纯收入25510元，同比增长11.2%。实现利润3185万元。

农业生产　拥有耕地面积3.15万公顷，其中水稻种植面积1.66万公顷，玉米种植面积0.58万公顷，大豆种植面积0.66万公顷，红小豆960公顷，特色大豆980公顷，其他经济作物962公顷。粮豆平均单产7294.5公斤/公顷，总产22.64万吨。其中：水稻平均公顷产9165公斤，总产15.21万吨；大豆平均公顷产2538公斤，总产1.87万吨；玉米平均公顷产9057公斤，总产5.21万吨，杂豆杂粮平均公顷产2589公斤，总产0.34万吨。科学调整旱田作物种植面积，重点调减玉米面积5600公顷，较上年减少48.2%，增加经济作物及杂豆杂粮1320公顷，较上年提高82.8%。发展特色经济作物种植，种植特色大豆979公顷，其中黑豆种植面积717公顷，双青豆种植面积72公顷，小粒黄豆种植面积190公顷；种植红小豆978公顷，高粱180公顷、亚麻128公顷、角瓜20公顷，芸豆5公顷。苜蓿61公顷，糜子3.66公顷。集中育秧基地的二次利用种植木耳。在第四管理区2#2集中育秧基地进行二次利用，发展大棚木耳100栋，摆栽菌袋50万袋。引进水稻振捣提浆配套机械2台（套），水田常规振平机插技术示范面积74.2公顷，其中第六管理区第13作业站40公顷；第七管理区第17作业站34.1公顷。落实垄作侧深施肥机插面积5公顷，落实地点为农场第四管理区第10作业站，并取得好的田间试验结果。农业科技措施落实情况，水田试验主要包括稻田秸秆处理、有机稻及优质米配套栽培技术、减肥减药及稀植等方面。旱田试验主要针对三减、经济作物展示及配套种植技术研究、常规作物的肥料应用及病害防治等方面。科技科、农业科、农机科等相关部门于1月15日联合组织组织召开2016年科普知识竞赛。分别开展种子知识、秧田管理、水稻本田管理和旱田生产科普知识讲座4次；召开水田做床摆盘、秧田管理、插秧、测深施肥、夏季秧田管理等田间课堂8次；发放技术明白卡、农时卡3600余份。

农业机械　在第一管理区二作业站建设农具停放场一处。该项目计划用地面积11633平方米，投资236.02万元，第五管理区20作业站建设农具停放场13500平方米，投资232.9万元，主要建设内容：新建农机停放场25133平方米及配套设施。农场投资180万元，为第三管理区、第八管理区、第十管理区等单位维修农机基础设施。农机更新步伐不断加快，大中型机械逐渐占领主导地位。农场农机更新总投入3107万元，更新农机具294台（套）。其中大中型轮式拖拉机89台，收割机108台，自动驾驶导航仪7台，高性能插秧机35台其他配套农机具55台。加大农机补贴及旱田深松补贴力度。争取国家农机补贴资金905.21万元，旱田深松补贴资金20万元。受益户数245户，购置机具274台，总补贴904.5万元，主要购置品目种植机械、耕整地机械、收获机械、卫星导航等。新型农机具购置补贴204万元，受益户数72户，购置机具数量77台。

工业　农场与益海嘉里公司、黑龙江省牡丹江农垦兴垦粮贸有限公司等签订农作物收购订单，其中益海嘉里公司以高于市场普通水稻0.3元/公斤的价格回收“绥粳18”，确保种植户收益最大化。黑龙江省北大荒集团云山制米有限公司投资1400万元扩建水稻仓储基础设施。黑龙江省牡丹江农垦鑫智达粮食仓储有限公司投资8000万元新建粮食仓储及精深加工项目，该项目建成后可储存水稻15万吨，年加工大米10万吨。2016年实现工业总产值3.18亿元，工业增加值0.9亿元。

畜牧业　年末奶牛存栏4108头，完成计划的100.2%；鲜奶产量11018吨，完成计划的100.2%，肉牛饲养量730头，完成计划的121.7%；生猪饲养量9247头，完成计划的102.7%；羊饲养量3045只，完成计划的121.8%；禽饲养量6.08万羽，完成计划的101.4%。完成千亩苜蓿种植项目。为进一步贯彻落实种养结合、粮草轮作发展政策，云都奶牛养殖专业合作社种植66.7公顷苜蓿地，年内收获苜蓿用于饲喂奶牛。按照科学化、标准化进行饲养管理，牧场多次组织人员参加现代牧场管理学习班，科学应用现代化先进TMR全混日粮饲喂技术，头胎奶牛单产达8.04吨，二胎奶牛单产在9.05吨，为农场奶牛业发展起到引领示范作用。继续执行青贮地优惠政策，为便于小区奶牛户青贮饲料地的种植和管理，年初农场按照就近的原则统一给予奶牛养殖户划拨青贮饲料地507公顷。具体标准为：成母牛青贮地0.2公顷/头、育成牛青贮地0.13公顷/头。青贮地承包费减免50%年底按照实际进行核减。共播种青贮428公顷。秋季收获青贮693.6公顷。落实国家优质冻精、性空冻精补贴政策，按照总局、分局的统一部署，冻精实行免费提供，冻精由分局畜牧兽医局统一提供，农场下发至育种员，育种员给予奶牛配种，为使优惠政策落实到实处，畜牧部门与养牛户配合圆满完成优良品种引进及改良。

林业　上级下达造林任务26.7公顷，其中新增造林完成0.67公顷，补植补造完成26公顷，造林绿化苗木产地检疫率达100%，确保造林成活率。农场的森林覆盖率已经达16.6%，城镇绿化率达41.7%。组织护林员对场区三乱治理的小开荒进行清理，共计清理场直地区小开荒11.52公顷。

水利　完成建设投资7369万元。完成沟渠清淤183.58公里，机耕路102.45公里，新修水泥路4.48公里，建筑物365座，农渠衬砌17.14公里，改造输水洞1座，改造溢洪道1座。农场自筹工程：完成沟渠清淤10.7万立方米，投资30万元。农业综合开发高标准建设项目共分为两个项目。第五管理区高标准农田建设项目位于第18作业站、第20作业站，完成机耕路砂石化11.64公里，开挖疏浚沟渠9.4公里，渠道衬砌8.02公里，渠系建筑物23座。总投资806万元。一、六、七管理区高标准农田建设项目位于第2作业站、第13作业站、第17作业站，完成开挖疏浚沟渠38.71公里，渠系建筑物33座，改造输水洞1座，改造溢洪道1座，机耕路10.6公里，总投资884万元。千亿斤项目，国家新增千亿斤粮食产能项目位于第18作业站，完成方涵16座，机耕路砂石化15.35公里，圆涵50座，改造斗渠28.35公里，渠道衬砌2.6公里。总投资750万元。国家新增千亿斤粮食产能项目位丁第14作业站，完成方涵18座，机耕路砂石化31.01公里，圆涵86座，改造斗渠36.75公里，渠道衬砌6.52公里，晒水池4座，强排站1座。总投资1500万元。小型农田水利建设项目：中游新河清淤5.1公里，项目总投资220万元。小型农田水利设施建设补助专项资金项目，工程预算总投资206.85万元，其中申请国投资金200万元，自筹资金6.85万元。建设内容：项目区内新建一座节制闸和一座分水闸，灌溉渠道衬砌1公里。

民生工程　争取国投资金和自筹资金1600余万元，实施学校教学楼新建工程、职工医院和小学教学楼改造工程、社区办公楼和中学教学楼维修防水工程、场部园区绿化工程、科研连鸡舍改造工程、住宅楼下水管道维修工程、公共场所消防改造工程等7项市政建设项目。加强场区环境专项整治，投入居民采暖、供水、教育、医疗等补贴1000余万元，职工群众生产生活条件不断改善。深入开展“职工共同富裕行动”，发放帮扶救助资金29.7万元，实施帮扶项目3个，帮助351户家庭解决实际困难。精准帮扶13户家庭24人实现脱贫。为全场68户低保户、87人发放低保金近40万元，为164名残疾人发放补贴近10万元。全年缴纳社会保险费4500余万元。新增就业劳动力219人，申请失业稳岗补贴金额77.5万元，城镇登记失业率1.18%。

党建工作　坚持“两学一做”学习教育实现全覆盖，组织专题活动80余次，打造党员服务队133支，开展志愿服务240余次，解决职工群众困难160余件次。全面落实党建工作责任制，以“三项工程”为载体，基层党组织的凝聚力、战斗力不断增强。坚持民主集中制原则，进一步完善议事规则和决策程序。落实党政领导干部选拔任用工作条例，提拔干部16名，调整干部26人。切实加强党风廉政建设，加大违纪案件查办力度，对发现的苗头性、倾向性问题予以及时提醒和纠正，全年诫勉谈话5人；立案12件，处理违纪违规人员12人。践行社会主义核心价值观，传承和弘扬爱国精神、长征精神和北大荒精神，扎实推进公民道德建设，组织开展第二届“最美云山人”道德模范评选工作，各行业涌现出一大批先进典型。农场志愿服务队被授予省级先进志愿服务集体称号。严格落实党员发展总则，坚决做到“控制总量、优化结构、提高质量、发挥作用”，不断将党员发展关口前移，加速完善党员培养机制。经双投票决各支部报送已经培养成熟的分子22人，按计划完成年内发展党员13人。

（杜朝东）

兴凯湖农场
兴凯湖分公司

分公司总经理：黎东光，1968 年 4 月出生，辽宁省北镇人，中共党员，本科学历，高级农机工程师。1990 年 10 月参加工作，2016 年 3 月任现职。

场长、党委书记：亓常宏，1969 年 3 月出生，山东省昌邑市人，中共党员，研究生学历，高级政工师。1988 年 12 月参加工作，2011 年 4 月任现职。

党委副书记、纪委书记：

顾凯勇（2011.3—2016.8）

韩　彬（2016.8—）

分公司副总经理：

黎东光（2013.5—2016.3）

陈贵友（2015.11—）

刘新军（2013.5—2016.7）

王文强（2014.5—2016.7）

尹显洪（2016.7—）

隋喜顺（2016.7—）

副场长：

李远波（2013.5—）

分公司财务总监：

高树义（2010.7—2016.7）

陈传海（2016.7—）

工会主席：

尹显洪（2012.12—2016.7）

王文强（2016.8—）

党委委员、武装部部长：

孟宪金（2013.5—）

党委委员、组织部部长：

隋喜顺（2013.6—2016.7）

概况　兴凯湖农场、兴凯湖分公司位于黑龙江省密山市境内，地处大、小兴凯湖畔，地理坐标北纬 45°02′～45°23′，东经 132°35′～133°08′。东南隔松阿察河和大兴凯湖与俄罗斯相望，西面靠大、小兴凯湖，北面与八五七、八五六农场毗邻。农场地势西高东低，西部海拔高度 68～69 米，东部 66～67 米，地表坡降 1/8000～1/10000，全场土地总面积 113933.5 公顷，其中耕地 39090 公顷。农场始建于 1955 年。2016 年，农场总户数 5793 户，总人口 12814 人，农场下设 7 个管理区，31 个作业站以及林场。农场、分公司实现地区生产总值 162969.7 万元。工农业总产值 161873.4 万元。职工家庭人均收入 24961 元。粮食总产量 31.9 万吨。

种植业　有效克服严重低温、寡照、洪灾、多雨、台风、内涝等不利因素影响，在生产管理过程中，坚持各项农时“踩”节点，要求以“抢”抓工作、以“管”抓效益、以“细”抓标准，实现粮食稳产及农业标准化建设稳步推进。全年完成粮豆播种面积 3.75 万公顷，粮食总产 31.9 万吨。水稻平均亩产 580 公斤，总产 31.5 万吨，玉米亩产 580 公斤，总产 0.13 万吨，大豆亩产 180 公斤，总产 0.28 万吨。

农业机械　引进、更新、推广先进适用的农业机械，提高农机装备水平，共引进大中型轮式拖拉机 158 台、水稻插秧机 155 台、水稻联合收割机 163 台、耕整地机械 72 台、水田多功能管理机 30 台、电动播种机 132 台、电动覆土机 123 台，使用国家农业机械购置补贴资金 1061 万元、分公司补贴 47.25 万元，拉动农民投入 3275 万元。

农业基础设施建设　总投资 3000 余万元，对作业站的集中秧田地、田间路段进行清理，铺风化石道路 15.2 公里，沟渠清淤 521 公里，新增晒场面积 7.6 万平方米。2016 年大小兴凯湖等流域水位暴涨，防汛形势异常严峻，对出现险情堤防地段进行应急抢险加固，共投入防洪抢险资金 2981 万元，完成太龙线公路 2.8 千米、察河堤防 14 千米、7 作业站堤防 12 千米、导流堤 1.5 千米等抢险加固工程，保障农场、分公司农田未受损失。

小城镇建设　自来水建设项目于 10 月中旬全部完工，解决农场多年供水时间短、饮用水质量差的问题，使居民吃上放心水；完成医院二期基础设施配套工程，改善群众就医环境；投资 204 万元实施纸厂住宅楼外立面改造工程，使受益的纸厂群众住上“暖屋子”；投资 200 万元实施大众路至外环路、育才路至外环路的延伸，新苑小区北侧铺装工程，改善群众居住和出行条件；投资 115 万元改造学校操场，铺装高压砖 5120 平方米，铺设球场 2336 平方米，为学生打造安全的活动场所。投资 34 万元完成主干路的中国结和灯笼的安装以及破损路灯的维修，中心路老残电缆的更换，实施文体中心广场亮化，方便百姓的夜间出行和各种活动的开展。完善部分小区和广场的绿化建设，种植草坪 4000 平方米，栽种花草 1000 平方米，城镇绿化覆盖率达 40% 以上。

林业　重点实施生态建设，进行绿色通道补植，完善场部中心大街、住宅小区绿化，种苗基地及湿地保护工程。林地面积达 5067 公顷，完成造林面积 20 公顷，林带更新 1 条，商品林抚育 38.8 公顷，育苗 10 公顷，义务植树 4 万株，碾压森林防火隔离带 20 公里。林业部门加强森林（草原）防火、林政资源管理和国家重点公益林管护、森林病虫害防治、植物检疫工作，保护森林资源的安全，加大对自然保护区的管理力度，保护野生动植物资源，维护生态平衡。

畜牧水产　年末肉牛存栏 150 头、生猪 1159 头、羊 573 只、禽 3.6 万只、兴凯湖梅花鹿 820 只。渔政执法共出动执法船 10 趟次、执法车 50 次，劝离非法捕捞人员 30 人，割除、拆毁各种私设网具 200 余处，批评教育 30 人，放流 150 公斤渔获物。为更有效的管理好渔民守法意识，大兴凯湖 30 条渔船安装 GPS 监控系统，并设置监控平台，能够全天候监控渔船的行船轨迹，有效预防越界捕捞的违法行为发生。对鱼塘进行清淤、加深、筑堤标准化改造，投放鱼苗近 1 万公斤，河蟹养殖 13 公顷。水产品总产量 546 吨。

工业旅游业　实现工业总产值 1.28 亿元，工业增加值 0.46 亿元，工业主营收入 1.2 亿元，利润总额 300 万元。不断以资源优势为依托，以稻米产业链及扩大仓容、仓储，为企业生产加工原料提供坚强保障。引进、扶持民营仓储企业发展，辖区内仓储企业由 3 家增加到 5 家，仓容总量由 43 万吨增加到 72 万吨，其中大米加工线 35 万吨，有效提升本地区粮食收储加工能力，为农户

粮食销售变现提供保障。旅游业依托我场独特的地质景观、保护完好的生态景观及不断丰富的人文景观等资源，开展湖岸沙滩、湖滨浴场、湿地观光、渔业、牧业旅游、新型小城镇观光游、现代化农业观光游、工业园区观光游等项目，并初步确立场内一日、两日游旅游线路。2016年接待旅游人数达12万人次，实现经济收入200万元。

党建工作　扎实开展“两学一做”学习教育活动。按照党建工作主题化、主题活动载体化，载体活动具体化的思路，科学的创新主题活动载体——“两融入双促进”活动，并将“管理区作业站支部工作重点由服务社区社会管理工作为主转移到重点服务管理区作业站经济发展为主”作为具体抓手。不仅使“两学一做”活动活化“学”的内容，更加突出“做”的实效，从而为农场经济社会发展奠定坚实的政治基础。农场党员服务区基地建设成效显，以省道德模范孔德春之名命名的“孔德春式党员服务队”扩大到15支小分队，涉及服务生产、农机、科技、医疗、助残、扶孤、家政、司法等十大领域，全场在职党员干部、管理人员、共青团员、入党分子和爱心人士2000余人主动加入服务队，并都在黑龙江省志愿服务者平台上报名注册。在农场形成讲秩序、重礼仪、有公德、守诚信的浓厚氛围。

（徐海舟）

海林农场

场长：李树本，1964年1月出生，辽宁省锦州人，中共党员，本科学历，1981年11月参加工作，2011年5月至2016年4月任现职。

场长：孔令波，1963年出生，河南省开封人，中共党员，本科学历，1982年参加工作，2012年6月至2016年4月任农场党委书记，2016年4月任现职。

党委书记：张剑霜，1973年12月出生，黑龙江省望奎县人，中共党员，本科学历，1994年6月参加工作，2016年4月任现职。

党委委员、党委副书记、纪委书记、工会主席、武装部部长：

邓建民（2011.4—）

党委委员、副场长：

程志军（2007.11—）

宁云刚（2012.7—）

张学勇（2014.4—）

副场长：

范承志（2016.8—）

党委委员、组织部部长：

秦尚生（2013.11—）

党委委员、宣传部部长：

李洪波（2013.11—2016.5）

概况　海林农场位于黑龙江省南部，海林市西南，宁安市西北。地理为北纬44°15' ~ 44°25'，东经128°47'30" ~ 129°27'30"。地处长白山脉，张广才岭东麓，向北、向西是浩瀚的林海，得天独厚的地理环境，天然“氧吧”。海林农场场区内有一座蓄水量为1163万立方米的高山水库，上游为无污染的山林，水质优良，5 ~ 6米深清澈透底，人们誉为天然矿泉水。

海林农场始建于1954年6月，占地面积175平方公里，其中耕地8933公顷，草原1200公顷，林地3533公顷，水面200公顷。农场下辖两个农业管理区、13个作业站，场部有农场子弟校、职工医院、公路管理站和7家股份制。驻场机构和企业有农业银行海林农场分理处、邮局、通讯、油库、电力、工商、土地、社保、完达山沃康食品海林农场分公司。农场为产加销一条龙，贸工农一体化兼有社会管理职能的现代化国有农场。2016年，农场实现地区生产总值5.1亿元，人均可支配收入22120元。

农业生产　全场广大干部和职工群众采取有力措施，转方式、调结构，应对春涝、低温、寡照和台风等严重自然灾害，完成8933公顷播种任务，全场粮豆总产3.7万吨。调整种子品种结构，全面开展种子市场监管和种子入户倒查工作，确保农场种子市场秩序和用种安全。新增水泥晒场7300平方米，新建79栋钢骨架大棚投入使用，耕地地力保护补贴和农业支持保护补贴1005万余元，缓解种植户的生产资金压力。举办科技培训班12期，培训人员1500余人，开展绿色（有机）食品基地建设工作，对气象、病虫草害的发生进行预测预报。

农业机械　利用国家农机购置补贴95.82万元，农场购机户投入221，18万元，购入各类农机具61台（套），其中拖拉机58台（40 ~ 48马力41台，50 ~ 65马力13台，70马力以上4台），谷物收获机1台，免耕播种机2台。新增农机动力2200千瓦。卫星定位系统4套，全部投入农业标准化生产中，联合深松和浅翻深松整地面积3267公顷，机车落户率、安全教育签字率100%。

水利　修订防汛预案及水库调度预案，汛前对双峰水库、十良子水库、红星塘坝等水利工程及在建工程进行汛前安全检查工作。对河道、渠道进行清障，险工弱段进行除险，更换编织袋1万条。全年强对流恶劣天气较多，降雨时空分部不均，总降雨量较往年高。24小时降雨量超50毫米2次，其中8月6日2小时降雨量达85.4毫米，造成场部内涝、田间道路渠道水毁严重。农场应对，进行重点水毁维修49处，费用15万余元。全年水利口径新增开工项目3个，总投资995万元。2016年土地出让金项目（海林农场红卫桥水源工程）、一批小水项目（十良子水库消险加固工程）和二批小水项目（海林农场灌溉设施配套项目），目前工程建设有序开展。完成2016年土地整治项目建议书、实施方案、报备等工作，该项目通过评审计划已下达，投资4487.8万元，将改善农场第二管理区9、10、11、12作业站的农业生产条件。完成2014年节水增粮项目的收尾及电力配套工作，并进行工程结算造价审计工作。

林业　完成春季造林20公顷，比上年增加造林面积17.8公顷。超额完成上级下达的任务，其中经济林10.8公顷，占全场造林总面积的54%；防护林7.4公顷，占37%；用材林2公顷，占10%。抚育管护任务完成100%，城镇绿化覆盖率达44.5%，实现全年无森林火灾。

畜牧业　牛奶受进口奶粉冲击价格持续下跌，由年初的3.85元跌至3元左右，同比下跌22%，由于养殖成本高居不下，养殖户长期处于亏损状态，养殖性不高，给农场奶牛养殖事业造成严重打击，导致圣澳合作牛场奶牛全部出售。全场奶牛存栏250头，生产商品奶4020吨，生猪存栏4500头，全年出栏2万头，肉牛存栏350头，商品牛出栏1950头（包括奶牛1500头），羊存250只，出栏羊500只，家禽存栏0.1万羽，出栏0.13万羽，肉类总产量1800吨。

工业　实现工业总产值4.1亿元，工业增加值1.3亿元，利润总额2570万元。打造甜叶菊专业化示范场。实施“一统、三保”优惠政策，鼓励甜叶菊种植户种植，扶持甜菊糖甙为核心的出口创汇产业，甜菊糖公司与韩国SN公司签订合作合同，总投资1600万元，糖甙出口韩国235吨，出口创汇830万美元。新建高A车间，吨糖成本降低4万元，达到国家级先进车间，生产20余个品种，生产酶转移糖升级研发餐桌糖，荣获国家级专利证书，生产的“卉菊”牌甜菊糖甙产品95%销往日、韩、美、德、泰国、印尼等国家，成为美国可口可乐饮品公司食品添加剂的供应商。与黑龙江八一农垦大学国家杂粮工程技术研究中心签订框架协议，结成长期杂粮项目合作伙伴关系。招商引资，发放招商宣传手册1500余份，制作招商宣传片3个，全场旅游接待人数0.84万人，实现旅游总收入152万元。

小城镇建设　完成生活污水处理厂、垃圾处理厂一座建设项目的前期方案设计、规划、用地、审图等手续；完成医院住院部扩建建设项目施工许可的办理；完成金星小区、向阳小区等共11个小区的环评验收工作；完成奶牛养殖沼气站的质量、安全监督审批工作；完成小学教学楼、食堂、宿舍3个项目的材料检测工作；完成开发综合楼2处的手续办理监督工作。完成海林农场场部各小区和双峰住宅小区混凝土路施工6587平方米，30余户的暖气、供水管道的打压调试及维修工作，共解决120余户百姓入住问题。共办理房屋登记235件。解决楼房漏雨、屋面瓦脱落、排污管道堵塞、排气管道堵塞等维修入住问题211户。对违规项目进行清理，完成16个项目的环评审批备案，新建项目“三同时”执行率达100%，划定畜禽禁养区。

民生工程　完成小区混凝土路施工6587平方米，散水坡施工3100平方米，解决120余户百姓入住难题，维修场内28处监控。落实就业补贴政策，为595名灵活就业人员申报社会保险补贴113余万元，为149户廉租住户发放租赁补贴87.3万元。为449名困难居民缴费3.95万元，社保费全额上缴，社会保险覆盖面达100%。投入12.31万元，对2056名儿童、妇女、老人、慢病和重症精神病人进行免费体检。做好社会救助工作。全场有低保户254户495人，低保金实行社会化发放，发放最低保障金208.8万元，为14户30人办理低保户临时救助，发放救助金8.5万元，为高龄老人发放津贴3.7万元，为145户贫困职工、老干部等发放慰问金6万元，为46户低困户提供无息贷款70万元，对全场24户低困家庭进行“一帮一”帮扶，8户贫困户全部实现精准脱贫，金秋助学金发放6200元，救助20名贫困学生。为3名特别扶助家庭退休人员补助1.5万元，为7名特扶人员办理“医疗优待卡”，开通就医绿色通道。

党建工作　强化推进“两学一做”。围绕党章、党规、习总书记重要讲话深入学习36次，集中学习15次、集体党课12次、专题研讨6次，参加人数4000人次。通过走访调查，征求意见建议36条，收集农场发展良策8条，整改问题27项，对293名党员、干部进行新“党纪”“条例”知识考试，全年有5人次受到党纪、政纪处分，诫勉谈话8人。开展“党员服务进社区、进基层”“亮身份、党员在身边”“绿化、亮化、美化家园”等活动，组织百余名党员干部抗灾抢收倒伏玉米，累计开展志愿服务40余次，以实实在在的行动拉近党员干部和群众之间的联系。选树典型，有两人被评为总局和鸡西市优秀共产党员。强化责任制度建设和民主管理工作。农场党委从挖掘自身潜力入手，出台《海林农场领导干部四项管理规定》《海林农场目标考核管理办法》《海林农场机关行政管理办法》等，调动全场干部职工干事创业的性。加强场务公开栏的管理，规范基层民主管理大会程序，实现“两个普遍”“双亮活动”和会员评家率100%。

（杨柳）

宁安农场

场长、党委副书记：王连河，1964年6月出生，山东省利津县人，中共党员，本科学历，高级农艺师。1982年11月参加工作，2011年9月至2016年8月任现职。

场长、党委副书记：王洪斌，1968年7月出生，黑龙江省密山市人，中共党员，本科学历，高级农机工程师。1989年12月参加工作，2016年8月任现职。

党委书记：孙长波，1969年10月出生，黑龙江省佳木斯市人，中共党员，本科学历，高级政工师。1989年7月参加工作，2013年11月任现职。

党委副书记、纪委书记、工会主席、人武部部长：

朱玉双（2009.11—），

副场长：

李文鹏（2011.4—2016.6）

赵前辉（2012.12—2016.8）

李　龙（2012.12—）

王加正（2016.8—）

孙书杰（2016.8—）

概况　宁安农场位于黑龙江省宁安市境内，地处牡丹江上游，与长白山张广才岭衔接，冬无严寒，夏无酷暑，气候宜人，海拔高度359～326米之间，地理坐标北纬43°56′～44°14′，东经129°18′。农场北距牡丹江市50公里，南距镜泊湖55公里，201国道、牡图铁路纵贯场区，距牡丹飞机场40公里，距口岸城市绥芬河、珲春各230公里，可与俄罗斯、朝鲜国家便利通商。农场始建于1947年6月13日，是黑龙江垦区第一个开发建设的国有农场，占地总面积11703平方公里，其中耕地面积4000公顷，林地面积5651公顷。农场是一个以农林牧为基础，多种经济并存的综合性国有农垦企业，是国家AAA

级旅游景区、中国最具特色生态旅游目的地和黑龙江省农业旅游示范点、黑龙江100个最值得去的地方。

2016年，农场总户数2955户，总人口6783人，其中女性人口3356人。实现地区生产总值53980万元，同比增长4.57%。其中：第一产业增加值完成21465万元，第二产业增加值完成19023万元，第三产业增加值完成13492万元，分别同比增长1.5%、1.92%、14.27%。人均地区生产总值79581元，农林牧渔总产值37502万元，社会消费品零售总额4903万元，实现现价人均居民可支配收入23913元，同比增长1%。

农业生产　落实播种面积7600公顷，粮食总产5.3万吨。其中：水稻面积2951公顷，玉米2259公顷，玉米制种333公顷亩，大豆534公顷，马铃薯647公顷，洋葱340公顷，西（甜）瓜269公顷，白瓜子155公顷，亚麻56公顷，小麦25公顷，其他33公顷。建设示范带17.5公里1333.3公顷，建立展示田11个，落实省、总局科研项目25个，创建全国绿色食品原料（水稻）标准化生产基地2733公顷，绿色玉米认证面积2000公顷，落实“三减”面积153.3公顷、“鹅玉”面积6.7公顷、水稻旱直播3公顷，完成圆葱等12个无公害农产品和7200公顷无公害农产品产地复查换证工作。农业风险保障力度加大，承保6400公顷1726户，理赔733.3公顷203.8万元。投资1700万元，推进第二、三管理区小型农田水利工程项目和宁安农场迎门山灌区续建改造工程建设。农场补贴150万元购入农机具75台套。林业部门处理林政案件2起，协调办理林权证120公顷。完成林业有害生物普查工作，普查面积5733公顷，普查出林业有害生物76种，为开展综合防治提供科学依据。造林34公顷，补植经济林88公顷，嫁接樟子松7公顷，生产各类食用菌71万袋，鲜菇总产量570余吨，种植天麻400平方米、灵芝4.5万段。全年猪、牛、鹿等畜类存栏7381头、禽类1282只，肉类总产613.7吨。

工业　长青生物质发电厂预计发电1.9亿度，产值1.3亿元；东部韩农实现产值2900万元；聚源食品投入资金300万元升级改造，新增生产线一条，出口山葱143.5吨，产值600万元；瑞兴建材完成产值190万元，生产标砖28万块、地面砖4.6万平方米。

旅游业　完成场内AAA级旅游景区自检和复核。生态园区加强餐饮服务、客房服务、水上游乐从业人员培训，人员素质和接待水平明显提高，全年共接待旅游团体517个，接待游客人数12.5万人。

小城镇建设　投入192万元实施俱乐部改造工程项目。投入80万元，建设人畜饮水工程。投入42万元，建设晒麦棚。全年清运垃圾2万立方米，维修路牙石3000延长米，种植花卉1.2万株、树木120棵，处理污水29.2万吨。

企业管理　推进机关、管理区改革，机关合并部门6个，农业单位由“一个分场、三个管理区、十个作业站”压缩为“一个管理区、六个作业站”。实施干部内部退养政策，干部职数减少24人。开展基本田、规模田的“两田制”土地承包体制改革，土地利费收入增加275万元。资产负债率下降5.97%，五项费用下降10.68%，低利率置换借款2000万元。宾馆承包经营，生态园股份化经营。内部审计力度加大，审计项目6个，为农场节约资金5.69万元。

教育卫生　学校通过九年义务教育均衡发展验收。卫生部门对餐饮业、公共场所进行卫生检查156次，办理许可证28个。医院全年接诊6657人次，住院人数511人次，医疗服务水平得到提高。

党建工作　扎实开展“两学一做”学习教育活动，党员干部党性意识和服务能力增强，发展党员6人，转正党员7人，有8个党组织和25名党员干部受到总局、管理局表彰。调整考核领导班子10个、调整支委成员23人，年度检查考核党建工作2次。加强干部管理监督，落实党员干部重大事项报告、述职述廉、警示教育制度，查办违纪问题4件次，党纪处分3人。青年干部“蹲苗”行动有序进行，27名同志参加年度经济管理调研实践，65人参加公文写作训练，70多人次参加农场文化活动。

（马树森）

双峰农场

场长：隋文成，1967年7月出生，辽宁省庄河市人，中共党员，本科学历，农艺师。1985年12月参加工作，2014年1月至2016年5月任现职。

场长：李文鹏，1974年3月出生，山东省滨州市人，中共党员，本科学历，农艺师。1991年12月参加工作，2016年6月任现职。

党委书记：杨宏彬，1965年10月出生，山东省阳谷县人，中共党员，本科学历，高级政工师、高级农艺师。1984年12月参加工作，2013年12月任现职。

党委委员、党委副书记、纪委书记、工会主席：

赵海燕（女，2011.4—）

党委委员、副场长：

孙联军（2012.7—）

王志刚（2014.3—）

概况　双峰农场位于黑龙江省密山市境内，地理坐标北纬45° 39′，东经131° 53′。东与八五一一农场、红岭村接壤，南与和平乡以裴德里河为界，西与裴德镇、青年水库相邻，北部与富源乡、兴凯镇相连，为完达山脉环绕，距中俄口岸当壁镇近60公里。方虎公路改线段、哈—东铁路横贯中部，地理位置优越，交通通信便利。

农场成立于2006年9月，前身为黑龙江省八一农垦大学实验场，2013年纳入农垦总局编制管理序列。由“黑龙江省牡丹江农垦双峰农场”更名为“黑龙江省双峰农场”。农场下设五个作业站，一个下属企业，土地面积4112公顷，其中耕地2372公顷、占土地总面积的57.68%。全场总人口1824人，其中男性978人，女性846人，少数民族人口7人。设有基层党支部4个，党员147人。国家农业部标准化奶牛养殖示范场—双峰牧业有限责任公司于2013年通过改制成立黑龙江省牡丹江农垦双峰奶牛养殖合作社。先后被授予“国家奶业体系学生奶奶源基地”“国内一流的奶牛养殖示范基地”“我省东部重要的大型奶牛饲养和繁育基地”等荣誉称号。

2016年，农场实现生产总值8299万元，比上年增长7.3%，其中，第一产业增加值3821万元，第二产业增加值1302万元，第三产业增加值3176万元。

种植业　实现粮食作物总播种面积2322公顷，实现粮食总产16698吨，平均公顷产7191公斤。在农业生产过程中，注重调整延伸种植结构。种植向日葵、红小豆、马铃薯、中草药等特色作物种植品种6个，面积180公顷；农田基础设施不断完善。投资235万元，沟渠清淤10.8公里，修建涵闸8座，滚水坝3座，渠道衬砌1.06公里，维修田间路7公里；投资62万元，新建晒场2900平方米、围墙260延长米；投资160.88万元完成金沙池水库维修工程，维修坝面5000平方米、重建护栏630延长米，改建跌水消力池1座、泄水渠维修护砌500延长米；新打113米深水井一眼，安装育秧大棚供水管道280米。加强低产田改造，完成1000亩低洼易涝地旱改水。农业机械化水平不断提高。农新增机车6台套，农业机械化率达96.3%。

畜牧业　年末奶牛存栏2700头，鲜乳产量8500吨，生猪饲养量8000头，家禽饲养量1.25万只。鸭稻、鹅玉示范带动作用突显，特色养殖业呈现新亮点。建立“鹅玉”种养基地1个，年饲养肉鹅1.2万只。

林业　完成采伐更新造林4.67公顷。开展春季绿化活动，栽植云杉1.1万株，成活率达到85%。全年出动防火巡查车70台次，开展流动防火检查110余人次。

小城镇建设　维修给、排水及采暖管道15处，清理住宅楼外墙灰皮脱落安全隐患11处，屋面排烟道8处，疏通住宅小区主排水管道8次，清掏排水检查井32座。规范城镇管理服务。农场不断创新城镇管理模式，通过社区“一站式”服务大厅，为居民提供便捷、高效服务。组建社区环卫队1个，聘任绿化服务人员3人，加强安全管理和环境卫生治理，整治车辆乱停放、占道经营、私搭乱建等违规现象。倡导勤俭节约、绿色低碳、文明健康的生活和消费方式，提高全社会生态文明意识，营造整洁、文明、安全的生态宜居环境。

（张静芝）

山市种奶牛场

场长、党委副书记：杜文东，1967年10月出生，河北省邯郸人，中共党员，研究生学历，水利高级工程师。1989年1月参加工作，2013年9月任现职。

党委书记：王　波，1968年11月出生，广东省潮安人，中共党员，研究生学历，高级政工师。1990年12月参加工作，2013年11月任现职。

党委委员、党委副书记、纪委书记、工会主席：

郭景阳（2012.12—）

党委委员、副场长：

王本峰（2011.6—2016.8）

卢生文（2016.8—）

党委委员、组织部部长、老干部科长、武装部副部长：

张喜庆（2007.7—）

党委委员、办公室主任：

张书田（2009.12—）

概况　山市种奶牛场始建于1950年2月26日，先后隶属于东北人民政府农林部和省国营农场管理厅，后为省畜牧局直属种奶牛场。原以繁育“卡巴金”种马为主，1978年根据省畜牧局指示精神，下马上牛，改为繁育“黑白花奶牛”为主的种奶牛场。1984年前为全亏全补的纯事业性单位，1984年后，改为事业单位企业管理，实行定额补贴，超亏不补的经营模式。经多年的改革和调整，现已形成以畜牧业为主，农林牧副工全面发展的种奶牛场。2007年3月22日经省长办公会研究决定，划归黑龙江省农垦总局牡丹江管理局管理，现已成为以农业为主，畜牧、林业为辅的综合性农场。山市种奶牛场位于黑龙江省海林市境内，地处张广财岭南麓。地理坐标：北纬44° 35′ 53″、东经128° 50′ 45″。海拔高度为380米至766米。辖区总面积18119公顷，其中耕地4490公顷，草原2624公顷，林地10381公顷，水面22公顷，其他602公顷。场区四周环山，地处丘陵沼泽交错小盆地。无霜期100至120天，年积温1900至2100℃，年降雨量600至650毫米。自然植被覆盖良好，草林相间，水源充足，密江河贯流其间。与滨绥铁路、301国道毗邻，交通方便，宜农、宜牧、宜于多种经营。

山市种奶牛场下辖4个管理区、7个作业站、4个场直企事业单位、4个场直居民区。驻场单位和机构6个。全场总人口6462人，2708户。职工人数1164人，离退休职工1452人。

2016年，全场实现生产总值8709万元，其中第一产业增加值4303万元，第二产业增加值360万元，第三产业增加值4046万元，2016年人均可支配收入1.2万元。

种植业　种植业结构调整步伐加快，粮经饲三元结构基本形成。农场播种面积3934公顷，其中落实豆类1400公顷；玉米1067公顷（玉米867公顷，甜玉米173公顷，黏玉米27公顷）；四瓜1400公顷；青贮49公顷，马铃薯9公顷，实验种植水稻6公顷；各类中草药材9公顷。2016年经济作物播种从上年占27.5%提高到52.65%，种植业结构更趋合理。合作社管理逐步规范，新成立各类专业合作社11个。在农场引导下，中草药种植合作社试种的多个品种获成功，部分品种已通过葵花、修正药业的药理药性检测；甜玉米专业合作社在粮价下挫的情况下效益明显。建立品种试验田2处，开展科普活动3次，利用大集发放宣传资料600份，全年各类农业技术培训达1500人次。农机装备继续提升。投资180万元，更新各类农用机具97台套。

农业基础设施　加大实施水土保持、农发等农田水利基础设施项目的投入，总投资2945万元，已完成投资1988万元。农田综合治理782公顷，新建蓄水池39000平方米，修建农田道路23.82公里，桥涵38座。农场农业生产条件得到改善，为调整种植业结构奠定良好的基础。

畜牧业　继续加强畜牧管理和防检疫工作，层层签订责任状，畜禽检疫免疫达100%，全年无重大动物疫情。继续完善家庭牧场模式。尚兴、龙臣家庭牧场奶牛养殖规模更趋合理，从海林农场引进澳牛186头。奶牛舍改扩建项目申报立项工作完成。利用林地资源优势，在不破坏林地植被的情况下，林下养殖黑猪400头，肉羊舍饲400只，特色养殖狐貉2000只，鹿72头，蜂520箱。2016年奶牛存栏1246头，鲜奶产量3905吨；肉牛存栏2204头；生猪存栏3580头；羊存栏3520只；禽类存栏1.8万只。

林业　继续发展食用菌产业，完成黑木耳栽培76万袋，平菇5.8万袋；自产菌包82万袋。探索发展林下经济。种植经济林16.9公顷，其中：红树莓3公顷、大樱桃1.8公顷、大榛子0.8公顷、樟子松嫁接红松3公顷、蓝靛果9.3公顷。做好绿化工作。全年绿化造林13.5公顷，笔架山景区栽植绿化美化灌木800株。加强森林草原防火工作，全年无火灾发生，林木资源得到有效保护。

民生工程　维修农场主干道路5公里；种植花卉3000株。实施小城镇建设及企业公益性补助建设项目，投资320万元，已改造自来水管网3000延长米，解决平房区56户居民吃水难题。投资81万元购置医疗设备，投资30万元加强公共卫生服务。继续加强居民最低生活保障工作，发放低保金、取暖补助、高龄补贴等资金86万元。发放大额医疗救助、缴纳城镇居民医疗保险65万元，报销老干部医药费15万元。为68户贫困家庭发放廉租房补贴48.2万元。兑现2015年度独生子女费28万元；发放325名女职工卫生费7.6万元，为88名女职工办理女性安康保险。开展下基层巡诊义诊活动，对65岁以上老年人、慢性病等重点人群免费健康体检和筛查。扎实开展扶贫攻坚。实施“一帮一”扶贫解困工程，建立领导干部帮扶对子112个，走访慰问困难职工46户，发放慰问资金3万元。助学54人，发放救助资金2.8万元。下发无息贷款40万元。已实现精准脱贫72户112人。

旅游　筹资6万元，着力建设场部主干道绿化、美化、亮化工程，栽植各种绿化树5000株；绿篱1000延长米，栽植花卉1万余株；笔架山景区移植映山红5000株。为游客提供优美环境，吸引八方游客。全年接待旅游团体51个，接待全国各地游客已超过2万人次。“五一”节当天笔架山游客日高峰突破3000人。招商引资拉动作用凸显。笔架山旅游开发正在洽谈当中，已有两家投资商向农场提交投资意向书。上京观光农业休闲旅游项目已达成合作意向。

党建工作　加强领导班子和干部队伍建设。党政主要领导在工作上相互支持，通力合作，班子成员各司其职，抓好各自的分管工作，一岗双责也得到实实在在的落实。在“转方式、调结构”工作中，明确领导干部和基层党组织的责任和内容，形成“千斤重担众人挑，人人身上有指标”的良好局面。开展“两学一做”学习教育。不搞一刀切，一个模式，结合行业特点和工作性质开展学习活动；采取集中学习、个人自学、专题研讨等多种形式，使每名党员都能及时的参与到“两学一做”学习教育中来。严格落实“三会一课”制度，党委班子、支部书记共讲党课18次，参加450余人次，印发“两学一做”应知应会手册450余份，覆盖农场全部党员干部。组织开展演讲比赛、党支部书记培训、预备党员及入党分子培训；督导小组对全场各党支部学习教育开展情况检查4次，整改问题15个；注意发现和培养帮扶典型，特别对在推动农场结构调整、扶贫解困工作中体现出来的25名先进个人进行重点表彰，并利用广播、宣传栏、微信公众号等适时通报新做法、好经验，充分发挥“三百联农助农”和“一帮一”活动的作用，充分发挥党员领导干部主观能动性，推动产业结构调整。以加强党风廉政建设为重点，抓作风，树正气。细化“两个责任”，明确“一岗双责”，严格责任追究，建立严肃执纪问责、严厉惩治腐败和严格自身监督等责任清单。健全党内监督和民主监督制度，规范“三重一大”集体决策制度执行。坚持抓早抓小、防微杜渐，对党员干部自身问题早发现、早教育、早查处，诫勉谈话6人，提拔调整干部全员进行廉政考试和任前廉政谈话。组织全场党员干部学习中央出台的党纪党规，组织讲座、收看专题片等廉政学习12次，700余人次参加。签订履行党风廉政建设主体责任状，做到责任全覆盖无盲区。

（冷曙臣）

新友谊农场

场长、党委副书记：邹立江，1970年9月出生，四川省渠县人，中共党员，本科学历，经济师职称，1995年6月参加工作。2016年5月任现职。

党委书记：董长顺，1963年2月出生，黑龙江省宾县人，中共党员，本科学历，高级审计师。1983年12月参加工作，2012年6月任现职。

党委委员、党委副书记、副场长：

王洪庆（2013.12—2016.8）

党委委员、副场长：

殷曦睿（2012.12—）

卢生文（2012.12—2016.8）

裴景龙（2014.2—）

党委委员：

陈庆江（2014.7—）（分管农场财务工作，享受副场级待遇）

概况　2011年年初，管理局与华信集团签订合作协议，组织大马力机车赴俄罗斯滨海边疆区为华信集团代耕。2012年2月17日，管理局成立专门对俄进行农业开发的新友谊农场。按照“先代耕再开发、先做强再做大、先种植再加工、先市场再流通”的发展顺序，新友谊农场规模发展，2013年列入《黑龙江和内蒙古东北部地区沿边开发开放规划》农、林产业重要对俄投资合作项目，得到国家部委、省委省政府及农垦总局的支持。

新友谊农场位于俄罗斯的东南部滨海边疆区，沿远东大铁路和M60公路分布在列索、哈罗里、葛城、哈桑等9个区内，地理位置在北纬42°～48°，东经130°～139°之间，年积温

2300℃～2500℃，年日照达310天，无霜期150～200天，适合农作物生长；全年降雨量600～900毫米。良好的气候条件和土地资源，适宜农业、畜牧业的发展。新友谊农场采取大农场套小农场、统分结合的经营模式，目前以种植业为主，主栽大豆、玉米、小麦和水稻。拥有机械1300余台套，境外作业人员300余人，聘用俄罗斯人员200余人，累计生产粮食50万吨。

种植业　抓好种植面积落实。由于春涝多雨给春播生产带来极大的困难，农场精心组织，合理安排，克服部分生产资料现筹备等难题，战胜春季低温多雨等不利因素，发挥机械力量强的优势，抓住有利时机抢整地、抢播种。2016年种植14333公顷。其中玉米667公顷、水稻2000公顷、大豆10666公顷、黑大豆667公顷、红小豆333公顷。加快种植结构调整步伐。按照农业生产“高质、高产、高效、生态、安全”和粮、经、饲三元种植结构的要求，试种黑大豆、紫花苜蓿、红小豆。进行绿色食品基地认证。同中国节能集团（央企）合作，对在俄罗斯种植的大豆、玉米进行绿色有机认证13333公顷。

经营活动　重新组建8～10人的俄罗斯管理团队，规范公司运作，对于存在的遗留问题，逐一解决问题，确保境外资产安全。原与维多利亚、金鹰公司在同一地点办公。2016年，公司办公地点搬迁至海参崴，独立自主运行。

境外项目建设　实际完成投资16273万元，其中完成基础设施投资5992万元（新建水泥晒场67142平方米、库房基础9776平方米、库房钢结构10154平方米、农具场2898平方米、烘干塔基础3座，烘干塔设备2套、地中衡1座、监控1套、围栏22000延长米）；间接费用180万元；购置机械设备68台套投资2419万元，；租购土地1.73万公顷，完成投资7682万元。

（李莉）

北安管理局

局长、党委副书记：刘新华，1958年11月出生，山东省莱芜市人，中共党员，本科学历，教授级高级政工师。1976年10月参加工作，2011年7月任现职。

党委副书记：徐树清，1959年6月出生，黑龙江省拜泉县人，中共党员，研究生学历，高级经济师。1976年12月参加工作，2008年7月任现职。

副局长、党委委员：柳　毅，1962年11月出生，吉林省扶余县人，中共党员，研究生学历，高级统计师。1978年10月参加工作，2006年5月任现职。

副局长、党委委员：祝殿凯，1959年9月出生，黑龙江省兰西县人，中共党员，研究生学历，高级农艺师。1982年2月参加工作，2008年7月任现职。

副局长、党委委员：西亮，1962年2月出生，黑龙江富锦市人，中共党员，研究生学历，高级工程师。1982年8月参加工作，2012年6月任现职。

党委委员、纪委书记：祖国杰，1964年1月出生，吉林省永吉县人，中共党员，本科学历，工程师。1985年1月参加工作，2015年7月任现职。

党委委员、宣传部部长：郝正学，1962年6月出生，辽宁省盘锦市人，中共党员，研究生学历，教授级高级政工师。1978年9月参加工作，2013年12月任现职。

党委委员、人民武装部政委：李峰，1968年10月出生，河南省范县人，中共党员，大学专科学历，1986年11月入伍，2011年4月任人民武装部政委，2014年3月任现职。

党委组织部：

部长：张雅梅，女，1965年9月出生，黑龙江省明水县人，中共党员，研究生学历，高级经济师。1983年6月参加工作，2013年12月任现职。

副调研员（负责离退休干部工作）：屈年喜，1974年4月出生，辽宁省凤城县人，中共党员，本科学历，硕士学位，1998年7月参加工作，2016年9月任现职。

副部长：

杨志强（2016.5—）

王洪涛（2016.9—）

纪委监察局：

副书记、监察局局长：白成刚，满族，1959年11月出生，黑龙江省肇东县人，中共党员，研究生学历，农机工程师。1981年8月参加工作，2012年7月任现职。

副书记：宫殿民，1963年4月出生，黑龙江省青冈县人，中共党员，研究生学历，高级统计师。1986年7月参加工作，2012年7月任现职。

副书记：李志刚，1972年1月出生，黑龙江省泰来县人，中共党员，本科学历，助理农艺师。1989年6月参加工作，2016年8月任现职。

党委宣传部：

副部长：

卢伟力（2009.9—）

王秀波（2012.12—）

办公室：

主任、机关党委副书记：焦伟，1980年2月出生，中共党员，山东省临邑县人，大专学历，政工师。1999年7月参加工作，2016年8月至2016年12月任现职。

主任、机关党委副书记：李成祥，1972年8月出生，中共党员，黑龙江省北安市人，研究生学历，农业推广硕士学位，高级畜牧师。1992年7月参加工作，2016年12月任现职。

副调研员、机关党委副书记：李成祥，1972年8月出生，中共党员，黑龙江省北安人，研究生学历，农业推广硕士学位，高级畜牧师。1992年7月参加工作，2016年8月至2016年12月任现职。

副主任（负责机关党委工作）：李成祥，1972年8月出生，中共党员，黑龙江省北安人，研究生学历，农业推广硕士学位，高级畜牧师。1992年7月参加工作，2015年9月至2016年8月任现职。

副调研员（负责信访办公室工作）：于娟，女，黑龙江省北安市人，中共党员，研究生学历，高级政工师。高级会计师。1985年12月参加工作，2016年8月任现职。

副主任（负责政策法规局工作）：刘世斌，1970年5月出生，山东省昌乐市人，中共党员，研究生学历，经济师。1987年12月参加工作，2015年9月任现职。

副主任：

张志泉（2012.12—）

梁甲明（2016.9—）

政法委：

常务副书记：李鸣，女，1962年4月出生，江苏省睢宁市人，中共党员，研究生学历，中教一级，1983年4月参加工作，2012年12月任现职。

副书记：

孙迎军（2013.4—）

人民武装部：

部长：李永涛，1976年4月出生，黑龙江拜泉县人，中共党员，大学学历。1998年7月入伍，2016年1月晋升上校军衔，2014年1月任现职。

副部长：

杨银满（2016.2—）

关工委：

常务副主任：李志秀，1948年12月出生，山东省肥城市人，本科学历，高级政工师。1964年7月参加工作，2007年9月任现职。

副主任：赵联方，1948年10月出生，山东省莱西市人，本科学历，高级工程师。1968年10月参加工作，2010年10月任现职。

副主任：吕玉臣，1957年12月出生，黑龙江省克东县人，专科学历，新闻编辑，1976年12月参加工作，2014年1月任现职。

广播电视局：

局长：赵长勇，1962年3月出生，山东省临清县人，中共党员，研究生学历，教授级政工师。1979年4月参加工作，2008年10月任现职。

副局长：

蔡生库（2011.3—）

工会：

副主席：王伟光，1960年3月出生，黑龙江海伦市人，中共党员，大学专科学历，中教一级（政工师），1978年3月参加工作，2012年5月任现职。

副主席：

陈德刚（2016.9—）

团委：

书记：付正娟，女，1978年4月出生，山东省青岛市人，中共党员，研究生学历，1999年7月参加工作，2016年8月任现职。

史志办公室：

主任：付维秋，满族，1962年8月出生，吉林省镇赉县人，中共党员，研究生学历，主任编辑，1979年4月参加工作，2012年7月任现职。

计财处：

处长：王鹏，1973年9月生，黑龙江省巴彦县人，中共党员，本科学历，会计师。1994年8月参加工作，2016年8月任现职。

副处长：

张祥秋（2009.3—）

董本富（2016.9—）

审计处：

处长：朱国民，1964年9月出生，黑龙江省肇源县人，中共党员，本科学历，高级审计师。1986年7月参加工作，2008年12月任现职。

副处长：

邓庆丰（2010.10—）

司法局：

局长：耿文华，女，1968年4月出生，山东省莱西县人，中共党员，研究生学历，高级政工师。1989年7月参加工作，2010年10月任现职。

副局长：

邢建春（2016.9—）

公证处：

主任：黄松涛，1970年5月出生，黑龙江省双城市人，中共党员，本科学历，四级公证员，1987年12月参加工作，2016年9月任现职。

北安农垦公安局：

局长：吴旭东，1961年4月出生，吉林省长春市人，中共党员，本科学历，刑事技术工程师。1978年10月参加工作，2011年9月任现职。

政委：于洪军，1965年8月出生，山东省荣成市人，中共党员，本科学历，1981年12月参加工作，刑事照相工程师。2012年5月任现职。

副局长：王克强，1965年9月12日出生，辽宁省绥中市人，中共党员，本科学历，1982年10月参加工作，2010年10月任现职。

副局长：杨文革，1966年7月9日出生，江苏省徐州市人，中共党员，本科学历，1984年12月参加工作，2013年1月任现职。

副调研员：安伟民，1963年10月9日出生，河北省宛平县人，中共党员，本科学历，高级建筑工程师。1983年12月参加工作，2010年10月任现职。

政工监督室主任：王长生，1969年4月12日出生，山东省临沂市人，中共党员，本科学历。1990年7月参加工作，2007年12月任现职。

北安农垦区人民检察院：

检察长：孙登志，1958年7月出生，安徽省利辛县人，中共党员，本科学历。1975年9月参加工作，2009年6月任现职。

副检察长：

梁凤玲（女，2010.5—）

刘晓威（2010.5—）

李桂莲（女，2012.5—）

纪检组长：

胡成革（2012.6—）

北安农垦法院：

院长：刘会普，1963年10月出生，黑龙江省庆安县人，中共党员，本科学历，经济师。1986年7月参加工作，2009年6月任现职。

副院长：

刘　宇（2008.12—）

刘文彬（2010.10—）

王海龙（2013.4—）

人力资源和社会保障局：

人力资源和社会保障局局长：吕殿富，1962年1月出生，黑龙江省望奎县人，中共党员，本科学历，高级农艺师。1981年8月参加工作，2016年10月任现职。

副调研员（负责民政局工作）：姚龙江，1964年2月出生，江苏省江宁县人，中共党员，研究生学历，助理记者，1981年11月参加工作，2016年8月任现职。

副局长：

张　凯（2013.6—）

冯建功（2016.9—）

残联：

理事长：杨文志，1959年11月出生，黑龙江省望奎县人，中共党员，大学专科学历，高级政工师。1981年10月参加工作，2011年5月任现职。

农业局：

局长：林清河，1966年3月出生，

黑龙江省青冈县人，中共党员，本科学历，高级农艺师。1987年7月参加工作，2012年7月任现职。

副局长：

李艳梅（女，2012.5—）

迟宏伟（2015.11—）

韩成新（2016.9）

林业局：

局长：荆培强，1962年12月出生，山东省蓬莱市人，中共党员，研究生学历，林业高级工程师。1983年7月参加工作，2012年5月任现职。

副局长：

何洪海（2012.7—）

农机局：

局长：任宏斌，1962年2月出生，黑龙江省肇州县人，中共党员，本科学历，高级工程师。1979年12月参加工作，2001年2月任现职。

水务局：

设计院副院长（负责水务局工作）：董涛，满族，1966年9月，辽宁省岫岩县人，中共党员，本科学历，水利高级工程师。1989年1月参加工作，2014年6月任现职。

水政监察大队大队长：

陈　国（2012.5—）

种子管理局：

局长：宫玲，女，1964年3月出生，黑龙江省望奎县人，中共党员，研究生学历，推广研究员，1986年7月参加工作，2012年5月任现职。

畜牧兽医局：

局长：李长志，1965年7月出生，山东省章丘市人，中共党员，研究生学历，高级畜牧师。1986年7月参加工作，2005年4月任现职。

副局长：

郭彦民（2012.8—）

安全生产监督管理局：

局长（主持工业和信息化委员会工作）：姚军，1964年4月出生，黑龙江省安达市人，中共党员，大学专科学历，工程师。1986年7月参加工作，2016年8月任现职。

副局长：

张大丰（2016.9—）

工业和信息化委员会：

副调研员：王立民，1961年10月出生，黑龙江省庆安县人，中共党员，本科学历，高级工程师。1982年8月参加工作，2011年3月任现职。

副主任：

王寒星（2012.5—）

商务局：

局长：韩春雨，1974年6月出生，黑龙江省泰来县人，中共党员，大学专科学历，高级工程师，1995年8月参加工作，2016年8月至2016年12月任现职。

副局长：

李　力（2008.12—）

住房和城乡建设局：

局长：任传军，1973年3月出生，黑龙江省林甸县人，中共党员，研究生学历，高级农艺师。1998年8月参加工作，2016年8月至2016年12月任现职。

交通运输局：

局长：王林，1963年4月出生，山东省莱州市人，中共党员，本科学历，高级政工师。1981年9月参加工作，2010年5月任现职。

交通运输局党组书记：廖有方，1963年9月出生，黑龙江省绥化市人，中共党员，本科学历，高级经济师。1981年9月参加工作，2010年5月任现职。

副局长：

岳振龙（2010.10—）

党组成员：

吴中旭（2010.5—）

卫生局：

局长：牟凤英，女，1964年3月出生，山东市日照市人，中共党员，本科学历，副主任护师。1983年8月参加工作，2016年8月任现职。

教育局：

局长：刘保国，1972年2月出生，黑龙江省呼兰县人，中共党员，研究生学历，高级讲师。1991年7月参加工作，2012年5月任现职。

副局长：

崔万敏（2016.9—）

垦区质量技术监督局北安分局：

局长：文东风，1962年9月出生，山东省陵县人，中共党员，研究生学历，高级农艺师。1978年10月参加工作，2009年9月任现职。

副局长：

辛风江（2001.12—）

岳振江（2010.7—）

农垦总局国土资源局北安分局：

局长：孙杰，1959年1月出生，黑龙江省望奎县人，中共党员，本科学历，助理兽医师。1977年8月参加工作，2008年12月任现职。

副局长：

廖锦光（2005.11—）

王凤文（2014.6—）

垦区北安环境保护分局：

局长：辛力学，1967年2月出生，黑龙江省拜泉县人，中共党员，本科学历，环保工程师。1984年12月参加工作，2011年5月任现职。

局长助理：

鲍要文（2012.5—）

垦区工商物价局北安分局：

局长：李正，1964年3月出生，山东省广饶县人，中共党员，本科学历，1983年12月参加工作，2013年11月任现职。

副局长（主持垦区工商物价局北安分局工作）：

陈百军（2014.3—）

副局长：

姜万军（2013.6—）

李金义（2011.10—）

非公有制经济党组书记：王晓民

(2012.12—)

副调研员：

孙　凯（2012.11—）

社会保险事业管理局：

局长：吴善利，1963年10月出生，黑龙江省黑河瑷珲县人，中共党员，本科学历，高级统计师。1982年7月参加工作，2011年6月任现职。

副局长：

田雪海（2011.11—）

管理局第一高中：

校长：张天红，1962年10月出生，黑龙江省海伦县人，中共党员，本科学历，中教高级，1981年9月参加工作，2012年5月至2016年12月任现职。

校长：梁雪梅，女，1964年5月出生，山东省平度市人，中共党员，本科学历，高级教师。1983年6月参加工作，2016年12月任现职。

党委书记：时跃，1960年2月出生，辽宁省沈阳市人，中共党员，本科学历，中教高级，1977年9月参加工作，2006年6月至2016年12月任现职。

党委书记：于万方，1962年12月出生，黑龙江省海伦县人，中共党员，本科学历，高级政工师。1981年7月参加工作，2016年12月任现职。

副校长：

张建敏（2002.3—2016.9）

李海宝（2006.8—）

江铁城（2012.7—）

陈景忠（2016.9—）

管理局第二高中：

校长：丛国旭，1972年11月出生，黑龙江省海伦市人，中共党员，研究生学历，中教高级，1995年8月参加工作，2012年5月至2016年9月任现职。

校长：王传峰，1968年4月出生，河南省商丘市人，中共党员，本科学历，中教高级，1989年7月参加工作，2016年9月任现职。

党委书记：陈景忠，1968年1月出生，吉林省梨树县人，中共党员，研究生学历，中教高级，1989年7月参加工作，2013年6月至2016年9月任现职。

副校长：

崔国春（2003.2—）

徐　浩（2006.8—）

李　斌（2012.7—）

副书记：

韩林喜（2016.12—）

管理局党校、机校、第三高中：

党校副校长、机校校长（第三高中校长）：王传峰，1968年4月出生，河南省商丘市人，中共党员，本科学历，中教高级，1989年7月参加工作，2016年8月任现职。

机校党委书记（第三高中书记）：刘斌，1971年4月出生，河北省沧县人，中共党员，硕士研究生，研究员级高级经济师。1995年7月参加工作，2016年8月任现职。

机校副校长：

刘继山（2006.8—）

第三高中副校长：

王　毅（2016.12—）

沈福林（2016.12—）

姜世家（2016.12—）

管理局教师进修校：

校长：刘权，1959年3月出生，黑龙江省兰西县人，中共党员，硕士研究生，中教高级，1977年12月参加工作，2012年5月任现职。

管理局中心医院：

院长：徐爱国，1961年5月出生，山东省诸城市人，中共党员，本科学历，主任医师。1977年9月参加工作，2005年7月任现职。

党委书记：顾伟，女，1967年7月出生，黑龙江省双成市人，中共党员，本科学历，主任技师。1984年12月参加工作，2009年3月任现职。

副院长：

宋宏志（2007.2—）

李栋国（2009.5—）

王西建（2009.12—）

副院长：

马传贵（2012.7—）

北安农垦医药药材采购批发总站：

总经理：韩萍，女，1963年1月出生，黑龙江省拜泉县人，中共党员，大学专科学历，会计师。1980年8月参加工作，2009年12月任现职。

党委书记：李文刚，1965年4月出生，黑龙江省宁安市人，中共党员，本科学历，农机工程师。1983年12月参加工作，2012年6月至2016年5月任现职。

副总经理：

王晓东（2010.5—）

建筑安装总公司：

党委书记：王军，1962年10月出生，山东省滨州市县人，中共党员，本科学历，高级政工师。1978年10月参加工作，2005年5月任现职。

副总经理：刘承海，1977年12月出生，辽宁省沈阳市人，中共党员，本科学历，建筑高级工程师。1995年12月参加工作，2015年9月任现职。

党委副书记：

闫红彬（2011.3—2016.10）

副总经理：

郭婧媛（女，2011.3—）

孙海军（2012.8—）

设计院：

院长：李秀河，1965年7月出生，山东省郓城县人，中共党员，本科学历，高级工程师。1983年5月参加工作，2012年7月任现职。

党委书记：付超杰，满族，1960年1月出生，黑龙江省海林人，中共党员，本科学历，教授级高级政工师。1977年9月参加工作，2012年6月至2016年10月任现职。

粮贸总公司：

总经理：贾铁本，1960年4月出生，辽宁省庄河县人，中共党员，本科学历，高级会计师。1977年9月参加工作，2003年3月至2016年5月任现职。

物资总公司：

总经理：胡劭南，1962年4月出生，上海松江人，中共党员，本科学历，助理经济师。1981年10月参加工作，2011年3月任现职。

党委书记：张万秋，1967 年 7 月出生，黑龙江省北安市人，中共党员，研究生学历，工程师。1984 年 8 月参加工作，2008 年 12 月任现职。

生资总公司：

党委书记：张春华，1965 年 1 月出生，山东省招远市人，中共党员，研究生学历，高级政工师。1982 年 12 月参加工作，2009 年 12 月至 2016 年 5 月任现职。

生资粮贸联合公司：

总经理：李文刚，1965 年 4 月出生，黑龙江省宁安市人，中共党员，本科学历，农机工程师。1983 年 12 月参加工作，2016 年 5 月任现职。

党委书记：张春华，1965 年 1 月出生，山东省招远市人，中共党员，研究生学历，高级政工师。1982 年 12 月参加工作，2016 年 5 月任现职。

商业公司：

经理：张华平，1961 年 9 月出生，四川省潼南县人，中共党员，本科学历，1977 年 12 月参加工作，1996 年 11 月任现职。

农垦通信北安分公司：

经理：宋连杰，1961 年 12 月出生，辽宁省喀佐县人，中共党员，本科学历，高级工程师。1979 年 11 月参加工作，2011 年 1 月任现职。

副经理：

王建举（2005.12—）

杜　军（2011.10—）

黄海峰（2015.1—）

阳光农业相互保险公司黑河中心支公司：

总经理、党支部书记：张道芝，1962 年 9 月出生，山东省青州市人，中共党员，本科学历，高级农艺师。1987 年 7 月参加工作，2007 年 10 月任现职。

副总经理：

向红宇（2012.2—）

总经理助理：

金伟明（2012.5—）

农垦北安宾馆：

总经理：邹雪峰，1968 年 5 月出生，黑龙江省肇东市人，中共党员，大学专科学历，农机工程师。1984 年 12 月参加工作，2013 年 12 月任现职。

管理局驻哈尔滨办事处：

副主任：孙剑红，女，1967 年 8 月出生，山东省龙口人，中共党员，大学专科学历，经济师。1986 年 12 月参加工作，2010 年 5 月任现职。

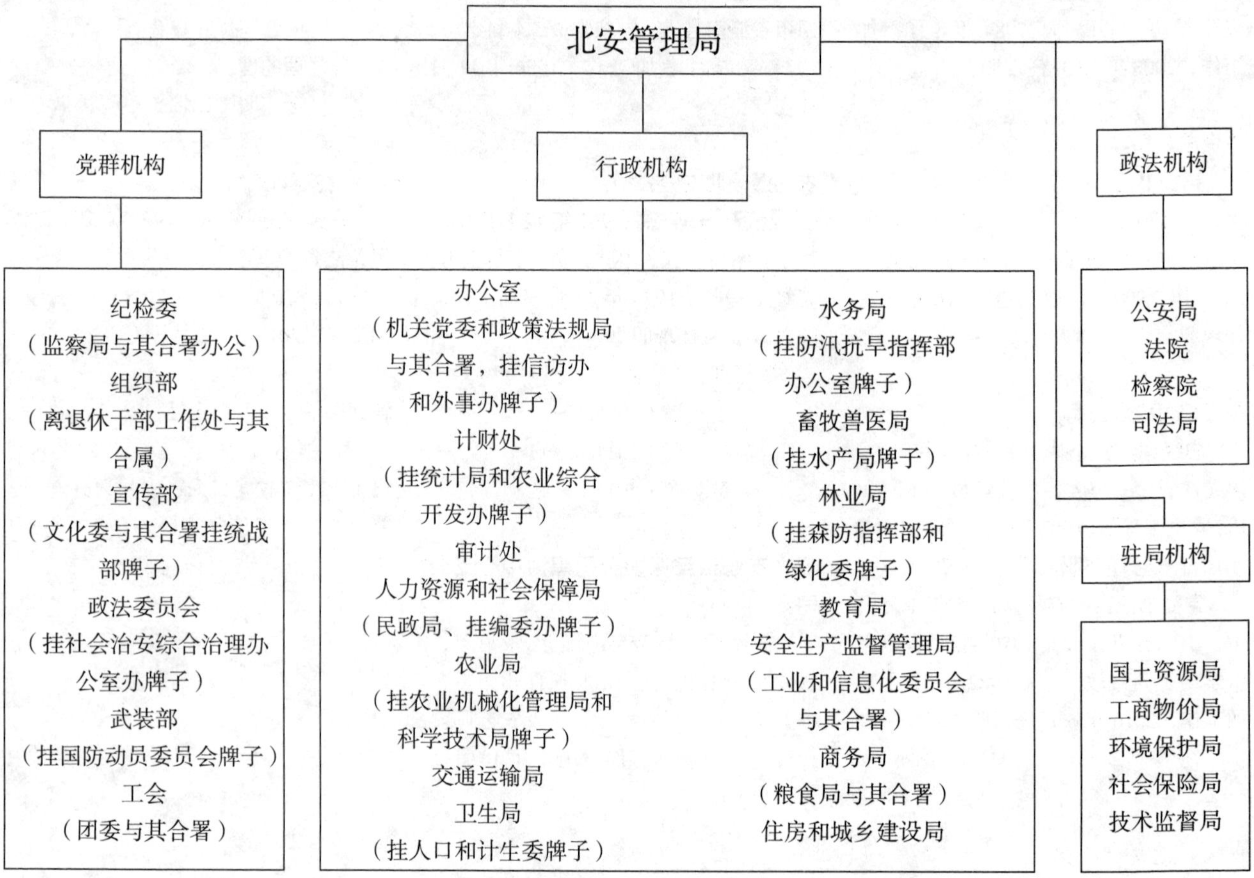

图 12　北安管理局机构示意图（2016 年）

图 13　北安管理局农场直属企事业单位示意图（2016 年）

概况　北安管理局位于中国综合自然区划的兴安岭——长白山区，小兴安岭主脉由北向南纵贯垦区东部。所属15个农场分别位于小兴安岭西南麓、西北麓和中段北麓。地理坐标是北纬47°48′～50°21′、东经125°54′57″～129°03′。行政区划位置属黑河地区，东邻嘉荫县，西到嫩江县，南起海伦市，北到黑河市。东西宽234公里，南北长281公里。15个国有农场分成南、北、中3片，跨越黑河、孙吴、逊克、北安、嫩江、五大连池、伊春7个市县。区域内交通畅达，哈黑铁路（哈尔滨至黑河）、齐齐哈尔至北安铁路、黑大公路（黑河至大连202国道）和绥北高速（绥化至北安、北安至黑河）、碾北、鹤嫩四条公路贯穿垦区西南北部。管理局机关设在北安市，距省城哈尔滨333公里，距黑河市296公里。是哈尔滨、齐齐哈尔、黑河间的交通要冲，战略地位十分重要。黑龙江畔的逊克、红色边疆农场，隔江与苏联的阿穆尔州相望，边境线长约39公里。北部的锦河农场距开放口岸城市黑河15公里。

北安管理局辖区总面积8986.16平方公里，占全省垦区总面积的1/5，其中耕地32.42万公顷，林地13.05万公顷，草原8.16万公顷，水面1.3万公顷。总人口19.15万人。

北安管理局属松嫩平原黑土带的边缘，是世界三大黑土带之一，黑土层厚，土地肥沃，土壤主要有棕壤、黑土、白浆土、草甸土、沼泽土、火山灰土等，土壤有机质含量为2%～9%。境内有大小河流46条，分别为黑龙江和嫩江两大水系。河谷及支流两岸的腐殖土有80厘米深，植被属温带、寒温带针阔叶混交林的边缘和由山前森林向松嫩草甸草原的过渡地区。全局草原植被共分布在15个农场，处在长白山植物分布区的北部，大兴安岭植物分布区的南部，西邻蒙古植物分布区，幅员广大，自然植物种类繁多。管理局属寒温带大陆性季风气候区，冬季、春初、秋末受西伯利亚冷高压控制，偏北风多、降雨量少、空气干燥、气候寒冷。春末、夏季、秋初多受南来暖空气、蒙古低压影响，多偏南风、气温高、降水多而集中、空气湿润，称为水热同季。全年降水日数为100～110天左右。年日照时数为1903.2～2737.4小时，年蒸发量1075.2～1346.9毫米。管理局积温平均值2305.9～2541.3℃，锦河农场积温2305.9℃是全管理局的最低值，襄河农场次之，积温2307.1℃，中部农场2322.2～2494.0℃，南部农场及红色边疆农场积温最高2441.2～2541.3℃。根据近20年积温平均值划分：锦河农场处在第四积温带（占6.7%），红色边疆、赵光和建设农场（占20.0%）处在第二积温带，其余十一个农场（占73.3%）均处在第三积温带。无霜期103～125天。其中北部农场锦河、逊克、红色边疆为118～120天；南部农场红星、赵光、建设为118～125天；中部农场为103～118天，其中襄河、龙镇、引龙河无霜期为103～108天，其余中部农场为112～118天。80%保证率值比平均值少6～10天。

北安管理局有4个农场处在世界地质公园、全国旅游胜地“自然火山博物馆”、著名的中国五大连池风景区区域，其中，五大连池农场就在五大连池风景核心区的连池边上。尾山、格球山农场就是以火山的名称命名的。在连池边上，还坐落着建筑风格独特的北大荒庄园。垦区最北部的锦河农场不仅毗邻开放口岸城市黑河市，辖区内的锦河大峡谷风景区和以闯关东、知青影视基地为代表的旅游业，每年都吸引着众多国内外游客。

2016年，北安管理局调动经济增长因素、挖掘经济增长空间；不断加强经济和社会管理，全力化解各种矛盾，经济保持平稳发展态势。实现地区生产总值（可比价）89.9亿元，同比增长5.9%。三次产业增加值分别为30.6亿元、11.6亿元、47.7亿元，分别同比增长-5.0%、8.6%、10.8%。三次产业比重为34.0∶12.9∶53.1。实现企业利润2408万元，实现居民人均可支配收入20948元，同比增长1.0%。

现代化农业　围绕“降玉米、上经杂”进行种植业结构调整，完成播种面积32.65万公顷，其中玉米9.67万公顷、大豆20.92万公顷、马铃薯0.67万公顷。粮食总产达17.3亿公斤，玉米最高公顷产量15180公斤，刷新管理局玉米单产记录。投资1.45亿元更新机械737台件，农机总动力达到46.46万千瓦，田间综合机械化率达98.6%。完成跨区作业51.2万公顷，职工增收7000万元。5个现代示范牧场平均单产达到8.5吨，有效提升标准化饲养和奶牛单产水平。科技园区开展试验379个、新成果推广示范9项。落实“互联网+”农业高标准种植基地175公顷。

二、三产业　实现工业增加值7.8亿元，同比增长2.3%。二龙山和赵光农场生物质发电项目进展顺利，预计2017年5月份开工建设。落实招商引资项目18个，引资到位6857万元，实现外贸出口2459万美元、旅游收入3500万元。林下养殖生态鸡、鹅66万只，林果和北药种植面积700公顷。实现自营经济总产值48.2亿元，利润25.9亿元。

企业管理　农垦改革有序推进。按照垦区改革方案要求，进行调查摸底和专项调研，为分离办社会职能奠定基础。推进农业双层经营体制改革试点，明确通过规范现有联户家庭农场，逐步向合作社升级的总体思路，确定格球山农场试点联户家庭农场模拟农业股份公司，引龙河农场试点专业合作社。推进农业社会化服务改革。国企改革有新进展。亲民公司以股份制形式注册成立营销公司。龙绿公司通过成立合作社等系列改革，实现降低成本、企业达产、扩大销量的目标。北大荒临沭柳编有限公司拟采用增资扩股方式引入新股东，进行股份制改造，目前正在聘请证券公司做相关规范性工作。经营管理和社会管理成效显现。“两级管理一级核算”生产经营体制进一步巩固。土地承包“两田制”全面推开。各农场供热费补贴比上年有明显下降。完善安全生产监管体制，全年安全生产无事故。落实综治维稳机制和“两级三责”联动工作机制，持续13年保持省委省政府命名的“平安局”荣誉。财务状况日趋好转。在确保五项重点支出情况下，严禁超预算开支，严把项目申报立项关。严控企业“六费”，全年企业“六费”支出比上年降低3.3%。管理局机关“三公”经费支出比上年降低40%，连续四年实现净下降。将化解债权债务指标与农场领导年薪考核挂钩，全年应付款实现净下降5.4亿元，回收欠款1.6亿元，资产负债率下降2.98%。

党建和精神文明建设　围绕党建工作“三抓三联”、思想政治工作“六个结合”和依法治局“四个实现”党委工作主线，创新实施“三抓三联”工作机制，全局2267名干部党员连带重点户3926户，脱困转化率50%以上；4653名普通党员连带35785个普通户，党支部的群众满意率达到97%以上。通过开展“四个融入”，以志愿服务推进文明创建，党员干部和职工群众社会主义核心价值理念逐步提升。严格执法、公正司法、全民守法正在稳步推进，依法治局初见成效。突出抓好“两学一做”学习教育，党员参与率达100%，整改查摆问题13件，化解涉及群众利益疑难矛盾76件。加大干部轮岗交流力度，选人用人公信度进一步提升。层层压实党风廉政建设“两个责任”，强化权力监督和制约，增强执纪审查力度，保持反腐高压态势，推动作风建设持续好转。

社会民生　发放低保金3730万元、各类救助资金340.9万元，救灾救助人口7891人，社会救助10475户、17020人次。低保标准提高到每人每月560元，月人均补差标准提高到375元。新增就业2590人。医疗救助标准由上年90%提高到95%。投资1305.6万元，完成交通基础设施建设5项。基本医疗服务和12类45项基本公共卫生服务项目全面有效落实。投资909万元，完成造林绿化面积585公顷。投资7368万元，实施水利项目26个，解决3.8万人饮水安全问题。制定精准扶贫脱贫实施方案，已完成贫困人口建档立卡工作，实现脱贫人口2374人、1259户。落实扶贫开发建设项目9个，总投资2214万元。历史遗留建设问题整改工作陆续推进。5个农场取得物业服务资质，其余农场均采取社区物业化管理，城镇环境得到有效改善。离义务教育均衡发展顺利通过省级督导评估，普成职教育深度融合，高考录取率97.76%；中心医院完成业务收入1.8亿元；管理局第三部志书已经出版发行；建筑公司实现产值1.1亿元；其他局直企业基本实现收支平衡。

（付维秋）

2016年北安管理局基本情况及国民经济主要指标完成情况统计表

项目	计量单位	北安分局	锦河农场	红色边疆农场	逊克农场	龙门农场	襄河农场	龙镇农场	二龙山农场	引龙河农场	尾山农场	格球山农场	长水河农场	赵光农场	红星农场	建设农场	五大连池原种场	局直
一、管理区	个	93	4	7	10	5	6	6	8	7	4	5	6	9	5	7	4	0
二、总户数	户	75123	2229	3353	8065	3151	3560	4430	5243	5235	4514	3926	5144	12708	4200	4247	2851	2267
三、总人口	人	191503	8174	8140	23218	7110	7914	10706	13792	12117	10301	8425	13569	30100	10120	14400	6727	6690
男性人口	人	99486	4131	4106	12330	3618	3902	4546	7710	6056	5030	4184	8335	15123	5519	7242	3356	4298
女性人口	人	92017	4043	4034	10888	3492	4012	6160	6082	6061	5271	4241	5234	14977	4601	7158	3371	2392
少数民族人口	人	7434	536	2063	1031	42	115	114	173	805	396	204	208	919	333	389	98	8
四、地区生产总值	万元	899362.1	35460.2	38301	63555	41883.4	64009.7	61781.1	88366.4	76641	42864.3	33800	64283	118826.5	56243.7	53040.8	15717	44589
五、人均生产总值	元	46963	43382	47053	27373	58908	80882	57707	64071	63251	41612	40119	47375	39477	55577	36834	23364	66650
六、工农业总产值	万元	860187	36931	38106	105534	33567	44970	59649	105432	74277	53249	43008	43354	95718	64368	40272	20869	884
工业总产值	万元	202391	17350	11482	5360	13386	6360	12250	44172	20358	15700	8500	2131	28438	8353	5901	2650	0
农业总产值	万元	657795.6	19580.6	26624.1	100174.2	20181.4	38610	47398.6	61260.3	53919.4	37549	34507.7	41222.6	67279.5	56015.4	34370.6	18218.5	883.7
七、粮食总产量	吨	1728191	65905	108312	249308	33446	75801	140617	163820	89301	72379	63414	160118	211253	148916	106108	34645	4848
八、固定资产投资总额	万元	50865.0	1707.2	5625.1	5497.0	4427.0	8304.0	1542.0	4753.0	2792.0	2376.0	5606.3	495.0	318.1	3585.0	739.6	3097.7	
九、职工工资总额	万元	71118.1	3020.4	3681.6	6249.2	2559.5	3058.9	4878.1	4915.4	3820.9	2526.4	3260.0	3488.7	6303.7	4468.6	5647.8	3317.0	9922.1
十、职工平均工资	元	17398	14459	16757	18522	15702	17089	15211	12194	15666	16133	20465	14327	17162	13973	17998	14109	45787
十一、居民人均可支配收入	元	21199	22525	14995	20150	19298	22580	20200	18674	23350	21400	23060	18183	28500	19115	17547	13815	

锦河农场

场长、党委副书记：王毅，1960年12月出生，黑龙江省望奎县人，中共党员，研究生学历，高级工程师。1978年3月参加工作，2006年6月任锦河农场场长、党委书记，2008年8月至2016年12月任现职。

场长、党委副书记：任传军，1973年3月出生，黑龙江省林甸县人，中共党员，研究生学历，高级农艺师。1998年8月参加工作，2016年12月任现职。

党委书记、社区管理委员会主任：秦玉国，1972年3月出生，山东省昌乐市人，中共党员，研究生学历，政工师。1994年7月参加工作，2008年8月至2016年12月任现职。

党委副书记、纪委书记、政法委书记、工会主席、武装部部长：

卢忠波（2012.12—）

副场长：

刘守林（2009.1—2016.9）

姚永成（2010.5—）

黄红星（2010.5—）

王云英（2016.12—）

党委委员、组织部部长：

常　河（2012.12—）

场长助理：

王淑军（2012.12—）

概况　锦河农场始建于1959年，当时命名为什锦河农场，1968年成立兵团时命名为沈阳军区黑龙江生产建设兵团一师一团，1976年生产建设兵团建制撤销，更名为黑龙江省锦河农场。农场位于黑河市境内，地理坐标为北纬49°45′～50°21′，东经126°25′～127°27′。场部位于黑河市西南十五公里处，全场面积15.9万公顷，其中耕地10787公顷，占总面积的6.8%，人工林2万公顷，草地9200公顷，水面347公顷。农场户籍人口8166人，其中男性4165人，女性4001人，少数民族人口525人，总户数3668户。场内拥有4个农业单位，2个事业单位，5个地方企业。

2016年，农场完成地区生产总值35460万元，同比增长-13.4%，其中第一产业增加值9214万元，同比增长-47.6%，第二产业增加值7940万元，同比增长6.2%，第三产业增加值18305万元，同比增长15.4%，人均生产总值43424元，粮食总产量6.6万吨，比上年减少2.4万吨，完成固定资产投资总额1707万元，职工工资总额2619万元，职工平均工资17568元，家庭人均纯收入22525元，同比增长4.7%。

农业生产　按照适度发展玉米，稳定大豆，大力发展绿色经特的思路，全场种植面积1.12万公顷，粮豆经比例为5∶4∶1，粮食总产6.6万吨。发展333公顷以上种植大户1户。中药材园区试验试繁中草药12个品种，天运山产品公司种植金莲花4.67公顷。兑现惠农政策4161万元。采取人工林抵顶和争取项目资金1300余万元，新建水泥晒场5.1万平方米，农田路27.84公里，涵洞15个，堤防1.2公里，扶持职工购置农机具46台（套）。

工业　在大农网开设旗舰店，推广销售地产粮食、畜牧、旅游等产品。帮扶天运山产品公司等企业及个人在淘宝、京东商城、大农网、微信上建立电商销售平台。关东、天运等企业借助“互联网+”开拓国内外市场，产销增长在10%以上。引进南瓜产业园项目、万头肉牛（驴）养殖基地项目和肉羊屠宰合作项目各1个。全年实现工业总产值17350万元，增加值7520万元，出口创汇1182.5万美元。实现加工出口韩国干蕨菜184吨、中草药饮片66吨、干蔬菜124吨，累计创汇收入711.5万美元。

畜牧业　以肉牛生猪肉羊为主的畜牧业得以发展，肉牛、生猪、肉羊全年饲养量分别达到967头、2895头、15038只。采取人工林抵顶新建羊舍3200平方米，完成与黑龙江省海德公司合作的肉羊屠宰厂一期工程。查处草原开荒两起，违规引进肉牛案1件。

林业　试种樟子松嫁接红松、平欧大榛子、山核桃等果林51公顷；养殖野猪400头，鹿120只，林蛙40万只，溜达鸡2万只，大鹅0.5万只，狐貉0.3万只；发展棚栽食用菌80万袋，年产木耳等菌类40吨。采集蕨菜1800吨，野生药材260吨。实现林下资源产值11424万元。

旅游　旅游公司参加各类旅游推介会、推广会，利用微信平台、企业网站等媒体，全力提升旅游形象，使旅游人数和收入同比增长20%以上。举办第六届“中国黑河·锦河大峡谷杜鹃文化节”“关东文化节”“礼拜村”等旅游节庆活动和特色旅游项目。与学校、社团、媒体及企事业单位合作开发“小小知青”“我是演说家”等特色夏令营，以及“文研会”、采风写生”和大型团体户外拓展训练营活动，丰富旅游产品和文化内涵，最大限度地激活生态养生游、人文风情游、主题文化游。引进中能源有限公司对大峡谷进行租赁经营，构建健康产业，助推旅游产业发展。

非公有经济　天运山产品有限公司实现主营业收入6389万元，利润320万元，增加值2700万元。瑞达面粉加工厂，生产面粉520吨，实现销售收入260万元；两个亚麻加工点实现利润353万元，生产长麻160吨，二粗126吨，产值609万元；黑龙江省北安农垦关东饮品有限公司生产加工蓝莓产品产量120吨，实现主营业收入362万元，利润25万元。

绿缘天合食用菌合作社种植食用菌160万袋，年产鲜黑木耳及菇类6万公斤，产值达500余万元。

民生　小城镇基础设施进一步完善，新建排水管道1400米，化粪池9座，场部人饮放射井1眼。完成2队至11队31.2公里公路改造项目的路基和桥涵工程，新建公路桥2座，改造公路桥1座，完成3组、17组供水改造。在武警部队支援下，完成深水井1眼，结束二区八组居民长期饮用地表水历史。置换管理区便民服务点4处，新设置不动产登记中心1处，方便职工群众。实施绿化工程，绿色通道补植2.95万株，场区及锦山公园绿化30万株。精准扶贫推进顺利，甄别出贫困户105户，贫困人口141人，实行建档立卡管理。“五助一富”救助工程与精准扶贫相结合，落实“职工共同富裕行动”专项资金101万元帮扶20户，提升贫困人口的增收能力，使34户51人脱贫。

城镇建设　改造供热管网460米，改造排水管道1400米，改造金河小区住宅楼化粪池9座、改造供热中心干煤棚1950平方米，外墙节能改造950平方米。

教育　坚守"质量立校"，落实立德树人根本任务，增强学生社会责任感，创新和实践能力不断提高。中考33名学生升入重点高中，升学率达到64%，全局排名第一，被管局评为教育教学先进单位。投入500余万元完善教育设备设施，完成学生公寓改造工程，为义务教育均衡发展省验收做好准备。

卫生医疗　社区卫生职能进一步增强，建立健康档案7521份，为重点人群、儿童、妇女体检3243人次，预防接种1257人次；投资124.4万元更新彩超等设备6台，社区诊疗设备3套，诊包15个。

社会保障　完善社会保障和救助体系，发放低保金317万元，临时救助19万元，医疗救助9万元，优待金14.5万元，优抚金8.7万元；为70岁以上老年人办理交通卡800张；给低保户、现役军属、老干部、劳动模范等发放节日慰问金37万元。抓好社保扩面工作，新增个体参保人员159人；办理企事业退休133人；落实31名遗属待遇19.2万元。

党建工作　开展"两学一做"学习教育，以周末大讲堂，"三会一课"、组织生活会等基本形式开展学习教育，通过听、说、读、写、做等方式不断强化学习效果。举行"迎七一·颂党恩"庆祝建党95周年文艺演出，重温入党誓词，表彰先优，进行10个基层支部三项重点工作专题片展播。完善党建百分考核细则和党支部书记定期述职评议制度，抓实"三抓三联"示范点，推动党建工作向纵深发展。全面落实党建责任制和党风廉政建设"两个责任"，签订责任状（书）176份。严格执行"一岗双责""一案三查"和一票否决制度。开展"四廉"活动和党性教育、廉政教育，提升党员干部干事创业和抵御各种风险的能力。

文化　以重大节日为契机，组织开展形式多样的群众文化活动。节日庆典活动，如元旦文艺晚会、新春团拜会、广场文化活动等。送文化下乡活动常态化。送春联、送文艺下基层，为群众送去文艺的同时，广泛深入开展锦河精神的宣传。利用湿地公园打造惠民文化品牌，每半月在文化广场举办一次"关爱家乡、赞美锦河"系列文艺演出。全年演出14场，观众2600多人次。

（张宝财）

红色边疆农场

场长、党委副书记：沈福林，1961年6月18日出生，辽宁省辽阳县人，中共党员，本科学历，工程师。1977年8月参加工作，2010年1月任现职。

党委书记、社区管理委员会主任：刘建胜，1970年6月13日出生，山东省莱阳市人，中共党员，本科学历，政工师。1989年12月参加工作，2010年5月至2016年3月任现职。

党委副书记、纪委书记：

王征雁（2010.5—2016.9）

党委副书记、政法委书记：

单建军（2016.10—）

副场长：

房树彬（2009.1—）

郝学仕（2005.12—2016.9）

王忠孝（2016.10—）

场长助理：

富万友（2007.9—）

党委委员、武装部长：

何纯亮（2012.12—）

党委委员、组织部长：

张亚民（2013.7—）

概况　红色边疆农场始建于1949年3月，位于黑龙江中上游黑河市南部坤河乡和孙吴县沿江乡一带，地理坐标为北纬49°28′～49°51′、东经127°15′～127°48′。农场南北长65公里，东西宽40公里，北与黑河市市西岗子镇和坤河乡接壤，东与孙吴县沿江乡"插花"，南与孙吴县腰屯乡和孙吴镇接壤，西与孙吴县卧牛河乡接壤，场部地区在黑龙江西岸，距黑龙江岸1公里处，隔江与俄罗斯相望，边防线长25公里。2016年，农场户籍人口10436人，土地总面积78853公顷，其中耕地面积15621公顷，林地8005公顷，草原4889公顷，水面1894公顷，境内有大阳河、水天河、潮水河、二道河和卧牛河流经农场。

2016年，实现地区生产总值38301万元，其中，第一产业增加值11194.8万元，第二产业增加值3619.5万元；第三产业增加值23486.7万元，人均地区生产总值22505.46元、农林牧渔总产值24484.1万元、固定资产投资5625.07万元、社会消费品零售总额8195万元，居民人均可支配收入14995元。

农业生产　农场深入贯彻国家强农惠农富农政策，加快农业供给侧结构性改革，坚持"减玉米、稳大豆、扩经杂"的原则，继续优化种植业结构，缩减玉米种植面积，稳定大豆种植面积，扩大经济作物种植面积。总播种面积1.56万公顷，其中粮食播种面积1.42万公顷，占总面积的91.17%，比上一年减少0.09万公顷。玉米播种面积0.82万公顷，比上年减少0.12万公顷；大豆播种面积呈恢复性增长，种植面积达0.54万公顷，比上年增加0.06万公顷；水稻播种面积0.02万公顷。农场扩大经济作物种植。经济作物种植面积达0.13万公顷，比上年增加0.09万公顷。白瓜子种植推广效果明显，播种面积达0.12万公顷，比上年增加0.08万公顷；大力引进汉麻种植项目，播种面积140公顷。2016年，农场实现农业大丰收。粮食总产达1.88亿斤，较上年新增0.03亿斤，增长1.62%；粮食作物平均单产达6714公斤/公顷，较上年新增176公斤/公顷，增长2.69%。

工业　建立汉麻和大豆等工业原料基地，种植汉麻140公顷，已停产的金龙亚麻有限公司又投入50万元对原设备进行检修，库房进行修缮；早春旱田合作社也投入220万元，进行汉麻初加工项目，解决汉麻原料运输、销售困难的问题；农民合作社种植高蛋白大豆2666公顷，解决豆制品加工原料紧张、蛋白含量和品种扎乱的问题；引资225

万元建设第四管理区粮食加工配套设施；利用本场特色产品引资约280万元建立木耳加工厂，建50栋挂袋木耳大棚和1万平方米的地栽木耳。实现工业销售收入11815万元，增加值3505万元，利润603万元。

农机　出动机车181台次，完成跨区作业面积4.37万公顷（出动轮式拖拉机、自走喷药机、玉米摘棒机、割晒机、插秧机、水稻收获机和联合收获机等，到孙吴县的沿江乡、腰屯乡和瑷珲区的坤河乡、四嘉子乡、瑷珲镇、西岗子镇等地进行整地、起垄、播种、喷药、中耕和收获等多项作业；出动自走喷药机、自走割晒机和联合收获机等到内蒙古海拉尔和牙克石等地，完成麦类喷药作业，麦油割晒作业和麦油收获作业），预计有机户可增加纯收入540万元。完善玉米茬原垄卡播大豆技术，玉米茬打茬高桩犁翻地一条龙等11项新技术的推广与运用。购进200马力以上拖拉机5台，进口播种机4台，进口（仿进口）翻转犁14台，自动驾驶导航设备3套，55～130马力轮式拖拉机110台，机械共计投资1816万元。调整农机作业收费，玉米收获由900元/公顷降为825元/公顷，轮式拖拉机车标公顷收费由202.5元/公顷降为198元/公顷。

科技园区　林业园区现有大棚39栋，其中铁骨架28栋，石膏骨架11栋；暖棚2栋，水稻催芽棚1栋，水稻催芽设施一套。林业园区面积共73公顷，繁育樟松17万棵，落叶松1万棵，榆树16万棵，丁香8.5万棵，糖槭6.5万棵，种树苗49万棵。育花苗150万株，包括鸡冠花，串红，万寿菊，矮牵牛，凤尾草，千日红，水稻催芽共200公顷地水稻种子。农业园区总面积共19公顷，其中供试验用地2公顷，余下地块作为经济作物种植区。

商务　完成各类招商引资2505万元，涵盖工业、流通业、建筑业等方面；劳务输出91人，人均收入6000美元；境外农业开发状况良好。

招商引资　共招商引资2505万元：引资225万元在第四管理区建设粮食晾晒项目；引资350万元新建总面积为1600平方米的公交首末站；兰西县金龙亚麻制品有限公司投资50万元对原先的亚麻加工厂进行设备检修改造和库房修缮；续建2015年投资1660万元的三座住宅楼；早春旱田合作社投资220万元的汉麻初加工项目。

境外开发　农场职工白文山在俄罗斯犹太自治州比罗比丹注册的新联盟公司租种1.42万公顷土地，其中蔬菜200公顷，玉米1333公顷，大豆1.06万公顷；新购置6台套的动力机械，新建晒场5800平方米，库房800平方米，劳务输出91人，总体境外农业发展状况良好。

畜牧业　发展优质畜牧业，年末肉牛存栏1122头，出栏463头；奶牛存栏236头，鲜奶产量456吨；羊存栏2252只，出栏1567只；生猪存栏767头，出栏1890头。

渔业管理　4月28日，农场边防、渔政召开渔民界江作业大会，签界江作业责任状。5月1日农场渔政与渔民签订《渔民捕捞安全生产守法责任状》38份。禁渔期期间，共发放禁渔期宣传册50余份，出动宣传车5次，张贴禁渔期布告11份。12月利用总局补贴采购渔政执法快艇，合同单价24.45万元。船上配备执法记录仪、救生衣等防护救生设备，是农场目前唯一的一艘渔政执法快艇。

水利工程　完成黑龙江干流红色边疆农场小五家子—下马场上段护岸工程可研批复工作，9月完成初设批复工作，10月上旬完成招投标工作，10月下旬工程启动开工仪式，年末完成护岸材料备料工作。利用2015年节水增粮行动项目结余资金建设黑龙江省红色边疆农场喷灌设施库房建设工程，总投资470.51万元，建设钢结构库房3764.4平方米；项目以开工建设，库房独立基础已施工完成，因冬季天气原因工程其他建设内容没有进行，待2017年春季温度允许时进行基础圈梁和库房钢结构安装工作。利用2013年节水增粮行动项目结余资金建设红色边疆农场抗旱物资设备库工程，总投资320.52万元，建设钢结构库房2996.6平方米；项目审批以完成并进行招投标工作，计划2017年5月份开工建设。配合项目部门监督指导2016年黑龙江省红色边疆农场四区三组国家农业综合开发高标准农田建设项目，项目开发面积486公顷，主要内容有水利、农业和科技推广等项目，项目总投资950万元。水利措施包括⑴开挖疏浚沟道3条，总长4.7公里，其中新建排水斗沟2条、长4公里，清淤截流沟1条，长0.7公里；⑵新建渠系建筑物73座，其中2×1.5×8方涵6座、100×10米圆涵31座，100×8米圆涵9座，混凝土谷坊27座；除部分道路和涵洞未施工完成外，其他工程全部竣工。配合项目部门监督指导红色边疆农场农机停放场建设项目，项目建设总投资294万元，其中：土建工程投资284.6万元。新建农机停放场17500平方米，投资249.61万元；新建围栏521米，投资11.35万元；门卫室60平方米，投资13.83万元；大门1座，投资5.88万元；涵洞1座，投资3.92万元。目前该项目已完成场地平整和场地基础垫层施工任务，因天气原因无法进行混凝土面层施工，计划2017年5月后开工建设。

防汛抗旱　春季汛期到来之前，农场采购储备防汛物资，目前共储备编织袋4.2万条、土工布0.74万平方米、铁线1.5吨、木桩38立方米、砂石料2万立方米、救生衣528件，物资储备超出防汛定额数量；农场组建6只突击抢险队，总计500人，主要人员构成是农场机关干部、管理区、场直单位工作人员、居民组基干民兵；车辆120台、船只20艘。建立健全防汛抢险组织机构，具体责任落实到人头；进入汛期水务局安排专人对红色水库、二队塘坝等重点防汛部位进行巡查，做好巡查记录，发现险情、隐患及时上报。2016年7月2日，农场在1小时内降水100余毫米，造成二队塘坝溢洪道过水，溢洪道与输水洞下游发生水蚀情况，出现险情，水务局及时组织施工并消除险情。2016年农场出现较大的旱情，农场启动抗旱预案，出动卷盘喷灌机3台套，灌溉面积20公顷。

农业保险　农场总播种面积1.56万公顷，参保面积1.56万公顷，占播种面积的100%，其中：大豆0.517万公顷，玉米0.782万公顷，水稻279公顷，承保的险种为出苗毁种保险、生育期保险、收获期保险；共收取种植业保险保费9524614.05元，其中：国家财政补贴5824728.91元，农场补贴1234207.78元，种植户交纳2465677.36元。

小城镇建设　公交首末站工程：位于场部西侧，建筑面积为1588平方米，三层框架结构工程造价343万元。该工程施工单位为黑龙江省鲁源建设工程有限责任公司，监理单位为黑龙江鲁班建设工程监理有限公司工程，于2016年5月14日开工，2016年12月5日通过工程竣工验收。气象站建设项目：位于场部南侧，建筑面积为204平方米的一层砖混结构房屋，工程造价为41.7万元，该工程施工单位为黑龙江省兴禹建筑有限责任公司，监理单位为黑龙江东诚建设工程监理有限公司。工程于2016年7月15日开工，工程于2016年11月通过工程竣工验收。双老活动室：农场投入资金460872.4元对新区24号楼一、二层商服进行装修改建作为双老活动室，工程面积为1005.54平方米。该工程已于2016年10月29日竣工验收。社区服务中心项目和居委会文化活动室项目：农场对老旧的社区服务中心和居委会文化活动室进行维修改造。其中社区服务中心面积为264平方米，投入资金54627.15元；居委会文化活动室面积为225平方米，投入资金为29046.10元。该项目施工单位为逊克县信誉房屋维修部，监理单位为黑龙江正信工程管理咨询有限责任公司。项目已于2016年10月29日验收。小区道路硬化项目：农场投入资金106.7万对新建的福苑小区路面做硬化并原有小区补建硬化。工程量为新建道路硬化6123.58平方米，维修原有破损路缘石219.6米，维修原有硬化300平方米。搬移太阳能路灯18盏，砌筑雨水井一座，维修塌陷路面4平方米。该工程施工单位为黑龙江省农垦北安建筑安装总公司，监理单位为黑龙江正信工程管理咨询有限责任公司。项目已于2016年10月28日验收。垦区边境农场建设项目：农场投入资金173万元对通江街两侧破损步道板拆除重建。工程内容为铺建理石步道板6354.96平方米，路缘石5295.8米。该工程施工单位为黑龙江宏升道路桥梁有限责任公司，监理单位为黑龙江正信工程管理咨询有限责任公司。项目已于2016年10月24日验收。红色边疆农场福苑小区一期1–3号楼工程：建筑面积共计9051.27平方米，建设住宅112套，车库24套，砖混结构，层数为五层。该工程为孙吴县昌源房地产开发有限公司开发建设，工程于2016年底通过工程竣工验收。

非国有经济　农场非公经济实现产值48682万元，利润13938万元，增加值21816万元；户均收入5.76万元；人均收入2.73万元。

党建工作　深入开展“两学一做”学习教育，加强广大党员政治思想教育。农场22个党支部开展形式多样的学习方式，组织农场509名党员学习党章党规，学习习近平总书记系列重要讲话精神，做合格党员。2016年，农场各级党组织集中组织各类学习活动68次，上党课44次，召开学习交流研讨会39次，撰写学习心得412篇，党员参学率和覆盖率达100%。走访重点帮扶对象255户，解决居民反映问题17件，帮助职工群众做实事、做好事48件。

（刘启斌）

逊克农场

场长、党委副书记：寇晓明，1963年9月出生，黑龙江省望奎县人。中共党员，党校研究生学历，高级政工师。1981年10月参加工作，2010年1月任现职。

党委书记、社区管理委员会主任：于万方，1962年12月出生，山东省海阳市人。中共党员，本科学历，中教一级，1981年7月参加工作，2008年10月至2016年12月任现职。

党委书记、社区管理委员会主任：张本伟，1967年4月出生，吉林省农安县人。中共党员，党校研究生学历，高级政工师。1983年9月参加工作，2016年12月任现职。

党委副书记、社区管理委员会副主任、武装部长：

崔宏志（2009.01—）

党委委员、工会主席：

张青龙（2012.07—2016.9）

副场长：

高永明（2001.12—2016.9）

林玉坤（2010.10—）

牛广军（2009.12—）

蒋咏昌（2011.4—）

李中元（2012.7—2016.11）

朱坤芝（2012.7—）

党委委员、武装部长：

叶晓春（2013.4—2016.12）

概况　逊克农场位于黑龙江省逊克县境内。地处小兴安岭北麓、黑龙江畔，与俄罗斯隔江相望。地理坐标在北纬48°58' ~ 49°35'，东经127°34' ~ 129°03'。海拔高度为200 ~ 400米，处于高中纬度。全场分10个管理区。其中一、二、五、六管区和38作业区位于农场腹部，三管区位于农场西边与孙吴县的奋斗乡为邻，四管区位于农场东北部的黑龙江沿岸与俄罗斯隔江相望，七管区位于农场南边与《沾河林业局》接壤，56作业区和八管区位于农场东南的逊克县西克林乡大平台库尔滨河边。全场东西全长125公里，南北全长45公里，场边界线全长200多公里，全场方圆1793平方公里。

全场总户数8065户，总人口23052人，其中职工3186人。农场占地面积17.93万公顷。其中耕地4.38万公顷，人均占有耕地1.81公顷。房屋道路占地0.16万公顷，其他10.27万公顷。适宜种植小麦、大豆、玉米、芸豆、亚麻及其他作物。

农场自然资源丰富。林地2.46万公顷，以柞树、桦树、杨树、针叶树混交林为主，其中人工造林0.98万公顷；草原1万公顷，以“小叶樟”、莎草、“沼柳”群落为主，植被面积达70%，在岗上和森林边缘为天然牧场，每公顷地可产草2250公斤左右；农场境内河流众多，水系发达，水面0.13万公顷，逊别拉河、沾河、库尔滨河、乌底河、茅兰河、九清河等主要河流流经全场；农场境内草深林密，山重水复，野生动物资源丰。

2016年，农场实现地区生产总值63555万元，同比增长2%。其中第一产业增加值34073.7万元，同比下降15.36%；第二产业增加值2562万元，同比增长12%；第三产业增加值26919.3万元，同比增长36.4%。全口径利润-2201万元，其中企业利润954万元，家庭农场利润-3155万元。人均可支配收入20150元。

种植业　以市场为导向，以效益为中心，按供给侧结构性改革的农业种植结构调整思路，遵循市场规律，尊重种植户意愿，建立合理的轮作体系："稳大豆、压玉米、扩大经济和杂粮作物"。全年总播种面积4.42万公顷。其中玉米1.91万公顷占总面积的43.2%；大豆2.45万公顷占55.3%；小麦260公顷公顷占0.59%；水稻180公顷公顷占0.41%；经杂227公顷公顷占0.5%。各作物产量与效益（含风险理赔7567万元和国家农业补贴13794.71万元）：大豆顷产2700公斤，顷效益2038.2元；玉米顷产9450公斤，顷效益2418元；粮豆总产24.93万吨。农业种植平均顷成本10371元，比上年降低393元；平均顷效益2232元，比上年下降100.5元。实现种植业增加值30400.4万元，同比下降16.3%。农业经历自然风险和市场风险叠加，农产品价格和产量都下降，种植效益亏损。完善"生产部门－管理区－新型经营体（种植户）"的农业技术服务管理体系建设，充分发挥大型先进农业机械作用，做到"六个坚持"，降低管理成本和减少作业层次，全面提升农业生产标准化作业水平。生产资料供应以管理区技术和信息服务为主导，充分尊重种植户意愿。21个居民组生产资料全部由职工根据市场导向自行采购，14居民组统一进行播种作业，居民组和职工共同协商采购化肥2701.25吨，大豆种子53.3吨，农药1.5吨，种植户代表全程参与，采购做到公开透明，规范操作。在科技体系创新上，以农业科、科技园区、土壤化验室为核心，实施推广8项农业新技术，完成试验示范等课题共计28个，其中局级以上试验4个，垦丰种业7个，农场级试验17个，试验涵盖种子、植保、肥料及栽培等各方面内容；在科技示范展示区重点对适合于农业生产推广应用的新品种、新技术、栽培与管理模等进行综合技术组装示范，大豆16公顷，玉米40公顷达到示范引领作用。落实好"三减"工作，扩大缓释肥在玉米使用面积1.01万公顷，应用测土配方施肥技术4万公顷，在科技示范带上推广助剂使用面积1.75万公顷，通过这些措施降低化肥、农药投入量降低5%左右。继续实施3.01万公顷绿色食品管理工作，完成0.36万顷有机食品的申报认证工作，完成对安全农产品投入品及生产过程记录工作。农场成立汛期气象服务和增雨防雹领导小组，春播、夏种、秋收均按时发布阶段性天气预报；每日天气预报在场内新闻滚动播出；并且在农场信息港专门开辟"每周气象"服务栏，每日发布天气预报信息；通过手机飞信累计发送1万余条天气预报信息。人工增雨防雹作业从6月1日开始至9月15日为止，共进行人工防雹作业95次，消耗炮弹2678发，火箭弹8枚。

农业机械　采用农机新技术、应用新机型，进行农机改装垄上三行马斯奇奥播种机5台，用于大豆垄上三行播种，提高播种质量，确保每公顷保苗750万株，达到标准管理。国家上拨农机具补贴款885.15万元。农场重点补贴水稻插秧机、180马力以上自主品牌大中型轮式拖拉机及配套免耕播种机，自走轮式（履带式）谷物联合收割机（全喂入）、半喂入联合收割机、玉米收获机、薯类收获机、粮食烘干机，剩余补贴款用于安排100马力以上轮式拖拉机，最后剩余款用于安排40马力以上的小型拖拉机。截至2016年11月15日农机具补贴款全部发放完成。国家拨给农场深松补助资金170万元，按每公顷补贴75元的标准，补贴给种植户。

畜牧业　全场肉牛存栏2000头、生猪存栏5000头、羊存栏1万只、家禽存栏8000只、出栏82600只，全年大鹅养殖量达8万余只。外购肉牛340头，种牛3头，繁殖母羊800余只。特色养殖出现新的起点，引进藏香猪100头，梅花鹿5只。重点发展大鹅生产，加强杨柏仁肉鹅养殖合作社及5000只以上的肉鹅规模养殖场管理与技术指导，肉鹅饲养量达到8万只。15居民组巩喜成自建肉牛养殖场建筑面积2000平方米，占地面积1万平方米。杨柏臣自建鹅舍2400平方米，占地面积1.1万平方米。协助养殖户完成越冬饲草贮备工作，推广青贮玉米30公顷，储备烘干塔玉米筛漏，降低饲养成本。屠宰点扩建80平方米，屠宰污水接入排污管线。

林业和林下经济　完成各类造林面积181.6公顷，完成任务的136%，植苗补苗总株数44.85万株。其中经济林84.07公顷、绿色通道3.4公里5.87公顷、更新造林90公顷、场区绿化1.67公顷。城镇绿化率提高到46.3%。经济林、林菌、林药、采集、养殖等林下经济发展迅速，实现增加值1085.6万元。出圃各类绿化苗木115万株、蓝莓苗600万株。新增经济林84.07公顷。山产品采集量近510吨。种植黑木耳100万袋，产量50吨；中药材种植播种面积247公顷，板蓝根、水飞蓟、平贝等，但产量不高；林下养殖生态禽类近10万只，野猪养殖150头、狐貉兔养殖4650只。

工业　实现工业总产值5360万元，较去年同比增长19%；工业增加值1895万元，同比增长15%；固定资产投资额1080万元，同比增长14%，以上均超额完成管局下达指标。现有库尔滨酒庄、飞龙修造厂、东风山泉水、玉龙山泉水厂、源源农林食品开发有限公司等工业企业经济运行平稳。工业建设项目：库尔滨蓝莓酒庄投资150万元新增加山葡萄、野生猕猴桃等系列果酒。源源农林食品加工厂在扩大蓝莓饮料产能的同时，增加口服液、蓝莓果干等产品。众源玉米面粉加工厂新增加小麦、精包装杂粮两套加工生产线。在15居民组引资建设畜禽饲料加工厂主体完工。农场职工投资260万元在工业园区建设杂粮精深加工厂1座。农场人员分别在16居民组、34居民组各投资80万元建设大豆精选加工厂二座，当年建设当年投产，效益较好。

商务　农场种植大户与俄方阿穆尔州一公司签订7000公顷承包种植合同，

带去务工人员9名，总投资2400万元。农场与黑龙江省大农电子商务有限责任公司合作，建立“大农网逊克旗舰店”，旗舰店竭诚为农场百姓提供免费大宗商品、粮食贸易、农资农具、农、畜、山、特等产品的采购、销售、宣传服务。实现外贸出口490万美元。其中，高蛋白大豆供货5700吨，金额384万美元；食用芽豆1560吨，金额106万美元，超额完成管局下达指标。农场石景山旅游度假山庄和库尔滨酒庄接待中心两大旅游景区，涉及漂流、垂钓、滑雪、品酒、赏杜鹃、摄影等项目，全年接待游客15000人次，实现旅游收入450万元，净利润230万元。组织农场的加工企业参加“第二十七届哈尔滨国际经济贸易洽谈会”、首届“北大荒绿色食品展销会”、第四届黑龙江国际绿色有机食品产业博览会等展会。展会上源源饮品的野生蓝莓饮料系列产品受到大量国内外展商的认可与赞赏，当场签订意向性销售合同3份，销售金额320万元。

小城镇建设　投资160万元完成世纪佳缘小区，剩余地面8000平方米硬化、小区路灯亮化和新增加凉亭一座施工任务。投资400万元对部分楼房住户的屋盖及窗檐口渗漏、小区地下室及地面积水排水部分破损、塌陷路面、屋面保温等进行雒维护和处理。公共建筑建设：投资2400万元建污水处理厂一座（其中国投1440万元，自筹960万元）。投资194万元，完成扶贫项目——水泥晒场建设项目，施工地点为36居民组、38居民组，建设面积分别为7000平方米、6500平方米，全部完工并交付使用。投资825万元（其中国投660万元，自筹165万元），完成农场田间工程建设项目，建设高产稳产旱作良田366.66公顷，主要建设内容为修建和衬砌渠道、桥涵闸、机耕路等水工建筑、晒场等。

民生　投资160万元完善楼区功能建设，投资600万元维修住宅楼及基础设施。投资117万元实施14个居民组农村安全饮用水工程。投资860万元，对全场各居民组去年田间水毁工程路涵逐个进行维修。投资467万元，为37居民组，建设自来水管线4046米。投资300万元，完成农场第一管理区田间配套工程，主要建设内容：修建农田路4条，总长9.2千米；新建过水路面一处；进地圆涵4座；过路圆涵2座；2×1.5米方涵3座。投资200余万元，在工业园区内新建6000平方米测土配方配肥站一座，减少肥料流失，有效提高肥料利用率。投资100多万元更新脱硫除尘设备，减少烟尘和二氧化硫的排放。投入865万元，用于教育校舍维修改建、装备教学设备、建设三通两平台、安装校园监控系统等。

扶贫帮困　落实精准扶贫政策，确定18户低收入家庭为帮扶户，由63名干部与他们结成帮扶对子。帮助共富对象确定扶持项目5个，发放无息贷款61.2万元，全场328户444人摘掉贫困帽子，加快帮扶户脱低脱困的步伐。两节期间，全场共走访慰问困难职工、老知青、劳模、军烈属、老干部、老工人等463户，发放慰问金16.68万元。居民最低生活保障标准由原来的500元调到560元，全场有633户904人享受居民最低生活保障待遇。医疗救助低保人员、低收入人员22人次，救助金额10万元，全部实施社会化卡式发放。对低保人员、低收入特困人员发放临时救助资金30500元，救助人数17人次。慈善超市为全场62户77人次特困低保户和特困低收入重残户实物发放米、面、油，累计金额25025元。全场残疾人共有残疾人637人，享受护理补贴人数125人，享受生活补贴人数133人，每人每月补贴金为100元。

党建工作　开展“两学一做”学习教育工作。坚持“每周一学”，“每月一课”，做到以上率下、共同学习。同时创新学习载体，活化学习形式：开设“两学一做”学习教育专栏。利用农场党员微信平台，及时上传“两学一做”学习教育资料及各支部的好做法、好经验。在电视台开设“两学一做”学习教育专栏。各党支部建立微信群、QQ群，与党员及时沟通交流学习体会。开展“送学式”学习教育，对年纪偏大、行动不便，不能参加集体学习的党员，党支部将学习资料送到其家中，指导学习。6月底召开“两学一做”事迹报告会。深入实施“三抓三联”工作机制，建立“民情信息台账”，记录“民情日记”。注重抓干部党员连带重点户。社区党支部的“三个一线工作法”、第三管理区党支部的“四季暖心活动”成为“三抓三联”工作的有效抓手。加强党组织建设。开展表彰先进基层党组织、优秀党务工作者和优秀共产党员活动。于七一前夕对全场3个先进党组织、3名优秀党务工作者和10名优秀共产党员进行表彰。扎实推进党风廉政建设责任制，深入开展反腐倡廉教育。

（何忠志）

龙门农场

场长、党委副书记：韩锋利，1969年12月出生，1986年12月参加工作，1996年12月入党，籍贯黑龙江省海伦县，本科学历，高级农艺师。2009年9月15日至2016年3月任现职。

场长、党委副书记：刘建胜，1970年6月出生，1989年12月参加工作，1998年2月入党，籍贯山东莱阳，研究生学历，高级经济师。2016年3月任现职。

党委书记、社区管理委员会主任：韩林喜，1961年4月21日出生，籍贯山东青岛，1979年12月参加工作，1983年4月入党，大学本科，高级政工师，2008年10月至2016年12月任现职。

党委副书记、纪委书记、政法委书记：

吕洪涛（2009.12—2016.10）

党委副书记、政法委书记、武装部长：

吴晓宁（2016.12—）

副场长：

黄明燕（2010.5—2016.9）

吴永军（2016.10—）

叶晓春（2016.12—）

工会主席：

孙喜华（2009.12—2016.9）

概况　龙门农场位于黑龙江垦区西北部、小兴安岭南麓，五大连池市境内。地理坐标为北纬48°50′45″~49°02′16″，东经126°40′07″～127°02′03″。场部距北安市、五大连池市、孙吴县各90公里，距边陲重镇黑河市170公里，辐射周边6个乡镇。龙门农场交通极为便利，哈黑铁路、吉黑高速（202国道）贯穿农场东西30公里，直线距离150米；龙门河火车站是铁道部注册的客货接收站，是通往黑龙江省北“五县一市”的必经之路。农场辖区总面积4万公顷，耕地面积1.6万公顷。森林、水利资源丰富，森林总面积0.6万公顷，蓄积量为32万立方米，森林覆盖率17.1%。境内有三条河流经过，南部为引龙河，流经农场22公里，流域面积180平方公里，年径流量0.6亿立方米；中部为龙门河，流经农场24公里，流域面积150平方公里，年径流量0.5亿立方米；北部为卧牛河，流经全场16公里，流域面积130平方公里，年径流量0.4亿立方米。境内有大小塘坝20个，蓄水量12万立方米，地下水资源主要以裂隙水为主，水质较好，适宜饮用。

农场下辖管理区5个、工商运建服企业10个，总户数3151户，总人口7110人。2016年，全年实现生产总值4.18亿元，同比增长3.6%。第一、二、三产业增加值分别为0.81亿元、0.44亿元、2.93亿元，分别同比增长-53%、2.2%和55.7%。实现居民人均可支配收入19298元，同比增长0.3%。

农业生产　全面落实国家各项惠农政策，发放各种惠农资金4263万元。种植业结构不断优化，全场播种面积1.68万公顷，其中籽实玉米0.06万公顷，小麦0.09万公顷，大豆1.44万公顷，汉麻、杂粮等0.07万公顷。绿色农产品基地建设扎实推进，大豆绿色食品原料基地0.66万公顷，小麦绿色食品原料基地0.33万公顷已顺利通过续检。测土配方施肥扎实推进，采集土样样品600余个，为农业生产提供理论及技术支持。科技园区完成四大类作物35项试验课题和项目，其中包括国家大豆试验2项，黑龙江省品种审定试验4项，农垦总局品种审定试验2项，其中谷子红1号及矮高粱绥杂8号可推广，小粒豆及杂豆试种基本成功，较好地发挥示范引领作用。全场举办各类农业技术培训10次，培训人员达500余人次。累计增雨防雹63次。

农业机械化　投资423万元更新各类农机具57台件，其中深松监控技术的全面运用，促进农机作业效率和作业效果极大改善。农业基础设施建设稳步推进，投资456万元完成第二管理区田间配套工程；完成小型农田水利及旱涝保收标准农田示范建设工程。以家庭承包经营为主体的新型农业经营体系不断完善，成立汉麻、杂粮等合作社。所有耕地全部实现黑色越冬。虽然前期遭受严重低温雨涝、后期严重干旱等不利因素的影响，粮豆总产仍然实现3.3万吨，尤其小麦大灾之年获得丰收，平均每公顷产4950公斤。综合计算各类补贴，小麦每公顷效益约为2850元，汉麻每公顷效益1830元，和大豆、玉米、芸豆种植效益相互比较，小麦、汉麻比较效益相对突出。

畜牧业　有草原面积2400公顷，主要以优质五花草、小叶樟、三棱草为主，适合发展畜牧业，全场奶牛存栏650头，鲜奶产量1872吨。投资40万元新建中心奶牛小区粪污处理场一处。稳步推进草原承包工作，完成草原承包面积279.16公顷。查处非法开垦草原4起，并进行植被恢复。

工业　北安农垦伟林旱田农作物种植专业合作社总投资150万元新建麻类粗加工项目，其中新建麻类生产线一条，附属品麻屑加工厂房设备一套。其他中小企业均达产达效。其中采石12万立方米；加工长麻1190吨，二粗630吨。实现销售收入6716万元，工业增加值1846万元，利润458万元。

造林绿化　造林绿化投资23.8万元，共植树2.14万株。完成中央街、龙祥街两侧绿化栽植黑加仑绿篱710延长米，种植草坪6000平方米。育苗苗圃面积6.50公顷，新育面积1.33公顷，栽植苗木6.2万株。

非公有制经济　发展以獭兔、大鹅等为主的特色养殖业5户，以中草药白芍、人参、向日葵等为主的特色种植业15户。非公经济预计实现总产值4.2亿元，增加值1.88亿元，利润1.2亿元。

小城镇建设　以建设“美丽乡村”为目标，城镇基础设施配套建设有序推进。投资38万元完成住宅小区步道板维修及部分路面硬化工程。投资190万元完成医院楼、学生公寓楼、四号住宅楼整体维修改造工程。投资67.8万元完成光明路及住宅小区路灯等建设工程。投资32.3万元完成消防队车库、中小学教学楼消防设施维修改造工程。投资71万元完成中小学教学楼维修及小学操场硬化工程。投资18万元完成气象站观测场及配套设施改造工程。完成龙盛水库水源保护区划分工作，完成净水厂、清水池后续工程及步行街后续建设工程。加快社会事业改革，物业、环卫职能独立，强化供热、供水等服务水平，城镇功能建设进一步完善。

教育卫生基础建设　总投资300万元用于提升办学条件及改善教学设备设施等。投资39万元购买全科壁挂诊断系统2台、全自动生化分析仪等设备改善就医条件。

党建和精神文明建设　以“两学一做”学习教育为契机，扎实推进“三抓三联”工作机制。班子成员讲党课14次，基层班子集中学习37次，专题研讨20次。电视台开设“龙门先锋”、“党员传声”栏目15期，创建学习教育示范单位2个。累计建立居民台账1975个，服务联系台账10套，发放干群联系卡6000多张，记民情日记105册。全场64名干部党员连带重点户64个，化解各种疑难问题43件；137名普通党员连带1566名普通户，为群众解决办实事200多件；45名骨干群众连带245名关联户，解决资金550多万元。职工群众满意度大幅提升，党群干群关系进一步密切。推荐总局级先进个人1名，管局级先进集体2个，管局级先进个人4名。

文化工作　开展培育和践行社会主义核心价值观活动、“六进活动”、“四位一体”思想道德建设为主题的德育教育实践活动。申报省级文明单位1个，总局级文明单位标兵、文明单位3个。农场被《北大荒日报》评为总局级报道先进场，在垦区排名第十二位，在管局排名第一，1人入围垦区“十杰通讯员”。电视新闻总局上稿分数管局排名第四，宣传部和电视台分别有1人被评为管局级“双十佳”记者称号。电视新闻《让爱给鹤一个家》获总局级创优作品二等奖。农场《大美龙门》微信平台全年发布公众消息38条。围绕打造“诚信龙门、真情龙门、文化龙门、法治龙门”品牌建设，全年共举办趣味运动会、扑克比赛、演讲比赛、环城跑、篮球赛、拔河比赛、雪雕展、文艺演出等各类文体娱乐活动20余次。

（杨海良）

襄河农场

场长、党委副书记：葛如强，1964年2月出生，山东省陵县人，中共党员，大学本科，高级农艺师。1983年4月参加工作，2012年6月至2016年12月任职。

副场长、党委副书记（主持工作）：焦伟，1980年2月出生，山东省临邑县人，中共党员，大学专科，政工师。1999年7月参加工作，2016年12月任现职。

党委书记、社区管理委员会主任：张本伟，1967年3月生，北安管局二龙山农场人，中共党员，研究生学历，高级政工师，1983年9月参加工作，2011年6月至2016年12月任职。

党委副书记、纪委书记、工会主席：

王伟东（2010.5—）（武装部部长，2016.10—）

副场长：

吕忠坤（2009.1—2016.9）

任洪文（2012.7—）

副场长、武装部部长：

吴永军（2012.7—2016.10）

副场长：

李　永（2010.5—2016.10）

宋贵奇（2016.10—）

邹建华（2016.12—）

概况　襄河农场始建于1955年。以境内河流“襄河”而命名。农场地处小兴安岭南麓，五大连池市境内，东、南、西、北分别与兴安乡、龙镇农场、引龙河农场、龙门农场接壤，地理坐标为北纬48°41′～48°56′、东经126°36′～127°15′，年有效积温2050℃，年日照时数为2424小时，年均降水量563.4毫米，无霜期105天，土壤有机质含量7%～10%之间。现有6个管理区、8个场直单位，截至2016年底总人口7914人，职工1819人。总面积59733公顷，其中耕地18686公顷，林地6520公顷，草原12500公顷，水面733公顷，是一个农林牧渔全面发展，工商运建服综合经营的小型国有农场。农场地理位置十分优越，哈黑公路202国道距离场部7公里，哈黑铁路横贯场区，且设有铁路专运线。

2016年，实现地区生产总值64010万元，同比增长4%，其中一、二、三产增加值分别为16081万元、6762万元、41167万元，分别同比增长–64%、–1.02%、31.64%；三次产业比重为25.1∶10.6∶64.3；实现企业利润255万元；实现居民人均可支配收入22580元，较上年同期减少1045元，实现“十三五”良好稳定开局。

种植业　全场播种面积1.86万公顷，其中大豆1.59万公顷、玉米0.22万公顷、马铃薯0.03万公顷、其他作物0.01万公顷，分别占总播种面积的85.2%、12.1%、1.9%和0.8%。全场粮食产量下降，粮食总产0.75亿公斤，同比下降28.5%；玉米、大豆平均每公顷产分别为8475公斤、1725公斤。落实强农惠农政策，落实2016年耕地地力保护补贴1487万元、2015年大豆目标价格补贴2475万元、2016年玉米生产者补贴618万元和2016年农机深松补贴212.4万元。继续加强农业基础设施建设，投资560万元更新农机具20台（件），农机总动力达到1.18万千瓦。投资85万元建设标准化气象站一处。5万吨粮食仓储项目基本完成，全场粮食仓储能力达到22.4万吨。利用各类项目建设机耕路33.8公里、涵洞71座，铺设水泥台面15398平方米，建设库房1234平方米和机务临时停放场1.68万平方米。2个节水增粮和2个小型农田水利项目竣工验收。

畜牧业　通过“两牛一猪”项目，建设北安农垦天牧畜牧养殖专业合作社，占地面积2万平方米，进一步推进畜牧业向标准化、规模化养殖方向发展。年末实现奶牛存栏470头，生产鲜奶1032吨；全年外购肉牛52头，肉牛出栏243头，年末肉牛存栏636头。

二、三产业实现工业销售收入2200万元，实现营业利润260万元。鼓励发展第三产业，新增个体商户17户，带动就业50余人。借助互联网优势，鼓励发展网商、微商，不断拓宽职工增收渠道。向俄罗斯输出劳务18人，创利润100余万元。鼓励发展采摘经济，全年采集各类山野菜100吨，实现利润200余万元，其中中草药占15万元，共带动就业300余人。扶持“草原部落”牛马羊驴深加工产业，创产值200万元。全年实现非公有制经济产值7500万元，利润2100万元。

小城镇管理　利用上级“一事一议”奖补资金246万元完成场区垃圾填埋场建设、南环路绿化和机关、学校、通讯塔亮化工程，安装路灯26盏；完成造林绿化面积23.5公顷；投资139万元铺装永安街人行道6500平方米；投资42万元维修场区破损道路3000平方米。城管部门依法开展场容场貌治理，城镇面貌得到有效改善。物业公司、供水中心、供暖中心相互协调配合，场区基本实现管理规范、安全供水、热能均衡。

社会民生　投资101.8万元完善校园硬件设施建设；投资118万元完成幼儿园工程主体建设。落实“健康龙江行动”，社区卫生服务工作有序推进。投资25万元维修老干部活动中心。扎实开展共富行动，6户扶持户全部脱低。为299名低保人员发放低保金135.44万元，发放低保户取暖补贴17.08万元，发放义务兵优待金和自主就业补助金27.71万元，发放困难残疾人生活、重度残疾人护理补贴14.56万元，发放医疗救助、临时救助款13.53万元。支付离休干部医药费327万元。为343人办理灵活就业，为8名职工办理病退。

党建工作　紧紧围绕管理局党建工作“三抓三联”、思想政治工作“六个结合”和依法治场三项重点工作主线，全面推进和加强党的建设。创新“三抓三联”工作机制，农场党委以16个党支部为单位，联系干部党员、普通党员、骨干群众353人，联系重点户、普通户和关联户1800余户，共解决群众生产生活难题400余件。

（隋蕾）

龙镇农场

场长、党委副书记：谢国华，1968年4月出生，内蒙古赤峰人，中共党员，研究生学历，农机工程师。1984年12月参加工作，2015年1月任现职。

党委书记：王子龙，1964年11月出生，山东省莒南人，中共党员，本科学历，高级工程师。1983年12月参加工作，2014年2月任现职。

党委副书记、纪委书记：

马玉友（2003.1—2016.9）

党委副书记、政法委书记、武装部部长：

李绍东（2016.12—）

副场长：

刘　胜（2001.12—2016.9）

刘树彬（2009.1—）

韩贵增（2010.10—）

牛宝超（2009.9—）

工会主席：

李绍东（2009.1—2016.12）

党委委员、武装部部长：

赵国瑛（2005.12—2016.9）

概况　龙镇农场始建于1955年，地处黑龙江省北部，小兴安岭南麓五大连池市境内。地理坐标为北纬48°32′，东经126°31′，属寒温带大陆性季风气候。农场下设6个管理区，和社区管理委员会办公室、医院、学校、公路管理站等场直企事业单位。农场居民4430户，总人口10706人。

农场资源丰富，区位优越。南有讷谟尔河，北有引龙河，二道河横贯场区。土地总面积47203公顷，其中耕地23066公顷，林地3167公顷，草原5760公顷，水域457公顷。山清水秀，环境优美，土地肥沃，是国家级生态示范区。农场南距北安市60公里，西距五大连池风景区45公里，北距黑河口岸200公里。与五大连池市龙镇、沾河林业局、引龙河农场、襄河农场毗邻。哈黑高速公路、哈黑铁路通过场区，交通发达，人口密集，城镇功能健全，工业、商贸经济发展迅速，是辐射周边的商品、物资集散地。

2016年，农场实现地区生产总值61781万元，其中：一产增加值21325万元，二产增加值6310万元，三产增加值34146万元。实现人均可支配收入20200元。

农业生产　农场作物播种总面积23680公顷，其中玉米8147公顷，大豆14013公顷，水稻366公顷，马铃薯867公顷，杂粮豆287公顷。农场种植绿色食品面积13733公顷，有机食品面积1267公顷。玉米、大豆全面积采取先施肥后播种两次作业方法，杜绝三类苗。改装农机具64台套，通过技术改装农场肥料施肥误差控制在2%以内，全部实现分层、定位、定量，提高肥料利用率。实行三次镇压作业，起到封墒、提墒、保墒作用。落实中耕管理、防病防虫、促熟增产措施。玉米采取“一松、两趟、四促、一控、三防”五项措施，即玉米1～2叶期深松放寒一遍，3～5叶期与6～8叶期进行第二、三遍中耕及追肥，在玉米全生育期喷施进口以色列诺普丰叶面肥、磷酸二氢钾各两遍促使植株提前成熟，展开9～13片叶时进行喷施化控剂一遍，玉米在大喇叭口期防治玉米大小斑病，玉米抽雄后进行飞机航化喷施杀虫剂与杀菌剂一遍，玉米3～5叶期喷施玉米叶面除草剂一遍以保证全田无草荒发生。大豆通过采取“一松、三趟、四促、两防”四项措施，即大豆出苗后进行第一遍深松放寒；封垄前三遍中耕，大豆初花期、盛花期、结荚期、鼓粒期喷施进口以色列诺普丰叶面肥、磷酸二氢钾各两遍，促使植株提前成熟，全面积喷施土壤处理及叶面处理进行防治杂草，大豆杀虫剂结合大豆第四遍丰产素进行飞机航化喷施。抗御早春低温以及盛夏干旱对农作物生长造成的不利影响。农场实现粮豆总产16.7万吨。玉米平均公顷产量12150公斤，其中最高公顷产量15180公斤，创北安管理局玉米单产最高记录。水稻平均公顷产量7500公斤，大豆平均公顷产量2340公斤。实现综合公顷效益3255元。发挥农机集群化作业优势，适时收获，及时整地，农场10月13日完成秋收任务；10月16日实现100%联合整地、100%黑色越冬、100%秋起垄，在北安管理局率先完成收获整地任务。

工业　完成全口径工业产值12250万元，实现工业增加值5520万元，利润总额1154万元。主要工业产品产量为：屠宰生猪1132吨；加工锯材19500立方米，生产免烧砖800万块；生产有机糯玉米234万穗。龙绿有机食品有限公司采取龙头企业加农户的运作模式，成立龙绿有机玉米合作社，推进产业化发展。配置原料种植轮作基地267公顷。构建春季收购加工山野菜，夏季加工速冻蔬菜，秋季加工有机糯玉米的发展格局。全年加工寒葱3.78吨、蕨菜3.37吨、速冻蔬菜10吨、加工鲜食玉米234万穗，实现产值282万元。通过合作社带动就业240人，发放工资154万元。

非公经济　完成总产值7亿元，实现增加值3亿元，利润2亿元，从业户均收入8万元，从业人均收入5万元。以打造区域性商贸重镇为牵动，发展粮食仓储商贸经济，通过续建象屿集团合作加快玉米烘干仓储设施建设，农场粮食仓储能力达40万吨。坚持市场常态化管理，打造龙泽商业一条街，农场商贸服务户发展到617户，纯收入2800万元；以强化服务保障为重点，投资40万元，完善第一管理区奶牛小区粪污处理场建设，加强畜牧防检疫工作，发展质量效益型畜牧业。农场奶牛存栏1113头，肉牛存栏680头，生猪存栏1338头。肉类总产量211吨，鲜奶总产3426吨。实验种植双孢菇12栋大棚，共3840平方米，发挥示范作用；采取生态种养模式，实验种植“鸭稻”“蟹稻”面积3公顷，每公顷增效益4200元；养殖大鹅2.1万只，纯收入53万元，养殖蓝狐4100只，纯收入142万元。

社会事业　城镇基础设施建设总投资191.61万元。完成龙盛小区部分道路硬化、给水、排水建设；龙泽、中心两个小区新增太阳能路灯36盏；农场维修排水井及更换井盖118个。公共设施建设总投资548.82万元。新安装道路治安卡口两处；维修文化广场；实施义务教育均衡发展维修工程；进行老年活动中心外立面改造；维修农场医院。水利设施建设总投资384.6万元，完成西大洼水田水源工程、铁道北人畜饮水工程、第二管理区饮水井工程、第一管理区灌溉设备库工程、新水厂新增三眼供水井及设备安装工程。生态农场建设总投资78.8万元，农场共栽植树木7.6万株。通过党员干部义务劳动，完成花园、中心、龙泽三个小区的植树绿化，总面积1.6万平方米；完成出场路两侧植树绿化3.2公里。实施扶贫攻坚战略，农场共发放低保金177万元。投入共富资金33.9万元扶持职工发展特色养殖业。农场完成脱贫15户33人。加大城管、物业、环境卫生工作力度，加强医疗服务、卫生监督、妇幼保健等项工作，社会保障工作全年动态消除“零就业”家庭，实现城镇登记失业率3.7%以内。教育教学水平提高，考取北安管局第一高中公费生50名，正式生录取率名列管局前茅。

党的建设　开展“两学一做”学习教育。党委理论中心组集中学习8次，党委书记、场长带头上专题党课，以上带下促进农场党员深入学习党章党规、习近平总书记系列讲话。坚持问题导向，制定实施《加强领导干部十项纪律的规定》及《领导干部提醒、函询和诫勉实施办法》。坚持“三会一课”制度，全年培训各支部负责人73人次，各支部平均组织集中学习6次以上，农场党员撰写学习心得647份，办专题学习园地12期。开展“三队一岗”建设，通过选树党员先锋队、党员服务队、青年志愿者服务队、党员先锋岗，为民解决身边小事124件，帮扶因病、因学致贫家庭87户。按照《党政领导干部选拔任用工作条例》的规定，调整干部8次166人。完成农场721名党员组织关系排查工作。对照中组部党员党费收缴标准专项清理检查农场24个党支部党费收缴情况，完成排查摸底，建立台账。

（张新平　刘文）

二龙山农场

场长、党委副书记：韩锋利，1969年12月出生，黑龙江省海伦县人，中共党员，本科学历，高级农艺师。1986年12月参加工作，2016年3月任现职。

党委书记、社区管理委员会主任：刘晓东，1964年1月出生，吉林省梨树县人，中共党员，研究生学历，高级政工师。1983年10月参加工作，2011年4月任现职。

副场长、党委副书记：

殷文科（2014.2—）

党委副书记、纪委书记、政法委书记：

陈洁（女，2011.3—2016.9）

党委副书记、政法委书记、武装部长：

苗兴民（2016.10—）

副场长：

王维新（2010.5—）

王光平（2013.6—）

于彦军（2009.1—）

张文忠（2010.10—2016.10）

刘宝库（2013.4—）

工会主席：

张本辉（2013.6—2016.9）

党委委员、武装部长：

郭志华（2001.6—2016.9）

党委委员、组织部部长：

张新梅（女，2011.12—）

概况　二龙山农场地理位置优越，处于哈尔滨市与黑河市的交通要冲之处，跨北安市与五大连池市两境，距北安市34公里，距五大连池市32公里。交通便利，哈黑铁路和202国道贯穿农场。农场地表水资源丰富，境内有讷谟尔河、温察尔河、长水河三条河流，过境流量5.2亿立方米。

2016年，农场实现地区生产总值8.8亿元，同比增长3.1%。其中：第一、二、三产业增加值分别为2.7亿元、1.4亿元、4.7亿元。家庭农场利润14147万元，企业利润496万元，人均可支配收入18674元，清理回收以前年度欠款157万元，完成管局下达的各项经济指标。

农业生产　实际播种面积2.17万公顷，粮食总产16400万公斤。种植大豆1.46万公顷，平均每公顷产3075公斤。种植玉米0.93万公顷，平均每公顷产11775公斤。种植马铃薯0.13万公顷，平均每公顷产271501公斤。合作社和联户家庭农场种植面积占耕地面积的70%以上。落实马铃薯绿色高产高效创建工作和总局、管局联网试验，完成绿色有机食品认证。现代农业示范园区落实国家、省、总局试验课题43项，筛选出适合我场种植的华美2号、CS5101、哈育198等多个玉米新品种，荣获北安管理局优秀科技园区和马铃薯高产综合技术组装示范奖等称号。全场更新国产动力机械57台，进口马铃薯播种机、中耕机4台。出动机车40台套，实行跨区作业2万多公顷。八区小型农田水利工程投资247万元，治涝面积667公顷。五区高标准农田建设项目投资846万元，平整农机停放场1.2万平方米、开挖疏浚渠道33公里、修农田路12.67公里。

畜牧业　年末奶牛存栏5171头、生产鲜奶1.29万吨，鲜奶补贴129万元。肉牛饲养量584头，生猪饲养量2120头，羊饲养量2310只，禽饲养量2.2万只。种植青贮玉米728.33公顷、燕麦120公顷、燕麦复种33公顷、苜蓿90公顷。燕麦饲草复种补助20万元，苜蓿示范建设项目补助180万元，现代示范奶牛场建设补助1362万元，青贮饲料贮量补贴236万元。龙嘉牧场配套精准饲喂、初乳巴杀、奶牛站位识别、发情监控等系统，饲料投喂量准确率达到99%。六区奶牛小区牧场化改造项目新建库房1000平方米、青贮窖1200平方米，八区肉鹅养殖基地项目新建房舍5400平方米。进一步加强人畜共患疾病和牲畜重大疫病的防控监测工作，畜禽应免密度达到100%。

林业　林业实现全年无森林火灾发生的目标，农场被省政府授予“森林防火先进单位”称号。造林投入资金30余万元，栽植灌木4500株、花卉8万株。

工业　完成工业指标4.52亿元，实

现增加值1.27亿元。北京智能祥赢节能环保有限公司计划投资3亿元在农场建设规模为30兆瓦的生物质发电厂项目手续正在办理中。

非公有制经济　种植特色经济作物芽豆、双青豆、高粱、汉麻、白瓜子等作物866.6公顷。狐貉养殖1750只，大鹅养殖2.5万只、芦花红毛等特色鸡养殖1.6万只。苗圃销售各类树苗40万株，经济收入200万元。职工利用疏林地种植大果榛子1公顷。

民生工程　基本建设总投资3353万元。完成社区居委会、敬老院、学校维修改造等建设工程，投资26.6万元对部分楼房排水管网进行更换维修。投资173万元对学府路等58盏路灯进行更换，维修两侧步道板3602平方米。投资280万元新打机电井2眼，铺设供水管线3.85公里，改善场区饮水条件。农场承担供热费补贴833万元，出资15.6万元为场部区居民打豆秸包46700包。投资30万元累计清运各类垃圾8000余吨，路沟整形3万延长米，上石料1000立方米，修剪草坪12万平方米。发放孤儿基本生活保障补助资金2.76万元、医疗救助资金20万元、低保工资341万元、上级临时性救助金5万元、高龄津贴6万元。

两学一做　创新实施“三抓三联”工作机制，“两学一做”学习教育取得实效。党员干部深入连带户家中走访慰问困难户500余次，建立民情台账600余条，做好事400余件，为86名下岗失业人员在龙益、建业等民营企业中找到就业岗位。北安农管局党建工作现场会在农场召开。

（王春宇）

引龙河农场

场长、党委副书记：时厥祥，1971年5月出生，江苏连云港人，中共党员，本科学历，教授级高级政工师。1990年12月参加工作，2014年2月至2016年12月任现职。

场长、党委副书记：葛如强，1964年2月出生，山东省陵县人，中共党员，本科学历，高级农艺师。1983年11月参加工作，2016年12月任现职。

党委书记、社区管理委员会主任：刘继学，1965年11月出生，辽宁锦县人，中共党员，本科学历，教授级高级政工师。1988年7月参加工作，2011年1月任现职。

党委副书记、纪委书记、政法委书记、社区管理委员会副主任、武装部部长：

吉忠伟（2010.10—）

副场长：

吕显龙（2006.1—2016.9）

方广新（2009.1—）

唐道元（2011.3—）

杨宏峰（2011.4—）

工会主席：

韩志和（2000.12—2016.9）

武装部长：

吴晓宁（2013.7—2016.12）

概况　引龙河农场位于世界地质公园五大连池市境内。地理坐标为北纬48° 45′，东经126° 34′，地处中高纬度区域，属寒温带大陆性季风气候。年降雨量865.9毫米，年平均气温-0.1℃，全年有效积温2455.1度，年日照时数2060.0小时，年平均风速2.2米/秒，以西北风和西北西风为年最多风向，无霜期131天。引龙河农场得名于水，因穿流而过的场内最大常年流水河流引龙河而得名。农场坐落于小兴安岭南麓，典型的丘陵地貌，场区硬化公路72.5公里，前嫩公路从场部通过。总面积42151公顷，其中耕地25122公顷，辖农业生产单位7个。总人口1.2万人，居民5235户，职工2367人。

2016年，农场实现地区生产总值76641万元，其中第一产业增加值29340万元、第二产业增加值10837万元、第三产业增加值36464万元，农场人均地区生产总值6.3万元。农林牧渔总产值46955.5万元，固定资产投资2792万元，社会消费品零售总额10821.9万元，居民人均可支配收入23350元。

种植业　种植业结构结合国家“东北四省区调减玉米种植面积”的精神，大幅削减玉米种植面积。农场总播种面积为2.455万公顷，其中种植玉米0.267万公顷，种植大豆2.08万公顷，种植水稻182公顷，种植马铃薯等其他作物868公顷。2016年农场农业生产受灾严重。因7—8月干旱十分严重，且受冰雹等自然灾害影响，粮豆作物平均单产仅3664.95公斤/公顷，比上年同比下降43.3%。新技术推广有新进展。玉米全面应用“四精两管”栽培模式，推广大豆高台大垄垄上三行技术10666.7公顷。有机绿色种植认证稳步推进。有机绿色认证种植面积达15104.7公顷，认证比例达61.5%。完成“三减”工作任务。农场推广测土配方施肥技术和秸秆还田技术，使肥料使用量较上年减少5%；通过更新药械和推广高效安全喷雾助剂，使农药、除草剂的使用量降低5%。副场长杨宏峰获得全国农牧渔业丰收奖科技贡献奖；农场科技园区连续2年获得北安管理局优秀科技园区；园区有4项试验、示范项目获奖；园区杨芳连续4年获得“北安管理局科技人员特殊贡献奖”。

农机　拥有农业机械总动力3.1万千瓦。其中大中型动力机械86台套；自走喷药机6台；小型拖拉机255台；机引农具402台（套）；大型自走式联合收割机28台及其他各类收获机10余台；水田机械55台套。田间作业综合机械化率100%，其中旱田水田均达100%。2016年投资1000余万元，引进进口马斯奇奥18行播种机10台；引进进口马铃薯播种机2台；100 ~ 450马力拖拉机24台；卫星导航2台套。农机资产原值1.57亿元，净值1.13亿元。农机总收入4405万元，创利润总额2103万元。农机从业人员508人，农机管理人员22人。农机技术推广机构1个，农机作业专业合作社2个，当年完成跨区作业面积90万公顷。

林业　完成造林绿化总面积27公顷，投入各类苗木5.3万株，打造道口景点1处，改造草坪1.4万平方米。参加造林绿化总人次1865人次，出动各类车辆960车次，共计投入资金58.97万元。森林草原防火工作实现无火警、火灾发生，无人身伤亡事故发生，农场连续13年无森林火灾。

畜牧业　投资38万元在朝阳牧场安装自动刮粪和干湿分离设备；试验种植44公顷“利合16”青贮玉米，牧场标准化饲养、科学化管理水平上新台阶。农场落实鲜奶补贴44.2万元，发放全株玉米青贮饲料生产补贴34万元。对10.95公顷被破坏草原实行退耕还草。实现畜牧业增加值2613.4万元。

工业　完达山百利粮油有限公司实现豆饼销售0.4万吨，豆油0.08万吨；盛唐机械制造有限责任公司累计销售各类农机具40台套；豫龙塑料编织厂生产塑料颗粒38吨；昌盛涵管厂产量维持在上年水平，生产各种型号涵管800个；全年实现工业销售收入17500万元，同比增长4.2%，工业增加值9890万元同比增长4.3%，全口径利润总额1020万元同比增长4.5%，从业职工人均年收入29900元同比增长5%。

小城镇建设　投资170万元为龙惠、龙康、龙河居民小区硬化道路13091.47平方米，安装混凝土路边石526.5延长米；投资799.86万元完成保障性安居工程基础设施配套排水等工程。

非公有制经济　实现非公有制经济总产值54300万元，纯收入15500万元，增加值24300万元，从业户均收入3.5万元，从业人均收入1.4万元。种植特色大豆200公顷，大棚果蔬、榛子、平贝、提子等种植面积突破40公顷，水产养殖800吨，制酒2500吨，新增个体商服36户，家政劳务服务收入3000万元。

农田水利　投入资金597.5万元，用于防汛抗旱、水蚀沟专项治理并完成农场水毁水利工程维修和小型农田水利工程。

党的建设　以“三项重点工作”为核心，推进党建工作。抓三联工作，打造以“一网一社三站”为主要内容的党建工作体系。共有531名中心户，依托50余个涉及农业、农机、畜牧、非公有制经济等方面的专业合作社，联系连带户3310余户，召开专题“中心户会议”80余次，通过“一帮一”“二帮一”等方式，对贫困职工群众进行“点对点”精准帮扶。思想政治“六个结合”工作，以开展志愿服务和践行社会主义核心价值观为突破口，针对“六种弱势群体”，以“连心工程”打造特色服务品牌，开展一系列志愿服务活动，现已注册志愿者300余名，累计开展活动300余次，累计时长达5400多小时。

（王东光　姚志仁）

尾山农场

场长、党委副书记：吴宝忠，1977年9月出生，黑龙江省安达市人，中共党员，研究生学历，政工师。1997年7月参加工作，2015年11月任现职。

党委书记、社区管理委员会主任：钟斌，1965年4月生，黑龙江省拜泉县人，中共党员，研究生学历，高级农机工程师。1987年7月参加工作，2007年10月任现职。

党委副书记、纪委书记、政法委书记、武装部部长：

李德胜（2009.1—2016.9）

党委副书记、政法委书记、武装部长：

曲　强（2016.12—）

副场长：

杨永东（2009.9—）

宋贵奇（2009.12—2016.10）

王建平（2012.7—）

工会主席：

房久精（2012.7—2016.9）

概况　尾山农场是以粮食生产为主，农林牧副渔、工商运建服综合经营的现代化中小型国营农场。位于黑龙江省西北部，地处小兴安岭与松嫩平原的过渡地带，五大连池风景区北部，因五大连池火山群中的尾山而得名。地理坐标为北纬48° 46′ 21"～49° 01′ 20"，东经126° 06′ 30"～126° 24′ 21"之间。下辖管理区4个，农业中心站1个，居民组4个，场直单位11个，驻场单位10个。农场机关设党务、行政、公安法司等职能科室27个，在编人员224人。从业人员3267人，其中职工1523人。总户数4514户，总人口10301人，其中少数民族人口367人。农场占地30073公顷，其中，耕地面积15860公顷，林地面积7447公顷，草原面积5544公顷，水面面积409公顷，其他面积813公顷，森林覆盖率38%。

2016年，农场经济社会发展态势良好。全年实现国内生产总值42864万元，同比增长3.5%。其中，第一产业增加值18840万元（畜牧业增加值5700万元），同比增长0.4%；第二产业增加值7200万元（工业增加值5600万元），同比增长1.1%；第三产业增加值16824万元，同比增长8.5%。全口径实现利润5325万元，其中企业利润2194万元，家庭农场利润3131万元。人均可支配收入21400元，资产负债率80.95%，比上年下降3.6个百分点。

农业生产　优化种植业结构，以增大豆、减玉米、扩经饲为原则。落实玉米种植3260公顷，占20.6%；大豆11320公顷，占71.4%；其他经济作物1280公顷，占8%.实现粮食总产72359吨。提升标准化作业水平，各作物实现最佳播期，首次推广大豆大垄三行种植新技术4200公顷。2016年实施秋起垄面积12000公顷，质量好、标准高。农业基础设施建设，农场补助新型农机具试验示范资金97万元，发放国家农机购置补贴资金257万元，职工投资1600万元，更新大马力轮式拖拉机、18行播种机、施肥起垄机、进口马铃薯播种机及其他配套农机具共49台（套）；投资340万元建寒地玉米种子库；投资57万元完成自动气象站观测场建设。

发展域外农业，“禾日农金境外农机专业合作社”在俄罗斯代播作业3067公顷，代耕13133公顷，收获3733公顷，租种土地1533公顷，实现机械作业总收入364万元。落实政策资金，共发放惠农补贴资金4757万元，其中大豆目标价格补贴1857万元；农业耕地地力补贴1694万元；玉米生产者补贴754万元；玉米改大豆轮作试点补贴315万元；玉米青贮生产补贴137万元。增投入、夯基础，利用马铃薯基地建设项目国投资金50万元，修复农田路2条5公里，治理水蚀沟1条70延长米；农场自筹资金24万元用于修复农田路18条；基层单位对于部分鱼眼泡、水蚀沟进行有效治理。落实有机食品认证面积800公顷、绿色食品认证面积13267公顷，实现有机食品绿色食品认证面积达88.7%，农产品质量安全水平进一步提高。充分发挥科技园区的试验、展示、带动、培训及辐射功能。科技园区落实省、垦区及农场的玉米、大豆、小麦等作物各项试验32个，累计参试品种、品系150个。重点打造管局级科技示范带一条16.4公里，地号45个、面积1400公顷，建立高产示范地号4个。健全完善生产服务组织，推进土地适度规模经营，农场10公顷以上的规模种植户303个，种植面积14133公顷，占89%，其中60～100公顷的53个，100公顷以上的20个。重点发展、扶持北安农垦顺顺旱田农作物种植专业合作社，通过粗加工及产业链的延伸进一步提升汉麻的综合效益。

农机　现有农机总动力2.53万千瓦，每千瓦担负面积0.63公顷，大马力轮式拖拉机91台，各类收割机45台，其他大中型运输拖拉机57台，农机具合计728台套。农用拖拉机共计91台，总作业量12.46万公顷，作业收入17377608元，总支出6082162元，台均效益124125元。收获机21台，共作业1.51万公顷，台均收益177586元。投入农机更新资金1651余万元，更新配套完善以玉米全程高标准机械化为主的农机具49台套，其中争取国家补贴资金75万元，更新农机具10台套。为进一步提高农机标准化作业水平和推广应用新技术，2016年农场共投入补贴资金195万元，鼓励农机职工购入新型进口播种机9台，国产新型起垄机14台，进口四行马铃薯播种机1台，在实际的生产中起到提高作业标准增产增收的示范带动作用。发放国家实施的大马力深松作业18.5万元，深松作业地号每公顷补贴150元到种植户。农机新技术应用累计作业面积3万公顷，改装机械68台件，节省机械作业费及为种植户增加效益500余万元。跨区作业共出动机车256台次，跨区作业面积34667公顷。农机作业收入800余万元，经济效益396万元。

畜牧业　年末奶牛存栏3688头，鲜奶产量11311吨。完成投资84万元，为场部奶牛小区新建尿液池1座。金澳牧场实施重组，共筹资1088万元，其中农垦科学院畜牧研究所科技人员出资156万元。重新选举理事长，聘请农垦科学院博士生指导生产。完善目标管理考核、薪酬分配、物资采购等制度。肉牛存栏374头，出栏32头；生猪存栏542头，出栏1015头；羊存栏3200只，出栏2231只；禽存栏0.77万只，出栏3.76万只，其中大鹅出栏3.10万只；种植青贮玉米511.16公顷，收获青贮玉米约35000吨。签订草原承包合同7份，共计承包草原579.8公顷。“三七水库”养殖面积186公顷，已办理养殖许可证，由赵新民承包。现有机动养殖渔船5艘。

造林绿化　实现造林33.3公顷，栽树6.65万株，植绿篱2000延长米，铺草坪1万平方米，新育苗木100万株。

工业和非公有制经济　工实现业增加值5600万元，利润510万元。麻类销售3210吨，总产值4700万元，增加值1800万元利润210万元。非公有制经济增量持续，农场山货采摘1602吨，产值2788万元。依托荒山湿地养殖大鹅3万只，大鹅、灰雁、红公鸡、草原马等林下经济初具规模。实现非公有制经济产值52000万元。

循环经济　蚯蚓养殖项目，在2015年蚯蚓养殖项目的基础上，新建蚯蚓大棚4栋，引进大平二号蚯蚓种500公斤，经过一年的细心养殖，年处理牛粪约为450吨。养鸡场项目，大力发展蛋鸡养殖项目，目前养鸡场内有健康存活海兰褐蛋鸡2500只，年产蛋量约为40吨，通过场内及场外等各渠道销售。酿酒项目，经过一年的筹备，在管局及农场的支持下，项目已经启动。已完成房屋基础立面改造，酿酒设备已安全进场并且组织安装完成。农场秸秆固化，继续加大力度抢收秸秆原料，收大豆秸秆和玉米秸秆累计约为1000多吨，保证饲料加工和固体成型燃料所需。

改革与管理　创新“三个体系机制改革”。重点扶持发展汉麻种植及加工产业合作社一个，种植汉麻413.3公顷，年加工能力5000吨。重点培育5000公顷的大型管理区一个，落实国家、省、垦区及农场各项试验32个，参试品种品系150个。“两田制”土地承包制度改革推进，落实基本田2400公顷，市场田12800公顷，市场田承包费比上年平均每公顷增83.7元。精细化管理做到“五个加强”。加强对经济合同的签订与管理，完善起草、审查、签订和备案等办法，重点加强对合同履约进度、实施期限、权利义务和交付款等的监督管理；加强对贷款资金安全管理，完善贷款监管措施，全年5600万元的种地贷款得到规范发放和使用；加强对工作绩效考核管理，绩效考核工资比例由原来的10%提高到20%；加强刚性预算管理，严格机构和人员编制管理，控制经费只减不增，全年共合并机构8个，减少管理人员12人；加强对自筹资金基本项目的控制，减少资本性项目支出，全年1443万元基本建设投资中企业自筹配套462万元，占31%，杜绝超预算的基建及设备购置支出。

社会民生　提升五项保险和各项配套投入。2016年缴纳职工五项保险金2210万元，支付取暖费补贴313万元，低保配套金65万元，高中阶段企业助学金35万元。出资180万元完成农业中心站1.8公里的7条水泥道路硬化和排水涵洞等配套设施建设。投资8万元用于改造老旧楼房供水管线，投资20万元新建供暖中心供水专线，投资40万元对畜牧小区和老旧房屋输电线路进行改造，投资41万元更新供暖管线，投资80万元对6号居民楼进行外立面改造。农场兑现计划生育各项奖励44万元。投资334万元，用于教育均衡发展。学校消防设施、草场跑道、楼顶漏雨、校园监控等15项主要问题全部整改完成。

党的建设　以干部作风、组织建设、创新社会管理和保障改善民生为重点，推动服务型党组织建设。开展“两学一做”学习教育工作，坚持边学边改边做，教育引导广大党员按照标准规范言行，自觉践行“四讲四有”，增强四种意识，各党支部和党员领导干部全部制作问题清单，制定整改台账和完成时限，普遍开展承诺践诺、设岗定责活动。健全完善“党员中心连带户”活动内容与形式，实施“三抓三联”工作机制，建立民情日记和民情台账，实现“党员中心连带户”网格化和信息化。推行“三看四联五到六解”和“三必访、四必送、五必帮”等工作法。工作成效显著。坚持把履行主体责任作为抓好党风廉政建设工作的关键和重点，健全党风廉政建设工作机制，强化执纪监督，推动政风行风建设和源头治理工作，处理违纪党员干部2人。

（张景华）

格球山农场

场长、党委副书记：薛洪起，1963年10月出生，山东省胶南县人。中共党员，研究生学历，高级农机工程师。1979年12月参加工作，2010年8月任现职。

党委书记、社区管理委员会主任：袁云福，1962年4月出生，山东省阳谷县人。中共党员，本科学历，高级政工师。1981年8月参加工作，2010年5月任现职。

党委副书记、纪委书记、政法委书记：

冯靖涛（女，2009.1—）

副场长：

隋清林（1998.12—2016.9）

李耀武（2009.1—）

王　洋（2009.1—）

李中元（2016.10—）

工会主席、武装部部长：

李　健（2013.7—2016.12）

党委委员、组织部部长：

张宝成（2012.12—）

概况　格球山农场1955年建场。地处五大连池世界地质公园北侧，地跨五大连池市、讷河市和嫩江县，前嫩高速公路穿场而过，地理坐标为北纬48°45′45″、东经125°54′57″。由东北向西南为科洛河支流、石头河、岔巴气河三条水系分割构成四个丘陵漫岗，全场地势按走向由西南向东北方向倾斜，东部海拔310米，南、北部海拔300米，西南为390米，呈不规则矩形外貌。作为社会主义新农村建设省级示范单位，农场成为电视连续剧《幸福和幸福不一样》的拍摄取景地之一。全场总人口8425人，占地总面积26000公顷（其中耕地面积14400公顷），下设5个农业管理区、11个场直企事业单位。

2016年，农场实现地区生产总值33800万元，同比增长-2.3%。三次产业增加值分别为15000万元、3589万元、15200万元，分别同比增长-42%、2.8%、108%。实现全口径利润3319万元。实现企业利润464万元、居民人均可支配收入23060元。

种植业　农场在种植玉米、大豆等粮食作物的同时，试种苜蓿、燕麦等饲草作物，引导种植绿色蔬菜、黏玉米、西瓜、甜瓜等果蔬作物，调优种植结构。投资380万元实施灌溉水源改造等水利工程。投资320万元更新大型农机具。加大农业“三个体系”（农业管理体系、农业经营体系、农业科技体系）创新，培育联户规模家庭农场40个、超级种植大户1个、3300公顷以上大型管理区和示范管理区各1个，打造科技示范带38.2公里。科技园区开展试验示范课题37项。认证绿色食品面积9867公顷，巩固“互联网+农业”示范基地86.7公顷，推广“三减”（即减农药、减化肥、减除草剂）示范面积152.2公顷，测土配方施肥全面积覆盖。粮食日烘干能力由上年的3300吨提高到3900吨。全场粮豆总产达到6.3万吨，实现粮食生产“十三连丰”，实现农业增加值10300万元，同比增长-41%。

林业　与省林下经济协同创新中心开展技术合作，实施蕨菜人工栽培试验和大球盖菇栽培试验项目。完成造林绿化任务16.7公顷。实现林业增加值240万元。全年无森林火险、火警发生。

畜牧业　投资135万元完成乳旺合作社牧场化改造项目。全场奶牛存栏3070头，生产鲜奶8533吨；肉牛存栏201头、生猪存栏986头、羊2271只、家禽46000只。实现畜牧业增加值6051万元、渔业增加值280万元。

工业　研究出台《北绿公司招商引资方案》，接洽客商谋求合作，编制北绿公司林下产品生产启动报告。实现工业增加值800万元、建筑业增加值581万元。

小城镇建设　投资140万元推进“美丽农场”建设。投资343万元完成场管维修项目。成立不动产登记分中心，配齐配全工作人员。以社会管理服务中心综合平台为载体，打造社区“365阳光服务”品牌（即打造“三声六式五平台服务模式”，寓意“三百六十五天，天天送服务”为宗旨，全天候为居民提供优质服务），进一步提升居民服务水平。

非公有制经济　组建畜禽养殖合作社8个，大鹅、乌苏里貉等特色养殖7万只，合作社带动周边养殖大鹅13.5万只。全场个体工商户发展到217户，同比增加11%，拉动就业837人。全年实现非公有制经济增加值23700万元。

经营管理　推动“两田制”（即基本田、市场田）承包制度改革平稳过渡，基本田收费标准保持平稳，通过“市场田”竞拍确定承包经营权，完成土地收费6905万元。控债化债工作切实有效，全年应付款实现净下降4247万元，完成清欠430万元，资产负债率下降4.2%。完成审计项目16项，审计总金额3.3亿元。依法签订劳动合同309人。

“两学一做”学习教育　坚持学用结合、以学促做，建立“两学一做”学习教育（即在全体党员中开展“学党章党规、学系列讲话，做合格党员”学习教育）三级微信平台，全场党员参加率83%。建立帮学对子57个，开展帮学活动230余人。邮寄学习指导卡、简报等学习资料210件次，进行电话、视频交流400次，党员的整体素质和为民服务水平得到大幅提升。

“三抓三联”工作　抓联结合，以抓促联，“三抓三联”工作（即基层党支部抓干部党员、抓普通党员、抓骨干群众，干部党员联系重点户、普通党员联系普通户、骨干群众联系关联户）得到有效落实。干部党员与85户精准扶贫家庭结成帮扶对子，帮助解决生产生活困难310件次，为贫困户捐助6万余元。普通党员帮助群众解决代交物业费、电视费，代买米面油等实际问题。骨干党员带领关联户创业、安排就业，切实增加职工群众收入。

社会事业　投资306万元完善义务教育均衡发展基础建设，顺利通过省级督导评估。为全场居民配套取暖补贴516万元。申请就业补贴132万元，新增就业640人。同符合条件的环卫工人签订合同，解决他们的养老保险问题。严格低保动态管理，发放低保金180万元。发放医疗救助和临时救助资金17万元，共救助61户80人次。制定精准扶贫开发工作方案，完成贫困人口建档立卡工作，分类实施85户家庭精准扶贫行动。农场康复计免中心、公交首末站相继投入使用。优化医疗服务，为场内所有慢性病患者和精神病患者进行免费体检。

（李恒进）

五大连池农场

场长、党委副书记：韩春雨，1974年6月出生，黑龙江省泰来县人，中共党员，本科学历，农业推广硕士学位。1995年8月参加工作，2016年12月任现职。

场长、党委副书记：姜世家，1961年10月出生，黑龙江省依安县人，中共党员，本科学历，高级农机工程师。1981年8月参加工作，2009年9月至2016年12月任现职。

党委副书记、政法委书记、武装部部长：

李　健（2016.12—）

副场长：

徐新成（2004.8—2016.9）

周恒忠（2012.8—）（兼武装部长2010.5—）

倪　德（2010.5—）

李　永（2016.11—）

周作庆（2004.8—2016.9）

曲　强（2009.3—2016.12）

党委委员、组织部部长：

苏建红（女，2013.7—2016.12）

概况　五大连池农场地处五大连池风景名胜自然保护区境内。地理坐标为地理坐标为北纬48°34′～48°48′，东经126°00′～126°26′。海拔平均高度为280～580米。农场始建于1948年3月，土地总面积18837.12公顷，其中耕地8380.24公顷，林地2305.79公顷，草原湿地1710.97公顷。农场总户数3016户，总人口7156人。

2016年，农场实现地区生产总值15717万元。其中，第一产业增加值8120.7万元；第二产业增加值1400万元；第三产业增加值6196.3万元；居民人均可支配收入13815.00元。

农业生产　按照管理局“稳玉米、扩大豆、强经作、提品质、突绿色、增效益”的原则，扎实推进种植结构调整，稳步提升粮食综合产能。完成总播种面积0.98万公顷，其中：玉米0.1万公顷，占11%；大豆0.83万公顷，占85%；高效作物0.04万公顷，占4%。粮食总产3460万公斤。其中大豆总产2240万公斤，公顷产2700公斤；玉米总产1190万公斤，公顷产10950公斤；投资165万元购进一台210马力进口拖拉机，配备二台18行进口播种机。完成跨区作业面积1.33万公顷，增收256万元，纯收入180万元；域外种植土地0.2万公顷，预计纯收入600万元；投资189.7万元建设扶贫高效经济园区；利用搬迁闲置场房规划26万平方米畜牧养殖区，年出栏生猪516头，羊549只，家禽21，584只，农场畜牧业增加值达254.7万元。

工业　抓特色强服务，二、三产业稳步推进。实现工业销售总额2650万元，实现增加值850万元；第三产业6196.3万元。全年生产、销售石板12万平方米，冷榨豆油80吨，白酒55吨，汉麻种植加工合作社生产加工汉麻2400吨。商服区全面发挥餐饮、食宿、购物、服务等商业功能，科技园区各类观光作物品种增加到200余种，全年接待游客7500余人次，旅游产业的快速发展拉动城镇服务业发展，农场职工在场内和风景区从事餐饮及商服的店铺达到100余家，从业人员1000余人。

林业　按照设计对农场办公楼南进行高标准绿化，回填种植土5000余立方米。共投入资金223.9万元。出动义务植树600余人次。农场苗圃现实现产值200余万元。职工养殖林下鸡1000只，林下鹅500只，养殖野鸡2000只，狍子70只。

非国有经济　实现工业销售收入2650万元、增加值850万元、利润200万元，固定资产投资1520万元。第三产业全年实现总产值8850万元，同比增长20.5%。商服区全面发挥餐饮、食宿、购物、服务等商业功能，科技园区各类观光作物品种增加到200余种，全年接待游客8000人次，实现旅游综合收入400万元，旅游产业的快速发展拉动城镇服务业发展，农场职工在场内和风景区从事餐饮及商服的店铺达到122家，从业人员1000余人。

民生事业　投资241万元，对3栋商服楼外墙面、屋面防水、挑檐进行改造；投入资金223.9万元，进行绿化。与中国铁塔股份有限公司黑河分公司协商，在新区建设通信铁塔3座，增加4G移动信号强度。发放低保金220.1万元。救助重大疾病、贫困、孤儿、残疾人等各类人员122人，发放救助金31.98万元。为80岁以上高龄老人发放高龄补贴1.56万元。开展“慈善一日捐”活动共捐款7.04万元。帮扶慰问困难职工、遗属等186人，发放慰问金9.3万余元。投入资金750万元，为农场3700余名具有职工身份人员办理职工医疗保险。

改革　深化农业改革。坚定不移推行“两田制”，在保证基本田数量、价格不变的前提下，将所有的市场田全部推向市场，一律实行竞价承包。深化机构改革。各单位的工作人员合理配置，实行定岗、定酬、定费用指标的原则，严格经费管理，将交通费、办公费等费用定额落实到部门，超支不补。各管理区具体负责本管理区内的生产管理、环境卫生、社会管理、安全生产、信访稳定、护林防火等管理工作。各管理区根据本单位实际情况，完成耕地承包费收缴工作，完成计划经济指标，严格执行财务刚性预算，实行收支两条线。

党建工作　开展“三严三实”“两学一做”学习教育。以学习“习近平系列讲话精神”为重点内容，通过专题党课、专题学习研讨、专题民主生活会和组织生活会等学习形式开展学习教育。

自“两学一做”以来，农场党委中心组学习6次，专题讲座8次。各基层党支部开展活动372次，累计参加人2914人次，其中集中学习114次，累计参加902人次；专题讲座79次，累计参加人次507人次；开展专题讨论69次，累计参加人次427人次，其他形式教育学习110次，累计参加人次1078人次。强化“三抓三联”工作机制。各基层党支部开展活动372次；各基层党支部联系重点户23户；联系关联户63户。建立各类包保、帮扶对象36对，化解各类矛盾纠纷60余件，帮助解决实际困难360余件。“四民”主题活动有声有色。农场两级党组织、党员干部深入到基层，与职工交心，解职工诉求。为群众解决生产生活中的困难和问题；走访重大疾病、贫困户、低保户、孤儿、残疾人等住户385户。10个农业生产单位的132名党员干部为农户担保生产贷款3800多万元。

（陆文祥）

长水河农场

场长、党委副书记：季光照，1963年6月出生，山东省日照市人，中共党员，研究生学历，高级政工师/高级工程师。1981年10月参加工作，2010年8月任场长，2010年10月任现职。

党委书记、社区管理委员会主任：王乐友，1968年8月生，山东省临沭县人，中共党员，研究生学历，教授级高级政工师，1984年12月参加工作，2010年8月任现职。

党委副书记、纪委书记、工会主席、政法委书记、武装部部长、社区副主任：

郭永君（2011.3—2016.9）

党委副书记、政法委书记、武装部部长：

吕洪涛（2016.10—）

副场长：

刘忠福（1996.12—2016.9）

王延生（2009.1—2016.12）

王　武（2010.5—）

宋宗武（2012.8—）

杨　骏（2013.7—2016.10）

王文富（2015.7—2016.12）

党委委员、组织部部长：

周海君（2006.2—）

概况　长水河农场地处小兴安岭西南麓，地理位置介于北纬48°14′30″～48°40′00″，东经126°46′30″～127°16′00″之间，属寒温带大陆性季风气候。土壤类型以黑土为主，黑土层一般在25～45厘米。土壤中的有机质含量在6%～8%之间，pH值为5.8～10。年平均气温-0.7℃，无霜期105～115天，年降水量500～600毫米，全年日照时数为2661小时。农场占地面积53400公顷，人口13114人，职工2823人。现有农业管理区6个，耕地面积24066.66公顷。

2016年，农场实现地区生产总值6.43亿元，比上年增长3.5%。其中一、二、三产业增加值分别实现2.68亿元、0.53亿元和3.22亿元，人均地区生产总值4.91万元，粮食总产13.7万吨，人均收入2.58万元，固定资产投资1957.71万元，实现外贸出口额700万美元。

农业生产　以调结构、稳增长为目标，不断夯实农业基础，开展“田间配套工程”，逐步改善农业生产基础条件，提高抗灾能力，增加粮食产能。优化种植结构，种植籽实玉米10036.6公顷、大豆12400公顷、马铃薯866.66公顷、其他作物733.33公顷。投入资金1642万元，使用国家农机购置补贴315.71万元，更新农机具46台套，推广农机新技术15项，提高农机装备水平。新建农机库房2000平方米，强化农机基础设施建设。外出跨区作业机车251台次，作业面积4.66万公顷，增加机车纯收入840万元。

畜牧业　以转方式、提效能为核心，不断推进牧业改革，按照“精品、高效、规模”发展理念，重点打造长鑫、牧旺、欣荣三大奶牛合作社，实现“规模化发展、科学化饲养、社会化服务”。率先开展全混合日粮（TMR）饲喂等奶牛高产技术，青贮玉米饲喂等新技术应用推广，全面提升奶牛饲养标准，提高牛群健康系数。实行“四统一”管理模式，有效降低饲养成本和劳动强度。长鑫现代牧场运转良好，934头智利奶牛入住长鑫牧场，繁育工作已进行完毕，奶牛存栏达1396头，日交鲜奶18吨。奶牛饲养中心已完成牧场化改造，顺利通过完达山总部验收。全场奶牛存栏3677头，成母牛存栏2426头，鲜奶产量12375吨。

林业　以重生态、增效益为根本，不断提高生态效益，通过坚持“因地制宜，适地适树，生态优先，宜林则林”的原则，重点打造防护林补植、景观通道、围城林、等“四大景工程”。春季完成造林绿化任务23.6公顷，共栽植绿化树木13.7万株。完善长水河农场北方苗木繁育基地建设，加大绿化苗木和珍贵树种的培育，外销售苗木2.3万株，实现销售收入33.3万元；场内绿化苗木9.2万株，实现销售收入119.6万元，同比增长35%。

工业　以强龙头、重引领手段，不断优化工业发展布局，工业产业体系日趋完善，全场工业企业实现销售收入5300万元，实现工业增加值550万元，实现全口径利润总额400万元，完成招商引资额3000万元。北大荒柳编工艺品有限公司，搭建阿里巴巴电子商务平台，借助“互联网+”优化营销新模式，拓宽销售渠道，实现外贸出口额3400万元，国内销售收入150万元。和丰旱田农作物玉米专业合作社投资1200万完成仓储项目并投入使用；粮油加工厂投资300万元对大豆油加工设备进行更新。农场工业园区集聚效应显现，已入驻工业园区的13家企业运行良好。

非公有制经济　以强措施、聚优势为基础，不断拓宽致富空间，农场建立规模养殖基地6个，养殖生态鹅20万只，年创产值1800万元，实现利润400万元。富民食用菌专业合作社生产各类食用菌15万公斤，年创产值200万元。栽植返魂草8公顷。通过与供种商联合种植、订单回收的形式，种植白瓜子110公顷。采摘各类山产品3186吨，实现收入3931.6万元。通过农场打造的国家AA级旅游景区，发动职工兴办南北河度假区、家庭旅馆，开发夏季漂流、采摘旅游项目、新上冬季滑雪项目等设施，接待游客3500人次，实现旅游收入120万元。

社会事业　以惠民生、促和谐为统领，不断提升幸福指数，打造“宜居、宜商、宜游”城镇，深入开展“五助一富”行动，全年发放低保金170.7万元、高龄老人津贴2.16万元。发放医疗救助资金和临时救助金16.34万元，救助55人次。完善“四所一院”建设，逐步提升幸福院服务水平和能力。教育教学成果喜人，中考公费进入北安局高中51人，综合排名管局第一；幼儿园晋升为省级一类幼园。通过组织开展32场次内容丰富的文体活动，举办第三届全民健身运动会和职工篮球比赛，丰富职工文化生活，凝聚职工力量。女工委组织357名女职工参加安康保险，农场社区卫生服务中心为2035名妇女进行春秋两季免费体检，通过慢病监控、妇科疾病筛查、建立社区卫生服务档案，使社区卫生服务到户到人。争取国家资金1058万元，其中“一事一议”495万元，小水400万元，马铃薯田间路铺设145万元，气象保障工程18万元，强化社会基础设施建设。开展“两供两治”工程，投资1129万元完成商业区及小区硬化、下排水等民生工程；争取上级资金383万元实施美丽乡村建设，改善职工的生活环境。

经营管理　以抓创新、促管理，不断完善三个体系构建。在经营体系构建与完善上，创新家庭农场规模管理，采取大规模套小规模的发展方式，以小规模为生产经营主体，明确职责，增强责任感。组建规模家庭农场43个、农业专业合作社22个，覆盖总耕地面积71%。农场出台《经营主体契约化管理方案》，种植户与规模组、规模组与合作社、合作社与经销商层层签订契约或协议，规范烘干奖励办法，通过代烘代储，使滞销玉米实现价格自主控制。在管理区以实物入股形式建立大豆粒选塔6座，有效提升大豆品质、提高经济效益。对农场境内249.69公顷草原进行承包，签订合同45份。对农场水面资源进行管理性承包，签订合同4份，承包面积3.33公顷。在管理体系构建与完善上，进行“看人品、看政绩、重民意”选人用人机制改革，激发管理人员工作热情；实施财务刚性预算制度，专项资金专户管理，全年“六费”支出同比降低1.8%，“三公”经费支出同比降低6.67%。将化解债权、债务指标与农场领导年薪考核挂钩，全年应付款实现净下降5953万元，回收欠款173万元，资产负债率下降1%。在科技服务体系构建与完善上，以科技园区为孵化平台，强化“综合技术组装”，推广落实高产技术25项，进一步加快科技成果转化，提升科学种植水平。

党建工作　农场党委坚持把班子自身建设作为党建工作首要任务来抓。强化班子政治理论学习，全年党委中心组集中理论学习8次，班子成员讲“两学一做”党课10次，开展专题研讨3次，撰写发言材料30余篇。在全场26个基层党组织负责人中开展新时期党建“抓什么、怎么抓”的大讨论，在工作方法上达成共识。严格执行民主集中制，在“三重一大”等事项，一律经党委会集体研究讨论决定。贯彻《党政领导干部选拔任用工作条例》，按照“重德才、重实绩、重公认、重基层”的原则，对部分基层单位、机关科室领导班子进行调整充实。优化基层党组织设置，将管理区、社区等7个单位主任任命为党组织副书记，对3个管理区党支部书记进行调整。严把用人入口，全年共调整干部83人，其中提职提级28人，发展新党员7名。敞开出口，全年处理违纪党员1名。落实党委主体责任和纪委监督责任，开展作风建设专项检查和学子宴、乔迁宴等专项整治活动，切实推动党员干部作风转变，提高履职能力。学校党支部被评为“垦区先进基层党组织”，社区、学校等2个党总支被管局评为“先进基层党组织”，有力地促进党建工作提档升级。深入开展“两学一做”专题教育活动，扎实推进党员干部“真学真改真做”。在“三抓三联”活动，在继续实施“三定两进”工作机制，推行“五心”工作法，干部党员通过“向下结缘”，“主动下访”等方式，连带以弱势群体及信访不稳定户等为主的重点户，全年共走访慰问126人次，建立民情台账24册，累计发放低保、救助、困难慰问等各类款项209万元。普通党员通过定期召开恳谈会，入户访谈方式，掌握并解决普通户生产生活难题，全年入户走访3356人次。骨干群众与关联户进行产业连带，建立种养殖专业合作社23个，连带帮扶职工群众1268户。开展点对点帮联，面对面交流，实打实服务。全场干部党员帮助重点户垫付生产资金及贷款2100万元。

文明创建活动　扎实推进精神文明提档升级。公安分局、公路管理站和社区居民委等3个单位顺利通过总局级文明单位（标兵）命名；重新申报总局文明管理区标兵1个、总局级文明单位1个。

（刘盛忱）

红星农场

场长、党委副书记：姜耀辉，1974年4月出生，辽宁省建昌县人，中共党员，硕士学历，农艺师。1997年10月参加工作，2015年1月任现职。

党委书记、社区管理委员会主任：李清涧，1962年7月出生，河南省夏邑县人，中共党员，本科学历，高级政工师。1984年12月参加工作，2008年10月任现职。

党委副书记、纪委书记、政法委书记、社区副主任：

关淑玲（女，2010.1—2016.10）

党委副书记、政法委书记、武装部部长：

王　璐（女，2016.10—）

副场长：

王佳祥（2009.1—）

刘建生（2009.1—）

代志军（2010.11—）

杨　骏（2016.10—）

工会主席：

赵吉星（2009.1—2016.9）

党委委员、武装部部长：

姚启斌（2001.6—2016.9）

概况　红星农场位于北安市境内东南部，小兴安岭与松嫩平原的过渡地带。地理坐标：北纬48°02′~48°17′，东经 126° 47′ ~ 127° 15′。东与通北林业局冰趟子林场为邻，南与北安市三〇三林场、建设农场相连，西到轱辘滚河与赵光农场隔河相望，北到乌裕尔河与北安市种畜场毗邻。农场土地总面积 39200 公顷，其：耕地 27333 公顷，林地 2933 公顷，草原 5000 公顷，水面 600 公顷。现有户籍总人口 13312 人，总户数 5543 户。场内下设 5 个农业单位、10 个直属企事业单位。

2016 年，农场实现地区生产总值 5.62 亿元，其中，第一产业增加值 2.73 亿元；第二产业增加值 0.31 亿元；第三产业增加值 2.58 亿元。实现全口径利润 2.6 亿元，企业利润 1826 万元。资产负债率比去年下降近 6 个百分点。人均可支配收入达到 19115 元。

农业生产　2016 年全场粮豆总产 1.53 亿公斤，农业总效益 1.18 亿元。通过建立高产创建地号，实现大豆最高每公顷产 3273 公斤、玉米最高每公顷产 12042 公斤、马铃薯最高每公顷产 37500 公斤；省级高标准示范基地白菜平均公顷产达到 67500 公斤，平均每公顷产值 33600 元，种植效益明显提高。为进一步改善农业种植环境，农场投入 3080 万元进行农业基础设施建设：改良土壤 0.19 公顷，新建圆涵 153 座、方涵 1 座；新建晒场 4.2 万平方米；搭建库房 578 平方米、停车棚 76.5 平方米；铺设砂石路 14.6 公里；硬化路面 4.2 公里；修缮机耕路 23.1 公里等。全场农机具更新总投入 43482 万元，完成新技术推广项目 10 项。完成“玉米高产栽培、小麦‘液态粪肥’施肥”等多项实验课题，为农业生产提供科技保障。投资 434.82 万元更新农机具 56 台（套），其中进口格立莫马铃薯播种机 2 台，国产沃尔马铃薯播种机 4 台，2ZB-6300 型水稻插秧机 13 台，4LZ-5.0E 型水稻收获机 3 台，麦塞弗格森轮式 2404 拖拉机 1 台，国产深松机具 33 台。改装、推广各类农机新技术 13 项。

工业　实现销售收入 8925 万元，工业增加值 2789 万元。依托亲民公司有机产品生产加工业的不断拓宽，带动有机产业快速发展。2016 年红星农场被评为国家有机产品认证示范区，获得这一认证的全国仅有 17 家，红星农场是东北三省第一家获得认证的企业。为增强亲民公司的市场竞争力，亲民公司加快农产品精深加工的步伐。2016 年亲民公司投入 334 万元进行基础设施建设及生产线改造。其中，投入 89 万元新建 672 平方米面粉麸皮库房一座；投入 65 万元进行生产线改造扩建；投入 27 万元对公司外网供水管线进行维修。亲民公司以发展有机特色产业加工为重点，全力打造安全优质高效有机产业，生产各类产品 6673 吨，比 2015 年增长 28.9%。销售各类产品 6248 吨，实现销售收入 5125 万元，比 2015 年增长 35.6%，带动有机种植 420 公顷，拉动就业 300 余人，创造社会效益 1460 万元，企业增加值达到 1595 万元。

小城镇建设　投入 4797 万元进行一事一议公益性项目建设：投入 1748 万元新建停车场 1847 平方米、新建道路 1012 平方米、排水沟 552 米；投入 91.3 万元维修居民小区路面 3310 平方米；投入 186 万元对居民小区、文化广场及活动中心进行维修；投入 350 万元，新建设滤水间，提高场区生产、生活用水的质量；投入 17.8 万元进行环境污染防治；投入 17.4 万元完成造林绿化，城镇绿化率达 40%。

经营管理　下发《关于进一步加强财务管理规范业务核算的通知》、《关于加强“五费”管理的通知》等相关文件。全年预算支出 1.63 亿元，比 2015 年下降 1352 万元，有效缓解企业负债压力，保证企业正常运行。依据《黑龙江省红星农场资产资源管理办法》，对全场资产进行彻底清查摸底，登记在册。各管理区、直属各单位对现有土地、水面、库房等进行有偿出租，签订租赁合同 1040 份，收取资产、资源使用占用费 37.5 万元。按照《红星农场招聘工作人员管理办法》，本着公平、公开、公正的原则，新招录农场子女 5 名，有效缓解子女就业压力。全年农场投入 15 万元进行职工教育培训，举办各类培训班 19 期，培训人员达 1000 余人。

党建工作　以管局党委“三项重点工作”为主线，深入开展“两学一做”学习教育活动，通过突出“五个课堂建设”，推进党建“七个平台”的运转。在创新“三抓三联”工作机制中，全场 100 名干部党员联系重点户 730 人，106 名普通党员和 207 名网格、楼栋长联系普通户 4646 人，59 名骨干群众联系关联户 5391 人，制定并落实定期走访、记写民情日记、记写帮扶措施、民情台账管理等制度，为民解决困难 86 件、发展致富项目 5 个，筹措帮扶资金 20 余万元，为职工增收 30 余万元。在“两学一做”活动中，组织开展党委中心理论组学习 10 次、党课教育 24 次、专题讲座 30 次、专题讨论 29 次、集中学习 76 次，累计参加人员 3733 人次。在管局举行的“两学一做”《党章》知识竞赛中，红星农场荣获二等奖；同时，在活动中，还涌现出以第一居委会党支部为代表的三个管局级以上先进集体和 6 名先进个人。

（王淑红）

赵光农场

场长、党委副书记：王宏忠，1968 年 7 月出生，黑龙江省讷河人，中共党员，研究生学历，高级农艺师。1987 年参加工作，2009 年 9 月任现职。

党委书记、社区管理委员会主任：刘增元，1962 年 12 月 19 日出生，黑龙江省北安市人，中共党员，研究生学历，会计师。1983 年 5 月参加工作，2008 年 8 月任现职。

党委副书记、纪委书记、政法委书记、社区管理委员会副主任：

王　璐（女，2012.8—2016.10）

党委副书记、政法委书记、武装部部长：

关淑玲（女，2016.10—）

纪委书记、工会主席：

全世红（2016.10—）

工会主席：

马书良（2003.1—2016.9）

副场长：

苏兴俊（2008.1—）

全世红（2009.9—2016.10）

李　成（2009.12—）

崔万军（2009.12—）

何忠新（2010.5—）

党委委员、武装部部长：

胡晓元（2005.12—2016.9）

场长助理：

李加旺（2006.7—2016.9）

概况　赵光农场地理坐标北纬47°48′～48°17′，东经126°26′～127°30′。横跨黑河、嫩江两地，绵延北安、克东两市县。北起嫩江水系的乌裕尔河，南到小兴安岭余脉的天然次生林区的缸窑和自治林场，西起克东县界，东到轱辘滚河之滨，与北安市、克东县村镇及林场土地森林交错，同建设农场、红星农场阡陌相通。农场东西长50多公里，南北宽34公里。绥（绥化）北（北安）铁路、绥（绥化）北（北安）高速公路两条交通命脉穿场而过，可以联络全国各地。

农场始建于1947年，是中国第一个机械化农场。经过70年的发展建设，现在已经形成农、工、林、牧副五业兴旺，水、电、路、广播电视、网六通，文教、卫生商服等社会各业蓬勃发展的态势。现在，赵光农场已被列入垦区“平安农机管理示范农场”、国家“高油大豆生产示范农场”、国家“生态保护示范区”、国家环境保护“生态乡镇”、全国“农垦农机标准化示范场”、农业部“保护性耕作示范场”、全国农垦“农机专业合作社示范点”。

2016年，农场土地面积45657公顷，其中耕地33838公顷，林地3460.3公顷，牧草地及荒地6040.6公顷，水资源面积721.2公顷。全场总户数12708户，总人口30100人，职工3660人。农场下设直属、教育、个体劳协和四个居民委6个党总支，24个党支部。

2016年，农场实现地区生产总值11.88亿元，同比增长4.26%，其中，第一产业增加值3.87亿元，第二产业增加值1.1亿元、与上年持平，第三产业增加值6.91亿元、同比增长26.52%，三产比例得到进一步优化。近年缩减基本建设规模，全年固定资产投资3507万元，比上年减少37.4%；社会消费品零售总额3.8亿元，增长27.5%，企业利润933万元；职工人均可支配收入2.85万元，同比增长5.9%，高出垦区平均水平12个百分点。

农业生产　继续调优农业种植结构，应对农产品市场变化和国家粮食收储政策调整，播种总面积3.38万公顷，其中大豆2.01万公顷，玉米及青贮1.14万公顷，水稻0.04万公顷，马铃薯0.14万公顷，向日葵、白瓜子、矮高粱、红小豆等高效作物0.7万公顷，分别占种植比例的59.36%、33.66%、0.95%、3.98%、2.05%。克服春涝低温、夏季干旱、秋季涝灾的罕见自然灾害，实现粮食总产2.1亿公斤，其中玉米70%由农场引资的烘干塔收购，价格高于市场价0.01元，解决玉米销售难问题；大豆55%为种子订单种植（涉及9家种子公司、50个品种），5%由加工企业收购，40%商品粮外销。面对国家政策调整和自然灾害，职工农业种植收入保持相对稳定。继续完善农业基础设施建设。投资346万元改善农田路4.03公里、修建涵洞9座、治理水蚀沟200米、完成2015年度小型农田水利附属工程；投资78万元建设节水增粮配套库房688.48平方米；投资236万元完成农发水保项目，其中：柳编护沟7575平方米、谷坊2座、沟头防护1座、涵洞5座、作业路8.31公里、鼠洞暗管4.14公顷。抢抓“互联网+”政策机遇，成功加盟大农网，成立赵光农场旗舰店，为职工提供售卖信息和平台。继续创新应用农业科技。落实农业“三减”，减用化肥3.34万公顷，同比降低3%，减农药0.5万公顷、减除草剂1.9万公顷，同比降低10%，农产品质量大幅提高；推广防病、提地温、促早熟等农业应用技术13项，玉米地块全部采用精准错位播种方式（俗称“拐子苗”），减少玉米“秃尖”，提高作物产量；使用根瘤菌拌种技术，大豆每公顷提高15%，探索性喷施菌肥，马铃薯增产效果显著。继续扶持合作社经营模式。扶持指导45个合作社自愿联合组成黑龙江省北安农垦祥润旱田农作物种植专业合作联社，注册资金2000万元。推广“合作联社+合作社+加工企业”的联合经营模式和订单模式，取消农业协会机构，合作联社在农资采购、生产标准、产品销售等方面实现自主经营，与市场基本实现产前、产中、产后的衔接。继续加大农业保险的创新推广。全面积参加阳光农业相互保险，全年理赔金额1629万元，降低种植风险。代表垦区开展1万吨大豆价格保险试点工作，获赔金额87.61万元，折合9.4元/公顷，弥补价格波动风险，中央电视台记者专门来到农场做新闻采访并予以跟踪报道。继续优化第一产业布局。通过委托经营方式，将犇鑫奶牛场租赁给辽宁禾丰牧业股份有限公司，租金300万元，提高牧场管理水平和股东效益。鑫旺牧场奶牛存栏1289头，4月份开始陆续产奶，经营状况相对良好，根据犇鑫奶牛场租赁情况，适时调整经营政策。年末，奶牛存栏2946头，鲜奶产量8647吨，实现畜牧业增加值8320万元。扶持职工发展木耳种植，山产品采摘，狐貉、野猪、白鹅养殖等林下经济，利用水稻育秧大棚和一、六、八区骨架大棚，发展围城经济和棚菜经济，实现林业产值1791万元，其中林下养殖1530万元，山产品采摘240万元，林菌21万元。此外，其他大农业生产经营和服务单位，发挥科技示范、技术指导、政策惠农作用，助推现代化大农业可持续发展。

工业　实现工业销售收入1.5亿元，工业增加值4260万元，利润1600万元，同比增长4%、2%、5%。引资900万元在第二、第四、第六、第八管理区建设日处理240吨大豆精选项目6个；引资3亿元建设北京奥天奇生物质发电项目，2016年，该项目投资1000万元完成秸秆收获过程试验并获得成功，预计2017年5月开工建设，农业产业链条得到延伸和发展。以天河商贸城为经济汇流中心，发展以现代服务业为主的第三产业，打造千米商业街1条，新增商户50余家，解决就业300余人。实现非公有制经济产值12.2亿元，利润3.6亿元，增加值6.1亿元。

小城镇建设　争取一事一议财政奖补资金442.05万元，完成原面粉厂、机械厂、糖厂、汽车队自来水管网改造工程；投资120万元完成小区硬化面积1万平方米；投资120万元铺设新型住宅小区到锅炉房下水管线1.7公里；

投资210万元铺设原糖厂家属区自来水管网5000延长米；投资160万元打机电井3眼；投资90万元完成供热中心PLC全数字化系统升级改造；投资132万元完成小学及初中教学楼消防改造和楼体维修；投资140万元完成天河市场下水改造及6#、9#楼消防改造工程；投资120万元改建医院检验中心及健康小屋328平方米；投资199万元新建农场46#住宅楼，建筑面积2000平方米；投资200万元完成50项其他民生类工程。完成绿化面积36.66公顷，植树2.6万株、播种草坪4万平方米、栽植花卉37万株。城镇经营管理水平不断提高，场区基本实现管理规范、安全供水、热能均衡，全年各类维修2000余件（次），上门服务500余次，收费率分别为66%、86%、96%，补贴额分别同比增长7.6%、2.2%、42.3%，城镇化基础得到夯实，城镇整体形象得到提升，城镇承载能力显著增强。

企业管理　制定完善《三重一大制度》《绩效考核制度》《基层党组织议事制度》《重大决策责任追究制度》等8项方案，召开党委会20次，场长办公会20次，研究各类事项120余次，重大决策部署均经集体研究讨论、依法决策、依规执行。依照相关法规，对工程建设、任职离职、经济运行情况进行专项审计和治理，完成离任经济责任审计4项、财务收支审计3项、专项审计3项，审计总金额3.59亿元，提出并采纳合理化建议13条。学习落实农垦改革相关文件，完成农场企业办社会调查摸底工作。树立“过紧日子”思想，制定下发《化解城镇化债务实施方案》，累计化解债务7725万元，资产负债率降至91.1%。加强督办检查工作，下发党委督办通知4项，行政督办通知13项，各项重大决策和工作部署得到有效贯彻落实。加强合同管理，对标的额度5000元以上的合同，必须由农场审核把关方可入账，全年共审核各类合同500余项。农场行政管理科学化、法制化、精细化水平提升。

党建工作　以“党员中心连带户”活动为依托，深入贯彻落实管局党委“三项重点工作”，有针对性地开展党的群众路线教育实践活动、“三严三实”专题教育和“两学一做”学习教育，基层党支部和广大党员干部的党的执政水平得到提高。“四个意识”得到巩固和加强。农场党委被管局党委授予“先进基层党组织”荣誉称号，九区党支部被总局党委授予“先进基层党组织”荣誉称号，姬良波被省委授予“优秀党务工作者”荣誉称号。坚持正确用人导向，全年调整各战线基层领导干部112人（次），为管局党委推选副处级后备干部5名，一批想干事、能干事、干净干事的干部脱颖而出。严格落实党委主体责任，健全完善领导体制和工作机制，切实加强干部教育监督管理，形成干事创业的良好风气。大力弘扬北大荒精神，培育和践行社会主义核心价值观，开展模范典型选树工作，医院院长杨隆轩、中学教师杨春英、医生蔡志刚、公安民警郝淑敏先后被国家和省、总局管局授予多项模范典型类荣誉称号。围绕中国共产党成立95周年，红军长征胜利80周年、“两学一做”学习教育，开展各类文艺演出、书画展、文体活动、知识竞赛等活动32场（次）。“志愿者+”活动内容丰富，在省志愿者服务平台注册服务组织16支，注册人数300余人，全年开展各类志愿活动500余次，物业公司、第一居委会、第三居委会获得省级志愿服务先进单位称号。

（曾明）

建设农场

场长、党委副书记：万太文，1963年4月12日出生，黑龙江省林口县人，中共党员，研究生学历，高级农机工程师。1979年12月参加工作，2010年5月任现职。

党委书记、社区管委会主任：曾祥成，1974年12月28日出生，河南省邓州人，中共党员，研究生学历，高级经济师。1998年7月参加工作，2011年5月任现职。

党委副书记、纪委书记、政法委书记：

苗兴民（2010.5—2016.10）

党委副书记、政法委书记、武装部部长：

张文忠（2016.10—）

副场长：

李友民（2009.12—2016.9）

王忠孝（2009.1—2016.10）

闫红彬（2016.10—）

殷培池（2010.5—）

纪委书记、工会主席：

白文军（2009.12—）

党委委员、武装部部长：

王传江（2002.9—2016.9）

概况　建设农场位于北安市境内，地处小兴安岭南麓，属于小兴安岭走向平原的过渡地带。地理坐标为：北纬47°48′～48°03′东经127°06′～127°30′。总控制面积3.91万公顷，其中耕地2.01万公顷，草原0.51万公顷、林地0.71万公顷、水面0.05万公顷。气候属寒温带大陆性气候，历年平均≥10℃活动积温2200℃～2400℃，无霜期在120天左右，年平均降水量可达500～600毫米，适于麦类、大豆、水稻、甜菜、亚麻、玉米、芸豆及其他经济作物的栽培种植。境内水资源丰富，有通肯河、轱辘滚河、十道河、十一道河等7条大小河流流经农场，流经长度193.1公里，水资源总量1亿多立方米，两座中型水库（建设、青石岭水库）位于农场东、中部，蓄水量达1454万立方米，无任何工业污染，年产各类淡水鱼4万公斤。2016年农场总户数4853户，总人口14778人。农场下辖6个管理区、2个居民委。场直工商运建服企业10个，1级甲等医院1家，卫生所13家，拥有初中、小学各1所；建有粮食处理中心1座、玉米烘干塔5座、种子机械化加工率100%；粮食仓储能力8万吨，水泥晒场23.2万平方米，农用飞机场1座。2016年，农场实现地区生产总值5.3亿元，粮食总产10.59万吨，人均可支配收1.75万元。

种植业　农场种植业生产结构调整迈出新步伐，实现粮食总产10.59万吨。加大农业基础设施建设，利用项目资金总计投资812.43万元，投资338

万元治理水土流失、秸秆还田及深松整地3300公顷。投资294.43万元，完成四区二组低产田改造及青石岭灌区水稻提水配电线路工程，受益耕地面积333公顷。投资50万元完成通肯河堤防除险加固工程，保护耕地面积333公顷。投资130万元，新建复合彩钢房2座、1180余平方米。

畜牧业　投资1.3万元，购置防疫设备及物品，防疫密度达到100%。划拨饲料地26.66公顷，落实鲜奶补贴4万元。全年奶牛存栏248头，鲜奶产量412吨，出栏肉牛419头、生猪788头、羊2641只、禽1.8万羽。现有1万只大鹅养殖合作社一个，5000只遛达鸡养殖户一户。对草原重新发包。签订合同13份，发包草原397.33公顷，收缴草原承包费15310元，进一步规范草原管理和有序利用，有效杜绝毁草开荒案件的发生。

林业　利用项目资金总计投资38.5万元，共完成造林、绿化、补植补造、水蚀沟治理34.53公顷，栽植大小苗木12.96万株，栽植成活率达到90%以上。苗圃新增育苗面积8公顷，育苗总面积达到53.33公顷，新播樟松、落叶等20余个品种。苗圃库存苗木达200余万株。外销苗木10余万株，对外销售苗木资金收入15万元。全场樟松嫁接红松2.6万株。实现全年无森林火灾目标。

民生工程　利用“一事一议”建设资金及自筹资金共计174万元，进行场区及管理区道路、环卫、绿化等工程建设，为场区东部楼房住户新建菜园子3公顷，购置消防举高车1台。投资157万元，完善学校体育场维修及中小学室外地面硬化等工程，购入多种现代教学设备，为顺利通过国家义务教育均衡发展验收奠定基础。医疗卫生条件不断改善，为65岁以上老年人、已婚育龄妇女、特殊扶助人员进行免费健康体检。加强社会保障。全年上缴社会保险费4259万元，100%完成计划。足额发放养老金、住院医疗费等8140万元，发放低保、高龄补贴、残疾人补贴、医疗救助、孤儿救助等共计230余万元。城镇居民医疗保险参保率达100%。精准扶贫工作有序推进。针对贫困群众的不同情况，农场制定产业扶持、就业扶持、劳务输出帮扶、资金帮扶等多项扶持政策。落实场领导包片，科级以上党员干部“一帮一”“多帮一”责任制度，通过资金、政策、科技、信息项目等举措和多种帮扶形式，“共富行动”全场可扶持的14户低收入户职工全部脱贫，脱低率达100%。会稳定工作全面加强被授予省级“平安农场”称号。

党建工作　领导班子建设水平提升，完善干部考核机制，实现由民剧组分散管理向管理区统一管理的转变。探索创新党建工作机制。将全场19个党支部整合为五个服务型党总支+五个基层党支部。“两学一做”学习教育进展有序。重点突出“学做改干”四个环节，确保学习教育有效推进。创新“三抓三联”工作机制。　（王庆文）

九三管理局

局长、党委副书记：王晓春，1962年5月出生，辽宁省沈阳市人，中共党员，本科学历，教授级高级政工师。1979年12月参加工作，2014年1月任局长，2014年2月任党委副书记。

副局长、党委委员：张宏雷，1966年4月出生，辽宁省昌图人，中共党员，研究生学历，教授级高级政工师，高级农艺师。1990年8月参加工作，2010年4月任现职。

副局长、党委委员：邸洪军，1960年10月出生，吉林榆树人，中共党员，研究生学历，教授级高级政工师。1977年12月参加工作，2010年8月任现职。

副局长、党委委员：范学斌，1962年12月出生，辽宁省昌图人，中共党员，本科学历，高级政工师。1983年8月参加工作，2012年6月任现职。

党委委员、工会主席：耿昧，女，1967年11月生，山东沂水人，中共党员，本科学历，教授级高级政工师。1986年12月参加工作，2010年1月任现职。

党委委员、宣传部部长：王正非，1963年4月出生，山东省日照市人，中共党员，本科学历，高级政工师。1979年10月参加工作，2009年2月任宣传部部长，2010年1月任党委委员。

党委委员、九三经济开发区管理委员会总工程师：李国军，1963年4月出生，辽宁省康平人，中共党员，本科学历，高级农机工程师，高级政工师。1979年12月参加工作，2011年3月任党委委员，2014年2月任九三经济开发区管理委员会总工程师。

党委委员、组织部部长：厉宝昌，1967年3月出生，黑龙江省巴彦人，中共党员，本科学历，教授级高级政工师。1987年7月参加工作，2011年4月任现职。

党委委员、政治委员：王秀泉，1972年10月出生，黑龙江省肇东人，中共党员，本科学历，上校军衔，1989年3月入伍，2012年3月任政治委员，2014年3月任党委委员。

组织部：

部长：厉宝昌，1967年3月出生，黑龙江省铁力人，中共党员，本科学历，教授级高级政工师。1987年7月参加工作，2011年4月任现职。

副调研员：

苏月英（女，2012.10—）

副部长：

徐艳玲（女，2010.4—）

宣传部：

部长：王正非，1963年4月出生，山东省日照人，中共党员，本科学历，高级政工师。1979年10月参加工作，2009年2月任现职。

纪检委（监察局）：

纪委副书记：宋庆才（2010.2—）

监察局局长（兼）：宋庆才，1961年1月出生，中共党员，本科学历，教授级高级政工师。1978年10月参加工作，2013年3月任现职。

副书记：

李旭辉（2013.3—）

副调研员：

王庆杰（2008.7—）

监察局副局长：

纪红梅（2013.3—）

工会：

工会主席：耿昧，女，1967年11月生，山东沂水人，中共党员，本科学历，教授级高级政工师。1986年9月参加工作，2010年1月任现职。

副调研员：

刘爱华（女，2008.7—）

白惠梅（女，2015.3—）

副主席：

杜　宪（女，2009.12—）

政策法规局：

副主任：

高　洁（2008.10—）

办公室：

主任：付平静，1971年5月出生，山东省泰安市人，中共党员，研究生学历，高级政工师。1996年7月参加工作，2015年9月任现职。

副主任：

王宗洁（女，2009.2—）

费秀杰（女，2012.10—）

信访办：

主任：于伟东，1969年10月出生，黑龙江省齐齐哈尔人，中共党员，本科学历，高级政工师。1988年8月参加工作，2012年7月任现职。

副主任：

艾　浩（女，2012.07—）

民政局：

局长：郭珍，女，达斡尔族，1960年9月出生，黑龙江省齐齐哈尔人，中共党员，本科学历，教授级高级政工师。1981年8月参加工作，2006年11月任现职。

机关党委：

书记：周方凌，1959年3月出生，辽宁省建平人，中共党员，研究生学历，教授级高级政工师。1976年月参加工作，2009年2月任现职。

计划财务处：

处长、管委会财政局局长：孙宏亮，1973年2月出生，山东省滨州人，中共党员，本科学历，会计师。1998年9月参加工作，2015年3月任现职。

副处长：

刘玉峰（2010.4—2015.3）

司树强（2013.3—）

审计处：

处长：韩烨，1968年2月出生，吉林省怀德人，中共党员，本科学历，高级会计师。1992年7月参加工作，2015年3月任现职。

副处长：

董长平（2008.9—）

团委：

书记：李海峰，1973年6月出生，黑龙江省讷河市人，中共党员，研究生学历，高级政工师。1994年8月参加工作，2012年2月任现职。

人力资源和社会保障局：

局长：李艳红，女，1980年3月出生，黑龙江省讷河人，中共党员，研究生学历，会计师。2001年3月参加工作，2015年9月任现职。

副局长：

修建国（1992.07—）

马宏伟（2013.03—）

离退休干部工作处：

处长：赵强，1959年6月出生，黑龙江省克山人，中共党员，本科学历，教授级高级政工师。1976年10月参加工作，2009年2月任现职。

农业局：

局长：张海森，1968年7月出生，辽宁省宁城人，中共党员，本科学历，高级农艺师。1993年7月参加工作，2015年9月任现职。

蒋明明（挂职，2015.3—）

畜牧兽医局：

局长：靳明武，1963年8月出生，黑龙江拜泉人，中共党员，本科学历，高级畜牧师。1983年8月参加工作，2010年3月任现职。

副局长：

尹相明（2009.11—）

张树奎（2011.4—2016.12）

水务局：

局长：赵振，1969年3月出生，黑龙江省肇东人，中共党员，研究生学历，享受研究员级待遇高级工程师。1993年7月参加工作，2005年10月任现职。

科技局：

局长：邹长士，1965年1月出生，黑龙江省齐齐哈尔市人，中共党员，本科学历，高级农艺师。1984年8月参加工作，2001年3月任现职。

安全生产监督管理局：

局长：刘玉峰，1976年9月出生，辽宁省铁岭人，中共党员，本科学历，会计师、经济师。2003年8月参加工作，2015年9月任现职。

副局长：

史景军（2013.3—）

工信委：

副主任：

梁卫东（2011.4—）

商务局：

局长：李军，1966年8月出生，山东省莱州人，中共党员，研究生学历，经济师。1988年7月参加工作，2015年3月任现职。

副局长：

姚艳丽（女，2009.2—）

张树奎（2016.12—）

卫生局：

局长：孙圣博，1962年4月出生，黑龙江省嫩江人，中共党员，本科学历，主治医师。1978年10月参加工作，2012年10月任现职。

住房和城乡建设局：

局长：董海龙，1978年12月出生，黑龙江泰来人，中共党员，研究生学历，建筑工程师。2000年2月参加工作，2015年9月任现职。

副局长：

黄桂洲（2009.10—）

交通运输局：

局长：历伟军，1969年7月出生，浙江省萧山人，中共党员，本科学历，助理工程师。1986年12月参加工作，2013年3月任现职。

副局长：

隋文波（女，2010.6—）

政法委（综治办）：

政法委副书记、综治办主任：潘雨江，1962年11月出生，黑龙江省嫩江县人，中共党员，本科学历，高级政工师。1982年8月参加工作，2009年7月任现职。

林业局：

局长：赵映红，满族，1964年2月出生，辽宁省辽阳人，中共党员，专科学历，林业工程师。1983年12月参加工作，2009年2月任现职。

森林防火办公室主任：

赵清海（2010.7—）

公安局：

局长：周伟，1963年10月出生，四川长寿人，中共党员，本科学历，政工师。1983年9月参加工作，2012年6月任现职。

政委：郎波，1961年2月出生，黑龙江省讷河人，中共党员，本科学历，助理政工师。1979年12月参加工作，2009年2月任现职。

副局长：

张福生（2009.11—）

刘国库（2011.7—）

副处级侦查员：

许庆德（2004.4—）

局直派出所所长：

侯建国（2008.7—）

检察院：

检察长：杨建华，1964年9月出生，江苏省泰兴人，中共党员，本科学历，

1982年7月参加工作，2011年4月任现职。

副检察长：

刘贺佳（2004.4—）

骆红伟（2011.10—）

纪检组长：

孔祥红（女，2006.2—）

法院：

院长：王爱军，1962年7月出生，辽宁省黑山县人，中共党员，本科学历，1983年7月参加工作，2012年6月任现职。

副院长：

白伟江（2008.3—）

李　东（2011.12—）

政工处主任：

孙连泰（1998.4—）

司法局：

局长：程秀波，1964年10月出生，吉林省德惠人，中共党员，本科学历，政工师。1984年7月参加工作，2011年10月任现职。

种子管理局：

局长：华泽宗，1960年4月出生，辽宁省建平人，中共党员，本科学历，高级劳动经济师。1981年8月参加工作，2011年12月任现职。

副局长：

朱长波（2011.12—）

城管局：

局长：吴公海，1966年3月出生，山东省日照市人，中共党员，本科学历，政工师。1984年10月参加工作，2010年2月任现职。

副书记、纪委书记、工会主席：

岳拥军（2010.3—）

副局长：

王春雨（2010.3—）

郭玉斌（2010.3—）

蒋丽英（女，2013.3—）

中心医院：

院长：肖伟，1962年8月出生，河北行唐人，中共党员，本科学历，主任医师。1985年8月参加工作，2014年4月任现职。

党委书记：王端玲，女，1966年11月出生，山东梁山人，中共党员，本科学历，教授级高级政工师。1984年8月参加工作，2012年7月任现职。

副院长：

潘伟新（2004.4—）

王　清（2013.3—）

成教中心（党校）：

党委书记、第一副校长：孙宝江，1964年2月出生，黑龙江省兰西县人，中共党员，本科学历，高级政工师。1982年11月参加工作，2013年3月任现职。

副书记：

宋会林（2009.2—）

副校长：

赵天文（2010.2—）

教育局：

局长：秦绪刚，1971年8月出生，山东省日照市人，中共党员，研究生学历，教授级高级政工师。1994年7月参加工作，2013年3月任现职。

副局长：

滕玉辉（2009.2—）

督学：

林进宽（2010.2—）

招生办：

主任：黄久丽，女，满族，1965年2月出生，辽宁省开原市人，中共党员，本科学历，中学高级教师。1985年7月参加工作，2011年8月任现职。

九三一中：

校长：刘洪江，1970年10月出生，中共党员，本科学历，中学高级教师。1990年7月参加工作，2013年7月任现职。

党支部书记：吕臣，1968年12月出生，黑龙江省拜泉人，中共党员，本科学历，高级讲师。1991年7月参加工作，2008年7月任现职。

副书记、副校长：

石福田（2011.8—）

副校长：

马利军（2011.8—）

刘宝玉（2004.7—）

第二高级中学：

校长：宿德光，1966年7月出生，辽宁省岫岩人，中共党员，本科学历，中学高级教师。1989年7月参加工作，2010年3月任现职。

副校长：

程世民（2010.3—）

韩守江（2012.10—）

局直中学：

校长：李居海，1964年2月出生，山东省牟平人，中共党员，本科学历，中学高级教师。1986年7月参加工作，2010年2月任现职。

书记：叶永康，1969年1月出生，浙江省乐清人，中共党员，研究生学历，中学高级教师。1990年7月参加工作，2012年10月任现职。

副校长：

张继斌（2004.7—）

林晓东（2012.11—）

公证处：

副主任：

杨　硕（2001.3—）

史志办公室：

主任：王大力，女，1963年4月出生，吉林省大安人，中共党员，本科学历，中学高级教师。1984年7月参加工作，2010年2月任现职。

副主任：朱峰（2011.5—）

卫生监督所：

副所长（主持工作）：匡印，1964年11月出生，黑龙江省拜泉县人，中共党员，本科学历，副主任医师。1981年7月参加工作，2012年10月任现职。

副所长：

于立军（2012.10—）

水管站：

站长：赵延风，1971年7月出生，黑龙江讷河人，中共党员，本科学历，高级工程师。1994年7月参加工作，2010年6月任现职。

九三经济开发区委员会：

主任：富勇，1963年6月出生，黑龙江省嫩江县人，中共党员，本科学历，高级政工师。1979年8月参加工作，2013年3月任现职。

书记：高杰，1962年2月出生，黑龙江省穆棱县人，本科学历，政工师。1977年7月参加工作，2012年2月任现职。

广播电视局：

副局长（主持工作）：李洪庆，1970年3月出生，山东省寿光市人，中共党员，研究生学历，教授级高级政工师。1992年1月参加工作，2015年9月任现职。

副局长：

周耀宇（2009.2—）

非国有办公室：

主任：魏新华，女，1965年2月出生，山东省成武县人，中共党员，本科学历，会计师。1983年10月参加工作，2011年1月任现职。

副主任：

董立忠（2012.10—）

嫩江农业机械有限公司：

经理、党委书记：辛志敏，1958年1月出生，江西省万载人，中共党员，本科学历，高级农机工程师。1975年8月参加工作，2001年6月任现职。

副经理：

袁彦学（1998.12—）

物资、商业公司：

经理：吴杰，1959年11月出生，河北省博野人，中共党员，本科学历，助理会计师。1976年7月参加工作，2009年2月任物资公司经理。

党委书记：任洪鹏，1961年6月出生，黑龙江省拜泉人，中共党员，本科学历，教授级高级政工师。1977年8月参加工作，2013年3月任物资公司党委书记。

粮贸公司：

副经理：

李　辉（1999.3—）

王世忠（2004.2—）

驻秦皇岛办事处：

主任：吕斌，1958年3月出生，山东省平原人，中共党员，本科学历，高级劳动经济师。1974年12月参加工作，2009年2月任现职。

九三物流有限公司：

经理：张明亮，1962年4月出生，黑龙江省望奎县人，中共党员，专科学历，统计员。1983年10月参加工作，2015年3月任现职。

书记：李占胜，1972年8月出生，辽宁省建平县人，中共党员，专科学历，农艺师。1996年7月参加工作，2012年7月任现职，2015年3月免去现职。

副经理：

李　勇（2015.3—）

张广瑞（2015.3—）

九三热力有限公司：

经理：陈广涛，1963年7月出生，黑龙江拜泉县人，中共党员，本科学历，高级政工师。1983年9月参加工作，2010年11月任现职。

书记：徐德臣，1967年3月出生，黑龙江省克山县人，中共党员，本科学历，高级政工师。1984年12月参加工作，2010年9月任现职。

副经理：

李建华（女，2010.9—）

王松阳（2015.3—）

九三自来水管理处：

经理：李占胜，1972年8月出生，辽宁省建平县人，中共党员，专科学历，农艺师。1996年7月参加工作，2015年3月任现职。

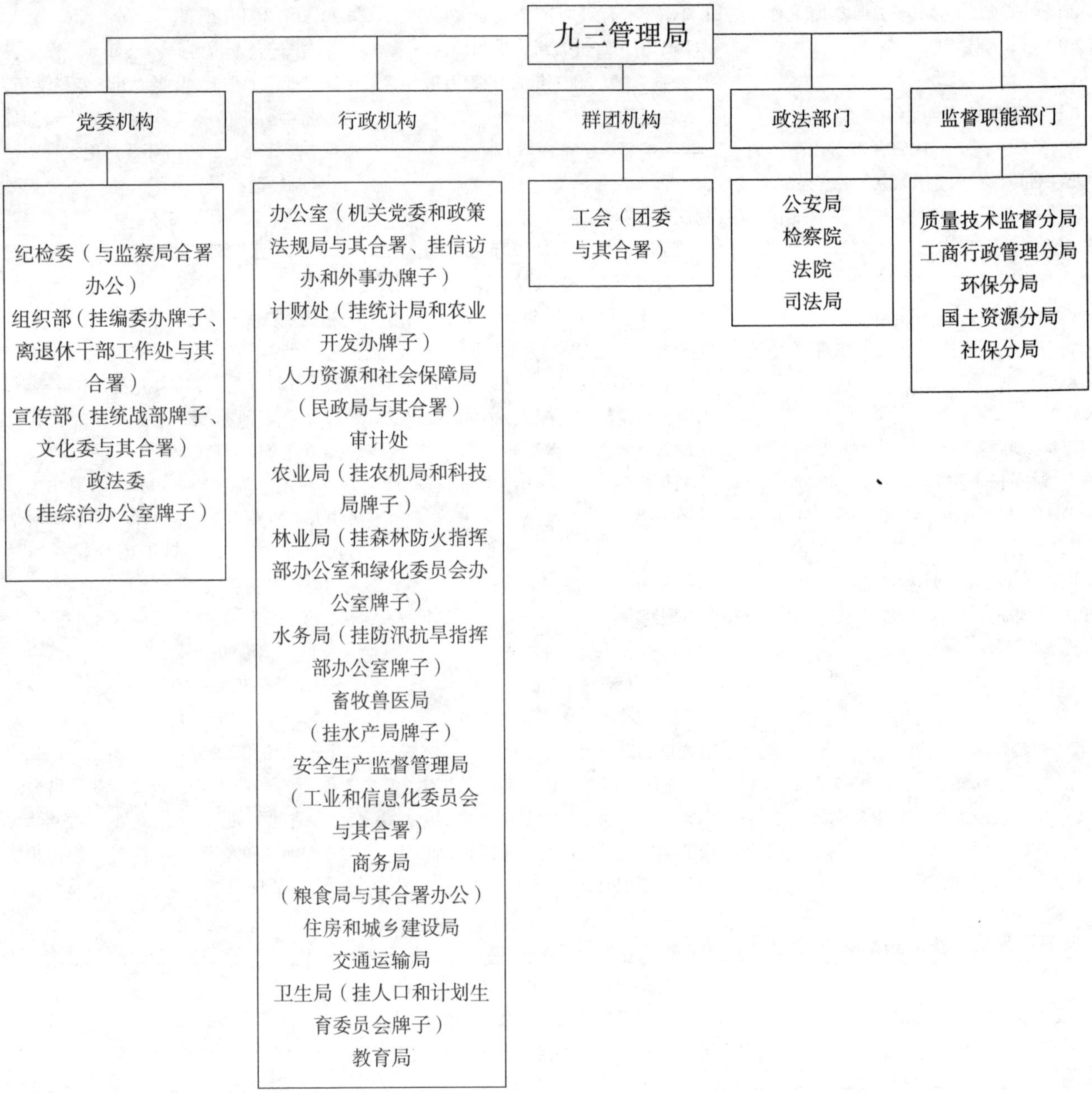

图 14　九三管理局行政机构示意图（2016 年）

九三管理局

- 农场
  - 鹤山农场
  - 大西江农场
  - 尖山农场
  - 荣军农场
  - 红五月农场
  - 七星泡农场
  - 嫩江农场
  - 山河农场
  - 嫩北农场
  - 建边农场
  - 哈拉海农场
- 事业
  - 卫生监督所（与疾病控制中心合署）
  - 党校（挂教师进修学校牌子、电大分校农业广播学校牌子）
  - 水利工程管理分站
  - 总局水政监察支队九三大队
  - 管理局中心医院（挂妇幼保健站牌子）
  - 就业服务中心
  - 人才中心
  - 九三社会集团采购招标中心（挂管理局控制社会集团购买力办公室牌子）
  - 非税收入管理局
  - 节约能源办公室
  - 会计管理局
  - 税务管理办公室
  - 住房公积金管理部
  - 财务结算中心
  - 土地整理储备中心
  - 工程质量监督站
  - 工程造价管理站
  - 墙体材料改革办公室
  - 公路管理科
  - 道路运输管理科（挂航务管理站牌子）
  - 路政管理所
  - 12 个农场交通科（挂道路运输管理站牌子）
  - 种子管理局
  - 植保植检站
  - 农产品质量安全检测站
  - 动物卫生监督所
  - 九三垦区公证处
  - 广播电视局（与有线电视台合署）
  - 招生办公室（挂会考办公室牌子）
  - 就业局
  - 局直城镇管理局（挂街道办事处牌子）
  - 城镇建设规划局
  - 驻齐齐哈尔老干部休养所
  - 离退休干部活动中心
  - 气象台
  - 史志办公室
  - 残疾人联合会
  - 黑龙江九三经济开发区管理委员会
  - 农机安全监理站
  - 非国有经济办公室
  - 第一中学
  - 局直中学
  - 局直小学
  - 11 个农场 21 所中小学
  - 殡仪馆
  - 安全生产执法监察大队
  - 劳动争议仲裁院
  - 哈拉海自然保护区
  - 不动产登记中心
- 企业
  - 亚麻产业有限公司
  - 哈尔滨食品厂
  - 粮油总公司
  - 嫩江农机厂
  - 对外经济贸易公司
  - 物资总公司
  - 商业公司

图 15　九三管理局下属企事业单位示意图（2016 年）

概况　以“豆都”闻名的九三管理局始建于1949年9月。位于黑龙江省西北部，地处小兴安岭南麓向松嫩平原过渡的丘陵漫岗地带。行政区域在嫩江县、讷河市和五大连池市境内（其中哈拉海农场在齐齐哈尔市境内）。地理坐标为北纬48° 37′ ~ 50° 04′，东经124° 25′ ~ 126° 23′。全局总控制面积5645平方公里，其中耕地26.8万公顷，草原9.53万公顷，林地8.8万公顷，水面1万公顷。总人口17万人。下辖11个国有农场，82个农业管理区。

地处世界三大黑土地带之一的松嫩平原，土地肥沃，土壤类型分为黑土、暗棕壤、草甸土和沼泽土。其中，黑土占耕地面积的70%以上，黑土层土体深厚，有机质含量丰富。年平均气温-0.2度，无霜期90 ~ 115天。天蓝、水清、地洁的生态条件为生产绿色无公害食品提供保障。全局绿色食品认证面积20.13万公顷，有机食品认证面积4.4万公顷，管理局已被授予国家级生态示范区称号。

九三管理局是典型的旱作农业区。种植作物以大豆、玉米、小麦、马铃薯和杂粮、苜蓿、中草药等高效经济作物为主。尤以种植、加工非转基因大豆而闻名。2010年9月，被中国绿色食品协会授予中国绿色大豆之都称号。是中国原生大豆种植标准化示范区，非转基因大豆核心保护区、国家高油高蛋白大豆种植标准化示范区，黑龙江省非转基因大豆及制品检测与研究中心。“九三大豆”已经成为国家地理标志保护产品。

全局配备现代农机水平领先。农机总动力50万千瓦，大型农机具9967台套，其中进口大型拖拉机653台，大型联合收获机452台，马铃薯播种机78台，马铃薯收获机98台，GPS卫星定位系统533套，进口精密播种机406台，联合整地机340台，农用飞机场地8处，飞机航化作业面积达13万公顷。拥有晒场面积273.4平方米，仓储库容238.7万吨，烘干塔136座，烘干能力5.9万吨。

管理局地处世界闻名的黄金奶牛养殖带，现代畜牧产业蓬勃兴起，是黑龙江省重要的奶牛生产基地，是完达山优质奶源生产基地。拥有标准化奶牛小区70个，现代化牧场10个，总面积超过80万平方米，奶牛全舍饲养和集中榨乳比重达到90%。2016年年末，全局奶牛存栏达5万头，上交鲜奶11万吨。

拥有省级经济开发区。作为黑龙江省农业产业化示范基地，九三经济开发区是全省22个省级重点园区之一，是省级新型工业化食品工业示范园区、省级绿色农副产品产业园。园区规划面积10.16平方公里，距111国道1.5公里。开发区内基础设施完善，建有区域内最大的占地50万平方米的九三物流中心，并建有铁路专用线，发展农副产品加工业潜力巨大，前景广阔。九三油脂、完达山乳业、北大荒马铃薯精制淀粉厂和九三农垦大粮仓酒业等大中型企业入驻于此。

发展以大豆加工为主的大豆产业。以建设大豆加工产业园区为载体，以“豆都”为品牌，以“大豆油脂加工、大豆速食食品加工、大豆休闲食品加工”为重点，以强化大豆产品营销为保障，不断加快大豆产品“产加销”步伐。拥有大豆加工企业20家，年可加工大豆23万吨。管理局已被评为全国非转基因大豆加工产业知名品牌示范区。

是黑龙江省“十佳宜居农垦城”。全局城镇化率达86%，楼房化率达85%。2012年12月20日，九三管理局正式挂牌成立九三管委会，被赋予县级政府财税职能。城市基础设施不断完善，图书馆、体育馆、博物馆、青少年宫等一大批文化体育设施相继建成。九三管理局第一中学为黑龙江省首批示范性高中；中心医院已晋升三级乙等医院。新建、改建12所公办幼儿园全部投入使用，中小学全部提前通过省级标准化建设验收，自办公助老年公寓实现局场全面覆盖。局直道路实现全面黑色硬化，城市绿化、亮化面积不断增加。

具有良好的旅游资源。已拥有山河、嫩江两家国家AAA级旅游景区，鹤山、嫩北、大西江、七星泡四家国家AA级旅游景区。以“尖山、鹤山”等农场为主的现代农业游；以“九三局直、大西江、鹤山”等为主的农垦城镇游；以“哈拉海湿地、嫩江漂流、山河科洛火山、七星泡水库、建边五花山”等为主的自然景观游；以“九三博物馆、荣军室外场史园”为主的知青怀旧游等旅游线路已经形成。

2016年，九三管理局面对极为罕见的自然灾害，管理局经济运行呈现出“缓中趋稳、动力增强”的发展态势。实现生产总值79.1亿元，比上年下降7.1%。除第一产业下降外，二、三产业分别同比增长6.1%和10.3%。实现社会消费品零售总额18.8亿元，同比增长2.2%。500万元以上固定资产投资完成9.2亿元，同比增长4.5%。人均可支配收入1.75万元，同比下降13.1%。管委会实现全口径税收收入16247万元，县级税收收入8023万元，完成基数的107.97%，实现税收返还592万元。

农业生产　种植结构实现“一减四增两扩”，即玉米面积由12万公顷压缩到6.16万公顷，大豆面积由10.87万公顷增加到15.22万公顷，青贮玉米和苜蓿等优质饲草饲料作物面积由0.73万公顷增加到0.77万公顷，高产高效经济作物面积由0.4万公顷增加到1.67万公顷，各类作物订单种植面积由0.81万公顷增加到5.87万公顷。扩大大豆专品种和绿色有机种植面积，落实大豆专品种2.67万公顷。绿色农业全面推进。各类作物有机食品认证面积4.93万公顷，绿色食品认证面积20.13万公顷。落实“三减”措施，化肥和农药累计使用量分别减少6%和5%。推进农业节本增效，推广应用玉米茬原垄卡种大豆面积2.67万公顷。实施藏粮于技，加快以“十园两带”为核心的科技示范网络建设，示范推广新技术25项。推进生态农业建设，完成造林面积582公顷，秸秆还田24.49万公顷。示范典型全面覆盖。全局布点、全面覆盖，高标准、大力度落实转方式调结构试验示范项目。其中，总局级示范点79个，管理局级示范点46个。建立33个“互联网+农业”高标准示范基地，实现1200公顷农作物生长全程可监控。林业示范点37个，推进“林果”“林药”“林苗”等林业经济发展，共创产值3.8亿元。农险政策全面实施。面对严重自然灾害，管理局争取国家补贴政策，与阳光互助保险公司协调配合查勘灾情，保险赔付约5.7亿元，保障种植户效益。管理局在垦区率先出台经、饲作物种植业保险补贴政策，补贴支出201.55万元。

畜牧业　实现畜牧业产值达6.6亿元，比上年增长7%，畜牧业产值占农业总产值的30%。奶牛养殖提质增效。年末，实现奶牛存栏5万头，占全垦区总量的1/3；上交鲜奶11万吨，比上年增加2万吨，是2013年的2.2倍。强化牧场科学化饲养与标准化管理，推广应用DHI测定、TMR混合日粮等八大新技术，管理局13个牧场整体管理规范，生产有序。实施“九吨奶”工程，奶牛单产显著提升，哈拉海鑫海牧场单产达9.8吨。以鹤山鹤澳牧场为代表的4个牧场成母牛年交售鲜奶超过9吨。高标准完成22个小区的升级改造项目，小区基础设施和牧场化功能逐步完善。在嫩北大鹅养殖基地示范引领下，11个农场建立大鹅养殖核心基地，全局实现大鹅养殖80万只，比2013年增加60多万只。扩大生猪、肉牛和特色养殖规模。肉牛存栏7519头，同比增长162.3%；生猪存栏3.8万头，同比增长102.4%。有以野猪、鹿、狐貉等为主的特色养殖场22个。

工业　以“粮头食尾”、“农头工尾”为抓手，产业发展实现新突破。实现工业增加值5.95亿元、营业收入22.6亿元、利润0.7亿元，分别同比增长8.7%、7.7%和8.9%。招商引资实现新突破。管理局重点落地项目48个，总投资12.6亿元。北京“富德康”集团投资2.6亿元的华康30万吨粮食仓储建设项目，率先实现垦区在省重点产业行列项目零的突破。管理局首次在北京召开招商引资推介会，达成16个合作意向，签订6个合作项目和2个战略合作框架协议，涉及金额11.7亿元。优势产业实现新突破。垦区中小企业发展交流研讨会在管理局举办，管委会培育产业项目的经验在全垦区得以推广。大豆产业做大做强，现已形成以腐竹、豆油、豆粉、休闲食品等为主的大豆产业格局，大豆加工能力从2015年的2万吨增加到2016年的10万吨。11月，管理局被授予“中国大豆油之乡”称号，九三大豆荣获国家地理标志保护农产品。与中国杂粮工程技术中心合作开发杂粮精深加工产品。省酒用高粱生产观摩与全产业链对接洽谈会在管理局召开，酒用高粱基地建设在全省示范。以鸿兴鹅业为代表的鹅及鹅产品远销各大城市，年效益及就业增收超1000万元。高起点发展浆果、山特产品、蔬菜深加工等特色产业，以山河农场金山河为代表的企业开发果酒、饮料等五大系列产品，品种达40余个。以绿色采摘、红色文化、农机博览、休闲度假等为主题的农业生态游方兴未艾，接待游客近17万人次，比2015年增加7万人次，比2013年3万人次增加14万人次，实现收入8400万元。全局现有国家AA级旅游景区4个，国家AAA级旅游景区2个。2016年，管理局被评为中国避暑休闲百佳县。豆都”产品纷纷在省内外交易会、展销会等平台亮相，“豆都”品牌的知名度和影响力大幅提升。实施商标品牌战略，“北密”“荣军第一犁”商标被认定为省著名商标，“永财”“松嫩”“建边山珍”“龙嫩”商标被命名为垦区知名商标，管理局新增农产品注册商标24件。管理局设立2000万元“双创”基金，在鹤山农场成立管局级青年创业孵化园和产业孵化园。多管齐下解决中小企业贷款难问题，为企业落实贷款1.2亿元。发展“互联网+营销”，在垦区率先发展场淘项目，尖山农场成为阿里巴巴入驻垦区的首个场淘试点。非公有制经济繁荣发展，个体工商户发展到5283户，比2015年年末增加442户，比2013年末增加1298户；企业668户，比2015年年末增加114户，比2013年年末增加208户。电商企业63个，实现网上销售1428万元，比2015年增加306万元。管理局成功举办两届青年电商大赛，带动线上线下交易2.07亿元。

经营管理　加快推进简政放权。开展行政执法单位权力清单、责任清单合法性审查，梳理、规范、确定35个行政执法单位的2952项权力。管理局在垦区率先成立不动产登记中心并颁发首本不动产权证。推进体制改革。发展混合所有制经济，全力加快九三物流与“富德康”集团的混改进程，前期工作已经完成。农业经营体制不断完善，以职工家庭经营为基础，专业大户、农工专业合作社成为新型农业经营主体。管理局家庭农场27409户，农工专业合作社179户。有序推进垦区改革。以总局改革任务分解方案为依据，制订《九三管理局改革任务分解方案》，共推进十三项改革具体任务，设立8个改革试点。保质保量完成向农业部报请《土地资源资产化和资本化改革专项试点》工作。控债化债效果明显。2016年年末债务总额33.29亿元，比2015年减少2.31亿元，比2014年净下降4.28亿元。2016年末，全局资产负债率为56.15%，同比下降5.55%，与2013年78%相比下降21.85%，资产负债率为垦区最低。在总局党委（扩大）会议上，管理局严控贷款规模等控制债务风险的做法在全垦区推广。应收款管理得到加强。完成清欠1655万元，四项应收款总额1.6亿元，同比减少6594万元，占资产总额2.7%，远低于垦区平均水平。制度建设逐步完善。继续修改完善出台规范性文件8个，规范管理，强化监督。贯彻落实新《中华人民共和国预算法》，预算执行差异率由2013年的16.83%下降到2016年的4%，下降12.83%，预算执行效果在全垦区最佳。严格执行审计监督相关制度，全年共完成审计项目91个，合理核减预算资金3422万元，推进工程项目造价审计管理，共节约资金3136万元，3年累计审减工程款9007万元。陈欠问题得到解决。累计筹集资金2.8亿元用于解决2014年以前局直历史遗留问题。其中筹集5002万元用于兑现欠发局直行政事业单位人员工资待遇，筹集2.3亿元用于偿还2013年以前局直各类建设工程和设备欠款。扶持资金争取到位。研究政策争取各类扶持资金，2016年争取上级资金9045万元，争取到2017年整合项目资金10074万元。协调6家金融机构，对15.6亿元种植业贷款争取到政策支持，种植业贷款利率由年利率8.28%降到6.09%，为种植户节约成本3215万元。

基本建设　管理局基本建设总投资12.77亿元，同比增长17.1%。夯实农业基础，巩固和提升粮食综合生产能力，累计投资6.86亿元用于农业基础设施建设，同比增长6.5%。投入资金2.37亿元更新各类农机具949台（套），投资1.65亿元建设高标准农田0.89万公顷，投资4520万元治理水土流失和农田路修缮，投入1.88亿元新增仓储能力24万吨。仓储能力由2013年的47.5万吨增加到238.7万吨，日烘干能力由2013年的3.9万吨增加到日烘干5.9万吨，3年共投资达6.98亿元。夯实民生基础。完成投资3.4亿元重点实施26个项目，同比增长4.3%。投资5029万元完成局直小学、二高教学楼、一中大礼堂建设和校舍维修、购置教学仪器设备等；投资6789万元完成局直养老中心建设和医疗设备购置等；投资748万元完成局直地区排水外网改造、小区停车场和旧楼节能改造项目；投资1103万元推进人畜饮水工程建设，保障居民用水安全；投资1959万元完成九三路校区机动车隔离带设置和人行道改造等项目，极大地提高公共服务水平。2014年以来，三年累计投入2.68亿元用于局直民生工程建设。夯实产业基础。加强省级经济开发区和各农场工业园区建设，投资1100万元拓宽九三开发区道路、实施铁路专用线跨线桥、交通设施安装及配套工程。

社会民生　人居环境有效改善。优化城内交通网，实施局直环路新（扩）建一期工程；拓展城外交通路线，增加管理局至齐齐哈尔市和黑河市2条客运线路，畅通人流物流渠道。抓好新型城镇建管，加快城区绿化、亮化、美化升级步伐。开展“三优”文明城市和“美丽乡村”创建活动，居民文明程度和城镇基础设施水平不断提升。开展“四进”社区服务活动，尖山农场被评为全国综合减灾示范社区。脱贫攻坚首战告捷。完成扶贫1604户、2856人，扶低899户、2157人任务；“三全三动”扶贫工作经验在垦区扶贫开发座谈会上作典型经验介绍。社会保障提质扩面。2016年最低生活保障标准由每人每月500元提高到560元，比2013年增加110元；补差标准由上年每人每月335元提高到375元，比2013年增加95元。为4113户5861人发放低保金2803.8万元，为低保户和特殊群体进行社会救助和发放补贴700万元。低保家庭医疗救助标准达到政策范围内住院自费部分的95%。就业规模不断扩大，管理局新增就业人员4113人，完成指标的148%，新增就业人数比2013年增加1132人，城镇登记失业率3.64%，比控制目标低0.06%。文教卫生扎实推进。医疗卫生服务能力提升，扎实推进“健康九三行动”，局直和嫩江农场通过“省级卫生城”验收。投入5800万元，加强管理局各学校硬件建设，18所义务教育学校高标准通过国家教育均衡发展验收。综合治理力度加大。建立健全“一岗双责”机制，信访维稳工作实现“三无”和“三降”。深化“平安九三、法治九三”创建，狠抓安全生产和社会治安防控体系建设，营造和谐稳定的社会环境。

党的建设　强化理论武装。结合“两学一做”学习教育，管理局共组织党委理论中心组学习14次、召开专题学习会议50余次、“法治九三”大讲堂8期，新开设“九三讲坛”组织学习4期，实现教育常态化。强化党建工作。全面推进“四好”领导班子、“四强”基层党组织、“四优”共产党员、“四铁”领导干部创建工作，组织开展形式多样的庆“七一”系列活动，深入推进“两学一做”学习教育。强化宣传引领。依托管理局“一网一台两微”平台搞好内宣基础上，加大对外宣传力度，营造良好舆论氛围，提高九三“豆都”的影响力。垦区“弘扬北大荒精神，践行社会主义核心价值观理论研讨和经验交流现场会”在管理局召开。九三管理局党委《深度拓展、广度融合，弘扬北大荒精神践行社会主义核心价值观》的经验和大西江农场党委《树立价值标杆，涵养社会文明》的经验，在全垦区推广；大西江农场被授予全省培育和践行社会主义核心价值观示范县（区）称号。强化廉政建设。坚决严惩腐败，加大对损害群众利益违纪案件的查处，全年立案28件，处分违纪干部32人。其中处级干部6人，是上年的3倍；移送司法机关1人。强化民主管理。出台“三重一大”规范性文件，形成厂务公开民主管理“四会、四员、三评议、四公开”的工作机制。管理局代表省总迎接全国厂务公开民主管理检查，受到好评。强化典型带动。开展以“转方式、调结构、促发展”为主题的典型宣传活动。管理局各行各业涌现出张光复、范子军等国家及省、垦区级各类典型20多个。在总局党委（扩大）会议典型专题片汇报会上，垦区20个典型中管理局有5个，是垦区典型最多的单位；管理局17个典型录入《黑龙江垦区转方式调结构先进典型成果汇编》一书，是垦区典型最多的管理局。

（费秀杰）

2016 年九三管理局基本情况及国民经济主要指标统计表

指标名称	计量单位	合计	鹤山	大西江	尖山	荣军	红五月	七星泡	嫩江	山河	嫩北	建边	哈拉海	局直
一、农牧场数	个	11	1	1	1	1	1	1	1	1	1	1	1	
所属管理区数	个	81	12	6	7	5	5	10	9	8	9	6	4	
二、总户数	户	57697	8939	3304	5621	4015	4037	5933	4322	3878	4107	3880	2007	7654
三、总人口	人	157739	20210	10623	12012	9140	9052	14559	10546	10944	11629	8924	4403	35697
总人口中：男	人	81269	10611	6269	6021	4988	4523	7391	5302	5885	5511	4458	2275	18035
女	人	76470	9599	4354	5991	4152	4529	7168	5244	5059	6118	4466	2128	17662
少数民族数	人	2239	106	18	170	198	31	209	103	265	262	143	218	516
四、地区生产总值	万元	791063.2	59340.9	47551.2	50019.8	39295.8	28886	56738.8	37250	43195.8	45895.9	42516.5	27323.5	313049
五、人均生产总值	元	50150.1	36000	49479	45565	42993	36717	48850	43651	46369	39467	57345	59302	87696
六、工农业总产值	万元	617762.5	98073.6	51307.8	51764.6	36351.5	34672.3	61948.5	56884	57370.4	63690.4	36171.7	44564.3	24963.4
七、粮食总产量	吨	556755	53147	41615	49415	32440	33162	80302	68854	48957	32805	26818	85127	4113
八、固定资产投资总额	万元	133617.07	9639.79	11805	9001.2	5189	4055	12169	7916.6	8125	15533.48	5974	7333	36876
九、职工工资总额	万元	110508	11758	7894	11197	7023	5179	12563	8015	6971	8359	4983	3380	23186
十、职工平均工资	元	30476	25445	29701	28992	27960	21927	28834	23415	29178	28052	28056	30175	53708
十一、垦区居民人均可支配收入	元	17531	17516	17180	17788	17154	17433	17066	17516	17590	17377	17379	20014	17635

说明：生产总值、工农业总产值、可支配收入为现价

鹤山农场

场长、党委副书记：董永忠，1967年4月出生，山东沂水人，中共党员，研究生学历，高级工程师。1986年3月参加工作，2014年2月任现职。

党委书记、社区主任：徐志刚，1963年11月出生，黑龙江省嫩江县人，中共党员，本科学历，高级政工师。1978年8月参加工作，2008年3月任现职。

党委副书记、纪委书记：
孟龙洲（2011.7—）
党委委员、副场长：
刘建生（2010.1—）
刘仁广（2011.7—）
李玉君（2013.3—）
肖　彬（2013.10—）
党委委员、工会主席：
王洪刚（2010.1—）
党委委员、组织部部长：
张静（女，2004.5—）
党委委员、公安局局长：
辛禹华（2012.10—）
党委委员、党办主任：
张忠伟（2013.08—）
党委委员、宣传部部长：
杨燕江（2016.11.29—）

概况　鹤山农场位于黑龙江省西北部的嫩江县境内，地跨嫩江和讷河两县市。东与头道岭林场、马铃薯农场为邻，西与大西江农场、老莱农场接壤，南起讷河市老莱镇，北抵嫩江县长福镇。地理坐标在北纬48° 46′ ~ 49° 10′、东经124° 53′ ~ 125° 40′之间。农场属于寒温带大陆性季风气候，处于黑龙江省农业气候区划第三、第四积温带的过渡带和第四积温带，年平均气温在0.5℃左右。无霜期一般在110 ~ 125天左右，年降水量500毫米左右。近几年极端天气时有发生。农场土质肥沃，土地连片，适合小麦、大豆、玉米、薯类及杂粮等作物生长。

2016年，农场土地总面积56956公顷，其中耕地35578公顷，林地10692公顷，草原6553公顷，水面303公顷。全场分两个社区，有管理区12个，场直企、事业单位16个；驻场机构10个。农场总户数8939户，总人口20247人，其中少数民族人口106人。实现地区生产总值59340.9万元，同比增长-19.1%，其中第一产业实现增加值35093.7万元，同比增长-29%，第二产业实现增加值8150.4万元，同比增长6.59%，第三产业增加值16096.8万元，同比增长-0.83%。全场粮食总产量53147吨，人均生产总值2.93万元，人均可支配收入17516元。完成上交九三管委会县级税收收入416万元，农场实现利润4103万元。

种植业　按照“缩玉、增豆、稳麦、扩经饲”的思路，全面优化种植结构，调整各种作物的种植面积。在2015年的基础上，玉米种植面积减少9200公顷，大豆种植面积增加9066公顷，经饲作物略有增加。在总播种面积33970公顷中，玉米7400公顷，占21.75%；大豆23104公顷，占67.95%；马铃薯1393公顷，占4.1%；小麦303公顷，占0.89%；杂粮杂豆420公顷，占1.23%；白瓜子等油料作物104公顷，占0.31%；青贮、苜蓿草等经饲作物1250公顷，占3.68%。由于春季低温、夏季高温干旱，使农作物大量减产。年实现粮食总产5.31万吨。投资204.8万元完成第十管理区小型农田水利工程建设；投资200万元完成六队水库维修工程；投资2727万元完成跃峰小区和第一管理区高标准农田建设项目。累计投资3074万元，购置自动驾驶卫星定位自动导航系统14套、迪尔7M-2204拖拉机20台、进口18行精量播种机23台、大垄密起垄机2台、苜蓿草压扁割晒机1台。通过增施农家肥、秸秆还田等措施，减少尿素使用量1%；在340公顷示范面积内减少农药使用量400公斤。全场绿色食品认证面积2.82万公顷，有机产品认证面积1.16万公顷，无公害农产品认证面积3.33万公顷。种植业实现生产总值22181.3万元。

林业　造林绿化总投入243.6万元，完成造林绿化任务167公顷，其中完成绿色城堡工程5公顷、绿色屏障工程14公顷、见缝插绿工程148公顷。新建义务植树基地1处，完成义务植树面积7.5公顷，植树1.25万株。完成个人造林补植73公顷，补植苗木3.2万株。完成5公顷平欧大榛子栽植工作和2万穗9公顷樟子松嫁接红松任务。利用18栋冷棚和3栋暖棚，定植寒富矮化盆栽苹果1375株、盆栽葡萄400株、甘露草莓1万株、寒地大樱桃500株、李子76株、盆栽橘子110株、树莓菇娘等特色果类1万株。利用刺五加秸秆培育黑木耳6000袋。完成167公顷荒山林地改造，栽培各类果树30万株。完成6.7公顷的新育苗任务和3公顷共计3万株大苗培育工作。林业实现生产总值372.2万元。

畜牧业　把畜牧规模化、标准化生产作为提高产业水平、转变畜牧业生产方式的有效手段。通过技术、服务、资金和信息支持，扶持和引导广大农户向专业化饲养方向转变。投资64.5万元新建粪污处理场2座、消毒池3座；投资275万元对2个奶牛小区进行基础设施维护；投资136万元对鹤澳牧场榨奶厅进行升级改造；投资581万元用于扶持畜牧业补贴、保险及购置设备。其中鲜奶补贴180万元，购牛补贴70万元，青贮饲料地补贴129万元，用于保险补贴和奶牛小区环境治理支出48万元，病死畜禽无害化处理9万元，购入青贮袋贮机145万元。通过科学饲养和标准化管理及对DHI测定、TMR混合日粮等技术的熟练应用，农场饲养的奶牛奶量和乳质双提升，两个现代化牧场奶牛单产达到9.2吨，奶牛小区的奶牛单产达7吨以上。委托科菲特专业团队经营管理的鹤澳、鹤滋源两个现代化牧场，在鲜奶价格波动较大的情况下，两个现代化牧场仍实现效益790万元。在重点抓好奶牛业发展的同时，农场生猪、大鹅、肉牛及其他特色养殖也有长足发展。实现育肥猪出栏1.72万头，大鹅养殖6.52万只，肉牛存栏1030头，鹿、笨鸡、狐貉等特色养殖3.4万只（头）。到2016年年底，农场实现奶牛存栏6621头，上交鲜奶2.1万吨。畜牧业实现生产总值12387.9万元。

产业建设　依据地源优势，招商引

资发展大豆、玉米、杂粮等产业加工项目。投资548万元的鹤鑫油脂二期工程已能竣工并投入生产，投资1000万元开发的仙鹤湖公园项目陆续实施。金泽豆制品新增腐竹生产线一条，使豆制品生产线达到4条，可生产豆制品10余种。传统卤水豆腐制作，为消费者提供安全放心的豆制品。鹤鑫油脂不断扩大产能，年转化大豆能力由原来的1.5万吨提高到3万吨。投资63万元购进的杂粮清选生产线，年加工杂粮杂豆1000吨。科菲特饲料有限公司投资100万元对原有设备进行改造升级，年可转化玉米3万吨。在不断扩大产能的同时，农场依据绿博会、项目推介会、哈洽会、“互联网+”等形式，实现线上销售120万元，线下销售5500万元，实现年销售粮食1.1万吨。2016年，农场实现工业生产总值7100万元，工业销售收入3.14亿元，利润877万元。

民生工程　投资134万元对场直供水供暖管网等公共基础设施进行维修；投资141万元实施场直人畜饮水安全工程；投资110万元对跃进社区幸福村1.3公里道路进行硬化；投资360万元用于中小学义务教育均衡发展，两所学校全部通过国家级验收。通过“精准扶贫”，共帮扶贫困户92户实现家庭年人均收入3500元以上；帮扶低收入户28户，人均收入达到1.1万元以上。为231名场直单位转岗职工和劳动力转换身份，配置基本田183公顷。为社区居民进行供暖、供水补贴692万元。为520户700人发放低保金336万元。为低保户和三无老人等特殊群体发放救助资金及生活补贴77万元。筹集资金19.2万元帮扶贫困户469户，贫困学生40名。发放妇女互助金5.2万元，扶持17名贫困妇女发展养殖和种植业。农场采取法治教育、一岗双责等多种形式，营造安全、稳定的生产、生活环境，妥善处理群众诉求，不断提高群众的获得感，幸福指数不断提高。

党的建设　农场党委抓住全面从严治党这条主线，不断提高党建科学化水平。扎实落实党建目标责任制，层层签订党建工作目标责任状，形成党委书记亲自抓、领导班子成员配合抓、基层党组织书记具体抓的格局。通过“两学一做”学习教育，促进各级领导干部工作作风明显好转。农场第十四届党员代表大会选举产生新一届党的委员会和纪律检查委员会。农场大力加强对外宣传工作，在垦区营造良好的舆论氛围。通过一系列主题文化活动，传播正能量。组织全场党员干部学习《准则》和《条例》，加强廉政教育。加大案件查办力度，全年共立案4起，处分党员干部4人。

（李庆伟）

大西江农场

场长、党委副书记： 马伟林，1970年7月出生，河北省东光人，中共党员，本科学历，农机工程师。1987年12月参加工作，2012年7月任现职。

党委书记、社会行政管理委员会主任： 付余仁，1970年6月出生，吉林省松源人，中共党员，本科学历，高级政工师。1989年12月参加工作，2012年7月任现职。

党委副书记、纪委书记：

邱国庆（2012.8—）

副场长：

陈　庸（2009.2—）

佟北生（2012.11—）

苗立强（2012.2—）

赵庆来（2011.9—）

张福才（2012.2—）

工会主席：

张景泉（2010.1—）

党委委员、组织部部长：

门秀林（2011.1—）

概况　大西江农场地处黑龙江省西部边境中段，小兴安岭南麓嫩江县境内，西靠嫩江，与内蒙古呼伦贝尔大草原隔江相望，南临讷河市，交通便利、通讯发达。地理坐标为北纬48° 52′ 36″ ~ 49° 4′ 20″，东经124° 45′ 49″ ~ 125° 8′ 42″。南北长22公里，东西宽29公里，总面积379平方公里，其中耕地2万公顷，林地0.95万公顷，草原0.55万公顷，水面0.07万公顷。总户数5120户，总人口11990人。

农业生产　以转方式、调结构为重点，推进农业基础设施建设，加快现代农业发展。加大结构调整力度，总种植面积2.04万公顷，其中玉米0.4万公顷，比上年减少0.71万公顷；大豆1.24万公顷，比上年增加0.45万公顷；马铃薯等其他经济作物0.4万公顷，比上年增加0.2万公顷，种植结构进一步优化。发展订单农业。通过“互联网＋”等多种营销渠道，实现作物订单种植面积1.07万公顷，占总种植面积的52.4%。开展农业科技示范，集中打造科技示范带16.8公里，面积1.6万亩。加强基础设施建设。完成总投资3973万元的土地整治项目和农发项目，扩建晒场1.4万平方米、农具场1.3万平方米、农田路82.6公里、桥涵64座。

林业　加强森林资源保护工作，高标准完成造林绿化任务50公顷。利用经济林栽植樟子松嫁接红松16公顷、栽植平欧大榛子2公顷，同时林下种植赤芍、紫苏、柴胡等中草药133公顷，打造经济林＋林下草药种植的立体林业经营模式做法在总局、管理局两级党委（扩大）会议上进行材料交流。

畜牧业　年末，高标准建成的澳牛股份制牧场经营稳健，运行良好。完成4个奶牛小区牧场化改造工作，全场奶牛存栏4007头，上交鲜奶8949吨。全场肉牛存栏500头，羊存栏3892只，猪存栏536头，蛋肉鸡存栏18332只，出栏大鹅50000只，狐貉养殖4500只，组织成立蓝狐养殖专业合作社，带动农场10户家庭进行养殖。

工业　通过采取服务、指导、培训和政策扶持，场内采石厂、水泥管厂、修造厂等17家小型工业企业稳步发展，带动就业280多人。采石厂通过技术更新改造，提高产能近50%，销售石料近40万立方米，实现销售收入1100余万元，上缴税金60万元。

民生建设　投资785万元，新打机电井3眼，铺设和改造供水管线17195米，新建检查井17座，年底实现并网，经卫生部门检测，水质完全达标。投资50万元改造第四管理区自来水老旧管道2700米。投资200万元完成第二管理区美丽乡村建设，硬化路面11800平方米。投资100万元新建教学器材库房260平方米，购置部分教学设备器材。投资1531万元，硬化第二管理区至西水库水泥路面7.7公里。投资18万元新建无线电发射塔一座。

扶贫工作　开展精准扶贫工作，通过机关干部和管理人员以项目、资金、技术、信息等多种方式的结对帮扶，实现扶贫139户242人、扶低户73户136人帮扶工作。

社会事业　组织开展全民健身活动，全场累计有2000多人次参加篮球赛、门球赛、自行车环城赛、健身操比赛、广场舞大赛等比赛活动，台球、乒乓球、大秧歌、广场舞等活动常年开展。农场成为垦区唯一全省培育和践行社会主义核心价值观示范县。在第四届“感动北大荒”人物评选中，农场第六管理区主任岳文涛获提名奖。

（李继祥）

尖山农场

场长：冯占山，1977年7月出生，内蒙古扎旗人，中共党员，研究生学历，中级农艺师。1998年1月参加工作，2010年3月任现职。

党委书记：李文生，1965年12月出生，辽宁省黑山县人，中共党员，本科学历，高级农艺师。1990年7月参加工作，2011年4月任现职。

副书记：

韩春山（2012.7—）

纪委书记：

韩春山（2012.7—）

副场长：

王志宏（2007.3—）

冯晓辉（2013.3—）

刘正民（2009.3—）

刘保华（2011.7—）

吕彦学（2012.8—）

武装部部长：

冯晓辉（2011.8—）

工会主席：

白发堂（2012.3—）

党委委员、组织部部长：

陈庆海（2012.8—）

党委委员、宣传部部长：

田　彪（2012.8—）

概况　尖山农场位于黑龙江省中西部地区，小兴安岭南麓向松嫩平原延伸过渡的全国仅有的黑土地带，地处北纬48° 46′ 55″ ~ 49° 1′ 18″，东经125° 19′ 53″ ~ 125° 47′ 15″之间。农场沿东部最高点尖山（吐莫葛山）为轴心向西伸展开来，碧绿的老莱河水环绕其间。俯瞰全场地形表面呈东西向哑铃状不规则分布。东西横距最长为33公里，南北纵距最宽处为27.5公里。地势东北高，西南低，类属丘陵漫岗地带。地貌整体走向为由东向西波浪般游动，起伏较大。岗中有洼，洼中有高地，海拔高程一般在290 ~ 380米之间。

农场现有辖区总面积40523公顷，其中耕地占用面积20666公顷，林地6751公顷，水面133公顷，基础建设用地1138公顷。自然环境清新，宜居、宜游、宜工、宜商。

种植业　夯实基础设施建设。投资7559万元推进农机装备、高标准农田、粮食仓储加工、农田水利配套设施等建设，其中争取上级投资5428万元，自筹配套2131万元。种植业结构实现“一减四增一扩”，即玉米面积由1.06万公顷压缩到0.7万公顷，大豆面积由1.1万公顷增加到1.45万公顷，青贮玉米和苜蓿等优质饲草饲料作物面积增加到533公顷，高产高效经济作物面积由800公顷增加到1400公顷，订单农业种植面积由2015年的0.8万公顷扩大到1.18万公顷，其中专用大豆品种0.6万公顷，玉米0.33万公顷，黑大豆、矮高粱、双青豆、红小豆等经济作物0.25万公顷。落实转方式调结构试验示范项目，依托“一园两带”，实施以旱直播水稻、免耕试验、三减示范、粮菌间种、高效经济作物种植为主的总局级示范项目6个、管局级示范项目8个、农场级示范项目40个，其中林业示范点3个。加快发展“互联网＋农业”，在科技馆建立全程可追溯的信息平台，建好4个“互联网＋”高标准绿色有机种植示范基地；围绕“三品一标”，严格投入品管理、技术标准、监管措施，推进生态农业发展；完成无公害认证2.33万公顷、绿色认证2万公顷、有机认证0.27万公顷、非转基因大豆认证0.33万公顷；加强农业生态保护，全场造林48公顷，提高农田防护效益。结合“三减”工作，实施封闭除草减少茎叶洒药面积、玉米杀虫剂采用生物制剂、测土配方施肥提高肥料利用率、应用缓释尿素降低肥料使用量、提高机械作业标准、推广少免耕、原垄卡种等措施，实现节本增效。面对严重自然灾害，农场争取国家补贴政策，与阳光互助保险公司协调配合查勘灾情，进行保险理赔，降低种植户因灾情受到的损失。加快林业经济发展。成功试验林下栽植平欧榛子、樟子松嫁接红松等工作；苗圃面积扩大到93公顷，优化苗木繁育，继续为周边市场提供各类种苗；中草药发展到113公顷，赤芍种植，引进库页红景天获得成功。

畜牧业　按照粮经饲统筹、农林牧结合、种养加一体化思路，将市场需求和资源禀赋相结合，加快优化现代化大农业生产结构和区域布局。加快奶牛业提档升级。年底，实现奶牛存栏3785头，上交鲜奶9724吨；加强牧场、小区的经营管理，实施精准饲养，节本增效，努力做好生产、技术、成本控制等各项指标达到最佳，实现养殖效益最大化。全场羊存栏2950只，蛋鸡存栏2.45万只，大鹅出栏6.19万只，猪出栏1.13万头，鹿存栏102只。

工业　以项目建设为载体，组织参加长春中国杂粮大会、牡丹江大豆原料研讨会、北京九三项目推介会、哈尔滨绿博会等展会，着力提升产业经济发展质量，增加税源，扩大就业岗位。加大对中小微企业的服务，鼓励创新和有效融资，鼓励开拓市场，鼓励找帅当兵，发展混合所有制经济，目前14家小微企业都在持单生产。引进新项目。一迪食品有限公司扩建二期工程，实施大豆精深加工，主要新上松花鸡腿和豆腐卷生产项目。大众创业万众创新氛围良好。持续和阿里巴巴集团进行合作，推进场淘试点工作取得实质性进展。农场粮贸公司努力为民经营，以高于市场价3分钱收购潮玉米，使职工每吨多增收60元，全场直接和间接给职工群众增收284万元，最大限度减少种植户灾年损失。依托九三——“中国绿色大豆之都”“非转基因大豆加工产业知名品牌示范区”等品牌，推介农场“尖儿香”“尖山谷堡”等省内知名豆制品品牌。六管理局出资，农场承办秋收节主要参观现场的任务，在科技馆建设旅游农副产品“龙岭自驾”北大荒一尖山店。农场科技馆、科技园、万亩大地号、吐莫葛山等农业旅游观光线路框架基本构成。

企业监督管理　强化财务管理。落实“三重一大”制度，严格履行集体研究决策制度。强化审计监督。加大常规审计，尤其在投资决策和项目审批、重大物资采购和招标投标、贷款发放、国有资产和股权转让、土地交易、基层主要领导人员离任前经济责任等方面，实现农场审计全覆盖。强化控债化债。通过债务清查，摸清底数，逐笔逐项清理债务，2016年年末，全场资产负债下降4724万元。农场采取科学控制化债，争取上级投资，入股九三物流4269万元，拓宽农场增收渠道。研究政策争取各类扶持资金，2016年争取上级基本建设资金4090万元。对种植业贷款利率协调，月利率由0.69%降到0.59%。

社会民生　抓好民生建设。完善供水管道、检查井、供热管网建设和维修等；安装广场灯光音响一套，健身器材80套(件)，栽植绿化树，硬化小区路面，更新场直垃圾箱和主要街道两侧人行道步道砖。抓好精准扶贫。按管理局政策，采取多种措施扶贫，完成预定指标。“两节”慰问330户，慰问金17万余元。抓好社会保障。医疗和养老保险覆盖面100%；低保标准由500元提高到560元，人均保障额375元。

党建工作　开展“三严三实”“两学一做”等主题教育实践活动，党建“一支一品”工程有特色，其中“党员中心连带户”“三联三帮三促”“三亮三联四带头”“党建1+N”等特色载体，得到管理局赞扬。强化中心理论组学习和“周五学习日”常态化。结合精准扶贫，实施党支部抓产业、抓扶贫、抓食品安全“三抓”工程卓有成效。干部管理严格，“四个意识”增强，农场风清气正。

（王建胜）

荣军农场

场长、党委副书记：陈桂林，1967年11月出生于黑龙江省嫩江县，本科学历，本中共党员，农机工程师。1985年12月参加工作，2010年7月任现职。

党委书记、社区主任：李章坤，1965年3月出生于山东省莘县，本科学历，中共党员，高级政工师。1981年12月参加工作，2012年6月任现职。

党委副书记、纪委书记、工会主席：

孟祥武（2010.12—）

副场长：孙杰（2010.3—）

严　森（2011.8—）

李国锋（2010.1—）

蒋维海（2011.9—）

副场长、工会主席：

刘向忠（2013.3—）

武装部部长：

王荣生（1998.2—）

组织部部长：

申战力（2011.9—）

概况　荣军农场地处松嫩平原，小兴安岭南麓的讷河市与嫩江县交界处。地理坐标介于北纬48°39′~48°51′，东经125°21′~125°23′之间，行政区划为嫩江县。农场场区南北24.5公里，东西13.8公里，总面积200平方公里。其中耕地13600公顷，林地4700公顷，草原1000公顷，水面113公顷。农场现有6个管理区、1个现代化澳牛牧场、3个奶牛牧场和5个场直企事业单位，总人口9230人，其中职工2838人。种植业是农场的主导产业。种植作物有玉米、大豆、有色豆、高粱、谷子、水稻、马铃薯和苜蓿等。

2016年，实现地区生产总值3.93亿元，全场居民人均可支配收入21300元。

种植业　发展订单种植，有色豆订单面积达2600公顷，在合同签订时每公顷交纳999元履约保证金。1200吨黑豆在收获以每公斤4元成交；700多吨红小豆以每公斤8.10元及时变现；达到标准的600余吨双青豆，按合同价格以每公斤5元销售给客商。虽然2016年经历50年不遇的特大旱灾，七八月份连续近两个月没有有效降雨，但是，及时启动抗旱措施，使2万余亩作物得到灌溉，减少灾害损失，全场规模经营种植户无一户亏损。

畜牧业　在2016年12月20日与宏旭源公司签约，牧场委托经营，自负盈亏，人员留用。按奶牛头数交费，合作6年，为农场每年增收节支500万元。以第一管理区为代表的特色养殖业实现健康发展。养殖基地野猪存栏980头，乌骨羊、波尔山羊等存栏930只，蓝孔雀存栏110只，五彩山鸡等存栏150只。白条肉食孔雀、五黑鸡所产绿壳鸡蛋在春节前上市销售。农场制定林下养殖方案，按照方案的要求，农场为从事特色养殖的职工提供沙棘林地发展林下经济，工会为其提供创业资金，鼓励职工发展特色养殖业。年末，农场沙棘林下养殖发展势头良好，有沙棘鸡、沙棘蜜蜂、皖西长白大鹅和山东狮头鹅等。

工业　重新启动局直开发区占地1.88万平方米，已闲置8年的原沙棘饮料厂，开发沙棘果醋新产品。引入民营资本，利用闲置的原加工厂旧址，建设场房1500平方米，可安装10条生产线的绿色腐竹加工厂，当年实现生产加工和销售。荣军特色产品绿腐竹通过微商每公斤售价130元，远销到山东。

旅游　园区的8栋大棚，以全托管、半托管、自管三种方式对外承租，为园区增收5万元。游客通过购买消费券获得入园资格，而消费券可以用于购物和餐饮。消费券的实行并没有减少参观游玩的人数，旅游季期间平均日接待量在200多人次。而通过消费券制度场史馆获得15万元的销售收入。以场史园“红色文化”游为牵引，全力打造绿色生态游。具体以“荣军生态活力之旅”吃、住、摘、忆、赏、玩、购、乐8大趣为内容，突出打造吃有“特色禽蛋肉、绿色棚菜蔬果”，住有“农家老火炕”，摘有“四季棚菜水果、榛子、沙棘”，忆有“农垦开发史”，赏有“野花、笨花”，玩有“林地真人CS竞技”“垂钓”“卡丁车”，购有“地产寒地五谷”“原浆小烧酒”，乐有“农事亲子”。农场红色旅游八大趣成为农场的一张名片。

民生工程　自筹资金21.27万元，发放敬老爱幼补贴。其中为80岁以上193名老人发放敬老补贴，为考上一中及本科学生54名发放助学金。自筹资金15.96万元，为全场122名残疾人发放困难生活补贴和重度护理补贴。为222户323人发放低保费149.16万元。农场补贴21万元，对因风灾造成损害的毛纺厂住宅楼进行立面改造翻新。投资30万元维修金，对400余户楼房的住户进行全面维修和粉刷。争取国家资金350余万元，用于第一管理区美丽乡村建设，硬化外环路，绿化营区、建设广场、修筑道路、粉刷房屋等。

精准扶贫　通过"三带一"的帮扶措施，对全场58户进行帮扶，全部实现脱贫目标。

党建工作　开展两学一做学习教育，各级领导干部充分发挥表率作用，带头参加活动、带头学习讨论、带头公开承诺、推动活动的有序开展。创新学习活动形式和方法，突出重点、统筹协调，做到两手抓、两不误，确保活动达到预期效果。派出督导组，对各单位活动开展情况进行检查指导。党委组织部、宣传部、电视台充分发挥各自的作用，及时宣传报道活动的好做法、好经验，营造浓厚的学习氛围。

（李洪山）

红五月农场

场长、党委副书记：于刚，1963年10月出生，山东省文登市人，中共党员，本科学历，高级农机工程师。1982年7月参加工作，2008年8月任现职。

党委书记：宋雪峰，1965年2月出生，黑龙江省肇东县人，中共党员，本科学历，高级政工师。1987年7月参加工作，2010年10月任现职。

党委副书记、纪委书记：

寇文生（2012.2—）

党委委员、副场长：

温永生（2013.10—）

王文建（2011.8—）

刘久春（2010.1—）

党委委员、工会主席：

姚富海（2014.2—）

党委委员、武装部部长：

王文宝（2005. 9—）

党委委员、办公室主任：

高海龙（2010.11—2016.11）

党委委员、组织部部长：

冯春雷（2010.11—）

概况　红五月农场地处黑龙江省讷河市境内东北部，与嫩江县交界。地理坐标为北纬48° 39′ ~ 48° 50′，东经12° 525′ ~ 125° 43′。东与讷河市青色草原马场、茂山林场相连，西邻荣军农场，东北与七星泡农场接壤，南邻讷河市友好乡，北、西北分别与国庆林场、尖山农场接壤。农场辖区总面积28983公顷，其中耕地16487公顷、林地6503公顷、草原3308公顷、水面382公顷、其他2303公顷。场内有南阳河、火烧沟两条河流，这两条河流均发源于场区境内。除上述两条河流之外，在丘陵谷地之中还有多处泡泽。农场物产资源较为丰富。

现代化农业　种植结构调整到位，玉米、大豆、马铃薯及其他作物等播种比例为20.1∶71.3∶8.6。总播种面积15842公顷，其中玉米3190公顷，大豆11304公顷，马铃薯677公顷，矮高粱184公顷，牧草443公顷，水稻5公顷，小麦20公顷，月见草19公顷。由于遭受严重旱灾，作物减产严重，实现粮豆总产33162吨，其中玉米公顷产4.82吨，大豆公顷产1.275吨，马铃薯公顷产3.6吨（折粮），高粱公顷产4.5吨，水稻公顷产5.4吨，小麦公顷产4.05吨。发展订单种植，落实订单面积3151.4公顷，其中矮高粱184公顷，黑大豆141.2公顷，双青豆119.4公顷，高蛋白大豆种子繁育项目172.8公顷，芽豆41公顷，月见草19公顷，小麦套种柴胡20公顷，玉米合作项目1334公顷，牧草443公顷，马铃薯677公顷。夯实农业基础设施建设，投资220万元完成第一管理区机耕路项目，投资112万元完成第五管理区马铃薯基地项目，投资154万元完成"一事一议"项目，投资31.46万元完成各项水利基础设施建设及配套安装工程。搭建"互联网+农业"网络平台，可对2个"互联网+"高标准绿色有机种植示范基地生产全程进行监控。开展农产品质量安全建设，绿色食品认证面积11200公顷。落实示范点7个，互联网+双青豆面积31.7公顷，互联网+大粒黄豆面积67公顷，"三减"示范面积154.7公顷，矮高粱示范种植面积184公顷，腐竹专用品种大豆种植面积25公顷，大豆高产攻关示范面积35.7公顷，玉米高产攻关示范面积72公顷。高标准完成"三秋"工作，累计整地15760公顷。林业工作落实到位，完成植树造林面积45.33公顷，栽植各类苗木63.86万株，新建义务植树基地9个，发展林下经济，从事野猪、山鸡、养蚕、养蜂等人员增多。

畜牧业　坚持以奶牛为主的畜牧业发展思路不动摇，推进畜牧业持续健康发展。继续加强基础设施建设，投资83万元对第五管理区奶牛区进维修改造，投资38万元对全场奶牛区安装监控设施。现代化牧场和标准化奶牛区运营规范良好，全场奶牛存栏2915头，上交鲜奶6709吨。进一步优化牛群结构，提高牛群质量，强化防检疫工作，严格按防疫程序实施，确保安全，全年无重大疫情发生。其他养殖业发展态势良好，羊存栏2808只、猪存栏3200头、大鹅2万余只、狐貉1900只、鸡1.8万只。

项目建设　引进玉米压片项目1个，辽宁省大连秋林粮油有限公司投资800万元，利用农场在九三经济开发区现有的饲料厂房进行改建，购置生产设备等，计划年加工玉米原粮5万吨，生产玉米压片4万吨。抓好双孢菇试种工作，已利用第二管理区1栋牛舍进行试种，与山东地泰菌业有限公司签订合作协议，农场投资16万元购置工厂化智能双胞菇生产设备2套进行前期试验。

扶贫开发　把精准扶贫工程当成民生建设的"一号"工程来抓，落实抓住"一户一档、一户一策、一户一动态"3个环节；做实"调查、确认、谋划、施策、帮扶、脱贫"6个精准，实施"产业富民、惠民保障、素质提升、党员干部帮扶、公共服务惠民、救助救济"6项行动。帮扶责任人到包保单位入户填准、填实"一户一策"档案和跟踪问效调查表，建立精准帮扶台账，帮助贫困和低收入家庭制订帮扶计划和措施，选准脱贫项目、精准施策，真抓实扶。确保帮扶效果，被帮扶的181户贫困和低收入家庭全部实现脱贫脱低的目标。

民生工程　投资48万元完成场直居民区下水道维修、基础设施维护、环境卫生建设等项目。供暖企业完成供热系统的维修改造，保证冬季供暖的正常运行。推进义务教育均衡发展，投资99万元用于图书、图板等设备设施购置，校舍维修、软件硬件和校园文化建设，子弟校义务教育均衡发展工作通过国家验收。抓好社区医疗卫生服务功能建设，打造健康小屋1个，投资10万元购置血球分析仪1台。推进“大众创业、万众创新”活动，以创业带动就业。发放生活、医疗、助学救助资金16万元；春节期间走访慰问贫困家庭和军烈属等390余户。加强社会保障，为参保职工缴纳社保基金3474万元，遗属、病保、退养、低保、离退休人员药费等支出246万元，落实低保和全民医保等各项保障措施，做到应保尽保。

经营管理　规范土地经营管理，加强对耕地、林地、五荒地、草原的承包经营管理。创新经营模式，在坚持“农机和农艺两个六统一”的前提下，承包户自愿组合、分组连片经营，成立农业种植合作社2个，合作组864个，家庭农场373个。严格执行财务预算管理制度，履行货币资金使用审批手续，节省各项费用支出，加强对国有资产的管理，通过招商引资盘活原饲料厂资产；按照国有资产处置程序，处理各类资产238.1万元。完善各项规章制度和民主管理、场务公开等制度，加大以财务为重点的公开力度，发挥民主监督的作用，确保农场的各项事务在“阳光”下运行。制定完善机关科室、场直单位、管理区的目标管理考核制度，规范岗位职责，增强各级领导干部工作的主动性和性。

党的建设　扎实开展“两学一做”学习教育，对现有23个党组织、517名党员进行学习培训，全场各级领导干部共讲党课40余次，参加学习培训4100余人次。按规定召开第十三次党员代表大会，选举产生党委委员9名，纪委委员7名。打造社区、第四管理区、公安分局3个党建示范点。强化社区“服务型党组织”建设，实行党员网格化管理和“一站式”服务，实施“民情流水线”工程。整改提高软弱涣散党组织2个；“两新”组织覆盖率达100%。设立“党员服务岗”8个，开展“讲奉献、比服务、争先进”活动，涌现出文明服务窗口8个，五星级班组10个，党员先锋号车组20个，解决职工群众生产生活困难和问题216件次，化解各类矛盾纠纷27件，为贫困职工提供救助资金12万余元，全场党员干部做好事110余件次，涌现出党员先进典型28个。严格程序，严把发展党员“入口关”，新接收预备党员4名，按期转正党员5名。以党委理论中心组学习为带动，推进学习型党组织建设，组织集体学习60余次。

（吴小军）

七星泡农场

场长、党委副书记：韩万双，1962年7月出生，黑龙江省友谊县人，中共党员，研究生学历，高级农艺师。1979年12月参加工作，2009年5月任现职。

党委书记、社区管理委员会主任：祝伟友，1971年4月出生，黑龙江省拜泉县人，中共党员，本科学历，教授级高级政工师。1995年8月参加工作，2010年2月任现职。

党委副书记、纪委书记、社区管理委员会副主任、政法委书记：

曹　伟（2009.3—）

党委委员、副场长：

王喜清（2007.3—）

王宝生（2009.3—）

田爱国（2010.12—）

党委委员、工会主席：

胡全吉（2011.9—）

党委委员、副场长兼武装部部长：

郭　伟（2012.7—）

党委委员、副场长：

范洪江（2012.8—2016.12）

党委委员、组织部长：

冯　欣（2008.11—）

党委委员、宣传部部长：

周世全（2012.12—2016.12）

概况　七星泡农场以“打造垦区先进场，锦绣大美七星泡”为目标，以科学发展观为统领，实施“玉米强场、奶牛富民、工业兴城、文化惠民”发展战略，2016年实现地区生产总值5.7亿元，其中第一产业增加值2.4亿元；第二产业增加值0.6亿元；第三产业增加值2.7亿元。完成500万元以上固定资产投资1.22亿元。实现社会消费品零售总额1.4亿元。在岗职工平均工资2.88万元。农场职工家庭人均可支配收入1.71万元。

农业生产　完成播种面积3.23万公顷，落实示范带总面积2533公顷，设立科技示范田7个，示范展示田面积达293公顷。大力发展订单种植，订单面积达1.15万公顷。加快绿色（有机）食品基地建设，组织认证绿色食品2.75万公顷，开展1333公顷大豆产品质量全程可追溯工作。落实“三减”，全场十个管理区应用缓释尿素示范面积300公顷。

农业基础设施建设　投入4542万元，更新购入农机具114台（套），提高装备水平。投入590万元，推进“小水”工程、水保项目建设等工程，改善农业基础。投入1593万元，实施农业综合开发、寒地玉米、马铃薯基地等高产创建项目。出动205台次拖拉机和联合收获机，完成跨区作业面积4.83万公顷，实现农机创收1560万元。

畜牧业　年末奶牛存栏7908头，同比增长5.15%，上交鲜奶1.66万吨，同比增长22.58%。推进“两牛一猪一禽”发展。2016年全场进鹅雏13.05万只，出售10.1万只，完成管局指标202%。生猪存栏681头，出栏4502头。全场肉牛存栏158头，出栏1255头。在第一（2队）、第二（22队）、第七（19队）奶牛小区建设青贮窖和堆粪场，青贮窖总容积9720立方米，堆粪场总面积3750平方米。

工业　坚持创新发展，以“粮头食尾”“农头工尾”为抓手，产业项目发展取得新成效。工业销售产值达1.99

亿元，工业增加值5829万元，利润1372万元。引进“豆”产品企业三家，分别是鲁豫饲料厂、龙升制油厂、佳宝豆制品加工厂，3家企业年消耗农场大豆3万吨。全场有加工企业共19家，其中大豆加工企业6家。

小城镇建设　完成公共交通车辆首末站、消防站综合楼建设，建设规模为1452.01平方米，于10月投入使用。投资2350万元，完成七星泡农场污水处理工程项目建设。投资125万元，完成一事一议项目，其中公共绿化投资51万元，机耕路投资74万元。投资104万元，完成造林绿化78公顷。销售糖槭、白桦、花楸、桃红等品种苗木4.6万余株，动员广大林地种植户参与栽植樟子松嫁接红松4公顷，栽植平欧大榛子4公顷，当前场经济林达58公顷。

社会民生　投资70余万元，为中学生购买教学用具、实验设备，投资67万元，用于中小学维修和环境建设，圆满完成国家义务教育均衡发展检查验收。开展扶贫扶低工作，农场组织11个扶贫扶低工作推进小组，245名党员干部参与结对帮扶，送项目，送技术、送资金、送温暖，全面完成2016年扶贫扶低工作任务。对符合低保条件的57户办理最低生活保障金，共发放低保资金189.2万元，做到应保尽保。

党的建设　组织党委理论中心组学习12次、召开专题学习会议20次，实现教育常态化。宣传以“转方式、调结构、促发展”为主题的典型宣传活动。农场范子军被评为全国公安系统二级英雄模范，实现用身边典型教育人。在内外宣传工作中，注重把焦点聚在农场经济建设主战场，把视角伸向文明建设的主阵地，为农场提供良好的舆论氛围。发展全民健身事业，成功举办“庆元旦”六项比赛、“全民健身日”拔河比赛、“金秋杯”羽毛球比赛等。全面推进“四好”领导班子、“四强”基层党组织、“四优”共产党员、“四铁”领导干部创建工作，基层党组织的整体功能得以提升，干部队伍工作作风明显改善。以推动“两个责任”落实为重点，以“转作风、守纪律、讲规矩”主题活动为载体，营造良好的政治生态。坚持民主集中制原则，进一步完善议事规则和决策程序。

（廉鹏蛟）

嫩江农场

场长、党委副书记：陈殿俊，1963年9月出生，山东省齐河县人，中共党员，本科学历，高级农艺师。1978年8月参加工作，2010年7月任现职。

党委书记、社区主任：关利杰，满族，1964年7月出生，黑龙江省龙江县人，中共党员，本科学历，教授级高级政工师。1987年7月参加工作，2012年7月任现职。

党委副书记、纪委书记、社区副主任、政法委书记：

李艳杰（女，2012.7—）

副场长、党委委员：

赵　军（2009.3—）

孟晓光（1999.8—）

叶文杰（2010.3—）

张　静（2010.11—）

王　岩（2012.7—）

舒凤山（2013.3—）

党委委员、组织部部长：

牟敦军（2010.3—）

党委委员、宣传部部长：

张瑞光（2016.12—）

党委委员、林业局局长：

刘新海（2013.4—2016.8）

党委委员、公安局局长：

乔志远（2013.12—2016.12）

概况　嫩江农场坚持“五大发展理念”，全面实施农业、畜牧业、工业、旅游业并肩发展的“四轮驱动战略”，农场一、二、三产业得到全面协调发展，民生投入逐年加大，居民幸福指数逐年攀升。2016年实现地区生产总值3.72亿元，同比下降19.9%。其中第一产业增加值2.12亿元，下降33.2%；第二产业增加值0.6亿元，增长9.6%；第三产业增加值1亿元，增长7.9%。居民人均可支配收入17516元，资产负债率降至51.41%。

种植业　以“提质增效转方式，稳粮增收可持续”为主线，全面加快农业转方式、调结构、促改革、强科技、增效益步伐。落实转方式调结构示范，体现出种植结构调整、新品种示范、高效经济作物种植等新举措，重点进行大豆、玉米高产创建、农业“三减”、作物订单种植，引进矮高粱、黏玉米、水飞蓟、胡麻、白芍、有机大豆等示范种植。优化种植结构，本着“降玉、稳豆、增经饲”的原则，放宽思路，与市场对接，向精品、特色、高效、订单种植的发展方向迈进。落实成本逆控，全面降低成本，科学合理测算出各作物、各阶段的目标成本，实现效益最大化。落实订单种植，与市场对接，各类作物实现订单种植3220公顷，占全场耕地面积的10.7%。落实“三品一标”认证工作，落实绿色有机认证指标。农场拥有绿色认证面积2.27万公顷，无公害农产品认证面积2.46万公顷，有机种植示范面积3280公顷。

畜牧业　以优化牛群结构、提高牛群质量为重点，全面提升进口澳牛在全场奶牛存栏中比重。7225头奶牛存栏中进口澳牛超过2600头。通过增加技术指导和示范带动，实现上交完达山乳业鲜奶13534.2吨，同比增长29%。鼓励职工群众从事大鹅、肉牛、生猪等多元化畜禽养殖，养殖规模逐年扩大。4个养殖点能繁母猪存栏超过535头，年出栏育肥猪超过万头，肉牛存栏1020头。

林业　引进平欧大果榛子种植面积4.33公顷；引进蓝靛果种植8050株，面积3公顷；樟子松嫁接红松种植示范面积12公顷；高标准完成管理局76公顷造林绿化任务指标；抓好林政管理及春防、秋防工作，保护农场森林资源安全。

工业和招商引资　实现招商引资2197.18万元，其中腐竹加工项目投资351.46万元，项目现已投产，年生产能力150吨。大庆东方管业投资165.72万元的生物发酵饲料项目建成并投产。龙圣置业有限责任公司投资1680万元对旅游产业进行开发，运营后景区实现日接待游客1000余人次。

旅游业　充分利用农场得天独厚的区位优势和绿色生态优势，加强以“吃、住、行、游、购、娱”等要素的建设和服务，发展旅游产业。龙圣置业有限责任公司投资对旅游资源进行优化升级和开发建设，实现全年接待游客突破7.5万人次，景区实现收入90万元，带动其他产业增收超过500万元，提供就业岗位50余个。

民生工程　投资114.8万元，改造中小学暖气管道、粉刷中小学教学楼室墙壁、新建中学围墙等项目；投资417万元实施一事一议项目、老楼区供暖改造、老楼区更换安全门、旧楼屋面防水维修、滨湖及锦江小区维修等共计9项民生工程；稳步提高社会救助水平和就业水平，为335户、476人发放低保金209万元，发放用电补贴1.7万元，为317户发放低保家庭冬季取暖补贴20余万元。

扶低扶贫　强化农场党委、农场的主体责任，部门合力攻坚精准施策，落实基层单位、帮扶干部具体责任，构建起组织扶贫、产业扶贫、专项扶贫、政策“兜底”保障扶贫网络。以“精准实”为标准建立档案500册，召开专题会议19次，共发放帮扶资金114万元，出资9万元为贫困低收入户160人进行免费体检，发放各类补贴合计232.85万元，落实项目29项。谋划产业扶贫项目，制定完善扶持困难职工惠民政策15个，召开项目推介会1次，介绍致富项目39个，举办培训班4期，培训450余人次，召开招聘会2次，发放宣传资料500份，提供免费咨询服务270人，22人当场达成用工意向。

党建思想整治工作　以“两学一做”学习教育为载体，不断强化党建工作，组织党委理论中心组学习12次，基层党组织学习10次，下发习近平在中国共产党建党95周年讲话和在黑龙江考察讲话读本1400本，发放自学资料60余份，开展专题研讨4次。通过开展“两学一做”学习教育，基层党组织的凝聚力和战斗力不断增强。全面落实党风廉政建设责任制，强化责任意识和监督，加大案件查处力度，初核问题案件4件，党纪处分4人，签订《党风廉政建设责任书》45份，签订廉洁自律保证书218份。围绕中央八项规定开展监督检查4次，对重要节点进行暗访3次，通过定期监督检查，使干部队伍工作作风明显改善。

（张海军）

山河农场

场长、党委副书记：王玉起，满族，1966年6月出生，河北省青龙县人，中共党员，研究生学历，教授级高级政工师。1987年7月参加工作，2010年7月任现职。

党委书记：王兴义，1964年6月出生，黑龙江省绥化市人，中共党员，专科学历，高级政工师。1984年7月参加工作，2011年9月任现职。

党委副书记、纪委书记、政法委书记：刘青松（2011.10—）

党委委员、副场长：

王有库（2007.3—）
高　杰（2010.6—2012.2）
马伟林（2010.3—2012.7）
李　德（2010.1—）
翟　杰（2012.2—）
周文华（2012.8—）

党委委员、工会主席：

林本英（2012.8—）

党委委员、副场长、武装部部长：

刘　巍（2013.3—）

副场长：

刘佳波（2014.2—）

党委委员、组织部部长：

耿　鹏（2010.2—）

党委委员、宣传部部长：

李　娜（2016.11—）

概况　山河农场位于大、小兴安岭余脉的结合部及松嫩平原北端的三角地带，美丽的嫩江之畔，距嫩江县城40公里，距九三管理局局直70公里，总面积754平方公里。地理坐标为北纬49° 00′ 00″ ~ 49° 29′ 11″，东经125° 29′ 20″ ~ 126° 21′ 00″。农场属黑龙江省第四积温带下限，第五积温带上限，2016年无霜期129天，稳定通过10℃以上的积温2429℃，境内降雨量为347.2毫米。现拥有耕地26767公顷，草原17561公顷，林地14058公顷，水面1387公顷，总户数4163户，总人口1.3万人。农场实现地区生产总值4.3亿元，人均可支配收入17590元。

农业生产　通过深入分析国际国内市场形势，加大种植业结构调整力度。按照“压玉、增豆、扩经饲、提品质、突绿色、增效益”的原则，调优种植业结构。由于遭受历史上罕见的旱灾，各作物产量明显下降，全场实现粮食总产48957吨。加大农业订单种植力度。坚持以市场为导向，订单种植高蛋白大豆、矮高粱、南瓜、中草药、青贮、苜蓿草等高效经济作物。农业基础设施建设明显加强。完成第二管理区土地整治项目、第三管理区小水建设项目、乐山林场高标准农田建设项目。购置更新农机具67台（套），提高农业综合生产能力和抗灾减灾能力。绿色生态农业快速发展。落实“三减”工作，农业污染防治力度，规范农业投入品使用和生产全过程监管。完成4个“互联网＋农业”高标准示范基地建设，建成农产品质量全程监控可追溯的互联网共享信息平台，提升农产品质量保障能力。科技创新和成果转化成效明显。通过实施“一园两带”建设，开展高产攻关创建活动，推广应用代耕代种、免耕少耕、节水增粮、测土配方施肥等技术措施，实现作物稳产高产。拓宽粮食销售渠道。加强粮食市场分析调研，对接粮食收购企业和客商，拓宽粮食销售渠道，确保职工在大灾之年有个较好的经济效益。

产业项目　依托资源和品牌优势，围绕资源抓招商，围绕基础抓产业，围绕产业抓项目，强化服务，破解难题，不断优化产业发展环境。农场争取管理局创业资金200万元，重点支持金露豆业、金山河蓝莓产业发展。根据市场需求，实现达产达效，金露公司扩大产能，新建一栋生产车间和冷库，改造锅炉，新增6条腐竹和豆皮生产线，实现年生产加工腐竹、豆皮500吨，可加工转化大豆5000吨。产品已打入北京、沈阳等地超市。金山河公司在主打“山之果”品牌的同时，先后开发“山之鲜”“山之蜜”等系列品牌，生产果酒、果干、果酱、饮料、蜂蜜五大系列40余种产品。研发蓝莓果酒、冰酒、口服液等高端系列产品，新上白兰地项目。公司已在省外建立20多个销售公司，在浙江义乌、杭州、上海等地成立30余个直营店和专卖店。山之果系列产品已成功打入沿海地区、机场和江苏、北京等地大型超市。为确保企业原料供应，种植树莓67公顷。鑫源公司依托食用菌基地，扩大产能，通过“互联网+线上”模式，扩大木耳、蕨菜、榛子、蘑菇等系列山特产品的销量。农场投资20余万元成立电子商务中心，配备3名专职人员，通过电商平台拓宽产品销售渠道和产业发展空间。发挥蓝莓园区作用，举办首届蓝莓采摘节，历时两个月接待游客2万余人次，取得良好的经济和社会效益。通过景点打造，媒介宣传，于7月通过平顶山国家AAA级旅游景区的复核评定验收。

林业　投资158.1万元完成造林67公顷，栽植各类苗木19万株。农场依托资源优势，坚持以转方式调结构为主线，注重规模效益和科技创新，着力抓好林粮、林菌、林果、棚菜等为重点的特色产业。示范栽培食用菌、平欧大榛子、红松、间种套种中草药、树莓。发展特色有机果蔬，利用百栋蔬菜大棚栽植反季节蔬菜。采用以色列技术建设的立体鱼菜共生大棚采取私人订制、通过直购与网销相结合的方式，市场发展前景看好。

畜牧业　奶牛存栏5008头，上交鲜奶8056.3吨。制定出台《生猪、肉牛发展方案》，发展肉牛、生猪、大鹅及特色养殖。化现代化牧场运营管理，实现经营体制机制转变。对牧场牛舍阳光板、暖气，外围栏及排水沟进行维修改造。牧场对外承包租赁，盘活农场资金，降低经营风险。成立牧场监管办，安排专人对牧场固定资产、生物资产、经济运营等情况进行全程监管。强化小区牧场化经营水平。完成5个奶牛小区基础设施升级改造，使小区整体功能提档升级。强化疫病防控工作。加强小区配套服务体系建设，扎实开展动物防检疫，全面落实各项防控措施，做到依法科学防疫，实现全年无重大动物疫情发生，营造良好的畜牧业发展环境。

经营管理　通过加强预算资金、货币资金和财政专项资金管理，杜绝串项使用和挪用资金问题。强化基本建设项目资金管理，严格执行基本建设程序，重点抓好工程项目招投标管理，项目立项、招投标等程序依法依规办理，并保证项目建设档案资料完整规范，手续齐全。强化审计监督。审计部门重点对物资采购和项目招投标、贷款发放等关键环节开展跟踪审计和监督。加强对账外账和“小金库”的监督检查，确保企业发展良性运行。强化费用管理。全场上下牢固树立过紧日子思想，加强管理，充分挖掘自身潜力，增收节支，增强自身造血功能，严格控制管理、财务费用，压缩“三公”经费支出。全年共发生“三公”经费95万元，降低到近年来最低水平。

民生工程　完成第一管理区“美丽乡村”建设工程、场直地区和基层管理区一事一议筹资筹劳建设项目、全场零星维修建设工程。抓好义务教育均衡发展。完成中、小学教育教学设备购置及基础设施维修，通过国家验收。完成幼儿园基础设施维修改造。抓好精准扶贫、精准脱贫。农场把精准扶贫工作作为“一号工程”来抓，建立因地施策、因户施策、因人施策的工作机制，切实做到摸清底数、扶贫项目、资金使用、扶贫措施、政策、责任、脱贫成果“七个精准”，大力实施“1285”扶贫开发计划。全场129户贫困户和18户低收入户全部落实到人头，帮扶措施和项目落实到户，完成建档立卡工作。通过实施产业富民、民生事业发展、党员干部帮扶、救助救济、资金扶持“五项”行动，全面完成今年扶贫扶低工作任务。抓好大众创业、万众创新。农场把“双创”工作作为激发职工群众致富的内生动力，培育发展新动能，推动农场转型发展。通过搭建“双创”平台、设立“双创”资金、优化“双创”环境、扶持“双创”企业、选树“双创”典型等措施，不断激发全民创业创新的热情，使“创业创新”动力在全场落地生根。农场被管理局党委和管理局授予“双创”先进集体。兆昌合作社创新发展的鱼菜共生立体种植经验做法在全局学习推广。七区平欧大榛子种植、四区中草药种植合作社和金山河蓝莓食品公司分别在管理局“双创”大会上受奖。

党建工作　深入开展“两学一做”学习教育，加强领导班子、基层党组织和干部队伍建设，严格按照《党政领导干部选拔任用工作条例》选拔任用干部，各级领导班子和基层党组织的凝聚力和战斗力明显增强。按照管理局党委要求，完成农场“两委”换届工作。开展“转方式、调结构、稳增长、促改革”的主题宣传活动，加强典型培养、选树和宣传，为加快发展凝聚新共识、聚合正能量、唱响主旋律。开展弘扬北大荒精神与践行社会主义核心价值观活动，开展全民健身和广场文体活动，凝聚正能量，激发全民干事创业热情。加强制度建设，充分发挥党委领导核心作用，坚持民主集中制，进一步完善议事规则和决策程序，凡属“三重一大”事项，必须集体讨论决定。坚持和规范以职代会为基本形式的民主管理制度，坚持场务公开，依法依规公开重大决策和涉及职工群众切身利益的事项。推进党风廉政建设和反腐败工作，全面落实从严治党，严格落实党风廉政建设党委主体责任和纪委监督责任，履行各级党组织书记第一责任人和领导干部“一岗双责”。开展“转作风、守纪律、讲规矩”等系列廉政教育主题活动，净化政治生态。牢固树立政治意识、大局意识、核心意识和看齐意识，规范权力运行，强化用权监督，充分运用“四种形态”，加大案件查办力度，全年立案2件，处分违纪干部2人，发挥震慑作用，教育全场党员干部。

（吕鹏飞）

嫩北农场

场长、党委副书记：蔡建华，1971年6月出生，山东省莱州市人，中共党员，本科学历。1988年12月参加工作，2014年2月任现职

党委书记、社区主任：李江，1967年12月出生，河北省固城人，中共党员，本科学历，高级农艺师。1983年3月参加工作，2010年7月任现职。

党委副书记、纪委书记、社区副主

任：张宝林（2011.8—）

副场长：

朱玺纯（2007.3—）

王俊海（2010.12—）

陈庆锋（2010.1—）

张志国（2011.8—）

副场长兼武装部长：

刘文武（2011.9—）

工会主席：

曲阜成（2010.1—）

概况　嫩北农场位于嫩江县东北50公里处，地理坐标为北纬49° 24′ ~ 40′，东经125° 15′ ~ 40′之间，场界东与嫩江县霍龙门乡、科络镇为邻，西与联兴乡接壤，南濒科洛河、北抵门鲁河。东西宽35公里，南北长31公里。土地总面积42202公顷，拥有耕地27012公顷，草原4920公顷，林地7080公顷，水面1398公顷。常住人口11629人，总户数4107户。2016年实现地区生产总值45895万元，人均纯收入17377元，经济社会实现稳定持续发展。

种植业　加大种植业结构调整力度，全面缩小玉米种植面积，扩大大豆和经饲作物种植面积，大豆20400公顷，玉米3800公顷，苜蓿667公顷，青贮406公顷，小麦及经济作物947公顷，种植结构更趋于合理。抓好订单种植，与百家兴、富民集团、农垦御翔北药公司等多家企业签订大豆、杂粮、中草药订单面积达5400公顷。注重科技含量，加快成果转化。投资252.8万元重点用于高产攻关及科技示范网络建设，完成“三减”示范田、少免耕、“互联网+”和大豆绿色高产攻关等5个项目，推广农业新技术6项，开展试验26项，为农业节本提质增效，可持续发展积累经验。加强农业基础设施建设。总投资6719万元用于基础设施建设，完成管理区农业开发项目、土地整理项目、水库除险加固工程、农田配套工程等，累计新建晒场9.6万平方米，库房7035平方米，涵82座，全场硬化及铺垫砂石农田路158.32公里，增强抵御自然风险的能力。

畜牧业　以奶牛为主、大鹅为辅的特色畜牧业实现新增长，畜牧总投资1165万元，其中奶牛补贴90万元；奶牛保险费补贴37万元；畜牧人员工资81万元；提供防检疫费等支出65万元；鲜奶补贴300万元；改造建设牧场费用150万元；畜牧业基础设施折旧383万元；奶牛小区环境建设等支出59万元。通过加大基础设施投入，实施补贴政策，促进畜牧业健康发展，全场实现奶牛存栏5421头，年上交鲜奶9989吨。

林业　发挥林业资源优势，探索林下经济发展模式。以樟子松嫁接红松、平欧大榛子及林药种植等为主要发展项目，栽植11公顷红松果林、3公顷平欧大榛子及种植5公顷以赤芍、白术为主的中草药，发挥林业资源优势，培育依托林业资源的产业项目。拥有苗圃面积66.5公顷，主营东北落叶松、云杉、樟子松和乡土树种，引进培育王族海棠、钻石海棠、金叶榆、蓝叶忍冬等耐寒彩叶树种5万余株，在满足农场绿化、美化、香化的建设需求同时，也向周边乡镇销售绿化树木，增加经济效益。

新农村建设　场直供水管线改造、馨悦嘉园小区道路维修、馨苑小区供暖管线维修等工程顺利推进。投资397万元完成第三管理区供水、第五管理区下水和围栏改造、第八第九管理区家属区道路硬化等项目。生态农场建设持续推进，完成春季植树造林68公顷。争取国投资金152万元更新教学设施设备，修缮翻新宿舍教室，进一步改善办学条件，子弟校顺利通过国家均衡教育验收。投资146万元新购进急诊救护车及诊疗设备，提高医院急诊救护处置能力。投资800万元新建2000平方米的嫩北农场全民健身中心、在场直文化广场安装健身器材65套，年末，场直楼房建筑总面积30.2万平方米，楼房化率88%，城镇绿化率45%，路灯及主街道亮化实现100%。

招商引资　引进百家兴食品工贸有限公司腐竹加工项目，年可生产腐竹1200吨，可解决10000吨大豆的销售难题；金羊绒毛纺织有限公司，带动就业40余人；本地青年王立投资创办的瀚禹农机制造公司，为农机改装、制造提供服务。招商引资总额2127万元，为农场产业化发展注入活力。

经营管　严格执行刚性预算管理，创新财务管理办法，完善农场增收节支工作方案及“三公经费”支出管理机制，确保资金全部用于民生建设及生产经营。开展固定资产实地清查，采集图像建立电子管理档案，明确管理主体与责任。三规范基本建设资金使用，各项补贴资金采用“一卡通”式发放，及时发放到农户手中，真正做到专项资金“专人管理、专户储存、专账核算”的三专管理。完善税收监督服务机制，培植税源，完成税收453万元。坚持有效激励，公平合理的原则，完善和健全基层管理区、场直单位考核机制，使农场经营管理水平得到有效提高。

党建思想政治工作　以“三严三实”为标尺，扎实有效地开展“两学一做”学习教育，开展“四优”党员创争活动。强化党建责任制落实，形成一级抓一级、层层抓落实的责任传导机制。开展服务型党组织建设，全面推进“领雁先锋”各项载体行动，深化拓展以服务型党组织建设、“四个四”创建、党建2+1工程、“零距离”工程、社区网格化管理、软弱涣散基层党组织整顿转化等党建品牌活动。全面加强党风廉政教育，切实增强党员干部廉政、勤政意识。加强执纪监督，通过案件查处不断完善制度建设，营造风清气正、干事创业的执政氛围。

（魏强）

建边农场

场长、党委副书记：韩凤武，1959年5月出生，四川省成都市人，中共党员，本科学历，研究员级高级农业经济师。1976年7月参加工作，2008年8月任现职。

党委书记、社区主任：邵学杰，1968年4月出生，黑龙江省富裕县人，中共党员，本科学历，教授级高级政工师。高级经济师。1987年6月参加工作，2010年3月任现职。

党委副书记、纪委书记：

何俊清（2011.8—）

党委委员、副场长、武装部部长：

于国君（2000.11—，副场长 2012.7—）

党委委员、副场长：

郭兆义（2008.5—）

蒋明明（2010.12—）

刘凡明（2011.12—）

张道清（2012.10—）

党委委员、工会主席：

王光军（2012.7—）

党委委员、组织部部长：

高　鹏（2011.1—）

党委委员、宣传部部长：

丁爱丽（女，2012.12—）

党委委员、建边公安分局局长：

初祥波（2013.12—2016.12）

概况　建边农场地处大兴安岭南部，小兴安岭西部，大小兴安岭交汇处南缘的低山丘陵地带，地理坐标在北纬49°43′～50°05′，东经125°10′～125°48′，即黑龙江垦区的西北部，位于嫩江县城北部117公里的高寒山区，处于黑龙江省农业区划第五积温带。农场占地面积826平方公里，耕地面积2万公顷，林地3万公顷，草原17467公顷，境内一江六河。总人口12896人，总户数4319户。2016年，农场实现地区生产总值4.25亿元，粮豆总产2.68万吨，人均可支配收入17379元。

种植业　以“稳产能、调结构、提品质、增效益”为方向，大力度压缩籽实玉米种植面积，增加高效经济作物种植比重，加快种植业结构调整步伐。实施绿色种植面积16067公顷，国家有机认证面积达1000公顷，欧盟有机认证13300公顷，无公害认证面积达16400公顷。在两个地号安装“互联网+”监控系统，建立农产品生产可追溯体系。推进农业市场化进程，发展订单农业。订单面积达3236公顷，其中种植芸豆1000公顷、有机小麦700公顷、中草药150公顷、高粱36公顷，有机白大豆193公顷等。争取财政资金2354万元，实施农发扶贫、农田水利建设等项目建设；投资1600余万元更新农机具70余台件。完成造林总任务51.3公顷。开发林业产业和林下经济，完成百栋大棚山野菜栽培项目，建设林苗基地100公顷，栽植各类苗木11万余株。试种平欧大榛子和樟子松嫁接红松坚果林及种植中草药。

畜牧业　实现奶牛存栏数为2318头，上交鲜奶3649吨，完成管局发展指标。牛群改良工作推进速度加快，200头澳牛牧场，已产牛犊165头，对完善牛群质量，推进9吨奶工程起到示范带动作用。肉牛（羊）养殖势头劲猛。肉牛存栏1363头，当年出栏2604头；肉羊养殖7429只，当年出栏8708只。肉牛（羊）养殖由分散向规模化发展，具有一定规模的养殖大户已经超过100户。肉牛养殖效益不断提高，单牛纯收入达3000元。生猪养殖实现新突破。全场生猪存栏10086头，出栏10331头，形成养殖200头以上的养猪大户10个。以第一管理区陈善贵养猪场为代表的生态、循环养猪模式正在取代传统养殖，养猪业的科技含量和生态意识不断提高。大鹅养殖业方兴未艾。规模化大鹅养殖业进入起步阶段，出栏5万只。

工业　依托老山芹基地，加工有机老山芹300吨；边疆酒业转化高粱200吨，生产优质原浆白酒50吨；芸山豆业拉动芸豆种植1313公顷，精选加工芸豆1000吨。大力招商引资。克服农场地理位置偏远，气候寒冷等困难，集全场力量大力招商引资，完成招商额2225万元。包括：招商引资1120万元建设集老山芹营养挂面厂和石辗子面粉加工厂为一体的建边古驿山芹挂面厂，年可加工有机小麦1400吨，生产有机面粉1200吨，有机老山芹营养挂面1000吨；投资595万元的腐竹加工厂，年可加工大豆2000吨，生产优质腐竹1000吨；投资510万元大豆油加工厂，年可加工转化大豆5000吨，生产大豆油500吨，豆粕4300吨。

民生工程　投资500万元实施金水湖水源地保护公程堤坝顶层硬化工程建设；投资1100万元实施全长8.2公里的农村白色水泥路面建设；投资100万元实施供暖管道改造工作；投资300万元的实施校园“三通工程”建设、校园房屋维修、购进语音设备和幼儿园教学系统及室内外玩具，全力推进教育均衡发展；落实“六位一体”的社区卫生服务功能。完善10类41项基本公共卫生服务项目，筹集资金103万元准备为医院购置先进医疗设备。充分利用社区、管理区健身路径，开展全民健身活动。

精准扶贫　按照“精准化识别、团队化帮扶、项目化支撑、协同化推进、定量化管理”的“五化”机制，扎实推进扶贫扶低工作。成立9个扶贫工作队，125名党员干部以“一帮一或多帮一”的帮扶形式与省标91户贫困户和65户低收入户进行对接，为帮扶对象提供助学捐款，代办服务，房屋维修、看病用车等服务；为低收入户筹集项目化扶助基金60余万元，协调养殖业贷款120万元，其中工作队员提供担保70余万元。确定可扶持项目：生猪养殖、生态鸡养殖、肉牛养殖、蜜蜂养殖、肉羊养殖、高效经济作物种植等8个可行项目。

党建思想政治工作　抓实党建责任制。落实加强国有企业党建的各项规定，与基层党支部书记签订党建责任状，与行政负责人签订一岗双责责任状，坚持党建任务与经济社会指标同部署、同落实、同检查、同考核，抓实党建责任。严肃党内政治生活。落实《关于新形势下党内政治生活的若干准则》，坚持民主集中制，完善党委决策机制和“三重一大”决策程序，着力推进党委民主决策和办事公开，坚持三会一课、民主生活会等党内组织生活制度，构筑良好政治生态。扎实开展两学一做。党政班子成员带头讲党课，并以普通党员身份参加基层两学一做学习教育。加强基层党的建设。以“暖心行动”“建边大讲堂”等为载体，推进“三型”基层党组织建设。以落实“固定党日”和“三会一课”制度为突破，实现基层组织生活正常化和制度化。加强党风廉政建设和反腐败工作。层层签订党风廉政建设责任状。加大对重点环节和薄弱环节的管理和监控力度，严肃查处违纪违法案件，打造风清气正的政治生态。

（高　鹏　沈玉佳）

哈拉海农场

场长、党委副书记：蒿万清，1963年9月出生，山东省阳谷县人，中共党员，本科学历，农艺师。1982年10月参加工作，2014年3月任现职。

党委书记、社区主任：宋文，1978年1月出生，山东省蓬莱市人，中共党员，本科学历，2002年8月参加工作，2012年7月任现职。

党委副书记、纪委书记、工会主席：

陶　军（2005.11—）

副场长：

刘爱军（2004.3—）

赵柏宏（女，2012.10—）

魏永海（2008.5—）

樊增春（2013.3—）

党委委员、组织部部长：

张金平（2006.2—）

概况　农场土地总面积29473.2公顷，其中耕地11174公顷，林地1466公顷，草原12313.5公顷，苇塘1480公顷，水面1860公顷，建设用地898公顷，其他土地281.7公顷。2016年实现地区生产总值27323.5万元，其中：第一产业14243.2万元；第二产业4869.8万元；第三产业8210.5万元。实现粮食总产8.5万吨，水稻亩产570.2公斤、玉米亩产289.4公斤。实现人均可支配收入20014元。

种植业　农场按照依法、自愿、有偿的原则，出台允许跨管理区流转基本田政策，新增水田面积667公顷。实现农业种植面积11174公顷，实现粮食作物播种面积10974公顷，其中水稻种植面积8840公顷，玉米种植面积2134公顷。青贮播种面积200公顷。实施有机肥发展有机水稻。“谷润”合作社带动4名农户，使用羊粪代替化肥和稻田鸭辅助锄草的方式种植有机水稻67公顷，并按每斤3元的标准回收水稻产品。引进高科技发展有机水稻。引进清华大学“101生命液”喷洒技术落实有机水稻面积667公顷，按国家质量标准价格每斤上浮0.09元全部回收，经检测达到有机大米的标准。

畜牧业　年末奶牛存栏1152头、交售鲜奶5227吨。畜禽防检疫率均达100%。提升草原畜牧业综合生产能力。完成313.3公顷草原改良工作，补播牧草157.2公顷，草原施肥157.8公顷，种植紫花苜蓿33.3公顷。“鑫海牧场”成为全国示范点现场。全国奶牛提质增效技术集成模式研究与示范现场会于8月17日在鑫海牧场召开，推广“鑫海牧场”先进养殖技术，促进农场奶牛养殖业健康发展。

工业　实现工业总产值达16501万元，实现工业增加值4824万元。出资5万余元新建大农网哈拉海旗舰店。引进民营投资350万元建设占地2965平方米加油站一处，主要建设储油罐4个，公容30立方米，加油机6台等附属设施1套。恒顺粮贸公司增建杂粮加工项目，由单纯的稻米加工拓展出新的加工领域，推出层次不同的产品，为提高粮食市场占有率打下基础。引资种植连片大棚60栋，充分利用水稻育秧大棚的空闲期，种植瓜果、蔬菜、木耳等作物，全部实现增收。德龙乳品有限公司扩建生产能力，生产大豆粉和杂豆粉系列产品，将杂粮资源转化为适应市场需求的健康食品与功能食品，为企业未来发展开拓广阔前景。

农业基础设施建设　完成农业基础设施项目总投资4505万元，其中国投资金4363万元，农场自筹资金142万元。完成投资2247万元的土地整治项目；完成3个国投1116万元的水利工程项目；完成投资1142万元的农发工程项目。

民生工程　投资236万元新建450平方米的草原防火站及设备；投资220万元改造自来水厂设备、外网水管线及分支入户水管线等6000米；投资150万元新建500平方米的农机停放场；投资126万元完成文化广场和机关楼前大理石地面铺设工程；投资90万元完成北外环路桥涵工程；投资38万元完成平方房区路灯安装；投资47万元铺设步道砖4251平方米；投资116万元为子弟校购置教学设备及幼儿园安装室外大型玩教具；投资119万元为医院增设彩超、分析仪等设备。农场“职工活动中心”于6月6日正式开放，图书馆、球体馆、健身馆、棋牌室等进一步提高职工群众文化生活质量。

党建工作　开展“两学一做”学习教育，学习累计20余次，受教育党员累计600多人。2016年选拔调整干部7人，调整工作岗位21人；层层落实“一岗双责”党风廉政建设工作，签订岗位责任书36份，干部签订廉洁保证书78份，上交个人重大事项报告3份。农场68名干部与54户困难家庭结成帮扶对子，发放扶贫工作为民服务联系卡162张，提供帮扶资金62万元。为困难职工发展畜牧养殖、特色种植等致富项目提供贷款45万元。

（孙彦玲）

齐齐哈尔管理局

党委书记：李恒伟，1960年4月出生，山东莱阳人，中共党员，本科学历。1976年10月参加工作，2014年12月任现职。

副局长、党委委员：唐立华，1964年10月出生，辽宁省宽甸人，中共党员，研究生学历，农艺师。1983年10月入伍并参加工作，2005年7月任现职。

副局长、党委委员：段景田，1958年8月出生，山东省成武县人，中共党员，研究生学历，高级会计师。1982年1月参加工作，2005年7月任现职。

党委委员、纪检委书记：魏建文，1959年6月出生，山东省莱西市人，中共党员，本科学历，高级农机工程师。1976年10月参加工作，2007年9月任现职。

党委委员、组织部部长：胡冀伟，1966年5月出生，黑龙江省宝清人，中共党员，研究生学历，高级政工师。1989年7月参加工作，2010年10月任现职。

党委委员、武装部部长：李传昌，1968年2月出生，吉林省榆树县人，中共党员，研究生学历，1986年8月入伍并参加工作，2010年4月任职。

党委委员、宣传部部长：孙盛民，1967年10月出生，山东省济宁市人，中共党员，本科学历，高级政工师。1985年12月参加工作，2013年12月任现职。

纪检委副书记、监察局局长：孙爱军，1971年7月出生，黑龙江省克山县人，中共党员，本科学历，高级政工师。1994年8月参加工作，2011年3月任现职。

组织部副部长（副调研员）：

王秀艳（女，2011.3—）

广播电视局局长：郑国，1959年1月出生，黑龙江省克山县人，中共党员，本科学历，工程师。1976年10月参加工作，2009年12月任现职。

武装部政委：翁承军，1969年5月出生，河北省滦平县人，中共党员，本科学历，1986年11月入伍并参加工作，2012年3月任现职。

政法委副书记：张福斌，1965年11月出生，山东省陵县人，中共党员，研究生学历，农艺师。1985年8月参加工作，2011年11月任现职。

司法局局长：阎部，满族，1957年8月出生，辽宁省开源市人，中共党员，本科学历，高级政工师。1973年8月参加工作，2011年11月任现职。

司法局局长：郭进，1960年3月出生，黑龙江省青冈县人，中共党员，本科学历，农机工程师、高级政工师。1977年11月参加工作，2016年11月任现职。

司法局副局长：

李春鹏（2011.8—）

公安局政委：史祥国，1962年7月出生，辽宁省开源县人，中共党员，本科学历，1980年11月入伍并参加工作，2006年2月任现职。

公安局局长：温长军，1958年2月出生，黑龙江省肇源县人，中共党员，本科学历，1975年7月参加工作，2012年任现职。

公安局副局长：

于　涛（2002.4—）

检察院党组书记、检察长：程远兴，1961年5月出生，山东省禹城市人，中共党员，本科学历，统计师。1978年10月参加工作，2009年6月任现职。

检察院副检察长：

刘革非（2010.6—）

法院党组书记、院长：林建华，1962年11月出生，山东省诸城市人，中共党员，本科学历，三级高级法官，高级政工师1980年7月参加工作，2009年6月任现职时间。

法院副院长：

周洪涛（2008.6—）

计财处处长：朱崇智，1961年2月出生，江苏省涟水县人，中共党员，研究生学历，高级统计师，1978年10月参加工作，2014年3月任职。

计财处副处长：

邵　奎（2013.3—）

审计处副处长：孟德彬，1973年12月出生，黑龙江省拜泉县人，中共党员，本科学历，高级会计师。1997年7月参加工作，2013年4月任现职，主持工作。

人力资源和社会保障局局长：张胜国，1966年5月出生，黑龙江省克山县人，中共党员，研究生学历，经济师专业技术职务，1986年7月参加工作，2010年6月任现职。

办公室主任：许吉万，朝鲜族，1962年12月出生，黑龙江省尚志市人，中共党员，本科学历，农艺师。1983年8月参加工作，2011年11月任现职。

办公室副主任：李魁（副调研员），1958年2月出生，吉林省大来人，中共党员，本科学历，高级政工师、农业经济师。1975年11月参加工作，2005年8月任现职。

办公室副主任：

杨　奎（副调研员）（2001.2—）

办公室副主任：

杨书斌（2014.3—）

农业局局长：张志，1961年10月出生，吉林省洮南人，中共党员，本科学历，高级农艺师。1981年8月参加工作，2001年3月任现职。

农业局：姜成（副调研员），1964年5月出生，辽宁省庄河人，中共党员，本科学历，高级兽医师。1988年8月参加工作，2005年8月任现职，主持科技局工作。

农业局：任健（副调研员），1973年8月，黑龙江克山县人，中共党员，研究生学历，高级工程师。1996年6月参加工作，2014年9月任现职，主持农机局工作。

林业局局长：董元珍，1963年2月出生，黑龙江省虎林县人，中共党员，研究生学历，林业高级工程师。1983年8月参加工作，2005年8月任现职。

畜牧兽医局局长：司建成，1961年7月出生，内蒙古扎赉特旗人，中共党员，本科学历，高级畜牧师。1984年10月参加工作，2001年2月任现职。

畜牧兽医局副局长：

赵小彦（2011.8—）

畜牧兽医局：

徐春阳（副调研员）（2009.12—2015.12）

水务局局长：蔡寒冰，1965年1月出生，河南省长葛人，中共党员，研究生学历，高级工程师。1984年7月参加工作，2011年3月任现职。

工信委主任：赵海文，1966年12月出生，黑龙江省齐齐哈尔市人，中共党员，本科学历，高级会计师职称，1991年7月参加工作，2013年5月任现职。

工信委：刘冠一（副调研员），1959年3月出生，河北省雄县人，中共党员，本科学历，政工师。1975年11月参加工作，2008年2月任现职，主持安监局工作。

住房和城乡建设局局长：吴砚，1965年12月出生，河北抚宁县人，中共党员，本科学历，高级水利工程师。1984年7月参加工作，2014年3月任现职。

商务局局长：赵洪生，1972年9月出生，黑龙江省讷河市人，中共党员，本科学历，高级工程师。1991年7月参加工作，2015年11月任现职。

商务局副局长：

夏元秋（2011.8—）

交通运输局局长：李柏成，1960年12月出生，黑龙江省双城市人，中共党员，本科学历，高级政工师。1978年11月参加工作，2011年3月任现职。

交通运输局副局长：

刘华军（2014.3—）

卫生局局长：徐忠尧，1958年5月出生，辽宁省鞍山人，中共党员，本科学历，副主任医师。1975年11月参加工作，2001年2月任现职。

教育局局长：张贵春，1962年2月出生，山东省莱州市人，中共党员，本科学历，中学高级教师。1978年8月参加工作，2009年12月任现职。

教育局副局长：

张　力（2011.8—）

质量技术监督局局长：李长军，1962年10月出生，山东省章丘市人，中共党员，本科学历，1984年7月参加工作，2012年任现职。

环保局局长：艾东，1966年3月出生，黑龙江省密山市人，中共党员，本科学历，高级环保工程师。1989年9月参加工作，2011年5月任现职。

国土资源局局长：张立军，1961年10月出生，黑龙江省富裕县人，中共党员，本科学历，1983年8月参加工作，2013年12月任职。

国土资源局局长：陈国栋，1973年4月出生，黑龙江省讷河市人，中共党员，本科学历，1990年7月参加工作，2016年11月任现职。

国土资源局副局长：

王占河（2005.11—）

工商物价局局长：肖奎，1961年12月出生，黑龙江省望奎县人，中共党员，研究生学历，高级经济师。1978年1月参加工作，2002年12月任现职。

工商物价局副局长：

韩丽红（女，2011.10—）

赵英杰（2011.10—）

社会保险事业管理局局长：杜建强，河北省深县人，1968年3月出生，中共党员，本科学历，电气工程师。1990年7月参加工作，2011年4月任现职。

社会保险事业管理局副局长：

张玉和（2001.2—）

党校副校长：刘怀山，1958年12月出生，吉林省通榆县人，中共党员，本科学历，高级政工师。1975年10月参加工作，2013年4月任现职。

党校副校长：刘爱民，1957年3月出生，黑龙江省克山县人，中共党员，大专学历，农机工程师。1975年11月参加工作，2013年4月任现职。

中心医院党委书记：杨俊波，1963年1月出生，黑龙江省甘南县人，中共党员，本科学历，政工师。1980年12月参加工作，2004年3月任现职。

中心医院副书记、院长：顾漫红，女，1968年7月出生，黑龙江省依安县人，中共党员，本科学历，副主任医师。1985年参加工作，2014年7月任现职。

中心医院副院长：

张学军（2006.1—）

李振寰（2006.1—）

农垦大厦总经理：张立彬，1968年3月出生，黑龙江省泰来县人，中共党员，本科学历，政工师。1988年1月参加工作，2010年5月任现职。

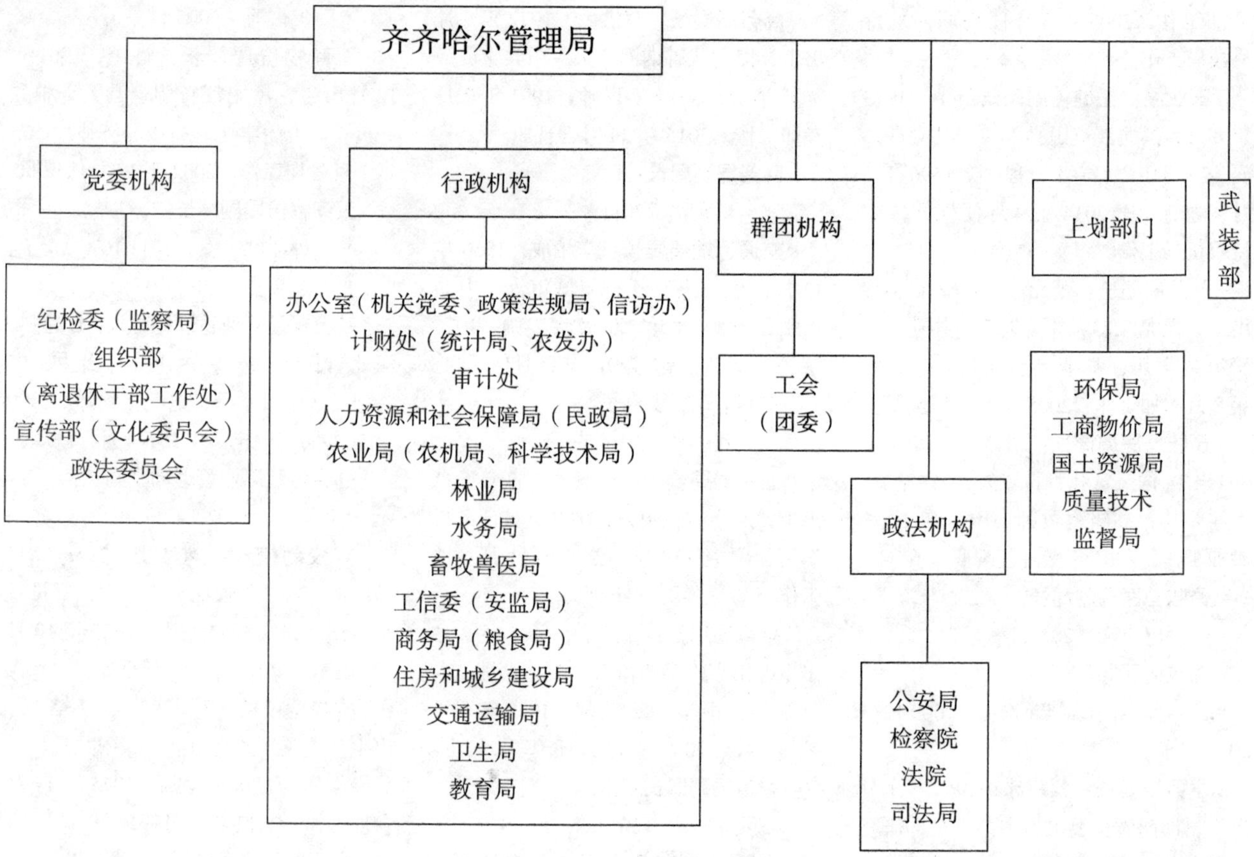

图 16　齐齐哈尔管理局机构示意图（2016 年）

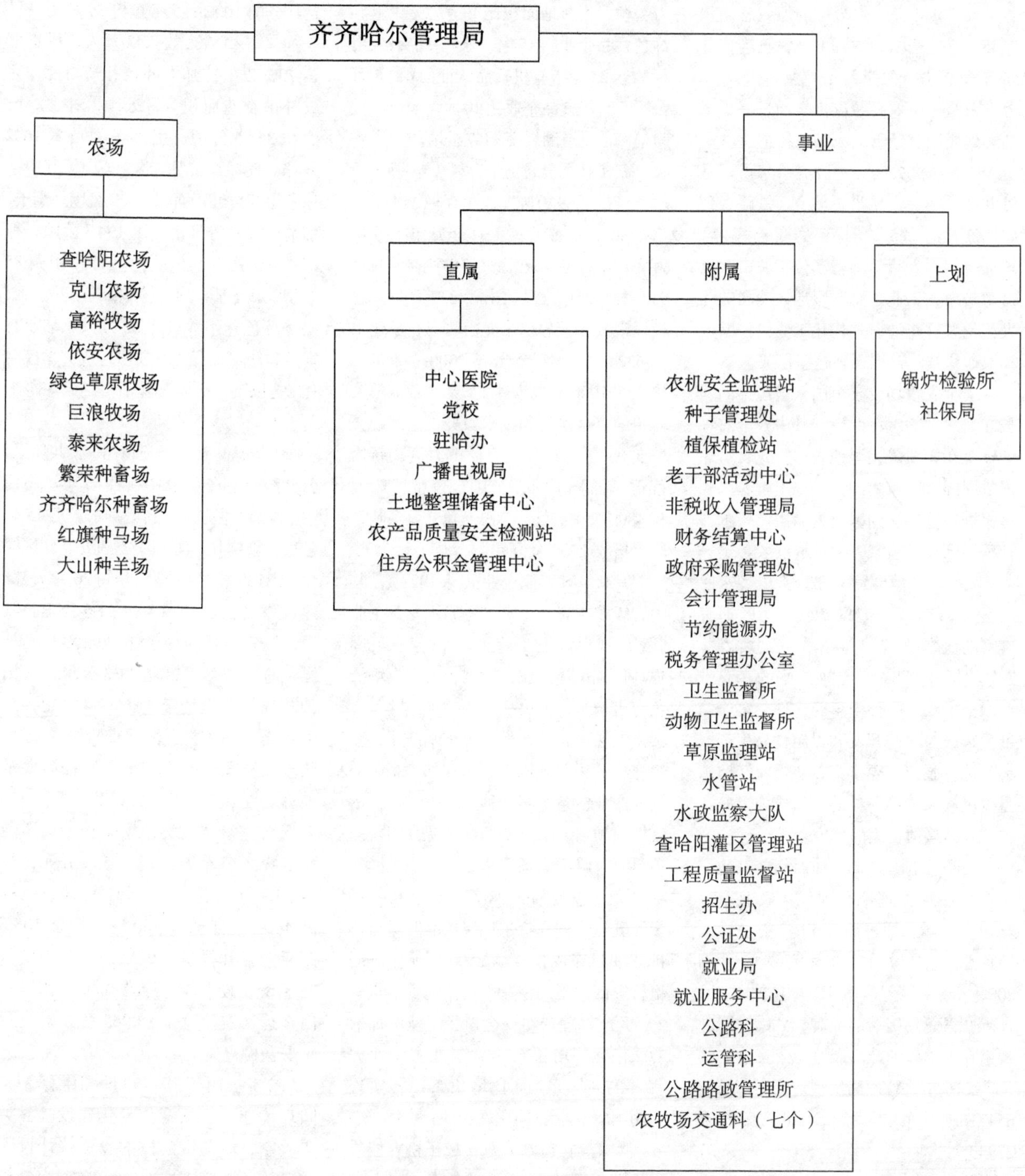

图 17　齐齐哈尔管理局企事业单位示意图（2016 年）

概况　齐齐哈尔管理局地域总面积2655平方公里，下辖11个农牧场，分布齐齐哈尔、大庆两市八县，人口16万人，是一个农林牧副渔全面发展，工商运建服综合经营的大型农垦企业。

管理局机关所在地齐齐哈尔市，是黑龙江省第二大城市，航空、铁路、公路四通八达，市场繁荣，客商云集。管理局所辖齐齐哈尔种畜场位于城市东出口“哈大齐工业走廊”腹地，美丽的北大荒鹤城鲜花港、现代化工业科技园区和农业科技示范园区在这里落成。

11个农牧场位于全国未被污染的两条江河之一的嫩江两岸，其中6个农牧场环绕在亚洲最大湿地——扎龙自然保护区周围，区域内的大气、土壤、水和草原等环境均达到绿色食品生产要求。管理局已成为国家级生态示范区。

区域内过境江河6条，大中型水库12座，万亩以上灌区7处。辖区拥有丰富的地热、风能和生物质等新型能源。7个牧场拥有5.3万公顷最好的寒温带草原，生长230种中草药，种类多、储量大，成为北药开发和保健食品生产原料基地。旅游资源丰富，“黑龙江柯尔克孜民族风情第一村游”，成为黑龙江省100个最值得去的地方。

管理局是国家重要的商品粮基地、农畜产品加工基地和现代化农业示范基地。全局总播种面积14.43万公顷，粮食总产量119万吨。现有工业企业近200家。泰来“嫩鑫”大米、大山“十三叶”大米获得总局级著名品牌，“嫩鑫”牌大米在中国粮油产品展览会荣获金奖。

2016年，管理局实现地区生产总值654716.3万元，居民人均可支配收入22949元。

农业生产　全局总播种面积141486.6公顷，以水稻为主的粮食作物占87.7%，以马铃薯为主的经济作物占11.8%；以玉米青贮为主的饲料作物占0.5%。在夏旱、冰雹、秋涝等自然灾害的影响和玉米面积大幅调减的情况下，粮食总产达109万吨，平均公顷产量7912.5公斤，比垦区平均公顷产量高592.5公斤。落实26个转方式调结构示范推广项目，示范面积493.33公顷。加强生态化建设，全局“三品一标”农产品监测面积达9.96万公顷，占耕地面积比率达72%以上。绿色食品企业达15家，绿色食品有效用标数达25个，有机食品认证面积1.8万公顷，有机食品企业达10家。农产品质量追溯项目追溯规模4467公顷。

畜牧业　全局奶牛存栏1.24万头，鲜奶产量2.69万吨。肉牛存栏1643头、出栏8062头；猪存栏4.94万头、出栏9.44万头；羊存栏4.36万只、出栏9万只；禽存栏49.89万只、出栏222万只。建设巨浪牧场梦想奶牛养殖牧场，新建牛舍6324平方米、青贮窖2000立方米、榨奶厅1000平方米。加大对“荒坡羊”养殖的资金扶持和技术服务，生产杂交羊5105只。加大苜蓿种植力度，新增苜蓿草面积1066.7公顷，苜蓿留床面积4800公顷，苜蓿草总产量2万多吨，职工增收2000余万元。

工业　有工业企业共计182家，其中省级龙头企业1家，总局级龙头企业2家，规模以上工业企业16家。巩固提高传统优势产业，发展查哈阳农场绿色有机稻米、大山种羊场“十三叶”、泰来农场稻花香、长粒香稻米产业，新组建3家30万吨以上的水稻加工企业。延伸产业链条，繁荣种畜场玉米秸秆沼气发电项目、依安农场辽金源日用陶瓷项目、查哈阳农场生物有机肥加工续建项目完成投资额2798万元；富裕牧场多元乳业、齐齐哈尔顶津饮品有限公司扩建项目完成投资额2500万元。协调银行等部门帮助企业申请流动资金贷款2亿元。管理局实现全口径工业增加值7.02亿元，增长6.2%；工业主营业务收入27.8亿元，同比增长5.4%；实现利润1.68亿元，同比增长5%。

林业　在苗圃共嫁接樟子松容器袋红松苗17万株，平均成活率65%；在樟子松林现地嫁接红松，共涉及6个场26块林地16万株，平均成活率55%；直接用红松嫁接樟子松容器苗造林，共涉及3个场6块林地4万株，成活率70%。嫁接成活率和定植成活率分别比正常年份低20%和15%左右，主要原因是当年气候极其干旱所致。年底，拥有嫁接红松面积244.7公顷。完成造林绿化面积466.7公顷，含更新造林434公顷，新造林32.7公顷，完成总局下达任务的100%；义务植树34.48万株，参加义务植树人数7.43万人，尽责率达70%以上；加大补植补造力度，完成补植补造面积76.9公顷；林木育苗面积358.6公顷，生产各类苗木1642万株。发展经济林358.2公顷，其中，樟子松嫁接红松面积164.7公顷，李子、葡萄、沙棘等经济林木194.3公顷；种植中草药190.9公顷；培育食用菌85万袋；林下狐、鹿、鸵鸟，蜂、鸡、雁、鹅等特色养殖数量达32万只。林业有害生物防治面积400公顷，成灾率控制在2‰以下，无公害防治率达到88%。苗木产地检疫率达到100%。

小城镇建设　新建道路、公共环卫、公共绿化等公益事业项目57个。新建住宅7700平方米，新增排水管道15.47公里。新增垃圾处理中心3处、营区绿化12.31万平方米、营区植树20.72万株。建设农村公路项目6个51.6公里。其中，齐齐哈尔种畜场至农业园区3公里，绿色草原牧场至8队11.3公里，大山种羊场红卫渔场至4队19.4公里，拉哈镇至渡口6.5公里，查哈阳农场10队至9队5.6公里，查哈阳农场太平湖分场9队至8队5.8公里。投资450万元新建富裕牧场、繁荣种畜场客运站。投入公路养护资金850万元，投资53.8万元更换标志牌132块、里程碑40块、百米桩760块，投资105.8万元购置开槽机、破碎镐等养护设备78台套。投资34万元更新查哈阳、克山客运站安检设备（8065型X射线行李安全检查仪）。

教育　用于基本建设和维修，校园环境建设，教育信息化建设，各类实验室，活动室建设的投资共计投入4704万元，管理局10所义务教育学校的办学条件改善。11月通过国家义务教育发展基本均衡督导检查组的检查评估验收。

脱贫攻坚　落实5个国家扶贫开发项目和14个具体脱贫项目。低保保障标准从每月500元，提高到每月560元。对216户贫困户开展医疗救助，对85户贫困户进行临时救助，实现了社会保障兜底脱贫。

社会事业　投入资金5000多万元，

改善学校办学条件，顺利通过国家教育均衡化验收。完成管理局就业和社会服务中心及图书馆项目建设，完成管理局康复治疗中心及敬老院配套设施项目主体工程建设，新增大型医疗设备52台（套）。新增110万元的公共场所体育设施，满足群众的体育健身需求。

增收节支　全局土地承包费收入实现4.61亿元，增加3846万元；粮差收入6087万元，增加197万元；草原及水面承包费收入399万元，增加30万元。压缩管理和社会性支出费用，全年费用支出3.6亿元，比上年减少2052万元。

“两学一做”活动　成立学习教育协调小组12个，召开两次全局性推进落实会议，局场两级开展集中学习讨论1434次，参加党员1.2万人次，组织党组织书记、老党员和先进模范等讲党课362节，听讲人数1.05万人次，选树先优集体和先进个人401个，推动学习教育活动取得实效。

精神文明建设　开展第三届道德模范评选活动，提高外宣工作和舆情管理水平。打造特色亮点工程，有2名志愿者获全省优秀志愿者称号，有1个志愿服务项目获全省优秀志愿服务活动品牌，富裕牧场柯尔克孜民俗馆获全国民族团结进步教育基地殊荣。

（刘伟红）

2016年齐齐哈尔管理局基本情况及国民经济主要指标统计表

指标名称	计量单位	合计	克山	依安	富裕	查哈阳	泰来	绿色	巨浪	齐畜	繁荣	大山	红旗	局直
一、所属管理区数	个	33	4	2	4	8		3		5	5	2		
二、总户数	户	57769	10177	2112	4748	24061	1145	2343	1331	4754	3728	1465	1043	836
三、总人口数	人	145220	21635	4379	10922	66323	3096	5388	3258	11492	9321	3688	2668	2583
其中：男性人口	人	79355	11354	2278	5695	37455	1901	2825	2137	6279	4700	1912	1426	1386
女性人口	人	65865	10281	2101	5227	28868	1195	2563	1121	5213	4621	1776	1242	1197
少数民族人口	人	4428	226	53	1166	1904	92	252	8	319	140	232	23	
四、生产总值	万元	654716.3	89065.7	35384.9	54453.8	315999	24364.6	29268	11243.2	39678	19696	14009.4	6758.8	14794.9
五、人均生产总值	万元	45084.4	41167.4	80805.9	49857	47645.5	78697	54321	34509	34526.6	21130	37986	21497	57278
六、工农业总产值	万元		79642.2	24874.5	33277.8	314733	18004.6	34401.5	4464.2	19393.3	2420	8754	4341.4	
七、粮食总产量	吨	1091566	166280	50537	70246	530338	37659	42900	14659	37038	89375	39727	12807	
八、固定资产投资总额	万元	77530.37	24635	3154.3	4623	24108	1795	3848	820.5	4721.4	5853	690	433	2849.17
九、职工工资总额	万元	94620.11	16654.1	2870	3548.7	47833.5	1255	8767.3	12880	6106.8	4427.7	292	1238.4	6183.3
十、职工平均工资	元	34978	26612	31678	31656	39295	34611	33911	35469	36350	28640	14012	32503	63418
十一、垦区居民人均可支配收入	元	22949	22327	24360	21905	24886	25646	24451	21629	24011	15211	14583	12996	

克山农场

场长、党委副书记：马曙光，1966年5月31日出生，黑龙江省宝清县人，中共党员，本科学历，农机工程师。1983年8月参加工作，2011年5月任现职。

党委书记：李贵福，1965年6月出生，黑龙江省五常县人，中共党员，本科学历，教授级高级政工师。1984年8月参加工作，2009年1月任现职。

党委副书记兼纪委书记：

赵景才（2009.12—）

党委委员、副场长：

王宪羽（2011.5月—2016.7）

华树东（2011.5—）

李学峰（2013.4—）

党委委员、工会主席：

王洪可（2011.5—）

党委委员、武装部部长：

孙敬波（2010.5—）

党委委员、组织部部长：

刘怀志（2014.7—）

党委委员、宣传部部长：

迟玉梅（女，2013.3—）

场长助理：

辛洪雨（2011.9—）

李晓峰（2013.5—）

概况　克山农场位于黑龙江省西北部，齐齐哈尔市所辖克山县与讷河市之间。距克山县55公里，距讷河市56公里，距哈尔滨市360公里，距齐齐哈尔市180公里。地理坐标为北纬48°11′56″～48°23′40″，东经125°07′54″～125°36′37″，为小兴安岭伸向松嫩平原过渡地带，丘陵漫岗，海拔313.9米，地势东高西低。场界东西长44公里，南北宽18公里，总面积350平方公里。土质有淋溶黑钙土、草甸沼泽土、普通黑钙土和河谷水线冲击土。黑钙土占地面积98%，土质较轻，结构疏松，肥力较高。农场境内没有河流，地面水源于自然降水；再有地下水，岩层厚质较大，水质良好，为优质淡水，适合饮用、灌溉。2016年克山农场无霜期145天，年平均气温3.2℃。最高气温33.7℃，最低气温-31℃，≥10℃的活动积温从5月17日开始至9月24日终止。年降水569.2毫米，其中3月至10月，总降雨量比同期多44.2毫米。农场耕地面积2.9607万公顷，下设4个管理区、28个作业区，场部2个居民委及工厂、学校、医院等27个工商运建服企事业单位。有常住人口21635人，其中职工6258人。是以粮食、马铃薯产品、农林牧副渔全面发展、工商运建服综合经营，政、社、企一体，社会形态完整，经济社会可持续发展的生态区域。是国家重要商品粮生产基地，马铃薯产品生产基地，绿色食品、有机食品、无公害食品生产基地。2016年，实现地区生产总值89065.7万元，人均可支配收入22327元。

农业生产　按照“转方式、调结构”总体思路，优化种植业结构，总播种面积2.83万公顷，其中玉米0.77万公顷，大豆1.14万公顷，马铃薯0.51万公顷，水稻0.032万公顷，其他经济作物0.142万公顷。粮食总产达16.63万吨。落实大豆免耕种植试验项目一个，马铃薯互联网+农业项目一个，示范面积共计43.3公顷。完成农业生产培训6期，培训人员1000人次。发放农机购置补贴1006.92万元，共补贴农机具95台（套），其中大中型轮式拖拉机55台，联合收割机12台，卫星定位与自动驾驶系统（GPS）5套，其他农业机械14台（套），进口德国格力莫马铃薯播种机14台（套），改装进口免耕播种机16台（套），受益农户和农机服务组织192户，农场新增农机动力0.3万千瓦，带动农业机械投资2420余万元。投资10020万元，完成千亿斤粮食、小型农田水利、现代农业、农综开发、土地整治和扶贫开发等农田基础设施建设项目，打机电井77眼，建水泥晒场110690平方米，库房3093平方米，田间路90千米，建筑物58座，过水路面8座，涵洞70座，治理排水沟15千米，架设输电线路57.8千米，购变购压器76台，喷灌机53台等。

林业　完成更新造林106.7公顷，营造农田防护林和水土保持林62条，农田防护林总量达1048条，网格数742个，农田网化率达100%，森林覆盖率8.8%。

畜牧业　奶牛存栏1472头，生猪存栏8734头，羊存栏4060只，禽存栏67238只，奶牛养殖小区3个，机械化奶站5个，林下生态鸡养殖场6个，规模生猪养殖场3个，水库养殖19个，不断向质量效益型转变。

工业　有工业企业14家，实现工业增加值5770万元，净增加值352万元，利润1849万元，净增加值59万元。4家停建企业正在筹集资金，处理投资方移交手续。

全民创业　自营经济实现总产值4.85亿元，总利润1.59亿元，职工人均收入24955元。重点建设葵花、高粱、红豆、甜菜、小粒豆、南瓜六个特色种植基地，大型超市、批发零售、住宿餐饮、交通运输等服务行业已发展到500多家，解决职工就业800多人，人均年收入2万元。

社会民生　投资160万元，对场直住宅小区80余处堵塞的排水管道进行维修。完善小区、街道、文化公园、时代广场景观绿化，城镇绿化覆盖率达到42.9%；交通路网进一步优化。投资94万元，进行公路养护；投资82万元进行公路危桥改造。投资437万元购置教育教学设备，投资150万元对初级中学进行塑胶跑道改造，自筹458万元为初级中学和小学进行全面改造和校园文化建设。幼儿园集体进编，管理人员和幼儿教师工资参照教师工资标准执行。高考本科上线率较上年有所提升，克山农场理科、艺术类2名高考考生分别名列管理局第一名。社区卫生服务功能更趋完善。投资280万元，改建消毒供应中心布局、完善医疗废物暂存间、焚烧间门窗设施等。投资355万元购买医疗设备（CT、彩超、救护车等）。职工医院为居民建立居民健康档案11762人，建档率82%，65岁以上老年人免费体检1500人、幼儿园幼儿172人，免费妇女病普查2094人，计划生育特服人员免费体检30人，重性精神病人免费体检30人，城管理局环卫员免费体检87人。通精准到户到人发放扶低致富小额贷款，干部“一帮一”带动式发展高效作物种植、畜牧养殖项目，以及开发商给予就业岗位、农场政策救助、社会保障兜底等综合措施，使55个目标户87个目标人全部实现脱低目标。社会保障功能完善。新增就业282人，其中企业就业12人，灵活就业189人，零就业家庭实现就业16户，困难人员重新就业112人。纳入最低生活保障1395人，发放低保金695.54万元，重病贫困家庭医疗救助70户，救助金额35.44万元，对350人次重度残疾人、贫困残疾人发放了护理补贴和生活补贴金31.54万元，全场生活和医疗救助107人，发放中央财政和配套帮扶资金11.15万元，为34名90周岁以上老年人发放高龄津贴3.35万元，发放扶贫扶低资金25万元，4名孤儿纳入低保救助范畴。

企业经营管理　财务管理进一步精细化。严格执行货币管理规定和“三重一大”制度，坚持收支两条线原则，杜绝了公款私存和账外账，实现预算不超支。综合管理费用在上年基础上整体下降6%，共计减少支出535万元。债务得到化解和控制。偿还以前年度各种欠款及兑付款9900万元，其中偿还短期借款3300万元，以土地承租方式偿还以前年度工程款3650万元，偿还其他应付款2950万元，全年无新增债务。清收各类欠款671万元，超额完成管理局下达任务。审计监督力度进一步加强。完成审计19个(其中财务收支审计5个，离任审计10个，各种专项审计5个），完成计划的271.43%，审计资产总额17126.16万元，提出审计建议65条。

党建工作　三重一大”领导班子集体决策制度得到有效落实，召开“三重一大”事项专题会议22次。确保各类决策科学、民主、公开。按照《干部选拔任用条例》要求，选拔使用和培养后备干部，14名大学生得到重用；党的基层组织建设活力焕发。各基层党组织围绕“亮身份、晒承诺、强服务、做表率”主题，开展“双五一”活动，全场党员干部共为职工群众办好事177件，帮助职工群众解决生产生活难题155件，干部“一帮一”脱贫贫困户30个。党风廉政建设筑牢底线。签订党风廉政建设责任书47份，“三个责任”有效落实。开展以“应常态、增信心、强定力、促发展”为主题的“五治”（治懒、治散、治庸、治拖、治贪）活动，廉政谈话120人次，诫勉谈话1人次，9名党员干部受到党纪政纪处分，做到真抓严惩。

（姜琮玮）

查哈阳农场

场长、党委副书记：王春明，1968年5月出生，黑龙江绥化人，中共党员，大学学历，助理农艺师，1990年1月参加工作，2016年5月任现职。

党委书记：郭进，1960年3月出生，黑龙江省青冈县人，中共党员，大学学历，高级农机工程师，1977年11月参加工作，2006年2月至2016年9月任现职。

党委副书记、纪委书记：

吕忠元（2009.12—2016.6）

党委副书记、纪委书记：

陈　刚（2016.8—）

党委委员、副场长：

安红宇（2013.4—）

王国义（2016.8—）

党委委员、工会主席、宣传部部长：

王庆海（2016.8—）

党委委员、武装部部长：

张龙轩（2013.4—）

党委委员、公安局局长：

李　纯（2016.8—）

党委委员、组织部部长：

王立辉（2010.12—）

场长助理：

刘立星（2014.3—）

樊庆国（2015.5—）

伞　斌（2016.8—）

概况　查哈阳农场位于黑龙江省西北部，齐齐哈尔市甘南县和讷河市境内，距甘南县78公里，距齐齐哈尔市125公里，距哈尔滨市386公里；地理坐标为北纬47°56′～48°31′，东经123°46′～126°26′范围之内；农场地处大兴安岭东麓，嫩江右岸，诺敏河与阿伦河之间，大兴安岭东麓的低山丘陵区与松冲积平原的过渡地带，北部丘陵漫岗，其余平原地带，地势平坦，呈东北高，西南底，坡度为千分之一米。海拔高程180米，场界东西宽15公里，南北长45公里，土地总面积8万公顷。农场北部丘陵合地以棕色森林土质为主，平原区以草甸黑钙土、碳酸盐草甸土和一少部分盐渍土为主。土质较为黏重，结构良好，黑土层深，肥力较高。农场水系较发达，诺敏河从场界西北流向东南汇入嫩江，经几代人开发水利，农场水利工程发达，配套工程完善，农场早已成为东北四大自流罐区之一，农场地下水资源丰富，水位较高，适于饮水与灌溉，2016年农场无霜期141天，年平均气温2.1℃，最高气温33.4℃，最低气温－31℃。10度以上的活动积温2900℃，年降水486.8毫米。农场耕地面积6.38万公顷，下设8个管理区，54个作业区，场部有7个居民委，及工厂、学校、医院等25个工商运建服企事业单位。有常住人口66323人，其中职工26530人，农场是以生产粮食为主，农林牧副渔全面发展，工商运建服综合经营，政、社、企为一体的大型现代化国有综合农业企业，年创产值31.59亿元。人均纯可支配收入2.49万元。

农业生产　农场总播种面积6.47万公顷，粮食作物6.14万公顷，经济作物0.33万公顷，农场粮食总产达53.03万吨。种植结构实现“一减二增”，玉米面积由1.36万公顷压缩到0.07万公顷，大豆面积由0.15万公顷增加到0.16万公顷。实施土地整理、高标准农田、产粮大县、灌区整修续建、节水改造工程。全场新增各类农业机械1945台（套），农业机械化率达到98.8%。落实“三减”措施，化肥、农药和除草剂累计使用量分别减少7.1%、6.5%和5.5%。发展质优价高的绿色有机农产品，实现0.38万公顷水稻、2万吨大米质量可追溯，农场绿色食品认证面积增加到4.3万公顷，占农场耕地面积67.95%。

林业　在金边、太平湖管理区完成

樟子松嫁接红松工程。开展中药材试验、示范种植26公顷，拓宽了职工致富门路，完成造林面积123公顷。

畜牧业　奶牛存栏1582头，生猪存栏7184头，羊存栏6383只，禽存栏65218只，奶牛养殖小区5个，机械化奶站5个，林下生态鸡，大鹅养殖场23个，规模养殖场5个。水面养殖场2个，效益逐年提高。

工业　农场有工业企业29家，工业门类齐全，已形成粮食加工、机械修造、建材生产等行业，年创产值13.5亿元，工业增加值3.48亿元，工业利润4580万元。工业成为拉动农场经济发展的重要组成部分。实现工业增加值产品由"原字号"向精、深、特转变，农场加工生产的大米、纯粮白酒、蜂蜜等农产品远销全国各地。农场为大米加工企业争取国家政策扶持，并多管齐下解决中小企业贷款难问题。

非国有经济　抓住地处三县旗五乡镇中心位置的优势，发展现代服务业，实现自营经济总产值10.3亿元，总利润4.27亿元。个体工商户发展到1888户，比2015年末增加363户，私营企业408户，比2015年末增加85户。电商户100多个，实现网上销售400多万元。管局电子商务E管理平台项目启动运行。农场绿色采摘园、太平湖水库、渠首全年接待游客近1万人次，拉动消费300万元。

社会民生　投资1400万元，新建教学艺体楼3645.8平方米。投资460万元对教学园区进行维修。投资162万元，对场区11栋老旧楼房的供热管线进行改造升级，投资400万元，完成职工医院整体搬迁工作。利用国家专项资金680万元，更新职工医院陈旧诊疗设备。利用一事一议奖补资金1455万元，改善场部及管理区居民区的基础设施。开展春季环境卫生专项整治行动。投资160万元购买清雪设备3套，做到大雪2天，中小雪当天全部清完。

党建与法制　深入推进"两学一做"学习教育活动，基层党组织的整体功能得到提升，干部队伍工作作风明显改善。依托农场广播电视局自办的新闻栏目、农场官方网站、农场微信平台，全年对外发表各类新闻稿件700余篇。引导信访走法治化渠道，深入开展社会矛盾纠纷排查化解工作。法庭全年共受理各类诉讼案件424件，审结334件，审结率为78.7%。农场公安分局全年破获各类刑事案件81起，破获公安部交办省厅督办垦区首例侵犯公民个人信息犯罪案件，被省公安厅评为2016年全省网安十大经典案件。以全面落实"两个责任"为重点，全年纪检监察部门共受理信访举报36件，初核16件，立案20件，结案20件，处理违法违纪人员32人。

（曹培杰）

大山种羊场

场长、党委书记：宋玉民，1959年12月出生，河北省抚宁人，中共党员，本科学历，教授级高级政工师、会计师。1976年7月参加工作，2005年3月任现职。

党委副书记、工会主席：

吕志鹏（2009.12—）

党委委员、副场长：

王玉良（2009.12—）

党委委员、纪检委书记：

马洪生（2015.7—）

党委委员：

董洪国（2010.6—）

场长助理：

解堂东（2011.9—）

概况　大山种羊场地处大庆市杜尔伯特蒙古族自治县境内。农场面积14860.5公顷，总人口3688人，职工855人，下设2个管理区、1个服务站，年生产总值14009.4万元，人均可支配收入14583元。

大山种羊场建于1960年，原隶属黑龙江省畜牧（兽医）局，1978年开始培育优质东北细毛羊。1992年发展德国肉用美利奴、特克塞尔等5个世界驰名的肉绵羊品种种羊。2007年3月划归黑龙江农垦齐齐哈尔分局。2007年年末，肉羊生产转制改为民有民营。2011年初，农场与松原市德美牧业生物技术有限公司组建黑龙江农垦大山羊业有限公司，发展优质肉羊产业，打造"荒坡羊"品牌，同年11月，通过黑龙江省畜牧兽医局种羊场检收，成为黑龙江省第五个种羊繁育场。

农场西临嫩江，嫩江流经场域14公里，水质良好，适宜农业灌溉。地处黑龙江省第一积温带，无霜期140天以上、有效积温在2800℃以上，年降水量400毫米左右。现有耕地3230.4公顷，草原2679公顷，生长着豆、菊、莎科和禾本科等优质牧草，及野生榆树、杏树、灌木丛和防风、龙丹草、柴胡等珍贵药材；林地3423公顷；水面1467公顷（人工水面333公顷），盛产鲤鱼、鲫鱼、鲶鱼、杂鱼和河虾等。原生态自然资源得天独厚。

农业以水稻种植为主，水田3333.3公顷，占播种面积的74%，年产水稻28800吨以上。水稻采用无污染的嫩江水灌溉，注册生产的"十三叶"大米"，在黑龙江省西部有较高的知名度，2012年被黑龙江农垦总局授予垦区知名商标。2013年3月、2014年3月两次被全国粳稻米产业大会组委会评为优质品牌粳米。

畜牧业重点打造优质肉羊"荒坡羊"品牌。"荒坡羊"养殖已形成公司+合作社+农户的养殖模式雏形。年末肉羊存栏6381只，出栏11323只；，奶牛存栏688头，成母牛389头，牛奶产量1777吨；肉牛存栏344头、出栏1092头，生猪存栏931头、出栏1062头；家禽存栏9297只、出栏10.41万只（其中大鹅出栏9万只）；肉类总产量达659.4吨。实现畜牧业增加值1400.3万元。

小城镇建设快速发展。自筹资金4170多万元，修建通场水泥公路、客运站、医院、休闲广场、森林公园、老干部活动中心、污水处理站、场直给排水工程等基础设施。招商引资2400万元，建居民住宅楼18636多平方米。实施强工兴城战略，招商引资4300多万元，已引进4家水稻加工企业进驻工业园区。

农业生产　按照"转方式、调结构"总体思路，优化种植结构，全场播种面积4500公顷，其中：水田面积3333

公顷，占播种面积的 74.%；旱田面积 1167 公顷。粮豆总产 3.97 万吨，全场种植业实现增加值 5601 万元。完成水稻育秧大棚二次利用培植木耳 10 栋，可为职工增加收益 3 万元以上。利用国家农机补贴资金 72 万元，农场投入补贴资金 7 万元，拉动职工购置农用拖拉机、水稻插秧机收割机 59 台，建设水稻、玉米烘干塔 2 个。

畜牧业　年末实现肉羊存栏 6381 只，出栏 11323 只；奶牛存栏 688 头，成母牛 389 头，牛奶产量 1777 吨；肉牛存栏 344 头、出栏 1092 头；生猪存栏 931 头、出栏 1062 头；家禽存栏 9297 只、出栏 10.41 万只（其中大鹅出栏 9 万只）；肉类总产量达 659.4 吨。规模肉羊养殖场 3 个，规模生猪养殖场 2 个。全年实现畜牧业增加值 1400.3 万元。扶持羊业公司引进澳大利亚优良胚胎 25 枚。开展肉羊杂交改良工作，全年改良生产出杂交羊 5105 只（母羊 2213 只）。推广乳肉兼用牛改良技术，生产出杂交改良牛 208 头。利用草原生态补助奖励资金 73.5 万元打草原灌溉井 4 眼，架设草原灌溉井配套线路 7 公里。完成草原种植苜蓿推广性试验 200 公顷。投资 33.8 万元，完成草原管理站改建工程，改建面积 193.2 平方米。

加工业　工业园区有稻米加工企业 4 家，以工业园区稻米加工企业为龙头，以“十三叶”大米品牌为依托，以农场水田及与农场接壤的同为嫩江水田灌溉的水田为“十三叶”稻米生产基地，打造“十三叶”大米品牌。同时，为打造和扩大“十三叶”大米知名度，达到企业增收职工增效目的。加大对园区企业资金的扶持力度。年末，工业实现销售收入 1.26 亿元，工业增加值 2900 万元，实现销售利润 700 万元。

林业　投资 30 万元，对森林公园、公路沿线补植樟子松、花灌木 7000 余株。美化场区环境。

全民创业　职工自营经济实现产值 2900 万元，利润 1600 万元，从业人均收入 1.5 万元，重点发展发展肉羊、大鹅、生猪养殖等自营经济。小型超市、零售商店、住宿餐饮等服务行业 20 多家，解决就业 100 多人。

社会民生　完成投资 1270 万元供排水改造项目中的水处理间装饰、围墙和路肩等收尾工程。完成投资 2900 万元 20 公里通场水泥公路主线建设。农场投资 45 万，完成老干部活动中心硬化面积 1700 平方米工程及内置设备购入。新建路灯 21 盏，更换路灯 LED 灯头 56 盏。招商引资 500 万元建设 3836 平方米四号职工住宅楼；招商引资 380 万元完成大山种羊场鑫兴达加油站建设项目。落实精准扶贫对象 32 户，投入帮扶资金 30 万元。通过开展致富项目，每户年底人均收入达到 6500 元。对低保人员进行动态管理，发放低保金 45 万元。工会、民政部门针对不同致贫致困人员，发放大病补助、医疗救助、生活救助、临时救助资金 15 万元，全场有 110 多人获得相应的救助。发放高龄津贴 1.04 万元。

企业经营管理　严格执行货币管理规定和“三重一大”制度，坚持收支两条线原则，杜绝了公款私存和账外账，实现预算不超支，财务管理进一步精细化。严格按照预算审批，强化预算监控和定期审查，有效降低成本费用。加强财务管理。坚持“硬指标、强约束”，严格执行预算管理。压缩“六项费用”支出；严格控制“三公”经费支出，大力压缩行政管理成本，综合管理费用在上年基础上整体下降 8%。强化“三资”管理，清查各类资源，把有效资源全部清理出来，资源开发要引进竞争机制，并达到最大效益化，仅莲花泡人工养鱼池承包工项，就为农场增加收入 30 多万元。抓好清欠工作，盘活企业资金，全年回收资金 12 万元。

党建工作　农场党委坚持把思想政治建设摆在重要位置，通过多渠道多形式组织学习习近平总书记系列重要讲话，使全场党员干部牢固树立政治意识、大局意识、核心意识、看齐意识。通过“两学一做”教育活动，党员在思想、政治、组织、作风、纪律等方面得到加强，党员的先锋模范作用和党组织的凝聚力和战斗力得到提升。加强领导班子和干部队伍建设，树立正确的用人导向，激发干部队伍活力，各级班子战斗力得到增强。坚持“三重一大”决策制度，强化权力运行制约和监督。党委落实廉政建设两个责任，坚持从严治党要求，纠正“四风”，营造风清气正的良好政治环境，为农场经济社会发展提供坚强政治保证。

（张玉超）

富裕牧场

场长、党委副书记：王宪羽，1965 年 9 月出生，山东省东平县人，中共党员，本科学历，政工师。1985 年 6 月参加工作，2016 年 7 月任现职。

党委书记：彭崇瑞，1963 年 10 月，江苏省邳州市人，中共党员，本科学历，高级政工师。1980 年 8 月参加工作，2008 年 12 月任现职。

党委副书记兼纪委书记：
杨永生（1998.11—）
党委委员、副场长：
陈宝库（1998.10—）
陈金利（2013.4—2017.2）
党委委员、工会主席：
王海涛（2016.8—）
武装部部长：
张国华（2016.7—）
党委委员、组织部部长：
杨石红（2016.4—）
党委委员、宣传部部长：
刘　忠（2015.9—）
场长助理：
刘新伟（2011.10—）

概况　富裕牧场位于黑龙江省西部，齐齐哈尔市所辖的富裕县境内，地理坐标为北纬 47° 36′ 45″ ~ 47° 57′ 40″、东经 124° 13′ 30″ ~ 124° 46′ 57″ 之间。场部坐落在富裕镇东部 15 公里处的树林火车站南侧。地处嫩江平原乌裕尔河流域。西靠嫩江，南面乌裕尔河，北部引嫩人工运河，蜿蜒流经场内东部地区。地势北高南低，东高西低，地面坡降为 1/200 ~ 1/5000。境内地形属冲击波状平原，海拔高度在 156 ~ 182.5 米。土壤有黑土、沼泽土、沼泽草甸土、碱化草甸土和风沙土，分别占总面积的 7%、10%、15%、8%、60%。

牧场所辖4个管理区6个作业区“镶嵌式”分布在富裕县城的周围。场域总面积276平方公里。有耕地177985公顷，草原12000公顷，绿色植物约有4大类140余种。2016年，实现生产总值54453.8万元，人均可支配收入21905元。

种植业　全场总播种面积9080公顷。水稻4613公顷、玉米3767公顷、大豆107公顷、青贮187公顷、高效作物407公顷。实现粮食总产7.03万吨，粮食作物平均每公顷产8221.5公斤，其中水稻9000公斤，玉米7530公斤，粮食作物平均公顷效益5550元。推广五大栽培模式和十项新技术，重点推广玉米“大垄密”1333公顷，水稻叶龄诊断4613公顷，飞机航化作业健身防病1733公顷（两遍）。加大科技成果转化和创新力度，推广玉米应用GPS进口播种机播种3767公顷，推广水稻机械精密播种4613公顷，钵形毯式苗、钵育摆栽667公顷，集中浸种催芽2667公顷，按照绿色食品生产技术规程种植，新增加绿色食品（水稻）检测面积3333公顷。大棚育秧100%，全年突出重点推广了深松整地、伏秋起垄、原垄卡种、保护性耕作、行间覆膜、测墒灌溉、节水控灌等技术，制定病虫害绿色防控方案，推广应用病虫害绿色防控技术。落实总局示范项目三个，免耕示范项目、大棚综合利用种植食用菌示范项目、赤眼蜂防治玉米螟项目，其中赤眼蜂防治玉米螟示范项目、黄姑娘特色种植被总局选为特色代表。

造林绿化　完成造林绿化13公顷任务，即以更新造林为主的工程造林13公顷。共栽植樟子松容器苗、丁香、金叶榆、草花等树木8.1万株。其中栽植绿篱2500延长米，栽植草花4万株，建立义务植树基地2个（以栽植草本花卉为主的义务植树活动），完成义务植树4.7万株。同时对2015年未达标的造林绿化地块进行全面补植。实现城镇绿化覆盖率43%。全场共栽植树木、草花8.1万株，品种6个。育苗面积150公顷，以民营苗圃为主，培育糖槭、银中杨、垦绥垂柳、金叶榆、丁香、紫叶稠李，大小叶锦鸡儿、榆树、红瑞木及多年生宿根花卉等各类高档造林绿化苗木15个品种，产苗300万株。除满足本场造林绿化外，还可以向外部提供商品苗木。推广引进樟子松嫁接红松技术，在造林地上共实现红松嫁接2公顷。林业达成面积3520公顷，其中有林地面积3306公顷，全部为人工林。农田防护林面积数量达成727条，网格数185个，面积2913公顷，农田林网化率达到100%；未成林面积113公顷；苗圃4个，面积150公顷，总产苗量800万株，当年产苗量300万株；义务植树保存面积200公顷；家庭林场123个，面积2173公顷；场部控制面积400公顷，绿地面积172公顷，绿化率达43%；管理区区部4个，区部面积333公顷，绿地面积110公顷，绿化率达33%；公路绿化8条，绿化里程达15公里，绿化率达96%；全场森林覆盖率达12.7%。

农机更新　农机更新资金总额达1366.6万元，争取国家农机购置补贴资金410.39万元，其中6行及以上手扶步进式水稻插秧机182台、70马力以上拖拉机85台、收获机39台、激光平地机2台，全年完成农机补贴重点工作99.8%。

水利建设　加固培厚通南沟堤防14.945千米（其中，右岸堤防7.469千米、左岸堤防7.476千米），修建穿堤建筑物5座（其中新建涵闸2座、强排站3座）。工程概算总投资为2903.36万元，其中：工程部分投资2600.03万元。富裕牧场有堤防44.35公里，其中嫩江堤防4千米，乌裕尔河堤防22.47千米，通南沟17.88公里，确保了2016年汛期渡汛安全。旱水源及配套工程建设地点为该场第二管理区第八作业区，新打抗旱水源井8眼并配套潜水泵，架设高压输电线路3千米，安装变压器7台（套）。工程总概算103.20万元。在该场第三管理区第十一作业区上人畜饮水改造工程建设：新建水处理厂房1座（108.77平方米）；配套变频设备1套、水净化设备1套；还在该场第三管理区第十三作业区上人畜饮水改造工程建设：新建配水管线3.69千米；新配套变频设备1套、水净化设备1套；新建阀门井1座。工程总概算156.65万元。其中：国投150万元、自筹6.65万元。打水源井64眼，购买84台套绞盘式喷灌机，抗旱喷灌面积1260公顷。

畜牧业　全场奶牛存栏1759头，其中，成母牛754头；肉牛存栏113头，出栏34头；累计鲜奶总产量2364.18吨；生猪存栏7248头，出栏7843头；羊存栏3859只，出栏2884只；禽类存栏7.5217万只，出栏2.1096万只；禽蛋产量545.3吨。农场与北京中鼎国众牧业科技有限公司达成一致已于2015年11月3日正式签订第二管理区民族村散栏高标准奶牛小区厂房及设备承包合同，承包期10年，牛只入驻全部吸纳农场内奶牛实行托管，并与奶牛户签订托管合同，全部采用TMR饲喂技术，实行全封闭统一饲喂、防疫、管理，统一饲料、兽药，统一鲜乳销售的牧场化饲养经营管理模式。于2016年1月5日正式运营。现运营状态良好。现奶牛存栏351头。以此为典范，强力推动和带动富裕牧场奶牛业转型升级发展进程。种植青贮177公顷，品种：金岭377，平均单产达4吨，贮量10600吨。申请青贮贮量12118.7吨，补贴资金60.5935万元，全部实行银行卡式发放。

新农村建设及项目　投资210万元。其中，危房改造工程，投资18.67万元，新建两户一栋住宅130平方米，仓房46平方米。奶牛小区道路硬化工程，投资22.44万元，硬化5米宽220延长米道路一条。新区砂石路工程，投资8万元，修建1条6米宽砂石路700延长米。投资53.88万元，预制混凝土板512立方米，防渗膜6400平方米。奶牛小区氧化塘工程，投资36.41万元，建长50米，宽50米，高2米氧化塘1座。共有3个扶贫项目，总投资490万元，其中国投425万元，自筹65万元。一是第三管理区小型农田水利工程。投资240万元，其中国投200万元，自筹40万元，共打机电井26眼，输电线路10千米，购置机泵设备26套，购置变压器4台；二是第十作业区水泥晒场。投资200万元，其中国投175万元，自筹25万元，建水泥晒场13000平方米。三是民族村设施农业大棚项目。投资50万元，全部为国投，建钢骨架大棚20栋。农业综合开发即第三管理区高标准农田项目。总投资1040万元，其中国投945万元，自筹95万元。建设内容为开挖疏浚渠道10.3公里；建设渠系建筑物14座；打机电井10眼；架设输变电线路4公里（含变压器10台）；建设水泥晒场12000平方米，良种库房1400平方米；修筑机耕路17.43公里，筑林台8.3公里。草原防火基础设施项目。投资297万元，其中国投270万元，自筹27万元，建草原防火物资库房450平方米，安装物资储备架及安防监控等设施1套，购置扑火装备15套（风力灭火机105台，风水灭火机105台，防火服300套，野外生存装备150套）、通信设备1套（GPS5台，车载中继台1台，对讲机10台）、取证设备1套（数码照相机1台，数码摄像机1台，台式电脑1台，笔记本电脑1台，传真机1台，打印机1台）、防火专用设备1批（隔离带开设设备1套）。一事一议和美丽乡村奖补资金建设项目（在民族村有7项）。投资398万元，其中奖补资金378万元，自筹资金20万元。建设内容为场直新合小区道路硬化788延长米，场直副业小区道路硬化1800延长米，十三作业区砂石路3000延长米。

自营经济　自营经济实现总产值3.4亿元，利润1.66亿元，从业户均纯收入59500元，人均纯收入2.4万元。以西瓜、苗木等项目为重点，其中：西瓜6.7公顷，苗木533公顷，杂豆133公顷，甜菜80公顷，西瓜、苗木公顷效益达到1.8万元以上，其他高效经济作物公顷效益达到10500元以上。设施农业大棚总数达到145栋，有20栋大棚栽培木耳。现有种鹅存栏1000只，鹅孵化厂1个，大型孵化机总数1台，可保证年孵化能力22万只目标。年出栏鹅18万只。有综合厂、第六作业区肉鸡养殖小区2个，可实现年出栏商品肉鸡30万只，培育年出栏2万只以上大户5户。养殖大户为第六作业区王英利，年出栏肉鸡2万只，年产蛋35万公斤，实现利润40多万元。兰狐养殖户2户，养殖量800只；大雁养殖户2户，养殖量800只。

民族村建设　民族村排水工程，投资70.6万元，营区修建排水沟U型槽护坡4440延长米，涵管224节，过路顶管两个。“一事一议”和美丽乡村奖补资金建设项目。民族村危房改造新建住宅176平方米；民族村奶牛小区道路硬化220延长米；民族村营区砂石路700延长米；民族村设施农业园区排水工程，预制混凝土板512立方米，防渗膜6400平方米；民族村营区排水4440延长米；民族村奶牛小区养化塘1座。

（蒋来福）

绿色草原牧场

场长、党委副书记：张军旗，1971年12月出生，黑龙江省明水县人，中共党员，研究生学历，高级农机师。1991年12月参加工作，2011年9月任现职。

党委书记：孙洪光，1962年12月出生，辽宁省开原人，中共党员，研究生学历，政工师。1982年8月参加工作，2004年3月任现职。

党委副书记、纪检委书记、工会主席：苏庆明，1971年1月出生，山东省郓城县人，中共党员，本科学历，助理工程师。1989年7月参加工作，2009年12月30日任现职。

副场长、党委委员：

董立军（2013.4—）

党委委员、武装部部长：

王一川（2011.5—）

党委委员、组织部部长：

李忠立（2010.6—）

党委委员、办公室主任：

张庆革（2015.11—）

场长助理：

孙守宇（2011.9—）

概况　牧场始建于1958年，地处松嫩平原西部，地理坐标为北纬46°15′35″，东经124°15′35″，年有效积温2900℃，年日照2865小时，年降雨量400毫米，无霜期150天。牧场是以种植业为基础，以奶牛业为支柱，以苜蓿产业和旅游产业为新经济增长点的农林牧副全面发展的农牧场。总人口5406人，从业人员3245人，在职职工786人，离退休职工1381人，下设3个管理区、12个作业区。控制面积38133公顷，其中耕地5667公顷，林地面积1万公顷，森林覆盖率27.8%。草原牧地面积16933公顷，占总面积的43%。2016年年末，实现地区生产总值29268万元，居民人均可支配收入24451元。

农业生产　总播种面积2.14万公顷，其中调减玉米种植面积至5000公顷，种植饲料玉米、板蓝根933.3公顷、杂豆5000公顷。种植业总产值11969万元，平均公顷效益6894元，总效益5055万元。投资1460万元更新农机具48台（套），淘汰小型拖拉机30台、老旧农机具35台（套），农机田间生产综合机械化程度98%以上，农机跨区作业面积3333公顷，职工增收80万元。申请上级投资项目2个，新打机电井8眼，配电线路3公里，安装变压器4台。上年农田旱情严重之际，及时启用项目机井配套设施及喷灌设备160余台套。农业保险玉米参保面积4827公顷，总保费326万元，全场共理赔1030户，兑现理赔款1500万元。开展科技推广工作，培训“互联网+”、网店等新型职业农工200余人次。

畜牧业　全场奶牛存栏3527头，交售商品鲜奶5649吨。投资180万元，完善阳光奶牛园区标准化牧场改造项目，新建储草棚1500平方米。依托林下资源优势，职工群众饲养草原鸡6.2万只，生态鹅4.1万只，养殖户150户。发放青贮补贴资金32.7万元。其中对符合条件的奶牛养殖小区、养殖场和专业合作社等补贴资金28.7万元。加大防疫检疫、畜禽免疫监测和畜产品质量监测力度，确保全年无疫情发生。

苜蓿产业　完成1万亩苜蓿示范项目建设任务，苜蓿公顷产达到7500公斤以上，旱作苜蓿达到4500公斤以上，职工增收1100余万元，改良“三化”草原217公顷。完成20公顷苜蓿科技示范园区建设，优选国内外16个品种开展四大项对比试验，均取得了良好效果。利用电子商务平台，推进“互联网+苜蓿”、“苜蓿专业合作社+现代奶牛牧场”销售模式建立，苜蓿产品销售到省内外现代化奶牛牧场。利用苜蓿绩效奖励资金购买生产配套大型机械 38 台套，新建苜蓿化验室 110 平方米，配备专业技术人员 2 名，购置先进仪器设备 17 台套。绿草牧业公司完成内蒙古巴林右旗苜蓿种植项目 667 公顷，建成苜蓿喷灌圈 18 个，项目建设取得预期效果。

林业　完成造林绿化面积 207 公顷，其中大地造林面积 200 公顷，场区绿化和通第十作业区公路绿化 6.93 公顷。补植补造面积 200 公顷，育苗面积 7 公顷，产苗 110 万株。嫁接红松 5 万株，定植已嫁接好的红松 3 万株，同时利用 100 公顷采伐迹地，定植樟子松容器苗 10 万株。筹集资金 6 万余元，打设防火隔离带 164 公顷，全年无重大火灾发生。截至 2016 年年末，全场森林总面积达到 10600 公顷，森林覆盖率 27.8%，牧场城镇绿化率达到 42%。

“管理年”活动　加大纪委、审计监督力度，重点对“三公”经费、民生资金等重点资金项目进行重点跟踪，促进厉行节约和规范管理，保证资金的安全使用。压缩“六项费用”支出，严格控制“三公”经费支出，大力压缩行政管理成本；严格控制非生产性支出，压缩基本建设项目；压缩城镇管理费用支出，大幅度降低运营成本；科学设置机关内部机构、合理配备机关及管理区、作业区人员编制，综合管理费用在上年基础上整体下降 6.2%。

改革工作　按照总局、管理局党委统一部署，全面落实改革任务。对总局 15 项改革任务和管理局 7 项重点改革任务分解落实到各单位、各相关部门。按总局、管理局改革任务分解方案，摸清全场资产、负债、企业办社会收支等底数。

社会事业　争取上级政策支持，完成第八作业区、第二作业区 11.3 公里农村公路通畅工程。投资 15 万元新打安全饮水井一眼。继续加大教育投入，投资 239.4 万元，更新学校功能室设备；投资 34 万元，完善校园基础设施建设。加强教育教学管理，推动新课改，教育教学质量稳步提高，高标准通过国家义务教育均衡发展评估验收。投资 68.2 万元，购买救护车等医疗设施及器械。继续推进社区公共卫生服务体系建设，完善“六位一体”服务模式。计生全年发放独生子女奖励费等辅助奖励金额 40 余万元。民政部门核实低保对象，核准低保户 178 户，发放低保金、医疗救助及临时救助等资金共 150 万元。劳动和社会保障科发放灵活就业社保补贴资金 85.6 万元，申请稳岗补贴 23.4 万元。2016 年，缴纳社会保险费 1502 万元，为参保人员支付各项社会保险待遇累计 4416.6 万元。落实信访工作责任制和《信访条例》，化解各类信访事件 4 起，处理上级交办案件 2 起，信访维稳工作进一步加强。切实抓好公共安全，严格落实安全生产责任制，有效防范安全生产事故，完善突发事件应急处理机制，全面提升应急响应能力。民主管理进一步规范，场务公开阳光透明，群众监督机制得到完善。司法分局进行“七五”普法工作，注重发挥社区矫正和帮教功能。加强立体化治安防控体系建设，加大违法犯罪打击力度，职工群众安全感明显增强。

（金忠）

依安农场

场长：李炳刚，1967 年 9 月出生，山东省郓城县人，中共党员，本科学历，高级政工师。1986 年 11 月参加工作，2004 年 3 月任现职。

党委副书记兼纪委书记：
冯双孝（2009.12—）
党委委员、副场长：
王晓飞（2011.5—）
靳明峰（2013.3—）
党委委员、组织部部长：
张健全（2010.1—）
党委委员、管理区主任：
杨铁成（2015.9—）
场长助理：
谢学斌（2016.3—）

概况　依安农场位于黑龙江省西部，嫩江平原中部，依安县境内，分布于乌裕尔河中游南北两岸，地理坐标为北纬 47°46′～47°56′，东经 124°51′～125°35′，为黑龙江省农垦总局齐齐哈尔管理局下属的中小型农场。农场西临鹤城齐齐哈尔，北接开放口岸黑河，碾北公路、齐北铁路从境内穿过，交通十分便利。

农场占地面积 9713.3 公顷，耕地面积 5666.7 公顷，水田占 74%，旱田全部实现高效经济作物，农业机械化率 98%。场县共建工业园区拥有长江以北储量最大高岭土矿资源和石英砂、五色土、黑泥等多种矿物质，是生产建筑陶瓷、卫生陶瓷和工艺陶瓷的主要原料，潜力巨大、商机无限，前景广阔。

农场总人口 4379 人，2112 户，其中农场 1874 户，非农场 238 户。环境优美、民风淳朴、人杰地灵，场部地区取消平房、实现楼房化，缩短了贫富居住差异，城镇化率达 80%、绿化率 43.5%、人均绿地面积 20 平方米。2016 年，农场实现地区生产总值 35384.9 万元，其中：一产增加值 16434.5 万元、二产增加值 8604 万元、三产增加值 10346.4 万元，分别增长 -5.3%、8.7%、25%；资产负债率 46.11%，比上年下降 1.57%；人均可支配收入 24360 元，比上年增长 3.9%；实现利润 595 万元。

农业生产　围绕“稳稻、减玉、增经作、提标准”的总体思路，实现播种面积 5633.3 公顷，其中水田 4160 公顷、公顷产 9555 公斤；玉米 1160 公顷、公顷产 8640 公斤；杂粮杂豆 313.3 公顷，粮食总产实现 5.05 万吨。推进转方式调结构，发展水稻育秧大棚二次利用 1800 栋，其中种植木耳 20 栋、20 万段，粉红柿子 58 栋（每栋面积按 360 平方米标准计算），水稻育秧大棚二次利用初见成效，典型示范带动作用明显增强。为确保职工增产增效，农场农业立足抢前抓早、重点突出实地踏查、正面宣传引导、着重提高标准，全场农业标准化水平明显提升。争取上级政策支持，投资 500 万元，完成西太平川沟交叉涵工程和总排干穿堤涵工程，解决主汛期上游坡水倒灌淹没农田问题；投资 210 万元新建第二管理区水稻育秧大棚 42 栋；投资 469 万元更新农机具 160 台套，有效提升农机装备水平。

畜牧业　畜牧业以引进养殖大户示

范带动农场养殖户为重点，引进大鹅养殖9户，其中，养殖大鹅2万只1户，1万只以上3户，5000只以上5户，职工规模养殖大鹅500～5000只14户，全场规模养鹅户数23户，年出栏突破10万只，职工增收120万元，带动就业50人，增加劳务收入32.7万元。同时依安农场年出栏肉羊4万只、大雁1200只、水产2万公斤，“短平快”的畜牧产业已成为职工增收的重要途径。

工业　抓住辽金源日用工艺陶瓷被纳入“齐齐哈尔市十二个重点推进产业”项目，与县政府联手打造工艺陶瓷展销中心在齐齐哈尔市顺利落成。辽金源日用工艺陶瓷与“大汉窑”创始人台湾工艺美术大师林明德先生合作，推出结晶釉瓷、三彩瓷、红釉五彩描金瓷、青花描金瓷等高档陶瓷系列产品，聘请国家级大师2人、省级大师5人、高级技师和专业技术人员43人驻场创作生产，工艺陶瓷作品荣获“黑龙江省旅游产品设计大赛铜奖和群众最喜爱产品奖”。龙辉米业生产的“依鹤”品牌系列大米，在黑龙江省召开的国际绿色有机食品博览会上颇受消费者欢迎和好评，远销福建、甘肃、湖北、上海等地。

互联网＋产品营销　以绥化管理局“大农网”为平台组建的网络旗舰店已经开始运营，职工已在大农网首页注册53户，大米、木耳、肉羊、大鹅和陶瓷产品已展示到互联网上。

社会民生　投资768万元重点推进七个方面的民生实事。⑴投资210万元拓宽城镇幸福街0.7公里，并铺设暗排、安装路灯；⑵投资125万元安装出口路路灯117盏；⑶投资85万元在主干路、居民小区、公共场所安装监控设备145套；⑷投资40万元更换阳光小区单元门4个、更换幸福小区楼盖1300平方米，维修住宅小区道路1100平方米；⑸投资40万元城镇栽植各类花灌木46000株，种植草坪13000平方米，花卉5000平方米；⑹投资110万元修缮第二管理区田间重点路段2.2公里；⑺投资158万元彻底解决第一作业区饮用水安全问题。

城镇经营管理　为城镇居民承担供水用电等补贴63万元，供暖补贴80万元，物业费补贴120万元。物业主体责任得到全面落实，城管中心监管机制不断完善，城镇管理不到位的细节问题得到了解决，公共场所、居民小区卫生标准明显提升，居民保护环境、爱护家园的意识显著增强。引进富雅花园别墅小区蒙古风情游项目，新建蒙古包12个，可接纳300名游客同时用餐。

社会事业　投资388万元对学校教学楼、宿舍楼进行维修改造，更新教学设备改善了办学条件，顺利通过了国家义务教育均衡发展验收；投资28万元完善社区卫生服务中心诊疗设备，全年为群众免费开展各类体检670人次。报销老干部医药费28万元，开展“孝老爱亲”评选活动，奖励“百岁老人”赵安乐3万元，尊老、爱老、珍爱亲情的氛围日趋浓厚。

精准扶贫　严格落实“责任到人、帮扶到户”领导干部与贫困户结对帮扶机制，进行一对一的帮扶对接，通过沟通和联系了解帮扶家庭的基本情况，帮助理清发展思路，制订帮扶计划，鼓励他们树立致富的信心，在全场上下的共同努力下，3户贫困家庭实现脱贫。

（冯明东）

泰来农场

场长：韩中立，1970年6月出生，山东省沂水县人，中共党员，研究生学历，高级政工师，1995年8月参加工作，2012年7月任现职。

党委书记：魏志民，1960年11月出生，黑龙江省林甸县人，中共党员，本科学历，高级政工师，1978年9月参加工作，2009年1月任现职。

党委副书记、纪委书记、工会主席：

贾　昊（2013.4—2017.1）

副场长：

刘存元（2013.3—）

郝群山（2013.4—）

党委委员、组织部部长：

谢红岩（2015.9—）

党委委员、计财科科长：

张　弘（2015.9—）

概况　泰来农场位于黑龙江省西南部泰来县境内，东临嫩江与杜尔伯特蒙古族自治县相望，西南北三方面分别与泰来县胜利、宁姜、好新接壤。农场1948年建场，当时归泰来县管辖，1972年归嫩江管理局至今。泰来农场场部地理坐标北纬46°23′46″，东经123°32′，海拔134～137米，属我省第一积温带，年均气温4.2度，平均活动积温2875度，年均日照时数2917小时，无霜期145天。全场占地10200公顷，人口3096人，1145户，下设3个管理区，耕地5333公顷，林地面积3133公顷，森林覆盖率30.7%。2016年实现地区生产总值2.43亿元、人均可支配收入2.56万元。

农业生产　克服夏季高温少雨、秋季低温多雨等不利天气影响，实现粮食总产3.9万吨，公顷效益6285元。坚持以市场为导向调整种植结构，推进旱改水，扩大水田面积，职工水田种植公顷效益达1.2万元以上。投入400万元实施灌区配套改造工程，泵站设施及运行能力进一步增强；投入90万元建设大排干农桥，穿堤方涵等农田水利基本项目建设，不同程度地缓解了多年北水库内涝和田间道路通行难题。加大农机更新力度，发放农机补贴192万元，更新农机具85台套。继续发挥浸种催芽中心作用，投入19万元免费为职工集中浸种200吨。加大科技创新和推广力度，开展水稻超早育苗，育秧大棚二次利用栽培食用菌等科技试验项目，完成大棚栽培食用菌5栋，稻田养殖河蟹100公顷。

畜牧业　以市场为依托，实现畜牧饲养多元化。加大畜牧基础设施投入，改建奶牛小区3000平方米，推进奶牛小区转型升级。投入30万元实行鲜奶与青贮补贴政策，提高养殖户性。全年免疫率均达100%。

林业　加大小城镇绿化力度，打造生态城镇。投入城镇绿化资金70万元，栽植乔灌木、花卉6.5万余株，完成绿化造林13.3公顷，城镇绿化率达到45%。坚持义务栽，制度管，机关干部率先垂范，带头义务植树半个月，完成高标准绿化6处，完成场区及“两棵林苗”基地的常年抗旱、除草、修枝定杆工作，现已初步达到造林绿化用苗要求。2016年，农场被全国绿化委员会授予全国绿化模范单位称号。

小城镇建设　投入126万元完善第二作业区道路硬化1.5公里，安装第二作业区路灯32盏，改造场区自来水净化项目，投入40万元完成场区排水、排污、供热等改造工程。利用“一事一议”奖补资金25万元购置环卫车辆，提升社区服务城镇能力。坚持建管结合，进一步完善城镇管理考核机制，提升管理水平。

经营管理　按照管局强化管理年活动总要求，牢固树立过紧日子思想，从严处抓起，强化管理，严把“三关”，即把好资金使用关、预算关、财务运行关。2016年，农场预算整体费用比2015年下降11%，六项费用同比下降8%。

社会事业　坚持优先发展教育事业，投入109万元为学校购置触摸一体机、电脑等教育教学设备，农场学校高质量通过国家教育均衡发展验收，并得到国家验收组高度评价。有3名学生考入了总局宏志班，创建校以来最好成绩。加快卫生事业发展步伐，投入103万元购置急救车和医疗器械，充分利用好医院的健康小屋，对全场糖尿病、高血压等慢性疾病进行监控，全年免费为职工体检300人次。开展群众文化活动，举办七场篮球友谊邀请赛并荣获冠军，场老年协会参加泰来县秧歌比赛获全县第二名好成绩。更加注重社会治安综合治理工作，综治信息化建设不断加强，社会矛盾纠纷调处率达100%，调解成功率、群众满意率达到95%以上。

党建工作　坚持党要管党、从严治党，扎实开展“两学一做”学习教育，以“三比、三争、三创”为载体，共组织学习82次，参加人员800余人次，平均记学习笔记1万字，建立问题台账1本，征求意见95条，整改落实52条，立行立改27项，为职工群众解决实际问题28件，党员干部做实事160余件。

（刘海维）

红旗种马场

场长、党委书记：李伟华，1972年7月出生，黑龙江省依安县人，中共党员，研究生学历，农艺师。1993年参加工作，2012年6月任现职。

党委副书记、纪委书记、工会主席：

王永军（2013.4—）

党委委员、副场长：

张备战（2011.5—）

耿玉波（2013.4—）

党委委员、组织部部长：

刘新涛（2016.1—）

概况　红旗种马场于1965年4月建场，隶属于黑龙江省畜牧局，2007年3月划归黑龙江省农垦总局齐齐哈尔分局。红旗种马场坐落在松嫩平原中部，位于黑龙江省西部，地处依安、富裕、林甸三县交界处，北引工程从场东部穿过场区，依林运河从场区中部由东向西穿过，依林运河全长20余公里，北引36号闸以上8.5公里，以下12公里，承担着依安县五个乡镇470平方公里的排泄除洪任务。地理坐标为北纬47°25′～47°30′，东经125°20′～125°23′，海拔160～165米，气候条件实属温带半湿润半干旱过渡的气候类型区。全场现有土地4520公顷，其中耕地1620公顷，（其中旱田620公顷、水田1000公顷），天然草场2521公顷。其他为村屯，道路、河流、沟渠等占用面积。场内地势平坦，土壤pH值在7.9左右。全年降水量435毫米，降水主要集中在夏季，有效积温2380℃。

种植业　耕种土地面积0.162万公顷，完成计划100%。粮食总产1.28万吨，总产值2800万元，总效益1300万元。农场结合实际，自选“鸭稻”项目，规模3.33公顷，育鸭1000只，当年鸭稻项目公顷效益10350元。国家农业综合开发项目，建设旱田高标准农田0.07万公顷。解决了旱能灌、涝能排的局面。

畜牧业　将优质肉羊、生猪、家禽产业作为发展重点和方向，引进龙头企业使农场成为大企业的原料基地。与吉林省中升牧业合作项目已达成协议；总局级示范合作社浩宇肉羊养殖基地现有基础母羊1500只，年出栏育肥羊1000只，效益200万元左右。在其带动下，全场养殖肉羊达8965只，年出栏商品羊1万只。

精准扶贫　通过摸底排查，民主评议，层层筛选，全场确定贫困户26户38人。根据贫困户的基本情况建立纸质档案和电子档案，对建档立卡的贫困家庭，确立了帮扶责任人；各帮扶人深入包扶户家中，帮助解决生产生活中的困难，密切了党群干群关系；对2名身患大病贫困户实施医疗救助，为其解决住院费3.5万元；对15户完全丧失劳动能力、无法依靠产业扶持和就业帮助脱贫的对象纳入低保范围。

党的建设　按照“围绕发展抓党建，抓好党建促发展”的工作要求，紧扣发展这个主题，着眼于拓宽党建工作，为加快发展构筑平台。建立健全党建工作各项制度，党建工作逐步走上规范化管理的路子。健全完善各支部“三会一课”、党员目标管理制度、民主评议党员制度、党风廉政建设制度和党务公开等制度。加强组织领导，坚持和落实“一把手负总责，分管领导各负其责”的原则。强化责任制落实情况的监督，与各支部签订党风廉政建设目标任务书，做到任务明确，责任到人。

（祁江恒）

齐齐哈尔种畜场

场长、党委副书记：史云鹏，1965年11月出生，北京市人，中共党员，研究生学历，高级政工师。1985年10月参加工作，2009年12月任现职。

党委书记、社区管理委员会主任：王清福，1962年3月出生，黑龙江省拜泉县人，中共党员，本科学历，高级畜牧师。1981年8月参加工作，2009年12月任现职。

党委委员、党委副书记、纪委书记、工会主席：

吕晓萍（女，2011.5—）

党委委员、副场长：

耿　春（2011.5—）

党委委员、武装部部长：

李景波（2014.9—）

党委委员、组织部长：

张士范（2010.3—）

场长助理：

孔祥君（2014.9—）

概况　齐齐哈尔种畜场始建于1953年，曾先后隶属于省农业厅、农垦厅、齐齐哈尔市、省畜牧兽医局，2007年划归农垦齐齐哈尔管理局。场区位于齐齐哈尔市铁锋区，北邻富裕县，东接林甸县，南连扎龙自然保护区，西靠齐齐哈尔市中心城区。幅员总面积20552公顷，现有耕地5000公顷，林地1490公顷，草原6508公顷，苇塘水面4020公顷。辖区居住人口11492人，在册职工1640人。全场下设5个管理区，有13个居民自然屯。

农场场部地处东经北纬47°18′25″，124° 4′ 27″，海拔高程146 ~ 149米，属于温带大陆性气候，为我省第一积温带下限，年平均气温3.2℃，平均降雨量560毫米，无霜期130天左右，有效积温2500 ~ 2700℃。场区地势平坦，是典型的平原地貌。

种植业　农场总种植面积5000公顷，其中，水稻3600公顷，玉米866.7公顷，高效经济作物533.3公顷。实现粮豆总产3.69万吨，种植业总产值2.32亿元。调整种植业结构，开展水稻育秧大棚二次利用种植食用菌、水稻旱平垄作双侧双深高效栽培和鲜食葡萄示范项目3个，其中水稻旱平垄作双侧双深项目为总局示范项目。完成水稻绿色食品认证面积3533.3公顷，总认证面积达总播种面积的77%；严格开展“三减”工作。设立“三减”示范区40公顷；林业造林采伐指标全面完成，完成林地更新造林10.1公顷；全年实现机更新总投入646万元，新增各类机械134台（套）。

畜牧业　以保效益、促增收为主要目标，大力发展以禽类养殖为主、其他养殖形式并存发展的畜牧业生产结构。年末，奶牛存栏559头，成母牛存栏304头，牛奶总产量1540吨，肉牛出栏299头，生猪出栏26308头，羊出栏1855只，禽出栏130万只，其中大鹅10万只；健康养殖带动作用明显。健康养殖示范区出栏大鹅9万只，鹤乡鹅养鹅专业合作社孵化鹅雏60万只。新建退耕还林后续产业建设项目（鸡舍）及种鹅养殖场项目各1个，占地面积2.69万平方米，加快畜牧产业化经营步伐。

加工业与旅游业　现有工业企业12家，其中规模型企业1家，企业利润同比2015年末稳中有升。其中齐齐哈尔顶津饮品有限公司完成扩建投资1000万元，新增矿物质水生产线一条，扩建后矿物质水年产可达1500万箱。全年完成招商引资总额共计4000万元。与齐齐哈尔永裕肉禽有限责任公司签订合作协议，发展肉鸡养殖续建项目，总投资1100万元，现已竣工投入使用；与东北农业大学、黑龙江省东农三花猪畜牧食品有限公司洽谈合作东农三花猪养殖项目，该公司与养殖户协议已签订；与加拿大鲍尔克养殖有限公司磋商肉牛养殖事宜，争取引进安格斯牛，目前已签订意向性协议；与八一农垦大学、黑龙江狮籽鹅农业科技有限公司洽谈狮籽鹅养殖合作经营事宜；与大庆开建置业有限公司签订齐齐哈尔农垦大地农贸市场项目开发意向型协议，项目规划总面积37.55万平方米，项目落成后农场直接经济收入可达1.31亿元；旅游资源整合加强。利用近郊优势，围绕花卉园区、果菜园区、水稻示范园区等现有农业设施，培育观光产业。完成旅游收入405万元，旅游接待人次10.1万人次。

民生工程　推进精准扶贫工作落实。全面完成扶贫对象的建档立卡和帮扶人员对接工作，对109户困难户实施了扶助；切实保障困难群众的基本生活，全年共计发放低保金103.7万元，临时救助金3.65万元；对符合大病医疗救助条件的8名低保人员进行了救助，发放大病医疗救助金1.45万元；按照职工共富方案，通过养殖、种植、个体经营、劳务输出等致富项目，以一帮一的形式对16户低收入职工全部落实帮扶，共落实资金20万元。推进社会事业协调发展。实现场医院医保就医，农场医院、基层卫生所两级医疗预防保健网络。规范管理居民健康档案6617份，开展健康教育知识讲座21次，直接受益人数4600余人；强力落实职工养老、医疗保险接续工作，延续在职人员养老保险共1501人，在职职工延续医疗保险人员1520人；广泛开展全民健身活动，举办文艺会演、业余文化比赛等演出赛事7次。

小城镇建　实现管理重心由建到管的转移，使农场的小城镇管理纳入规范化管理的发展轨道。开展美丽乡村建设活动。铺垫园丁村、平房区道路2200延长米，清理垃圾120立方米，新平街两侧安装路灯19盏。新建名人雅居商业服务中心及住宅项目，开工建筑面积1.2万平方米，现已竣工；改造场直居住区供热管线275延长米；新砌检查井7个，清掏污水管线疏通330延长米；铺设通信管线3.1公里；完成了110千伏输变电站工程规划选址工作，规划建筑面积493平方米。投资1100万元，实施团结灌区农业综合开发节水配套改造项目，新增、改善排涝面积2200公顷；投资200万元建设田间配套工程，改善灌溉面积1200公顷；投资1050万元，建设第二、八管理区草原排水项目，改善除涝功能面积达2000公顷，有效改善灌排不畅现状；向上争取一事一议财政奖补资金18.5万元，建设桥涵10座；加强了道路养护工作，获得国家道路养护资金150万元；全年养护国道39.5公里、农村公路约60公里；投资300余万元，保质保量完成结转的农村公路3公里建设任务；全年处理破损路面3400平方米，切缝、灌缝6万延长米；采取机械清雪与人工清雪相结合方式，清除积雪4.5万立方米；加强了供水管理工作。对自来水管线进行全面检修，为第二管理区20户居民实施了自来水入户安装。种植露地花卉五色草花坛275.6平方米，完成场区4.3万平方米草坪的日常绿化管护工作；加强了环保整治工作。实施大气污染防治专项行动，严控和减用低热值燃煤，淘汰燃煤小锅炉7台以上，整改企业10家。

改革　贯彻落实农垦改革发展的总体要求，按照总局、管理局党委统一部署，成立农场改革发展领导小组，调整充实改革办工作人员，对总局15项改革任务和管理局7项重点改革任务分解落实到各单位、各部门。配合上级主管部门关于编制、人员、资产等调研，基本摸清全场资产、负债、企业办社会收支等底数，改革前各项准备工作基本就绪。

平安农场建设　扎实推进平安农场建设，加大社会矛盾纠纷排查化解力度，建立立体化治安防控体系，安装卡口抓拍1处、分布安装街面、民用、小区监控探头220余个，有效建成视频监控防控网。全年共监督检查施工工地5处25次，杜绝了重特大事故发生。保持社会和谐稳定。强化信访责任制落实，处理农民工工资上访事件4件，解决拖欠农民工工资46.58万元；解决部分待回迁房安置问题。回购商品房38套，异地安置回迁户31户，安置面积2887.2平方米；坚持领导接访制度，班子成员接待信访人122次，落实领导三级69件。严格落实全面从严治党主体责任。着力营造良好政治生态，扎实开展“两学一做”学习教育，把学习教育与作风转变、经济发展等具体工作结合起来，引导广大党员立足岗位实际，学做结合，推动学习教育取得实效。严格履行教育、监督、惩处职能。加强执纪监督问责，优化干事创业环境。深入推进党风廉政建设工作。签订党风廉政建设工作责任状12份，组织廉政教育学习4次，开展作风检查7次，处理违纪党员、干部18人，其中党纪处分4人，行政处分14人（其中行政撤职3人，降职降薪5人）。

（贾林鸿　张叔瑀）

巨浪牧场

场长、党委副书记：陈砚忠，1965年12月出生，黑龙江省查哈阳人，中共党员，省委党校研究生学历，1986年9月参加工作，2016年5月任现职。

党委书记：刘忠德，1970年1月出生，黑龙江省甘南县人，中共党员，本科学历，政工师。1991年7月参加工作，2004年4月任现职。

党委副书记、纪委书记、工会主席：

张忠亮（2009年12月—）

副场长：

于　春（1996年4月—）

副场长：

王志江（2016年5月—）

党委委员、武装部副部长：

韦士柱（2005年3月—）

党委委员、宣传部部长、纪委副书记、工会副主席、自营经济办主任：

杨宏军（2010年4月—）

概况　巨浪牧场地处松嫩平原西部，位于大庆市林甸县境内，隶属黑龙江省农垦总局齐齐哈尔管理局，人口3258人。全场占地面积9667公顷，其中耕地2267公顷，林地867公顷，草原湿地面积6000公顷。是黑龙江垦区五大天然牧场之一。牧场与扎龙自然保护区毗邻，土地肥沃，水草肥美，非常适合发展生态、绿色、有机农业，绿豆远销欧洲，被中国绿色食品协会授予绿色农业绿色绿豆基地。牧场野生中草药资源十分丰富，有各种中草药80余种，其中防风、黄芩、龙胆草等地道药材驰名中外。

牧场地处在齐齐哈尔市和大庆市一小时经济圈内，与201省道及301国道相通，交通便利。牧场地热资源丰富，是国内发现迄今为止特大型中低温地热区，目前，全场已实现地热供暖。利用地热资源发展农牧业循环经济，大力发展温泉大棚、温泉稻、温泉养鱼等。牧场充分发挥临近林甸县和杜蒙自治县的地理位置和地热、湿地资源优势，加大招商引资力度，富明木业、黑龙江农垦银海农牧科技有限公司先后落户牧场。2016年，牧场实现地区生产总值11243.2万元，同比下降12.9%；粮食总产14659吨；人均可支配收入2.16万元，同比增长4.1%。

农业生产　实际播种面积2270公顷，其中水田87公顷，玉米2039.7公顷，杂粮及经济作物230.4公顷。完成了玉米种植户受灾补贴普查和风险理赔工作，1333.3公顷玉米绿色食品复查认证工作。利用补贴资金98.51万元，拉动职工投入247.7万元，购买农机具75台套，农机总功率同比增加2786千瓦。完成农机跨区作业面积8000公顷，农机合作社创收50万元。新修排水沟33条（长40.34公里），新建农用建筑物23座，工程于2016年11月30日竣工。

畜牧　奶牛存栏2173头，全年生产鲜奶4306吨；生猪存栏412头，全年生猪出栏1126头；大鹅出栏6.6万只；出售鹅雏150万只；羊存栏704只，全年羊出栏1296只；肉牛存栏185头，出栏2310头，肉类总产482.4吨。兴旺奶牛养殖小区改建项目完工并投入使用，并纳入补贴范围内；利用3年草原绩效奖励资金播种苜蓿35.9公顷；利用“三化”草原治理项目，播种披肩草80.2公顷；落实1300万元苜蓿草核心示范区节水灌溉建设项目，使200公顷地达到播种状态。完成“梦想奶牛”场建设。

民生　总投入133万元用于民生工程建设，其中，修路33万元、二排干堵漏2万元、供暖管道改造52万元、自来水及部分下水管道改造13万元、铺设篮球场及门球场33万元，投资1.2万元装修老年活动室，解决了场内老年人冬季健身娱乐缺少场所的难题，投资1.3万元改空架线路为地下运行，脏乱现象有所改善。投资54万元，对场区及学校公路两侧绿化树进行了更新和移大树入园。投资300万元完成学校塑胶跑道建设，全力做好国家均衡教育验收迎检工作。按垦区制定的脱贫标准，年初确定的22户贫困户已有12户脱贫。

（魏文忠）

繁荣种畜场

场长：吕忠元，1963年2月10日出生，黑龙江省甘南人，中共党员，本科学历，1978年10月参加工作，2016年7月任现职。

党委书记：李建明，1961年2月4日出生，黑龙江省海伦人，中共党员，专科学历，1978年10月参加工作，2016年5月任现职。

副书记、纪检书记、工会主席：

吴东世（2009.12—）

副场长：

王　贵（2013.3—）

吴立东（2009.12—）

曹继宏（2016.5—）

党委委员、武装部部长：

孔令宇（2013.4—）

党委委员、场长助理：

孙正文（2011.11—）

概况　繁荣种畜场始建于1963年，原主管理局为黑龙江省畜牧兽医局，2007年归属黑龙江省农垦总局齐齐哈尔管理局。场址位于富裕县境内，距富裕县城南60公里，乌裕尔河东岸，北临碾北公路10公里，西邻齐齐哈尔市，南与大庆市接壤。农场场部地理坐标为北纬47° 27'、东经124° 33"，自然气候属于第二积温带下限，年均降水量为450～600毫米，年平均气温2.9℃，年有效积温2600℃，无霜期125天。总人口9321人，总户数3728户。在册职工1233人。占地总面积为11131公顷。其中，耕地面积9710公顷，林地面积457公顷，水面25公顷，草原面积285.6公顷。农场拥有大型农机具535台（套），机械总动力42780千瓦。繁荣种畜场下设5个管理区。2016年，农场实现地区生产总值19696万元，人均可支配收入15211元。

农业生产围绕提高粮食产能，落实播种面积9693公顷。其中水田3126.6公顷，玉米和青贮6526.6公顷，经济作物40公顷。实现粮食总产8.94万吨，粮豆平均公顷产9220公斤，全场种植有机水稻333.3公顷。在第二管理区设立水稻侧深施肥示范田20公顷，为“三减”工作的推广起到示范带动作用。同时二次利用水稻育秧大棚60栋生产鲜菇、木耳等食用菌20万袋，平菇10万袋，滑子蘑4万袋，纯收入增加49.4万元，种菜种豆1040栋，纯收入增加41.6万元。加强草原生态保护，修建抗旱深水井6眼，井房6所，完成草原围栏2124延长米。争取国家农机补贴资金189.5万元，更新农机具144台套，完成跨区作业1.3万公顷。基础设施逐步完善。投入14.2万元，购置涵管273节，修建简易过道涵70座。投入470万元，新建食用菌生产车间及购置生产设备。经常性开展农机安全宣传教育活动，治理道路违章，清理黑车非驾，全年无重大农机安全事故发生

畜牧业生产　畜牧总产出4808.3万元。按照“两牛一猪一特”的畜牧业发展思路，实现肉牛出栏180头，生猪出栏1.4万头、羊3500只、禽15.68万只，畜牧业增加值2481万元。

工业　实现销售收入13993万元，增加值2420万元。工业利润总额665万元。工业增加值增长率5.6%。南京通用新能源电力有限公司在农场投资5500万元建设的玉米秸秆沼气发电项目，目前主体竣工，生产线设备及所需原材料已全部到位，预计在2017年5月开工投产。

小城镇建设　投入民生改善资金1050万元。其中投资252万元建设的客运站已竣工。完成第三管理区至新发村通达路2.5公里的建设工程；在管理区营区修建砂石路17.5公里；购入公路养护设备1（台）套。为场直及第一管理区安装太阳能路灯166盏。在第一管理区及场直路东营区排水清淤9.7公里。架设水田输电线路2.6公里。全场栽植树木4万余株，实施鑫鑫家园小区草坪绿化项目，对龙林公路和其他主干道路沿线实施环境卫生综合整治工程。

社会事业　广播电视、医疗卫生事业全面发展，数字电视网络覆盖面不断扩大。实施街道社区网格化管理模式，强化窗口单位“一站式”服务职能。深化平安农场创建活动，投入98万元，完善场直社会治安视频监控网络体系，职工群众安全感持续增强。强化各级信访稳定大局意识、责任意识，接待群众来访诉求。开展维稳创安活动，严格落实安全生产责任制，加强重点行业、重点领域隐患排查和专项整治，安全生产总体形势平稳。

党建工作　扎实开展“两学一做”学习教育活动。农场党委以“1+5”党课形式组织各类学习135次，参加人员900余人次，党员领导干部平均记笔记3万字以上。基层党支部累计为职工群众解决实际问题52件，征求意见37条，立行立改20项。深入开展“双321强身壮体”党建工程，突出学习型、创新型、服务型党组织建设，规范基层党支部组织生活程。以“强基础、提素质、树形象”为目标，严格执行《党政领导干部选拔任用工作条例》。新聘用干部2人，调转干部1人，提职提拔1人，平调2人。通过调整完善内部考核办法等方式，进一步激发了干部工作动力，管理水平和工作效果得到提升。进一步明确“一岗双责”和“两个责任”，落实签订党风廉政建设工作责任状46份，组织廉政教育学习12次，全年纪律检查20次，对违纪工作人员进行通报批评，党员干部作风明显好转。

（杜宏伟）

绥化管理局

党委书记：武经宏，1958年8月出生，辽宁省新宾人，中共党员，省委党校研究生学历，教授级高级政工师。1975年11月参加工作，2006年9月任现职。

党委副书记、局长：王本庭，1963年6月出生，山东省胶南市人，中共党员，省委党校研究生学历，高级农艺师。1986年7月参加工作，2011年7月任现职。

党委副书记：张纪平，1959年6月出生，辽宁省黑山人，中共党员，省委党校大学学历，教授级高级政工师。1976年12月参加工作，2003年12月任现职。

党委委员、副局长：孙信成，1957年1月出生，黑龙江省海伦市人，中共党员，中央党校大学学历，高级政工师。1975年11月参加工作，2004年5月至2016年1月任现职。

党委委员、副局长：范有毅，1969年4月出生，黑龙江省海伦市人，中共党员，省委党校研究生学历，高级会计师。1990年12月参加工作，2008年12月任现职。

党委委员、副局长：刘艳明，1967年2月出生，黑龙江省明水市人，中共党员，大学学历，高级政工师。1988年12月参加工作，2011年9月任现职。

党委委员、纪检委书记：温和玲，女，1965年7月出生，河北省邯郸人，中共党员，省委党校研究生学历，高级经济师、高级政工师，1982年3月参加工作，2011年3月任现职。

党委委员、组织部部长：李恩生，1963年3月出生，山东省武城县人，中共党员，中央党校大学学历，教授级高级政工师。1979年11月参加工作，2011年4月任现职。

党委委员、武装部部长：刘景才，1969年8月出生，辽宁省建平人，中共党员，大学学历，正团职，1986年10月参加工作，2010年4月任武装部部长，2013年11月任管理局党委委员。

部门主要领导简历（排名不分先后）

公安局局长：马勇，1961年10月出生，天津市人，中共党员，中央党校本科学历，刑照工程师。1979年12月参加工作，2015年7月任现职。

司法局局长：王福生，女，1963年2月出生，山东省滨州市人，中共党员，中央党校本科学历，教授级高级政工师。1979年12月参加工作，2011年3月任现职。

环保局局长：王明春，1963年5月出生，黑龙江省明水县人，中共党员，本科学历，环保工程师、助理会计师，1981年12月参加工作，2010年7月任现职。

住房和城乡建设局局长：王英伟，1964年3月出生，黑龙江省哈尔滨市人，中共党员，本科学历，高级工程师。1981年10月参加工作，2015年7月任现职。

教师进修校校长：文春涛，满族，1965年2月出生，辽宁省凤城市人，中共党员，省委党校研究生学历，教授级高级政工师。1983年9月参加工作，2009年3月任现职。

团委副书记：

尹　雪（女）（2011.12—）

人力资源和社会保障局局长：由光延，1968年2月出生，山东省龙口市人，中共党员，省委党校研究生学历，高级政工师。1988年12月参加工作，2011年12月任现职。

政研室主任：任路生，1961年8月出生，吉林省长春市人，中共党员，省委党校本科学历，高级工业经济师。1977年10月参加工作，2007年11月任现职。

交通运输局局长：任玉海，1969年12月出生，黑龙江省龙江县人，中共党员，中央党校本科学历，水利高级工程师。1995年9月参加工作，2016年4月任现职。

办公室主任：朱玉宝，1974年10月出生，山东省淄博市人，中共党员，中央党校本科学历，高级政工师。1994年9月参加工作，2016年4月任现职。

水务局局长：刘立军，1965年7月出生，黑龙江省绥化市人，中共党员，本科学历，高级工程师。1988年8月参加工作，2008年1月任现职。

工商局局长：孙舒广，1974年9月出生，黑龙江省青冈县人，中共党员，研究生学历，1996年8月参加工作，2011年5月任现职。

非公党工委书记：

马喜山（2012.10—）

组织部副调研员：

马德龙（2010.5—）

离退休工作处处长：孙浩，1968年4月出生，黑龙江省海伦市人，中共党员，省委党校研究生学历，高级政工师。1990年8月参加工作，2013年3月任现职。

工会副主席：

曲海宁（女）（2009.2—）

商务局局长：沈彦玲，女，1969年11月出生，黑龙江省明水县人，中共党员，省委党校研究生学历，高级政工师。1991年9月参加工作，2012年7月任现职。

农业局局长：李之国，1963年4月出生，山东省莒南县人，中共党员，省委党校研究生学历，农艺师。1982年8月参加工作，2012年7月任现职。

计财处处长：李庆武，1963年4月出生，黑龙江省海伦市人，中共党员，中央党校大学学历，高级会计师。1982年1月参加工作，2008年8月任现职。

计财处副调研员：

耿 强（2010.5—）

检察院检察长（党组书记）：李桂祥，1959年8月出生，黑龙江省友谊县人，中共党员，大学学历，高级政工师。1976年11月参加工作，2011年4月任现职。

检察院副检察长：

孙永辉（2001.10—）

社保局局长：张恩友，1962年10月出生，辽宁省盖县人，中共党员，本科学历，高级审计师。1984年7月参加工作，2015年6月任现职。

卫生局局长：吴培栋，1970年7月出生，河北省东光县人，中共党员，专科学历，主治医师。1986年12月参加工作，2015年7月任现职。

宣传部部长：杨再胜，1973年8月出生，河北省青县人，中共党员，省委党校研究生学历，高级经济师。1995年8月参加工作，2011年12月任现职。

法院院长：张立国，1960年10月出生，黑龙江省肇东市人，中共党员，本科学历，二级律师。1977年9月参加工作，2009年6月任现职。

法院副院长：

张 斌（1998.1—）

纪委副书记、监察局副局长：

张卫国（2013.1—）

质量技术监督局局长：张文宝，1971年9月出生，黑龙江省延寿县人，中共党员，本科学历，高级工程师。1995年10月参加工作，2012年8月任现职。

林业局局长：胡敬理，1972年6月出生，山东省曲阜市人，中共党员，省委党校研究生学历，助理工程师职称，1989年12月参加工作，2016年4月任现职。

畜牧兽医局局长：赵玉贤，1963年1月出生，黑龙江省巴彦县人，中共党员，本科学历，高级畜牧师。1986年8月参加工作，2012年7月任现职。

广播电视局局长：姜晶，女，1969年1月出生，吉林省公主岭市人，中共党员，本科学历，教授级高级政工师。1987年12月参加工作，2009年3月任现职。

国土资源局局长：项卫，1963年4月出生，黑龙江省绥化市人，中共党员，研究生学历，工程师。1985年7月参加工作，2009年9月至2016年4月任现职。

国土资源局局长：杨胜文，1965年8月出生，黑龙江省萝北县人，中共党员，本科学历，1984年11月参加工作，2016年4月任现职。

教育局局长：高义，1960年8月出生，黑龙江省海伦市人，中共党员，中央党校本科学历，教授级高级政工师。1979年11月参加工作，2012年7月任现职。

政法委常务副书记：高孝安，1961年12月出生，山东省莒南县人，中共党员，中央党校本科学历，高级经济师。1978年10月参加工作，2001年2月任现职。

政法委副书记：

韩 鹏（2009.2—）

审计处副处长：

董振江（2015.6—）

安监局局长兼工信委主任：滕建军，1971年10月出生，黑龙江省庆安县人，中共党员，本科学历，助理经济师。1995年8月参加工作，2015年7月任现职。

管理局局直企业

阳光农业相互保险公司绥化中心支公司总经理：王立春，1963年11月生，黑龙江省铁力市人，中共党员，省委党校本科学历，高级会计师。1981年6月参加工作，2007年5月任现职。

通信分公司总经理：李勇，1970年8月出生，山东省成武县人，中共党员，研究生学历，通信工程师。1988年12月参加工作，2011年9月任现职。

黑龙江省绥化农垦晨环生物科技有限责任公司总经理，黑龙江北大荒冰雪食品有限公司总经理：吕庆革，1968年7月出生，辽宁省黑山县人，中共党员，大专学历，高级农艺师。1986年12月参加工作，2016年1月任现职。

晨环（大连）迈多尔生物科技有限公司总经理：张万山，1971年11月出生，黑龙江海伦市人，中共党员，大学学历，经济师。1990年12参加工作，2005年11月任现职。

绥化农垦金斗湾经贸有限责任公司总经理：张化双，1962年2月出生，山东省人，中共党员，大专学历，工程师。1983年7月参加工作，2006年6月任现职。

黑龙江省农垦龙王食品有限责任公司总经理：李忠珠，1957年8月出生，黑龙江省人，中共党员，大学学历，经济师。1975年7月参加工作，1998年7月任现职。

黑龙江北大荒蓝牛食品有限公司总经理：张化文，1959年7月出生，山东省人，中共党员，本科学历，农艺师。1976年7月参加工作，2007年10月任现职。

黑龙江北大荒饲料有限责任公司总经理：褚建国，1968年5月出生，江苏省连云港人，中共党员，大学学历，政工师。1989年3月参加工作，2014年6月任现职。

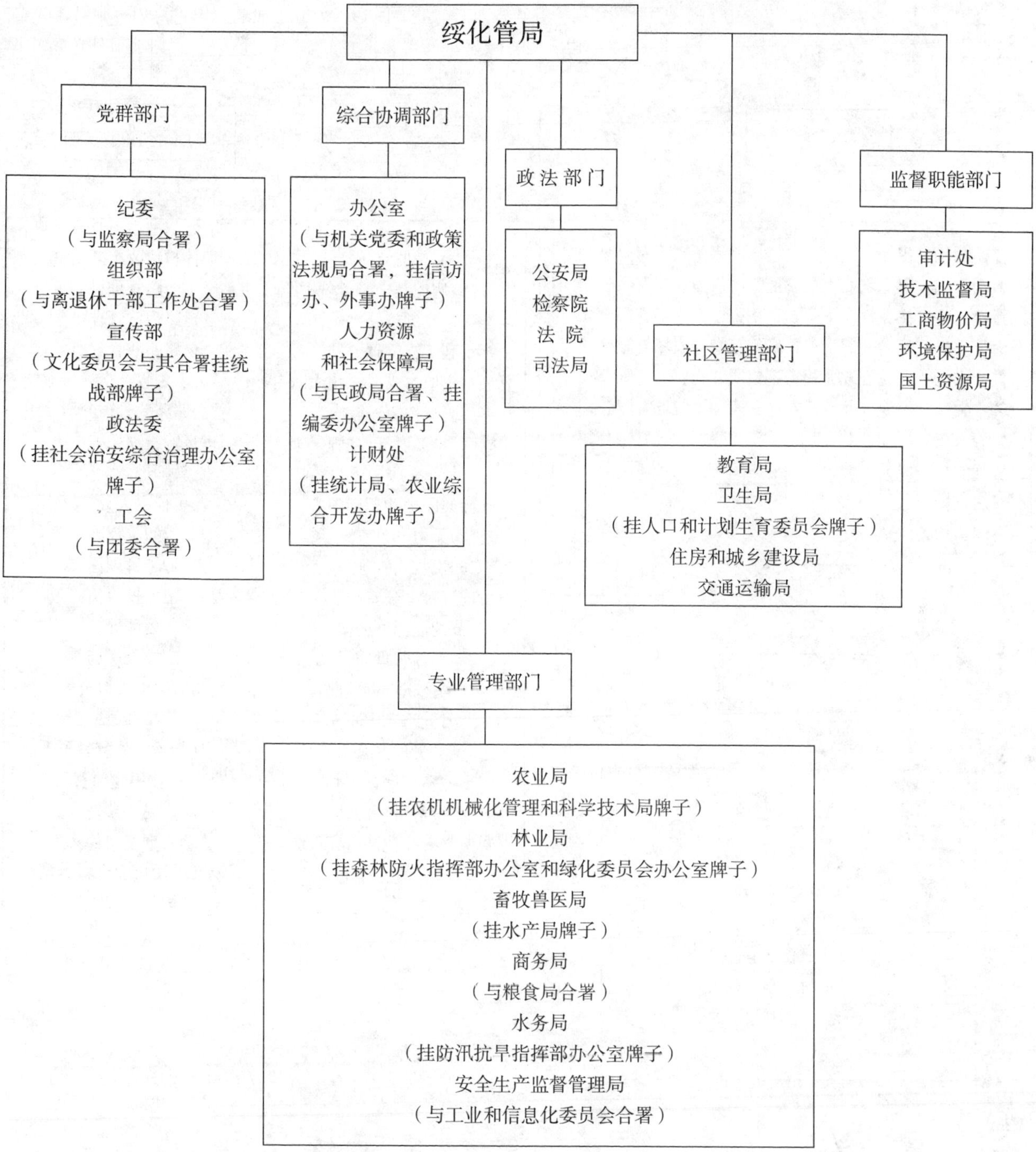

图 18　绥化管理局机构示意图（2016 年）

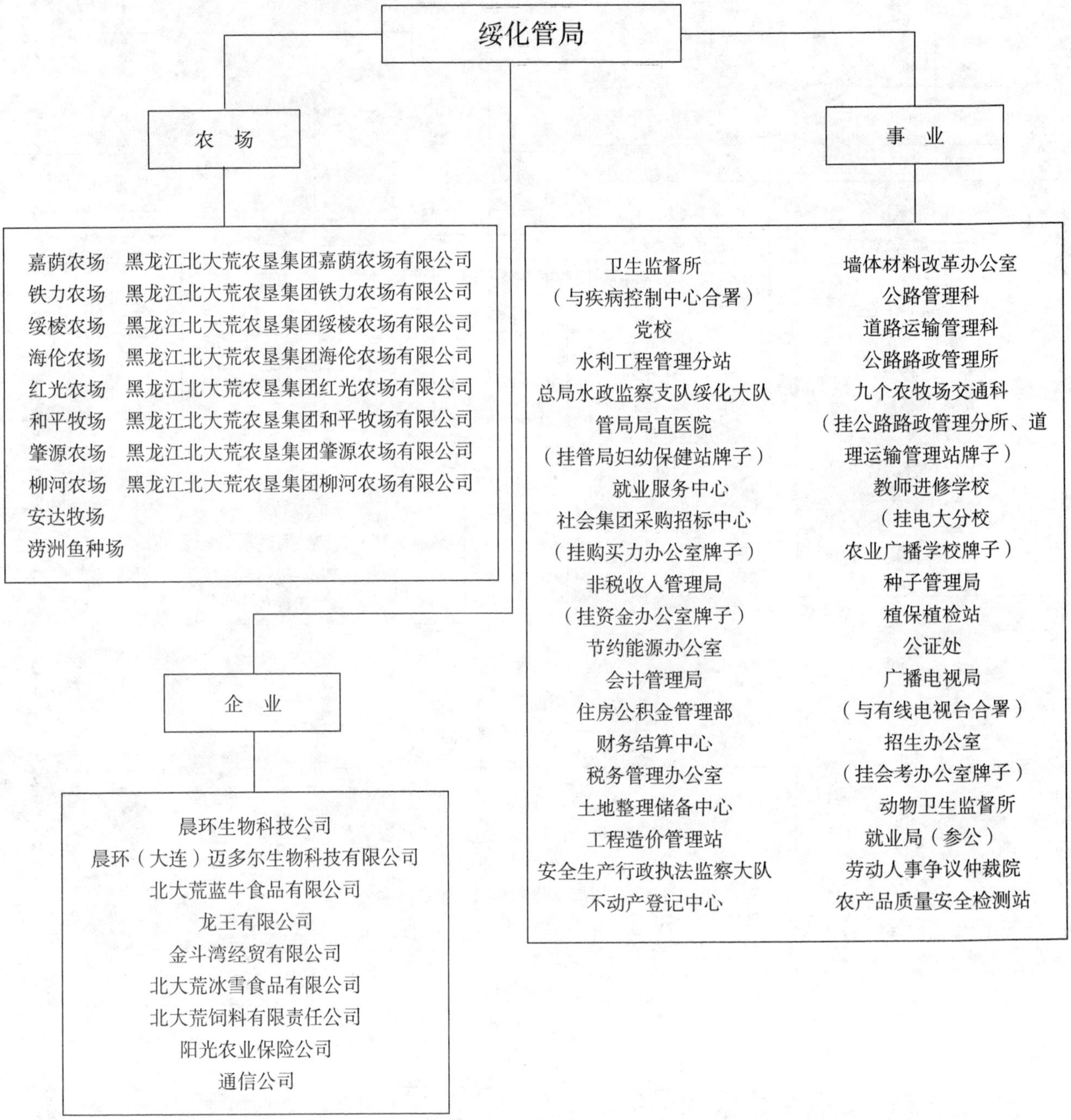

图 19　绥化管理局下属企事业单位示意图（2016 年）

概况 绥化管理局是黑龙江省农垦总局下辖的九个管理局之一，总控制面积20.2万公顷，其中耕地9.2万公顷、林地5.4万公顷、草原2.3万公顷、水面0.8万公顷。现有户数30030户，人口61555人。管理局机关位于绥化市区内。管理局所属11个农（牧、渔）场，坐落于小兴安岭南北麓和世界三大黑土带之一的松嫩平原，分布在绥化、大庆、伊春及俄罗斯境内。

2016年，管理局推进各项重点工作，实现生产总值48.9亿元，同比增长4.7%（扣除物价因素）；实现居民人均可支配收入21572元，同比增长2%。

现代化大农业 调研品种结构，主导产业有提升，新项目有拓展，杂粮、中药材及其他经济作物1.81万公顷，占总播种面积的20%，较上年增加1.27万公顷。新增软枣猕猴桃、鸭稻、蟹稻等项目。落实鹅玉米立体种养模式766.4公顷。在栽培黑木耳800万袋的基础上，新增平欧大榛子13.33公顷，樟子松嫁接红松46.67公顷。铁力、海伦、红光、和平、肇源等场实施有机认证面积1万公顷，认证产品25个。全局8家农产品质量追溯农场，实现可追溯水稻1.93万公顷，黏玉米1800公顷。“三减”项目落实200公顷。采取政策引导、典型引路等方式推进结构调整，落实水稻育秧大棚二次利用、坡岗地旱直播滴灌水稻等试验示范项目11个。投入资金8134万元更新农机具1552台（件）。投资3475万元实施水利工程项目建设。和平现代化奶牛牧场、绥棱生猪养殖场、肇源狐貉养殖小区、红光肉鹅养殖基地、安达狮子鹅祖代场建设有序推进。大农网实现交易额14.7亿元，登上央视广告平台。依托各场的资源禀赋和产业优势，突出“一场一优”，建立山产品、北药、鹅业、杂粮、精米、旅游、蔬菜、水产品、豆业、玉米产业十个旗舰店，拉动特色产业发展。

民生事业 扎实推进精准扶贫，制订管理局精准扶贫工作实施方案，明确十三五期间的工作目标任务，成立精准扶贫工作领导小组。逐门逐户开展拉网式摸底排查和精确复核，通过填写信息采集卡，全局1028户贫困户均建立档案。建立考核机制，将扶贫脱贫工作纳入各农（牧）场正职年薪考核，确立15%的权重。各场也相应建立考核机制，使精准扶贫工作层层落实责任，层层传导压力，实现户户有对接，事事有人管。通过产业扶贫、项目工程提供就业、龙头企业提供季节性务工、自主创业、亲情友情扶持、互联网+扶贫等措施，2016年全局已经脱贫550户1020人，超额完成年度目标。高质量、高水平完成义务教育均衡发展国家认定工作。新型职业农工培育工作有序推进，举办各类培训班19个，培训人员745人。推进基本公共卫生服务项目规范化管理。全年灵活就业人员参保人数达7318人，参加城镇居民医疗保险人数达17184人。规范低保管理，提高低保救助水平。全年下发低保资金1716.1万元。全局享受最低生活保障人数为3723人、2268户。新建、续建工程项目6个，投资金额2240万元，建筑面积4.2万平方米。铺设排水管线1.5万米，供热管线3000米。推进“精细化”城镇管理模式，制定考核标准，在场容场貌、环境卫生、绿化亮化、供水排水、城镇交通等方面实行精细化管理。

经营管理 根据总局党委出台的《黑龙江省农垦总局改革任务分解方案》，管理局制定《绥化管理局改革任务分解方案》，确定15项改革任务。指导15个专项改革工作组开展改革摸底调研工作。省委确定管理局作为垦区综合改革试点之后，按照总局党委确定的任务目标、时间节点的要求，制定管理局改革试点实施细则。同时，指导各农牧场制定改革试点实施细则，明晰改革试点的思路。根据总局改革办的具体指导，组织梳理管理局本级和各场行政社会管理和公共服务职能。在此基础上，组织第一批办社会职能与地方政府的对接，指导第一批移交单位、部门与地方政府对口单位、部门的对接，并将对接发现的问题，及时归纳整理向上级进行反馈汇报。在改革推进中，管理局正确处理改革与稳定的关系，及时组织进行两次改革试点风险排查，针对排查出的问题研究解决，保持全局的社会稳定和正常工作秩序。深化国有企业改制，完成改制企业4家（药厂、肥厂、蓝牛、冰雪），与改制前相比每年减少亏损1400余万元。推进城镇公共服务社会化改革。各场全面实现物业服务市场化，全局每年可节约支出200万元。加强收入管理，做好土地发包市场化工作，全局收缴土地承包费2.7亿元。提高企业和部门预算执行力，规范经费管理，压缩经费支出，降低行政成本，2016年全局六项公务经费支出3469万元，占预算98%，控制在预算指标之内；加大清欠工作力度，共回收陈欠1422万元，其中清收农机具转让款796万元。做好融资倒贷工作，与北大荒集团沟通倒贷3.5亿元，年节约财务费用1417万元。为农场职工协调小额生产贷款4.8亿元，节支利息450万元，保障了职工生产资金及时到位。“平安垦区”创建工作有序推进，社会治理能力和水平进一步提升，社会总体形势良好，安全生产形势保持稳定。

党的建设 扎实开展“两学一做”学习教育。全局层层制定学习教育实施方案，成立协调小组和督导组，57名场处级领导干部建立“两学一做”联系点，建立月报制度和督导机制。集中利用半个月时间，对全局5127名党员进行普遍性的筛查，重新完善局场两级流动党员台账。举办局场两级“两学一做”学习教育基层党务骨干培训示范班，培训党务骨干397人次，对173个基层党支部开展集中督导。创新开展以“支部要有支部的样子、干部要有干部的样子、党员要有党员的样子”为主要内容的“三个样子”活动。对全局13个软弱涣散党组织开展“回头看”，同时严格落实中组部7项基层党建工作任务，使755名流动党员重新理顺党组织关系，整改未按期换届党委1个，停止和终止党代表18人。严格规范党费收缴和党费管理，党员干部与普通党员结成学习对子343对，252名党员干部与可扶持贫困户结成帮扶对子，领着干、帮着办，解决实际问题百余件，协调贷款2000余万元，保证不脱贫不脱钩。以“党委书记责任落实年”为抓手强化“两个责任”落实。各单位“共性责任清单、个性项目管理、基层党建课题”有效推进落实。

党组织书记管党意识进一步增强，从严管党治党贯彻到党建工作的全过程。领导班子和干部队伍建设进一步加强。年初，将职代会测评与班子、干部考核进行有机结合，通过民主测评、个别谈话、工作考核、领导干部述职等方式对各领导班子和副处以上领导干部进行全面测评和考核。在此基础上兑现考核结果，提出加强领导班子和干部队伍建设的意见和具体措施。严格按照干部选任程序选任管理局机关部门领导及农牧场班子成员11人。抓好意识形态工作，坚持把思想政治建设摆在重要位置，强化理论武装，深入学习宣传习近平总书记系列重要讲话特别是对黑龙江省两次重要讲话精神。弘扬北大荒精神，践行社会主义核心价值观，选树“感动北大荒”人物和“十旗百优”先进典型，做到学有榜样，干有标杆。党风廉政建设进一步加强，落实全面从严治党要求，以推动“两责”落实为重点，坚持抓早抓小、挺纪在前，科学运用“四种形态”，政治生态持续向好。

（朱玉宝　施佳琪）

2016年绥化管理局基本情况及国民经济主要指标完成情况统计表

项　目	计量单位	管理局	嘉荫农场	铁力农场	海伦农场	红光农场	绥棱农场	安达牧场	和平牧场	肇源农场	柳河农场	涝洲鱼种场	局直
一、管理区数	个	21	4	3	4	2	3		5				
二、总户数	户	30030	4649	4017	5621	3423	2814	925	4384	1932	1077	230	958
三、总人口数	人	61555	8369	8803	9082	8186	5612	1637	9195	4616	2753	588	2714
其中：男性人口	人	30719	4266	4229	4778	4011	3365	1024	5091	2280	1381	294	
女性人口	人	28122	4103	4574	4304	4175	2247	613	4104	2336	1372	294	
少数民族人口	人	1812	398	389	140	108	39		550	124	64		
四、生产总值	万元	489399	59333	111149	80248	45097	49460	16656	56361	36782	17013	653	16647
五、人均生产总值	元	79825	70956	128000	78868	55222	87687	98556	61309	80249	61408	10618	59742
六、工农业总产值	万元	485199	59509	116528	70411	35613	47441	8802	72310	40618	15224	1255	17489
七、粮食总产量	吨	478281	104762	93563	56372	34211	79994	2706	41473	38044	27123	33	
八、固定资产投资总额	万元	30146	2909	5044	1088	8587	3474	631	3375	1546	1593	821	1078
九、职工工资总额	万元	30163	3988	5249	3229	3055	3148	350	2119	1264	1135	388	6238
十、职工平均工资	元	19853	13351	17685	17752	16043	16861	26133	18787	27120	20160	20119	53591
十一、居民人均可支配收入	元	21572	21806	28699	20331	15186	25025	16349	17000	28125	23128	14005	

嘉荫农场

场长：李明喜，1964年12月出生，吉林镇赉人，中共党员，本科学历，助理工程师。1985年3月参加工作，2014年2月任现职

党委书记：张洪涛，1972年7月出生，黑龙江海伦人，中共党员，大学学历，政工师。1991年7月参加工作，2015年11月任现职。

工会主席、纪委书记：

于德勇（2014.11—）

副场长：

牛贵林（2014.11—）

郑海滨（2009.11—）

徐　彪（2016.6—）

组织部部长：

李　洁（女，2013.4—）

概况　嘉荫农场位于小兴安岭北麓，黑龙江右岸嘉荫县境内。地处北纬48°44′～49°00′，东经129°51′～130°16′5″。东以太平河为界，南以嘉荫县青山乡奥里啊溪河发源地为界，西以嘎界靠河发源地与鄂里河发源地连接为界，西北以乌云河为界，北与东北以黑龙江主航道为界，与俄罗斯隔江相望。边境线长30公里。

1964年，国务院批复农垦部："为了建设边疆，巩固国防，同意建立国营嘉荫农场。"当年3月，开始农场创建工作。建场初期，农场隶属于黑龙江省农垦厅，1967年年末归属黑河农建一师，业务应归黑龙江省农垦厅领导，农场曾创造当年建场、当年上交商品粮165万公斤的成绩，被省命名为"建场样板场"。

1968年3月，经黑河农建一师批准，农场改为三级编制。1968年年底，农场被命名为中国人民解放军沈阳军区黑龙江生产建设兵团独立一团。1976年5月，撤销兵团建制，恢复嘉荫农场名称，实施农场、生产队两级管理、两级核算，归属绥化国营农场管理局，重建农场体制。

嘉荫农场属于寒温带大陆性季风气候，年平均温度0.7℃。10℃以上年积温2316.6℃，年日照2326.4小时，无霜期129天。年均降雨量521毫米，雨量集中在6～8月，高达全年降雨量的62.5%。

到2016年年末，全场总面积50305公顷，其中耕地16388公顷，草原87公顷，水面427公顷。全场设农业管理区8个，有粮食综合加工厂1家、砖厂1家，食用菌加工厂1家，所有工业企业全部实施股份制改造。拥有民营建筑公司1家。除农场党政机关外，有职工医院、学校各1所，以及农垦工商、交通、土地、公安、法庭、检察、司法等政府职能部门，农行、邮储银行、人民邮政、保险公司、地税、信合等单位在农场设办事机构。

农场拥有丰富的林业资源，是垦区内为数不多的林业资源大场。林业号称农场的"半壁江山"。森林覆盖率达52.46%。林地树种繁多，有红松、落叶松、大青杨、白桦、椴树等，全场木材积蓄量200万立方米。

黑龙江在场区流域30公里，江中有双河岛、结烈河岛、一撮毛岛等岛屿，有乌云河、结烈河等五条大小河流在场区流过。水资源丰富，常见的栖息鱼类有鲟鱼、鲤鱼等20多种，丰富的旅游资源正在开发过程中。

农场东北部黑龙江沿岸有龙骨山，这里埋葬亚热带植物群落和恐龙家族。1915—1917年，沙俄在龙骨山盗挖的恐龙化石骨架，2016年还陈列在列宁格勒地质博物馆。1978—1981年，黑龙江省博物馆和省地质一队在龙骨山组织挖掘，获得化石1400余件，组装成两架平头鸭嘴龙化石骨架，陈列在省博物馆。省政府已将龙骨山定为省级文物保护区。

农场距汤旺河火车站66公里，在黑龙江江边建有可停泊1000吨级驳船的货运码头，水运便利。

2016年，农场狠抓农、林、牧、工、游五大产业，实施民生和精准扶贫两大工程的企业发展思路，有效推进农场经济社会的协调发展。实现地区生产总值5.93亿元。

大农网　备耕期间，大农网进军生资市场，极大平抑了嘉荫农场周边化肥价格，全场减少支出500多万元。旗舰店网上销售化肥459吨，实现交易额112万元。种地户节省10多万元。2016年5月末，大农网线下实体店开始运营。

农业生产　在种植结构调整工作上，嘉荫农场审时度势，确定"稳豆、控玉、强杂、上精特"的种植结构调整思路，高效作物种植品种得到进一步拓展，增加红小豆、黑豆、中药材、白瓜、西瓜、黄瓜子、高粱、蓝莓等作物的种植，杂粮杂豆及高效经济作物种植面积达3094公顷，占全场播种面积的17.39%；大豆播种9067公顷，占全场播种面积的50.96%；玉米播种5333公顷，占全场播种面积的29.97%；余下1.68%为水稻种植面积。在极为不利的自然状况下，三秋工作有序推进，截至10月27日封冻前，嘉荫农场累计完成秋整地面积1.2万公顷，完成起垄面积4000公顷。农发项目建设坚持以抓规划、抓设计、抓质量、抓管护等内容为重点，全面夯实农业基础。新建第五作业区水泥晒场及附属设施，面积达2万多平方米，同时维修原三队、原十七队田间路。

林业　全场食用菌栽培量达660万袋，品种以黑山、281为主；在此基础上，林下中草药种植面积新增15公顷，栽植红松26公顷，红松嫁接红松7公顷；全年梅花鹿养殖数量达200头。

畜牧业　全年生猪饲养量达8000头，狐貉饲养量1万只，獭兔饲养量1万只。利用黑龙江平缓水面，探索性推进网箱养鱼工作。

非公有制经济　养蜂合作社和食用菌合作社是支撑嘉荫农场职工自营经济发展的基础。养蜂合作社吸收会员43户，养殖蜜蜂3500余箱群，年创利润280多万元，户均收入6万余元。食用菌合作社共吸纳会员48人，实现产值2310万元，种植户实现利润660万元。

企业管理　在资产管理方面，完成锅炉房租赁工作，完成超标车辆出卖、部分闲置资产变卖、烘干塔等生产设施租赁工作，完成清欠222万元。在常规工作展现新突破方面，林业防火工作签订责任状，进行目标管理；按上级林业部门要求，组织林地清查，有效遏制毁

林开荒事件发生。做好外引养殖户、实施合同化规范管理、壮大农场养殖规模等工作。

教育卫生　投资18万元，完成艺体楼、教学楼、生活楼室内外文化墙、文化标牌建设；投资73万元购进教学设备、器材等。为确保学生交通安全，投资53万元购进两台校车；投资186万元修建田径场地、足球场地、篮球场地、排球场地、滑冰场地等。11月9日，嘉荫农场学校以高标准高质量通过国家级义务教育均衡发展验收。开展打击非法医疗美容专项整治活动；对基本公共卫生服务项目实施督导检查。对返乡流动人口服务和信息的补录信息进行修正。对集中供水单位水质检测工作，开展秋冬季传染病防控工作。农场医院转变服务模式，在为全场居民提供基本医疗的基础上，开展社区卫生服务工作，完成社区卫生服务规范要求的集预防、保健、医疗、康复、健康教育和计划生育技术服务六位一体的12类、45项工作。接受省、总局、管理局社区卫生服务和综合检查5次，通过省检验收，年终综合评比位于管理局前列，受到管理局卫生局通报表扬和资金奖励。

扶贫工作　按照贫困户每人年收入3500元标准，嘉荫农场确定11户贫困户共16人，其中低保户10户。通过建立健全领导干部"一帮一"帮扶考核机制，坚持党员示范引带帮扶、职业技能培训帮扶、资金政策扶持帮扶、自营经济发展帮扶、行业协会带动帮扶等多种有效方式进行扶贫，精准扶贫户全部实现脱贫目标。

在完成上述重点工作的同时，大岗新区公园建设一期工程开工。人畜饮水工程、老场部二道街水害治理工程、亮化工程、原三队养殖小区粪污处理工程均已完工。为确保消防安全工作推进到位，农场投资81万元新购进了消防车、举高车；投资150万元，购置一艘50吨级渔政执法艇。

改革　按要求完成农场办社会职能、机构、人员的摸底调查，对办社会职能经费进行详细测算，完成办社会机构资产清查核实，与嘉荫县人民政府进行多轮对接，做好办社会职能移交各项基础工作。2016年12月16日，举行黑龙江北大荒集团嘉荫农场有限公司的揭牌仪式。

（杨明）

铁力农场

场长：李志维，1962年10月出生，黑龙江省肇源人，中共党员，本科学历，高级经济师。1982年1月参加工作，2012年6月任现职。

党委书记：魏剑锋，1976年10月出生，河北省深州市（原深县）人，中共党员，本科学历，高级政工师。1992年10月参加工作，2016年4月任现职。

副场长：

刘晓峰（2012.7—）

黄　晶（2014.11—）

吴　装（2015.11—）

纪委书记、工会主席：

陈亚明（2014.11—）

概况　黑龙江省铁力农场位于小兴安岭南麓，横跨铁力市、庆安县两市县，南北55公里，东西27公里，形成南北走向。地理坐标为北纬46°54′～47°20′，东经127°31′～128°51′。农场场部距离铁力市区2公里，距离铁力火车站3公里，哈伊高速公路222国道从场区通过。农场地域横跨面积大，受河流、森林及铁力市、庆安县耕地的切割，分成三个自然区域。农场确定"三区一镇"建设格局，即：南片为铁南管理区（由6个作业站组成），中片为铁中管理区（由6个作业站组成，另外中草药种植基地，百万庄园也坐落在铁中管理区）；北片为铁北管理区（由6个作业站组成），场部地区为一镇，有农场子弟校、管理局重点高中、公安局、法庭、城管理局、街道办、物业公司、供水中心、供热中心、职工医院、社保局、工商所、土地科、阳光相互保险公司、通讯公司、农业银行农场分理处、铁力市自来水厂等单位，工业单位有北大荒米业、山泉水米业、华威乳业、农垦人酒业、木材厂、砖厂、建筑公司、变电所、酱油厂等。农场工业园区为总局级工业园区，农垦人酒业为总局产业化龙头企业。农场的人口总数8803人。总控面积23926公顷，其中耕地15054公顷，可垦荒地754公顷，林地1772公顷，水域68公顷，交通道路占地490公顷。2016年，农场实现地区生产总值11.12亿元，粮食总产93563吨，人均纯收入28699元。

种植业　完成播种面积13667公顷。其中水稻7800公顷，较上年增加200公顷，占全场耕地的57%，每公顷平均纯收入达11250元；中药材134公顷，较上年增加40公顷，平贝每公顷平均纯收入达12万元，苦参全部实现订单种植；杂粮、杂豆等经特作物200公顷，较上年增加80公顷；玉米种植面积1800公顷，较上年缩减1867公顷；大豆3733公顷，其中芽豆734公顷，与上年种植面积持平。加大农业生产保障力度。通过与供电部门协调，投资750万元，对基层农业单位供电线路进行改造增容，增加农业供电容量1.2万千伏安，改善水田生产用电需求紧张的问题。争取农机补贴资金669万元，更新农机具501台套，提升农场机械化水平。鼓励农户参加农业保险，全场实现投保面积10140公顷（占耕地总面积的73%），农场为投保农户匹配保险金77万元。7—8月，农场遭遇了重大自然灾害，受灾面积达1670公顷，农场帮助受灾农户协调理赔款537万元。农场为全场高粱种植户争取最低价格保险，由于高粱市场价格低于市场评估价，共为种植户争取到理赔款17.3万元。加大转变农业生产方式力度。鼓励发展有机水稻种植，在铁中、铁南管理区试种有机水稻7公顷，生产的有机米市场价格每公斤20元。提高水稻育秧大棚二次利用率，通过种植红小豆、甜玉米等经特作物使大棚综合利用率达90%以上。成立中药材、食用菌、畜牧养殖等各类合作社4家，推进农业生产标准化、规模化发展。与葵花药业、亳州中药材协会、农垦人酿酒厂等单位达成合作意向，通过"订单模式"助推中药材、杂粮产业发展。开发新的中草药种植品种，在中药材基地尝试种植板蓝根、柴胡、天南星等中药材18种，寻找新的致富增长点。在铁中区第四作业站尝试

“鸭稻”种养殖模式以及试种棚式食用菌、鲜食毛豆等作物。

工业　实现工业总产值7500万元，工业增加值3300万元，实际利润1400万元，上缴税金128万元。其中华威乳业营业收入3700万元；农垦人酒厂营业收入1400万元，上述两家企业达产率达90%。山泉水米业于2016年9月被北大荒粮食集团以1500万元控股60%，实现资产重组。全场工业企业共提供就业岗位200个，拓展职工群众的收入渠道。

城镇建设　加大城管执法力度，全年取缔流动商贩12个、不规范及存在安全隐患的店外经营者3户，制止违章建设2次。加大城区环境的管理力度，严禁施工车辆带泥进入场区，要求工地出入口进行硬化处理，配备专人负责出入口的环境管理，提高对辖区内监管巡逻的频率，保障场区整洁有序。加大场区美化、绿化治理力度，全年实现美化面积6000平方米、绿化面积1万平方米，更换土壤3200立方米，移栽灌木、乔木1.25万株，修补草坪6000平方米。组织领导干部义务植树，在场直和铁中管理区种植云杉2000余株。

民生　申报一事一议财政奖补资金，落实财政奖补项目4个，总投资152万元。分别在289广场新建凉亭两座，在仁和、馨和、289大街与哈伊路交叉口处改建硬化面积2380平方米，在场部地区安装视频监控设施，实现场部监控全覆盖，完成15公里平房区道路砂石化、护路沟清淤泥等工作。美丽乡村项目建设完成，总投资230万元，在自来水公司北侧建成5000平方米小广场1座。农场自筹资金125万元，用于完善民生建设项目，主要包括小区道路新建硬化面积2900平方米，铺设步道板1200平方米、排水沟275米；供热排水管网工程，新增管线82米、排水沟16米、检查井5座；在第四作业站新建晒场围栏500米和彩钢守卫房一处；馨和小区铺设彩钢瓦290平方米并做其他维护；在第十三作业站硬化面积44平方米，新建检查井3座，铺设排水管线40米。发放各类社会救助金654万元，其中再就业补贴资金412万元，低保金191万元，困难救助资金6万元，残疾人补贴8万元，复转军人优待金、一次性就业经济补助金24万元，两节困难人员走访慰问金12.5万元。全年共为困难职工群众提供无息贷款40万元，包括农业生产贷款30万元，畜牧养殖贷款10万元。累计投入300万元，对学校教学楼进行全面修缮，更新图书7000余册，添置理化生、音体美教学实验设备，全面更新电子教学白板、电脑、桌椅等教育教学设备，校园安全网络实现全面覆盖。通过国家义务教育均衡发展验收。投入66万元，更新各类医疗设备6台套，新建医疗废弃物处理房一座，提高社区卫生服务功能。全年开展65岁以上老年人体检、高血压、糖尿病患者随访检查、残疾人功能康复锻炼、妇女“两癌”筛查等医疗服务，为职工群众减免医疗检查费用共计35万元。

扶贫　在全力精准扶贫攻坚的过程中，确定贫困户39户，根据致贫原因及家庭劳动力情况科学划定贫困等级，有针对性地制定扶贫政策。对无劳动能力的孤老病残人员，落实低保政策；对有一定劳动能力和有一技之长的贫困户，为他们提供创业支持；对有劳动能力的人员，帮助其联系就业，依靠劳动增加收入。符合政策帮扶的33户已经落实低保政策。其中2户进行创业帮扶的贫困户，实现人均增收2.2万元，已基本脱贫。4户提供就业帮扶的贫困户，月平均工资1600元，基本达到脱贫目标。

（苗宇）

海伦农场

场长：吴俊学，1966年3月出生，黑龙江省铁力人，中共党员，本科学历，助理政工师。1982年4月参加工作，2016年6月任现职。

党委书记：杨富江，1967年1月出生，山东省兖州人，中共党员，本科学历，高级工程师。1983年12月参加工作，2012年6月任现职。

副场长：

邸鸿龙（2015.7—）

高春伟（2009.11—）

曹金库（2014.11—）

纪委书记、工会主席：

王秋梅（女，2013.3—）

宣传部部长：

郑永春（2013.3—）

概况　海伦农场位于小兴安岭南麓、通肯河畔，地处松嫩平原与小兴安岭的结合部，是世界三大黑土带之一的松嫩平原漫岗黑土带，坐标为北纬47°39′～47°48′，东经127°04′～127°24′，全场总控制面积23856.7公顷，其中耕地17093.6公顷，荒地、草塘1776.6公顷，山林2743公顷，水域面积898.49公顷。年平均降水556.9毫米，全年日照数2315小时，有效积温2200～2300℃，平均无霜期116天。黑土层深达70厘米，有机质含量平均为5%～7%，耐旱抗涝。农场南以扎音河为界与红光农场隔河相望，北以通肯河为界，与建设农场相邻，东邻通肯河林场，西靠海伦市双录乡，场界清晰，土地规整。场区距海伦市48公里，向西距滨北铁路海北站23公里。

农场拥有土地、水、森林、草原、野生中草药、山野菜、天然食用菌类、自然景观和渔业等资源。农场总户数5621户，总人口9082人，其中职工2243人，从业人员6700人。

种植业栽培品种有大豆、玉米、小麦、水稻，杂粮有红小豆、绿豆、高粱、谷子等，经济作物有南瓜、甜叶菊、甜菜、亚麻、油菜、月苋草、芦笋、中草药等。有“通肯河畔沃土，优质大豆之乡”之称。

2016年，农场实现地区生产总值80248万元，同比增长0.4%。其中第一产业31787万元，同比下降0.1%；第二产业10356万元，同比下降10.5%；第三产业38104万元，同比增长4.3%。粮食总产5.6万吨，居民人均可支配收入20331元。

农业生产　按照“增稻扩药、提质增效，压玉米、扩大豆，提高玉米大豆品质，全力发展杂粮、中药材、果菜等经特作物种植结构调整思路，落实玉米2000公顷，大豆1100公顷，水稻1300

公顷，种植杂粮、中药材、饲料、蔬菜等经特作物1200公顷。完成高产创建任务，在32公里示范带上，做好“大豆、玉米、水稻”高产高效创建工作，共落实项目面积1.086万公顷。利用旱改水方式改造低产田1000公顷，水田种植达1300公顷。夯实农业基础，投资1070万元建设八队高标准农田项目，投资650万元建设北河管理区高标准农田项目，投资185万元建设海伦农场粮食仓储及晾晒设施项目，投资200万元建设扎音河堤防维修工程，投资201万元进行星火水库坝后盖重工程。推动畜牧业快速发展，按照“两牛一猪”及特色养殖的畜牧业发展思路，出台给养殖户提供饲料地和帮助解决养殖场地等优惠政策，落实饲料地200公顷。奶牛、肉牛存栏头数大幅提升。

工业商业　按照重点引入拉动“产业链”，培植龙头企业，创建自主品牌，创新销售模式，在工商业发展上取得突破性进展的思路，工商业发展水平显著提升。引入哈尔滨波尔树莓科技有限公司开发树莓产业，投资100万元试栽新品树莓和蓝靛果15公顷，树苗已全部成活，当年实现挂果。引进黑龙江农垦佰源晟佳商贸有限公司，开发杂粮加工、大豆精品开发等农场特色产业，该企业生产包装的产品已在大农网豆业旗舰店和杭州实体店进行销售。龙头企业快速发展，伟业冷冻公司产值突破5000万元，益佳粮食贸易有限公司交易玉米1万吨，自然天成保健品厂两种保健茶已正式投产。各企业打造特色品牌，多渠道开拓市场，带动农场“产业链”发展再上新台阶。大农网豆业旗舰店快速发展，配齐配强旗舰店人员，理顺管理机制，建立工资激励制度。在杭州开设实体店。旗舰店营业额取得重大突破，完成管理局销售指标。

民生　利用一事一议及美丽乡村建设资金400万元，对场区电力、监控、绿化等进行建设。对排水供暖等公共设施进行维修，农场居住环境日益改善。投资330万元，对教学楼进行整体维修，购入多种现代教学设备，顺利通过国家义务教育均衡发展验收。医疗卫生条件不断改善，为65岁以上老年人、在校学生、已婚育龄妇女和慢性病人进行免费健康体检。农场医疗保险参保8100人，基本实现应保尽保。文化事业蓬勃发展，以文体馆和公园广场为依托，广泛开展各项文体活动，农场定期组织，职工群众天天参与，初步形成海伦特色的农场文化。加强社会保障，为353户低保户发放低保金239万元，取暖费补贴16万元，发放临时救助、大病救助资金21.8万元，发放残疾人生活补贴13.2万元，发放退役士兵优待金25.8万元。精准扶贫工作有序推进，针对贫困群众的不同情况，农场制定产业扶持、就业扶持、劳务输出帮扶、亲情友情帮扶、资金帮扶、兜底帮扶等多项扶持政策。实行副科级以上领导干部结对帮扶贫困户制度，对80户贫困户开展帮学、帮医、帮能、帮业为主题的帮扶活动。

经营管理　财务管理不断加强，严格压缩非生产性支出，全年六项经费支出342万元，全年节约经费开支12万元。强化专项资金管理，共计发放各种专项补助资金4051万元。加大清欠力度，共回收欠款249万元，超额完成年初清欠指标。完成全场国有资产清产核资工作。安全管理常抓不懈，建立场级领导及各业务部门安全生产包保责任制，在安全活动月组织14项活动内容，进行广泛的安全宣传，举行大规模安全演练，全年进行各类安全检查30余次，整改安全隐患18项，确保全年无安全生产事故发生。加强企业内控，提高防范风险意识。全力推行政务公开，实现财务工作透明化，综合监管能力得到进一步加强。预防惩治并重，全年无重大信访事件，无重大刑事案件。

（马君国）

绥棱农场

场长：杜敬友，1963年4月出生，山东省单县人，中共党员，大学文化，高级审计师。1980年5月参加工作，2010年9月任现职。

党委书记：平易，1964年4月出生，河南省林县人，中共党员，本科学历，教授级高级工程师。1986年7月参加工作，2011年9月任现职。

纪委书记、工会主席：

肖长明（2009.11—）

副场长：

冯立军（2012.8—）

彭志祥（2014.10—）

孙韶伟（2012.8—）

武装部部长：

杨生威（2013.7—）

概况　绥棱农场坐落在努敏河畔，地跨绥棱、海伦两县（市），东靠小兴安岭，西接松嫩平原，绥建公路向南过绥棱县、与哈黑高速公路相连，北与红光农场接壤，垦网公路穿过海伦市与哈黑高速相接。辖区呈品字形，边界长88.6公里，地理坐标北纬47° 24′ ~ 37′，东经127° 20′ ~ 47′，属于第三、第四积温带交界处，全年日照2100 ~ 2300小时，年平均气温1.08℃，无霜期119 ~ 120天，平均年降水580.2毫米。有天然绿色植被保持完好的土地25676.9公顷，园地64.8公顷，林地1442.1公顷，牧草地3837.8公顷，水域2380公顷。有人口5612人，其中职工1893名。农场所辖机构29个，其中三大管理区辖农业作业站14个，工业、林牧科室及所属机构3个，公路、物业、街道、供排水机构4个，商粮、物流机构2个，旅游、文艺单位2个，教育、卫生、机关、老干部科等机构4个。系统上划机构包括公、检、法、司、社保、土地、工商、交通、通信、电业、有线网络11个。民营工业企业9个，民营畜牧企业1个。绥棱农场是黑龙江垦区中型机械化国有农场、省级文明单位、国家重要商品粮基地之一。

2016年，绥棱农场实现地区生产总值4.9亿元，职工家庭农场人均可支配收入25025元。

农业生产　农场坚持“调结构、转方式、惠民生、促发展”的发展思路，加快农业供给侧结构改革，做强主导产业，拓展增收渠道。提出“双增双减”（即增加水稻和经特作物面积，减少大豆和玉米种植面积）的农业结构调整思路。坚持水稻“能改一亩就改一亩”的原则，鼓励职工大力发展水田生产，逐步向水稻和小杂粮及中草药、玉米、大豆种植面积科学合理的农业结构调整目标推进。种植大豆面积9667公顷，水稻种植面积4000公顷，玉米种植面积减少到1933公顷，中草药及小杂粮等经特作物327公顷，实现粮食总产9.3万吨。其中水稻总产43280吨，公顷单产10821公斤，每公顷同比增产250.5公斤，增长2.3%；大豆总产26750吨，公顷单产2767.5公斤，每公顷同比减产307.5公斤，减产10%；玉米总产23250吨，公顷单产12015公斤，与上年基本持平。通过科学合理轮作，提高作物的单产，在旱田作物上表现尤为突出，玉米最高公顷单产14.5吨。争取国家土地治理和松嫩平原小流域治理等项目资金，完善基础设施建设。投资2753万元用于双兴管理区第二期土地整理项目，将267公顷低洼易涝低产田改造成旱涝保收的高产稳产田。投资455万元用于西北岗小流域水土保持工程，解决近万亩耕地的水土流失问题。争取小水建设资金310万元，完成农场诺敏河拦河坝改造工程，确保平原水库和第五作业站灌区供水需求。利用国家农业综合开发资金1952万元，完善第五、第十三作业站农业基础设施建设。投资90万元对三大作物进行航化作业，作业总面积近8000公顷。

农业机械　农场职工利用农机购置补贴资金218万元，新购进农业机械157台，投入农机更新资金达949万元。农机总动力达2.67万千瓦，农业综合机械化率达98%，所有新购入的机械登记落户工作已经全部完成。开办农机安全培训班4次，总计培训人员330人次。重点开展20公顷水稻滴管旱直播试验工作。对大田作物进行大面积航化作业，农场承担全部的航化作业费用。秋收期间对收获和整地机具进行检修工作，共计检修收割机127台、100马力以上拖拉机及配套农机具162台套。秋收期间农机科与农机驾驶员签订秋收安全生产十不准保证书总计136份，现场进行安全教育及岗前培训达275余人次。

畜牧业　结合加快发展畜牧业和林下经济，农场把下岗职工增收的重点放在“棚室蔬菜、生猪特色养殖、酒葡萄种植”等产业上。把农场第三作业站的8栋温室大棚、34栋钢骨架大棚无偿提供给22名下岗职工使用，用于种植西瓜、酒葡萄。把农场4个养殖小区、1座闲置厂房，无偿提供给45户下岗职工养殖使用，为养殖生猪30头以上的养殖户落实22.4公顷饲料地，并将管理局40万扶困扶低资金发放到可扶持贫困家庭，解决他们的资金短缺困难。

工业　通过招商引资，引进绥化农垦润丰粮食经销有限公司，投资700万元建设年加工能力10万吨的大豆油加工厂一座，解决农场大部分大豆种植户卖粮难问题。

民生　投资151万元实施美丽乡村项目，硬化住宅小区7154平方米，硬化场区道路1920平方米；投资49万元修建李范五公园木质栈道1860平方米，投资39万元新建碳化木凉亭3座，投资28.8万元修建木质健身平台3个，投资44万元完成美化亮化等附属配套设施；投资42万元完成场区路灯建设项目，新安装路灯61盏、别墅区太阳能路灯25盏及其附属配套设施；投资563万元扩建锅炉房775平方米、采暖外网3002米，改造管网1095米；投资710万元，建设面积2529平方米的老年公寓，现已有32位老人入住；投资140万元新建场部人畜饮水工程，实现24小时不间断供水。投资100余万元对职工住宅楼屋面漏水墙体进行维修。

扶贫工作　在“扶持谁”“谁扶持”上下工夫，开展领导干部精准扶贫“一帮一”工作，全场110户贫困户与机关领导干部100%完成对接，实现在产业、项目、资金、就业等多渠道帮扶，现在110户贫困户已全部脱贫。从2016年起农场设立50万元重大疾病救助资金和20万元重度贫困残疾人救助资金，并逐步向其他疾病覆盖，努力解决因病致贫家庭的实际困难。

教育　投资160多万元购置电子白板、师生电脑，补充完善理、化、生、音、体、美等课程所需设备；投资102万元新建107平方米的舞蹈室和广播室，在两个微机室和一个语音室铺设防静电地板202平方米，同时对化学、生物两学科的准备室、器材室进行隔断改造，对中学楼内电网、中小学教室门等20多项内容进行改造。投资128万元对中小学教学楼室内外进行全面维修。在加强教育基础设施建设的同时，农场把工作重点放在教育教学水平的提高上，采取走出去、请进来的办法，加快教师队伍整体水平的提高。在绥化管理局毕业考试中绥棱农场取得全局第一的好成绩，其中14名学生被省重点高中——宝泉岭高级中学录取。

文化　先后举办“讲好绥棱故事”演讲比赛1场、“唱响红色歌曲聚集发展能量”“共圆中国梦”“传承红色基因共建巩固国防”广场演出3场，举办“向幸福出发”绥棱农场首届家庭趣味知识竞赛、“圆梦绥棱情系中秋”绥棱农场首届中秋赏灯游园，组织运动会、秋季篮球赛和拔河比赛等各类文体活动10余场次。此外，场旅游局以兴建阁山水库为契机，盘活旅游资源，开发农家乐和金斗湾冰雪乐园项目。先后推荐上报总局学雷锋岗位明星2人、十星级文明户1户；上报管理局“大荒创业之星”1人、“五好”文明家庭1户、最美孝心少年2人。推荐绥棱农场场部为省级文明乡镇，工商所、交通科等5个单位为管理局级文明单位标兵，社区、机关等3个单位为管理局级文明单位。加强对外宣传报道工作。全年在平面媒体发表稿件415篇，网络媒体发表稿件713篇，更新农场网站稿件408篇，更新农场微信公众信息50条，在总局、管理局和农场播报电视新闻483条、专题8个，为农场和谐、稳定、发展营造了良好的舆论氛围。

党建　开展“两学一做”学习教育工作，强力推进学习型班子、学习型社会建设。教育引导党员干部深入学习习近平总书记系列重要讲话精神，做到学懂会用。在服务型党组织建设工作中，选树先优典型30个，基层党支部开展各项主题服务活动10次。农场党委同步推进软弱涣散基层党支部整顿与基层党组织标准化建设工作，建立阵地，完善制度，统一党建图版和内业档案标准，提升基层党支部的凝聚力和战斗力。规范选人用人机制，树立正确的用人导向。农场党委在干部提拔任用上，始终坚持以《党政领导干部选拔任用工作条例》为指导，对21名干部进行调整，有8名业务能力强，群众基础好的同志，通过党委动议、民主推荐、考察考核、党委讨论、任前公示和知识测试等环节，选拔到领导干部岗位。

（王震）

红光农场

场长：曹宝山，1965年9月出生，黑龙江省海伦市人，中共党员，本科学历，高级会计师。1986年12月参加工作，2012年7月任现职。

党委书记：韩志平，1965年4月出生，黑龙江省绥棱农场人，中共党员，本科学历，助理农艺师。1981年8月参加工作，2015年11月任现职。

纪委书记、工会主席：

刘　颖（女，2014.11—）

副场长：

佟宝石（2013.2—）

丁桂林（2014.10—）

概况　红光农场地处小兴安岭西南麓，海伦市东北25公里处，横跨海伦、绥棱两市县。东西长32公里，南北宽20公里，东与绥棱县四海店林场、半截河林场为邻，西与海伦市第二良种场和东林乡接壤，南与海伦市护林林场、绥棱县相依，北临扎音河，与海伦农场和海伦市通肯河林场隔河相望。农场被境内的海伦市陈家店林场分割成四片，海景公路由西南至东北穿场而过，扎音河由东向西注入海伦市东方红水库。农场地理坐标为北纬47°31′30″～47°42′15″，东经127°11′10″～127°36′34″之间。属寒湿带冷凉区大陆性季风气候区，冬季寒冷，夏季温热。属第四积温带。年平均积温2150℃，保证率在95%以上活动积温为2150℃～2300℃。农场区域无霜期在118天左右，全年平均日照2209小时，年平均降水量587毫米。土质为淋溶黑土和草甸黑土，地貌由漫岗和沟谷组成。农场总面积15520公顷。总户数3423户，总人口8186人，职工1990人。

农场经济中心距哈黑铁路、哈黑公路25公里，地区主要道路100%实现硬化。地方驻场单位有海伦市农业银行红光分理处、邮政支局、电业局，垦区驻场单位有通信中心、加油站、社保分局、阳光农业保险分社，工商物价中心所、公安派出所、法庭等。场部地区职工住宅100%实行砖瓦化，自来水达到国家饮用水标准，入户率100%。

2016年，农场以推进供给侧结构性改革为主线，以围绕“一条主线”、推进“两个调整”、强化“三个完善”、加快“四个转变”为举措，经济社会保持平稳健康发展，全年实现地区生产总值4.5亿元，同比增长1%，粮食总产34211吨，人均可支配收入15186元，同比增长2.2%。

种植业　充分利用国投和农场自筹资金，累计投资3988万元，实施高标准农田建设、中低产田改造、小型农田水利等项目工程，受益耕地面积达7300公顷。农业结构不断优化。按照“一稳一减三增”的原则优化种植结构，落实总播种面积约1万公顷，其中玉米424公顷，大豆85801公顷，水稻433公顷，高粱391公顷，其他经特作物37公顷。高标准完成互联网+农业示范基地面积3333公顷，其中玉米2667公顷，水稻667公顷，产品全部通过大农网销售。利用总局出台优惠政策对经特作物进行价格保护的契机，全场共参保各类经特作物532公顷，为农户提供风险保障775.51万元。以推动绿色发展为目标，完成造林绿化面积36.27公顷，其中经济林34公顷，防护林2.27公顷，完成计划100%，森林覆盖率10.8%，年产鲜果50吨，职工群众实现果林总经济效益300万元。

畜牧业　继续按照“扩禽、稳牛、壮猪”的思路，发展肉鹅特色养殖。农场养殖大鹅30万只，同时辐射带动周边农场及林场，区域内达50万只养殖规模。全面完成畜禽防疫工作，各项防、检疫率均达100%。推进规模化养殖基地建设，投资450万元，在农场三队新建、改扩建规模化养殖场8个，占地12公顷。投资30余万元改造大荒地种鹅基地育雏舍，改造阳光板育雏舍两栋800平方米。种鹅养殖孵化实现产销两旺，基地养殖种鹅1.5万只，孵化鹅雏50万只，除满足场内需要外，远销内蒙古、周边农场及市县。延续肉鹅养殖扶持政策，全年共为肉鹅养殖户提供养殖场地15处，协调各类扶贫资金和金融贷款360余万元，分配饲料地200公顷，组织10余人的技术服务队提供全天候一体化技术服务；出台以奖代投方案，受益规模养殖户12户，奖励资金近百万元。推广使用鹅玉模式“良法”工程，发展鹅玉模式规模饲养户25户，鹅玉模式地块200公顷。

工业　围绕肉鹅等主导产业，全面整合产业资源，重点培育规范骨干专业养殖合作社，将周边农场和林场的肉鹅养殖合作社组建成肉鹅养殖合作联社。突出粮食仓储加工等主导产业，充分发挥中储粮孙广粮食储备中心收储功能，全年共收储水稻1.2万吨、玉米18.5万吨，带动50余名职工群众就业增收。为农垦凯利冷冻食品有限公司落实甜糯玉米200公顷。组建绥化农垦秋实大豆种植专业合作社联社，为龙王公司落实有机大豆基地3333公顷，优质生产基地建设水平提升。推进“粮头食尾”“农头工尾”转变，深化两个一体化建设(即：龙头基地一体化、农场工厂一体化），凯利冷冻食品有限公司生产加工黏玉米770万穗，企业实现销售收入770万元，带动农场200余人实现季节性就业。实施肉鹅屠宰设施维修改造，启动肉鹅屠宰项目，生产加工肉鹅30余万只，形成种产加销一体化格局。注册“玉鹅香”和“丰绿缘”商标品牌，打造绿色、有机、健康的品牌形象，加强吸引消费群体，提升肉鹅、有机大豆、甜糯玉米等关注力度。

小城镇建设　以全力打造现代化农垦新城为出发点，累计投资约3050余万元，用于功能配套、基础设施、环境建设等民生工程。加强绿色发展理念，投资1851万元完成污水处理厂和垃圾处理场项目建设。投资122万元，实施场区亮化工程，安装主大街新型玉兰灯100盏、荣光路路灯50盏，大幅度提升了场区亮化水平。投资100万元，完成3条街道3180延长米排水沟项目。投资220余万元，实施5队道路硬化2.3公里。以提升人居环境为重点，对美化、绿化、香化工作提档升级，共植树9.2万株（丛），栽种宿根花卉5万芽、草本花卉32万株，新增绿化面积3.6公顷，绿化覆盖率达49.2%。建立完善双重闭合圈管理体制，通过制定实施九条工作制度、《红光农场城镇管理工作考核办法》等管理制度，充分发挥环卫、绿化等4个专业服务队职能，营造农场整洁、文明、安全的居住环境。

民生工程　健全以公共服务为核心的民生保障机制，增投入、补短板、兜底线、织密网，使发展成果更多更公平地惠及全场职工群众。推进民生工程建设。投资721万元，实施中小学危房改造建设项目，新建400米标准运动场跑道，硬化篮球场及操场场地1.4万余平方米等；投资300万元，维修改造中、小学教学楼1.1万余平方米；通过加强软硬件建设及各方努力，通过义务教育均衡发展验收。做好医院规范化、标准化管理制度建设和医护人员技能培训，为职工群众提供了方便、优质、贴心的服务。投资266万元，新上清除水中钙镁离子设备1台套，日可处理供水2500吨，水质实现进一步优化。上调下岗扶助金标准，发放下岗扶助金292万元。投资65万元，实施陈家管理区供热改造工程，安装新环保节能锅炉1台套，新增供热管线300米，解决陈家管理区部分楼房温度不达标问题。完善促进职工增收长效机制，发展以食用菌、西芹、秋葵等为重点的特色种植，加工完成松杉灵芝21万袋，生产加工猴头菇5万袋，示范带动种植特菜7.33公顷。落实精准扶贫精准脱贫工作，通过入户走访调查完成贫困户279户649人建档立卡工作，落实157名机关干部帮扶责任，签订帮扶责任状，确定实施“五个一批”精准扶贫机制。实施文化惠民工程，开展红光农场第四届“邻居节”、职工男子篮球赛等活动，承办管理局健美操比赛，成功举行时隔13年的农场大型运动会。

社会治理　完善社会治理体系，提升社会治理能力，法制建设有力推进。提高机关干部的法律知识水平，组织全场120余名机关干部进行法律知识考试，考试合格率达80%以上。创立以司法分局为平台，综治、信访、派出所、法庭“五位一体”共同化解社会矛盾工作机制，逐步完善了人民调解员和民调中心的建设和管理。全年全场各类人民调解组织共受理各类矛盾纠纷78件，调解成功76件，成功率为97.4%。化解矛盾建体系。完善矛盾纠纷查处体系，建立农场领导大接访的长效机制，畅通信访渠道，使得党群、干群关系进一步密切。保障平安抓稳定。严格落实生产责任制，层层签订责任状，坚持做到不落人、不落项，全年累计签订安全责任状217份，实现全年安全生产零事故。继续推进社会公共安全体系建设，完善社区网格化管理，推广“栋户联防”工作经验，形成以公安为主导，联防队员协助，群众全员参与的防控局面。

党的建设　在开展服务型党组织建设中，农场党委坚持科学规划、全局考虑原则，在深入调研，摸清基层党组织、党员底数，党组织类别和党员基本情况等基础上，确定“三个四”为农场服务型党组织建设总体工作思路。“三个四”具体内容为：创建四型党组织，即创建“服务型、学习型、创新型、廉洁型”党组织；推进四项服务，即“服务职工群众、服务社会治理、服务经济发展、服务共建引领”；达到四个提升，即“提升党组织公信力、凝聚力、战斗力和执政力。创建四型党组织中，明确了以“服务型”党组织建设为出发点。同时，不断加强“学习型”“创新型”“廉洁型”党组织建设，为服务型党组织建设提供正确的方向、必备的能力和持久的动力。

（刘岩）

和平牧场

场长：张辉，1975年6月出生，山东省五莲县人，中共党员，研究生学历，教授级高级政工师。1993年12月参加工作，2015年11月任现职。

党委书记：刘士杰，1957年8月出生，黑龙江省安达县人，中共党员，大学学历，高级农艺师。1975年7月参加工作，2015年11月任现职。

纪委书记、工会主席：

孙长禄（2010.11—）

副场长：

田泉波（2012.8—）

王立波（2013.3—）

组织部部长：

王　若（2015.11—）

概况　和平牧场位于大庆市大同区境内，地理坐标：北纬46°08′39″～46°16′30″、东经124°13′08″～124°35′23″。辖区总面积32491公顷。其中耕地7718公顷，人工林地7150公顷，天然草地13237公顷。

2016年是和平牧场建场以来伏旱最重的一年，入伏40天没有有效降水，5次降水总量15.1毫米。而进入9月至10月上旬40天之内，降水总量高达160.7毫米，严重影响了杂粮杂豆等作物的收获和质量。牧场优化产业结构，推动新业态和绿色发展，充分发挥节水灌溉设施功能，将灾害损失降到最低限度。项目建设和改革试点工作有序推进，实现地区生产总值5.64亿元，全场人均收入2.2万元。居民人均可支配收入1.7万元。

种植业　采取缩减玉米增加杂粮杂豆和中草药种植面积等措施，发挥节水灌溉功能，在伏天40天无有效降水的历史罕见气象条件下，把损失降到最低限度。以园区为载体，打造“一区一品”“一区一特色”格局，示范带、示范区建设为专业生产经营搭建平台。种植结构不断优化，非玉米种植面积占耕地总面积的63.5%。新河管理区和东风管理区开创“西瓜+大豆”“花生+绿豆”套种新模式，提高土地利用率，公顷增收6000元以上；以先锋管理区为标志的板蓝根种植示范基地建设采用集约化经营，由专业合作社组织，采取大马力深松整地、大垄三行种植、精准分层施肥等种植方法，平均公顷单产2100公斤，平均公顷效益11250元以上。建设三岛柴胡、桔梗、黄芩等名贵中草药试验田13.3公顷。继续与八一农垦大学合作，建设高效杂粮试验田26.6公顷，筛选出适宜本地区的杂粮新品种。建设高标准绿色有机食品基地20公顷。农业基础设施投入48.5万元，建设粮食晒场3100平方米；投资50万元建设田间观测系统。充分发挥大农网旗舰店沟通协调和效益增值作用，关注人数达3800人。与省内杂粮产区和多家实体店合作，成交量达1200吨。主动融入全国物流配送，建立网店、微店，使杂粮产品销售进入网淘、微商领域，上架商品达72种，实现交易197笔，交易额达1.55亿元。注重产业衔接融合，处理好增减关系，克服不确定因素，全场耕地平均公顷效益7500元，种植业实现总产值1.2亿元，人均种植业收入5000元以上。

畜牧业　以发展奶牛为重点，拓展乳肉兼用牛养殖和禽类养殖。依托资源，稳步提高畜禽饲养水平，发展生态养殖户2户，饲养鹅、鸡1.8万只，打开畜牧业转型发展新思路。保持技术和管理优势，加强繁育和动物疫情防控工作，推广奶牛性控冻精、常规冻精及乳肉兼用牛冻精1.5万剂，发放性控补贴5.5万元，应用性控冻精产犊1150头，母牛犊产出率92%。年末奶牛存栏5897头，交售鲜奶4742吨，生产肉类330吨。制定突发重大动物疫情应急预案，签订动物防疫工作责任状54份，畜禽防检疫率100%。原有奶牛小区改造升级与新区建设相结合，投资654万元，完成6个奶牛养殖小区牧场化改造升级，配备现代化奶牛饲喂设备6台套。有序推进5处现代化养殖场项目建设。完善266.67公顷高产优质苜蓿种植示范项目建设，启动基本草原标志牌建设项目，完成设计、选址工作；投资370万元，建设仓储库房1200平方米，建设贮草棚5000平方米，青贮窖2400立方米。

林业　完成造林和义务植树面积11.86公顷，家庭林场补植造林200公顷。加强林政管理和林地病虫害监测预防，搞好林地年度变更调查和湿地保护工作。投资281万元建设草原森林防火站，新建防火物资储备库450平方米，安装物资储备架、监控设备，购置2台消防车等防火设备。

精准扶贫工作　依据《“一帮一”扶贫解困工程实施方案》，牧场党委与帮扶领导干部签订《“一帮一”扶贫解困责任状》64份，采取场领导包片、机关科室和驻场单位全员包户、被帮扶户所在单位党支部包项目模式，精准有序推进，将64户低收入职工家庭分别纳入到花生、板蓝根、小杂粮、烤烟、瓜豆、畜牧养殖等专业合作社进行捆绑式帮扶，在职工自营经济六大产业的拉动下，全场64户贫困户和低收入职工实现了脱贫目标，年人均纯收入达1.6万元。

小城镇建设　投资120万元，在敖包家园小区安装太阳路灯115盏，草坪灯30盏；投资184万元，完善文体馆内设施建设，更新广场地砖1200平方米，安装户外健身器材40台套、高杆广场灯1座。通过“一事一议”财政奖补建设项目，投资223万元，建设场部东区砌砖道路及边沟2577延长米，面积11596平方米。投资15万元，建设门球场1处850平方米。投资550万元，购置教学器材，完善设施，铺设塑胶跑道，维修教学楼，购置幼儿园功能活动室设备。筹资28万元购买学生专用校车1辆。投资68.2万元，购置医疗设备和完善医院新址建设。投资40万元建设天眼工程。栽植绿化树木200株，种植花卉1万平方米。全年开展6次环境集中整治，依法查处私搭乱建行为，规范牌匾使用和治理占道经营。供暖中心采取委托经营方式，为牧场节约资金400万元，供水供暖质量得到提升。以社区建设和“一站式”服务管理为标志的社区服务功能进一步提升，公共文化服务体系日趋完善，举办重大节日的文艺演出，广场健身活动形成常态化。组织参加管理局、大同区以及周边单位的球类比赛。更换主街道宣传牌67块，推荐评选精神文明先进集体12个。

（周宝贵）

肇源农场

场长：杨广明，1962年8月出生，湖北省宜昌市人，中共党员，研究生学历，高级政工师。1982年8月参加工作，2012年7月任现职。

党委书记：倪金珠，1960年3月出生，黑龙江省庆安县人，中共党员，本科学历，教授级高级政工师。1977年8月参加工作，2015年11月任现职。

副场长：

王钟敏（2014.11—）

李国海（2014.11—）

纪委书记兼工会主席：

姜丽梅（女，2012.8—）

概况　肇源农场位于黑龙江省大庆市西南部，地处嫩江下游左岸，肇源县境内，场部地理坐标为北纬45° 37′，东经124° 18′。嫩江流经地域2.05公顷，东南北三面与肇源县新站镇接壤，西与吉林省大安市隔江相望。农场东距新肇火车站9公里，西连大安港，陆路交通和水路运输极为便利。场区内有宽带互联网、移动和联通网及垦网通讯相互连接，对外信息联络快捷。农场距大庆市128公里，距省城哈尔滨237公里，有客运班车直通省城，辐射半径小，有利于经济发展。

肇源农场处于北半球第一积温带，无霜期135～145天，≥10℃以上年积温2900～3200℃，属于亚热带季风性气候，适宜水稻生长。全场总控制面积7811公顷，其中耕地3963公顷，全部种植优质水稻。农场致力于发展绿色弱碱优质水稻专业场，加大先进科技推广和农用机械的引进力度，使水稻产量逐年提高，成为垦区西南部一座小型现代化农场。

2016年，肇源农场按照以调结构、转方式、抓改革、强管理、保民生五大发展理念为指导，实现地区生产总值3.68亿元，其中第一产业增加值1.97亿元，第二产业增加值0.77亿元，第三产业增加值0.94亿元。实现居民人均可支配收入28125元。

种植业　农场“十三五”期间规划的“123”品种结构调整战略逐渐落地。嫩源米业与农场种植户签订有机稻花香（龙稻16）种植面积66.67公顷；农场与北大荒集团签订松粳22订单种植合同53.33公顷，种植松粳9和松粳

16水稻品种373.33公顷；大海、源丰两大水稻种植专业合作社与益海嘉里、善耕源签订533.33公顷超级稻订单合作项目；承担总局二晚水稻品种区域试验，试验品种16个；设立优质品种展示田，试验品种58个；投资320万元用于小水项目建设；投资136万元进行节水增粮结余资金项目；与黑龙江八一农垦大学水稻中心合作进行“旱平垄作双侧双深”高产栽培模式试验，实施面积0.33公顷；实施鸭稻共育面积33.33公顷，养鸭9000只；实施蟹稻共育面积2公顷。

工业“三店合一”农特产品经销商店进驻哈尔滨市，“6·18”京东电商节促销活动成功激活4款大荒源谷系列产品，完成大荒源谷商标注册工作，商标证已下发到企业，“大荒源谷”获得“极具发展潜力品牌”殊荣，农场申请大荒源谷商标logo、字体等版权登记和大荒源谷域名注册登记。确定“奉献营养、服务健康”稻米产业发展理念，成功举办首届“大荒源谷”杯全球华语诗歌大奖赛，制作“大荒源谷”诗集。

小城镇建设　实行“工资制转型承包制”机制，按照环卫队伍工种不同，分区、分段进行对外承包；垃圾外运及清理实行市场化竞价承包。投资155万元进行一事一议项目建设，铺设排污管线540延长米。投资108万元对前进路、创业街1144延长米人行道进行更新。投资118万元购置供热转换站设备一套。投资29.8万元用于供热外网及锅炉房配套工程。发放楼房居民取暖补贴75万元。投资5.3万元用于文体设施维修。争取国家投资120万元用于文化信息资源共享工程。争取上级拨款11万元，用于购置公路养护设备。完成了310户光纤割接工作。投资12万元用于场区绿化。投资11.8万元进行场区路灯更换和线路维修。投资5.7万元进行自来水、下排水和供暖改造工程。投资14.8万元在供水中心新打水井一口。

民生工程　投资509万元用于义务教育均衡发展建设，高标准通过教育部义务教育均衡发展验收。投资223万元用于小学教学楼及幼儿园更新改造项目。投资180万元新增全自动生化、彩色超声、心电监护仪等大型设备。建立居民健康档案4600份，对1097名慢性病居民建立专档并及时输入随访记录。为辖区内65岁以上老年人进行免费体检。义务为8家企业及全场职工群众提供法律咨询200余人次。建立贫困户档案，对41户贫困户精准识别，采取低保救济方式实现脱贫。“两节”期间，对118户困难家庭进行走访慰问。下拨取暖费、电价补助5.1万元，发放临时救助和医疗救助资金9300元，为107名低保户交纳居民医疗保险费用9405元。

（张　璐）

柳河农场

场长：石文春，1966年9月出生，黑龙江省依安县人，中共党员，省委党校研究生学历，高级政工师。1986年12月参加工作，2015年4月任现职。

党委书记：吴国义，1970年1月出生，黑龙江省绥棱县人，中共党员，本科学历，高级政工师。1988年12月参加工作，2015年11月任现职。

工会主席、纪委书记：

单索微（女，2010.11—）

副场长：

孙国祥（2014.11—）

党委委员：

李志强（2015.8—）

概况　柳河农场位于绥化市庆安县境内，地理坐标在北纬46°37′1″～46°48′，东经127°44′1″～128°02′之间。北与庆安县双丰林场接壤，西北与庆安县新胜乡为邻，西、西南、东南三面与伊春双丰林业局相接。农场总控面积14552公顷，其中耕地4152公顷、森林7833公顷。

柳河农场地处温带，大陆性季风气候，正常情况下，年降水量600毫米左右，无霜期115～120天，年积温2300～2500℃，属黑龙江省第三积温带上限。自然资源丰富、生态环境优良、山川秀美、环境宜人。流经境内的有柳河、靠山河、红毛碱河三条主要河流，纵横南北，无污染。天然次生林林相优良，盛产山杨、白桦等珍稀树种。林中生长有五味子、刺老芽、蕨菜等10余种山野菜及蘑菇、木耳、猴头等山产品；常见动物有狍子、野猪、马鹿，飞龙、野鸡，林蛙、蜗牛等。1660公顷荒山适于栽种各种苗木、果树、花卉、中草药等。1300公顷草原，饲草丰茂，适于放牧牛、羊等牲畜。万亩沟塘湿地仍保持原始状态。柳河山、水、林、地资源宜农、宜林、宜牧、宜游。依托良好的自然资源农场主要以农业、畜牧业、林下经济和旅游业这四大产业为主，打造了一业带多业、多业促一业的经济发展格局。

2016年，柳河农场实现地区生产总值17013.2万元，其中第一产业增加值7131万元，第二产业增加值3168.7万元，第三产业增加值6713.5万元。居民人均可支配收入23128元。

种植业　坚持调精调优，种植业不断提质增效。完成播种面积4133公顷。其中水稻1800公顷；平均公顷单产8449.5公斤，平均公顷效益9375元左右。旱田2333公顷，其中大豆1333公顷、玉米867公顷，高粱、红小豆、西瓜、中药材等经特作物200公顷，平均公顷效益在7500元左右。实现粮食总产2.7万吨，总产值6921.5万元。坚持科技兴农，开展基层农技推广。农场先后投资10多万元建设中药材库页红景天、麻柴胡、青仁黑豆、矮高粱及毛豆等5个标准化种植示范区，涉及面积约66.67公顷。坚持推广更新，农业机械化水平提升，争取中央财政农机购置补贴资金196.17万元，新购置农机具163台（套），受益122户。

林业　引进软枣猕猴桃种植项目，把荒废多年的林果基地重新建设和管理起来，在林果基地内推广种植64栋大棚，面积3公顷。以北药基地为依托，推广种植林下中药材，面积达到1.87公顷。林业收入以苗木销售为主，总产值5246万元。

畜牧业　坚持特色养殖，努力实现过腹增值，出台饲料地、养殖场地等优惠政策。年内出栏肥猪20150头，肉牛135头，家禽27411只。在特色养殖上，养殖野猪50头。农场职工引进巴马香猪养殖项目，年内发展到30头规模。粮转饲面积达466.67公顷，实现畜牧业增加值2713万元。

工业　将闲置多年的冷库租给联华毛豆种植专业合作社，该企业对厂房、设备等进行改造，生产毛豆、油豆角、本地鸡、鸭、鹅等冷鲜食品共计30余吨，带动特色种养业的发展。

商务旅游业　通过旅游产业和大农网的相互融合发展，达到线上交易、线下体验的相互促进目的。全年共接待游客4万余人次，旅游收入近500万元。旅游旗舰店完成管理局下达的交易额指标。加强资源整合，同28家旅行社进行对接，旗舰店整合场外旅游资源10个。推进省内外建店工作，目前在哈市建实体店1个。开设350精品销售微店3家、淘宝店铺3家。

小城镇建设　加强小城镇绿化、美化、香化，投入资金近40万元，栽植花苗近15万株，花灌木1.2万株，城镇绿化率达45%以上。社区管理不断加强。完善城镇网格管理模式，网格队伍建设得到加强，服务能力得到提升。为居民提供各类服务事项600余件，服务职工群众2500多人次。物业市场化运作效果良好，全面推进物业市场化运作，确定合理收费标准，明确服务内容，物业运行效果良好，楼道、小区环境得到极大改善。

民生工程　争取上级资金实施民生工程建设，争取国家投资396.9万元，实施教育均衡发展项目，通过国家验收；投资100万元维修和改善职工文体活动中心；争取国家一事一议财政奖补项目资金47.6万元，加大对农田道路基础设施建设；投资251万元新建1万平方米粮食晒场；投资300万元实施小柳河水库输水洞维修工程；投资70万元实施水库泵站改造工程，修建砂石路3公里；投资60多万元购买整地机械，加强对公路的养护，确保公路畅通。农场共梳理贫困户19户36人，并根据每户的不同情况，找准扶持的切入点，制定了帮扶计划，使贫困户通过季节性打工、种植、养殖以及低保兜底等措施，全部实现脱贫目标。

党建工作　开展“两学一做”学习教育活动，各基层党组织围绕四个专题，开展多种形式学习教育，做到学深悟透，学以致用，切实发挥党员干部的先锋模范作用。各基层支部开展服务活动160余次，为职工群众解决生产生活等方面问题200余件次。党风廉政建设工作不断深化，切实履行“一岗双责”，党风廉政建设责任状签状率达100%。加强廉政教育，增强党员干部的政治纪律、组织纪律观，提升廉洁自律意识。开展“三重一大”监督检查，开展工作作风、工作纪律大检查，确保了党员干部在党风廉政建设方面思想不松懈。

（孙少如）

安达畜牧场

党委书记、场长：王敬波，蒙古族，1972年1月出生，黑龙江省安达市人，中共党员，本科学历，政工师。1994年12月参加工作，2014年3月任现职。

党委副书记、纪委书记、工会主席：
臧来彬（2010.2—）

党委委员、副场长：
宋文学（2016.4—）

概况　安达畜牧场建于1955年3月。由省公安厅劳改局主建，当时为劳改农场。1972年归国营农场管理局绥化分局领导，1980年5月撤销牧场建制，成立绥化国营农场管理局干部进修校，1986年11月重新恢复安达畜牧场。2008年12月26日安达畜牧场划归和平牧场合并为一个党委，2010年1月26日重新恢复绥化管理局对安达畜牧场原有管理体制，建立安达畜牧场党委和行政职能。

安达畜牧场位于松嫩平原腹地。场部地理坐标为北纬46°13'，东经125°04'。位于安达市西南9公里处。场部东2公里与明沈公路相接。自然环境属于温带大陆性季风气候，一年四季差异明显。年平均温度2.5℃，全年有效积温2782℃，平均无霜期136天，年降雨量343.1毫米，年平均日照2850小时。所辖区域总面积约48.9平方公里，整个地形地貌由东向西呈平缓降低趋势。海拔在152 ~ 141米之间，相差高度为11米，属二级起伏，较平缓。土壤以碳酸盐草甸黑钙土为主，黑土层厚10 ~ 25厘米，为中性到碱性反应。pH值7 ~ 7.8之间。草原土壤黑土类草场面积较小，绝大部分是盐碱土类。全场土地面积4895公顷。其中耕地984.2公顷、草原2538公顷、苇塘210.5公顷、水面164公顷、林地775公顷。畜牧场共有管理区2个，总户数925户，总人口数1637人。

2016年，畜牧场实现地区生产总值1.67亿元，人均生产总值98556元，工农业生产总值8802万元，粮食总产2706吨，固定资产投资总额631万元，职工工资总额350万元，职工平均工资26133元，职工家庭人均可支配收入16349元。

农业生产　现有抗旱机电井59眼，喷灌设备64台套，耕地控灌实现全覆盖。农业机械总动力达0.61万千瓦，大田作物全部实现机械作业，跨区作业面积达6667公顷。在产业化建设方面，酸菜厂拉动职工种植白菜67公顷，增加种植收入50多万元。狮子鹅厂拉动鹅玉米种植53公顷，增加种植收入15万多元。在结构调整方面，经特作物种植面积达520公顷，占耕地总面积的52%，平均公顷效益比大田作物增加近3000元，增加效益150多万元。蔬菜实施统一规模经营，畜牧场新建15栋多功能日光大棚，全场近500栋大棚和温室第一茬全部种植香瓜，总产50万公斤，销售收入近1500万元，最高卖到每公斤120元，平均每公斤30元，统一经营销售比散户自行经营销售平均每公斤多卖出9元。在大农网蔬菜旗舰店经营方面，场主要领导亲自抓，分管领导具体运作，有工作人员5名。6月在场领导的带领下分成6个组（每组2人）6辆车（车上装满蔬菜），每天凌晨3点出发，开展为期10天的上门送菜服务宣传活动，共出动120多人次，60多车次，对哈尔滨、大庆和安达的100多家蔬菜店进行面对面、点对点的上门送菜服务宣传活动，建合作蔬菜销售点10个，其中安达6个、大庆2个，哈尔滨2个。建立包括种植方和销售方在内的5个微信群，群内好友达1000人，覆盖10多个省市。线上交易210万元，体验店线下销售43万多元，通过微信群快递方式销售红谷小米、黄米等杂粮累计10万多元。

畜牧业　养殖效益持续增长，羊存栏1232只，生猪存栏623头，禽存栏4.1万只，种鹅场建设基本完成，种鹅已繁育4批1.8万只，年可为畜牧场增加收入50多万元。在奶牛饲养方面，牧场化规范管理逐步完善，实现统一圈养、统一TMR饲料供给、统一集中榨乳和鲜奶销售、统一防检疫等四统一管理，奶牛存栏1500头，年递增率20%，奶牛单产从上年的平均5吨增至7吨，年产鲜奶3670多吨，现已形成4家现代化规模牧场，存栏均在300头以上，现代化机械挤奶厅4座，推动奶牛养殖从散户粗放经营到牧场化集约经营的全面过渡，牧场基本实现人畜分离。草原2000公顷，年产草3000吨；种植苜蓿192公顷，种植青贮200公顷，青贮产量1万吨，有效地解决饲料问题。完善畜牧防疫体系建设，形成场、区、组三级防疫网络。经过春、夏、秋三次集中防疫和常规防疫，使动物两病检疫率和疫苗注射率都达100%，常规免疫普及率达98%以上。

工业和流通业　雪娃娃雪糕厂、酸菜厂、生物酒厂、汇通粮油公司经营良好。引进光伏发电项目，项目建成后，年可增加牧场租金200万元；与八一农垦大学达成合作建设狮籽鹅养殖场初步协议，进入调研论证阶段。绥化农垦汇通粮食贸易有限公司、雪娃娃冷饮厂、小乡村酸菜厂等企业运行良好，年可实现长期就业人员150多人，季节性就业人员300多人，安置临时工100多人，可增加职工收入300多万元。大农网安达旗舰店9月20日正式运营，上架商品44个，设立专营店铺1家，2016年年底，累计完成交易额3204万元。

社会事业　在精准扶贫工作中，41户贫困户年人均收入达到8500元以上。对低保家庭医疗救助标准提高到了住院自费部分的95%，最低生活保证限提高到每人每月560元，月人均补差标准提高到375元。通过上级拨款、农场配套、税改补贴等方式共发放低保金86万元、社会救助金16万元、工会扶低借款40万元，贫困人口平均年收入提高2000元以上。安装路灯54盏，庭院灯24盏，建设容娱乐、休闲和集市贸易为一体的多功能小广场一处。对综治工作人员业务知识、文化素质、体能等方面进行培训和考核，培训考核面达100%。悬挂老年人权益保障法等各种法律宣传条幅23条，举办培训班2次，开展五好家庭评比活动1次，开展赞美党、赞美祖国、赞美改革开放的大好形势文艺会演2次，通过广播、板报、图窗、条幅等方式，宣传社会主义核心价值观、北大荒精神3次。开展“文明单位”“文明科室”“文明楼道”“文明家庭”和“文明职工”创建活动，共选出各类先进典型12个。以志愿者服务队为主要力量，培育和发展志愿服务组织，组织开展卫生清洁、文明整治、卫生监督和义务绿化等服务，累计开展活动20余次。举办广场舞、大秧歌、棋牌、篮球、乒乓球比赛各1次。

党建工作　安达畜牧场有基层党组织4个，其中机关、社区2个，非公有制企业2个。党员110名。开展“两学一做”学习教育工作和“做百姓身边人，干群众心想事”主题实践活动。成立党员服务区3个，互助协作体6个，党员示范窗口6个，党员先锋岗11个，农业技术服务队3个，党员与困难户结成一帮一或二帮一帮扶对子39对。领导班子带头学习和查摆整改，确保教育、整治取得实效。班子整体查找出不严不实问题10个，班子个人查找出不严不实问题17个，部门干部“不作为，乱作为”问题12个。列出问题清单和整改台账，制定了整改措施。开展学习习总书记系列讲话精神等学习培训26次，累计参加人数600人次，有效提升了党员思想综合素质，营造浓厚的干事创业氛围。开展“两学一做”学习教育工作，全场党员干部集中学习8次，测试3次，上交学习心得4次，研讨6次，开展演讲比赛1次，办手抄党章书法展1次。基层支部“三会一课”渐入制度化、常态化。据统计，机关党员干部建立便民服务窗口3个，便民服务队4个，深入田间地头63人次，为种植户解难答疑41件，代职工群众反映合理化建议15条。社区党员义务参加场区绿化、环境清理等活动23人次，成为关心畜牧场发展、热衷公益事业的带头人。13名生产一线党员带头进行结构调整，种植蔬菜、杂粮等80余公顷，标准化养殖奶牛170多头。

（陆杰）

涝洲鱼种场

党总支书记、场长：王洪国，1972年2月出生，黑龙江省嘉荫县人，中共党员，本科学历，政工师。1989年11月参加工作，2014年3月任现职。

副场长：

关明江（2011.10—）

总支委员、场长助理、计财科科长：

张春梁（2013.—）

概况　涝洲鱼种场建于1956年3月，当时场名为国营肇东水产养殖场，是一个专业的水产养殖企业，隶属于黑龙江省商业厅水产局，同年肇东县渔业公司和双城县水产公司并入该场。1959年5月鱼种场由省移交给肇东县领导。1962年6月回归黑龙江省水产事业管理局领导，在松花江上以捕捞业发展的同时，也成为为全省服务的草、鲢、鳙、鲤等鱼苗繁育专业场，并正式更名为黑龙江省涝洲鱼种场至今。在1973年最后一次归省管时，将鱼种场所属的大似海、五湖岱两个放养场共计2450亩水面划给肇东水产局管理。1982年，省委组织部批准涝洲鱼种场设置基层党委，1992年，省水产局批准涝洲鱼种场为处级单位。经过多次隶属关系省县几次变动后，2000年，鱼种场隶属关系划归黑龙江省农委直辖。2007年，鱼种场由省农委划归农垦绥化分局领导，2008年7月，绥化分局党委决定将涝洲鱼种场划归安达畜牧场管理，撤销党委改建党总支，由安达畜牧场党委管理。在2008—2011年期间，先后划入安达畜牧场—和平牧场—安达畜牧场，2011年10月8日，从安达畜牧场分离重新独立成为绥化管理局的一个独立建制场，并重新建立涝洲鱼种场党务和行政职能。

1990年，涝洲鱼种场被农业部确定为东北唯一的“键鲤”苗种定点生产基地。曾荣获全省丰收计划项目一等奖，先后被命名为省直机关文明单位、省水产局六好企业、省水产局先进企业，绥化地区授予农业信贷信得过一级企业，2002年，被列为松花江沿江省级湿地自然保护区，2012年6月，被命名为省级水产养殖场。2016年12月，被农业部命名为国家级健康养殖示范场。涝洲鱼种场作为以淡水鱼类繁育、养殖的专业场，主打产品是“草鲤鲢鳙”四大类鱼。“涝洲鱼种场”品牌在东北地区水产业中有很好信誉，成为一种无形资产并逐步增值，成为黑龙江、吉林、辽宁、内蒙古四省区鱼苗种重要集散地，也是黑龙江省最大商品鱼生产基地。现有120公顷人工精养池塘，一座400公顷自然水库，其中包含100公顷湿地，下设一、二、三、四和库塘沐五个养殖作业区、一个丰收分场，一个年产7亿尾大型现代化鱼种孵化厂，一座年产5500吨的合资鱼类、狐貉饲料加工厂，另有为养鱼生产服务的松花江大型抽水站一座。2016年，全场总户数230户，总人口588人，从业人员208人，其中职工163人。机关在职干部14人，工勤人员6人。

涝洲鱼种场位于黑龙江省肇东市境内，行政隶属黑龙江省农垦绥化管理局，场部地理坐标北纬46° 04′，东经129° 09′，南邻松花江，东西北与肇东市涝洲镇接壤。分布在松花江北岸的开阔地带，与哈尔滨国际机场隔江相望，距肇东城区55公里，距哈尔滨市政府45公里。2016年，哈尔滨至肇源松花江景观大道直通鱼种场场，交通十分便利。

涝洲鱼种场属北寒温带大陆性气候，一年四季气候差异明显。冬季寒气漫长、夏季炎热多雨、春季干旱多风、秋季短促，降温较快。多年平均降雨量442毫米，降雨集中在6、7、8月，占年降水量70%左右。年平均气温在4.6℃，最低气温在1月份达-38℃，最高气温7月达39℃，冻结期长达6个月，土壤冻深可达1.8米，全年稳定通过10℃的积温为2700℃，无霜期135天左右，年平均日照数2782.5小时，年平均风速3.5m/秒。属于松嫩平原的腹地，地势平坦，海拔高度120米，土壤以黑土为主，有少量沙土和草甸土，pH值7.0～7.5之间。

涝洲鱼种场提出“兴鱼扩貉”产业定位，以水产养殖为主要支柱产业，通过大农网水产旗舰店，整合周边渔业资源，聚集买卖两头资源，在交易中努力实现增收服务。带领职工改变传统养殖品种，做好“名、特、优”品种的引进，增加经济效益。做好狐貉、猪、鹅等畜牧业生产，增加存栏数量。拓展增收节支空间，带动农户富民兴场，实现共同致富。依托哈市至肇源的景观大道这个得天独厚的地理优势，全面开发旅游产业。2016年，实现地区生产总值653.1万元，同比上涨2.1%，其中第一产业增加值591.8万元，同比上涨2.5%，第二产业增加值34万元，第三产业增加值27.3万元。涝洲鱼种场全场居民人均可支配收入14005元，同比上涨1.5%。

种植业 以水稻种植为主，年播种水稻7公顷，实现总产量33吨，产值8.3万元。建设生态林，面积5公顷。

畜牧业 以特色狐貉养殖为主，辅助养殖猪和鸡等畜禽。狐貉存栏3134只，生猪存栏98头，禽类存栏1000只，出栏肉猪肉量为16吨，笼养蛋鸡1000只。畜牧业总产值62万元。免疫密度达100%。

渔业 涝洲鱼种场主要支柱产业是渔业，养殖面积496公顷，全年水产品总产量1321吨，产值1167.3万元。其中，池塘养殖面积为120公顷，产量879吨，水库养鱼面积为376公顷，产量442吨。主要养殖鲤、草、鲢、鳙、鲂、鲫、黄桑、鲶、怀等品种，并尝试养殖匙吻鲟、台湾泥鳅、史氏鲟等经济效益较高的品种。全年鲤鱼产量754吨，产值725.6万元；鲫鱼产量114吨，产值136万元；鲢鱼鳙鱼产量399吨，产值208.4万元；其他鱼类产量54吨，产值97.3万元。

工业 于2010年通过招商引资的方式，建设一座现年产值1.5万吨优质鱼饵的专业鱼饲料加工厂。2016年，由于受到原料价格上涨以及鱼价低迷等因素影响，共生产配合饲料115吨，实现产值17万元。

旅游业 鱼种场库塘沐水库湖作为肇东松花江沿江湿地自然保护区核心区，100公顷湿地栖息着40余种鸟类，生长着茂盛的芦苇和各种水草，盛产各种无污染的野生鱼类，并且通过国家有机产品认证。鱼种场提升旅游品牌，通过“转方式、调结构”，努力实现传统渔业向休闲渔业转变。与库塘沐渔业公司充分挖掘“库塘沐”品牌，开发湿地生态垂钓，扩大休闲垂钓影响力，夏季游人可乘船荡漾芦苇荡，领略水乡美景，呼吸清新空气，品尝天然野生鱼类。

民生 完成住宅小区道路硬化、监控防范设备安装、电视电话会议信号安装等工作。在住宅小区安装路灯设施4处，新建健身路径8条，绿化草坪1000平方米。争取到220万元项目建设资金，高标准完成二作业区到场部2.2公里水泥硬化项目。完成143户职工房屋产权改革工作。

党建工作 继续巩固“三严三实”教育成果，开展“两学一做”学习教育活动，加强基层党的建设。树立典型，“七一开”展表彰先优活动，开展节日慰问困难职工、困难党员等慰问活动，从而全面加强联系群众工作，提高服务群众能力。

（穆玉玲）

哈尔滨管理局

党委书记：金奎祥，1957年5月出生，山东省高密市人，中共党员，研究生学历，正高级政工师。1974年12月参加工作，2010年8月至2016年12月任现职。

党委副书记、局长：刘伟康，1974年11月出生，吉林省扶余人，中共党员，研究生学历，博士学位，高级会计师。1995年8月参加工作，2016年8月任现职。

党委副书记：张智，1965年11月出生，辽宁省黑山县人，中共党员，本科学历，助理翻译。1984年9月参加工作，2013年10月至2016年4月任现职。

副局长、党委委员：陈玉林，1964年9月出生，河南省信阳市人，中共党员，研究生学历，经济师。1979年9月参加工作，2009年10月任现职。

副局长、党委委员：鹿文革，1967年9月出生，哈尔滨市人，中共党员，研究生学历，教授级高级政工师，高级会计师。1987年10月参加工作，2011年9月任现职。

党委委员、纪委书记：商丽梅，女，1961年10月出生，辽宁省西丰县人，中共党员，研究生学历，教授级高级政工师。1977年9月参加工作，2015年7月任现职。

党委委员、工会主席：沈纯霞，女，满族，1961年5月出生，辽宁省复县人，中共党员，研究生学历，教授级高级政工师。1978年11月参加工作，2010年5月任现职。

调研员：曹恒卿，1966年8月出生，河南省泌阳县人，中共党员，本科学历，1984年10月参加工作，2014年10月任现职。

党委委员、武装部部长：贾连杰，1972年2月出生，内蒙古自治区开鲁县人，中共党员，本科学历。1990年3月参加工作，2014年3月任现职。

党委委员、组织部部长：郭洪明，蒙古族，1971年10月出生，黑龙江省肇州县人，中共党员，研究生学历，高级政工师。1996年7月参加工作，2012年8月任现职。

办公室主任：陈建平，1983年12月出生，黑龙江省双城市人，中共党员，研究生学历，助理政工师。1999年12月参加工作，2014年5月任现职。

办公室副主任、外事办主任、副调研员：

王德强（2014.5—）

办公室副主任、信访办主任、副调研员：

李　晶（女，2010.4—）

政策法规局局长、副调研员：

刘兴江（2013.9—2015.10）

机关党委书记、副调研员：

郭振民（2014.1—）

组织部副部长：

孟祥婷（女，2013.9—）

黄俊德（2014.5—）

宣传部部长：关宏宇，满族，1971年2月出生，黑龙江省望奎县人，中共党员，本科学历，政工师。1995年8月参加工作，2013年10月任现职。

纪检委副调研员：

栾勤先（2013.7—）

工会副主席：

张　蕊（女，2011.9—）

农业局副局长：

李维峰（2014.3—，主持工作）

农业局副调研员：

曹桂香（女，2014.1—）

种子管理局局长：李彦青，1965年3月出生，中共党员，本科学历，农艺师。1986年9月参加工作，2014年1月任现职。

林业局局长、农机局局长：刘鹏，1963年6月出生，黑龙江省延寿县人，中共党员，专科学历，农艺师。1979年10月参加工作，2008年8月任现职。

畜牧兽医局局长：李存杰，1966年1月出生，山东省东阿县人，中共党员，专科学历，畜牧师。1987年7月参加工作，2015年10月任现职。

动物卫生监督所所长：

何晶（女，2011.9—）

水务局局长：马庆芳，1963年11月出生，黑龙江省兰西县人，中共党员，研究生学历，高级工程师，1988年12月参加工作，2010年4月任现职。

水利工程管理分站站长：董立志，1967年4月出生，黑龙江省双城市人，中共党员，专科学历，工程师，1983年12月参加工作，2015年10月任现职。

土地整理中心主任：李广学，1967年11月出生，辽宁省北票市人，中共党员，本科学历，工程师。1989年4月参加工作，2014年1月任现职。

工信委主任：杨国林，1962年11月出生，吉林省洮南市人，中共党员，本科学历，高级工程师。1983年8月参加工作，2006年6月任现职。

安全生产监督管理局副局长：

田家林（2014.5—，主持工作）

住房和城乡建设局局长：黄伟明，1969年9月出生，广东省梅州市人，中共党员，本科学历，高级工程师。1993年7月参加工作，2008年8月任职。

住房和城乡建设局副局长：

任峰（2015.7—）

商务局局长：吴静，女，1962年1月出生，黑龙江省五常市人，中共党员，本科学历，高级政工师。1979年9月参加工作，2004年3月任现职。

商务局副局长：

李云峰（2011.9—）

交通运输局局长：赫曜宇，赫哲族，1968年3月出生，黑龙江省肇源县人，中共党员，研究生学历，高级会计师。1991年7月参加工作，2012年8月任现职。

计财处处长：谭国平，1964年8月生，广东省梅州市人，中共党员，大学本科学历，高级会计师。1984年8月参加工作，2015年7月任现职。

计财处副处长：

邢元勋（2010.4—）

张　雷（2011.6—）

审计处处长：钟玉涛，1959年11月出生，山东省莱州市人，中共党员，专科学历，高级会计师。1976年8月参加工作，2014年5月任现职。

人力资源和社会保障局局长：马洪君，满族，1967年3月出生，辽宁省锦州市人，中共党员，专科学历，经济师。1985年12月参加工作，2010年6月任现职。

人力资源和社会保障局副局长：张守良（2013.9—）

民政局局长、副调研员：李建华，1966年6月出生，山东省泰安市人，中共党员，本科学历，经济师。1987年9月参加工作，2001年8月任现职。

卫生局局长、卫生监督所所长、人口计生委主任：鄂肖艳，女，1962年4月出生，黑龙江省五常市人，中共党员，本科学历，副主任医师。1979年12月参加工作，2013年10月任现职。

教育局局长：阎海滨，1962年5月出生，河北省青龙县人，中共党员，本科学历，中学高级教师。1982年7月参加工作，2004年3月任现职。

教育局督学：

刘　畅（女，2009.12—）

政法委副书记：

刘奉艳（女，2013.10—）

公安局副局长：

马　会（2015.7—，主持工作）

童志勇（2013.9—）

司法局局长：高晓舟，1962年2月出生，浙江省海宁市人，中共党员，本科学历，高级政工师。1978年8月参加工作，2013年10月任现职。

青年人民法庭庭长：宋长文，1964年10月出生，辽宁省辽阳市人，中共党员，本科学历，四级高级法官，1982年3月参加工作，2013年9月任现职。

质量技术监督局局长：姜晓明，1972年12月出生，辽宁省本溪市人，中共党员，本科学历，助理政工师。1989年12月参加工作，2010年10月任现职。

社会保险事业管理局局长：李左成，1958年7月出生，黑龙江省绥化市人，中共党员，大学本科学历，政工师。1976年7月参加工作，2015年6月任现职。

环保局局长：马信，1957年4月出生，黑龙江省肇州县人，中共党员，本科学历，高级农艺师。1974年7月参加工作，2001年4月任现职。

工商物价局局长：杨广全，1968年12月出生，山东省宁阳县人，中共党员，研究生学历，价格鉴证师。1991年7月参加工作，2013年11月任现职。

国土局局长：崔君，1973年8月出生，山东省梁山县人，中共党员，大学本科学历，1989年3月参加工作，2013年12月任现职。

国十局副局长：

李　靖（2005.11—）

张志强（2010.7—）

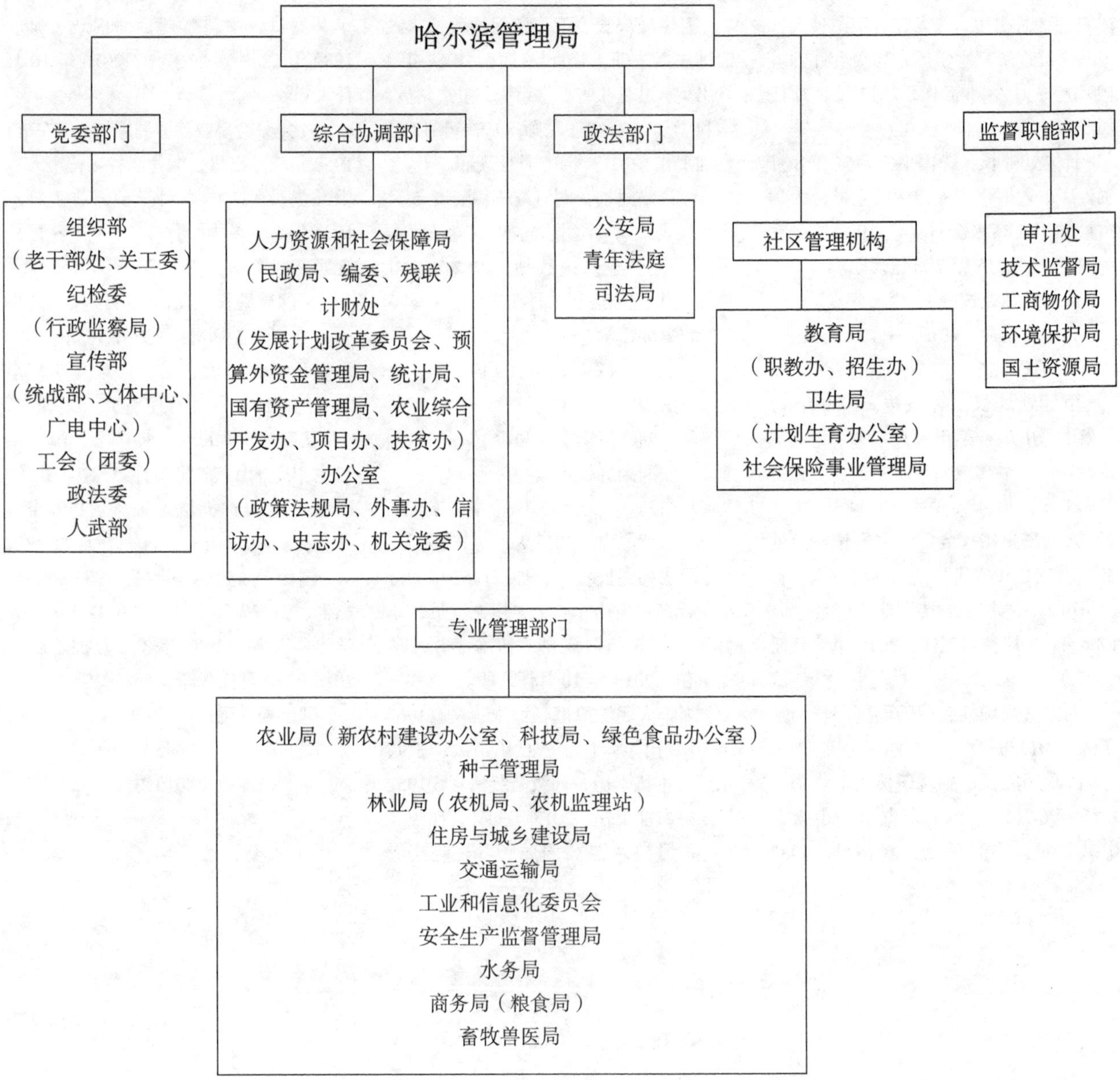

图 20　哈尔滨管理局机构示意图（2016 年）

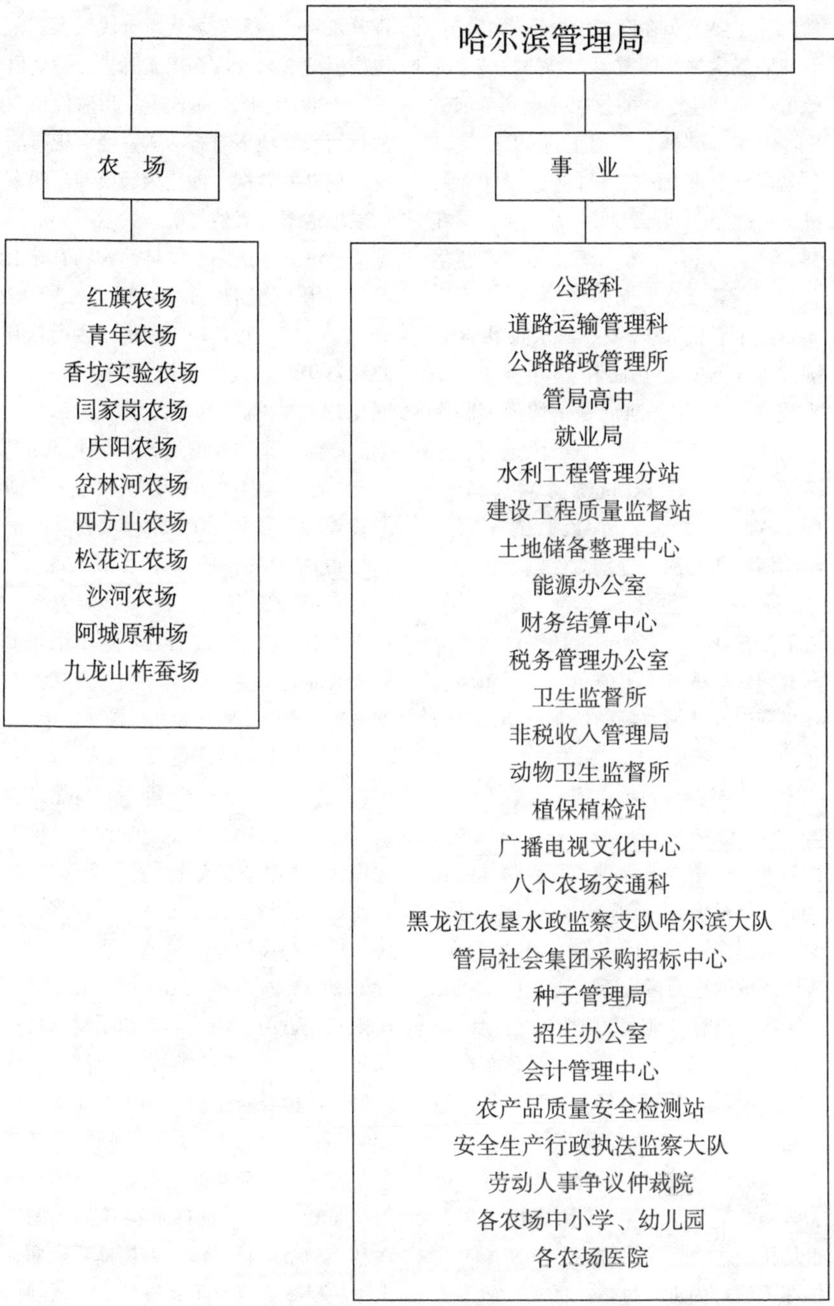

图 21　哈尔滨管理局下属企事业单位示意图（2016 年）

概况　哈尔滨管理局位于黑龙江省省会城市哈尔滨市，始建于1976年2月。辖有11个农场，其中香坊实验、红旗、青年、闫家岗农场和阿城原种场分别位于哈尔滨市香坊区、南岗区、道外区、道里区和阿城区，九龙山柞蚕场、庆阳、岔林河、四方山、松花江、沙河农场分别位于黑龙江省宾县、延寿、通河、肇东、依兰、方正五县市。管理局现有黑龙江省小岭社区管理委员会、管理局高中、动物卫生监督所、北大荒酒业股份有限公司、北大荒鑫都房地产开发有限公司、鸿远房地产开发有限公司、吉时小额贷款有限公司、哈尔滨农垦贸易总公司、农垦北大荒蔬菜公司等10个直属单位和企业；农林牧渔业单位42个；管理区12个；工业企业83个；建筑企业4个；运输、仓储企业6个。全局总户数18219户；总人口49442人，男性人口26925人，女性人口22517人；少数民族人口1122人；从业人员22289人，在岗职工人数6314人。有基层党组织126个，党员3440人，副处级以上干部104人。

管理局地处松嫩平原东部、张广才岭西北麓。属寒温带大陆性季风气候，四季变化明显。土壤肥沃，地表水和地下水资源丰富。年降水550毫米，无霜期140天，大于等于10℃有效活动积温2750℃。全局土地总面积53427公顷。其中，耕地26115公顷（水田11196公顷，旱田14919公顷）。牧草地8951公顷。土壤类型主要有黑土、草甸土、白浆土、盐碱土。黑土包括草甸黑土，主要分布在青年、闫家岗、红旗、香坊实验农场，岔林河、沙河农场次之。黑土层厚度为30～70厘米，耕层有机质含量为5%～7%，理化性能好，各类养分均比其他土壤高，适于各类农作物生长。草甸土主要分布在庆阳、岔林河、沙河农场的平地、低洼地，青年农场沿江地区次之。草甸土水分、养分含量较高，保水保肥能力强，但土质黏重，透气性差，春播时节土壤冷凉。白浆土包括草甸白浆土、潜育白浆土，主要分布在庆阳、岔林河、沙河农场。通常白浆土表面有薄层黑土，耕层有机质含量为2.5%～3.5%，土质黏重，透水性差，易受季节性干旱影响，适宜种植水稻。盐碱土主要分布在四方山农场，闫家岗、红旗农场次之。四方山农场的盐碱土为碳酸盐草甸土、碳酸盐黑钙土和草甸碱土。其中，碳酸盐草甸土占99.2%，碳酸盐黑钙土占0.6%，草甸碱土占0.2%，pH值在7.5～8.2之间，有机质含量在3%左右，适合玉米、葵花等农作物生长和碱草等牧草生长。

管理局水资源丰富，有水面1938公顷。地表水有松花江和13条河流、16个泡泽。有12条河流是运粮河（即库查河）、阿什河（界河）、大通河、洙淇河（界河）、亮珠河（界河）、驿马河、四十八面沟、大遂河、小遂河、倒木圈河、响哨河、西北河，分别流经闫家岗、青年、香坊实验、岔林河、沙河、庆阳农场，终汇于松花江。自然形成的泡泽主要有岔林河农场的片泡、鲫鱼泡、黑鱼泡、弹弓泡以及沙河农场的炕洞泡。人工修建的水库、塘坝有闫家岗农场的“八一”水库，庆阳农场的小遂河水库、五队水库，沙河农场的一号、二号水库和三号、四号塘坝。重要的灌排工程有岔林河农场的岔林河引渠、庆阳农场的红卫干渠。管理局境内河流年径流110～175毫米，降雨形成的地面径流年平均为118毫米。

管理局有林地面积10101公顷，森林覆盖率15.9%。天然林主要分布在庆阳、岔林河、沙河农场。树种有红松、白松、樟松、水曲柳、黄菠萝、胡桃楸、柞树、椴树、榆树、杨树、桦树等。林型为阔叶复层异龄林，平均数龄50年，平均树高11米，平均胸径18厘米。农场在天然林内进行过生产活动，林下更新良好。人工林、农田防护林主要分布在庆阳、岔林河、沙河农场。四方山、闫家岗、青年、香坊实验、红旗农场有少量的农田防护林、经济林。

管理局野生动物资源相对集中在庆阳、岔林河、沙河农场。昆虫类有980多种，鸟类有100多种，野生禽兽类40多种，鱼类10多种。矿产资源主要有矿泉水、煤炭、石油、天然气、黏土矿。闫家岗农场原啤酒厂的机井水质是高品位的天然饮用矿泉水。1991年6月11日，省地质矿产局文件确认该厂供水井为含锶硅质重碳酸钙型低矿化饮用天然矿泉水井，堪与法国著名矿泉水相比，极其难得。沙河农场坎下有浅层煤矿，煤层厚度2米左右，煤质酥松，燃烧值低于5000大卡，尚不具备开采价值。岔林河农场地下有石油矿，经大庆石油管理局钻井勘探，油质为轻质油。四方山农场地下有天然气矿，贮量不详。闫家岗、红旗、庆阳、岔林河农场有黏土矿，可用于烧制砖瓦。

2016年，管理局实现地区生产总值255095万元，人均生产总值51595元，同比增长7.9%。其中：第一、第二、第三产业分别实现增加值63034万元、89959万元和102103万元，同比分别增长4.4%、6.3%、12.7%。粮食总产量190286吨。三次产业比24.7∶35.3∶40。完成固定资产投资169330万元。职工工资总额28191万元。职工平均工资45809元。实现居民人均可支配收入26025元，同比增长8.08%。

种植业农业生产克服4～6月低温、多雨、台风“狮子山”等不利自然条件的影响，在结构调整、农时标准、抗灾意识、管理服务、域外开发上实现突破。农作物总播种面积25127公顷。其中，经济作物和高效作物种植面积占总播种面积的33.4%。投资6561万元，实施庆阳和四方山农场土地整治项目。投资1445万元，更新各类农业机械168台（件），主要农作物综合机械化水平达98%。推进“三减”行动计划，发展绿色、有机、特色和高效农业。种植有机水稻1707公顷。推广水稻育秧大棚二次利用种植木耳、水稻振捣提浆机插、水稻超早钵育等农业新技术，“鸭稻”“鹅玉米”等农牧结合及“互联网＋农业”新模式。在俄罗斯租种土地5640公顷。

工业　克服国家宏观经济调整和管理局经济结构调整，以及近郊农场逐步清退安全隐患较大工业企业的影响，工业发展持续保持平稳增长。实现工业增加值88783万元，同比增长5.8%。实现销售收入27.9亿元，同比增长2%。松花江农场农机产业长足发展，引进欧洲最新技术的马特马赫精量播种机，产量同比增加75%，产销率达132%。

畜牧业　以“两牛一猪一禽”为重点，因地制宜发展规模化、集约化、标准化畜禽养殖。玉米鹅、稻田鸭、稻田虾、肉鸽等特色养殖数量达13.3万只（头），畜牧业下滑的态势趋缓。年末奶牛存栏数2370头，同比增长36.28%；肉牛存栏638头，同比增长10.85%，肉牛出栏382头，同比增长19.03%；生猪存栏14735头，同比增长61.34%，生猪出栏18543头，同比下降33.04%；羊存栏7746只，与上年持平，羊出栏7390只，同比下降23.70%；家禽存栏34.88万羽，同比增长20.54%，家禽出栏39.04万羽，同比增长9.36%。鲜奶产量5702吨，同比下降10.22%；肉类产量2668吨，同比下降24.22%；禽蛋产量4109吨，同比下降0.25%。水产品总产量2173吨。强制免疫率100%。责令生猪屠宰场停业整改1家。争取国家草原奖补资金1186万元、草原生态保护补助奖励政策禁牧补贴奖金57万元。在四方山农场实施草原重点项目实施5个。种植全株青贮玉米721公顷，种植苜蓿403公顷，种植燕麦300公顷，秋季窖贮饲草饲料19975吨，发放饲草饲料补贴46.1万元。查处非法占用草原案2件次，非法占用草原面积7880平方米，收缴罚没款15.8万元。

农业机械　农机总动力13.1万千瓦，有各类大中型拖拉机（30马力以上）1498台，各类收获机346台；农机资产原值达2.46亿元。有农机合作社20个，有各类农业机械649台，农机合作社资产总额8862万元，入社会员177人，年作业服务面积17067公顷。更新各类农业机械168台（件），累计投入农机更新资金1445万元。其中：利用国家农机购置补贴资金280万元。推广各类农机新技术8项。累计节本增效240万元。深松作业面积2000公顷。培训各类农机人员3400人次。农机安全生产形势稳定好转，没有一般性农机事故发生。

水利工程　投资2480万元，完成小型农田水利、人畜饮水、应急度汛等工程项目。小型农田水利项目投资1290万元，完成庆阳等5个农场小型农田水利工程实施方案编制、审核、修改、批复和招投标工作。完成沟道清淤整形、渠道护砌、新建田间建筑物、维修农田路、新打机电井、输电线路等建设内容，改善灌溉排涝面积6440公顷。投资700万元，完成松花江等3个农场小型农田水利设施建设专项补助资金项目实施方案编制、审核、修改、批复和招投标工作。完成渠道清淤整形、新建田间建筑物、渠首维修、水库维修等建设内容。改善灌溉排涝面积2900公顷。投资440万元，完成沙河等2个农场人畜饮水项目实施方案编制、审核、修改、批复和招投标工作。解决沙河农场2500人饮水问题。四方山农场水源地保护313平方米。管理局各级部门都成立防汛管理机构，由分管领导主抓，以防汛抗旱指挥部为主管部门，做到目标明确，任务落实到点，责任落实到人，防汛各项责任制得到落实。储备充足的防汛帐篷、救生衣、应急灯、铁锹、镐、铁丝、编织袋、木桩等防汛物资，配置发电机、污水泵、冲锋舟、挖掘机等机械装备。防汛物资储备总额达70余万元。

林业　完成造林绿化面积177公顷，经济林、中草药总面积980公顷，种植食用菌2145万袋。栽植树莓苗木27.86万株，营区绿化及道路景观绿化栽植各类乔木4.72万株，灌木0.66万丛。参加义务植树3.17万人次，出动各类车辆423台次。通过签订责任状，将防火责任层层落实到位。完善防火期领导带班制度，制订防火应急预案、防火宣传方案。防火工作人员随时保持待命，24小时在岗值班。在总局防火办申请的防火物资已全部配备到位。各农场对原有设备进行检修，防火器材、工具、通讯设备、车辆在防火期间全部准备完毕，并投入使用。全年无森林草原火灾发生。

住房和城乡建设　重点开发项目统一由管理局规划委员会研究通过方可实施。城镇规划区范围内“一书两证”发放率达100%。强化建设项目规划前、中、后三个阶段的公示工作，完善相关制度和公示形式，增强规划与建设的科学性和透明度，市政道路与管网建设已全部纳入规划管理。全年共发放建设项目选址意见书5份、建设用地规划许可证10件、建设工程规划许可证12件。加大农场卫生整治力度。开展环境整治“百日会战”活动，强化主次干道和重点场所的清扫保洁，实施清扫保洁层级管理机制，严格执行环境卫生分区负责制度。把冬季清冰雪作为一项重点工作，各责任单位以雪为令，按照分担的任务、时限和标准进行清理，杜绝清扫清运不及时、不彻底等现象发生。做好垃圾收集、中转和清运，做到日产日清。强化物业小区、居民楼、平房居住区、城乡结合部的环境治理，加大乱倒、乱扔垃圾的处罚力度。加大对饭店油烟和杂物污染的治理力度，严禁露天烧烤、焚烧杂物和排放有毒烟尘，严肃查处沿街餐饮业户乱排油烟、乱倒脏水等行为。控制废气、废水、废渣随意处理和排放，从源头上控制环境污染。对重点街路按照标准实行步道板铺装，修补主次干道100平方米，硬化巷道口150平方米，处理低洼水路段11处。清掏排水管线10公里，检查污水井10座。制定场区绿化规划，严格绿化工程验收、移交、管护制度，扩大场区植树造林和绿地建设面积。对路灯、灯箱进行彻底检修，及时修复和更新陈旧、破损灯箱灯具，提高场区亮化覆盖面。裸土治理8.14万平方米；绿化超高土治理13.5万平方米；文明工地达标率100%；人均公园绿地面积12平方米、绿化覆盖率35%；清理残土、白色垃圾、积存垃圾3600吨，环卫清扫保洁一级标准达标路12条；主次干道垃圾收运设备配备达标率3.5%；环卫机械化清扫率30%；清冰雪机械化率30%；整治露天市场15处，取缔未经批准的占道市场8处，治理违章广告牌匾40处，清除乱贴乱画小广告1000处，治理乱拉乱扯线缆10处。2016年，管理局在建项目16个，建筑面积123.21万平方米。严格履行项目报建、招投标管理、质量安全监督、施工许可、竣工备案等法定建设程序，全部纳入黑龙江省建筑市场监管服务公共平台，实现网上审批。全年办理施工许可证7份。招标项目10个，总建筑面积74.8万平方米，工程投资额合计9.9亿元，工程中标金额合计7.8亿元。10个项目均使用黑龙江省招投标监管系统进行招标，在垦区建设工程交易中心完成招标，无违规、投诉情况发生。加强质量安全管理，共监督建筑工程3个，建筑面积33万平方米。下达质量、安全整改通知书15份。

服务业　第三产业比重达40%，实现“首位经济”目标。招商引资季活动期间，考察洽谈项目21项，项目总投资4亿元，实现引资1.1亿元。通过中国旅游日活动、北大荒绿色食品展销会、神农文化节、稻草人节及旅游产品推介会等主题活动，旅游营销成效明显，年接待旅游人数达71万人次，实现旅游总收入1.5亿元，同比增长43%。红旗农场都市农业园开创“私人订制”旅游营销模式，亩效益达3万多元。各景区分别设立微信公众号，借助微信平台宣传推介景区产品。电子商务平稳起步。多数农场通过微信公众平台和淘宝网店进行线上宣传、线下销售，全年实现农产品销售额1136万元，较上年增长40.5倍。美居花卉市场运营良好，为香坊实验农场实现承包利润850万元。吉时小额贷款公司发放贷款2690万元，实现利润80万元。资本增值保值率100%，不良贷款率为零。北大荒养老中心加入天鹅颐养联盟会员单位，实现南北老人“南北联动，四季互动”。北大荒创新创业大厦入驻企业24家，收取企业租金236万元。

社会民生　改善办学条件，推进区域义务教育均衡发展。完成岔林河农场学校教学楼、实验楼维修工程。投资280万元，完成松花江农场艺术体育馆建设工程。投资214万元，购置教学设备，改善小岭社区教学条件。投资120万元，完成庆阳农场医院维修项目和松花江农场医院配套工程。投资771万，采购临床诊疗设备。投资2024万元，建设4个农场专用公路。投资200余万元，进行公路养护。小岭社区完成锅炉和供热系统管网及供水系统改造工程，解决供暖、供水问题。确权登记发证工作稳步推进，不动产登记发证工作有序开展。社会保险金按时足额发放，累计支付2.35亿元，同比增长31%，保障职工和离退休人员养老等待遇，维护社会稳定大局。提高低保人员各项救助标准，最低生活保障标准由每人每月500元提高到560元；补差标准由每人每月335元提高到375元；低保人员医疗救助金报销比例由原来的90%提高到95%；三无老人供养保障率由原来的80%提高到90%以上；累计发放各类救助资金971万元，保障困难群体基本生活。实施精准扶贫、精准脱贫计划，建立扶贫工作责任清单，开展贫困户建档立卡工作。落实“一帮一”扶贫解困周转金160万元、帮扶资金20.5万元，惠及全局107户低收入和困难职工家庭，当年实现脱低、脱困。“两节”期间筹集慰问款物60余万元，慰问职工1127户次。为全局帮扶系统外242名困难职工发放11万元粮油等生活物品。通过就业援助、“阳光工程”培训，鼓励青年劳动力学习农业生产实用新技术，以培训促就业、以创业带就业，城镇登记失业率控制在2.9%以下。引领广大劳动者投身创业创新实践，获得全省“双创”标兵3人、省五一劳动奖章1人。弘扬劳模精神，落实劳模待遇，组织20名管理局以上劳动模范到农垦太湖疗养院疗养。

社会治理　夯实“三大体系”建设，发挥综治统筹协调作用。坚持法治思维，持续深化各行业的平安创建工作。坚持全面防控，完善社会治安防控网建设。坚持法制宣传，举办纪念“六·五”世界环境日、水日宣传等普法活动。突出源头治理，强化矛盾纠纷排查化解，严防激化升级，排查并依法化解各类矛盾纠纷115件，化解信访积案6件。打击各类犯罪，“查控收戒”专项行动取得全省五评区第二名、垦区排名第一。破获刑事案件59起、治安案件353起，审结各类民事案件125件。开展清理历史遗留问题工作，共筛选出16项重点需要清理的历史问题，已完成5项。协调解决拖欠民工工资案件16件230余万元。落实安全生产责任制，加大安全生产、食品和设备质量安全、道路交通检查力度，组织开展安全生产联合大检查。加大环境监察执法，清理违法违规建设项目32项，确保生态环境安全。开展优化发展环境工作，推进“五证合一、一照一码”改革和个体工商户“两证合一”改革试点工作，进一步“简政放权”。

党的建设　以践行社会主义核心价值观为重点，加强思想道德建设和舆论宣传工作。开展习近平总书记系列重要讲话精神学习宣传、身边典型选树工作和建局40周年系列纪念活动，营造全局经济社会改革发展的舆论氛围。召开“庆七一、话党建、促发展”先优代表座谈会，开展评选表彰先进活动，共表彰管理局级先进集体12个，优秀共产党员22名，优秀党务工作者20名，优秀党支部书记12。获总局级党委表彰的先进集体4个，优秀共产党员3名，优秀党务工作者2名。红旗农场党委荣获省委先进基层党组织称号。开展“两学一做”学习教育，以局场领导干部为重点群体，组织各级党组织和广大党员干部学习党的十八届五中、六中全会精神和中央、省委、总局党委的系列重要会议精神，牢固树立“四个意识”，教育广大党员不忘初心，切实将政治动力转化为推动哈局改革发展的实际行动。管理局党委理论中心组集中学习13次，各级党委班子成员讲党课230次。加强领导班子和干部队伍管理和监督，在领导干部选任上，坚持按照1∶2的比例进行差额推荐。对领导干部个人有关事项进行严格抽查审核，重点对违规持有因私出国（境）证件进行专项整治。开展档案专项审核，完成干部“三龄两历一身份”等重要信息核实工作。突出人才引进向基层倾斜，全年引进大学生和各类技术管理人才95名，引进垦区管理区主任助理培训班毕业生6人，充实到生产一线创业发展。丰富廉洁教育内容和形式，以两个“条规”为重点，以警示教育为抓手，在全局范围内重点开展教育学习活动，组织领导干部进行为期三天的脱产学习，观看廉洁教育宣传片23场次，受教育党员干部1800余人次，撰写心得体会2000余篇。落实全面从严治党责任，制订《哈尔滨管理局2016年党风廉政建设责任目标分解》，细化和明确27项责任清单，层层签订责任状438份。加大考核奖惩比重，不断加大惩治力度，全年立案调查9件，结案8件，处分党员领导干部8人（处级干部4人，科级干部4人）。执行“三重一大”民主决策制度，持续推进“四个不直接分管”和“末位表态”工作制度。以厂（场）务公开民主管理试点工作为重点，推进职代会规范化建设，职代会坚持“三审制”，各项程序科学规范，采纳职工合理化建议227条，会议质量提高明显。厂（场）务公开形式多样，深度和广度不断拓宽，公开17大项685条。强化审计监督，推进对公共资金、国有资产、国有资源、领导干部履行经济责任情况的审计监督，有效地发挥审计的保障和监督作用。坚持军民融合发展，党管武装和战备训练工作进一步加强，人武部连续四年被省军区评为基层建设先进单位。

改革 管理局作为黑龙江农垦综合改革试点，贯彻落实省委和总局党委的改革部署和要求，按照《黑龙江省农垦总局改革任务分解方案》要求，对管理局所承担改革任务进行梳理。就任务内容、涉及的部门、责任人和完成时限等逐一进行明确和落实。开展农场办社会负担、管理职能和公共服务职能专题调研。对各农场在改革过程中可能遇到的不稳定因素进行排查。完成管局及所属农场、小岭社区办社会职能、机构、人员、编制、经费等调查摸底确认工作。主动与地方进行对接，与哈尔滨市政府建立部门沟通协作机制。联合举办移交和承接农垦哈尔滨管理局办社会职能培训，移交办社会职能工作进入实质性阶段。按照总局党委《关于将绥化、哈尔滨管理局所属农（牧）场整合重组组建北大荒农垦集团子公司的决定》和《关于设立黑龙江北大荒农垦集团子公司党委的通知》要求，对管局所属的10个农场实施整合重组，组建为7个北大荒农垦集团子公司。

（魏立文　王德强　李维峰　杨国林　闫　平　王瑞雪　黄舒婷　任　峰　李云峰　李旭荣）

2016 年哈尔滨管理局基本情况及国民经济主要指标完成情况统计表

项目	计量单位	管理局	庆阳农场	岔林河农场	沙河农场	香坊实验农场	青年农场	闫家岗农场	红旗农场	四方山农场	松花江农场	阿城原种场	九龙山柞蚕场	分局局直小计
一、管理区	个	12	1	1	1	2	1	1	1	3	1			
二、总户数	户	18219	2860	1793	876	1720	822	2367	1077	1402	2332	1869	62	1039
三、总人口	人	49442	7898	3507	1928	6036	3066	6082	3152	3794	5742	5429	232	2576
男性人口	人	26925	4144	2040	947	3648	1822	3386	1489	1942	2950	2866	203	1488
女性人口	人	22517	3754	1467	981	2388	1244	2696	1663	1852	2792	2563	29	1088
少数民族人口	人	1122	203	92	20	521		91	86	65	8			36
四、生产总值	万元	255095.2	33598.6	18046	3699.2	47912.9	17330	30909.5	35586.9	22679.4	25627.9	13606.5	819.5	5278.8
五、人均生产总值	元	51595	42541	51457	19187	79379	56523	50821	112903	59777	44632	25063	35323	20492
六、工农业总产值	万元	397977.7	77612	35378.8	5127	57003	25997.4	19972	71725.3	26295.1	53630.9	22220.6	1950.6	1065
工业总产值	万元	285590	54221	20525	1666	54902	19864	11949	58030	6013	43855	13500		1065
农业总产值	万元	112387.7	23391	14853.8	3461	2101	6133.4	8023	13695.3	20282.1	9775.9	8720.6	1950.6	
七、粮食总产量	吨	190286	43248	38053	11215	441	1093	2589	2303	41112	38128	12026	78	
八、固定资产投资总额	万元	169330.18	4428.6	1044.9	985	141999	1120	4265	1689	7015	551.68	379		5853
九、职工工资总额	万元	28190.7	4222.9	2964.5	740.7	2248.9	613.3	2898.3	1665.9	3545.8	1485.1	3944.3	147.0	3714.1
十、职工平均工资	元/人	45809	42785	42049	48098	38247	49064	48630	39571	58223	43807	36828	34186	71979
十一、居民人均可支配收入	元/人	26025	26216	27359	15735	28296	28511	30636	30210	25800	26250	17320	17040	

香坊实验农场

党委副书记、场长：尹东升，1966年7月出生，黑龙江省延寿县人，中共党员，研究生学历，高级会计师。1985年参加工作，2012年7月任现职。

党委书记：高俊民，1972年6月出生，黑龙江省通河县人，中共党员，本科学历，高级教师。1992年8月参加工作，2014年1月任现职。

党委委员、副场长：

宋金友（2008.8—）

蒋　志（2014.12—）

王　东（2016.9—）

副场长：

刘兆华（女，2015.6—）

党委委员、纪委书记、工会主席：

闫文帝（2016.9—）

概况　香坊实验农场始建于1948年3月，时由哈尔滨市政府组建，名为哈尔滨农林试验场。1949年隶属东北农学院，名为东北农学院试验农场。1969年1月黑龙江省革命委员会成立“五七干校”，名为“黑龙江省新香坊五七干校。1970年10月归属黑龙江省农牧局，名为黑龙江省农牧局香坊实验农场。1972年7月归属黑龙江省国营农场管理局，农场更名为黑龙江省香坊实验农场至今。

农场位于哈尔滨市香坊区幸福镇，地理坐标北纬45° 39′ ~ 45° 46′，东经126° 30′ ~ 126° 50′（东八区）。农场作为城中村农场，其城镇化建设纳入哈尔滨市建设规划，场部位于香福路150号，铁路、公路畅通，交通十分便利。全场土地总面积1105.5公顷。其中耕地598公顷。全场地形为南高北低，海拔高度在120.80 ~ 162.81米之间，气候为寒温带季风性气候，年平均气温3.6℃，无霜期在135 ~ 140天左右，年积温2782.6摄氏度，年降水量400 ~ 600毫米。农场总户数1720户，总人口6036人。其中农场职工640人。

2016年，农场实现地区生产总值47913万元，较2015年提高7.6%。其中：第一产业增加值1131万元，第二产业增加值18706万元，第三产业增加值28076万元。三次产业比2.4：39：58.6。实现企业利润3193万元，年人均可支配收入28296元。

旅游农业　通过转方式、调结构，发展现代旅游农业，依托北大荒现代农业园区旅游资源，完善旅游项目，做好神农文化节、采摘节、户外烧烤、冬季滑雪等项目。成功举办黑龙江垦区绿色食品博览会，省内外50多家食品企业参会。联手近郊农场与新疆合作举行“旅游产品推介会”，与玉林市瞳观展览服务有限公司携手推出“稻草人节”等主题活动，吸引周边市民来休闲旅游，园区知名度进一步提高。

现代服务业　把握城市发展规律和哈市市场需求，集中建设一批现代服务业产业项目。北大荒花卉种植基地效益显著，商户入驻达90%，实现承包利润800万元。嘉圣物流园区项目稳步发展，实现利润200万元。美居建材广场项目运营状态良好，实现利润240万元。北大荒生物科技有限公司实现承包收益174万元。艺体校实现经营收入200万元，实现纯利润60万元。

小城镇建设　辖区永泰香福汇、会展城上城、尚东辉煌城、温哥华森林一期、东鸿艺境一期、新松茂樾山一期等项目相继完工并交付使用，改善辖区居民居住条件，繁荣区域经济发展。推进水田回迁房建设工作，并于10月完成235户回迁居民的公开自选房源工作，于11月23日完成全部进户。

社会事业　完成学校教师制度改革，实现高质量普及九年义务教育，中小学教师学历本科率达100%，中小学教育合格率达98%。12月20日，顺利通过省级义务教育均衡发展检查。实现居民点卫生机构覆盖率100%，农场社区卫生院免费为职工体检1200人次。登记失业率控制在2.97%以内。职工养老、医疗和失业保险覆盖率100%，参加医保面达100%。2016年，农场共发放养老金1940万元，社会保险做到应保尽保。城市居民最低生活保障标准提高到500元，低保家庭成员全部办理医疗保险。年发放低保资金61.1万元，发放社会救助资金10.37万元，发放残疾人补贴费用10200元。

党建工作　以“两学一做”学习教育为抓手，认真贯彻全面从严治党要求，党内纪律进一步规范。认真执行民主集中制原则，严格遵守“三重一大”制度。召开党委会和党委扩大会议60次，凡重大事项、重要决策、重要人事任免和大额资金使用，全部通过党委会研究，研究重大事项、重要决策12项，任命干部两人，研究大额资金使用12次，召开专题党建工作会议4次。严格落实党要管党，从严治党工作要求，不断加强党风廉政工作建设。深入开展党风、党纪和中央各项精神的学习，加强对党员领导干部教育，强化党员干部社会主义核心价值观。加强基层党支部建设，配齐领导班子和活动场所，确保发挥党的基层战斗堡垒作用。

（刘瑞生）

红旗农场

场长、党委副书记：池强，达斡尔族，1978年1月出生，黑龙江省讷河市人，中共党员，研究生学历，农艺师。2003年7月参加工作，2011年5月任现职。

党委书记：刘明东，1967年7月出生，山东省乳山市人，中共党员，本科学历，高级农艺师。1985年11月参加工作，2014年1月任现职。

党委委员、副场长：

高金玉（2013.7—）

王艳玲（女，2014.5—）

李儒意（2014.12—）

党委委员、纪委书记、工会主席：

任秀芳（女，2013.7—）

党委委员、宣传部部长：

李海燕（女，2014.5—）

概况　红旗农场位于哈尔滨市西南郊，地处北纬45° 34′ ~ 45° 41′，东经126° 22′ ~ 126° 33′，场部设在哈尔滨市南岗区王岗镇新山路48号，交通便利、信息快捷。距哈尔滨市主城区仅5公里。农场土地总面积1340公顷，其中耕地831公顷，人口3152人。农场土地分布在哈尔滨市郊区王岗镇、新农镇、新发镇、榆树乡和红旗乡五个乡镇内，大小共有46个地块。下辖机场路作业区、望哈作业区、中学、小学、幼儿园、北大荒养老中心、保安公司、商贸公司、文化培训中心、社区卫生服务站、派出所等单位。农场土岗地属于退化性黏质黑土，约占总耕地面积80%，低洼盐碱地占耕地面积20%。岗坡地中黑土层厚度25～30厘米，低洼地黑土层厚度在80～100厘米，黑土层下面是黏质黄土，透水能力差。农场气候属于寒温带大陆季风气候。年内平均降水量452毫米，平均气温3.78℃，全年≥10℃有效积温为2789.1℃。无霜期145天，多西南风和南风，平均风速1.0m/秒，全年日照时数2748小时，该地区降雨特点是分布不均，春天旱，夏天涝，7、8月份降雨量占全年降雨量的70%。

2016年，农场突出一、二、三产业融合发展，全面推进农场企业化改革，实现地区生产总值3.56亿元，同比增长10.47%。其中，第一产业增加值7306万元，同比增长2.6%；第二产业增加值17122万元，同比增长8.6%；第三产业增加值11159万元，同比增长17.8%。三产比例21：48：31。人均可支配收入30210元。

都市农业 调整产业结构，按照“扩花卉、稳菌蔬、增林果”的思路，以“两园一花”项目为支撑，促进一产、三产融合发展。完成播种面积654公顷，花卉产业园区规模达260栋(新增20栋)，建立万米菊花“花海”一处，新引进百合、康乃馨鲜切花种植，年产花卉4400万株，平均亩效益达7万元。完成大学生创业农场项目，建设规模60公顷。培育蓝靛果组培苗50万株；繁育老山芹、寒葱、芦笋等山野菜种苗3000万株；种植蔬菜瓜类218公顷。投资1980万元，种植食用菌400万袋，年产鲜菇3900吨，平均亩效益4万元。绿化造林1.3公顷，植树7000余株。畜牧奶牛存栏393头，獭兔存栏2200只。望哈农机管理中心通过全国农垦农机标准化农场创建验收。推进时尚农业发展，创新实施“互联网＋农家乐＋小菜园”都市旅游模式，农家乐旅游点从3家发展到10家，每户比单纯种植果菜增收3万元以上。

工业 受经济下行压力影响，工业经济运营状况略有波动，工业总产值58030万元，工业增加值16093万元，利润6000万元，完成管理局下达的增长8%的指标。

现代服务业开创“私人订制”旅游营销模式，线上宣传，线下销售，亩效益达3万余元，提高土地利用率。北大荒养老中心以“候鸟式”养老为契机，南北联动，四季互动，促进养老服务与旅游、养生、康复、文化、知青产业融合创新发展。养老中心已与全国近30家养老机构签订“候鸟”养老协议，共接待2000余“候鸟”老人来垦区避暑。扶持鑫旗商贸公司、盛邦保安公司、旗晟会计代理记账公司等小微企业发展。其中：鑫旗商贸公司成功注册“臻果农场”商标，已开始通过微信电商经营干果产品。盛邦保安公司拓展社会服务单位8家，培训输送保安80人。会计公司为13个单位提供税务申报、证照办理、业务咨询等服务业务。商服出租比例提高到80%，资产收益650万元。

社会民生 打造以学前基础教育、职业教育、特色特长教育为轴的教育产业链。成立哈尔滨农垦红旗文化培训中心，招收培训学员340人次，利润7.4万元。盘活原农垦中学教学楼，引进黑龙江省拳击搏击协会，农场年增收60万元。投资39万元，完成中学篮球场维修、家属楼排污管道、工业园区供水工程。投资83万元，完成“一事一议”项目，新增垃圾箱100个、安装路灯20盏、建设活动场1000平方米，安装健身设施一套。投资290万元，改扩建机场路作业区入口主干道1.6公里。场直社区居民委全年清运垃圾1248吨、安装防盗门357扇、更换楼道灯395个。健全社会救助制度，发放低保金137.9万元，为困难家庭71人发放救助金6.4万元。公共卫生部门建立健康档案671份，辖区饮用水水质监测率达100%。五项社会保险共计收缴1118万元。其中，单位收缴909万元、个人收缴209万元。五险一金待遇按时足额发放到位，住房公积金完成各项支付。房产科办理房屋初始登记4023件、转移登记1465件、抵押登记470件。红旗中学中考再创佳绩，省市重点高中录取人数49人，录取率31%。中小学通过省义务教育均衡发展检查验收。安全生产执法检查70次，全年未发生安全生产事故。妥善处置各类群体性事件，召开信访专项协调会52次，接待来信来访1325件。立案查处非法行医1例，维护社会和谐稳定。

党的建设 以“创品牌、树典型、抓载体”为工作目标，围绕“从严治党”这一主线、扎实开展“两学一做”学习教育。通过“支部带党员、党建带群团”的有效方式，实现“组织生活正规化、学习教育常态化、活动载体多样化”、“一先两带三化”的党建工作格局，切实发挥党组织的领导核心作用和政治核心作用。“两学一做”集中专题学习3次，党委中心组学习12次。重点开展“我是党员我来讲”微型党课，“学系列讲话、书记讲党课”，重温入党申请书，“红旗在我心、青春伴我行”等系列主题活动。严格执行“三重一大”制度，末位表态制度，四个不直接分管制度。以夯实“两个责任”落实为抓手，深入学习十八届六中全会精神，以贯彻《准则》和《条例》为重点，严格维护党的纪律。组织开展庆祝农垦哈尔滨管理局建局40周年系列活动、职工篮球赛、“太极拳”比赛等各项文体活动6次。新闻宣传累计在各级媒体刊(播)稿件300余篇(条)。农场获得全国模范职工之家、省级优秀基层党组织称号。

改革 对改革中的目标、任务、原则、要求等各环节进行研究和部署，做到将改革发展精神理解好、领会实，稳步推进改革工作。召开党委深化改革专题学习和讨论7次，与地方对接6次。向上级报送农场社会管理和公共服务的机构数、编制和人员情况、资产和负债情况、经费来源等材料84份。收集、整理基础数据128份。

(付靖)

闫家岗农场

场长、党委副书记：阴秀旗，1965

年11月出生，山西省平遥县人，中共党员，研究生学历，高级经济师。1985年12月参加工作，2012年7月任现职。

党委书记、政法委书记：胡顺杰，1970年4月出生，山东省临沭县人，中共党员，研究生学历，教授级高级政工师。1989年12月参加工作，2014年1月任现职。

党委委员、副场长：

张晓军（2010.5—）

代滨江（2013.7—）

孙庆昌（2013.7—）

韩秀晶（女，2014.3—）

纪委书记、工会主席、武装部部长：

练玉申（2014.3—）

概况　闫家岗农场位于哈尔滨市道里区机场路19公里处，行政区划属哈尔滨市道里区新农镇。地理坐标北纬45°34′～45°39′，东经126°17′～126°21′。农场东西宽5公里，南北长7.2公里，占地总面积1068.33公顷。其中耕地520公顷。农场处于松花江南岸第二阶地，土壤是发育在第四纪沉积层上的冲积性黄土母质，下层为砂层。气候属于中温带大陆季风气候，年平均气温为3.4℃，年平均降雨量为380毫米，年平均积温2851℃，初霜期一般为10月上旬、无霜期一般为160天。农场地理位置优越，水陆空交通便利，东有哈尔滨围城四环公路，西邻哈尔滨太平国际机场，南靠京哈铁路双城段和102国道的哈双南线，北距松花江8公里。由于紧靠哈尔滨机场高速公路，农场通往市区的路程时间在30分钟以内。场自然景色秀美、物产资源丰富。优势资源素有“一江一河两湖百渠千池”之称。发现的地下温泉资源，给农场打造旅游业又添一景。农场自有的八一水库，水面107公顷，不仅保障下游200多公顷水田的灌溉，也为绵延11公里的古运粮河常年丰水，使其蜿蜒流过场区最后注入松花江。场区西侧毗邻太平湖，沿湖53公顷保护性湿地。由于生态环境内发现的阎家岗遗址属旧石器晚期的人类遗址，距今23700年，是黑龙江省内发现最早的人类遗址，经考证是最早的哈尔滨人发源地。遗址出土包括猛犸象、披毛犀、东北野驴、大连马、普氏野马等灭绝物种化石，备受国内外考古学家关注。阎家岗遗址的发现和发掘，把黑龙江省的人类历史向前推进1万多年。

农场现有农业服务中心、畜牧服务中心、物业管理中心、大什食品公司、渔业队、设施农业园、旱田园区、水稻园区、温泉旅游度假区、场直社区居民委、中小学校、医院、机关、派出所以及民营的制药厂、两个矿泉水厂、金属网业等单位。

2016年，农场地区生产总值3.09亿元，同比上升9%。其中，第一产业增加值4164万元，同比下降12%；第二产业增加值5133万元，同比下降8%；第三产业增加值2.16亿元，同比上升20%；居民人均可支配收入30636元。

农林牧业　旱田采取复种模式种植经济作物，亩效益在1200元以上，水田种植稻花香2号，开发中高端米市场，提升产品附加值。发展休闲旅游农业，新建集装箱房12个，休闲木屋4个，改造温室5栋，经营模式向休闲度假、农家旅馆、采摘体验、有机种植方向转变。联合社种植有机蔬菜5公顷、有机杂粮35公顷、有机水稻20公顷；养殖肉种鸽650对、小笨鸡5500只、蜜蜂50箱。农业向绿色、有机循环经济方向发展。“三减”工作进一步落实，有效防止耕地污染，水稻“三减”面积66.6公顷。其中，20公顷水稻按照有机标准种植。测土配方施肥305.9公顷，减少农药使用量。水稻产品质量追溯实现全覆盖，填补种植业可追溯短板。畜牧业奶牛存栏790头，完成鹅玉米示范项目，养殖肉鹅7000只。加大动物防检疫力度，确保新增特色养鸽、养鹅和小笨鸡的疾病防治。大学生利用三号智能温室成功繁育泥鳅苗150万尾。植树3公顷，其中义务植树3800株。生产食用菌172万袋。完成树木管护和防火工作。

基础设施建设　各类项目建设总投资5807万元。其中，农具停放场、污水处理厂、旅游厕所、小型农田水利、牛舍储粪池、海棠园等项目全部完工。投资332万元维修场区桥涵路面、水利喷灌、牛舍大门、居民楼门窗、下水等设施。强化项目风险防控，全年送审项目5个，送审额3347万元，为农场节约项目资金1100万元。

工业　注册黑龙江农垦北大荒华膳食品加工有限公司，在大什食品公司引入酱菜生产线，年生产泡菜300吨。

旅游业　按照国家AAAA级旅游景区标准打造旅游景点，年内迎检初次审核通过。农场被评为“全国十佳休闲农庄”，为发展休闲旅游业奠定基础。

改革　按照总局《改革试点实施计划》确定的工作时间表、路线图，分解落实工作任务和责任。对办社会职能机构、人员、经费和资产负债进行认真核查，梳理出农场涉及移交的行政社会职能机构、公共服务职能机构。与道里区和新农镇进行四次对接。农场认真研究形势，分析改革存在的人员编制、待遇落实、机构职能、债务化解、公共服务经费问题和改革可能引发的各类矛盾，争取政策倾斜，增强企业内在动力和市场竞争力。

民生工程　为29名贫困残疾人发放生活补贴；为13名重度残疾人发放护理补贴；为18名老人发放高龄津贴。精准扶贫，提高特困人员补助标准，每月人均760元。实现低保家庭大病救助覆盖面100%。发放残疾人辅助器具30台（件），完成3户残疾人无障碍改造。全年共发放扶低支富资金、最低生活保障金、两项补贴、高龄津贴、计生关爱资金等各类救助金221万元。回馈老兵，八　建军节走访慰问92名退伍军人。年使用社会资金2135万元，增加退休职工退休金，改善生活质量。打造宜居环境，城管年清理垃圾1500多吨。冬季以雪为令、随下随清，保证百姓安全出行。完善场直社区服务体系建设，组建含有18名退休党员的爱心志愿者服务队，为鳏寡孤独老人送温暖。开展文体活动，举办“迎新春”联欢会、“神农节”文艺会演、庆十一文艺演出、“荷花”杯秧歌友谊赛、太极拳大赛、“温泉杯”全民健身趣味运动会。400多名运动员参与全民健身趣味运动会，200多人参加梦幻艺术队、广场舞协会、秧歌协会。

社会事业农场学校校舍建设工程开工。医院医疗水平和服务质量提升，年接诊患者6800余人，为子弟校247名学生和65岁以上老年人进行免费健康体检。工商所加大“12315”的宣传力度，开展“诚信”建设活动，优化发展环境。为黑龙江农垦北大荒华膳食品加工有限公司、黑龙江农垦运粮河农产品合作社联合社的成立和运营提供全程服务。成立由机关干部组成的20人的民兵突击队，为抢险救灾、突发治安事件做准备。主动跟踪督办信访案件，办结率达97%。维护人民群众的生命财产安全，派出所共破获刑事、治安案件20多起。坚持“安全第一，预防为主”的方针，安全、消防、司法、综治加大宣传力度，制作各类展板58块，条幅31条，发放各类宣传材料3800多份，签订责任状98份。组织现场安全应急演练8次，受教育300多人，使处置突发事故的救援、逃生能力得到提高。

党建工作　开展“两学一做”学习教育活动，加强各级党组织的理论学习，组织中心组集体学习12次，基层单位和中层干部理论学习24次。开展社会主义核心价值观、孝善仁礼教育活动。加强服务型党组织建设，农场以“七带头，六先锋”活动为契机，号召党员争做“四讲四有”好干部。设立党员责任区、党员责任路、党员示范田、党员先锋岗，组织机关党员带头下基层劳动，发挥党员模范带头作用。加大典型选树力度，评选劳模30人、优秀党员23人。加强党风廉政建设。通过“五抓”活动(抓带头、抓领头、抓源头、抓苗头、抓劲头)强化农场党风廉政教育。开展副科级以上干部廉政教育谈话，层层签订党风廉政建设责任状65份。全年举办专题讲座、观看警示片、以会代训等培训16次，受教育党员干部300多人次。

（李诗瑶）

青年农场

场长、党委副书记：杨建福，吉林榆树人，1981年3月出生，中共党员，研究生学历，高级农艺师。2006年7月参加工作，2015年10月任现职。

党委副书记：刘兴江（主持党委工作），中共党员，本科学历，1965年6月出生，汤原县人，高级政工师。1988年10月参加工作，2015年10月任现职。

党委委员、副场长：

崔起国（2009.12—）

于　志（2013.7—）

王桂红（女，2015.6—）

党委委员、纪检委书记、工会主席：

徐红江（女，2015.10—）

概况　青年农场场部坐落于哈尔滨市道外区哈东路88号。地理坐标北纬45°51′～46°，东经126°51′～127°。东濒松花江支流阿什河；南与中国兵器工业集团哈尔滨第一机械有限公司（原哈一机厂）相连；西与哈尔滨铁路东站隔铁路相望，直线距离1公里；北与龙江特种装备有限公司（原龙江电工厂，现已破产）为邻。哈东路是哈尔滨东向第一出口，有4路、27路、66路、79路、121路、367路公交车通行。还有331、332、334、339、359、360线等郊区车在此路运营。另外还有外市县客货车途经此路，市内外铁路、公路交通十分方便。农场土地总面积664公顷。总人口3066人，其中女性1244人。

农场有6个作业区。其中，祖代鸡场位于道里区老机场路15公里处路南1公里。该鸡场是农业部农垦百家良种企业之一，年均饲养6万套美国AA系祖代鸡；新发鸡场位于道里区哈双北路2.5公里处，2010年因动迁停产，土地与“名家庄园”房地产公司联合开发，现已完成一期工程；江北鸡场位于原哈黑公里10公里处，多年从事肉鸡养殖，创造过农场养鸡业辉煌，因受哈市规划影响于2010年4月停产，部分房舍租赁，土地与“江北家园”房地产公司联合开发，有关手续在办理中；长林鸡场位于原哈同公路12.5公里处，2003年农场转制后停产，房舍租赁经营，业户多从事木材加工及家具生产；石桥开发区位于哈同公路2.5公里处，阿什河西岸，哈同公路穿越场区，该区从事养殖业多年，因1994年阿什河发洪水后停产，土地租赁经营，现有商户100多户，多从事橡塑制品、木材加工、保温材料等生产，是农场收费大户；沿江作业区位于哈尔滨水泥厂后身，松花江右岸，6～13号照之间，是农场土地面积最大的单位，作业区土地外包开发商，进行联合开发。2015年1月6日经省林业厅批准为沿江湿地，占地面积445.81公顷。农场职工医院位于道口四道街。农场与哈市八十七中学和新一小学联合办学，现有教职员工23人。农场年末共有在册职工157人。

2016年，农场实现地区生产总值17330万元，同比增长10.2%。其中，一产实现增加值7620万元，同比增长4.4%；二产实现增加值7600万元，同比增长7.2%；三产实现增加值值7110万元，同比增长16.2%；实现居民人均可支配收入28511元；实现利润177万元。

改革　农场按改革要求成立农场党委改革领导小组和工作机构，组织梳理农场行政社会管理和公共服务职能。按照管理局党委要求，与地方政府进行对接。完成青年农场有限公司党委和公司挂牌工作，确保总局、管局各项改革任务的落实。

经营管理　采取加大招商引资力度，适当调整租金，实现合作共赢等方式，创新门市租赁盈利模式，优化商业地产开发环境。与哈尔滨市润佳湿地旅游有限公司合作，开发沿江湿地公园建设项目。投入资金600万元，完成沿江堤坝增高加固5公里，抽沙建滩3万平方米。探索发展有机种植与生态养殖相结合的农业生产模式。利用鸭稻共育，发展有机水稻20.5公顷。注册垦青2016商标，利用“互联网+”探索经营销售。与山东益生种禽股份有限公司合作，投入资金190万元，对祖代鸡场部分设施进行改造升级，扩大种鸡产业，种鸡存栏7万套。完善机关和基层单位考核等各项工作制度，与基层单位及相关科室签订目标责任状，确保收费指标收缴到位。完善财务相关制度，严格执行财务预算，全年节省资金30万元。落实管理局关于清理历史遗留问题工作，成立组织机构，制定具体措施，清缴历史欠款120万元。

社会民生　发放低保救助资金14.4万元。走访慰问困难职工家庭24户，发放一次性生活补助资金、慰问金及物资共计5.8万元。为改善职工群众生产生活环境，申请“一事一议”财政奖补项目资金，投资107万元，改造社区活动中心；维修沿江、石桥作业区砂石路；新建家属楼安全围栏；改造家属区供暖管线；建立石桥管理区消防站。教育、医疗卫生体系建设不断完善。为65周岁以上老人共102人进行免费体检。工会发挥桥梁纽带作用，开展“富民工程”精准扶贫。农场成立以主要领导为组长，分管领导为副组长，部门负责人为成员的环境治理工作组，将环保工作纳入目标考核，出台《整治违章违法企业行动实施方案》等6项制度。环境治理工作组联合相关部门对辖区企业开展环境监察共计70余次，出动人员520人次、监管车辆90次，检查企业112家。对问题企业负责人进行约谈，限期整改。对整改仍不达标的企业予以清退。历时60天，对辖区废旧塑料回收等企业全部清退。投入资金100万元，完善作业区环境、安全等配套措施。发放环境、安全、消防等各类宣传单6000余份，悬挂条幅70条，制作宣传展板43块。建立信访工作有效机制，农场全年无重大安全生产事故和上访事件发生。开展拓展训练、徒步赛、小菜园义务种植等文体活动。并在管理局举办的第七届全民健身太极拳比赛中，获得优秀组织奖和团体三等奖。

党的建设　“两学一做”教育深入开展，党员干部理想信念、政治意识、核心意识、大局意识、看齐意识增强。按照德才兼备、以德为先用人标准，加大后备干部和优秀年轻干部的培养和选拔力度。向管理局推选年轻后备干部2名，选拔任用农场正科级干部2名。享受正科级待遇干部7名、副科级待遇干部4名。加强基层党组织建设，严格发展党员程序，提高发展质量，接收6名预备党员。以“庆祝建党95周年”为载体，开展党章党规知识竞赛、纪念红军长征胜利80周年诗歌朗诵比赛活动。

（李少宏）

庆阳农场

场长：汪永辉，1970年4月出生，黑龙江省大庆市人，中共党员，本科学历，高级工程师。1989年7月参加工作，2012年7月任现职。

党委委员、副场长：

任福俊（2003.3—）

王树林（2014.5—）

党委委员、武装部部长：

刘　志（2013.7—）

概况　庆阳农场位于延寿县境内东部边界，延寿县、尚志市、方正县三角交界处，完达山支脉张广才岭西麓。地理坐标北纬45° 19′ ~ 45° 35′，东经128° 17′ ~ 128° 46′。平均海拔173米。北距哈同高速公路35公里；南距哈牡高速公路90公里；方亚公路贯穿全场。气候属寒温带大陆性气候，年平均气温2℃ ~ 4℃。年平均日照2200 ~ 2400小时。年积温2400℃ ~ 2500℃。无霜期115 ~ 120天。年平均降雨量530 ~ 630毫米。作物生长期在1000 ~ 1100小时。土壤以白浆土为主。场内河流有驿马河、大遂河、小遂河等7条，界河有亮珠河。

农场始建于1947年，是垦区开发历史最早的农场之一。现有总人口数7898人。界内土地总面积7639公顷。其中，耕地4592公顷（水田面积3632公顷，旱田面积960公顷），林地2075公顷。下辖1个管理区和2个居民委。

2016年，农场实现地区生产总值33599万元，同比增长5.9%。其中，第一、第二产业分别实现增加值595万元、1331万元，分别增长4.6%、6.3%；第三产业减少55.2万元，下降0.88%。三次产业比40∶41∶19。居民人均可支配收入26216元，同比增长5.36%。完成固定资产投资4429万元。

现代化农业　9月，农场与延寿县联合召开农业供给侧结构性改革暨庆阳农场混合所有制经济成果推介会，经李京文院士等专家组论证，农场打造的种植安全生态循环生产发展模式，在经济效益、社会效益和生态效益方面，具有良好的发展前景，符合我国现行农业政策导向，是种植业调整的一次成功探索。农场认证有机种植面积2667公顷。育秧大棚二次利用，与亚布力林业局庆阳经营所合作生产食用菌300万袋。新栽树莓168公顷。树莓套种板蓝根153公顷。营区绿化1.2公顷。各类结构调整典型试验、示范和推广14公顷。

畜牧业　发展“稻鸭共育”水稻1000公顷，放养稻田鸭12万只。金陵黑鸡经过一年的孵化、放养试验，效果明显。在北京引进太空乌鸡和北京油鸡1800只，为树莓种植林下套养扩大两个品种。

社会民生　投入348万元，购置教学仪器设备，完善学校教学的硬件设施。学校有14名毕业生考入省重点，31名毕业生考入市重点，普通高中升学率达89%。构建社区卫生服务体系，提高居民健康服务水平。实现总局医院和延寿县人民医院两个定点医院的职工群众医保的即时结算。延寿县人民医院为农场职工义诊活动，免费做白内障手术25人。农场投资100万元，对医院进行维修。投入139万元，购置医疗设备。农场缴纳“五项”社会保险费1493万元。全年为213户300人发放低保金和高龄津贴167.7万元。实施精准扶贫、精准脱贫计划，建立扶贫工作责任清单，开展贫困户建档立卡工作。为困难职工提供无息贷款31万元。全年共发放中央财政资金和管理局配比资金7.6万元。“两节”期间筹集慰问款物，慰问职工190户。发放医疗救助、电价补贴、退役士兵自主就业优待金、孤儿补助金和残疾人两项补贴共计23.6万元。

党建工作　开展“两学一做”学习教育活动，激发基层党建的生机活力。以“党员中心联带户”为工作平台，以增强“载体、形式、内容、效果”为突破口，制定党建三年创建规划。农场以“双带双提双改”为活动载体（党员干部帮扶带动，普通党员示范带动，提高党员干部素质，提高职工群众收入，改变党员干部作风，改变民风），开展学习型党组织建设和创先争优活动，打造具有庆阳农场特色的党建品牌。农场党委中心组学习12次，专题辅导12次，中心发言26次，撰写体会文章36篇，场长带头讲《两学一做》专题党课，担任理论学习辅导人，在机关进行巡回授课4次。农场建立反腐倡廉长效机制，强化反腐倡廉制度建设。

（邴陈双）

岔林河农场

场长：张金涛，1968年5月出生，黑龙江省明水县人，中共党员，本科学历，高级兽医师。1989年7月参加工作，2014年1月任现职。

党委书记：李绪山，1974年1月出生，山东省日照市人，中共党员，本科学历，会计师。1994年7月参加工作，2016年9月任现职。

党委委员、副场长：

于长志（2014.4—）

常景峰（2014.5—）

党委委员、纪委书记、工会主席：

徐世英（2015.10—）

党委委员、组织和宣传部部长：

高　岩（2015.10—）

概况　岔林河农场地处通河县境内，场部位于哈肇公路226公里处南行4公里。场部东邻通河县跃进泡养殖场，南邻乌鸦泡镇，北与三站乡为邻，西至新总干渠，四、五作业区南邻松花江。地理坐标北纬46° 04′ ~ 46° 11′，东经128° 51′ ~ 129° 10′。农场地处松花江中游北岸第二、第三阶地，地势由北向南倾斜，海拔最低102米，最高107米。2016年夏季降水584毫米，最高气温33.9℃，最低气温-33.4℃，年度积温2780.3℃，无霜期136天。

农场总户数1793户。户籍人口3507人。下设6个作业区，辖区内有4个企业单位、5个事业单位、9个驻场单位。农场土地控制面积9148公顷。其中，播种面积4272公顷。粮食总产3.8万吨。固定资产投资总额1045万元。2016年，实现地区生产总值18046万元，同比增长7%。三产比重为47.9：20.5：31.6。上交资产收益216万元。

种植业　推进现代化农业建设，实施超早钵体机播实验项目，示范面积1.3公顷。调整种植结构，发展绿色水稻种植3800公顷，农业科技园区进行4种不同品种示范，以绥粳系列及稻花香系列为主，并进行3414肥料实验。农业生产标准化水平继续提高，“三减”行动计划扎实推进，农田“五边化”管理达常态化。抓住农时，备耕主动，农场统一供应芽种，2月28日前全部落实到农户。4月15日大棚育苗结束。落实“三秋”工作，10月10日秋收结束，并做到收获一块，翻整一块。利用深翻方式，将水稻秸秆扣入耕层中，达秸秆还田。强化农业风险意识，农场6个作业区共756户参加农业阳光保险，缴纳保险金101.5万元，灾后获得理赔金额158.54万元。

垦地农业共建　建立垦地共建农业体系，发展绿色有机水稻。农场第一作业区“兴隆水稻专业合作社”与相邻农村“柞树岗水稻合作社”达成共建关系，签订发展优质有机水稻协议书。共建有机水稻示范面积66.6公顷，种植品种稻花香2号。使用物理方法防治病虫草害，共建供排水设施和园林绿化项目。种植绥粳18绿色有机水稻333公顷，采用大方田每池0.33公顷栽培模式，执行有机水稻生产技术操作规程，使用欧盟有机认证的奥龙奇康有机肥料，做到无污染、无残留。垦地共建合作社实现“统一购种、统一育苗、统一种植、统一管理、统一销售”。有机水稻单产每公顷5250公斤，每公斤大米售价56元，每公顷纯收入14万元。

农机装备　遵循公开、公平、公正的原则，用好用活农机购置补贴专项资金。职工更新农业机械66台（套）。其中，70马力以上轮式拖拉机6台；6行步进式插秧机28台；高速乘坐式插秧机5台；小型履带式收割机11台。共计投资280.6万元。其中：包括享受国家农机补贴政策资金73.902万元。调优农机装备结构，新增动力1865千瓦。检修挖掘机两台。

林业　开展“绿在我身边，共创森林垦区”主题活动。完成造林面积1.3公顷，农场森林覆盖面积增加到441.2公顷，占农场总面积的4.8%。投资8.1万元，栽植绿化苗木1800株，实现城镇绿化率39%。对森林进行病虫害防治两次。农场给每个作业区调配风力灭火机两台。全年无森林火灾和林政案件发生。发展林下经济，地摆木耳40万袋。

农田水利　投资366.21万元，建设小型农田水利工程。对一、二、三、六作业区24条排水沟清淤29.12公里，新建疏水圆涵18座。对一、三作业区农田路维修26.43公里。对第六作业区4条水壕护砌1.76公里。对第四作业区农田路进行维修。清理一、二、三、六作业区116条农田路积雪，共计145.7公里。

畜牧业　年末生猪存栏5550头，出栏1905头。肉牛存栏80头。禽类存栏3.2万只，出栏3.05万只。将畜牧小区6栋畜舍整体出租，建立“禄原养殖基地”，繁育母猪310头，出栏生猪5080头。畜禽防检疫率100%。

工业　实现工业生产总值20322万元，工业增加值3845万元，利润总额480万元。其中，哈尔滨农垦日日升米业有限公司销售收入14300万元，工业增加值2580万元；哈尔滨北牛制药有限公司通河分公司、御龙水稻加工厂、兴旺水稻加工厂、农场物业管理中心、岔林河供电所、农场个体农机修理业均取得不同程度的经济效益。农场有食杂店（超市）、饭店、烧烤店、食品加工、农杂五金、修理、旅店等个体商服业53家。农垦岔林河加油站销售柴油汽油600吨，销售收入372万元。

社会民生　参加养老保险人员1299名。为离退休人员发放养老金总额2432万元。其他“四险”发放14.2万元。做好低保和救助工作，全面核实低保户信息。严格公开制度，做到“应保尽保”“应退尽退”。为178户245人全额发放低保金。发放临时救助资金2.25万元。发放供暖补贴资金8.54万元。发放困难群众医疗救助金3.14万元。发放残疾人两项补贴4.24万元。发放高龄津贴4.24万元。为受火灾职工发放建房救助资金50余万元。开展“富民行动”，对5户贫困家庭和5户低收入家庭制定脱贫、脱低工作目标，发放无息贷款15万元。走访贫困职工60余户，解决实际困难13件。改善教学条件，投资290万元完成学校实验楼、教学楼、宿舍楼维修改造工程。校园文化建设、硬件建设、功能室调整、教学设备配备齐全。建立居民纸质健康档案3226份，为248名65岁以上老年人做免费体检。场直社区综合服务中心挂牌成立，发挥便民功能，提高服务水平。加大环境卫生整治力度，栽种鲜花2.6万株、种植草坪800平方米、治理场区排水沟1400延长米、疏通桥涵12个、清理垃圾1040吨。解决居民生活遇到的困难，维修楼房屋顶20处、疏通下水管道45次。投资11万元，完成哈肇—柞树10公里白色路面灌缝养护工程。冬季及时清理路面积雪，确保职工群众安全出行。

党群工作　坚持把思想政治建设摆在首要，结合"两学一做"学习教育，深入学习贯彻习近平总书记系列讲话精神。牢固树立"四个意识"，党委中心组集中学习11次，基层党支部集中学习30次，创建"六有"基层服务型党组织，开展"亮身份、亮承诺、亮职责"活动。党员干部捐款为百岁老人新建60多平方米住房。落实从严治党责任，层层签订党风廉政教育责任状，举办"两项法规"知识竞赛。开创党建工作新局面，构建党建带工建、党建带团建、党建带妇建、党建带关工的工作机制，发挥群团组织的桥梁纽带作用。

（程辉）

四方山农场

场长：于海军，1971年5月出生，黑龙江省依安县人，中共党员，本科学历，教授级高级政工师。高级农艺师。1992年7月参加工作，2011年9月任现职。

党委书记：房益民，1967年4月出生，山东省潍坊市人，中共党员，本科学历，高级农艺师。1988年9月参加工作，2011年9月任现职。

党委副书记：

程全海（2010.3—）

党委委员、副场长：

胡旭东（2013.7—）

刘赞淋（2015.7—）

纪委书记：

程全海（2008.10—）

工会主席：

孙立成（2014.5—）

党委委员、武装部部长：

孙立成（2013.7—）

概况　四方山农场地处黑龙江省松嫩平原腹地的肇东市境内，东与兰西县毗邻，南、北、西与肇东市接壤，地理坐标为北纬46°12′～46°22′，东经125°45′～126°30′，场部距肇东市区30公里。

农场土地总面积17558.6公顷，其中，耕地7319公顷、林地1715公顷、草原6622.3公顷、水面648公顷、宜林地21.3公顷、场址道路及其他建筑占地903.7公顷、其他土地329.3公顷。主场区地形东西长17.7公里，南北宽9.01公里；海拔高程在139米～148米之间，地形坡度在2/1000以下，地势东高西低，自北向南倾斜，总体地势较为平坦，东西高差最大为9.5米；地貌特征类型为松嫩冲积平原；气候属中温带大陆季风气候；年积温2600℃～2800℃；无霜期125～140天；平均降雨量449.2毫米；气候总体评价为平年；无极端气温、无低温冻害极端天气；日照时数1642.5小时；≥10℃活动积温为2734.6℃；年平均降水量355.5毫米；5月27日和6月12日农场西南部分地块遭遇冰雹天气；风向多为西南、西北，年风速≥4米/秒；7月中旬至8月下旬，48天无有效降雨，影响作物后期生长；土壤类型主要是碳酸盐草甸土，黑土面积占耕地面积的100%，黑土层厚度一般为14～30厘米，土壤有机质含量在3%左右，自然肥力一般，pH值7.5～8.2，略呈碱性；水资源总量为569万立方米，且以地下水资源量为主，地表水资源匮乏；境内没有河流，青肯泡位于农场青龙作业站境内，与安达市青肯泡相连，正常年容水量69.33万吨。

农场总户数1402户，总人口3794人，全场从业人员1906人，其中职工679人。

2016年，农场总播种面积7319公顷，其中，旱田7203公顷，水田116公顷。农场下辖3个管理区、1所小学、1所职工医院。农场实现地区生产总值22679.4万元；人均生产总值59777元；实现工农业总产值35563万元；粮食总产量41112吨；完成固定资产投资总额7015万元；职工工资总额3545.76万元；职工平均工资58223元；居民可支配收入25800元；农场实现利润81万元。

现代化农业　继续采取公开耕地面积、公开耕地等级、公开基本地价、公开报名、公开竞价等方式，在农垦总局公证处公证员的全程公证下，先后两次对规模田面向职工群众、面向社会进行公开竞租，完善和强化耕地种植合同管理。按照"压玉米，稳水稻、上经特"原则，扩大"粮精饲"兼做，种植业结构不断优化，实现从粮经二元结构向粮经饲三元结构的转变。全场总播种面积7319公顷，其中，玉米5744公顷、大豆300公顷、水稻116公顷、高粱113公顷、葵花615公顷、蔬菜瓜果5公顷、其他经济作物27公顷、青贮饲料79公顷。生产资料消耗农药施用量28.1吨，其中，化学除草剂27.1吨，化学除草面积7294公顷；施化肥面积7271公顷，施化肥实物量3233吨（折纯量1634吨），施有机肥面积90公顷，施肥量1400吨；农场通过减农药、减化肥、减除草剂"三减"措施，施用有机肥料500吨，牛粪5000吨，推广三减面积2333.33公顷，减少化肥用量700吨。通过推广使用助剂及改装喷药装备等措施，减少除草剂、杀虫剂使用量6吨。农用柴油耗用量295吨；科技园区进行香椿树、水蜜桃、蒲公英、白瓜子的引种实验。加强基层农技推广和示范县建设，落实示范户85户，技术指导员15人，辐射带动周边农户540余户。组织各项培训4次，培训人员500余人次；农业合作社11个；种植户参加阳光农业相互保险面积4555.73公顷，因灾获阳光保险理赔800万元；玉米种植户补贴全额发放。

农业机械化　机械耕整地面积7319公顷，其中，水田机整地面积116公顷，机械播种面积6521公顷。机械田间管理面积5353公顷，其中，飞机作业面积200公顷，收获面积7015公顷。农场利用国家各项惠农政策和农机购置补贴，农机更新总投入资金283万元，利用国家农机补贴资金36.378万元，新增农机具20台（套），农机固定总资产突破8100万元。拥有农机合作社2个，订单作业1500公顷，跨区作业7000公顷，跨区作业车辆50余台（套），作业纯收入120万元。农用机械总动力20402千瓦，拥有耕作机械动力12095千瓦。大中型拖拉机配套农机具500台，小型拖拉机配套农机具41台。

水利工程　加强防汛抗旱和小型水利工程建设。防汛物资储备救生衣30件、救生圈30件、帐篷3顶、编织袋2万条、彩条布10捆。水利工程建设有序开展，全场有效灌溉面积7015公顷，拥有机电井189眼。2016年，总投资180万元的小型农田水利工程建设项目——四方山农场第三管理区抗旱水源及涝区治理工程建设完成。建设内容：排水沟18条清淤，总长度22.53公里，新打机电井9眼，修建圆涵16座。总投资42.5万元的场部地区人畜饮水工程建设完成。建设内容：饮水井保护围栏233米，水泥硬化面积313平方米。安装监控设备1套，防盗栏杆36平方米，反冲洗排水管道30米，水软化处理一项，水厂保温200.6平方米。建设闸阀井3座，排气井1座。供水管道维修600米。

林业　完成造林面积11.53公顷，栽植银中杨与小乘黑2.3万株，投资近20万元。补植补造银中杨2698株，其中，场部至西大桥补植1159株，第二管理区三作业站至四作业站补植1539株。完善苗圃建设53.33公顷，圃存苗约126万株。林下养鹿45只，林下经济产值2208.6万元。林业资源得到有效保护，监测和防治林木病虫害，林业有害生物成灾率低于2.8‰。全年无特重大森林火灾发生，森林火灾受害率低于0.5‰。完成总投资300万元的4500平方米草原防火站资金申请、初步设计、招投标等前期工作。

畜牧业　以绿色资源为优势，发展以“绿色生态养殖”为重点的畜牧产业，构建农牧结合、循环发展的新型种养结构和绿色健康养殖产业圈。投资1.13亿元，完成占地22万平方米现代示范奶牛场建设任务，存栏奶牛532头。由农垦科学院畜牧兽医研究所与农场共建的乳肉兼用牛养殖基地，存栏德系西门塔尔牛232头。蛋鸡存栏6.04万只。藏香猪存栏1208头。苜蓿草场核心示范区播种苜蓿700公顷，收获半干青贮1.2万吨。为奶牛养殖户发包耕地38.13公顷、草原271.52公顷，发放禁牧补贴43.62万元。开展“一瘟、二疫、五病”为防治重点的动物防疫工作，全年共免疫三次。年末奶牛存栏939头；肉牛存栏323头；草原羊存栏5545只；生猪存栏2583头；家禽存栏63600只；肉类总产量632吨；出栏家禽58000只；牛奶产量1622吨；羊毛产量18112公斤；禽蛋产量1141吨；鹿茸产量100公斤；淡水养殖面积648公顷，产量1030吨。实现畜牧业总产值3872万元。

工业　实现工业总产值6013万元。工业增加值2351万元，利润1136万元。发挥工业园区载体功能，加大招商引资力度，与珠海天香苑生物科技发展有限公司就蒲公英种植与提取研发项目签订意向协议书。与天津正信源化工有限公司就生物质能源项目进行深入洽谈。

商贸粮食　有非公有制经济单位420个，实现增加值9981.5万元。资产总额23088万元，利润4156万元。个体交通运输有载货汽车38辆，载客汽车20辆，全年货运量55万吨，客运量16万人。个体批发和零售业户数41户，住宿和餐饮营业户数36户。涉农补贴实现“一卡通”发放，共发放耕地地力保护补贴530.01万元，补贴户数483户，补贴耕地面积4855.57公顷。发放大豆目标价格补贴15.71万元，补贴户数4户，补贴耕地面积80公顷。

项目建设　投资3282.59万元，实施管局重点工程四方山农场第一、第二管理区土地整治项目。总面积2762.48公顷（含十七作业站492.5公顷），建设规模2274.28公顷。分六个标段施工，其中：基本农田整治面积1988.39公顷，修建沟道22条，总长30.565公里；新钻机电井9眼；原有机电井维护9眼；新增喷灌设备18台套、排涝泵站1座、涵洞92座；架设高压输电线路9条，长18.739公里、低压输电线路6条，长1.979公里；新增变压器15台，晾晒场1处；修建田间道路24条、长37.427公里。投资1414.917万元，实施青龙作业站至富荣村四级水泥公路改扩建项目。建设长度6.935公里、路面宽6米。由于批复的中央资金未到位，工程只完成路基碾压，计划2017年入冬前完工。投资910万元，实施管局产业化项目四方山农场第三管理区奋斗作业站（Ⅰ期）国家农业综合开发高标准农田建设项目。建设面积466.67公顷，其中：斗沟清淤改造6.6公里；新建圆涵10座，方涵2座，农桥1座；新打机电井5眼；建设井房5座；购置喷灌设备5台；架设输电线路5.92公里；新增变压器及配套设备5套；新修机耕路7.21公里；新建晒场18900平方米。投资470万元，建设完成草原畜牧业转型升级“四方山农场草原生态保护补助奖励项目”。投资215万元，实施四方山农场人畜饮水工程扶贫项目。在青龙作业站铺设PE管道3.67公里；新打机电井1眼；建设19.8平方米井房1座；安装分户水表324套。在十七作业站铺设PE管道1.446公里；安装分户水表144套。投资297万元，实施四方山农场草原防火站建设项目。完成草原防火物资库房建设面积450平方米。投资360万元，实施中心卫生院装饰及室外硬化工程。室内装修985.39平方米，室外硬化2807平方米。投资330.5万元，实施四方山农场“一事一议”美丽乡村项目。居民区补植绿化树2500株；路面硬化1.55公里；第一管理区绿化植树1400株；建设第三管理区综合文化广场5000平方米。投资42.5万元，维修场区饮水井、供水管网，新建饮水井保护围栏233米，硬化地面313平方米，新建防盗栏杆、反冲洗沟、计量设施等。

社会民生　加强对居民小区楼道楼体、安全设施、供水供暖、排水排污、绿化美化、环境卫生等的管理。强化社会治安综合治理能力，通过“省级平安农场”验收。信访工作全面加强。安全生产全年无责任事故。教育均衡发展通过省级验收。办理新型农村合作医疗742户、1025人，基金征缴15.375万元。社区卫生服务站建立家庭健康档案1257份。按标准缴纳职工基本医疗、工伤失业和生育保险金。民政和残疾人事业得到发展，社会救助取得成效。全年发放低保金113.89万元。发放大病医疗救助金3万元。发放高龄补贴351人42.12万元。发放阳光家园补助0.256万元。发放残疾人两项补贴5.88万元。为10名精神病人免费送药。发放退伍军人慰问金0.18万元。工会发放金秋助学资金1.65万元，职工大病救助3人0.6万元。为13名困难女职工子女送去书包、文具、书籍等价值0.2万元。对16户困难职工进行帮扶，机关干部为职工提供担保贷款近700万元。

文化活动　先后组织开展"送春联"活动，为职工群众送去春联和"福"字400副。结合世界读书日、中国读书月开展"书香四方山"读书活动。开展迎端午包粽子和庆祝中国共产党建党95周年知识竞赛。征集报送好家风好家训作品8件。向管局推荐纪念建局40周年发展变化的新旧图片近80幅，新闻和文学作品近60件。举办纪念红军长征胜利80周年广场文化周和职工元旦晚会。北大荒电视台在春节期间分上下两集展播农场微电影《男人的脊梁》。为农场5个作业站购置广场舞音响5台。争取50万元文化信息共享工程项目，购置广场舞台灯光音响设备1套。申请全民健身路径户外健身器材2套24件。开展选树典型活动，推荐评选"美德好少年"1名、"北大荒创业新星"1名。定期组织开展全民健身活动，举办篮球、跳绳、套圈、台球、乒乓球趣味运动会。参加管局举办的第七届全民健身（太极拳表演）运动会，获得团体二等奖、最佳检阅队伍奖、男子单项三等奖、女子单项优秀奖。

党的建设　扎实推进"两学一做"专题教育活动，组织专题学习3次，党委中心组学习8次，交流发言14人次，党委班子成员到基层上专题党课7次。基层党支部组织集中学习30余次，上党课18次，受教育党员220余人。购买"两学一做"学习教育读本、中国共产党九十年、胡锦涛文选和习总书记系列讲话等学习材料1000余本。开展"学系列讲话，书记讲党课"、重温入党誓词、党员网上答题、"助春播党员在一线"志愿者服务、党规党纪知识竞赛、手抄党章100天、佩戴党徽等主题活动。严把党员发展程序"入口关"，做到分子考察材料100%预审，发展对象100%培训考察，新党员100%谈心谈话。选树先进基层党组织1个，优秀共产党员9名，模范党务工作者2名，优秀党支部书记1名。慰问走访困难党员19人，发放困难补助金9500元。加强干部选拔任用管理，引进人才12人。夯实基层党组织建设，签订《2016年基层党建工作责任状》。签订党风廉政建设责任书69份，各单位、部门负责人述职述廉42人。农场纪委接到管局转办案件线索5起，经核查失实3起，处理1起，立案1起，处理违纪干部2人。

（黄晓军）

松花江农场

场长：杨世志，1975年9月出生，江苏省连云港市人，中共党员，研究生学历，高级农艺师，1998年7月参加工作，2014年1月任现职。

党委书记：陈涛，1976年7月出生，黑龙江省绥棱县人，中共党员，研究生学历，政工师，1998年7月参加工作，2016年9月任现职。

党委委员、纪委书记：

陈福平（2014.12—）

党委委员、副场长：

衣爱东（2014.5—）

党委委员、武装部部长：

李之贵（2014.9—）

党委委员、工会主席：

王洪亮（2015.7—）

概况　松花江农场地处小兴安岭南麓，松花江北岸，在依兰县境内。东与依兰县迎兰朝鲜族自治乡接壤，西与通河县清河镇小古洞村毗邻。地理坐标北纬46°15′～46°23′，东经129°15′～129°29′。土地总面积8744公顷。其中，耕地4492公顷，林地2859公顷，森林覆盖率29%，草地135公顷，水面125公顷。南北长11.5公里，东西宽16.4公里。地势属于丘陵漫岗地，由西北向东南倾斜，高差4.5米，平均坡度10～15度，大片土地被山岭、沟壑、沼泽所分割。土壤以白浆土、棕壤土、灰化土为主，地表黑土层约25～60厘米。气候属于寒温带大陆性季风气候，春季风大干旱，夏季温湿多雨，秋季温差大多早霜，冬季漫长寒冷。无霜期120～130天，年平均降水量568.7毫米，主要集中在7、8月份。境内有小古洞河，贯穿二、五作业区，全流域45公里，向南注入松花江，上游森林茂密，下游平坦开阔。辖区内居民户数2332户，人口5742人。农场下设5个作业区，1个域外开发管理区。有农机制造产业园区1个，有大型农机制造企业1家，民营农机制造企业26家，各类合作组织33家，居民委员会1个。

2016年，农场实现地区生产总值25628万元，三产比重20∶60∶20，完成固定资产投资552万元，居民可支配收入26250元。

现代化农业　完成播种面积4492公顷，实现粮食总产量3.8万吨，水稻、玉米、经济作物比例11∶66∶23。种植经济作物1000公顷。虾稻共作项目落实2.67公顷，投放虾苗500公斤。种植奶香稻10公顷，市场销售每公斤15元。试种旱稻1.5公顷，公顷效益6360元。鹅玉共作项目8公顷，公顷效益12000元。域外管理区租种耕地1333公顷，大豆总产量1600吨，盈利25万元，职工增收64万元。建立谷物、农机、食用菌、红菇娘、畜牧专业合作社33家。农场立足于"三山一水黑土地"，注册"松江"地域品牌，实现全面积绿色有机认证。农场建立农业服务站，对农产品进行农药残留检测，初步构建起农畜产品质量安全追溯体系。强化科技投入，推广10项农业新技术。携手"大农网"构建农产品电商平台，推广场淘、微商、"一分地"经营模式。农场依咪、松美合作社实现产值100余万元。落实"互联网＋农业"高标准示范基地20公顷，落实农业各项补贴1025万元。

当年发展食用菌 11 万袋，纯收入 44 万元。完成大榛子、樟子松嫁接红松等经济林 17.2 公顷，绿化造林 6.1 公顷，栽植苗木 2 万株。水稻棚室二次利用，养殖猴头菇 25 栋，纯效益 6 万余元。全场畜禽饲养量 1.2 万头（只），育肥牛 276 头，纯效益 40 余万元。

工业　在农机补贴大幅降低，原材料价格上涨等不利条件下，工业园区内企业通过强化服务，自主创新，产品转型，开源节流等措施，实现总产值 4.4 亿元，增加值 1.5 亿元，利润 0.52 亿元，销售收入 3.9 亿元。辖区内工业运营企业 27 家，生产水、旱田农机具 7 万余台套，各种类型拖拉机 2000 台，收获机械 200 台。

社会民生　农场把精准扶贫列为“1 号工程”。对确认的 156 户贫困家庭建档立卡，纳入扶贫信息网络系统，出台“规划到户、措施到户、责任到人”的精准扶贫措施。投资 80 万元，增加医院床位，更新医疗设备，改进医疗技术，提升医疗水平。投资 112 万元，对场部人行道、公厕、平房区道路进行修缮。投资 300 万元，完成文化场馆收尾工程。投资 30 万元，完成场区局部供水供热管网改建。完善配套救助体系，发放保障及救助性资金近 150 万元，发放各类慰问金 5 万余元。全年营区绿化 4.3 公顷，种植草坪 3500 平方米。完成供热面积 12 万平方米，维修楼区排水管网 1300 延长米，供水管网改造 1200 延长米。清运垃圾 1.1 万立方米。开展大气污染防治巡查 16 次，环保监管实行网格化责任区划分。安全生产培训、安全宣传教育、安全隐患排查工作扎实推进，“两级五覆盖”“五落实五到位”等安全生产监管责任全面落实，实现辖区内安全生产无事故。按照“优先发展，育人为本，推进均衡，提高质量，打造特色”的基本要求，投入 160 万元，完成义务教育均衡发展各项基础性工作。餐饮食品安全监管、卫生监督执法、疾病预防控制、计划生育管理等工作扎实推进。农场梳理历史遗留问题 24 项，处理 15 项。依兰收获机厂企业职工参保，龙源小区房产证办理等遗留问题正在办理中。“平安农场”建设常抓不懈，打非治违，治安综合治理取得实效。

党建工作　围绕“两学一做”打造“松江先锋”党建品牌。全场 12 个基层党组织 381 名党员，在政治理论、本职工作、科技致富、扶贫解困、遵纪守法等方面争当先锋。党员干部学习党章和习近平总书记系列讲话 90 余次，学习省委“两学一做”系列党课 8 次，党委集中学习 10 次，座谈讨论 12 次。以文艺演出、知识竞赛、观看影片、主题党课等形式庆祝中国共产党建党 95 周年。加强领导班子和干部队伍建设，完善干部联系群众，联系支部，包街包作业区制度，累计深入联系点 150 余次，为基层解决困难 40 余件。培育“六个领先”场内模范带头人 12 人，有 72 名党员与群众结成“一帮一”帮扶对子，实施素质提升工程，开展中层干部大讲堂和党员讲坛活动，提升党员干部素质。非公经济组织党建工作不断加强，发挥基层党组织在个体民营企业中的政治核心作用。选派 22 名年轻干部，分批赴俄罗斯学习实践，锻炼意志，增长才干。学校党支部荣获总局和管局先进基层党支部称号，3 名党员被管理局授予优秀共产党员称号。

文明创建　评选“十星级文明户”110 户，职工徐启章获第四届“感动北大荒人物”提名奖，选树为场内“党员致富带头人”。依咪水稻专业合作社社长李维利被推选为“北大荒创业之星”候选人。在团员青年中开展主题实践活动，10 名青年分别获得农场“青年创业之星、青年突击手、优秀团干部”称号。职工文化体育活动丰富多彩，在管理局庆祝三八妇女节巧厨娘才艺比赛中获得第三名，在管理局举办的太极拳比赛中，获得团体一等奖。并且获得精神文明奖。在全场“建设家园文化，培育家庭道德，守望家庭幸福——女职工在行动”主题实践中，有 26 人获奖。在全场农业生产劳动竞赛中 16 名职工获奖。通过文廊、广场文化载体及家风家训征集，践行社会主义核心价值观。

（刘春光）

阿城原种场

场长：任成年，1962 年 4 月出生，山东省蓬莱市人，中共党员，本科学历，高级农艺师。1979 年 9 月参加工作，2012 年 6 月任现职。

党委书记：刘庆财，1964 年 6 月出生，黑龙江省延寿县人，中共党员，本科学历，高级政工师。1986 年 7 月参加工作，2009 年 12 月任现职。

纪委书记、工会主席：

孙　健（2013.6—2016.9）

党委委员、副场长：

侯宝峰（2004.4—）

赵志君（2015.6—）

张学力（2014.5—）

杨　劲（2014.3—）

概况　阿城原种场（阿城农场）交通便利，绥满铁路、哈绥公路、哈红公路、长江南路贯通场区，为经济和社会发展提供有利条件。阿城原种场始建于 1954 年，先后隶属于省农业厅、省国营农场管理局绥化分局、东北农学院、省农牧渔业厅、省农垦总局哈尔滨管理局、省农垦总局建三江管理局，现隶属于省农垦总局哈尔滨管理局。农场（阿城部分）位于哈尔滨市阿城区河东街，地处阿什河东岸，距哈尔滨市 23 公里，距阿城区中心 3.5 公里。农场东邻阿城区金龙山镇；南邻阿城区亚沟镇；西靠阿什河与阿城区隔河相望，且相邻于黑龙江省水利二处；北与阿城区料甸满族乡、继电器厂接壤。地理坐标北纬 45° 51′ ~ 45° 60′，东经 127° 05′ ~ 127° 06′。农场下辖地处虎林市阿北乡的阿北作业区，地理坐标北纬 46° 15′ ~ 46° 17′，东经 133° 31′ ~ 134° 35′。

农场（阿城部分）地形东高西低，海拔高度为 174.6 米，地形为南北长、东西短的多边形。地貌东部为丘陵地带，西部较为平坦。气候属于寒温带大陆季风气候，夏季最高气温 38℃，冬季最低气温 -37℃，年均气温 3.9℃。年度气候总体雨水均衡（阿北作业区涝多余旱），丰年多于歉年，日照时数1700～2600小时，常年作物有效积温为2600～2800℃。与常年相比无明显变化。初霜期为9月25日前后，终霜期为5月10日左右，年降雨量500～600毫米。暴雨、冰雹极端天气较少。年均风速3米/秒，最大风速7级，5级以上大风有15次左右，春秋两季大风较多，时常伴有浮尘、扬沙天气出现，且偶有风灾极端天气。

农场土地总面积2627公顷，其中，耕地1810公顷，（旱田603公顷，水田1207公顷）。阿城部分土壤结构为黑土、黑黄土、草甸土、白浆土，pH值6～6.5。九龙山作业区主要是颗粒状和黏粒状土壤，有机质含量比较丰富，但不均衡。林地总面积1096公顷。其中，九龙山作业区林地面积807.05公顷。森林基本分布在浅山区林缘农林交错地带，多半是以柞树、水曲柳、山杨树为主的天然次生林。其余为农田防护林、环境绿化林以及用材林和薪炭林。森林覆盖率为37%。农场总户数1869户，人口5429人，女性2563人，有少部分满族。职工1071人。全场拥有机械总动力5960马力。农业以水稻、玉米和设施农业为主。

2016年，阿城原种场实现地区生产总值13607万元，比上年增长12.3%。农业实现产值4951万元。其中，畜牧业实现产值1129万元。工业实现产值5080万元，第三产业3576万元，农场总收入1520万元。居民可支配收入17320元。

农业生产 重点落实“一黑一白一对红，绿色九＋互联网”的产业目标。通过标准化作业、创新科技投入、农时管控和统一大机车作业措施，取得丰收。优质稻米生产面积87公顷，优质水稻总产522吨。园区新引进种植红豆杉6.7公顷。与农垦科学院合作开展农作物科学种植实验。与联想佳沃集团合作实施安全放心产业工程。全年完成播种面积1536公顷。其中，水田1003公顷、玉米436公顷、豆类97公顷。粮食总产量1.2万吨。农业各项指标均实现“稳中有进、稳中提质、稳中增效”。

林业 林业发展以维护生态平衡，保障农牧业稳定协调发展为目标。建成以农田防护林兼水土保持林为骨架的绿色屏障，形成较为完善的生态林业体系。制定多项惠民补贴政策，包括木耳大棚建设及木耳菌段的贷款等优惠内容，扶持发展黑木耳产业。在阿城作业区和九龙山作业区建棚室40栋，生产木耳60万袋。

绿色食品 以生态园区为核心，对原品种进行改良，引进新品种，突出产品多元化、特色化、标准化。裸地种植日本西红柿、豌豆、白菜、甜菇娘等果蔬，提高经济效益。销售公司通过强化团队建设、创新销售思路、完善销售体系，为农副产品走向国内市场奠定基础。与北京、山东、上海、广东等地区建立长期供销合作关系。生态园区销售各类果蔬2772吨。

民生 加大民生保障工程的投入力度，医保报销继续采取“部分补贴”和“全额补贴”的政策，发放医疗补贴71万元。发放退休人员独生子女费18万元。争取垦地合作惠民政策，有130户享受到地方低保待遇。全年为贫困户解决无息贷款30万元。场区路两侧栽植各类花卉23700株。加大环境卫生，场容、场貌治理力度，清理路边草坪7600平方米，绿化道路1600延长米，清运生活垃圾15处、230车次、1100吨。改善饮用水质量，对居民饮用水质量进行化验、检测。投资6万元，维修各作业区自来水管线47处，累计1230延长米。

九龙山柞蚕育种场 位于哈尔滨市宾县滨州镇东南7公里，距哈尔滨市67公里，是农场的一个作业区。地理坐标北纬45°67′～45°68′，东经127°57′～127°61′。属于张广才岭支脉，总地势为南高北低，四周群山环绕，山间多小块坡耕地，属山地丘陵与山间河套冲积平原。地坡度为1/500～1/1000，海拔在110～929米之间。气候属于寒温带大陆季风气候，全年无霜期平均146天。年平均日照时数为2740小时。年平均气温为4℃，有效积温2785℃，降水量为551.9毫米，风速3.8米/秒，蒸发量大于降水量。由此形成十年九旱的气候特征，一般规律为春季干旱少雨且大风，夏季高温多雨，秋季昼夜温差较大热量不足，冬季寒冷，结冻期为5个月左右。始建于1959年，隶属关系多变，2007年划归农垦系统，于2009年隶属于哈尔滨管理局阿城原种场。2016年年底有总户数62户；总人口232人，其中少数民族人口17人；有职工51人；总控制面积875公顷；其他面积14.4公顷。2016年，实现地区生产总值820万元，同比增长7%。居民可支配收入17040元。有低温保种窑两处640平方米，恒温产卵室450平方米，进行三个种级柞蚕良种生产140把，产量4.5万公斤。越冬保种量6万公斤。维修道路和晾晒场2500平方米，为其他市、县蚕蜂站和蚕农代保种4万公斤。生态猪养殖场母猪存栏80头，购进梅花鹿7头，狍子6只，养殖肉驴10头，出栏猪仔收入50万元，林地嫁接红松66.7公顷。

党建工作 加强班子建设、组织建设，认真贯彻中共十八大、十八届五中、六中全会精神和习近平总书记系列重要讲话精神，以“两学一做”学习教育为抓手，全面提升基层党组织凝聚力和战斗力。认真贯彻全面从严治党要求，落实党委党建工作责任制和书记履行“第一责任人”职责。加强基层服务型党组织建设，实现党的建设“工作项目化、项目责任化、责任具体化”目标。坚持思想建党，强化干部思想政治教育，增强党课的吸引力和感染力。党委理论中心组集中学习、相互交流，领导班子成员讲党课，每名党员撰写学习笔记、心得体会近3万字，理论学习实现常态化、制度化。加强党员队伍管理，落实党员组织关系集中排查工作，共发展预备党员3名，预备党员转正4名，完成全场党员189名和8名入党分子的信息采集工作。开展庆祝“七一”系列活动，表彰农场优秀共产党员7名、优秀党务工作者3名。开展“学习系列讲话，强化党性修养，争做合格党员”主题演讲比赛，由各基层党支部选出的8名选手参加比赛。举办《准则》《条例》知识竞赛活动。农场党委对5名困难老党员、3名老干部进行慰问，并送去慰问金。农场基层党支部、36名党员干部签订《党风廉政建设责任状》，强化“一岗双责”“一问三责”的落实。健全党内关怀帮扶机制，建立党员帮扶制度，帮扶对接困难职工10户，完成扶贫攻坚任务。建立党员联系点5个，深入基层，及时解基层党组织工作需求和职工群众需要解决的问题。加强党纪党规教育，提高党员干部组织纪律性。提高执行力和落实力，确保政令通畅。强化廉政教育，打造清正廉洁机关。农场党委重点对《农场党委议事规则》《“三重一大”制度》《农场干部管理办法》等各项规章制度进行完善。培养和发挥典型模范带头作用，获得管理局劳动模范1名，获得管理局优秀党员、优秀党务工作者、优秀党支部书记各1名，获得管理局先进基层党组织1个。

（包文刚）

沙河农场

场长：韩玉勇，1964年10月2日出生，黑龙江省饶河县人，中共党员，本科学历，高级政工师。1981年11月参加工作，2014年1月任现职。

党委书记：胡广利，1965年6月出生，黑龙江省安达市人，中共党员，专科学历，高级政工师。1987年1月参加工作，2014年12月任现职。

概况　沙河农场地处黑龙江省方正县东部，与依兰县达连河镇相邻，位于松花江南岸，地理坐标为北纬46°3′～46°16′，东经129°19′～129°25′。农场始建设于1954年6月27日，体制多变，先后隶属岔林河农场、庆阳农场、松花江农场管理。2014年1月15日，与松花江农场分离重新组建。

农场属长白山支脉张广才岭北麓，辖区总面积2720公顷。其中，耕地1219公顷，林地687公顷，水面124公顷，其他用地690公顷。平均海拔高度为96～130米，场部地区海拔115米。地势呈南高、中平、北低状，形成三级台阶式地形地貌，构成半山区半沼泽的特点。气候属寒带大陆性季风气候，年平均气温2.75℃，无霜期110～130天。境内平均风速3米/秒，最大风速12米/秒，黑土厚度20厘米以上，有机质含量3.5%～4%，pH值4～4.5。常年作物有效积温平均为2797℃，年平均降水量631毫米。年平均日照2495小时、134天。土壤类型主要为土质草甸土和黑土，黑土占土地面积80%以上。生态环境均衡协调，发展农牧业具有得天独厚的自然条件。农场水资源总量1017万立方米，地表水资源量397万立方米，地下水资源量620万立方米。境内只有朱淇河一条河流，源头暖泉子，长度24.1公里。

农场是一个以农业为主，农、林、牧、副、渔全面发展的小型农业企业。农场有制药厂、职工医院、中小学校、派出所、机关、林业检查站等单位。辖区总户数876户，总人口1928人，其中少数民族人口20人。从业人员763名，在岗职工152人。

农场作物种植以水稻为主，大豆、玉米、红小豆等旱田作物的种植比重较小。农场养殖业以猪、牛、家禽为主。2016年，实现地区生产总值3699万元，居民可支配收入15735元。

种植业　农业是农场的主打产业，农作物种植面积1367公顷。其中，水田面积983.09公顷，旱田面积384.3公顷。春季统供水稻芽种25吨。大棚基地统一种植小粒豆获丰收。实现粮豆总产11215吨（不含境外），全年发放惠农补贴236.6万元，财政拨款212.6万元，农场自筹24万元。投资111万元，修农田道路8条，总计18.12公里，改扩建农业科技园区一处，设立害虫诱捕器240个。清理大棚基地主道排水沟9条，5200延长米。由于台风影响，水稻、玉米出现倒伏，种植户获得理赔款59万元。大棚基地完成秋备土工作，秸秆还田100%，秋翻地工作名列管理局第二。农场境外管理区种植大田作物3467公顷。其中，五大连池农场种植合作社承包经营2667公顷，农场为他们提供机车有偿代耕服务。境外管理区全年实现承包费、代耕收入、种植收入760万元，获利150万元，职工劳务收入100余万元。境外管理区新开垦耕地种植纯绿色有机大豆13公顷。并申请注册“金豆旺”绿色有机品牌大豆，已经运回国内精量包装后推向市场。

林业　营区绿化1.98公顷，栽植云杉、杨树等7个品种共4298株，营区绿化率40%。

畜牧业　为盘活资产，增加效益，农场通过公开竞价承包的方式将8栋牛舍以每年10万元租金对外进行发包。承包者已投入100万元对饲舍进行维修，已存栏二、三代野猪200头，蛋鸡2万羽。

水利　抓好防洪排涝，推进水环境整治，深化防灾减灾措施，不断提高农场水务保障发展、服务民生、促进和谐的能力和水平。投资467万元，完成人畜饮水工程，建设水处理厂房472.7平方米、管道3932米，实现每小时供水20立方米。在防汛抗洪方面，农场提前准备10万元防汛物资。投资54万元，加高坎下大堤0.4米，用土方3.36万立方米，修复道路14.13公里。修复通往一、二号水库和三、四号塘坝砂石路10.4公里。

社会民生　投资451万元建设民生工程。发放最低生活保障金等补贴37万元。农场职工养老、医疗保险实现全覆盖。全年发放养老金1644万元。农场卫生部门开展基本公共卫生服务工作，完善居民健康档案，为重点人群提供免费体检，增加慢病随访频次，开展妇女病及两癌筛查活动。提高基本医疗服务质量，加强对职工医保及新农合规范化管理。学校教育教学取得新成果，初升高取得全局第一的成绩，有9名初升高学生进入管理局前10名。累计投资331.4万元，维修校舍，增添教学设备达国家二类学校标准。投资191.5万元，对场部中心路1.2公里两侧排水沟进行改造。增设人行道、安装两侧铁艺围栏，安装中心路及巷道路灯82盏，设置街道命名指示牌30套。投资127.4万元，硬化巷道1.7公里，实现规划内的场区道路全部硬化。居民爱护环境，保护环境，美化环境的意识进一步增强。派出所、司法、民政、社保等单位的服务水平全面提高。

改革　完成农场行政职能和社会服务职能移交地方政府摸底、调查、核对工作。与方正县政府进行多次对接。农场企业化改革有新进展，中共黑龙江北大荒农垦集团沙河农场有限公司委员会、黑龙江北大荒农垦集团沙河农场有限公司挂牌成立。内部政企分开已经进入实质性运作阶段。

党建工作　有党员104名，设3个党支部。按照“两学一做”方案要求，成立“两学一做”学习教育领导小组，坚持以上率下示范带动，把开展“两学一做”学习教育与做好农场改革发展稳定各项工作结合起来，与完成本部门本单位重点工作任务结合起来，做到专题教育与日常工作有机融合、相互促进，两手抓、两不误。党委中心组和党员集中学习、交流学习心得31次。农场党委主体责任和纪委监督责任突显，严格执行“三重一大”和“四个不直接分管”制度。

（孙兰英）

北大荒农业股份有限公司

董事长、党委书记：刘长友，1962年12月出生，河北蔚县人，中共党员，研究生学历，助理农艺师。1978年10月参加工作，2012年12月任公司董事长。

总经理、党委副书记：贺天元，1963年4月出生，山东省蓬莱市人，中共党员，本科学历，研究员级高级会计师。1984年8月参加工作，2012年12月任公司董事、总经理。

党委委员、监事会主席：史晓丹，1960年11月出生，甘肃天水人，中共党员，本科学历，高级经济师。1977年9月参加工作，2013年11月任公司监事会主席。

党委副书记、工会主席：

叶凤仪（2012.6—）

纪委书记：

叶凤仪（2014.2—）

党委委员、副总经理、总会计师：

杨占海（2010.8—）

概况　黑龙江北大荒农业股份有限公司（以下简称北大荒股份或公司）成立于1998年11月27日，是由黑龙江北大荒农垦集团总公司独家发起设立的股份有限公司，2002年3月29日在上海证券交易所挂牌交易，股票名称及代码“北大荒，600598”。

公司及各子公司主要从事业务包括农业、化肥、麦芽、纸业、投资、矿产等。分公司主要包括16家农业分公司、浩良河化肥分公司等，子公司主要包括北大荒龙垦麦芽有限公司、黑龙江北大荒纸业有限责任公司、黑龙江省宝泉岭农垦四方山石墨产业有限公司、北大荒鑫都建筑工程有限公司、北大荒鑫都房地产开发有限公司、黑龙江北大荒投资管理有限公司、北大荒鑫亚经贸有限责任公司等。

2016年，公司实现营业收入30.95亿元，实现利润总额　7.14亿元，实现净利润7.14亿元，实现归属于母公司所有者的净利润7.35亿元。实现基本每股收益（扣除非经常性损益）0.414元，加权平均净资产收益率（扣除非经常性损益）13.12%，资产负债率26.16%。

公司通过合资合作先后完成三个工贸企业的产权制度改革，工贸企业减亏成效显著，整体运营质量和经济效益大幅提高，资债结构得以进一步优化，保持2014年以来的扭亏增盈局面。实现粮豆总产61.2亿公斤，保持稳产高产态势。公司是我国目前规模最大、现代化水平最高的种植业上市公司和重要的商品粮生产基地，土地总面积86.4公顷，耕地面积77.2公顷，主要生产水稻、玉米、大豆等农产品。公司坐拥世界三大黑土带之　的二江平原，地势平坦、耕地集中连片，为生产有机、绿色农产品提供得天独厚的自然生态环境。绿色作物种植面积达35.76万公顷、有机作物认证面积达5.23万公顷。

公司拥有16个农业科技推广中心、16个科技园区、16个农业科研站、14个农业气象站，建立了科学施肥服务体系、病虫害生物预警服务体系、农业重大自然灾害防御体系和农户远程培训服务体系，有力地推进了地力培肥、良种繁育、丰产栽培、化控技术、节水灌溉、疫情防治、低碳生产等领域的管理创新，加速了科技成果的引进转化，保证了农业发展后劲。

公司区域拥有先进的农业装备技术水平，引进具有世界先进水平的卫星定位和自动导航系统的大型拖拉机、大马力机械、联合收割机、精量点播机等农机具，年末，各类农业机械总量达27.93万台套、农业机械总动力达326.43万千瓦。

5月，公司开展公开选拔农业分公司副职领导干部工作，经基层推荐、报名、资格审查、笔试、面试、演讲与民主评价、个人事项报告核实和组织考察等程序，分公司、农场副职后备干部中报名63人，经上述程序列入组织考察18人，提拔使用9人。

6月20日，公司以浩化分公司资产出资成立全资子公司黑龙江北大荒浩良河化肥有限公司，注册资金3亿元。2016年12月30日，公司以原浩化分公司全部与尿素生产有关的固定资产出资入股，占合资公司49%股份；北京洪泽阳光实业有限公司出资51%入股黑龙江北大荒浩良河化肥有限公司。

7月5日，公司控股的北大荒纸业有限公司与北京三聚环保新材料有限公司（深交所上市公司，简称“北京三聚”）共同设立黑龙江三聚北大荒生物质新材料有限公司（简称“三聚北大荒”）。三聚北大荒注册资金2.1亿元，其中北京三聚出资1.092亿元，占总股比的52%，北大荒纸业全部以原有的固定资产作价出资1.008亿元，占总股比的48%。

7月7日，公司控股的北大荒龙垦麦芽有限公司以资产为基础与深圳鑫麦香实业有限公司（简称“鑫麦香”）以及鼎德信（天津）有限公司（简称“鼎德信”）共同发起设立北大荒龙麦农业股份有限公司（简称“龙麦股份”）。龙麦股份注册资金4亿元，其中龙垦麦芽以原有的固定资产出资1.96亿元资产，占49%，其他股东以货币及资产出资2.04亿元，合计持有51%股份。对本次合作未能注入龙麦股份，但龙麦股份实际生产还需要的北大荒龙垦麦芽有限公司部分资产，龙麦股份采取租赁使用的方式。

11月2日，公司的全资子公司黑龙江北大荒投资管理有限公司（简称北大荒投资公司）与中航国际粮油贸易有限公司（简称中航粮油）、黑龙江省卓信粮食储备管理有限公司（简称卓信粮储）共同出资设立黑龙江中航北大荒现代农业有限公司（简称合资公司），注册资金5000万元，其中：中航粮油以货币出资2550万元，占51%，北大荒投资公司以货币出资1750万元，占35%，卓信粮储以货币出资700万元，占14%。注册地为哈尔滨市，注册登记机关是哈尔滨市市场监督管理局开发区分局。经营范围：粮食收购。农业技术开发、技术咨询、技术服务；粮食及农副产品仓储；装卸搬运；以自有资金对农业进行投资；农业机械技术开发及销售；销售：初级农产品、农业机械；灌溉服务；农村土地整理服务。

（张成栋）

浩良河化肥分公司

党委书记、总经理：杨克光，1963年10月出生，山东郯城人，中共党员，本科学历，研究员级高级工程师。1985年8月参加工作，2014年8月任现职。

副总经理：

王晓军（2015.2—）

关连波（2015.2—）

财务总监：

刘国华（2009.5—）

概况 黑龙江北大荒农业股份有限公司浩良河化肥分公司（以下简称浩化分公司）坐落在伊春市南岔区浩良河镇，素有“北大荒工业之骄子，汤旺河畔璀璨之明珠”之称。企业前身是浩良河化肥厂，1998年加入黑龙江北大荒农业股份有限公司，企业规模为年生产18万吨合成氨、30万吨尿素。

2016年年末，企业在职员工913人，其中管理人员116人，专业技术人员57人，拥有中高级职称人员96人。

浩化分公司主要产品有尿素、液体二氧化碳、液氨等。主要生产设备从美国、德国和日本、瑞士等国家引进，生产工艺先进，技术力量雄厚，企业的主导产品“北大仓”牌尿素严格执行国家GB2440–2001标准，合格率始终保持100%，先后荣获了全省用户满意产品、黑龙江名牌产品、中国第二届和第三届农业博览会“金奖”和“名牌”产品等殊荣。企业是黑龙江省重合同守信用企业、农民用肥放心企业、百姓信赖诚信农资单位。

改革 6月20日，以浩良河化肥分公司与尿素有关的资产出资，北大荒股份公司成立黑龙江北大荒浩良河化肥有限公司，随后新公司与北京洪泽阳光实业有限公司合作成立合资公司，合资公司注册资金为3亿元，洪泽阳光公司出资1.53亿，占51%，北大荒股份出资1.47亿元，占49%。该合资公司已于12月30日完成股权登记变更。

生产经营 生产合成氨82956吨，生产尿素140963吨，销售液氨95吨，发电2805万千瓦时。主营业收入20078万元，纳税总额405万元，净利润–17460万元。在6月11日生产系统按计划停车后全员正常上班，开展员工培训，企业工作和生活秩序井然。配合公司推进合资合作。较好地完成增产扩能和复合肥项目的立项、可研、安评、环评等前期准备工作。进入10月后，对设备进行防冻越冬处理，提前制定设备越冬防冻处理方案，各单位对所有需要防冻处理的设备，包括厂房、蒸汽系统、公用工程等进行防冻处理，进行排液，清洗，加装保温等。建立健全各项设备基础管理制度。全部设备完好率99.9%，主要设备完好率98.3%。完好率处理正常范围。

环境保护 完善环境保护制度，健全管理体系。与上年度比，环境保护设施正常运行时间有所延长，污染物排放达标率有所提高，实现将企业环境信息和自行监测方案向社会公布，完成供热锅炉改造项目竣工环境保护验收，完成辐射安全许可证延续。开展危险废物规范化管理和核算季度污染物排放量工作，实现厂区街路和生产区域环境清洁、卫生死角、难点的综合整治，全厂环境面貌再上新台阶。

物资采购 验收入库物资合计金额1671.87万元，其中，设备备品备件233.37万元，化工材料187.34万元，钢材建材99.56万元，阀门管件37.18万元，电气仪表180.99万元，油类104.98万元。尿素编织袋824.47万元。验收尿素编织袋446.3138万条。在验收过程中发现有不合格的物资进行了处理。对物资采购工作，全过程跟踪审计，尤其是经济合同签订前，严格把好审计关，发挥了审计监督作用。

（马青森）

北大荒鑫都房地产开发有限公司
北大荒鑫都建筑工程有限公司

董事长、党委书记：王君革，1966年9月出生，山东莒县人，中共党员，大学本科学历，高级工程师职称，1983年8月参加工作。2016年4月任现职。

总经理：于彤，1967年7月出生，山东省济南市人，中共党员，大学学历，高级工程师，中共党员，1984年7月参加工作，2008年11月任现职。

董事长、党委书记：

杨本华（2010.5—2016.4）

党委副书记、纪委书记：

孙永亭（2011.8—）

党委委员、副总经理：

胡银义（2009.12—）

总工程师：

刘新刚（2009.12—）

财务总监：

黄堂虎（2016.4—）

工会主席：

张玉荣（2013.11—）

概况 北大荒鑫都房地产开发有限公司、北大荒鑫都建筑工程有限公司位于哈尔滨市南岗区长江路207–3号，成立于2008年12月，两公司注册资金的均为5000万元。

自2012年3月起，鑫都公司先后开发建设鑫都·绿荫芳邻、鑫都·丽水雅居和海拉尔天顺新城等3个项目。建设的重点是：哈市项目的营销及收尾工程，重点推进海拉尔天顺新城项目。2016年底，鑫都·绿荫芳邻项目的验收工作接近尾声。鑫都·丽水雅居项目消防通过验收，剩余验收项目有序推进。鑫都·丽水雅居项目当年共销售住宅19套，实现销售面积2624.16平方米，销售收入1424万元。8月，公司将海拉尔天顺新城项目三期和鑫都·丽水雅居项目剩余房源抵偿给黑龙江北大荒农业股份有限公司，用于偿还公司所欠开发建设借款本息；其中，鑫都·丽水雅居项目待售商品房186套，待售商品房面积28071平方米；海拉尔天顺新城项目三期建筑面积52456.44平方米，待售商品房637套，待售车位216个。北大荒鑫都房地产有限公司终止与呼伦贝尔市天顺房地产开发有限公司的合作。年底，北大荒鑫都房地产有限公司完成天顺新城项目建设投资达3.87亿元，该项目开发建设工作基本结束。2016年，北大荒鑫都房地产有限公司资产总额97021万元，负债总额95336万元，所有者权益1685万元，营业总收入1424万元。

（王刚）

总局直属企业

北大荒粮食集团有限公司

董事长、党委书记：史中华，1962年5月出生，吉林省榆树市人，中共党员，大学学历，高级工程师。1985年8月参加工作，2013年10月任现职。

总经理、党委副书记：祁祥一，1960年1月出生，山东省海阳市人，中共党员，大学学历，高级工程师。1982年2月参加工作，2013年10月任现职。

副总经理：石贵民（2009.4—）
李双青（2010.8—）
李志文（2012.3—）

概况　北大荒粮食集团有限公司于2009年4月注册成立，注册资金2亿元，是农业产业化省重点龙头企业。现有15个全资子公司、19个控股子公司、16个分公司，占地413万平方米，其中地坪104.4万平方米，有固定仓容379万吨、罩棚59万吨、千吨囤52万吨，铁路专用线1.4万延长米，年经营粮食800余万吨。现有资产120.9亿元。2016年，集团收储粮豆823万吨，同比增长2%，其中，贸易粮691万吨，政策性粮132万吨。销售粮食645.4万吨，同比增长12.8%。实现营业收入135.3亿元，同比增长8.2%。被评为“守合同、重信用企业”，荣登全国第六届“十佳粮油集团榜”，连续六年荣登“中国百佳粮油企业榜”，位列“黑龙江企业100强”第16位。

政策性粮储备　新建仓容88万吨，使集团固定仓容达379万吨。利用国家政策，争取省粮食局、中储粮、农发行支持，在集团所属22家政策性粮收储公司应收尽收政策性粮，年收储政策性粮食132万吨，库存政策性粮532.8万吨。

国内原粮贸易　根据业务发展的需要，注销5个分公司和1个子公司，在漳州、武汉、深圳、扬中等地设立经销处，开拓当地粮食市场，完善营销网点布局。加大与全国知名的粮食深加工企业、饲料企业的合作力度，大客户经营量已占国内贸易总量的59.8%。加强销售客户管理体系建设，确定472家终端客户的销售信用级别及信用额度，有效管控了经营风险。完善粮食物流体系，发运粮食350万吨，其中，港口发运散粮210万吨、发运集装箱粮110万吨、铁路发运30万吨。

进出口贸易　关注国家产业政策调整和国内外农副产品行情变化，优化进出口产品结构，进口品种包括大豆、高粱、DDGS、菜籽油、米糠、木薯淀粉、芝麻、苜蓿草、鱼粉、葵花籽原油等，向美国、日本、土耳其、意大利等国家及中国台湾地区出口高粱、豆饼、绿豆、芸豆等品种。集团实现进出口贸易量76.7万吨，实现进出口贸易额2.47亿美元，其中，进口贸易量75.6万吨、进出口贸易额2.41亿美元；出口贸易量1.1万吨，出口贸易额577万美元。

成品粮经营　成立北大荒粮食集团黑龙江农垦食品有限公司，专司成品粮经营业务。开发“农耕”“云端”“青年优选”三大系列，大米、杂粮、山珍三大品类共计百余款产品。在五常市建设优质水稻种植基地133公顷，有效保障了稻花香品种的纯度和品质。与国家杂粮中心合资成立北大荒粮食集团大庆粮谷食品科技有限公司，打造杂粮产品的种植、研发、加工、检测四位一体的产品供应体系。按线上、线下、特渠三种销售模式进行规划，线上以第三方电商平台为主，线下以开发直营渠道和跨业经营为主，特殊渠道以青年创业为主体开展营销工作。2016年，成品粮经营实现销售收入706万元，利润98万元。

企业改革　按照总局党委关于积极引进战略投资者，加快企业混合所有制改造步伐的指示精神，经过近8个月的磋商谈判，粮食集团以增资扩股的方式引进两家战略投资者——和润集团有限公司和宁波粮食有限公司，于2016年8月末签订合作框架协议；9月6日总局党委会听取并原则同意了粮食集团引进战略投资者混合所有制改革方案；11月2日，总局国资委批准了粮食集团采取非公开协议方式增资扩股；12月24日，农垦集团总公司董事会审议通过了粮食集团关于引进战略投资者增资扩股的议案；12月26日，农垦集团总公司、和润集团、宁波粮食有限公司等三方股东代表在舟山签署了粮食集团增资扩股协议书，协议约定，公司注册资本由2亿元变更为5亿元，净资产由5.2亿元增加到13亿元，农垦集团总公司持有40%股权，处于相对控股地位，和润集团持有35%股权，宁波公司持有25%股权。

（马甜甜）

北大荒米业集团有限公司

董事长、总经理：林长华，1966年3月出生，浙江省开化县人，中共党员，研究生学历，高级农艺师，1988年9月参加工作，2014年5月任现职。

党委负责人：路宏民，1969年2月出生，山东省茌平县人，中共党员，本科学历，高级讲师，1990年7月参加工作，2014年5月任现职。

副总经理：于占祥（2014.6—）
安　杰（2014.6—）
徐宝安（2014.6—）
郭晓林（2014.6—）
侯昭存（2014.6—）

概况　黑龙江省北大荒米业集团有限公司（以下简称北大荒米业）成立于2001年8月27日，注册资本62548万元。2003年5月20日，划归黑龙江北大荒农垦集团总公司集中持有。2003年12月19日，黑龙江北大荒农垦集团总公司将所持全部股权转让给黑龙江北大荒农业股份有限公司。2014年5月，由北大荒集团从北大荒农业股份整建制回购北大荒米业集团并实施重组，重组后的北大荒米业集团为北大荒集团总公司的子公司，为总局直属企业。2016年，北大荒米业集团推进集团股份制改革，与三家企业成功签约。在完善内部管理工作中，严守“三会”规则和“三重一大”相关要求，完善各项管理工作制度，精简工作环节和流程，提高工作效率。在生产经营工作中加强对生产成本和销售市场的掌控力，加强生产设备提档升级和技术改造，提高生产效能。在项目建设上确保二九一厂房建设项目、五常生产线技术升级项目、泰来生产厂建设项目等如期见效。2016年，收购水稻28.5万吨，生产大米15万吨。销售“北大荒”系列产品21.3万吨，实现销售收入160468万元。传统销售渠道建设华南区以上海为中心，实现KA类商超覆盖率90%以上，新增天津、吉林、江苏、郑州4家子公司，云南、贵州两家合资公司，销售网络遍布珠三角、长三角、京津冀、西南、两湖等区域，布局国内主流城市，辐射二、三线城市的销售网络，与主销区的粮食局、军供中心等同行业建立长期的战略合作关系，与永辉超市集团、旺旺集团、雀巢集团等一批大型企业建立长期、独家的战略合作体系，特别是在永辉系统内建立“店中店”现磨供应模式，做到系统内独家产品供应，已全面覆盖永辉“金标店”系统。在北京、上海、广州、宁波、温州、成都、昆明、等地成立北大荒旗舰店，有效提升“北大荒”系列产品区域影响力。电商销售渠道全面进驻国内主流线上销售平台，与阿里的天猫超市、京东的京东自营店签订全国供应协议，在1号店、淘宝等电商平台建立线上旗舰店、形象店，包含B2B、B2C业务。根据业务需要，引进上海扎堆网络科技有限公司、南京点石电子商务有限公司、中东贸易平台等战略合作伙伴。同时在双城市成立北大荒智淘电子商务有限公司，电商交易额达3100万元，其中，网络零售额为2300万元，带动下线业务销售额800万元。出口业务签订出口小单合同338.18吨，出口到迪拜、葡萄牙、加拿大、澳大利亚、美国、荷兰、比利时，出口品种以圆粒为主，少量长粒出口到加拿大。对韩国出口中标10000吨短粒糙米。取得2211吨大米进口配额，实现全部销售。增加大米功能性产品，增加大米面条、GABA米、海伦硒米、北大荒1号、五谷丰登杂粮等。在基地建设上，制定基地管理规划、产品收购方案。基地面积达4000公顷。按有机认证要求，依据有机食品标准对包装物加防伪标贴。申请五常有机标贴22.7万枚，规范销售有机产品343.9吨。办理“北大荒长粒香米”“北大荒精洁米”“北大荒珍珠米”的绿色食品标志证书。

（姜薇）

农垦通信有限公司

党委书记、董事长、总经理：王学利，1956年9月出生，辽宁省清原县人，中共党员，大学学历，高级通信工程师，研究员待遇，1974年10月参加工作，2010年1月至2016年9月任现职。

副总经理：姜志忠（2000.8—）
陈连军（2012.6—）
孙士忠（2012.6—）
马　忠（2012.6—）

概况　2016年，农垦通信有限公司实现营业总收入25137万元，比上年末减少1760万元，同比减少6.54%。加大垦区信息通信传输网络建设和网络优化力度，加快信息基础设施和新业务开拓工作，推进垦区的农业物联网平台的建设步伐，完成网络基础设施建设投资6468.84万元。垦区农业物联网建设示范项目投资3903.49万元，为上市公司所属16个分公司建设垦区农业物联网示范项目，为红旗岭农场建设全产业链的食品溯源物联网系统平台；公司传输接入网工程建设投资208.28万元，北安传输网扩容、购置光端机、光收发器、协议转换器等传输设备99台套；数据网络扩容、宽带接入网改造工程投资409.64万元，采购交换机、路由器共56台套，建设xPON端口2792线；软交换平台扩容工程投资50.3万元，新增用户量2.9万线及软交换设备扩容ESPC板卡4块；电源基础设施投资87.04万元，购置开关电源及逆变器19台，发电机6台，蓄电池组16组；主材投资222.19万元，购置熔接机11台、光时域反射仪15台、ODF设备20256芯及其他工程主材；光缆线路工程投资255.42万元，建设光缆线路886.28皮长公里；投资675.31万元，购置ONT设备29085台套。到2016年12月底，农垦通信拥有通信线路25803.480公里，其中，光缆线路总长度20622.921皮长公里，比上年增加1236.841皮长公里；市话电缆总长度5010.559皮长公里，比上年减少2374.690皮长公里；有微波170.00波道公里。垦区有487个管理区，接通宽带管理区349个，接通比例71.66%。有1292个作业区，接通宽带作业区989个，接通宽带比例76.55%。有数字程控交换机79套，比上年减少21套。软交换设备59437套，比上年增加了22277套。现有软交换固定电话用户13万线。截至2016年年底，垦区固定电话用户已达到233711万户，比上年减少24729户。垦网户均电话普及率46%；数据业务发展迅速，拥有宽带用户已达184825万户，比上年减少12845户。其中，光纤到楼用户数43298户、光纤到户数121105户、ADSL用户20422户。宽带家庭普及率36.49%。新业务、新技术发展迅速，完成缓存、流媒体、数网业务、手机电视、互联网电视以及智能安防、智能城镇、智能化小区在各农垦管理局的开通使用，卫星导航、安防监控、网站制作、网络维护和通信工程建设、网络数据、北大荒云计算中心等多项信息通信业务在垦区广泛应用，公司农业物联网项目在农垦东部四个管理局的16个农场开展顺利，完成物联网的视频监控工程建设项目，建设完成农业机场监控、水田旱田信息采集、智能孢子捕捉系统、虫情测报仪、作物长势系统监控、农机GPS监控等多项农业物联网建设项目，为农场做好病虫害安全预警备耕、春播、夏管、秋收等进行全面信息化管理。利用传感器等先进设备对土地温度湿度，土壤pH值等农业采集信息集中传送到数据云平台。为垦区农业发展提供了有力的信息通信保障。在垦区建设完善各行业办公自动化系统，实现全网覆盖。垦区电视电话会议系统131套、农垦总局至管局电视电话会议覆盖率达100%。实现总局至管理局、管理局至农场电视电话会议的声像同步传送。

公司加强维护管理力度，强化网络线路维护，确保垦区信息通信畅通。重点开展对各机房检查和故障排查预防工作，使故障处理时间进一步缩短，处理故障的响应速度大幅提高；完成九三分公司核心交换机系统升级割接，保证公司东西部缓存，华数等业务的正常开展。

2016年年末，公司资产总额56734万元，其中，流动资产22523万元，占总资产的39.7%；非流动资产34211万元，占资产总额的60.30%；公司负债总额42977万元，其中，流动负债42945万元，占负债总额的99.93%；非流动负债32万元占负债总额的0.07%。公司集中资金22500万元，下拨费用资金17100万元，积累资金5400万元，主要用于支付以前年度及新设备采购款4225万元，利息支出272万元，支付分公司专项报告机房改造、工程施工费、材料款等597万元，上缴税款258万元。

（才宏伟）

九三粮油工业集团有限公司

董事长、总经理、党委副书记：杨宝龙，1972年6月出生，山东省济宁市人，中共党员，研究生学历，律师、高级审计师。1997年6月参加工作，2014年1月任总经理、党委副书记，2014年2月任现职。

党委书记：韩树发，1959年8月出生，河北省东光县人，中共党员，研究生学历，高级工程师。1982年1月参加工作，2001年7月任现职。

党委副书记：岳钰钧（2002.1—）

副总经理：史永革（2001.12—）
罗永根（2014.12—）
张理博（2014.12—）
牟欣伦（2015.11—）
孙　鹏（2015.11—）
包志勇（2014.12—）
杨胜军（2016.2—）

概况　2016年，九三粮油工业集团有限公司实现营业总收入405亿元，工业增加值34亿元，上缴税金7亿元，进口大豆617万吨，全年加工大豆总量734万吨。获得“中国粮油最受尊敬企业”“国家级知识产权优势企业”“中国轻工业百强企业”“中国百佳粮油企业”“中国豆制品行业50强”“大豆系列国家标准制修订基地”等称号。“九三”品牌以206.58亿元人民币的品牌价值，列“中国500最具价值品牌”排行榜第173位，品牌价值比上年提升70%，排名提高26位；被评为“中国农业领袖品牌”“中国食用油领袖品牌”“中国十佳粮油（食品）品牌特别奖”“2016消费者喜爱的食品品牌”。集团董事长、总经理杨宝龙当选“全国优秀企业家”。创新管理模式，推行板块管理。优化内部的组织架构，创造科学的竞争模式，撤销外贸总公司及大宗产品营销公司，成立油脂油料事业部。北方沿海四厂作为油脂油料事业部的子公司进行管理，综合平衡生产经营活动，破除购销割裂局面，实现购、销一体化。非转基因板块混改工作取得实质性进展，启动股权交易工作。北大荒豆制品公司成功扭亏，实现盈亏平衡。小包装油布局全国市场，九三品牌由区域品牌向全国品牌过渡。开放豆粕代理，打破区域垄断，全面开展直销业务，与全国前十位的饲料集团建立战略合作关系。九三公司和宝泉岭公司转型顺利，实现盈亏平衡。“两化”融合贯标工作通过外审机构审核，获得农业部工业信息化专项资金80万元，哈尔滨市工信委两化融合项目支持资金100万元。建立利润导向考核思维，持续强化制度建设，仅营销体系就新建116项制度；全面加强招标管理，全年招标60项，节约资金3009.90万元；加大岗位编制管理，在岗人员精简163人，减少人力成本1200万元。组织或参加业内各高端论坛和会议，参与行业和产品标准的制定，成为首个大豆系列国家标准制修订基地，参与13项大豆系列国家标准的制修订和国家“放心粮油工程”相关管理规则的制修订。通过登陆中央人民广播电台，向全国发声；与影视明星朱亚文进行九三产品代言人签约；冠名《东北歌喉主播战》；在央视四个频道同时投放广告；在电视剧《结婚为什么》植入广告等，品牌影响力不断提升。强化企业文化系统建设，为九三发展提供巨大精神力量，企业精神、员工价值观得到统一和提升。《九三集团报》《九三信仰》、“文化九三”微信公众号成为九三文化重要的宣传舆论阵地和学习交流平台。高尚文化、伟大九三理念以及“十提倡、十反对”的行为准则，对九三的企业形象、员工的精神面貌、管理层的执行力起到重要的引领和推动作用，全员的大局意识、集体意识、服务意识不断提升。

（王延庆）

完达山乳业股份有限公司

董事长、总经理：王景海，1961年8月出生，黑龙江省富锦市人，中共党员，研究生学历，高级农艺师。1978年4月参加工作，2011年1月任现职。

党委书记：陈德顺，1959年12月出生，重庆市潼南县人，中共党员，研究生学历，教授级高级政工师。1979年1月参加工作，2014年1月任现职。

副总经理：顾坚，1961年3月出生，广西省柳州市人，中共党员，研究生学历，会计师。1977年7月参加工作，2011年5月任现职。

副总经理：马军喜，1963年2月出生，湖北省谷城县人，中共党员，研究生学历，高级农机工程师。1982年12月参加工作，2011年9月任现职。

副总经理：余宁江，1960年5月出生，四川省长宁县人，中共党员，研究生学历，工程师，1977年10月参加工作，2011年9月任现职。

总经理助理：肖洪亮（2001.1—）
严　利（2016.5—）

董事会秘书：
李晓玲（女，2014.5—）

概况　2016年，完达山乳业股份有限公司整体经济效益实现平稳运行。实现利润总额3.03亿元，比上年增长5.5%；生产产品36.46万吨，比上年增长21.66%；主产品销售36.2万吨，比上年增长20.21%。管理费用和财务费用比上年减少3556万元，管理成本明显下降。奶粉事业部实现利润4.46亿元，仍然是公司效益主体。在进口乳制品低价大量冲击与国内消费增速放缓，造成全行业产品销售不畅、各企业去库存压力严峻的背景下，公司顾全大局，克服行业困难，履行企业社会责任，尽最大努力保证辖区内的奶农利益，收购原料奶37万吨，同比上年增长6.63%。纳税3.6亿元，比上年增加1863万元。

产品结构优化稳步推进。安力聪、元乳突破销售总额的50%以上。成人粉市场成长迅速。电商产品增长明显。液态奶产品结构调整效果显现，黑沃牧场为代表的常温纯奶产品，以艾菲娅为代表的长效酸奶产品，以乳此新鲜、大果粒为代表的低温产品，优化了液奶的产品结构。

主营销售业务稳步回升。推出具有较强竞争力的、适应市场变化的优质产品、网销产品、成人营养产品、液态自然清新产品、巴氏鲜牛奶等产品。部分液态奶产品展现出较强的发展潜力，其中以黑沃为代表的盒纯产品的销售量同比增长136%，以大果粒和450桶酸为代表的低温产品同比增长24%，为2017年打造亿元大单品奠定基础。主品的销售能力增强。拥有终端销售门店17万家；完成销售配方粉2.6万吨，同比增长7.22%；1～10月成人粉较上年同期增长12%；电商公司专供产品销售占比由上年的19%提升至54%；销售液奶产品32.3万吨，同比增长24.68%；日配送销售实现13万份/天，比年初增加8万份。中心城市旗舰店发展良好。在一线城市的辐射效果正在显现，1～10月上海旗舰店利润完成全年指标的176%，同比增长144%，实现经营有效益、形象有展示、发展有成果的目的。

品牌影响力稳步扩大。完达山品牌凭着50多年的质量诚信赢得了消费者的认同，创建了企业文化、树立了企业形象。完达山品牌在全国尤其是中原及南方区域知名度显著提升，安力聪奶粉逐步成为完达山婴幼儿奶粉的明星产品。品牌价值由51亿元迅速提升到240.72亿元，位居中国500最具价值品牌排行榜第131位，乳品行业的第3位，连续六次蝉联亚洲品牌500强。

现代化信息化能力增强。公司加支持信息化建设和发展，投入资金2100万元。建设ERP信息化系统。系统涵盖销售、生产、供应、财务、库存、物流等模块，优化了企业的核心资源配置，规范了公司整体业务体系，实现全面的信息化、集约化管理，提高了工作效率和标准化水平。管理系统全面升级。办公管理系统按智能化、信息化的发展需求进行升级改造，新系统方便简洁，实现了移动审批，提升了工作效率，节省了办公成本。完善追溯系统。健全流通环节食品安全监管，系统开发车载APP模块，为经销商提供随车送货业务。建立了会员积分制系统，实现最终用户大数据抓取。

（成子金）

北大荒丰缘集团有限公司

董事长、党委书记：张显明，1957年11月出生，籍贯山东莱西，中共党员，大学学历，高级兽医师。1979年参加工作，2005年9月任党委书记，2014年12月兼任集团董事长。

总经理：侯雪坤，1964年3月出生，籍贯湖南望城，中共党员，博士研究生学历。1986年7月参加工作。2014年7月任现职。

党委副书记：陈　英（2012.6—）

副总经理：赵树清（2004.3—）
陶立新（2006.6—）
郑金光（2007.5—）
郭秀才（2011.4—）

财务负责人：刘景兰（2014.3—）

概况　北大荒丰缘集团有限公司是一家集面粉加工、食品生产、生物科技为一体的国家级农业产业化龙头企业。总部坐落于哈尔滨市，旗下拥有丰威、丰润、丰澳、九三、金谷丰缘、佳富、丰玉等分子公司，分布在省内及湖北、澳大利亚等地，2016年年底有员工1600余人，资产总额28.5亿元。集团主营产业为生物科技和面粉加工。主要经营肠衣、肝素，面粉、挂面、谷朊粉等系列产品。年生产加工肠衣500万把，肝素1.6万亿单位；小麦加工能力22万吨，可生产挂面2万吨，谷朊粉1.1万吨，淀粉6.4万吨。北大荒丰缘集团一直坚守“绿色、健康、安全”的经营理念，“丰缘”品牌及“丰缘”商标权无形资产价值为21.8亿元。

丰润生物科技有限公司是北大荒丰缘集团推行混合制经济改革的控股子公司，主要经营范围为肠衣、肝素的生产与销售。该公司与双汇、雨润、龙大、秋林，以及香港森万国际等大型肉制品加工企业建立了稳定的合作关系；在国际上与美国DCW、荷兰万瀚深、德国PG等多家国际品牌企业建立起长期战略合作伙伴，公司70%以上产品出口欧美高端消费市场，成为国内最大的肠衣出口企业。公司连续多年荣获哈尔滨市“出口创汇先进企业”称号。2016年，丰润出口销售肠衣600万把，成品肝素30000亿单位，实现销售收入7.24亿元，利润6808万元，创汇2919万美元。集团对丰润公司的国有股进行减持，将原来的国有股占比由63.5%降至53.7%。丰润公司将集团减持的股权向公司内中高层核心人才进行转让，实施核心人才持股计划；于2016年7月完成股份制改造。企业更名为丰润生物科技股份有限公司，拟于2017年3月在“新三板”挂牌，步入资本市场。

丰威食品有限公司是丰缘集团全资子公司，注册资金1.25亿元，资产总额8.5亿元，资产负债率81.2%。主营面粉精深加工、挂面生产及热力供应。年可加工小麦10万吨，生产挂面2万吨，谷朊粉1.1万吨，供应蒸汽30万吨。2016年，丰威公司在集团“做强主业”的经营目标下，确定了以绿色有机的澳洲小麦粉、高筋面粉小包装和中、高端挂面为主打产品。重新规划“精耕哈尔滨、做好黑龙江、辐射东三省”的销售市场的定位。在产品结构调整上，丰威以生产中高端绿色有机产品为主，将小包装产品调整到70%以上，将中高端产品调整到60%以上。使“北大荒”品牌面粉，向高品质民用粉转变，拓宽了产品组合，形成了以面粉、挂面、谷朊粉、小麦淀粉、酒精等优势互补的产品品类。突出了“北大荒”品牌面粉、挂面“绿色、安全、健康、时尚”的特色理念。对企业管理的ERP系统进行全面升级，以采用产品包装加印“二维码”的现代信息载体技术方式，完善了从原粮采购到储运、加工、质量检测，再到分销、配送、售后全程的产品质量追溯监管体系。

丰威热力公司是隶属丰威食品公司管理的子公司，由于多年来经营成本一直居高不下而造成经营亏损。2016年，丰威公司对热力公司进行股份制改革，丰威以土地、房屋及设备等资产入股，从社会上公开招标引进哈尔滨恒宝物业公司进行股份制改造，丰威占股60%，哈尔滨恒宝物业公司占股40%，重新建立丰威申业热力公司。年底，热力公司实现供气27万吨，生产成本从改革前的吨气成本346元下降到194元，每吨气节约成本152元，用煤成本一项减少4104万元。

2016年7月20日，由中国饭店协会、黑龙江省商务厅共同主办，北大荒丰缘集团丰威食品有限公司冠名赞助的以“弘扬龙江饮食文化、打造龙江特色餐饮”为主题的2016中国黑龙江餐饮博览会在哈尔滨国际会展中心召开。来自省内的数百家餐饮、绿色食品、酒店用品等相关企业参展。以丰威公司生产的“北大荒”牌有机挂面、澳洲小麦粉、俄罗斯小麦粉，以及九三非转基因大豆油、完达山奶粉等产品为主导的绿色有机食品参展。2016年7月11日，丰缘集团参加在俄罗斯叶卡捷琳堡国际展览中心举办的第三届中国俄罗斯博览会，丰威公司的5大类30个产品参加展出。参会期间，集团分别与俄罗斯鄂木斯克州黑眼睛面粉厂、马里亚诺夫卡区谷物产品有限公司达成购买面粉2000吨，购销小麦5000吨的合作意向；与克拉斯诺亚尔斯克市客户达成收购小麦1万吨的意向。2016年8月22日，集团丰威食品有限公司与蒙古国塔米尔投资有限公司在哈尔滨签署战略合作协议。丰威公司将依托国内成熟的市场和品牌优势，陆续从霍尔果斯及满洲里等口岸进口小麦原粮及面粉。2016年12月，公司实现首批827吨俄罗斯高端有机面粉从绥芬河口岸进口。2016年10月16日，丰威食品有限公司黑龙江省秋季订货会在哈尔滨召开。此次订货会签订销售挂面4500吨，面粉5620吨。其中，中高端小包装面粉2842吨，中低端大包装面粉2778吨。合计金额3600万元。

（唐建勇）

北大荒商贸集团有限责任公司

董事长：王克坚，1963年5月出生，辽宁辽中人，中共党员，研究生学历，高级政工师。1983年4月参加工作，2014年12月任公司董事长、党委副书记。

党委书记：郑绪凯，1961年4月出生，黑龙江省佳木斯人，中共党员，大学学历，高级政工师。1979年12月参加工作，2014年12月任现职。

党委副书记、纪委书记、工会主席：李恩喜，满族，1958年11月出生，辽宁辽阳人，中共党员，大学学历，高级政工师。1975年8月参加工作，2006年3月任现职。

副总经理：

王建国（2009.3—）
郑建军（2011.5—）
王　健（2011.5—）
仉玉杰（2009.3—2016.6）

财务总监：赵宏伟（2009.11—）

纪委副书记、党委委员：

王海夫（2010.2—）

总经理助理：

高洪福（2013.12—）
王　威（2011.2—2016.6）
修孝军（2014.1—2016.4）

概况　北大荒商贸集团成立于2000年，是黑龙江农垦北大荒集团的全资子公司。是黑龙江省经营规模大、经济实力强、综合经营能力突出的大型现代物流企业。集团拥有全资、控股、参股企业188家，直属二级公司22家，主要从事成品油、农业生产资料、农业机械及农机具、能源化工销售、有机绿色食品连锁经营、农产品购销、房地产、农业综合开发以及物流业。2016年，商贸集团实现销售收入350.43亿元。

2016年，商贸集团混改工作全面启动。引入标准基金（中国）集团有限公司、联科浙商科技发展有限公司两家公司，对商贸集团进行投资。2016年6月30日，总局党委批准《商贸集团增资扩股方案》；2016年12月17日，北大荒集团总公司董事会表决同意商贸集团增资扩股改革；2016年12月20日，商贸集团代表集团总公司与投资方在上海正式签署《增资扩股协议》。宁波园区利用优惠政策，全面打造北大荒绿色食品品牌，巩固并加快核心主业的同时，扩大江浙沪市场绿色食品的市场销路，实现营业总收入3.5亿元。中山园区秉承“以内生促增长、以外延谋扩张、以项目促跨越、以文化求卓越”的经营理念，不断扩大并做强主业。加大玉米等粮食产品的市场调研，掌握时机适时适当采购，化解不利因素，巩固玉米等粮食产品的传统经营市场。加强对参股公司的监管，保证公司资金安全，充分利用广东自贸区有关政策开展保理、融资服务等业务，为企业开辟了新的经营模式和增长点。实现销售收入13.4亿元。四川园区实现主营业务收入6.5亿元。共销售粮食食品15.38万吨。重点推进德阳北大荒农产品物流园区项目建设，其中，物流仓储项目完成并竣工验收，准备投入使用。完成老挝北大荒460公顷土地的开发任务，获得老挝政府批复的土地使用证。在老挝收购的阳正农业发展有限公司开始运营。宜宾园区以酒粮营销为主营业务，不断突出“三粮”产业引领优势，稳固中国白酒金三角酒粮核心供应商地位。与泸州老窖、古蔺郎酒、习酒等公司深入开展合作，在稳定酿酒粮供货基础上拓展饲料粮业务，实现多元化的合作发展。其中销售粮食30万吨，销售“北大荒鸿福”酒10118件。实现销售收入8.4亿元。肇东产业园区为破解资金难题，盘活现有资产，推进综合服务区、化妆品、冷链物流等在建项目验收转固工作。不断整合现有资源、盘活现有资产，实现转型突围发展。中油黑龙江农垦石油有限公司销售成品油64.7万吨，零售比例100%。北大荒农业生产资料公司扩大市场销售范围，采取与生产企业联储联销的方式将销售市场拓展到垦区以外，销售化肥102万吨，实现收入19.1亿元。北大荒营销股份有限公司实现营业总收入67.5亿元；营销网点总量累计发展1152家，辐射全国25个省、直辖市、自治区，120个重点市县。宁波鸿图投资有限公司稳健发展，实现投资收益3442万元，完成利润目标的130%。天津北大荒玉米加工产业集团有限公司实现营业总收入2亿元，销售变性淀粉2.7万吨。北大荒米业集团有限公司销售粮食43.3万吨、饲料7.6万吨、工业产成品11.1亿元。实现销售收入23.7亿元。北大荒粮油有限公司进口大豆125万吨，加工大豆39万吨，销售主副产品138万吨，全年实现销售收入40.7亿元。天津北大荒电子商务有限公司重点发展创新型大宗商品交易服务、跨境电商服务以及货币兑换服务等。全年实现收入1.3亿元，销售粮食4.2万吨。天津北大荒物流有限公司为中储粮代收代储粮食46万吨，完成中油农垦石油、秋林格瓦斯、百事可乐、九三粮油等大型企业的配送业务，完成销售收入23亿元。北大荒工贸有限公司完成销售收入85.4亿元。北大荒农机装备集团有限公司销售大中型农业机械900余台套，农机具及配件1万余台（套），实现销售收入1.03亿元。北大荒粮油批发市场公司销售粮食9.91万吨，完成销售收入3亿元。北京华垦南方石油制品公司实现销售收入8.1亿元。北大荒文化创意产业集团股份有限公司产业覆盖艺术基地、展会服务、旅游会议、影视制作、广告制作、电子商务等领域。

（孙爱景）

北大荒建设集团

董事长、党委书记：于建华，1958年6月出生，黑龙江省克东生人，中共党员，本科学历，高级工程师。1975年11月参加工作，2012年6月任现职。

总经理：于秉坤，1976年3月出生，山东省茌平县生人，中共党员，大学学历，高级工程师。1996年8月参加工作，2012年6月任现职。

党委副书记：杨臣江，1963年3月出生，黑龙江饶河县生人，中共党员，研究生学历，高级政工师。1979年11月参加工作，2013年12月任现职。

副总经理：张曙光（2006.6—）
王　镝（2006.6—）
段滨川（2012.6—）
朱以春（2011.6—）

概况　北大荒建设集团是集建筑设计、建筑施工、路桥施工、房地产开发、市政水利施工、消防电气施工、技术培训为一体的综合性工程总承包、国际工程承包、跨行业、跨地区施工的国家一级资质大型公司。集团下辖子（分）公司26家，其中，建筑设计院1家、土建公司16家、房地产开发公司2家、路桥公司1家，专业公司6家。驻外分公司发展到上海、天津、烟台、海南、吉林、辽宁、山西、新疆、内蒙古等地。集团总部机关调整为“七部七办一中心”，即工程管理部、经营开发部、计划财务部、人力资源部、监察审计部、法律事务部、党群工作部、清欠办、安全办、总工办、企管办、信访办、改革办公室、综合办公室、财务结算中心。2016年年底有员工1508名，各类工程技术人员997余名，其中，高级技术职称人员194人，中级技术职称人员317人，国家一、二级建造师161名。2016年，集团共落实产值76.2亿元（土建公司33.4亿元，路桥公司28.7亿元，专业公司14.1亿元），其中2016年新落实产值37亿元，完成施工产值34亿元。集团资产总额49.1亿元，负债总额45.7亿元，资产负债率93.1%，所有者权益总额3.4亿元。营业总收入34亿元，利润总额2774万元。职均收入4.25万元。集团综合实力黑龙江省企业100强第40位。集团获全国优秀施工企业、全国工程建设质量管理小组活动优秀企业、全省工程建设QC小组活动优秀企业等称号。集团获得省市级优质工程17项，国家级省级QC小组活动成果14项，建设工程“AA级安全文明标准化工地”5项，垦区安全生产标准化工地3项，市级安全生产标准化工地2项。获省级工法3项，有效专利申报完成2项，十项新技术应用示范工程5项，管理体系运行通过国家再认证审核。

（刘　波）

北大荒马铃薯集团有限公司

党委书记、董事长：李顺，1962年6月出生，江苏人，中共党员，本科学历，高级农艺师。1978年10月参加工作，2010年1月任现职。

党委副书记、总经理：姜涛，1968年12月出生，黑龙江省甘南县人，中共党员，研究生学历，工程师。1985年11月参加工作，2008年7月任董事长、总经理、党委书记，2010年1月至2016年4月任现职。

党委副书记、纪委书记、工会主席：赵溪江，1963年2月出生，吉林四平人，中共党员，本科学历，高级政工师。1983年6月参加工作，2011年5月任现职。

副总经理：张喜忠（2008.8—）
李明安（2008.9—）

概况　北大荒马铃薯集团有限公司是国内最大的马铃薯产业集团和国家级重点农业产业化龙头企业。集团注册资本92362万元、资产总额194432万元。下辖黑龙江北大荒二龙山马铃薯产业有限公司、北大荒九三薯业股份有限公司、黑龙江北大荒马铃薯产业有限公司、黑龙江北大荒马铃薯全粉有限公司（中日合资）、黑龙江北大荒马铃薯产业有限公司种薯研发中心、黑龙江北大荒斯达奇生物科技有限公司、北大荒马铃薯研究院、中垦禾润国际（香港）有限公司、北大荒联兴有限公司（中泰合资）、北大荒马铃薯集团黑龙江贸易有限公司、黑龙江北大荒普洛特生物科技有限公司等分（子）公司。2016年，集团通过长期租赁方式在九三、北安、齐齐哈尔农垦管理局辖区内16个农场建立6.67万公顷原料基地，落实马铃薯面积1.79万公顷，收购马铃薯原料32.93万吨，生产马铃薯淀粉5.19万吨，生产马铃薯全粉5259吨；收购木薯21万吨，生产木薯淀粉4.7万吨，生产汁水蛋白628.8吨。实现产值5.08亿元，同比增加718万元，工业增加值6098万元，实现营业总收入4.80亿元。

改革发展 2016年，按照总局发展混合所有制经济、加快完善现代企业管理制度的要求，集团以北大荒黑土薯业有限公司为平台，

积极引入北京黑土地基金管理合伙企业和NortheastChinaInvestorsLtd.的优势资本进行股份制改造。相继完成下属5家分子公司的机构调整和定岗定编工作，通过重新定岗定编，精简各类人员581人，其中精简机构25个，管理人员51人，改革完善分子公司的薪酬体系架构及绩效考核办法。

项目建设 2016年6月，集团将《中央财政农技推广与服务补助》项目资金用于种薯快繁技术推广和有机肥微肥使用示范项目，通过与韩国EGG公司合作引进国际先进的“容器薯”快繁技术，加快“三高”品种选育进程；通过在867公顷耕地增施有机肥和微量元素试验，改善土壤板结，平均增产17%。选育和引进国内外高产、高品质、高抗病的优质马铃薯品种，初步筛选和引进出不同熟期的优质品种5个。4月，马铃薯研究院推进《黑龙江省马铃薯深加工工程技术中心项目》建设，参与《全国基层农技推广体系改革与建设补助项目》中马铃薯营养泥、粥技术产业化项目的申报和配方开发、企业标准等专业技术工作。5月，集团与双日株式会社合作的薯渣乙醇中试项目开工建设，截至2016年年底，建筑工程已全部完成，设备全部到位。

（孙慕华）

北大荒通用航空有限公司

总经理：郭庆才，满族，1961年5月出生，黑龙江省嫩江县人，中共党员，大学学历，高级农艺师。1977年9月参加工作，2010年1月任现职。

副总经理：宫长贵（2006—）
樊利国（2014—）
朱宪华（2014—）

概况 北大荒通用航空有限公司始建于1985年。拥有各种型号农业飞机、教练机99架，年飞行能力2万小时以上，是目前世界规模最大的农、林专业通用航空公司。主要从事农、林航空作业、飞行员私照和商照培训、低空旅游、航拍航测、公务飞行、商务宣传、航务保障、人工影响天气、工业飞行、抢险救灾等项目。其中农业航空作业主要面向黑龙江垦区、辐射东北，可供航化作业的农场85个，跑道75条，形成网络式作业基地群，年航化作业能力135万公顷。林业飞行可覆盖东北及内蒙古地区，进行森林巡护、化灭作业，是国内唯一可进行森林灭火机群作业的专业航空队伍。

公司总部位于哈尔滨市松北区，资产14亿元，两个主运营基地，佳木斯基地占地面积77公顷，900米水泥跑道，机库5000平方米，停机坪5万平方米；肇东基地占地300公顷，1800米水泥跑道，停机坪7万平方米；两个基地修建有现代化的办公大楼、飞行培训综合楼，水泥跑道、大型机库、储油库等基础设施，配备有先进的办公、导航、通讯、指挥系统，可供15～20架飞机同时进行目视飞行，年可飞天气在300天以上。公司有从业人员304人，其中，飞行人员86名、机务人员130名，专业技术职称人员106人，飞行、维护、和后勤保障水平在同行业中处于领先地位。2016年公司通过组织实施落实“规章落实年”，着重加强新飞行员培训和管理、飞行员恢复训练、改装训练等工作；直升机除参与农业、林业作业外正式投入通航旅游作业；CCAR-141部驾驶员学校通过运行合格审定并颁发证书，是东北地区管理局辖区内最具发展优势的民用航空器驾驶员学校之一。2016年，公司累计飞行13070小时，31810架次。其中，农、林等生产作业7270小时，13975架次。农业航化作业出动飞机49架，作业面积100万公顷。完成护林作业996小时，656架次。农业、林业作业指标再次突破历史新高。全年累计聘用外籍飞行员包括直升机飞行员17人次。成功协助民航局完成各项调研、检查及寒地事故调查演练。

（张　微）

北大荒国际饭店

总经理：庞代新，1963年5月出生，重庆市合川人，中共党员，大学本科学历，教授级高级政工师。1982年12月参加工作，2005年5月任现职。

概况 北大荒国际饭店原为黑龙江省农垦干部培训中心，建成于1996年，1997年正式运营。因经营发展需要，2016年初更名为北大荒国际饭店。是集客房、餐饮、会议、商贸、旅游、绿色食品销售、礼仪服务、康乐休闲于一体多功能现代化的四星级旅游饭店。坐落于哈尔滨市红旗大街175号。总占地面积9435.67平方米，总建筑面积37054平方米，饭店区16层，会馆区13层。饭店区备有不同档次客房235间，各类餐厅20余个，大、中、小型会议室10余个，商务中心、商场、绿色食品专卖店、旅游、航空售票等服务设施齐全。会馆区集洗浴、休闲、娱乐、餐饮、棋牌、客房、保健、健身于一体，功能布局合理，拥有套房、高级标准间53套，北大荒特色餐饮大厅，可同时供300人就餐，会馆会议设施齐全，可举行500人大型会议。2016年，企业在岗从业人数372人。饭店加大对各类会议培训、展会订货会、公务出差及长住客源的合作；开辟新的网络销售业务，加大订单销量，减少佣金比例；推出最

美新娘评选、开江鱼美食节、会馆节假日促销政策、官网促销政策等；运用公众平台推出汗蒸改造运营的微信助力和秒杀活动。进行多项工程维修改造，对会馆茶艺区重新规划，对3～8楼群房及10～15楼重新改造设计，增加客房近70间。北大荒国际饭店荣获第三届旅游星级饭店服务技能大赛一项个人金奖、一项个人铜奖、团体第三名；在第二届黑龙江餐饮博览会推出的专业展示上，获得龙菜“大众宴席”金奖和龙菜大众名宴等称号。被中国饭店协会授予优秀副会长单位。

（董红玉）

统计资料

2016年黑龙江垦区自然状况及资源表

表1

项目	单位	数量
一、自然状况		
1. 地理位置		
北纬	度	43° 56' ~ 50° 21'
东经	度	123° 32' ~ 134° 33'
2. 土地总面积	万公顷	553.65
构成：山地 %		11.7
丘陵 %		29.0
漫岗 %		24.6
平原 %		16.5
沼泽 %		18.2
3. 气候		
年平均气温	摄氏度	~ 0.9 ~ 4.0
有效积温 ≥ 10℃	摄氏度	2100 ~ 2500
年降水总量	亿立方米	265
年平均降水量	毫米	450 ~ 600
相对湿度 %		66 ~ 74
全年日照时数	小时	2400 ~ 2900
年无霜期	天	100 ~ 140
二、自然资源		
1. 土地资源		
耕地面积	万公顷	290.9
水面面积	万公顷	25.8
# 已养殖面积	万公顷	2.6
林地面积	万公顷	92.1
草地面积	万公顷	33.9
2. 林木资源		
森林蓄积量	万立方米	8633
森林覆盖率 %		17.1
3. 水利资源		
河流入境水量	亿立方米	3000
水资源总量	亿立方米	97.59
（1）地表水量	亿立方米	56.66
（2）地下水量	亿立方米	40.93
# 可开发量	亿立方米	33

项目	单位	数量
水库数量	座	187
水库容量	万立方米	111816
大型水库	座	2
	万立方米	30415
八五二农场蛤蟆通水库	万立方米	15115
查哈阳农场太平湖水库	万立方米	15300
中型水库	座	17
	万立方米	43249
八五三农场清河水库	万立方米	2588
八五二农场大索伦水库	万立方米	1650
八五二尖山水库	万立方米	1130
云山农场云山水库	万立方米	5196
八五六农场青山水库	万立方米	4362
八五五农场红星水库	万立方米	1940
海林农场双峰水库	万立方米	1163
二龙山农场跃进水库	万立方米	5757
引龙河农场青年水库	万立方米	4910
赵光农场工农水库	万立方米	1930
尾山农场三七水库	万立方米	1238
建设农场青石岭水库	万立方米	1470
襄河农场襄河水库	万立方米	1401
格球山农场炮台山水库	万立方米	1286
七星泡农场东风水库	万立方米	3031
红五月农场南阳河水库	万立方米	1614
大西江农场西江水库	万立方米	2583
小（1）型水库	座	107
	万立方米	3504
小（2）型水库	座	61
	万立方米	3148
4. 矿产资源		
煤炭	万吨	15000
石灰石	亿吨	10
黄金	吨	15.4

说明：气候资料为多年平均值；矿产资源为以前调查数；林木资源和水利资源分别由林业局和水务局提供

2016 年黑龙江垦区国民经济主要指标总量表

表2

指　标	单 位	数　值	指　标	单 位	数　值
一、年末总人口	万人	167.7	九、工　业		
二、从业人员数	万人	77.5	1. 工业总产值	亿元	856.2
#职　工	万人	36.2	2. 主要工业产品产量		
三、生产总值	亿元	1193.7	原　煤	万吨	14.7
#第三产业增加值	亿元	427.2	发 电 量	万度	154676
四、工农业总产值	亿元	1742.0	水　泥	万吨	40.7
五、固定资产投资			化　肥（实物量）	万吨	22.7
1. 全社会固定资产投资总额	万元	1480817	大　米	万吨	387.1
生产性建设	万元	889381	小 麦 粉	万吨	8.9
非生产性建设	万元	591436	食用植物油	万吨	176.6
#住 宅	万元	163419	乳 制 品（含液体乳）	万吨	30.4
2. 国有单位固定资产投资额	万元	1015576	十、交通运输		
六、企业主要财务指标（统营）			1. 货物周转量	万吨公里	161107
1. 固定资产原值	亿元	1012	2 . 旅客周转量	万人公里	47461
2. 固定资产净值	亿元	648	十一、国内商业		
3. 销售（经营）收入	亿元	1214.5	1. 商品销售总额	亿元	791.9
4. 利润总额	万元	1416	2. 社会消费品零售总额	亿元	241.9
七、职工收入和消费			十二、对外贸易		
1. 职工工资总额	亿元	120.4	进出口总额	万美元	233112
2. 职工平均工资	元 / 人	33806	进口额	万美元	225097
3. 垦区居民人均可支配收入	元 / 人	25421	出口额	万美元	8015
4. 垦区居民人均消费支出	元 / 人	13108	十三、教育文化		
八、农林牧渔业			1. 在校学生数		
1. 农林牧渔业总产值	亿元	885.8	高等学校	人	30124
2. 主要农产品产量			中等专业学校	人	4384
粮　食	万吨	2059.5	普通中学	万人	7.0
油　料	万吨	1.9	小　学	万人	5.8
蔬　菜	万吨	8.9	2. 出版数量		
水　果	万吨	1.8	杂　志	万册	20.6
肉　类	万吨	26.0	报　纸	万份	1731.0
牛　奶	万吨	42.7	十四、卫　生		
水产品	万吨	3.27	卫生机构床位数	张	11776
			卫生技术人员	人	12719
			#医 生	人	5999

说明：1. 本表第六、十、十二、十三（1）、十四部分的数据分别由总局财务处、交通局、商务局、教育局、卫生局提供。

2. 从 2015 起农场职工家庭人均纯收入为垦区居民人均可支配收入数据；农场职工家庭人均消费支出为垦区居民人均生活消费支出数据。

2016年黑龙江垦区生产总值表

表3　　　　单位：万元

指标	合计	劳动者报酬	固定资产折旧	生产税净额	#补贴	营业盈余
生产总值	11937103	4670711	1658095	–23943	480553	5633339
第一产业	5188947	2171028	546422	–475413	475557	2946910
1. 农林牧渔业	5188947	2171028	546422	–475413	475557	2946910
（1）农业	4463424	1929408	467688	–471012	471151	2537340
（2）林业	49741	20553	7466	–353	353	22075
（3）畜牧业	638072	204507	67160	–4051	4051	370457
（4）渔业	37710	16561	4108	3	2	17038
第二产业	2476068	800972	303052	270049	3407	1101995
2. 工业	1877647	546845	253413	206027	3407	871362
3. 建筑业	598421	254127	49640	64022		230633
第三产业	4272088	1698712	808621	181421	1589	1584435
4. 批发和零售业	1200852	392680	176033	75089		558149
5. 交通运输、仓储业和邮政业	568824	191338	83749	32274	300	261463
（1）交通运输业	481886	166233	68909	28431	300	218313
（2）仓储业	77602	22558	12792	3571		38681
（3）邮政业	9336	2547	2048	272		4470
6. 住宿和餐饮业	281251	102441	47229	16940		114640
#餐饮业	236117	83293	39168	14348		99308
7. 信息传输、软件和信息技术服务业	36429	24798	7108	1798		2725
#电信	32371	21922	6665	1709		2075
8. 金融业	298378	67454	24637	12399	2	193889
#银行	241328	43923	20856	10723	2	165826
9. 房地产业	267740	7953	231058	13549		15181
#职工自有住房	218342		218342			
10. 租赁和商务服务业	35257	12395	1782	5411		15669
11. 科学研究、技术服务和地质勘查业	31018	22235	4429	3041		1313
12. 水利、环境和公共设施管理业	138341	83874	31162	2374		20930
13. 居民服务和其他服务业	252190	95450	39590	15232		101919
14. 教育	270547	229398	30863	–3	200	10289
15. 卫生和社会工作	238660	136043	24275	235	26	78107
16. 文化、体育和娱乐业	15759	9635	3773	538		1814
17. 公共管理、社会保障和社会组织	255066	180677	40871	1435	101	32084
18. 农林牧渔服务业	376263	139062	61672	866	962	174663
19. 采矿业中的开采辅助活动						
20. 制造业中的金属制品机械和设备修理业	5516	3280	391	245		1600

2016 年黑龙江垦区物质文化生活水平表

表 4

指标	单位	1985	1990	1995	2000	2005	2010	2013	2014
一、收入									
农牧场职工家庭人均纯收入	元	453	1217	2348	3337	6179	13267	22891	25226
职工年平均工资	元	827	1445	3084	5593	9205	17639	27742	30336
二、消费水平									
人均生活消费	元	327.00	816.00	1674.00	2510.80	3372.80	7760.69	10639.08	11239.80
消费品支出	元	307.00	701.00	1628.55	1815.10	2221.92	4757.39	7169.56	7588.22
服务性支出	元	20.00	115.00	38.10	695.70	1150.88	3003.30	3469.52	3651.58
三、储蓄									
居民年末储蓄存款余额	亿元	2.01	13.35	33.73	65.63	118.25	224.33	318.71	402.30
人均储蓄存款余额	元	127	861	2172	4168	7456	13405	18500	23699
四、住房									
年末住宅总面积	万平方米	1449.20	1767.70	2040.30	2315.50	2700.50	4215.28	5359.31	5361.90
平均每人居住面积	平方米	9.10	11.40	13.10	14.70	17.03	25.19	31.10	31.59
五、交通									
每百人拥有自行车	辆	23.80	38.60	40.00	37.46	24.00	24.38	21.48	21.39
每百人拥有摩托车	辆	0.80	1.40	2.70	12.00	18.00	24.75	20.38	20.18
六、公用事业									
已安装自来水管理区	个		891	1410	1659	644	566	627	638
管理区自来水普及率	%		35.10	58.70	72.90	97.40	99.00	99.50	99.80
七、文化									
每百人拥有彩色电视机	台	17.00	24.80	29.30	32.25	33.00	38.21	39.15	39.38
每百人拥有电脑	台						19.90	23.97	25.38
每百人每天有报纸	份	1.20	1.20	2.40	14.20	4.14	3.00	3.67	3.57
每百人每年有杂志	册	17.60	24.40	8.60	18.75	4.92	11.48	21.54	16.67
八、教育									
学龄儿童入学率	%	98.80	99.70	100.00	100.00	100.00	100.00	100.00	100.00
每万人口有在校大学生数	人	14.70	19.50	27.50	47.30	131.84	173.61	162.70	174.84
九、卫生									
每万人拥有医院病床数	张	50.70	57.90	60.00	49.78	46.36	57.31	65.29	65.87
每万人拥有医生人数	人	25.10	49.10	43.10	40.59	40.02	49.79	37.38	37.43
十、就业									
每一劳动力负担人数	人	1.73	1.60	1.37	1.57	1.45	1.34	1.35	1.31

说明：公用事业部分 2004 年前为生产队数，2005 年后为管理区数，由总局建设局提供

索　引

索　引

说明：

一、本索引采取主题分析方法编制，范围涉及本卷类目、分目、子分目和条目。

二、本索引按汉语拼音音序（同音字按声调）排列，若首字拼音相同则按第二字音序排列，以此类推。类目、分目、子分目用黑体字，其他用宋体字排印。

三、索引款目后的阿拉伯数字表示内容所在的页码，数字后的拉丁字母（a、b、c）表示栏别（从左起至右分别为1、2、3栏）。

K

L

M

M

N

P

Q

R

S

T

W

X

Y

Z